J. von Staudingers
Kommentar zum Bürgerlichen Gesetzbuch
mit Einführungsgesetz und Nebengesetzen
Buch 4 · Familienrecht
§§ 1626–1631;
Anhang zu § 1631: RKEG;
§§ 1631a–1633
(Elterliche Sorge 1 – Inhaberschaft und Inhalt)

Kommentatorinnen und Kommentatoren

Dr. Karl-Dieter Albrecht
Vorsitzender Richter am Bayerischen
Verwaltungsgerichtshof, München

Dr. Hermann Amann
Notar in Berchtesgaden

Dr. Georg Annuß
Rechtsanwalt in München, Privatdozent
an der Universität Regensburg

Dr. Christian Armbrüster
Professor an der Freien Universität Berlin

Dr. Martin Avenarius
Professor an der Universität zu Köln

Dr. Wolfgang Baumann
Notar in Wuppertal, Professor an der
Bergischen Universität Wuppertal

Dr. Winfried Bausback
Privatdozent an der Universität Würzburg

Dr. Roland Michael Beckmann
Professor an der Universität des
Saarlandes, Saarbrücken

Dr. Detlev W. Belling, M.C.L.
Professor an der Universität Potsdam

Dr. Andreas Bergmann
Wiss. Assistent an der Universität des
Saarlandes, Saarbrücken

Dr. Werner Bienwald
Professor an der Evangelischen
Fachhochschule Hannover, Rechtsanwalt
in Oldenburg

Dr. Claudia Bittner, LL.M.
Privatdozentin an der Universität
Freiburg i. Br., Richterin am Sozialgericht
Gießen

Dr. Dieter Blumenwitz †
Professor an der Universität Würzburg

Dr. Reinhard Bork
Professor an der Universität Hamburg

Dr. Elmar Bund
Professor an der Universität
Freiburg i. Br.

Dr. Jan Busche
Professor an der Universität Düsseldorf

Dr. Michael Coester, LL.M.
Professor an der Universität München

Dr. Dagmar Coester-Waltjen, LL.M.
Professorin an der Universität München

Dr. Heinrich Dörner
Professor an der Universität Münster

Dr. Christina Eberl-Borges
Professorin an der Universität Siegen

Dr. Dr. h. c. Werner F. Ebke, LL.M.
Professor an der Universität Heidelberg

Dr. Jörn Eckert †
Professor an der Universität zu Kiel,
Richter am Schleswig-Holsteinischen
Oberlandesgericht in Schleswig

Dr. Volker Emmerich
Professor an der Universität Bayreuth,
Richter am Oberlandesgericht
Nürnberg a. D.

Dipl.-Kfm. Dr. Norbert Engel
Ministerialdirigent im Thüringer Landtag,
Erfurt

Dr. Helmut Engler
Professor an der Universität
Freiburg i. Br., Minister in
Baden-Württemberg a. D.

Dr. Karl-Heinz Fezer
Professor an der Universität Konstanz,
Honorarprofessor an der Universität
Leipzig, Richter am Oberlandesgericht
Stuttgart

Dr. Johann Frank
Notar in Amberg

Dr. Rainer Frank
Professor an der Universität
Freiburg i. Br.

Dr. Bernhard Großfeld, LL.M.
Professor an der Universität Münster

Dr. Beate Gsell
Professorin an der Universität Augsburg

Dr. Karl-Heinz Gursky
Professor an der Universität Osnabrück

Dr. Ulrich Haas
Professor an der Universität Mainz

Norbert Habermann
Weiterer aufsichtsführender Richter bei
dem Amtsgericht Offenbach

Dr. Stefan Habermeier
Professor an der Universität Greifswald

Dr. Johannes Hager
Professor an der Universität München

Dr. Rainer Hausmann
Professor an der Universität Konstanz

Dr. Dr. h. c. mult. Dieter Henrich
Professor an der Universität Regensburg

Dr. Reinhard Hepting
Professor an der Universität Mainz

Dr. Elke Herrmann
Professorin an der Universität Siegen

Christian Hertel, LL.M.
Notar a. D., Geschäftsführer des
Deutschen Notarinstituts, Würzburg

Joseph Hönle
Notar in Tittmoning

J. von Staudingers
Kommentar zum Bürgerlichen Gesetzbuch
mit Einführungsgesetz und Nebengesetzen

Buch 4
Familienrecht
§§ 1626–1631;
Anhang zu § 1631: RKEG;
§§ 1631a–1633
(Elterliche Sorge 1 – Inhaberschaft und Inhalt)

Neubearbeitung 2007
von
Michael Coester
Lore Maria Peschel-Gutzeit
Ludwig Salgo

Redaktor
Helmut Engler

Sellier – de Gruyter · Berlin

Die Kommentatorinnen und Kommentatoren

Neubearbeitung 2007
§§ 1626; 1627–1629; 1630; 1633: LORE MARIA PESCHEL-GUTZEIT
§§ 1626a–e; 1629a: MICHAEL COESTER
§ 1631; RKEG; §§ 1631a–1632: LUDWIG SALGO

Dreizehnte Bearbeitung 2002
§§ 1626; 1627–1629; 1630; 1633: LORE MARIA PESCHEL-GUTZEIT
§§ 1626a–e; 1629a: MICHAEL COESTER
§ 1631; RKEG; §§ 1631a–1632: LUDWIG SALGO

12. Auflage
§§ 1626–1630; § 1633: LORE MARIA PESCHEL-GUTZEIT (1997)
§ 1631; §§ 1–11 RKEG; §§ 1631a–1632: LUDWIG SALGO (1997)

10./11. Auflage
§§ 1626–1631; RKEG; §§ 1632, 1633: Oberlandesgerichtsrat Dr. HELMUT DONAU

Sachregister

Rechtsanwältin Dr. MARTINA SCHULZ, Pohlheim

Zitierweise

STAUDINGER/PESCHEL-GUTZEIT (2007) Vorbem 1 zu §§ 1626 ff u RKEG
STAUDINGER/PESCHEL-GUTZEIT (2007) § 1626 Rn 1
STAUDINGER/SALGO (2007) Anh zu § 1631: Vorbem 1 zum RKEG
STAUDINGER/SALGO (2007) Anh zu § 1631: § 1 RKEG Rn 1

Zitiert wird nach Paragraph bzw Artikel und Randnummer.

Hinweise

Das Vorläufige Abkürzungsverzeichnis 1993 für das „Gesamtwerk STAUDINGER" befindet sich in einer Broschüre, die den Abonnenten zusammen mit dem Band §§ 985–1011 (1993) bzw seit 2000 gesondert mitgeliefert wird. Die aktualisierte Neubearbeitung des Abkürzungsverzeichnisses befindet sich auf www.staudingerbgb.de.

Der Stand der Bearbeitung ist jeweils mit Monat und Jahr auf den linken Seiten unten angegeben.

Am Ende eines jeden Bandes befindet sich eine Übersicht über den aktuellen Stand des „Gesamtwerk STAUDINGER".

Die Deutsche Nationalbibliothek verzeichnet diese Publikation in der Deutschen Nationalbibliografie; detaillierte bibliografische Daten sind im Internet über http://dnb.d-nb.de abrufbar.

ISBN: 978-3-8059-1054-5

© Copyright 2007 by Dr. Arthur L. Sellier & Co. – Walter de Gruyter GmbH & Co. KG, Berlin. – Printed in Germany.

Satz: fidus Publikations-Service, Augsburg.

Druck: H. Heenemann GmbH & Co., Berlin.

Bindearbeiten: Buchbinderei Bruno Helm, Berlin.

Umschlaggestaltung: Bib Wies, München.

♾ Gedruckt auf säurefreiem Papier, das die DIN ISO 9706 über Haltbarkeit erfüllt.

Inhaltsübersicht

* Zitiert wird nicht nach Seiten, sondern nach
Paragraph bzw Artikel und Randnummer; siehe
dazu auch S VI.

Titel 5
Elterliche Sorge

Vorbemerkungen zu §§ 1626 ff und RKEG

Schrifttum

ADLERSTEIN/WAGENITZ, Das Verwandtschafts-
recht in den neuen Bundesländern,
FamRZ 1990, 1169
M ANDRAE, Internationales Familienrecht
(2. Aufl 2006)
ARNOLD-SCHUSTER/HANSEN-TILKER, Das neue
Kindschaftsrecht – Seine Anwendung in der
Praxis, AnwBl 1998, 71
ARNTZEN, Elterliche Sorge und persönlicher
Umgang mit Kindern aus gerichtspsychologi-
scher Sicht – Ein Grundriß der forensischen
Familienpsychologie (1980)
ders, Elterliche Sorge und Umgang mit Kindern
(2. Aufl 1994)
BAER, Stellungnahme zum Entwurf eines Gesetzes zur Neuregelung des Rechts der elterlichen Sorge, ZfJ 1977, 516
dies, Die neuen Regelungen der Reform der
elterlichen Sorge für das „Dauerpflegekind",
FamRZ 1982, 221
dies, Neue Lösungen im Kindschaftsrecht?,
ZRP 1989, 344
dies, Verabschiedung des UN-Übereinkommens
über die Rechte des Kindes im November 1989
in New York, FuR 1990, 192
dies, Legal Kidnapping, ZRP 1990, 209
dies, Der Entwurf eines Gesetzes zur Reform
des Kindschaftsrechts im Licht der Entwicklung
in anderen europäischen Ländern und in internationalen Konventionen, DAVorm 1996, 855
BALLOFF, Zur psychologischen Diagnostik und
Intervention des psychologischen Sachverständigen in Familiensachen bei den Vormund-
schafts- und Familiengerichten – Bestandsaufnahme und Perspektiven, ZfJ 1994, 218
ders, Der Kindeswohlgefährdungsbegriff bei
internationalen Rückführungsfällen in HKÜ-

Verfahren aus rechtspsychologischer Sicht,
FPR 2004, 309
BALLOFF/WALTER, Gemeinsame elterliche
Sorge als Regelfall?, FamRZ 1990, 445
BARDENZ, Zur Unterbringung „in einer anderen
Familie" gemäß §§ 33, 39 KJHG, FamRZ 1997,
1523
BARTELS, Die vollständigen und unvollständigen
Familien im Kindschaftsrecht (1986)
BAUMGARTE, Das Elternrecht im Bonner
Grundgesetz (Diss Köln 1966)
H J BECKER, Das Elternrecht im Spiegel der
verfassungs- und verwaltungsgerichtlichen
Rechtsprechung, FamRZ 1961, 104
M BECKER, Altfallregelung seit Januar 2004:
Gemeinsames Sorgerecht für Väter nichteheli-
cher Kinder auch ohne Zustimmung der Mutter,
FamRB 2004, 402
W BECKER, Gleichberechtigung – freie Einigung
der Eltern, ZBlJugR 1957, 189
ders, Fragen der „Mündigkeit" im neuen Recht,
UJ 1962, 97
ders, Neue Regelung des Elternsorgerechts bei
Ehescheidung und Getrenntleben der Eltern,
MDR 1970, 1
ders, Weichendes Elternrecht – wachsendes
Kindesrecht, RdJ 1970, 364
ders, Berufswahl und Berufsausbildung als
Kindesrecht, ZBlJugR 1971, 205
ders, Neue Dimensionen des Elternrechts, RdJ
1973, 210
ders, Kontakte der Kinder – rechtliche Probleme
um das Verkehrs- und Umgangsrecht, RdJ 1975,
344 = Der Kinderarzt 1978, 385
ders, Das Stiefkind im Recht der elterlichen
Sorge, RdJ 1975, 250
ders, Die Eigen-Entscheidung des jungen Men-

Lore Maria Peschel-Gutzeit

schen – Gedanken zur Emanzipation im Kindesrecht, in: FS Bosch (1976) 37

ders, Das zweigeteilte Kind, Jugendwohl 1977, 444

ders, Eltern und Kinder – Partner oder Rivalen, Jugendwohl 1977, 396

ders, Neues elterliches Sorgerecht, ZBlJugR 1978, 300

ders, Die neu geregelte elterliche Sorge, Jugendwohl 1979, 367

ders, Das Recht des Kindes, Jugendwohl 1979, 17

WOLFRAM BECKER, § 1612b V BGB nF – Ein Virus, FamRZ 2001, 1266

BECKER-EBERHARD, In Prozeßstandschaft erstrittene Leistungstitel in der Zwangsvollstreckung, ZZP 104 (1991) 415, 427

BEER, Kennt das Kind sein „Wohl"?, UJ 1981, 311

BEHR, Verfahren zur Abgabe der Offenbarungsversicherung, Rpfleger 1988, 1

BEITZKE, Betrachtungen zum neuen Kindschaftsrecht, FamRZ 1958, 7

ders, Mündigkeit und Minderjährigenschutz, AcP 172 (1972) 240

ders, Reform des elterlichen Sorgerechts, ZBlJugR 1973, 121

ders, Nochmals zur Reform elterlichen Sorgerechts, FamRZ 1979, 8

BELCHAUS, Neuregelung des Rechts der elterlichen Sorge, ZBlJugR 1979, 325

ders, Elterliches Sorgerecht – Kommentar zum Gesetz der Neuregelung des Rechts der elterlichen Sorge (1980)

BELKE, Gedanken zu einer Reform der Bestimmungen über die elterliche Gewalt (§§ 1626–1698 b BGB), FamRZ 1969, 72

BELLING, Die Entscheidungskompetenz für ärztliche Eingriffe bei Minderjährigen, FuR 1990, 68

ders, Das Selbstbestimmungsrecht Minderjähriger bei medizinischen Eingriffen: eine rechtsvergleichende Studie zum amerikanischen, englischen, französischen und deutschen Recht (1994)

BELLING/EBERL, Der Schwangerschaftsabbruch bei Minderjährigen – Mit einem Ausblick auf das amerikanische Recht, FuR 1995, 287

BENGSOHN/OSTHEIMER, Die Grenzen elterlicher Stellvertretung, Rpfleger 1990, 189

BERES, Das Kindeswohl in der familiengerichtlichen Praxis, ZBlJugR 1982, 1

ders, Das Kindeswohl – Ein Wunschtraum? Versuch einer Bilanz, ZBlJugR 1982, 449

BERK, Der psychologische Sachverständige in Familienrechtssachen (1985)

BITTNER, Die Einrede der beschränkten Haftung auf das Volljährigkeitsvermögen aus § 1629a BGB, FamRZ 2000, 325

BLAU, Die Neuregelung des elterlichen Sorgerechts (SorgeRG) aus verfassungsrechtlicher Sicht, JA 1982, 575

BLEUEL, Die Würde des Menschen ist unantastbar, die Freiheit des Kindes verletzlich – Sozialschäden, soziale Fürsorge durch elterliche Gewalt und Sozialfürsorge, in: GERBER (Hrsg), Kindeswohl kontra Elternwillen? Aspekte eines neuen Familienrechts (1975)

BÖCKENFÖRDE, Grundrechtstheorie und Grundrechtsinterpretation, NJW 1974, 1529

BÖHM, Rechtliche Probleme der Anordnung, Erstellung und Verwertung von Sachverständigengutachten im Rahmen familiengerichtlicher Entscheidungen in Sorgerechtssachen, DAVorm 1985, 731

C H BÖHMER, Die 14. Prager Konferenz über internationales Privatrecht 1980, RabelsZ 46 (1982) 643

ders, Das europäische Übereinkommen und das Haager Übereinkommen über internationale Kindesentführungen von 1980, IPRax 1984, 282

BOEHMKE, Reform des Ehenamensrechts und Auswirkungen auf die Familie, FuR 1991, 181

BORK, Sind §§ 50, 67 FGG verfassungskonform?, FamRZ 2002, 65

BORN, Gemeinsames Sorgerecht: Ende der „modernen Zeiten"?, FamRZ 2000, 396

BORNHOFEN, Die Reform des Kindschaftsrechts und die Neuregelung des Eheschließungsrechts in der standesamtlichen Praxis, StAZ 1997, 362

BORSCHE, Konvention über die Rechte des Kindes, TuP SozArb 1990, 122

ders, Auch Kinder haben Rechte (Kinderkonvention), NDV 1990, 83

BOSCH, Anm zu AG Achern vom 13.5.1959, FamRZ 1959, 379

ders, Grundsatzfragen des Beweisrechts (1963)

ders, Volljährigkeit – Ehemündigkeit – Elterliche Sorge, Kritische Gedanken zu mehreren Gesetzesentwürfen, FamRZ 1973, 489

ders, Noch einmal: Volljährigkeit – Ehemündigkeit – Elterliche Sorge, FamRZ 1974, 1

ders, Anmerkung zur Stellungnahme des Zentralkomitees der deutschen Katholiken zum Entwurf eines Gesetzes zur Neuregelung des Rechts der elterlichen Sorge, FamRZ 1977, 610

ders, Familiengerichtsbarkeit – Bewährung und weiterer Ausbau?, FamRZ 1980, 1

ders, Rückblick und Ausblick oder: De legibus ad familiam pertinentibus – reformatis et reformandis?, FamRZ 1980, 739, 849

ders, Anmerkung zu OLG Karlsruhe, FamRZ 1983, 744

BRAMBRING, Notarielle Beurkundung der Sorgeerklärung nach § 1626a Abs 1 Nr 1 BGB, DNotIReport 1998, 89

BRAUN, Mitwirkung Minderjähriger bei Vereinsbeschlüssen, NJW 1962, 92

BREITHAUPT, Die Alleinsorge der Mutter nach § 1626a II BGB und das Kindeswohl – Stellungnahme zum Aufsatz von Th Richter, FPR 2004, 488

BRIEGLEB, Eherechtsreform – zu Lasten der Kinder?, ZBlJugR 1971, 33

BRIMER, Anmerkungen zum Entwurf des Gesetzes zur Neuregelung der elterlichen Sorge, DRiZ 1979, 47

BROCK/BREIDENEICHEN, Der „Anwalt des Kindes" in Fällen des Umgangsboykotts, FuR 2001, 399

BRÖTEL, Das alleinige Sorgerecht der Mutter für ihr nichteheliches Kind – Grundrechtswidriges Dogma?, NJW 1991, 3119

ders, Der Rechtsanspruch des Kindes auf seine Eltern, DAVorm 1996, 745 und 843

ders, Kinderrechte – Staatenpflichten: Überlegungen zum Verhältnis von Völkerrecht und innerstaatlichem Recht in der aktuellen Reformdiskussion, DAVorm 1997, 537 = ZfJ 1998, 447

BRÜGGEMANN, Familiengerichtsbarkeit – Verfahren in Ehesachen im allgemeinen – Verfahren in anderen Familiensachen, FamRZ 1977, 1

BRUNS, „Elterliche Sorge" Klarstellungen, FamRZ 1979, 279

BUCHHOLZ, Insichgeschäft und Erbschaftsaus-

schlagung – Überlegungen zu einem Problem des § 1643 II BGB, NJW 1993, 1161

BÜDENBENDER, Kindesschutz als Rechtsschutz und elterliches Sorgerecht, FamRZ 1976, 476

ders, Elterliche Entscheidungsautonomie für die elterliche Sorge nach geltendem Recht und nach dem Entwurf eines Kindschaftsrechtsreformgesetzes, AcP 197 (1997) 197

BÜTE, Änderungen der Vorschriften über die Anfechtung der Vaterschaft und das Umgangsrecht von Bezugspersonen (Gesetz vom 23.4.2004), FPR 2005, 5

BÜTTNER, Änderungen im Familienverfahrensrecht durch das Kindschaftsrechtsreformgesetz, FamRZ 1998, 585

ders, Der biologische (genetische) Vater und seine Rechte, in: FS Schwab (2005) 735

BURMEISTER, Abtreibung und Art 6 GG oder „Mamis Bauch gehört auch mir", JR 1989, 52

BUSCH/ROELKE, Europäisches Kinderschutzrecht mit offenen Fragen – Die neue EU-Verordnung Brüssel II a zur elterlichen Verantwortung aus der Sicht der Jugendhilfe, FamRZ 2004, 1338

BUSCHMANN, Künftiges Scheidungsrecht und Kindeswohl aus sozialwissenschaftlicher Sicht, RdJ 1977, 282

CERTAIN, Stellungnahme zum Entwurf eines Gesetzes zur Neuregelung des Rechts der elterlichen Sorge und zur Änderung des Jugendwohlfahrtsgesetzes, DAVorm 1973, 155

COESTER, Sorgerechtsentscheidungen und Grundgesetz, NJW 1981, 961

ders, Das Kindeswohl als Rechtsbegriff (1983)

ders, Elterliche Sorge im deutschen Recht, insbesondere die deutsche Praxis bei türkischen Familien, DAVorm 1990, 847

ders, Neue Aspekte zur gemeinsamen elterlichen Verantwortung nach Trennung und Scheidung, FuR 1991, 70

ders, Die Bedeutung des Kinder- und Jugendhilfegesetzes (KJHG) für das Familienrecht, FamRZ 1991, 253

ders, Reform des Kindschaftsrechts, JZ 1992, 809

ders, Elternrecht des nichtehelichen Vaters und Adoption – Zur Entscheidung des Bundesverfassungsgerichts v 7.3.1995, FamRZ 1995, 1245

ders, Elternautonomie und Staatsverantwortung

bei der Pflege und Erziehung von Kindern,
FamRZ 1996, 1181

ders, Neues Kindschaftsrecht in Deutschland.
New Parent and Child Law in Germany,
DEuFamR 1999, 3

ders, Anmerkung LM Nr 1 zu § 1626a BGB

COESTER/ZUBKE (Hrsg), Das nichteheliche
Kind und seine Eltern – rechtliche und sozial-
wissenschaftliche Aspekte (1991)

COESTER-WALTJEN, Von der elterlichen Gewalt
zur elterlichen Sorge, §§ 1626–1633, in: Juristinnenbund (Hrsg), Neues elterliches Sorgerecht (1977) 67

dies, Die Anwendung des Haager Minderjähri-
gen-Schutzabkommens auf türkische Kinder in
der Bundesrepublik Deutschland, ZfJ 1990, 641

dies, Die Rolle der Geschlechter im deutschen
Familienrecht seit 1990, StAZ 1992, 34

dies, Einführung in die Reform des Kindschaftsrechts, Jura 1998, 436

dies, Die Berücksichtigung der Kindesinteressen
in der neuen EU-Verordnung Brüssel II a,
FamRZ 2005, 241

CONRADI, Zivilrechtliche Regelung des Stief-
kindverhältnisses – Alternative zur Adoption
des Stiefkindes?, FamRZ 1980, 103

CZERNER, Probleme bei der Inobhutnahme gemäß § 42 SGB VIII, ZfJ 2000, 372

DENGER, Kinder und Jugendliche als Zeugen im
Strafverfahren wegen sexuellen Mißbrauchs in
der Familie und deren Umfeld, ZRP 1991, 48

DERLEDER, Das Kindeswohl als Prinzip der
Familiensteuerung, FuR 1994, 144

DERLEDER/DERLEDER, Kindesbetreuung und
Ehegattenunterhalt, FamRZ 1977, 587

DESCHENAUX, Internationale Kindesentführungen und Mittel, ihnen zu begegnen, ZfJ
1987, 97

DETHLOFF, Reform des Kindschaftsrechts,
NJW 1992, 2200

DEUTSCH, Familienrechte als Haftungsgrund,
VersR 1993, 1

DICKERHOFF/BORELLO, Die Sorgeerklärung
eines geschäftsunfähigen Elternteils – Eine
Lücke im Kindschaftsrechtsreformgesetz?, FuR
1998, 70 ff und 157 ff

vDICKHUTH-HARRACH, Erbrecht und Erbrechtsgestaltung eingetragener Lebenspartner,
FamRZ 2001, 1660

DICKMEIS, Die kinderpsychologische Begutach-
tung im familiengerichtlichen Verfahren –
Chancen und Nutzen einer interdisziplinären
Verständigung, NJW 1983, 2053

ders, Gefahren für das Wohl ehelicher Kinder,
ZfJ 1991, 164

ders, Die Position des Kindes in seinem Verfahren stärken, ZfJ 1997, 250

ders, Strukturen des deutschen Kindschaftsrechts im Kontext zur europäischen Rechtsentwicklung, ZfJ 1998, 41

DIECKMANN, Betrachtungen zum Recht der
elterlichen Sorge – vornehmlich für Kinder aus
gescheiterter Ehe, AcP 178 (1978) 298

DIEDERICHSEN, Zur Reform des Eltern-Kind-
Verhältnisses, FamRZ 1978, 461

ders, Die Neuregelung des Rechts der elterlichen Sorge, NJW 1980, 1

ders, Teilhabegerechtigkeit in der Ehe,
FamRZ 1992, 1

ders, Die Reform des Kindschafts- und Bei-
standschaftsrechts, NJW 1998, 1977

ders, Der Weg der gemeinsamen elterlichen
Sorge in die Eindimensionalität, in: FS Rolland
(1999) 87

DIEDERICHSEN/WEGNER, Sorgerecht und
Unterhalt, RdJB 1988, 128

DÖRNDORFER, Einführung in das neue Kindschaftsrecht, ZfJ 1998, 202 und 299

DÖRR, Elterliche Sorge, Umgangsbefugnis und
Kindesherausgabe in der Entwicklung seit dem
I. EheRG, NJW 1989, 690

ders, Die Entwicklung des Familienrechts seit
1989, NJW 1991, 77

DUTTA/SCHERPE, Die Durchsetzung von Rück-
führungsansprüchen nach dem Haager Kindesentführungsübereinkommen durch deutsche
Gerichte, FamRZ 2006, 901

EBERBACH, Familienrechtliche Aspekte der
Humanforschung an Minderjährigen,
FamRZ 1982, 450

EBERHARDT, Die Novellierung des Familiengesetzbuchs der DDR, FamRZ 1990, 917

ders, Änderung des Familiengesetzbuchs der
DDR, NJ 1990, 401

ECKEBRECHT, Neuere Gesetze zur Stärkung der
Vaterrechte, FPR 2005, 205

EDLBACHER, Die Neuordnung des Kindschaftsrechts in Österreich, StAZ 1978, 117

EHRHARDT-RAUCH, Stärkung der Rechte des biologischen Vaters zum 30.4.2004, JAmt 2004, 175

ELL, Trennung – Scheidung – und die Kinder?, Jugendschutz 1979, 177

ders, Anmerkungen aus psychologischer Sicht zur Regelung der Personensorge, ZBlJugR 1980, 319

VAN ELS, § 1618a – Eine zeitgemäße Ausformulierung des Fünften Gebotes, DAVorm 1991, 123

ENGELHARDT, Offene Fragen zum Verfahrenspfleger für das Kind (§ 50 FGG), FamRZ 2001, 525

ENGLER, Zum Erfordernis der elterlichen Einwilligung in die Adoption, FamRZ 1969, 63

ders, Die Reform des Kindschaftsrechts, in: Beiträge zur Familienrechtsreform (1974) 35

ERICHSEN/REUTER, Elternrecht – Kindeswohl – Staatsgewalt: Zur Verfassungsmäßigkeit staatlicher Einwirkungsmöglichkeiten auf die Kindeserziehung durch und aufgrund von Normen des elterlichen Sorgerechts (1985)

EUE, Erbrechtliche Zweifelsfragen des Gesetzes zur Beendigung der Diskriminierung gleichgeschlechtlicher Lebensgemeinschaften, FamRZ 2001, 1196

EVANS-vKRBEK, Gemeinsame elterliche Sorge über das Kind nach der Scheidung? Zum Beschluß des LG Köln vom 6.7.1973, FamRZ 1975, 20

dies, Das „natürliche" Elternrecht – Störfaktor oder Hilfsmittel für eine familiengerechte Rechtsfindung und Rechtspolitik?, ZBlJugR 1976, 45

dies, Gemeinsame elterliche Gewalt über das Kind nach der Scheidung – Verfassungskonforme Auslegung, Rechtsfortbildung durch Analogie oder Verfassungswidrigkeit des § 1671 BGB?, FamRZ 1977, 371

EWERS, Kindeswohl und Verfassung?, FamRZ 2000, 787

FAESSLER-FIJN VAN DRAAT, Die Stellung des Kindes im Wandel von Recht und Gesellschaft, in: KÜHN/TOURNEAU (Hrsg), Familienrechtsreform – Chance einer besseren Wirklichkeit? (1978) 143

FAHRENHORST, Familie in einer sich wandelnden Gesellschaft, FamRZ 1980, 440

dies, Sorge- und Umgangsrecht nach der Ehescheidung und die Europäische Konvention zum Schutze der Menschenrechte und Grundfreiheiten, FamRZ 1988, 238

Familienrechtsreformkommentar (FamRefK) (1998)

FEGERT ua, Das Dilemma zwischen familienbezogener Hilfe und staatlichem Wächteramt, ZfJ 1996, 448 und 483

A FEHMEL, Die Anhörung des Kindes im Sorgerechtsverfahren, DAVorm 1981, 169

FEHNEMANN, Über die Ausübung von Grundrechten durch Minderjährige, RdJ 1967, 281

dies, Bemerkungen zum Elternrecht in der Schule, DÖV 1978, 489

dies, Zu den Fragen des Beweiswertes und der verfassungsrechtlichen Zulässigkeit von Tests für Gutachten vor dem Familiengericht, FamRZ 1979, 661

dies, Zur näheren Bestimmung des grundgesetzlichen Elternrechts, DÖV 1982, 353

dies, Die Innehabung und Wahrnehmung von Grundrechten im Kindesalter (1983), zit: Innehabung

dies, Besprechung zu Erichsen/Reuter, Elternrecht – Kindeswohl – Staatsgewalt, JZ 1986, 437

dies, Der grundrechtliche Schutz der Vermögenssorge, ZBlJugR 1986, 178

FEIL, Vergessene Kinder im Entwurf eines Gesetzes zur Neuregelung des Rechts der elterlichen Sorge, UJ 1978, 65

FEUCHTWANGER, Anm zu RG v 5.5.1930, JW 1932, 1351

FIESELER, Neuregelung des Rechts der elterlichen Sorge, ZfF 1979, 193

FIESELER/HERBORTH, Recht der Familie und der Jugendhilfe. Kommentar zum Kinder- und Jugendhilfegesetz, SGB VIII (4. Aufl 1996)

FINGER, Familienrecht mit familiensoziologischen und familienpolitischen Schwerpunkten (1979)

ders, Das neue Recht der elterlichen Sorge (SorgeRG), JA 1981, 641

ders, Probleme des Sorgerechtsgesetzes, RdJ 1982, 399

ders, Staatlich legalisierte Kindesmißhandlung im Familienrecht, ZfJ 1991, 171

ders, § 1632 Abs 4 BGB – Zuordnungskonflikt

Lore Maria Peschel-Gutzeit

bei Pflegekindern. Anträge der Pflegeeltern im gerichtlichen Verfahren, FuR 1998, 37, 80

ders, UN-Konvention über die Rechte des Kindes v 20. 11. 1989 und deutsche Kindschaftsrechtsreform, ZfJ 1999, 457

ders, Die elterliche Sorge des nichtehelichen Vaters – Verfassungswidrige Reform?, ZfJ 2000, 183

ders, §§ 1626a ff, 1672 BGB – verfassungswidrig?, FamRZ 2000, 1204

ders, Zuständigkeiten nach dem MSA und anderen kinderrechtlichen Übereinkommen, FPR 2002, 621

ders, VO Nr 2201/2003 des Rates der EU (Brüssel II a), ein erster Überblick, FamRB 2004, 234

ders, Internationale Kindesentführung, FuR 2005, 443

FINKE, Das Rechtsverhältnis zwischen Eltern und Kindern unter dem Grundsatz der Gleichberechtigung von Mann und Frau, NJW 1953, 606

FLEIG, Das Elternrecht im Bonner Grundgesetz (1953)

FLEIGE, Die Zuständigkeit für Sorgerechtsentscheidungen und die Rückführung von Kindern nach Entführungen nach Europäischem IZVR, FamRZ 2007, 103

FLEISCHER/KALNBACH, Erste Erfahrungen und statistische Zahlen bei der praktischen Umsetzung der §§ 1626a ff BGB iVm §§ 58a, 59 und 87c KJHG auf EDV-Basis, DAVorm 1998, 76

FLÜGGE, „Trennung von Paar- und Elternebene" oder „Wer schlägt, der geht"?, Familienrechtliche Bruchstellen im geplanten Gewaltschutzgesetz, Streit 2001, 114

W FRANZ, Zur Frage eines eigenen Antragsrechts des Jugendlichen gegenüber dem Vormundschaftsgericht, FamRZ 1974, 571

ders, Neues Kindschaftsrecht ohne Antragsrecht?, ZBlJugR 1978, 149

FREUND, Die Anhörungspflicht gemäß § 50b FGG – Nützliche Pflicht oder „des Guten zuviel"?, DRiZ 1982, 268

FRICKE, Die Wahrnehmung von Angelegenheiten der elterlichen Sorge durch Pflegeeltern oder Heimerzieher bei bestehender Vormundschaft, Pflegschaft oder Betreuung, ZfJ 1992, 305

dies, Anhörungsumgebung und fachliche pädagogische Betreuung der Kinder im Familiengericht und im Jugendamt, ZfJ 1998, 53

dies, Sozialarbeiter als Verfahrenspfleger gemäß § 50 FGG?, ZfJ 1999, 51

FRIEDRICHS, Die Unterbringung Minderjähriger in geschlossenen Einrichtungen, Jugendwohl 1980, 223

FUNK, Trennung der Kinder von der Familie, FamRZ 1969, 69

GAUL, Die Neuregelung des Abstammungsrechts durch das Kindschaftsrechtsreformgesetz, FamRZ 1997, 1441

GEIGER, Die Bewertung der Familien in der gesellschaftlichen Wirklichkeit und in der Verfassung, FamRZ 1973, 225

ders, Recht des Staates und Elternrecht, FamRZ 1979, 457

GEORGII, Rechtsanspruch auf einen Kindergartenplatz, NJW 1996, 686

GERBER (Hrsg), Kindeswohl kontra Elternwillen? Aspekte eines neuen Familienrechts (1975)

R GERHARD, Sorge statt Gewalt – Zur geplanten Neuregelung der Eltern-Kind-Beziehungen, ZRP 1974, 19

GERHARDT, Die neue Kindergeldverrechnung ab 1. 1. 2001 – Erwiderung zu Scholz FamRZ 2000, 1541 –, FamRZ 2001, 73

GERNHUBER, Elterliche Gewalt heute – Eine grundsätzliche Betrachtung, FamRZ 1962, 89

ders, Kindeswohl und Elternwille, FamRZ 1973, 229

ders, Neues Familienrecht (1977)

ders, Eltern und Kinder sind einander Beistand und Rücksicht schuldig – Ein Beitrag zu § 1618a BGB, in: FS Müller-Freienfels (1986) 159

GERSTEIN, Verwirklichung von Kinderrechten nach der UN-Kinderrechtskonvention, ZfJ 1995, 527

ders, Die Berichterstattung der Bundesrepublik Deutschland an den UN-Kinderrechtsausschuß, ZfJ 1996, 292

GIESEN, Das Wohl des Kindes im Falle eines Elternkonfliktes zwischen Sorge- und Verkehrsberechtigtem, NJW 1972, 225 = RdJ 1972, 166

ders, Zur Problematik der Einführung einer Familiengerichtsbarkeit in der Bundesrepublik Deutschland (1975) ders, Familienrechtsreform zum Wohl des Kindes?, FamRZ 1977, 594

ders, Ehe und Familie in der Ordnung des Grundgesetzes, JZ 1982, 817

GIESSLER, Erlöschen der elterlichen Prozeßführungsbefugnis und Übergang zum familienrechtlichen Ausgleichsanspruch, FamRZ 1994, 800

GIESSLER/SOYKA, Vorläufiger Rechtsschutz in Ehe-, Familien- und Kindschaftssachen (4. Aufl 2005)

GLÄSS, Verfahrenspflegschaften – Erfahrungen, Beobachtungen, Schlußfolgerungen, JAmt 2001, 163

GLÄSSING, Kann der Vormundschaftsrichter die Erstbestimmung der Religion des Kindes vornehmen?, FamRZ 1962, 350

GÖPPINGER, Eingriffe des Vormundschaftsgerichts in das Elternrecht (Art 6 CG) – Betrachtungen zum Eheschließungs- und Adoptionsrecht, FamRZ 1959, 397

ders, Probleme des Rechtsverhältnisses zwischen Eltern und Kindern (1967)

GÖTZ, Das neue Kindesrecht der Schweiz, StAZ 1978, 257

GOLDSTEIN/FREUD/SOLNIT, Jenseits des Kindeswohls (1974) (GOLDSTEIN I)

dies, Diesseits des Kindeswohls (1982) (GOLDSTEIN II)

dies, Das Wohl des Kindes (1988) (GOLDSTEIN III)

GRABA, Zur Neuregelung der Kindergeldanrechnung nach dem Gesetz zur Ächtung der Gewalt in der Erziehung und zur Änderung des Kindesunterhaltsrechts, NJW 2001, 249

GREESE, Der zweite Anlauf zur Reform des elterlichen Sorgerechts, DJ 1977, 205

ders, Elterliche Sorge im Interesse des Kindes?, DJ 1977, 234

GRESSMANN, Neues Kindschaftsrecht (1998)

ders, Einführung in das neue Kindschaftsrecht (Teil II), Verfahrensrechtliche Aspekte der Kindschaftsrechtsreform, KindPrax 1998, 35

GROSS, H, Das Recht der elterlichen Sorge (3. Aufl 1981)

GRUBER, Die neue „europäische Rechtshängigkeit" bei Scheidungsverfahren – Zur EG-Verordnung über die Zuständigkeit und die Anerkennung und Vollstreckung von Entscheidungen

in Ehesachen und in Verfahren betreffend die elterliche Verantwortung für die gemeinsamen Kinder, FamRZ 2000, 1129

GRÜN, Das neue Kindschafts- und Unterhaltsrecht in der anwaltlichen Praxis. Eine Einführung mit den wichtigsten Gesetzestexten (1998)

GÜLLEMANN, Berufs- und Ausbildungswahl zwischen Elternrecht und Kindeswohl, MDR 1975, 793

HABERSACK, Das neue Gesetz zur Beschränkung der Haftung Minderjähriger, FamRZ 1999, 1

HABSCHEID, Das Rechtsverhältnis zwischen Eltern und ehelichen Kindern nach dem Gleichberechtigungsgesetz, Rpfleger 1957, 326

ders, Familiengerichte?, FamRZ 1975, 567

HÄBERLE, Erziehungsziele und Orientierungswerte im Verfassungsstaat (1981)

ders, Verfassungsschutz der Familie – Familienpolitik im Verfassungsstaat (1984)

HAFFTER, Kinder aus geschiedenen Ehen – Eine Untersuchung über den Einfluß der Ehescheidung auf Schicksal und Entwicklung der Kinder nach ärztlichen, juristischen und fürsorgerischen Fragestellungen (2. Aufl 1960)

HAGER, Der rechtliche und der leibliche Vater, in: FS Schwab (2005) 773

HAHNZOG, Inhaber des Elternrechtes aus Art 6 Abs II GG, FamRZ 1971, 334

HAIBACH/HAIBACH, Das neue Kindschaftsrecht (1998)

HANISCH, Zur Reform des Rechts des Kindes – vergleichende Bemerkungen zu den Reformbestrebungen in der Schweiz und in der Bundesrepublik Deutschland, FamRZ 1975, 6

HANSEN, Leistungen der Jugendhilfe bei Trennung und Scheidung von Eltern, FuR 1993, 89

HANSMANN, Der Elternbegriff des Art 6 Abs 2 des Grundgesetzes, FamRZ 1962, 452

ders, Nochmals zum Elternbegriff des Grundgesetzes, FamRZ 1963, 489

HAPPE, Elternrecht, Kindesrecht, Eingriffsrecht – Meinungsverschiedenheiten bei der Reform des § 1666 BGB im Gesetzgebungsverfahren, in: FS Stutte (1979) 203

ders, Die Bedeutung des Verfahrensrechts im Sorgerechtsgesetz für die Jugendhilfe, ZBlJugR 1980, 542

HARBAUER, Kindeswohl kontra Elternwillen –

Lore Maria Peschel-Gutzeit

aus der Sicht eines Kinder- und Jugendpsychiaters, in: GERBER (Hrsg), Kindeswohl kontra Elternwillen (1975) 42

HARRER, Zivilrechtliche Einflußmöglichkeiten des künftigen Vaters auf die Durchführung des Schwangerschaftsabbruchs, ZfJ 1989, 238

HATTENHAUER, Über ehestabilisierende Rechtstechniken, FamRZ 1989, 225

HAU, Internationales Eheverfahren in der europäischen Union, FamRZ 1999, 484

ders, Europäische und autonome Zuständigkeitsgründe in Ehesachen mit Auslandsbezug, FPR 2002, 616

HAUCK, Kommentar zum KJHG (1998)

HECHT, Erfahrungen mit den Gewaltschutzgesetz aus Sicht der Berliner Interventionszentrale bei häuslicher Gewalt (BIG) – Ein Praxisbericht, FPR 2005, 13

HEGER, Die Änderung des § 1612b V BGB – Schlußstein oder Neubeginn?, FamRZ 2001, 1409

HEGER/SCHOMBURG, Das Gesetz zur Ächtung der Gewalt in der Erziehung und zur Änderung des Kindesunterhalts, KindPrax 2000, 171

HEGNAUER, Eltern und Kinder sind einander Beistand und Rücksicht schuldig, ZBlJugR 1980, 685

HELDRICH, Schranken der elterlichen Vertretungsmacht bei der Ausschlagung einer Erbschaft, in: FS Lorenz (1991) 97

HELLE, Freiheitsentziehung und Freiheitsbeschränkung bei der bürgerlich-rechtlichen Unterbringung Minderjähriger, ZBlJugR 1986, 40

HENRICH, Wertentscheidungen im Wertewandel. Betrachtungen zu Art 6 Abs 1 GG, in: FS Lerche (1993) 239

ders, Kindschaftsrechtsreformgesetz und IPR, FamRZ 1998, 1401

ders, Anmerkung zur Entscheidung BVerfG vom 29.1.2003 (BVerfGE 107, 150), FamRZ 2003, 359

HEPTING, Ehevereinbarungen (1994)

HERTWIG, Verfassungsrechtliche Determinanten des Minderjährigenschutzes, FamRZ 1987, 124

HILL, Das natürliche Elternrecht aus verfassungs- und zivilrechtlicher Sicht, RdJ 1972, 136

HINZ, Kindesschutz als Rechtsschutz und elterliches Sorgerecht (1976)

ders, Elternverantwortung und Kindeswohl – neue Chancen zu ihrer Verwirklichung für die Rechtsprechung?, ZBlJugR 1984, 529

ders, Die gemeinsame Sorge, Sorgerechtsentscheidungen und ergänzende Normen nach dem deutschen Recht, FPR 1998, 76

HOCHGRÄBER, Zur Vollstreckung von in Prozeßstandschaft von einem Elternteil erwirkten Kindesunterhaltstiteln, FamRZ 1996, 272

HÖFELMANN, Das „Gesetz zur Umsetzung familienrechtlicher Entscheidungen des Bundesverfassungsgerichts", FamRZ 2004, 65

dies, Das neue Gesetz zur Änderung der Vorschriften über die Anfechtung der Vaterschaft und das Umgangsrecht von Bezugspersonen des Kindes, FamRZ 2004, 745

HÖHNE, Gerichtliche Kontrolle elterlicher Fehlentscheidungen – Die Anwendung des § 1666 BGB in der Rechtsprechung der Bundesrepublik (Diss Frankfurt 1974)

HOENIGER, Kann der Generalbevollmächtigte im Namen des Vertretenen für seine eigene Schuld bürgen?, DJZ 1910, 1348

HOERSTER, Forum: Ein Lebensrecht für die menschliche Leibesfrucht?, JuS 1989, 172

HOFFMANN, Der Beitritt minderjähriger Arbeitnehmer zu einer Gewerkschaft, BB 1965, 126

W HOFFMANN, Zum neuen Sorgerecht, StAZ 1979, 313

HOFMANN, Die religiöse Kindererziehung in verfassungsrechtlicher Sicht, FamRZ 1965, 61

HOHLOCH, Anmerkung zu OLG Bamberg, JuS 1996, 1132

ders, Anmerkung zu OLG Hamm, JuS 1998, 658

HOHM, Grundrechtsträger und „Grundrechtsmündigkeit" Minderjähriger am Beispiel öffentlicher Heimerziehung, NJW 1986, 3107

HOHMANN-DENNHARDT, Grundgedanken zu einer eigenständigen Vertretung von Kindern und Jugendlichen im familiengerichtlichen Verfahren, ZfJ 2001, 77

HOLLMANN, Einwilligung Minderjähriger in Heilbehandlungen, in: Juristinnenbund (Hrsg), Neues elterliches Sorgerecht (1977) 121

HOLM, Grundrechtsträgerschaft und „Grundrechtsmündigkeit" Minderjähriger am Beispiel öffentlicher Heimerziehung, NJW 1986, 3107

HOLTGRAVE, Das neue Recht der elterlichen Sorge, JZ 1979, 665

HOLZHAUER, Verwandtschaftliche Elternstellung, verfassungsmäßiges Elternrecht und elterliche Sorge, FamRZ 1982, 109

ders, Die Neuregelung des Pflegekindverhältnisses, ZRP 1982, 222

ders, Aktuelles Familienrecht vor rechtsgeschichtlichem Hintergrund, JZ 2000, 1076

HOYER, Im Strafrecht nichts Neues? Zur strafrechtlichen Bedeutung der Neufassung des § 1631 II BGB, FamRZ 2001, 521 ff

CH HUBER, Anmerkung zum Beschluß des BVerfG vom 9. 4. 2003, FamRZ 2003, 825

HUBER/SCHERER, Die Neuregelung zur Ächtung der Gewalt in der Erziehung, FamRZ 2001, 797

HUG, Die Kinderrechtsphilosophie, ZfJ 1994, 508

HUHN, Neues Kindschaftsrecht: Inhalt und Chancen, RpflStud 1977, 25

JACH, Elternrecht, staatlicher Schulerziehungsauftrag und Entfaltungsfreiheit des Kindes, KJ 1984, 85

JAEGER, Teleologische Reduktion des § 181 BGB (1999)

JAHNKE, Anmerkung zu OLG Celle, NJW 1977, 960

JANS/HAPPE, Gesetz zur Neuregelung des Rechts der elterlichen Sorge – Kommentar (1980)

JANZEN, Das Kinderrechteverbesserungsgesetz – Weiterentwicklung des Kindschaftsrechts und Schutz der Kinder vor Gewalt, FamRZ 2002, 785

JAYME, Die Familie im Recht der unerlaubten Handlung (1971)

JAYME/KOHLER, Europäisches Kollisionsrecht 1998: Kulturelle Unterschiede und Parallelaktionen, IPRax 1998, 417

JOPT, Staatliches Wächteramt und Kindeswohl – Zum unseligen Verhältnis zwischen Sorgerecht und Umgangsrecht, ZfJ 1990, 285

Juristinnenbund (Hrsg), Neues elterliches Sorgerecht – Alternativentwurf eines Gesetzes zur Neuregelung des Rechts der elterlichen Sorge (1977)

KELLER, Das gemeinsame Sorgerecht nach der Kindschaftsrechtsreform (1999)

KEMPER, Sorgeerklärung zur Verhinderung der unterhaltsrechtlichen Inanspruchnahme des Vaters?, DAVorm 1999, 447

KERN, Fremdbestimmung bei der Einwilligung in ärztliche Eingriffe, NJW 1994, 753

KINKEL, Die UNO-Kinderkonvention, ZfJ 1992, 146

KIPP, Die religiöse Kindererziehung nach Reichsrecht, in: Berliner Festgabe Wilhelm Karl (1923)

KIRCHHOF, Die Grundrechte des Kindes und das natürliche Elternrecht, Praxis des neuen Familienrechts (1978) 171

ders, Lebenspartnerschaftsgesetz und Grundgesetz, FPR 2001, 436

KITTNER, Zur Grundrechtsmündigkeit des Minderjährigen am Beispiel der Koalitionsfreiheit (Artikel 9 Absatz 3 GG), AuR 1971, 280

KLEIN, Für die Verfassungskonformität des Lebenspartnerschaftsgesetzes, FPR 2001, 434

KLEMM, Andere Gedanken zu einer Reform der Bestimmungen über die elterliche Gewalt, FamRZ 1969, 311

KLENNER, Vertrauensgrenzen des psychologischen Gutachtens im Familienrechtsverfahren, FamRZ 1989, 804

ders, Rituale der Umgangsvereitelung bei getrennt lebenden oder geschiedenen Eltern, FamRZ 1995, 1529

KLÜSENER, Das neue Kindschaftsrecht und der Rechtspfleger des Großen Familiengerichts, Rpfleger 1998, 221

KLUSSMANN, Das Kind im Rechtsstreit der Erwachsenen (1981)

ders, Die Anhörung von Kindern, UJ 1981, 304

ders, Der verfassungsgemäße Ausschluß des gemeinsamen Sorgerechts geschiedener Eltern (§ 1671 IV S 1 BGB), FamRZ 1982, 118

KNIEPER, Personensorge für Kinder und Scheidung der Eltern, JZ 1976, 158

KNITTEL, Reform des Kindschaftsrechts vor dem Ziel, DAVorm 1997, 649

ders, Die Beurkundung von Sorgeerklärungen nicht miteinander verheirateter Eltern, ZfJ 2000, 140

ders, Das Kinderrechteverbesserungsgesetz, FF 2003, 14

KNÖPFEL, Zur Neuordnung des elterlichen Sorgerechts, FamRZ 1977, 600

Lore Maria Peschel-Gutzeit

ders, Faktische Elternschaft, Bedeutung und Grenzen, FamRZ 1983, 317

ders, Beistand und Rücksicht zwischen Eltern und Kindern (§ 1618a BGB), FamRZ 1985, 554

ders, Elternrecht, Kindesrecht und Zwang gegen Jugendliche – zugleich Anmerkung zum Beschluß des BayObLG vom 18.4.1985 –, FamRZ 1985, 1211

KODJOE/KOEPPEL, The Parental Alienation Syndrom (PAS), DAVorm 1998, 9

KÖBLER, Das Minderjährigenrecht, JuS 1979, 789

KOECHEL, Kindeswohl im gerichtlichen Verfahren (1995)

ders, Sorgerechtsverfahren-Rahmenbedingungen für die Zusammenarbeit zwischen Richtern und Sachverständigen (1995)

KOECHEL-HEIDER, Das Wohl des Kindes in der familiengerichtlichen Sorgerechtspraxis – Eine inhaltsanalytische Studie über sorge- und umgangsrechtliche Beschlüsse, ZFJ 1989, 76

KOEPPEL, Die Stellungnahme von „Defence for children International", Genf, zu der von der Bundesrepublik geplanten Vorbehaltserklärung zur UN-Kinderrechtskonvention, ZfJ 1991, 355

ders (Hrsg), Kinderrecht und Völkerrecht im europäischen Kontext (1996)

ders, Zur Bedeutung der „Elsholz-Entscheidung" (des EGMR v 13.7.2000, DAVorm 2000, 679) für die Fortentwicklung des deutschen Kindschaftsrechts, DAVorm 2000, 639

KOESTER, Sorgerecht und Kindeswohl. Ein Vorschlag zur Neuregelung des Sorgerechts (Diss Marburg 1997)

KOHLER, Internationales Verfahrensrecht für Ehesachen in der Europäischen Union, Die Verordnung „Brüssel II", NJW 2001, 10

KOLODZIEJ, Die rechtliche Situation der Eltern, Pflegekinder und Pflegeeltern im Pflegeverhältnis, Jugendwohl 1979, 113

KOPATSCH, Konsequenzen der Rechtspraxis im Sorgerechtsbereich, ZfJ 1998, 246

KRAEFT, Vollstreckungsmaßnahmen nach § 33 FGG, FuR 2000, 357 und 417

KRAEFT/OELKERS, Die Herausgabe des Kindes nach dem Haager Kindesentführungsübereinkommen (HkiEntÜ), FuR 2002, 299 u 355

KRAMER, Elterliches Sorgerecht und Berufsausbildung von Minderjährigen, JZ 1974, 90

KRAUSE, Anmerkung zu OLG München, FamRZ 1996, 307

KREFT/MÜNDER, Das Recht der elterlichen Sorge, Sozialpädagogisches Institut Berlin (Hrsg) (1983)

KROLL-SCHLÜTER, Ehe und Familie unter dem besonderen Schutz des Staates, Jugendwohl 1977, 111

KROPHOLLER, Das Kindeswohl als Rechtsbegriff, Besprechung von Coester, Das Kindeswohl als Rechtsbegriff, JZ 1984, 164

KROPP, Herausgabe eines Kindes, DRiZ 1979, 84

H KRÜGER, Grundrechtsausübung durch Jugendliche (Grundrechtsmündigkeit) und elterliche Gewalt, FamRZ 1956, 329

E KÜHN, Kindeswohl im Spannungsfeld von Gesellschaft und Recht und Selbstbestimmung der Jugendlichen, in: KÜHN/TOURNEAU, Familienrechtsreform, Chancen einer besseren Wirklichkeit (1978)

KÜHN/MÜNDER/PFÜRTNER/RAUM, Selbstbestimmungsrecht des Jugendlichen (1978)

KÜNKEL, Neue Zuständigkeiten des Familiengerichts ab 1.7.1998, FamRZ 1998, 877

KUHN, Grundrechte und Minderjährigkeit (1965)

KUHR, Zur Problematik des Gewerkschaftsbeitritts Minderjähriger, DB 1968, 1126

KUNKEL, Das junge Konto – Minderjährigenschutz im Rahmen des Girovertrages, Rpfleger 1997, 1

KUNTZE, Anmerkungen zum neuen Sorgerechtsentwurf, JR 1973, 273

KUNZ, Die Reform der „elterlichen Gewalt" – Ein Vergleich mit europäischen Staaten, RdJ 1976, 366

ders, Zur Rechtsstellung des Kindes, ZBlJugR 1986, 187

ders, Zum Züchtigungsrecht der Eltern, ZfJ 1990, 52

LAKIES, Das Recht der Pflegekindschaft im BGB nach der Kindschaftsrechtsreform, ZfJ 1998, 129

H LANGE, Die Folgen der Ehescheidung im Entwurf eines Ersten Gesetzes zur Reform des Ehe- und Familienrechts (1.EheRG), FamRZ 1972, 225 (234)

R LANGE, Anthropologische Grenzbereiche

zwischen Psychiatrie, Psychologie und Recht, NJW 1980, 2729

U LANGE, Das Elternrecht und das Wohl des fremdversorgten Kindes, RdJ 1971, 267

LAPPE, Kann ein verfahrensfähiger Minderjähriger selbst einen Anwalt bestellen?, Rpfleger 1982, 10

LASKOWSKI/ALBRECHT, Das Kindschaftsrechtsreformgesetz und seine Bedeutung für familienbezogene Aufenthaltsrechte, ZAR 1999, 100

LECHELER, Der Schutz der Familie – Fehlentwicklungen bei der Konkretisierung eines Grundrechts, FamRZ 1979, 1

LEMPP, Das Wohl des Kindes in §§ 1666 und 1671 BGB, NJW 1963, 1659

ders, Noch einmal: Kindeswohl und Kindeswille, NJW 1964, 440

ders, Die Rechtsstellung des Kindes aus geschiedener Ehe – aus kinder- und jugendpsychiatrischer Sicht, NJW 1972, 315

ders, Kindeswohl und Kindesrecht, ZfJ 1974, 124

ders, Der Entwurf eines Gesetzes zur Neuregelung des Rechtes der elterlichen Sorge aus kinder- und jugendpsychiatrischer Sicht, ZfJ 1977, 507

ders, Soll die Rechtsstellung der Pflegekinder unter besonderer Berücksichtigung des Familien-, Sozial- und Jugendrechts neu geregelt werden? Kinderpsychologischer und -psychiatrischer Aspekt des Themas, Ref 54. Deutscher Juristentag 1982, 43

ders, Das neue Familienrecht aus kinder- und jugendpsychiatrischer Sicht, ZfJ 1984, 169

ders, Die Vermeidung von Verfahren nach § 1632 Absatz 4 BGB – Eine Aufgabe der Jugendämter, ZfJ 1986, 543

LEMPP/vBRAUNBEHRENS ua, Die Anhörung des Kindes gemäß § 50b FGG (1987)

LENZ-FUCHS, Entwicklungstendenzen im Kindschaftsrecht, DNotZ 1973, 49 (Sonderheft)

dies, Überlegungen zur Neuregelung der Vermögenssorge, in: Juristinnenbund (Hrsg), Neues elterliches Sorgerecht (1977) 137

LIERMANN, Nationales Sorge- und Umgangsrecht im Lichte der Europäischen Menschenrechtskonvention, DAVorm 2000, 629

LIMBACH, Rezension zu Coester, Das Kindes-

wohl als Rechtsbegriff, Zeitschrift für Rechtssoziologie (1984) 182

dies, Die Suche nach dem Kindeswohl – ein Lehrstück der soziologischen Jurisprudenz, Zeitschrift für Rechtssoziologie 1988, 155

LIPP, Das elterliche Sorgerecht für das nichteheliche Kind nach dem Kindschaftsrechtsreformgesetz (KindRG), FamRZ 1998, 65

LIPP/WAGENITZ, Das neue Kindschaftsrecht (1999)

LÖWISCH, Beschränkung der Minderjährigenhaftung und gegenseitiger Vertrag, NJW 1999, 1002

LOOK, Zur Neuregelung des Rechts der elterlichen Sorge nach Ehescheidung, UJ 1977, 217

LÜDEMANN, Kindesrecht kontra Elternwillen, in: GERBER (Hrsg), Kindeswohl kontra Elternwillen (1975) 63

LÜDERITZ, Die Rechtsstellung ehelicher Kinder nach Trennung ihrer Eltern im künftigen Recht der Bundesrepublik Deutschland, FamRZ 1975, 605

ders, Neues elterliches Sorgerecht – Gedanken zum Alternativentwurf der Familienrechtskommission des Juristinnenbundes zur Neuregelung des Rechts der elterlichen Sorge, FamRZ 1978, 475

ders, Elterliche Sorge als privates Recht, AcP 178 (1978) 263

ders, Familienrecht (27. Aufl 1999)

LÜDERITZ/LENZEN, Übertragung der elterlichen Gewalt an beide Elternteile nach Scheidung?, FamRZ 1971, 625

LUTHER, Die Rechtsstellung der Kinder aus geschiedenen Ehen im Hinblick auf die Reform des Ehescheidungsrechts, RdJ 1972, 161

LUTHIN, Zur Neuregelung des elterlichen Sorgerechts – Anmerkungen aus der Sicht eines Praktikers, FamRZ 1979, 986

ders, Aus der Praxis zum Sorgerechtsgesetz, FamRZ 1981, 111

ders, Nochmals: Zu den durch das Sorgerechtsgesetz normierten Anhörungspflichten, FamRZ 1981, 1149

ders, Mindestbedarf des minderjährigen unverheirateten Kindes, FamRZ 2001, 334

vLUXBURG, Das neue Kindschaftsrecht (1. Aufl 1998)

Lore Maria Peschel-Gutzeit

MASS, Erziehungsberatung und Hilfen zur Erziehung, ZfJ 1995, 387

MÄHLER/MÄHLER, Mediation und Kindschaftsrechtspraxis, KindPrax 1998, 18

MÄRZ, Anmerkung zu OLG München vom 18. 9. 1978, FamRZ 1979, 339

ders, Das Bundesverfassungsgericht und der „Verfahrenspfleger" des minderjährigen Kindes im Sorgerechtsverfahren, FamRZ 1981, 736

MANSEL, Neues internationales Sorgerecht, NJW 1990, 2176

MARTENS, Grundrechtsausübung als Spiel ohne Grenzen?, NJW 1987, 2561

MAUNZ, Das Elternrecht als Verfassungsproblem, in: FS Scheuner (1973) 419

MAURER, Gemeinsames Sorgerecht nach Scheidung und Streit über den Kindesunterhalt, FamRZ 1993, 263

MAYER, Der Anspruch auf vormundschaftsgerichtliche Genehmigung von Rechtsgeschäften, FamRZ 1994, 1007

MEIXNER, Gemeinsames Sorgerecht der Eltern für ein nichteheliches Kind?, FuR 1996, 14

MENNE, Zum Begriff des „gewöhnlichen Aufenthalts" nach dem Haager Übereinkommen über die zivilrechtlichen Aspekte internationaler Kindesentführungen, ZKJ 2006, 351

MERKEL, Beschränkung des elterlichen Verwaltungsrechts über ererbtes Kindesvermögen, MDR 1964, 113

MEYER-GÖTZ/NOLTEMEIER, Internationale Scheidungszuständigkeit im europäischen Eheverfahrensrecht, FPR 2004, 282

MEYER-STOLTE, Elterliche Sorge – zur Reform des Kindschaftsrechts durch das Sorgerechtsänderungsgesetz, Rpfleger 1980, 130

MEYSEN, Verfahrenspfleger zwischen Mediator und Anwalt des Kindes. Ein Rechtsinstitut bekommt Konturen, JAmt 2001, 381

MICKEL, Das Elternrecht im Schulwesen der Bundesrepublik Deutschland (eine politologisch-juristische Analyse), RdJ 1974, 363

MIGSCH, Die sogenannte Pflichtschenkung, AcP 173 (1973) 46

MNOOKIN, Was stimmt nicht mit der Formel „Kindeswohl"?, FamRZ 1975, 1

MORAWETZ, Neues Kindschaftsrecht: Konsequenzen für die Beistandschaft/Amtsvormundschaft, ZfJ 1999, 203

MORITZ, Zur Zulässigkeit eines eigenen „Anwalt(s) des Kindes", Anmerkung zu Amtsgericht Mönchengladbach-Rheydt FamRZ 1985, 532, Jura 1986, 588

ders, Die (zivil-)rechtliche Stellung der Minderjährigen und Heranwachsenden innerhalb und außerhalb der Familie (1989)

ders, Ein „rechtsfreier Innenraum" der Familie, in: FS vLübtow (1991) 163

ders, Die wichtigsten Neuregelungen im Kindschaftsrecht, JA 1998, 704

ders, Bedeutung des Elternvotums für den Schwangerschaftsabbruch Minderjähriger, ZfJ 1999, 92

MOTZER, Geltendmachung und Verwendung von Schadensersatz wegen Gesundheitsschäden als Aspekt elterlicher Vermögenssorge, FamRZ 1996, 844

ders, Die gerichtliche Praxis der Sorgerechtsentscheidung seit der Neufassung von § 1671 BGB, FamRZ 1999, 1101

ders, Die neueste Entwicklung von Gesetzgebung und Rechtsprechung auf dem Gebiet von Sorgerecht und Umgangsrecht, FamRZ 2001, 1034

ders, Gesetzgebung und Rechtsprechung zur elterlichen Sorge und zum Umgangsrecht seit dem Jahre 2001, FamRZ 2003, 793

ders, Die Entwicklung des Rechts der elterlichen Sorge und des Umgangs seit 2002, FamRZ 2004, 1145

ders, Das Umgangsrecht Verwandter und enger Bezugspersonen, FamRB 2004, 231

ders, Die Rechtsprechung zur elterlichen Sorge und zum Umgangsrecht seit 2004, FamRZ 2006, 73

MROZYNSKI, Kommentar zum KJHG (3. Aufl 1998)

MÜHLENS, Einführung in das Kindschaftsrecht (Teil I), Elterliche Sorge, Erziehung und Umgangsrecht, KindPrax 1998, 1 und 35

MÜHLENS/KIRCHMEIER/GRESSMANN, Das neue Kindschaftsrecht. Erläuternde Darstellung des neuen Rechts anhand der Materialien (1998)

G MÜLLER, Die Neuregelung des Rechts der elterlichen Sorge, DRiZ 1979, 169

R MÜLLER, Gemeinsames Sorgerecht nicht verheirateter Eltern – Übergangsregelung in Kraft, FamRB 2004, 35,

ders, Vaterschaftsanfechtung und Umgangsrecht neu geregelt, FamRB 2004, 206
MÜLLER-FREIENFELS, Die Vertretung beim Rechtsgeschäft (1955)
ders, Stellvertretungsregeln in Einfalt und Vielfalt (1982)
ders, Deutscher Partikularismus im Internationalen Kindesentführungsrecht – Dezentralisation der „Zentralen Behörde"?, JZ 1988, 120
MÜNDER, Die Kindeserziehung in der Familie nach dem Modell des Bürgerlichen Rechts und ihre gesellschaftliche Bedeutung (Diss Regensburg 1972)
ders, Die Berufswahl des Jugendlichen, ZBlJugR 1975, 286
ders, Elterliche Gewalt und schulische Ausbildung des Jugendlichen, JuS 1976, 74
ders, Elterliche Gewalt und Wohl des Kindes, RdJ 1977, 358
ders, „Wohl des Kindes" in vormundschaftsgerichtlichen und familiengerichtlichen Entscheidungen, RdJ 1981, 82
ders, Zum Wohle des Kindes? Fünf Jahre neues Scheidungsrecht, drei Jahre Neuregelung der elterlichen Sorge, BlWohlfahrtspfl 1983, 3
ders, Die Entwicklung autonomen kindschaftsrechtlichen Denkens, ZBlJugR 1988, 10
vMUTIUS, Grundrechtsfähigkeit, Jura 1983, 30
ders, Grundrechtsmündigkeit, Jura 1987, 272
MUTSCHLER, Bericht über die National Coalition für die Umsetzung der UN-Kinderrechtskonvention in Deutschland, DAVorm 1995, 558
NATZEL, Das neue Recht der elterlichen Sorge und seine Bedeutung für das Berufsbildungsrecht, DB 1980, 1023
NEIDHARDT, Die Familie in Deutschland – gesellschaftliche Stellung, Struktur und Funktionen (4. Aufl 1975)
NEUHAUS, Kindeswohl oder Elternrecht?, FamRZ 1972, 279
ders, Ehe und Kindschaft in rechtsvergleichender Sicht (1979)
ders, Kinder in der neuen Familie, ZBlJugR 1981, 37
NIEMANN, Die Unterbringung Minderjähriger in Erziehungsheimen im Einverständnis mit den personensorgeberechtigten Eltern als Freiheitsentziehung im Sinne von Artikel 104 GG, ZBlJugR 1979, 156

ders, Neuregelung der richterlichen Genehmigung von freiheitsentziehender Unterbringung unter besonderer Berücksichtigung der freiwilligen Erziehungshilfe, ZBlJugR 1980, 74
NIEMEYER, Elternrecht und Kindeswohl, FuR 1990, 153
NIEPMANN, Die Reform des Kindschaftsrechts. Die wichtigsten Änderungen durch das neue Kindschaftsrecht. Neuerungen für die Praxis, MDR 1998, 565
NIETHAMMER-JÜRGENS, Das Haager Kindesentführungsübereinkommen in der anwaltlichen Praxis, DAVorm 2000, 1071
dies, Vollstreckungsprobleme im HKÜ-Verfahren, FPR 2004, 306
NORMANN, Das neue Recht der elterlichen Sorge in Frankreich im Vergleich mit dem deutschen Recht, FamRZ 1988, 568
OBERLOSKAMP, Der Schutz von Kindern nach dem Gewaltschutzgesetz und Kinderrechteverbesserungsgesetz einerseits und den §§ 1666, 1666a BGB andererseits, FPR 2003, 285
OELKERS, Die Rechtsprechung zur elterlichen Sorge – Eine Übersicht über die letzten fünf Jahre, FamRZ 1995, 1097
ders, Die Rechtsprechung zum Sorge- und Umgangsrecht, FamRZ 1997, 779
ders, Gründe für die Sorgerechtsübertragung auf einen Elternteil, FPR 1999, 132
ders, Das neue Sorgerecht in der familienrechtlichen Praxis, FuR 1999, 349 und 413
ders, Das neue Sorge- und Umgangsrecht – Grundzüge und erste Erfahrungen, ZfJ 1999, 263
ders, Anmerkung zu BGH 4.4.2001 BGH-Report 2001, 500
OELKERS/KASTEN, Zehn Jahre gemeinsame elterliche Sorge nach der Scheidung, FamRZ 1993, 18
OLLMANN, Die Bedeutung des § 1631b BGB bei der Freiwilligen Erziehungshilfe, ZfJ 1981, 73
ders, Ist das Jugendamt bei sexuellem Kindesmißbrauch zur Strafanzeige verpflichtet?, ZfJ 1999, 195
OPPERMANN, Die erst halb bewältigte Sexualerziehung – Erledigtes und Unerledigtes zu Elternrecht, Familienschutzgarantie und schulrechtlichem Gesetzesvorbehalt nach dem Be-

schluß des BVerfG vom 21.12.1977, JZ 1978, 289

OSSENBÜHL, Zur Erziehungskompetenz des Staates, in: FS Bosch (1976) 751

ders, Die Interpretation der Grundrechte in der Rechtsprechung des Bundesverfassungsgerichts, NJW 1976, 2100

ders, Treuhänderische Wahrnehmung von Grundrechten der Kinder durch die Eltern, FamRZ 1977, 533 = DÖV 1977, 381

ders, Schule im Rechtsstaat, DÖV 1977, 801

ders, Das elterliche Erziehungsrecht im Sinne des Grundgesetzes (1981)

PERSCHEL, Grundrechtsmündigkeit und Elternrecht, RdJ 1963, 33

PESCHEL-GUTZEIT, Ausgewählte Probleme der Neuregelung der elterlichen Sorge, in: Juristinnenbund (Hrsg), Neues elterliches Sorgerecht (1977) 89

dies, in: SIMITIS ua, Kindeswohl (1979) 8

dies, Verfahren und Rechtsmittel in Familiensachen (1988)

dies, Elterliche Vertretung und Minderjährigenschutz, FamRZ 1993, 1009

dies, Das Familienrecht im Spannungsfeld zwischen Rechtssicherheit und Einzelfallgerechtigkeit, FamRZ 1996, 1446

dies, Reformen im Kindschaftsrecht, FPR 1999, 255

dies, Es ist geschafft: Gewalt in der Erziehung ist verboten!, FPR 2000, 231

dies, Gesetz zur Verbesserung des zivilgerichtlichen Schutzes bei Gewalttaten, FPR 2001, 243

dies, Eindrücke aus der mündlichen Verhandlung vor dem Bundesverfassungsgericht am 11.7.2001 zum Lebenspartnerschaftsgesetz, FPR 2001, 431

dies, Das Kinderrechteverbesserungsgesetz – KindRVG – vom 9.4.2002, FPR 2002, 285

dies, Rechte und Funktionen des Vaters im Spiegel des modernen deutschen Rechts, FS Groß 2004, 175

dies, Die geschichtliche Entwicklung der Vaterstellung im deutschen Recht seit 1900, FPR 2005, 167

dies, Die Entwicklung des Sorge- und Umgangsrechts, NJ 2005, 193 u 246

dies, Überschuldungsschutz für Minderjährige, FPR 2006, 455

PESCHEL-GUTZEIT/JENCKEL, § 1629 BGB oder: Vom langen Leben einer Gesetzeslücke, FuR 1997, 34

PETRI, Abschaffung des elterlichen Züchtigungsrechts, ZRP 1976, 64

PIEPER, Die wichtigsten Änderungen durch das neue Kindschaftsrecht, FuR 1998, 1

ders, Neu: Anfechtungs- und Umgangsrecht des biologischen Vaters, FuR 2004, 385

POTRYKUS, Einige Gedanken zum Kindeswohl und Kindesrecht, Jugendwohl 1970, 397

PRESTIEN, Die Stellung des Kindes im Rechtsstreit der Erwachsenen, RdJ 1988, 431

ders, Nachbesserungen im Familienrecht – Eine unendliche Geschichte, NJW 2002, 1853

PULS, Das Recht zur Neuregelung der elterlichen Sorge in der Rechtsanwendung, in: REMSCHMIDT (Hrsg), Kinderpsychiatrie und Familienrecht (1984) 18, identisch mit: Beteiligung von Psychologen und Psychiatern als Sachverständige in familiengerichtlichen Verfahren, ZBlJugR 1984, 8

PUSZKAJLER, Das internationale Scheidungs- und Sorgerecht nach Inkrafttreten der Brüssel II-Verordnung, IPRax 2001, 81

QUAMBUSCH, Die Persönlichkeit des Kindes als Grenze der elterlichen Gewalt (Diss Freiburg 1973)

ders, Überlegungen zu einer Neuregelung der elterlichen Gewalt, RdJ 1973, 205

ders, Verfassungsrechtliche Kriterien zur Auswahl der erforderlichen Maßregeln nach § 1666 Absatz 1 BGB, RdJ 1973, 364

ders, Für ein Personensorgerecht mit neuen Konturen – Kritik und Alternativen zum Regierungsentwurf eines Gesetzes zur Neuregelung des Rechts der elterlichen Sorge, ZBlJugR 1974, 138

RAKETE-DOMBEK, Anmerkung zum Beschluß BVerfG vom 9.4.2003, FPR 2003, 478

RAMM, Sorgerechtsneuregelung – Rechtsgeschichte und Rechtspolitik, JZ 1973, 179

ders, Kindschaftsrechtsreform?, JZ 1996, 987

RAUSCH, Ehesachen mit Auslandsbezug vor und nach „Brüssel II a", FuR 2004, 154

ders, Elterliche Verantwortung – Verfahren mit Auslandsbezug vor und nach „Brüssel II a" – 1. Teil: Internationale Zuständigkeit, FuR 2005, 53

ders, 2. Teil: Anderweitige Anhängigkeit, Anerkennung und Vollstreckung, FuR 2005, 112
RAUSCHER, Gespaltenes Kindschaftsrecht im vereinten Deutschland, StAZ 1991, 1
ders, Das Umgangsrecht im Kindschaftsrechtsreformgesetz, FamRZ 1998, 329
ders, Familienrecht: Ein Lehr- und Handbuch (2001)
ders, Vaterschaft aufgrund Anerkennung, FPR 2002, 359
REGLER, Das Rechtsverhältnis der nicht verheirateten Eltern bei gemeinsamem Sorgerecht für nichteheliche Kinder (Diss Regensburg 1999)
REHBERG, Kindeswohl und Kindschaftsrechtsreformgesetz, FuR 1998, 65
REINECKE, Rechtsprechungstendenzen zum neuen elterlichen Sorgerecht, FPR 1999, 167
REISERER, Schwangerschaftsabbruch durch Minderjährige im vereinten Deutschland, FamRZ 1991, 1136
REMSCHMIDT (Hrsg), Kinderpsychiatrie und Familienrecht (1984)
vRENESSE, Die Kindschaftsrechtsreform: Neue Erkenntnisse, neues Recht, FPR 1998, 59
REUTER, Kindesgrundrechte und elterliche Gewalt (1968)
ders, Die Grundrechtsmündigkeit – Problem oder Scheinproblem?, FamRZ 1969, 622
ders, Elterliche Sorge und Verfassungsrecht, AcP 192 (1992) 108
TH RICHTER, Die Alleinsorge der Mutter nach § 1626a II BGB und das Kindeswohl, FPR 2004, 484
RICHTER/KREUZNACHT, Amtspfleger als Verfahrenspfleger, DAVorm 1999, 31
RIEGER, Das Vermögensrecht der eingetragenen Lebenspartnerschaft, FamRZ 2001, 1497
RIEMANN, Das Gesetz zur Vereinheitlichung des Unterhaltsrechts minderjähriger Kinder (Kindesunterhaltsgesetz – KindUG) v 6.4.1998, DNotZ 1998, 456
RÖBBELEN, Zum Problem des Elternrechts – ein Beitrag aus evangelischer Sicht (1966)
RÖCHLING, Rechtsfragen und Untersuchungen zur gerichtlichen Anordnungskompetenz gegenüber der Verwaltungsbehörde/Jugendamt für Maßnahmen der Jugendhilfe, ZfJ 1999, 197

ROELL, Die Geltung der Grundrechte für Minderjährige (1984), zit: Geltung
dies, Grundrechtsmündigkeit – eine überflüssige Konstruktion, RdJ 1988, 381
RÖSNER/SCHADE, Der psychologische Sachverständige als Berater in Sorgerechtsverfahren, ZBlJugR 1989, 439
RÖSSNER, Körperliche Züchtigung als Erziehungsmittel – Lerntheoretische Überlegungen, UJ 1978, 296
ROGNER, Rechtliche Folgen einer Beendigung der Prozeßstandschaft im Unterhaltsprozeß durch Volljährigwerden des Kindes, NJW 1994, 3325
ROLLAND, Zum Entwurf eines Gesetzes zur Neuregelung des Rechts der elterlichen Sorge, in: GERBER (Hrsg), Kindeswohl kontra Elternwillen? (1975)
ROQUETTE, Anmerkung zum Kammergericht, JW 1936, 2935
ROSCHER/GRÄTZ, Richterliche Erfahrungen mit den Neuregelungen des Ehe- und Familienrechts, BlWohlfPfl 1983, 17
ROSSNER, Verzicht des Patienten auf eine Aufklärung durch den Arzt, NJW 1990, 2291
ROTAX, Für die Schwächsten ist das Beste gerade gut genug – Zur Anhörungspflicht gemäß § 50b FGG, DRiZ 1982, 466
ROTH, Vaterschaftsanfechtung durch den biologischen Vater, NJW 2003, 3153
RÜFNER, Zum Elternbegriff des Grundgesetzes, FamRZ 1963, 153
RÜNZ, Die Entscheidungsmöglichkeiten des Vormundschaftsgerichts gemäß § 1666a BGB (Diss Mainz 1988)
RÜTH, Das kinder- und jugendpsychiatrische Gutachten in Sorgerechtsverfahren nach §§ 1666, 1666a BGB, ZfJ 1999, 277
RUMMEL, Die Freiheit, die Reform des Kindschaftsrechts und das „ganz normale Chaos" der Liebe, ZfJ 1997, 202
ders, Die Kindschaftsrechtsreform, ein einführender Überblick, RdJB 1998, 156
ders, Das Kindeswohl in der Neufassung des § 1671 II 2 BGB – Vom Entscheidungsmaßstab zur Eingriffslegitimation, DAVorm 1998, 753
RUNGE, Rechtliche Folgen für den die gemeinsame elterliche Sorge boykottierenden Elternteil, FPR 1999, 142

15

Lore Maria Peschel-Gutzeit

VON SACHSEN GESSAPHE, Kindschaftsrecht in Europa, FamRZ 1999, 1107

ders, Nachbesserungen im Familienrecht – eine unendliche Geschichte, NJW 2002, 1853

SACK/DENGER, Freiheitsberaubung bei ungenehmigter Unterbringung von Kindern in Jugendpsychiatrischen Kliniken?, MDR 1982, 972

SALGO, Ist das Pflegekind nicht mehr das Stiefkind der Rechtsordnung?, StAZ 1983, 89

ders, Pflegekindschaft und Recht, Neue Praxis 1984, 221

ders, Soll die Zuständigkeit des Familiengerichts erweitert werden?, FamRZ 1984, 221

ders, Brauchen wir den Anwalt des Kindes?, ZfJ 1985, 259

ders, Verbleib des Kindes bei den Pflegeeltern gegen den Willen der leiblichen Eltern, NJW 1985, 413

ders, Pflegekindschaft und Staatsintervention (1987)

ders, Das Kindeswohl in der neueren Rechtsprechung des Bundesverfassungsgerichts, in: DU BOIS (Hrsg), Praxis und Umfeld der Kinder- und Jugendpsychiatrie (1989) 156

ders, Das Verhältnis von Eltern, Kind und Staat in der Verfassungsordnung der Bundesrepublik Deutschland, FuR 1990, 363

ders, Zur Stellung des Vaters bei der Adoption seines nichtehelichen Kindes durch die Mutter und deren Ehemann, NJW 1995, 2129

ders, Vom Umgang der Justiz mit Minderjährigen. Auf dem Weg zum Anwalt des Kindes (1995)

ders, Einige Anmerkungen zum Verfahrenspfleger im Kindschaftsrechtsreformgesetz, FPR 1998, 91

ders, Die Pflegekindschaft in der Kindschaftsrechtsreform vor dem Hintergrund verfassungs- und jugendrechtlicher Entwicklungen, FamRZ 1999, 337

SALZGEBER ua, Die psychologische Begutachtung sexuellen Mißbrauchs in Familienrechtsverfahren, FamRZ 1992, 1249

ders, Wird die Kindschaftsrechtsreform den Interessen der Kinder gerecht? Überlegungen aus der Sicht eines psychologischen Sachverständigen, FPR 1998, 80

SALZGEBER/MENZEL, Psychologische Begutachtung in familiengerichtlichen Verfahren

unter ethno-psychologischen Gesichtspunkten, FuR 1997, 296 und 337

SALZGEBER/STADLER, Berufsethischer Kodex und Arbeitsprinzipien für den Vertreter von Kindern und Jugendlichen – Sprachrohr oder Interessenvertreter?, FPR 1999, 329

dies, Verfahrenspfleger und psychologischer Sachverständiger, DAVorm 2001, 382

SCHAU, Vorschläge zur Reform der Bestimmungen über die elterliche Gewalt, RdJ 1973, 257

SCHELLHORN, Kommentar zum SGB VIII/KJHG (2. Aufl 2000)

SCHERER, Schwangerschaftsabbruch bei Minderjährigen und elterliche Zustimmung, FamRZ 1997, 589 und FamRZ 1998, 11

dies, Aufenthaltsbestimmungs- und Umgangsrecht der Eltern contra Selbstbestimmungsrecht des Kindes?, ZfJ 1999, 86

SCHEUNER, Gesetzesentwurf zur Neuregelung des Rechts der elterlichen Sorge, ZfJ 1973, 197

VSCHLOTHEIM, Das Kindeswohl vor dem Familiengericht, ZfJ 1974, 162

SCHLÜTER, Elterliches Sorgerecht im Wandel verschiedener geistesgeschichtlicher Strömungen und Verfassungsepochen (1985)

ders, Elterliches Sorge- und Umgangsrecht bei nichtehelicher Elternschaft, FuR 1994, 341

ders, BGB Familienrecht (9. Aufl 2001)

SCHLÜTER/FEGELER, Die erbrechtliche Stellung der nichtehelichen Kinder und ihrer Väter nach dem Inkrafttreten des Erbrechtsgleichstellungsgesetzes, FamRZ 1998, 337

SCHLÜTER/KÖNIG, Die Konkurrenz von Familiengericht und Vormundschaftsgericht in Sorgerechtsangelegenheiten – Ein ungelöstes Problem, FamRZ 1982, 1159

SCHLÜTER/LIEDMEIER, Das Verbleiben eines Kindes in der Pflegefamilie nach § 1632 Abs 4 BGB, FuR 1990, 122

SCHLUND, Anmerkung zu OLG Hamm, JR 1999, 333

SCHMIDT-JORTZIG, Kindschaftsrecht: Reform tut not, ZfJ 1996, 444 und DAVorm 1996, 547

SCHMITT-GLAESER, Die Eltern als Fremde – verfassungsrechtliche Erwägungen zum Entwurf eines Gesetzes zur Neuregelung der elterlichen Sorge, DÖV 1978, 629 ders, Das elterliche Erziehungsrecht in staatlicher Reglementierung (1980)

SCHMITT-KAMMLER, Elternrecht und schulisches Erziehungsrecht nach dem Grundgesetz (1983)

SCHMITZ-ELSEN, Das Kindesrecht in der Diskussion der Verbände, in: GERBER (Hrsg), Kindeswohl kontra Elternwillen? (1975) 70

SCHNITZERLING, Die vormundschaftsrichterlichen Erziehungsaufgaben, FamRZ 1957, 291

SCHÖN, Verfahrenspflegschaft – Chance für Kinder und Jugendliche?, JAmt 2001, 109 = FuR 2001, 289 und 349

H SCHOLZ, Existenzminimum und Kindergeldverrechnung – Zur Neufassung des § 1612b V BGB, FamRZ 2000, 1541

R SCHOLZ, Kindschaftsrechtsreform und Grundgesetz, FPR 1998, 62

SCHOMBURG, Die kindschaftsrechtlichen Regelungen des Lebenspartnerschaftsgesetzes, KindPrax 2001, 103

ders, Das Gesetz zur weiteren Verbesserung von Kinderrechten (Kinderrechteverbesserungsgesetz), KindPrax 2002, 75

SCHREIBER, Eignung und Neigung des Kindes in Angelegenheiten der Ausbildung und des Berufes, § 1631a BGB (Diss Regensburg 1983)

SCHUCHTER, Das neue österreichische Kindschaftsrecht, FamRZ 1979, 882

SCHÜTZ, Das Recht der Eltern auf Erziehung ihrer Kinder in der Familie – abgehandelt anhand der Entscheidung des BayObLG vom 18. 4. 1985, FamRZ 1986, 528

ders, Wohl des Kindes – Ein schwierig zu handhabender unbestimmter Rechtsbegriff (§§ 1634 II, III, 1666, 1671 II, 1672, 1696 II BGB), FamRZ 1986, 947

ders, Mehr Rechte für das Kind, NJW 1987, 2563

SCHÜTZ/JOPT, Ein Kind soll ins Heim: Anmerkungen zur Allianz zwischen Recht und Psychologie aus der Sicht beider Disziplinen, ZBlJugR 1988, 349

SCHULTE, Familienrecht und Sozialrecht: ihre Interdependenz aus rechtsvergleichender Sicht, FamRZ 1977, 106

SCHULTZ, Elterliche Sorge, MDR 1980, 20

A SCHULZ, Die Stärkung des Haager Kindesentführungsübereinkommens durch den Europäischen Gerichtshof für Menschenrechte, FamRZ 2001, 1420

dies, Die Zeichnung des Haager Kinderschutz-Übereinkommens von 1996 und der Kompromiss zur Brüssel IIa-Verordnung, FamRZ 2003, 1351

dies, Internationale Regelungen zum Sorge- und Umgangsrecht, FPR 2004, 299

dies, Haager Kinderschutzübereinkommen von 1996 – Im Westen nichts Neues, FamRZ 2006, 1309

SCHUMACHER, Mehr Schutz bei Gewalt in der Familie – Das Gesetz zur Verbesserung des zivilgerichtlichen Schutzes bei Gewalttaten und Nachstellungen sowie zur Erleichterung der Überlassung der Ehewohnung bei Trennung, FamRZ 2002, 645

E SCHUMANN, Die nichteheliche Familie: Reformvorschläge für das Familienrecht mit einer Darstellung der geschichtlichen Entwicklung und unter Berücksichtigung des Völker- und Verfassungsrechts (1998)

dies, Erfüllt das neue Kindschaftsrecht die verfassungsrechtlichen Anforderungen an die Ausgestaltung des nichtehelichen Vater-Kind-Verhältnisses?, FamRZ 2000, 389

dies, Sorgerecht nicht miteinander verheirateter Eltern – Anmerkungen zur neuesten Rechtsprechung, FPR 2002, 1

SCHWAB, Gedanken zur Reform des Minderjährigenrechts und des Mündigkeitsalters, JZ 1970, 745

ders, Mündigkeit und Minderjährigenschutz, AcP 172 (1972) 266

ders, Eheschließungsrecht und nichteheliche Lebensgemeinschaft. Eine rechtsgeschichtliche Skizze, FamRZ 1981, 1151

ders, Entwurf eines Übereinkommens über die Rechte des Kindes, FamRZ 1989, 1041

ders, Familiäre Solidarität, FamRZ 1997, 521

ders Wandlungen der „Gemeinsamen elterlichen Sorge", in: FS Gaul (1997) 717

ders (Hrsg), Das neue Familienrecht – Systematische Darstellung zum KindRG, KindUG, EheschlRG und ErbgleichG (1998)

ders, Kindschaftsrechtsreform und notarielle Vertragsgestaltung, DNotZ 1998, 437

ders, Elterliche Sorge bei Trennung und Scheidung der Eltern. Die Neuregelung des Kindschaftsrechtsreformgesetzes, FamRZ 1998, 475

ders, „Parallel laufende Erklärungen" – Zu-

Lore Maria Peschel-Gutzeit

gleich ein Beitrag zur Gesetzestechnik der Kindschaftsrechtsreform, in: FS Medicus (1999) 587

ders, Familienrecht (11. Aufl 2001)

ders, Eingetragene Lebenspartnerschaft – Ein Überblick, FamRZ 2001, 385 und Dokumentation des Gesetzes, FamRZ 2001, 399

ders, Gemeinsame elterliche Verantwortung – Ein Schuldverhältnis? Anmerkung zur Entscheidung des BGH v 19. 6. 2002 (FamRZ 2002, 1099), FamRZ 2002, 1297

Schwab/Wagenitz, Einführung in das neue Kindschaftsrecht, FamRZ 1997, 1377

dies, Familienrechtliche Gesetze. Synoptische Textausgabe mit KindRG, KindUG, EheschlG, BtÄndG, MHbeG und einer Einführung in die Reformgesetze (3. Aufl 1999)

Schwab/Zenz, Soll die Rechtsstellung der Pflegekinder unter besonderer Berücksichtigung des Familien-, Sozial- und Jugendrechts neu geregelt werden?, Gutachten zum 54. DJT (1982)

Schweikert, Wer schlägt, der geht?! Das geplante Gewaltschutzgesetz, Streit 2001, 51

Schwenzer, Die Rechtstellung des nichtehelichen Kindes, FamRZ 1992, 121

dies, Empfiehlt es sich, das Kindschaftsrecht neu zu regeln?, Gutachten A 59. DJT 1992, 84

Schweppe, Das Haager Übereinkommen über die zivilrechtlichen Aspekte internationaler Kindesentführungen und die Interessen der betroffenen Kinder, ZfJ 2001, 169

Schwerdtner, Kindeswohl oder Elternrecht? – Zum Problem des Verhältnisses von Grundrechtsmündigkeit und Elternrecht, AcP 173 (1973) 227

ders, Das Persönlichkeitsrecht des Kindes – Theorie oder Wirklichkeit?, ZfJ 1980, 149

ders, Das Recht der Eltern auf Erziehung der Kinder – ein erratischer Block im BGB?, DA-Vorm 1982, 617

ders, Mehr Rechte für das Kind – Fluch oder Segen für die elterliche Sorge?, NJW 1999, 1525

Schwoerer, Der Einfluß von Störungen in der elterlichen Gewalt des einen Elternteils auf die elterliche Gewalt des anderen Elternteils nach altem Recht, Zwischenrecht und neuem Recht, FamRZ 1958, 41, 88

ders, Kindeswohl und Kindeswille, NJW 1964, 5

Seibert, Verfassung und Kindschaftsrecht – Neue Entscheidungen und offene Fragen, FamRZ 1995, 1457

Siedhoff, Schwangerschaftsabbruch bei Minderjährigen und elterliche Zustimmung, FamRZ 1998, 8

Siebert, Elterliche Gewalt und Gleichberechtigung, NJW 1955, 1

Siehr, Kindesentführung und Minderjährigenschutz, StAZ 1990, 330

ders, Das Kindschaftsrecht im Einigungsvertrag, IPRax 1991, 20

Simitis, Das Kindeswohl neu betrachtet, in: Goldstein I (1974) 95

ders, Kindeswohl – Eine interdisziplinäre Untersuchung über seine Verwirklichung in der vormundschaftsgerichtlichen Praxis (1979)

ders, Kindschaftsrecht – Elemente einer Theorie des Familienrechts, in: FS Müller-Freienfels (1986) 579

D V Simon, Das neue elterliche Sorgerecht, JuS 1979, 752

ders, Reformüberlegungen zur Rechtsstellung der Pflegekinder, NJW 1982, 1673

ders, Neuere Entwicklungstendenzen im Kindschaftsrecht, ZBlJugR 1984, 14

H-P Simon, Umgangsrecht, Adoption, Elternrecht: zur Reform des § 1634 BGB, ZBlJugR 1974, 413

Solomon, „Brüssel II a" Die neuen europäischen Regeln zum internationalen Verfahrensrecht in Fragen der elterlichen Verantwortung, FamRZ 2004, 1409

Sonnenfeld, Selbst- und Fremdbestimmung des Aufenthalts Volljähriger, FamRZ 1995, 393

Spranger, Psychologie des Jugendalters (29. Aufl 1979)

Stähr, Die Leistungs- und Finanzierungsbeziehungen im Kinder- und Jugendhilferecht vor dem Hintergrund der neuen §§ 78a bis 78 g SGB VIII, ZfJ 1999, 155

E Steffen, Grundrechtsmündigkeit, RdJ 1971, 143

G Steffen, Lebensqualität und Persönlichkeitsentwicklung nach Ehescheidung, Sorgerechts- und Verkehrsregelung, ZfJ 1979, 129

A Stein, Selbstbild und Erziehungsverständnis junger Ehepaare (Diss Konstanz 1983)

Steindorff, Im Anschluß an eine Fachtagung

zum Thema: UN-Konvention über die Rechte des Kindes, ZfJ 1990, 653

dies, Die UN-Kinderrechtskonvention als Legitimationsgrundlage für Elternrechte?, FuR 1991, 214

Stellungnahme des Deutschen Familiengerichtstages eV zu dem Entwurf eines Gesetzes zur Reform des Kindschaftsrechts (Kindschaftsrechtsreformgesetz – KindRG), FamRZ 1997, 337

STEINFATT/VÖLKER, Die Kindesanhörung als Fallstrick bei der Anwendung der Brüssel II a-VO, FPR 2005, 415

STERNBECK/DÄTHER, Das familienpsychologische Gutachten im Sorgerechtsverfahren, FamRZ 1986, 21

STÖCKER, Beschränkte Mündigkeit Heranwachsender – ein Verfassungspostulat, ZRP 1974, 211

ders, Das elterliche Sorgerecht („elterliche Gewalt"), RuG 1974, 66

ders, Übereinkommen über die Rechte des Kindes, ZBlJugR 1990, 577

ders, Die UNO-Kinderkonvention und das deutsche Familienrecht, FamRZ 1992, 245

STOLLENWERK/STOLLENWERK, Das Erbrechtsgleichstellungsgesetz, ZAP Fach 12, 73

STORR, Eherecht und elterliche Sorge (2. Aufl 1982)

STRÄTZ, Elterliche Personensorge und Kindeswohl, vornehmlich in der zerbrochenen Familie, FamRZ 1975, 541

STROHAL, Unterhaltsrechtliche Fragen bei Wechsel des Kindes, DAVorm 1997, 251

STRUCK, Die UN-Konvention über die Rechte des Kindes, ZfJ 1990, 613

STÜRNER, Die Unverfügbarkeit ungeborenen menschlichen Lebens und die menschliche Selbstbestimmung, JZ 1990, 709

STURM, Neue Abkommen zum Schutz entführter Kinder – Möglichkeiten und Grenzen der Europäischen und der Haager Konvention, in: FS Nagel (1987) 457

STURM/STURM, Die gesetzliche Vertretung Minderjähriger nach dem neuen Kindschaftsrecht – national und international, StAZ 1998, 305

STUTZ, Der Minderjährige im Grundstücksverkehr, MittRhNotK 1993, 205

TEXEIRA DE SOUSA, Ausgewählte Probleme aus

dem Anwendungsbereich der Verordnung (EG) Nr 2201/2003 und des Haager Übereinkommens vom 9. 10. 1996 über den Schutz von Kindern, FamRZ 2005, 1612

THIEME, Elterlicher Herausgabeanspruch und Kindeswohl, FamRZ 1974, 111

THOFERN, Entwicklungstendenzen des Familienrechts im Ausland, FuR 1992, 342

THOMAS, Die gerechtfertigte Züchtigung?, ZRP 1977, 181

TÖRNIG, Anwalt des Kindes und Jugendamt – Ein Überblick, ZfJ 2001, 457

TRENCZEK, Kinder haben Rechte – Kinderrechtskonvention und Kinderhäuser, ZfJ 1999, 170

ders, Inobhutnahme und geschlossene Unterbringung, ZfJ 2000, 121

UHLENBRUCK, Rechtsfragen bei der Behandlung von minderjährigen Patienten, Arzt- und Arzneimittelrecht 1976, 301

ULLMANN, Die Bedeutung der Entscheidung des UN-Menschenrechtsausschusses zur Communication-Nr 201/1985 für das Familienrecht der Bundesrepublik Deutschland, ZfJ 1990, 509

ders, Verfassungs- und völkerrechtliche Widersprüche bei der Ratifikation der UNO-Kinderrechtskonvention, FamRZ 1991, 898

ders, Die UNO-Kinderrechtskonvention und das innerstaatliche Recht, Erwiderung auf den Beitrag von Stöcker (FamRZ 1992, 245), FamRZ 1992, 892 und Schlußwort STÖCKER FamRZ 1992, 895

UMBACH, Grundrechts- und Religionsmündigkeit im Spannungsfeld zwischen Kinder- und Elternrecht, in: FS Geiger (1989) 359

UN-Konvention über die Rechte des Kindes (Text), ZfJ 1990, 577 ff = FuR 1990, 98 ff

HJ VOGEL, Internationales Familienrecht – Änderungen und Auswirkungen durch die neue EU-Verordnung, MDR 2000, 1045

VORMBAUM, Zur Forderung nach gesetzlicher Beseitigung des elterlichen Züchtigungsrechts, RdJ 1977, 373

WABNITZ, Kinderrechte und Kinderpolitik, ZfJ 1996, 339

ders, Mitwirkung der Jugendlichen im familiengerichtlichen Verfahren, Rechtsgrundlagen, Aufgaben und Selbstverständnis, ZfJ 2000, 336

Lore Maria Peschel-Gutzeit

WACKE, „Elterliche Sorge" im Wandel der Jahrtausende – Zum Sorgerecht der geschiedenen Mutter nach römischem Recht –, FamRZ 1980, 205

WAGENITZ/BARTH, Die Änderung der Familie als Aufgabe für den Gesetzgeber, FamRZ 1996, 577

WAGNER, Jugendhilfe und Pflegefamilie aus verfassungsrechtlicher Sicht anhand des KJHG, FuR 1994, 219

R WAGNER, Die Anerkennung und Vollstreckung von Entscheidungen nach der Brüssel II-Verordnung, IPRax 2001, 73

ders, Ausländische Rechtshängigkeit in Ehesachen unter Berücksichtigung der EG-Verordnungen Brüssel II und Brüssel II a, FPR 2004, 286

WALTER, Der Prozeß in Familiensachen (1985)

CH WALTER, Die Stellung Minderjähriger im Verfassungsbeschwerdeverfahren – Überlegungen zur Auflösung einer möglichen Konkurrenz zwischen Verfahrens- und Ergänzungspflegschaft, FamRZ 2001, 1

U WALTER, Organentnahme nach dem Transplantationsgesetz: Befugnisse der Angehörigen, FamRZ 1998, 201

WANITZEK, Ergänzungen des Abstammungsrechts durch das Kinderrechteverbesserungsgesetz, FamRZ 2003, 730

WASKOWIAK, Die Einigung der Eltern bei der Ausübung der elterlichen Personensorge (Diss Marburg 1967)

WAWRZYNIAK, Schließt die Kinder weg – Auswirkungen der Kindschaftsrechtsreform auf den Bereich der Beistandschaft, des Kindesunterhalts und der Sorgeerklärung, DAVorm 1999, 443

A WEBER, Die Entwicklung des Familienrechts seit Mitte 1998, NJW 1999, 3160

ders, Die Entwicklung des Familienrechts seit Mitte 1999, NJW 2001, 1320

C WEBER, Interessenvertretung für Kinder und Jugendliche gemäß § 50 FGG. Zum Verhältnis von Jugendhilfe und Verfahrenspflegschaft, JAmt 2001, 389

U WEBER, Gemeinsame elterliche Gewalt über das Kind nach der Scheidung?, FamRZ 1975, 401

WEGMANN, Auswirkungen des Kindschafts-

rechtsreformgesetzes und des Erbrechtsgleichstellungsgesetzes auf die notarielle Tätigkeit, MittBayNot 1998, 308

WEISBRODT, Gemeinsame elterliche Sorge in der Rechtsprechung der Obergerichte, KindPrax 2001, 8

WEITZEL, Zehn Jahre Haager Kindesentführungsübereinkommen, DAVorm 2000, 1059

WELLENHOFER-KLEIN, Das Vaterschaftsanfechtungsrecht des leiblichen Vaters – Vorschlag zur Änderung von § 1600 BGB, FamRZ 2003, 1889

WEVER, Das große Familiengericht, FamRZ 2001, 268

WEYCHARDT, Die familiengerichtliche Regelung der elterlichen Verantwortung – Eine Handreichung für Praktiker, ZfJ 1999, 268 und 326

WICHMANN, Die Reform des Kindschaftsrechts in der Diskussion, FuR 1996, 161

ZU WIED, Das Vermittlungsverfahren nach § 52a FGG, FuR 1998, 193

WIESER, Zur Anfechtung der Vaterschaft nach neuem Recht, FamRZ 1998, 1004

ders, Zur Feststellung der nichtehelichen Vaterschaft nach neuem Recht, NJW 1998, 2023

WIESNER, Konsequenzen bei der Reform des Jugendhilferechts für die Jugendhilfe, ZfJ 1997, 29

ders, Kinderrechte – Zur rechtlichen und politischen Bedeutung eines Begriffs, ZfJ 1998, 173

ders, Die Reform des Kindschaftsrechts – Auswirkungen für die Praxis der Kinder- und Jugendhilfe, ZfJ 1998, 269

ders, Kindschaftsrechtsreform und KJHG – Wechselseitige Reformanstöße, KindPrax 1999, 44

ders, Die Neuregelung der Entgeltfinanzierung in der Kinder- und Jugendhilfe, ZfJ 1999, 79

WILL, Der Anwalt des Kindes im Sorgerechtsverfahren – Garant des Kindeswohls?, ZfJ 1998, 1

dies, Die Stärkung der Rechtsstellung des nichtehelichen Vaters – Eine Anmerkung zum Kindschaftsrechtsreformgesetz, ZfJ 1998, 308

dies, Anwalt des Kindes und Jugendamt, JAmt 2001, 158

dies, Der Schutz kindlicher Beziehungen im Schnittfeld von Familien- und Ausländerrecht, FPR 2002, 549

WILLUTZKI, Die Novellierung des deutschen Kindschaftsrechts – Entwicklung und Perspektiven, Rpfleger 1997, 336

ders, Kindschaftsrechtsreform – Versuch einer wertenden Betrachtung, KindPrax 1998, 8, 37, 103

ders, Kindschaftsrechtsreform und Verfahrensrecht – Ein Überblick über die wesentlichen Änderungen, FPR 1998, 94

ders, Umsetzung der Kindschaftsrechtsreform in der Praxis, KindPrax 2000, 45

ders, Anmerkung zum Beschluß des Bundesverfassungsgerichts vom 9. 4. 2003, KindPrax 2003, 145

WINDEL, Zur elterlichen Sorge bei Familienpflege, FamRZ 1997, 713

WOLTER, Das Recht der elterlichen Sorge im Zivilrecht und im katholischen Kirchenrecht, FamRZ 1982, 973

WUPPERMANN, Elterliche Sorge im Spannungsfeld zwischen Kind, Eltern und Staat, ZfRK 1974, 70

ZENZ, Elterliche Sorge und Kindesrecht? Zur beabsichtigten Neuregelung, StAZ 1973, 257

dies, Zur Reform der elterlichen Gewalt, AcP 1973 (1973) 527

dies, Kindeswohl und Elternrecht nach der Scheidung, in: Seminar: Familie und Familienrecht Band II (1975) 166

dies, Kindeswohl und Selbstbestimmung, in: KÜHN/TOURNEAU (Hrsg), Familienrechtsreform – Chancen einer besseren Wirklichkeit (1978) 169

dies, Kindesmißhandlung und Kindesrechte (1979)

ZETTEL, Ein Jahr Neuregelung des Rechts der elterlichen Sorge – Fragen bei der Anwendung des neuen Rechts, DRiZ 1981, 211

A ZIMMERMANN, Neuere Entwicklungen zum Verhältnis zwischen dem UN-Abkommen über die Rechte des Kindes und nationalem Familienrecht, IPRax 1996, 167

S ZIMMERMANN, Das neue Kindschaftsrecht, DNotZ 1998, 404

Zur Sache: Elterliches Sorgerecht – Sachverständigenanhörung vor Ausschüssen des Deutschen Bundestages 1978, Heft 1.

Systematische Übersicht

Lore Maria Peschel-Gutzeit

Alphabetische Übersicht

Lore Maria Peschel-Gutzeit

I. Entstehungsgeschichte

1. Römisches Recht

Dem römischen Recht war allein die väterliche Gewalt (patria potestas) bekannt; sie **1**
war ein unbeschränktes Herrschaftsrecht über das Hauskind, das dem Vater in
seinem eigenen Interesse verliehen war. Die patria potestas dauerte grundsätzlich
lebenslang, sie umfaßte die Verfügung über Leben, Freiheit und Vermögen des
Kindes. Erst wenn der Vater starb, wurden Sohn und Tochter, die bis dahin in seiner

Lore Maria Peschel-Gutzeit

Gewalt gestanden hatten, gewaltfrei. Zum gleichen Zeitpunkt begann die patria potestas der Söhne über ihre eigenen Kinder und Enkelkinder.

Auch die Mutter unterstand der manus des Hausvaters (pater familias). Gegenüber den Kindern hatte sie keinerlei Rechte und Pflichten.

Mit der Heirat endete die patria potestas des Vaters über die Tochter, diese kam zugleich unter die Gewalt des Ehemannes (oder seines pater familias). Erst später entwickelte sich die Entlassung des Hauskindes aus der väterlichen Gewalt (emancipatio), und zwar von einem quasi-rechtsgeschäftlichen Vorgang schließlich, in der späteren Kaiserzeit, zu einer Erklärung gegenüber dem Gericht, bei der bestimmte Zulassungsvoraussetzungen erfüllt sein und die Zustimmung des Hauskindes vorliegen mußten.

Wegen der Entwicklung der väterlichen Vermögenssorge im römischen Recht vgl STAUDINGER/DONAU[10/11] Vorbem 3.

2. Deutsches Recht

2 Im deutschen Recht herrschte die munt, das mundium (Schutzhand) des Ehemanns, Hausherrn und Vaters, die sich nicht nur auf die Kinder, sondern auch auf die Ehefrau erstreckte. Diese väterliche Gewalt war verknüpft mit der Vormundschaft, sie bezweckte Schutz und Fürsorge für das Kind, sie war Schutzrecht und Schutzpflicht, verbunden mit dem Recht auf Verwaltung und Nutznießung des Kindesvermögens. Die Mutter war auf die tatsächliche Personensorge beschränkt.

Die munt währte im allgemeinen, solange das Kind „im Brot des Vaters" stand, also bis zur wirtschaftlichen Selbständigkeit des Kindes (separatio oeconomica) bzw bis zur Heirat der Tochter („Heirat macht mündig"). Starb der Vater, ging die munt als Vormundschaft, dh als treuhänderische Wahrnehmung der Schutzpflicht im allgemeinen, auf den nächsten väterlichen Verwandten über. Folge der Rezeption des römischen Rechts war die Unterscheidung zwischen der Gewalt des Vaters und der „Versehung der Vormünder".

3 Die Partikularrechte enthielten sehr unterschiedliche Regelungen, zum Teil entsprachen sie dem gemeinen Recht (ALR, sächs BGB, bay LR), andere regelten die väterliche Gewalt auf der Grundlage des Vormundschaftsprinzips mit einer gewissen Gleichstellung der Mutter (code civil, bad LR), während einige andere Partikularrechte eine Art mütterliche Gewalt anerkannten (Einzelheiten vgl STAUDINGER/ DONAU[10/11] Vorbem 7 ff).

3. Grundzüge des BGB

a) Rechtslage bis zum 31.3.1953

4 Das BGB suchte zwar einen Ausgleich zwischen der patriarchalischen und einer mehr individualisierten Form der Familie, aber die männliche und väterliche Autorität blieb beherrschend. Dem Namen nach knüpfte die „elterliche Gewalt" an die patria potestas an. Ihrem Wesen nach war sie entsprechend deutschrechtlicher Auffassung eher vormundschaftlich geregelt, nämlich als ein dem Interesse des minderjährigen Kindes dienendes Schutzverhältnis, das für den Gewalthaber die Pflicht und das Recht, für die Person des Kindes zu sorgen, es zu vertreten und sein Vermögen zu nutzen, begründete (Mot IV 724). Die Stellung des Gewalthabers war wegen seiner natürlichen und sittlichen Bindung an das Kind wesentlich freier als die des Vormundes (§§ 1643, 1664 im Gegensatz zu §§ 1821 ff, 1833). Auch das eigene Interesse des Gewalthabers war in weitem Umfang berücksichtigt (zB durch Dienstleistungspflicht des hausangehörigen Kindes, § 1617 aF, auch wenn die Arbeit nicht zur Entwicklung seiner Kräfte oder zur Ausbildung des Kindes diente, und das väterliche Nutznießungsrecht, §§ 1649 ff aF). Die elterliche Gewalt endete allerdings nicht schon mit dem Selbständigwerden (Heirat) des Kindes, sondern erst mit der Volljährigkeit.

Nach dem Wortlaut des BGB stand die elterliche Gewalt grundsätzlich **beiden Eltern gemeinsam** zu, praktisch und rechtlich blieb die Stellung der Mutter aber eine zweitrangige. Die Stellung des Vaters war im Regelfall eindeutig die vorherrschende. Das Gesetz handelte ihn in § 1627 aF als Inhaber der „Hauptgewalt", ihm war auch die gesetzliche Vertretung des Kindes, §§ 1627, 1630 aF, und damit im wesentlichen auch die Vermögensverwaltung allein überlassen. Er allein konnte den Anspruch auf Herausgabe des Kindes gegen Dritte geltend machen; auch die Nutznießung am Vermögen des Kindes war ihm vorbehalten. Soweit auch die Mutter an der elterlichen Gewalt beteiligt war, ging bei Meinungsverschiedenheiten die Meinung des Vaters vor, § 1634 S 2 aF.

Die Mutter hatte im Regelfall nur eine „Nebengewalt", die auf die Personensorge beschränkt war, jedoch ohne das Vertretungsrecht in persönlichen Angelegenheiten, §§ 1634 S 1, 1631 aF: während der Ehe mußte ihr Recht hinter demjenigen des Vaters zurücktreten, dessen Meinung vorging, § 1634 S 2 aF. War der Vater tatsächlich verhindert, die elterliche Gewalt auszuüben, oder ruhte seine elterliche Gewalt, § 1685 Abs 1 iVm §§ 1676, 1677 aF, so erstarkte die Nebengewalt der Mutter zu einer „Vizegewalt". Sie übte nun die elterliche Gewalt allein aus, mit Ausnahme der Nutznießung des Kindesvermögens.

Nach dem Tode des Vaters erlangte die Mutter allein die volle elterliche Gewalt (einschließlich Nutznießung, § 1684 Abs 1 Nr 1 aF). Jedoch mußte ihr uU nach §§ 1687 ff aF ein Beistand bestellt werden, und zwar nicht nur auf ihren eigenen Antrag, sondern auch dann, wenn der Vater dies nach Maßgabe des § 1777 aF angeordnet hatte oder das Vormundschaftsgericht es aus besonderen Gründen im Interesse des Kindes für nötig erachtete, § 1687 Nr 1 u Nr 3 aF.

Bei Wiederheirat büßte die Mutter die elterliche Gewalt wieder ein und behielt nur die tatsächliche Personensorge, §§ 1697, 1696 aF.

Nach Auflösung der Ehe erwarb die Mutter die elterliche Gewalt als Vollgewalt, wenn der Vater die elterliche Gewalt verwirkt hatte, § 1684 Abs 1 Nr 2 aF. Andernfalls, also vor allem bei Scheidung, konnte der Mutter nach Auflösung der Ehe in der Regel lediglich die tatsächliche Personensorge übertragen werden, § 1635 aF, dagegen weder die Vertretung in persönlichen Angelegenheiten noch die Vermögenssorge oder gar die Nutznießung. Kam jedoch die elterliche Gewalt des Vaters zum Ruhen und bestand keine Aussicht, daß der Grund des Ruhens wegfallen werde, so hatte das Vormundschaftsgericht der Mutter auf ihren Antrag nach Auflösung der

Ehe die Ausübung der elterlichen Gewalt zu übertragen, und zwar einschließlich der Nutznießung am Kindesvermögen, § 1685 Abs 2 aF.

5 Einen über die Regelung des BGB hinausgehenden weiteren Fortschritt brachte das Gesetz über die religiöse Kindererziehung vom 15. 7. 1921 – RelKEG – (RGBl I 939), das mit der alleinigen (allerdings wichtigen) Einschränkung seines § 1 Abs 2 auf einem Teilgebiet die Gleichberechtigung der Mutter herstellte. Außerdem schränkte es das elterliche Erziehungsrecht dadurch ein, daß es dem über 14 Jahre alten Kind erlaubte, selbst über sein religiöses Bekenntnis zu entscheiden, und bestimmte, daß gegen den Willen des über 12 Jahre alten Kindes ein Religionswechsel nicht stattfinden darf (Erl des RKEG im Anh nach § 1631). Das Reichsgesetz über Jugendwohlfahrt vom 9. 7. 1922 – RJWG – (RGBl I 633) führte ua die Schutzaufsicht und die Fürsorgeerziehung für Kinder ein, die verwahrlost waren oder zu verwahrlosen drohten. Das Ehegesetz vom 6. 7. 1938 (RGBl I 807) machte im Gegensatz zur Regelung des BGB das Wohl des Kindes zur Richtschnur bei der Verteilung der elterlichen Gewalt nach Scheidung.

b)   Zwischenrecht vom 1. 4. 1953 bis zum 30. 6. 1958

6 Das Bonner Grundgesetz hatte durch Art 3, 117 die Gleichberechtigung der Eltern mit Wirkung vom 1. 4. 1953 zum unmittelbar geltenden Recht erhoben. Alles dem Art 3 Abs 2 GG entgegenstehende Recht war mit Ablauf des 31. 3. 1953 außer Kraft getreten. Das betraf vor allem die Beschränkung der Mutter auf die Nebengewalt und ihren Ausschluß von der Vertretung des Kindes (BVerfGE 3, 225; BayObLGZ 1953, 372). Da der Gesetzgeber das Familienrecht dem Grundgesetz nicht rechtzeitig angepaßt hatte, schloß sich eine regelungslose Zeit an; die Rechtsprechung versuchte, die Lücken des Gesetzes grundgesetzgemäß auszufüllen (BVerfGE 3, 225; BGHZ 11, AnhB, 34, 52, 71 – Gutachten –; BGHZ 20, 313, 320 = NJW 1956, 1148 = MDR 1956, 538; BGHZ 30, 306 = NJW 1959, 2111 = MDR 1959, 920; LM § 1697 BGB Nr 2). Erwartungsgemäß ging sie dabei zum Teil sehr unterschiedliche Wege, je nach eigenem Verständnis von der Gleichberechtigung. Allgemein wurde die Rechtsstellung der Mutter der des Vaters angeglichen; beide hatten die elterliche Gewalt einschließlich Vermögensverwaltung, Nutznießung und gesetzlicher Vertretung (BGHZ 20, 313; 30, 306). Im Ergebnis läßt sich rückblickend feststellen, daß dieser regelungslose Zustand, der mehr als fünf Jahre gedauert hat, zu erheblichen Unsicherheiten und Unübersichtlichkeiten und auch zu einer nur sehr zaghaften Rezeption der Gleichberechtigung der Frau, nicht aber zu einem „Rechtschaos" geführt hat (Einzelheiten vgl Staudinger/Donau10/11 Vorbem 24).

c)   Rechtslage vom 1. 7. 1958 bis zum 31. 12. 1979
aa)   Überblick

7 Das Gesetz über die Gleichberechtigung von Mann und Frau auf dem Gebiete des bürgerlichen Rechts (GleichberG) vom 18. 6. 1957 (BGBl I 609), das am 1. 7. 1958 in Kraft trat (Art 8 II Nr 4 GleichberG), brachte neue positive Regelungen des Kindschaftsrechts, indem es die bisher nur für und gegen den Vater geltenden Regelungen auf die Mutter erstreckte (mit Ausnahme des Stichentscheids und der gesetzlichen Vertretung), und beseitigte so die Rechtsunsicherheit der zurückliegenden Jahre. Durch die Entscheidung des BVerfG vom 29. 7. 1959 (BVerfGE 10, 59 = NJW 1959, 1483 = FamRZ 1959, 416 = Rpfleger 1959, 261) wurden die neuen Bestimmungen der §§ 1628, 1629 Abs 1 (Stichentscheid, gesetzliche Vertretung) wegen Verstoßes gegen Art 3

Abs 2 GG alsbald für nichtig erklärt (BGBl I 633). Erst 20 Jahre später wurde diese Lücke durch das Gesetz zur Neuregelung des Rechts der elterlichen Sorge vom 18. 7. 1979 (BGBl I 1061) geschlossen (vgl unten Rn 14 ff).

Das Gesetz zur Vereinheitlichung und Änderung familienrechtlicher Vorschriften (FamRÄndG) vom 11. 8. 1961 (BGBl I 1221 ff), in Kraft seit dem 1. 1. 1962, brachte weitere Änderungen im Recht des Beistandes, § 1690, und die Möglichkeit, der unehelichen Mutter die elterliche Gewalt über das Kind zu übertragen (§ 1707 Abs 2).

Das Gesetz über die rechtliche Stellung der nichtehelichen Kinder (NEhelG) vom 19. 8. 1969 (BGBl I 1243), in Kraft seit dem 1. 7. 1970, erhob den bisherigen zweiten Untertitel des 4. Titels zum 5. Titel und gab ihm die Überschrift „Elterliche Gewalt über eheliche Kinder". Materiell brachte es im Recht der ehelichen Kinder nur geringfügige Änderungen in §§ 1683 und 1690, während §§ 1687 und 1688 entfielen. Die entscheidende Neuregelung bestand darin, daß die Vorschriften des 5. Titels gemäß § 1705 S 2 im Verhältnis zwischen nichtehelichem Kind und seiner Mutter galten, daß also die nichteheliche Mutter grundsätzlich die volle elterliche Gewalt über ihr Kind erhielt, soweit sich nicht aus den Vorschriften des 6. Titels, §§ 1705 ff, ein anderes ergibt.

Das Gesetz zur Neuregelung des Volljährigkeitsalters und zur Änderung anderer Gesetze (VolljkG) vom 31. 7. 1974 (BGBl I 1713) führte zur Änderung der Vorschrift des § 1633.

bb) Gleichberechtigungsgesetz

Das GleichberG brachte vor allem die Gleichstellung von Vater und Mutter. Die **8** elterliche Gewalt stand nunmehr grundsätzlich beiden Eltern zu, § 1626 Abs 1, die elterliche Gewalt der Mutter war nicht mehr subsidiär. Das Gesetz beseitigte die Aufteilung zwischen der elterlichen Gewalt des Vaters und der der Mutter. Jeder Elternteil hatte auf die Auffassung des anderen Elternteils Rücksicht zu nehmen, §§ 1627, 1628 Abs 3, freilich mit dem Stichentscheidsrecht des Vaters, § 1628 Abs 1, und dem alleinigen Recht des Vaters zur gesetzlichen Vertretung des Kindes, § 1629 Abs 1. Beide Regelungen erklärte das BVerfG am 29. 7. 1959 erwartungsgemäß für nichtig (BVerfGE 10, 59).

In den §§ 1626 bis 1630 war die Person des Gewaltunterworfenen, waren die Inhaber der Gewalt bestimmt, der Inhalt der elterlichen Gewalt beschrieben und die Stellung der Eltern von der des Pflegers abgegrenzt. Die Personensorgeregeln fanden sich in den §§ 1631 bis 1633, § 1634 regelte das Verkehrsrecht, die Regeln über die Vermögenssorge waren in den §§ 1638 bis 1649 enthalten, die Nutzung des Kindesvermögens durch die Eltern entfiel. §§ 1664 bis 1669 regelten die Verletzung der Sorgepflichten, §§ 1670 bis 1681 die Folgen des gänzlichen oder teilweisen Erliegens der elterlichen Gewalt, nämlich Beendigung, Ruhen, Verwirkung, Entziehung, tatsächliche Verhinderung; §§ 1682 bis 1684 enthielten Inventarisierungspflichten, §§ 1685 bis 1692 regelten die Beistandschaft, §§ 1693 bis 1697 die allgemeinen Kontrollpflichten des Vormundschaftsgerichts und des Jugendamtes, §§ 1698 bis 1698b bestimmte Pflichten und Befugnisse der Eltern nach Beendigung der elterlichen Gewalt.

Zum Teil enthielt das GleichberG Änderungen des BGB, die nicht durch die Ver- **9** wirklichung des Gleichberechtigungsgebotes bedingt waren; man könnte sie als einen Versuch ansehen, die Position des Kindes und seine Rechte stärker zu betonen und zu schützen: So wurde in § 1633 S 2 bestimmt, daß die Eltern auch nach Auflösung der Ehe ihrer minderjährigen, über 18 Jahre alten Tochter die tatsächliche Personensorge nicht wieder erhielten. Das elterliche Nutznießungsrecht am Kindesvermögen, § 1649, wurde durch das Recht der Eltern ersetzt, Überschußeinkünfte aus dem Kindesvermögen für ihren eigenen Unterhalt und den der minderjährigen Geschwister des Kindes zu verwenden. Die Anhörungspflicht des Vormundschaftsgerichts wurde verstärkt, freilich nur in bezug auf die Eltern, die Soll-Vorschrift des § 1673 Abs 1 aF wurde ersetzt durch die Muß-Vorschrift des § 1695. § 1629 Abs 2 S 1 HS 2 brachte das Vertretungsrecht des einen Elternteils gegen den anderen im Unterhaltsprozeß des Kindes, ergänzt durch § 1690 idF des FamRÄndG. § 1632 Abs 2 machte das Vormundschaftsgericht zuständig für das Herausgabeverlangen des einen Elternteils gegen den anderen bezüglich des Kindes, § 1685 schließlich brachte die Möglichkeit der Bestellung eines Beistandes auf Antrag. Der Wohnsitz des Kindes wurde neu geregelt, § 11, und endlich wurde die Regelung über die elterliche Gewalt nach Scheidung wieder in das BGB übernommen, § 1671.

cc)   Andere Reformgesetze

10   Das FamRÄndG von 1961 schuf in § 1690 die Möglichkeit, dem Beistand nicht nur die Vermögensverwaltung, sondern auch die Geltendmachung von Unterhaltsansprüchen zu übertragen, und ermöglichte durch die Änderung von § 1707, der unehelichen Mutter die elterliche Gewalt über das Kind zu übertragen.

11   Die Durchsetzung von Art 6 Abs 5 GG, also die Angleichung der Rechtsstellung des nichtehelichen Kindes an die des ehelichen Kindes, brachte das NEhelG von 1969. Seither galten die Vorschriften des 5. Titels im Verhältnis zwischen nichtehelicher Mutter und nichtehelichem Kind gem § 1705 S 2 aF entsprechend, mit den sich aus §§ 1706 ff aF ergebenden Einschränkungen.

Erst das Kindschaftsrechtsreformgesetz vom 16. 12. 1997 (BGBl I 2942), in Kraft seit dem 1. 7. 1998 (Einzelheiten s u Rn 22) beseitigte endgültig die Statusunterscheidung zwischen ehelichen und nichtehelichen Kindern. Seither gelten die §§ 1626 ff generell für alle unter elterlicher Sorge stehenden Kinder, unabhängig davon, ob ihre Eltern miteinander verheiratet sind oder waren, freilich mit Besonderheiten, die sich aus dem Gesetz ergeben, zB §§ 1626a ff, 1671 (ie s unten Rn 22; STAUDINGER/COESTER Erl zu § 1626a und STAUDINGER/COESTER [2004] Erl zu § 1671).

12   Das Gesetz zur Neuregelung des Volljährigkeitsalters (VolljkG) von 1974 verlegte den Eintritt der Volljährigkeit auf die Vollendung des 18. Lebensjahres vor. Materiell führte dies nur zur Neufassung des § 1633, dennoch gewann es im Bereich des Sorgerechts erhebliche praktische Bedeutung dadurch, daß es beiläufig zur Lösung diverser Probleme beitrug, die vermehrt in der Zeit zwischen Vollendung des 18. und des 21. Lebensjahres aufzutreten pflegten: Streitigkeiten zwischen Eltern und Kindern in Ausbildungs- und Berufsfragen, über das Umgangsbestimmungsrecht, § 1632, und die Umgangsbefugnis, § 1634 aF, jetzt § 1684.

13   Das Erste Gesetz zur Reform des Ehe- und Familienrechts (1. EheRG) vom 14. 6. 1976 (BGBl I 1421), in Kraft seit dem 1. 7. 1977, führte zur Änderung der Na-

mensvorschriften, §§ 1616 bis 1618 (bedingt durch die Neuregelung des Ehenamens, § 1355), sowie der §§ 1629, 1632, 1634 Abs 2 S 1, 1671, 1672, 1678 Abs 2, 1681 Abs 2, 1695, 1696. Diese Änderungen waren bedingt durch den Übergang vom Schuld- zum Zerrüttungsprinzip bei der Ehescheidung sowie durch die Einführung der Familiengerichte.

d) **Rechtslage vom 1.1.1980 bis zum 30.6.1998**
aa) **Überblick**
Abgesehen von der erheblichen Umgestaltung des Rechts der elterlichen Gewalt **14** durch das GleichberG enthielten die vorgenannten diversen Rechtsänderungen nur Randkorrekturen. Im Kern blieb das Recht, das die Beziehungen zwischen Eltern und Kindern regelte, unverändert.

Erst das Gesetz zur Neuregelung des Rechts der elterlichen Sorge (SorgeRG) vom 18.7.1979 (BGBl I 1061), in Kraft seit dem 1.1.1980, gab dem 5. Titel den Inhalt, den er im wesentlichen bis zum 30.6.1998 behielt. Jedoch wurden auch während der letzten 20 Jahre eine große Zahl von Vorschriften aus dem 5. Titel geändert, aufgehoben, an anderer Stelle neu gestaltet. So wurden die Vorschriften der §§ 1629 Abs 2 S 2, Abs 3 geändert (durch das UÄndG vom 20.2.1986, vgl Erl zu § 1629), § 1671 Abs 4 S 1 für nichtig erklärt (BVerfG 3.11.1982, BVerfGE 61, 351, BGBl I 1569), § 1673 Abs 2 S 1 und 3 durch das Gesetz zur Reform des Rechts der Vormundschaft und Pflegschaft für Volljährige (Betreuungsgesetz) vom 12.9.1990 (BGBl I 2002), in Kraft seit 1.1.1992, geändert, §§ 1685–1692, aufgehoben durch das Gesetz zur Abschaffung der gesetzlichen Amtspflegschaft und Neuordnung des Rechts der Beistandschaft (BeistandschaftsG vom 4.12.1997, BGBl I 2846) in Kraft seit 1.1.1998, geändert.

bb) **Gang des Gesetzgebungsverfahrens zum SorgeRG**
Bevor das SorgeRG am 1.1.1980 in Kraft treten konnte, war ihm eine fast 20jährige **15** Diskussion vorausgegangen. Die Anstöße zur Reform kamen zunächst von der Praxis der Jugendhilfe, die die Reform des § 1666 forderte. Außerdem war die Lücke zu schließen, die das BVerfG dadurch geschlagen hatte, daß es die §§ 1628 Abs 1, 1629 durch Entscheidung vom 29.7.1959 für nichtig erklärt hatte. Schließlich sollte die rechtliche Regelung des Eltern-Kind-Verhältnisses auf die seit 1900 eingetretenen gesellschaftlichen Veränderungen abgestimmt werden. Dieses Ziel führte zu jahrzehntelangen gesellschaftspolitischen Kontroversen; ein Teil der Reformer forderte die Emanzipation des jungen Menschen als ein Sich-Befreien vom elterlichen Einfluß und Willen, andere strebten mehr Partnerschaft zwischen Eltern und Kindern bei der Erziehung an.

Insgesamt wurden drei Entwürfe* zur Reform des Sorgerechts eingebracht: der Referentenentwurf vom 27.11.1972 (RefE), der Regierungsentwurf vom 2.5.1974 (BT-Drucks 7/2060) und der Fraktionenentwurf vom 10.2.1977 (FraktionenE, BT-Drucks

---

* Auswahl aus dem überaus zahlreichen
Schrifttum:
a) Zum **Referentenentwurf** vom 27.1.1972:
BEITZKE, Reform des elterlichen Sorgerechts, ZBlJugR 1973, 121; BOSCH, Volljährigkeit – Ehemündigkeit – elterliche Sorge, FamRZ 1973,

489; ders, Noch einmal: Volljährigkeit – Ehemündigkeit – elterliche Sorge, FamRZ 1974, 1; BRIEGLEB, Eherechtsreform – zu Lasten der Kinder?, ZBlJugR 1971, 33; CERTAIN, Stellungnahme zum Entwurf eines Gesetzes zur Neuregelung des Rechts der elterlichen Sorge

8/111), der den Regierungsentwurf kaum verändert wieder in den Bundestag einbrachte: Nach intensiver parlamentarischer Beratung faßte der Rechtsausschuß des Deutschen Bundestages schließlich am 27. 4. 1979 seine Beschlußempfehlung

und zur Änderung des Jugendwohlfahrtsgesetzes, DAVorm 1973, 155; ENGLER, Die Reform des Kindschaftsrechts, Beiträge zur Familienrechtsreform (1974) 35; GERNHUBER, Kindeswohl und Elternwille, FamRZ 1973, 229; KRAMER, Elterliches Sorgerecht und Berufsausbildung von Minderjährigen, JZ 1974, 90; KUNTZE, Anmerkungen zum neuen Sorgerechtsentwurf, JR 1973, 273; QUAMBUSCH, Verfassungsrechtliche Kriterien zur Auswahl der erforderlichen Maßregeln nach § 1666 Abs 1 BGB, RdJ 1973, 364; RAMM, Rechtsgeschichte und Rechtspolitik – zur geplanten Sorgerechtsneuregelung, JZ 1973, 179; SCHAU, Vorschläge zur Reform der Bestimmungen über die elterliche Gewalt, RdJ 1973, 257; SCHEUNER, Gesetzentwurf zur Neuregelung des Rechts der elterlichen Sorge, ZBlJugR 1973, 197; SCHWAB, Mündigkeit und Minderjährigenschutz, AcP 172 (1972) 266; SCHWERDTNER, Kindeswohl oder Elternrecht?, AcP 173 (1973) 227; ZENZ, Zur Reform der elterlichen Gewalt, AcP 173 (1973) 527; dies, Kindeswohl und Elternrecht nach der Scheidung, Seminar Familie und Familienrecht Bd 2 (1975) 166; dies, Elterliche Sorge und Kindesrechte – zur beabsichtigten Neuregelung, StAZ 1973, 257.

b) Zum **Regierungsentwurf** vom 2. 5. 1974: BECKER, Kontakte der Kinder – rechtliche Probleme um das Verkehrs- und Umgangsrecht, RdJ 1975, 344; ders, Die Eigen-Entscheidung des jungen Menschen, in: FS Bosch (1976) 37; ders, Das zweigeteilte Kind, Jugendwohl 1977, 444; ders, Eltern und Kinder – Partner oder Rivalen, Jugendwohl 1977, 396; BUSCHMANN, Künftiges Scheidungsrecht und Kindeswohl aus sozialwissenschaftlicher Sicht, RdJ 1977, 282; COESTER-WALTJEN, Von der elterlichen Gewalt zur elterlichen Sorge, ZRP 1977, 177; EVANS-vKRBEK, Gemeinsame elterliche Gewalt über das Kind nach der Scheidung?, FamRZ 1975, 20; dies, Gemeinsame elterliche Gewalt über das Kind nach der Scheidung, FamRZ 1977, 371; GÜLLEMANN, Berufs- und Ausbildungswahl zwischen Elternrecht und Kindeswohl,

MDR 1975, 793; HANISCH, Zur Reform des Rechts des Kindes, FamRZ 1975, 6; KNIEPER, Personensorge für Kinder und Scheidung der Eltern, JZ 1976, 158; LÜDERITZ, Die Rechtsstellung ehelicher Kinder nach Trennung ihrer Eltern im künftigen Recht der Bundesrepublik Deutschland, FamRZ 1975, 605; MÜNDER, Elterliche Gewalt und schulische Ausbildung des Jugendlichen, JuS 1976, 74; OSSENBÜHL, Treuhänderische Wahrnehmung von Grundrechten der Kinder durch die Eltern, FamRZ 1977, 533; PETRI, Abschaffung des elterlichen Züchtigungsrechts, ZRP 1976, 64; QUAMBUSCH, Für ein Personensorgerecht mit neuen Konturen, ZBlJugR 1974, 138; H-P SIMON, Umgangsrecht, Adoption, Elternrecht: Zur Reform des § 1634 BGB, ZBlJugR 1974, 413; STÖCKER, Das elterliche Sorgerecht, RuG 1974, 66; ders, Beschränkte Mündigkeit Heranwachsender – ein Verfassungspostulat, ZRP 1974, 211; STRÄTZ, Elterliche Personensorge und Kindeswohl, vornehmlich in der zerbrochenen Familie, FamRZ 1975, 541; THOMAS, Die gerechtfertigte Züchtigung, ZRP 1977, 181; VORMBAUM, Zur Forderung nach gesetzlicher Beseitigung des elterlichen Züchtigungsrechts, RdJ 1977, 373.

c) Zum **Fraktionenentwurf** vom 10. 2. 1977: BAER, Stellungnahme zum Entwurf eines Gesetzes zur Neuregelung des Rechts der elterlichen Sorge, ZBlJugR 1977, 516; BEITZKE, Nochmals zur Reform des elterlichen Sorgerechts, FamRZ 1979, 8; BRIMER, Anmerkungen zum Entwurf des Gesetzes zur Neuregelung des Rechts der elterlichen Sorge, DRiZ 1979, 47; DIECKMANN, Betrachtungen zum Recht der elterlichen Sorge- vornehmlich für Kinder aus gescheiterter Ehe, AcP 178 (1978) 298: DIEDERICHSEN, Zur Reform des Eltern-Kind-Verhältnisses, FamRZ 1978, 461; FEIL, Vergessene Kinder im Entwurf eines Gesetzes zur Neuregelung des Rechts der elterlichen Sorge, UJ 1978, 65; FRANZ, Neues Kindschaftsrecht ohne Antragsrecht?, ZBlJugR 1978, 149; Juristinnenbund (Hrsg), Neues elterliches Sorge-

(BT-Drucks 8/2788), sie führte zur Verabschiedung des Gesetzes am 10.5.1979. Nach Anrufung des Vermittlungsausschusses wurde das Gesetz am 18.7.1979 (BGBl I 1061) ausgefertigt und verkündet.

cc) Inhalt des SorgeRG

Leitziel und Zweck der Reform war die Verbesserung der Rechtsposition des Kin- **16** des, die Aufwertung seiner Persönlichkeit im Rahmen der Ausübung der elterlichen Sorge. Dieser Reformansatz beruhte auf der vergleichsweise späten Entdeckung des Kindes als individueller Persönlichkeit im Rahmen der ursprünglich vom Vater allein, aber schon seit Beginn der Fünfzigerjahre von Vater und Mutter rechtlich gemeinsam repräsentierten Familie (ZENZ StAZ 1973, 257). Mit seiner Entscheidung vom 29.7.1968 (BVerfGE 24, 119 = NJW 1968, 2233 = FamRZ 1968, 578 = DAVorm 1968, 324 = ZBlJugR 1969, 24) hatte das BVerfG die rechtliche Aufwertung der Persönlichkeit des Kindes im Rahmen der elterlichen Sorge vorbereitet. In der Folgezeit entwickelte sich im gesellschaftlichen Bewußtsein mehr und mehr die ethische und rechtliche Überzeugung, daß dem Kind mehr Autonomie einzuräumen sei. Die Stellung des Kindes im Verhältnis zu seinen Eltern wurde zunehmend anders und selbständig gesehen. Die ab 1.1.1975 geltende Herabsetzung des Volljährigkeitsalters auf 18 Jahre trug hierzu erheblich bei. Die gleichzeitig geführte Reformdiskussion zur Stellung des minderjährigen Kindes in der Familie sollte die Rechtsposition des Kindes weiter verbessern und aufwerten, ohne eine vollständige Gleichberechtigung zwischen Eltern und Kind anzustreben, was weder rechtlich zulässig noch faktisch möglich gewesen wäre (vgl SIMON ZBlJugR 1984, 14 mwNw; aA AK-BGB/MÜNDER vor § 1626 Rn 7, der unter Heranziehung von MARX meint, gesellschaftlicher Hintergrund der Emanzipation Minderjähriger seien nicht Grundsatzpostulate, sondern sozioökonomische Faktoren; ökonomische Änderungen, die sich auf die Qualifikation der Arbeitskraft auswirkten, seien der Anlaß für die Proklamation des Rechts der Kinder).

Der weltanschaulich begründete Streit um die Reform der Rechtsbeziehung zwi- **17** schen Eltern und ihren minderjährigen Kindern wurde über mehr als 10 Jahre ungewöhnlich erbittert geführt. Während die Bundesregierung in ihrem Entwurf vom 2.5.1974 (BT-Drucks 7/2060) die Ansicht vertreten hatte, das Kind sei nach heutigem Bewußtsein nicht (länger) als Objekt elterlicher Fremdbestimmung anzusehen, wurde auf seiten der Reformgegner mit nicht minder nachdrücklichem konservativem Beharrungsbedürfnis geltend gemacht, jede Reform der Eltern-Kind-Beziehung bedrohe den Bestand der Familie, schaffe die Erziehungsvollmacht der Eltern ab, übertrage die Erziehungsgewalt auf den Staat (Sozialisierung der Familie, LECHELER FamRZ 1979, 5) und verrechtliche das Verhältnis zwischen Eltern und Kindern in unerträglicher Weise (SCHULTZ MDR 1980, 20 mwNw). Diese lange andauernde

---

recht, Alternativentwurf eines Gesetzes zur Neuregelung des Rechts der elterlichen Sorge mit Begründung und Stellungnahmen von COESTER-WALTIEN, PESCHEL-GUTZEIT, HOLLMANN, LIEBL-BLITTERSDORF, LENZ-FUCHS, KUNZE, CUNY und CONRADI (1977); KNÖPFEL, Zur Neuordnung des elterlichen Sorgerechts, FamRZ 1977, 600; LEMPP, Der Entwurf eines Gesetzes zur Neuregelung des

Rechts der elterlichen Sorge aus kinder- und jugendpsychiatrischer Sicht, ZBlJugR 1977, 507; LÜDERITZ, Neues elterliches Sorgerecht, FamRZ 1978, 475; ders, Elterliche Sorge als privates Recht, AcP 178 (1978) 263; G MÜLLER, Die Neuregelung des Rechts der elterlichen Sorge, DRiZ 1979, 169; MÜNDER, Elterliche Gewalt und Wohl des Kindes, RdJ 1977, 358.

Auseinandersetzung im politischen Raum hat die rechtliche Qualität der schließlich verabschiedeten Reform vermindert.

So wurde in der Folgezeit die Ansicht vertreten, in der Einleitung und Begründung des Reformgesetzes sei viel von Mit- und Selbstbestimmung des Kindes die Rede, in den Normen selbst sei für das Kind aber wenig gewonnen (SCHWERDTNER ZBlJugR 1980, 149, 153; s auch HANISCH FamRZ 1975, 6, 10: „legislativer Perfektionismus, Theaterdonner"). Die Aneinanderreihung von Postulaten elterlichen Erziehungsverhaltens in der Generalklausel des § 1626 Abs 2 wurde und wird zT bis heute als intellektuell-argumentative Überforderung jener Eltern betrachtet, die außerstande sind, einen Erziehungsprozeß stets in einem „rationalen Diskurs" zu leisten (SCHMITT-KAMMLER 28 Fn 64; SIMON ZBlJugR 1984, 14, 15). Die angestrebte größere Autonomie des Kindes und der bessere Schutz vor Mißachtung seiner Interessen mochten damit in der Tat teilweise verfehlt sein, vor allem für Lebensverhältnisse unterhalb der „Durchschnittsfamilie", zB für das Kind in der unvollständigen Familie oder außerhalb der Familie. Bedenklicher noch war, daß wichtige Bereiche, in denen größerer Kindesschutz vonnöten war, ungeregelt blieben, etwa die eigenständige medizinische Versorgung des Kindes, der umfassende Schutz von Pflegeverhältnissen, die Regelung der Rechtsverhältnisse des Stiefkindes und die seinerzeit abgekoppelte Reform des Jugendhilferechts, die erst elf Jahre später nachgeholt worden ist (vgl unten Rn 39 ff). Doch gilt es, sich zu erinnern, daß die Verbesserung der rechtlichen Stellung der Frau in der Familie mehr als drei Jahrzehnte gedauert hat und zum Teil noch jetzt nicht abgeschlossen ist. So gesehen war das SorgeRG ein wichtiger und notwendiger erster Schritt zur Verbesserung der Rechtsstellung des Kindes, dem andere gefolgt sind.

dd) Schwerpunkte des SorgeRG

18 Das SorgeRG brachte eine grundlegende Änderung der die „elterliche Gewalt" regelnden Vorschriften. Es betont stärker als bis dahin die Elternverantwortung, was durch die neue Bezeichnung „elterliche Sorge" umschrieben wird. Außerdem sollte die geänderte Wortwahl zum Ausdruck bringen, daß die Eltern-Kind-Beziehung nicht als Herrschaftsrecht über das Kind angesehen werden kann (BT-Drucks 8/2788, 43 ff). Das Gesetz hob die gegenseitigen Pflichten zu Rücksichtnahme und Beistand hervor und erklärte entwürdigende Erziehungsmaßnahmen für unzulässig. Dem Gedanken der zunehmenden Selbstverantwortlichkeit des heranwachsenden Kindes wurde größere Geltung verschafft. In Angelegenheiten der Ausbildung und der Berufswahl sind die Eltern seither ausdrücklich gehalten, besonders auf Eignung und Neigung des Kindes Rücksicht zu nehmen. Die Regelung des Sorgerechts nach der Ehescheidung berücksichtigte stärker als bis dahin Bindung und Willen des Kindes. Der Schutz gefährdeter Kinder wurde verbessert, indem in § 1666 klargestellt worden ist, daß auch unverschuldetes Elternversagen sowie gefährdendes Verhalten Dritter ein gerichtliches Eingreifen ermöglicht. Der Schutz von Pflegekindern vor einer ihr Wohl gefährdenden Herausnahme aus der Pflegestelle ist verstärkt worden. Bei der Vermögenssorge wurde einerseits der Schutz des Kindesvermögens vergrößert, andererseits erhielten die Eltern nunmehr die Befugnis zu einer freieren wirtschaftlichen Vermögensverwaltung. lm Interesse einer besseren Entscheidungsfindung wurde vor allem die Pflicht des Gerichts zur Anhörung aller betroffenen Familienmitglieder und der Pflegeeltern eingeführt (BT-Drucks 8/2788, 1, 2).

19 Als Schwerpunkte der Neuregelungen des SorgeRG sind zu nennen:

- **Leitlinien für das Eltern-Kind-Verhältnis:** Ersetzung des Begriffs der „elterlichen Gewalt" durch den Begriff der „elterlichen Sorge" (§ 1626 Abs 1), das gegenseitige Gebot zu Beistand und Rücksichtnahme (§ 1618a), die Ächtung entwürdigender Erziehungsmaßnahmen (§ 1631 Abs 2) und die Beteiligung des Kindes an Sorgerechtsentscheidungen der Eltern (§ 1626 Abs 2).

- **Regelung bei Nichteinigung der Eltern:** Tätigwerden des Vormundschaftsgerichts bei Nichteinigung der Eltern (§ 1628) sowie in Fragen von Ausbildung und Beruf (§ 1631a).

- **Nähere Ausgestaltung des staatlichen Wächteramts** in einzelnen Bereichen: Korrektur elterlicher Fehlentscheidung auf dem Gebiet der Ausbildung und der Berufswahl (§ 1631a), familiengerichtliche Genehmigung für die freiheitsentziehende Unterbringung von Kindern (§ 1631b), Verbesserung des Schutzes des Kindesvermögens vor allem durch die Änderung der §§ 1640 und 1667.

- **Verbesserter Schutz gefährdeter Kinder:** Einführung der Möglichkeit gerichtlichen Eingreifens auch bei unverschuldetem Elternversagen (§ 1666), Schutz des Kindes vor unverhältnismäßiger Trennung von der Elternfamilie (§ 1666a), Fortfall der Verwirkungsvorschrift (§ 1676), Fortfall der Anzeigepflicht des Jugendamtes aus § 1694, da sich diese aus § 48 S 2 JWG aF ergab.

- **Verbesserter Schutz der Pflegekinder:** Durch die neu eingeführte Vorschrift des § 1632 Abs 4 wurde das in Familienpflege lebende Kind gegen ein Herausgabeverlangen geschützt, wenn dieses zur Unzeit gestellt wurde und damit das Wohl des Kindes gefährdet wurde; Einräumung der Stellung eines Pflegers für Pflegeeltern (§ 1630 Abs 3); Anhörung der Pflegepersonen im gerichtlichen Verfahren (§ 50c FGG).

- **Berücksichtigung von Bindungen und Willen des Kindes:** Bei der Regelung der elterlichen Sorge waren nach § 1671 Abs 2 aF die Bindungen des Kindes, insbesondere an Eltern und Geschwister, zu berücksichtigen; ein abweichender Vorschlag des über 14 Jahre alten Kindes setzte den übereinstimmenden Elternvorschlag außer Kraft (§ 1671 aF Abs 3 S 2); Pflicht zur gerichtlichen Anhörung des Kindes, wenn es um seine Bindungen und Neigungen geht, § 50b FGG; besondere Berücksichtigung der Bindung des Kindes an einen Stiefelternteil oder an einen Dritten für den Fall, daß der sorgeberechtigte Elternteil stirbt (§ 1681 Abs 1 S 2).

- Neuerungen zum **Umgangsrecht:** Änderung der Bezeichnung „persönlicher Verkehr" in „persönlicher Umgang"; Einführung der Wohlverhaltensklausel (§ 1634 Abs 1 S 2 aF); Neuaufnahme des Auskunftsrechts des nicht sorgeberechtigten Elternteils (§ 1634 Abs 3 aF); Befugnis des Familiengerichts, das Umgangsrecht des nicht sorgeberechtigten Elternteils auch mit Wirkung gegenüber Dritten zu regeln (§ 1634 Abs 2 aF).

- Verbesserung des **Verfahrensrechts:** In Sorgerechtsangelegenheiten durch Ablösung des § 1695 aF und Neueinführung der §§ 50a, 50b, 50c FGG; hier vor allem die neu begründete Pflicht, das Kind in das gerichtliche Verfahren einzubeziehen und es grundsätzlich persönlich anzuhören.

– **Neuregelung des Unterbringungsverfahrens:** Durch Einführung von § 1631b, zu dessen gerichtlicher Durchsetzung die Verfahrensvorschriften §§ 64a bis 64i FGG eingeführt wurden.

ee) Weitere Reformen seit dem 1.1.1980 (Inkrafttreten des SorgeRG) – Betreuungsgesetz

20 Das Reformbestreben des Gesetzgebers, das sich aus dem fortwährenden Wandel der Familie und ihrer Konflikte ergibt, hatte sich mit dem Inkrafttreten des SorgeRG keineswegs erledigt. Vielmehr wurden auch in den folgenden Jahren Reformen, die zT seit Jahrzehnten diskutiert, zT aber auch aus aktuellem Anlaß (Wiedervereinigung Deutschlands) dringend geworden waren, angepackt und verabschiedet. Bis heute ist dieser Prozeß nicht abgeschlossen; er wird nach hiesiger Einschätzung auch künftig fortgesetzt werden müssen. Denn kaum eine andere Rechtsmaterie ist und bleibt vom gesellschaftlichen Wandel der Auffassungen und Lebensformen so betroffen wie das Familienrecht, vergleicht man es etwa mit dem geradezu statischen Erbrecht! (Vgl zur soziologischen Entwicklung der Familie in der deutschen Gesellschaft etwa Schwab, Eheschließungsrecht und nichteheliche Lebensgemeinschaft. Eine rechtsgeschichtliche Skizze, FamRZ 1981, 1151; Hattenhauer, Über ehestabilisierende Rechtstechniken, FamRZ 1989, 225; Coester-Waltjen, Die Rolle der Geschlechter im deutschen Familienrecht seit 1990, StAZ 1992, 34; Diederichsen, Teilhabegerechtigkeit in der Ehe, FamRZ 1992, 1; Henrich, Wertentscheidungen im Wertewandel, Betrachtungen zu Art 6 Abs 1 GG, in: FS Lerche [1993] 239; Wagenitz/Barth, Die Änderung der Familie als Aufgabe für den Gesetzgeber, FamRZ 1996, 577; Peschel-Gutzeit, Das Familienrecht im Spannungsfeld zwischen Rechtssicherheit und Einzelfallgerechtigkeit, FamRZ 1996, 1446; Schwab, Familiäre Solidarität, FamRZ 1997, 521; Holzhauer, Aktuelles Familienrecht vor rechtsgeschichtlichem Hintergrund, JZ 2000, 1076 sowie 5. Familienbericht der Bundesregierung [Familien und Familienpolitik im geeinten Deutschland] BT-Drucks 12/7560.)

Noch im Jahre 1990 wurde, nur wenige Wochen nach Verabschiedung des Kinder- und Jugendhilfegesetzes (SGB VIII; su Rn 39 ff) am 12. 9. 1990 das Gesetz zur Reform des Rechts der Vormundschaft und Pflegschaft für Volljährige (Betreuungsgesetz – BtG, BGBl I 2002) verabschiedet, das am 1. 1. 1992 in Kraft trat und die seit Geltung des BGB, also seit dem 1. 1. 1900, bestehende Entmündigung (§§ 6 Abs 1 Nr 1, 104 Nr 3 BGB aF), die Vormundschaft über Volljährige (§§ 1896–1908 BGB aF) und die Gebrechlichkeitspflegschaft (§§ 1910–1920 BGB aF) beseitigte und statt dessen die einheitliche Betreuung Volljähriger (§§ 1896 ff BGB) einführte, während die Vormundschaft über Minderjährige bestehen blieb. Das Gesetz zur Änderung des Betreuungsrechts sowie weiterer Vorschriften (Betreuungsrechtsänderungsgesetz, BtÄndG) vom 25. 6. 1998 (BGBl I 1580) änderte mit Wirkung vom 1. 1. 1999 die Bezeichnung in **rechtliche Betreuung**. Wegen des für das Gebiet der ehemaligen DDR geltenden Übergangsrechts zu Vormundschaft und Pflegschaft s Art 234, Art 14 und 15 EGBGB. Zur Überleitung von Entmündigungen s Art 231 § 1 EGBGB (näher bei Staudinger/Rauscher [2003] Erl zu Art 231 ff).

e) Regelungen seit dem 1. 7. 1998
aa) Beistandschaftsgesetz

21 Das Gesetz zur Abschaffung der gesetzlichen Amtspflegschaft und Neuordnung des Rechts der Beistandschaft (Beistandschaftsgesetz) vom 4. 12. 1997 (BGBl I 2846) trat am 1. 7. 1998 in Kraft. Es beseitigte die frühere Amtspflegschaft über nichteheliche

Kinder (§§ 1706–1710 aF) und hob die entsprechenden Vorschriften auf. An die Stelle trat die freiwillige Beistandschaft (§§ 1712 ff), die, anders als bisher, für alle Kinder beantragt werden kann unabhängig davon, ob sie von einem alleinsorgeberechtigten Elternteil oder gemeinsam sorgeberechtigten Eltern betreut werden (diese jüngste Änderung beruht auf dem Kinderrechte-Verbesserungsgesetz vom 9. 4. 2002, BGBl I 1239). Das Beistandschaftsgesetz geht davon aus, daß solche Kinder eines besonderen Schutzes bedürfen und daß dieses Schutzbedürfnis für die betroffenen Kinder besteht, unabhängig davon, ob ihre Eltern miteinander verheiratet sind oder waren. Die Beistandschaft alten Rechts (§§ 1685–1692 aF) wurde durch die neuen Vorschriften §§ 1712–1717 ersetzt. Stets handelt es sich um eine freiwillige Beistandschaft, die der Antragsteller durch seinen Antrag nicht nur beginnen, sondern auch jederzeit beenden kann (Einzelheiten STAUDINGER/RAUSCHER [2000] Erl zu §§ 1712 ff, auch zu dem abweichenden Rechtszustand in der ehemaligen DDR; zum Übergangsrecht siehe STAUDINGER/RAUSCHER [2003] Anh zu § 1717 und Erl zu Art 223 EGBGB).

bb) Kindschaftsrechtsreformgesetz
Ebenfalls am 1. 7. 1998 trat das Gesetz zur Reform des Kindschaftsrechts vom **22** 16. 12. 1997 (BGBl I 2942) (Kindschaftsrechtsreformgesetz – KindRG) in Kraft. Dieses ist das **Kernstück** der zum 1. 7. 1998 in Kraft getretenen Reformgesetze. Das KindRG beseitigt die bis dahin geltenden Unterschiede zwischen ehelichen und nichtehelichen Kindern und schafft erstmals die Möglichkeit gemeinsamer elterlicher Sorge für Eltern, die nicht miteinander verheiratet sind oder waren. Auch das Namensrecht des Kindes knüpft seither nicht mehr an die Ehe der Eltern an, sondern allein daran, ob die Eltern einen gemeinsamen Namen führen oder nicht (was bei nicht miteinander verheirateten Eltern ohnehin ausscheidet).

Bei Eltern, die miteinander verheiratet sind oder waren, gilt seither der Grundsatz des gemeinsamen Sorgerechts, das mit der Geburt des Kindes entsteht und bei Trennung der Eltern fortbesteht, es sei denn, ein Elternteil beantragt die Alleinübertragung auf sich und das Familiengericht folgt diesem Antrag. Schließlich ist das Umgangsrecht, bis dahin in §§ 1634 und 1711 aF für eheliche und nichteheliche Kinder unterschiedlich geregelt, nun einheitlich neu in §§ 1684 ff für alle Kinder gleichmäßig geregelt. Erstmals hat jetzt das Kind ein eigenes Umgangsrecht, § 1684, erstmals erhalten Dritte ein Umgangsrecht, § 1685, erstmals erklärt das Gesetz den Umgang des Kindes mit beiden Eltern und mit Dritten ausdrücklich zum Bestandteil seines Kindeswohls, § 1626 Abs 3 S 1 (Einzelheiten § 1626 Rn 124 sowie STAUDINGER/RAUSCHER [2006] Erl zu §§ 1684 ff).

cc) Erbrechtsgleichstellungsgesetz
Das Gesetz zur erbrechtlichen Gleichstellung des nichtehelichen Kindes (Erbrechts- **23** gleichstellungsgesetz – ErbGleichG) vom 16. 12. 1997 (BGBl I 2968) mit Berichtigung vom 17. 3. 1998 (BGBl I 524), in Kraft seit dem 1. 4. 1998, beseitigte die erbrechtliche Sonderregelung des Nichtehelichengesetzes (NEhelG), also den seit dem 1. 7. 1970 im Gebiet der alten Bundesrepublik geltenden Erbersatzanspruch (§§ 1934a–1934c aF) und den vorzeitigen Erbausgleich (§§ 1934d–1934e aF). Für die Zukunft schuf dieses Gesetz eine völlige erbrechtliche Gleichstellung nichtehelicher Kinder mit solchen, deren Verwandtschaft auf Ehe der Eltern beruht. Seit dem 1. 4. 1998 steht also auch nichtehelichen Kindern ein gesetzlicher Erbteil und gegebenenfalls ein Pflichtteilsanspruch zu, selbst wenn andere gesetzliche Erben vorhanden sind. Auch

Lore Maria Peschel-Gutzeit

umgekehrt ist der nichteheliche Vater bei Tod des nichtehelichen Kindes nicht mehr auf den Erbersatzanspruch verwiesen (ie STAUDINGER/WERNER [2000] Vorbem 45a ff zu §§ 1924–1936). Freilich ist die absolute erbrechtliche Gleichstellung ehelicher und nichtehelicher Kinder nicht konsequent durchgeführt, es gibt eine wichtige Einschränkung: Die vor dem 1. 7. 1949 geborenen nichtehelichen Kinder bleiben von dieser Gleichstellung weiterhin ausgeschlossen, wenn sich ihr Vater am 3. 10. 1990 im Gebiet der alten Bundesrepublik befand. Für diese Kinder galten gem Art 12 § 10 Abs 2 NEhelG weder die §§ 1934a ff aF noch waren sie gegenüber ihrem Vater erb- oder pflichtteilsberechtigt. Zwar ist durch Art 14 § 14 KindRG der Art 12 § 10a NEhelG in das bis dahin geltende NEhelG eingefügt worden mit der Folge, daß die betroffenen Kinder und Väter die Möglichkeit erhalten haben, durch Vereinbarung die Wirkung von Art 12 § 10 Abs 2 NEhelG auszuschließen und so gegenseitig Erb- und Pflichtteilsansprüche zu begründen. Treffen sie eine solche Regelung jedoch nicht, so haben die vor dem 1. 7. 1949 geborenen nichtehelichen „Altkinder" auch nach dem 1. 4. 1998 keine erbrechtliche Position (ie STAUDINGER/WERNER [2000] Vorbem 45c zu §§ 1924–1936; SCHLÜTER/FEGELER, Die erbrechtliche Stellung der nichtehelichen Kinder und ihrer Väter nach dem Inkrafttreten des Erbrechtsgleichstellungsgesetzes, FamRZ 1998, 1337; STOL-LENWERK/STOLLENWERK, Das Erbrechtsgleichstellungsgesetz, ZAP 1998 Fach 12 S 73).

In bezug auf diese hinkende Gleichstellung nichtehelicher Kinder im Gebiet der ehemaligen Bundesrepublik besteht eine Rechtsspaltung innerhalb Deutschlands fort. Denn in der ehemaligen DDR stand auch nichtehelichen Kindern ein uneingeschränktes Erbrecht nach ihrem Vater zu, § 365 Abs 1 S 1 ZGB. Diese Rechtsstellung behielten und behalten die betroffenen Kinder aus dem Gebiet der ehemaligen DDR bei, Art 235 § 1 Abs 1 EGBGB. Um diesen unbefriedigenden Zustand zu beseitigen, sind verschiedene Reformbestrebungen unternommen worden. Zuletzt haben die Länder Hamburg und Sachsen-Anhalt am 16. 6. 1999 einen Gesetzentwurf zur weiteren Verbesserung von Kinderrechten in den Bundesrat eingebracht (BR-Drucks 369/99). Der Gesetzentwurf schlug vor, Art 12 § 10 Abs 2 NEhelG (Stichtagsregelung) aufzuheben. Durch diese Regelung wurden die in der alten Bundesrepublik lebenden, am Stichtag 1. 1. 1970 bereits volljährigen nichtehelichen Kinder, also solche, die vor dem 1. 7. 1949 geboren waren, von der erbrechtlichen Neuregelung (Ersatzanspruch, vorzeitiger Erbausgleich) ausgenommen. Dagegen waren in der ehemaligen DDR nichteheliche Kinder seit dem 1. 1. 1976 voll erbberechtigt. Die Länder Hamburg und Sachsen-Anhalt und, ihnen am 24. 9. 1999 folgend, der Bundesrat forderten die Aufhebung der Vorschrift Art 12 § 10 Abs 2 NEhelG, der die Unterscheidung zwischen nichtehelichen Kindern nach der Stichtagsregelung vorschreibt. Der Bundesratsentwurf ist inzwischen im Deutschen Bundestag abschließend beraten worden. Die erbrechtliche Gleichstellung der vor dem 1. 7. 1949 geborenen Kinder ist erneut abgelehnt worden (vgl BT-Drucks 14/2096 sowie PESCHEL-GUT-ZEIT, Reformen im Kindschaftsrecht, FPR 1999, 255; dies FPR 2000, 231; Dokumentation des Gesetzentwurfes, FPR 2000 Service 01).

Auf die vor dem 1. 4. 1998 eingetretenen Erbfälle bleiben die §§ 1934a–c aF weiter anzuwenden (Art 227 Abs 1 Nr 1 EGBGB), allerdings mit der Einschränkung, daß § 1934c aF durch die Entscheidung des Bundesverfassungsgerichts vom 18. 11. 1986 (NJW 1987, 1007 = FamRZ 1987, 346) für verfassungswidrig und nichtig erklärt worden ist. War bis zum 1. 4. 1998 ein vorzeitiger Erbausgleich nach §§ 1934d–e aF verlangt und durchgeführt, so ist der gesetzliche Erbanspruch und der Pflichtteilsanspruch des nichtehelichen Kindes und seiner Abkömmlinge verloren gegangen, wie umgekehrt auch der Anspruch des Vaters gegenüber dem Kind, Art 227 Abs 1 Nr 2 EGBGB (Erl s STAUDINGER/WERNER [2000] Vorbem 2, 34 ff, 45a zu §§ 1924–1936).

dd) Eheschließungsrechtsgesetz

Das Gesetz zur Neuordnung des Eheschließungsrechts (Eheschließungsrechtsgesetz **24** – EheschlRG) vom 4. 5. 1998 (BGBl I 833), im wesentlichen in Kraft seit dem 1. 7. 1998, führte das Recht der Eheschließung aus dem gleichzeitig aufgehobenen Ehegesetz von 1946 zurück in das BGB, §§ 1303–1310. Zugleich hob es § 1300 aF auf, reduzierte den Katalog der Eheverbote, strich Ehehindernisse, schuf den neuen Eheaufhebungsgrund der Scheinehe, § 1314 Abs 2 Nr 5, und vereinfachte die Systematik der Mängelfolgen: Seither gibt es nur noch die Eheaufhebung, die Ehenichtigkeit ist beseitigt.

ee) Kindesunterhaltsgesetz

Dem Gesamtanliegen des Gesetzgebers, Kinder von nicht miteinander verheirateten **25** Eltern denen gleichzustellen, deren Eltern miteinander verheiratet sind oder waren, dienen nicht nur das Kindschaftsrechtsreformgesetz (so Rn 22), wenngleich es am wichtigsten ist, und auch nicht nur das Erbrechtsgleichstellungsgesetz (so Rn 23) sowie das Beistandschaftsgesetz (so Rn 21), sondern auch das Gesetz zur Vereinheitlichung des Unterhaltsrechts minderjähriger Kinder (Kindesunterhaltsgesetz – KindUG) vom 6. 4. 1998 (BGBl I 666), in Kraft seit dem 1. 7. 1998. Dieses Gesetz beseitigt im Unterhaltsrecht die Statusunterschiede. Nach dem NEhelG hatten nichteheliche Kinder bekanntlich die Möglichkeit, entweder einen konkret berechneten Unterhaltsanspruch, §§ 1601 ff, oder einen pauschalen Unterhaltsanspruch, gerichtet auf den sog Regelunterhalt, §§ 1615a ff idFd NEhelG, geltend zu machen. Diese Sonderregelung nur für nichteheliche Kinder beseitigt das KindUG und dehnt die bisherigen Regelungen zugleich auf alle nicht mit dem unterhaltspflichtigen Elternteil zusammenlebenden Kinder aus. Nach § 1612a können diese Kinder seither alle den Regelbetrag im vereinfachten Verfahren verlangen. Inzwischen wurde diese Regelung durch das Gesetz zur Ächtung der Gewalt in der Erziehung und zur Änderung des Kindesunterhaltsrechts vom 2. 11. 2000 (BGBl I 1479), in Kraft seit dem 1. 1. 2001, in § 1612b Abs 5 modifiziert, soweit es die Anrechnung des Kindergeldes und inzidenter die Regelung des Mindestbedarfs minderjähriger Kinder angeht. Diese Neuregelung ist umstritten (vgl SCHOLZ, Existenzminimum und Kindergeldverrechnung – Zur Neufassung des § 1612b V BGB, FamRZ 2000, 1541; GERHARDT, Die neue Kindergeldverrechnung ab 1. 1. 2001 – Erwiderung zu SCHOLZ FamRZ 2000, 1541, FamRZ 2001, 73; LUTHIN, Mindestbedarf des minderjährigen unverheirateten Kindes, FamRZ 2001, 334; W BECKER, § 1612b V BGB nF – Ein Virus, FamRZ 2001, 1266; HEGER, Die Änderung des § 1612b V BGB – Schlußstein oder Neubeginn?, FamRZ 2001, 1409; GRABA, Zur Neuregelung der Kindergeldanrechnung nach dem Gesetz zur Ächtung der Gewalt in der Erziehung und zur Änderung des Kindesunterhaltsrechts, NJW 2001, 249).

ff) Minderjährigenhaftungsbeschränkungsgesetz

Das Gesetz zur Beschränkung der Haftung Minderjähriger (Minderjährigenhaf- **26** tungsbeschränkungsgesetz – MHbeG) vom 25. 8. 1998 (BGBl I 2487), in Kraft seit dem 1. 1. 1999, hat mit der Gleichstellung ehelicher und nichtehelicher Kinder nichts zu tun. Es erfüllt eine Forderung des Bundesverfassungsgerichts vom 13. 5. 1986 (BVerfGE 72, 155 = NJW 1986, 1859 = FamRZ 1986, 769; Einzelheiten § 1629 Rn 147 ff). Seinerzeit hatte das Bundesverfassungsgericht entschieden, daß Eltern ihre Kinder kraft elterlicher Vertretung bei der Fortführung eines ererbten Handelsgeschäfts in ungeteilter Erbengemeinschaft nicht unbegrenzt verpflichten könnten. Es sei mit dem allgemeinen Persönlichkeitsrecht Minderjähriger nicht vereinbar, daß Eltern in diesem Zusammenhang ohne vormundschaftsgerichtliche Genehmigung Verbindlichkeiten zu Lasten ihrer minderjährigen Kinder eingehen können, die über deren Haftung mit dem ererbten Vermögen hinausgehen (ie unten § 1629 Rn 147 ff mwNw sowie PESCHEL-GUTZEIT, Elterliche Vertretung und Minderjährigenschutz, FamRZ 1993, 1009; PESCHEL-GUTZEIT/JENCKEL, § 1629 BGB oder: Vom langen Leben einer Gesetzeslücke, FuR 1997, 34). Diese Forderung war, wie nicht anders zu erwarten, ebenso umstritten wie die sich bietenden Lösungsmodelle. Das MHbeG gibt nunmehr dem volljährig Gewordenen die Möglichkeit, seine Haftung für Altverbindlichkeiten außerhalb der üblichen Systematik des Handels- und Insolvenzrechts auf sein Vermögen zu beschränken, das er im Zeitpunkt der Erreichung der Volljährigkeit innehat, § 1629a. Dennoch kann der volljährig Gewordene in einem Handelsgeschäft, einer Personengesellschaft oder Erbengemeinschaft verbleiben (ie STAUDINGER/COESTER Erl zu § 1629a). Auch bei dieser Regelung war Kritik zu erwarten, sie blieb auch nicht aus. Sie macht sich vor allem an dem Umstand fest, daß dem Rechtsverkehr Risiken aufgebürdet werden, wie er sie bisher nicht kannte, während der Minderjährige nur beweisen muß, wie sein Vermögensbestand bei Eintritt der Volljährigkeit war (ie HABERSACK, Das neue Gesetz zur Beschränkung der Haftung Minderjähriger, FamRZ 1999, 1; LÖWISCH, Beschränkung der Minderjährigenhaftung und gegenseitiger Vertrag, NJW 1999, 1002; BITTNER, Die Einrede der beschränkten Haftung auf das Volljährigkeitsvermögen aus § 1629a BGB, FamRZ 2000, 235; PESCHEL-GUTZEIT, Überschuldungsschutz für Minderjährige, FPR 2006, 455).

gg) Gewaltächtungsgesetz

27 Das Gesetz zur Ächtung der Gewalt in der Erziehung und zur Änderung des Kindesunterhaltsrechts vom 2. 11. 2000 (BGBl I 1479), insoweit in Kraft seit dem 3. 11. 2000, schuf neben der schon erwähnten Modifikation von § 1612b vor allem in § 1631 Abs 2 erstmals nach jahrzehntelangen Reformvorstößen einen ausdrücklichen Anspruch des Kindes auf gewaltfreie Erziehung und ein Verbot körperlicher Strafen (ie STAUDINGER/SALGO § 1631 Rn 66 ff; zur Vorgeschichte PESCHEL-GUTZEIT, Es ist geschafft: Gewalt in der Erziehung ist verboten!, FPR 2000, 231 mwNw; dies, Reformen im Kindschaftsrecht, FPR 1999, 255 ff; vRENESSE, Die Kindschaftsrechtsreform – Neue Erkenntnisse, neues Recht, FPR 1998, 59 ff; HOYER, Im Strafrecht nichts Neues? – Zur strafrechtlichen Bedeutung der Neufassung des § 1631 II BGB, FamRZ 2001, 521; HUBER/SCHERER, Die Neuregelung zur Ächtung der Gewalt in der Erziehung, FamRZ 2001, 797).

hh) Lebenspartnerschaftsgesetz

28 Am 1. 8. 2001 ist das Gesetz zur Beendigung der Diskriminierung gleichgeschlechtlicher Lebensgemeinschaften: Lebenspartnerschaften (Lebenspartnerschaftsgesetz – LPartG) vom 16. 2. 2001 (BGBl I 266) in Kraft getreten. Auch diesem Gesetz waren jahrelange intensive Reformdiskussionen vorausgegangen, bis es schließlich, nach Aufspaltung der Gesamtregelung in einen der Zustimmung des Bundesrates nicht bedürftigen Teil (Partnerschaftsgesetz, BT-Drucks 14/3751) und einen der Zustimmung des Bundesrates unterliegenden Teil (Partnerschaftsergänzungsgesetz, BT-Drucks 14/4545) am 10. 11. 2000 vom Deutschen Bundestag verabschiedet worden war. Der Bundesrat hat dem Ergänzungsgesetz seine Zustimmung nicht gegeben, in der

Folgezeit rief der Deutsche Bundestag den Vermittlungsausschuß von Bundestag und Bundesrat an, der eine Einigung noch nicht zustande gebracht hat.

Das zustimmungsfreie LPartG ist von den Ländern Freistaat Bayern, Freistaat Sachsen und Freistaat Thüringen wegen dort angenommener Verfassungswidrigkeit mit Normenkontrollanträgen vor dem Bundesverfassungsgericht angegriffen worden. Über sie hat das Bundesverfassungsgericht am 17.7.2002 abschlägig entschieden (NJW 2002, 2543). Zuvor hatte es die Anträge Bayerns und Sachsens auf Erlaß einer einstweiligen Anordnung, mit denen das Inkrafttreten des LPartG verhindert werden sollte, durch Urteil vom 18.7.2001 abgelehnt (NJW 2001, 2457 = FamRZ 2001, 1057). In Zusammenhang mit dem elterlichen Sorgerecht sind aus Art 1 des Gesetzes, nämlich dem Gesetz über eingetragene Lebenspartnerschaften, § 9 (Sorgerechtliche Befugnisse des Lebenspartners) und § 10 (Erbrecht des Lebenspartners) von Bedeutung sowie aus Art 2 des Gesetzes (Änderung des BGB) § 1687b. In beiden Fällen, § 9 aus Art 1 und § 1687b aus Art 2, geht es um ein Mitentscheidungsrecht des Ehepartners oder Lebenspartners eines alleinsorgeberechtigten Elternteils (kleines Mitentscheidungsrecht) in Angelegenheiten des täglichen Lebens. § 1629 Abs 2 S 1 gilt entsprechend. Und nach Art 1 § 10 des Gesetzes erbt der überlebende Lebenspartner/die überlebende Lebenspartnerin neben Verwandten als gesetzliche Erben. In der Zwischenzeit haben alle Bundesländer, bis auf den Freistaat Thüringen, das LPartG durch entsprechende Landesausführungsgesetze in Kraft gesetzt (zum Gesamtkomplex und zum Gesetzgebungsverfahren: PESCHEL-GUTZEIT, Eindrücke aus der mündlichen Verhandlung vor dem Bundesverfassungsgericht am 11.7.2001 zum Lebenspartnerschaftsgesetz, FPR 2001, 431; KLEIN, Für die Verfassungskonformität des Lebenspartnerschaftsgesetzes, FPR 2001, 434; KIRCHHOF, Lebenspartnerschaft und Grundgesetz, FPR 2001, 436, s a die dortige Dokumentation über die Umsetzung des LPartG in den einzelnen Bundesländern sowie SCHWAB, Eingetragene Lebenspartnerschaft – Ein Überblick, FamRZ 2001, 385 nebst Dokumentation des Gesetzes, FamRZ 2001, 399; MOTZER, Die neueste Entwicklung von Gesetzgebung und Rechtsprechung auf dem Gebiet von Sorgerecht und Umgangsrecht, FamRZ 2001, 1034; vDICKHUTH-HARRACH, Erbrecht und Erbrechtsgestaltung eingetragener Lebenspartner, FamRZ 2001, 1660; EUE, Erbrechtliche Zweifelsfragen des Gesetzes zur Beendigung der Diskriminierung gleichgeschlechtlicher Gemeinschaften, FamRZ 2001, 1196; RIEGER, Das Vermögensrecht der eingetragenen Lebenspartnerschaft, FamRZ 2001, 1497).

ii)   **Gewaltschutzgesetz**

Am 1.1.2002 ist das Gesetz zur Verbesserung des zivilgerichtlichen Schutzes bei **29** Gewalttaten und Nachstellungen sowie zur Erleichterung der Überlassung der Ehewohnung bei Trennung vom 11.12.2001 (BGBl I 3513) in Kraft getreten (vgl dazu PESCHEL-GUTZEIT, Gesetz zur Verbesserung des zivilgerichtlichen Schutzes bei Gewalttaten, FPR 2001, 243 ff mwNw und Dokumentation des Gesetzes FPR 2001, 294 sowie Streit 2001, 65; SCHUMACHER FamRZ 2002, 645). Dieses Gesetz räumt den Zivilgerichten die Befugnis ein, dem Täter, der vorsätzlich eine Körperverletzung begeht, bestimmte Verbote aufzuerlegen (Betreten der Wohnung und Aufenthalt in bzw im bestimmten Umkreis der Wohnung, Zusammentreffen mit dem Verletzten). Lebt der Täter mit dem Opfer zusammen, schafft das Gesetz die Möglichkeit, ihn aus der Wohnung zu weisen **(Wegweisungsrecht)**. Schließlich erleichtert das Gesetz die Zuweisung der Ehewohnung an den geschlagenen bzw verletzten Partner oder Partnerin, indem es die Vorschrift des § 1361b reformiert (jetzt Vermeidung einer unbilligen Härte statt bisher einer schweren Härte). Außer für die vor allem von Körperverletzung und

Gewaltanwendung betroffenen Frauen schafft das Gesetz Schutz auch für die mit den Frauen in häuslicher Gemeinschaft lebenden Kinder.

Auch dieses Gesetz war und ist umstritten. So wird schon bezweifelt, daß ein erheblicher Teil der Bevölkerung betroffen sein könnte. Einzuräumen ist, daß das Dunkelfeld der Betroffenen groß ist. Aber schon das Hellfeld läßt ahnen, um welches soziale Massenphänomen es sich handelt: Jährlich suchen ca 45 000 Frauen Zuflucht in Frauenhäusern vor der Gewalt der Partner. Die Zahl der betroffenen Kinder dürfte kaum kleiner sein. Im übrigen liegen Erfahrungen aus unserem Nachbarland Österreich vor, das bereits im Jahre 1997 ein entsprechendes Gesetz verabschiedet hat. In der Folgezeit ist es, vor allem auch durch die in Österreich zugleich geschaffene Möglichkeit sofortiger polizeilicher Hilfe, dort zu Wegweisungen in erheblicher Zahl gekommen. Daß das jetzt bei uns in Kraft getretene Gesetz nicht alle Erwartungen erfüllen und alle Probleme lösen kann, liegt auf der Hand (vgl zur Kritik ua SCHWEIKERT Streit 2001, 51 mwNw; FLÜGGE Streit 2001, 114). Nicht hinnehmbar ist jedoch die Einschätzung von RAUSCHER (Familienrecht Rn 100), der meint, in der überwiegenden Zahl beruhten Tätlichkeiten auf beidseitigen Provokationen. Das Gewaltschutzgesetz schaffe ein wohlfeiles Mittel, um insbesondere Männer mit dem Vorwurf von Gewalt und Drohung zu diskriminieren. Die Kriminalisierung unerfreulicher, aber **normaler** Konfliktdynamik trage in viele Familien ein schlimmes, streitvermehrendes Drohpotential zugunsten vermeintlich Schwächerer. Eine ähnliche Einschätzung desselben Autors (STAUDINGER/RAUSCHER [2006] § 1684 Rn 346) findet sich auch schon bei dessen Bearbeitung der Frage, ob das gewalttätige Auftreten etwa des Vaters, der ein Umgangsrecht begehrt, zum Umgangsausschluß führt. Der Autor meint, das gewalttätige Auftreten sei ein äußerst schillerndes Phänomen. Oft handele es sich um „streitbedingte Unbeherrschtheit", dem Umgangselternteil dürfe „gegenüber dem Alltagsleben" kein „verfeinerter Maßstab" entgegengehalten werden. Menschen hätten nun einmal Aggressionen, die sie in extremen Konfliktlagen nicht immer optimal verarbeiteten. Es müsse deshalb vor „Instrumentalisierung nicht souverän verarbeiteter Aggression" gewarnt werden. Nicht alle Parteien verwendeten bei Konflikten „nur salonfähige Streitwaffen".

Eine derartige, durch die sorgfältigen soziologischen Erhebungen im europäischen Raum eindeutig widerlegte Verharmlosung und Simplifizierung macht erschreckend deutlich, wie sehr auch in unserem Jahrhundert Gewaltanwendung im häuslichen Bereich als selbstverständliches, normales Verhalten des (zumeist körperlich stärkeren) Mannes und Vaters eingeschätzt und verteidigt wird. Wer so argumentiert, trägt in unverantwortlicher Weise zur Perpetuierung der Gewaltanwendung bei. Das Gesetz jedenfalls billigt dieses Verhalten nicht mehr, indem es nunmehr dem Kind ein Recht auf gewaltfreie Erziehung eingeräumt hat. Deshalb muß solchen Einschätzungen und Gemeinplätzen mit Entschiedenheit entgegengetreten werden. Erwartungsgemäß hat sich das Gewaltschutzgesetz bewährt, und es kann als ein wesentliches Schutzinstrument in der Kette der Interventionen gegen häusliche Gewalt bezeichnet werden. Viele Bundesländer haben das Gewaltschutzgesetz polizeirechtlich flankiert, um die Lücke zwischen Polizeieinsatz und zivilrechtlichen Maßnahmen zu schließen. Allein die Existenz des Gesetzes macht die Thematik häusliche Gewalt öffentlich und trägt damit auch zur Enttabuisierung dieses entwürdigenden Phänomens bei (vgl HECHT FPR 2005, 13 über Erfahrungen mit dem Gewaltschutzgesetz aus Sicht der Berliner Interventionszentrale bei häuslicher Gewalt [BIG]). Dem steht nicht entgegen, daß es durchaus auch Kritik am dem Gewaltschutzgesetz und dessen Umsetzung gibt. Das betrifft zum einen die umständliche Vollstreckung entsprechender Gerichtsbeschlüsse, zum anderen die uneinheitliche Gerichtszuständigkeit, verteilt zwischen Familiengericht und Amtsgericht, allgemeine Abteilung. Zudem wurde mit Recht bemängelt, daß eine Konkordanz zwischen Kindschaftsrecht und Gewaltschutzrecht fehlt. Diese Lücke ist durch das nachstehend beschriebene Kinderrechteverbesserungsgesetz geschlossen worden.

kk) Kinderrechteverbesserungsgesetz

Das Gesetz zur weiteren Verbesserung von Kinderrechten (Kinderrechteverbesse- **30** rungsgesetz) vom 9. 4. 2002 (BGBl I 1239) ist am 12. 4. 2002 in Kraft getreten. Es ermöglicht die Vaterschaftsanerkennung auch bei geschäftsunfähiger Mutter, § 1596 Abs 1 S 4 (vgl RAUSCHER FPR 2002, 359, 364; AnwKomm-BGB/GUTZEIT/KLEBECK § 1596 Rn 11 mwNw) und schließt die Anfechtung der Vaterschaft durch den Mann und die Mutter aus, wenn das Kind durch vereinbarte künstliche Befruchtung mittels Samenspende eines Dritten gezeugt worden ist, § 1600 Abs 2 (Einzelheiten dazu: WANITZEK FamRZ 2003, 730 mwNw). Das Gesetz läßt die Einbenennung des Kindes in eine von einem Elternteil neu gegründete Familie auch dann zu, wenn beide leiblichen Eltern gemeinsam sorgeberechtigt geblieben sind und der andere, abwesende Elternteil der Einbenennung nicht zustimmt, § 1618. Schließlich ermöglicht das Gesetz zum Schutz des Kindes die Wegweisung eines Elternteils oder eines Dritten aus der Wohnung, § 1666a (Einzelheiten: JANZEN FamRZ 2002, 785, 787; OBERLOSKAMP FPR 2003, 285; KNITTEL FF 2003, 14, 17). Schließlich ermöglicht das Gesetz die freiwillige Beistandschaft auch bei gemeinsam sorgeberechtigten Eltern, § 1713, und erweitert die Urkundsbefugnisse der Jugendämter.

Damit hat das Gesetz eine Reihe von Fragen beantwortet, die das Kindschaftsreformgesetz vom 16. 12. 1997, in Kraft seit 1. 7. 1998 (vgl oben Rn 22), offengelassen hatte. Initiatoren dieses Ergänzungsgesetzes waren die Länder Hamburg und Sachsen-Anhalt, deren gemeinsamer Entwurf den Bundesrat im September 1999 passiert hatte und sodann am 1. 2. 2002 vom Deutschen Bundestag und am 1. 3. 2002 vom Bundesrat verabschiedet wurde (Einzelheiten insbesondere zum Gesetzgebungsverfahren und zu Einzelfragen der untersagten Vaterschaftsanfechtung und der Wegweisung im Interesse von Kindern: PESCHEL-GUTZEIT, Das Kinderrechteverbesserungsgesetz – KindRVerbG – vom 9. 4. 2002, FPR 2002, 285; RAUSCHER, Vaterschaft aufgrund Anerkennung, FPR 2002, 359; SCHOMBURG, Das Gesetz zur weiteren Verbesserung von Kinderrechten [Kinderrechteverbesserungsgesetz], KindPrax 2002, 75; JANZEN, Das Kinderrechteverbesserungsgesetz – Weiterentwicklung des Kindschaftsrechts und Schutz der Kinder vor Gewalt, FamRZ 2002, 785; VON SACHSEN GESSAPHE, Nachbesserungen im Familienrecht – Eine unendliche Geschichte, NJW 2002, 1853; KNITTEL, Das Kinderrechteverbesserungsgesetz, FF 2003, 14; OBERLOSKAMP, Der Schutz von Kindern nach dem Gewaltschutzgesetz und Kinderrechteverbesserungsgesetz einerseits und den §§ 1666, 1666 a BGB andererseits, FPR 2003, 285; WANITZEK, Ergänzungen des Abstammungsrecht durch das Kinderrechteverbesserungsgesetz, FamRZ 2003, 730).

ll) Gesetz zur Umsetzung familienrechtlicher Entscheidungen des Bundesverfassungsgerichts

Dieses Korrekturgesetz vom 13. 12. 2003 (BGBl I 2547), in Kraft seit dem 31. 12. 2003, **31** hat zur Änderung des EGBGB, des SGB VIII, von § 1626d BGB, § 49a FGG sowie zu Änderungen im Rechtspflegergesetz und im Bundeskindergeldgesetz geführt.

Wichtig ist vor allem die Ergänzung von Art 224 EGBGB. Dem dortigen § 2 sind durch das Korrekturgesetz die Absätze 3 bis 5 angefügt worden. Anlaß für diese Gesetzesanpassung war das Urteil des Bundesverfassungsgerichts vom 29. 1. 2003 (BVerfGE 107, 150 = NJW 2003, 955 = FamRZ 2003, 287 = FPR 2003, 205), das bekanntlich entschieden hat, dass § 1626a Abs 2 (noch) verfassungsgemäß ist. Zugleich hat das Gericht diese Vorschrift aber insoweit für verfassungswidrig erklärt, als das Kindschaftsrechtsreformgesetz keine Übergangsregelung für nicht miteinander verheiratete Eltern vorgesehen hatte, die mit ihrem Kind zusammengelebt und gemeinsam für das Kind gesorgt, sich aber noch vor dem Inkrafttreten des Kindschaftsrechtsreformgesetzes am 1. 7. 1998 getrennt hatten. Für diese Eltern hat das Korrekturgesetz vom 13. 12. 2003 in Art 224 EGBGB, § 2 Abs 3–5 Abhilfe geschaffen. Seither kann ein Elternteil, der selbst eine Sorgeerklärung abgegeben hat, die Sorgeerklärung des anderen, verweigernden Elternteils durch das Familiengericht ersetzen lassen, wenn die Eltern längere Zeit in häuslicher Gemeinschaft die elterliche Verantwortung für ihr Kind getragen und sich vor dem 1. 7. 1998 getrennt hatten, so daß sie keine Möglichkeit hatten, die durch das Kindschaftsrechtsreformgesetz erstmals zugelassene gemeinsame elterliche Sorge für nicht miteinander verheiratete Eltern zu begründen. Voraussetzung für die gerichtliche Ersetzung der Sorgeerklärung ist, dass die gemeinsame elterliche Sorge dem Wohl des Kindes dient. Mit diesem Korrekturgesetz ist erstmals der Gerichtsweg eröffnet, um die fehlende übereinstimmende Sorgeerklärung gemäß § 1626a zu ersetzen.

Die Neuregelung hat Kritik gefunden (RICHTER FPR 2004, 484, 487; BREITHAUPT FPR 2004, 488), und zwar in unterschiedlicher Richtung. Einerseits wird beanstandet, daß für die richterliche Ersetzung der Sorgeerklärung die über längere Zeit gehaltene häusliche Gemeinschaft verlangt wird, darüber hinaus die gemeinsame Verantwortung, so daß ein allein betreuender Vater von der Neuregelung ausgeschlossen sei. Andererseits wird befürchtet, daß von der Übergangsregelung eine große Zahl von Müttern und Kindern betroffen sein könnte. Schließlich wird gefordert, auch in anderen Fällen die fehlende Sorgeerklärung des anderen Elternteils gerichtlich ersetzen zu lassen. Die Erfahrungen mit diesem Gesetz sind naturgemäß noch gering. Deshalb lassen sich derzeit die Relevanz in der Praxis und die Akzeptanz durch die Betroffenen noch nicht sicher beurteilen und ebensowenig die Frage, ob die nur als Übergangsregelung gedachte Neuregelung auch Maßstab für eine Regelung in anderen Fällen sein kann. Das OLG Stuttgart hat mit seinem Beschluß vom 20. 4. 2004 (FamRZ 2004, 1397) entschieden, daß es für die Kindeswohldienlichkeit der gerichtlichen Ersetzung auf den Zeitpunkt der Gerichtsentscheidung ankommt und die Kindeswohldienlichkeit nur bejaht werden kann, wenn bei beiden Eltern in diesem Zeitpunkt Kooperationsbereitschaft und Kooperationsfähigkeit vorhanden sind. Im konkreten Fall hat das OLG Stuttgart die Ersetzung der Sorgeerklärung des anderen Teils abgelehnt, weil gegenwärtig die gemeinsame elterliche Sorge dem Wohl des inzwischen 11 Jahre alten Jungen nicht diene. Weitere Entscheidungen sind derzeit noch nicht bekannt geworden und nach hiesiger Einschätzung auch kaum zu erwarten, weil der Personenkreis der Eltern, die sich vor dem 1. 7. 1998 getrennt haben und die übrigen Voraussetzungen erfüllen, jedenfalls inzwischen, mehr als drei Jahre nach Inkrafttreten des Gesetzes bekannt sein müßte (Zur Entstehungsgeschichte und zum Inhalt des Gesetzes insgesamt: HENRICH, Anmerkung zur Entscheidung des Bundesverfassungsgerichts vom 29. 1. 2003 [BVerfGE 107, 150], FamRZ 2003, 359; HÖFELMANN, Das „Gesetz zur Umsetzung familienrechtlicher Entscheidungen des Bundesverfassungsgerichts", FamRZ 2004, 65;

MÜLLER, Gemeinsames Sorgerecht nicht verheirateter Eltern – Übergangsregelung in Kraft, FamRB 2004, 35; PESCHEL-GUTZEIT, Rechte und Funktionen des Vaters im Spiegel des modernen deutschen Rechts, in: FS Groß [2004] 175, 194; BECKER, Altfallregelung seit Januar 2004: Gemeinsames Sorgerecht für Väter nichtehelicher Kinder auch ohne Zustimmung der Mutter, FamRB 2004, 402; Richter, Die Alleinsorge der Mutter nach § 1626a II BGB und das Kindeswohl, FPR 2004, 484 ff; BREITHAUPT, Die Alleinsorge der Mutter nach § 1626a II BGB und das Kindeswohl – Stellungnahme zum Aufsatz von Richter, FPR 2004, 488; PESCHEL-GUTZEIT, Die geschichtliche Entwicklung der Vaterstellung im deutschen Recht seit 1900, FPR 2005, 167, 171).

mm) Gesetz zur Änderung der Vorschriften über die Anfechtung der Vaterschaft und das Umgangsrecht von Bezugspersonen des Kindes, zur Registrierung von Vorsorgeverfügungen und zur Einführung von Vordrucken für die Vergütung von Berufsbetreuern

Das Gesetz stammt vom 1. 4. 2004 (BGBl I 598) und ist, soweit es die Anfechtung der **32** Vaterschaft und das Umgangsrecht von Bezugspersonen angeht, am 30. 4. 2004 in Kraft getreten. Nach Art 1 dieses Gesetzes sind die Vorschriften über die Anfechtungen der Vaterschaft ergänzt und geändert worden, darüber hinaus die Vorschrift des § 1685 Abs 2 betreffend das Umgangsrecht von Bezugspersonen. Die weiteren Artikel des Gesetzes enthalten Änderungen des FGG, der Bundesnotarordnung, des Beurkundungsgesetzes, der Kostenordnung und eine Übergangsregelung.

Das neue Gesetz geht zurück auf einen Beschluß des Bundesverfassungsgerichts vom 9. 4. 2003 (NJW 2003, 2151 = FamRZ 2003, 816 mAnm HUBER = FPR 2003, 471), mit welchem das Gericht das in § 1685 geregelte Umgangsrecht bestimmter Bezugspersonen des Kindes mit Artikel 6 Abs 1 GG insoweit für unvereinbar erklärt hat, als es in den Kreis der Umgangsberechtigten den leiblichen, aber nicht anerkannten (biologischen) Vater des Kindes auch dann nicht mit einbezogen hatte, wenn zwischen diesem und dem Kind eine sozial-familiäre Beziehung besteht oder bestanden hatte. Weiter hatte das Gericht § 1600 insoweit für verfassungswidrig erklärt, als der „biologische" Vater eines Kindes ausnahmslos von der Anfechtung der Vaterschaft ausgeschlossen war. Das Gericht hält die Ausschließlichkeit, mit der der biologische Vater von der Anfechtung von der Abstammung des Kindes in § 1600 ausgeschlossen war, für verfassungsrechtlich bedenklich. Jedenfalls dann, wenn die rechtlichen Eltern mit dem Kind keine soziale Familie bildeten, die es nach Art 6 Abs 1 GG zu schützen gebe, sei es nicht zu rechtfertigen, den biologischen Vater von der Anfechtungsmöglichkeit auszuschließen. In einer kritischen Anmerkung setzt sich HUBER (FamRZ 2003, 825) mit den Konsequenzen der Gerichtsentscheidung auseinander und fordert zu Recht, daß ein biologischer Vater, bevor er künftig Anfechtungsklage würde erheben dürfen, zumindest seine Vaterschaft glaubhaft machen müsse. RAKETE-DOMBEK (FPR 2003, 478) macht deutlich, daß von dem Beschluß des Bundesverfassungsgerichts vor allem solche Kinder betroffen seien, die in keiner sozialen Familie mit dem rechtlichen Vater lebten, die vielmehr allein mit der Mutter aufwüchsen. Aufgrund der Entscheidung des Bundesverfassungsgerichts hätten diese Kinder nun die Chance, ihren leiblichen Vater als rechtlichen Vater zu erhalten, vorausgesetzt, der Vater habe daran ein Interesse. Nun könnten diese Kinder ihr Recht auf Umgang auch zu ihrem biologischen Vater verwirklichen, wieder vorausgesetzt, der Vater lege auf einen solchen Kontakt Wert. In einer weiteren kritischen Anmerkung weist WILLUTZKI (KindPrax 2003, 145) zu Recht darauf hin, daß der leibliche Vater nun geneigt sein könne, die soziale Einbindung seines Kindes in den sozialen und personalen Familienverband der rechtlichen Eltern anzuzweifeln, wodurch diese in ihrem Familienverband gefährdet sein könnten.

Die Neuregelungen dieses Gesetzes haben in der veröffentlichten Rechtsprechung bisher kaum Niederschlag gefunden. Das AG Potsdam (FamRZ 2003, 1955) hat in einem Beschluß, der bereits vor Inkrafttreten des Gesetzes, nämlich am 15. 11. 2002, ergangen war, den biologischen Vater als Elternteil im Sinne von § 1684 Abs 1 angesehen und dessen Umgangsrecht bejaht, da er mit dem Kinde in dessen ersten drei Lebensjahren regelmäßig und häufig Umgang gehabt habe, und daher für das Kind eine vertraute Persönlichkeit sei. Dagegen hat das OLG Düsseldorf (FamRZ 2004, 290) eine sozio-familiäre Beziehung im Sinne der vorgenannten Entscheidung des Bundesverfassungsgerichts verneint, wenn der biologische Vater zu der Mutter nur eine vorübergehende Beziehung unterhalten habe und zwischen ihm und dem Kind nur sporadische und vereinzelte Kontakte stattgefunden hätten. Der BGH hat die Anfechtung der Vaterschaft durch den biologischen Vater bei Bestehen einer sozial-familiären Beziehung des Kindes zum rechtlichen Vater versagt (NJW 2007, 1677).

(Zu den Folgen des Beschlusses des Bundesverfassungsgerichts vom 9. 4. 2003, zur Systematik des Gesetzes und dessen Folgen vgl Ch HUBER, Anmerkung zu dem Beschluß des Bundesverfassungsgerichts vom 9. 4. 2003, FamRZ 2003, 825; WILLLITZKI, Anmerkung zum Beschluß des Bundesverfassungsgerichts vom 9. 4. 2003, KindPrax 2003, 145; RAKETE-DOMBEK, Anmerkung zum Beschluß des Bundesverfassungsgerichts vom 9. 4. 2003, FPR 2003, 478; ROTH, Vaterschaftsanfechtung durch den biologischen Vater, NJW 2003, 3153; WELLENHOFER-KLEIN, Das Vaterschaftsanfechtungsrecht des leiblichen Vaters – Vorschlag zur Änderung von § 1600 BGB, FamRZ 2003, 1889; EHRHARDT-RAUCH, Stärkung des Rechts des biologischen Vaters vom 30. 4. 2004, JAmt 2004, 175; R MÜLLER, Vaterschaftsanfechtung und Umgangsrecht neu geregelt, FamRB 2004, 206; MOTZER, Das Umgangsrecht Verwandter und enger Bezugspersonen, FamRB 2004, 231; PESCHEL-GUTZEIT, Rechte und Funktionen des Vaters im modernen Deutschen Recht, in: FS Groß [2004] 175, 196; PIEPER, Neu-Anfechtung und Umgangsrecht des biologischen Vaters, FuR 2004, 385; HÖFELMANN, Das neue Gesetz zur Änderung der Vorschriften über die Anfechtung der Vaterschaft und das Umgangsrecht von Bezugspersonen des Kindes, FamRZ 2004, 745; BÜTE, Änderungen der Vorschriften über die Anfechtung der Vaterschaft und das Umgangsrecht von Bezugspersonen, FPR 2005, 5; ECKEBRECHT, Neuere Gesetze zur Stärkung der Vaterrechte, FPR 2005, 205; BÜTTNER, Der biologische [genetische] Vater und seine Rechte, in: FS Schwab [2005] 735; HAGER, Der rechtliche und der leibliche Vater, in: FS Schwab [2005] 773).

nn)   In Vorbereitung befindliche Gesetze zur Anfechtung der Vaterschaft
32a   (1) Dem Deutschen Bundestag liegt der Entwurf eines Gesetzes zur Ergänzung des Rechts zur Anfechtung der Vaterschaft vom 15. 11. 2006 vor (BT-Drucks 16, 3291). Danach soll bestimmten Behörden das Recht eingeräumt werden, die aufgrund Anerkennung bestehende Vaterschaft eines Mannes anzufechten, sofern zwischen Mann und Kind keine sozial-familiäre Beziehung besteht und durch die Anerkennung die Voraussetzungen für eine erlaubte Einreise oder einen erlaubten Aufenthalt geschaffen sind oder werden. Der Hintergrund dieser Gesetzesinitiative liegt in dem Umstand, daß zur Erlangung der deutschen Staatsangehörigkeit, § 4 StAG, oder eines Aufenthaltstitels im Rahmen des Familiennachzugs, §§ 27 ff AufenthG, Vaterschaftsanerkenntnisse in erheblicher Zahl in mißbräuchlicher Weise zu Unrecht abgegeben sein sollen. Der Gesetzentwurf geht auf einen Beschluß der Ständigen

Konferenz der Innenminister und -senatoren der Länder (IMK) vom 18./19. 11. 2004 zurück, dem sich die Konferenz der Justizministerinnen und -minister (JuMiKo) am 17. 11. 2005 angeschlossen hat. Am 23. 5. 2007 hat der Rechtsausschuß des Deutschen Bundestags eine öffentliche Anhörung durchgeführt, die zu kontroversen Ergebnissen führte. Das Gesetz ist noch nicht verabschiedet.

(2) Das BVerfG hat mit Urteil vom 13. 2. 2007 (NJW 2007, 753 = FamRZ 2007, 441; vgl dazu Brosius-Gersdorf NJW 2007, 806) den Gesetzgeber aufgefordert, bis Ende März 2008 einen Verfahrensweg zu öffnen, der es Männern leichter als bisher ermöglichen soll, ihre Vaterschaft überprüfen zu lassen. Dieses Gesetz soll, anders als im geltenden Recht, nicht zwingend die rechtliche Trennung des Mannes von dem Kind zur Folge haben; vielmehr soll das Gesetz es dem betroffenen Vater ermöglichen, auch nach Feststellung seiner Nicht-Vaterschaft weiterhin zu dem Kind zu stehen. Das Bundesministerium der Justiz hat am 2. 5. 2007 den Entwurf eines Gesetzes zur Klärung der Vaterschaft unabhängig vom Anfechtungsverfahren an die Länder und Verbände versandt; der Gesetzentwurf zur Vaterschaftsfeststellung wurde am 11. 7. 2007 von der Bundesregierung beschlossen.

II.   Inhalt der derzeitigen Regelung zum Sorgerecht

1.   Überblick

Unter Einbeziehung aller Gesetzesänderungen ergibt sich folgende Übersicht über **33** das geltende Recht:

§§ 1626 bis 1630 enthalten die Vorschriften, die den umfassenden Begriff der elterlichen Sorge regeln. Sie gelten seit dem KindRG für alle Kinder, unabhängig davon, ob ihre Eltern miteinander verheiratet sind oder waren, der bisherige Statusunterschied ist aufgehoben. Nach der Neufassung des § 1626 Abs 1 haben nunmehr die **Eltern** (bisher: Vater und Mutter) die **Pflicht** und das **Recht** (bisher das Recht und die Pflicht), für das minderjährige Kind zu sorgen (elterliche Sorge). Diese gliedert sich in die **Personensorge** und die **Vermögenssorge**, § 1626 Abs 1. An Sorgerechtsentscheidungen ist das Kind in einer seiner Entwicklung angepaßten Weise in steigendem Maße zu beteiligen, § 1626 Abs 2. Das Gesetz hebt jetzt hervor, daß zum Kindeswohl auch der Umgang mit den für die Entwicklung des Kindes bedeutsamen Bezugspersonen gehört, § 1626 Abs 3. Der Umgang wird nicht nur im Interesse des umgangsberechtigten Elternteils gewährt, sondern er dient auch dem Interesse des Kindes und seiner Entwicklung. Deshalb ist es Pflicht der Eltern, dem Kind diesen Umgang zu ermöglichen (BT-Drucks 13/4899, 68, 93). §§ 1626a–1626e regeln neu die elterliche Sorge von nicht miteinander verheirateten Eltern. § 1627 verlangt von den Eltern grundsätzlich die einvernehmliche Ausübung der elterlichen Sorge und nennt die Pflicht, sich bei Meinungsverschiedenheiten zu einigen. §§ 1687–1688 regeln neu das Entscheidungsrecht bei gemeinsamer elterlicher Sorge getrennt lebender Eltern und der Pflegepersonen, bei denen das Kind tatsächlich lebt, § 1687b das Mitentscheidungsrecht des Stiefelternteils, § 9 LPartG das Mitentscheidungsrecht des Lebenspartners. § 1628 normiert die Entscheidungshilfe des Familiengerichts im Falle der Nichteinigung der Eltern. § 1629 behandelt die gesetzliche Vertretung des Kindes. § 1629a beschränkt die Haftung des Kindes aus Verbindlichkeiten, die die Eltern in seinem Namen eingegangen sind, auf den Bestand des bei Eintritt der Volljährigkeit bestehenden Vermögens des Kindes. § 1630 beschränkt die elterliche Sorge, wenn dem Kind ein Pfleger bestellt ist.

§§ 1631 bis 1633 regeln die Personensorge im besonderen, und zwar § 1631 deren Inhalt und Grenzen, § 1631a die Lösung von Meinungsverschiedenheiten zwischen Eltern und Kindern in Fragen von Ausbildung und Berufswahl, § 1631b die mit Freiheitsentziehung verbundene Unterbringung des Kindes, § 1631c, eingefügt durch das Betreuungsgesetz vom 12. 9. 1990 (BGBl I 2002, s oben Rn 20), enthält das seit dem 1. 1. 1992 geltende generelle Verbot der Sterilisation Minderjähriger: Weder die Eltern noch sonstige gesetzliche Vertreter noch der Minderjährige selbst können darin einwilligen. § 1632 regelt weitere Einzelheiten der Personensorge (Herausgabe und Umgangsbestimmung) und schützt speziell das in Pflege gegebene Kind vor unzeitiger Herausnahme aus dem Pflegeverhältnis durch die Eltern; § 1633 betrifft die Einschränkung der Personensorge durch Heirat des Kindes.

Das Umgangsrecht, bis 30. 6. 1998 in § 1634 aF für eheliche und § 1711 aF für nichteheliche Kinder geregelt, findet sich seit dem 1. 7. 1998 in §§ 1684 bis 1686 und gilt für alle Kinder, unabhängig davon, ob ihre Eltern miteinander verheiratet sind oder waren.

§§ 1634 bis 1637 stehen leer. Die elterliche Vermögenssorge regeln die §§ 1638 bis 1646, 1648 bis 1649, 1664, 1667, 1683, 1698, 1698a und 1698b.

Die staatlichen Eingriffsrechte bei Sorgepflichtverletzungen behandeln die §§ 1666 bis 1667 und § 1682, die Verteilung der elterlichen Sorge bei Getrenntleben oder Auflösung der Ehe die §§ 1671 und 1672. Das gänzliche oder teilweise Erliegen der elterlichen Sorge (Ende, Ruhen, Entziehung, tatsächliche Verhinderung) und deren Folge behandeln §§ 1673, 1674, 1675, 1677, 1678, 1680, 1681, 1693. §§ 1696 bis 1697 regeln die Änderung von Anordnungen des Familiengerichts und des Vormundschaftsgerichts. Die Paragraphennummern 1647, 1650 bis 1663, 1665, 1668 bis 1670, 1676, 1679, 1689 bis 1692, 1694, 1695, 1699 bis 1704 sind unbesetzt.

2. Verfassung und Elternrecht

34 Art 6 Abs 2 GG schützt das natürliche Recht der Eltern zur Pflege und Erziehung des Kindes und garantiert ihnen den Vorrang und die Eigenverantwortung hierbei. Das derart verfassungsrechtlich geschützte Elternrecht umfaßt die Sorge für das körperliche Wohl (Ernährung, Kleidung, Sorge für die Gesundheit und die körperliche Entwicklung), für die geistig-seelische und religiös-weltanschauliche Entwicklung (Entwicklung der geistigen Anlagen, Ausbildung zu einem Beruf), darüber hinaus die Vermögenssorge und die Finanzierung des Unterhalts. Der Gesetzgeber ist nur verpflichtet, die Lebensbedingungen des Kindes zu sichern, damit es gesund aufwachsen kann (BVerfGE 57, 361 = NJW 1981, 1771 = FamRZ 1981, 745 = JZ 1981, 528). Die staatliche Gemeinschaft darf als Wächter in die elterliche Erziehung nur unter den Voraussetzungen des Art 6 Abs 2, Abs 3 GG eingreifen, im übrigen entscheiden die Eltern allein darüber, wie sie ihrer Elternverantwortung nachkommen, es gehört nicht zur Ausübung des Wächteramts des Staates, gegen den Willen der Eltern für eine den Fähigkeiten des Kindes entsprechende bestmögliche Förderung zu sorgen (BVerfGE 60, 79 = NJW 1982, 1379 = FamRZ 1982, 567 = JZ 1982, 416 = ZBlJugR 1982, 314).

Dem Kinde steht aus Art 6 Abs 2 kein Grundrecht zu (BVerfGE 28, 104 = NJW 1970, **35** 1176; BVerfGE 61, 18, 27 = NVwZ 1983, 49; Robbers, in: vMangold/Klein/Starck GG Art 6 Rn 182; Leibholz/Rinck/Hesselberger GG Art 6 Rn 561). Dennoch sind die Eltern bei der Ausübung durch eigene Grundrechte des Kindes begrenzt, insbesondere durch das Persönlichkeitsrecht des Kindes nach Art 2 Abs 1 GG (BVerfGE 72, 155 = NJW 1986, 1859 = FamRZ 1986, 769 = JZ 1986, 632 = DAVorm 1986, 419). Denn die Grundrechte nach dem GG sind eine **objektive Wertordnung**, die für alle Bereiche des Rechts gilt. Diese Wertordnung, die ihren Mittelpunkt „in der innerhalb der sozialen Gemeinschaft sich frei entfaltenden menschlichen Persönlichkeit und ihrer Würde findet, muß als verfassungsrechtliche Grundentscheidung für alle Bereiche des Rechts gelten". Gesetzgebung, Verwaltung und Rechtsprechung empfangen von ihr Impulse, keine Vorschrift des bürgerlichen Rechts darf zu ihr in Widerspruch stehen, jede muß in ihrem Geist ausgelegt werden (BVerfGE 7, 198, 205 = NJW 1958, 257; BVerfGE 35, 79, 114; 75, 201, 218 = NJW 1988, 125 = FamRZ 1987, 786). Damit interpretiert diese Wertordnung auch die Vorschriften über die elterliche Sorge (vMünch/Kunig GG Vorbem Art 1 bis 19 Rn 22 mwNw; Maunz/Dürig GG Art 19 III Rn 20; Ossenbühl NJW 1976, 2100, 2101; ders, Das elterliche Erziehungsrecht 55). Zwar sind Konflikte zwischen Elternrecht und Selbstbestimmung des Kindes nicht über eine unmittelbare Grundrechtswirkung im Eltern-Kind-Verhältnis zu lösen (Maunz/Dürig aaO; Ossenbühl, Das elterliche Erziehungsrecht 55; vMutius Jura 1987, 272, 275; **aA** Krüger FamRZ 1956, 329, 330). Denn die Grundrechte aus Art 6 und Art 2 GG sind Abwehrrechte gegenüber dem Staat, um die es bei diesem Konflikt gerade nicht oder doch nicht in erster Linie geht. Die Frage, ob sich Erziehungsvorstellungen der Eltern mit dem Bedürfnis des Kindes zur Eigenentscheidung in Einklang bringen lassen, ist aber insofern auch ein Grundrechtsproblem, als die in den Grundrechten statuierte Wertordnung auch die Rechtsposition des Kindes in seiner Beziehung zu den Eltern prägt (BVerfGE 7, 198, 205; DVBl 1987, 128; AK-GG/Denninger Vor Art 1 Rn 29 ff; vMutius Jura 1987, 272, 275 mwNw).

Insoweit kann **an dieser Stelle** die seit Jahrzehnten bestehende und immer wieder neu **36** entfachte Streitfrage, ob das Kind „grundrechtsmündig" ist oder nicht, unerörtert bleiben*, vgl zum Problem der Grundrechtsmündigkeit im einzelnen unten § 1626 Rn 12 ff.

---

* Zum Streitstand (in zeitlicher Reihenfolge) s insbes Krüger FamRZ 1956, 329; Gernhuber FamRZ 1962, 89; Perschel RdJ 1963, 33; Bosch, Grundsatzfragen (1963); Kuhn (1965); Baumgarte (1966); Fehnemann RdJ 1967, 281; Reuter, Kindesgrundrechte (1968); ders FamRZ 1969, 622; Schwab JZ 1970, 745; Becker RdJ 1970, 364; Steffen RdJ 1971, 143; Kittner AuR 1971, 280; Beitzke AcP 172 (1972) 240; Quambusch, Die Persönlichkeit des Kindes (1973); Schwerdtner AcP 173 (1973) 227; Stöcker ZRP 1974, 211; Bosch FamRZ 1974, 1; Lempp ZBlJugR 1974, 124; Hinz, Kindesschutz als Rechtsschutz (1976); Becker, in: FS Bosch (1976) 37; Ossenbühl FamRZ 1977, 533; Fehnemann DÖV 1978, 489; Beitzke FamRZ 1979, 8; Bosch FamRZ 1980, 739, 849; Schmitt-Glaeser, Das elterliche Erziehungsrecht (1980); Schwerdtner ZBlJugR 1980, 149; Ossenbühl, Das elterliche Erziehungsrecht (1981); Blau JA 1982, 575; Fehnemann, Die Innehabung und Wahrnehmung von Grundrechten (1983); vMutius Jura 1983, 30; Schmitt-Kammler, Elternrecht (1983); Roell, Die Geltung der Grundrechte (1984); Erichsen/Reuter, Elternrecht, Kindeswohl, Staatsgewalt (1985); Knöpfel FamRZ 1985, 1211; Fehnemann JZ 1986, 437; Hohm NJW 1986, 3107; Schütz FamRZ 1986, 528; vMutius Jura 1987, 272; Martens NJW 1987, 2561; Schütz NJW 1987, 2563; Roell RdJ 1988, 381.

Lore Maria Peschel-Gutzeit

37 Weil das Kind „ein Wesen mit eigener Menschenwürde und dem eigenen Recht auf Entfaltung seiner Persönlichkeit im Sinne der Art 1 und Art 2 Abs 1 GG" ist (BVerf-GE 24, 119, 144 = NJW 1968, 2233, 2235 = FamRZ 1968, 578 = DAVorm 1968, 324), legitimiert sich der Elternvorrang und die alleinige Elternverantwortung ausschließlich daraus, daß das Kind ihres Schutzes und ihrer Hilfe bedarf, um sich zu einer eigenverantwortlichen Persönlichkeit „innerhalb der sozialen Gemeinschaft zu entwickeln, die dem Menschenbilde des GG entspricht" (BVerfG aaO). Dabei sind die Eltern pflichtgebunden und müssen die Menschenwürde des Kindes respektieren. Denn die Verfassung, die „die Würde des Menschen in den Mittelpunkt ihres Wertsystems stellt, kann bei der Ordnung zwischenmenschlicher Beziehungen grundsätzlich niemandem Rechte an der Person eines anderen einräumen, die nicht zugleich pflichtgebunden sind und die Menschenwürde des anderen respektieren" (BVerfG aaO). Hieraus folgt die Pflicht der Eltern, auf die wachsende Einsicht und Mitwirkungsfähigkeit des Kindes Rücksicht zu nehmen. Je älter und reifer das Kind wird, desto größer wird sein Anspruch auf Teilhabe an Entscheidungsprozessen bei Angelegenheiten, die das Kind selbst betreffen, weil sich nur so seine Selbständigkeit und Eigenverantwortung entwickeln und festigen können. In dem Maße, in dem sich das Kind zu einem sozial selbstverantwortlichen und einsichtsfähigen Mitglied der Gemeinschaft entwickelt, hat das Bestimmungsrecht der Eltern zurückzutreten (MAUNZ/DÜRIG Art 19 III GG Rn 22; OSSENBÜHL, Elterliches Erziehungsrecht 53 ff mwNw). Wenn die persönliche Entwicklung des Kindes so weit fortgeschritten ist, daß es in seinem persönlichen Bereich vernünftige Entscheidungen treffen kann, haben die Eltern diese zu respektieren und dürfen den kindlichen Willen jedenfalls dann, wenn keine Kindesgefährdung droht, nicht mit Gewalt brechen (BGHZ 64, 19 = NJW 1975, 1072 [m Anm GEIMER NJW 1975, 2141] = FamRZ 1975, 273; LM § 823 Nr 52 = NJW 1974, 1947 = MDR 1975, 47 = JZ 1975, 95 = FamRZ 1974, 595; BayObLGZ 1974, 317 = NJW 1974, 2183 = MDR 1975, 58 = FamRZ 1974, 534 = StAZ 1974, 301). Im konkreten Fall hängt dabei die Zuständigkeit des Kindes für eigenverantwortliche Entscheidungen von seiner Verstandesreife ab, also von seiner Fähigkeit, sachgemäße Entscheidungen zu treffen (wegen des Verhältnisses des verfassungsrechtlich geschützten Elternrechts zum Recht der elterlichen Sorge nach §§ 1626 ff vgl unten § 1626 Rn 4 ff).

3. Anwendungsbereich

38 Der 5. Titel ist die Grundregelung für das Verhältnis zwischen Eltern und ihren minderjährigen Kindern. Sie gilt sowohl für eheliche Kinder, zu denen die Kinder aus aufgehobenen (§§ 1313, 1318) und geschiedenen Ehen zählen, als auch, abgesehen von einzelnen Sonderregelungen, entsprechend für adoptierte (§§ 1754, 1767 Abs 2) und für nichteheliche Kinder, also solche, deren Eltern nicht miteinander verheiratet sind oder waren.

III. Jugendhilferecht*

39 Das Gesetz zur Neuordnung des Kinder- und Jugendhilferechts (Kinder- und Jugendhilfegesetz – KJHG) vom 26. 6. 1990 (BGBl I 1163) regelt in Art 1 als 8. Buch des SGB die Kinder- und Jugendhilfe. Korrekt zitiert heißt es also nicht KJHG, sondern

---

* **Schrifttum**: BAER, Die neuen Regelungen der Reform der elterlichen Sorge für das „Dauer- pflegekind", FamRZ 1982, 221; BORSCHE, „Was lange währt, wird endlich gut"? Zur Verab-

SGB VIII. Das KJHG ist am 1.1.1991 in Kraft getreten. Es ersetzte das gleichzeitig außer Kraft getretene JWG, hat aber auch Einfluß auf Vorschriften des BGB, FGG und anderer Gesetze. In dem Gebiet der früheren DDR ist das KJHG bereits am

schiedung des Kinder- und Jugendhilfegesetzes (KJHG), TuPSozArb 1990, 330; COESTER, Die Bedeutung des Kinder- und Jugendhilfegesetzes (KJHG) für das Familienrecht, FamRZ 1991, 253; CZERNER, Probleme bei der Inobhutnahme gem § 42 SGB VIII, ZfJ 2000, 372; DEINERT, Das neue Kinder- und Jugendhilfegesetz (KJHG) und die Amtspflegschaft, DAVorm 1990, 489; ders, Der neue Datenschutz und die Amtspflegschaft, DAVorm 1990, 757; FEGERT ua, Das Dilemma zwischen familienbezogener Hilfe und staatlichem Wächteramt, ZfJ 1996, 448 und 483; FIESELER/HERBORTH, Recht der Familie und Jugendhilfe, Kommentar zum Kinder- und Jugendhilfegesetz (SGB VIII) (4. Aufl 1996); FINGER, Ausübung der Personensorge bei Pflegekindern, § 38 KJHG, ZBlJugR 1990, 618; GEORGII, Rechtsanspruch auf einen Kindergartenplatz, NJW 1996, 686; GERAUER, Die Struktur der Jugendhilfe im neuen Kinder- und Jugendhilfegesetz (KJHG), DAVorm 1990, 495; GERNERT, Die Heimerziehung nach der Jugendhilfe-Rechtsreform, Jugendwohl 1990, 4; GILDE, Soziale Arbeit, Stellungnahme zur Neuordnung des Kinder- und Jugendhilferechts (Kinder- und Jugendhilfegesetz – KJHG), ZBlJugR 1989, 472; HABERMANN/TRIES, Das neue Kinder- und Jugendhilfegesetz, NDV 1990, 205, 231, 339; K HANSEN, Leistungen der Jugendhilfe bei Trennung und Scheidung von Eltern, FuR 1993, 89; HAUCK, Kommentar zum KJHG (1998); KAUFMANN, Das Jugendamt: Helfer für die Betroffenen oder Helfer für das Gericht? – Aspekte der Anwendung des § 17 KJHG (Partner-, Trennungs- und Scheidungsberatung), ZBlJugR 1991, 18; KIEHL, Die Rechtsstellung Minderjähriger und Sorgeberechtigter im neuen Kinder- und Jugendhilfegesetz, ZRP 1990, 94; KLUSSMANN, Deutsche Liga für das Kind in Familie und Gesellschaft, Rückschritt beim Kindeswohl, Stellungnahme zum KJHG vom 22.3.1989, ZfJ 1989, 540; KUNKEL, Leistungsverpflichtungen und Rechtsansprüche im Kinder- und Jugendhilfegesetz, insbesondere die Hilfe zur Erziehung,

ZBlJugR 1991, 145; LAKIES, Tendenzen im Pflegekindschaftsrecht, ZBlJugR 1989, 521; ders, Tages- und Vollzeitpflege im Kinder- und Jugendhilfegesetz (KJHG), ZBlJugR 1990, 545; ders, Das neue Kinder- und Jugendhilferecht – ein Überblick, ZBlJugR 1991, 22; LEHR, Neues Kinder- und Jugendhilfegesetz (KJHG) am 27.9.1989 vom Bundeskabinett beschlossen, DAVorm 1989, 801; MAAS, Die Regelung zum Schutz personenbezogener Daten im Kinder- und Jugendhilfegesetz (KJHG), NDV 1990, 215; MAAS, Erziehungsberatung und Hilfe zur Erziehung, ZfJ 1995, 387; MÖRSBERGER, Perspektive „neues Jugendamt". Zur Bedeutung der Datenschutzbestimmungen im neuen Kinder- und Jugendhilfegesetz, ZBlJugR 1990, 365; MOLLENHAUER, Jugendsozialarbeit zwischen Jugendarbeit und Erziehungshilfen, Jugendwohl 1990, 64; MORITZ, Perspektiven für eine gesetzliche Neugestaltung des Jugendhilferechts, entwickelt am Beispiel der Erziehungsbeistandschaft, ZBlJugR 1989, 399; MROZYNSKI, Kommentar zum KJHG (3. Aufl 1998); MÜNDER, Das Verhältnis Minderjähriger – Eltern – Jugendhilfe, ZBlJugR 1990, 488; ders, Das neue Kinder- und Jugendhilfegesetz, NP 1990, 341; ders, Das neue Kinder- und Jugendhilfegesetz, SozArbeit 1990, 206; ders, Perspektiven der Jugendhilfe in der BRD und der DDR, NDV 1990, 241; OBERLOSKAMP, Die rechtliche Stellung von Kindern und Jugendlichen nach dem Regierungsentwurf eines Gesetzes zur Neuordnung des Kinder- und Jugendhilferechts, ZBlJugR 1990, 260; OLLMANN, Ist das Jugendamt bei sexuellem Kindesmißbrauch zur Strafanzeige verpflichtet?, ZfJ 1999, 195; PREIS, Rechtsprobleme bei Eingriffen in die Finanzgrundlagen der Jugendhilfe, ZBlJugR 1988, 243, 300; ders, Verantwortung und Teilhabe im Jugendhilferecht – ein Beitrag zur Reformdiskussion, ZBlJugR 1988, 425; ders, Eine notwendige Reform ohne sozialpolitischen Fortschritt, ZRP 1990, 90; REISCH, Die Heranziehung zu den Kosten nach dem Kinder- und Jugendhilfegesetz (KJHG), ZBlJugR 1991, 201;

Lore Maria Peschel-Gutzeit

3. 10. 1990 in Kraft getreten (Einigungsvertrag vom 31. 8. 1990, Art 3 iVm Anl I, Kapitel X Sachgebiet B Abschn III Nr 1. k, BGBl II 889, 1072 ff).

1. Materialien

Referentenentwürfe vom 5. 8. 1988, 22. 3. 1989 und 20. 6. 1989, jeweils unveröffentlicht, Regierungsentwurf vom 29. 9. 1989 (BR-Drucks 503/89 = BT-Drucks 11/5948 vom 1. 12. 1989); Stellungnahme des Bundesrats vom 1. 12. 1989 (BT-Drucks 11/5948, 123 ff); Gegenäußerung der Bundesregierung vom 7. 12. 1989 (BT-Drucks 11/6002); Beschlußempfehlung und Bericht des BT-Ausschusses für Jugend, Familie, Frauen und Gesundheit vom 21. 3. 1990 (BT-Drucks 11/6748 und 11/6830); Änderungsanträge (BT-Drucks 11/6806 und 11/6808 sowie 11/6823); Gesetzesbeschluß des Bundestags vom 20. 4. 1990 (BR-Drucks 267/90); Zustimmung des Bundesrats zum Gesetz (BR-Drucks 267/90 [endgültige Gesetzesfassung]).

Das KJHG erfuhr in der Folgezeit diverse Veränderungen, Ergänzungen und Neufassungen, zuerst durch das Schwangeren- und Familienhilfegesetz vom 27. 7. 1992 (BGBl I 1398), das ab 1. 1. 1996 den Anspruch auf einen Kindergartenplatz schuf (vgl dazu GEORGII NJW 1996, 686). Die nächste Änderung erfuhr das KJHG durch das 1. Gesetz zur Änderung des 8. Buches Sozialgesetzbuch (1. ÄndG) vom 16. 2. 1993 (BGBl I 239), in Kraft seit dem 1. 4. 1993. Dieses Gesetz änderte eine Reihe von Bestimmungen, deren Auslegung und Anwendung sich in der Praxis als schwierig

---

RÖCHLING, Rechtsfragen und Untersuchungen zur gerichtlichen Anordnungskompetenz gegenüber der Verwaltungsbehörde/Jugendamt für Maßnahmen der Jugendhilfe, ZfJ 1999, 197; RÜFNER, Zum neuen Kinder- und Jugendhilfegesetz, NJW 1991, 1; RUMMEL, Bescheidenheit statt Eigenständigkeit, ZBlJugR 1990, 294; SALGO, Die Regelung der Familienpflege im Kinder- und Jugendhilfegesetz (KJHG), in: WIESNER/ZARBOCK (Hrsg), Das neue Kinder- und Jugendhilfegesetz (1991); ders, Die Pflegekindschaft in der Kindschaftsrechtsreform vor dem Hintergrund verfassungs- und jugendrechtlicher Entwicklungen, FamRZ 1999, 337; SCHELLHORN, SGB VIII/KJHG Kommentar (2. Aufl 2000); SEIDENSTÜCKER, Jugendhilfe in der DDR, NDV 1990, 234; ders, Jugend, Recht und Jugendhilfe in der DDR, NP 1990, 328; STÄHR/HILKE, Die Leistungs- und Finanzierungsbeziehungen im Kinder- und Jugendhilferecht vor dem Hintergrund der neuen §§ 78a bis 78g SGB VIII, ZfJ 1999, 155; TRENCZEK, Inobhutnahme und geschlossene Unterbringung, ZfJ 2000, 121; WABNITZ, Mitwirkung der Jugendhilfe im familiengerichtlichen Verfahren, Rechtsgrundlagen, Aufgaben und Selbstver-

ständnis, ZfJ 2000, 336; WIESNER, Konsequenzen der Reform des Jugendhilferechts für die Jugendhilfe, ZfJ 1997, 29; ders, Die Reform des Kindschaftsrechts – Auswirkungen für die Praxis der Kinder- und Jugendhilfe, ZfJ 1998, 269; ders, die Neuregelung der Entgeltfinanzierung in der Kinder- und Jugendhilfe, ZfJ 1999, 79; ders, Elternrecht, Jugendhilfe und die Stellung des jungen Menschen, ZRP 1979, 285; ders, Die Kompetenz des Vormundschaftsgerichts bei der Abwehr von Gefahren für das Kindeswohl, ZBlJugR 1981, 509; ders, Hilfe zur Erziehung nach dem Jugendwohlfahrtsgesetz – Leistung oder Eingriff? –, FamRZ 1983, 1086; ders, Schwerpunkte der Novellierung des Jugendwohlfahrtsgesetzes, FamRZ 1985, 225; ders, Pflegekindschaft und Jugendhilferecht, ZBlJugR 1989, 101; ders, Der mühsame Weg zu einem neuen Jugendhilfegesetz, RdJ 1990, 112; ders, Das Kinder- und Jugendhilfegesetz, FuR 90, 325; ders, Grundprinzipien des Kinder- und Jugendhilfegesetzes, Jugendwohl 1990, 426; WIESNER/ZARBOCK, Das neue Kinder- und Jugendhilfegesetz (1991); WOLFFERSDORFF/SPRAU/KUHLEN, Geschlossene Unterbringung in Heimen, DJI 1990.

erwiesen und deshalb zu Rechtsunsicherheiten geführt hatten. Auch wurden Regeln über Zuständigkeit und Kostenerstattung neu gefaßt.

Das 2. Gesetz zur Änderung von Vorschriften des Sozialgesetzbuches über den Schutz von Sozialdaten sowie zur Änderung anderer Vorschriften (2. SGBÄndG) vom 13. 6. 1994 (BGBl I 1229) paßte das 4. Kapitel den geänderten Vorschriften des SGB I und SGB X über den Schutz von Sozialdaten an.

Das 2. SGB VIII-ÄndG vom 15. 12. 1995 (BGBl I 1775) schuf vor allem eine Übergangsregelung für den ab 1. 1. 1996 vorgesehenen Rechtsanspruch auf einen Kindergartenplatz. Das BSHG-Reformgesetz 1996 vom 23. 7. 1996 (BGBl I 1088) fügte parallel zur Sozialhilfe Vorschriften zur Kostendeckelung ein.

Erhebliche Veränderungen brachte die am 1. 7. 1998 in Kraft getretene umfangreiche Reform des Kindschaftsrechts, nämlich das Beistandschaftsgesetz (Rn 21), das Kindschaftsrechtsreformgesetz (Rn 22), das Kindesunterhaltsgesetz (Rn 25) und das Eheschließungsrechtsgesetz (Rn 24). Teilweise veränderten diese Gesetze das SGB VIII unmittelbar, teilweise wirkte sich die Reform über die enge Anknüpfung des Jugendhilferechts an das BGB auf die Arbeit der Jugendhilfe erheblich aus. So hat die Gleichsetzung ehelicher und nichtehelicher Geburt und die Aufgabe der seit Jahrzehnten geltenden Vorschriften über die Amtspflegschaft nichtehelicher Kinder die Arbeit der Jugendämter erheblich beeinflußt. An die Stelle der Amtspflegschaft sind Beistands- und Beratungspflichten für alle Eltern und deren Kinder getreten.

Das 2. Gesetz zur Änderung des 11. Buches Sozialgesetzbuch (SGB XI) und anderer Gesetze (SGB XI-ÄndG) vom 29. 5. 1998 (BGBl I 1188) hat die mit der BSHG-Reform 1996 eingeleitete Änderung von Angeboten und Entgelten fortgeführt.

Durch Gesetz vom 8. 12. 1998 (BGBl I 3546) wurde das gesamte SGB VIII neu gefaßt.

Das 3. Gesetz zur Änderung des Bundeserziehungsgeldgesetzes vom 12. 10. 2000 (BGBl I 1426) regelte die Befugnis zur Ermittlung von Sozialdaten zu Archivzwecken, zugleich wurde das Merkmal „Kindschaftsverhältnis" bei Erhebungen zur Jugendhilfestatistik gestrichen.

Das Gesetz zur Ächtung der Gewalt in der Erziehung und zur Änderung des Kindesunterhaltsrechts (oben Rn 27) erweiterte im Zusammenhang mit der Regelung des Rechts auf gewaltfreie Erziehung gemäß § 1631 als flankierende Maßnahme die Angebote der Familienbildung, § 16, um Information und Beratung über Wege der gewaltfreien Erziehung.

Das Lebenspartnerschaftsgesetz (oben Rn 28) bezog auch (gleichgeschlechtliche) Lebenspartner in den Kreis der Kostenschuldner ein (§§ 91, 96, 97a SGB VIII).

Das Kinderrechteverbesserungsgesetz (oben Rn 30) erweiterte die Beurkundungsbefugnis des Jugendamts, § 59.

Das Gesetz zur Umsetzung familienrechtlicher Entscheidungen des Bundesverfassungsgerichts vom 13. 12. 2003 (oben Rn 31) schuf die neue Möglichkeit der Ersetzung

einer Sorgeerklärung in Altfällen durch das Familiengericht. Dies wiederum beding-
te eine Anpassung von § 58a SGB VIII, worin die Auskunft über Nichtabgabe und
Nichtersetzung von Sorgeerklärungen geregelt ist. Darüber hinaus ist durch dieses
Gesetz die Zahl der jährlich abgegebenen bzw ersetzten Sorgeerklärungen zum
Gegenstand statistischer Erhebungen bestimmt.

Zwei neue Gesetze aus den Jahren 2004 und 2005 brachten erhebliche Veränderungen im Jugendhilferecht:

Das Gesetz zum qualitätsorientierten und bedarfsgerechten Ausbau der Tagesbetreuung für Kinder (Tagesbetreuungsausbaugesetz – TAG) vom 27. 12. 2004 (BGBl I
3852) regelte die zentralen Elemente der Förderung von Kindern in Tageseinrichtungen und in Tagespflege konkreter (§§ 22 bis 23 TAG), konkretisierte den Begriff
„bedarfsgerechte Versorgung" im Hinblick auf die Kinder unter 3 Jahren, in dem das
Gesetz objektive Kriterien nennt (§ 24 TAG), und schrieb eine verbindliche Aus-
bauplanung vor (§ 24a TAG). Zugleich ermöglichte das Gesetz den Ländern eine
stärkere Beteiligung der Gemeinden an der Förderung von Kindern in Tageseinrichtungen und in Tagespflege (§ 69) und behielt die Regelung der Finanzierungs-
voraussetzungen für Tageseinrichtungen dem Landesrecht vor (§ 74a TAG). Eines
der Ziele des am 1. 1. 2005 in Kraft getretenen TAG ist die Entwicklung eines
integrierten Systems der Tagesbetreuung, was insbesondere eine Qualifizierung der
Tagespflege voraussetzt. Zwischen den Tageseinrichtungen und der Tagespflege liegt
ein breit gefächertes Spektrum von Betreuungsangeboten, bezogen auf Tageseinrichtungen in öffentlicher und freier Trägerschaft, auf betriebliche Einrichtungen
und auf sogenannte Großpflegestellen und selbständige oder angestellt tätige Tages-
pflegepersonen. Im Rahmen des TAG wurde die objektiv-rechtliche Vorhaltepflicht
des öffentlichen Trägers in bezug auf Tagespflege für Kinder unter 3 Jahren aus-
gedehnt und der hierfür nötige Mindestbedarf konkretisiert (§ 24 TAG). Die Tagespflege als Leistung der Jugendhilfe wird nach diesem Gesetz qualifiziert und soll
mittelfristig zu einem gleichrangigen Förderungsangebot ausgebaut werden. Nach
§ 22a TAG sind die Tageseinrichtungen zur Kooperation mit den Schulen verpflichtet.

Das TAG enthielt Regelungen, die der Zustimmung des Bundesrats bedurften und
die zunächst nicht durchzusetzen waren. Diese ergänzenden Regelungen sind sodann in das Gesetz zur Weiterentwicklung der Kinder- und Jugendhilfe (Kinder- und
Jugendhilfeweiterentwicklungsgesetz) vom 8. 9. 2005 (BGBl I 2729) eingestellt worden.
Dieses im wesentlichen am 1. 10. 2005 in Kraft getretene Gesetz hat die Heranziehung zu den Kosten neu geregelt (§§ 90 ff) und die Rechtsgrundlagen der Kinder-
und Jugendhilfestatistik verbessert (§§ 98 ff). Vor allem aber hat dieses Gesetz den
Schutzauftrag des Jugendamtes bei Kindeswohlgefährdung (§ 8a) verstärkt und konkretisiert. Darüber hinaus hat es die Steuerungsverantwortung des Jugendamtes, die
Grenzen der Selbstbeschaffung geregelt (§ 36a) und die Inobhutnahme neu geordnet
(§ 42). Insbesondere § 8a iVm § 42 verschiebt die Koordinaten des Jugendhilferechts: Denn nun enthält das KJHG einen eigenen Schutzauftrag bei Kindeswohlgefährdung, und nicht nur das, das Jugendamt ist seit dem 1. 10. 2005 verpflichtet, das
Gefährdungsrisiko selbst abzuschätzen und die zur Abwendung der Gefährdung
geeigneten und notwendigen Instrumente selbst zu wählen. Meint das Jugendamt
aufgrund der Gefährdungseinschätzung, die es im Zusammenwirken mehrerer Fach-

kräfte vorzunehmen hat, daß die Gewährung von Jugendhilfen geeignet und notwendig ist, um die Gefährdung abzuwenden, so hat es diese den Personensorgeberechtigten anzubieten. Nehmen die Personensorgeberechtigten oder Erziehungsberechtigten diese Hilfe nicht an, so muß das Jugendamt das Familiengericht anrufen. Das gilt darüber hinaus dann, wenn das Jugendamt zu der Auffassung gelangt, die Gewährung von Jugendhilfe reiche nicht aus, um die Gefährdung abzuwenden. Und wenn eine dringende Gefahr besteht und die Entscheidung des Gerichts nicht abgewartet werden kann, ist das Jugendamt verpflichtet, das Kind in Obhut zu nehmen. In diesem Fall muß das Jugendamt die Personensorge- bzw Erziehungsberechtigten unverzüglich von der Inobhutnahme unterrichten und zusammen mit ihnen das Gefährdungsrisiko abschätzen. Widersprechen Personen oder Erziehungsberechtigte der Inobhutnahme, so muß das Jugendamt, ebenfalls unverzüglich, das Kind den Personensorge- bzw Erziehungsberechtigten übergeben oder eine Entscheidung des Familiengerichts über die erforderlichen Maßnahmen herbeiführen (§ 42 Abs 3). Mit dieser Neuregelung ist dem Jugendamt eine neue und sehr erhebliche Verantwortung übertragen worden: Es ist nun nicht mehr allein auf Hilfen beschränkt und ebensowenig auf die Mitwirkung der Eltern. Vielmehr muß das Jugendamt seit dem 1. 10. 2005 in eigener Verantwortung ein Risiko erkennen, dessen Tragweite abschätzen und sodann tätig werden.

2. Geschichtlicher Überblick

Mit dem KJHG ist eine dreißigjährige Diskussion um die Reform des Jugendhilfe- **40** rechts zum Abschluß gekommen (zur Geschichte der Neuordnung siehe WIESNER RdJ 1990, 112 ff). Das Reichsgesetz über Jugendwohlfahrt – RJWG – vom 9. 7. 1922 (RGBl I 633) war vor allem polizei- und ordnungsrechtlich ausgerichtet. Für die Erziehung waren allein die Eltern zuständig. Erst in akuten Notfällen (Verwahrlosung des Kindes, Mißbrauch der elterlichen Gewalt, Tod der Eltern) war der Staat zum Handeln aufgerufen, er tat dies durch Kontrolle und Eingriff, indem er Ersatzerziehung außerhalb der Herkunftsfamilie regelte. Aufgabe der Jugendhilfe waren Pflegekinderaufsicht, Schutzaufsicht, Vormundschaftswesen und Fürsorgeerziehung. Familienunterstützende oder entlastende Hilfe fehlte ganz.

In dem reformierten JWG von 1961 stand dagegen die Prävention und die Zusam- **41** menarbeit mit den Eltern im Vordergrund. Aus der Schutzaufsicht wurde die Erziehungsbeistandschaft, die Fürsorgeerziehung wandelte sich in die freiwillige Erziehungshilfe; freilich blieb das Institut der Fürsorgeerziehung erhalten. Auch dieses Gesetz konnte seinen polizei- und ordnungsrechtlichen Ansatz nicht verbergen. Allerdings wurde von der Fürsorgeerziehung und der freiwilligen Erziehungshilfe immer weniger Gebrauch gemacht. Weil sich einerseits der Inhalt der Jugendhilfe mehr und mehr vom Eingriff zu Hilfsmaßnahmen und zur Familienpädagogik wandelte (komplementäre Erziehung in und mit der Familie), diese Arbeit andererseits aber gesetzlich nicht oder nur unzureichend abgesichert war (§ 6 iVm § 5 JWG war die alleinige generalklauselhafte Rechtsgrundlage dieser Arbeit), wuchs die Grundeinigung, daß die Jugendhilfe in ihrem Konzept zu reformieren sei (BT-Drucks 11/5948, 41 ff).

Die Gründe, die nach einer umfassenden Reform verlangten, lagen einerseits in den **42** neuen Problemlagen für Kinder und Jugendliche, die sich durch das veränderte familiäre Verhalten der Bevölkerung ergaben (hohe Zahl von Ein-Kind-Familien, Steigerung der Zahlen von Kindern, die bei einem Elternteil aufwachsen, hohe Trennungs- und Scheidungsraten, verstärkte Erwerbstätigkeit von Frauen), denen mit dem Maßnahmenkatalog des JWG wirksam nicht, jedenfalls nicht ausreichend begegnet werden konnte.

Andererseits hatte sich die Sichtweise der Jugendhilfepraxis verändert und erweitert, die Familie und deren soziales Umfeld wurden verstärkt in die pädagogische Arbeit einbezogen. Eingriffe in die Familie, die mit der Trennung des Kindes von seinen Eltern verbunden waren, verlagerten sich mehr und mehr zu Prävention und zu Hilfe innerhalb der Familie, damit nicht das Kind als Symptomträger von der Familie isoliert und therapiert, sondern die Erziehungsfähigkeit der Herkunftsfamilie soweit wie möglich unterstützt und verstärkt wurde. Dieses sich aus Art 6 Abs 3 GG ergebende Gebot an die Jugendhilfe, das sich einfachgesetzlich in § 1666a niedergeschlagen hat, war vom JWG nicht erfüllt. Allein § 5 JWG eröffnete durch eine generalklauselartige Beschreibung der Aufgaben der Jugendhilfe einen weiten Handlungsspielraum, aber in der Praxis erwiesen sich die mangelnde Präzision und die fehlende Verbindlichkeit von Aufgaben und Befugnissen der Jugendhilfe zunehmend als Nachteil, ua dadurch, daß es ein sachlich nicht gerechtfertigtes Gefälle von Leistungen und Ausgestaltungen der Jugendhilfe von Jugendamt zu Jugendamt gab.

43 Mit dem KJHG ist der Zusammenhang der Jugendhilfe mit dem bürgerlichen Recht, der durch die isolierte und vorrangige Verabschiedung des SorgeRG im Bereich der öffentlichen Hilfe für die Familie verlorengegangen war, wiederhergestellt. Gleichzeitig hat der Gesetzgeber damit seine gesellschaftspolitische Verantwortung wahrgenommen, die er für die Familie in besonderer Weise hat, Art 6 Abs 1 GG, und die sich im Blick auf die Kinder im staatlichen Wächteramt, Art 6 Abs 2 GG, konkretisiert. Schließlich ist die Vorschrift des § 1666a, die die erfolglose öffentliche Hilfe als Eingriffsvoraussetzung nennt und damit einbezieht, nun mit Inhalt erfüllt und kann so die Wirkung entfalten, die ihr der Reformgesetzgeber von 1979 zugedacht hatte.

3.   Kernpunkte der Jugendhilferechts-Reform

44 Das SGB VIII/KJHG setzte folgende Schwerpunkte:

– Verstärkung der allgemeinen Angebote zur Förderung der Jugendarbeit und Jugendsozialarbeit (§§ 11 bis 15, 32);

– Verbesserung der allgemeinen Angebote zur Förderung der Erziehung in der Familie (§ 31);

– Verbesserung der Hilfen für Familien in besonderen Lebenssituationen, insbesondere für alleinerziehende Elternteile (§§ 16 bis 21);

– Verbesserung der Angebote der Tagesbetreuung von Kindern, die von den Ländern zu erfüllen sind;

– gesetzliche Verankerung ambulanter und teilstationärer erzieherischer Hilfen neben den klassischen Formen der Pflegefamilie und der Heimerziehung (§§ 22 bis 26; zB § 24 Kindergarten!);

– Neuordnung der öffentlich-rechtlichen Regelungen im Pflegekinderwesen (§§ 44 bis 49);

– Verbesserung der Hilfen zur Erziehung/Eingliederungshilfen für behinderte Kinder und Jugendliche und Hilfen für junge Volljährige (§§ 27 bis 41); Zusammenfassung aller Erziehungshilfen auf der Ebene des örtlichen Jugendamtes;

– verstärkte Zuordnung seelisch behinderter Kinder und Jugendlicher zur Jugendhilfe (§ 10 Abs 2, 27 bis 41);

– Stärkung des Funktionsschutzes freier Träger (§§ 3, 73 bis 78);

– Harmonisierung und Vereinfachung der Vorschriften über die Heranziehung zu den Kosten von Jugendhilfeleistungen (§§ 90 bis 97);

– Neuordnung der Heimaufsicht (§§ 45 bis 48);

– Mitwirkung im gerichtlichen Verfahren (§§ 50 bis 51);

– Harmonisierung der Erziehungshilfen mit den ambulanten Maßnahmen des JGG (§ 52);

– Beistandschaft, Pflegschaft, Vormundschaft für Kinder und Jugendliche (§§ 52a bis 58);

– Auskunft über Nichtabgabe von Sorgeerklärungen (§ 58a);

– bundeseinheitliche Regelung der Inobhutnahme von Kindern und Jugendlichen (§§ 42 bis 43);

– Neuregelung der örtlichen Zuständigkeit des Jugendamtes (§§ 85 bis 89);

– Neuordnung der rechtlichen Grundlagen sowie des Erhebungsprogramms in der Jugendhilfestatistik (§§ 98 bis 103);

– Einführung eines Jugenddatenschutzes (§ 61 bis 68).

4. Auswirkung des KJHG auf das Familienrecht

Hier kann das neue Jugendhilferecht nicht umfassend dargestellt und gewürdigt **45** werden, sondern nur seine unmittelbare und mittelbare Auswirkung auf das Familienrecht. Wegen der nötigen Vertiefung in Einzelfragen wird auf die Erläuterungen zu §§ 1626, 1626a bis e, 1631a, 1631b, 1632, 1666, 1666a, 1671, 1684 ff verwiesen.

a) Verhältnis Eltern – Kind – Staat
Soweit es das Verhältnis von Eltern, Kind und Staat angeht, verneint das KJHG **46**

entsprechend der verfassungsrechtlichen Vorgabe ein mit dem Elternrecht konkurrierendes Erziehungsrecht des Staates (§ 1 Abs 1, Abs 2). Der Vorrang elterlicher Erziehung umfaßt nicht nur die Erziehung des Kindes in der Familie, sondern alle erzieherischen Einflüsse auf das Kind in ihrer Gesamtheit. Diesen Erziehungsanspruch haben die Eltern vorrangig und in vollem Umfang zu erfüllen. Die Grenze elterlichen Erziehungsvorrangs bilden Art 6 Abs 2 S 2, Abs 3 GG und deren einfachgesetzliche Umsetzung in § 1666, 1666a, 1667. Solange deren Eingriffstatbestände nicht erfüllt sind, kommt eine eigenständige, intervenierende Wahrnehmung des Kindesinteresses durch den Staat nicht in Betracht (Ausnahme Art 7 GG, schulischer Erziehungsauftrag des Staates), das Jugendamt bleibt bis zu dieser Grenze auf familienunterstützende Maßnahmen beschränkt. Hier haben sich jedoch durch die seit dem 1. 10. 2005 geltende neue Vorschrift § 8a und den veränderten § 42 die Gewichte erheblich verschoben. Denn nun haben Jugendämter einen eigenen Schutzauftrag gegenüber dem Kind. Sie sind verpflichtet, bei gewichtigen Anhaltspunkten für die Gefährdung des Wohls eines Kindes eine Risikoeinschätzung vorzunehmen, und zwar im Zusammenwirken mit mehreren Fachkräften. Je nach Ergebnis dieser Risikoeinschätzung sind die Jugendämter sodann verpflichtet, Maßnahmen zu ergreifen. Diese können einerseits darin bestehen, Hilfen nach dem Jugendhilfegesetz anzubieten, andererseits ist das Jugendamt seither verpflichtet, das Familiengericht direkt anzurufen, wenn es dies für erforderlich hält. Zu diesem Schritt sind die Jugendämter auch verpflichtet, wenn die Eltern oder Erziehungsberechtigten nicht bereit oder nicht in der Lage sind, bei der Abschätzung des Gefährdungsrisikos mitzuwirken und die angebotenen Hilfen anzunehmen.

Der neue § 8a zeigt deutlich, daß die Jugendhilfe nicht auf Hilfen beschränkt ist, über deren Inanspruchnahme die Eltern entscheiden können, sondern daß sie auch Befugnisse zum Schutze des Kindes umfaßt, die mit Eingriffen in die Rechtsposition der Eltern verbunden sind. Scheitern Beratung und Unterstützung der Eltern, so ist das Jugendamt verpflichtet, vom Amts wegen und gegebenenfalls ohne Zustimmung der Eltern Maßnahmen zum Schutz des Kindes zu ergreifen, Maßnahmen, die aus der Perspektive der Eltern vielleicht als Entlastung, häufig aber auch als Eingriff und Kontrolle empfunden werden können. Durch diese neuen Vorschriften ist die strukturelle Ambivalenz, die die gesamte Jugendhilfe kennzeichnet, noch deutlicher geworden. Dieser neue Schutzauftrag hat auch strafrechtliche Dimensionen, soweit es um die Garantenstellung von Mitarbeiterinnen und Mitarbeitern geht. Der Umstand, daß diese neuen Vorschriften gerade einmal seit einem Jahr in Kraft sind, begründet, warum bisher Entscheidungen zu diesem wichtigen Aufgabenbereich des Jugendamtes noch nicht veröffentlicht sind.

47 Das KJHG achtet den elterlichen Erziehungsvorrang im Grundsatz ausdrücklich, § 1 Abs 2, ebenso die vom Personensorgeberechtigten festgelegte Grundrichtung der Erziehung, § 9 Nr 1. Soweit es Erziehungsziel und Erziehungsmethode angeht, enthält das KJHG nun Vorschriften, die mit Stil und Methode des im BGB geregelten Erziehungsverhaltens der Eltern übereinstimmen (§ 1626 Abs 2 BGB; §§ 1 Abs 1, 9 Nr 1, 11 Abs 1, 14 Abs 2 S 1, 22 Abs 1 KJHG). Eine Konkurrenz von Familienerziehung und öffentlicher Erziehung findet nicht statt. Entstehen in der Familie Erziehungsdefizite und Entwicklungsprobleme, so ist es Aufgabe des KJHG, die Familie in ihrer Betreuungs- und Erziehungsfähigkeit zu stützen und zu refunktionalisieren. Ihr Ansatz ist also familienzentriert, das Kind wird nicht etwa „vor" seinen Eltern geschützt (Wiesner FamRZ 1983, 1086, 1090; Coester FamRZ 1991, 253, 255). Jedoch muß seit Oktober 2005 die Grenze, die § 8a der bloßen Unterstützung der Familie setzt, beachtet werden. Wird diese Grenze überschritten, setzt der eigene Schutzauftrag des Jugendamtes ein.

b)   **Anspruchsberechtigung**

aa)   **Personensorge- und Erziehungsberechtigte**

Leistungsberechtigt sind nach dem KJHG **Personensorgeberechtigte**, § 7 Abs 1 Nr 5, **48** etwa für Hilfen zur Erziehung, §§ 27 Abs 1, 36, 38, oder **Erziehungsberechtigte**, die aufgrund einer Vereinbarung mit dem Personensorgeberechtigten Aufgaben der Personensorge wahrnehmen (§ 7 Abs 1 Nr 6; die in Frage kommenden Aufgaben finden sich in §§ 14, 16, 22 Abs 3, 25, 28, 42). Erziehungsberechtigter in diesem Sinne kann auch der mit der Mutter nicht verheiratete Vater, der Stiefelternteil oder der Lebenspartner des Personensorgeberechtigten sein. Soweit das Gesetz ausdrücklich von „Eltern", „Elternteil", „Mütter und Väter" spricht (Beratung in bestimmten Konfliktsituationen, §§ 17 bis 20, Kostentragung, § 91 Abs 5), kommt es auf die **Rechtsstellung** als Eltern an, nicht auf die faktische oder nur biologische Elternschaft, auch nicht darauf, ob die Eltern Inhaber der Personensorge sind.

bb)   **Kind und Jugendlicher**

Das KJHG gewährt dem Kind und dem Jugendlichen (definiert in § 7) grundsätzlich **49** keinen eigenen Anspruch auf Leistung. Es orientiert sich in Übereinstimmung mit Art 6 Abs 2 S 1 GG am Leitbild der Erziehungstüchtigkeit der Familie, das eine Verankerung von selbständigen Mitwirkungs- und Selbstbestimmungsrechten von Kindern und Jugendlichen im Bereich von Bildung und Erziehung gegenüber dem Staat nicht zuläßt. Ob diese Konstruktion zwingend ist und sich aus dem Elternvorrang einerseits und dem fehlenden Erziehungsauftrag des Staates andererseits nur der Schluß ziehen läßt, alle öffentlich-rechtlichen Ansprüche auf Jugendhilfe seien allein den Eltern und nicht dem Kind einzuräumen, erscheint zweifelhaft. Mag es auch primäre Aufgabe der Jugendhilfe sein, die Eltern in ihren Erziehungsaufgaben zu unterstützen und zu ergänzen (Gerauer DAVorm 1990, 495; Wiesner FuR 1990, 325, 328; Schellhorn SGB VIII/KJHG [2. Aufl 2000] Einf Rn 33), hätten sich doch zumindest die in dem SorgeRG enthaltenen reformatorischen, die Rechtssubjektivität des Kindes achtenden Ansätze auch hier unschwer verwirklichen lassen (zur Kritik: Kiehl ZRP 1990, 94; Coester FamRZ 1991, 253, 255; Münder SozArb 1990, 206, 212; ders ZBlJugR 1990, 488; Borsche TuP 1990, 330; Klussmann ZBlJugR 1989, 540; Gilde ZBlJugR 1989, 472).

Zwar sind Kinder und Jugendliche entsprechend ihrem Entwicklungsstand an allen **50** sie betreffenden Entscheidungen der öffentlichen Jugendhilfe zu beteiligen, § 8 Abs 1 S 1, und in geeigneter Weise auf ihre prozessualen Rechte hinzuweisen, § 8 Abs 1 S 2. Auch haben sie das Recht, sich in allen Angelegenheiten der Erziehung an das Jugendamt zu wenden, § 8 Abs 2. Aber zu einer eigenständigen Berechtigung ohne Rücksicht auf die Haltung der Eltern führen auch diese Bestimmungen grundsätzlich nicht (BT-Drucks 11/5948, 51). Auch dort, wo das KJHG die Beachtung der Selbständigkeit und Verantwortungsfähigkeit des Kindes fordert (§§ 1 Abs 1, 8 Abs 1 S 1, 9 Nr 2, 11 Abs 1, 14 Abs 2 S 1, 22 Abs 1), findet sich nichts über eine Anspruchsberechtigung des Kindes. Allein dort, wo der Staat als Wächter zum Schutz gefährdeter Kinder fungiert (Art 6 Abs 2 S 2, Art 1 GG), besteht generell ein Rechtsanspruch des Kindes auf die im KJHG vorgesehenen Hilfeleistungen. In

Konkretisierung dieses Wächteramtes können Jugendhilfeleistungen nur in fünf
Fällen „an den Eltern vorbei" erbracht werden: §§ 8 Abs 3 (Beratung des Kindes),
8a Abs 1, Abs 3 (Tätigwerden des Jugendamtes bei Kindeswohlgefährdung), 18
Abs 3 (Beratung bei Umgang), 42 (Inobhutnahme) und 43 (Herausnahme aus der
Pflegestelle oder Heim). Hier entspricht der Handlungsbefugnis des Trägers der
Jugendhilfe ein Leistungsanspruch des Kindes (zur Zulässigkeit der Beratung von Kindern
und Jugendlichen ohne Kenntnis der Eltern BVerfG NJW 1981, 1375).

c)   Förderung der Erziehung in der Familie, KJHG §§ 16 bis 21
aa) Allgemeine Förderung in der Familie

51 § 16 Abs 1 KJHG verpflichtet den Träger der Jugendhilfe, Leistungen der allgemeinen Förderung der Erziehung in der Familie anzubieten, zB Familienbildung, Beratung in allgemeinen Erziehungs- und Entwicklungsfragen junger Menschen, Fami-
lienfreizeit, Familienerholung.

bb) Beratung bei Partnerschaftsproblemen

52 In § 17 Abs 1 Nr 1 und 2 bietet das Gesetz den Eltern beratende Konflikthilfe an, in
die die Erziehungsberatung einbezogen ist, § 28 S 1. Kommt es dennoch zu Trennung
oder Scheidung, so haben die Eltern nach § 17 Abs 1 Nr 3 iVm § 28 S 1 Anspruch auf
Beratung, die helfen soll, die Bedingungen für eine dem Wohl des Kindes förderliche
Wahrnehmung der Elternverantwortung zu schaffen. Außerdem sollen die Eltern in
diesem Fall bei der Entwicklung eines einvernehmlichen Konzeptes unterstützt
werden, das als Grundlage für die richterliche Entscheidung über das Sorgerecht
nach Trennung oder Scheidung dienen kann, § 17 Abs 2 (vgl OLG Zweibrücken
FamRZ 2000, 627 sowie KAUFMANN ZfJ 1991, 18). Die Einbeziehung der Kinder in diesen
Prozeß der Entscheidungsfindung folgt im KJHG aus § 8 Abs 1 S 1, im bürgerlichen
Recht aus §§ 1626 Abs 2, 1671 Abs 2 S 1, 50b FGG.

53 Bei der Ausübung des Umgangsrechts, § 1684, haben Eltern und andere Umgangsberechtigte Anspruch auf Beratung und Unterstützung, § 18 Abs 3 KJHG. Das
Jugendamt ist nunmehr zum Tätigwerden verpflichtet. Auch Kinder und Jugendliche
haben Anspruch auf Beratung und Unterstützung bei der Ausübung des Umgangsrechts nach § 1684 Abs 1. Sie sollen darin unterstützt werden, daß die umgangsberechtigten Personen von diesem Recht zu ihrem Wohl Gebrauch machen, § 18
Abs 3 S 1 und 2 KJHG. In allen Fällen ist das Jugendamt verpflichtet, Hilfe zu leisten
und bei der Ausführung gerichtlicher oder vereinbarter Umgangsregelungen zu
vermitteln, ebenso bei der Befugnis, Auskunft über die persönlichen Verhältnisse
des Kindes zu erlangen, § 18 Abs 3 S 4 KJHG.

d)   Hilfen zur Erziehung, §§ 27 ff KJHG

54 Ist eine dem Wohl des Kindes entsprechende Erziehung nicht gewährleistet und ist
die Erziehungshilfe für seine Entwicklung geeignet und notwendig, dann gewährt
§ 27 Abs 1 dem Personensorgeberechtigten einen Anspruch auf diese Hilfe. Die hier
beschriebenen Erziehungsdefizite müssen nicht die Grenze des § 1666 erreicht haben, es geht nicht um die aktuelle Gefährdungsabwendung, sondern nur um eine
Vervollständigung der elterlichen Erziehung, die die Eltern auch vorsorglich in
Anspruch nehmen können, ohne daß ein Defizit schon entstanden wäre, § 16 (Hilfe
vor Eingriff). Ob die Eltern diese Hilfe zur Erziehung annehmen, ist ihre freie und
freiwillige Entscheidung, solange sie die Grenze der Gefährdung des Kindeswohls

nicht überschreiten. Auch wenn das Kind, gemessen an seinen Begabungen und Fähigkeiten, auf diese Weise nicht optimal erzogen und gefördert wird, haben das Kind und/oder das Jugendamt dies hinzunehmen (BT-Drucks 11/6002, 5). In der Ablehnung staatlicher Ergänzungsangebote liegt grundsätzlich keine einen Eingriff rechtfertigende Gefährdung des Kindes (BVerfGE 60, 79 = NJW 1982, 1379 = JZ 1982, 416 = FamRZ 1982, 567), es sei denn, sein körperliches, geistiges oder seelisches Wohl würde dadurch gefährdet, § 1666 (ähnlich den Fällen der Verweigerung medizinischer oder psychiatrischer Behandlung, BayObLG FamRZ 1984, 929, 933; 1988, 748; KG FamRZ 1970, 491; 1972, 646; OLG Hamm NJW 1968, 212 = FamRZ 1968, 221; STAUDINGER/COESTER [2000] § 1666 Rn 81 ff, 114 ff mwNw), oder seine Entwicklung im Bereich von Ausbildung und Beruf würde durch elterliches Unterlassen nachhaltig und schwer beeinträchtigt, § 1631a (BayObLG FamRZ 1991, 102 = ZfJ 1991, 185). In diesen Fällen müßte das Familiengericht eingreifen. Auch hier kann der neue § 8a KJHG einschlägig sein.

55 Auf die Hilfe zur Erziehung besteht ein Rechtsanspruch, aber nicht für das Kind (vgl hierzu krit KIEHL ZRP 1990, 94 ff; COESTER FamRZ 1991, 253, 255). Bestehen konkrete Erziehungsdefizite, so hat nicht das Kind den Anspruch auf Hilfe zur Erziehung, sondern allein der Personenberechtigte, § 27 Abs 1 iVm § 7 Abs 1 Nr 5. Denn Hilfe zur Erziehung soll primär die Familie stützen und refunktionalisieren und nur, falls dies nicht möglich ist, hilfsweise zur Verselbständigung des jungen Menschen und zur Lösung von seiner Familie führen.

e) Vollzeitpflege, §§ 33 ff KJHG
56 Das Pflegekinderwesen hat in der öffentlichen Jugendhilfe einen deutlichen Perspektivenwechsel erfahren, § 33 (vgl ie WIESNER FuR 1990, 325, 332; ZBlJugR 1989, 101; LAKIES ZBlJugR 1990, 545; 1989, 521; FINGER ZBlJugR 1990, 618). Im Mittelpunkt des JWG stand die Pflegekinderaufsicht, das KJHG konzentriert sich auf die sachgerechte Vermittlung des Kindes in eine geeignete Pflegefamilie und auf die **Begleitung des Pflegeverhältnisses** unter Einbeziehung der **Herkunftsfamilie** und der Pflegefamilie. Dem KJHG liegt das Konzept einer zeit- und zielgerichteten Intervention zugrunde: Vorrang hat die Rückkehr in die Herkunftsfamilie, deshalb ist die Verbesserung der Erziehungsbedingungen in dieser Herkunftsfamilie integraler Bestandteil der Arbeit der Jugendhilfe (WIESNER ZBlJugR 1989, 101; SALGO, in: WIESNER/ZARBOCK, Das neue Kinder- und Jugendhilfegesetz [1991] 115 ff; krit KLUSSMANN ZBlJugR 1989, 540).

Eine andere, dem Kindeswohl förderliche und auf Dauer angelegte Lebensperspektive für das Kind soll mit der Herkunfts- und Pflegefamilie erst dann entweder einverständlich erarbeitet oder durch familiengerichtliche Entscheidung gesichert werden, wenn sich die Erziehungsbedingungen in der Herkunftsfamilie nicht innerhalb eines „im Hinblick auf die Entwicklung des Kindes oder Jugendlichen" vertretbaren Zeitraums verbessern lassen. Aber selbst in diesen Fällen hält das Gesetz die Beziehung des Kindes zu seiner Herkunftsfamilie für schützenswert. Eine Einschränkung des Umgangsrechts der Herkunftsfamilie kann nur gerichtlich erfolgen, § 1684 Abs 4 iVm Abs 2.

57 Als für die Entwicklung des Kindes wichtige Aufgabe im Bereich des Pflegekinderwesens regelt das KJHG in §§ 36, 37 die Beratung der Herkunftsfamilie vor der Inpflegegabe, die qualifizierte Vermittlung des Kindes in eine Pflegefamilie, die gemeinsame Klärung der Frage, ob das Kind auf Dauer in der Pflegefamilie bleiben

Lore Maria Peschel-Gutzeit

soll oder innerhalb eines angemessenen Zeitraums mit einer Verbesserung der Erziehungsbedingungen in der Herkunftsfamilie gerechnet werden kann und deshalb
eine baldige Rückführung des Kindes in seine Herkunftsfamilie angestrebt wird, die
Aufrechterhaltung des Kontaktes des Kindes zu seinen Eltern auch in den Fällen, in
denen das Kind nicht dorthin zurückkehren kann, die Beratung und Begleitung der
Pflegefamilie während der gesamten Dauer der Inpflegegabe.

58 Bei der Ausübung der Personensorge, insbesondere zur Wahrnehmung der Geschäfte des täglichen Lebens gibt § 38 KJHG den Pflegeeltern Anspruch auf Beratung
und Hilfe vom Jugendamt, falls der Inhaber der Personensorge durch eine Erklärung
nach § 1688 Abs 3 S 1 die Vertretungsmacht der Pflegeperson übermäßig und mit
dem Wohl des Kindes nicht vereinbar eingeschränkt hat. Das Pflegegeld (Leistung
zum Unterhalt des Kindes oder Jugendlichen) ist gesetzlich eindeutig geregelt, § 39
KJHG. Daß der Unterhalt des Kindes auch die Kosten der Erziehung umfaßt, ist in
§ 39 Abs 1 S 2 KJHG ausdrücklich vorgesehen. Die Verpflichtung unterhaltspflich-
tiger Personen bleibt hiervon unberührt, § 10 Abs 1 KJHG (zu Einzelheiten LAKIES ZfJ
1990, 545, 553). Zum Leistungskatalog für Hilfen zur Erziehung bei Pflegefamilien ZfJ
1994, 169.

Die frühere Heimerziehung ist jetzt als Erziehung in einer Einrichtung über Tag und
Nacht definiert, § 34 S 1 KJHG. Sind mit ihr freiheitsentziehende Maßnahmen verbunden, so bedürfen diese der besonderen familiengerichtlichen Genehmigung,
§ 1631b. Schließlich ist die vorläufige Unterbringung eines Kindes oder Jugendlichen, § 42 KJHG, als Inobhutnahme ausgestaltet (TRENCZEK ZfJ 2000, 121; CZERNER ZfJ
2000, 372), und zwar bei extremen Notlagen, die anders nicht bewältigt werden
können (etwa bei sexuellem Mißbrauch, FEGERT ua ZfJ 1996, 448, 483). Stets muß auch
hier unverzüglich die familiengerichtliche Genehmigung eingeholt werden.

f) Kindesschutz, § 8a KJHG, §§ 1666, 1666a BGB
59 Der Kindesschutz ist im KJHG entsprechend dem elterlichen Erziehungsvorrang
grundsätzlich ohne eigenständige Eingriffstatbestände verwirklicht. Dieser Grundsatz ist jedoch durch § 8a, in Kraft seit dem 1. 10. 2005, durchbrochen. Seither enthält
das Gesetz einen eigenen, definierten Schutzauftrag des Jugendamtes, der dieses bei
Kindeswohlgefährdung zum eigenen Handeln verpflichtet. Im übrigen bilden die
Ausnahmen von dem vorgenannten Grundsatz die §§ 8 Abs 3, 18 Abs 3, in denen es
jeweils um Beratung des jungen Menschen ohne Kenntnis des Personensorgeberechtigten geht. Auch die §§ 42 und 43, die ein unmittelbares Handeln in Eil- und
Notfällen zum Schutz des Kindes vorsehen, bilden Ausnahmen. Gerichtlich angeordnete Erziehungsbeistandschaft und **Fürsorgeerziehung** gibt es nicht mehr. Zum Eingriff in das elterliche Sorgerecht ist allein das Familiengericht berechtigt, dessen
Eingriffe dürfen, entsprechend dem aus Art 6 Abs 1 bis Abs 3 GG folgenden Grundsatz der Verhältnismäßigkeit, stets nur das mildeste Mittel sein und sind erst zulässig,
wenn das elterliche Versagen nicht durch helfende und unterstützende Maßnahmen
der öffentlichen Jugendhilfe ausgeglichen werden kann, §§ 1666, 1666a.

60 Die letztere, durch das SorgeRG eingefügte und durch das Kinderrechteverbesserungsgesetz in Abs 1 neugefaßte Vorschrift hatte zunächst wegen des Fehlens entsprechender vorbeugender öffentlicher Hilfen in der familiengerichtlichen Praxis
kaum Bedeutung erlangt („Reformruine", SIMITIS, in: FS Müller-Freienfels [1986] 579, 609;

krit auch WIESNER ZBlJugR 1981, 509, 517; RÜNZ 156; vgl aber BVerfGE 60, 79 = NJW 1982, 1379 = JZ 1982, 416 = FamRZ 1982, 567 = ZBlJugR 1982, 314; BayObLG FamRZ 1985, 100, 101 mwNw; FamRZ 1990, 1132, 1134; LG Berlin FamRZ 1988, 1308). Die nun im KJHG geregelten Leistungen konkretisieren die staatliche Hilfe und Unterstützung, die Familien und Kinder vor und anläßlich familiengerichtlicher Eingriffe zu beanspruchen haben. Die vorrangigen „öffentlichen Hilfen" aus § 1666a sind vor allem die aus §§ 11 bis 40 KJHG (RÜFNER NJW 1991, 1 mwNw). Erweist sich unter Beachtung dieses Vorrangs der öffentlichen Hilfe dennoch die Herausnahme des Kindes aus seiner Familie zur Gefährdungsabwendung als notwendig, so ergibt sich die aus dem Verhältnismäßigkeitsgrundsatz folgende Pflicht des Staates, die Herkunftsfamilie durch entsprechende Hilfen zu refunktionalisieren (§§ 37 Abs 1 S 2 S 3, 33 S 1, 34 Nr 1 KJHG). Diese Hilfsmöglichkeit hat das Familiengericht zusammen mit dem trennenden Eingriff zu erwägen und mit dem Jugendamt abzusprechen, § 50 Abs 1, Abs 2 KJHG.

Die vorrangig auf die Rückführung des Kindes gerichtete Regelung endet jedoch **61** dort, wo die Refunktionalisierung der Familie „innerhalb eines im Hinblick auf die Entwicklung des Kindes oder Jugendlichen vertretbaren Zeitraumes" nicht gelingt, § 37 Abs 1 S 2. Danach soll mit den Beteiligten eine andere, dem Wohl des Kindes förderliche und auf Dauer angelegte Lebensperspektive erarbeitet werden, § 37 Abs 1 S 4 (STAUDINGER/COESTER [2000] § 1666a Rn 4 ff). Soweit das KJHG dem Kind oder dem Personenberechtigten einen Rechtsanspruch auf Leistung gewährt (§§ 18, 21, 23 Abs 2 S 1, 27 ff, 36 Abs 1, 39 Abs 1, 40 KJHG), kann das Familiengericht diese mit Bindungswirkung für das Jugendamt anordnen (COESTER FamRZ 1991, 253, 260; OLG Frankfurt DAVorm 1993, 943 m Anm DICKMEIS; OLG Bamberg FamRZ 1999, 663; str vgl hierzu RÖCHLING ZfJ 1999, 197 mit ausführlicher Darstellung des Streitstandes). Das Gericht kann das Antragsrecht für Hilfen zur Erziehung gem §§ 27 ff KJHG/SGB VIII auf das Jugendamt übertragen, wenn anders die Kindeswohlgefährdung nicht abgewendet werden kann (OLG Karlsruhe DAVorm 2000, 699); die Entziehung des Aufenthaltsbestimmungsrechts oder gar die zwangsweise Heimerziehung kann, dem strikten Grundsatz der Subsidiarität folgend, nur in Betracht kommen, wenn andere Erziehungsmaßnahmen nach dem KJHG, etwa Erziehungsberatung oder sozialpädagogische Beratung nicht mehr ausreichen (BayObLG NJW 1992, 121). Das Gericht muß prüfen, welche anderen Maßnahmen eine Trennung von den Eltern erübrigen könnten (BayObLG FamRZ 1991, 1218). Auch die Erziehungsberatung, § 28, gehört zu den Hilfen zur Erziehung (MAAS ZfJ 1995, 387).

g) Beistandschaft
Die früher in §§ 47, 47a JWG geregelte Beistandschaft findet sich nun als ausschließ- **62** lich freiwillige Maßnahme in § 30 KJHG als Erziehungsbeistandschaft (vgl im einzelnen MORITZ ZBlJugR 1989, 399), die, da Hilfe zur Erziehung, tatbestandlich ein konkretes Erziehungsdefizit voraussetzt, § 27 KJHG.

h) Mitwirkung des Jugendamts im gerichtlichen Verfahren
Die Mitwirkung des Jugendamts in Verfahren vor dem Familiengericht und dem **63** Vormundschaftsgericht regelt § 50 KJHG. Die in § 48a JWG aF genannten Aufgaben des Jugendamts vor Gericht finden sich nun in §§ 49a, 49 FGG: das Familiengericht oder das Vormundschaftsgericht hört das Jugendamt vor einer der dort genannten Entscheidungen an. Das Jugendamt unterstützt das Gericht bei allen Maßnahmen, die die elterliche Sorge betreffen, § 50 Abs 1 S 1. Einen Entschei-

dungsvorschlag muß das Jugendamt nicht machen. Diese neue Regelung macht deutlich, daß das Jugendamt eine eigenständige Position gegenüber dem Gericht hat und nicht als dessen Hilfsorgan fungiert (BT-Drucks 11/5948, 87). Der Anhörungspflicht des Gerichts entspricht eine Mitwirkungspflicht des Jugendamts, § 50 Abs 1 S 2 KJHG. Im Verfahren nach §§ 1666, 1671, 1672 ist das Jugendamt verpflichtet, das Gericht über angebotene und erbrachte Leistungen zu unterrichten, erzieherische und entwicklungsentscheidende Gesichtspunkte zu nennen und auf weitere Hilfsmöglichkeiten hinzuweisen, § 50 Abs 2.

Die in § 48 JWG aF enthaltene Anzeigepflicht des Jugendamts findet sich jetzt in § 50 Abs 3 KJHG. Hält das Jugendamt das Einschreiten des Gerichts zur Abwehr der Gefährdung des Kindeswohls für erforderlich, so muß es das Gericht anrufen, vgl jetzt auch § 8a Abs 3 S 1 KJHG.

IV. Verfahren

1. Überblick

64 Das gerichtliche Verfahren in Angelegenheiten der elterlichen Sorge war bis zum 30. 6. 1998 durch einen Dualismus an Zuständigkeits- und Verfahrensregeln geprägt. Einerseits waren die Familiengerichte, eingeführt durch das 1. EheRG vom 14. 6. 1976 (BGBl I 1421), in Kraft seit dem 1. 7. 1977, zuständig geworden, andererseits die Vormundschaftsgerichte zuständig geblieben. Ähnliche Zweiteilungen gab es hinsichtlich der Verfahrensregeln: einerseits ZPO, andererseits FGG und schließlich die durch das 1. EheRG geschaffenen Mischformen zwischen beiden Verfahrensarten (vgl ie STAUDINGER/PESCHEL-GUTZEIT[12] Vorbem 52 zu §§ 1626 ff mwNw; dies, Verfahren und Rechtsmittel in Familiensachen [1988]). Das KindRG hat erhebliche Veränderungen gebracht: Es hat den Zuständigkeitskatalog des Familiengerichts erweitert. Elterliche Sorge und Umgang sind nun insgesamt den Familiengerichten übertragen, das Vormundschaftsgericht ist für Adoptionen, Vormundschaft und Betreuung – darüber hinaus, systemwidrig für Entscheidungen nach dem RKEG, § 7 RKEG, und für die Bestimmung der Kindergeldberechtigung, § 64 Abs 2 S 3 EStG – zuständig geblieben. Die Klärung der Abstammung ist dem Familiengericht ebenso überwiesen wie sämtliche gesetzlichen Unterhaltsverpflichtungen, auch soweit Kinder betroffen sind, deren Eltern nicht miteinander verheiratet sind oder waren; für beide Bereiche war bis zum 30 6. 1998 die allgemeine Prozeßabteilung des Amtsgerichts zuständig. Auch das EheschlRG vom 4. 5. 1998 (BGBl I 833, s oben Rn 24) hat neue Zuständigkeiten geschaffen. Für alle dem Familiengericht neu übertragenen Zuständigkeiten geht der Rechtsmittelzug zum Oberlandesgericht.

Auch das Verfahrensrecht der Familiengerichtsbarkeit ist durch das KindRG deutlich verändert worden. Dies gilt einerseits für das selbständige sorge- und umgangsrechtliche Verfahren und andererseits für das Ehescheidungsverbundverfahren. Das KindRG fördert die eigenständige Konfliktlösung durch die Eltern und stärkt die verfahrensrechtliche Stellung der Kinder. Insgesamt ist das kindschaftsrechtliche Verfahren neu gestaltet.

Kernstück der Kindschaftsrechtsreform ist, wie oben Rn 22 dargestellt, die rechtliche Gleichstellung ehelicher und nichtehelicher Kinder. Dieses Ziel verfolgt das

Reformgesetz auch im Verfahrensrecht. Auch dort wird nicht mehr zwischen ehelichen und nichtehelichen Kindern unterschieden, sondern gesprochen wird nur noch vom „Kind", wo nötig mit dem Zusatz „dessen Eltern nicht verheiratet sind oder waren".

2. Regelungsbefugnisse

Als Folge des Elternvorrangs in der Erziehung, Art 6 Abs 2 GG, besteht eine ge- **65** nerelle gerichtliche Aufsicht über elterliches Handeln, anders als beim Vormund oder Pfleger, **nicht**. Nur soweit es das staatliche Wächteramt, Art 6 Abs 2 S 2 GG, gebietet, gewährt das Gesetz den Gerichten Eingriffs- und Regelungsbefugnisse. Besonders bedeutsam sind die Vorschriften der §§ 1666, 1666a, die dem Familiengericht die Abwendung der Gefährdung des Kindeswohls durch gerichtliche Maßnahmen zuweisen, darüber hinaus die Entscheidung über Herausgabeansprüche, § 1632 Abs 3, die Sorgerechtsregelung bei Scheidung oder Trennung, §§ 1671, 1672, die Umgangsregelung, § 1684, und die Änderung der vorgenannten Entscheidungen, § 1696.

3. Zuständigkeiten

a) Allgemeines

Generell sind die Vormundschaftssachen dem Vormundschaftsgericht zugewiesen, **66** während für die Familiensachen der freiwilligen Gerichtsbarkeit das Familiengericht zuständig ist, §§ 35 bis 64 FGG.

Sachlich sind für die dem Vormundschaftsgericht wie dem Familiengericht zugewiesenen Sachen die **Amtsgerichte** zuständig (§§ 35, 64 Abs 1 FGG, 621 Abs 1 S 1 bis 3 ZPO, 23b Abs 1 GVG). Die funktionelle Zuständigkeit der Rechtsmittelgerichte differiert. Gegen Entscheidungen des Vormundschaftsgerichts findet Beschwerde zum Landgericht statt, § 19 Abs 2 FGG, über Entscheidungen des Familiengerichts entscheidet das OLG (§§ 621a Abs 1 S 1 ZPO, 119 Abs 1 Nr 1 und 2 GVG).

Örtlich zuständig ist im allgemeinen das Vormundschaftsgericht oder Familienge- **67** richt, in dessen Bezirk das Kind im Zeitpunkt des Beginns des Verfahrens seinen Wohnsitz hat (§§ 43, 36 Abs 1, Abs 3, 64 Abs 3 S 2 FGG). Die sogenannte Verbundzuständigkeit in Familiensachen bildet die wichtigste Ausnahme von diesem Grundsatz: danach ist das Familiengericht zuständig, bei dem eine Ehesache anhängig ist oder rechtshängig wird (§§ 621 Abs 2, Abs 3 ZPO, 64 Abs 2 FGG).

International zuständig sind das deutsche Vormundschaftsgericht oder Familienge- **68** richt in erster Linie dann, wenn ihre Zuständigkeit nach dem Haager Übereinkommen über die Zuständigkeit der Behörden und das anzuwendende Recht auf dem Gebiet des Schutzes von Minderjährigen – MSA – gegeben ist. Es gilt der Grundsatz der Aufenthaltszuständigkeit, § 13 MSA. Der sachliche Anwendungsbereich dieses Abkommens umfaßt alle Maßnahmen zum Schutze der Person und des Vermögens des Minderjährigen (Art 1, Art 2 MSA), also alle Maßnahmen, die im Interesse des Kindes erforderlich sind (BGHZ 60, 68 = NJW 1973, 417 = MDR 1973, 390 = JZ 74, 178 = FamRZ 1973, 138). Schutzmaßnahmen sind die in §§ 1666 bis 1667, 1631a Abs 2, 1671, 1672 (BGH NJW 1984, 2761 = FamRZ 1984, 686 = IPRax 1985, 40), § 1632, 1684, 1674

Lore Maria Peschel-Gutzeit

genannten. Hierzu müssen aber die Zuständigkeiten aus neuen internationalen Übereinkommen und nach EU-Recht beachtet werden, die unter Umständen Vorrang haben (Erläuterungen unten Rn 96 ff).

69 Wenn und soweit das MSA nicht gilt, richtet sich die internationale Zuständigkeit in Sorgerechtsangelegenheiten nach §§ 43, 35b FGG: Das deutsche Gericht ist zuständig, wenn das Kind die deutsche Staatsangehörigkeit besitzt oder im Inland seinen gewöhnlichen Aufenthalt hat oder der Fürsorge durch ein deutsches Gericht bedarf. Es handelt sich insoweit um konkurrierende, nicht ausschließliche Zuständigkeitsanknüpfungen, § 35b Abs 3 FGG.

b) Familiengericht

70 Ob für eine Sache das Familiengericht zuständig ist, ergibt sich aus dem materiellen Recht (BGHZ 78, 108 = NJW 1981, 126 = FamRZ 1980, 1107). Die Zuweisung der Sorgerechtssachen an das Familiengericht stellt eine gesetzliche Geschäftsverteilung innerhalb des Amtsgerichts dar (BGHZ 71, 264). Derselben Abteilung des Amtsgerichts, die Familiensachen als Familiengericht bearbeitet, können auch Vormundschaftssachen zugewiesen werden, § 23b Abs 2 GVG. Stets entscheidet das Familiengericht über Maßnahmen, die ein gemeinsames Kind der Eltern betreffen, § 621 Abs 1 Nr 1, 2 und 3 ZPO.

71 Seit dem 1. 7. 1998 sind Familiensachen

– alle Sorge-, Umgangs- und Herausgabeverfahren betreffend Kinder, die unter elterlicher Sorge stehen, §§ 23b Abs 1 S 2 Nr 2–4 GVG, § 621 Abs 1 Nr 1–3 ZPO,

– alle Verfahren im Zusammenhang mit der Gefährdung des Kindeswohls, §§ 1666, 1666a, 1667,

– die Genehmigung einer mit Freiheitsentziehung verbundenen Unterbringung des Kindes, § 1631b, auch wenn das Jugendamt ein Kind in Obhut nimmt, §§ 42, 43 KJHG (BÜTTNER FamRZ 1998, 585, 596 mwNw),

– die Genehmigung bestimmter Rechtsgeschäfte für das Kind, §§ 1643 Abs 1, 1644, 1645,

– weitere Angelegenheiten, für die bis zum 30 6. 1998 das Vormundschaftsgericht zuständig war, nämlich

– Befreiung vom Erfordernis der Volljährigkeit bei Eheschließung, § 1303 Abs 2,

– Befreiung vom Eheverbot der durch Adoption begründeten Verwandtschaft, § 1308 Abs 2,

– Genehmigung einer ohne Befreiung vom Erfordernis der Volljährigkeit geschlossenen Ehe, § 1315 Abs 1 S 1 Nr 1,

– Anfechtung oder Feststellung der Vaterschaft, § 1600c,

– Änderung der elterlichen Unterhaltsbestimmung, § 1612 Abs 2 S 2,

– Übertragung des Namensbestimmungsrechts, § 1617 Abs 2,

– Ersetzung der Einwilligung bei Einbenennung, § 1618,

– Ersetzung der Zustimmung des gesetzlichen Vertreters in die Sorgeerklärung, § 1626c,

– Übertragung der Entscheidung auf einen Elternteil bei gemeinsamer elterlicher Sorge, § 1628,

– Entziehung der Vertretungsmacht, § 1629 Abs 2 S 3,

– Streit zwischen Pfleger und Eltern, § 1630 Abs 2,

– Übertragung von Angelegenheiten der elterlichen Sorge auf eine Pflegeperson, § 1630 Abs 3,

– Unterstützung der Eltern bei Ausübung der Personensorge, § 1631 Abs 3,

– Überwachung der Einreichung eines Vermögensverzeichnisses, §§ 1640, 1683,

– Anordnung und Auswahl von Vormund oder Pfleger, § 1697.

Außer den Unterhaltsstreitigkeiten sind dem Familiengericht sämtliche Kindschaftssachen, §§ 23b Nr 12 GVG, 621 Abs 1 Nr 10 ZPO, also Abstammungsverfahren nach § 640 Abs 2 Nr 1 und 3 ZPO übertragen.

Auch wenn die Kindschaftsrechtsreform die Zuständigkeit des Familiengerichts erheblich erweitert hat, so hat sie doch nicht das seit langem geforderte „große Familiengericht" (BOSCH FamRZ 1980, 1; WEVER FamRZ 2001, 268) gebracht. Denn für vermögensrechtliche Streitigkeiten zwischen Eheleuten außerhalb des Familienvermögensrechts und für alle solche Streitigkeiten zwischen Partnern, die nicht miteinander verheiratet sind, sind die allgemeinen Zivilgerichte zuständig geblieben. Wiederum ist also mit der Reform kein einheitliches Familiengericht und Familienverfahren geschaffen worden. Das ist mißlich, auch wenn Abgrenzungsschwierigkeiten einzuräumen sind. Der Gesetzgeber wollte insoweit der kommenden Reform des Verfahrensrechts in Angelegenheiten der freiwilligen Gerichtsbarkeit nicht vorgreifen (BT-Drucks 13/4899, 74). Familiensachen werden also nach wie vor unterschiedlich je nach Materie im ZPO-Verfahren oder FGG-Verfahren behandelt. Immerhin hat der schwierig zu bewältigende Dualismus zwischen Vormundschaftsgericht und Familiengericht nun sein Ende gefunden, soweit es um Sorge-, Umgangs- und Herausgabeverfahren geht. Die Beschränkung der Zuständigkeit der Familiengerichte auf eheliche Familienstreitigkeiten ist entfallen.

Derzeit arbeitet die Bundesregierung an einem Gesetzentwurf zur Reform des **71a** Verfahrens in Familiensachen und in Angelegenheiten der freiwilligen Gerichtsbarkeit. Sie hat am 9.5.2007 eine Vorlage beschlossen, deren Art 1 den Entwurf eines

Gesetzes über das Verfahren in Familiensachen und in Angelegenheiten der freiwilligen Gerichtsbarkeit (FamFG) enthält. Dieser Entwurf umfaßt 9 Bücher und 491 Vorschriften. Hier ist von besonderem Interesse, daß der Entwurf ein großes Familiengericht einführen und das Vormundschaftsgericht abschaffen will. Daraus ergibt sich eine Erweiterung des Kreises der Familiensachen, etwa um die Adoptionssachen und im Bereich der sonstigen Familiensachen. Der Reformentwurf ist vielfach auf Kritik gestoßen, insbesondere, soweit er ein Scheidungsverfahren vorsieht, bei dem unter bestimmten Voraussetzungen der Anwaltszwang entfallen und die wesentlichen Entscheidungen beim Notar getroffen werden sollen. Der neue Entwurf enthält diese Regelung nicht mehr. Wann mit einer Verabschiedung des Reformentwurfs und seinem Inkrafttreten gerechnet werden kann, ist ungewiß, nach Auskunft des Bundesministeriums der Justiz wird dort mit einer Verabschiedung durch den Deutschen Bundestag und anschließendem Inkrafttreten Mitte des Jahres 2009 gerechnet.

c) Grundsätze der Neuregelung im Verfahrensrecht

72 Bei **selbständigen** Sorge- und Umgangsverfahren muß zwischen den erstmaligen und solchen Verfahren unterschieden werden, in denen es um Änderung bei anhängiger Ehesache geht. Bei nicht nur vorübergehend getrennt lebenden Eltern ist zur Sorgeregelung nach §§ 1671 (gemeinsame Sorge) und 1672 (Alleinsorge der Mutter) und zur Umgangsregelung (§ 1684) ein isoliertes Verfahren möglich (zu den materiell-rechtlichen Fragen eingehend SCHWAB FamRZ 1998, 457). Die materiell-rechtliche Sonderregelung für den Fall der Scheidung, § 1671 aF, ist entfallen. Ist eine Ehesache anhängig, gelten die §§ 621 Abs 2, 623 ZPO nF. Das Gesetz behandelt das Zusammenfallen der Scheidungssache mit der Sorgerechtssache und deren Einbeziehung in den Verbund nicht mehr als Regel, sondern als verfahrensmäßigen Sonderfall.

Ziel der Verfahrensänderungen in Sorge- und Umgangsstreitigkeiten ist es, die eigenständige Konfliktlösung durch die Eltern zu fördern.

73 Bei Sorgesachen im Scheidungsverfahren hat die Kindschaftsrechtsreform den sog **Zwangsverbund** zwischen Scheidung und Sorgerechtsregelung **beseitigt**: § 622 ZPO ist entsprechend geändert. Die Scheidungsantragsschrift muß nur noch angeben, ob gemeinsame Kinder vorhanden sind und ob Familiensachen nach § 621 Abs 2 S 1 ZPO anderweitig anhängig sind. § 613 Abs 1 S 2 ZPO verpflichtet dementsprechend das Familiengericht, die Ehegatten auch zur elterlichen Sorge anzuhören und sie auf Beratungsmöglichkeiten der Jugendhilfe hinzuweisen, §§ 17, 18 KJHG. Das Familiengericht teilt dem Jugendamt die Rechtshängigkeit der Scheidungssache mit, § 17 Abs 3 KJHG. Das Jugendamt erstattet keinen Bericht, sondern es wird nur gehört, § 49a FGG (krit zu dieser Regelung BÜTTNER FamRZ 1998, 585, 591).

Bei der einverständlichen Scheidung nach § 630 ZPO genügt jetzt die übereinstimmende Erklärung, daß Sorge- und Umgangsanträge nicht gestellt werden, „weil sich die Ehegatten über das Fortbestehen der Sorge und den Umgang einig sind", § 630 Abs 1 Nr 2 ZPO.

Aber die elterliche Sorge, der Umgang und Herausgabeverlangen können zum Gegenstand des Entscheidungsverbundes gemacht werden, und zwar durch Antrag **(freiwilliger Verbund)**, § 623 Abs 2 S 1 ZPO, bis zum Schluß der mündlichen Verhandlung in erster Instanz, § 623 Abs 4 ZPO. Auch Sorgerechtsverfahren nach § 1666 können, sofern rechtzeitig von Amts wegen eingeleitet, Verbundsache sein, § 623 Abs 3 S 1 ZPO.

Folgende Sorgerechtsregelungen obliegen dem Familiengericht:

– Entscheidung über die elterliche Sorge bei Getrenntleben oder Scheidung der Ehe und bei dauerhaftem Ruhen der elterlichen Sorge (§§ 1671, 1672, 1678 Abs 2),

– die Regelung des persönlichen Umgangs eines Elternteils, dem die Personensorge nicht zusteht, mit dem Kind (§ 1684) und in entsprechenden Fällen (§ 1685), und über die Auskunft bezüglich persönlicher Verhältnisse (§ 1686),

– die Entscheidung über den von einem gegen den anderen Elternteil gerichteten Anspruch auf Herausgabe des Kindes (§ 1632 Abs 3) und die Herausgabe der zum persönlichen Gebrauch des Kindes bestimmten Sachen (§§ 620 Nr 8 ZPO, 50b FGG),

– die Abänderung der vorgenannten Entscheidungen (§ 1696).

4. Verfahrensgang

In allen Sorgerechtssachen richtet sich das Verfahren nach den Regeln des Gesetzes **74** über die freiwillige Gerichtsbarkeit (§§ 35 ff FGG Vormundschaftssachen, §§ 64 FGG, 621 ff ZPO Familiensachen) mit den sich aus § 621a ZPO ergebenden Besonderheiten. Handelt es sich um eine Sorgerechtssache im Verbund mit einer Scheidungssache, §§ 623 ff ZPO, so ändert dies an der Rechtsnatur des Verfahrens nichts. Es bleibt ein Verfahren der freiwilligen Gerichtsbarkeit (BGHZ 88, 113, 118 = NJW 1983, 2775 = FamRZ 1983, 1008 = IPRax 1984, 323 m Anm SIEHR aaO 309). Die Vollstreckung der Sorgerechtsentscheidungen richtet sich stets nach § 33 FGG.

a) Einstweilige Regelung

Stets kann das Gericht, wenn ein dringendes Regelungsbedürfnis besteht, einstwei- **75** lige Regelungen treffen. Bei Anhängigkeit einer Ehesache läßt das Gesetz **einstweilige Anordnungen** zu (§§ 606 Abs 1, 620 Nr 1 bis 3, 8, 620a Abs 2, Abs 4 ZPO). Im isolierten Sorgerechtsverfahren sind seit dem 1.1.2002 ebenfalls nur noch einstweilige Anordnungen nach ZPO-Grundsätzen gemäß § 621g ZPO zulässig. Diese Vorschrift ist durch das Gewaltschutzgesetz (oben Rn 29), das am 1.1.2002 in Kraft getreten ist, eingefügt worden. Damit wurde eine über lange Jahre geführte Streitfrage dahin entschieden, daß nicht mehr vorläufige Anordnungen zu treffen sind, sondern die einstweiligen Anordnungen, die die §§ 620a ff ZPO zur Verfügung stellen. Mithin gelten auch für diese Anordnungen im isolierten Verfahren nur noch die §§ 620a bis 620g ZPO.

Voraussetzung für den Erlaß einer einstweiligen Anordnung gemäß § 621g ZPO ist, dass jedenfalls gleichzeitig ein Hauptsacheverfahren zur Regelung der elterlichen Sorge, des Umgangs oder der Herausgabe eines Kindes, § 621 Abs 1 Nr 1 bis 3 ZPO anhängig gemacht oder Prozesskostenhilfe für ein solches Verfahren beantragt worden ist (OLG Köln FamRZ 2003, 548). Die Anordnungen müssen den gleichen Verfahrensgegenstand wie das Hauptsacheverfahren haben (OLG Köln FamRZ 2003, 319; GIESSLER/SOYKA, Vorläufiger Rechtsschutz in Ehe- Familien- und Kindschaftssachen [4. Aufl 2005] Rn 261).

Bei dieser Neuregelung ist zunächst offen geblieben, ob in Rechtsfürsorgeangelegenheiten (Sorge-, Umgangsrecht, Kindesherausgabe) die zulässigen amtswegigen einstweiligen Anordnungen sich nunmehr auch entsprechend § 621g ZPO nach den §§ 620a ff ZPO richten oder aber, ob für sie nach wie vor die FGG-Verfahrensvorschriften maßgeblich sind. Diese Frage wird überwiegend dahin beantwortet, daß auch für diese Anordnungen gemäß § 621g ZPO die §§ 620a ff Geltung haben. Diese Anordnungen benötigen keinen Antrag, sie ergehen von Amts wegen (ZÖLLER/PHILIPPI [24. Aufl 2004] § 621g Rn 3; GIESSLER/SOYKA, aaO Rn 261, MOTZER FamRZ 2004, 1348; OLG Dresden FamRZ 2003, 1306; OLG Zweibrücken ZKJ 2006, 373). Die vom OLG Hamm (FamRZ 2004, 1046) vertretene gegenläufige Auffassung hat sich nicht durchgesetzt. Das OLG Hamm meint, für vorläufige Regelungen in von Amts wegen eingeleiteten isolierten Sorgerechtsverfahren seien weiterhin die von der Rechtsprechung entwickelten Grundsätze zum Erlaß von vorläufigen Anordnungen und nicht § 621g ZPO anwendbar. Zur Begründung führt das OLG Hamm an, der Gesetzesbegründung sei nicht zu entnehmen, daß der Wille des Gesetzgebers auf eine vollständige Neuregelung des einstweiligen Rechtsschutzes in FGG-Familiensachen gerichtet gewesen sei. Deswegen müßten die vorläufigen Anordnungen weiter Bestand haben, da sie den Besonderheiten des von Amts wegen eingeleiteten und betriebenen Verfahrens besser gerecht würden als die einstweiligen Anordnungen nach ZPO. Diese Streitfrage, die wegen der Rechtsmittelmöglichkeiten von erheblicher Bedeutung ist, ist jedoch inzwischen nach ganz überwiegender Meinung dahin entschieden, daß nur noch ZPO-Anordnungen zuzulassen sind. Das bedeutet, daß für eine vorläufige, ausschließlich dem FGG-Recht unterworfene Anordnung kein Raum mehr ist, sondern daß alle Maßnahmen des vorläufigen Rechtsschutzes in selbständigen FGG-Familiensachen, also auf Antrag oder von Amts wegen zu erlassende Anordnungen, letztlich nach den anordnungsrechtlichen Verfahrensvorschriften der §§ 620a bis 620g ZPO abzuwickeln sind. Und die weitere Folge ist, daß diese Anordnungen nur unter den einschränkenden Bestimmungen des § 620c ZPO überhaupt anfechtbar sind. So unterliegt zB eine Entscheidung des Familiengerichts, das einen Antrag des Jugendamtes auf Entzug des Aufenthaltsbestimmungsrechts zurückgewiesen hatte, keiner Anfechtung (OLG Zweibrücken ZKJ 2006, 373). Dies entspricht langjähriger Rechtsprechung zu § 620c ZPO und ist nunmehr auch im Bereich der früheren vorläufigen Anordnungen zu beachten (OLG Karlsruhe FamRZ 2005, 120; JOHANNSEN/HINRICH/SEDEMUND-TREIBER, Eherecht[4] § 620c Rn 2; HOPPENZ/ZIMMERMANN, Familiensachen[8] § 620c Rn 7).

b)   Amtsermittlung
76 Das Verfahren der freiwilligen Gerichtsbarkeit ist geprägt durch die Amtsermittlungspflicht, §§ 12, 15 FGG, sowie erheblich erweiterte Anhörungspflichten, §§ 50a bis 50c, 49, 49a FGG. Zugleich gewährleisten diese Vorschriften das rechtliche Gehör der Beteiligten und Betroffenen.

aa)   Einvernehmliche Regelung, § 52 FGG
77 Nach § 52 FGG nF soll das Gericht so früh wie möglich und in jeder Lage des Verfahren auf ein Einvernehmen der Beteiligten hinwirken, es soll sie anhören und

auf Beratungsmöglichkeiten durch die Jugendhilfe, §§ 17, 18 KJHG hinweisen, insbesondere damit das Jugendamt ein einvernehmliches Sorgekonzept entwickelt.

Das Gericht kann alle die Person eines Kindes betreffenden Verfahren mit Rücksicht auf die außergerichtliche Beratung aussetzen, § 52 Abs 2 FGG, und bei Aussetzung einstweilige Anordnungen treffen, § 52 Abs 3 FGG, die dann nach § 19 FGG anfechtbar sind.

Um dem richtigen Ansatz, wonach außergerichtliche freiwillige Konfliktlösungen in der Regel dem Kindeswohl mehr dienen dürften als ein jahrelanger gerichtlicher Streit, zum Durchbruch zu verhelfen, sollte stets – auch bei anwaltlicher Beratung – auf den Beratungsanspruch der Beteiligten nach § 17 Abs 3 KJHG hingewiesen werden. Das Gericht kann dem Jugendamt von sich aus Mitteilung machen, zumal das Jugendamt vor der Entscheidung anzuhören ist, § 49a FGG. Dem Anhörungsrecht des Jugendamts vor Entscheidung entspricht dessen Beteiligungs- und Berichtspflicht, §§ 50 KJHG, 49 Abs 1 FGG.

bb)   Vermittlung bei Umgangsverfahren, §§ 52a FGG

Für Umgangsstreitigkeiten hält § 52a FGG nunmehr ein besonderes Schlichtungs- **78** verfahren bereit. Besteht eine gerichtliche Verfügung über die Durchführung des Umgangs, deren Umsetzung vereitelt oder von einem Elternteil erschwert wird, so muß zur Vermeidung von Änderungs- oder Zwangsvollstreckungsverfahren das Gericht auf Antrag eines Elternteils vermitteln. Hierzu lädt es zu einem Vermittlungstermin, in dem es auf Beratungsmöglichkeiten durch die Jugendhilfe, §§ 17, 18 KJHG, hinweist, das Jugendamt hinzubittet und eine einvernehmliche Regelung anstrebt. Gelingt diese, wird sie protokolliert und ersetzt damit die bisherige gerichtliche Umgangsregelung. Dieser Vergleich ist zugleich Vollstreckungsgrundlage nach § 33 FGG. Daß dieses Vermittlungsverfahren nicht für Erstverfahren zugelassen ist, wird in der Literatur zu Recht kritisiert (Büttner 590), ebenso die Umständlichkeit des Verfahrens, falls die Vermittlungsbemühungen des Gerichts scheitern. Anzuerkennen ist jedoch das Bemühen des Gesetzes, bei Umgangsstreitigkeiten, die das Leben des Kindes besonders belasten, eine mit spezieller staatlicher Autorität ausgestattete Hilfe zu installieren. Ob sich hierdurch in der Praxis Entlastungen für das Kind ergeben, muß abgewartet werden.

cc)   Verfahrenspfleger, §§ 50 FGG

Auch die Einführung eines Verfahrenspflegers (Anwalt des Kindes) durch das **79** KindRG, § 50 Abs 1 FGG, dient dem besseren Schutz und der Stärkung der Kindesinteressen (BT-Drucks 13/4899, 29). Die Rechte des Kindes sollen damit gewahrt und die Qualität der Entscheidung gesichert oder sogar verbessert werden (BVerfGE 72, 122 = FamRZ 1986, 871 ff; FamRZ 1999, 85).

Das Kind erhält diesen Verfahrenspfleger, soweit dies zur Wahrung seiner Interessen erforderlich ist. Das Gesetz nennt drei Fälle: erheblicher Interessenwiderstreit zwischen Kind und gesetzlichem Vertreter; Maßnahmen wegen Gefährdung des Kindeswohls; Wegnahme des Kindes. In allen anderen streitigen Sorge- und Umgangsverfahren ist die Bestellung eines Verfahrenspflegers möglich.

Wie nicht anders zu erwarten, hat dieses Rechtsinstitut, obwohl erst wenige Jahre in

Geltung, erhebliche Kontroversen ausgelöst. Zahlreiche Meinungen in Literatur und Rechtsprechung machen dies deutlich (vgl ua in zeitlicher Reihenfolge WILL, Der Anwalt des Kindes im Sorgerechtsverfahren – Garant des Kindeswohls?, ZfJ 1998, 1; FRICKE, Sozialarbeiter als Verfahrenspfleger gem § 50 FGG?, ZfJ 1999, 51; RICHTER/KREUZNACHT, Amtspfleger als Verfahrenspfleger, DAVorm 1999, 31; SALZGEBER/STADLER, Berufsethischer Kodex und Arbeitsprinzipien für die Vertreter von Kindern und Jugendlichen – Sprachrohr oder Interessenvertreter?, FPR 1999, 329; MOTZER, Die gerichtliche Praxis der Sorgerechtsentscheidung seit der Neufassung von § 1671 BGB, FamRZ 1999, 1101; HOHMANN-DENNHARDT, Grundgedanken zu einer eigenständigen Vertretung von Kindern und Jugendlichen im familiengerichtlichen Verfahren, ZfJ 2001, 77; MOTZER, Die neueste Entwicklung von Gesetzgebung und Rechtsprechung auf dem Gebiet von Sorge- und Umgangsrecht, FamRZ 2001, 1034; WILL, Anwalt des Kindes und Jugendamt, JAmt 2001, 158; GLÄSS, Verfahrenspflegschaften – Erfahrungen, Beobachtungen, Schlußfolgerungen, JAmt 2001, 163; MEYSEN, Verfahrenspfleger zwischen Mediator und Anwalt des Kindes. Ein Rechtsinstitut bekommt Konturen, JAmt 2001, 381; SALZGEBER/STADLER, Verfahrenspfleger und psychologischer Sachverständiger, DAVorm 2001, 382; C WEBER, Interessenvertretung für Kinder und Jugendliche gemäß § 50 FGG. Zum Verhältnis von Jugendhilfe und Verfahrenspflegschaft, JAmt 2001, 389; SCHÖN, Verfahrenspflegschaft – Chance für Kinder und Jugendliche?, JAmt 2001, 109 und FuR 2001, 289 und 349; TÖRNIG, Anwalt des Kindes und Jugendamt – Ein Überblick, ZfJ 2001, 457; BROCK/BREIDENEICHEN, Der Anwalt des Kindes in Fällen des Umgangsboykotts, FuR 2001, 399; ENGELHARDT, Offene Fragen zum Verfahrenspfleger für das Kind [§ 50 FGG], FamRZ 2001, 525; BORK, Sind §§ 50, 67 FGG verfassungskonform?, FamRZ 2002, 65).

80 Die Meinungsunterschiede betreffen zunächst die Voraussetzungen für die Pflegerbestellung (OLG Hamburg FamRZ 2001, 775; OLG Koblenz FamRZ 2001, 515; BayObLG FamRZ 2001, 563). Vor allem prüft die Rechtsprechung, ob die Pflegerbestellung erforderlich ist (OLG Frankfurt FamRZ 1999, 1293; OLG Dresden FamRZ 2000, 1296). So wird angenommen, die Eltern müßten vor der Pflegerbestellung gehört werden (OLG Dresden FamRZ 2000, 1296), ebenso das Kind (OLG Frankfurt DAVorm 1999, 784; OLG Dresden JAmt 2001, 145).

81 Ebenso umstritten ist die Aufgabenzuweisung an den Pfleger. Überwiegend wird angenommen, der Pfleger sei reiner Interessenvertreter des Kindes (BVerfG NJW 1999, 631 = FamRZ 1999, 88; OLG Frankfurt FamRZ 1999, 1293; OLG Hamburg FamRZ 2001, 34 = JAmt 2001, 144; OLG Brandenburg FamRZ 2001, 692 = JAmt 2001, 143 = ZfJ 2001, 163; OLG Braunschweig FamRZ 2001, 776; KG FamRZ 2000, 1300). Als Interessenvertreter darf der Pfleger bei der Anhörung des Kindes anwesend sein (OLG Bremen FamRZ 2000, 1298). Wie er die Interessen des Kindes gegen unwillige Eltern durchsetzen kann, ist noch nicht geklärt (OLG Brandenburg FamRZ 2000, 1295).

82 Sehr kontrovers wird auch die Frage behandelt, ob die Pflegerbestellung isoliert oder nur mit der Endentscheidung angefochten werden kann. Für ein isoliertes Beschwerderecht der Eltern nach § 19 FGG haben sich ausgesprochen OLG München FamRZ 1999, 667; OLG Köln FamRZ 1999, 146; OLG Frankfurt FamRZ 1999, 1293 mit Anmerkung WEYCHARDT FamRZ 2000, 844; OLG Hamm FamRZ 1999, 41; OLG München FamRZ 1999, 784; OLG Karlsruhe FamRZ 2000, 1296 = OLGR 2000, 01 = DAVorm 2000, 351; OLG Dresden FamRZ 2000, 1296 = JAmt 2001, 145; OLG Düsseldorf FamRZ 2000, 1298; KG FamRZ 2000, 1298; einschränkend KG FamRZ 2000, 1299; OLG Saarbrücken DAVorm 2000, 689; OLG Hamburg FamRZ 2001, 34 = JAmt 2001, 144. Die Gegenmeinung hält die Pflegerbestellung isoliert nicht für anfechtbar, spricht sich also für eine Anfechtung nur mit der Endentscheidung aus (OLG Celle FamRZ 1999, 1589; OLG Naumburg FamRZ 2001, 170 = JAmt 2001, 147; OLG Brandenburg FamRZ 2000, 1295 = DAVorm 2000, 350; OLG Stuttgart OLGZ 2001, 88; OLG Zweibrücken FamRZ 2001, 170).

Für und gegen beide Behauptungen lassen sich gewichtige Gründe ins Feld führen. Im Interesse der Konzentration des Sorgeverfahrens wird hier die Ansicht vertreten, daß die Anfechtung mit der Endentscheidung vorzuziehen ist (ebenso Engelhardt FamRZ 2001, 525, 528).

Von der Frage, ob die Pflegerbestellung durch das Gericht isoliert oder aber nur mit der Endentscheidung anzufechten ist, muß eine andere Frage unterschieden werden, die, soweit ersichtlich, bisher gerichtlich noch nicht entschieden ist: Ob nämlich die von dem Familiengericht vorgenommene **Auswahl** des Verfahrenspflegers beanstandet werden kann mit der Folge, daß das Gericht verpflichtet ist, die Person des Verfahrenspflegers auszuwechseln. Ein solches Begehren auf Auswechselung der Person des Verfahrenspflegers richtet sich nach § 18 FGG. Die Auswahl des Verfahrenspflegers steht im pflichtgemäßen Ermessen des Gerichts. Da es sich bei der Bestellung um eine verfahrensleitende Verfügung handelt, kann sie unter den Voraussetzungen des § 18 FGG jederzeit abgeändert werden. Beantragt ein Beteiligter, etwa ein Elternteil, die Auswechselung der Person des Verfahrenpflegers, so ist dies als Anregung an das Gericht anzusehen. Das Gericht ist sodann aufgrund dieser Anregung verpflichtet, zu prüfen, ob die Voraussetzungen des § 18 FGG für eine Auswechselung des Verfahrenspflegers vorliegen. § 18 FGG räumt insoweit dem Gericht kein Wahlrecht ein, vielmehr ist es verpflichtet, von seiner Änderungsbefugnis Gebrauch zu machen, wenn die Voraussetzungen hierfür vorliegen, wenn also entsprechende Tatsachen vorgetragen und glaubhaft gemacht sind, die aus Sicht des Anregenden eine Auswechselung erforderlich machen (KG Beschluß vom 31. 10. 2006, 25 WF 132/06, nv).

dd) Anhörung

Generell anzuhören sind die Eltern, § 50a FGG, das Kind, § 50b FGG, die Pflege- **83** person, § 50c FGG. Die Pflicht des Gerichts, das Jugendamt anzuhören, folgt aus §§ 49, 49 a FGG iVm § 50 KJHG (zur Anhörungsumgebung insgesamt vgl Fricke ZfJ 1998, 53). Auch das Kleinkind ist anzuhören (BGH DAVorm 1992, 499; BayObLG ZfJ 1985, 36; OLG Köln FamRZ 1999, 1517; OLG Karlsruhe FamRZ 2001, 511). Ab 14 Jahren muß das Kind stets persönlich angehört werden, davon darf nur aus schwerwiegenden Gründen wie Gesundheitsgefährdung (KG FamRZ 1981, 204), bei Suizidgefahr (BayObLG FamRZ 1995, 500) abgesehen werden.

Die Verletzung der Anhörungspflicht ist ein von Amts wegen zu beachtender Verfahrensmangel, der zur Aufhebung und zur Rückverweisung der Sache führen kann (BGH FamRZ 1984, 1084; BayObLGZ 1980, 138, 141 = FamRZ 1981, 96, 97; BayObLGZ 1980, 202, 208 = NJW 1980, 2422 Nr 16 [LS] = FamRZ 1980, 1152 [LS]; FamRZ 1984, 205, 207; FamRZ 1987, 87, 88; OLG München OLGZ 1980, 191 = FamRZ 1980, 623 = Rpfleger 1980, 226, 479; OLG Hamburg, FamRZ 1983, 527; KG FamRZ 1983, 1159, 1161; OLG Celle FamRZ 1990, 1026; OLG Zweibrücken FamRZ 1998, 960). Die Anhörung ist in einem Protokoll, einem Aktenvermerk oder den Entscheidungsgründen festzuhalten (BGH FamRZ 2001, 907; BayObLG NJW-RR 1994, 1225; OLG Karlsruhe FamRZ 1997, 689 mit krit Anm Ewers).

Im Beschwerdeverfahren ist die Wiederholung der Anhörung geboten (OLG Stuttgart NJW-RR 1989, 1355), ein Absehen davon verlangt eine besondere Begründung (OLG Oldenburg FamRZ 1999, 35). Vor allem aber ist die Wiederholung der Anhörung notwendig, wenn sich die maßgebenden Verhältnisse geändert haben (BGH NJW 1987, 1024), oder bei erheblichem zeitlichen Abstand von der ersten Anhörung (BayObLG NJW-RR 1997, 1437). Eltern und Anwälte haben kein Recht auf Anwesenheit bei der Anhörung, wohl aber auf die Mitteilung des Ergebnisses (KG FamRZ 1980, 1156).

ee) Begutachtung

84 Zu der Pflicht des Familiengerichts gehört im Rahmen der Amtsermittlung uU auch die Anordnung psychologischer Begutachtung. Die Begutachtung durch Sachverständige ist oft das einzige Mittel, um die Ursache des Sorgerechtskonflikts aufzudecken. Auch läßt sich häufig nur so eine dem Wohl des Kindes dienende Lösung ermitteln. Die Nichteinholung eines Sachverständigengutachtens kann ein Aufklärungsmangel sein, der auch noch im Verfahren der weiteren Beschwerde zu beachten ist und eine Rechtsverletzung iSv § 27 FGG bedeuten kann (BayObLG FamRZ 1982, 638). Bei der Entscheidung über die Einholung eines Sachverständigengutachtens muß das Gericht einerseits die Belastung des Kindes durch die Begutachtung besonders beachten, andererseits aber auch, daß sich die Konfliktlage zwischen den Beteiligten jedenfalls dann noch verschärfen kann, wenn etwa die Eltern uneinsichtig sind und sich durch das Gutachten abgewertet fühlen. Dennoch bleibt die Erkenntnis, daß zu den im Sorgerechtsverfahren zu ermittelnden Tatsachen regelmäßig das seelische und emotionale Kindeswohl gehört, das ohne Hilfe der Humanwissenschaften (Psychologie, Psychiatrie, Pädagogik, Soziologie) häufig nicht zu ermitteln ist, auch wenn die Aussagen dieser Wissenschaften dem Gewißheitsbedürfnis des Rechts nicht stets und nicht allein genügen können (insgesamt befürwortend COESTER, Kindeswohl 425 ff; WEGENER NJW 1979, 1253; DICKMEIS NJW 1983, 2053; BERG, Der psychologische Sachverständige [1985]; STERNBECK/DÄTHER FamRZ 1986, 21, 25; RÖSNER-SCHADE ZBlJugR 1989, 439; KLENNER FamRZ 1989, 804; ARNTZEN, Elterliche Sorge und Umgang mit Kindern [2. Aufl 1994]; SALZGEBER ua FamRZ 1992, 1249; BALLOFF ZfJ 1994, 218; SALZGEBER/MENZEL FuR 1997, 296 und 373; FRICKE ZfJ 1998, 53; RÜTH ZfJ 1999, 277; **eher krit** GERNHUBER FamRZ 1973, 229, 233; LÜDERITZ FamRZ 1975, 605, 607; MÄRZ FamRZ 1979, 339; FEHNEMANN FamRZ 1979, 661; R LANGE NJW 1980, 2729, 2733; PULS ZfJ 1984, 8, 11; BÖHM DAVorm 1985, 731; SCHÜTZ/JOPT ZfJ 1988, 349, 354).

Der Sachverständige kann und darf dem Gericht die Entscheidung nicht abnehmen (krit GERNHUBER, Neues Familienrecht [1977] 91). Der Richter muß die tatsächlichen Feststellungen des Sachverständigen, die Anwendung der wissenschaftlichen Erkenntnisse und die Schlußfolgerungen auf ihre Tragfähigkeit prüfen und sich eine eigene Überzeugung bilden (BayObLG FamRZ 1980, 482 [LS]; FamRZ 1982, 638, 639 mwNw).

ff) Das Abänderungsverfahren

85 Das Abänderungsverfahren nach § 1696 ist nur noch bei triftigen, das Wohl des Kindes nachhaltig berührenden Gründen möglich (BT-Drucks 13/4899, 109). Die Neufassung der Vorschrift entspricht der gefestigten Rechtsprechung und macht deutlich, daß die Erstentscheidung eine gewisse Bestandskraft hat (OLG Zweibrücken FamRZ 1997, 45; OLG Bamberg FamRZ 1990, 1135).

gg) Zwangsvollstreckung

86 Daß bei der Zwangsvollstreckung das Kind nicht mehr mit Gewalt herausgegeben

werden darf, wenn es um Umgangsausübung geht, § 33 Abs 2 S 2 FGG nF, ist eindeutig zu begrüßen (Kraeft FuR 2000, 357 und 417). Auch in dieser Neuregelung findet die dem Kinde zukommende Achtung vor seiner Integrität endlich den angemessenen Ausdruck.

hh) Rechtsmittel

Für alle neu dem Familiengericht übertragenen FGG-Sachen ist das Hauptrechts- **87** mittel nicht mehr die einfache Beschwerde nach § 19 FGG, sondern die befristete Beschwerde nach § 621e ZPO. Das folgt aus § 621a Abs 1 ZPO, der die FGG-Vorschriften und damit auch § 19 FGG nur für anwendbar erklärt, soweit sich aus der ZPO oder dem GVG nichts anderes ergibt. Soweit es um selbständige Zusatz- und Nebenverfahren (PKH, Anordnungsverfahren, Vollstreckungsverfahren nach § 33 FGG) geht, bleibt es bei der einfachen Beschwerde, § 19 FGG (Künkel FamRZ 1998, 877, 878).

V. Einigungsvertrag

Der Vertrag vom 31. 8. 1990 zwischen der Bundesrepublik Deutschland und der **88** Deutschen Demokratischen Republik über die Herstellung der Einheit Deutschlands – Einigungsvertrag, abgekürzt EV – (BGBl 1990 II 889) regelt auch die Überleitung des Kindschaftsrechts.

Dabei gilt für das gesamte Kindschaftsrecht des 5. Titels der Grundsatz, daß der EV nur das in den ostdeutschen Ländern geltende Recht ändert. In den alten Ländern gilt das Recht des 5. Titels unverändert fort. Nur dann, wenn aufgrund eines interlokalen oder internationalen Kollisionsrechtsfalles das in der bisherigen DDR geltende Recht maßgebend ist, haben westdeutsche Gerichte die durch den EV festgelegte Rechtslage zu beachten und die intertemporalen, interlokalen und internationalen Kollisionsnormen des EV anzuwenden (Adlerstein/Wagenitz FamRZ 1990, 1169; Siehr IPRax 1991, 20).

1. Intertemporales Recht

In der ehemaligen DDR galt bis zum Ablauf des 2. 10. 1990 das Familiengesetzbuch **89** der Deutschen Demokratischen Republik (FGB) vom 20. 12. 1965 (GBl DDR I 1966, 1), in Kraft seit dem 1. 4. 1966, zuletzt geändert durch das erste FamRÄndG vom 20. 7. 1990 (GBl DDR I 1990, 1038, 1040), in Kraft seit dem 1. 10. 1990 (vgl dazu Eberhardt FamRZ 1990, 917; ders NJ 1990, 401).

Seit dem 3. 10. 1990 gilt, mit gewissen Ausnahmen, in den ostdeutschen Ländern das gesamte westdeutsche Bundesrecht, also auch das BGB (Art 8 EV). Zur Einführung des neuen Rechts in den ostdeutschen Ländern waren Übergangsvorschriften erforderlich. Die kindschaftsrechtlichen Übergangsvorschriften sind die Art 230, 234 §§ 1, 7 bis 15 EGBGB (EV, Anl I Kapitel III Sachgebiet B Abschn II).

Für den 5. Titel sind Art 234 §§ 11, 14 und 15 einschlägig. Nach Art 234 § 1 EGBGB **90** gelten für die kindschaftsrechtlichen Wirkungen seit dem 3. 10. 1990 die Vorschriften des BGB, soweit sich nicht aus Art 234 §§ 11, 14 und 15 etwas anderes ergibt.

Nach dem Grundsatz des Art 18 I 1 EV bleiben Entscheidungen der Gerichte der DDR, die vor dem 3. 10. 1990 ergangen sind, wirksam. Das gilt auch für vor dem 3. 10. 1990 ergangene Verwaltungsakte. Sind diese jedoch mit rechtsstaatlichen Grundsätzen oder mit den Regeln des EV unvereinbar, so können sie aufgehoben werden, Art 19 EV. Art 234 § 11 Abs 2 S 1 EGBGB bestätigt dies für Sorgerechtsentscheidungen der Gerichte und Behörden. Art 234 § 11 Abs 1 EGBGB respektiert das nach § 42 FGB übertragene Erziehungsrecht und verwandelt es, soweit es den Eltern übertragen war, in elterliche Sorge, während das dem nichtehelichen Vater oder dritten Personen übertragene Erziehungsrecht zur Vormundschaft wird. Werden ab dem 3. 10. 1990 Änderungen der Sorgerechtsentscheidung nötig, so ist das nur noch über gerichtliche Entscheidungen gem §§ 1696, 1674 Abs 2 möglich, Art 234 § 11 Abs 2 S 2, Abs 3 EGBGB.

91 Sofern im Zusammenhang mit der Ehescheidung in der DDR vor dem 3. 10. 1990 keine gerichtliche Sorgerechtsentscheidung ergangen war oder sofern keinem der Elternteile das Erziehungsrecht übertragen worden war, § 26 Abs 2 S 2 FGB, muß nunmehr eine Sorgerechtsentscheidung nach § 1671 nachgeholt werden, Art 234 § 11 Abs 3 EGBGB.

92 Schließlich regelt Art 234 § 11 Abs 4 EGBGB die Unterbringung von Kindern, die mit Freiheitsentziehung verbunden ist, neu: Nach § 26 der ostdeutschen Jugendhilfeverordnung vom 3. 3. 1966 (GBl DDR II 1966, 215) konnte das Organ der Jugendhilfe Kinder zur Heimerziehung einweisen. Geschah das auf freiwilliger Basis (durch die Eltern oder mit deren Einverständnis), so gilt seit dem 3. 10. 1990 § 1631b (PALANDT/DIEDERICHSEN Art 234 § 11 EGBGB Rn 2; aA SIEHR § 1666). Die Eltern haben alsbald um die gerichtliche Genehmigung der Unterbringung nachzusuchen. Spätestens seit dem 3. 4. 1991 (sechs Monate nach Inkrafttreten des EV) mußte die Unterbringung beendet werden, wenn das Vormundschaftsgericht sie nicht vorher genehmigt hatte (STAUDINGER/RAUSCHER [2003] Art 234 § 11 EGBGB Rn 57).

Erfolgte die Unterbringung ohne elterliche Zustimmung, so bleibt sie solange wirksam, bis sie aufgehoben wird, Art 18, 19 EV.

2.   Interlokales Recht, Internationales Privatrecht

93 Wegen des interlokalen Privatrechts vgl SIEHR IPRax 1991, 20, 22.

Nach Art 21 EGBGB unterliegt das Rechtsverhältnis zwischen einem Kind und seinen Eltern dem Recht des Staates, in dem das Kind seinen gewöhnlichen Aufenthalt hat und ist daher – bei Änderung des gewöhnlichen Aufenthalts – wandelbar. Soweit es die Überleitung der Rechtsverhältnisse aus der ehemaligen DDR angeht, enthält Art 236 EGBGB Übergangsvorschriften. So regelt § 1, daß auf vor dem Wirksamwerden des Beitritts der ehemaligen DDR abgeschlossene Vorgänge das bisherige internationale Privatrecht anwendbar bleibt. Und nach Art 236 § 2 EGBGB unterliegen die Wirkungen familienrechtlicher Rechtsverhältnisse vom Wirksamwerden des Beitritts an den Vorschriften des 2. Kapitels des 1. Teils des EGBGB. Das bedeutet, daß mit dem Inkrafttreten des EGBGB im Gebiet der früheren DDR nunmehr grundsätzlich auch dessen analoge Anwendung im innerdeutschen Kollisionsrecht in ganz Deutschland verbindlich ist. Für die Anwendung der Kollisionsnorm des DDR-Kollisionsrechts ist insoweit nach dem 3. 10. 1990 auch bei der Beurteilung von Altfällen kein Raum mehr (BGHZ 124, 273; 128, 43, 131, 26, PALANDT/HELDRICH Art 236 EGBGB Rn 4; MünchKomm/SIEHR Art 236 § 2 EGBGB).

Für das IPR enthält Art 236 § 2 EGBGB Übergangsvorschriften für das Kindschaftsrecht. Zusätzlich hierzu sind die Art 11 und 12 EV über Staatsverträge der Bundesrepublik Deutschland und der Deutschen Demokratischen Republik zu beachten. Wegen der Einzelheiten vgl RAUSCHER StAZ 1991, 1, 3; SIEHR IPRax 1991, 20, 22; PALANDT/EDENHOFER Art 236 EGBGB; MünchKomm/SIEHR Art 236 § 2 EGBGB.

VI. Internationale Abkommen

1. Abkommen über internationale Kindesentführungen

Am 1. 12. 1990 und am 1. 2. 1991 sind in der Bundesrepublik Deutschland zwei **94** internationale Abkommen in Kraft getreten, die eine möglichst schnelle und unkomplizierte Rückführung von ins Ausland entführten Kindern an ihren gewöhnlichen Aufenthaltsort erleichtern sollen: das Haager Übereinkommen vom 25. 10. 1980 über die zivilrechtlichen Aspekte internationaler Kindesentführung – HKÜ – und das Europäische Übereinkommen vom 20. 5. 1980 über die Anerkennung und Vollstreckung von Entscheidungen über das Sorgerecht für Kinder und die Wiederherstellung des Sorgeverhältnisses – ESÜ – (BGBl 1990 II 206; Ausführungsgesetz [SorgeRÜbkAG] vom 5. 4. 1990 [BGBl 1990 I 701]; Begründung zum Gesetzentwurf der Bundesregierung, BT-Drucks 11/5314 zu den Abkommen und BT-Drucks 11/5315 zum SorgeRÜbkAG und Bericht BT-Drucks 11/6329; vgl zur Thematik BÖHMER IPRax 1984, 282 ff; ders RabelsZ 46 [1982] 643 ff; DESCHENAUX ZfJ 1987, 97 ff; STURM, in: FS Nagel [1987] 457 ff; MÜLLER-FREIENFELS JZ 1988, 120 ff; BAER ZRP 1990, 209 ff; SIEHR StAZ 1990, 330 ff; MANSEL NJW 1990, 2176 ff; WEITZEL DAVorm 2000, 1059; NIETHAMMER-JÜRGENS DAVorm 2000, 1071; LIERMANN DAVorm 2000, 629; KOEPPEL DAVorm 2000, 639; SCHWEPPE ZfJ 2001, 169; A SCHULZ FamRZ 2001, 1420; KRAEFT/OELKERS FuR 2002, 299 u 305; WILL FPR 2002, 549; BALLOFF FPR 2004, 309; NIETHAMMER-JÜRGENS FPR 2004, 306; TEIXEIRA DE SOUSA FamRZ 2005, 1612; FINGER FuR 2005, 443; DUTTA/SCHERPE FamRZ 2006, 906; MENNE ZKJ 2006, 351).

Das HKÜ ist auf große Akzeptanz gestoßen: Weltweit gilt es heute in 75 Staaten. Die in das HKÜ gesetzten Erwartungen sind weit übertroffen. Als Instrument gegen internationale Kindesentführungen hat es sich bewährt (BGH DAVorm 2000, 1147; OLG Zweibrücken DAVorm 2000, 1152; KG DAVorm 2000, 1154; OLG München DAVorm 2000, 1157. Zu zehnjähriger Erfahrung mit dem HKÜ vgl vor allem WEITZEL, NIETHAMMER-JÜRGENS und SCHWEPPE; zur Stärkung des Übereinkommens durch den EGMR vgl SCHULZ, LIERMANN und KOEPPEL, alle vorstehend genannt).

Zu der Anwendung beider Abkommen und den Einzelheiten der Regelungen STAUDINGER/COESTER (2004) § 1666 Rn 240 ff; STAUDINGER/RAUSCHER (2006) § 1684 Rn 377 ff.

2. UN-Kinderkonvention

Das Übereinkommen über die Rechte des Kindes vom 20. 11. 1989 („Kinderkonven- **95** tion") ist nach 10jähriger Beratung von der Generalversammlung der Vereinten

Lore Maria Peschel-Gutzeit

Nationen am 20. 11. 1989 beschlossen worden. Angesichts der vielfältigen Not, welche Kinder und Jugendliche nicht nur in Drittweltstaaten erleiden, will die Konvention durch eine Garantie der „Rechte des Kindes" die Vertragsstaaten verpflichten, Maßnahmen zu ergreifen, die diese Rechte verwirklichen.

Die Bundesrepublik Deutschland hat das Übereinkommen über die Rechte des Kindes am 26. 1. 1990 in New York unterzeichnet. Nach entsprechender Ratifizierung ist es seit dem 5. 4. 1992 in der Bundesrepublik Deutschland in Kraft (BGBl II 990). Das Übereinkommen enthält völkerrechtlich verbindliche Maßnahmen der Vertragsstaaten zur Verwirklichung des sich aus den Rechten des Kindes ergebenden Schutzanspruchs, zur Wahrung des Elternrechts, Definition des Kindeswohls, Registereintrag von Geburten, Identitätsschutz, Recht auf Familienzusammenführung, Bekämpfung der Kindesentführung, eigene religiöse Meinungsbildung, Schutzmaßnahmen im Rahmen der Jugendhilfe, Mindestanforderungen bei Adoption, Rechte behinderter Kinder, Recht auf Gesundheit und angemessenen Lebensstandard, Recht auf Bildung, Schutz vor wirtschaftlicher Ausbeutung, Schutz vor sexuellem Mißbrauch, Bekräftigung allgemeiner Menschenrechtsgarantien, Vorschriften für das Jugendstrafrecht und Fragen der internationalen Kontrolle.

Im Rahmen des Ratifizierungsverfahrens wurden die seinerzeit für nötig erachteten völkerrechtlichen Vorbehaltserklärungen formuliert, die bis heute fortgelten. Andererseits sind die Forderungen aus der UN-Kinderkonvention vor allem durch die jüngsten großen Kindschaftsrechtsreformen aus dem Jahre 1998 wohl weitgehend erfüllt (FINGER ZfJ 1999, 451, 457).

Der Text des Übereinkommens ist abgedruckt in ZfJ 1990, 478 ff, FuR 1990, 199 ff und FamRZ 1992, 253 (einschl deutscher Vorbehalte) sowie ZfJ 1994, 80 und deutsche Vorbehalte ZfJ 1995, 220.*

3. Brüssel II-Verordnung (EG-EheVO)

96 Am 28. 5. 1998 haben die EG-Mitgliedsstaaten in Brüssel das Übereinkommen und die Anerkennung und Vollstreckung von Entscheidungen in Ehesachen (Brüssel II-Übereinkommen, ABlEG 1998, 221/1 = FamRZ 1998, 1416) unterzeichnet (zu diesem neuen Gerichtsstands- und Vollstreckungsübereinkommen in Ehe- und Sorgerechtssachen vgl HAU FamRZ 1999, 484 und JAYME/KOHLER IPRAX 1998, 417). Dieses Übereinkommen ist bisher nicht in Kraft getreten und wird dies voraussichtlich auch nicht. Denn durch den sog Amsterdam-Vertrag vom 2. 10. 1997 zur Änderung des Vertrages über die Europäische Union ua, ratifiziert von der Bundesrepublik Deutschland am 9. 4. 1998 (BGBl 1998 II 385, Berichtigung BGBl 1999 II 416) wurde dieses Übereinkommen in die Verord-

---

* **Schrifttum:** BAER FuR 1990, 192; dies DA-Vorm 1996, 855; BORSCHE NDV 1990, 83; ders TuP SozArb 1990, 122; BRÖTEL DAVorm 1996, 745 und 843; ders DAVorm 1997, 537 = ZfJ 1998, 447; DICKMEIS ZfJ 1997, 250; FINGER ZfJ 1999, 457; GERSTEIN ZfJ 1995, 527; ders ZfJ 1996, 292; KINKEL ZfJ 1992, 146; KOEPPEL ZfJ 1991, 355; MEIXNER FuR 1996, 14; MUTSCHLER DAVorm 1995, 558; SCHWAB FamRZ 1989, 1041; STEINDORFF ZfJ 1990, 653; dies FuR 1991, 214; STÖCKER ZfJ 1990, 577; ders FamRZ 1992, 245; STRUCK ZfJ 1990, 613; THOFERN FuR 1992, 342; TRENCZEK ZfJ 1999, 170; ULLMANN ZfJ 1990, 509; ders FamRZ 1991, 898; ders FamRZ 1992, 892, dazu STÖCKER FamRZ 1992, 895; WABNITZ ZfJ 1996, 339; WIESNER ZfJ 1998, 173.

nung (EG) Nr 1347/2000 des Rates vom 29. 5. 2000 über die Zuständigkeit und die Anerkennung und Vollstreckung von Entscheidungen in Ehesachen und in Verfahren betreffend die elterliche Verantwortung für die gemeinsamen Kinder der Ehegatten (ABlEG 2000, L 160/19 = FamRZ 2000, 1140) „umgegossen". Diese Verordnung, nachfolgend Brüssel II-VO = EG-EheVO bezeichnet (abgedruckt bei ZÖLLER, ZPO Kommentar [22. Aufl 2001]; THOMAS/PUTZO [23. Aufl 2001]) trat am 1. 3. 2001 in Kraft und regelte Zuständigkeit und Vollstreckbarerklärungsverfahren in den vorbezeichneten Familienverfahren. Sie lehnte sich stark an das EuGVÜ vom 27. 9. 1968 (BGBl 1973 II 60) an, dessen Ausführungsbestimmung in der Neufassung des Anerkennungs- und Vollstreckungsausführungsgesetzes vom 13. 11. 2000 (AVAG) geregelt sind.

Die EG-EheVO regelte die Zuständigkeit für zwei statusverändernde Bereiche des Familienverfahrens, nämlich die zivilgerichtlichen Verfahren, die auf Auflösung der Ehe gerichtet sind, und die zivilgerichtlichen Verfahren, die die elterliche Verantwortung für gemeinsame Kinder betrafen und aus Anlaß der og Verfahren betrieben wurden. Im Gegensatz zu § 606a ZPO knüpfte die EG-EheVO, Art 2, die Zuständigkeit grundsätzlich an den gewöhnlichen Aufenthalt und schränkte damit zugleich die Anknüpfung an die Staatsangehörigkeit in starkem Maße ein. Als reine Zuständigkeitsverordnung regelte die Verordnung lediglich die internationale Zuständigkeit und nicht das anzuwendende Recht in Bezug auf Scheidungs- und Sorgesachen. § 606a ZPO erhielt durch diese Verordnung, soweit EU-Länder betroffen waren, bei internationaler Zuständigkeit eine gänzlich untergeordnete Bedeutung. Das ZPO-Sorgerechtsverbundverfahren (freiwilliger Verbund) wurde durch die Annexzuständigkeit gemäß Art 3 EG-EheVO teilweise ersetzt, das MSA fand Anwendung nur noch im isolierten Sorgerechtsverfahren.

Die EG-EheVO betraf lediglich Verfahren, die zwischen dem 1. 3. 2001 und dem 28. 2. 2005 eingeleitet wurden. Seit dem 1. 3. 2005 bestimmt sich die internationale Zuständigkeit deutscher Gerichte nach der VO (EG) Nr 2201/2003 über die Zuständigkeit und die Anerkennung und Vollstreckung von Entscheidungen in Ehesachen und in Verfahren betreffend die elterliche Verantwortung, etc **(Brüssel IIa-VO)**, die die Brüssel II-VO abgelöst hat (s unten Rn 98).

Das Anerkennungsverfahren gemäß Art 7 § 1 FamRÄndG ist für Ehescheidungen **97** innerhalb der EU-Mitgliedsstaaten (mit Ausnahme von Dänemark, das sich insoweit der EG-EheVO nicht angeschlossen hat) gegenstandslos geworden. Nach der EG-EheVO wird eine Scheidung nicht mehr positiv anerkannt, die Verordnung regelt lediglich Anerkennungshindernisse. Die Anerkennung selbst erfolgt ohne weiteren Rechtsakt, eine im EU-Raum ergangene ausländische Entscheidung beansprucht aus sich heraus Wirksamkeit.*

4.   Brüssel IIa-VO (EheVO)

Die Verordnung (EG) Nr 2201/2003 über die Zuständigkeit und die Anerkennung **98** und Vollstreckung von Entscheidungen in Ehesachen und in Verfahren betreffend

---

* **Schrifttum:** GRUBER FamRZ 2000, 1129; HAU, FamRZ 1999, 484; JAYME/KOHLER IPRax 1998, 417; KOHLER NJW 2001, 10; PUSZKAJLER IPRax   2001, 81; VOGEL MDR 2000, 1045; WAGNER IPRax 2001, 73; BGH NJW 2005, 3424, 3426; OLG Nürnberg FamRZ 2004, 278.

                                                    Lore Maria Peschel-Gutzeit

die elterliche Verantwortung (Brüssel IIa) stammt vom 3. 10. 2003 (Abl EU Nr N 338). Seit dem 1. 3. 2005 müssen deutsche Gerichte die Brüssel IIa-VO anwenden. Sie geht dem MSA vor, ersetzt die Brüssel II-VO und erweitert den Anwendungsbereich auf alle Kinder und alle Entscheidungen über die elterliche Verantwortung, unabhängig von einer Ehesache. Die Regelzuständigkeit liegt im gewöhnlichen Aufenthaltsstaat des Kindes bei Antragstellung. Für die Änderung von Umgangsentscheidungen verbleibt sie im gewöhnlichen Aufenthaltsstaat bei rechtmäßigem Umzug des Kindes innerhalb der EU noch 3 Monate, vorausgesetzt, der umgangsberechtigte Elternteil hält sich dort weiter gewöhnlich auf und läßt sich nicht auf ein neues Verfahren im neuen gewöhnlichen Aufenthaltsstaat des Kindes ein. Auch die Brüssel II-VO enthält zum anwendbaren Recht keine Sondervorschrift (zu Einzelheiten vgl K Schulz FPR 2004, 299 ff; Coester-Waltjen FamRZ 2005, 241 ff). Die Brüssel IIa-VO, die mit Ausnahme Dänemarks in allen Mitgliedsstaaten der EU gilt, hat zu einer einheitlichen Zuständigkeitsordnung für gerichtliche und behördliche Maßnahmen für die elterliche Verantwortung geführt und vereinfacht die Anerkennung und Vollstreckung solcher Maßnahmen in den Mitgliedsstaaten erheblich. Für die Rechtshilfe über die Grenzen hinweg schafft die Brüssel IIa-VO einen organisatorisch rechtlichen Rahmen.

Die elterliche Verantwortung im Sinne der Brüssel IIa-VO umfaßt die Gesamtheit von Rechten und Pflichten, die eine natürliche oder juristische Person in bezug auf das Kind und das Kindesvermögen innehat (vgl hierzu Rausch FuR 2005, 53, 54). Die Brüssel IIa-VO erfaßt insbesondere das Sorge- und Umgangsrecht, darüber hinaus die Vormundschaft und die Pflegschaft, und gilt auch für Personen, die elterliche Verantwortung ganz oder in Teilbereichen wahrnehmen. Umfaßt sind auch die Unterbringung des Kindes in einer Pflegefamilie oder in einem Heim und Schutzmaßnahmen für das Kindesvermögen. Nicht erfasst sind Verfahren zur Feststellung und zur Anfechtung des Eltern-Kind-Verhältnisses, das Adoptionsverfahren und Unterhaltssachen. Die Verordnung regelt die Zuständigkeit nicht nur von Gerichten, sondern auch von Behörden, wenn diese im sachlichen Anwendungsbereich zivilrechtliche Maßnahmen treffen. Nicht betroffen sind sozialrechtliche und allgemein öffentlich-rechtliche Maßnahmen in bezug auf Erziehung, Gesundheit, die Einwanderung und das Asylrecht. Eine Altersgrenze für die Anwendung der Brüssel IIa-VO ergibt sich nicht aus der Verordnung selbst, weil dort der Begriff des Kindes nicht definiert ist. Er ist aber – wie im KSÜ (s unten Rn 99) – auszulegen und erfaßt natürliche Personen von ihrer Geburt bis zur Vollendung des 18. Lebensjahrs (Andrae § 6 Rn 4; aA Solomon FamRZ 2004, 1409, 1410; vgl zum ganzen: Rausch FuR 2004, 154; Wagner FPR 2004, 286; Meyer-Götz/Noltemeier FPR 2004, 282; Finger FRB 2004, 234; Solomon FamRZ 2004, 1419; Busch/Rölke FamRZ 2004, 1338; Rausch FuR 2005, 53 u 102; Coester-Waltjen FamRZ 2005, 241; Steinfatt/Voelker FPR 2005, 415; Teixeira de Sousa FamRZ 2005, 1612).

5. Haager Kinderschutzübereinkommen von 1996 (KSÜ)

99 Am 1. 4. 2003 hat Deutschland das Haager Übereinkommen vom 19. 10. 1996 über die Zuständigkeit, das anzuwendende Recht, die Anerkennung, Vollstreckung und Zusammenarbeit auf dem Gebiet der elterlichen Verantwortung und der Maßnahmen zum Schutz von Kindern (Haager Kinderschutz-Übereinkommen – KSÜ) gezeichnet. Gleichzeitig haben alle übrigen EG-Mitgliedstaaten gezeichnet, mit Ausnahme der Niederlande, die bereits 1997 gezeichnet hatten, darüber hinaus Australien und die Schweiz. Am 17. 5. 2003 hat die Europäische Kommission einen Vorschlag für das Mandat zur gemeinsamen Ratifikation des KSÜ durch die EG-Mitgliedstaaten vorgelegt. Er sieht vor, daß die Mitgliedstaaten ihre Ratifikationsurkunden gemeinsam vor dem 1. 1. 2005 hinterlegen. Das ist jedoch bis heute nicht geschehen. Der Grund liegt in dem Streit zwischen Spanien und Großbritannien über die Behandlung von Gibraltar (vgl hierzu ANDRAE § 6 Rn 9; SCHULZ FPR 2004, 2099, 301; dies, FamRZ 2006, 1309).

Das KSÜ folgt dem MSA nach und soll dieses ablösen. Das KSÜ bezieht sich auf Kinder von der Geburt bis zur Vollendung des 18. Lebensjahrs. Sein sachlicher Anwendungsbereich entspricht dem des MSA (SIEHR FamRZ 1996, 1047, 1048), soll aber dessen Schwachstellen beseitigen. Wann das KSÜ in Kraft tritt, ist nicht vorhersehbar (zu den Lösungsversuchen vgl A SCHULZ FamRZ 2006, 1309, 1311).

6.   Europäisches Umgangsrechtsübereinkommen (EuUÜ)

Das Übereinkommen des Europarats vom 15. 5. 2002 über den Umgang mit Kindern **100** ist für Albanien, San Marino und die Tschechische Republik am 1. 9. 2005 in Kraft getreten, für die übrigen EU-Mitgliedstaaten nicht, da wegen des Streits zwischen Großbritannien und Spanien über Gibraltar bisher ein einstimmiger Beschluß im Ministerrat nicht zu erzielen war. Das EuUÜ zielt darauf, das grundlegende Recht von Kindern und ihren Eltern auf regelmäßigen Kontakt mehr auszugestalten und zu stärken. Das 1. Hauptkapitel widmet sich allgemeinen Grundsätzen für Umgangsentscheidungen. Diese begründen die völkerrechtliche Verpflichtung der Teilnehmerstaaten, die innerstaatlichen Vorschriften mit den Grundsätzen des EuUÜ in Übereinstimmung zu bringen. Mithin sind auch nach Inkrafttreten des EuUÜ allein die deutschen materiellen und verfahrensrechtlichen Vorschriften für die Umgangsregelung in Deutschland anzuwenden. Das 2. Hauptkapitel richtet sich auf die Förderung und Verbesserung des grenzüberschreitenden Umgangs. Insoweit will das Übereinkommen das HKÜ, das ESÜ und das KSÜ in einigen Fragen ergänzen. Im Verhältnis der Mitgliedstaaten der EU zueinander wird die Brüssel II-VO Vorrang behalten, wenn sie denselben sachlichen Regelungsbereich betrifft (zu Einzelheiten vgl ANDRAE aaO Rn 12 ff; A SCHULZ FamRZ 2006, 1309 ff; SCHOMBURG KindPrax spezial 2004, 7 ff).

Die Brüssel IIa-VO und die übrigen genannten Übereinkommen verdrängen das **101** autonome internationale IZVR und IPR nicht vollständig. Die internationale Zuständigkeit ist geregelt in §§ 621 Abs 1 Nr 1, 2, 3, Abs 2 S 1 ZPO analog (internationale Annexzuständigkeit), § 35b FGG (Kollisionsrecht, Art 21 EGBGB) und die Anerkennung ausländischer Entscheidungen in § 16a FGG. Das internationale Familienrechtsverfahrensgesetz – IntFamRVG – dient der innerstaatlichen Durchführung der Brüssel II-VO, des HKÜ und des ESÜ (ANDRAE aaO Rn 17).

§ 1626
Elterliche Sorge, Grundsätze

(1) Die Eltern haben die Pflicht und das Recht, für das minderjährige Kind zu sorgen (elterliche Sorge). Die elterliche Sorge umfasst die Sorge für die Person des Kindes (Personensorge) und das Vermögen des Kindes (Vermögenssorge).

(2) Bei der Pflege und Erziehung berücksichtigen die Eltern die wachsende Fähigkeit und das wachsende Bedürfnis des Kindes zu selbständigem verantwortungsbewusstem Handeln. Sie besprechen mit dem Kind, soweit es nach dessen Entwicklungsstand angezeigt ist, Fragen der elterlichen Sorge und streben Einvernehmen an.

(3) Zum Wohl des Kindes gehört in der Regel der Umgang mit beiden Elternteilen. Gleiches gilt für den Umgang mit anderen Personen, zu denen das Kind Bindungen besitzt, wenn ihre Aufrechterhaltung für seine Entwicklung förderlich ist.

Materialien: E I § 1501 Abs 1; II § 1521; III § 1604; Mot IV 721; Prot IV 546. Geändert durch GleichberG v 18.6.1957 Art 1 Nr 22; geändert durch SorgeRG v 18.7.1979 Art 1 Nr 2, neugefaßt durch KindRG v 16.12.1997 Art 1 Nr 9. Vgl STAUDINGER/BGB-Synopse (2006) § 1626.

Schrifttum

(vgl auch das bei den Vorbemerkungen angeführte Schrifttum)
BALLERSTEDT, Über Zivilrechtsdogmatik, in: FS Flume (1978) 257
BALLSCHMIEDE, Zur Lohnzahlung an Minderjährige, AuR 1956, 371
BECKER, Strafrechtliche Sicherung der elterlichen Sorgepflicht?, MDR 1973, 630
ders, Die Eigen-Entscheidung des jungen Menschen – Gedanken zur Emanzipation im Kindesrecht, in: FS Bosch (1976) 37, 60
BELLING, Die Entscheidungskompetenz für ärztliche Eingriffe bei Minderjährigen, FuR 1990, 68
BELLING/EBERL, Der Schwangerschaftsabbruch bei Minderjährigen, FuR 1995, 287
BIENWALD, Zur Beteiligung des Mannes bei der Entscheidung über den straffreien Schwangerschaftsabbruch seiner Ehefrau, FamRZ 1985, 1096
vBLUME, Fragen des Totenrechts, AcP 112 (1914) 367
BOEHMER, Zum Problem der „Teilmündigkeit" Minderjähriger – Bemerkungen zum Urt des IV. Zivilsenats des BGH v 5.12.1958, MDR 1959, 383, MDR 1959, 705
BÖHMER, Privilegierung der Eltern bei Kraftwagenunfällen der Kinder?, MDR 1966, 648
ders, Haftungsmilderung im Kraftwagenverkehr?, JR 1967, 56
BOSCH, Anm zu BGHZ 29, 33, FamRZ 1959, 200
ders, Grundsatzfragen des Beweisrechts 1963
ders, Volljährigkeit – Ehemündigkeit – elterliche Sorge, FamRZ 1973, 489
ders, Teilunmündigkeit trotz Volljährigkeit?, in: FS Schiedermaier (1976) 51
ders, Anm zu OLG Karlsruhe v 31.3.1983, FamRZ 1983, 744
ders, Anm zu VGH Baden-Württemberg v 20.5.1985, FamRZ 1986, 90
BRAUN, Mitwirkung Minderjähriger bei Vereinsbeschlüssen, NJW 1962, 92
BRILL, Der minderjährige Arbeitnehmer in der Rechtsprechung, BB 1975, 284
BURMEISTER, Abtreibung und Art 6 GG oder „Mammis Bauch gehört auch mir", JR 1989, 52
CANARIS, Grundrechte und Privatrecht, AcP 184 (1984) 201

CAPELLER, Lohnkonten Minderjähriger,
BB 1961, 453

ders, Scheckverkehr minderjähriger Lohnkonteninhaber?, BB 1961, 682

COESTER, Zur sozialrechtlichen Handlungsfähigkeit des Minderjährigen, FamRZ 1985, 982

ders, Elternrecht des nichtehelichen Vaters und Adoption – Zur Entscheidung des Bundesverfassungsgerichts vom 7.3.1995, FamRZ 1995, 1275

COESTER-WALTJEN, Der Schwangerschaftsabbruch und die Rolle des künftigen Vaters, NJW 1985, 2175

DEISSLER, Die Kleinkinderziehung im Spannungsfeld von Gesellschaft und Wissenschaft, ZBlJugR 1973, 241

DIEDERICHSEN, Zur Begriffstechnik richterlicher Rechtsfortbildung im Zivilrecht, in: FS Wieacker (1979) 325

DIV-Gutachten Sorgerechtspflegschaft, Schwangerschaftsabbruch, ZBlJugR 1990, 388

DUNZ, Aktuelle Fragen zum Arzthaftungsrecht unter Berücksichtigung der neueren höchstrichterlichen Rechtsprechung (1980)

EBERBACH, Familienrechtliche Aspekte der Humanforschung an Minderjährigen, FamRZ 1982, 450

ders, Grundsätze zur Aufklärungspflicht bei nicht voll Geschäftsfähigen, MedR 1986, 14

ders, Heimliche Aids-Tests, NJW 1987, 1470

FABRICIUS, Zur Dogmatik des „sonstigen Rechts" gem § 823 Abs 1 BGB, AcP 160 (1961) 273

FARTHMANN, Anm zu LG Frankfurt v 3.5.1963, NJW 1963, 1982

FEHNEMANN, Anm zu BVerfG 13.5.1985, JZ 1986, 1055

dies, Die Bedeutung des grundgesetzlichen Elternrechts für die elterliche Mitwirkung in der Schule, AöR 105 (1980) 529

FEUCHTWANGER, Anm zu RG JW 1931, 1348, JW 1932, 1351

GAISBAUER, Die Rechtsprechung zum Arzthaftungsrecht 1966 bis 1970, VersR 1972, 419

GEIGER, Anm zu AG Celle 9.2.1987, FamRZ 1987, 1177

GERNHUBER, Elterliche Gewalt heute – Eine grundsätzliche Betrachtung, FamRZ 1962, 89

ders, Anm zu OLG Schleswig v 31.7.1964, FamRZ 1965, 227

GILLES-WESTPHAL, Bürgerliches Recht: Ein problematischer Gewerkschaftsbeitritt, JuS 1981, 899

GLÄSSING, Kann der Vormundschaftsrichter die Erstbestimmung der Religion des Kindes vornehmen?, FamRZ 1962, 350

GRÖMIG, Die Verordnung der Anti-Baby-Pille durch den Arzt, insbesondere an Minderjährige, NJW 1971, 233

GUCHT, Zur Sektionsklausel in den Aufnahmebedingungen von Krankenhäusern, JR 1973, 234

HABSCHEID, Zur Problematik der „gesetzlichen Vertretung", FamRZ 1957, 109

HAMELBECK, Mitwirkung Minderjähriger bei Vereinsbeschlüssen, NJW 1962, 722

HARRER, Zivilrechtliche Einflußmöglichkeiten des künftigen Vaters auf die Durchführung des Schwangerschaftsabbruchs, ZfJ 1989, 238

HELDRICH, Der Deliktschutz des Ungeborenen, JZ 1965, 593

HESSE, Grundzüge des Verfassungsrechts der Bundesrepublik Deutschland

HOERSTER, Forum: Ein Lebensrecht für die menschliche Leibesfrucht?, JuS 1989, 172

D HOFFMANN, Der Beitritt minderjähriger Arbeitnehmer zu einer Gewerkschaft, BB 1965, 126

G HOFFMANN, Der Vereinsbeitritt Minderjähriger, Rpfleger 1986, 5

W HOFFMANN, Die religiöse Kindererziehung in verfassungsrechtlicher Sicht, FamRZ 1965, 61

HORSTMANN, Zum Problem der personenrechtlichen Beziehungen im außerehelichen Eltern-Kind-Verhältnis (Diss Bochum 1967)

CH HUBER, Wem gehören die Gene des Kindes? Sorgerechtsbefugnisse beim Vaterschaftstest, FamRZ 2006, 1425

JAEGER, Verlagerung von Sorgerechtskonflikten in Umgangsstreitigkeiten, FPR 2005, 70

JAGERT, Anm zu AG Köln v 15.3.1984, FamRZ 1985, 1173

JAYME, Die Familie im Recht der unerlaubten Handlung (1971)

JOSEF, Praktische Fragen des Totenrechts, GruchB 65 (1921) 304

KERN, Der Minderjährige als Blutspender, FamRZ 1981, 738

Lore Maria Peschel-Gutzeit

ders, Fremdbestimmung bei der Einwilligung in ärztliche Eingriffe, NJW 1994, 753

KERN/LAUFS, Die ärztliche Aufklärungspflicht (1983)

KIESSLING, Verfügungen über den Leichnam oder Totensorge?, NJW 1969, 533

KIPP, Die religiöse Kindererziehung nach Reichsrecht, in: FG Wilhelm Karl (1923)

KLOCKE, Elterliche Gewalt, Umgangsverbote und Freizeitverhalten des heranwachsenden Kindes, JuS 1974, 75

KOHLHAAS, Zur Einwilligung Minderjähriger in ärztlich indizierte Eingriffe, DMW 1968, 2088

KOHTE, Die rechtfertigende Einwilligung, AcP 185 (1985) 104

KRAMER, Elterliches Sorgerecht und Berufsausbildung von Minderjährigen, JZ 1974, 90

KUBE, Zur Problematik des Gewerkschaftsbeitritts eines Minderjährigen, Betrieb 1968, 1126

LAPPE, Kann ein verfahrensfähiger Minderjähriger selbst einen Anwalt bestellen?, Rpfleger 1982, 10

LAUFHÜTTE/WILKITZKI, Zur Reform der Strafvorschriften über den Schwangerschaftsabbruch, JZ 1976, 329

LAUFS, Arztrecht

LEMPP, Kinder- und jugendpsychiatrische Anmerkungen zur Frage, wieweit das Erziehungsrecht der Eltern durchgesetzt werden kann und darf, FamRZ 1986, 1061

LENCKNER, Die Einwilligung Minderjähriger und deren gesetzlicher Vertreter, ZStrW 72 (1960) 466

LESCH, Die strafrechtliche Einwilligung beim HIV-Antikörpertest an Minderjährigen, NJW 1989, 2309

LOSCHELDER, Gesundheitsrechtliche Aspekte des Aids-Problems, NJW 1987, 1467

LÜDERITZ, Elterliche Sorge als privates Recht, AcP 178 (1978) 263

MITTENZWEI, Die Rechtsstellung des Vaters zum ungeborenen Kind, AcP 187 (1987) 247

ders, Anm zu OLG Celle 9. 2. 1987, MedR 1988, 43

MORITZ, Die zivilrechtliche Stellung des Minderjährigen und Heranwachsenden außerhalb der Familie (1989)

ders, Bedeutung des Elternvotums für den Ab-

bruch der Schwangerschaft Minderjähriger, ZfJ 1999, 92

MÜLLER-FREIENFELS, Die Vertretung beim Rechtsgeschäft (1955)

MUENDER, Die Berufswahl des Jugendlichen, ZfJ 1975, 286

MUSCHELER/BLOCH, Das Recht auf Kenntnis der genetischen Abstammung und der Anspruch des Kindes gegen die Mutter auf Nennung des leiblichen Vaters, FPR 2002, 339

vMUTIUS, Der Embryo als Grundrechtssubjekt, Jura 1987, 109

ORLOWSKY, Die Weigerungsrechte der minderjährigen Beweisperson im Strafprozeß (1973), dazu HAMPEL FamRZ 1974, 53

OSTENDORF, Experimente mit dem „Retortenbaby" auf dem rechtlichen Prüfstand, JZ 1984, 595

PAEHLER, Hat die Leibesfrucht Schadensersatzansprüche?, FamRZ 1972, 189

PAWLOWSKI, Anscheinsvollmachten der Erziehungsberechtigten?, MDR 1989, 775

PESCHEL-GUTZEIT, Ausgewählte Probleme der Neuregelung der elterlichen Sorge, in: Juristinnenbund (Hrsg), Neues elterliches Sorgerecht (1977) 89

dies, Die Regelung des Umgangs nach Herausnahme des Kindes aus dem Elternhaus, §§ 1666, 1666a BGB, FPR 2003, 290

dies, Überschuldungsschutz für Minderjährige, FPR 2006, 455

RAMM, Die Fortpflanzung – ein Freiheitsrecht, JZ 1989, 861

RAUSCHER, Das Umgangsrecht im Kindschaftsrechtsreformgesetz, FamRZ 1998, 329

RAUSCHERT, Zur Mitwirkung Minderjähriger bei Vereinsbeschlüssen, RdJ 1962, 263

REICHERT, Die Mitgliedschaft Minderjähriger in Vereinen, RdJ 1971, 234

REISERER, Schwangerschaftsabbruch durch Minderjährige im vereinten Deutschland, FamRZ 1991, 1136

REUSS, Aktuelle Arbeitskampffragen, Betrieb 1965, 817

REUTER, Kindesgrundrechte und elterliche Gewalt (1968)

ders, Die Grundrechtsmündigkeit – Problem oder Scheinproblem?, FamRZ 1969, 622

RIEGER, Einwilligung in diagnostische Eingriffe bei Minderjährigen, DMW 1973, 2047

ROSSNER, Verzicht des Patienten auf eine Aufklärung durch den Arzt, NJW 1990, 2291

ROTH-STIELOW, Nochmals: Der Schwangerschaftsabbruch und die Rolle des künftigen Vaters, NJW 1985, 2746

ROTHER, Haftungsbeschränkung im Schadensrecht (1965)

RUMMEL, Die Freiheit, die Reform des Kindschaftsrechts und das „ganz normale Chaos der Liebe", ZfJ 1997, 202

SALGO, Zur Stellung des Vaters bei der Adoption seines nichtehelichen Kindes durch die Mutter und deren Ehemann, NJW 1995, 2129

SIEDHOFF, Schwangerschaftsabbruch und elterliche Zustimmung, FamRZ 1998, 8

SCHEERER, Bankgeschäfte des Minderjährigen, BB 1971, 981

SCHERER, Schwangerschaftsabbruch bei Minderjährigen und elterliche Zustimmung, FamRZ 1997, 589 und FamRZ 1998, 11

dies, Aufenthaltsbestimmungs- und Umgangsrecht der Eltern contra Selbstbestimmungsrecht des Kindes?, ZfJ 1999, 86

SCHERNER, Generaleinwilligung und Vertretungsnotstand im Minderjährigenrecht, FamRZ 1976, 673

SCHLUND, Anmerkung zu OLG Hamm v 16. 7. 1998, JR 1999, 333

SCHMIDT-JORTZIG, Kindschaftsrecht: Reform tut not, ZfJ 1996, 444 und DAVorm 1996, 547

SCHOENE, Das Zeugnisverweigerungsrecht des Kindes und das gesetzliche Vertretungsrecht der Eltern, NJW 1972, 930

SCHWAB, Gedanken zur Reform des Minderjährigenrechts und des Mündigkeitsalters, JZ 1970, 745

ders, Gemeinsame elterliche Verantwortung – Ein Schuldverhältnis?, FamRZ 2002, 1297

SCHWAB/WAGENITZ, Einführung in das neue Kindschaftsrecht, FamRZ 1997, 1377

SCHWERDTNER, Kindeswohl oder Elternrecht?, AcP 173 (1973) 227

ders, Mehr Rechte für das Kind – Fluch oder Segen für die elterliche Sorge?, NJW 1999, 1526

STEINGASS, Der Einfluß gesetzlicher Haftungsbeschränkungen auf § 823 Abs 1 BGB, VersR 1965, 550

STRÄTZ, Zivilrechtliche Aspekte der Rechtsstellung des Toten unter besonderer Berücksichtigung der Transplantationen (1971)

STRUCKMANN, Obduktion ohne Anhörung der Angehörigen?, NJW 1964, 2244

STÜRNER, Die Unverfügbarkeit ungeborenen menschlichen Lebens und die menschliche Selbstbestimmung, JZ 1990, 709

TEMPEL, Inhalt, Grenzen und Durchführung der ärztlichen Aufklärungspflicht unter Zugrundelegung der höchstrichterlichen Rechtsprechung, NJW 1980, 609

TROCKEL, Die Rechtfertigung ärztlicher Eigenmacht, NJW 1970, 489

ders, Die Einwilligung Minderjähriger in den ärztlichen Heileingriff, NJW 1972, 1493

UHLENBRUCK, Rechtsfragen bei der Behandlung von minderjährigen Patienten, Arzt- und Arzneimittelrecht 1976, 301

VENNEMANN, Anm zu AG Celle 9. 2. 1987, FamRZ 1987, 1069

WALTER, Organentnahme nach dem Transplantationsgesetz: Befugnisse der Angehörigen?, FamRZ 1998, 203

R WEIMAR, Zur Problematik der Schadensersatzpflicht bei Verletzung der elterlichen Gewalt, MDR 1962, 7

W WEIMAR, Die partielle Geschäftsfähigkeit des „Arbeitsmündigen", MDR 1963, 651

ders, Der Honoraranspruch des Arztes bei Behandlung minderjähriger Kinder, DÄBl 1972, 1301

WICHMANN, Die Reform des Kindschaftsrechts in der Diskussion, FuR 1996, 161

WILTS, Zum Anwendungsbereich der §§ 1664, 1359 BGB, VersR 67, 105

E WOLF, Der Begriff Familienrecht, FamRZ 1968, 493

WOLTERECK, Bedenkliche Entscheidungen zum Gewerkschaftsbeitritt Minderjähriger, Betrieb 1964, 1777

ders, Der Gewerkschaftsbeitritt Minderjähriger, AuR 1965, 193, 237, 263

ZIMMERMANN, Gesellschaft, Tod und medizinische Erkenntnis, NJW 1979, 569.

Lore Maria Peschel-Gutzeit

Systematische Übersicht

Alphabetische Übersicht

Lore Maria Peschel-Gutzeit

A.   Entstehungsgeschichte

Die Vorschrift entstammt in ihrem jetzigen Wortlaut dem SorgeRG und dem **1** KindRG. Die davor geltende Fassung stammte aus dem GleichberG von 1957; Abs 1 lautete: „Das Kind steht, solange es minderjährig ist, unter der elterlichen Gewalt des Vaters und der Mutter." Dieser Absatz entsprach § 1626 der ursprünglichen Fassung (dazu E I § 1501 Abs 1; II § 1521; III § 1604).

Abs 2 der Vorschrift idF des GleichberG hatte folgenden Wortlaut: „Der Vater und die Mutter haben, soweit sich aus den folgenden Vorschriften nichts anderes ergibt, kraft der elterlichen Gewalt das Recht und die Pflicht, für die Person und das Vermögen des Kindes zu sorgen; die Sorge für die Person und das Vermögen umfaßt die Vertretung des Kindes." Dieser Absatz entsprach in seinem HS 1 weitgehend dem früheren § 1627 (dazu E I § 1502 Nr 1; E II § 1522; E III § 1605), während HS 2 wörtlich mit § 1630 Abs 1 ursprünglicher Fassung übereinstimmt (dazu E I §§ 1503, 1649, 1651; E II § 1525; E III § 1608).

Das SorgeRG hat die bis dahin in Abs 2 HS 2 geregelte Vertretungsmacht in einer Sondernorm, § 1629, geregelt. Der jetzige Abs 2 ist neu durch das SorgeRG eingefügt; Vorbilder finden sich in Art 301 Abs 2 SchwZGB, § 146a ABGB. Das KindRG hat den Begriff „der Vater" und „die Mutter" ersetzt durch die Wörter „die Eltern". Zugleich hat es den bisherigen Wortlaut „das Recht und die Pflicht" umgekehrt aufgeführt als die „Pflicht und das Recht". Der jetzige Abs 3 ist neu durch das KindRG eingefügt. Er stellt klar, daß der Umgang des Kindes in der Regel dann zu seinem Wohl gehört, wenn das Kind zu der betreffenden Bezugsperson Bindungen besitzt, deren Aufrechterhaltung seiner Entwicklung förderlich ist (BT-Drucks 13/4899, 93).

B.   Begriff und Rechtsnatur der elterlichen Sorge

I.   Begriff der elterlichen Sorge

Das SorgeRG hat den Begriff der elterlichen Gewalt durch den der elterlichen Sorge **2** ersetzt (s Vorbem 16 ff zu §§ 1626 ff u RKEG). Das KindRG hat diesen Begriff nicht verändert. Mit ihm soll das Wesen der Eltern-Kind-Beziehung klarer und allgemein verständlich als Elternverantwortung zum Ausdruck gebracht werden (Beschlußempfehlung und Bericht des Rechtsausschusses [6. Ausschuß] des Deutschen Bundestags, BT-Drucks 8/2788, 36). Zwar hatte die „elterliche Gewalt" schon nach den Materialien zum BGB nicht mehr den Charakter eines eigennützigen Herrschaftsrechts, sondern war überwiegend als ein pflichtgebundenes, dem Schutz des Minderjährigen dienendes Recht aufgefaßt worden (Mot IV 724). Dennoch legte der Begriff die Annahme eines Herrschaftsrechts, einer elterlichen Machtstellung nahe, die den Blick auf das Kind als Rechtssubjekt, und zwar auch im Verhältnis zu den Eltern, verstellte (Gernhuber, Neues Familienrecht 80) und der zu Mißverständnissen herausforderte, etwa im Sinne einseitiger elterlicher Anordnungsmacht oder gar dazu, körperliche Züchtigung als notwendigen Bestandteil der Erziehung anzusehen (BT-Drucks 8/2788, 36). Deshalb ist die Aufgabe des Begriffs „Gewalt" und der Übergang zum Begriff „Sorge" auf breite Zustimmung gestoßen (Zenz AcP 173 [1973] 527, 530; Knöpfel FamRZ 1977, 600, 603;

BALLERSTEDT, in: FS Blume [1978] 276; EDLBACHER StAZ 1978, 117; LÜDERITZ AcP 178 [1978] 263, 264; DIEDERICHSEN NJW 1980, 1, 2).

3 Der Begriff der elterlichen Sorge eignet sich besser als der der elterlichen Gewalt als Oberbegriff für die Teilbereiche Personen- und Vermögenssorge, für die Abs 1 eine Legaldefinition gibt. Das Gesetz faßt alle elterlichen Befugnisse zu einem einzigen komplexen Recht, zur elterlichen Sorge zusammen (BEITZKE § 21 Abs 2 – Komplex von Rechten und Pflichten –; PERSCHEL RdJ 1963, 33, 36 – Sammelbegriff –; E WOLF FamRZ 1968, 493, 497 – Sammelausdruck –; ERMAN/MICHALSKI Rn 1 – familienrechtliches Schutzverhältnis –) und meint damit sowohl die Gesamtheit aller Rechte als auch konkrete einzelne Rechte und Pflichten. So erklärt es sich, daß der Begriff elterliche Sorge im Gesetz in unterschiedlicher Funktion verwendet wird: Der 5. Titel des Zweiten Abschnittes des Vierten Buches enthält nunmehr die Vorschriften über die elterliche Sorge sowohl für Kinder, deren Eltern miteinander verheiratet sind oder waren, als auch für Kinder, bei deren Eltern dies nicht der Fall ist. Der bisherige 6. Titel mit seinen Sondervorschriften für die elterliche Sorge bei nichtehelichen Kindern ist aufgehoben. Dementsprechend wurden in der Überschrift des 5. Titels die Wörter „für eheliche Kinder" gestrichen (BT-Drucks 13/4899, 93). In der Überschrift des 5. Titels meint elterliche Sorge die Gesamtheit der Rechtsbeziehungen zwischen Eltern und minderjährigen Kindern. In den Einzelvorschriften des 5. Titels und damit auch in § 1626 Abs 1 ist die jeweilige individuelle Beziehung zwischen Eltern und Kind gemeint, ebenso in den Vorschriften über konkrete mißbräuchliche Ausübung, § 1666, oder bei der Zuweisung alleiniger elterlicher Sorge, § 1671 Abs 1.

In der Sache meint elterliche Sorge für das Kind ein Fürsorgerecht (GERNHUBER/COESTER-WALTJEN § 57 IV 2). Abs 1 S 2 definiert Sorge jetzt als Pflicht und Recht, für das minderjährige Kind zu sorgen; die Fürsorgefunktion der Eltern tritt deutlich hervor. Die Vertauschung der Reihenfolge „das Recht und die Pflicht" in „die Pflicht und das Recht" wird damit begründet, dies entspreche einerseits der Lebenswirklichkeit, in der mit der elterlichen Sorge wesentlich mehr Pflichten als Rechte verbunden seien. Andererseits werde damit einer verbreiteten Tendenz entgegengewirkt, den Begriff der „elterlichen Sorge" auf ein „Sorgerecht" zu verkürzen (BT-Drucks 13/4899, 93). Fürsorge bedeutet aktives Tun und damit mehr als Schutz im Sinne von Bewahrung vor Gefahren (enger BGHZ 66, 334, 337 = NJW 1975, 1540 = FamRZ 1976, 446: ein dem Interesse des Kindes dienendes Schutzverhältnis; BGHZ 73, 131, 138 = NJW 1979, 813 = FamRZ 1979, 225: pflichtgebundenes Schutzverhältnis im Interesse des Kindes).

II.   Rechtsnatur der elterlichen Sorge

1.   Elterliche Sorge und Verfassungsrecht

a)   Überblick

4 Das Recht der elterlichen Sorge ist durch Vorgaben der Verfassung in besonderer Weise geprägt: Grundrechte und grundgesetzlich geschützte Positionen der Eltern einerseits, des Kindes andererseits beschreiben die Eltern-Kind-Beziehung. Der Vorrang der Eltern in Pflege und Erziehung, Art 6 Abs 2 S 1 GG, ordnet das Kind seinen Eltern zu. Grundrechtspositionen von Eltern und Kindern treffen aufeinander, das schränkt die gesetzgeberische Gestaltungsfreiheit ein.

Dabei sind das verfassungsrechtlich geschützte Elternrecht, Art 6 Abs 2 S 1 GG, und das familienrechtliche Sorgerecht nicht identisch. Nicht alle Ausprägungen des bürgerlichen Sorgerechts sind verfassungsrechtlich festgeschrieben und durch die Institutsgarantie des Art 6 Abs 2 S 1 geschützt (MAUNZ/DÜRIG/HERZOG/SCHOLZ Art 6 Abs 2 GG Rn 24 b; vMÜNCH Art 6 GG Rn 29; GERNHUBER/COESTER-WALTJEN § 5 IV 3; Münch-Komm/HUBER § 1626 Rn 26; HORSTMANN, Personenrechtliche Beziehungen 25; RÖBBELEN, Elternrecht 23, 218 ff; aA SCHMIDT-GLAESER DÖV 1978, 629; ders, Elterliches Erziehungsrecht 48 ff).

Nicht die gesamte elterliche Sorge in ihrer jeweils vom Gesetzgeber gefundenen Form „versteinert" (GERNHUBER/COESTER-WALTJEN aaO) über Art 6 Abs 2 S 1 GG. Wie das Kind den Eltern zugeordnet ist, konkretisieren die §§ 1626 ff. Diese Regelung stellt eine der möglichen Konkretisierungen des Elternrechts dar (zur Frage, ob auch die elterliche Vermögenssorge durch Art 6 Abs 2 verfassungsrechtlich geschützt ist, vgl FEHNEMANN ZfJ 1986, 178; dies JZ 1986, 1055).

b) Elternrechte

Abgesehen davon, daß Eltern wie alle anderen Personen Inhaber und Träger der **5** allgemeinen Grundrechte aus Art 1 und 2 GG sind, bildet den Ausgangspunkt für die verfassungsrechtliche Stellung der Eltern der besondere grundgesetzliche Schutz von Ehe und Familie, Art 6 Abs 1 GG. Art 6 Abs 2 GG statuiert das vorrangige Elternrecht in Pflege und Erziehung der Kinder. Über ihre Betätigung wacht die staatliche Gemeinschaft, Art 6 Abs 2 S 2 GG; gegen eine Trennung des Kindes von den Eltern durch staatliche Eingriffe schützt Art 6 Abs 3 GG die Eltern zusätzlich und besonders. Nur im Bereich der Schulerziehung besteht ein eigener staatlicher Erziehungsanspruch, insoweit ist der Erziehungsvorrang der Eltern eingeschränkt, Art 7 GG, wenngleich das insoweit bestehende staatliche Bestimmungsrecht wieder durch das Elternrecht begrenzt wird (BVerfGE 34, 165, 182 ff = FamRZ 1973, 181 [LS] = DÖV 1973, 50). Das Verfassungsgebot der Gleichberechtigung verbietet eine Differenzierung der Eltern nach Geschlecht (BVerfGE 37, 217, 244, 249 = NJW 1974, 1609).

Das in Art 6 Abs 2 GG garantierte vorrangige Recht der Eltern auf Pflege und **6** Erziehung ihrer Kinder (BVerfGE 60, 79, 88 = NJW 1982, 1379 = FamRZ 1982, 567 = JZ 1982, 416 = ZfJ 1982, 314) ist Freiheitsrecht der Eltern gegenüber dem Staat, es gibt ihnen ein Abwehrrecht gegen den Staat und läßt Eingriffe des Staates in deren Erziehungsprimat ausschließlich in Ausübung des staatlichen Wächteramtes zu (BVerfGE 56, 363, 382 = NJW 1981, 1201 = JZ 1981, 387 = FamRZ 1981, 429 = DAVorm 1981, 351; BVerfGE 61, 358, 371 ff = NJW 1983, 101 = MDR 1983, 10 = JZ 1983, 298 m Anm GIESEN = FamRZ 1982, 1179 = Rpfleger 1982, 470 = DAVorm 1982, 1055; BVerfG FamRZ 2002, 1021).

Dieses „natürliche Recht" ist den Eltern nicht vom Staat verliehen, sondern vorgegebenes Recht, das die staatliche Gemeinschaft in seinem Vorrang anerkennt (BVerfGE 60, 79, 88). Diejenigen, die einem Kind das Leben geben, sind von Natur aus bereit und berufen, die Verantwortung für Pflege und Erziehung des Kindes zu übernehmen (BVerfGE 24, 119, 150 = NJW 1968, 2233 = FamRZ 1968, 578 = DAVorm 1968, 324 = ZBlJugR 1969, 24).

Das Elternrecht ist **kein** Freiheitsrecht zur Selbstbestimmung. Es ist den Eltern nicht **7** um ihrer selbst willen, sondern zum Schutz des Kindes gewährt. Rechte und Pflichten der Eltern sind hierbei unlösbar miteinander verbunden; die Elternpflicht ist wesensbestimmender Bestandteil des Elternrechts, nicht nur eine Schranke ihres Rechts, weshalb das Elternrecht auch als Pflichtrecht, als Elternverantwortung bezeichnet wird (BVerfGE 24, 119, 143 = NJW 1968, 2233 = FamRZ 1968, 578 = DAVorm 1968, 324; BVerfGE 56, 363, 381 = NJW 1981, 1201 = JZ 1981, 387 = FamRZ 1981, 429 = DAVorm 1981, 351; BVerfGE 72, 155 = NJW 1986, 1859 = FamRZ 1986, 769; NJW 1994, 1645).

Soweit aus Art 6 Abs 2 GG hergeleitet wird, die elterliche Sorge könne mit Rücksicht auf die verfassungsrechtliche Garantie des Elternrechts stets nur der **Ausübung**, nicht aber der Substanz nach entzogen werden (Substanztheorie ERMAN/MICHALSKI vor § 1626 Rn 14), ist diese Schlußfolgerung abzulehnen (zur Begründung STAUDINGER/PESCHEL-GUTZEIT[12] § 1634 aF Rn 26).

8 Innerhalb ihres verfassungsrechtlich geschützten Erziehungsvorrangs sind die Eltern frei in der Entscheidung darüber, wie sie ihr Kind erziehen und damit ihrer Elternverantwortung nachkommen. Maßstab und Grenze ihrer Freiheit ist das Wohl des Kindes. Denn das Elternrecht ist ein Recht im Interesse des Kindes, es findet seine Rechtfertigung letztlich nur im Bedürfnis des Kindes nach Schutz und Hilfe (BVerfGE 72, 155, 172 = NJW 1986, 1859 = JZ 1986, 632 m Anm FEHNEMANN 1055 = FamRZ 1986, 769 = DAVorm 1986, 419). Das Interesse des Kindes ist in das Elternrecht eingefügt und durchwirkt es inhaltlich. **Oberste Richtschnur** für Pflege und Erziehung durch die Eltern bildet das **Kindeswohl** (BVerfGE 60, 79, 88 = NJW 1982, 1379 = JZ 1982, 416 = FamRZ 1982, 567). Das Elternrecht hat treuhänderischen Charakter, die Eltern haben ihr Elternrecht uneigennützig und verantwortungsbewußt zu nutzen (BVerfGE 72, 155 = NJW 1986, 1859 = JZ 1986, 632 m Anm FEHNEMANN 1055 = FamRZ 1986, 769 = DAVorm 1986, 419). Befugnisse, die das Wohl des Kindes gefährden oder vereiteln können, sind im Elternrecht **nicht** enthalten (BVerfGE 59, 360, 377 = NJW 1982, 1375 = JZ 1982, 325 m Anm STARCK; BVerfGE 75, 201, 218 = NJW 1988, 125 = FamRZ 1987, 786).

9 Das Elternrecht steht beiden Eltern **gemeinsam** zu. Diese Gemeinsamkeit verdeutlicht der jetzt gefundene neue Begriff „Eltern" statt „der Vater" und „die Mutter" (BT-Drucks 13/4899, 93). Art 6 Abs 2 GG geht von der gemeinsamen Pflege und Erziehung des Kindes durch beide Eltern aus. Auch im Eltern-Kind-Verhältnis gilt das Gebot der Gleichberechtigung von Mann und Frau. Die gemeinsame Elternverantwortung ist unteilbar, beide Eltern haben sie in gleicher Weise gegenüber dem Kind, wechselseitig sind die Eltern verpflichtet, diese Verantwortung zu erfüllen und einander zu ergänzen (BVerfGE 10, 59, 67 = NJW 1959, 1483 = FamRZ 1959, 416 = Rpfleger 1959, 261). Weder Vater noch Mutter können allein über Pflege und Erziehung bestimmen, die Eltern sind verpflichtet, sich über alle Aufgaben der Pflege und Erziehung zu verständigen; ein Stichentscheid eines Elternteils besteht nicht (BVerfGE 10, 59, 67, 82 = NJW 1959, 1483 = FamRZ 1959, 416 = Rpfleger 1959, 261; BVerfGE 31, 194, 207 = NJW 1971, 1447 = MDR 1971, 905 = FamRZ 1971, 421 = Rpfleger 1971, 300). Auch in der Verteilung der elterlichen Erziehungsaufgaben und der Aufgaben innerhalb der Ehe sind die Eltern durch das Kindeswohl begrenzt (BVerfGE 48, 327, 338 = NJW 1978, 2289 = FamRZ 1978, 667). Neuerdings sieht der BGH in der gemeinsamen elterlichen Sorge nach Scheidung der Elternehe ein Schuldverhältnis (FamRZ 2002, 1099, dazu krit SCHWAB FamRZ 2002, 1297).

10 Weil das Kindeswohl Richtschnur, Maßstab und Grenze des Elternrechts bildet, nehmen die aus der Elternverantwortung fließenden Rechtsbefugnisse der Eltern ab, je weniger das Kind der Pflege und Erziehung bedarf und je mehr es zur Eigenentscheidung fähig wird. In dem Maße, wie das Kind sich der Volljährigkeit nähert, werden Elternverantwortung und Elternrecht mehr und mehr zurückgedrängt und gegenstandslos, bis sie mit der Mündigkeit des Kindes erlöschen (BVerfGE 59, 360, 382 = NJW 1982, 1375 = JZ 1982, 325 m Anm STARCK = DVBl 1982, 406 = DÖV 1982, 359).

c) Kindesrechte
aa) Grundrechtsfähigkeit
Ebenso wie die Eltern ist das Kind Inhaber eigener Grundrechte (BVerfGE 24, 119, 144 **11** = NJW 1968, 2233 = FamRZ 1968, 578 = DAVorm 1968, 324; NJW 1982, 983 = FamRZ 1982, 23; BGH NJW 1985, 1702 = FamRZ 1985, 169 m Anm BOSCH). Wie jeder andere Mensch ist das Kind ein Wesen mit eigener Menschenwürde, Art 1 Abs 1 GG (BVerfGE 24, 119, 144 = NJW 1968, 2233 = FamRZ 1968, 578 = DAVorm 1968, 324; BVerfGE 72, 155, 172 = NJW 1986, 1859 = JZ 1986, 632 m Anm FEHNEMANN 1055 = FamRZ 1986, 769 = DAVorm 1986, 419), mit dem Recht auf freie Entfaltung seiner Persönlichkeit, Art 2 Abs 1 GG (BVerfGE 59, 360, 382), auf Leben, körperliche Unversehrtheit und Freiheit der Person, Art 2 Abs 2 GG.

Zu seinen Grundrechten gehört ferner das auf Art 2 Abs 1 iVm Art 1 Abs 2 beruhende allgemeine **Persönlichkeitsrecht**, das das Recht auf individuelle Selbstbestimmung enthält. Auch das Kind hat Anspruch auf rechtliches Gehör im gerichtlichen Verfahren, Art 103 Abs 1 GG (BVerfGE 75, 201, 215 = NJW 1988, 125 = FamRZ 1987, 786).

Die Erkenntnis, daß das Kind grundrechtsfähig und selbst Träger dieser Grundrechte ist, vom BVerfG erstmals in seiner Entscheidung vom 29. 7. 1968 (BVerfGE 24, 119) getroffen, ist heute nicht mehr umstritten (HESSE Rn 285; vMUTIUS Jura 1983, 30 ff; ROELL, Geltung 15 ff; dies RdJ 1988, 381 ff, je mwNw).

bb) Grundrechtsmündigkeit
Dagegen ist nach wie vor umstritten, ob das Kind während seiner Minderjährigkeit **12** diese Grundrechte auch selbständig ausüben kann (Grundrechtsmündigkeit) und, falls dies zu bejahen ist, ob sich daraus ein Konflikt zu der Grundrechtsposition der Eltern ergibt.

Als H KRÜGER (FamRZ 1956, 329 ff) erstmals die von ihr so formulierte Frage nach der Grundrechtsmündigkeit stellte, gelangte sie zu der Feststellung, daß eine Reihe von Grundrechten „zweifellos unabhängig von der bürgerlich-rechtlichen Volljährigkeit von dem Jugendlichen selbst ausgeübt werden können, und zwar ggf auch gegen den Willen der Erziehungsberechtigten" (aaO 331 aE). H KRÜGER hat also in der Grundrechtsmündigkeit für den nach bürgerlichem Recht noch minderjährigen Bürger eine Berechtigung erkannt, seine Grundrechte dennoch selbst auszuüben.

Im Verlaufe der weiteren Diskussion im Schrifttum ist dieser gedankliche Ansatz **13** freilich verlorengegangen; statt dessen entstand die Lehre von der grundsätzlichen Grundrechts**un**mündigkeit Minderjähriger; nur der Volljährige hat nach dieser Auffassung das Recht, Grundrechte, die er hat, auch selbst auszuüben (zu dem Gesamtkomplex MAUNZ/DÜRIG Art 19 III Rn 16; vMÜNCH Vorbem Art 1–19 GG Rn 11 ff; REUTER, Kindesgrundrechte [1968]; ders FamRZ 1969, 622, 623; FEHNEMANN RdJ 1967, 281 ff; ROELL, Geltung 15 ff; dies RdJ 1988, 381; KNÖPFEL FamRZ 1985, 1211; SCHÜTZ FamRZ 1986, 528; BOSCH, Grundfragen des Beweisrechts [1963] 41 ff; FamRZ 1980, 739, 749; FamRZ 1986, 90).

Dieses Ergebnis wird zum Teil mit der Parallele zur Geschäftsfähigkeit nach bürgerlichem Recht (Maunz/Dürig GG Art 19 III Rn 16; Kuhn, Grundrechte und Minderjährigkeit 38 ff; Fehnemann, Innehabung 38), zum Teil mit der Parallele zur zivilprozessualen Prozeßfähigkeit begründet. Danach wäre Volljährigkeit ungeschriebene Voraussetzung für die Selbstausübung von Grundrechten (so ausdrücklich Kittner AuR 1971, 280, 284; Steffen RdJ 1971, 143, 144). Andere lehnen diese Ausrichtung am bürgerlichen Recht als verfassungsrechtlich unzulässig ab (Maunz/Zippelius § 26 II 2; vMünch Vorbem Art 1–19 GG Rn 13; Perschel RdJ 1963, 33; Fehnemann RdJ 1967, 281). Auch aus der „Natur der Sache" wird hergeleitet, daß die Grundrechte nicht ohne Rücksicht auf Alter und Verstandesreife ausgeübt werden können (Maunz/Dürig aaO; Schwerdtner AcP 173 [1973] 227, 228; Reuter, Kindesgrundrechte 50; Woltereck AuR 1965, 193, 196; aA ausdrücklich Lempp ZBlJugR 1974, 124, 125, 136, der in dieser Argumentation die Bequemlichkeit der Erwachsenen vermutet).

14 Soweit die Grundrechtsmündigkeit vor Erreichen der Volljährigkeit bejaht wird, wird entweder auf die Einsichtsfähigkeit des Minderjährigen zurückgegriffen (Bosch FamRZ 1959, 200; Schwerdtner AcP 173 [1973] 227, 242) oder aber eine Güter- und Interessenabwägung vorgenommen (H Krüger FamRZ 1956, 329; Perschel RdJ 1963, 33; Woltereck AuR 1965, 193, 196; Schwerdtner AcP 173 [1973] 227 ff; ders ZBlJugR 1980, 149; aA Gernhuber FamRZ 1962, 89, 92; Dürig, in: Maunz/Dürig GG Art 19 III Rn 22; Diederichsen FamRZ 1978, 461, 463) bzw nach den einzelnen Grundrechten differenziert: Bei Grundrechten, die an die menschliche Existenz anknüpfen, Art 1 Abs 1, 2 Abs 1, 2 Abs 2, sei die Ausübung an keine Altersgrenze gebunden. Bei Grundrechten, deren Ausübung mit privatrechtlichen Rechtsgeschäften verbunden sei, zB Art 12 Abs 1, 14 Abs 1 GG, folge die Grundrechtsmündigkeit den Regeln der Altersgrenzen, §§ 104 ff BGB (vMünch Vorbem 13 vor Art 1–19 GG).

15 Die höchstrichterliche Rechtsprechung hat diese Frage bisher nicht entschieden. Der BGH hat dazu festgestellt, daß in der Rechtsprechung eine besondere Grundrechtsmündigkeit bisher nicht anerkannt worden sei. Für gewisse, eng begrenzte Teilbereiche seien aber auch ohne ausdrückliche Regelung eine Entscheidungsbefugnis des Minderjährigen oder ein echtes Mitspracherecht schon vor Erreichen der Volljährigkeit anerkannt worden (BGH LM § 823 Nr 52 = NJW 1974, 1947, 1949 = MDR 1975, 47 = JZ 1975, 95 = FamRZ 1974, 595). Das BVerfG hat in seiner Entscheidung vom 21.12.1977 festgestellt, der Jugendliche sei mit zunehmendem Alter in immer stärkerem Maße eine eigene, durch Art 2 Abs 1 iVm Art 1 GG geschützte Persönlichkeit (BVerfGE 47, 46, 74 = NJW 1978, 807 = JZ 1978, 304 = FamRZ 1978, 177). Nach Ansicht des BayObLG kann das Kind die Befugnis haben, seine Grundrechte selbständig auszuüben. Der Wille eines Kindes sei, je mehr es sich der Volljährigkeit nähere, von den Eltern zu beachten (BayObLGZ 1984, 184, 192 = FamRZ 1984, 1259 = DAVorm 1984, 931). Mit Sicherheit sei hinsichtlich des Grundrechts aus Art 2 Abs 1 GG die Mündigkeit des Kindes nicht etwa bis zur Vollendung des 18. Lebensjahres ausgeschlossen, sondern sie trete vor der Volljährigkeit ansteigend und stufenweise ein (BayObLGZ 1985, 145 = NJW-RR 1986, 3 = MDR 1985, 765 = FamRZ 1985, 737, 738 m ablAnm Knöpfel FamRZ 1985, 1211 = DAVorm 1985, 717; außerdem Schütz FamRZ 1986, 528; Lempp FamRZ 1986, 1061; Hohloch JuS 1986, 234; Wieser FamRZ 1990, 693).

16 Bei der Fragestellung wird häufig nicht in der nötigen Weise differenziert: Die Frage, ob das Kind vor Erlangung der Volljährigkeit seine Grundrechte als Freiheits- und

Abwehrrechte gegenüber dem Staat selbständig vertreten kann, betrifft die Grundrechtsmündigkeit im eigentlichen Sinne. Die Frage, ob die Freiheitsrechte des Einzelnen, hier also des minderjährigen Kindes, das Elternrecht und das Recht der
elterlichen Sorge begrenzen, ob und wann sich das Selbstbestimmungsrecht des
Kindes kraft der Verfassung durchsetzt („Kollision von Grundrechten der Jugendlichen mit
den Grundrechten der elterlichen Gewalt", H KRÜGER FamRZ 1956, 329), betrifft die Grundrechtsmündigkeit des Minderjährigen im weiteren Sinne (SIMITIS, in: GOLDSTEIN I 108
„Das Grundgesetz arrangiert nicht die Arena für einen Zweikampf zwischen Eltern- und Kindesrechten"; SIMON ZBlJugR 1984, 14; KNÖPFEL FamRZ 1985, 1211; BEITZKE § 1 IV). Doch läßt sich
die Möglichkeit von Interessen- und Grundrechtskollisionen zwischen Eltern und
Kindern nicht ernsthaft verneinen, mag sie auch die Zuordnung von Elternrecht und
Kindesrecht wegen der strikten Verpflichtung der Eltern zur Wahrung und Förde-
rung der Kindesinteressen (so BVerfGE 24, 119 = NJW 1968, 2233 = FamRZ 1968, 578 =
DAVorm 1968, 324 = ZBlJugR 1969, 24; BVerfGE 72, 122 = NJW 1986, 3129 = FamRZ 1986, 871 =
DAVorm 1986, 414) von der Konzeption her nicht prägen.

Die Lösung dieses Problems hängt mit der Frage zusammen, ob die Grundrechte **17**
unmittelbar zwischen Eltern und Kindern als Subjekte des Privatrechts Wirkung
entfalten (Drittwirkung der Grundrechte; dazu grundsätzlich CANARIS AcP 184 [1984] 201 ff;
REUTER, Kindesgrundrechte 91, 95 ff). Letzteres wird von der Rechtsprechung und Lehre
heute jedenfalls insoweit bejaht, als die Grundrechte zwar nicht direkt im Privatrecht gelten, aber das Privatrecht beeinflussen, weil die Grundrechte auch eine
objektive Wertordnung, ein Wertsystem sind (BVerfGE 7, 198, 205 = NJW 1958, 257),
das auf das bürgerliche Recht vor allem über Generalklauseln einwirkt (BVerfGE 7,
198, 206 = NJW 1958, 257; BVerfGE 7, 230, 233; 24, 278, 282; 25, 256, 263; 35, 269, 280; MAUNZ/
DÜRIG GG Art 3 Abs 1 Rn 162; vMÜNCH Vorbem 31 vor Art 1–19 GG; siehe auch oben Vorbem
31 ff).

Fragt man nach der Kollision zwischen Eltern- und Kindesgrundrechten, so folgt die **18**
Lösung aus der Differenzierung: Der entscheidende Unterschied zur echten Grund-
rechtskollision zwischen Privatpersonen liegt bei Eltern und Kindern darin begründet, daß das den Eltern eingeräumte Elternrecht nicht eigennützig, nicht zu eigener
Interessenbefriedigung eingeräumt ist, sondern im Interesse des Kindes. Nicht weil
die Eltern ein besonderes Interesse an der Beherrschung des Kindes haben, gewährt
ihnen das GG das besondere Elternrecht, sondern weil das Kind die Erziehung und
Fürsorge der Eltern braucht. Daraus folgt zugleich, daß die Eltern nur solange und
soviel für und anstelle ihrer Kinder entscheiden dürfen, als diese nicht zur Selbstbestimmung in der Lage sind, solange sie also noch der Erziehung und Pflege durch
die Eltern bedürfen (MAUNZ/DÜRIG Art 19 GG III Rn 22; PERSCHEL RdJ 1963, 33; STÖCKER
ZRP 1974, 211, 212; KITTNER AuR 1971, 280 ff). Außerdem ist das elterliche Erziehungsrecht beschränkt auf die der Erziehung förderlichen Mittel, weil oberste Richtschnur
elterlichen Handelns das Kindeswohl ist. Das Erziehungsbedürfnis des Kindes ist
also seiner Selbstbestimmungsfähigkeit gegenüberzustellen, ersteres begrenzt das
zweite, die wachsende Selbstbestimmungsfähigkeit begrenzt die Erziehungsbefugnisse der Eltern (vgl oben Vorbem 25 zu §§ 1626 ff u RKEG; aA KNÖPFEL FamRZ 1985, 1211 je
mwNw). Dabei haben die Eltern kraft ihres Elternrechts einen erheblichen Entscheidungsspielraum.

Im Grundsatz ist von eigenständigen Kindesrechten auch gegenüber den Eltern auszugehen. Die Sicherung und Gewährleistung dieser Kindesrechte unter Wahrung der Interessen aller Familienmitglieder und unter Achtung der Familie als sozialen Schutzraum hat das SorgeRG begonnen und das KindRG fortgesetzt. Elternverantwortung so verstanden bedeutet, daß nicht **ein** Individualinteresse das Familienleben beherrscht, sondern daß in der Familie unter Beachtung der Bedürfnisse des Einzelnen, aber auch seiner Einbindung in die Familie „jedem das Seine" gewährt wird. In diesem Sinne sind die Neuerungen des SorgeRG (§§ 1626 Abs 2, 1627, 1631 Abs 1, 1631a, 1631b, 1632, 1634 aF) und des KindRG (§§ 1626a ff, 1629a, 1684, 1685, 1687 und 1687a) einzuordnen, so ist auch ein eigenes Zustimmungsrecht des jungen, noch nicht volljährigen Menschen bei Eingriffen in sein Persönlichkeitsrecht zu begründen (offen gelassen in BGH LM § 823 Nr 52 = NJW 1974, 1947 = MDR 1975, 47 = JZ 1975, 95 = FamRZ 1974, 595). Unter dem Gesichtspunkt der Koalitionsfreiheit wird ein selbständiges Beitrittsrecht Minderjähriger zu Verbänden und Vereinen diskutiert (Woltereck DB 1974, 1777; Kube DB 1968, 1126; Kittner AuR 1971, 280; vMutius Jura 1987, 272, je mwNw, vgl auch unten Rn 88 ff). Die Zwangsrückführung von älteren Kindern in das Ausland wird als Verstoß gegen Art 2 Abs 1 GG und deshalb als unzulässig angesehen (BGHZ 64, 19 = NJW 1975, 1072 m Anm Geimer 2141 = FamRZ 1975, 273; BayObLGZ 1984, 184 = FamRZ 1984, 1259 = DAVorm 1984, 931; BayObLGZ 1985, 145 = NJW-RR 1986, 3 = MDR 1985, 765 = FamRZ 1985, 737 m Anm Knöpfel 1211 = DAVorm 1985, 717).

2. Pflichtrecht – subjektives Recht

19 Die elterliche Sorge wird als **„Pflichtrecht"** aufgefaßt (BT-Drucks 8/2788, 36; BGHZ 66, 334, 337 = NJW 1976, 1540 = FamRZ 1976, 446; MünchKomm/Huber Rn 7; Soergel/Strätz Rn 3; BGB-RGRK/Wenz Rn 49), das den Eltern nicht nur um ihrer selbst willen, sondern im Interesse und zum Schutz des Kindes verliehen ist. Jede elterliche Befugnis korrespondiert mit deren Pflicht, sie zum Wohle des Kindes auszuüben (BGB LM § 823 Nr 52 = NJW 1974, 1947, 1949 = MDR 1975, 47 = JZ 1975, 95 = FamRZ 1974, 595 im Anschluß an Gernhuber FamRZ 1962, 89; Gernhuber/Coester-Waltjen § 57 IV 2; Engler FamRZ 1969, 63, 65; abl E Wolf FamRZ 1968, 493, 497).

Elterliche Sorge ist ein subjektives Recht, das von Kindesinteressen bestimmt ist, und begründet nach hM auch elterliche Pflichten gegenüber dem Kind (pflichtabhängige Befugnis Dölle II § 91 I). Dem subjektiven Recht der Eltern stehen Pflichten nicht als Schranke gegenüber (wie etwa bei dem Eigentum, Art 14 Abs 2 GG), sondern die elterliche Sorge ist eine **nur** zum Zwecke der Pflichterfüllung verliehene Rechtsmacht, die nur aus der Pflicht zu legitimieren ist. Damit bestimmt die Pflicht den Inhalt des Rechts und nicht nur seine Grenzen. Insofern hat das Kind gegenüber seinen Eltern das Recht auf pflichtgemäße Ausübung der elterlichen Sorge (Gernhuber FamRZ 1962, 89 ff; FamRZ 1973, 229; Gernhuber/Coester-Waltjen § 57 IV 2; Hinz, Kindesschutz 23; MünchKomm/Huber Rn 7). Damit ist elterliche Sorge nicht als „sozialrechtliches Amt" (Müller-Freienfels, Vertretung 176 ff, 336 ff, 351 ff; Habscheid FamRZ 1957, 109) zu qualifizieren. Denn die Annahme der Elternstellung als „Amt" wird deren privatrechtlichem, freilich familienrechtsspezifischem Charakter nicht gerecht.

3. Absolutes Recht – Entziehung Minderjähriger

20 Das Recht der elterlichen Sorge ist ein **absolutes Recht** iSv § 823 Abs 1, das gegen jeden Dritten wirkt (zur Dogmatik FABRICIUS AcP 160 [1961] 273, 301; RG JW 1913, 202 Nr 14 = WarnR 1913 Nr 53; HRR 1928 Nr 1413 = WarnR 1928 Nr 132; RGZ 141, 319, 320 = JW 1933, 2587 m Anm ENDEMANN = HRR 1933 Nr 1933; BGHZ 111, 168 = NJW 1990, 2060 = FamRZ 1990, 966; FamRZ 2002, 1099; KG OLGE 24, 23; JW 1925, 377 m Anm BLUME = JFG 2, 81; OLG Dresden LZ 1933, 1160; OLG Koblenz NJW 1958, 951 = FamRZ 1958, 137, 138 m Anm BOSCH; OLG Nürnberg FamRZ 1959, 71; OLG Neustadt FamRZ 1961, 532, 533; OLG Köln FamRZ 1963, 447 = MDR 1963, 594 [LS] = ZBlJugR 1963, 86; OLG Schleswig FamRZ 1965, 224 m Anm GERNHUBER; OLG Hamburg MDR 1967, 764; OLG Hamm FamRZ 1974, 136; OLG Köln MDR 1976, 931; OLG Bremen MDR 1977, 1020 = FamRZ 1977, 555 = DAVorm 1978, 230 [LS]; OLG Frankfurt NJW 1979, 2052 = DAVorm 1979, 787 [LS]; OLG Koblenz NJW-RR 1994, 899; OLG Karlsruhe FamRZ 2002, 1056; LG Koblenz FamRZ 1957, 325; LG Hamburg FamRZ 1958, 141; LG Stuttgart MDR 1964, 56; LG Tübingen FamRZ 1967, 108; AG Hennef/Sieg MDR 1966, 414; MünchKomm/MERTENS § 823 Rn 157; MünchKomm/HUBER § 1626 Rn 8, 63; ERMAN/SCHIEMANN § 823 Rn 46; BGB-RGRK/ WENZ Rn 47 vor § 1626; SOERGEL/STRÄTZ § 1626 Rn 4, 21; STAUDINGER/HAGER [1999] § 823 Rn B 183; DÖLLE II § 91 I 2 b; R WEIMAR MDR 1962, 7; GERNHUBER FamRZ 1965, 224, 227; E WOLF FamRZ 1968, 493, 498; KLOCKE JuS 1974, 75).

Bei der Ausübung des Sorgerechts ist der Sorgeberechtigte allerdings dem Wohl des Kindes verpflichtet; über seine kindeswohlgerechte Betätigung wacht die staatliche Gemeinschaft, Art 6 Abs 2 S 2 GG. Aber diese Pflichtstellung betrifft allein das Innenverhältnis zwischen ihm und dem Kind. Die absolute Geltung des Rechts der elterlichen Sorge im Verhältnis zu Dritten wird dadurch nicht in Frage gestellt. Bei der elterlichen Sorge handelt es sich nur um ein Recht mit wechselseitig verpflichtender Innenwirkung im Verhältnis zwischen Sorgerechtsinhaber und Kind, aber **absoluter** Außenwirkung im Verhältnis zu Dritten zum Schutz des durch die Sorgerechtsverbindung geprägten Lebensbereichs (BGHZ 111, 168 = NJW 1990, 2060 = FamRZ 1990, 966, 967; MünchKomm/HUBER Rn 9; SOERGEL/STRÄTZ Rn 3 ff, 21; BGB-RGRK/ WENZ vor § 1626 Rn 47; § 1626 Rn 3). Der Inhaber der elterlichen Sorge kann sich gegen Eingriffe Dritter in seine Rechtsstellung verwahren. Ohne die Anerkennung als absolutes und damit den Schutz des § 823 Abs 1 genießendes Recht wäre die Personensorge gegenüber Störungen durch Dritte, zu denen auch der nicht sorgerechtigte Elternteil, nicht aber die Pflegeeltern im Rahmen von §§ 1630 Abs 3, 1632 Abs 4 gehören, nur unvollkommen zu verwirklichen. Dagegen ist § 1626 kein Schutzgesetz iSv § 823 Abs 2.

Schutzgesetz ist vielmehr **§ 235 StGB (früher Muntbruch, jetzt Entziehung Minderjähriger).** Diese Vorschrift, gänzlich neu gefaßt und erweitert durch das 6. Gesetz zur Reform des Strafrechts (6. StRG) vom 26. 1. 1998 (BGBl I 164), schützt die Eltern in der Ausübung des ihnen vom Gesetz zugebilligten Elternrechts gegen die Entziehung ihres Kindes und – seit der Reform durch das 6. StRG – auch die körperliche und seelische Integrität des Minderjährigen. Angriffsobjekt ist die Sorgeberechtigung der für das Kind verantwortlichen Person (RGSt 18, 273; 48, 325; 48, 427; BGHSt 1, 364 = LM § 235 StGB Nr 2; BGHSt 10, 376 = LM § 235 StGB Nr 3 m Anm MARTIN = NJW 1957, 1642 = MDR 1957, 756; BGHSt 16, 58, 61 = LM § 235 StGB Nr 4 m Anm MARTIN = NJW 1961, 1412; LM § 235 StGB Nr 5 = NJW 1963, 1421; vgl neuerdings aber BGH FamRZ 2006, 1524, wonach Opfer iSv § 235 Abs 4 Nr 1 StGB der betroffene Minderjährige, nicht aber der Sorgeberechtigte ist; LK/ VOGLER § 235 Rn 1, 26; TRÖNDLE/FISCHER § 235 Rn 2; LACKNER § 235 Anm 1, 2). § 235 StGB ist Schutzgesetz iSv § 823 Abs 2 (RG JW 1935, 3108; PALANDT/THOMAS § 823 Rn 149). Der Schutz aus § 823 Abs 1 iVm § 1626 und derjenige aus § 823 Abs 2 iVm § 235 StGB ergänzen sich. Wenn durch ein und dieselbe Handlung – Entziehung des Kindes – Abs 1 und 2 erfüllt sind, bestehen konkurrierende Ansprüche nebeneinander.

21 In entsprechender Anwendung von §§ 12, 862, 1004 gewährt die elterliche Sorge einen **Unterlassungsanspruch** (GERNHUBER/COESTER-WALTJEN § 57 V 5) gegen jeden Störer, wenn für die Zukunft weitere Störungen zu besorgen sind; über den Umgang eines Dritten mit dem Kind entscheidet das Familiengericht, § 1632 Abs 2, Abs 3.

Die Frage, ob die Eltern bei einem fast volljährigen Kind ein **Umgangsverbot** aussprechen können, hat die Rechtsprechung vor allem beschäftigt, soweit es um sexuelle Kontakte älterer Töchter ging, während dieselben Kontakte älterer Söhne kaum Gegenstand der Rechtsprechung waren (vgl aber OLG Nürnberg FamRZ 1959, 71: Umgangsverbot für einen 18jährigen jungen Mann mit einer 25jährigen Frau). Die Entscheidungen des KG (OLGE 24, 23: Verbot des Umgangs einer erwachsenen Frau mit einem $16^{1}/_2$jährigen Sohn); LG Hannover (NJW 1949, 625 = JR 1950, 87: Umgangsverbot für eine $19^{1}/_2$ Jahre alte Tochter mit einem Mann, der ihr „unzüchtige" Briefe schrieb und mit ihr geschlechtlich verkehrte); LG Hamburg (FamRZ 1958, 141: Verbot des Umgangs einer $19^{1}/_2$jährigen Tochter mit einem wesentlich älteren verheirateten Mann); OLG Köln (FamRZ 1963, 447 = MDR 1963, 594 [LS] = ZBlJugR 1963, 655: Umgangsverbot für eine 19 Jahre alte Tochter); LG Tübingen (FamRZ 1967, 108: Verbot des Umgangs einer $19^{1}/_2$ Jahre alten Tochter mit 27jährigem geschiedenem Mann) würden heute wegen doch entschieden gewandelter Auffassungen wohl so nicht mehr ergehen, abgesehen von der Veränderung der Situation durch Herabsetzung des Volljährigkeitsalters.

22 So nimmt es auch nicht wunder, daß etwa seit Inkrafttreten des Gesetzes zur Neuregelung des Volljährigkeitsalters vom 31. 7. 1974 (BGBl I 1713) derartige Entscheidungen kaum noch veröffentlicht sind. Allerdings hat das OLG Bremen am 6. 6. 1977 (MDR 1977, 1020 = FamRZ 1977, 555 = DAVorm 1978, 230 [LS]) entschieden, auch nach Herabsetzung des Volljährigkeitsalters sei das Recht der Eltern, sexuelle Beziehungen der noch nicht 18 Jahre alten Tochter zu unterbinden, nicht eingeschränkt (betroffen waren eine fast 18 Jahre alte junge Frau und ein 23jähriger, inzwischen geschiedener Mann). GERNHUBER/COESTER-WALTJEN (§ 57 VII 7) halten für triftige Gründe, die die Verhinderung des Umgangs rechtfertigen können, Abweichungen von den allgemein akzeptierten sozialen Standards. Das Dilemma liegt aber gerade in der Anerkennung von Standards und darin, daß jedes elterliche Umgangsverbot in die Persönlichkeitsrechte des Minderjährigen eingreift. Die jeweilige Moralvorstellung der Eltern wird so zum unwandelbaren Teil der elterlichen Sorge. Außerdem gilt es zu beachten, daß der Gesetzgeber durch die Neufassung des Sexualstrafrechts das sexuelle Selbstbestimmungsrecht des heranwachsenden Kindes deutlich anerkannt hat. Deshalb tritt KLOCKE (JuS 1974, 75, 80 mwNw) dafür ein, bei Jugendlichen, die das 15. Lebensjahr vollendet haben, Eltern ein Umgangsverbot nur noch bei konkreten Anhaltspunkten für eine Fehlentwicklung des betroffenen jungen Menschen einzuräumen. SCHERER (ZfJ 1999, 86) differenziert und hebt – wohl zu Recht – auf die Schranke des § 1666 ab. Seit Inkrafttreten des SorgeRG fordert im übrigen schon § 1626 Abs 2 (Erl s unten Rn 108), daß die Umgangsbestimmung der Eltern, wenn das Kind einen entgegenstehenden Willen zeigt, sich insbesondere bei älteren Kindern auf triftige sachliche Gründe stützen muß, daß vor der Entscheidung Eltern und Kind einander anhören und daß die Argumente gegeneinander abgewogen werden müssen. So liegt das Abschneiden jeglicher sozialer Kontakte des Kindes aus schulischen Gründen nicht im Interesse des Kindes (LG Wiesbaden FamRZ 1974, 663), und bei wirksamer Verlobung scheidet ein Umgangsverbot aus (LG Saarbrücken NJW 1970, 327 = FamRZ 1970, 319). Die Grenze jeden Umgangsverbots bildet der Mißbrauch elterlicher Sorge.

Ferner gewährt das absolute Recht der elterlichen Sorge einen **Herausgabeanspruch** **23** gegen jeden Dritten, der den Eltern das Kind widerrechtlich vorenthält, § 1632 Abs 3, sowie bei schuldhafter Verletzung **deliktische Schadensersatzansprüche**, zB auf Ersatz der Kosten für die Rückführung des Kindes (RG JW 1913, 202 Nr 14 = WarnR 1913 Nr 53; WarnR 1928 Nr 132 = HRR 1928 Nr 1413; OLG Koblenz NJW-RR 1994, 399; LG Aachen FamRZ 1986, 713), der Detektivkosten für die Auffindung der verborgen gehaltenen Kinder (BGHZ 111, 168 = NJW 1990, 2060 = FamRZ 1990, 966, 967) und der Kosten, die erfolglos zur Vereitelung einer Heirat der minderjährigen Tochter in Schottland aufgewendet wurden (AG Hennef/Sieg MDR 1966, 414).

Allerdings kommt für Ansprüche aus § 823 Abs 1 nicht jeder **mittelbare** Eingriff in Betracht (zB Verletzung des Kindes mit der Folge vermögensschädlicher Verfügungen der Eltern – Abbruch des Familienurlaubs –, WEIMAR MDR 1962, 7; GERNHUBER/COESTER-WALTJEN § 57 V 6; **aA** LG Bremen MDR 1961, 599), nötig ist vielmehr ein Eingriff unmittelbar in die Sorgerechtszuständigkeit.

4. Höchstpersönliches Recht

a) Unübertragbarkeit

Die elterliche Sorge und die sich aus ihr ergebenden Rechte sind **höchstpersönliche** **24** **Rechte**, die nur den Eltern oder einem Elternteil zustehen und deren Substanz **unübertragbar** ist. Das folgt aus der Natur der elterlichen Sorge als Pflichtrecht und mittelbar aus §§ 1672, 1671, wonach selbst bei Trennung der Eltern und Scheidung der Elternehe die elterliche Sorge allein durch Richterspruch und nicht durch Elternvereinbarung wirksam geregelt werden kann. Die Elternsorge ist auch nicht vererblich (OLG München JFG 14, 37, 38). Die Verantwortung für ihr Kind ist den Eltern unmittelbar und höchstpersönlich auferlegt.

b) Unverzichtbarkeit

Wegen ihres Pflichtgehalts ist die elterliche Sorge in **allen** ihren Bestandteilen **25** grundsätzlich **unverzichtbar** (RGZ 60, 266, 268; Gruchot 50, 999; Gruchot 53, 699 = Recht 1909 Nr 83; WarnR 1917 Nr 172 = LZ 1917, 1257; WarnR 1920 Nr 17; WarnR 1920 Nr 47; JW 1925, 2115; HRR 1940 Nr 1105; BayObLGZ 9, 433, 440; BayObLGZ 33, 408 = JW 1934, 911; BayObLGZ 1976, 1 = NJW 1976, 718 = Rpfleger 1976, 130 = FamRZ 1976, 232 = DAVorm 1976, 203 m Anm CZERNER = StAZ 1976, 247; KG RJA 14, 1, 3; FamRZ 1955, 295; OLG Bamberg SeuffA 59 Nr 38; OLG Köln NJW 1947/48, 342; SOERGEL/STRÄTZ Rn 6; BGB-RGRK/WENZ Rn 49; ERMAN/MICHALSKI Rn 2; MünchKomm/HUBER Rn 13; PALANDT/DIEDERICHSEN Rn 3).

Auch ein Verzicht eines Elternteils zugunsten des anderen Elternteils kann in rechtsverbindlicher Weise nicht erklärt werden, ebensowenig eine verbindliche Aufteilung der Funktionen unter den Eltern mit der Folge des Verzichts auf die übrigen Funktionen (vgl Erl zu § 1627).

Insbesondere unzulässig ist der Verzicht auf die elterliche Sorge gegen Freistellung von Unterhaltspflichten gegenüber dem Kind (LG Göttingen ZBlJugR 1954, 178; LG Hannover NdsRpfl 1955, 93).

26 Vereinbarungen von Vertragsstrafen oder sonstigen Vermögensnachteilen für den Fall, daß die elterliche Sorge nicht in bestimmter Weise ausgeübt wird, sind nichtig (RG WarnR 1913 Nr 183; WarnR 1917 Nr 172 = LZ 1917, 1257). Die elterliche Sorge kann durch letztwillige Verfügung nicht ausgeschlossen werden (OLG Hamburg OLG 17, 281). Dagegen kann auf die Erziehung der Eltern durch letztwillige Verfügung wirksam eingewirkt werden (BGH LM § 138 Cd Nr 5 = FamRZ 1956, 130), vorausgesetzt, durch die vom Erblasser verlangten Maßnahmen wird weder das Wohl des Kindes beeinträchtigt noch das Interesse des bedachten Elternteils verletzt; andernfalls läge ein Verstoß gegen die guten Sitten vor.

27 In bestimmten Zusammenhängen gibt es Ausnahmen vom Verzichtsverbot, zB bei der Einwilligung in die Adoption (§§ 1747, 1751, 1755), hinsichtlich des gemeinsamen Elternvorschlages (§§ 1671, 1672, hier aber stets Regelung durch das FamG) und bei der Übertragung der elterlichen Sorge auf Pflegeeltern (§ 1630 Abs 3).

28 Die **Ausübung** ihrer Sorgerechtsbefugnisse und Sorgerechtspflichten können Eltern auf Dritte übertragen, faktisch oder vertraglich. Fühlen die Eltern sich nicht in der Lage, die elterliche Sorge kindeswohlgerecht auszuüben, ohne daß die Grenze des § 1666 erreicht ist, können sie Hilfe zur Erziehung beantragen, §§ 27 ff KJHG. In diesem Rahmen kann auch ein Erziehungsbeistand, § 30 KJHG, sozialpädagogische Familienhilfe, § 31 KJHG, Erziehung in einer Tagesgruppe, § 32 KJHG, Vollzeitpflege, § 33 KJHG, Heimerziehung, § 34 KJHG, oder intensive sozialpädagogische Einzelbetreuung, § 35 KJHG, gewährt werden. In diesem Zusammenhang überlassen die Eltern zulässigerweise die Ausübung der elterlichen Sorge den dort genannten Institutionen, ohne daß ihre elterliche Sorge beeinträchtigt wird. Nach §§ 3, 4 ff JWG aF war das Jugendamt selbst bei Bevollmächtigung durch den Sorgeberechtigten nicht verpflichtet, die Personen- oder Vermögenssorge auszuüben, selbst dann nicht, wenn der Sorgeberechtigte zu einer das Kindeswohl nicht gefährdenden Ausübung der elterlichen Sorge außerstande war (KG FamRZ 1979, 1060; LG Berlin DAVorm 1985, 90). Durch die Einführung der Hilfen zur Erziehung durch das KJHG, auf die ein Rechtsanspruch besteht, und die gleichzeitige gesetzliche Bevollmächtigung der Pflegeeltern und der für die Heimerziehung Verantwortlichen, §§ 33, 34, 38 KJHG, § 1688 BGB, hat sich die Lage verändert. Die vom LG Berlin vermißte gesetzliche Grundlage für das Tätigwerden des Jugendamtes bei Ermächtigung durch den Sorgeberechtigten dürfte durch das KJHG geschaffen sein.

29 Ebenso können Eltern ihr Kind einem Internat, einer Heimschule, einem Kindergarten, einem Lehrverhältnis oder Pflegeverhältnis anvertrauen, können jedoch ihr Kind jederzeit ohne Rücksicht auf die Länge der vereinbarten Verweildauer wieder aus dem Internat abholen (RG WarnR 1928 Nr 132 = HRR 1928 Nr 1413; BayObLGZ 9, 433, 440; 33, 408 = JW 1934, 911; OLG München HRR 1936 Nr 263). Vereinbarungen, die den Widerruf einer solchen Vereinbarung ausschließen oder mit Nachteilen verbinden, sind nichtig (RG WarnR 1917 Nr 172 = LZ 1917, 1257; WarnR 1920 Nr 17; HRR 1940 Nr 1105; BayObLGZ 27, 238, 249; BayObLGZ 1976, 1 = NJW 1976, 718 = Rpfleger 1976, 130 = FamRZ 1976, 232 = StAZ 1976, 247 = DAVorm 1976, 203 m Anm CZERNER; GERNHUBER/COESTER-WALTJEN § 57

II 2; RAUSCHER § 33 Rn 956). Ein den Eltern für die Überlassung des Kindes gegebenes Entgeltversprechen ist sittenwidrig (RG WarnR 1913 Nr 183).

Die Ausübung aller oder einzelner Bestandteile der elterlichen Sorge kann einem **30** Elternteil durch gerichtliche Entscheidung entzogen werden (§§ 1666, 1666a Abs 2).

C. Geltungsbereich der elterlichen Sorge

I. Persönliche Reichweite

1. Kind

Die elterliche Sorge erstreckt sich auf alle minderjährigen Kinder einschließlich der **31** aus aufgehobenen und geschiedenen Ehen stammenden Kinder (§§ 1591, 1592, 1313, 1318), außerdem auf das Kind, dessen Eltern nicht miteinander verheiratet sind oder waren (§ 1592 Nr 2, § 1600d).

2. Eltern

Eltern iSv §§ 1626 ff sind Vater und Mutter, aus deren Verbindung das Kind her- **32** vorgegangen ist. Wenn das Gesetz nun, seit Inkrafttreten der KindRG am 1. 7. 1998, nicht mehr von „der Vater und die Mutter" sondern von den „Eltern", spricht, so will es damit die Gemeinsamkeit der Sorge verdeutlichen (BT-Drucks 13/4899, 93). Vor Inkrafttreten des KindRG am 1. 7. 1998 stand nur miteinander verheirateten oder verheiratet gewesenen Eltern die gemeinsame elterliche Sorge zu. Für das nicht-eheliche Kind war allein die Mutter Inhaberin der elterlichen Sorge, § 1705 aF, mit der in den alten Bundesländern bestehenden Einschränkung der gesetzlichen Amts-pflegschaft, § 1706 aF. Diese strikte Regelung, gemeinsame elterliche Sorge von der Ehe der Eltern abhängig zu machen bzw sie allein dort zuzulassen, war spätestens seit der Entscheidung des Bundesverfassungsgerichts vom 7. 5. 1991 (BVerfGE 85, 168 = NJW 1991, 1944 = FamRZ 1991, 913) nicht mehr aufrechtzuerhalten. Denn das Bundes-verfassungsgericht hatte seinerzeit entschieden, es verstoße gegen Art 6 Abs 2 GG, daß die gemeinsame Ausübung der elterlichen Sorge durch den Vater und die Mutter eines nichtehelichen Kindes nach dessen Ehelicherklärung selbst dann von Gesetzes wegen ausgeschlossen sei, wenn die Eltern mit dem Kind zusammenlebten, beide bereit und in der Lage seien, die elterliche Verantwortung gemeinsam zu überneh-men, und dies dem Kindeswohl entspreche. Im Gesetzgebungsverfahren vor Verab-schiedung des KindRG waren verschiedene Regelungen erwogen worden, um die Forderung des Bundesverfassungsgerichts zu erfüllen. Außer dem sog Konsensprin-zip, bei dem beide Eltern einig sind, die gemeinsame elterliche Sorge auszuüben, war erwogen worden, eine gerichtliche Kindeswohlprüfung einzuführen, wenn die Eltern nicht miteinander verheiratet sind, auch war überlegt worden, die gemeinsame elterliche Sorge eines anderweit verheirateten Mannes und Vaters nicht zuzulassen (BT-Drucks 13/4899, 58 ff, 66). In der jetzigen Neuregelung, §§ 1626a ff, ist das Konsens-prinzip verwirklicht: Nichteheliche Eltern können gemeinsam sorgeberechtigt sein, wenn sie hierin übereinstimmen; andernfalls bleibt die Mutter alleinsorgeberechtigt. Das Bundesverfassungsgericht hat durch Urteil vom 29. 1. 2003 (NJW 2003, 955 = FamRZ 2003, 285) entschieden, daß die Regelung des § 1626a Abs 1 Nr 1 verfassungs-

Lore Maria Peschel-Gutzeit

gemäß ist, daß es also mit der Verfassung übereinstimmt, daß das nichteheliche Kind bei seiner Geburt sorgerechtlich grundsätzlich der Mutter zugeordnet ist. Es hat hinzugefügt, daß der Gesetzgeber verpflichtet ist, die tatsächliche Entwicklung zu beobachten und zu prüfen, ob seine Annahme, daß die Eltern von der Möglichkeit der gemeinsamen elterlichen Sorge auch Gebrauch machen, vor der Wirklichkeit Bestand hat. Stelle sich heraus, daß dies regelmäßig nicht der Fall sei, werde der Gesetzgeber dafür sorgen müssen, daß Vätern nichtehelicher Kinder ein Zugang zur gemeinsamen Sorge eröffnet werde, der ihrem Elternrecht aus Art 6 Abs 2 GG unter Berücksichtigung des Kindeswohls ausreichend Rechnung trägt.

Auch seit dem 1. 7. 1998 tritt die gemeinsame elterliche Sorge nur bei miteinander verheirateten Eltern automatisch ein. § 1626 geht von der Regel der miteinander verheirateten Eltern aus. Denn diese Vorschrift sagt nichts über den Erwerb bzw den Eintritt der gemeinsamen elterlichen Sorge, setzt sie also als selbstverständlich voraus. Das gilt aber nur bei miteinander verheirateten Eltern. Bei anderen status-rechtlichen Stadien muß ein Erwerb der gemeinsamen elterlichen Sorge hinzukommen (zB §§ 1626a, 1671, 1672). Sind Eltern, die nicht miteinander verheiratet sind oder waren, gemeinsam sorgeberechtigt, so haben sie die selben Pflichten und Rechte wie diejenigen miteinander verheirateten Eltern, deren Kinder mit ihrer Geburt unter der gemeinsamen elterlichen Sorge beider Eltern stehen.

Die elterliche Sorge besteht für gemeinsame Kinder, nicht für Stiefkinder (BGH FamRZ 1984, 462, 463, vgl hierzu CONRADI FamRZ 1980, 103). Inzwischen, nämlich seit Inkrafttreten des LPartG am 1. 8. 2001 (vgl Vorbem 28 zu §§ 1626 ff u RKEG) haben Stiefelternteile jedoch ein kleines „Mitsorgerecht", § 1687b. Das bedeutet, daß der Ehegatte des sorgeberechtigten Elternteils im Einvernehmen mit diesem Elternteil die Befugnis zur Mitentscheidung in Angelegenheiten des täglichen Lebens des Kindes erhalten hat. Dasselbe gilt für den Partner einer eingetragenen Lebenspartnerschaft, § 9 LPartG. Soziale Elternschaft reicht nicht aus (mit Ausnahme der Pflegeelternregelung, §§ 1630 Abs 3, 1632 Abs 4, 1688).

33 Daß die elterliche Sorge den Eltern zusteht („die Eltern haben das Recht ..."), besagt noch nichts darüber, in welchem Verhältnis die Inhaber der elterlichen Sorge bei der Ausübung dieses Rechtes zueinander stehen. Wenn das Gesetz von der elterlichen Sorge der Eltern spricht, kann damit entweder ein den Eltern gemeinschaftlich zustehendes Recht gemeint sein (OLG Schleswig FamRZ 1965, 224 m abl Anm GERNHUBER), oder aber es sind zwei selbständige Rechte gemeint, die in ihrer Ausübung aneinander gebunden sind (GERNHUBER/COESTER-WALTJEN § 57 I 2). Die Lehre verneint heute die Annahme einer gemeinschaftlichen Berechtigung an der elterlichen Sorge, um unangebrachte Parallelen zur vermögensrechtlichen Gesamtberechtigung (Gesamthandsgemeinschaft, Bruchteilsgemeinschaft) zu vermeiden (GERNHUBER/COESTER-WALTJEN § 57 I 2; GERNHUBER FamRZ 1962, 89, 95; MünchKomm/HUBER Rn 18; BGB-RGRK/WENZ Rn 7; SOERGEL/STRÄTZ Rn 8; aA ERMAN/MICHALSKI Rn 11, der Parallelen zum Gesamtschuldverhältnis sieht). Allgemein wird heute von einer eigenständigen, grundsätzlich inhaltsgleichen Sorge des Vaters und der Mutter als selbständige subjektive Rechte beider Eltern ausgegangen, die „durch Ausübungsbindung in jener Balance gehalten werden, die für eine gradlinige Betreuung des Kindes erforderlich ist" (GERNHUBER FamRZ 1962, 89, 95; GERNHUBER/COESTER-WALTJEN § 57 I 2 Rn 3; MünchKomm/HUBER Rn 18).

Wenn und soweit der Inhalt der elterlichen Sorge beider Eltern sich je nach fami- **34** liärer Funktionsteilung unterscheidet, liegt dem, anders als bei Inkrafttreten des BGB, keine Vorgabe des Gesetzes, sondern allein eine – oft stillschweigende – Vereinbarung der Eltern zugrunde. Auch wenn hiernach der eine Elternteil vorwiegend die Familien- und Hausarbeit leistet, befreit diese Aufgabenverteilung den anderen, erwerbstätigen Elternteil nicht von seiner Verantwortung aus der elterlichen Sorge, mag diese auch auf Überwachung und Mitverantwortung reduziert sein, wenn und soweit zwischen den Eltern begründetes Vertrauen besteht. Doch sind elterlicher Loyalität bei der Überwachung enge Grenzen gesetzt, zB ist bei Kindesmißhandlung das Nichteinschreiten des überwachenden Elternteils eine gleichgewichtige Sorgerechtsverletzung wie die des handelnden Elternteils (GERN-HUBER/COESTER-WALTJEN §58 I 3 Rn 4; GERNHUBER FamRZ 1962, 89, 95; MünchKomm/HUBER Rn 18; aA ERMAN/MICHALSKI Rn 11). Zur Willensbildung der Eltern und Bindung der Ausübung der elterlichen Sorge im einzelnen s Erl zu §§ 1627, 1628; zur Ausübung der elterlichen Sorge im Außenbereich durch gesetzliche Vertretung s Erl zu § 1629.

Neben der gemeinsamen elterlichen Sorge regelt das Gesetz die alleinige elterliche Sorge eines Elternteils. Sie entsteht originär, wenn die Eltern bei der Geburt des Kindes nicht miteinander verheiratet sind und auch keine Sorgeerklärung nach § 1626 Abs 1 Nr 1 abgeben. Stets entsteht die alleinige elterliche Sorge, wenn der andere Elternteil ausfällt: durch Tod (§§ 1680, 1681), bei Ruhen der elterlichen Sorge (§§ 1673 bis 1675), bei Entziehung von Teilen oder der gesamten elterlichen Sorge (§§ 1666, 1666a) und bei Trennung und Scheidung der Eltern, soweit sie einen entsprechenden Antrag stellen, §§ 1671, 1672. Hervorzuheben ist, daß die alleinige elterliche Sorge seit dem 1.7.1998 nicht mehr grundsätzlich bei Scheidung der Elternehe entsteht; vielmehr besteht die gemeinsame elterliche Sorge, die mit der Geburt des in der Ehe geborenen Kindes entstanden ist, fort, wenn die Eltern dies wollen bzw keinen anderslautenden Antrag stellen. Auch hier hat sich das Konsensprinzip durchgesetzt.

II. Beginn und Ende der elterlichen Sorge

1. Beginn der elterlichen Sorge

Erst mit der Vollendung der Geburt wird das Kind rechtsfähig, § 1. Die Zeit zwi- **35** schen Zeugung und Geburt bleibt, was die Inhaberschaft von Rechten und Pflichten angeht, grundsätzlich außer Betracht. Diese Zäsur ist nicht zwingend. Das preuß ALR von 1794 bestimmte (1. Teil, 1. Titel § 10), daß die allgemeinen Rechte der Menschheit auch den noch ungeborenen Kindern schon von der Zeit ihrer Empfängnis an gebühren (Einzelheiten MITTENZWEI AcP 187 [1987] 247, 255 ff; STAUDINGER/WEICK [2004] § 1 Rn 10 je mwNw). Auch im BGB ist die Regelung, daß erst die Geburt Rechte schafft, nicht konsequent durchgeführt worden: So ist der bereits gezeugte, aber noch nicht geborene Mensch in den Schutzbereich des § 844 einbezogen (Abs 2 S 2), er erhält also bei Tötung des ihm später zum Unterhalt Verpflichteten vom Schädiger eine Geldrente, auch wird er vom Zeitpunkt der Zeugung an als erbfähig angesehen, §§ 1923 Abs 2, 2043 Abs 1, 2108. Das noch nicht geborene Kind, dessen Eltern nicht miteinander verheiratet sind oder waren, kann bereits anerkannt werden, § 1594 Abs 4; es kann Antrag auf Unterhaltsgewährung durch den künftigen Vater stellen, § 1615o Abs 1 S 2. Der noch nicht geborene Erbe kann über die Mutter

Unterhalt verlangen, § 1963. Dem Kind kann auch bereits vor der Geburt ein Vormund, § 1774 Abs 1 S 2 iVm § 1777 Abs 2, oder Pfleger, § 1912 Abs 1, bestellt werden.

Die Rechtsprechung hat die Schutzstellung des nasciturus noch ausgebaut: So steht das sich im Mutterleib entwickelnde Kind als selbständiges Rechtsgut unter dem Schutz der Verfassung, Art 2 Abs 2 S 1, Art 1 Abs 2 GG (BVerfGE 39, 1 = NJW 1975, 573 = JZ 1975, 205 m Anm KRIELE = FamRZ 1975, 262, vgl dazu VON MUTIUS Jura 1987, 109; vgl auch BURMEISTER JR 1989, 52; HOERSTER JuS 1989, 172, HARRER ZfJ 1989, 238; STÜRNER JZ 1990, 709; BVerfGE 88, 203, 259 = NJW 1993, 1751 = FamRZ 1993, 899). Die Leibesfrucht wird auch gegen Verletzung deliktsrechtlich geschützt (BGHZ 8, 243, 248 = JZ 1953, 307 m Anm R SCHMIDT; BGHZ 58, 48, 50 ff; FamRZ 1985, 464 = NJW 1985, 1390 m Anm DEUBNER).

Gemeinsam ist allen genannten Vorschriften des BGB und der darüber hinausgehenden Rechtsprechung, daß sie nur solche Rechte des ungeborenen Kindes wahren, die erst mit der Lebendgeburt zum Tragen kommen. Eine generelle Regelung der Rechte des Ungeborenen enthält das BGB nicht, vielmehr ist in einigen Fällen der nach § 1 maßgebende Zeitpunkt fiktiv vorverlagert (zu diesem Fragenbereich vgl HELDRICH JZ 1965, 593; PAEHLER FamRZ 1972, 189; OSTENDORF JZ 1984, 595, 597; JAGERT FamRZ 1985, 1173; MITTENZWEI AcP 187 [1987] 247, 273; VENNEMANN FamRZ 1987, 1069; GEIGER FamRZ 1987, 1177; HARRER ZfJ 1989, 238; HOERSTER JuS 1989, 172; BURMEISTER JR 1989, 52; STÜRNER JZ 1990, 709; s im übrigen STAUDINGER/OTTE [2000] § 1923 Rn 16 mwNw).

36 Der Beginn der elterlichen Sorge wird gemeinhin mit dem Beginn der Rechtsfähigkeit und damit mit der Vollendung der Geburt des Menschen gleichgesetzt (SOERGEL/STRÄTZ Rn 10; MünchKomm/HUBER Rn 19; BGB-RGRK/WENZ Rn 9; ERMAN/MICHALSKI Rn 5; PALANDT/DIEDERICHSEN Rn 26; aA wohl RAUSCHER § 33 I Rn 964, der zumindest eine vorwirkende Fürsorgepflicht für den nasciturus bejaht; ebenso wohl GERNHUBER/COESTER-WALTJEN § 57 II 1 Rn 9 mwNw). Bei adoptierten Kindern beginnt die elterliche Sorge mit der Zustellung des Annahmebeschlusses an den Annehmenden, §§ 1752, 1754.

Eine elterliche Sorge für das gezeugte, aber noch nicht geborene Kind hat das Gesetz den künftigen Eltern nicht eingeräumt (AG Lüdenscheid FamRZ 2005, 51). Deshalb gewährt die zukünftige elterliche Sorge auch keinen Anspruch des Vaters oder des Kindes gegen die Mutter, die Abtreibung des sich entwickelnden Lebens zu unterlassen. Seitdem das BVerfG (BVerfGE 88, 203 = NJW 1993, 1771 = FamRZ 1993, 899) dem Gesetzgeber ein Schutzkonzept auferlegt hat, das gleichermaßen den Schutz des ungeborenen Lebens wie auch die Achtung des Persönlichkeitsrechts der Frau wahren muß, ist die Frage, ob mit familienrechtlichen Mitteln ein nach § 218a StGB gerechtfertigter Schwangerschaftsabbruch verhindert werden kann, beantwortet: Ein solcher Abbruch kann mit familienrechtlichen Mitteln nicht verhindert werden (STAUDINGER/COESTER [2004] § 1666 Rn 20; GERNHUBER/COESTER-WALTJEN § 57 II 1 Rn 9; RAUSCHER § 33 I Rn 964; davor schon COESTER-WALTJEN NJW 1985, 2175; JAGERT FamRZ 1985, 1173; BIENWALD FamRZ 1985, 1096; ebenso PALANDT/DIEDERICHSEN Rn 26; aA AG Köln NJW 1985, 2201 = FamRZ 1985, 519; ROTH-STIELOW NJW 1985, 2746; MITTENZWEI AcP 187 [1987] 247, 274; AG Celle FamRZ 1987, 738; dazu VENNEMANN FamRZ 1987, 1068; GEIGER FamRZ 1987, 1177).

37 Jedoch regelt das Gesetz die **Vorwirkung** der elterlichen Sorge: Nach § 1912 erhält eine Leibesfrucht zur Wahrung ihrer künftigen Rechte einen Pfleger, soweit diese

Rechte der Fürsorge bedürfen. Würde das Kind, falls es schon geboren wäre, unter elterlicher Sorge stehen, so steht die Fürsorge für die künftigen Rechte des Kindes den künftigen Eltern zu, § 1912 Abs 2, so daß in diesem Falle eine Pflegerbestellung unzulässig ist.

Gedacht ist vor allem an Vermögensrechte, etwa an Rechte aus Vertrag, §§ 328, 331 Abs 1 S 2 (KG KGJ 29, A 153, A 156), sowie sonstige Vermögensrechte, §§ 844 Abs 2, 1923 Abs 2, 243 Abs 1, 2108. Dennoch fällt diese Fürsorge nicht unmittelbar unter den Begriff der Vermögenssorge. Denn auch diese beginnt erst mit der Geburt des Kindes.

Auch persönliche Angelegenheiten des nasciturus sind von der Fürsorge umfaßt (KRÜGER/BREETZKE/NOWACK § 1912 Anm 3, 4; STAUDINGER/BIENWALD [2006] § 1912 Rn 5; COESTER-WALTJEN NJW 1985, 2175, 2177). Ein Unterlassungsanspruch des Kindes, sein sich entwickelndes Leben nicht zu beenden, besteht aus § 1912 nicht. Es handelt sich nicht um ein künftiges Recht (str, wie Text oben Rn 36 und BIENWALD FamRZ 1985, 1096, 1101; aA GEIGER FamRZ 1987, 1177; SOERGEL/STRÄTZ Rn 11). Unter anderem deswegen wird teilweise die Forderung erhoben, die Personensorge müsse in die Zeit vor der Geburt vorverlegt werden, der Inhalt der auf den nasciturus bezogenen Sorgerechte und -pflichten ergebe sich aus dem konkreten Sorgebedürfnis des Kindes (BGB-RGRK/WENZ Rn 9; MITTENZWEI AcP 187 [1987] 247, 275 vor allem mit historischer Begründung). So bedenkenswert ein echtes pränatales Sorgeverhältnis sein könnte, so sehr würden sich doch andererseits die Schwierigkeiten türmen, wenn es um Mißbrauch oder Fehlgebrauch der pränatalen elterlichen Sorge durch die Schwangere und künftige Mutter ginge. Soll ihr die (künftige) Personensorge entzogen werden, wenn sie durch ihre eigene Lebensführung das werdende Kind gefährdet? Wer anders als die werdende Mutter kann für das Kind sorgen? Dieses Problem tritt erst allmählich in das Bewußtsein, eine gesetzliche Regelung erscheint kaum möglich.

2. Ende der elterlichen Sorge

a) Ende der elterlichen Sorge aus Gründen, die in der Person des Kindes liegen
Die elterliche Sorge für das Kind endet mit dem Wegfall seiner Sorgebedürftigkeit.   **38**

aa) Tod des Kindes
Den Eltern bleibt auch nach dem Tod des Kindes das Recht der vorläufigen Geschäftsführung am Kindesvermögen. Das heißt, die Eltern sind geschäftsführungs- und vertretungsbefugt für Geschäfte, die nicht ohne Gefahr aufgeschoben werden können, bis der – feststehende – Erbe Fürsorge treffen kann. Wissen die Eltern nichts vom Tod des Kindes und werden sie weiterhin in seiner Vertretung tätig, so schützt sie § 1698a, die mit der Personen- und Vermögenssorge verbundenen Geschäfte bleiben wirksam.

Zu unterscheiden von diesem Recht der vorläufigen Vermögensfürsorge ist das Totensorgerecht oder die Totenfürsorge, die aus der nahen Verwandtschaft folgt. Aus ihr ergibt sich das Recht der Eltern, über den Leichnam des Kindes zu bestimmen (LG Saarbrücken MedR 1983, 154: Sektion des Kindes; vgl hierzu auch BVerfG NJW 1994, 783 und OLG Karlsruhe NJW 2001, 2808). Aus dem Totensorgerecht folgt auch das Recht der Eltern zur Zustimmung zur Organentnahme (AG Berlin-Schöneberg

FamRZ 1979, 633 mwNw). Den Inhabern der elterlichen Sorge steht auch das Recht zu, zu bestimmen, wann, wo und wie die Bestattung stattfinden soll. Der nichtsorgeberechtigte Elternteil, also vor allem auch der nichteheliche Vater, hat diese Entscheidungbefugnis nicht (LG Paderborn FamRZ 1981, 700). Zu dem Gesamtkomplex vgl KIESSLING NJW 1969, 533, 536; STRÄTZ 20 ff sowie zum Totensorgerecht im einzelnen Erl unten Rn 59 Nr 15;

bb) Volljährigkeit des Kindes

39 Die Volljährigkeit tritt ein mit der Vollendung des 18. Lebensjahres, § 2, dh am 18. Geburtstag um 0.00 Uhr.

Eine Vorverlegung der Volljährigkeit ist nicht möglich, eine Volljährigerklärung vor Erreichen des 18. Lebensjahres sieht das Gesetz nicht mehr vor. Die §§ 3 bis 5 sind durch das Volljährigkeitsgesetz vom 31.7.1974 (BGBl I 1773) aufgehoben. Ebensowenig läßt das Gesetz ein Hinausschieben der Volljährigkeit zu. Bei fortbestehender Schutzbedürftigkeit des Kindes kommt rechtliche Betreuung in Betracht.

cc) Adoption des Kindes

40 Mit der **Adoption** des Kindes wird die elterliche Sorge der Wahleltern begründet, § 1754, gleichzeitig endet die elterliche Sorge der leiblichen Eltern, § 1755; letztere lebt, nach Aufhebung der Adoption, nicht wieder auf, sondern sie kann den Eltern zurückübertragen werden, wenn und soweit dies dem Wohl des Kindes entspricht, § 1764 Abs 4.

dd) Heirat und Ermächtigung des Kindes

41 Die elterliche Sorge endet **nicht** durch **Heirat** des minderjährigen Kindes, hierdurch wird die Personensorge auf die Vertretung in persönlichen Angelegenheiten beschränkt, § 1633. Diese Einschränkung gilt in bezug auf das Umgangsbestimmungsrecht auch schon bei wirksamem Verlöbnis (LG Saarbrücken NJW 1970, 327 = FamRZ 1970, 319).

Die elterliche Sorge endet auch nicht durch Ermächtigung des minderjährigen Kindes gem §§ 112, 113, sondern wird beschränkt auf die von der Ermächtigung nicht erfaßten Teilbereiche (s STAUDINGER/DILCHER[12] §§ 112 Rn 2, 113 Rn 2). Auch ein Verzicht der Eltern und eine Entlassung aus der elterlichen Sorge ist dem Gesetz nicht bekannt.

Dagegen nimmt die **Intensität** der elterlichen Sorge, vor allem im Bereich der Personensorge, in dem Maße ab, wie die Einsichtsfähigkeit und Selbstbestimmungsfähigkeit des minderjährigen Kindes wächst (BVerfGE 59, 360 = NJW 1982, 1375 = JZ 1982, 325 m Anm STARCK = FamRZ 1982, 463 [LS] = DVBl 1982, 406 = DÖV 1982, 359; OLG Hamm FamRZ 1974, 136; GERNHUBER/COESTER-WALTJEN § 57 II 2; ENGLER FamRZ 1969, 63, 65; vgl im einzelnen unten Rn 77 ff).

b) Ende oder Beschränkung der elterlichen Sorge aus Gründen, die in der Person der Eltern liegen
aa) Tod eines Elternteils

42 Die elterliche Sorge endet durch Tod der Eltern, § 1680. Das gilt auch für die Todeserklärung oder für die Feststellung der Todeszeit nach dem Verschollenheitsgesetz, §§ 1681, 1677. Doch kann der für tot erklärte Elternteil die elterliche Sorge wiedererlangen, § 1681 Abs 2.

bb) Pflegerbestellung

Die elterliche Sorge wird beschränkt durch die Bestellung eines Pflegers, § 1630. **43**

cc) Entziehung der elterlichen Sorge

Die elterliche Sorge endet faktisch durch Entziehung aller Bestandteile der elter- **44** lichen Sorge gem §§ 1666 Abs 1, 1666a Abs 2, 1667 Abs 3 S 4, 1680 Abs 3. Werden nur einzelne Bestandteile der elterlichen Sorge entzogen oder beschränkt, so verliert der betroffene Elternteil das Recht zur Ausübung dieser Bestandteile.

dd) Trennung und Scheidung

Die elterliche Sorge endet aufgrund der Regelung über die elterliche Sorge nach **45** §§ 1671, 1672 durch das FamG für den dann nicht sorgeberechtigten Elternteil.

c) Kein Ende der elterlichen Sorge
aa) Insolvenz

Die Vermögenssorge der Eltern oder eines Elternteils endet nicht mehr bei Verfall **46** ihres Vermögens. § 1670 aF ist durch das KindRG 1998 aufgehoben. Der Gefähr- dung des Kindesvermögens bei **Insolvenz** der Eltern oder eines Elternteils kann nur über §§ 1666, 1667 Abs 3 S 4 begegnet werden.

bb) Beistandsbestellung

Keine Einschränkung der elterlichen Sorge tritt ein bei Bestellung eines **Beistandes**, **47** §§ 1712, 1716.

cc) Wiederheirat

Die elterliche Sorge endet nicht durch Wiederheirat des Elternteils, dem nach Auf- **48** lösung der ersten Ehe die elterliche Sorge für ein gemeinsames Kind allein über- tragen worden ist. Beim Verstoß gegen die Pflicht, ein Vermögensverzeichnis anzu- legen, § 1683, kann nur über § 1667 geholfen werden, ein Entzug der Vermögens- sorge kommt nicht mehr in Betracht.

dd) Jugendamtsmaßnahmen

Die elterliche Sorge endigt auch nicht durch Eingriffe der Jugendhilfe, nur das **48a** Familiengericht kann und darf in die elterliche Sorge eingreifen.

3. Ruhen der elterlichen Sorge

Die elterliche Sorge eines Elternteils ruht, wenn ein Elternteil rechtlich oder tat- **49** sächlich gehindert ist, die elterliche Sorge auszuüben.

a) Aus rechtlichen Gründen

Die elterliche Sorge ruht aus rechtlichen Gründen, wenn der Inhaber der elterlichen Sorge geschäftsunfähig, § 104 Nr 2, ist, § 1673 Abs 1. Auch partielle Geschäftsunfä- higkeit führt zum Ruhen, wenn sie sich auf die elterliche Sorge bezieht (STAUDINGER/ COESTER [2000] § 1673 Rn 11; PALANDT/DIEDERICHSEN § 1673 Rn 2; RAUSCHER § 33 Rn 982). Besteht die Geschäftsunfähigkeit für abgrenzbare Teile der elterlichen Sorge, so ruht sie nur insoweit (BayObLGZ 78, 172 = FamRZ 1979, 178 [LS]). Ist der Inhaber der elterlichen Sorge in der Geschäftsfähigkeit beschränkt, so ruht seine elterliche Sorge ebenfalls, § 1673 Abs 1 S 2. Die Personensorge steht ihm neben dem gesetzlichen Vertreter des Kindes zu, zur Vertretung des Kindes ist er nicht berechtigt, § 1673 Abs 2 S 2.

Die elterliche Sorge ruht ferner nach erteilter Einwilligung in die Adoption des Kindes, § 1751 Abs 1.

b) Aus tatsächlichen Gründen

50 Ist ein Elternteil auf längere Zeit an der Ausübung der elterlichen Sorge tatsächlich gehindert, so ruht seine elterliche Sorge, wenn das Familiengericht dies feststellt, § 1674 Abs 1.

4. Wirkung der Beendigung und des Ruhens der elterlichen Sorge

a) Wirkung der Beendigung der elterlichen Sorge
aa) Beim Tod eines Elternteils

51 Endet die elterliche Sorge eines Elternteils durch Tod oder Todeserklärung, so steht die elterliche Sorge dem überlebenden Elternteil zu, §§ 1680 Abs 1, 1681 Abs 1. Das gilt allerdings nur, wenn im Zeitpunkt des Todes eines Elternteils beide Eltern Inhaber der elterlichen Sorge waren. War der verstorbene Elternteil aufgrund der §§ 1671, 1672 Abs 1 allein sorgeberechtigt, so geht sein elterliches Sorgerecht nicht kraft Gesetzes auf den anderen Elternteil über, sondern das Familiengericht muß tätig werden. Es hat dem überlebenden Elternteil die elterliche Sorge zu übertragen, es sei denn, dies widerspräche dem Wohle des Kindes, § 1680 Abs 2 S 1. Stand die elterliche Sorge der Mutter gemäß § 1626a Abs 2 allein zu, so hat das Familiengericht die elterliche Sorge dem Vater zu übertragen, wenn dies dem Wohl des Kindes dient (positive Kindeswohlprüfung).

bb) Bei Entziehung aller oder einzelner Bestandteile der elterlichen Sorge

52 Stand die elterliche Sorge den Eltern gemeinsam zu und wird einem von ihnen die gesamte elterliche Sorge, die Personensorge oder die Vermögenssorge entzogen, so übt der andere Elternteil die Sorge allein aus, § 1680 Abs 1 iVm Abs 3. Diese Wirkung tritt kraft Gesetzes ein, einer gerichtlichen Entscheidung bedarf es nicht. Bestand dagegen Alleinsorge, muß das Familiengericht tätig werden: War die Mutter nach § 1626a Abs 2 alleinsorgeberechtigt und wird ihr die elterlicher Sorge ganz oder teilweise entzogen, so überträgt das Familiengericht dem Vater die elterliche Sorge, wenn dies dem Wohl des Kindes dient (positive Kindeswohlprüfung). RAUSCHER § 33 III Rn 988, 990 sieht in dieser gesetzlichen Regelung eine Diskriminierung der Väter und meint, es sei davon auszugehen, daß grundsätzlich das Kindeswohl beim Vater als einzigem Elternteil am besten aufgehoben sei, die Übertragung auf ihn also grundsätzlich kindeswohldienlich sei (ebenso wohl PALANDT/DIEDERICHSEN § 1678 Rn 10). Am 8. 12. 2005 hat die 1. Kammer des 1. Senats des Bundesverfassungsgerichts (FamRZ 2006, 385 mit zustimmender Anm LUTHIN) entschieden, wenn ein nach § 1626a nicht sorgeberechtigter Vater über einen längeren Zeitraum die elterliche Sorge für die Kinder zwar nicht in rechtlicher, aber in tatsächlicher Hinsicht wahrgenommen habe, sei es von verfassungswegen geboten, § 1680 Abs 2 S 2 dahingehend auszulegen, daß eine Sorgerechtsübertragung auf den Vater regelmäßig dem Kindeswohl

diene, solange nicht konkret feststellbare Kindesinteressen der Übertragung widersprächen.

Bestand Alleinsorge nach §§ 1671, 1672 Abs 1, so regelt das Gesetz jetzt nicht mehr ausdrücklich, welche Entscheidung das Gericht zu treffen hat, § 1680 Abs 3 verweist nicht auf Abs 2 S 1. Das bedeutet, daß das Familiengericht nach § 1696 zu verfahren hat (BT-Drucks 13/4899, 103). Dies wird im Schrifttum kritisiert (STAUDINGER/COESTER [2004] § 1680 Rn 22; PALANDT/DIEDERICHSEN § 1680 Rn 13; RAUSCHER § 33 III Rn 990). Bei verfassungskonformer Auslegung der Vorschrift des § 1680 Abs 2 S 1 wird das Familiengericht, das dem bisher alleinsorgeberechtigten Elternteil das Sorgerecht entzieht, die Übertragung auf den anderen Elternteil nicht positiv zu legitimieren, sondern nur negativ auf etwaige Kindeswohlschädlichkeit zu kontrollieren haben. Angesichts der Tatsache, daß dem bisher Sorgeberechtigten das Sorgerecht entzogen ist, werden hier „triftige, das Kindeswohl nachhaltig berührende Gründe" grundsätzlich zu bejahen sein mit der Folge, daß die elterliche Sorge dem anderen Elternteil zu übertragen ist, wenn nicht die Kindesinteressen der Übertragung widersprechen (STAUDINGER/COESTER [2004] § 1680 Rn 22).

b) Wirkung des Ruhens der elterlichen Sorge

Solange die elterliche Sorge ruht, ist der davon betroffene Elternteil nicht berechtigt, sie auszuüben, § 1675. Ob der andere Elternteil sie sodann ausüben kann, hängt auch beim Ruhen der elterlichen Sorge von der sorgerechtlichen Konstellation ab, die ohne das Ruhen bestünde. § 1678 unterscheidet drei Fälle: gemeinsame Sorge, Alleinsorge der Mutter nach § 1626a Abs 2 und Alleinsorge nach §§ 1671, 1672 (getrennt lebend).

aa) Bei gemeinsamer Sorge

Bei der gemeinsamen Sorge übt, unabhängig vom Entstehungsgrund der gemeinsamen elterlichen Sorge, der andere Teil automatisch die elterliche Sorge allein aus, wenn die des ersten Elternteils ruht. Es bedarf keiner gerichtlichen Entscheidung, § 1678 Abs 1 HS 1. Dieser zweite Elternteil war und ist sorgeberechtigt, ihm wächst die Ausübung nun gänzlich und allein an. Dies gilt selbstverständlich nicht, wenn die elterliche Sorge auch des zweiten Elternteils ruht (MünchKomm/HUBER § 1678 Rn 7) oder gar entzogen ist (PALANDT/DIEDERICHSEN § 1678 Rn 4; RAUSCHER § 33 III Rn 985). In diesen Fällen muß dem Kind ein Vormund, § 1773, oder Pfleger, § 1909, bestellt werden. Ruht die elterliche Sorge des einen Elternteils teilweise (zB nur die Vermögenssorge), so übt der andere Elternteil sie auch nur insoweit allein aus. **53**

bb) Bei Alleinsorge

Bestand vor dem Eintritt des Ruhens Alleinsorge, so muß stets das Familiengericht **54** entscheiden, ob nunmehr der andere Elternteil die elterliche Sorge erlangen soll. Dies setzt eine Kindeswohlprüfung voraus. War die Mutter nach § 1626a Abs 2 alleinsorgeberechtigt und ruht nunmehr ihre elterliche Sorge, so hat das Familiengericht dem anderen Elternteil, also dem Vater, die elterliche Sorge zu übertragen, wenn keine Aussicht besteht, daß der Grund des Ruhens wegfallen werde, und wenn diese Übertragung dem Wohl des Kindes dient (positive Kindeswohlprüfung, § 1678 Abs 2).

Auch in dieser Regelung wird eine Diskriminierung des nichtehelichen Vater ge-

Lore Maria Peschel-Gutzeit

sehen, weil dem Vater „nie vorher eine Chance gegeben wurde, die elterliche Sorge zu erlangen und damit Elternverantwortung auszuüben" (COESTER FamRZ 1995, 1245, 1248; STAUDINGER/COESTER [2004] § 1678 Rn 29; RAUSCHER § 33 III Rn 988; mit Recht differenzierend SALGO NJW 1995, 2129; WICHMANN FuR 1996, 161, 163). Diese Kritik erscheint unberechtigt. In einem Fall, in dem die nicht mit dem Vater verheiratete Mutter alleinsorgeberechtigt war, obwohl das Gesetz die gemeinsame Sorge nunmehr ermöglicht, kann dem Vater nicht allein wegen der biologischen Bindung an das Kind Vorrang gegenüber anderen Personen eingeräumt werden, zu denen das Kind möglicherweise enge soziale Bindungen eingegangen ist (Stiefelternteil, Großeltern, ältere Geschwister). Die vom Gesetz angeordnete positive Kindeswohlprüfung ermöglicht im Interesse des Kindeswohls die Berücksichtigung solcher Situation (iE auch WICHMANN FuR 1996, 163; PALANDT/DIEDERICHSEN § 1678 Rn 8). Die Kritik richtet sich denn auch im Grundsatz gegen die Regelung der §§ 1626a, 1672 und den dort verankerten ausnahmslosen Vorrang der Mutter. Die Auswirkungen dieser Vorschriften im Gesetz, so auch in § 1678, sind konsequent gestaltet. Der BGH hat mit Beschluß vom 4. 4. 2001 (NJW 2001, 2472 = FamRZ 2001, 907 m krit Anm LUTHIN; s dazu auch Anm COESTER LM § 1626a Nr 1 und OELKERS BGH Report 2001, 500) die gegen das Alleinsorgerecht der Mutter erhobenen verfassungsrechtlichen Bedenken für unbegründet erklärt. Er hält die Mißbrauchskontrolle nach § 1666 für einen grundgesetzlich ausreichenden Schutz des väterlichen Elternrechts (zustimmend MOTZER FamRZ 2001, 1034, 1038). Ob der ausnahmslose Muttervorrang §§ 1626a, 1672 mit dem Elternrecht auch des Vaters vereinbar ist oder ob der nichteheliche Vater verfassungswidrig zurückgesetzt ist, war Gegenstand zweier Vorlagebeschlüsse (AG Korbach FamRZ 2000, 629 und AG Groß-Gerau FamRZ 2000, 631), über die das BVerfG durch Urteil vom 29. 1. 2003 (NJW 2003, 955 = FamRZ 2003, 285) dahingehend entschieden hat, daß § 1626a Abs 1 Nr 1 mit der Verfassung vereinbar ist.

Bestand Alleinsorge des verhinderten Elternteils aufgrund gerichtlicher Entscheidung nach §§ 1671, 1672, so fällt die elterliche Sorge bei Ruhen nicht automatisch an den anderen Elternteil zurück. Das stellt § 1678 Abs 1 HS 2 ausdrücklich klar. Das Familiengericht entscheidet vielmehr, wem nunmehr die elterliche Sorge zustehen soll, und richtet sich dabei nach den Kriterien des § 1696 (BT-Drucks 13/4899, 102). Auch an dieser Regelung wird Kritik laut. Sie folgt derselben Begründung, der Reserve-Elternteil habe nicht den ihm nach der Verfassung zukommenden Vorrang (RAUSCHER § 33 III Rn 987 mwNw), übersieht aber, daß triftige, das Wohl des Kindes nachhaltig berührende Gründe es angezeigt sein lassen können, die elterliche Sorge gerade nicht auf den bisher nicht sorgeberechtigten Reserve-Elternteil zu übertragen, sondern zB auf den stets mit dem Kind zusammen gewesenen Stiefelternteil. Der Hinweis auf mögliche Verbleibensanordnungen nach § 1682, der in diesem Zusammenhang gegeben wird, zeigt sehr deutlich, daß derartige Überlegungen weniger am Wohl des Kindes, sondern mehr am Prestige des Reserve-Elternteils orientiert sein dürften. Derartige Ziele läßt § 1696 Abs 1 aber nicht zu.

5. Nachwirkungen der elterlichen Sorge

55 §§ 1698 bis 1698b regeln gewisse vermögensrechtliche Abwicklungszuständigkeiten der Eltern, deren elterliche Sorge endigt oder ruht. Auch darüber hinaus werden vermögensrechtliche Sorgemaßnahmen, die die Eltern zur Zeit der Minderjährigkeit des Kindes getroffen haben, beim Ende der elterlichen Sorge nicht etwa automatisch

unwirksam. Langfristige Verträge, die die Eltern für das Kind abgeschlossen haben, wirken über den Zeitpunkt der Volljährigkeit des Kindes hinaus. Für den Abschluß von Miet-, Pacht- und anderen Verträgen, die das Kind zu wiederkehrenden Leistungen verpflichten, die mehr als ein Jahr nach Eintritt der Volljährigkeit des Kindes fortdauern sollen, benötigen die Eltern allerdings die Genehmigung des Familiengerichts, §§ 1643 Abs 1, 1822 Nr 5.

Vollmachten, die die Eltern im Namen des Kindes erteilt haben, bleiben erhalten (BayObLG MDR 1960, 59); Rechtsmittel, die die Eltern kraft eigenen Rechts, § 1629 Abs 3, zugunsten des Kindes eingelegt haben, bleiben wirksam, es tritt allerdings ein Wechsel des Trägers des Rechtsmittels ein, die Verfügungsbefugnis geht auf den Volljährigen über (BGH NJW 1957, 799). Im Interesse einer kontinuierlichen Entwicklung der Rechtsverhältnisse des Kindes sind diese Nachwirkungen notwendig (GERN-HUBER/COESTER-WALTJEN § 57 VII 2 Rn 76). Die Grenze dieser notwendigen und zulässigen Nachwirkungen ist freilich überschritten, wo die Eltern durch ihr Handeln die Freiheit des volljährig gewordenen Kindes ernsthaft beeinträchtigen (BVerfGE 72, 155 = NJW 1986, 1859 = JZ 1986, 632 m Anm FEHNEMANN = FamRZ 1986, 769; vgl § 1629 Rn 147 ff). Dieses Problem regelt nun § 1629a (vgl zum jetzigen Stand PESCHEL-GUTZEIT FPR 2006, 455, im übrigen s Erl STAUDINGER/COESTER dort).

Auch die verwandtschaftliche Stellung als Eltern und Kind wird durch das Ende der elterlichen Sorge nicht beeinflußt. Die Unterhaltspflicht, §§ 1601 ff, gilt ebenso fort wie die Pflicht zur Dienstleistung, § 1619. Das in § 1612 Abs 2 normierte Unterhaltsbestimmungsrecht endet nicht mit der Volljährigkeit des Kindes. Die Grundnorm des § 1618a, die das Verhältnis von Eltern und Kindern beschreibt und die daraus fließenden Rechte und Pflichten definiert, gilt für beide Seiten lebenslang.

D. Inhalt und Rechtsfolgen der elterlichen Sorge

I. Inhalt der elterlichen Sorge

1. Allgemeines

Die elterliche Sorge umfaßt nach § 1626 Abs 1 S 2 die Sorge für die Person des **56** Kindes (Personensorge, § 1632 ff) und für das Vermögen des Kindes (Vermögenssorge, §§ 1638 ff, 1683, 1698 ff).

Beide Bereiche berühren und überschneiden sich und sind nicht streng voneinander zu scheiden (BGH LM § 74 EheG Nr 7 = NJW 1953, 1546 = MDR 1953, 1794 = JZ 1953, 635 m Anm SCHWOERER für die Geltendmachung von Unterhaltsansprüchen des Kindes durch die allein personensorgeberechtigte Mutter). Auf die Unterscheidung kommt es nur an, wenn entweder das Gesetz zwischen beiden unterscheidet (zB §§ 1633, 1666 Abs 4, 1673 Abs 2) oder aber die Bestandteile der elterlichen Sorge durch Gerichtsentscheidung unterschiedlich geregelt sind (zB §§ 1671 Abs 1, 1672 Abs 1, 1666 Abs 2, 1666).

Sowohl Personensorge als auch Vermögenssorge haben einerseits die **tatsächliche Sorge**, andererseits die **gesetzliche Vertretung** des Kindes in diesem Bereich zum Inhalt. Die Unterscheidung zwischen Innenverhältnis und Außenverhältnis, die in

diesem Zusammenhang bisweilen vorgenommen wird, ist unscharf, weil im Innen-
und Außenbereich sowohl tatsächliche Sorge als auch Vertretung nötig sein können; allerdings werden Maßnahmen der tatsächlichen Personen- und Vermögenssorge vornehmlich im Innenverhältnis zwischen den Eltern und Kindern zu treffen
sein.

2. Personensorge

57 § 1626 Abs 1 S 2 definiert Begriff und Inhalt der Personensorge nicht. Nach § 1631
Abs 1 umfaßt sie **insbesondere** die Pflicht und das Recht, das Kind zu pflegen, zu
erziehen, zu beaufsichtigen und seinen Aufenthalt zu bestimmen. Ferner umfaßt sie
das Recht, die Herausgabe des Kindes von jedem zu verlangen, der es den Eltern
widerrechtlich vorenthält, § 1632 Abs 1, sowie das Recht, den Umgang des Kindes
auch mit Wirkung für und gegen Dritte zu bestimmen, § 1632 Abs 2.

Damit ist der Inhalt der Personensorge nicht erschöpfend beschrieben. Personensorge ist die Förderung der Entwicklung des Kindes und Erziehung zu einer eigenverantwortlichen und gemeinschaftsfähigen Persönlichkeit, § 1 Abs 1 KJHG. Erziehung ist das wichtigste Element der Personensorge (DÖLLE II § 92 I 2 a). Sie bedeutet,
für die körperliche, geistige, seelische und sittliche Ausbildung des Kindes in einer
seinen Fähigkeiten, Anlagen und sonstigen Verhältnissen entsprechenden Weise
durch psychische Beeinflussung und Lenkung zu sorgen, seine Persönlichkeit zu
entwickeln und das Kind auf einen Lebensberuf vorzubereiten (RGZ 129, 18, 20 =
JW 1931, 1348, dazu FEUCHTWANGER JW 1932, 1351). Zur Erreichung des Erziehungszwecks
gewährt die Personensorge den Eltern viele Einzelbefugnisse (BGH LM § 823 Nr 52 =
NJW 1974, 1947, 1949 = MDR 1975, 47 = JZ 1975, 95 = FamRZ 1974, 595; GERNHUBER/COESTER-
WALTJEN § 62 I 2 Rn 4; RAUSCHER § 33 V Rn 1016). Personensorge bedeutet weiter die
Sorge für das geistige und leibliche Wohl des Kindes, also die Pflicht und das Recht,
unmittelbar für die Person des Kindes jede denkbare und erforderliche tatsächliche
und rechtliche Fürsorge zu entfalten (DÖLLE II § 92 I 1).

Die Personensorge umfaßt im Grundsatz **alle persönlichen Angelegenheiten** des
Kindes einschließlich seiner gesetzlichen Vertretung. Eine vollständige Aufzählung
scheidet aus, je nach Alter, Bedürfnis und Entwicklungsstand des Kindes wie auch
nach Leistungsvermögen der Eltern wandeln sich Anforderungen an die Personensorge ebenso fortlaufend wie die Form ihrer Erfüllung.

a) Tatsächliche Personensorge

58 Hauptsächlich kommen folgende persönliche Angelegenheiten des Kindes in Betracht:

(1) Geburtsanzeige beim Standesamt, §§ 16, 17 PStG (zugleich amtsähnliche Handlung, vgl unten Rn 59 u § 1629 Rn 17 f, 65, 78),

(2) Bestimmung des Vornamens und seiner Schreibweise, § 1616, §§ 16, 22 PStG.
Allerdings müssen die Eltern dabei beachten, dass der von ihnen ausgewählte
Vorname das Geschlecht des Kindes eindeutig anzeigt (OLG Hamm FamRZ 2002, 637
[LS]; s aber OLG Stuttgart FamRZ 2003, 1689 zu „geschlechtsneutralem" Vornamen). Auch wenn
die Eltern nach ausländischem Recht nur Eigennamen führen, können sie dem Kind,

das durch die Geburt die deutsche Staatsangehörigkeit erworben hat, einen Vor- und Familiennamen nach deutschem Recht geben (AG Hagen FamRZ 2003, 1688), sie können einem Mädchen auch einen Vornamen geben, der im Ausland als männlicher Name gilt (OLG Hamm FamRZ 2004, 1229; FamRZ 2005, 389, 1927 = NJW-RR 2005, 874). Der nicht sorgeberechtigte Elternteil hat kein Recht, den Vornamen des Kindes zu bestimmen (OVG Brandenburg FamRZ 2005, 1119; siehe im übrigen STAUDINGER/COESTER [2007] § 1616 Rn 22 ff).

Bestimmung des Geburtsnamens aus §§ 1617, 1617a, 1617b, 1617c, 1618 (Einbenennung) und die Namensänderung nach dem Namensänderungsgesetz (STAUDINGER/ COESTER [2007] § 1616 Rn 80 ff),

(3) Bestimmung des Aufenthaltes, § 1631 Abs 1,

(4) Anmeldung zur Schule (soweit im Rahmen der Schulpflicht, zugleich auch amtsähnliche Handlung), Wahl einer bestimmten Schule, Überwachung des Schulbesuchs,

(5) Erziehung des Kindes, § 1631,

(6) Bestimmung des religiösen Bekenntnisses und der religiösen Erziehung, §§ 1, 3 RKEG (Anh zu § 1631),

(7) Gewährung und Organisation des Umgangs des Kindes mit Eltern und anderen Bezugspersonen, §§ 1626 Abs 3, 1684 ff,

(8) Beaufsichtigung des Kindes, Überwachung seines Umgangs, § 1632 Abs 2, Schutz vor sexuellem Mißbrauch (BGH FamRZ 1984, 883) oder auch nur sexueller Belästigung (OLG Koblenz NJW 1958, 951 = FamRZ 1958, 137 m Anm BOSCH; OLG Köln FamRZ 1963, 447 = MDR 1963, 594 [LS] = ZBlJugR 1963, 86; OLG Schleswig FamRZ 1965, 224 m abl Anm GERN-HUBER; OLG Frankfurt FamRZ 1975, 218; LG Koblenz FamRZ 1957, 325; LG Tübingen FamRZ 1967, 108; LG Wiesbaden FamRZ 1974, 663), Freizeitgestaltung und Erholung,

(9) Recht auf Herausgabe des Kindes, § 1632 Abs 1,

(10) Sorge um die Gesundheit, Pflege im Krankheitsfall, Sorge für ärztliche Versorgung und Impfung, Einwilligung in Heilbehandlung und Operation (s unten Rn 88 ff); nicht: Einwilligung in Organlebendspende nach dem Transplantationsgesetz; sie scheidet für Minderjährige von vornherein aus, § 7 Abs 1 S 1 Nr 1 a und b TPG und ist deshalb auch kein Akt der Personensorge (WALTER FamRZ 1998, 203),

(11) Einwilligung in die Beendigung lebenserhaltender Maßnahmen nach Unfall des Kindes (OLG Brandenburg NJW 2000, 2361),

(12) Schutz ungestörter sexueller Entwicklung (BGH FamRZ 1984, 883, 884),

(13) Einwilligung in den Schwangerschaftsabbruch der minderjährigen Tochter, wenn diese die nötige Einsichtsfähigkeit nicht hat, andernfalls ist die Schwangere allein zuständig (s unten Rn 98 ff),

(14) uU Mitwirkung bei der Verordnung und dem Bezug empfängnisverhütender Mittel (siehe unten Rn 102),

(15) Bestimmung über die Verwendung des Arbeitsverdienstes des minderjährigen Kindes (s unten Rn 68),

(16) Geltendmachung von Unterhaltsansprüchen des Kindes, § 1629 Abs 2 S 2. Es entscheidet der mit der Geltendmachung verfolgte Zweck (den persönlichen Bedarf des Kindes zu decken), nicht die formale Anknüpfung an das Vermögen des Kindes (früher sehr str, jetzt gesetzlich geklärt durch § 1629 Abs 2 S 2, zuvor schon durch die Rspr: BGH LM § 74 EheG Nr 7 = NJW 1953, 1546 = MDR 1953, 1794 = JZ 1953, 635 m Anm Schwoerer; NJW 1955, 217 = FamRZ 1955, 100 m Anm Schwoerer; aA RG DR 1945, 52; KG NJW 1951, 318 = DRiZ 1950, 569; weitere Nachw bei Staudinger/Donau[10/11] § 1626 Rn 53),

(17) Vaterschaftsanerkenntnis des minderjährigen nichtehelichen Vaters, §§ 1592, 1596, das wegen des Bekenntnisses des nichtehelichen Vaters zu Mutter und Kind zu den persönlichen Angelegenheiten des minderjährigen Vaters und damit zur Personensorge gehört; soweit es um die unterhaltsrechtlichen Folgen des Anerkenntnisses geht, ist die Vermögenssorge der Eltern betroffen,

(18) Einwilligung in Vaterschaftstests (BGBZ 162, 1 = FamRZ 2005, 340); Huber FamRZ 2006, 1425; Muscheler/Bloch FamRZ 2002, 339),

(19) Entscheidung über die Erhebung der Anfechtungsklage, § 1600a,

(20) das **Umgangsrecht**, § 1684, gehört **nicht** zur Personensorge, denn es hängt nicht von der Inhaberschaft der elterlichen Sorge ab, zB besteht es auch dann, wenn dem betroffenen Elternteil die elterliche Sorge entzogen ist (Staudinger/Coester [2004] § 1666 Rn 184).

b) Vertretung in persönlichen Angelegenheiten

59 Zur Vertretung des Kindes in persönlichen Angelegenheiten gehören in der Regel folgende Geschäfte, die zum Teil auch als **amtsähnliche Handlungen** bezeichnet werden (Begriff Siebert NJW 1955, 1, 2, 6; Näheres s § 1629 Rn 17), nämlich als Rechtshandlungen, die die Eltern kraft ihrer insoweit amtsähnlichen Rechtsstellung aus eigenem Recht, eigener Pflicht und im eigenen Namen zum Wohle des Kindes durchführen, ohne daß diese Handlungen unmittelbar den sorgerechtlichen Pflichtenkreis betreffen (die unpräzise, wenig aussagekräftige, zudem Mißverständnisse herausfordernde Bezeichnung kritisieren Gernhuber/Coester-Waltjen [§ 57 VI 1 Rn 1] zu Recht):

(1) die Bestimmung des Wohnsitzes, §§ 8, 11,

(2) Erwerb und Verlust der deutschen Staatsangehörigkeit sowie Option für diese, §§ 3, 5, 19 StAG (vgl § 1629 Rn 18),

(3) behördliche Anmeldung bei Meldebehörden, Standesamt und Schule,

(4) Mitwirkung im Sinne des Schulmitwirkungsgesetzes als Mitglieder der Klassenpflegschaft und Schulpflegschaft (OVG Münster FamRZ 2002, 232),

(5) Bestimmung des Geburtsnamens ohne Ehenamen der Eltern, §§ 1617, 1617a bis 1617c,

(6) Mitwirkung bei der Einbenennung, § 1618 Abs 1 S 3,

(7) Mitwirkung bei der Adoption, § 1746, 1750 Abs 3 und bei der Aufhebung des Annahmeverhältnisses, § 1762, 1760,

(8) Einwilligung zur Eheschließung des minderjährigen Kindes, § 1303 Abs 3 BGB (BGHZ 21, 340, 345 = NJW 1956, 1794 = FamRZ 1956, 371 m Anm Krüger; BayObLGZ 1965, 33 = FamRZ 1965, 279; BayObLGZ 1982, 363 = MDR 1983, 228 = Rpfleger 1983, 24 = FamRZ 1983, 66 zu § 3 Abs 1 EheG, aufgehoben durch EheschließungsrechtsG vom 4.5.1998, BGBl I 833),

(9) Einwilligung in das Verlöbnis des minderjährigen Kindes (LG Saarbrücken NJW 1970, 327 = FamRZ 1970, 319 mwNw),

(10) Mitwirkung bei der Aufhebung der Ehe oder Bestätigung der aufhebbaren Ehe, §§ 1313, 1315,

(11) Zustimmung zum Vaterschaftsanerkenntnis, §§ 1592, 1596 Abs 1 S 2,

(12) Einwilligung in die ärztliche Behandlung und Abschluß des Behandlungsvertrages (s unten Rn 88 ff),

(13) Einwilligung in die Beendigung von lebenserhaltenden Maßnahmen (OLG Brandenburg NJW 2000, 2361),

(14) Antrag auf Todeserklärung des Kindes, § 16 Abs 2 VerschG,

(15) Entscheidung über Bestattungsart, Bestattungsort und die Gestaltung der Grabstätte (AG Biedenkopf FamRZ 1999, 736),

(16) **nicht** Zustimmung zur **Sektion** und **Organspende** des toten Kindes, da kein Teil des Personensorgerechts, sondern allenfalls Bestandteil des allgemeinen verwandtschaftlichen Totensorgerechts, für deren Eingrenzung auf die Bestimmungen des Gesetzes über die Feuerbestattung vom 15.5.1934 (RGBl I 380), §§ 2 Abs 2, 5, sowie dessen landesrechtliche Nachfolgeregelungen in entsprechender Anwendung zurückgegriffen werden kann. Das Recht der Totenfürsorge (Totensorgerecht, oben Rn 38) ist ein persönlichkeitsrechtlich geprägtes, mit sittlicher Pflicht verbundenes Recht, das in familienrechtlichen Beziehungen begründet ist und daher den nächsten Familienangehörigen (Ehegatten, Kindern, Eltern) zusteht (RGSt 64, 313, 315; 154, 269, 271; BGHZ 61, 238 = NJW 1973, 2103 = FamRZ 1973, 620; FamRZ 1978, 15; NJW 1990, 2313 m Anm Deutsch; KG FamRZ 1969, 414; OLG Schleswig NJW-RR 1987, 72, 73; OLG Frankfurt NJW-RR 1989, 1159; LG Bonn MDR 1970, 762 = DRiZ 1970, 169 = VersR 1970, 715; LG Paderborn FamRZ 1981, 700; LG München I FamRZ 1982, 849; LG Saarbrücken MedR 1983, 154; LG Kiel FamRZ 1986, 56; AG Berlin-Schöneberg FamRZ 1979, 633; AG Biedenkopf FamRZ 1999, 736; Blume AcP 112 [1914] 367, 372 ff; J Gruchot 65 [1921] 304 ff; Struckmann NJW 1964, 2244; Kiessling NJW 1969, 533, 536; Strätz 23 ff; Gaisbauer VersR 1972, 419, 424; Gucht JR 1973, 234; Zimmermann NJW 1979, 569),

(17) Berufswahl (s Staudinger/Salgo Erl zu § 1631a),

(18) Ermächtigung des Kindes, in Dienst und Arbeit zu treten und ein Erwerbsgeschäft zu beginnen, §§ 112, 113,

(19) Abwehr von Straftaten gegen das Kind, also das Recht, Strafantrag für das Kind zu stellen (§ 1629 Rn 111 ff), Privatklage für das Kind zu erheben und das Klageerzwingungsverfahren einzuleiten (§ 1629 Rn 117), sowie die Mitwirkungsrechte im Strafprozeß, § 67 Abs 1 JGG, Auftreten als Beistand des Kindes in der Hauptverhandlung, § 69 Abs 2 JGG, Wahl des Verteidigers und Einlegung von Rechtsmitteln im Strafprozeß, § 67 Abs 2, Abs 5 JGG,

(20) Antrag auf Befreiung oder Zurückstellung vom Wehrdienst, §§ 12 Abs 2, Abs 4 WehrpflG, sowie auf Verlegung des Musterungstermins, § 3 Abs 2 MusterungsVO; der gesetzliche Vertreter ist neben dem Wehrpflichtigen antragsberechtigt, § 19 Abs 3 WehrpflG,

(21) Vertretung des Kindes in Prozessen, die persönliche Angelegenheiten betreffen (nach § 607 Abs 1 ZPO ist aber ein in der Geschäftsfähigkeit beschränkter Ehegatte in Ehesachen prozeßfähig). Hierher gehört nicht die Geltendmachung von Schmerzensgeld, § 847; dieser Anspruch ist vermögensrechtlicher Art und gehört damit zur Vermögenssorge. Dagegen gehört die Geltendmachung des Kindesunterhalts im Prozeß zu den persönlichen Angelegenheiten (siehe oben Rn 58 Nr 16 sowie § 1629 Rn 330 ff, 343 ff). Die **Prozeßkostenvorschußpflicht** der Eltern, §§ 1610 Abs 2 iVm § 1360a Abs 4, gehört nicht zu den Angelegenheiten der elterlichen Sorge, sondern entspringt der Unterhaltspflicht der Eltern gegenüber dem Kind (aA Erman/ Michalski Rn 15),

(22) Ausübung prozessualer Weigerungsrechte des Kindes (s unten Rn 71 und 107).

c) Abgrenzung zwischen tatsächlicher Personensorge und Vertretung in persönlichen Angelegenheiten

60 Die Abgrenzung zwischen der tatsächlichen Personensorge und der gesetzlichen Vertretung in persönlichen Angelegenheiten ist schwierig. Denn fast alle persönlichen Angelegenheiten des Kindes haben sowohl eine tatsächliche als auch eine rechtliche Seite. Häufig wird versucht, die Angelegenheiten dem Bereich der gesetzlichen Vertretung zuzuordnen, bei denen Rechtswirkungen für und gegen das Kind in Betracht kommen (Vornahme von Rechtsgeschäften, Entgegennahme und Abgabe rechtsgeschäftlicher Erklärungen, Erteilung und Verweigerung von Einwilligungen, gerichtliche Geltendmachung von Kindesansprüchen). Doch bleiben Grenzfälle und Überschneidungen, etwa bei Einwilligung in die ärztliche Behandlung und Operation, bei der Ausübung prozessualer Weigerungsrechte (s unten Rn 88 ff, 107).

61 Die Abgrenzung zwischen beiden Bereichen ist nur dann wichtig, wenn tatsächliche Personensorge und Vertretung des Kindes in persönlichen Angelegenheiten auseinanderfallen. Das ist der Fall,

– wenn ein Elternteil in der Geschäftsfähigkeit beschränkt ist, § 1673 Abs 2,

- bei Heirat des minderjährigen Kindes, § 1633,

- bei gesetzlichem Vertretungsverbot, § 1629 Abs 2 S 1 iVm § 1795,

- bei Entziehung der Vertretungsmacht, § 1629 Abs 2 S 3 iVm § 1796,

- bei Entziehung nur eines Teils der elterlichen Sorge durch das Familiengericht, § 1666,

- bei Übertragung nur eines Teils der elterlichen Sorge durch das Familiengericht gem § 1672 im isolierten Verfahren,

- bei vorläufiger Übertragung von Teilen der elterlichen Sorge im isolierten FGG-Verfahren oder gem § 620 ZPO in einer Ehesache,

- bei Pflegerbestellung, § 1630 Abs 1, auch initiiert durch die Eltern oder die Pflegeperson bei Familienpflege, § 1630 Abs 3,

- bei Vorhandensein von Pfleger oder Vormund in Fragen der Bestimmung des religiösen Bekenntnisses.

Für die Einwilligung zur Eheschließung des minderjährigen Kindes kommt es auf die **62** Unterscheidung nicht an. Denn hier ist die Einwilligung sowohl des gesetzlichen Vertreters als auch des Inhabers der tatsächlichen Personensorge erforderlich, § 1303 Abs 3. Zur Stellung des Strafantrages für das Kind sind sowohl der gesetzliche Vertreter als auch derjenige, dem die Personensorge zusteht, berechtigt, § 77 Abs 2 StGB, und zwar selbständig nebeneinander, § 77 Abs 3 StGB. Ist dem Kind ein Vormund oder Pfleger bestellt, so bestimmen dennoch die allein personensorgeberechtigten Eltern das religiöse Bekenntnis des Kindes, § 3 Abs 1 RKEG.

Bestehen zwischen dem Inhaber der tatsächlichen Personensorge und dem gesetz- **63** lichen Vertreter des Kindes in persönlichen Angelegenheiten Meinungsverschiedenheiten, so entscheidet das Familiengericht entsprechend § 1630, wenn sowohl die Personensorge als auch die gesetzliche Vertretung betroffen sind (s unten § 1630 Rn 22). Zum Teil sind diese Konflikte aber bereits vom Gesetz gelöst. So geht die Meinung des minderjährigen Inhabers der Personensorge derjenigen des gesetzlichen Vertreters vor, § 1673 Abs 2 S 3 HS 1, wenn der gesetzliche Vertreter des Kindes ein Vormund oder Pfleger ist, andernfalls gelten §§ 1627 S 2 und 1628. In § 3 Abs 1 RKEG geht die Meinung von Vater oder Mutter über das religiöse Bekenntnis des Kindes der des Vormunds oder Pflegers grundsätzlich vor.

3. Vermögenssorge

Auch bei der Vermögenssorge wird zwischen der tatsächlichen Vermögenssorge und **64** der Vertretung in Vermögensangelegenheiten unterschieden. Die Unterscheidung ist hier aber von geringerer Bedeutung als bei der Personensorge. Im übrigen erfordert die tatsächliche Vermögenssorge wegen ihres rechtsgeschäftlichen Charakters und Bezuges fast stets Vertretungshandlungen der Eltern (KG KGJ 47, 39, 40; Sonderfall RGZ 144, 246, 251).

Die Vermögenssorge umfaßt alle tatsächlichen und rechtlichen Maßnahmen einschließlich der Vertretung, die darauf gerichtet sind, das Kindesvermögen zu verwalten, zu erhalten und zu vermehren. Insbesondere umfaßt die Vermögenssorge das Recht, die zum Kindesvermögen gehörenden Sachen in Besitz zu nehmen (MünchKomm/Huber Rn 59); die Eltern sind unmittelbare Besitzer und mitteln dem Kind kraft der Vermögenssorge den Besitz (BGH FamRZ 1989, 945; OLG Dresden LZ 1922, 418; MünchKomm/Huber Rn 59; Rauscher § 33 V 1027). Für die persönlichen Sachen des heranwachsenden Kindes gilt dies nur, soweit nicht dessen Selbstbestimmung kraft wachsender Selbstbestimmungsfähigkeit reicht.

65 Die **Vertretung** des Kindes in Angelegenheiten der Vermögenssorge wird im allgemeinen sowohl in der Form offener **Stellvertretung** (im Namen des Kindes) als auch verdeckter Stellvertretung (Handeln allein im eigenen Namen, aber in Vertretung oder auch nur für Rechnung des Kindes) zugelassen. So wird angenommen, Rechte, die zum Kindesvermögen gehören, könnten die Eltern im Namen des Kindes, aber kraft ihres Verwaltungsrechts auch im eigenen Namen und uU im eigenen Interesse geltend machen, etwa Erfüllung an das Kind verlangen (OLG Jena OLGE 11, 298, 299). Über Gegenstände des Kindesvermögens könnten die Eltern im Namen des Kindes, aber auch im eigenen Namen verfügen.

Soweit es sich hierbei um Rechtsgeschäfte des täglichen Lebens (Einkauf, Reise, Urlaub, Hotel) handelt, kann diese Handhabung, auch wenn sich solche Verträge auf das Kindesvermögen beziehen, als sachgerecht, weil den allgemeinen Rechtsverkehr erleichternd, angesehen werden. Anders ist es aber zu beurteilen, wenn der Rechtsverkehr eine Legitimation des Handelnden fordert und Anspruch darauf hat und erhebt, zu erfahren, wer Vertragspartner ist. Hier muß der Grundsatz der Offenkundigkeit der Stellvertretung, § 164, gelten: Wollen Eltern im Namen des Kindes mit Wirkung für und gegen das Kind handeln, so müssen sie dies klar zum Ausdruck bringen, andernfalls treten die Rechtswirkungen in ihrer eigenen Person ein (§ 1629 Rn 22 ff mwNw).

Die Vermögenssorge umfaßt auch die Befugnis der Eltern, das Kind zu verpflichten, für gewisse Geschäfte benötigen sie die Genehmigung des Familiengerichts (s Staudinger/Engler [2004] Erl zu § 1643). Schenkungen aus dem Kindesvermögen können sie nicht machen, § 1641.

Die Eltern sind grundsätzlich zur unentgeltlichen Verwaltung des Kindesvermögens verpflichtet. Ob dies auch für die Leitung eines Erwerbsgeschäftes gilt, das das Kind ererbt hat, läßt der BGH offen (BGHZ 58, 14, 19 = NJW 1972, 574 = JZ 1972, 363 m Anm Stoll = FamRZ 1972, 202) und verweist generell auf die Grenze der Zumutbarkeit.

66 Das der elterlichen Sorge unterliegende Vermögen umfaßt nicht nur Anlagevermögen (Grundvermögen, Kapital), sondern auch Renten (Impfschadensrente, OLG Hamm OLGZ 1974, 70 = FamRZ 1974, 31) und die Einkünfte des Kindes aus Vermögen und aus Erwerbstätigkeit, sei es aus abhängiger Tätigkeit oder Ausbildung, sei es aus dem gestatteten selbständigen Betrieb eines Erwerbsgeschäftes. Die Ermächtigungen aus §§ 112, 113 haben nicht automatisch die Erlaubnis zur freien Verwendung und Verfügung über die daraus erzielten Einkünfte zum Inhalt. Mit der Ermächtigung kann aber eine – auch stillschweigende – Generaleinwilligung iSv § 107 verbunden sein (SCHERNER FamRZ 1976, 673). Die Einnahmen aus Arbeit oder aus gestattetem selbständigen Gewerbebetrieb unterliegen der elterlichen Vermögensverwaltung. Der Minderjährige kann darüber nur insoweit verfügen, als die Verfügung zu den in den Beruf oder das Geschäft gehörenden Rechtsgeschäften zählt. Zur Verfügung über Geschäftseinkommen aus dem selbständigen Gewerbebetrieb ist der Minderjährige unbeschränkt berechtigt, soweit er dies zu Geschäftszwecken tut. Will er den Gewinn aber anlegen, greift die elterliche Vermögenssorge ein.

Der Verdienst aus abhängiger Arbeit oder Ausbildung unterliegt stets der elterlichen Verwaltung (KG KGJ 37, A 39, A 43). Ob diese Verwaltung die Eltern auch berechtigt, den Arbeitsverdienst des Kindes direkt beim Arbeitgeber einzuziehen, ist umstritten. Das KG (JFG 14, 423, 426) hat dieses Recht des Vaters grundsätzlich bejaht, während H KRÜGER (KRÜGER/BREETZKE/NOWACK § 1631 Rn 3) und BALLSCHMIEDE (AuR 1956, 371) die Ansicht vertreten, dem Verlangen der Eltern an den Arbeitgeber, ihnen und nicht dem Kinde den Arbeitsverdienst auszuhändigen, fehle die Rechtsgrundlage, auch verstießen die Eltern mit diesem Begehren gegen die soziale Würde des jungen Menschen.

Die zur Eingehung eines Dienst- oder Arbeitsverhältnisses erteilte Ermächtigung, § 113, deckt regelmäßig zugleich die Eröffnung eines Gehaltskontos (MünchKomm/ HINZ § 1626 Rn 52; ERMAN/MICHALSKI Rn 13; STAUDINGER/DILCHER[12] § 113 Rn 11), aber nicht ohne weiteres die Verfügung des Minderjährigen über sein Konto (BGH LM § 990 Nr 12 = NJW 1962, 1056; CAPELLER BB 1961, 453 ff; ders BB 1961, 682 ff; SCHEERER BB 1971, 981; MünchKomm/HUBER Rn 56; STAUDINGER/DILCHER[12] § 113 Rn 16).

Die Art der elterlichen Verwaltung des Arbeitsverdienstes richtet sich nach § 1649 (s STAUDINGER/ENGLER [2004] Erl dort).

4. Abgrenzung zwischen Personensorge und Vermögenssorge

Auch bei der Abgrenzung zwischen den Bereichen der Personensorge und Vermö- **67** genssorge gibt es Überschneidungen, weil viele persönliche Angelegenheiten des Kindes zugleich Auswirkungen auf vorhandenes Vermögen des Kindes haben können.

a) Berufswahl
Die Wahl des Berufes, der Ausbildungsart, der Ausbildungsstation, die Begründung des Ausbildungsverhältnisses einschließlich Vertretung in Rechtsstreitigkeiten aus dem Berufsausbildungsverhältnis (aA LAG Hannover BB 1951, 813 m krit Anm SIEBERT) gehören als Teil der Erziehung in der Regel zur Personensorge (RGZ 129, 18, 21 = JW 1931, 1348, dazu krit FEUCHTWANGER JW 1932, 1351; KG Recht 1919 Nr 936; JFG 21, 289, 291; SOERGEL/STRÄTZ § 1631a Rn 4; MünchKomm/HUBER Rn 35; ERMAN/MICHALSKI Rn 15; RAUSCHER § 33 V Rn 1023; KRÜGER/BREETZKE/NOWACK § 1631 Rn 3). Das BayObLG (BayObLGZ 13, 470 = OLGE 26, 268 = Recht 1912 Nr 2677) nimmt an, die Berufswahl falle stets sowohl unter die Personensorge als auch unter die Vermögenssorge, weil sie mit vermögensrechtlichen Folgen für das Kind verbunden sei. Dem ist das RG (aaO) mit Recht entgegengetreten, indem es darauf abgehoben hat, es komme für die Einordnung nicht darauf an, ob sich die Berufswahl später einmal auf das Vermögen des Kindes auswirke. Erfordert allerdings die Berufsausbildung des Kindes Zuschüsse aus sei-

nem eigenen Vermögen, so ist zugleich die Vermögenssorge betroffen. Dasselbe gilt, wenn die Erziehung des Kindes Aufwendungen aus seinem eigenen Vermögen erfordert (zB Unterbringung in teurer Heimschule, MünchKomm/Huber Rn 35).

b) Verwendung von Arbeitsverdienst

68 Sie gehört zur Personensorge, soweit mit der Verwendung erzieherische Ziele (sparsame Verwendung, Bildung von Rücklagen) verbunden sind (KG JFG 14, 423, 426), dagegen zur Vermögenssorge, soweit es um die Verwaltung und die vermögensrechtliche Verwendung geht (s oben Rn 66).

c) Geltendmachung von Unterhaltsansprüchen

69 Nach der Neuregelung in § 1629 Abs 2 S 2, Abs 3 durch das SorgeRG und KindRG gehört die Geltendmachung von Unterhaltsansprüchen zur Personensorge (s oben Rn 58 Nr 16). Es genügt nun sogar die faktische Inobhutnahme des Kindes (Einzelheiten hierzu § 1629 Rn 333 ff). Damit ist die über lange Zeit streitige Frage, ob es sich bei der Geltendmachung von Unterhaltsansprüchen um einen Akt der Vermögens- oder der Personensorge handelt (Nachweise Staudinger/Donau[10/11] § 1626 Rn 53), nun gesetzlich entschieden, nachdem der BGH sie bereits durch Urteil vom 3. 6. 1953 (LM § 74 EheG Nr 17 = NJW 1953, 1546 = MDR 1953, 1794 = JZ 1953, 635 m Anm Schwoerer) in gleichem Sinne entschieden hatte.

Darüber hinaus wird durch Geltendmachung von Unterhaltsansprüchen stets (vorhandenes) Kindesvermögen betroffen, sei es auch nur durch Anrechnung der daraus fließenden Einkünfte, uU auch durch unterhaltsrechtliche Annahme höherer Einkünfte bei unwirtschaftlicher Anlage (Einzelheiten zur Geltendmachung von Unterhaltsansprüchen § 1629 Rn 321 ff).

d) Strafantrag

70 Die Befugnis, Strafantrag für das Kind zu stellen, ist Ausfluß des Personensorgerechts (s oben Rn 59 Nr 18, § 1629 Rn 59 f, 111 ff), soweit es um den Angriff auf immaterielle Rechtsgüter des Kindes geht (Beleidigung, §§ 185 ff, Körperverletzung, §§ 223 ff, Bedrohung, § 241, Hausfriedensbruch, § 123 StGB).

Werden dagegen Vermögensrechte des Kindes angegriffen (Diebstahl, Untreue, Sachbeschädigung, §§ 242 iVm 247, 266 Abs 3, 303 StGB), so gehört das Strafantragsrecht zur Vermögenssorge, jedenfalls wenn der Täter Dritter ist. Hat dagegen ein Angehöriger die Tat begangen, so ist die Entscheidung, ob der Strafantrag gestellt oder zurückgenommen werden soll, der Personensorge zuzurechnen.

e) Prozessuale Weigerungsrechte

71 Das Zeugnis- und Eidesverweigerungsrecht im **Strafprozeß**, §§ 52, 63 StPO, gehört zu den persönlichen Angelegenheiten des Kindes und, soweit die Eltern für das Kind handeln, zur Vertretung in persönlichen Angelegenheiten, da § 52 StPO ein Zeugnisverweigerungsrecht allein aus persönlichen Gründen gewährt. Dasselbe gilt für die Duldung bzw Verweigerung körperlicher Untersuchung, § 81c Abs 3 StPO, die nur im Rahmen der Zeugnispflicht besteht und aus denselben Gründen verweigert werden kann (BGHSt 12, 235 = LM § 81c StPO Nr 2 m Anm Bosch = NJW 1959, 445 = MDR 1959, 318 = JZ 1959, 323 = JR 1959, 388 = FamRZ 1959, 160 m Anm Bosch).

Das Zeugnis- und Eidesverweigerungsrecht des Kindes im **Zivilprozeß** besteht aus persönlichen Gründen in den Fällen der §§ 383 Abs 1 Nr 1–3, 384 Nr 2, Nr 1 ZPO. Soweit es um einen vermögensrechtlichen Schaden des Kindes, § 384 Nr 1 ZPO geht, betrifft die Entscheidung über die Verweigerung, wenn das Kind sie nicht selbst trifft, seine Vertretung in vermögensrechtlichen Angelegenheiten.

Grundsätzlich übt das Kind diese prozessualen Weigerungsrechte selbst und allein aus (Einzelheiten Rn 98 f, 114, 279, 298 zu § 1629).

f)   Ärztlicher Behandlungsvertrag

Die Einwilligung in die ärztliche Behandlung betrifft eine persönliche Angelegen- **72** heit des Kindes, für die es grundsätzlich allein zuständig ist, soweit seine Einsichtsfähigkeit reicht, andernfalls muß der Personensorgeberechtigte tätig werden (s unten Rn 88 ff, 103 ff und § 1629 Rn 50 f).

Der Abschluß des Behandlungsvertrages ist dagegen eine vermögensrechtlich wirksame Erklärung, wenn eigenes Vermögen des Kindes betroffen ist, und damit Teil der Vermögenssorge (andernfalls ist es allein Teil der Unterhaltspflicht der Eltern), soweit die Eltern als gesetzliche Vertreter tätig werden und nicht das Kind den Vertrag selbst abschließt (vgl unten Rn 105 und § 1629 Rn 50, 123).

g)   Konfliktlösung

Steht die Personen- und die Vermögenssorge verschiedenen Trägern zu (§§ 1666 bis **73** 1667, 1671 Abs 1, 1672 Abs 1, 1678 Abs 2, 1680 Abs 2), so ist im Streit zwischen Eltern und Pfleger das Familiengericht nach § 1630 Abs 2 zur Entscheidung berufen, während es im Streit zwischen den Eltern einem von ihnen die Entscheidung überträgt, § 1628 (s Erl zu § 1628).

II.   Rechtsfolgen der elterlichen Sorge

1.   Haftung der Eltern gegenüber dem Kind

Die Eltern haften dem Kind für pflichtgemäße Ausübung der elterlichen Sorge nach **74** allgemeinen Grundsätzen, insbesondere nach Deliktsrecht oder auch im Rahmen eines Vertrages. Ob die elterliche Sorge ein familienrechtliches Sonderschuldverhältnis zwischen jedem Elternteil und dem Kind begründet mit der Folge einer Haftung der Eltern nach den Grundsätzen der positiven Forderungsverletzung, ist umstritten.

Aus dem Umstand, daß die Eltern nach § 1664 nur haften, wenn sie die Sorgfalt nicht angewendet haben, die sie in eigenen Angelegenheiten einhalten (wenn auch stets bei grober Fahrlässigkeit und vorsätzlichem Handeln, §§ 277, 276), wird vielfach der Schluß gezogen, § 1664 sei zugleich die Anspruchsgrundlage (OLG Köln FamRZ 1997, 1351; incidenter auch OLG Hamm NJW 1993, 542; OLG Düsseldorf FamRZ 1992, 1097; Soergel/ Strätz § 1664 Rn 2; MünchKomm/Huber § 1664 Rn 1; BGB-RGRK/Wenz § 1664 Rn 3; Erman/ Michalski § 1664 Rn 1; Palandt/Diederichsen § 1664 Rn 1).

Dem ist nicht zuzustimmen. § 1664 setzt das Bestehen einer Anspruchsgrundlage voraus und schafft sie nicht etwa erst (vergleichbar § 276 im Schuldrecht). Diese

Anspruchsgrundlage ist die rechtliche Sonderverbindung zwischen den Eltern, jeder für sich, und dem Kind, in der ein schuldhaft pflichtwidriges Verhalten eines Elternteils Schadensersatzansprüche des Kindes begründen kann (ebenso GERNHUBER/ COESTER-WALTJEN § 57 IV 6 Rn 37; RAUSCHER § 33 II Rn 969; KRÜGER/BREETZKE/NOWACK § 1664 Rn 3; STAUDINGER/ENGLER [2004] § 1664 Rn 6, 7).

75 Die gesetzliche Haftungsbeschränkung der Eltern betrifft nur die familienrechtliche Sonderverbindung zwischen Eltern und Kind. Schädigen die Eltern das Kind im Rahmen eines Vertragsverhältnisses oder im Gesamtbereich der Gefährdungshaftung (vor allem Straßenverkehr), so haften sie wie gegenüber jedem Dritten unbeschränkt (analog der in § 1359 geregelten beschränkten Haftung unter Ehegatten und der dazu von der Rechtsprechung entwickelten teleologischen Reduktion, BGHZ 53, 352, 355 = NJW 1970, 1271 = FamRZ 1970, 386 m Anm JAYME; BGHZ 61, 101 = NJW 1973, 1654; BGHZ 63, 51, 58; OLG Karlsruhe VersR 1977, 232 = Justiz 1976, 511; OLG Frankfurt NJW 1979, 2214; BÖHMER MDR 1966, 648; ders JR 1967, 56, 57; ROTHER 194; Münch-Komm/HUBER § 1664 Rn 10; PALANDT/DIEDERICHSEN § 1664 Rn 3 ff; STAUDINGER/ENGLER § 1664 Rn 11, 34 ff; SOERGEL/STRÄTZ Rn 4; BGB-RGRK/WENZ § 1664 Rn 10, 11; GERNHUBER/COESTER-WALTJEN § 57 IV 6 Rn 37; RAUSCHER § 33 II Rn 968; zu den Einzelheiten s im übrigen die Erl zu § 1664).

2. Haftung der Eltern gegenüber Dritten

76 Die elterliche Sorge dient dem Schutz des Kindes, nicht Dritter. Die §§ 1626 ff sind keine Schutzgesetze iSv § 823 Abs 2 (s oben Rn 20), die Eltern haften mithin bei Schädigung Dritter durch das Kind nicht nach § 823, sondern nur im Rahmen ihrer Aufsichtspflicht gem § 832 (RGZ 53, 312; 57, 239; 75, 251; RG JW 1914, 298; OLG Nürnberg OLGE 30, 68; LG Bochum NJW-RR 1994, 1375; MünchKomm/HUBER Rn 77; ERMAN/MICHALSKI Rn 12; SOERGEL/STRÄTZ Rn 20; PALANDT/DIEDERICHSEN § 1664 Rn 5; GERNHUBER/COESTER-WALT-JEN § 57 IV 7 Rn 43–45).

Wegen der Haftung des Kindes für seine Eltern s § 1629 Rn 161 ff.

E.   Grenzen der elterlichen Sorge – Eigenzuständigkeit des jungen Menschen

I.   Allgemeines

77 Die Selbstbestimmungsfähigkeit des Kindes ist Ziel der elterlichen Sorge. Mit wachsender Einsichts- und Selbstbestimmungsfähigkeit des Kindes wandeln sich Intensität und Funktion der elterlichen Sorge zunehmend (MünchKomm/HUBER Rn 61 mwNw). Soweit und sobald die Fähigkeit zur Eigenentscheidung erreicht ist, müßte mithin im Idealfall die elterliche Sorge enden. Denn dem pflichtgebundenen Recht der Eltern, das dem Kind den Weg zur eigenverantwortlichen Persönlichkeit ebnen soll, ist „kraft der ihm immanenten Teleologie die Tendenz zur allmählichen Verflüchtigung eigen" (GERNHUBER/COESTER-WALTJEN § 57 VII 7 Rn 84). Um dem Sinn der elterlichen Sorge zu entsprechen, müßte daher je nach Reifung des Kindes von Fall zu Fall, notfalls auch in Schüben, die elterliche Fremdbestimmung durch Eigenbestimmung des Kindes ersetzt werden.

Diesen idealen Weg geht das Gesetz nicht, statt dessen knüpft es im Interesse der Sicherheit und Offenkundigkeit im Rechtsverkehr allein an das Erreichen der Volljährigkeit des Kindes, § 2, an (s oben Rn 39). Auch wenn man das Bedürfnis der Familie und des Rechtsverkehrs nach Sicherheit und Offenkundigkeit anerkennt, bleibt doch das Unbehagen an einer „relativ plumpen" elterlichen Sorge (GERNHUBER/COESTER-WALTJEN § 57 VII 3 Rn 78), die ohne Differenzierung nach der Art der zu lösenden Probleme generell und pauschal von einer 18 Jahre währenden Phase der Unmündigkeit und Unzuständigkeit des jungen Menschen ausgeht (MünchKomm/ HUBER Rn 29; GERNHUBER/COESTER-WALTJEN § 57 VII 3 Rn 78; BOSCH FamRZ 1973, 489; 1974, 1). Dem SorgeRG und auch dem KindRG ist die von GERNHUBER und BOSCH (aaO) angeregte Verfeinerung nicht gelungen, vielleicht mit Ausnahme des endlich geschaffenen eigenen Umgangsrechts des Kindes, § 1684 Abs 1, und jetzt auch neuerdings des eigenen Rechts des Kindes auf gewaltfreie Erziehung, § 1631 Abs 2.

Freilich kennt das Gesetz in gewissem Umfang Abweichungen von dem Grundsatz der Alleinzuständigkeit der Eltern, die Rechtsprechung hat weitere vorzeitige Teilmündigkeiten, also Eigenzuständigkeiten des jungen Menschen anerkannt.

II.   Gesetzlich geregelte Eigenzuständigkeit des Minderjährigen

Im Bereich der Willenserklärung und der ihr zugeordneten Akte richtet sich die **78** Selbstbestimmung des Kindes weitgehend nach den starren Altersansätzen der Geschäftsfähigkeit, §§ 104 ff. Trotz des Ideals des SorgeRG, das Kind während seiner Minderjährigkeit allmählich an größere Eigenverantwortung und Mitwirkung heranzuführen, weist das Gesetz dem Kinde vor Erreichen der Volljährigkeit nach wie vor nur wenige Akte zur Eigenentscheidung zu:

1.   Ungebundene Selbstbestimmung ohne Zustimmung des gesetzlichen Vertreters

a)   Im Bereich persönlicher Angelegenheiten
– Ablehnung der Erziehung in einem anderen religiösen Bekenntnis als dem bishe- **79** rigen ab vollendetem 12. Lebensjahr, § 5 S 2 RKEG,

– Wechsel des Bekenntnisses ab vollendetem 14. Lebensjahr, § 5 S 1 RKEG,

– Antrag des mindestens 16 Jahre alten Minderjährigen auf Ersetzung der vom gesetzlichen Vertreter oder Inhaber der Personensorge ohne triftigen Grund verweigerten Einwilligung zur Eingehung der Ehe, § 1303 Abs 2, Abs 3,

– Antrag auf Ersetzung der vom gesetzlichen Vertreter ohne triftigen Grund verweigerten Genehmigung einer ohne seine Einwilligung geschlossenen Ehe, §§ 1315 Abs 1 S 1, 1316,

– Prozeßführung in Ehesachen, § 607 Abs 1 ZPO (Ausnahme § 1316 Abs 2 S 1, aber im übrigen eigene Prozeßführungsbefugnis für die Aufhebungsklage),

– Einwilligung des minderjährigen, in der Geschäftsfähigkeit beschränkten Kindes in die Adoption, wenn die Eltern nach §§ 1747, 1750 der Annahme unwiderruflich zugestimmt haben oder ihre Einwilligung durch das Vormundschaftsgericht ersetzt ist, § 1746 Abs 3 S 2,

– Widerruf der Einwilligung zur Adoption des in der Geschäftsfähigkeit beschränkten 14jährigen Kindes, § 1746 Abs 2.

b)   Im Bereich vermögensrechtlicher Angelegenheiten

80 – Errichtung eines Testaments ab vollendetem 16. Lebensjahr, § 2229 Abs 2, freilich nur in der Form eines **öffentlichen** Testaments und auch nur in der in § 2233 Abs 1 genannten Form (mündliche Erklärung oder Übergabe einer offenen Schrift an den Notar), nicht durch eigenhändiges Testament, § 2247 Abs 4,

– Anfechtung eines Erbvertrages, §§ 2281, 2282 Abs 2,

– Aufhebung eines Erbvertrages oder Rücktritt, §§ 2290 Abs 2 S 2, 2296 Abs 1 S 2,

– Widerruf und Anfechtung wechselbezüglicher Verfügungen in einem gemeinschaftlichen Testament, § 2271 Abs 1,

– Abschluß eines Erbverzichtsvertrages, § 2347 Abs 2 S 1,

– sowie in den Bereichen §§ 107, 112, 113,

– Prozessuale Rechte, wie das der persönlichen Anhörung, § 50b FGG, das Beschwerderecht ab vollendetem 14. Lebensjahr, § 59 FGG, die Sozialrechtsmündigkeit ab vollendetem 15. Lebensjahr, § 36 SGB I (s unten Rn 106) und das Recht auf Beratung ohne Kenntnis des Personensorgeberechtigten gemäß § 8 Abs 3 KJHG.

2.   Selbstbestimmung unter Bindung an die Zustimmung des gesetzlichen Vertreters

a)   Im Bereich persönlicher Angelegenheiten

81 – Anerkennung der Vaterschaft durch den minderjährigen nichtehelichen Vater, §§ 1592 Nr 2, 1596,

– Anschließung des Kindes an den neuen Geburtsnamen, §§ 1617a, b, c,

– Einwilligung des nichtehelichen Kindes in die Einbenennung, § 1618 S 3,

– Einwilligung des 14 Jahre alten, nicht geschäftsunfähigen Kindes in die Annahme als Kind, § 1746 Abs 1 S 3,

b)   Im Bereich vermögensrechtlicher Angelegenheiten

82 – Abschluß eines Ehevertrages, § 1411 Abs 1,

– Abschluß eines Erbvertrages durch verlobte oder verheiratete Erblasser, § 2275 Abs 2, Abs 3.

III. „Übergesetzliche" Eigenzuständigkeit des Minderjährigen

1. Allgemeines

Über die gesetzlich geregelten Fälle der Teilmündigkeit junger Menschen hinaus **83** besteht in bestimmten Bereichen das Bedürfnis, dem Kinde vorzeitig Selbst- oder Mitbestimmung einzuräumen. Zwar hat dieses Problem durch die Herabsetzung der Volljährigkeit auf 18 Jahre zahlenmäßig an Bedeutung verloren; aber es bleiben höchstpersönliche Angelegenheiten und solche, die Gewissensentscheidungen verlangen, die das einsichtsfähige, reifere Kind entweder allein oder jedenfalls mitentscheiden muß. Dies gilt um so mehr, als ihm das Gesetz seit Inkrafttreten des § 1626 Abs 2 Mitwirkung entsprechend seinen wachsenden Fähigkeiten und Bedürfnissen nach selbständigem eigenverantwortlichem Handeln ebenso einräumt wie abverlangt.

Um dem Sinn der elterlichen Sorge – Pflichtrecht (!) – zu entsprechen, ist deshalb in allen Lebensbereichen, für die die Rechtsordnung keine standardisierten Regeln getroffen hat, im Einzelfall elterliche Bestimmung durch die Selbstbestimmung des Minderjährigen zu ersetzen. Wer selbstverantwortliche Persönlichkeiten heranbilden will, muß Gelegenheit geben, Selbstverantwortung zu lernen und einzuüben (RAUSCHER § 33 I Rn 961). Dieser richtige Gedanke liegt § 1626 Abs 2 zugrunde. Je persönlicher die Angelegenheit ist, um so mehr und um so eher verflüchtigt sich bei richtiger, pflichtgemäßer Handhabung der elterlichen Sorge die Fremdbestimmung der Eltern (GERNHUBER/COESTER-WALTJEN § 57 VII 7 Rn 84).

Betroffen sind vor allem

– Fragen der Ausbildung und der Berufswahl,

– Fragen der Heilbehandlung, medizinischen Versorgung – insbesondere Schwangerschaftsabbruch – und Operation,

– Ausübung prozessualer Weigerungsrechte,

– Schutz der Privatsphäre.

Die Rechtsprechung, die diesen Weg schon vor Inkrafttreten des SorgeRG eingeschlagen hatte und und die der wachsenden Einsichtsfähigkeit und Beurteilungskompetenz des reiferen Kindes zunehmend rechtliche Bedeutung beimißt, begründet diese Entwicklung im allgemeinen **nicht unmittelbar** mit der **Grundrechtsmündigkeit** des Kindes und seiner Innehabung und Trägerschaft von Grundrechten auch und gerade gegenüber den Eltern (vgl oben Rn 4 ff, Rn 11 ff), wohl aber wendet sie das einfache Recht unter Berücksichtigung der grundrechtlichen Wertordnung und der grundrechtlich geschützten Position der Betroffenen (vgl hierzu CANARIS AcP 184 [1984] 201, 225 ff) in verfassungskonformer Auslegung so an, daß sie dem wachsenden Selbstbestimmungsbedürfnis junger Menschen bei lebenswichtigen Entscheidungen zunehmend Rechnung trägt.

Dabei bleibt aber das Grundproblem ungelöst: Eigenentscheidungen junger Men- **84** schen vor Erreichen der Volljährigkeit sind und bleiben wegen des elterlichen Erziehungsvorrangs in erster Linie von der Anerkennung ihres Selbstbestimmungsrechts durch die Eltern abhängig; von diesen hängt es auch ab, ob und wie sie das Mitbestimmungsbedürfnis und die Fähigkeit zur Eigenentscheidung des jungen Menschen fördern und gewährleisten. Diese Elternentscheidung hat die staatliche Gemeinschaft grundsätzlich zu achten. Soll das Kind das Recht haben, seine geschützte Rechtsposition notfalls gegen die Eltern durchzusetzen, so fehlt es an einer vom Gesetz vorgesehenen **Konfliktlösung**. Ein generelles Schlichtungsverfahren für den Eltern-Kind-Konflikt, etwa entsprechend §§ 1628, 1630 Abs 2, oder eine staatliche Intervention unterhalb der Schwelle des § 1666 fehlt (BELCHAUS 43; SIMON JuS 1979, 752, 753). Das Gesetz läßt den jungen Menschen im Bereich zwischen pflichtgemäßer Ausübung der Elternsorge und dem Schutz seiner eigenen Persönlichkeitsrechte grundsätzlich allein; eine Fülle leichterer Pflichtwidrigkeiten der Eltern bleiben ohne Sanktion (GERNHUBER/COESTER-WALTJEN § 57 VII 7 Rn 84). Ausnahmen gelten, soweit die Gerichte selbst entscheiden, etwa bei der Ausübung prozessualer Weigerungsrechte (s Rn 71 und unten Rn 107), der Einwilligung in ärztliche Eingriffe (s unten Rn 88 ff). Dem jungen Menschen den zur Durchsetzung seiner geschützten Position nötigen Rechtsschutz zu gewährleisten, bleibt der Gesetzgeber aufgerufen (PESCHEL-GUTZEIT, Neues elterliches Sorgerecht 89, 118; SCHWAB JZ 1970, 745, 747: Einführung eines staatlichen Schlichtungsverfahrens). Ein nur auf Antrag des Kindes eingeleitetes Schlichtungsverfahren würde dem Grundsatz der Familienautonomie nicht widersprechen, da der Staat als Helfer und nicht als Wächter tätig würde.

2. Ausbildung und Beruf

85 Das SorgeRG hat dem Minderjährigen in diesem Bereich spezielle, über § 1626 Abs 2 hinausgehende Mitwirkungsrechte eingeräumt, er selbst kann insoweit auch eine gerichtliche Entscheidung herbeiführen (s STAUDINGER/SALGO Erl zu § 1631a).

Unterhalb dieser weichenstellenden Grundentscheidungen sind Angelegenheiten betroffen, die entweder Folge der Ausbildung oder Berufstätigkeit des jungen Menschen sind oder die Gestaltung der Freizeit angehen. Hierbei handelt es sich um Rechte, die dem Minderjährigen im Rahmen seiner Berufsstellung zustehen **(Gewerkschaftsbeitritt)** oder ihm die Ausbildung sonstiger Fähigkeiten (Sport, Musik, Kunst) ermöglichen oder ihn darin fördern **(Vereinsbeitritt)**.

86 Der selbständige Beitritt des Minderjährigen zu einer **Gewerkschaft**, die für die vom Minderjährigen gewählte Beschäftigungsart zuständig ist, wird im Rahmen der Gestattung nach § 113 heute allgemein zugelassen (LG Essen NJW 1965, 2302 = BB 1965, 748; LG Frankenthal DB 1966, 586, 587; LG Düsseldorf DB 1966, 587; LG Frankfurt FamRZ 1967, 680; AG Bamberg DB 1964, 1558; AG Oberhausen DB 1964, 1778; aA noch LG Frankfurt NJW 1963, 1361 m abl Anm FARTHMANN NJW 1963, 1982 = MDR 1963, 756 = BB 1963, 1421 = FamRZ 1963, 454; AG Köln BB 1964, 1171 = DB 1964, 1380; im Schrifttum [teilweise hergeleitet aus der Koalitionsmündigkeit, Art 9 Abs 3 GG] H KRÜGER FamRZ 1956, 329, 332; WOLTERECK DB 1964, 1777; ders AuR 1965, 263, 265; D HOFFMANN BB 1965, 126, 128; REUSS DB 1965, 817, 821; REUTER, Kindesgrundrechte 36, 220, 222; KUBE DB 1968, 1126, 1128; REICHERT RdJ 1971, 234, 235; BRILL BB 1975, 284, 287; GILLES/WESTPHAL JuS 1981, 899 ff; s auch STAUDINGER/DILCHER[12] § 113 Rn 13).

Zum Beitritt in einen **Verein** benötigt der Minderjährige, da es sich um den forma- **87** lisierten Abschluß eines Vertrages handelt (BGHZ 28, 131, 134), die Einwilligung des gesetzlichen Vertreters, §§ 107, 108. Das kann auch stillschweigend geschehen, etwa dadurch, daß die Eltern das Vereinsgeld „mitgeben" oder auch nur dulden, daß das Kind am Vereinsleben teilnimmt (REICHERT RdJ 1971, 234, 235; G HOFFMANN Rpfleger 1986, 5 ff). Ob der Minderjährige damit zugleich die Genehmigung hat, die Mitgliedschaftsrechte auszuüben, zB an der Mitgliederversammlung teilzunehmen und darin abzustimmen, wird unterschiedlich beurteilt (dafür: KG OLG 15, 324; HAMELBECK NJW 1962, 722, 723; RAUSCHER RdJ 1962, 263; REICHERT RdJ 1971, 234, 236; STAUDINGER/DILCHER[12] § 107 Rn 23; dagegen: BRAUN NJW 1962, 92 ff). Der ersteren Meinung ist zuzustimmen. Eltern, die diese Konsequenz ablehnen, müssen dies bei der Einwilligung zum Ausdruck bringen und nötigenfalls selbst die satzungsmäßigen Pflichten erfüllen.

Darüber hinaus ist bei der Mitgliedschaft junger Menschen in Vereinen und Verbänden generell das Selbstbestimmungsrecht des reiferen jungen Menschen im Rahmen elterlicher Kontrolle zu bejahen. Denn der Eintritt in Vereine und Verbände (Gewerkschaft, Berufsverband, Sport- und Freizeitverein, Jugendorganisation politischer Parteien) gehört zum Hineinwachsen des jungen Menschen in sein soziales Umfeld, verschafft ihm die sozialen Kontakte zu Gleichaltrigen und Gleichgesinnten und fördert so seine Gemeinschaftsfähigkeit. Dieser – von elterlicher Zustimmung unabhängige – Prozeß kann nicht erst mit Vollendung des 18. Lebensjahres beginnen. Zur Intervention der Eltern besteht jedenfalls bei einem Beitritt zu Parteien, die im Bundestag vertreten sind, zu Gewerkschaften und sonstigen Arbeitnehmerorganisationen, zu Berufsverbänden und anerkannten Sport- und Freizeitvereinen regelmäßig kein Anlaß.

3. **Heilbehandlung, medizinische Versorgung, Schwangerschaftsabbruch, Operation**

Zu unterscheiden ist zwischen der rechtfertigenden **Einwilligung** in den Eingriff **88** (Rechtsschutzverzicht, LENCKNER ZStrW 72 [1960] 446, 453) als Akt der Disposition über die höchstpersönlichen Güter Leben, Gesundheit, Körper und der rechtsgeschäftlichen Handlungsmacht bezüglich der zugrunde liegenden Rechtsbeziehung mit Arzt und/oder Krankenhaus und Krankenversicherung (**Abschluß des Behandlungsvertrages**).

a) **Einwilligung**
Nach der früher überwiegenden Auffassung war die Berechtigung des Arztes zur **89** Vornahme einer Operation grundsätzlich durch die Zustimmung des gesetzlichen Vertreters des Kindes bedingt, seine Einwilligung nahm dem Eingriff die Rechtswidrigkeit. Die persönliche Einwilligung des Minderjährigen reichte auch dann nicht aus, wenn dieser eine gewisse Verstandesreife erlangt hatte (RGZ 68, 431; 168, 206; RG JW 1911, 748 = WarnR 1911 Nr 431; weiterer Nachw STAUDINGER/DONAU[10/11] § 1626 Rn 76). Auf dem Gebiet des Strafrechts hatte die Rechtsprechung dagegen schon früh angenommen, daß bei ausreichender Reife des Minderjährigen dessen Einwilligung die Rechtswidrigkeit des Eingriffs beseitigt (RGSt 41, 392; 60, 106; 70, 107; BGHSt 4, 88, ebenso die strafrechtliche Literatur, Nachw STAUDINGER/DONAU[10/11] § 1626 Rn 76). Auf dem Gebiet des Zivilrechts wird seit der Entscheidung des BGH vom 5. 12. 1958 (BGHZ 29, 33 =

Lore Maria Peschel-Gutzeit

LM § 107 BGB Nr 7 m Anm HAUSS = NJW 1959, 811 = MDR 1959, 383 = FamRZ 1959, 200 m Anm
BOSCH = VersR 1959, 308) die Einwilligung des Minderjährigen allein für ausreichend
gehalten, wenn dieser nach seiner geistigen und sittlichen Reife die Bedeutung und
Tragweite des Eingriffs und seiner Gestattung zu ermessen vermag (BGH in st Rspr,
BGHZ 29, 33; LM Nr 15 zu § 839 [Fc] BGB = VersR 1961, 632; NJW 1964, 1177 = JZ 1964, 323; LM
Nr 28 zu § 823 [Aa] BGB = NJW 1972, 335 = FamRZ 1972, 89 = VersR 1972, 153; LM Nr 52 zu § 823
[Ah] BGB = NJW 1974, 1947 = MDR 1975, 47 = JZ 1975, 95 = FamRZ 1974, 595; BGHZ 105, 51 =
NJW 1988, 2946 = MDR 1988, 949, 775 m Anm PAWLOWSKI = JZ 1989, 93 m Anm GIESEN =
FamRZ 1988, 1142; ebenso BayObLGZ 85, 53, 56; OLG München NJW 1958, 633; OLG Celle
MDR 1960, 136; OLG Hamm NJW 1983, 2095 = MDR 1983, 317 = FamRZ 1983, 310; OLG
Karlsruhe FamRZ 1983, 742, 743; LG München NJW 1980, 646 = FamRZ 1979, 850). Dem stimmt
die Literatur zu (MünchKomm/HUBER § 1626 Rn 39; SOERGEL/STRÄTZ § 1629 Rn 6; BGB-
RGRK/WENZ § 1626 Rn 20; ERMAN/MICHALSKI § 1629 Rn 16; PALANDT/DIEDERICHSEN § 1629
Rn 8; GERNHUBER/COESTER-WALTJEN § 57 VII 4 Rn 79; BAMBERGER/ROTH/VEIT § 1626 Rn 14; mit
Einschränkungen LENCKNER ZStrW 72 [1960] 446, 454 ff; REUTER, Kindesgrundrechte 207, 211 ff:
nur die Einwilligung in die Operation als lebensgestaltende Entscheidung ist dem einsichtsfähigen
Minderjährigen zugeordnet; EBERBACH FamRZ 1982, 450, 453; krit BayObLG FamRZ 1987, 87, 89).

90 Die Einwilligung des Minderjährigen in die Verletzung seiner körperlichen Integrität
ist nach der höchstrichterlichen Rechtsprechung nicht nach §§ 107 ff zu beurteilen
(BGHZ 29, 33, 36; VersR 1961, 632, 633; NJW 1964, 1177 = JZ 1964, 323; NJW 1972, 335, 337;
BGHZ 105, 45; vorher schon RGSt 41, 392; BGHSt 5, 363; 8, 357), auch nicht in analoger
Anwendung (STAUDINGER/DILCHER[12] § 107 Rn 27). Für die rechtfertigende Wirkung der
vom Minderjährigen erteilten Einwilligung kommt es entsprechend der älteren
Rechtsprechung (RGZ 68, 431) auf dessen hinreichende Urteils- und Einsichtsfähig-
keit an; deshalb muß er auch ärztlich aufgeklärt werden (BGHZ 29, 176 = NJW 1959, 814;
OLG Düsseldorf NJW 1963, 1679; TROCKEL NJW 1970, 489, 490; TEMPEL NJW 1980, 614 mwNw).
Ist die Urteilsfähigkeit zu bejahen, so bedarf der Minderjährige nicht mehr des
besonderen gesetzlichen Schutzes, insoweit besteht vorgezogene Teilmündigkeit
(BGHZ 29, 33, 36; NJW 1964, 1177 = JZ 1964, 323; BayObLG FamRZ 1987, 87, 89; OLG München
NJW 1958, 633; OLG Celle MDR 1960, 136; aA OLG Hamm NJW 1998, 2324 = JR 1999, 333 mit
ablehnenden Stellungnahmen MORITZ ZfJ 1999, 92, SCHWERDTNER NJW 1999, 1525 und SCHLUND
JR 1999, 333; BGB-RGRK/KRÜGER-NIELAND § 106 Rn 11; ERMAN/PALM § 107 Rn 2; SOERGEL/
HEFERMEHL § 107 Rn 14; STAUDINGER/DILCHER[12] § 107 Rn 27; TROCKEL NJW 1972, 1493, 1496;
LENCKNER ZStrW 72 [1960] 446, 454, 457).

91 Das elterliche Sorgerecht steht nach dieser Rechtsprechung dem Selbstbestimmungsrecht des Minderjährigen jedenfalls dann nicht entgegen, wenn die Einholung
der elterlichen Zustimmung undurchführbar und der junge Mensch fast volljährig ist.
Bei einem aufschiebbaren, aber nicht unwichtigen Eingriff bei einem 16jährigen
jungen Menschen soll dagegen auf die Einwilligung der Eltern nicht verzichtet
werden können (BGH NJW 1972, 335). Diese Differenzierungen sind in der Literatur
kritisiert worden (MünchKomm/GITTER Anm 89 vor § 104 BGB; BGB-RGRK/WENZ § 1626
Rn 20; LENCKNER ZStrW 72 [1960] 446, 455, 457; GERNHUBER FamRZ 1962, 89, 94; BOSCH, Grundsatzfragen des Beweisrechts [1963] 43; REUTER, Kindesgrundrechte 27 ff; ZENZ, in: KÜHN-TOUR-
NEAU, Familienrechtsreform 169, 173 ff; DIEDERICHSEN, in: FS Wieacker [1978] 325, 336 ff; EBER-
BACH FamRZ 1982, 450, 452 und MedR 1986, 15; LESCH NJW 1989, 2310). Die Kritik bezieht
sich besonders auf die rechtliche Einordnung der rechtfertigenden Einwilligung
durch die höchstrichterliche Rechtsprechung sowie auf die Ablehnung der Analogie

zur Willenserklärung (vgl hierzu vor allem KOHTE AcP 185 [1985] 105, 112 ff, 143 ff) unter Hinweis darauf, daß der BGH in neueren Entscheidungen (NJW 1984, 1395 = JZ 1984, 629 m Anm LAUFS/KERN = JR 1984, 369 m Anm GIESEN) doch von einer Willenserklärung gesprochen oder die Einwilligung nun doch nach § 138 (BGHZ 67, 48) oder §§ 133, 157 (NJW 1980, 1903) beurteilt hat.

Die Kritik erscheint berechtigt. Es dürfte sachgerecht sein, die Einwilligung als **92** rechtsgeschäftliche Erklärung anzusehen, die dem jungen Menschen nur deshalb in eigener Kompetenz übertragen ist, weil dies Ausdruck seiner Selbstbestimmung und seines eigenen Persönlichkeitsrechts ist (so schon OLG München NJW 1958, 633). Für bestimmte höchstpersönliche Angelegenheiten erfahren mithin die Vorschriften über die Geschäftsfähigkeit Einschränkungen zugunsten von Teilmündigkeitsregelungen, sofern die Einsichtsfähigkeit des Minderjährigen dies erlaubt (ebenso DUNZ 33; KERN FamRZ 1981, 738, 739 Fn 10 mwNw; krit hierzu REUTER, Kindesgrundrechte 207 ff mwNw).

Freilich kommt es nicht nur auf die Verstandesreife und Urteilsfähigkeit des Minder- **93** jährigen an, sondern auch auf die Bedeutung des Eingriffs, vor allem seine Gefährlichkeit (BGH NJW 1972, 335, Warzenbeseitigung). In geringfügige Eingriffe wie Zahnbehandlung, diagnostische Blutentnahme, auch in Blutentnahme zur Feststellung der Vaterschaft (Blutgruppenuntersuchung, DNA-Analyse, OLG Karlsruhe FamRZ 1998, 563; OLG Naumburg DAVorm 2000, 495), Behandlung von Erkältungskrankheiten, Entfernen eitriger Nägel, wird der einsichtsfähige Minderjährige allein wirksam einwilligen können, nicht dagegen in schwerwiegende oder gefährliche Eingriffe wie Amputationen, Narkosen, die Extraktion ganzer Zahnpartien und entsprechende prothetische Versorgung (KERN/LAUFS, Die ärztliche Aufklärungspflicht [1983] 29, 35 mwNw; TEMPEL NJW 1980, 609, 614; vgl auch BOEHMER MDR 1959, 705, 707; REUTER, Kindesgrundrechte 207 ff). Freilich bedarf es auch in diesen Fällen stets auch der Einwilligung des minderjährigen Patienten (BGH NJW 1991, 2344; SCHLUND JR 1999, 333, 335).

Dem Arzt obliegt somit die Aufklärung und Beurteilung der Urteilsfähigkeit des **94** minderjährigen Patienten, auch soweit es die Verordnung und Anwendung nicht ungefährlicher Arzneimittel angeht (BGH LM § 844 II Nr 34 = NJW 1970, 511 = FamRZ 1970, 136 = VersR 1970, 324). Ihm ist ein erhebliches Risiko aufgebürdet, das jedoch nicht zu umgehen ist (LENCKNER 458). Zwar würden feste Altersgrenzen, etwa Vollendung des 14. oder 18. Lebensjahres, die eigene Eingriffslegitimation des Arztes sicherer und überschaubarer gestalten (PAWLOWSKI MDR 1989, 775, 777; KERN/LAUFS 29, 35 ff). Doch sind derartige Vorschläge (so schon Alternativentwurf des Juristinnenbundes, § 1628 E, vgl dazu COESTER-WALTJEN 80 ff; PESCHEL-GUTZEIT 105 ff; ZENZ StAZ 1973, 259; dies, in: KÜHN/TOURNEAU 173 ff) von der Legislative bisher nicht aufgegriffen. Es läßt sich auch nicht sagen, bei Personen unter 14 Jahren könne die hinreichende Einsichts- und Willensfähigkeit **in der Regel** nicht angenommen werden (so aber TEMPEL NJW 1980, 609, 614; GAISBAUER VersR 1972, 419; 420; aA TROCKEL NJW 1972, 1493); stets entscheidet der Einzelfall.

Die Reform des elterlichen Sorgerechts hat insoweit weder zur Klärung noch zur **95** Verbesserung beigetragen: Zwar hatte der Entwurf zur Neuregelung des Rechts der elterlichen Sorge zunächst zumindest eine Teil-Neuregelung bezüglich der Einwilligung durch den jungen Menschen vorgesehen. § 1626a des Entwurfs lautete: „Die Einwilligung in eine Heilbehandlung kann, soweit gesetzlich nichts anderes bestimmt ist, das Kind nach Vollendung des 14. Lebensjahres selbst erteilen, wenn es fähig ist, Grund und Bedeutung der Heilbehandlung einzusehen und seinen Willen hiernach zu bestimmen; die Befugnis der Eltern, in eine Heilbehandlung des Kindes einzuwilligen, bleibt unberührt" (BT-Drucks 7/2060, 4; 8/111, 3). In der Beschlußempfehlung und dem Bericht des Rechtsausschusses (6. Ausschusses) des Bundestages vom 27. 4. 1979 (BT-Drucks 8/2788) war dieser Vorschlag nicht mehr enthalten, weil „diese Vorschrift … die Verantwortung der Eltern für das leibliche Wohl des Kindes zu sehr in den Hintergrund (hätte) treten lassen" (BT-Drucks 8/2788, 45).* Auch der 52. DJT hatte in der Abteilung Arztrecht den Beschluß gefaßt, der Gesetzgeber möge die Frage der gesetzlichen Vertretungsbefugnis bei der Erteilung der Einwilligung in medizinisch nicht indizierte Eingriffe an Vertretenen gesetzlich regeln (NJW 1978, 2189, 2193 Abschn V 1 b); eine solche generelle Regelung steht bisher aus, partiell ist sie zB in § 40 IV Nr 4 AMG vorhanden (vgl EBERBACH FamRZ 1982, 450 ff; BayObLG NJW 1990, 1552).

96 Es verbleibt mithin bei dem von der Rechtsprechung gefundenen Ergebnis, daß ein Minderjähriger dann allein wirksam in die ärztliche Behandlung einwilligen kann, wenn er von der Bedeutung und Tragweite des Eingriffs und seines Verzichts auf Rechtsschutz (LENCKNER ZStrW 72 [1960] 446, 458) eine hinreichende Vorstellung hat (ebenso für die Einwilligung in den HIV-Test [„**Aids-Test**"] durch den Minderjährigen selbst LESCH NJW 1989, 2309, 2313, zu den Folgen eines heimlichen Aids-Tests EBERBACH NJW 1987, 1470, zum Zwangstest LOSCHELDER NJW 1987, 1467, 1468; für die **Blutspende** des Minderjährigen KERN FamRZ 1981, 738, 739). Ist der Minderjährige hinreichend einsichtsfähig, muß er sich auch nicht gegen seinen Willen aufgrund elterlicher Entscheidung operieren und ärztlich behandeln lassen (SOERGEL/STRÄTZ § 1629 Rn 6; GERNHUBER/COESTER-WALTJEN § 57 VII 4 Rn 80; BELLING FuR 1990, 68, 73, 74; KERN NJW 1994, 753), es sei denn, es handelt sich um einen dringend indizierten Eingriff (KERN/LAUFS 35 mwNw; KERN NJW 1994 753).

97 Andere Probleme ergeben sich bei **fehlender Einsichtsfähigkeit des Kindes**. Hier sind die Eltern als gesetzliche Vertreter allein für die Einwilligung zuständig. Die Kriterien müssen auch dann Menschenwürde des Kindes einerseits, Gefährlichkeit, Schwere, Notwendigkeit und Unaufschiebbarkeit des Eingriffs sowie die Folgen eines unterlassenen Eingriffs sein. Selbst bei schwerwiegendem Eingriff (Beendigung der maschinellen Beatmung eines schwerstbehindert geborenen Kindes; Beendigung lebenserhaltender Maßnahmen nach Unfall des Kindes) kann das Familiengericht mangels gesetzlicher Grundlage diese weder genehmigen noch die Einwilligung verweigern (SOERGEL/STRÄTZ § 1629 Rn 6; OLG Hamm FamRZ 1983, 310 = NJW 1983, 2095 = MDR 1983, 317; OLG Brandenburg NJW 2000, 2361; LG Düsseldorf FamRZ 1981, 95; AG Alzey FamRZ 1984, 208; **aA** LG Berlin FamRZ 1971, 668; s oben Rn 59); die Verantwortung bleibt allein bei dem gesetzlichen Vertreter. Die Grenze bildet Art 6 Abs 2 S 2 GG iVm § 1666 BGB (ERICHSEN-REUTER 47 ff).

---

* Zur Diskussion dieses Themas s ua BEITZKE ZBlJugR 1973, 121 ff; BOSCH FamRZ 1973, 489, 506 ff; KUNTZE JR 1973, 273 ff; SCHEUNER ZBlJugR 1973, 197, 205; SCHWERDTNER AcP 173 (1973) 227, 241 ff; ZENZ StAZ 1973, 257 ff; RIEGER DMW 1973, 2047 ff; W WEIMAR DÄBl 1972, 1301 ff; KOHLHAAS DMW 1968, 2088 ff; QUAMBUSCH ZBlJugR 1974, 138, 142 ff; BECKER, in: FS Bosch (1976) 37, 59 ff; COESTER-WALTJEN, HOLLMANN, PESCHEL-GUTZEIT, in: Juristinnenbund (Hrsg), Neues elterliches Sorgerecht (1977) 80 ff, 121 ff, 105 ff; ZENZ, in: KÜHN/TOURNEAU (Hrsg), Familienrechtsreform (1978) 171 ff; LÜDERITZ AcP 178 (1978) 263, 276 ff.

In eine **Sterilisation** können weder das Kind noch der gesetzliche Vertreter einwilligen. § 1631c, eingefügt durch das Betreuungsgesetz vom 12. 9. 1990 (BGBl I 2002, s Vorbem 21 zu §§ 1626 ff u RKEG), verbietet dies ausnahmslos.

Bei **ungewollter Schwangerschaft** einer minderjährigen Frau entscheidet hiernach sie **98** selbst über die Austragung des Kindes oder den vorzeitigen Abbruch (vorausgesetzt, eine der Indikationen des § 218a StGB ist erfüllt), wenn ihre Verstandesreife und Einsichtsfähigkeit ausreichen. Denn seit das BVerfG in seiner Entscheidung vom 28. 5. 1993 (BVerfGE 88, 203) dem Gesetzgeber ein Konzept auferlegt hat, das gleichermaßen den Schutz des ungeborenen Lebens wie die Achtung des Personensorgerechts der Frau wahren muß, kann mit familienrechtlichen Mitteln ein nach § 218a StGB gerechtfertigter Schwangerschaftsabbruch nicht verhindert werden (GERNHUBER/COESTER-WALTJEN § 57 VII 4 Rn 79 Fn 168; RAUSCHER § 33 I Rn 964). Bei der Einsichtsfähigkeit kommt es sowohl auf die Fähigkeit zur medizinischen Selbstbestimmung (Fähigkeit, die Art des ärztlichen Eingriffs und dessen Risiken und Folgen für den eigenen Körper zu erfassen) als auch auf die Fähigkeit zur Rechtsgüterabwägung (Fähigkeit, das Recht des Ungeborenen auf körperliche Integrität gegen das Recht der Schwangeren auf Selbstbestimmung abzuwägen) an (BVerfGE 88, 203, 297: Auch der Minderjährigen steht die Letztverantwortung bezüglich des Schwangerschaftsabbruchs zu; BELLING FuR 1990, 68, 73; BELLING/EBERL FuR 1995, 287, 292; RAUSCHER § 33 I Rn 964). Sind beide Fähigkeiten vorhanden, ist für eine Einwilligung der Eltern in den Abbruch kein Raum (**aA** OLG Hamm NJW 1998, 3424 = JR 1999, 333 mit ablehnender Stellungnahme MORITZ ZfJ 1999, 92; OLG Naumburg FamRZ 2004, 1806 = FamRB 2004, 252 m zust Anm MOTZER; SCHWERDTNER NJW 1999, 1525; SCHLUND JR 1999, 333 und wohl auch PALANDT/DIEDERICHSEN § 1626 Rn 13).

Nichts anderes kann gelten, wenn die junge Frau das Kind austragen will, die Eltern **99** dagegen den vorzeitigen Schwangerschaftsabbruch erreichen wollen. Ist die junge Frau entsprechend reif und einsichtsfähig und kann sie auch die Tragweite ihres Entschlusses erkennen, hat es damit sein Bewenden. Elterliche Einwilligung oder auch nur Mitwirkung finden nicht statt (so schon OLG Celle MDR 1960, 136 für den Vormund, der gegen den Willen der geisteskranken Schwangeren dem Abbruch der Schwangerschaft zustimmen wollte; ebenso SCHÖNKE/SCHRÖDER/ESER StGB § 218a Rn 58; LAUFHÜTTE/WILKITZKI JZ 1976, 329, 332; BELLING FuR 1990, 68, 75, 77; KERN/LAUFS 39; BELLING/EBERL FuR 1999, 287; MORITZ ZfJ 1999, 92; REISERER FamRZ 1991, 1136). Kommt es zu Konflikten, kann regulierend hier nur die Entscheidung des Familiengerichts nach § 1666 wirken: So hat das AG Dorsten beiden Eltern das Aufenthaltsbestimmungs- und Entscheidungsrecht betreffend Abbruch der Schwangerschaft ihrer 16jährigen Tochter entzogen und dieses, soweit es dem gesetzlichen Vertreter zusteht, auf das Jugendamt als Pfleger übertragen, weil die Eltern die Schwangerschaft ablehnten und die Gefahr bestand, daß sie durch ihre elterliche Entscheidung auf den Willen der Minderjährigen, die Schwangerschaft abzubrechen, einwirken könnten (angedrohter Hinauswurf der Tochter aus dem Haus, AG Dorsten DAVorm 1978, 131; ähnlich LG Hamburg FamRZ 1981, 309; SCHERER FamRZ 1997, 589, 593, 595).

Häufiger entschieden sind freilich die Fälle, in denen die **minderjährige Schwangere 100** die Schwangerschaft **abbrechen** will, während die **Eltern** einen solchen **Abbruch ablehnen.** Das LG München hat entschieden, daß eine 16jährige in den Schwangerschaftsabbruch selbst einwilligen kann, wenn sie aufgrund ihrer geistigen und sittlichen Reife die Bedeutung und Tragweite des Eingriffs und seiner Gestaltung zu ermessen vermag, und hat dies im entschiedenen Fall bejaht. Insoweit kam eine Mitwirkung der Eltern nicht in Betracht (NJW 1980, 646 = FamRZ 1979, 850; ebenso AG Schlüchtern NJW 1998, 832 = FamRZ 1998, 968; aA OLG Hamm NJW 1998, 3424 = JR 1999, 333 mit ablehnender Stellungnahme MORITZ ZfJ 1999, 92, SCHWERDTNER NJW 1999, 1525 und SCHLUND JR 1999, 333, der die Entscheidung OLG Hamm zu Recht als Rückschritt um Jahrzehnte bezeichnet). Dagegen hat das LG Berlin (FamRZ 1980, 285) im Falle einer ebenfalls 16jährigen heroinabhängigen und sich prostituierenden Schwangeren die geistige und sittliche Reife verneint, die nötig ist, um die Bedeutung und Tragweite des Eingriffs zu beurteilen und um ein Gefühl von Mutterschaft und Verantwortung für das werdende Leben entwickeln zu können. Weil die damit an sich zuständigen Eltern nicht das erforderliche Verantwortungsbewußtsein zeigten, hat ihnen das Landgericht das Entscheidungsrecht insoweit entzogen und auf einen Pfleger übertragen. Auch von den Entscheidungen LG Köln (FamRZ 1987, 207), AG Helmstedt (ZfJ 1987, 85 ff), AG Celle (NJW 1987, 2307 = FamRZ 1987, 738 m krit Anm VENNEMANN FamRZ 1987, 1068, zust Anm GEIGER FamRZ 1987, 1177 und MITTENZWEI MedR 1988, 43) und AG Neunkirchen (FamRZ 1988, 876 m Anm LUTHIN) waren jeweils 16jährige Schwangere betroffen, die abtreiben wollten.

101 Der Entscheidung des LG Köln läßt sich nichts für oder gegen die eigene Einwilligungsfähigkeit der Schwangeren entnehmen, diese selbst scheint das Einverständnis ihres Pflegers für erforderlich gehalten zu haben, das dieser mit Billigung des LG Köln verweigert; ebenso geht das DIV-Gutachten vom 8. 1. 1990 (ZfJ 1990, 388) unter Erwähnung der Entscheidung des LG Köln FamRZ 1987, 207 ohne weiteres von der Zuständigkeit des Sorgerechtspflegers für die Genehmigung des Schwangerschaftsabbruchs einer 16jährigen Frau aus, ohne das Problem der Eigenzuständigkeit des jungen Menschen zu erörtern. Dagegen verneint das AG Helmstedt ausdrücklich die erforderliche Einsichtsfähigkeit der Schwangeren, so daß die Zustimmung der Eltern zum Abbruch erforderlich wurde, die die Eltern aus vom AG Helmstedt gebilligten Gründen verweigert haben. Das AG Neunkirchen hat die für den Abbruch und dessen evtl Folgen nötige Reife der Schwangeren festgestellt und dennoch die Zustimmung des Amtsvormundes in den Abbruch „ersetzt", ohne die Problematik der grundsätzlichen Eigenzuständigkeit der Minderjährigen zu erörtern. Das AG Celle scheint die geistige und sittliche Reife minderjähriger Schwangerer generell zu verneinen und spricht sie deshalb – mit insoweit bedenklicher Begründung – auch der Betroffenen ab, weil diese keine Anzeichen dafür aufweise, „daß sie ihren Altersgenossen im durchschnittlichen Entwicklungsstand soweit voraus wäre, daß für sie in diesem Zusammenhang etwas anderes gelten könnte". Dieser Umkehrung der gefestigten höchst- und obergerichtlichen Rechtsprechung zur grundsätzlichen alleinigen Einwilligungskompetenz des Minderjährigen (die offenbar auch BELLING FamRZ 1990, 68, 74 vertritt) ist nicht zu folgen. Denn sie läuft darauf hinaus, daß einer jungen Frau nur deshalb generell die sonst in dieser Altersgruppe allgemein nicht mehr bezweifelte Einsichtsfähigkeit und Reife abgesprochen wird, weil sie schwanger ist und die Schwangerschaft abzubrechen beabsichtigt. Aus denselben Gründen ist die Entscheidung des OLG Hamm vom 16. 7. 1998 (NJW 1998, 3424) abzulehnen, wenn dieses Gericht zu dem Ergebnis kommt, daß eine Minderjährige zur Vornahme eines Schwangerschaftsabbruchs stets der Zustimmung des gesetzlichen Vertreters bedarf (ebenso OLG Naumburg FamRZ 2004, 1806 = FamRB 2004, 252; ähnlich SCHERER FamRZ 1997, 589 und FamRZ 1998, 11, dagegen SIEDHOFF FamRZ 1998, 8, MORITZ ZfJ 1999,

92; SCHWERDTNER NJW 1999, 1525; SCHLUND JR 1999, 333). Bedauerlicherweise hat sich das OLG Naumburg in seinem Beschluß vom 9. 11. 2003 (FamRZ 2004, 1806 = FamRB 2004, 252) mit den vorstehenden, seit geraumer Zeit in Literatur und Rechtsprechung erörterten Fragen nicht auseinandergesetzt, sondern hat nur gefragt, ob der sorgeberechtigte Elternteil, der seine Zustimmung zum Schwangerschaftsabbruch verweigert, sein Sorgerecht mißbräuchlich ausübt oder nicht; es setzt also voraus, daß es der Einwilligung der Eltern bedarf. Man hätte sich gewünscht, daß das OLG Naumburg sich mit der hier relevanten Frage, ob nicht die 17jährige Schwangere grundsätzlich allein die Einwilligungskompetenz habe, insbesondere vor dem Hintergrund höchstrichterlicher Rechtsprechung auseinandergesetzt hätte. Der Schutz des sich entwickelnden Lebens kann im Lichte der Entscheidung des BVerfG vom 28. 5. 1993 (BVerfGE 88, 203, 297) nicht durch familienrechtliche Bevormundung der minderjährigen Schwangeren erreicht werden. Er könnte systemrichtiger durch Vorverlegung des Beginns der elterlichen Sorge in die Zeit vor der Geburt herbeigeführt werden, ohne daß auf diese Weise der Konflikt zwischen den geschützten Rechtsgütern zufriedenstellend zu lösen wäre (s oben Rn 37).

Bei der Verordnung **empfängnisverhütender Mittel** wird darauf abgestellt, ob die **102** Minderjährige die ordnungsgemäße **Aufklärung** über die Risiken erfaßt; notfalls sind die Eltern zu unterrichten (GRÖMIG NJW 1971, 233, 234; KERN/LAUFS 36 mwNw; LAUFS, Arztrecht [4. Aufl 1988] Rn 143; differenzierend, aber grundsätzlich für Alleinentscheidungsrecht der Minderjährigen mit Informationsrecht der Eltern RAUSCHER § 33 V Rn 1026; BELLING FuR 1990, 68, 76, 77).

b)   Abschluß des Behandlungsvertrages
Nach der Rechtsprechung des BGH bleibt dagegen der Abschluß des ärztlichen **103** Behandlungsvertrages als rechtsgeschäftliche Erklärung von der Einwilligung des gesetzlichen Vertreters abhängig (BGHZ 29, 33, 37 = LM § 107 BGB Nr 7 m Anm HAUSS = NJW 1959, 811 = MDR 1959, 383 = FamRZ 1959, 200 m Anm BOSCH = VersR 1959, 308; ebenso ERMAN/MICHALSKI § 1626 Rn 16; RAUSCHER § 33 V Rn 1026). Damit findet die dem Jugendlichen von der Rechtsprechung zugestandene Selbstbestimmung im rechtsgeschäftlichen Bereich keine Entsprechung, so daß die Eigenzuständigkeit des jungen Menschen erheblich an Wert verliert. Denn überall dort, wo sie nur im Zusammenhang mit der Eingehung von Rechtsgeschäften (Behandlungsvertrag mit Arzt, Krankenhaus) ausgeübt werden kann, bleibt der junge Mensch auch bei ausreichender Einsichtsfähigkeit von der Einwilligung der Eltern abhängig. Will der Minderjährige einen Eingriff, in den er zulässigerweise und wirksam eingewilligt hat, durchführen lassen und verweigern die Eltern den Abschluß des Behandlungsvertrages, so bleibt die Eigeneinwilligung wirkungslos, es sei denn, der Minderjährige bezahlt das Arzthonorar aus seinem Taschengeld (§ 110; RAUSCHER § 33 V Rn 1026), die elterliche Zustimmung zum Vertragsschluß wird wegen mißbräuchlicher Verweigerung nach § 1666 ersetzt oder die Zuständigkeit der Eltern wird auf einen Pfleger übertragen (Einzelheiten s § 1629 Rn 124 ff und STAUDINGER/COESTER [2004] § 1666 Rn 136).

Weil die Eltern allein für den Abschluß des Behandlungsvertrages zuständig sind, **104** bleibt das Geheimhaltungsinteresse vieler junger Menschen in Notsituationen (die durch Drogen, sexuelle Kontakte gefährdet sind und Verhütung, Beratung und Schutz – Aids – suchen) ungeschützt (LESCH NJW 1989, 2309). An dieser Rechtslage hat die Reform des elterlichen Sorgerechts nichts geändert, eine solche Änderung war auch nicht geplant (GERNHUBER/COESTER-WALTJEN § 57 VII 3 Fn 168, Rn 78). Vorgesehen war allein ein § 1626a E, der sich aber nur mit der Frage der Einwilligung in die Heilbehandlung beschäftigte. Auch er ist nicht Gesetz geworden. Nur der Alternativentwurf des Juristinnenbundes (SOERGEL/STRÄTZ § 1629 Rn 6 Fn 4) hatte diese Frage aufgegriffen und hierzu in § 1628 seines Entwurfes folgende Regelung vorgeschlagen: „Aus einer mit alleiniger Zustimmung des minderjährigen Kindes vorgenommenen ärztlichen Behandlung werden auch die Eltern schuldrechtlich verpflichtet." Dieser Vorschlag war auch damit begründet worden, daß die Fähigkeit Minderjähriger zur Einwilligung in ihre ärztliche Versorgung für die Praxis unbedeutend bliebe, wenn der Minderjährige keinen entsprechenden Behandlungsvertrag abschließen könnte. Deshalb enthielt der Entwurf eine Art kindlicher Schlüsselgewalt, die zur gesamtschuldnerischen Haftung zwischen Eltern und Kindern führte, die sich im Innenverhältnis nach unterhaltsrechtlichen Grundsätzen bestimmte (Juristinnenbund, Neues elterliches Sorgerecht 39). Alternativ wurde zur Finanzierung eine spezielle Kinderversicherung, ein sogenannter Kinderfonds (nachgebildet dem HUK-Fonds bei Kfz-Versicherungen, COESTER-WALTJEN 83, krit HOLLMANN 126) oder der Rückgriff auf Mittel der Jugendhilfe (PESCHEL-GUTZEIT 107) angeregt (krit zu diesen Vorschlägen LÜDERITZ AcP 178 [1978] 263, 276 ff, der jedoch auch auf die konkrete Unterhaltspflicht der Eltern abstellt: Wenn und soweit Eltern die Kosten der ärztlichen Behandlung kraft ihrer Unterhaltspflicht zu tragen haben, sollen sie auch dem Arzt direkt verpflichtet sein).

105 Dieses „heiße Eisen" des Abschlusses des ärztlichen Vertrages (einschließlich Empfängnisverhütung und Schwangerschaftsabbruch, LÜDERITZ 279) ist weder durch das SorgeRG noch durch das KindRG geschmiedet worden. Auch im Rahmen des Betreuungsrechts hat sich der Gesetzgeber bisher nicht imstande gesehen, insoweit weitergehende Regelungen zu treffen. Nur § 40 Abs 4 Nr 4 AMG begründet für den Fall, daß an dem Minderjährigen ein Arzneimittel klinisch geprüft werden soll, ein ausdrückliches Mitentscheidungsrecht des Minderjährigen (vgl EBERBACH FamRZ 1982, 450, 455). Entsprechend dieser unveränderten rechtlichen Situation hatten verschiedene Gerichte (LG München NJW 1980, 646 = FamRZ 1979, 850; LG Berlin FamRZ 1980, 285; AG Helmstedt ZfJ 1987, 85, 86; AG Celle NJW 1987, 2307) über die elterliche Zustimmung zum Abschluß des Behandlungsvertrages zu entscheiden; sie haben diese Frage unter dem Aspekt des § 1666 unterschiedlich beantwortet.

106 Eine gewisse Selbständigkeit erfahren insoweit die Jugendlichen, die selbst oder über ihre Eltern gesetzlich krankenversichert werden (§ 10 SGB V). Das Gesundheitsreformgesetz vom 20. 12. 1988 [BGBl I 2477] hat per 1. 1. 1989 § 205 RVO aufgehoben und die Familienmitversicherung in das SGB übergeführt und teilweise neu geregelt. Auch solche Jugendliche sind selbständig, die Leistungen der Sozialhilfe beziehen (§§ 37, 37b BSHG). Ab vollendetem 15. Lebensjahr haben sie ein selbständiges Antragsrecht auf Gewährung von Krankenversicherungsleistungen, § 36 Abs 1 SGB I. Dieses Antragsrecht ist gekoppelt mit einer Unterrichtungspflicht des Leistungsträgers gegenüber den gesetzlichen Vertretern und Einschränkungsmöglichkeiten durch diese, § 36 Abs 2 SGB I (GERNHUBER/COESTER-WALTJEN § 57 VII 4 Rn 80 zu Einzelheiten COESTER FamRZ 1985, 982, 986).

4. Prozessuale Weigerungsrechte

107 Diese Weigerungsrechte sind höchstpersönlich. Das Kind entscheidet allein über das

Recht, Zeugnis oder Eidesleistung zu verweigern, über die Vornahme einer körperlichen Untersuchung und die Blutentnahme (§§ 383 ff, 372a ZPO, 52, 63, 81c StPO), sofern es nach seiner geistigen Entwicklung die Einsicht in die Tragweite und Bedeutung seiner Rechte bzw der Weigerung hat. Aber auch bei fehlender Einsicht in die Tragweite der Entscheidung ist die **Weigerung** des Kindes zu respektieren.

Jeder Zwang ist unzulässig. Dagegen unterliegt die **Bereitschaft** zur Aussage elterlicher Kontrolle, aber auch nur, solange und soweit das Kind nicht die geistige Reife erreicht hat, die ihm die ausreichende Einsicht vermittelt. Von da an entscheidet es allein (MünchKomm/HUBER Rn 49; GERNHUBER/COESTER-WALTJEN § 57 VII 6 Rn 82 f; Einzelheiten s oben Rn 59, 71, 83 ff sowie § 1629 Rn 98 bis 108).

5. Privatsphäre – Geheimbereich des Kindes

Die wachsende Reife und Selbstbestimmungsfähigkeit des Kindes führt im Bereich **108** der persönlichen Lebensgestaltung seiner geschützten Intimsphäre dazu, daß die elterliche Sorge sich in ihrer Funktion wandelt und mehr und mehr zurückweicht. Das gilt vor allem für den persönlichen Umgang des Kindes mit Dritten, § 1632 Abs 2 (siehe STAUDINGER/SALGO Erl dort), und mit dem nicht sorgeberechtigten Elternteil, § 1684 (siehe STAUDINGER/RAUSCHER [2006] Erl zu § 1684), aber auch für den sonstigen Privat- und Geheimbereich (Tagebücher, Briefe, Manuskripte, Äußerungen des Kindes in den modernen Formen der Telekommunikation). Je bewußter das Kind kraft seiner fortschreitenden Persönlichkeitsentwicklung die Bedeutung dieses geschützten Intimbereichs und damit auch der Störung durch elterliches Eindringen erlebt, desto weniger ist den Eltern diese Störung ohne weiteres erlaubt; nur begründeter Verdacht einer Fehlentwicklung oder unzulässige Beeinflussung durch Dritte vermögen dann noch elterliche Intervention zu rechtfertigen (H KRÜGER FamRZ 1956, 329, 333 ff; QUAMBUSCH ZBlJugR 1974, 138, 139, 146, 149; PESCHEL-GUTZEIT, Neues elterliches Sorgerecht 89, 96 ff; LÜDERITZ AcP 178 [1978] 263, 282; GERNHUBER/COESTER-WALTJEN § 57 VII 7 Rn 82 f; RAUSCHER § 33 V Rn 1019).

Mit dieser Einschränkung ist indessen nicht viel gewonnen, weil sich im Konfliktsfall Eltern und Kinder gerade darüber streiten werden, ob eine Fehlentwicklung oder unzulässige Drittbeeinflussung (Liebesbeziehung, Drogen, Sekte, Kriminalität) vorliegt. In diesem Zusammenhang das Kind auf den Schutz aus § 1666 (Mißbrauch der elterlichen Sorge) zu verweisen, gibt ihm Steine statt Brot. Denn diese hohe Schwelle wird häufig weder erreicht noch gar überschritten sein und hilft deshalb dem Kind in seinem berechtigten Bedürfnis nach Respektierung seiner Intimsphäre nicht. Für ein de lege ferenda einzuführendes Schlichtungsverfahren vgl o Rn 84 (aA mit Hinweis auf Jugendhilfe RAUSCHER § 33 I Rn 959).

F. Art und Weise der Sorgerechtsausübung, § 1626 Abs 2 und Abs 3

I. Allgemeines

1. Inhalt des Abs 2

Inhalt, Funktion und Intensität des elterlichen Sorgerechts sind durch deren Erzie- **109** hungsziele, aber auch durch die Schutzbedürftigkeit des Kindes und seine Persönlichkeitsrechte gebunden (BVerfGE 72, 155 = NJW 1986, 1859 = JZ 1986, 632 m Anm Fehnemann 1055 = FamRZ 1986, 769 = DAVorm 1986, 419 = ZfJ 1986, 419 = WM 1986, 828 = ZIP 1986, 975 m Anm Emmerich JuS 1986, 806; Hartwig FamRZ 1987, 124). Je nach Lebensalter und individueller Entwicklung des Kindes zur Reife verändern sich Bindungen und Konkretisierungen der Elternsorge fortgesetzt. Das Ausmaß der elterlichen Sorge ist von der Geburt des Kindes bis zu seiner Volljährigkeit nicht unverändert, sondern wandelt sich nach Grad und Wirkungsbereich und hat bisweilen ganz zurückzutreten. Diesem Umstand trägt Abs 2 Rechnung, der gem § 1793 Abs 1 S 2 entsprechend für den Vormund gilt.

110 Der durch das SorgeRG eingeführte Abs 2 ist eine **Grundsatznorm** des neuen Sorgerechts. Er enthält ein Leitbild elterlicher Erziehung, formuliert im Lichte des verfassungsrechtlichen Erziehungsziels des selbstbestimmungs- und gemeinschaftsfähigen Staatsbürgers (vgl auch §§ 1 Abs 1, 9 Nr 2 KJHG). Das bedingt ein Erziehungsverhalten der Eltern, das auf die Heranbildung einer eigenverantwortlichen Persönlichkeit des Kindes zielt (Beschlußempfehlung und Bericht des Rechtsausschusses des Deutschen Bundestages, BT-Drucks 8/2788, 34). Die im Gesetzgebungsverfahren zum SorgeRG umstrittene Vorschrift nimmt die sich wandelnde Intensität der elterlichen Rechte und Pflichten in sich auf und zeichnet die Entwicklung der elterlichen Gewalt als munt zur partnerschaftlichen Erziehung der elterlichen Sorge aus heutiger Sicht (OLG Karlsruhe NJW 1989, 2398 = FamRZ 1989, 1322 = DAVorm 1989, 700) nach. Dabei kommt dem Kind keine aktive Rolle zu, die Eltern haben aber – entsprechend dem Grundsatz der, ebenfalls durch das SorgeRG eingefügten, Vorschrift des § 1618a – auf das zur Selbständigkeit strebende Kind Rücksicht zu nehmen (Beitzke FamRZ 1979, 8, 13; Jans/Happe Rn 13; MünchKomm/Huber Rn 61).

Damit verdeutlicht Abs 2 die Pflichtbindung der elterlichen Sorge und des verfassungsrechtlich geschützten Elternrechts in bezug auf die eigenen Grundrechte des Kindes insbesondere aus Art 1 und 2 GG. So zurückhaltend das SorgeRG bei der Einräumung kindlicher Selbstbestimmungsrechte verfahren ist, so sehr ist doch die Ausübung elterlicher Sorge und Erziehung gebunden an die Pflicht, auf die Persönlichkeit des Kindes die nötige Rücksicht zu nehmen, etwa bei der Einräumung und dem Gewährenlassen bei Eigenentscheidungen.

2. Geltungsbereich

111 Abs 2 enthält zwei unterschiedliche Regelungen: Nach S 1 berücksichtigen die Eltern bei der Pflege und Erziehung die wachsende Fähigkeit und das wachsende Bedürfnis des Kindes zu selbständigem, verantwortungsbewußtem Handeln. Diese Regelung gilt nach ihrem Wortlaut nur für die Personensorge („Pflege und Erziehung") und konkretisiert damit die in § 1631 Abs 1 geregelten Rechte und Pflichten aus der Personensorge. Nach S 2 besprechen die Eltern mit dem Kind Fragen der elterlichen Sorge und streben Einvernehmen mit dem Kinde an. Da diese Fassung eine Einschränkung der betroffenen Angelegenheiten nicht enthält, gilt Abs 2 S 2 für **alle Bereiche** der elterlichen Sorge (MünchKomm/Huber Rn 61 ff).

112 Soweit es Pflege und Erziehung angeht, gelten also S 1 und S 2 gemeinsam mit der Folge, daß Eltern bei Angelegenheiten der Personensorge die in S 1 normierte

Rücksicht auf die wachsende Selbstbestimmungsfähigkeit nehmen, mit dem Kinde sprechen und Einvernehmen mit ihm anstreben. Bei den von Pflege und Erziehung nicht berührten Bereichen, also vor allem bei der Vermögenssorge, müßten nach dem Wortlaut von S 2 dagegen die Eltern die in S 1 geregelte Rücksicht auf das eigenverantwortliche Handeln des Kindes nicht nehmen. Das ist indessen nicht Sinn der gesetzlichen Neuregelung. S 2 soll verdeutlichen, daß es auf den jeweiligen Entwicklungsstand des Kindes ankommt, ihm soll, im Interesse seiner Reifung zu einer selbständigen, eigenverantwortlichen Persönlichkeit, verdeutlicht werden, warum die Eltern welche Entscheidung anstreben, das Einvernehmen zwischen Kind und Eltern soll zum bewußten und gewollten Mitwirken des Kindes führen (BT-Drucks 8/2788, 44). Eine solche Ausübung der elterlichen Sorge bedeutet Rücksichtnahme auf wachsende Fähigkeit und wachsendes Bedürfnis des Kindes zu eigenverantwortlichem Handeln iSv S 1. Auch der Grundsatz des S 1 gilt deshalb für die gesamte elterliche Sorge.

II. Verfassungsmäßigkeit

Vielfach wird die Ansicht vertreten, Abs 2 enthalte ein gesetzlich festgelegtes Erziehungs**ziel** (SOERGEL/STRÄTZ Rn 38; MünchKomm/HUBER Rn 63; ERMAN/MICHALSKI Rn 22; ZENZ AcP 173 [1973] 527, 543; ZETTEL DRiZ 1981, 211, 213; BLAU JA 1982, 575, 577) und bestimme einen konkreten Erziehungs**stil**, nämlich den der partnerschaftlichen Erziehung (SOERGEL/STRÄTZ Rn 40; MünchKomm/HUBER Rn 63; ERMAN/MICHALSKI Rn 23; DIEDERICHSEN NJW 1980, 1, 2 ff). Gegen die Festlegung eines Erziehungsstils werden verfassungsrechtliche Bedenken erhoben (SCHMITT-GLAESER DÖV 1978, 629, 634; ders, Elterliches Erziehungsrecht [1980] 13 ff; OSSENBÜHL, Erziehungsrecht [1981] 82, 84 ff; BLAU JA 1982, 575, 578 ff), ebenso gegen die Festlegung eines Erziehungsziels (GIESEN FamRZ 1977, 594, 595; SCHMITT-GLAESER, Elterliches Erziehungsrecht 42, 43; DIEDERICHSEN NJW 1980, 1, 3; dazu krit FINGER RdJ 1982, 399; HÄBERLE, Erziehungsziele 54 ff; BLAU JA 1982, 575, 577; SCHMIDT-KAMMLER 21; SOERGEL/STRÄTZ Rn 38 „verfassungsrechtlicher Grenzbereich"). **113**

Andererseits wird die Regelung des Abs 2 als pädagogisch wünschenswertes Anliegen qualifiziert (OSSENBÜHL aaO; BLAU aaO; SIMON ZBlJugR 1984, 14; MünchKomm/HUBER Rn 63; SOERGEL/STRÄTZ Rn 38) bzw die Festlegung von Erziehungszielen geradezu gefordert (GERNHUBER FamRZ 1973, 229, 233, dazu ZENZ AcP 173 [1973] 527, 541).

Die verfassungsrechtlichen Vorwürfe sind insoweit begründet, als nach der Wertordnung des GG eine staatlich gelenkte Erziehung unzulässig ist (BVerwG FamRZ 1977, 541, 542). Die Schlußfolgerung indessen, inhaltliche Erziehungswerte und Erziehungsziele seien im GG nicht vorgegeben und könnten daher auch nicht aus ihm abgeleitet werden (BECKER MDR 1973, 630, 631; GERNHUBER FamRZ 1973, 229, 230 ff; LÜDERITZ FamRZ 1975, 605, 607; ders AcP 178 [1978] 263, 274; DIECKMANN AcP 178 [1978] 298, 316; FINGER, Familienrecht 306) läßt unberücksichtigt, daß das GG verbindliche Grundwerte für das gesamte Gemeinwesen enthält, die zur Ausführung und Ausfüllung hier der Rechte und Pflichten von Eltern und Kindern herangezogen werden müssen: Grundrechte als objektive Wertordnung, als Wertsystem, das auf das bürgerliche Recht in allen Teilen einwirkt (BVerfGE 7, 198, 205 = NJW 1958, 257; BVerfGE 10, 59, 81 = NJW 1959, 1483 = Rpfleger 1959, 261 = FamRZ 1959, 416; BVerfGE 30, 173, 193, s oben Rn 17 und Vorbem 22 ff zu §§ 1626 ff u RKEG). Vorschriften der Verfassung (und ihr folgend des einfachen Rechts, § 1626), die Eltern Rechte bezüglich der Kinder einräumen, müs- **114**

Lore Maria Peschel-Gutzeit

sen mithin gewährleisten, daß bei der Ausübung des Erziehungsrechts der Eltern Rechte und Persönlichkeit des Kindes in angemessener Weise geschützt und respektiert werden (BVerfGE 24, 119, 144 = NJW 1968, 2233 = FamRZ 1968, 578 = ZBlJugR 1969, 24 = DAVorm 1968, 324). Dieser Grundkonzeption des GG entspricht § 1626 Abs 2, insoweit enthält diese Norm ein inhaltlich formuliertes und nicht nur ein formales Erziehungsziel (GERNHUBER FamRZ 1973, 229, 233; LÜDERITZ AcP 178 [1978] 263, 272, 275; BEITZKE FamRZ 1979, 8, 10; SIMON JuS 1979, 752, 753; ders ZBlJugR 1984, 14, 15; HÄBERLE, Erziehungsziele 56; SCHMIDT-KAMMLER 27; BGB-RGRK/WENZ Rn 28; krit SCHMITT-GLAESER, Elterliches Erziehungsrecht 8 ff, 50, 53; BLAU JA 1982, 575, 578; im einzelnen zu diesem Fragenbereich COESTER, Kindeswohl 185; ERICHSEN/REUTER, Elternrecht 38 ff).

115 Die Erziehung des Kindes zu einer eigenverantwortlichen Persönlichkeit stimmt mit dem in Art 1, 2 GG entworfenen Menschenbild des GG überein. Dieses Menschenbild postuliert das selbstbestimmungsfähige, selbstverantwortliche und gemeinschaftsfähige Individuum, ist im übrigen aber wertoffen. Rechtsverbindlichkeit inhaltlicher Erziehungsziele, die über dieses Menschenbild hinausgehen, darf das Gesetz nicht vorgeben. Das ist aber auch nicht geschehen. Denn das in § 1626 Abs 2 enthaltene Erziehungsziel entspricht diesem Menschenbild, das allgemein anerkannt ist (BVerfGE 24, 119, 144 = NJW 1968, 2233 = FamRZ 1968, 578 = DAVorm 1968, 324 = ZBlJugR 1969, 24; REUTER FamRZ 1969, 622, 623 ff; OSSENBÜHL FamRZ 1977, 533 = DÖV 1977, 381 ff; DIEDERICHSEN FamRZ 1978, 461, 462; LÜDERITZ AcP 178 [1978] 263, 274). Damit stimmen die wachsende Berücksichtigung von Eigenverantwortlichkeit und Selbstbestimmungsrecht des Kindes sowie die Pflicht, mit dem Kind wichtige Fragen zu erörtern und Einvernehmen anzustreben, überein. Wer solche Erziehungspflicht als Eingriff in das Elternrecht ansieht, mißversteht jenes Recht als Herrschaftsrecht gegenüber dem Kind, das jede Erörterung mit dem Kind überflüssig werden läßt. Das Elternrecht auf Erziehung, Art 6 Abs 2 S 1 GG, ist aber kein Recht zur Beschneidung des Mitwirkungsrechts des Kindes an Erziehungsprozessen, die Eltern haben aus Art 6 Abs 2 S 1 nicht das Recht, ihr Kind **nicht** zu einem selbstbestimmungsfähigen und verantwortungsbewußten, gemeinschaftsfähigen Menschen zu erziehen. Das Menschenbild des GG fordert eine derartige, Teilhabe gewährende Erziehung und verbietet sie nicht (RAUSCHER § 33 I Rn 961). Die grundgesetzlich geschützten Werte von Freiheit und Demokratie lassen sich nicht besser und nicht eher als in der familiären Erziehung erlernen und einüben (G MÜLLER DRiZ 1979, 169, 171; ERICHSEN/REUTER 39 ff; BGB-RGRK/WENZ Rn 28).

116 Auch die Angriffe gegen den angeblich in verfassungswidriger Weise im Gesetz niedergelegten Erziehungs**stil** gehen fehl (SCHMITT-GLAESER DÖV 1978, 629, 634: nur das „Ob", nicht das „Wie" der Erziehung dürfe gesetzlich geregelt werden – ebenso SCHMITT-GLAESER, Erziehungsrecht 13, 8, 9; OSSENBÜHL, Elterliches Erziehungsrecht 80; DIEDERICHSEN NJW 1980, 1, 2 ff). Diese Kritik läßt außer acht, daß das SorgeRG nur normiert hat, was schon vor seinem Inkrafttreten höchstrichterlich als formales Erziehungsziel und damit auch zugleich als Erziehungsstil anerkannt war: das Heranführen zu eigenverantwortlichem Handeln des Kindes als Ziel elterlicher Erziehung (BVerfGE 24, 119, 144 = NJW 1968, 2233 = FamRZ 1968, 578 = DAVorm 1968, 324 = ZBlJugR 1969, 24). Dieser von der Rechtsprechung auch im übrigen anerkannte Grundsatz (BGH LM § 823 Nr 52 = NJW 1974, 1947 = MDR 1975, 47 = JZ 1975, 95 = FamRZ 1975, 595; OLG Hamm FamRZ 1974, 136) berücksichtigt, daß junge Menschen mit Vollendung des 18. Lebensjahres uneingeschränkt geschäftsfähig und deliktsfähig sind, was wiederum voraussetzt, daß sie die dafür nötigen Eigenschaften zuvor lernen konnten, also durch Erziehung vermittelt erhielten.

Soweit beanstandet wird, der in § 1626 Abs 2 S 2 geforderte Erziehungsstil über- **117** fordere die Durchschnittseltern, die Vorschrift sei schichtenspezifisch einseitig orientiert ("Intellektuellenparagraph") bzw in deutlichem Maße an Mittel- und Oberschicht orientiert, sie atme den Zeitgeist der Siebzigerjahre und friere ihn normativ ein (OSSENBÜHL 84), wird das Erziehungsverhalten von Eltern unterschätzt. Ausgangspunkt dieser Annahme ist die Unwandelbarkeit des Erziehungsverhaltens von Eltern, jeweils bezogen auf die Erziehung, die sie selbst erhalten haben. Zugleich wird einer erhaltenswerten Irrationalität das Wort geredet, wenn hervorgehoben wird, die Familie sei kein Parlament und keine Mikrodemokratie, Erziehung sei nicht nur eine Sache des Verstandes, § 1626 Abs 2 sei utopischer Rationalismus (OSSENBÜHL 84). Wer elterliches Erziehungsverhalten auch für die zukünftigen Generationen von Eltern so einschätzt und zudem als verfassungsrechtlich garantiert betrachtet, läßt die Möglichkeit von Wandel von vornherein außer Betracht. Kritikfähigkeit, Selbstbewußtsein und Selbständigkeit haben aber bei vielen jüngeren Menschen Verhaltensweisen, die ihnen noch anerzogen waren, wie Unterordnung, Gehorsam und Abhängigkeit verdrängt (ERMAN/MICHALSKI Rn 23). Erziehungsziele junger Eltern sind nach den Untersuchungen von A STEIN (Selbstbild und Erziehungsverständnis junger Paare [1983]), Beschäftigung mit dem Kind, Eingehen auf das Kind, Verständnis, Geduld, nicht dagegen Autoritäts- und Disziplinierungsaspekte, so daß langfristig die Hoffnung besteht, daß auch die jungen Eltern, die noch einer entgegengesetzten eigenen Erziehung verhaftet sind, schließlich bei der Erziehung eigener Kinder dem Erziehungsleitbild des § 1626 Abs 2 entsprechen werden (ebenso iE ERMAN/MICHALSKI Rn 23; siehe auch FINGER JA 1981, 641, 643).

Insgesamt ist die Vorschrift des § 1626 Abs 2 mithin verfassungsgemäß. Sie be- **118** schreibt das verfassungsrechtlich gebotene Erziehungsziel, läßt aber alle Wege, wie die Eltern dieses Ziel erreichen, offen, wenn diese Wege zur Erreichung dieses Zieles nur geeignet sind. Art und Weise der derart ausgerichteten elterlichen Erziehung wird vom GG hingenommen und hält sich damit zugleich im Rahmen von § 1626 Abs 2, wenn sie die Wertsetzung der Grundrechte verfolgt und in diesem Rahmen nicht evident verfehlt. Mit dem Menschenbild des GG gibt die Verfassung einen Rahmen vor, der eine Vielzahl untergeordneter Erziehungsziele umfaßt und der Erziehungsmethode der Eltern überläßt (ERICHSEN/REUTER 42 ff; iE auch MünchKomm/ HUBER Rn 63; SOERGEL/STRÄTZ Rn 40; ERMAN/MICHALSKI Rn 24; BGB-RGRK/WENZ Rn 28; GERNHUBER/COESTER-WALTJEN § 57 IV 3 Rn 29 und VII 7 Rn 84; RAUSCHER § 33 I Rn 961).

III. Einzelerläuterungen zu Abs 2

1. Abs 2 S 1

Die vom Gesetz geforderte Rücksicht der Eltern auf wachsende Fähigkeit und **119** wachsendes Bedürfnis des Kindes zu selbständigem verantwortungsbewußtem Handeln meint, daß die Eltern diese Bedürfnisse und Fähigkeiten des Kindes sehen und anerkennen sowie die eigene Verantwortung und die des Kindes abwägen (JANS/ HAPPE 57). Bei der Pflege und Erziehung des Kindes sollen die Eltern diese Fähigkeiten und Bedürfnisse fördern und ihnen Rechnung tragen. Allgemeine Mitentscheidungsrechte des Kindes enthält der gesamte Abs 2 nicht (zu den Bedenken insoweit RegE BT-Drucks 7/2060, 15 ff), sondern er schreibt den Eltern eine partnerschaftliche Erziehung vor (OLG Karlsruhe NJW 1989, 2398 = FamRZ 1989, 1322 = DAVorm 1989, 700; PALANDT/DIEDERICHSEN § 1626 Rn 23). Dabei ist vor allem zu bedenken, daß dem Kind mit fortschreitendem Alter vom Gesetz gewisse Zuständigkeiten zugestanden werden, die es nur mit entsprechender Erziehung zur Eigenverantwortung ausfüllen kann: So soll die Erziehung das Kind in die Lage versetzen, ab vollendetem 7. Lebensjahr in bestimmter Weise mit Geld umzugehen, §§ 106, 107. Gleichzeitig, spätestens ab vollendetem 14. Lebensjahr ist das Kind uU für Schäden, die es anderen zufügt, verantwortlich, es sei denn, es hätte die zur Erkenntnis der Verantwortlichkeit erforderliche Einsicht nicht, § 828 Abs 2. Die mit 7 Jahren einsetzende Deliktsfähigkeit, § 828 Abs 1, und die mit Vollendung des 14. Lebensjahres beginnende Strafmündigkeit, §§ 1, 3 JGG, machen deutlich, daß das Recht generell von wachsenden Fähigkeiten des reifenden Kindes ausgeht. Diesen Erfordernissen muß die Erziehung Rechnung tragen, und zwar in einer der wachsenden Einsichts- und Teilnahmefähigkeit des Kindes Raum gewährenden Weise.

120 Berücksichtigung besagt ebenso wie Rücksichtnahme nichts über das Ergebnis (BGB-RGRK/WENZ Rn 29). Die Berücksichtigung der Meinung des Kindes ist Ausfluß verantwortlichen elterlichen Handelns, die Entscheidung verbleibt letztverantwortlich aber den Eltern (JANS/HAPPE 56), die dem Kinde nicht folgen müssen.

Entscheidend ist, daß die Eltern unter der Geltung des Abs 2 S 1 nicht mehr über den Kopf des Kindes hinweg entscheiden dürfen (PALANDT/DIEDERICHSEN Rn 23; ERMAN/MICHALSKI § 1626 Rn 25; OLG Köln FamRZ 2001, 1087), sondern das Kind an dem Herausfinden geeigneter Pflege- und Erziehungsmaßnahmen beteiligen müssen. Dabei ist entscheidend, ob das Kind im Einzelfall selbständig und verantwortungsbewußt handeln kann und will. Dies setzt einerseits Unterrichtung des Kindes von der zu lösenden Frage und der in Aussicht genommenen Maßnahme, andererseits selbstverständlich die Beurteilungsfähigkeit des Kindes voraus. Haben die Eltern das Kind entsprechend unterrichtet, reichen Beurteilungsfähigkeit und Einsichtsfähigkeit des Kindes, aber auch sein Verantwortungsbewußtsein aus, so sind die Eltern verpflichtet, dem Bedürfnis des Kindes nach selbständiger Mitwirkung zu entsprechen und eigene Erziehungsvorstellungen, die dem widersprechen, zurückzustellen (aA wohl JANS/HAPPE 56, 57). Denn ein nur auf Gehorsam und Unterwerfung ausgerichteter, autoritärer Erziehungsstil ist nunmehr verboten (LEMPP ZBlJugR 1977, 507, 510; DIEDERICHSEN NJW 1980, 1, 3; PALANDT/DIEDERICHSEN Rn 23; FINGER JA 1981, 641, 643).

2. Abs 2 S 2

121 Abs 2 S 2 auferlegt den Eltern, Fragen der elterlichen Sorge mit dem Kind zu besprechen und mit ihm Einvernehmen anzustreben. Die Vorschrift gebietet also Gesprächsbereitschaft einerseits, das Bemühen um Einvernehmen mit dem Kind andererseits. Auch hierin wird die gesetzgeberische Vorstellung partnerschaftlicher Erziehung deutlich: Die von ihnen ins Auge gefaßten Erziehungsmaßnahmen dürfen die Eltern dem Kind nicht, quasi wortlos, aufzwingen, sondern sie müssen diese mit dem Kind erörtern mit dem Ziel, Verständnis und Einsicht des Kindes zu wecken (RegE BT-Drucks 7/2060, 17). Dem Kinde soll verdeutlicht werden, „warum die Eltern welche Entscheidung anstreben. Nach Möglichkeit soll das Einvernehmen zum bewußten und gewollten Mitwirken gewonnen werden" (BT-Drucks 7/2788, 44 ff). Damit sind weder langwierige Diskussionen zu Fragenbereichen gemeint, zu denen das Kind sinnvoll noch nicht beitragen kann, noch wird diese grundsätzliche Erörterungspflicht in Not- und Eilfällen gefordert (freilich bedeutet sie, daß dem Kinde die Maßnahmen nachträglich erklärt werden). Soweit eingewendet wird, damit werde ein Verhalten gefordert, das inpraktikabel und überfordernd sei (SIMON ZBlJugR 1984, 14, 15), wird übersehen, daß das Gesetz von den Eltern keine Kommunikation fordert, die diese bildungsmäßig nicht leisten können. In allen Schichten der Bevölkerung kommunizieren die Familienmitglieder miteinander. Die Forderung des §1626 Abs 2 geht nicht dahin, diese Art der Kommunikation zu **verbessern**, also einem höheren Bildungsniveau anzupassen, sondern sie so zu **verändern**, daß das Kind selbstverständlich in Aussprache, Verständigung und Beschlußfassung einbezogen wird, entsprechend seinem Entwicklungsstand unter grundsätzlicher Achtung seiner Persönlichkeit. Diesen Prozeß können „Unterschicht-Eltern" ebenso leisten wie „Mittelschicht-Eltern"; diese Fähigkeit zu leugnen, liefe auf ein diskriminierendes Vorurteil hinaus.

Voraussetzung für diese Beteiligung des Kindes ist, daß sein Entwicklungsstand sie **122** angezeigt erscheinen läßt. Entwicklungsstand und Einsichtsfähigkeit korrelieren miteinander. Das Kind muß zur Mitwirkung fähig und bereit sein, es darf einerseits nicht überfordert und auf diese Weise verunsichert werden, andererseits muß es seine Mitverantwortung wahrnehmen und anerkennen und darf nicht aus Bequemlichkeit den Eltern die Entscheidung überlassen, für die es hinreichend einsichtsfähig ist (ähnlich KNÖPFEL FamRZ 1985, 554, 564 unter Heranziehung von §1618a).

Das anzustrebende Einvernehmen bedeutet tatsächliche Übereinstimmung oder **123** Zurückstellen der eigenen Meinung und Nachgeben gegenüber der anderen, aber keinen Vertrag, keine Bindung, allein faktische Vertrauenstatbestände können entstehen.

Verweigert das Kind die Mitwirkung oder kommt sonst kein Einvernehmen zustande, so entscheiden die Eltern allein (BT-Drucks 7/2060, 17; 8/2788, 45).

Dies bedeutet zugleich, daß die Eltern ihre Erziehungsverantwortung wahrnehmen müssen und nicht etwa im Zuge antiautoritärer Erziehung dem Kind alles das gestatten dürfen, was es wünscht, sei es auch zu seinem Schaden. Auch haben Eltern eine einverständliche Lösung zu ändern, wenn das Kindeswohl dies erfordert.

Eine besondere Ausprägung des in Abs 2 zum Ausdruck kommenden Erziehungsverständnisses findet sich in der Verpflichtung der Eltern, in Angelegenheiten von Ausbildung und Beruf auf Eignung und Neigung des Kindes Rücksicht zu nehmen, §1631a (s STAUDINGER/SALGO Erl zu §1631a).

IV.   Umgang mit Bezugspersonen – Teil des Kindeswohls, §1626 Abs 3

Der durch das KindRG neu eingefügte Abs 3 spricht den allgemeinen Grundsatz **124** aus, daß der Umgang des Kindes mit den Eltern und anderen wichtigen Bezugspersonen in der Regel seinem Wohl – und nicht dem Wohl der Eltern! – dient. Obwohl bei Schaffung dieser Vorschrift ein eigenes Umgangsrecht des Kindes noch nicht in das Gesetz aufgenommen war – erst im weiteren Gesetzgebungsverfahren fügte der Rechtsausschuß des Deutschen Bundestages in § 1684 Abs 1 ein solches Recht ein –, ist Abs 3 doch mehr als ein bloßer Programmsatz. Er stellt vielmehr klar, daß eine Vereitlung des Umgangs in besonderen Fällen Anlaß für gerichtliche Maßnahmen nach § 1666 bis hin zur Entziehung der elterlichen Sorge sein kann (BT-Drucks 13/4899, 68; OLG Frankfurt FamRZ 2001, 638; OLG Celle FamRZ 1998, 1045; OLG Karlsruhe FamRZ 2002, 1210; OLG Dresden FamRZ 2002, 1588). Und für Großeltern, Geschwister und sonstige enge Bezugspersonen, die nach § 1685 ein Umgangsrecht haben, wenn dieses dem Wohl des Kindes dient, ist Abs 3 ein wichtiges Auslegungskriterium und Richtschnur. Denn Abs 3 S 2 stellt klar, daß der Umgang in der Regel dann zum Wohl des Kindes gehört, wenn das Kind zu der betreffenden Bezugsperson Bindungen hat, deren Aufrechterhaltung seiner Entwicklung förderlich ist (BT-Drucks 13/4899, 68, 93; OLG München FamRZ 2003, 1955). Mithin gehört auch die Sensibilisierung des Kindes für den Umgang mit – inzwischen – abwesenden Bezugspersonen mit zum Erziehungsinhalt und Erziehungsstil des Abs 2 und zu den Pflichten vernünftiger, sozialadäquater Erziehung (OLG Frankfurt ZfJ 1998, 343; OLG München FamRZ 2003, 1957; OLG Rostock FamRZ 2005, 744).

Ob die Vorschrift des Abs 3 geeignet ist, pädagogische Ansprüche zu erfüllen und zB eine Bewußtseinsänderung bei umgangsunwilligen, boykottierenden Elternteilen herbeizuführen (SCHWAB/WAGENITZ FamRZ 1997, 1377, 1381; RAUSCHER FamRZ 1998, 332), erscheint zweifelhaft. Immerhin kann sie die richtigen Ziele der §§ 1684 bis 1686 unterstützen. So wird in der neuen Vorschrift ein Signal auf Wechsel des elterlichen Bewußtseins gesehen (SCHWAB/WAGENITZ FamRZ 1997, 1377, 1381; JAEGER FPR 2005, 70, 72), sie wird als „Leitform des Umgangsrechts" qualifiziert (SCHMIDT-JORTZIG ZfJ 1996, 444; PESCHEL-GUTZEIT FPR 2003, 290, 291; vgl auch PALANDT/DIEDERICHSEN § 1626 Rn 24; ERMAN/ MICHALSKI Rn 26; BAMBERGER/ROTH/VEIT Rn 24 ff). Eigene Rechte des Kindes schafft Abs 3 ebenso wenig wie (neue) Rechte Dritter.

Seit Inkrafttreten des Gesetzes zur Änderung der Vorschriften über die Anfechtung der Vaterschaft und des Umgangsrechts von Bezugspersonen des Kindes, zur Registrierung von Vorsorgeverfügungen und zur Einführung von Vordrucken für die Vergütung von Berufsbetreuern vom 23.4.2004 (BGBl I 598; vgl oben Vorbem 32 zu §§ 1626 ff u RKEG) am 30.4.2004 haben enge Bezugspersonen ein eigenes Umgangsrecht. Wer diese Personen sind, definiert das Gesetz nicht. Diese Neuregelung geht auf eine Entscheidung des Bundesverfassungsgerichts vom 9.4.2003 (NJW 2003, 2151 = FamRZ 2003, 816 m Anm HUBER = FPR 2003, 471 m Anm RAKETE-DOMBEK) zurück. Das Bundesverfassungsgericht hatte festgestellt, daß § 1685 Abs 2 in der bis dahin geltenden Fassung mit Art 6 Abs 1 GG nicht in Einklang stehe, soweit diese Vorschrift den leiblichen (biologischen), aber nicht rechtlichen Vater eines Kindes, der eine sozial-familiäre Beziehung zu seinem Kind hat, auch dann von dem Umgang mit dem Kind ausschließt, wenn dieser Umgang dem Wohl des Kindes dient. Das Gericht hatte dem Gesetzgeber aufgegeben, die Rechtslage zu § 1685 Abs 2 bis zum 30.4.2004 mit der Verfassung in Einklang zu bringen. Das ist mit dem vorstehenden Gesetz geschehen. Nun gilt Gleiches, also die Regelung aus Abs 1, für enge Bezugspersonen des Kindes, wenn diese für das Kind tatsächlich Verantwortung tragen oder getragen haben (sozial-familiäre Beziehung). Mit umfaßt von dieser Neuformulierung sind die bisher schon erfaßten Ehegatten oder früheren Ehegatten, Lebenspartner oder früheren Lebenspartner und Personen, bei denen das Kind längere Zeit in Familienpflege war. Neu hinzugekommen sind die biologischen Väter, die nicht zugleich die rechtlichen Väter sind (Einzelheiten s AnwKomm-BGB/Peschel-Gutzeit § 1685 Rn 8 ff; OLG Naumburg FamRZ 2005, 2011 [Großeltern]; AG Potsdam FamRZ 2003, 1955 [biologischer Vater]; AG Rostock FamRZ 2005, 296 [Partner]).

V. Rechtsfolgen

Abs 2 und Abs 3 sind als gesetzliches Leitbild konzipiert und enthalten keine eige- **125** nen Sanktionen. An einen Verstoß gegen Abs 2 und Abs 3 sind keine unmittelbaren Rechtsfolgen geknüpft (BT-Drucks 7/2060, 16; 13/4899, 63). Es ist eine lex imperfecta (BT-Drucks 8/2788, 33 ff, 44 ff; Knöpfel FamRZ 1977, 600, 607; Luthin FamRZ 1981, 111). Grundsätzlich entscheiden die Eltern allein. Für das Kind sehen Abs 2 und Abs 3 keine Möglichkeit gerichtlicher Hilfe vor. Verstoßen die Eltern aber beharrlich gegen ihre Pflicht aus Abs 2 und Abs 3 und gefährden sie hierdurch das Wohl des Kindes, kann eine Entscheidung des Familiengerichts angezeigt sein (OLG Karlsruhe FamRZ 2002, 1210; Palandt/Diederichsen Rn 24; Erman/Michalski Rn 25; Belchaus Rn 10; Simon JuS 1979, 752, 753; **aA** Soergel/Strätz Rn 39; Gernhuber/Coester-Waltjen § 57 VII 7).

Im übrigen enthalten die Vorschriften Abs 2 und Abs 3 als Grundnorm elterlichen Sorgeverhaltens ein echtes **Rechtsgebot** (BT-Drucks 8/2788, 45), das Orientierungshilfe für die Familie, aber auch für anwaltliche Beratung (Luthin FamRZ 1981, 111 Fn 2) und für gerichtliche Entscheidungen bildet. So wirkt die Vorschrift ein auf die Entscheidungen nach §§ 1671, 1672, 1631a, 1631b, 1632 Abs 2, 1666, 1684 Abs 2 (Palandt/Diederichsen Rn 25; Erman/Michalski Rn 25, 26) und auch auf die Vorschriften der §§ 50a ff FGG (BT-Drucks 7/2060, 16).

G. Internationales Privatrecht

Das Rechtsverhältnis zwischen einem Kind und seinen Eltern unterliegt dem Recht **126** des Staates, in dem das Kind seinen gewöhnlichen Aufenthalt hat, Art 21 EGBGB idF des KindRG. Die Neuregelung beruht auf der Beseitigung der statusmäßigen Unterscheidung von ehelichen und nichtehelichen Kindern. Nunmehr regelt Art 21 einheitlich das Rechtsverhältnis zwischen einem Kind und seinen Eltern. Damit ersetzt Art 21 die bisherige gespaltene Anknüpfung in Art 19 Abs 2 und 20 Abs 2 aF. Die jetzige einheitliche Anknüpfung an den jeweiligen gewöhnlichen Aufenthalt des Kindes vereinfacht die Anknüpfung erheblich. Sie beruft die jeweilige Rechtsordnung, in deren Bereich das Kind seinen gewöhnlichen Aufenthalt hat, wo also das Bedürfnis zum Handeln auftritt. Zugleich wird so die weitgehende Übereinstimmung mit dem Unterhaltsstatut, Art 18 Abs 1 EGBGB, und dem Haager Minderjährigenschutzabkommen hergestellt.

Für einzelne gerichtliche Regelungen zum Schutz des Minderjährigen gelten die Regeln des Haager Minderjährigenschutzabkommens (MSA, s Vorbem 65 zu §§ 1626 ff), wobei die vorrangige Sonderregelung für die internationale Zuständigkeit und die Anerkennung von Sorgerechtsentscheidungen anläßlich Ehescheidung, Elterntrennung und Ungültigerklärung einer Ehe, die sich aus der EG-EheVO (Brüssel II-VO, s Vorbem 96 zu §§ 1626 ff u RKEG) und ihr nachfolgend aus der „Brüssel IIa-VO" (s Vorbem 98 vor §§ 1626 ff u RKEG) ergibt, zu beachten ist.

§ 1626a
Elterliche Sorge nicht miteinander verheirateter Eltern; Sorgeerklärungen

(1) Sind die Eltern bei der Geburt des Kindes nicht miteinander verheiratet, so steht ihnen die elterliche Sorge dann gemeinsam zu, wenn sie

1. erklären, dass sie die Sorge gemeinsam übernehmen wollen (Sorgeerklärungen), oder

2. einander heiraten.

(2) Im Übrigen hat die Mutter die elterliche Sorge.

Materialien: Art 1 Nr 10 KindRG; Art 1 Gesetz zur Umsetzung familienrechtlicher Entscheidungen des Bundesverfassungsgerichts vom 13. 12. 2003 (BGBl I 2547).

Schrifttum

Siehe Angaben zu § 1626; außerdem
BOELE-WOELKI/FERRAND/GONZÁLEZ BEILFUSS/JÄNTERÄ-JAREBORG/LOWE/MARTINY/
PINTENS, Principles of European Family Law Regarding Parental Responsibilities (2007)
BRAMBRING, Notarielle Beurkundung der Sorgeerklärungen nach § 1626a Abs 1 Nr 1 BGB, DNotI-Rep 1998, 89
BREITHAUPT, Die Alleinsorge der Mutter nach § 1626a II BGB und das Kindeswohl, FPR 2004, 488
BURMEISTER, Grundrechtliche Inhalts- und Schrankenbestimmung durch private Hand? KJ 2003, 328
COESTER, Elternrecht des nichtehelichen Vaters und Adoption, FamRZ 1995, 1245
ders, Elternautonomie und Staatsverantwortung bei der Pflege und Erziehung von Kindern, FamRZ 1996, 1181
ders, Neues Kindschaftsrecht in Deutschland, DEuFamR 1999, 3
ders, Verfassungspolitische Vorgaben für die gesetzliche Ausgestaltung des Sorgerechts nicht miteinander verheirateter Eltern, FPR 2005, 60
ders, Nichteheliche Elternschaft und Sorgerecht, FamRZ 2007, 1137
DETHLOFF, Das Sorgerecht nicht miteinander

verheirateter Eltern aus rechtsvergleichender Sicht, JAmt 2005, 213
DICKERHOF-BORELLO, Die Sorgeerklärung eines geschäftsunfähigen Elternteils, FuR 1998, 70 und 157
FINGER, Nichteheliche Kindschaft und Auslandsbezug, ZfJ 2004, 134
FINK, Verfassung und das Sorgerecht für nichteheliche Kinder: Das Kindeswohl als Maßstab gesetzlicher Regelungen, JAmt 2005, 485
dies, Die Verwirklichung des Kindeswohls im Sorgerecht für nichtverheiratete Eltern, 2004
HEUMANN, Eltern ohne Sorgerecht – Gedanken zu Familie und Recht, FuR 2003, 293
HUMPHREY, Das Sorgerecht des nichtehelichen Vaters in rechtsvergleichender Kritik, FPR 2003, 578
Kinderrechtekommission des DFGT, Gemeinsame elterliche Sorge nicht miteinander verheirateter Eltern, JAmt 2005, 490
M LIPP, Das elterliche Sorgerecht für das nichteheliche Kind nach dem Kindschaftsrechtsreformgesetz, FamRZ 1998, 65
MOHR/WALLRABENSTEIN, Elterliche Sorge als ein Sorgenkind des Bundesverfassungsgerichts, Jura 2004, 194
MÜLLER, Elterliches Sorgerecht des unverhei-

rateten Vaters auch gegen den Willen der Kindesmutter? ZfJ 2004, 4

RICHTER, Die Alleinsorge der Mutter nach § 1626a II und das Kindeswohl, FPR 2004, 484

E SCHUMANN, Die nichteheliche Familie (1998)

dies, Erfüllt das neue Kindschaftsrecht die verfassungsrechtlichen Anforderungen an die Ausgestaltung des nichtehelichen Vater-Kind-Verhältnisses?, FamRZ 2000, 389

dies, Sorgerecht nicht miteinander verheirateter Eltern – Anmerkungen zur neuesten Rechtsprechung, FPR 2002, 1

SCHWAB, Kindschaftsrechtsreform und notarielle Vertragsgestaltung, DNotZ 1998, 437

SEIBERT, Verfassung und Kindschaftsrecht, FamRZ 1995, 1457

SPANGENBERG/SPANGENBERG, Den nicht ehelichen Müttern das letzte Wort? ZfJ 2003, 332

WILL, Die Stärkung der Rechtsstellung des nichtehelichen Vaters, ZfJ 1998, 308

WITTEBORG, Das gemeinsame Sorgerecht nicht verheirateter Eltern, Diss Heidelberg 2002

WOLF, Die Verfassungsmäßigkeit von § 1626a BGB, FPR 2002, 172

ZIMMERMANN, Das neue Kindschaftsrecht, DNotZ 1998, 404.

Systematische Übersicht

                                                      Michael Coester

Alphabetische Übersicht
(einschließlich §§ 1626b–1626e)

Michael Coester

I. Normbedeutung und -inhalt

1. Normbedeutung

§§ 1626a–1626e sind durch Art 1 Nr 10 KindRG 1998 eingefügt worden. Sie treffen **1** Sonderregelungen für die Sorgerechtsverhältnisse bei nicht miteinander verheirateten Eltern (und machen damit deutlich, daß die gemeinsame elterliche Sorgeverantwortung in § 1626 Abs 1 nur für die eheliche Familie gilt, PALANDT/DIEDERICHSEN § 1626 Rn 12). Die Sonderregelungen beruhen auf der Vorstellung, daß Kinder von Eheleuten regelmäßig in eine intakte Lebensgemeinschaft der Eltern hineingeboren werden, mit der natürlichen Konsequenz ihres gemeinsamen Sorgerechts (§ 1626 Abs 1), während die Lebensverhältnisse von nicht miteinander verheirateten Eltern sehr heterogen sind – sie reichen von der stabilen, eheähnlichen Lebensgemeinschaft bis zur alleinstehenden Frau, die nach flüchtigen Sexualbeziehungen Mutter geworden ist; vom kindesorientierten „neuen Vater" bis zum desinteressierten Erzeuger und (bestenfalls) Zahlvater. Die generelle Verknüpfung von Elternstellung mit gemeinsamem Sorgerecht schien dem Gesetzgeber bei dieser Situation unangemessen (näher Rn 8 ff); § 1626a versucht, eine differenzierte Antwort auf die Frage der Sorgerechtsinhaberschaft zu geben. Dabei legt § 1626a die Grundsätze fest, während §§ 1626b–e lediglich das in § 1626a Abs 1 Nr 1 neu geschaffene Instrument der Sorgeerklärungen näher ausgestalten.

Die *rechtstatsächliche Bedeutung* der Thematik ergibt sich aus der Statistik (Jahrbuch für die BRD 2005 für das Jahr 2003): Jährlich sind über 190 000 nichteheliche Geburten zu verzeichnen (21,1% aller Geburten in Westdeutschland und 57,7% in Ostdeutschland), insgesamt existieren ca 700 000 nichteheliche Lebensgemeinschaften mit Kindern in Deutschland.

In **engem Zusammenhang mit § 1626a** stehen des weiteren eine Reihe von Vorschrif- **2** ten, die das Regelungsmodell des § 1626a modifizieren oder ausgestalten. Hierzu gehört in erster Linie **Art 224 § 2 Abs 3–5 EGBGB**, der für „Altfälle" (Trennung nichtehelicher Familien vor dem 1. 7. 1998) die gerichtliche Ersetzung der Sorgeerklärung eines Elternteils gem § 1626a Abs 1 Nr 1 ermöglicht (zur Entstehungsgeschichte unten Rn 3; zum Inhalt im einzelnen Rn 35). Auf der Ebene des materiellen Rechts ist § 1626a des weiteren in einer Gesamtschau zu sehen mit den Korrekturmöglichkeiten nach § 1671 (Änderung von gem § 1626a Abs 1 begründeter gemeinsamer Sorge in Alleinsorge eines Elternteils) oder § 1672 **Abs 1** (Änderung der mütterlichen Alleinsorge nach § 1626a Abs 2 in väterliche Alleinsorge); weitere **(Folge-)Änderungen** können **gem §§ 1672 Abs 2, 1678, 1680, 1681 oder** § 1696 eintreten. Flankierend zu den familienrechtlichen Regelungen gewährt § **18 Abs 2 SGB VIII** den miteinander nicht verheirateten Müttern und Vätern einen jugendhilferechtlichen Beratungsanspruch über die Abgabe einer Sorgeerklärung; § **58a SGB VIII** gibt der Mutter einen „Auskunftsanspruch" über ihr alleiniges Sorgerecht gem § 1626a Abs 2 (dazu § 1626d Rn 7, 11 ff); weitere Vorschriften des SGB VIII wollen die vom BVerfG angeordnete Beobachtung der Sorgeerklärungs-Praxis (dazu unten Rn 33) durch „laufende Erhebungen" gewährleisten (§§ 87c Abs 6 S 2, 3; 98 Abs 2; 99 Abs 6a; 101 Abs 1 S 1; s dazu § 1626d Rn 8).

3 An der **Verfassungsmäßigkeit des** § **1626a** waren frühzeitig Zweifel geäußert worden. Diese bezogen sich schon auf die originäre Alleinsorge der Mutter nach Abs 2 (dazu unten Rn 10), vor allem aber auf die – aus Vatersicht – unzureichenden Korrekturmöglichkeiten in Abs 1 sowie in § 1672 Abs 1 (ausführliche Darstellung des Meinungsstandes und Stellungnahme bei STAUDINGER/COESTER [2002] Rn 33 ff). Das **BVerfG** hat jedoch – zur Überraschung vieler – sowohl das Konzept des § 1626a für (noch) verfassungsmäßig erklärt (Urt v 21. 1. 2003, FamRZ 2003, 285 = NJW 2003, 955) wie auch die Komplementärregelung in § 1672 Abs 1 (Kammerbeschluß v 23. 4. 2003, FamRZ 2003, 1447; dazu STAUDINGER/ COESTER [2004] § 1672 Rn 2, 9–13). Diese Entscheidungen sind verbreitet auf Kritik gestoßen (s Rn 8, 33); ungeachtet der verfassungsrechtlichen Beurteilung gewinnt jedenfalls die Überzeugung die Oberhand, daß § 1626a Abs 1 (mit § 1672 Abs 1) *rechtspolitisch* keinen angemessenen Ausgleich der Interessen von Kind, Mutter und Vater gewährleistet – zumal das BVerfG selbst die tragenden Prämissen des Gesetzgebers für ungesichert gehalten und ihm deshalb eine rechtstatsächliche Beobachtungspflicht auferlegt hat (FamRZ 2003, 285, 291; vgl Rn 2). Die daraufhin gesetzlich vorgeschriebenen Erhebungen (§§ 98 Abs 2, 99 Abs 6a, 101 Abs 1 SGB VIII, vgl § 1626d Rn 7) sind allerdings von vornherein untauglich, Aufschluß über die Motive mütterlicher Zustimmungsverweigerung zu vermitteln. Dementsprechend findet eine intensive **Reformdiskussion** statt (dazu Rn 8), und auch im BJM wird über eine Neuordnung des Rechts der elterlichen Sorge bei miteinander nicht verheirateten Eltern nachgedacht. Diese Überlegungen bekommen Nachdruck angesichts der nicht fernliegenden Möglichkeit, daß §§ 1626a Abs 1 mit 1672 Abs 1 vom EGMR als Verstoß gegen **Art 8, 14 EMRK** gewertet werden könnten (vgl HENRICH FamRZ 2003, 359; BRÜCKNER FPR 2005, 200; RIXE ISUV/VDU Report 2003, 18, 20; BURMEISTER KJ 2003, 328, 341; ausführlich zur sorgerechtlichen Rspr des EGMR BRÜCKNER FPR 2005, 200 ff; KOPPER-REIFENBERG, Kindschaftsrechtsreform und Schutz des Familienlebens nach Art 8 EMRK [2001] 240 ff). Auch im Lichte der **Rechtsvergleichung** erscheint § 1626a als unausgewogene, die Mutterposition zu stark betonende Regelung (vgl DETHLOFF JAmt 2005, 213 ff; HUMPHREY FPR 2003, 578 ff; FRANK FamRZ 2004, 841 ff, 845).

2. Norminhalt und -struktur

4 Im Verhältnis zu § 1626 beschränkt sich die Sonderregelung des § 1626a auf die *Inhaberschaft* des Sorgerechts. Die sonstigen Aussagen des § 1626 zum *Inhalt* des Sorgerechts und zum *Kindeswohl* gelten übergreifend für *alle* Kinder und ihre Eltern, soweit diese (auch nach § 1626a) sorgeberechtigt sind.

Der Gesetzesaufbau folgt nicht dem normativen und tatsächlichen Regel-/Ausnahmeverhältnis, sondern stellt das rechtspolitische Idealbild gemeinsamer Elternsorge auch bei nicht miteinander verheirateten Eltern an die Spitze. Dem systematischen Verständnis erschließt sich die Vorschrift jedoch besser, wenn man sie *von hinten* liest:

Grundsätzlich hat die bei Geburt des Kindes unverheiratete **Mutter** kraft Gesetzes   5
das **alleinige Sorgerecht**, § 1626a Abs 2 (ie Rn 8 ff). Bei dieser originären (nicht mehr durch Amtspflegschaft eingeschränkten) Muttersorge bleibt es, soweit und solange die Eltern nicht durch aktives Handeln eine Korrektur herbeiführen.

Wege zum **gemeinsamen Sorgerecht** weist § 1626a Abs 1: **Heiraten** die Eltern nach   6
der Geburt des Kindes, erwerben sie gem § 1626a Abs 1 Nr 2 von nun an kraft Gesetzes dieselbe Rechtsstellung wie von Anfang an verheiratete Eltern gem § 1626 (s Rn 15 ff). Aber auch ohne Heirat können die Eltern das gemeinsame Sorgerecht erwerben, wenn sie entsprechende **Sorgeerklärungen** abgeben, § 1626a Abs 1 Nr 1 (s Rn 29 ff) oder wenn (bei Altfällen, Rn 2) die Sorgeerklärung eines Teils gem Art 224 § 2 Abs 3 gerichtlich ersetzt worden ist.

Die Eltern können jedoch auch gem § 1672 Abs 1 beim FamG beantragen, daß die   7
Alleinsorge des Vaters (ganz oder teilweise) anstelle der der Mutter angeordnet wird (Rückerwerb durch die Mutter nur nach § 1696 Abs 1). Ein späterer Übergang zum gemeinsamen Sorgerecht ist dann nicht mehr kraft Sorgeerklärung, sondern nur gem § 1672 Abs 2 S 1, 2 möglich (vgl § 1626b Rn 14). Dem Vater kann die Alleinsorge auch dann übertragen werden, wenn die Mutter als Sorgeberechtigte ausfällt oder ihr das Sorgerecht entzogen wird, §§ 1678, 1680, 1681.

3. Reformdiskussion

Während über die rechtspolitische Notwendigkeit einer Reform des Sorgerechts   8
nicht miteinander verheirateter Eltern auch nach den Entscheidungen des BVerfG von 2003 (Rn 3) weitgehend Einigkeit zu bestehen scheint (CARL FPR 2005, 165 ff; HENRICH FamRZ 2003, 359; FINK 136 ff; dies JAmt 2005, 485 ff; GERNHUBER/COESTER-WALTJEN § 57 X Rn 142; DETHLOFF JAmt 2005, 213 ff; LÜDERITZ/DETHLOFF, Familienrecht § 13 Rn 31; MUSCHELER, Familienrecht Rn 593), sind doch die Konturen einer wünschenswerten Neuregelung heftig umstritten (zu den verfassungsrechtlichen Vorgaben einer Reform COESTER FPR 2005, 60 ff). Im wesentlichen stehen **drei Regelungsmodelle** zur Diskussion (dazu mit jeweils ausführlicher Argumentation Kinderrechtekommission des DFGT, JAmt 2005, 490 ff; vgl COESTER FamRZ 2007, 1137 ff):

– **Modell 1**: Pauschale gesetzliche Zuweisung des gemeinsamen Sorgerechts an beide (rechtlichen) Eltern, ohne Ansehung ihres Familienstands, Zusammenlebens oder der sonstigen Umstände; bei Unzuträglichkeit kann Korrektur zugunsten der Alleinsorge eines Elternteils erfolgen (etwa gem § 1671) (so auch CARL FPR 2005, 165, 166 f; FINGER FamRZ 2000, 1204, 1207; JOPT ZfJ 1996, 203, 206; SCHWENZER, Model Family Code [2006] Art 3. 27 [S 141]).

– **Modell 2**: Gemeinsame Sorge kraft Gesetzes bei zusammenlebenden Eltern (uU erst bei gewisser Dauer des Zusammenlebens; alternativ: bei Unterhaltsanerkenntnis des Vaters [CARL FPR 2005, 165, 166]) oder bei beiderseitigen Sorgeerklärungen; sonst originäre Alleinsorge der Mutter mit Korrekturmöglichkeiten zugunsten gemeinsamer Sorge oder Alleinsorge des Vaters.

– **Modell 3**: Bei fehlenden Sorgeerklärungen originäre Alleinsorge der Mutter mit (gegenüber der lex lata) erleichterten Korrekturmöglichkeiten zugunsten gemeinsamer Sorge oder der Alleinsorge des Vaters (etwa analog § 1696 Abs 1 bei „triftigen Gründen"; so auch FINK 147 ff; dies JAmt 2005, 485, 489; DETHLOFF NJW 1992, 2200; SCHUMANN FamRZ 2000, 389; 393 f).

Soweit nach den vorgenannten Modellen eine Sorgegemeinsamkeit der Eltern nicht in Betracht kommt, wird der Reformgesetzgeber auch zu entscheiden haben, ob die Sonderung der Befugnisse auf der Ebene des *Sorgerechts selbst* oder erst – nachgelagert – auf der Ebene der *Ausübungsbefugnis* eines des de jure gemeinsamen Sorgerechts geschehen soll (vgl COESTER FPR 2005, 60, 63).

II. Grundsätzliche Alleinsorge der unverheirateten Mutter, Abs 2

1. Gesetzliche Grundentscheidungen

9 Das Regelungskonzept des § 1626a beruht auf **zwei rechtspolitischen Grundentscheidungen**:

a) Kein originäres gemeinsames Sorgerecht
Obwohl das verfassungsrechtliche Elternrecht gem Art 6 Abs 2 S 1 GG auch unverheirateten Eltern zusteht, darf nicht übersehen werden, daß diese Rechtsposition den Eltern *um des Kindes willen* als „Pflichtrecht" zugewiesen worden ist (BVerfGE 24, 119, 144; ie STAUDINGER/PESCHEL-GUTZEIT § 1626 Rn 19 ff): Elternrechte wie insbes die aus ihm fließende elterliche Sorge dienen dem Schutz und der Förderung des Kindes. Sind beide Eltern gemeinsam sorgeberechtigt, so ist ein gewisses Maß an Einigkeit, Kooperationsfähigkeit und -bereitschaft erforderlich, um dieses Ziel zu erreichen (BVerfG FamRZ 1995, 789, 792: „Mindestmaß an Übereinstimmung"; FamRZ 2003, 285, 287, 289; 2004, 354, 355; FPR 2004, 393). Insofern verlangt das BVerfG eine erkennbare Bereitschaft des Vaters zur Übernahme der Elternverantwortung (FamRZ 2003, 816, 819 f, 822). Bei verheirateten Eltern liegt eine entsprechende wechselseitige Selbstverpflichtung schon im Eheschluß (unbeschadet einer Pflichtvernachlässigung im Einzelfall); bei nicht miteinander verheirateten Eltern fehlt es an einer solchen grundsätzlichen Bekundung von Kooperationsbereitschaft. Neben einer großen Zahl von nichtehelichen Lebensgemeinschaften (Rn 3), in denen diese Bereitschaft wie in einer Ehe vorausgesetzt werden kann, und „neuen", dh um das Kind bemühten Vätern existieren auch heute noch viele flüchtige oder instabile Bekanntschaften sowie am Kind persönlich oder jedenfalls an der Kindessorge nicht interessierte Väter. Eine Abgrenzung ist nur schwer möglich (vgl BVerfG NJW 1993, 643 zur nichtehelichen Lebensgemeinschaft), insbesondere genügt auch nach Auffassung des BVerfG die Anerkennung der Vaterschaft noch nicht als verläßliches Indiz für die nötige Verantwortungsbereitschaft (FamRZ 2003, 285, 288; vgl CARL FPR 2005, 165, 166). Auch die tatsächliche Familiengemeinschaft von Mutter und Vater schien dem Gesetzgeber kein hinreichend zuverlässiger Anknüpfungspunkt (ebenso BVerfG FamRZ 2003, 285, 288; „Modell 3" der Kinderrechtekommission des DFGT, JAmt 2005, 500; anders „Modell 2", ebenda

495 f; *de lege ferenda* wird allerdings zu beachten sein, daß die [faktische] „sozial-familiäre Beziehung" bzw die „häusliche Gemeinschaft" sich doch zunehmend als wesentliches rechtliches Kriterium etabliert, vgl §§ 1600 Abs 3 S 2; 1685 Abs 2 S 1; Art 224 § 2 Abs 3 EGBGB – hier sogar als Grund für gemeinsames Sorgerecht unverheirateter Eltern [s Rn 35]). Als Filter vor der gemeinsamen Sorgeberechtigung verlangt das geltende Recht deshalb von unverheirateten Eltern ein positives, verbindliches Bekenntnis zur gemeinsamen Sorgeverantwortung (Abs 1 Nr 1); fehlt dieses, gewährleistet nur die gesetzliche Zuweisung der **Alleinsorge** an einen Elternteil die für das Kind unverzichtbare Klarheit, Effektivität und Stabilität der Sorgerechtsverhältnisse (zum ganzen BT-Drucks 13/4899, 58; BVerfGE 84, 168, 181 ff; 92, 158, 178; BGH FamRZ 2001, 907, 909; Seibert FamRZ 1995, 1457, 1460; Coester FamRZ 1995, 1245, 1247; ders DEuFamR 1999, 3, 7; M Lipp FamRZ 1998, 65, 69; Schumann FamRZ 2000, 389, 393; Schwenzer FamRZ 1992, 121, 125).

b) Alleinsorge der Mutter

Für die **Mutter** als originäre Sorgerechtsinhaberin spricht zum einen, daß sie in aller **10** Regel im Moment der Geburt rechtlich feststeht (§ 1591) und auch präsent, dh aktuell sorgefähig ist. Das Kind benötigt sofort nach der Geburt Pflege und auch rechtliche Vertretung; es kann nicht warten, bis in einem Gerichtsverfahren der bessere Elternteil ausgewählt wird. Zum zweiten zeichnet das mütterliche Sorgerecht auch nach wie vor den psycho-sozialen Häufigkeitstypus in unserer Gesellschaft nach – trotz der Zunahme kindesorientierter Väter sind es doch ganz überwiegend noch die Mütter, die sich um die Kinder kümmern (mit einer „naturgegebenen Hauptverantwortung" der Mutter [so BGH FamRZ 2001, 907, 909] hat das allerdings nichts zu tun, Schumann FPR 2002, 1, 6; die gesetzliche Entscheidung billigend BVerfGE 56, 363; 84, 168, 181; FamRZ 2003, 285, 288; BGH FamRZ 2001, 907, 909, 910; Seibert FamRZ 1995, 1457, 1460; Büdenbender AcP 197 [1997] 197, 200, 220; Breithaupt FPR 2004, 488; Coester FPR 2005, 60, 63; ders JZ 1992, 809, 814; ders FamRZ 1995, 1245, 1247; ders DEuFamR 1999, 3, 7; M Lipp FamRZ 1998, 65, 70; Schumann FamRZ 2000, 389, 393; Schwenzer GutA 59. DJT 1992, A 71; MünchKomm/ Huber Rn 38; vMünch/Kunig/Coester-Waltjen Art 6 GG Rn 79; Zimmermann DNotZ 1998, 404, 416; krit Boehmke FuR 1991, 181, 188 f; Rauscher FamRZ 1998, 329, 336; Richter FPR 2004, 484; Köster, Sorgerecht und Kindeswohl [1997] 60 ff). Das Problem liegt weniger in der originären Zuweisung des Sorgerechts an die Mutter als in den unzureichend ausgestalteten Korrekturmöglichkeiten zugunsten des Vaters (s Rn 33 ff sowie Staudinger/ Coester [2004] § 1672 Rn 9 ff).

2. Einzelheiten

a) Allgemein

Die mütterliche Alleinsorge gem Abs 2 tritt mit der Geburt *kraft Gesetzes* ein (zum **11** gemeinsamen Sorgerecht auch nicht miteinander verheirateter Eltern schon bei der Geburt auf Grund pränataler Sorgeerklärungen s § 1626b Rn 8 ff). Entsprechendes gilt gem § 1912 Abs 2, wenn Sorgemaßnahmen für das *ungeborene Kind* zu treffen sind. Bei einer *minderjährigen Mutter* ist ein Vormund für das Kind zu bestellen (§ 1673 Abs 2). Zum *Nachweis* der mütterlichen Alleinsorge im Rechtsverkehr s § 1626d Abs 2 (dort Rn 7 ff).

b) Spätere Änderungen

Einverständlich können die Eltern das gem Abs 2 entstandene Alleinsorgerecht der **12** Mutter abändern in gemeinsames Sorgerecht gem Abs 1 oder in Alleinsorge des

Vaters gem § 1672 Abs 1 durch Antrag auf entsprechende gerichtliche Entscheidung. Da dieser Antrag auf einen Teil des Sorgerechts beschränkt sein kann, können die Eltern auf diesem Wege im Ergebnis *geteiltes Sorgerecht* erreichen: etwa Personensorge bei der Mutter gem § 1626a Abs 2, Vermögenssorge beim Vater gem § 1672 Abs 1 (s auch Rn 59).

13 **Ohne elterlichen Konsens** sind Änderungen hingegen nur bei rechtlichem oder tatsächlichem Ausfall der Mutter als Sorgeberechtigter möglich – bei Geschäftsunfähigkeit oder tatsächlicher Verhinderung (§§ 1673–1675, 1678 Abs 1) nach § 1678 Abs 2, bei Sorgerechtsentzug (§§ 1666 oder 1629 Abs 2 S 3 iVm 1796) nach § 1680 Abs 3, bei Tod nach § 1680 Abs 2 S 2. In all diesen Fällen ist die Erwerbshürde für den Vater, der niemals zuvor das Sorgerecht innehatte, höher (Übertragung der Sorge auf ihn nur, wenn dies „dem Kindeswohl dient") als bei Vätern, die früher einmal kraft Ehe oder Sorgeerklärung am Sorgerecht beteiligt waren (Übertragung, wenn dies dem Kindeswohl „nicht widerspricht"). Diese Differenzierung ist verfassungsrechtlich und rechtspolitisch bedenklich (vgl näher STAUDINGER/COESTER [2004] §§ 1678 Rn 29, 1680 Rn 14, 21; vgl BVerfG NJW 2006, 1723 f: verfassungskonforme Auslegung geboten).

c)   Flankierendes Jugendhilferecht

14 Der Standesbeamte, dem die Geburt eines Kindes anzuzeigen ist (§§ 16–19a PStG), hat hiervon seinerseits dem Jugendamt Mitteilung zu machen (§ 21b S 1 PStG). Nach Wegfall der gesetzlichen Amtspflegschaft kann und hat das Jugendamt sodann der Mutter nur noch seine Hilfe auf freiwilliger Basis (und im persönlichen Gespräch) anzubieten: gem **§ 52a Abs 1 SGB VIII** Angebot der Beratung und Unterstützung bei der Vaterschaftsfeststellung und der Geltendmachung des Kindesunterhalts – hierbei weist das Jugendamt auch auf die Möglichkeit einer Beistandschaft gem §§ 1712 ff hin (§ 52a Abs 2 Nr 4 SGB VIII) sowie auf die Möglichkeiten zur Begründung gemeinsamen Sorgerechts (Nr 5). Das Hilfs- und Beratungsangebot erstreckt sich aber auch auf sonstige, mit der elterlichen Sorge zusammenhängende Themen (Vaterschaft und Unterhalt nur „insbesondere", § 52a Abs 1 S 1 SGB VIII) und wird ergänzt durch **Leistungsansprüche der Eltern** nach anderen Vorschriften: Nach **§ 17 Abs 1 SGB VIII** besteht ein Beratungsanspruch hinsichtlich Fragen der Partnerschaft, des partnerschaftlichen Zusammenlebens in der Familie sowie der Bewältigung von Krisen und Konflikten in der Familie; **§ 18 SGB VIII** gewährt einen Beratungs- und Hilfsanspruch bezüglich der Ausübung der Personensorge und der Geltendmachung von Kindesunterhalt (Abs 1 Nr 1) sowie des eigenen Unterhalts gem § 1615l (Abs 1 Nr 2) und schließlich in Umgangsfragen (Abs 3). Dem hat der Gesetzgeber in Abs 2 nunmehr einen Anspruch auf Beratung „über die Abgabe einer Sorgeerklärung" hinzugefügt (vgl KEMPER JAmt 2006, 125).

III.   Gemeinsames Sorgerecht kraft Elternheirat, Abs 1 Nr 2

1.   Grundsatz

15 Die eheliche Verbindung der Eltern vermittelt grundsätzlich die gemeinsame Sorgeberechtigung (§ 1626 Abs 1). Demgemäß tritt auch bei späterer Heirat der Eltern von nun an das gemeinsame Sorgerecht an die Stelle der bisherigen Alleinsorge der Mutter nach Abs 2 oder an die Stelle der väterlichen Alleinsorge nach § 1672 Abs 1

(Rn 19). Diese Änderung der sorgerechtlichen Verhältnisse (idR Sorgeerwerb des Vaters, Gemeinschaftsbindung der mütterlichen Sorge gem § 1627) erfolgt **ex lege** – Abs 1 Nr 2 entspricht der sorgerechtlichen Konsequenz der früheren legitimatio per matrimonium subsequens (§ 1719 aF). Im Ergebnis beurteilt sich die sorgerechtliche Stellung beider Elternteile von nun an so, wie wenn sie schon bei Kindesgeburt miteinander verheiratet gewesen wären (Einzelheiten Rn 18 ff).

2. Voraussetzungen

a) Rechtlich etablierte Elternschaft

Die Rechtsfolge des Abs 1 Nr 2 tritt nur ein, wenn bei der Eheschließung die El- **16** ternschaft beider Teile rechtlich feststeht – bei der Mutter gem § 1591, beim Vater gem § 1592 Nr 2 (ggf mit § 1599 Abs 2) oder Nr 3. Dies folgt aus dem Tatbestandsmerkmal „die Eltern" in Abs 1 (vgl PALANDT/DIEDERICHSEN Rn 5; LIPP/WAGENITZ Rn 11). Ist bei Eheschließung die Vaterschaft noch nicht anerkannt oder gerichtlich festgestellt, verändert sich durch die Heirat an der mütterlichen Alleinsorge zunächst noch nichts. Eine spätere Vaterschaftsfeststellung wirkt zwar grundsätzlich zurück (STAUDINGER/RAUSCHER [2004] § 1592 Rn 77), auch bezüglich des Sorgerechtserwerbs gem Abs 1 Nr 2. Diese Rückwirkung hat jedoch Grenzen: Vollzogene Sorgerechtsentscheidungen der Mutter werden nicht in Frage gestellt, nur noch offene Fragen (wie zB die Genehmigung eines schwebend unwirksamen Rechtsgeschäftes des Kindes, § 108 Abs 1) fallen von nun an unter die Mitkompetenz auch des Vaters (§ 1629 Abs 1 S 2).

b) Heirat der Eltern

Maßgeblich ist die **Entstehung des rechtlichen Ehebandes** zwischen beiden Eltern- **17** teilen (§§ 1310, 1311); es kann sich auch um die Wiederheirat geschiedener Eltern handeln, denen nach der Scheidung ein Kind geboren wurde (BAMBERGER/ROTH/VEIT Rn 3). Bei **Heirat im Ausland** entscheidet das nach Art 11, 13 EGBGB maßgebliche Recht über Beginn der Ehe und damit (bei Maßgeblichkeit deutschen Rechts für die Sorgerechtsfrage, Art 21 EGBGB) des gemeinsamen Sorgerechts – auf eine Anerkennung der Eheschließung in Deutschland kommt es nicht an.

3. Rechtsfolgen

a) Allgemein

Das durch Heirat erworbene gemeinsame Sorgerecht der Eltern folgt den allgemei- **18** nen Regeln wie bei von vornherein verheirateten Eltern (§§ 1626, 1627, 1629). Der Kindesname kann binnen drei Monaten nach Eheschließung neu bestimmt werden (§ 1617b Abs 1). Bestand schon vorher gemeinsames Sorgerecht kraft Sorgeerklärungen (Abs 1 Nr 1), so werden diese nicht hinfällig, sondern nur als Grundlage des gemeinsamen Sorgerechts von der Ehe als vorrangigem Erwerbsgrund überlagert (wichtig bei Nichtigkeit der Ehe nach ausländischem Recht oder bei Nichtehe) – am Inhalt des gemeinsamen Sorgerechts oder seiner Bestandskraft (§ 1671) ändert sich nichts. Entsprechendes gilt, wenn die Eltern bei Eheschließung *gemeinsames Sorgerecht* kraft Gerichtsentscheidung innehatten (§§ 1672 Abs 2 S 1, 1696): Grundlage ihres gemeinsamen Sorgerechts ist fortan das Gesetz (§ 1626a Abs 1 Nr 2), so daß für spätere Änderungen § 1671 einschlägig ist und nicht (mehr) § 1696 Abs 1.

b) Bei bisheriger Alleinsorge eines Elternteils auf Grund gerichtlicher Sorgerechtsentscheidung

19 Der Sorgerechtserwerb kraft Heirat gem Abs 1 Nr 2 verdrängt nicht nur die gesetzliche Muttersorge nach Abs 2, sondern auch gerichtliche Sorgerechtsentscheidungen zwischen den Eltern, die zur Alleinsorge eines Teils geführt haben (zu kindesschutzrechtlich motivierten Entscheidungen s jedoch Rn 24–26). Demgemäß tritt gemeinsames Sorgerecht auch an die Stelle (umfassender oder teilweiser) väterlicher Alleinsorge nach § 1672 Abs 1 oder an die Stelle einer nach §§ 1671, 1696 angeordneten Alleinsorge eines Elternteils – der gesetzliche Erwerb gemeinsamen Sorgerechts nach Abs 1 Nr 2 beseitigt die Notwendigkeit einer gerichtlichen Änderungsentscheidung nach § 1696 oder § 1672 Abs 2 S 1 (STAUDINGER/COESTER [2006] § 1696 Rn 8; MünchKomm/ HUBER Rn 23).

c) Sonderfall: Kindesschutzrechtliche Disqualifikationen eines Elternteils im Moment der Eheschließung

20 Solche Disqualifikationen können beruhen auf Gesetz (§§ 1673–1678 Abs 1) oder auf gerichtlichen Eingriffen (§§ 1666, 1629 Abs 2 S 2 mit 1796); sie können auf seiten des bisher sorgeberechtigten Elternteils (idR der Mutter) vorliegen oder auf seiten des neu hinzutretenden Elternteils (idR des Vaters). Dementsprechend ist zu differenzieren:

aa) Disqualifikationen beim bisher nichtsorgeberechtigten Elternteil

21 Liegt in der Person des bisher nichtsorgeberechtigten Elternteils ein **gesetzlicher Disqualifikationsgrund** vor (Geschäftsunfähigkeit, § 1673 Abs 1; tatsächliche Verhinderung, §§ 1674, 1678 Abs 1), so erwirbt er durch die Eheschließung mit dem anderen Elternteil das Sorgerecht nur insoweit, wie es das Gesetz bei derartigen Defiziten generell gestattet: Er wird der Substanz nach Sorgerechtsinhaber, kann das Sorgerecht aber nicht ausüben (§ 1675). Die Ausübung des Sorgerechts liegt weiterhin ausschließlich beim anderen, bisher alleinsorgeberechtigten Elternteil (§ 1678 Abs 1 HS 1). Insoweit ist die gleiche Rechtslage hergestellt wie bei von vornherein verheirateten Eltern, wenn bei einem Teil eine rechtlich beachtliche Verhinderung eintritt.

22 **Gerichtliche Eingriffe** nach § 1666 konnten idR vor der Heirat nicht erfolgen, weil der Elternteil kein Sorgerecht hatte (allenfalls Maßnahmen gegen ihn als „Dritten" iS § 1666 Abs 1, 4, vgl STAUDINGER/COESTER [2004] § 1666 Rn 12 aE; diese werden durch die Heirat nicht per se hinfällig, vgl Rn 24 u 27). Ist in der Person des Elternteils ein Gefährdungstatbestand iS des § 1666 Abs 1 erfüllt, hindert dies nicht den gesetzlichen Sorgerechtserwerb nach § 1626a Abs 1 Nr 2; es bedarf vielmehr – wie bei allen sorgeberechtigten Elternteilen – einer konstitutiven gerichtlichen Sorgerechtsbeschränkung.

bb) Disqualifikationen beim bisher Alleinsorgeberechtigten

23 Ruht die elterliche Sorge eines alleinsorgeberechtigten Elternteils oder ist sie ihm (ganz oder teilweise) entzogen worden, so wird ein Vormund oder Pfleger für das Kind bestellt (möglicherweise steht eine solche Bestellung aber auch noch aus) oder das Sorgerecht auf den anderen Elternteil übertragen (§§ 1678 Abs 2, 1680 Abs 3, 1696 Abs 1; dazu unten Rn 27).

α) Auswirkungen der Heirat auf die Rechtsstellung des disqualifizierten Elternteils

Die Eheschließung mit dem anderen Elternteil verschafft dem ehemals alleinsorge- **24** berechtigten, aber aus persönlichen Gründen sorgerechtlich disqualifizierten Elternteil nicht per se mehr Sorgerechte, als er vorher hatte. **Gerichtliche Sorgerechtseingriffe** (zB nach § 1666 in das Alleinsorgerecht der Mutter, § 1626a Abs 2) werden durch die Heirat nicht automatisch gegenstandslos; sie bedürfen grundsätzlich der familiengerichtlichen Aufhebung nach § 1696 Abs 2, wenn und soweit die Kindeswohlgefährdung weggefallen ist. Allerdings *kann* die Heirat und das Hinzutreten des anderen Elternteils als Sorgeberechtigter einen Grund zur gerichtlichen Überprüfung (§ 1696 Abs 3) und möglicherweise Aufhebung darstellen.

Entsprechendes gilt bei **gesetzlichen Disqualifikationen**, dh Ruhen des Sorgerechts **25** (§§ 1673–1675) oder tatsächlicher Verhinderung (§ 1678 Abs 1 HS 1): Sie werden durch die Heirat allein nicht berührt, sondern bestehen grundsätzlich fort bis zu ihrem Wegfall nach allgemeinen Regeln (zum Wegfall der Geschäftsunfähigkeit oder der tatsächlichen Verhinderung vgl STAUDINGER/COESTER [2004] § 1675 Rn 6, § 1678 Rn 11; bezügl einer familiengerichtlichen Feststellung gem § 1674 Abs 2 vgl § 1674 Rn 22; **anders** jedoch, wenn das Sorgerecht inzwischen auf den anderen Elternteil übertragen worden war, dazu Rn 27). Bei Wiederaufleben der Ausübungsbefugnis besteht dann aber Gemeinschaftsbindung gem §§ 1626a Abs 1 Nr 2, 1627, 1629 Abs 1 S 2. Nur beim **minderjährigen Elternteil** bewirkt schon die Heirat eine sorgerechtliche Veränderung: Bisher mußte sie/er die elterliche Sorge mit einem Vormund teilen (mit Entscheidungsvorrang in Personensorgefragen, § 1673 Abs 2 S 3 HS 1), jetzt mit dem anderen Elternteil (unter Wegfall des Entscheidungsvorrangs, § 1673 Abs 2 S 3 HS 2).

β) Auswirkungen der Heirat auf die Rechtsstellung des bisher nichtsorgeberechtigten Elternteils

Die Ehe vermittelt nach Abs 1 Nr 2 den Eltern das Sorgerecht grundsätzlich so, wie **26** wenn sie von vornherein verheiratet gewesen wären (Rn 15). Die Disqualifikation eines Partners bei bestehendem gemeinsamen Sorgerecht hätte zur Alleinsorge oder zumindest zur alleinigen Ausübungsbefugnis des anderen geführt (§§ 1678 Abs 1 HS 1, 1680 Abs 3 mit 1). Heiraten die Eltern erst nach eingetretener Disqualifikation des Sorgeberechtigten, erlangt der hinzutretende Elternteil nach ganz überwiegender und jetzt auch vom BGH vertretener Auffassung **nicht orignär das volle elterliche Sorgerecht, sondern nur den Teil des Sorgerechts, der (idR) der Mutter zuvor nicht entzogen, sondern ihr verblieben war** (BGH NJW 2005, 2456 ff; OLG Nürnberg NJW 2000, 3220; KG JAmt 2003, 606; OLG Koblenz OLGR 2005, 791, sowie weitgehend auch die Literatur [Nachw bei BGH aaO]; **aM** nur STAUDINGER/COESTER [2002] Rn 26; GERNHUBER/COESTER-WALT-JEN § 58 Rn 145; OLLMANN JAmt 2001, 515). Die Entziehung des Sorgerechts bei einem alleinsorgeberechtigten Elternteil sei immer auch mit der Entscheidung verbunden, ob dem anderen Elternteil das Sorgerecht übertragen werden könne (§§ 1680 Abs 2 S 2 mit Abs 3; 1696 Abs 1; BGH NJW 2005, 2456, 2457; vgl STAUDINGER/COESTER [2004] § 1666 Rn 203 – in der Praxis wird dies allerdings nicht selten übersehen); gerichtliche Sorgerechtsentscheidungen könnten aber auch nur durch erneute Gerichtsentscheidung geändert werden (vgl § 1696 Abs 1) und stünden – wie auch aus § 1626b Abs 3 folge – nicht zur Disposition der Eltern (BGH aaO).

Dieses Argument kann so allgemein nicht durchgreifen; auch besteht zwischen elterlicher Disposition über das Sorgerecht durch Sorgeerklärung und Eheschließung mit den gesetzlichen Folge des § 1626a Abs 1 Nr 2 ein Unterschied: Die Ehe vermittelt generell gemeinsames Sorgerecht, weil der Gesetzgeber davon ausgehen darf, daß die so dokumentierte, umfassende Kooperationsbereitschaft der Ehegatten und Eltern eine kindeswohlgerechte gemeinsame Sorgerechtsausübung am ehesten gewährleistet (BVerfG FamRZ 2003, 285, 289). Nicht nur Elternrecht (Art 6 Abs 2 GG), sondern auch Eheschutz (Art 6 Abs 1 GG) sind berührt. Deshalb kann es für den ex-lege-Erwerb gemeinsamen Sorgerechts gem § 1626a Abs 1 Nr 2 grundsätzlich nicht darauf ankommen, auf welcher Grundlage das bisherige Alleinsorgerecht eines Elternteils beruhte – §§ 1626a Abs 2, 1672 Abs 1, 1671 Abs 2 oder 1696 Abs 1 (Rn 19). Die Vorstellung, eine durch staatliche Regelung geschaffene Ordnung könne nicht durch privatautonomen Akt verändert werden, ist in dieser Allgemeinheit nicht haltbar (vgl Rn 32, § 1626b Rn 13 sowie – zu § 1687 – STAUDINGER/SALGO [2006] § 1687 Rn 12 f), sondern nur als Relikt obrigkeitsstaatlicher Denkweise erklärbar.

Anders verhält es sich hingegen, wenn der Sorgerechtserwerb durch Heirat nicht bedeutet, daß zum bisherigen Sorgeberechtigten ein zweiter hinzutritt (mit in der Regel geringen Auswirkungen auf die Lebens- und Erziehungskontinuität für das Kind), sondern daß der bisher nichtsorgeberechtigte Elternteil einen Pfleger oder Vormund für das Kind verdrängt, also ein *Sorgerechtswechsel* eintritt. Hier entspricht es in der Tat dem gesetzlichen Sorgerechtssystem, dem Sorgerechtserwerb durch den anderen Elternteil eine kontrollierende Gerichtsentscheidung vorzuschalten (§§ 1678 Abs 1 HS 2 mit 1696 Abs 1; 1678 Abs 2; 1680 Abs 2, 3 oder – bei bisheriger Alleinsorge gem §§ 1671, 1672 Abs 1 – nach § 1696 Abs 1 [dazu STAUDINGER/COESTER ⟨2004⟩ § 1680 Rn 19]). Dies mag aus dem staatlichen Wächteramt (Art 6 Abs 2 HS 2 GG) zu rechtfertigen sein: Für die Vertrautheit des anderen Elternteils mit dem Kind und der bisherigen Erziehung sowie die Wahrung der Lebenskontinuität des Kindes gibt es hier keine generelle Gewähr (vgl die Rechtsentwicklung bei Tod des alleinsorgeberechtigten Elternteils, STAUDINGER/COESTER [2004] § 1680 Rn 7). Verfassungsrechtlich bedenklich ist eher die gerichtliche Übertragungsschwelle, wenn diese positive Legitimierung der Übertragung („wenn dies dem Wohl des Kindes dient", § 1680 Abs 2 S 2, oder „triftige, das Kindeswohl nachhaltig berührende Gründe", § 1696 Abs 1) verlangt anstelle nur negativer Gefahrenkontrolle („wenn dies dem Wohl des Kindes nicht widerspricht", § 1680 Abs 2 S 1). Dieser konzeptionelle Fehler beim Maßstab der gerichtlichen Überprüfung kann jedoch durch verfassungskonforme, das heißt elternrechtskonforme Auslegung überwunden werden (BVerfG NJW 2006, 1723 f zu § 1680 Abs 2 S 2), er berührt nicht die Notwendigkeit einer konstitutiven gerichtlichen Übertragungsentscheidung dem Grundsatz nach.

Mit der hM (in teilweiser Abweichung von STAUDINGER/COESTER [2002]) ist deshalb davon auszugehen, daß der bisher nicht sorgeberechtigte Vater durch die Heirat mit der Mutter *ex lege* (§ 1626a Abs 1 Nr 2) nur den Teil des Sorgerechts erwirbt, der ihr nach dem gerichtlichen Sorgerechtseingriff verblieben war; das weitergehende Sorgerecht ist ihm durch (nicht antragsabhängige) *Gerichtsentscheidung* zu übertragen, wenn das dem Kindeswohl nicht widerspricht (§ 1680 Abs 3 mit Abs 2 S 2, in verfassungskonformer Auslegung gem BVerfG NJW 2006, 1723, 1724). Geschieht dies, wird die Bestellung eines Vormunds oder Pflegers gegenstandslos, ein schon bestellter Vormund oder Pfleger wird verdrängt (zur abweichenden Rechtslage bei Sorgeerklärungen s Rn 73).

Im **Ergebnis** ist festzuhalten: Für die Frage, ob eine Heirat der Eltern dem bisher nichtsorgeberechtigten Elternteil das Sorgerecht ex lege vermittelt oder ob insoweit eine gerichtliche Übertragung erforderlich ist, kommt es nicht auf den *Grund* der bisherigen Sorgerechtslage an (Gesetz oder Gerichtsentscheidung), sondern allein auf die Notwendigkeit von gerichtlichem Kindesschutz. Diese besteht nach der gesetzlichen Konzeption nicht schon bei bloßem Hinzutreten eines zweiten Sorge-berechtigten (wie auch nicht bei dem Wegfall nur eines von zwei Sorgeberechtigten, vgl §§ 1680 Abs 1, Abs 3; 1678 Abs 1 HS 1), sondern nur, wenn und insoweit ein *Sorgerechtswechsel* in Frage steht.

cc) Sonderfall: Nach Disqualifikation des bisher alleinsorgeberechtigten Elternteils war das Sorgerecht dem anderen Elternteil übertragen worden

Eine differenzierte Beurteilung ist schließlich angebracht, wenn wegen der sorge- **27** rechtlichen Disqualifizierung des vormals Alleinsorgeberechtigten das Sorgerecht noch vor der Heirat auf den anderen Elternteil übertragen worden war (gem §§ 1678 Abs 2 oder 1696, vgl STAUDINGER/COESTER [2004] § 1678 Rn 12 ff] oder gem §§ 1680 Abs 3 iVm Abs 2 S 2 oder § 1696, vgl STAUDINGER/COESTER [2004] § 1680 Rn 21, 22).

Fällt ein gesetzlicher Entrechtungsgrund (vgl Rn 25) **noch vor der Heirat weg**, ändert dies grundsätzlich nichts an der Sorgerechtszuweisung an den anderen Teil – ein Rückerwerb der Alleinsorge oder des gemeinsamen Sorgerechts wäre nur auf Grund einer Änderungsentscheidung gem § 1696 Abs 1 möglich (vgl STAUDINGER/COESTER [2004] § 1678 Rn 34). *Heiraten* die Eltern jedoch, verwandelt sich die Alleinsorge des anderen Teils gem Abs 1 Nr 2 ohne weiteres in gemeinsames Sorgerecht – der gesetzliche Erwerb verdrängt die Notwendigkeit einer Änderungsentscheidung (vgl Rn 19). Anders jedoch bei *gerichtlichen Sorgerechtseingriffen* nach § 1666. Sie bedür-fen – wenn das Gericht den Wegfall der Kindeswohlgefährdung feststellt – der konstitutiven Aufhebung gem § 1696 Abs 2.

Fällt der Entrechtungsgrund erst nach der Heirat weg (ex lege oder kraft gerichtlicher **28** Aufhebung einer nach § 1666 erfolgten Sorgerechtsbeschränkung), so hatte die Hei-rat zunächst die Alleinsorge des anderen Teils nicht berührt (der Sorgerechtserwerb durch Heirat war durch den Fortbestand der Entrechtung einstweilen gehemmt; näher Rn 21, 22). Nunmehr jedoch steht dem Erwerb der Mitsorge durch den betrof-fenen Elternteil nach Abs 1 Nr 2 nichts mehr entgegen (im Ergebnis entspricht seine Rechtsstellung der eines schon vor Kindesgeburt verheirateten Elternteils, dessen zwischenzeitliche Entrechtung wieder weggefallen ist).

IV. Sorgeerklärungen, Abs 1 Nr 1

1. Grundkonzeption und Rechtsnatur der Sorgeerklärungen

Die Erklärungen beider Eltern, die elterliche Sorge gemeinsam mit dem jeweils **29** anderen Teil übernehmen zu wollen, sind funktionaler Ersatz für ihre entsprechende wechselseitige Verpflichtung, die im Ehevertrag implizit enthalten ist. Ihre förmlich erklärte beiderseitige Bereitschaft zur Sorgegemeinschaft schließt die rechtliche Lücke, die bei nicht miteinander verheirateten Eltern im Vergleich zu Eheleuten besteht, und rechtfertigt von nun an ihre sorgerechtliche Gleichstellung. Da mit den Sorgeerklärungen das Elternrecht auch des Vaters (Art 6 Abs 2 S 1 GG) um die sorgerechtliche Kompetenz komplettiert wird, kommt ihnen in bezug auf den Vater **„statusaktivierende" Bedeutung** zu (weniger treffend die Bezeichnung als „statuskonkretisierende" Bereitschafts- oder Willenserklärung, so M LIPP FamRZ 1998, 65, 70 f; LIPP/WAGENITZ Rn 4, 10; schief auch STURM/STURM StAZ 1998, 305, 307 Fn 40: Sorgeerklärungen als Mittel, „um das in der Eltern-Kind-Beziehung latent vorhandene Elternrecht zu aktualisieren" [richtiger: um das im Elternrecht latent vorhandene Sorgerecht zu aktualisieren]).

30 Diese Qualifikation der Sorgeerklärungen verweist auf ihre **Verwurzelung im Elternrecht des Art 6 Abs 2 S 1 GG.** Zwar könnte – jedenfalls auf seiten der bisher alleinsorgeberechtigten Mutter – die Erklärung auch als Akt der elterlichen Sorge verstanden werden, dh als eine fürsorgliche, am Kindeswohl orientierte Einbeziehung des Vaters in die Sorgeverantwortung (vergleichbar etwa der Ausübungsübertragung auf Dritte, STAUDINGER/PESCHEL-GUTZEIT § 1626 Rn 28). Dies könnte jedoch nicht für den (noch nicht sorgeberechtigten) Vater gelten, und auch generell erscheint es zutreffender, die **Sorgeerklärungen beider Eltern als der eigentlichen Sorgewahrnehmung vorgelagerte Grundentscheidung** über die Inhaberschaft des Sorgerechts zu verstehen, die die verfassungsrechtliche Verantwortungsgemeinschaft aktualisiert und die auf ihre Erstreckung ins Familienrecht zielt (vgl noch unten Rn 49). Die Pflichtenbindung dem Kind gegenüber ergibt sich (für beide Elternteile) auch schon auf verfassungsrechtlicher Ebene (BVerfGE 24, 119, 144).

31 Allerdings beruht das gemeinsame Sorgerecht gem Abs 1 Nr 1 nicht auf privatautonomer Disposition. Die Eltern setzen mit ihren beiderseitigen Erklärungen nur einen Tatbestand, der den **Ex-lege-Erwerb des gemeinsamen Sorgerechts** zur Folge hat – es handelt sich nicht um rechtsgeschäftliche, sondern nur um rechtsgeschäftsähnliche Willenserklärungen (so auch AnwKomm-BGB/RAKETE-DOMBEK Rn 10; irreführend deshalb die Bezeichnung „Erklärungsprinzip" für § 1626a Abs 1 Nr 1, so LIPP/WAGENITZ Rn 2; auch „rechtsgestaltende Willenserklärungen" sind die Sorgeerklärungen jedenfalls nicht im engeren Sinne dieses Begriffs, so aber die überwiegende Auffassung, vgl ZIMMERMANN DNotZ 1998, 404, 416; SCHWAB DNotZ 1998, 437, 453; MünchKomm/HUBER Rn 12; BAMBERGER/ROTH/VEIT Rn 5 mwNw). Dem entspricht, daß das so erworbene gemeinsame Sorgerecht auch künftig nicht zur Disposition der Eltern steht, sondern nur ex lege oder durch Staatsakt verändert oder aufgehoben werden kann (§§ 1671, 1672, 1673–1681). Umgekehrt gehört zur Konzeption des Abs 1 Nr 1 aber auch die unmittelbare Verknüpfung von Tatbestandserfüllung (formgerechte Abgabe von Sorgeerklärungen) mit gesetzlicher Rechtsfolge (gemeinsames Sorgerecht). Eine gerichtliche oder behördliche Kontrolle (etwa im Lichte des Kindeswohls) ist nicht zwischengeschaltet (verfehlt deshalb die Bezeichnung als „Antragsprinzip" bei LIPP FamRZ 1998, 66, 69; **krit** dazu auch JAUERNIG/BERGER Rn 3).

32 Die Sorgeerklärungen sind eine neue kindschaftsrechtliche Institution des KindRG 1998, die den nichtehelichen Eltern eine eng begrenzte Entscheidungsmöglichkeit über die sorgerechtliche Gestaltung eröffnet (zu den Grenzen auch Rn 45 sowie § 1626b Rn 13). Im Vorfeld der Reform ist vorgeschlagen worden, das Instrument der Sorgeerklärungen zu einem übergreifenden Gestaltungsmittel auszubauen, das auch verheirateten oder geschiedenen Eltern zur Verfügung stehen sollte. Damit wäre es möglich geworden, familienautonome Regelungen und Konfliktbewältigungen in wesentlich weiterem Umfang an die Stelle staatlicher Kontrolle und Regulierung treten zu lassen als bisher (COESTER FamRZ 1996, 1181, 1186; Sorgerechtskommission des

DFGT, FamRZ 1997, 337 ff; tendenziell zustimmend MünchKomm/HUBER Rn 9). Insbesondere hätte man auch den Wechsel der Alleinsorge von der Mutter zum Vater durch Sorgeerklärungen ermöglichen können. Diesen Vorschlägen ist der Gesetzgeber nicht gefolgt, sie sollten aber – gerade auch angesichts mißglückter Regelungsansätze insbesondere in §§ 1671, 1672 – de lege ferenda wieder aufgegriffen werden.

2. Verfassungsrechtliche und rechtspolitische Probleme

Das BVerfG hat zwar die Verfassungsmäßigkeit des § 1626a bestätigt (FamRZ 2003, **33** 285, oben Rn 3; in diesem Sinne auch schon BGH FamRZ 2001, 907), diesen Befund aber auf eine selbst für unsicher erachtete Prämisse des Gesetzgebers gestützt: Eine Mutter werde sich dem Wunsch des Vaters nach gemeinsamem Sorgerecht in aller Regel nur dann verweigern, „wenn sie dafür schwerwiegende Gründe hat, die von der Wahrung des Kindeswohls getragen werden" (FamRZ 2003, 285, 290). Da diese typisierende Gleichsetzung von mütterlicher Weigerung und Kindeswohl aber rechtstatsächlich nicht untermauert ist, hat das BVerfG dem Gesetzgeber eine Pflicht zur *Beobachtung der tatsächlichen Entwicklung* und gegebenenfalls zur *Korrektur* der gesetzlichen Regelung auferlegt (aaO 291). Damit steht § 1626a weiterhin auf dem Prüfstand (zu Reformansätzen s Rn 9; zur Bedenklichkeit im Lichte der EMRK Rn 3; entsprechende **Kritik** an den Entscheidungen des BVerfG bei HENRICH FamRZ 2003, 360; SPANGENBERG/SPANGENBERG ZfJ 2003, 332; SPANGENBERG FamRZ 2004, 132, 133; COESTER FamRZ 2004, 87 f; HUMPHREY FPR 2003, 578 ff; MOHR/WALLRABENSTEIN Jura 2004, 194). Die Problematik der lex lata im Hinblick auf die elterlichen Sorgeerklärungen ist deshalb zumindest zu skizzieren:

a) Problematik

Ohne elterlichen Konsens kommt gemeinsames Sorgerecht nach Abs 1 nicht zu- **34** stande. Bei Nr 2 erscheint dies selbstverständlich – zur Heirat kann niemand gezwungen werden. Aber auch die Sorgeerklärungen gem Nr 1 müssen von *beiden Elternteilen* vorliegen, damit die gesetzliche Rechtsfolge eintritt – der Vater kann seine Mitbeteiligung am (bisher alleinigen) Sorgerecht der Mutter gegen deren Willen nicht durchsetzen, umgekehrt kann aber auch die Mutter den Vater nicht gegen dessen Willen in die Sorgeverantwortung einbeziehen (hierzu BÜDENBENDER AcP 197 [1997] 197, 215). Eine gerichtliche Ersetzung der elterlichen Sorgeerklärungen ist grundsätzlich nicht vorgesehen (zur Ausnahmeregelung für „Altfälle" s Rn 35). Obwohl die Problematik demnach eine wechselseitige ist, liegt ihr **Schwerpunkt beim sorgewilligen, aber von der Mutter abgeblockten Vater:** Die sorgerechtliche Inpflichtnahme des *unwilligen* Vaters würde dem Kind eher schaden, und der *übernahmewillige* Vater hat bei Verweigerung der gemeinsamen Sorge durch die Mutter auch praktisch keine Chance, das alleinige Sorgerecht zu übernehmen: Auch § 1672 Abs 1 setzt die – nicht ersetzbare – mütterliche Zustimmung voraus (erst bei Ausfall der Mutter oder bei Sorgerechtsentzug gem § 1666 kommt ein Einrücken des Vaters in Betracht, §§ 1678 Abs 2, 1680 Abs 3 mit 2 S 2). Demnach **steht die sorgerechtliche Entfaltung des väterlichen Elternrechts praktisch zur Disposition der Mutter.** § 1626a hat an dieser Problematik nur insoweit teil, als der Zugang des Vaters zum *gemeinsamen Sorgerecht* in Frage steht (zur Übernahme der *Alleinsorge* gem § 1672 s STAUDINGER/COESTER [2004] § 1672 Rn 9, 10).

b) Ausnahmeregelung für Altfälle, Art 224 § 2 Abs 3–5 EGBGB

35* Da vor dem 1. 7. 1998 gemeinsames Sorgerecht für nicht miteinander verheiratete Eltern gar nicht möglich war und bei Trennung der Eltern *vor* diesem Stichtag auch nicht vermutet werden kann, daß eine mütterliche Verweigerung der Sorgeerklärung *nach* dem 1. 7. 1998 allein auf Kindeswohlgesichtspunkten beruht, hat das BVerfG insoweit eine ausnahmsweise Ersetzungsmöglichkeit der mütterlichen Sorgeerklärung gefordert (FamRZ 2003, 285, 291 f). Der Gesetzgeber hat dem mit Art 224 § 2 Abs 3–5 EGBGB (in Kraft ab 31. 12. 2003) Rechnung getragen. Demnach kann die Sorgeerklärung des einen oder des anderen Elternteils durch das Familiengericht ersetzt werden, wenn die Eltern mindestens sechs Monate mit dem Kind in Familiengemeinschaft gelebt haben und „die gemeinsame elterliche Sorge dem Kindeswohl dient" (zur Gesetzesgeschichte HÖFELMANN FamRZ 2004, 65 ff; Einzelheiten bei Münch-Komm/FINGER Art 224 § 2 EGBGB Rn 11 ff; PALANDT/DIEDERICHSEN Art 224 § 2 EGBGB Rn 4 ff; PESCHEL-GUTZEIT NJ 2005, 193 ff; ECKEBRECHT FPR 2005, 205, 206; zum Verfahren BECKER FamRB 2004, 402 ff). Die wenigen veröffentlichten Entscheidungen lassen eine eher zurückhaltende Tendenz der Gerichte erkennen (eine Ersetzung ablehnend OLG Stuttgart FamRZ 2004, 3197 [Ausgangsfall des BVerfG-Verfahrens], dazu MENNE KindPrax 2004, 148; OLG Karlsruhe FamRZ 2005, 831; bejahend hingegen AG Frankfurt/M FamRZ 2005, 387). Die gesetzliche Ausnahmeregelung wird durch Zeitablauf zunehmend gegenstandslos.

3. Voraussetzungen

a) Eltern

40 Das Instrument der Sorgeerklärungen steht nur „Eltern" zur Verfügung, mit Nicht-Eltern kann gem § 1626a Abs 1 Nr 1 kein gemeinsames Sorgerecht begründet werden. Die Elternschaft beider Teile muß im Moment der Erklärungen rechtlich etabliert sein (Mutter: § 1591; Vater: § 1592 Nr 2, 3; zu pränatalen Sorgeerklärungen s § 1626b Rn 8), nur-biologische Elternschaft genügt nicht (PALANDT/DIEDERICHSEN Rn 5; SCHWAB DNotZ 1998, 437, 450). Die rechtliche Elternschaft ist Wirksamkeitsvoraussetzung der Sorgeerklärung des abgebenden Elternteils; eine entsprechende Kontrolle durch die Beurkundungsstelle (§ 1626d Abs 1) findet jedoch nicht statt (ZIMMERMANN DNotZ 1998, 404, 417). Eine zuvor abgegebene Sorgeerklärung steht unter der Rechtsbedingung der Vaterschaftsfeststellung, sie ist schwebend unwirksam (näher § 1626b Rn 4, 11, 12).

41 **Adoptivelternschaft** kommt **nicht** in Betracht, da nicht verheiratete Erwachsene nur einzeln adoptieren können (§ 1747 Abs 2 S 1). Eine kumulative Adoption durch den anderen Teil („Stiefkindadoption") ist nur bei Heirat möglich, §§ 1741 Abs 2 S 3, 1742 (Sorgeerwerb dann nach § 1754 Abs 1, nicht nach § 1626a Abs 1 Nr 2). Ein registrierter Lebenspartner kann sein „kleines Sorgerecht" gem § 9 Abs 1 LPartG ebenfalls nur durch Adoption des (leiblichen) Kindes des Partners zum vollen Mitsorgerecht ausbauen.

---

* Um Ergänzungen in den künftigen Bearbeitungen zuzulassen, ohne das bestehende Randnummerngefüge zu durchbrechen, und um Fehler bei den Querverweisungen ausschließen zu können, wird die Randnummernzählung hier unterbrochen und anschließend mit einer höheren Nummer fortgesetzt.

b) Nicht miteinander verheiratet

Bei Elternehe folgt das gemeinsame Sorgerecht schon ex lege aus § 1626. Die ehe- **42**
liche Verbindung oder registrierte Lebenspartnerschaft des einen oder anderen
Elternteils oder gar beider mit (jeweils) Dritten schadet hingegen nicht, entscheidend ist nur die Beziehung der Eltern eines bestimmten Kindes zueinander (BT-
Drucks 13/4899, 59; Schwab DNotZ 1998, 437, 451; Bamberger/Roth/Veit Rn 11). Ehegemein-
schaft oder registrierte Lebenspartnerschaft mit einem Partner und Sorgegemeinschaft mit einem anderen können also zusammentreffen (zu konkurrierenden Sorgegemeinschaften Rn 50 f). Etwaige Belastungen der Ehe durch rechtlich institutionalisierte
Beziehungen zu einem früheren Partner wurden gegenüber dem Interesse des Kindes an zwei sorgenden Eltern als nachrangig zurückgestellt (BT-Drucks aaO). Das
Eheband zwischen den Eltern muß fehlen sowohl zZ der Geburt (sonst: §§ 1592
Nr 1, 1626) wie auch noch der Sorgeerklärungen (sonst, bei zwischenzeitlicher Heirat, gilt § 1626a Abs 1 Nr 2).

c) Originäre Alleinsorge der Mutter gem § 1626a Abs 2

Die Sorgeerklärungen sind nur ein Instrument, die („einstweilige") gesetzliche Sor- **43**
gezuweisung an die Mutter gem § 1626a Abs 2 zu korrigieren, mit dem „Nachschie-
ben" beiderseits erklärter Kooperationsbereitschaft werden nichteheliche Eltern den
miteinander verheirateten Eltern gleichgestellt (Rn 29).

Die Alleinsorge der Mutter gem § 1626a Abs 2 wird *nicht* durch das **Mitsorgerecht 44
eines Stiefvaters** gem § 1687b oder einer Lebenspartnerin gem § 9 LPartG beeinträchtigt (unten Rn 67). Schon aus elternrechtlichen Gründen (Art 6 Abs 2 S 1 GG)
kann das Einverständnis der Mutter mit einer „kleinen Mitsorge" des jetzigen
Partners/der Lebenspartnerin ihr und dem Vater nicht die Option verbauen, die
gemeinsame Sorge für ihr Kind zu übernehmen. Auch aus kindschaftsrechtlicher
Sicht kann der Stiefelternteil nicht den leiblichen Elternteil von der Sorge ausschließen (zu den Folgen von Sorgeerklärungen für das „kleine Sorgerecht" des Stiefelternteils Rn 67,
68).

Ist hingegen die gesetzliche Ausgangslage gem § 1626a Abs 2 inzwischen durch eine **45**
Gerichtsentscheidung verändert worden (insbes §§ 1672 Abs 1, 1678 Abs 2, 1680
Abs 3, aber auch Folgeentscheidungen nach §§ 1671 oder 1696), so steht die Sorge-
rechtsgestaltung nicht mehr zur Disposition der Eltern. Wünschen sie nunmehr das
gemeinsame Sorgerecht, bedarf es stets einer entsprechenden, abändernden Gerichtsentscheidung (§ 1626b Abs 3, s Erl dort). Ist allerdings ein Sorgerechtsentzug
bei der Mutter gem § 1696 Abs 2 wieder aufgehoben worden, so beruht ihre Rechtsposition fortan wieder auf § 1626a Abs 2 und nicht auf Gerichtsentscheidung; Sorgeerklärungen sind also wieder möglich (BT-Drucks 13/4899, 94; Jauernig/Berger Rn 6).
Gleiches wird wohl nicht gelten können, wenn zunächst Vatersorge nach § 1672
Abs 1 angeordnet, die Entscheidung aber später zugunsten mütterlicher Alleinsorge
wieder aufgehoben worden ist (vgl § 1672 Abs 2 S 2). Diese beruht jetzt auf einer
Gerichtsentscheidung nach § 1696 Abs 1, so daß es für den Schritt ins gemeinsame
Sorgerecht einer erneuten Entscheidung bedarf (paradoxerweise nicht nach § 1696,
sondern nach § 1672 Abs 2 S 1). Sorgeerklärungen sind ausgeschlossen (Staudinger/
Coester [2004] § 1672 Rn 24).

Allerdings sind Sorgeerklärungen nur ausgeschlossen, „soweit" über die elterliche **46**

Sorge der Mutter eine gerichtliche Entscheidung getroffen wurde (§ 1626b Abs 3; BT-Drucks 13/4899, 101). Folglich können bei teilweisen Beschränkungen oder teilweisem Entzug der mütterlichen Sorge jene Sorgebereiche durch Sorgeerklärungen vergemeinschaftet werden, die von der Gerichtsentscheidung nicht erfaßt waren (vgl Rn 73). Entsprechendes gilt, wenn das Sorgerecht gem § 1672 Abs 1 auf den Vater übertragen worden war: Der Weg von der väterlichen Alleinsorge ins gemeinsame Sorgerecht führt dann nicht über Sorgeerklärungen, sondern es bedarf nach der (verfehlten) Sondervorschrift des § 1672 Abs 2 S 1 einer Gerichtsentscheidung (STAUDINGER/COESTER [2004] § 1672 Rn 23). Bei *Teilübertragungen* auf den Vater muß also, wenn die Eltern gemeinsames Sorgerecht wollen, doppelspurig vorgegangen werden: für den bei der Mutter verbliebenen Teil der Alleinsorge Sorgeerklärungen nach § 1626a Abs 1 Nr 1, für den väterlichen Teil Antrag an das FamG gem § 1672 Abs 2 S 1 (M LIPP FamRZ 1998, 65, 73; PraxHdb Familienrecht/FRÖHLICH E 65; STAUDINGER/COESTER [2004] § 1672 Rn 23). Dies führt zu absurden, verfassungsrechtlich unerträglichen Ergebnissen: Der Mitsorgeerwerb durch den Vater vollzieht sich ohne Staatskontrolle (per Sorgeerklärungen), der Mitsorgeerwerb der Mutter nur nach gerichtlicher Kindeswohlkontrolle (gem § 1672 Abs 2 S 1)!

47 Ist die gem § 1626a Abs 2 bestehende Alleinsorge der Mutter **ex lege eingeschränkt**, so ist zu unterscheiden: für Geschäftsfähigkeitsmängel s Rn 48; ist die Mutter an der Sorgeausübung tatsächlich verhindert (§ 1678 Abs 1) oder ruht ihre Sorge auf Grund gerichtlicher Feststellung gem § 1674 Abs 1, so könnte eine Sorgeerklärung der Mutter, da sie nicht ausübungsfähig ist, nur auf Verschaffung des Sorgerechts für den Vater gerichtet sein. Hierfür enthält jedoch § 1678 Abs 2 eine Sondervorschrift, die den Weg über § 1626a Abs 1 Nr 1 ausschließt.

d)   Erklärungskompetenz der Eltern

48 Als rechtsgeschäftsähnliche Willenserklärung (Rn 31) unterliegt die Sorgeerklärung grundsätzlich den Vorschriften über die **Geschäftsfähigkeit**. Für minderjährige Elternteile trifft § 1626c Abs 2 eine konkretisierende Regelung (näheres s Erl dort, auch zu betreuten Elternteilen). Für geschäftsunfähige Eltern scheint § 1626c Abs 1 der Abgabe von Sorgeerklärungen entgegenzustehen, da diese Eltern persönlich keine wirksamen Willenserklärungen abgeben können. Dennoch ist umstritten, ob nicht ausnahmsweise doch der geschäftsunfähige Elternteil oder sein gesetzlicher Vertreter handeln können (zu dieser Frage näher § 1626c Rn 14 ff).

49 Bei gerichtlichem Entzug der Muttersorge gem § 1666 kommt es für ihre Erklärungskompetenz letztlich nicht darauf an, ob man Sorgeerklärungen elternrechtlich (so Rn 30) oder sorgerechtlich qualifiziert: Im Entzugsbereich (außerhalb: s Rn 46) kann die Mutter nicht wirksam ihre Mitsorgebereitschaft erklären, da ihr die eigene Sorgeberechtigung fehlt (BGH NJW 2005, 2456, 2457): der Sorgeerwerb des Vaters unterliegt der Sondervorschrift des § 1680 Abs 3 mit Abs 2 S 2; (s auch unten Rn 73). Ein Sorgeentzug beim Vater war mangels Sorgerecht bisher nicht möglich. Ist in der Person des Vaters der Tatbestand einer Kindesgefährdung iS § 1666 erfüllt, so berührt dies nicht unmittelbar seine Erklärungskompetenz, vielmehr bedarf es familiengerichtlicher Schutzmaßnahmen (vgl zum heiratsbedingten Sorgerechtserwerb Rn 22).

e)   Unerheblich: Lebensgemeinschaft der Eltern

50 Familiäre Lebensgemeinschaft der Eltern ist nicht Voraussetzung für die Abgabe

von Sorgeerklärungen (BT-Drucks 13/4899, 58; Palandt/Diederichsen Rn 5; Bamberger/
Roth/Veit Rn 9; Büdenbender AcP 197 [1997] 197, 206; Schwab DNotZ 1998, 437, 451). Gemeinsame Sorgeverantwortung kann auch ohne elterliches Zusammenleben wahrgenommen werden, zumal § 1687 Abs 1 den Gemeinschaftsbereich bei Getrenntleben wesentlich einschränkt. Auch der Sorgerechtserwerb kraft Ehe setzt Zusammenleben nicht voraus, und nach § 1671 berührt die Trennung vormals
zusammenlebender Eltern das gemeinsame Sorgerecht grundsätzlich nicht.

Demgemäß kommen Sorgeerklärungen insbes bei folgenden Familienkonstellatio- **51**
nen in Betracht:

– nichteheliche Lebensgemeinschaften (unabhängig von der Begründung vor oder
  nach Geburt des Kindes),

– aufgehobene Lebensgemeinschaften (erst beim Zerfall ihrer Familiengemeinschaft werden viele Paare die Notwendigkeit zur rechtlichen Absicherung der
  Sorgezuständigkeiten spüren),

– niemals zusammenlebende Eltern,

– mit Dritten in Familiengemeinschaft lebende Eltern (entsprechend zur Ehe oder
  Lebenspartnerschaft mit Dritten, Rn 42).

Auch in der Person eines Elternteils zusammentreffende *Sorgegemeinschaften* mit
verschiedenen Partnern (bezüglich verschiedener Kinder) stören nicht. Im Einzelfall
kann sich aus gleichzeitig bestehenden Ehebeziehungen, nichtehelichen Lebensgemeinschaften und Sorgegemeinschaften mit jeweils verschiedenen Partnern ein
kompliziertes Familien-„Patchwork" ergeben.

f)   Unerheblich: Zustimmung des Kindes
Eine Zustimmung des Kindes ist gesetzlich nicht vorgesehen; mangels gerichtlicher **52**
oder behördlicher Entscheidung über das gemeinsame Sorgerecht ist auch kein
verfahrensrechtlicher Raum für eine Anhörung des Kindes. Dies mag gerechtfertigt
sein, da die gemeinsame Elternverantwortung als organisatorisches Grundmodell
(gerade auch im Interesse des Kindes) bereits verfassungsrechtlich vorgegeben ist.
Einwände des Kindes gegen die elterliche Sorge unterhalb der Schwelle des § 1666
werden rechtlich nicht zur Kenntnis genommen (vgl Staudinger/Coester [2004] § 1666
Rn 81; vgl OLG Frankfurt FamRZ 2003, 1314 m krit Anm Spangenberg FamRZ 2004, 132, 133).
Allerdings gehört die (altersangemessene) Einbeziehung des Kindes in alle seine
Person berührenden Sorgefragen zu den internen Elternpflichten (§ 1626 Abs 2).
Auch wenn die Sorgeerklärungen nicht als Sorgemaßnahmen zu qualifizieren sind
(Rn 30), wird § 1626 Abs 2 auf die Grundfrage der gemeinsamen Sorgezuständigkeit
(„erst recht") analog anzuwenden sein (PraxHdb Familienrecht/Fröhlich E 64: entspre-
chende Belehrung bei der jugendhilferechtlichen Beratung gem § 18 Abs 1 SGB VIII; vgl auch
Coester FamRZ 1996, 1181, 1186).

4.   Abgabe der Sorgeerklärungen

Sorgeerklärungen sind einseitige, nicht empfangsbedürftige Willenserklärungen **53**

(§ 1626c Rn 14), die zwar von beiden Elternteilen abgeben werden müssen, aber nicht einander (kein Vertrag, JAUERNIG/BERGER Rn 3; SCHWAB/WAGENITZ FamRZ 1997, 1377, 1379) und nicht einmal gemeinsam. Für das Gesetz sind die einzelnen Sorgeerklärungen isolierte Teil-Tatbestände, an deren Zusammentreffen und inhaltliche Übereinstimmung dann die gesetzliche Rechtsfolge anknüpft (vgl Rn 31, 63). Demgemäß können die Sorgeerklärungen der Eltern zu verschiedenen Zeitpunkten, an verschiedenen Orten und vor verschiedenen Urkundsstellen abgegeben werden (zur Form s § 1626d; zur Höchstpersönlichkeit und Vertretung § 1626c). Die Rechtsfolge des gemeinsamen Sorgerechts wird ausgelöst, wenn die zweite Sorgeerklärung wirksam abgegeben worden ist.

54 Diese Konzeption wird vor allem aus der Praxis heftig kritisiert, da sie unnötige Rechtsunsicherheit verursacht. So erfährt der ersterklärende Elternteil nicht notwendig, wann das gemeinsame Sorgerecht beginnt, und auch der Nachweis des Sorgerechts nach außen gestaltet sich recht bürokratisch und kompliziert. Die notarielle Praxis empfiehlt den Eltern deshalb dringend die *gemeinschaftliche Abgabe* der Sorgeerklärungen in einer einheitlichen Urkunde und bietet entsprechende Muster an (BRAMBRING DNotI-Report 1998, 89 ff; vgl SCHWAB DNotZ 1998, 437, 451; WIESNER ZfJ 1998, 269, 274).

55 Ein **Zeitpunkt** für die Abgabe der Sorgeerklärungen ist nicht vorgeschrieben. Der Zeitraum, innerhalb dessen die Eltern Sorgeerklärungen abgeben können, beginnt mit der Zeugung des Kindes (zu pränatalen Sorgeerklärungen s § 1626b Abs 2) und endet erst mit der elterlichen Sorge insgesamt, also mit dem 18. Geburtstag des Kindes (§§ 2, 1626 Abs 1 S 1; SCHWAB DNotZ 1998, 437, 451; zur Unzulässigkeit einer Befristung des gemeinsamen Sorgerechts s § 1626b Abs 1).

Ein **Widerruf** der abgegebenen Sorgeerklärung ist nur bis zum Wirksamwerden der zweiten Sorgeerklärung möglich (KNITTEL ZfJ 2000, 140; HAMMER FamRZ 2005, 1209, 1216; MünchKomm/HUBER Rn 13; LIPP/WAGENITZ Rn 10), dh uU auch noch nach deren Abgabe, aber vor der nach § 1626c Abs 2 S 1 erforderlichen Zustimmung des gesetzlichen Vertreters oder deren gerichtlicher Ersetzung gem § 1626c Abs 2 S 3. Widerruflichkeit ist auch zu bejahen, wenn und solange die Sorgeerklärungen der Eltern *schwebend unwirksam* sind (etwa mangels Eintritts einer Rechtsbedingung wie Wirksamwerden der Vaterschaftsanerkennung, dazu § 1626b Rn 4, 11; BGH NJW 2004, 1595, 1596 f; gegen jegliche Widerruflichkeit von Sorgeerklärungen noch BRAMBRING DNotI-Report 1998, 89, 90; RAUSCHER, Familienrecht Rn 974). Soweit ein Widerruf zulässig ist, unterliegt er in Form und sonstigen Wirksamkeitsvoraussetzungen den selben Regeln wie die Sorgeerklärung selbst (BGH NJW 2004, 1595, 1596 f; MünchKomm/HUBER Rn 13; HAMMER FamRZ 2005, 1209, 1216).

5. Inhalt der Sorgeerklärungen

a) Im allgemeinen

56 Der Inhalt der Sorgeerklärungen ist gesetzlich vorgegeben, er muß den **Willen zur gemeinsamen Sorge** zum Ausdruck bringen. Eine bestimmte Formulierung ist allerdings nicht vorgeschrieben, es müssen auch nicht beide Erklärungen denselben Wortlaut haben. Entscheidend ist nur die inhaltliche Übereinstimmung, wobei für jede Erklärung, obwohl es sich nicht um empfangsbedürftige Willenserklärungen handelt, der objektive Erklärungswert maßgeblich ist – dies folgt aus dem Bedürfnis nach Rechtssicherheit sowohl beim anderen Elternteil wie auch im Rechtsverkehr (vgl entsprechend zur Auslobung STAUDINGER/WITTMANN [2006] § 657 Rn 27). Die gemeinsame Abgabe gleichlautender Erklärungen (Rn 54) kann auch insoweit Probleme verhindern (BRAMBRING DNotI-Report 1998, 92).

Die Sorgeerklärungen müssen sich auf ein **bestimmtes Kind** beziehen, eine pauschale **57** Bezeichnung („alle unsere gemeinsamen Kinder") genügt aus Gründen der Klarheit im Rechtsverkehr nicht (PALANDT/DIEDERICHSEN Rn 3). Die Sorgeerklärungen können sich aber dann auf mehrere Kinder beziehen, wenn diese jeweils namentlich benannt werden.

Allerdings besteht **kein Zwang zur einheitlichen Entscheidung für alle gemeinsamen** **58** **Kinder** – anders als im Namensrecht (§ 1617 Abs 1 S 3, PALANDT/DIEDERICHSEN Rn 3). Die Lebenssituation der Kinder und die Eltern-Kind-Beziehungen können sehr unterschiedlich sein, so daß eine differenzierte Sorgeorganisation dem elterlichen Ermessen überlassen bleiben muß. Ein Zwang zur Einheitsentscheidung würde den Entschluß zur gemeinsamen Sorge auch eher erschweren.

b) Teilbarkeit der Sorge?
Fraglich ist, ob sich die Sorgeerklärungen auf das **gesamte Sorgerecht** beziehen **59** müssen oder ob auch die Beschränkung auf einen **Teilbereich** möglich ist (mit der Folge, daß der Restbereich allein bei der Mutter verbleibt). Klar ist nur, daß Zeitbestimmungen und Bedingungen unzulässig sind, § 1626b Abs 1.

Die wohl **herrschende Meinung** will die erstere Position aus dem Gesetz herauslesen; auf gemeinsame Teilsorge gerichtete Sorgeerklärungen wären demnach gem § 1626e **unwirksam** (PALANDT/DIEDERICHSEN Rn 7; ERMAN/MICHALSKI Rn 3; JAUERNIG/BERGER Rn 6; MünchKomm/HUBER Rn 6 ff; BAMBERGER/ROTH/VEIT Rn 6; LIPP/WAGENITZ Rn 8; M LIPP FamRZ 1998, 66, 71 f; COESTER DEuFamR 1999, 3, 8; SCHWAB DNotZ 1998, 437, 438, 450; STURM/STURM StAZ 1998, 305, 307; obiter auch BVerfG FamRZ 2003, 285, 287). Allerdings wird diese Lösung zT von denselben Autoren kritisiert und de lege ferenda für reformbedürftig gehalten (M LIPP, SCHWAB, VEIT und COESTER aaO; DIEDERICHSEN NJW 1998, 1977, 1983; HEUMANN FuR 2003, 293; s auch Sorgerechtskommission des DFGT FamRZ 1997, 337, 338, 340; COESTER FamRZ 1996, 1181, 1186; BRAMBRING DNotI-Report 1998, 90 f). Dabei wird zutreffend darauf hingewiesen, daß teilgemeinsames Sorgerecht auf Umwegen doch erreicht werden kann: (1) zunächst umfassende Sorgeerklärungen, dann gem § 1671 Abs 2 Nr 1 konsentierte Teil-Rückübertragung auf die Mutter oder (2) Teilübertragung des Sorgerechts auf den Vater gem § 1672 Abs 1, für die verbleibende Muttersorge gem § 1626a Abs 2 Sorgeerklärungen nach § 1626a Abs 1 Nr 1 (vgl COESTER DEuFamR 1999, 3, 8 f; M LIPP FamRZ 1998, 65, 72 f; vgl Rn 46). Auch wird vermutet, daß der Zwang zur Alles-oder-nichts-Entscheidung hier kontraproduktiv wirkt – viele Mütter, die eine beschränkte Mitsorge des Vaters akzeptieren würden, entscheiden sich statt für die Gesamtsorge lieber für die Gesamtablehnung (BRAMBRING DNotI-Report 1998, 89, 91; COESTER DEuFamR 1999, 3, 9; GERNHUBER/COESTER-WALTJEN, Familienrecht § 57 X Rn 138; HEUMANN FuR 2003, 293).

Angesichts der Bedenken gegen ein gesetzliches Unteilbarkeitsprinzip in § 1626a **60** Abs 1 Nr 1 bedarf die hM der Überprüfung. Dabei ist festzustellen, daß der Gesetzeswortlaut keineswegs so eindeutig ist, wie behauptet wird: Weder „die Sorge" in § 1626a Abs 1 Nr 1 noch das Verbot von Bedingungen und Zeitbestimmungen in § 1626b Abs 1 zwingen zu dieser engherzigen Auslegung. Aufteilungen und differenzierte Gestaltungen des Sorgerechts sind vom KindRG anderweitig unbegrenzt zugelassen worden (insbes §§ 1671 und 1672 Abs 1), eine restriktive Lesart des § 1626a Abs 1 Nr 1 wäre wertungswidersprüchlich. Deshalb muß, was auf Umwegen ohnehin unschwer erreicht werden kann, auch durch direkte Gestaltung möglich sein: **Auf Teilbereiche des Sorgerechts beschränkte Sorgeerklärungen sind zulässig** (ZIMMERMANN DNotZ 1998, 404, 418 f; meine gegenteilige Auffassung in DEuFamR 1999, 3, 8 wird damit aufgegeben).

c)   Zusätzliche Vereinbarungen

61 Wenn gesagt wird, daß zusätzliche Vereinbarungen wie inhaltliche Ausgestaltung der gemeinsamen Sorge, Rollenverteilungen, Ausübungsregelungen etc *nicht* Gegenstand von Sorgeerklärungen sein können (BT-Drucks 13/4899, 93; PALANDT/DIEDERICHSEN Rn 3), so bezieht sich dies nur auf das rechtliche Institut „Sorgeerklärungen", nicht aber auf die Urkunde, in der die Erklärungen festgehalten sind. Die Sorgeerklärungen selbst sind (für den Sorgeteil, auf den sie sich beziehen, Rn 60) Qualifizierungen und Einschränkungen nicht zugänglich. Insoweit ist die Situation dem durch Ehe vermittelten gemeinsamen Sorgerecht gleich: Das beiderseitige Sorgerecht ist äußerlich (dh Kind, Staat und Dritten gegenüber) umfassend, Absprachen im Innenverhältnis berühren die äußerliche Sorgekompetenz nicht. Für Eheleute gibt es keinen Ansatzpunkt, ihre umfassende Sorgeverantwortung einzuschränken; für das auf Sorgeerklärungen beruhende gemeinsame Sorgerecht sichert das Bedingungs- und Befristungsverbot des § 1626b Abs 1 die entsprechende Rechtsgestaltung.

62 Natürlich können aber auch miteinander nicht verheiratete Eltern ihre gemeinsame Sorgeausübung durch Absprachen konkretisieren und regeln, dies grundsätzlich auch schon im Zusammenhang mit der Abgabe der Sorgeerklärungen (PALANDT/ DIEDERICHSEN Rn 3; vgl COESTER FamRZ 1996, 1181, 1186; ders DEuFamR 1999, 3, 8). Nur haben diese Absprachen eine andere rechtliche Qualität als die Sorgeerklärungen selbst, von denen sie rechtlich strikt zu trennen sind (was wegen § 1626b Abs 1 auch in den Formulierungen deutlich gemacht werden sollte, dazu näher § 1626b Rn 5). Im Gegensatz zu den konstitutiven Sorgeerklärungen handelt es sich um interne Elternvereinbarungen, die auch andere gemeinsam sorgeberechtigte Eltern jederzeit treffen (und ändern) können (dazu noch Rn 76). Etwaige Mängel dieser Absprachen oder ihre spätere Kündigung berühren die Wirksamkeit der Sorgeerklärungen nicht; umgekehrt ist aber die Wirksamkeit der Sorgeerklärungen Bedingung für Ausübungsabsprachen (SCHWAB DNotZ 1998, 437, 455; MünchKomm/HUBER § 1626b Rn 6; vgl DIJuF-Gutachten JAmt 2004, 126).

6.   Rechtsfolgen

a)   Im allgemeinen

63 Mit wirksamer Abgabe auch der zweiten Sorgeerklärung tritt die Rechtsfolge des § 1626a Abs 1 Nr 1, dh die gemeinsame Sorgeverantwortung von Gesetzes wegen ein (Rn 31), bei pränatalen Sorgeerklärungen (§ 1626b Abs 2) allerdings aufschiebend bedingt durch die Lebendgeburt des Kindes (SCHWAB/WAGENITZ FamRZ 1997, 1377, 1379); das gleiche gilt bei schwebender Unwirksamkeit vor dem Eintritt zulässiger Rechtsbedingungen (§ 1626b Rn 4, 11, 12). Ein Widerruf der Sorgeerklärungen ist nunmehr ebensowenig möglich wie ein Verzicht auf die elterliche Sorge (PALANDT/DIEDERICHSEN Rn 7; zur Unverzichtbarkeit der elterlichen Sorge STAUDINGER/PESCHEL-GUTZEIT § 1626 Rn 25; zum Widerruf vor Wirksamwerden der zweiten Sorgeerklärung oben Rn 55).

Eine gerichtliche Kindeswohlkontrolle findet nicht statt (allgemeine Meinung, BT-Drucks **64** 13/4899, 59; PALANDT/DIEDERICHSEN Rn 6; BAMBERGER/ROTH/VEIT Rn 10; COESTER FamRZ 1996, 1181, 1184; M LIPP FamRZ 1998, 65, 70; WILL ZfJ 1998, 308, 312; anders noch die SPD-Fraktion, vgl BT-Drucks aaO; **krit** auch REHBERG FuR 1998, 65, 69), auch die Urkundsperson (§ 1626d Abs 1) hat keine entsprechende Überprüfungskompetenz (SCHWAB DNotZ 1998, 437, 451). Auch insoweit werden die Eltern gleich behandelt wie Eheleute. Die Notwendigkeit von Sorgeerklärungen sichert nur die grundsätzliche Kooperationsbereitschaft, ist aber nicht zugleich Ansatzpunkt für besonderes Mißtrauen gegenüber nicht miteinander verheirateten Eltern. Drohenden Kindesgefährdungen durch den hinzutretenden Vater oder gerade durch die elterliche Sorgegemeinsamkeit ist nach allgemeinen Regeln gem § 1666 zu begegnen (Rn 49).

Das gemeinsame Sorgerecht bedeutet für den Vater den Erwerb des Mitsorgerechts **65** neben der Mutter, das allerdings – wie beim Ehemann – keineswegs von dieser abgeleitet und abhängig ist, sondern eigenständig im Elternrecht des Vaters gem Art 6 Abs 2 S 1 GG wurzelt (Rn 29; vgl GERNHUBER/COESTER-WALTJEN § 57 Rn 3; STAU-DINGER/PESCHEL-GUTZEIT § 1626 Rn 4 ff) und nur der wechselseitigen Gemeinschaftsbindung des § 1627 unterworfen ist (dazu näher STAUDINGER/PESCHEL-GUTZEIT § 1627 Rn 8 ff). Der Eintritt eben dieser Gemeinschaftsbindung ist auf seiten der Mutter die einzige Veränderung gegenüber ihrer bisherigen Alleinsorge gem § 1626a Abs 2, bei getrennt lebenden Eltern – für beide Teile – relativiert durch § 1687 Abs 1.

Die durch § 1626a Abs 1 Nr 1 vermittelte gemeinsame Sorge erfaßt ggf nur den **66** Teilbereich, der zuvor der Mutter gem § 1626a Abs 2 allein zustand (Rn 46). In diesem Bereich ist das gemeinsame Sorgerecht grundsätzlich umfassend (zur Teilsorge vgl oben Rn 59 f), es erstreckt sich auf Personen- und Vermögenssorge wie auch auf die Vertretung des Kindes nach § 1629. Elterlicher Dissens in Einzelfragen ist nach § 1628 auflösbar; bei grundlegenden Funktionsstörungen der gemeinsamen Sorge kann sie nur über § 1671 wieder beendet oder eingeschränkt werden (vgl AG Fürsten-feldbruck FamRZ 2002, 117; **krit** SCHWAB DNotZ 1998, 437, 453: für die Mutter „Weg ohne Wiederkehr"). Sie begründet auch für den neu hinzugetretenen Vater eine „Beistandsgemeinschaft" mit dem Kind in aufenthaltsrechtlichem Sinne, dh ausländische Väter dürfen wegen Art 6 Abs 2 S 1 GG nicht ausgewiesen werden, sofern nicht anerkennenswerte, überwiegende öffentliche Belange entgegenstehen (BVerfG FamRZ 1999, 1577 f [ein bisheriger Verstoß gegen aufenthaltsrechtliche Bestimmungen genügt hierfür nicht]).

b) „Kleines Sorgerecht" eines Stiefelternteils

Lebte die Mutter vor den Sorgeerklärungen mit einem neuen Ehegatten oder mit **67** einer Lebenspartnerin zusammen, so stand diesen „im Einvernehmen mit der Mutter" ein Mitsorgerecht zu (sogenanntes „kleines Sorgerecht", § 1687b BGB bzw § 9 LPartG; Einzelheiten s STAUDINGER/SALGO [2006] § 1687b Rn 10 ff). Die „Alleinsorge" der Mutter im Sinne des § 1626a Abs 2 war dadurch nicht berührt, sie konnte weiterhin durch Sorgeerklärungen mit dem Vater gemeinsames Sorgerecht begründen (Rn 44). Die Folgen für das „kleine Sorgerecht" sind de lege lata klar: Nur der *alleinsorge-*

berechtigte Elternteil vermittelt dem Stiefelternteil oder dem Lebenspartner die Mitsorge (§ 1687b Abs 1; § 9 Abs 1 LPartG), mit dem Verlust der Alleinsorge der Mutter *endet* also das kleine Sorgerecht des Stiefelternteils ex lege (Schomburg Kind-Prax 2001, 103, 104 [aber Möglichkeit rechtsgeschäftlicher Bevollmächtigung]).

68 Diese Lösung ist aber nur scheinbar zwingend. Das „kleine Sorgerecht" beschränkt sich auf „Angelegenheiten des täglichen Lebens", die – da die Eltern des Kindes bei dieser Konstellation notwendig getrennt leben – gem § 1687 Abs 1 S 2 nicht der Sorgegemeinsamkeit der Eltern unterliegen, sondern weiterhin der Alleinentscheidung der Mutter (sofern sie das Kind weiterhin betreut). Also wären Sorgerecht des Vaters und „kleines Sorgerecht" des Stiefelternteils sachlich durchaus kompatibel und sogar, vom Lebensalltag des Kindes her gesehen, nebeneinander sinnvoll (Motzer FamRZ 2001, 1034, 1040; Veit FPR 2004, 67, 70) Selbst das zeitweilige Entscheidungsrecht des Vaters bei Besuchen des Kindes, § 1687 Abs 1 S 4, uU angereichert durch ein entsprechendes zeitweiliges „kleines Mitsorgerecht" *seiner* neuen Gattin oder seines Lebenspartners, könnte sinnvoll integriert werden. Eine solche differenzierte Lösung kann aber gegen das bestehende Recht nicht verwirklicht werden, sie wäre Aufgabe einer lex ferenda (anders offenbar Veit FPR 2004, 67, 70 Fn 48; unbekümmerterer Umgang mit dem positiven Recht im Rahmen des [strukturell vergleichbaren] § 1618 bei BayObLG FamRZ 2001, 857, 858; OLG Karlsruhe StAZ 2001, 272 f; OLG Hamm StAZ 2000, 373, 374).

c)   Zur Zeit der Sorgeerklärungen bestehende sorgerechtliche Disqualifikationen

69 Hier sind – anders als bei Sorgeerwerb durch Heirat (Rn 20 ff) – zwei Fragen und Ebenen zu unterscheiden: (1) Inwieweit berühren solche Disqualifikationen die Kompetenz der Eltern zur Abgabe wirksamer Sorgeerklärungen (dazu bereits oben Rn 48)? (2) Soweit Sorgeerklärungen wirksam abgegeben werden konnten: Welche sorgerechtlichen Konsequenzen ergeben sich auf der Rechtsfolgenseite? Nur hierum geht es im folgenden.

70 Bei **Minderjährigkeit (nur) der Mutter** verändert sich ihre Rechtsposition gem § 1673 Abs 2 geringfügig: Die tatsächliche Personensorge übt sie fortan gemeinsam mit dem Vater aus (statt neben dem Vormund); ihr Entscheidungsvorrang gem § 1673 Abs 2 S 3 entfällt. Das übrige Sorgerecht, einschließlich des Vertretungsrechts, steht ihr der Substanz nach fortan gemeinsam mit dem Vater zu, die Ausübungsberechtigung ruht jedoch für die Zeit ihrer Minderjährigkeit (§§ 1673 Abs 2 S 1, 1675). Der volljährige Vater erwirbt das gesamte Sorgerecht, ein bestellter Vormund wird verdrängt. Im Bereich der tatsächlichen Personensorge besteht Gemeinschaftsbindung mit der Mutter (§§ 1673 Abs 2 S 2, 1627), im übrigen übt er gem § 1678 Abs 1 HS 1 die elterliche Sorge allein aus.

71 Bei **Minderjährigkeit (nur) des Vaters** erwirbt dieser gem § 1626a Abs 1 Nr 1 die in § 1673 Abs 2 umschriebene Sorgerechtsstellung; die Alleinsorge der Mutter verwandelt sich der Substanz nach in gemeinsames Sorgerecht, desgleichen die Ausübung der tatsächlichen Personensorge, während die Ausübung im übrigen gem § 1678 Abs 1 HS 1 zunächst bei ihr allein verbleibt.

72 Bei **beiderseitiger Minderjährigkeit** haben bzw erwerben beide Elternteile die sorgerechtliche Stellung gem § 1673 Abs 2; gesetzlicher Vertreter des Kindes ist in

diesem Fall ein Pfleger (vgl näher STAUDINGER/COESTER [2004] § 1673 Rn 21; PALANDT/DIE-
DERICHSEN § 1626c Rn 6).

Ein **Sorgerechtsentzug bei der Mutter** hat (bei teilweisem Entzug) zur Folge, daß nur 73
der bei der Mutter verbliebene Sorgerest fortan zur „gemeinsamen Sorge" wird
(Rn 46). Im Entzugsbereich (auch bei Totalentzug) kann die Mutter gar keine wirksame Sorgeerklärung abgeben (Rn 49). Selbst wenn sie es könnte, stünde einem
Sorgerechtserwerb des Vaters nach § 1626a Abs 1 Nr 1 die Sondervorschrift des
§ 1680 Abs 3 mit Abs 2 S 2 entgegen: Die kontrollierte Sorgerechtsübertragung auf
den Vater (zum Prüfungsmaßstab s STAUDINGER/COESTER [2004] § 1680 Rn 21) kann nicht
durch bloße Elternerklärung unterlaufen werden; selbst bei der alleinsorgeberechtigten Mutter sieht das Gesetz einen gerichtlichen, kontrollierenden Übertragungs-
akt vor, § 1672 Abs 1. Insoweit besteht ein Unterschied zum Sorgerechtserwerb kraft
nachfolgender Ehe (§ 1626a Abs 1 Nr 2, s Rn 26), die als verfassungsrechtlich privile-
gierter Status die für nicht miteinander verheiratete Eltern vorgesehenen Kontroll-
mechanismen verdrängt.

7. Elternvereinbarungen und Sorgerecht

a) Vereinbarungen über die Abgabe oder Nichtabgabe von Sorgeerklärungen
Die Bereitschaftserklärung zur gemeinsamen Sorge ist eine aus der Elternverant- 74
wortung gem Art 6 Abs 2 S 1 GG fließende, höchstpersönliche Grundentscheidung,
die vom aktuellen und freien Willen jedes Elternteils getragen sein muß. Vertragliche Bindungen in positivem oder negativem Sinne (gegenüber dem anderen Elternteil oder Dritten) sind hiermit nicht vereinbar, entsprechende Abreden sind
unwirksam (AnwKomm-BGB/RAKETE-DOMBEK Rn 24; HAMMER, Elternvereinbarungen im
Sorge- und Umgangsrecht [2004] 298 f). Demgemäß ist eine abredewidrig abgegebene
Sorgeerklärung wirksam, und das Versprechen zur Abgabe einer Sorgeerklärung
kann nicht zwangsweise durchgesetzt werden (MUSCHELER FPR 2005, 177, 181).

b) Vereinbarungen über an die Sorgeerklärungen anschließende Änderungsanträge
Solche Vereinbarungen können insbesondere auf einen Änderungsantrag nach 75
§ 1671 gerichtet sein, etwa auf die konsentierte Rückübertragung eines Teils der
elterlichen Sorge auf die Mutter (vgl Rn 59). Aus den vorerwähnten Gründen sind
jedoch auch solche Abreden nicht durchsetzbar (die Mutter müßte, wenn der Vater
abredewidrig seine Zustimmung nicht erteilt, einen Antrag nach § 1671 Abs 2 Nr 2
stellen; vgl STAUDINGER/COESTER [2004] § 1671 Rn 73).

c) Vereinbarungen über die Ausgestaltung des gemeinsamen Sorgerechts
Solche Vereinbarungen können gerichtet sein auf Aufenthalts- oder Besuchsrege- 76
lungen, Abweichungen von § 1687, Entscheidungen in Grundfragen (zB Schulwahl),
wechselseitige Vollmachtserteilung, das Verhältnis zu neuen Partnern der Eltern etc.
Solche Vereinbarungen sind nicht nur – wie bei allen gemeinsam sorgeberechtigten
Eltern – zulässig, sondern auch sinnvoll und sogar das Ziel jugendhilferechtlicher
Unterstützung, § 17 Abs 1, 2 SGB VIII, oder familiengerichtlicher Schlichtungsbe-
mühungen gem § 52 FGG. In den Vorberatungen zum KindRG wurde ein „Sorge-
plan" für sinnvoll angesehen, aber – zur Vermeidung einer Gängelung der Eltern –
bewußt nicht im Gesetz vorgeschrieben (BT-Drucks 13/4899, 64; PALANDT/DIEDERICHSEN

Rn 3; zur entsprechenden Diskussion im Rahmen von § 1671 vgl Staudinger/Coester [2004] § 1671 Rn 136, 138). Damit steht die Legitimität freiwilliger Vereinbarungen außer Frage (Zimmermann DNotZ 1998, 404, 418, 420 f; Schwab DNotZ 1998, 437, 454 ff; Brambring FF 1998, 74; zu Einzelheiten s Hammer, Elternvereinbarungen im Sorge- und Umgangsrecht [2004] 303 ff). Allerdings sind zwei *Grenzen* zu beachten: Die Bindungswirkung beschränkt sich auf das interne Elternverhältnis und ist wegen der letztentscheidenden Verpflichtung auf das Kindeswohl auch nur begrenzt (insoweit anders Hammer aaO 287 ff); zum zweiten dürfen die Sorgeerklärungen und die Vereinbarungen nicht in einen Bedingungszusammenhang gestellt werden (§ 1626b Abs 1; s dort Rn 2 ff).

8.   Internationales Privatrecht

77   Da sich der Sorgerechtserwerb nach § 1626a kraft Gesetzes vollzieht, ist für das elterliche Sorgerecht das Kindschaftsstatut des Art 21 EGBGB maßgeblich, also das Recht am gewöhnlichen Aufenthaltsort des Kindes. Wenn sich dieser ändert, kommt es ex nunc zum Wechsel des maßgeblichen Rechts (Statutenwechsel). Vorfragen wie Abstammung oder Minderjährigkeit werden selbständig angeknüpft (Breuer FPR 2005, 74, 75 f). Dies bedeutet im einzelnen:

78   Auch für ausländische Kinder mit gewöhnlichem Aufenthalt in Deutschland bedarf es elterlicher Sorgeerklärungen nach § 1626a Abs 1 Nr 1, wenn die miteinander nicht verheirateten Eltern (gleich welcher Staatsangehörigkeit oder in welchem Land wohnend) gemeinsames Sorgerecht erlangen wollen.

79   Hatten die Eltern im Ausland bereits das gemeinsame Sorgerecht für ihr Kind nach dem dortigen Recht und ziehen sie dann nach Deutschland, so ist zu unterscheiden: Beruhte das gemeinsame Sorgerecht auf Sorgeerklärungen ähnlich wie im deutschen Recht, so wirken diese auch im Rahmen des nun maßgeblichen deutschen Rechts fort, die Eltern behalten auch in Deutschland weiter ihr gemeinsames Sorgerecht (vgl E Büttner FamRZ 1997, 464, 467; Sturm/Sturm StAZ 1998, 305, 313 f; Henrich FamRZ 1998, 1401, 1404). Beruhte das im Ausland erworbene gemeinsame Sorgerecht jedoch auf Gesetz (etwa anknüpfend an die Lebensgemeinschaft der Eltern wie in Belgien oder Italien), so ist dieses nach Umzug der Familie nach Deutschland nicht mehr anwendbar. Ob die im Ausland begründete Rechtslage hier anerkannt und übernommen werden kann, ist nicht gesichert: Art 3 MSA gilt aus deutscher Sicht nur im Rahmen gerichtlicher Sorgerechtsentscheidungen; erwogen werden auch Art 8, 14 EMRK (Witteborg 314 f) oder generell eine Anerkennung als „wohlerworbene Rechte" (Witteborg 320 ff; Finger ZfJ 2004, 134, 137; zur möglichen gemeinschaftsrechtlichen Pflicht zur Anerkennung von Rechtslagen aus anderen Mitgliedsstaaten der EU vgl Coester-Waltjen IPRax 2006, 392; Mansel RabelsZ 70 [2006] 654). Wollen die Eltern sichergehen, das gemeinsame Sorgerecht nicht zu verlieren, müssen sie Sorgeerklärungen nach § 1626a Abs 1 Nr 1 abgeben (Henrich FamRZ 1998, 1401, 1404; Sturm/Sturm StAZ 1998, 305, 314). Dies können sie vorsorglich auch schon im Ausland tun, müssen dabei jedoch die Form des § 1626d Abs 1 wahren (Henrich FamRZ 1998, 1401, 1405; Finger ZfJ 2004, 134, 136).

80   Ziehen Eltern, die in Deutschland durch Sorgeerklärungen gemeinsames Sorgerecht erworben hatten, ins Ausland, so beherrscht von nun an das dortige Recht die Sorgerechtsverhältnisse. Dazu gehört zunächst das IPR: Verweist dieses auf deutsches Recht zurück (etwa als Heimatrecht des Kindes; für Frankreich vgl WITTEBORG 308 f), ändert sich sachlich nichts (STURM/STURM StAZ 1998, 305, 313). Bei Maßgeblichkeit der ausländischen Sorgerechtsregelungen ist nach diesen zu prüfen, ob die durch die deutschen Sorgeerklärungen geschaffene Rechtslage anerkannt wird – etwa weil man dort ähnliche Erklärungen kennt oder das gemeinsame Sorgerecht als „wohlerworbenes Recht" akzeptiert. Scheidet eine Anerkennung aus, können die Eltern das gemeinsame Sorgerecht verlieren, wenn sie nicht die am Aufenthaltsort maßgeblichen Voraussetzungen erfüllen (sofern gemeinsames Sorgerecht ohne Ehe überhaupt möglich ist).

§ 1626b
Besondere Wirksamkeitsvoraussetzungen der Sorgeerklärung

(1) Eine Sorgeerklärung unter einer Bedingung oder einer Zeitbestimmung ist unwirksam.

(2) Die Sorgeerklärung kann schon vor der Geburt des Kindes abgegeben werden.

(3) Eine Sorgeerklärung ist unwirksam, soweit eine gerichtliche Entscheidung über die elterliche Sorge nach den §§ 1671, 1672 getroffen oder eine solche Entscheidung nach § 1696 Abs. 1 geändert wurde.

Materialien: Art 1 Nr 10 KindRG.

Schrifttum

Siehe § 1626a.

Systematische Übersicht

I. Normzweck und -inhalt

1 Die §§ 1626b–1626e gestalten das durch das KindRG 1998 neu eingefügte Instrument der Sorgeerklärungen (§ 1626a Abs 1 Nr 1) aus und regeln die Voraussetzungen und Modalitäten im einzelnen (zum IPR s § 1626a Rn 77 ff). § 1626b betrifft ganz unterschiedliche Aspekte: Abs 1 gestaltet die Sorgeerklärungen bedingungs- und befristungsfeindlich; Abs 2 macht hiervon mit der pränatalen Sorgeerklärung im gewissen Sinne wieder eine Ausnahme; in Abs 3 wird der grundsätzliche Funktionsbereich von Sorgeerklärungen geklärt und abgegrenzt: Sie dienen der Korrektur der gesetzlichen Regelzuweisung der elterlichen Sorge an die nichteheliche Mutter (§ 1626a Abs 2), nicht aber von gerichtlichen Sorgerechtsregelungen.

II. Bedingungen, Befristungen, Abs 1

1. Bedingungen

a) Grundsatz

2 Die gesetzliche Zuweisung des gemeinsamen Sorgerechts durch § 1626a Abs 1 Nr 1 (§ 1626a Rn 31) setzt den klaren und bedingungslos erklärten Willen beider Eltern voraus (ähnlich bei anderen statusrelevanten Erklärungen wie zB der Vaterschaftsanerkennung, § 1594 Abs 3, oder Eheschließung, § 1311 S 2). Elterliche Verantwortung kann nicht bedingt übernommen werden. Bedingte Sorgeerklärungen sind insgesamt unwirksam (vgl auch § 1626e), nicht nur der Bedingungsteil der Erklärung (PALANDT/DIEDERICHSEN Rn 2).

3 Naheliegende Beispiele für **unzulässige Bedingungen** sind (vgl auch DIV-Gutachten DA-Vorm 2000, 320, 322):

– „wenn ich wirklich der Vater bin",

– „wenn und solange der Mutter die tatsächliche Betreuung des Kindes verbleibt",

– Bindung an sonstige Ausgestaltungen der gemeinsamen Sorge,

– anschließender gemeinsamer Antrag an das FamG zur Teilrückübertragung auf die Mutter gem § 1671 Abs 2 Nr 1 (vgl § 1626a Rn 59).

b) Grenzen und Ausnahmen

4 Aus dem Zweck des Bedingungsverbots ergeben sich auch seine Grenzen: Bloße **Rechtsbedingungen** (etwa: Zustimmung des gesetzlichen Vertreters bei minderjährigen Elternteilen, § 1626c Abs 2) schaden – allgemeinen Grundsätzen entsprechend (STAUDINGER/BORK [2003] Vorbem 22 ff zu §§ 158 ff) – nicht. Hierzu gehört auch die Bedingung, daß eine anderweitig bestehende Vaterschaft durch Anfechtung beseitigt wird. Diese Bedingung ist bei der Vaterschaftsanerkennung trotz § 1594 Abs 3 zulässig (STAUDINGER/RAUSCHER [2004] § 1594 Rn 44), entsprechend muß auch eine darauf aufbauende bedingte Sorgeerklärung möglich sein (BGH NJW 2004, 1595, 1596; dazu COESTER LMK 2004, 107 f; näher unten Rn 11, 12). Gleichermaßen unbedenklich wäre die „Bedingung", daß auch der andere Elternteil eine Sorgeerklärung abgibt (für Unzulässigkeit offenbar jedoch BRAMBRING DNotI-Report 1998, 89, 90).

c) Insbesondere: Sorgerechtsausgestaltende Vereinbarungen

Es ist den Eltern unbenommen, in die Urkunde über die Sorgeerklärungen auch **5** weitere Vereinbarungen über die Ausgestaltung ihres Verhältnisses und der Sorgeausübung aufzunehmen (§ 1626a Rn 61, 76). Allerdings dürfen diese Abreden wegen § 1626b Abs 1 nicht in einen Bedingungszusammenhang mit den Sorgeerklärungen selbst gestellt werden (wohl aber umgekehrt die Wirksamkeit der Sorgeerklärungen als Bedingung für die ausgestaltenden Abreden, vgl SCHWAB DNotZ 1998, 437, 455). Durch unklare Formulierungen gefährden die Eltern die Wirksamkeit ihrer Sorgeerklärungen, so daß auf eine **deutliche Trennung der Sorgeerklärungen von den sonstigen Absprachen** zu achten ist. Hier liegt ein Verantwortungsschwerpunkt der Urkundsperson (vgl § 1626d; SCHWAB DNotZ 1998, 437, 455; zu weitgehend aber BRAMBRING DNotI-Report 1998, 89, 90, der wegen des rechtlichen Risikos von der Aufnahme weiterer Abreden in die Urkunde dringend abrät). Man darf jedoch in der Praxis unterstellen, daß die Eltern nichts gewollt haben, was zur Unwirksamkeit ihrer Erklärungen führen würde; ihre Vereinbarungen sind deshalb regelmäßig zu deuten als Festschreibung des bisher erreichten Ausübungskonsenses oder als Erwartungen und Absichtserklärungen, nicht aber als Bedingungen (PALANDT/DIEDERICHSEN Rn 1; MünchKomm/HUBER Rn 5). Aus Sicherheitsgründen empfiehlt sich dennoch die Aufnahme einer „Unabhängigkeitsklausel", aus der die strikte Trennung beider Elemente hervorgeht (SCHWAB DNotZ 1998, 437, 455).

2. Zeitbestimmungen

Auch durch Zeitbestimmungen (aufschiebende oder auflösende Befristungen) kann **6** die Wirkung von Sorgeerklärungen nicht eingeschränkt werden: Elterliche Sorge „auf Zeit" scheint mit der grundsätzlich umfassenden elterlichen Verantwortung nicht vereinbar (PALANDT/DIEDERICHSEN Rn 3). Allerdings besteht insoweit eine Diskrepanz zu § 1671 Abs 2 Nr 1 (vgl STAUDINGER/COESTER [2004] § 1671 Rn 53); der Unterschied mag so erklärt werden, daß zeitweilige Alleinsorge eines Elternteils (mit anschließendem Rückfall des Sorgerechts auf beide Elternteile) nur die zeitliche Begrenzung eines Ausnahmefalls bedeutet, während eine Befristung gemeinsamen Sorgerechts die Regelverantwortung beider Eltern relativiert. Statt mit *aufschiebenden Befristungen* können sich die Eltern ohne weiteres mit einem Aufschub der Abgabe von Sorgeerklärungen behelfen, uU unter Vorschaltung einer faktischen Probezeit der gemeinschaftlichen Sorgeausübung (BT-Drucks 13/4899, 94; PALANDT/DIEDERICHSEN Rn 3). *Auflösende Befristungen* würden den Änderungsmechanismus des § 1671 unterlaufen (dies gilt insbes für eine Begrenzung des gemeinsamen Sorgerechts auf die Dauer der nichtehelichen Lebensgemeinschaft [sofern man hier nicht eine auflösende Bedingung annimmt]; **krit** COESTER DEuFamR 1999, 3, 8). Zwar setzt sich auch in § 1671 gem Abs 2 Nr 1 der Elternkonsens unkontrolliert durch (STAUDINGER/COESTER [2004] § 1671 Rn 65), aber er muß im Moment der Auflösungsentscheidung vorliegen. Ein Abstellen auf den zeitlich zurückliegenden Konsens bei Abgabe der Sorgeerklärungen könnte das aktuelle Kindeswohl verfehlen.

3. Sonstige Nebenvereinbarungen

Rechtsgeschäftliche Nebenvereinbarungen, die nicht im Bedingungszusammenhang **7** mit den Sorgeerklärungen stehen, unterstehen hinsichtlich ihrer Wirksamkeit eigenständigen Grundsätzen. Sind sie unwirksam, so folgt aus dem Verknüpfungsverbot

des § 1626b Abs 1, daß auch § 139 nicht angewendet werden darf (AnwKomm-BGB/
RAKETE-DOMBEK Rn 4; aA PALANDT/DIEDERICHSEN Rn 3; DIJuF-Gutachten JAmt 2004, 126). Die
Unwirksamkeit der Sorgeerklärungen ist durch § 1626e strikt begrenzt.

III. Pränatale Sorgeerklärungen, Abs 2

1. Gesetzliche Konzeption

8 Das Gesetz gestattet – analog zur pränatalen Vaterschaftsanerkennung (§ 1594
Abs 4) – die vorgeburtliche Abgabe der Sorgeerklärungen, um auch miteinander
nicht verheirateten Eltern und ihren Kindern die Möglichkeit zu eröffnen, schon im
Moment der Geburt eine (auch) rechtlich vollständig etablierte Familie zu bilden.
Voraussetzung wirksamer Sorgeerklärungen ist allerdings auch hier die (künftige)
rechtliche Elternschaft der sie Abgebenden (vgl § 1626a Rn 40). Die pränatale Vaterschaftsanerkennung gem § 1594 Abs 4 muß also der Sorgeerklärung vorangehen;
künftige Mutter ist gem § 1591 ohne weiteres die Schwangere (vgl PALANDT/DIEDERICH-
SEN Rn 4; MünchKomm/HUBER Rn 13; SCHWAB DNotZ 1998, 437, 450). Denkbar ist auch, daß
ein Elternteil seine Sorgeerklärung vor Geburt, der andere sie erst nachher abgibt –
das gemeinsame Sorgerecht setzt dann allerdings erst mit Abgabe der zweiten
Sorgeerklärung ein. Die Lebendgeburt des Kindes ist Rechtsbedingung für das
Wirksamwerden der Sorgeerklärungen (§ 1626a Rn 63 sowie oben Rn 1, 4).

9 Das Erfordernis, daß sich Sorgeerklärungen stets auf ein *bestimmtes* Kind beziehen
müssen (§ 1626a Rn 57), hier den nasciturus, schließt aus, daß schon für einen **nondum
conceptus** Sorgeerklärungen abgegeben werden (SCHWAB DNotZ 1998, 437, 450; ZIMMER-
MANN DNotZ 1998, 404, 417; MünchKomm/HUBER Rn 16; HAMMER, Elternvereinbarungen im
Sorge- und Umgangsrecht [2004] 75 f; Fachausschuss Standesbeamte StAZ 2002, 125). Bei *Mehr-
lingsgeburten* kann die Sorgeerklärung ausdrücklich auf alle erwarteten Kinder bezogen werden (vgl § 1626a Rn 57). Werden unerwartet Mehrlinge geboren, bezieht sich
die pränatale Sorgeerklärung dennoch auf alle Kinder aus dieser Schwangerschaft
(AnwKomm-BGB/RAKETE-DOMBEK Rn 5; **aM** MünchKomm/HUBER Rn 17). Dies entspricht
der Rechtslage bei der Vaterschaftsanerkennung gem § 1594 Abs 4 (STAUDINGER/RAU-
SCHER [2000] § 1594 Rn 49 mwNw; MünchKomm/WELLENHOFER/KLEIN § 1594 Rn 41) wie auch
dem mutmaßlichen Willen der Eltern wie auch dem Kindeswohl (insbesondere bei
Tod der Mutter bei der Geburt).

10 Die Erfüllung der **Mitteilungspflichten** gem § 1626d Abs 2 bereitet bei pränatalen
Sorgeerklärungen Schwierigkeiten (§ 1626d Rn 10); diese formellen Probleme können
aber kein Anlaß sein, pränatale Sorgeerklärungen generell abzulehnen (so aber BRAM-
BRING DNotI-Report 1998, 89; **dagegen** COESTER DEuFamR 1999, 3, 7 Fn 63).

2. Konflikt mit anderweitiger Vaterschaft

11 Ist die Schwangere mit einem anderen Mann verheiratet, so wird dieser bei Geburt
des Kindes als dessen Vater gelten, § 1592 Nr 1. Der biologische Vater kann weder
die Vaterschaft anerkennen (§ 1594 Abs 2) noch eine wirksame Sorgeerklärung abgeben (§ 1626a Rn 40). Jedoch ist beides unter der *Rechtsbedingung* möglich, daß die
Vaterschaft des Ehemannes durch Anfechtung beseitigt wird. *Bis* zu diesem Moment

sind beide Erklärungen des biologischen Vaters schwebend unwirksam (zur Vaterschaftsanerkennung vgl STAUDINGER/RAUSCHER [2004] § 1592 Rn 54, 55).

Diese Auffassung hat der BGH für einen Fall bestätigt, in dem die **Konstellation des**
§ 1599 Abs 2 vorgelegen hatte: Schwangere Ehefrau, rechtshängiges Scheidungsverfahren, Vaterschaftsanerkennung durch den Erzeuger mit Zustimmung des Ehemanns (BGH NJW 2004, 1595; dazu COESTER LMK 2204, 107 f). Gleiches muß aber auch
gelten, wenn der biologische Vater die Vaterschaft des bisherigen Rechtsvaters
(§§ 1592 Nr 1, 2 oder 1593) gemäß **§ 1600 Abs 1 Nr 2, Abs 2, 3 anficht**: Mit Rechtshängigkeit des Anfechtungsverfahrens kann er eine Sorgeerklärung abgeben, die
zunächst schwebend unwirksam ist, mit rechtskräftiger Beseitigung der bisherigen
und Feststellung der eigenen Vaterschaft aber wirksam wird. Letztlich muß aber
auch gleiches gelten, wenn **dem biologischen Vater kein Anfechtungsrecht zusteht**,
also zB bei bestehender Gemeinschaft der ehelichen Familie: Die Vaterschaftsanerkennung durch den biologischen Vater ist in diesem Fall wegen § 1594 Abs 2 nicht
wirksam, aber auch nicht nichtig (BT-Drucks 13/4899, 84). Sie steht unter der Rechtsbedingung der Aufhebung der bisherigen Vaterschaft und ist so lange schwebend
unwirksam (PALANDT/DIEDERICHSEN § 1594 Rn 5). Auf dieser Anerkennung kann eine –
gleichfalls schwebend unwirksame – Sorgeerklärung des biologischen Vaters aufge-
baut werden (GERNHUBER/COESTER-WALTJEN, Familienrecht § 57 Rn 139 Fn 333). *Stets* setzen
Sorgeerklärungen des biologischen Vaters aber voraus, daß er zunächst alle ihm
eröffneten Möglichkeiten zur Etablierung seiner rechtlichen Vaterschaft eingeleitet
hat (Anerkennung; Anfechtungsklage nach § 1600 Abs 1 Nr 2, Abs 2, 3) – andernfalls stände die Sorgeerklärung nicht nur unter einer Rechtsbedingung, sondern
unter der aufschiebenden Bedingung künftigen eigenen Verhaltens (§ 1626b Abs 1).

Im Ergebnis gilt das gleiche, wenn die Schwangere nach beiderseitiger Abgabe **12**
pränataler Sorgeerklärungen einen anderen Mann heiratet. Die Zuordnung des
später geborenen Kindes zum Ehemann gem § 1592 Nr 1 verdrängt das Vaterschaftsanerkenntnis des Erzeugers und beseitigt damit auch die Wirksamkeitsbasis für
dessen Sorgeerklärung. Das Wirksamwerden beider Erklärungen steht unter der
Rechtsbedingung, daß die Vaterschaft des Ehemannes durch Anfechtung oder gem
§ 1599 Abs 2 beseitigt wird (vgl STAUDINGER/RAUSCHER [2000] § 1594 Rn 52; AnwKomm-
BGB/RAKETE-DOMBEK Rn 6).

IV.   Gerichtliche Sorgerechtsentscheidungen und Sorgeerklärungen, Abs 3

1.   Grundkonzeption

Die Funktion der elterlichen Sorgeerklärungen wird durch Abs 3 eng begrenzt auf **13**
die Korrektur der subsidiären gesetzlichen Alleinsorge der Mutter gem § 1626a
Abs 2 (vgl § 1626a Rn 32, 43). Nach dem Willen des Gesetzgebers sollte die Änderung
gerichtlicher Sorgerechtsregelungen nicht der elterlichen Disposition überantwortet
werden, sondern nach allgemeinen Regeln nur durch die Gerichte selbst erfolgen
können (§§ 1696 Abs 1; 1672 Abs 2; 1681 Abs 2). Zur Begründung wird auf den
hierarchischen Vorrang staatlicher vor privatautonomen Regelungen verwiesen (BÜ-
DENBENDER AcP 197 [1997] 197, 210, 213; M LIPP FamRZ 1998, 65, 71) sowie auf die Gefahr
eines „kindeswohlwidrigen Hin-und-Her" (BT-Drucks 13/4899, 94). Sehr überzeugend
ist das nicht, weder im Grundansatz (der die staatliche Vernunft höher einschätzt als

die elterliche) noch im Hinblick auf § 1671 Abs 2 Nr 1 oder § 1672 Abs 2 S 1 (mit einerseits fehlender, andererseits überzogener Staatskontrolle, vgl STAUDINGER/ COESTER [2004] § 1671 Rn 65, § 1672 Rn 12, 13; BAMBERGER/ROTH/VEIT Rn 5; zust hingegen Münch-Komm/HUBER Rn 19). Trotz aller rechtspolitischen und rechtsdogmatischen Kritik hält sich die Regelung aber wohl noch im Rahmen des verfassungsrechtlich eröffneten gesetzgeberischen Gestaltungsspielraums (vMÜNCH/KUNIG/COESTER-WALTJEN GG Art 6 Rn 78; Zweifel insoweit bei DFGT FamRZ 1997, 337, 339; BAMBERGER/ROTH/VEIT Rn 5).

2. Einzelheiten

a) Gerichtliche Sorgerechtsregelungen zwischen den Eltern

14 Gerichtliche Sorgerechtsregelungen, die einer Veränderung durch Sorgeerklärungen nicht zugänglich sind, können beruhen auf den im Gesetzeswortlaut genannten §§ 1671, 1672 Abs 1 oder 1696, sie können aber auch – was der Gesetzgeber übersehen hat – auf §§ 1678 Abs 2, 1680 Abs 3, 1681 Abs 1 oder 1628 beruhen (zu letzterem STAUDINGER/COESTER [2006] § 1696 Rn 9 f). Für die gerichtliche Änderung solcher Entscheidungen zugunsten gemeinsamen Sorgerechts gibt es entweder Sondervorschriften (§§ 1672 Abs 2 S 1, 1681 Abs 2), oder es gilt die Generalklausel des § 1696 Abs 1.

Die vorgenannten Entscheidungen schließen Sorgeerklärungen jedoch nur für die Themenbereiche der elterlichen Sorge aus, auf die sie sich beziehen – im übrigen bleiben Sorgeerklärungen möglich (§ 1626a Rn 46). Die Urkundsperson (§ 1626d Abs 1) sollte die Eltern nach entsprechenden Sorgerechtsentscheidungen befragen; eine förmliche Versicherung des Fehlens darf ihnen aber wohl nicht abverlangt werden (aA BRAMBRING DNotI-Report 1998, 89).

b) Kindesschutzrechtliche Eingriffe

15 Kindesschutzrechtliche Eingriffe in die mütterliche Alleinsorge können nicht durch Sorgeerklärungen unterlaufen werden (s § 1626a Rn 49; iE ähnlich MünchKomm/HUBER Rn 24 sowie § 1626e Rn 5), sie bedürfen der Aufhebung nach § 1696 Abs 2. Alleinsorge kann der Vater nur nach § 1680 Abs 3 mit Abs 2 S 2 erhalten. Außerhalb des Entzugsbereichs bleiben Sorgeerklärungen allerdings möglich, nach Aufhebung gem § 1696 Abs 2 auch im ehemaligen Entzugsbereich (näher § 1626a Rn 45, 73).

§ 1626c
Persönliche Abgabe; beschränkt geschäftsfähiger Elternteil

(1) Die Eltern können die Sorgeerklärungen nur selbst abgeben.

(2) Die Sorgeerklärung eines beschränkt geschäftsfähigen Elternteils bedarf der Zustimmung seines gesetzlichen Vertreters. Die Zustimmung kann nur von diesem selbst abgegeben werden; § 1626b Abs. 1 und 2 gilt entsprechend. Das Familiengericht hat die Zustimmung auf Antrag des beschränkt geschäftsfähigen Elternteils zu ersetzen, wenn die Sorgeerklärung dem Wohl dieses Elternteils nicht widerspricht.

Materialien: Art 1 Nr 10 KindRG.

Schrifttum

Siehe § 1626a.

Systematische Übersicht

I.   Normzweck und -inhalt

Die Vorschrift regelt die **Kompetenz zur Abgabe von Sorgeerklärungen** (vgl schon **1** § 1626a Rn 48), und zwar in Abs 1 die Höchstpersönlichkeit der Erklärung, in Abs 2 die Abgabe durch minderjährige Elternteile. Gesetzlich nicht geregelt sind Sorgeerklärungen von Geschäftsunfähigen (dazu unten Rn 14 ff).

II.   Höchstpersönlichkeit der Sorgeerklärungen, Abs 1

Da die Sorgeerklärungen die persönlichen Beziehungen der Eltern zum Kind und **2** untereinander erheblich berühren und höchstpersönliche Pflichten und Verantwortlichkeiten schaffen, gehört die Sorgeerklärung zum Kreis derjenigen familienrechtlichen Rechtsgeschäfte, die einer **Stellvertretung nicht zugänglich** sind (ähnlich §§ 1311 S 1, 1596 Abs 1 S 1, 1600a Abs 1, 1750 Abs 3 S 1, 1760 Abs 5 S 2; vgl auch § 1903 Abs 2). Auch *Botenschaft* ist ausgeschlossen (LIPP/WAGENITZ Rn 1; SCHWAB DNotZ 1998, 437, 450). Sorgeerklärungen durch Vertreter oder Boten sind unwirksam, § 1626e.

Das Höchstpersönlichkeitsprinzip gilt auch für einen **minderjährigen Elternteil** – **3** Abs 2 betrifft nur die Zustimmung des gesetzlichen Vertreters zur höchstpersönlichen Erklärung des Minderjährigen (ähnlich § 1617c Abs 1 S 2). Folglich kann die Sorgeerklärung des Minderjährigen (anders als die Zustimmung des gesetzlichen Vertreters) auch nicht durch das FamG ersetzt werden.

III. Minderjährige Elternteile, Abs 2

1. Zustimmungsbedürftigkeit, Abs 2 S 1

a) Grundsätzliche Erforderlichkeit

4 Daß minderjährige Eltern für die Abgabe von Sorgeerklärungen die Zustimmung *ihrer* Eltern benötigen, liegt nicht ohne weiteres auf der Hand (rechtspolitisch ablehnend LIPP/WAGENITZ Rn 3). Zwar ist auch bei anderen höchstpersönlichen familienrechtlichen Willenserklärungen eine elterliche Zustimmung vorgesehen (Vaterschaftsanerkennung, § 1596 Abs 1 S 2; Namensänderung, § 1617c Abs 1 S 2; abgeschwächt auch bei der Eheschließung, § 1303 Abs 3, 4), aber die Schutzzwecke des Zustimmungserfordernisses sind doch jeweils verschieden. Vor allem überzeugt die Parallele zu § 1303 (BT-Drucks 13/4899, 95; PALANDT/DIEDERICHSEN Rn 3) wenig, geht es dort doch um die Neubegründung einer umfassenden Verantwortung für den Ehegatten, hier aber nur um die Verantwortungsübernahme für die Folgen vorangegangenen Tuns. Schutzgut der Zustimmung kann auch nur das Wohl des Kindes des Zustimmungsberechtigten sein; das Wohl der Enkelkinder liegt jenseits der Sorgekompetenz der zustimmungsberechtigten Großeltern (STAUDINGER/PESCHEL-GUTZEIT § 1633 Rn 16; s auch unten Rn 10). Dem „Enkelschutz" trägt das Gesetz selbst in § 1673 Abs 2 Rechnung.

5 Auf seiten des minderjährigen Vaters wäre an einen Schutz vor überfordernder Verantwortungsübernahme zu denken (vgl aber: § 1673 Abs 2 S 1, 2), auf seiten der minderjährigen Mutter eher an Schutz vor störender Sorgerechtsmitwirkung und Einmischung durch den Vater. Allerdings haben der Vater und die Mutter gemeinsam ein Kind, und die gemeinsame Übernahme der Sorgeverantwortung zeichnet nur das verfassungsrechtliche Leitbild nach. Triftige Einwände aus der Person des minderjährigen Elternteils gegen seine Sorgerechtsübernahme oder die Entscheidung zur gemeinsamen Ausübung können nur ausnahmsweise vorliegen. Dieser Situation trägt das Gesetz in vertretbarer Weise Rechnung, indem es eine Ersetzungsmöglichkeit vorsieht und die Zustimmungsverweigerung als zu rechtfertigenden Ausnahmefall deklariert (Abs 2 S 3, unten Rn 9). Damit liegt die Regelung des § 1626c Abs 2 im Rahmen des gesetzgeberischen Gestaltungsspielraums.

b) Einzelheiten

6 Das Zustimmungserfordernis bezieht sich gleichermaßen sowohl auf die minderjährige, gem §§ 1626a Abs 2, 1673 Abs 2 sorgeberechtigte Mutter wie auf die Erklärung eines bis dahin noch nicht sorgeberechtigten minderjährigen Vaters. Anders als bei verheirateten Eltern können auch beide Eltern minderjährig sein mit der Folge, daß beide Sorgeerklärungen zustimmungsbedürftig sind.

7 **Fehlt** die Zustimmung seines gesetzlichen Vertreters, ist die Sorgeerklärung des minderjährigen Elternteils unwirksam (§ 1626e); damit kann auch die Sorgeerklärung des anderen Teils keine Wirkung entfalten (vgl § 1626a Rn 63). Eine **erteilte Zustimmung** verhilft nur der Sorgeerklärung zur Wirksamkeit und damit den Eltern zum gemeinsamen Sorgerecht – unberührt bleiben jedoch die Vorschriften über die Sorgekompetenzen Minderjähriger, § 1673 Abs 2 (dazu näher § 1626a Rn 70 ff).

2. Zustimmungserklärung, Abs 2 S 2

Die Zustimmung kann als vorherige Einwilligung oder als nachträgliche Genehmi- **8**
gung erklärt werden (§§ 182, 183; AnwKomm-BGB/Rakete-Dombek Rn 4; aM Münch-
Komm/Huber Rn 10: nur Einwilligung). Sie ist im wesentlichen denselben Regeln unterworfen wie die Sorgeerklärung der Eltern selbst:

– die Zustimmung ist **höchstpersönlich** durch den gesetzlichen Vertreter zu erklären,
  Untervertretung ist unzulässig, Abs 2 S 2 HS 1;

– die Zustimmung ist **bedingungs- und befristungsfeindlich**, Abs 2 S 2 HS 2 mit
  § 1626b Abs 1 (vgl dort Rn 2 ff);

– die Zustimmung kann auch **pränatal** erteilt werden, Abs 2 S 2 HS 2 mit § 1626b
  Abs 2 (vgl dort Rn 8 ff);

– die Zustimmung bedarf der öffentlichen Beurkundung, § 1626d Abs 1.

3. Zustimmungsersetzung, Abs 2 S 3

a) Gesetzliches Konzept
Nach der gesetzlichen Formulierung ist die elterliche Zustimmung zu ersetzen, wenn **9**
die Sorgeerklärung dem Wohl des minderjährigen Elternteils nicht widerspricht:
Regelfall ist demnach die Ersetzung. Strukturell läuft Abs 2 S 3 auf dasselbe hinaus,
was § 1303 Abs 3 deutlicher ausdrückt: Die Eltern müssen „triftige Gründe" vor-
weisen können, wenn sie sich mit ihrer Verweigerungshaltung durchsetzen wollen
(unbeschadet anderer Maßstäbe in beiden Normen, s Rn 4 und 11). Es ist auch eine
doppelseitige Ersetzung denkbar, wenn beide Elternteile minderjährig sind (vgl
Rn 12).

b) Prüfungsmaßstab
In der typischen Ausgangssituation wollen beide Eltern Sorgeerklärungen abgeben, **10**
aber die Eltern des minderjährigen Teils verweigern ihre Zustimmung. Prüfungs-
thema des Gerichts ist die Frage, ob die Sorgeerklärung, dh genauer: das gemeinsame Sorgerecht als Rechtsfolge gegen das **Wohl des minderjährigen Elternteils**
verstößt. Damit sind wesentliche Aspekte **ausgeklammert**: weder das Wohl des anderen Elternteils noch das des Kindes (= des Enkelkindes der Zustimmungsberechtigten) noch das Gesamtwohl der jungen Familie (Bestands- oder Harmonieprogno-
sen) sind maßgebliche Gesichtspunkte. Sie dürfen nur insoweit berücksichtigt werden, als sie Auswirkungen auf das persönliche Wohl des minderjährigen Elternteils
haben: Auf dieses ist die Sorgeverantwortung der Zustimmungsberechtigten beschränkt (Rn 4). Unbeachtlich wären deshalb beispielsweise Bedenken hinsichtlich
der Kooperationsfähigkeit der jungen Eltern (betrifft schwerpunktmäßig „Enkel-
wohl") oder Befürchtungen der Eltern der minderjährigen Mutter hinsichtlich negativer Einflüsse des Vaters auf das Kind (und schon gar nicht: Sicherung der großelterlichen Erziehungseinflüsse auf das Enkelkind).

Das „**Wohl des minderjährigen Elternteils**" ist bei Mutter und Vater jeweils unter- **11**
schiedlich zu beurteilen: Beim Vater geht es um den konstitutiven Erwerb des

Mitsorgerechts neben der Mutter, bei der Mutter um die künftige Gemeinschaftsbindung bei der Sorgerechtsausübung (§§ 1627, 1687 Abs 1). Schon hieraus wird
deutlich, daß *inhaltlich* die zu § 1303 Abs 3 entwickelten Kriterien nicht passen; auch
der Bezugspunkt ist ganz verschieden (Rn 4; **anders** BT-Drucks 13/4899, 95; Palandt/Die-
derichsen Rn 3; Bamberger/Roth/Veit Rn 3; MünchKomm/Huber Rn 12). Triftige Bedenken
gegen das gemeinsame Sorgerecht werden idR stark einzelfallspezifisch sein.

Beim **minderjährigen Vater** könnte an eine persönliche Überforderung durch die
Sorgebelastung oder an die konkret zu belegende Gefahr einer Haftung nach § 1664
zu denken sein, möglicherweise auch an die Verstrickung in strafrechtliche Haftung.
Besteht die begründete Besorgnis, daß das väterliche Sorgerecht binnen kurzem
durch Maßnahmen nach § 1666 eingeschränkt werden müßte, so betrifft dies *auch*
das väterliche Wohl (psychologische Aspekte, Verfahrensbelastung etc).

12   Auf seiten der **minderjährigen Mutter** kommen gewichtige persönliche Beeinträchtigungen durch die intensive Kooperation mit dem Vater in Betracht. Allerdings ist
dabei zu berücksichtigen, daß Kontakte im Rahmen des Umgangs (§ 1684) ohnehin
stattfinden, außerdem besteht das Band gemeinsamer Elternschaft. Die Zustimmung
nach § 1626c Abs 2 S 1 dient jedenfalls nicht dazu, mißliebige „Schwiegersöhne" von
der Tochter fernzuhalten. Andererseits sind im Einzelfall doch schwerwiegende
negative Einflüsse des Vaters auf die Mutter denkbar. Bei der Ersetzungsentschei-
dung des Gerichts wird auch zu bedenken sein, daß mit der Vollendung des 18. Lebensjahrs die Sorgeerklärung zustimmungsfrei möglich sein wird.

c)   Verfahren

13   Das Ersetzungsverfahren ist **antragsgebunden**, nur der betroffene minderjährige Elternteil (nicht: der andere Elternteil) kann den Antrag stellen. Bei beiderseitiger
Minderjährigkeit handelt es sich um zwei selbständige Verfahren, für die jeweils ein
eigener Antrag erforderlich ist.

Zuständig ist das **Familiengericht**, es entscheidet der Richter (§ 14 Abs 1 Nr 9
RPflG). Im Verfahren sind beide Eltern sowie der gesetzliche Vertreter des minderjährigen Elternteils zu hören (Palandt/Diederichsen Rn 3). Das Gericht hat Vermittlungsbemühungen gem § 52 FGG anzustellen (das „Kind" im Sinne dieser Vorschrift
ist hier der minderjährige Elternteil).

Als **Rechtsmittel** kann befristete Beschwerde eingelegt werden (§ 621e Abs 1 ZPO),
beschwerdeberechtigt sind der minderjährige Elternteil und sein gesetzlicher Vertreter (§§ 59 Abs 1, 20 FGG).

Die **Kosten** des Verfahrens bestimmen sich nicht nach § 94 Abs 1, sondern nach § 95
Abs 1 S 1 Nr 3 KostO.

IV.   Geschäftsunfähige Eltern

1.   Problemstellung und Meinungsstand

14   Geschäftsunfähige Eltern werden im Gesetz nicht erwähnt, offenbar wurden Sorgeerklärungen durch solche Eltern für ausgeschlossen gehalten (Schwab DNotZ 1998,

437, 453: „Redaktionsversehen"). Aus dieser Regelungslücke werden höchst unterschiedliche Folgerungen gezogen:

- Nach einer Auffassung können geschäftsunfähige Eltern mangels rechtsgeschäftlicher Kompetenz (§ 105) keine wirksamen Sorgeerklärungen abgeben (ZIMMERMANN DNotZ 1998, 404, 417 f; RAUSCHER, Familienrecht Rn 975; SCHWAB, Familienrecht Rn 531; MünchKomm/HUBER § 1626e Rn 7 ff, 16; PALANDT/DIEDERICHSEN Rn 2).

- Die Gegenauffassung sieht hierin einen Widerspruch zu § 1626e: Da der Mangel der Geschäftsfähigkeit dort nicht genannt werde und § 1626c Abs 2 nicht eingreife, müsse die Sorgeerklärung eines geschäftsunfähigen Elternteils *ohne* Zustimmung seines gesetzlichen Vertreters als wirksam angesehen werden (DICKERHOF/BORELLO FuR 1998, 157, 163 f; ähnlich offenbar auch KNITTEL ZfJ 2000, 140, 141; BRAMBRING DNotI-Report 1998, 89, 90 [aber vom Notar gem § 11 Abs 1 BeurkG abzulehnen]; ERMAN/MICHALSKI § 1626e Rn 2).

- Vermittelnde Auffassungen wollen mit Analogien helfen. Insoweit wird zT § 1626c Abs 2 herangezogen: Der geschäftsunfähige Elternteil könne mit Zustimmung seines gesetzlichen Vertreters die Sorgeerklärung abgeben, da sie keine echte rechtsgeschäftliche Willenserklärung, sondern nur eine „statuskonkretisierende Bereitschaftserklärung" sei (M LIPP FamRZ 1998, 66, 71; LIPP/WAGENITZ § 1626a Rn 7, § 1626e Rn 2; STURM/STURM StAZ 1998, 305, 307; AnwKomm-BGB/RAKETE-DOMBEK Rn 9; *dagegen* ZIMMERMANN DNotZ 1998, 404, 417; zur Rechtsnatur der Sorgeerklärungen s § 1626a Rn 29). Zum Teil wird aber auch § 1596 Abs 1 S 3 analog angewendet: Demnach könne (nur) der gesetzliche Vertreter die Sorgeerklärung abgeben, bedürfe aber der Genehmigung des Vormundschaftsgerichts (BAMBERGER/ROTH/VEIT Rn 5; GERNHUBER/COESTER-WALTJEN, Familienrecht § 57 Rn 138).

2. Interessenanalyse

Einer Stellungnahme sollte die Frage vorgeschaltet sein, was gemeinsames Sorge- **15** recht per Sorgeerklärung für geschäftsunfähige Elternteile und ihren Partner bedeuten würde.

a) Geschäftsunfähiger Elternteil
Das Sorgerecht der **geschäftsunfähigen Mutter** gem § 1626a Abs 2 *ruht* (§ 1673 Abs 1), dh sie behält es der Substanz nach, kann es aber nicht ausüben (§ 1675). Da Geschäftsunfähigkeit dauernde Geistesstörung voraussetzt (§ 104 Nr 2), wird aber das Sorgerecht insgesamt voraussichtlich auf den Vater übertragen werden (§ 1678 Abs 2), so daß sie es ganz verliert und auch nach Ende ihrer Geschäftsunfähigkeit nicht wiedererlangt (STAUDINGER/COESTER [2004] § 1678 Rn 34). Könnte sie hingegen durch Sorgeerklärung gemeinsames Sorgerecht mit dem Vater erlangen, würde dieser das Sorgerecht allein ausüben, § 1678 Abs 1 HS 1, die Substanz des (ruhenden) Sorgerechts bliebe aber dauerhaft bei der Mutter (mit automatischem Wiederaufleben der Ausübungsbefugnis nach Wegfall der Geschäftsunfähigkeit, vgl STAUDINGER/COESTER [2004] § 1673 Rn 14).

16 Der **geschäftsunfähige Vater** hat ohne Sorgeerklärung keine Möglichkeit, das ruhende Sorgerecht zu erlangen. Mit Sorgeerklärung hätte er die zuvor beschriebene Rechtsstellung der geschäftsunfähigen Mutter.

17 Bei **beiderseitiger Geschäftsunfähigkeit** behält die Mutter das ruhende Sorgerecht; für das Kind ist ein Vormund zu bestellen (STAUDINGER/COESTER [2004] Vorbem 6 zu §§ 1673 ff). Der Vater hat keine sorgerechtliche Position. Mit Sorgeerklärungen könnte er der Mutter gleichgestellt werden, der Vormund bliebe weiterhin notwendig.

b) Anderer Elternteil

18 Die nicht geschäftsunfähige **Mutter** möchte vielleicht aus psychologischen oder emotionalen Gründen den Vater trotz seiner Geschäftsunfähigkeit in das Sorgerecht einbinden und ihm durch Sorgeerklärung zumindest das ruhende Sorgerecht verschaffen.

Der **Vater** wäre, wenn die geschäftsunfähige Mutter keine Sorgeerklärung abgeben könnte, auf den Weg des § 1678 Abs 2 verwiesen, um das (Allein-)Sorgerecht zu erlangen. Hier könnte es zum einen Probleme mit der Hürde der „Kindeswohldienlichkeit" geben (zur Kritik und verfassungskonformen Auslegung STAUDINGER/COESTER [2004] § 1678 Rn 18, 19), auf jeden Fall ein längeres Verfahren; zum zweiten möchte vielleicht auch der Vater die geschäftsunfähige Mutter nicht ganz verdrängen, sondern ihr das ruhende Mitsorgerecht belassen. Mit Sorgeerklärungen würde dies ohne Gerichtsverfahren unmittelbar erreicht.

3. Ergebnis

19 Sorgeerklärungen geschäftsunfähiger Elternteile sind nach der vorstehenden Analyse keineswegs bedeutungslos. Des weiteren sind als Wertungshintergründe die Äußerungen des BVerfG zur Elternschaft geistig behinderter Eltern (BVerfGE 60, 79; vgl auch LG Berlin FamRZ 1988, 1308; STAUDINGER/COESTER [2004] § 1674 Rn 16) sowie der „psychologisierende" Ansatz des Betreuungsrechts zu berücksichtigen: Beides zielt auf eine Stärkung des Selbstwertgefühls und der Aktivierung von Restkompetenzen behinderter Menschen und wendet sich gegen ihre pauschale Entrechtung. Der notwendige Kindesschutz wird durch §§ 1673 Abs 1, 1675 gewährleistet. Auch die Änderung von § 1596 Abs 1 S 4 durch das Kinderrechteverbesserungsgesetz zeigt, daß der Gesetzgeber die gemeinsame Elternschaft von Geschäftsunfähigen nicht behindern wollte.

20 Demgemäß besteht in § 1626c Abs 2 wirklich eine planwidrige Gesetzeslücke, die durch Analogie geschlossen werden muß. Abwegig ist hingegen die Schlußfolgerung, wegen der Nichterwähnung geschäftsunfähiger Eltern in § 1626c Abs 2 und § 1626e könnten diese zustimmungsfrei Sorgeerklärungen abgeben (oben Rn 14; krit auch SCHWAB, Familienrecht Rn 531). Die vorgeschlagene Analogie zu § 1626c Abs 2 hat Probleme mit § 105 Abs 1; die Analogie zu § 1596 Abs 1 S 3 hat hingegen den Nachteil, daß auf eine Willensbekundung des geschäftsunfähigen Elternteils ganz verzichtet wird (zu beiden Auffassungen Rn 14). Bedenkt man, daß es vor allem um die psychologische und symbolische Einbindung geschäftsunfähiger Elternteile geht und daß die Sorgeerklärungen keine echten rechtsgeschäftlichen Willenserklärungen sind, sondern die Rechtsfolge des gemeinsamen Sorgerechts ex lege eintritt

(§ 1626a Rn 31), so ist letztlich der **analogen Anwendung des § 1626c Abs 2** der Vorzug zu geben.

V. Betreute Elternteile

Sind betreute Elternteile *geschäftsunfähig*, gelten die vorstehenden Ausführungen **21** (Rn 14 ff). Sind sie *nicht geschäftsunfähig*, so hat die Betreuungsanordnung als solche keine negativen Auswirkungen auf ihre sorgerechtliche Kompetenz (STAUDINGER/ COESTER [2004] § 1673 Rn 8) einschließlich ihrer Fähigkeit zur Abgabe von Sorgeerklärungen. Ein Einwilligungsvorbehalt nach § 1903 kann sich nicht auf Sorgeerklärungen beziehen (STAUDINGER/COESTER [2004] § 1673 Rn 9; LIPP/WAGENITZ § 1626a Rn 5; RAUSCHER, Familienrecht Rn 975), so daß auch hierdurch die Erklärungskompetenz der Eltern nicht beeinträchtigt werden kann.

§ 1626d
Form; Mitteilungspflicht

(1) Sorgeerklärungen und Zustimmungen müssen öffentlich beurkundet werden.

(2) Die beurkundende Stelle teilt die Abgabe von Sorgeerklärungen und Zustimmungen unter Angabe des Geburtsdatums und des Geburtsorts des Kindes sowie des Namens, den das Kind zur Zeit der Beurkundung seiner Geburt geführt hat, dem nach § 87c Abs. 6 Satz 2 des Achten Buches Sozialgesetzbuch zuständigen Jugendamt zum Zwecke der Auskunfterteilung nach § 58a des Achten Buches Sozialgesetzbuch unverzüglich mit.

Materialien: Art 1 Nr 10 KindRG; Art 3 Abs 1 Gesetz zur Umsetzung familienrechtlicher Entscheidungen des Bundesverfassungsgerichts vom 13. 12. 2003 (BGBl I 2547).

Schrifttum

Siehe § 1626a.

Systematische Übersicht

Michael Coester

I. Norminhalt

1 Die Vorschrift begründet die Formbedürftigkeit von Sorgeerklärungen gem § 1626a
Abs 1 Nr 1 und etabliert in Abs 2 ein Dokumentations- und Nachweissystem für die
Sorgeverhältnisse bei nicht miteinander verheirateten Eltern.

II. Öffentliche Beurkundung

2 Die **Formpflichtigkeit** von Sorgeerklärungen entspricht der bei anderen wichtigen
familien- oder erbrechtlichen Geschäften. Neben der *Sorgeerklärung* selbst sind
auch die nach § 1626c Abs 2 erforderlichen *Zustimmungen* beurkundungspflichtig.
Zum Begriff der öffentlichen Beurkundung s § 415 ZPO, zum Verfahren §§ 8 ff
BeurkG. Die Einhaltung der Form ist Wirksamkeitsvoraussetzung der Sorgeerklärungen, § 1626e.

3 Mit dem Formzwang bei Sorgeerklärungen werden im wesentlichen drei **Zwecke**
verfolgt:

– Belehrung der Eltern,

– Seriositätssicherung,

– Beweissicherung.

Vor allem auf die **Belehrung** durch die Urkundsperson (Rn 6) hat der Gesetzgeber
besonderes Gewicht gelegt (BT-Drucks 13/4899, 95). Sie hat sich auf die Bedeutung, die
Voraussetzungen und die wesentlichen Folgen der Sorgeerklärung zu erstrecken.
Hierzu gehört die Notwendigkeit vorheriger Vaterschaftsanerkennung bzw -feststel-
lung (§ 1626a Rn 40); allerdings hat die Urkundsperson kein Recht zu entsprechenden
Überprüfungen und darf die Beurkundung nicht vom Nachweis der Vaterschaftsanerkennung abhängig machen (ZIMMERMANN DNotZ 1998, 404, 417; BRAMBRING DNotI-Report 1998, 89).

4 Des weiteren sind die Eltern auf die Gemeinschaftsbindung bei gemeinsamem Sor-
gerecht gem § 1627, aber auch auf die Regelung des § 1687 bei Getrenntleben
hinzuweisen. Sie sind auch darüber zu belehren, daß künftige Änderungen der
Sorgeberechtigung nur über § 1671 möglich sein werden. Wichtig ist ferner der
Hinweis auf § 1617b Abs 1 (Neubestimmung des Kindesnamens binnen drei Mona-
ten). Auch sollten die Eltern darauf aufmerksam gemacht werden, daß sie an ihrer
Entscheidung zum gemeinsamen Sorgerecht auch das *Kind* im Rahmen des § 1626
Abs 2 S 2 zu beteiligen haben (PraxHdb Familienrecht/FRÖHLICH E 64).

5 Obwohl die Belehrung demnach den Eltern die Folgen der Sorgeerklärung vor
Augen zu führen hat, darf sie doch nicht der Ort sein, ein Abschreckungsszenario
insbes für die Mutter zu entfalten (so tendenziell aber SCHWAB DNotZ 1998, 437, 452 ff;
dagegen COESTER DEuFamR 1999, 3, 9). Der Schritt zum gemeinsamen Sorgerecht bedeutet Aktualisierung und Wahrnehmung der verfassungsrechtlichen Elternverantwortung und enthält positive Wirkungschancen für alle Beteiligten. Eine einseitige

Konzentrierung auf die „Risiken und Nebenwirkungen" wäre eine funktionswidrige
Wahrnehmung der Belehrungsaufgabe.

Urkundsperson ist entweder der **Notar** (§ 20 Abs 1 BNotO) oder die Urkundsperson 6
beim **Jugendamt** (§ 59 Abs 1 S 1 Nr 8 SGB VIII; interne Ermächtigung nach § 59
Abs 3 SGB VIII). Zuständig ist *jedes* Jugendamt (zur Weiterleitung s § 1626d Abs 2).
Die Beurkundungskompetenz des Jugendamts erstreckt sich auch auf die erforderlichen Zustimmungen. Die Beurkundung kann auch durch gerichtlichen Vergleich
ersetzt werden, § 127a (DIJuF-Gutachten JAmt 2004, 127 und 315).

Eine Beurkundung durch den *Standesbeamten* ist *nicht* vorgesehen (der Gesetzgeber
fürchtete Überforderung bei der Belehrung, BT-Drucks 13/4899, 95; zu Recht **kritisch** insoweit STURM/STURM StAZ 1998, 305, 307; ERMAN/MICHALSKI Rn 2, da die familienrechtliche Kompetenz der Standesbeamten der der Jugendamtmitarbeiter jedenfalls nicht nachstehen dürfte).

III. Mitteilungen und Auskünfte, Abs 2

1. Normzweck

Abs 2 will die Dokumentation von Sorgeerklärungen und die Nachweismöglichkeit 7
der sorgerechtlichen Verhältnisse bei nicht miteinander verheirateten Eltern sicherstellen. Ein zentrales Register für Sorgeerklärungen existiert nicht, auch werden
Sorgeerklärungen nicht in das Geburtenbuch des Kindes eingetragen (vgl SCHWAB
DNotZ 1998, 437, 452). Statt dessen begründet Abs 2 ein Mitteilungssystem, das die
relevanten Informationen beim Jugendamt des Geburtsorts des Kindes konzentriert
(unten Rn 8; für eine Mitteilungspflicht auch an das Standesamt vgl DIJuF-Gutachten JAmt 2005,
456, 458). Ergänzt wird die Vorschrift durch § 58a SGB VIII, der der Mutter gegenüber dem Jugendamt einen Auskunftsanspruch einräumt (unten Rn 11 ff).

2. Mitteilung der Abgabe einer Sorgeerklärung, Abs 2

Die Urkundsperson (Notar oder Jugendamtmitarbeiter) hat die Abgabe der Sorge- 8
erklärung unverzüglich (vgl § 121 BGB) demjenigen Jugendamt mitzuteilen, das für
den Geburtsort des Kindes zuständig ist (§ 87c Abs 6 S 2 HS 1 SGB VIII). Bei
Auslandsgeburten oder unbekanntem Geburtsort ist das Jugendamt Berlin der richtige Mitteilungsempfänger (§ 87c Abs 6 S 2 HS 2 iVm § 88 Abs 1 S 2 SGB VIII).
Eine entsprechende Informationspflicht trifft das FamG, wenn eine Sorgeerklärung
gem Art 224 § 2 Abs 3–5 EGBGB ersetzt worden ist. Auf diese Weise wird die
Information über – wo auch immer – abgegebene oder ersetzte Sorgeerklärungen für
ein Kind an *einer* Stelle gesammelt. Die so zusammengeführten Informationen sind
auch Grundlage der Erhebungen, die auf Anordnung des BVerfG (FamRZ 2003, 285,
291; dazu § 1626a Rn 3) nunmehr über Sorgeerklärungen anzustellen sind (§§ 98 Abs 2,
99 Abs 6a, 101 Abs 1 SGB VIII).

Eine Mitteilung auch an den *anderen* Elternteil erfolgt hingegen nicht. Die ordnungsgemäße Mitteilung nach Abs 2 ist *keine* Wirksamkeitsvoraussetzung der Sorgeerklärung, sondern eine der wirksamen Abgabe nachfolgende Ordnungsvorschrift
(PALANDT/DIEDERICHSEN Rn 3; MünchKomm/HUBER Rn 10). Ihre Mißachtung kann allenfalls eine Amtspflichtverletzung (§ 839 BGB mit Art 34 GG) darstellen. Umgekehrt

findet durch das empfangende und registrierende Jugendamt keine Wirksamkeits-
überprüfung der mitgeteilten Sorgeerklärung statt.

9 *Inhalt* der Mitteilung sind, außer der Abgabe von Sorgeerklärung und Zustimmung
das Geburtsdatum und der Geburtsort des Kindes und sein bei Geburtsbeurkundung
geführter Name. Dies ist nicht notwendig sein „Geburtsname", der sich durchaus
ändern kann (Legaldefinition in § 1355 Abs 6; vgl Staudinger/Coester [2007] Vorbem 8
zu §§ 1616 ff; § 1616 Rn 18). Mit der zeitlichen Fixierung des geführten Namens will das
Gesetz die sichere und schnelle Identifizierung des Kindes ermöglichen, auf das sich
die Sorgeerklärung bezieht (BT-Drucks 13/4899, 95). Bei zwischenzeitlichen Namens-
änderungen ist es jedoch sinnvoll, *auch* den aktuell geführten Geburtsnamen des
Kindes anzugeben, damit die Auskunft nach § 58a SGB VIII im Rechtsverkehr ihren
Zweck erfüllen kann. Jedenfalls muß das auskunfterteilende Jugendamt in diesen
Fällen den Kindesnamen im Verhältnis zum Geburts-Jugendamt und zur Mutter
jeweils „hin- und rückübersetzen" (Sturm/Sturm StAZ 1998, 305, 309).

10 Die Erfüllung der Mitteilungspflicht bereitet Probleme bei **pränatalen Sorgeerklärungen** (§ 1626b Abs 2), weil der Geburtsort des Kindes (und möglicherweise sein
Name) noch nicht feststeht. Pränatale Sorgeerklärungen deshalb generell abzulehnen (so Brambring DNotI-Report 1998, 89) hieße jedoch, die gesetzlichen Prioritäten auf
den Kopf zu stellen (vgl Coester DEuFamR 1999, 3, 7 Fn 63). Man könnte daran denken,
auch in diesem Fall das Jugendamt Berlin als empfangszuständig anzusehen (so
Wiesner ZfJ 1998, 269, 274). Vorzugswürdig erscheint es jedoch, die Mitteilungspflicht
der Urkundsperson aufzuschieben, bis ihr von einem Elternteil Geburtsort und
Name des Kindes mitgeteilt werden (Wiesner SGB VIII § 58a Rn 8; pränatale Sorgeerklärungen entfalten ohnehin erst mit der Kindesgeburt ihre Wirkung, § 1626a Rn 63).

3.   Auskunftsanspruch der Mutter, § 58a SGB VIII

a)   Gesetzliches Konzept

11 Das Gesetz sieht kein umfassendes Nachweissystem für die Sorgerechtsverhältnisse
bei nicht miteinander verheirateten Eltern vor und auch keine positive Nachweismöglichkeit für das gemeinsame Sorgerecht der Eltern. Es hält vielmehr die Alleinsorge der Mutter gem § 1626a Abs 2 für legitimierungsbedürftig, da damit gerechnet
wurde, daß diese Alleinsorge großflächig durch gemeinsames Sorgerecht verdrängt
werden würde (BT-Drucks 13/4899, 60). Der Mutter sollte deshalb der Nachweis ermöglicht werden, daß ihre originäre Alleinsorge *nicht* durch Sorgeerklärung oder
deren gerichtliche Ersetzung (Art 224 § 2 Abs 3 EGBGB) geändert worden ist
(einen entsprechenden Nachweis, daß sie nicht mit dem Vater verheiratet ist, vgl
§ 1626a Abs 1 Nr 2, sieht das Gesetz hingegen nicht vor). Demgemäß regelt § 58a
SGB VIII nur das „**Negativattest**", dh die „Auskunft" (richtiger: Bestätigung, vgl
Schwab DNotZ 1998, 437, 452) des Jugendamts an die Mutter, daß *keine Sorgeerklärungen* abgegeben worden sind. Zu diesem Zweck hat das zuständige Jugendamt
(Rn 8) ein Sorgerechtsregister zu führen, § 58a Abs 2 SGB VIII.

12 Insgesamt ist das gesetzliche Konzept völlig verunglückt. Es ist verquer im Ansatz,
kompliziert und bürokratisch in der Durchführung und erfüllt seinen Zweck nicht:
Die „Auskunft" bezieht sich nur auf den Zeitpunkt ihrer Einholung, die Sorgerechtslage kann sich aber kurz darauf geändert haben, so daß sich die Legitima-

tionskraft binnen weniger Tage verflüchtigt (SCHWAB DNotZ 1998, 437, 452; WIESNER SGB VIII § 58a Rn 7). Auch kann der Mutter die Alleinsorge durch Gerichtsentscheidung entzogen sein, ohne daß die Auskunft hierüber etwas erkennen ließe (vgl Rn 14).

b) Einzelfragen

Der Auskunftsanspruch der Mutter richtet sich gegen das **für sie zuständige Jugend-** 13 **amt**, dh dasjenige, in dessen Bezirk sie ihren gewöhnlichen Aufenthalt (§ 87c Abs 6 S 1 mit Abs 1 S 1 SGB VIII), hilfsweise ihren tatsächlichen Aufenthalt hat (§ 87c Abs 6 S 1 mit Abs 1 S 3 SGB VIII). Da dieses nicht dasselbe zu sein braucht wie das Jugendamt am Geburtsort des Kindes (Rn 8), bedarf es der innerbehördlichen Kommunikation: Das Jugendamt, das die Mitteilungen nach § 1626d Abs 2, Art 224 § 2 Abs 5 EGBGB empfangen und gesammelt hat, teilt dem von der Mutter auf Auskunft in Anspruch genommenen Jugendamt mit, ob Sorgeerklärungen vorliegen oder ersetzt worden sind (§ 87c Abs 6 S 3 SGB VIII). Bei Fehlanzeige erteilt letzteres der Mutter die „Auskunft" nach § 58a SGB VIII (BT-Drucks 13/4899, 60; vgl, **zT krit**, SCHWAB DNotZ 1998, 437, 452 Fn 35; WIESNER ZfJ 1998, 269, 274; HAUCK/GRESSMANN SGB VIII § 58a Rn 7, 9). Um sicher zu sein, muß dieses Jugendamt zuvor bei *zwei Jugendämtern* nachgefragt haben: dem am Geburtsort des Kindes und dem Jugendamt Berlin (vgl Rn 10).

Das Negativattest soll im Rechtsverkehr die Alleinsorge der Mutter belegen. Es ist 14 deshalb auch dann zu erteilen, wenn nur von einem Elternteil eine Sorgeerklärung vorliegt, weil dadurch die Alleinsorge der Mutter nicht berührt wird. Liegen hingegen zwei Sorgeerklärungen vor, so darf das Negativattest auch dann nicht erteilt werden, wenn das Jugendamt Zweifel an deren Wirksamkeit hat. Anderes gilt nur bei *offenkundigen* Mängeln der Sorgeerklärungen (keine inhaltliche Übereinstimmung; nicht auf ein bestimmtes Kind bezogen; ausdrückliche Bedingung). Ist dem Jugendamt bekannt, daß die Alleinsorge der Mutter durch eine *gerichtliche Entscheidung* geändert worden ist (zB §§ 1672 Abs 1, 1678 Abs 2, 1680 Abs 3), so darf es das Negativattest wegen seiner Funktion *nicht* erteilen, obwohl keine Sorgeerklärungen abgegeben worden sind – andernfalls würde sehenden Auges eine irreführende Bescheinigung ausgestellt (vgl AnwKomm-BGB/RAKETE-DOMBEK Rn 6; STURM/STURM StAZ 1998, 305, 309; **aA** WIESNER SGB VIII § 58a Rn 11 [dennoch Auskunftspflicht]).

c) Gemeinsam sorgeberechtigte Eltern

Eine Bescheinigung über das gemeinsame Sorgerecht sieht das Gesetz nicht vor 15 (Rn 11; unrichtig M LIPP FamRZ 1998, 65, 70; LIPP/WAGENITZ Rn 2). Ist Grundlage des gemeinsamen Sorgerechts ein Gerichtsentscheid, kann dieser vorgelegt werden; bei Sorgeerklärungen müssen die beurkundeten Erklärungen beider Eltern präsentiert werden. Hier zeigt sich der Vorteil, wenn die Eltern ihre Erklärungen in einer gemeinsamen Urkunde abgeben (§ 1626a Rn 54). Bei getrennter Abgabe muß jeder Elternteil vom anderen eine Ausfertigung von dessen Urkunde verlangen; eine entsprechende Pflicht zur Aushändigung ergibt sich aus der elterlichen Kooperationspflicht gem §§ 1626, 1627.

§ 1626e
Unwirksamkeit

Sorgeerklärungen und Zustimmungen sind nur unwirksam, wenn sie den Erfordernissen der vorstehenden Vorschriften nicht genügen.

I.   Normzweck

1 Die Vorschrift beschränkt den Kreis der wirksamkeitsrelevanten Elemente von Sorgeerklärungen (sowie Zustimmungen) und stabilisiert damit deren rechtlichen Bestand (vgl SCHWAB DNotZ 1998, 437, 453: „außerordentlicher Bestandsschutz"). Damit liegt sie auf der gleichen Linie wie andere Regelungen statuserheblicher Erklärungen, insbes die Vaterschaftsanerkennung (§ 1598 Abs 1). Allerdings kennt § 1626e, *wenn* ein beachtlicher Fehler vorliegt, keine dem § 1598 Abs 2 entsprechende Heilungsmöglichkeit durch Zeitablauf.

II.   Einzelheiten

2 Zu den **unverzichtbaren Elementen** von wirksamen Sorgeerklärungen und damit als mögliche Ursache von Unwirksamkeit kommen aus den „vorstehenden Vorschriften" in Betracht:

– Sorgeerklärung von *beiden* Elternteilen (zur gerichtlichen Ersetzungsmöglichkeit bei Altfällen s § 1626a Rn 35),

– feststehende Elternschaft beider Erklärenden, keine anderweitig bestehende Elternschaft,

– keine gerichtliche Sorgerechtsregelung (§ 1626b Abs 3),

– inhaltliche Übereinstimmung hinsichtlich des gemeinsamen Sorgerechts für ein bestimmtes Kind oder mehrere bestimmte Kinder,

– keine Bedingung oder Befristung (§ 1626b Abs 1),

– persönliche Abgabe (§ 1626c Abs 1),

– frühestens nach Zeugung, spätestens noch vor Volljährigkeit,

– öffentlich beurkundet (§ 1626d Abs 1),

– bei minderjährigem oder geschäftsunfähigem Elternteil: Zustimmung des gesetzlichen Vertreters oder deren Ersetzung durch das FamG (§ 1626c Abs 2; vgl § 1626c Rn 14 ff).

Unwesentlich ist demgegenüber die Nichterfüllung der Mitteilungspflicht gem § 1626d Abs 2 (§ 1626d Rn 8).

Mittelbar **ausgeschlossen** durch § 1626e werden **allgemeine Unwirksamkeitsgründe**, **3** wie etwa § 138 oder §§ 116 ff, 313 (BT-Drucks 13/4899, 95: insbes „Willensmängel"; zur Geschäftsunfähigkeit s jedoch § 1626c Rn 14 ff). Hierin liegt der stabilisierende Effekt der Vorschrift (Rn 1), der sich grundsätzlich aus notwendiger Statussicherheit und Rechtsklarheit rechtfertigen läßt. Problematisch ist jedoch der pauschale Ausschluß der Anfechtbarkeit. Ein Irrtum über die Folgen der Sorgeerklärung wäre allerdings schon nach allgemeinen Regeln unbeachtlich. Eine auf Täuschung oder Drohung beruhende Sorgeerklärung müßte hingegen anfechtbar sein (RAUSCHER, Familienrecht Rn 976 [auch bezüglich Erklärungsirrtum]; ebenso AnwKomm-BGB/RAKETE-DOMBEK Rn 3; PALANDT/DIEDERICHSEN Rn 1; **aM** MünchKomm/HUBER Rn 21, 22; BAMBERGER/ROTH/VEIT Rn 3; zu den Folgen Rn 4).

Sind Sorgeerklärungen nach den vorstehenden Grundsätzen **unwirksam**, haben sie **4** die Alleinsorge der Mutter nach § 1626a Abs 2 nicht berührt. Haben die Eltern ihre vermeintliche gemeinsame Sorge ausgeübt, so stellt sich die Frage nach dem rechtlichen Bestand ihrer Maßnahmen. Sorgemaßnahmen der Mutter werden nicht dadurch unwirksam, daß der vermeintlich mitsorgeberechtigte Vater mitgewirkt hat. Im übrigen sollten die zu „faktischen Rechtsverhältnissen" entwickelten Grundsätze entsprechend angewendet und abgeschlossene Vorgänge als wirksam angesehen werden (PALANDT/DIEDERICHSEN Rn 2; AnwKomm-BGB/RAKETE-DOMBEK Rn 4). Auch eine Anfechtung wegen Täuschung oder Drohung (Rn 3) wirkt demgemäß nur ex nunc (zum Arbeitsvertrag STAUDINGER/RICHARDI [2005] § 611 Rn 228 ff). Anderes gilt allerdings für eine Namenserteilung nach § 1617b Abs 1, für die mit dem gemeinsamen Sorgerecht eine gesetzliche Voraussetzung fehlte: Die Namenserteilung ist unwirksam, vorbehaltlich eines Persönlichkeitsschutzes des älteren Kindes analog § 1617c Abs 1 (vgl zur Anfechtung der Namensbestimmung § 1617 Rn 33).

§ 1627
Ausübung der elterlichen Sorge

Die Eltern haben die elterliche Sorge in eigener Verantwortung und in gegenseitigem Einvernehmen zum Wohl des Kindes auszuüben. Bei Meinungsverschiedenheiten müssen sie versuchen, sich zu einigen.

Materialien: Eingefügt durch GleichberG Art 1 Nr 22; geändert durch SorgeRG Art 9 § 2 Nr 3. Vgl STAUDINGER/BGB-Synopse (2006) § 1627.

Schrifttum

S zunächst die Angaben bei den Vorbem zu §§ 1626 ff u RKEG.
ARNOLD, Die neue Rechtslage im Familienrecht. Die elterliche Gewalt, MDR 1953, 332
ders, Gesetzliche Neuregelungen im Bereich der elterlichen Gewalt, FamRZ 1959, 425

BEITZKE, Gleichberechtigung und Familienrechtsreform, JZ 1952, 744
ders, Die elterliche Gewalt nach dem Urteil des Bundesverfassungsgerichts, JR 1959, 401
BOSCH, Grundsatzfragen des Gleichberechtigungsgesetzes vor dem Bundesverfassungsgericht, FamRZ 1959, 265

Michael Coester
Lore Maria Peschel-Gutzeit

ders, Anm zu BayObLG 29. 5. 1959,
FamRZ 1959, 295
ders, Zum Urteil des Bundesverfassungsgerichts
vom 29. 7. 1959, FamRZ 1959, 406
COESTER, Das Kindeswohl als Rechtsbegriff,
Brühler Schriften zum FamR Band 4 (1985) 15 ff
ders, Familienrechtliche Aspekte des Kinder-
hochleistungssports, in: STEINER (Hrsg), Kin-
derhochleistungssport (1984) 15 ff
DIEDERICHSEN, Die allgemeinen Ehewirkungen
nach dem 1. EheRG und Ehevereinbarungen,
NJW 1977, 217
DONAU, Das neue Kindschaftsrecht I und II,
MDR 1957, 709; 1958, 6
EBERBACH, Familienrechtliche Aspekte der
Humanforschung an Minderjährigen,
FamRZ 1982, 450
ERICHSEN/REUTER, Elternrecht-Kindeswohl-
Staatsgewalt: Zur Verfassungsmäßigkeit staat-
licher auf die Einwirkungsmöglichkeiten Kin-
dererziehung durch und aufgrund von Normen
des elterlichen Sorgerechts (1985)
FAHR, Die Neuregelung der Schlüsselgewalt
durch das Gleichberechtigungsgesetz (1962)
GERNHUBER, Elterliche Gewalt heute – Eine
grundsätzliche Betrachtung, FamRZ 1962, 89
ders, Anm zu OLG Schleswig 31. 7. 1964,
FamRZ 1965, 227
ders, Kindeswohl und Elternwille, FamRZ 1973,
229
GOLDSTEIN/FREUD/SOLNIT, Jenseits des Kindeswohls (1974) (GOLDSTEIN I)
HAMMER, Die rechtliche Verbindlichkeit von
Elternvereinbarungen, FamRZ 2005, 1209
ders, Elternvereinbarungen im Sorge- und Umgangsrecht (2004)
HEPTING, Ehevereinbarungen (1984)

KAISER, Elternwille und Kindeswohl – Für das
gemeinsame Sorgerecht geschiedener Eltern,
FPR 2003, 573
dies, Die gemeinsame Sorge wider Willen, in:
FS Schwab (2005) 947 ff
KURR, Vertragliches „Einvernehmen" der Ehe-
gatten gemäß § 1356 I S 1 BGB, FamRZ 1978, 2
H LANGE, Die Lücke im Kindschaftsrecht,
NJW 1961, 1889
LEMPP, Kinder- und jugendpsychiatrische An-
merkungen zur Frage, wieweit das Erziehungs-
recht der Eltern durchgesetzt werden kann und
darf, FamRZ 1986, 1061
LÜDERITZ, Elterliche Sorge als privates Recht,
AtP 178 (1978) 263
MÜLLER-FREIENFELS, Stellvertretungsregeln in
Einfalt und Vielfalt (1982)
PAULICK, Das Eltern-Kind-Verhältnis gemäß
den Bestimmungen des Gleichberechtigungs-
gesetzes vom 18. 6. 1957, FamRZ 1958, 1
SCHMITT-GLAESER, Das elterliche Erziehungs-
recht in staatlicher Reglementierung (1980)
SCHÜTZ, Das Recht der Eltern auf Erziehung
ihrer Kinder in der Familie, FamRZ 1986, 528
WAHL, Zur Verfassungsmäßigkeit des Stich-
entscheids des Vaters, FamRZ 1959, 305
WASKOWIAK, Die Einigung der Eltern bei der
Ausübung der elterlichen Personensorge (Diss-
Jur Marburg 1967)
WIESER, Die gewaltsame Rückführung eines
Kindes zu seinen Eltern, FamRZ 1990, 693
ZENZ, Kindesmißhandlungen und Kindesrechte
(1979)
ZETTEL, Ein Jahr Neuregelung des Rechts der
elterlichen Sorge – Fragen bei der Anwendung
des neuen Rechts, DRiZ 1981, 211.

Systematische Übersicht

Alphabetische Übersicht

I.   Entstehungsgeschichte

1 § 1627 ist an die Stelle des § 1634 aF getreten, der die „Nebengewalt" der Mutter
(s Vorbem 4 zu §§ 1626 ff u RKEG) bei der Ausübung der elterlichen Gewalt regelte und
folgenden Wortlaut hatte: „Neben dem Vater hat während der Dauer der Ehe die
Mutter das Recht und die Pflicht, für die Person des Kindes zu sorgen; zur Vertretung des Kindes ist sie nicht berechtigt, unbeschadet der Vorschrift des § 1685 Abs 1.
Bei einer Meinungsverschiedenheit zwischen den Eltern geht die Meinung des Vaters vor."

Zu den Fassungen der Entwürfe zum BGB s E I § 1506; II § 1529; III § 1612.

Das BGB kannte keine Verpflichtung des Vaters, sich mit der Mutter zu einigen.

Auch die Nebengewalt der Mutter führte zu keiner Einigungsverpflichtung, da das Gesetz der Meinung des Vaters den Vorrang gab. Wegen Verstoßes gegen Art 3 Abs 2 GG war die Vorschrift des § 1634 aF seit dem 1.4.1953 außer Kraft (s Vorbem 6 zu §§ 1626 ff u RKEG). Die seither gemeinsam sorgeberechtigten Eltern waren verpflichtet, sich zu einigen, im Konfliktfall entschied das Vormundschaftsgericht entsprechend §§ 1797, 1798 (BGHZ 20, 313 = NJW 1956, 1148 = MDR 1956, 538).

Durch das GleichberG vom 18.6.1957 (BGBl I 609) Art I Nr 22 wurde § 1627 einge- **2** führt, der im Wortlaut mit der jetzigen Gesetzesfassung übereinstimmte; nur der Begriff „elterliche Gewalt" wurde durch das SorgeRG Art 9 § 2 Nr 3 sprachlich angepaßt: seit dem 1.1.1980 spricht das Gesetz von „elterliche Sorge".

§ 1627 idF des GleichberG stellte die Anpassung der elterlichen Gewalt an Art 6 Abs 2 und 3, Art 7 Abs 2 GG dar (H Krüger, in: Krüger/Breetzke/Nowack § 1627 Rn 1). Entsprechend dem in Art 6 Abs 2 GG in den Vordergrund gestellten Pflichtgedanken ist die elterliche Sorge den Eltern zum Wohl des Kindes gegeben, das ist die Richtschnur für die Ausübung der elterlichen Sorge. Die Vorschrift betont eine Pflicht zu einvernehmlicher, also gleichberechtigter Ausübung der elterlichen Sorge. Dieses Leitbild wurde jedoch durch die zugleich in Kraft gesetzten Vorschriften der § 1628 Abs 1 (Stichentscheid des Vaters bei Meinungsverschiedenheiten der Eltern) und § 1629 Abs 1 (alleinige gesetzliche Vertretung des Vaters) fast völlig entwertet: „Das aufgestellte Leitbild … wird verdunkelt, das Gebot gleicher Verantwortung wird entwertet" (BVerfGE 10, 59 = NJW 1959, 1483 = Rpfleger 1959, 261 = FamRZ 1959, 416, 420). Zwar appellierte das Gesetz an die väterliche Einsicht. Nach § 1628 Abs 1 S 2 hatte der Vater auf die Auffassung der Mutter Rücksicht zu nehmen, und nach Abs 3 mußte er eine gütliche Einigung mit der Mutter versuchen. Die Einigungsbereitschaft des Vaters wurde jedoch von vornherein durch das Bewußtsein gemindert, ihm stehe im Konfliktfall die Entscheidung zu.

Die Entscheidung des BVerfG vom 29.7.1959 (BVerfGE 10, 59), die beide Vorschriften wegen Verstoßes gegen Art 3 Abs 2 GG für nichtig erklärte, veränderte zugleich den Inhalt und die Bedeutung des § 1627: nunmehr enthält die Bestimmung eine der wichtigsten allgemeinen Aussagen über die gleichberechtigte Wahrnehmung der elterlichen Sorge durch Vater und Mutter.

II. Inhalt der gesetzlichen Regelung

1. Allgemeines

§ 1627 ist das Leitbild, das der Gesetzgeber des GleichberG an die Spitze der neuen **3** Regelungen über die elterliche Sorge gestellt hat (BVerfGE 10, 59 = NJW 1959, 1483 = Rpfleger 1959, 261 = FamRZ 1959, 416, 420). Diese Grundregel bringt in Übereinstimmung mit Art 6 Abs 2 GG die Überzeugung zum Ausdruck, daß die gemeinsame, einverständliche Erziehung dem Wohle des Kindes am besten dient. Das gesetzliche Leitbild ist in der Folgezeit ergänzt worden, vor allem durch § 1626 Abs 2 und Abs 3 nF, aber auch durch §§ 1629 und 1687 nF.

§ 1627 betrifft den gesamten Bereich der Ausübung elterlicher Sorgebefugnisse, umfaßt sind tatsächliche und rechtliche Handlungen und Entscheidungen, solche, die (nur) nach innen wirken, wie die nach außen gerichteten, wobei § 1629 die gesetzliche Vertretung im Rechtsverkehr besonders regelt.

4 Die Vorschrift anerkennt, daß jeder Elternteil Inhaber der elterlichen Sorge ist, die aber von beiden Eltern auszuüben ist, ohne daß einem von beiden Elternteilen bei der Ausübung der elterlichen Sorge ein Vorrang zukommt (OLG Schleswig FamRZ 1965, 224, 225 m Anm GERNHUBER). In Wahrung des verfassungsrechtlichen Elternvorrangs bei der Erziehung schreibt § 1627 (und nun auch bei getrennt lebenden Eltern mit gemeinsamer elterlicher Sorge § 1687 Abs 1) den Eltern nur vor, daß sie die elterliche Sorge in eigener Verantwortung wahrzunehmen haben, daß dies allein zum Wohle des Kindes zu geschehen hat und daß die Eltern im gegenseitigen Einvernehmen zu handeln haben mit der gleichzeitigen Verpflichtung zur Einigung bei Meinungsverschiedenheiten.

§ 1627 setzt voraus, daß beide Eltern Inhaber der elterlichen Sorge sind, weil andernfalls die Pflicht zu Einvernehmen und Einigung gegenstandslos wäre. Ist ein Elternteil nicht oder nur teilweise sorgeberechtigt, verbleibt dem anderen die Pflicht, die elterliche Sorge in eigener Verantwortung und zum Wohle des Kindes auszuüben, die Einigungspflicht betrifft aber nur noch die gemeinsamen Teilbereiche.

Ganz neue Bedeutung gewinnt § 1627 (ebenso wie § 1628) für die Belassung der gemeinsamen elterlichen Sorge nach Scheidung der Elternehe, bei dauerndem Getrenntleben der Eltern und bei gemeinsamer elterlicher Sorge ohne Ehe der Eltern, § 1626a Abs 1 S 2. Hier gelten alle drei Grundsätze unverändert, wobei die Vorschrift des § 1687 bei fortbestehender gemeinsamer elterlicher Sorge und Getrenntleben in die Gesamtbewertung insbesondere der Eigenverantwortung des jeweiligen Elternteils einzubeziehen ist. Und ganz neue Bedeutung, was die Eigenverantwortung angeht, gewinnen die Vorschriften §§ 1687a, 1687b und § 9 LPartG in bezug auf das kleine Mitentscheidungsrecht des Stiefelternteils bzw des Lebenspartners.

2.   Gesetzliche Regelung im einzelnen

5 § 1627 enthält drei verschiedene Regelungen:

– Mit der Hervorhebung der eigenen Verantwortung der Eltern anerkennt die Vorschrift die verfassungsrechtlich geschützte Vorrangstellung der Eltern, Art 6 Abs 2 GG, und macht zugleich deutlich, daß staatliche Intervention in die elterliche Erziehung subsidiär zu bleiben hat und nur unter den gesetzlichen Voraussetzungen, §§ 1628, 1631a, 1631b, 1666 ff, stattfinden darf (OLG Schleswig FamRZ 1965, 224 m Anm GERNHUBER; OLG Hamm OLGZ 66, 249 = MDR 1966, 507 = FamRZ 1966, 209 = RdJ 1967, 22 = ZBlJugR 1966, 202; OLG Köln FamRZ 1967, 293 [LS] = RdJ 1969, 92 [LS] = ZBlJugR 1967, 342; LG Berlin FamRZ 1982, 839).

– Zum anderen regelt § 1627 die Rechtsstellung der beiden gleichberechtigten wie gleichverpflichteten Eltern bei der Ausübung der elterlichen Sorge, und zwar zum einen für jeden von ihnen allein (in eigener Verantwortung), zum anderen im Verhältnis beider Eltern zueinander (im gegenseitigen Einvernehmen mit Einigungspflicht).

– Schließlich bindet die Vorschrift die Ausübung der elterlichen Sorge allein an das Kindeswohl.

III. Verantwortung der Eltern

1. Eigene Verantwortung

Abgesehen davon, daß mit der Hervorhebung der Eigenverantwortung die Unab- **6** hängigkeit der Eltern von staatlicher Mitwirkung bei der Ausübung der elterlichen Sorge einfachgesetzlich umgesetzt ist (s oben Rn 5), liegt in dieser Regelung zugleich Befugnis und Begrenzung elterlichen Handelns.

Ausübung „in eigener Verantwortung" bedeutet, daß jeder Elternteil bei der Ausübung der elterlichen Sorge für sich selbst letztlich die persönliche vollständige Eigenverantwortung gegenüber dem Kinde trägt. Daß den anderen Elternteil dieselbe Verpflichtung und Verantwortung trifft, entlastet den ersten Elternteil nicht rechtlich, allenfalls faktisch. Jeder Elternteil hat selbständig bei jeder beabsichtigten Sorgerechtsmaßnahme zu prüfen, ob sie dem Kindeswohl dient.

Kein Elternteil kann in einer ihn selbst entlastenden Weise die Ausübung delegieren, weder an einen Dritten (Erzieherin, Kindermädchen, Hauspersonal, Privatlehrer, Heimschule, Ausbildenden, Stiefeltern, Lebenspartner, Verwandte; Ausnahme: Pflegeeltern, s Erl zu § 1630), noch an den anderen Elternteil, stets bleibt ihm die volle eigene Verantwortung, was auch für die Haftung gem § 1664 bedeutsam sein kann (WASKOWIAK 68 ff). Eine rechtsgeschäftliche Übertragung der Elternverantwortung ist unzulässig und nichtig (RGZ 60, 266; BayObLGZ 9, 433, 440; KG RJA 14, 1, 3; FamRZ 1955, 295; OLG Köln NJW 1947/48, 342). Zulässig ist allein eine frei widerrufliche Überlassung der Ausübung mit verbleibender eigener Elternverantwortung.

Wegen dieser unverkürzbaren Eigenverantwortlichkeit ist auch kein Elternteil an **7** gemeinsam beschlossene Erziehungsmaßnahmen gebunden, ebensowenig an gemeinsam gefaßte weichenstellende Grundentscheidungen (zB Schule, Berufswahl) oder an Funktionsteilungen zwischen den Eltern, soweit und sobald sie sich nach seiner Überzeugung nicht mehr kindeswohlgerecht auswirken (s unten Rn 16 ff).

Aus der uneingeschränkten Eigenverantwortung entspringt auch die Pflicht, den anderen Elternteil zu überwachen (BGH NJW 1976, 2344 = FamRZ 1976, 212 = JR 1976, 194: Schutz des Kindes vor Verjährung seines deliktischen Schadensersatzanspruches nach fehlerhafter ärztlicher Behandlung; OLG Nürnberg FamRZ 1963, 367; GERNHUBER FamRZ 1962, 89, 95; DÖLLE II § 91 III 2 e), ihm entgegenzutreten (zur Frage der Abwägung und Zumutbarkeit DONAU MDR 1958, 6, 9) und erforderlichenfalls das Kind gegen den anderen Elternteil zu schützen, zB vor Kindesmißhandlungen, sexuellem Mißbrauch (BGH FamRZ 1984, 883) einschließlich mißbräuchlicher Heranziehung des Kindes zu pornographischen Aufnahmen, vor Entführung durch einen Dritten (BayObLG NJW 1961, 1033 = JR 1961, 72 = FamRZ 1961, 176, 178) bis hin zur Strafanzeige gegen den anderen Elternteil.

2. Gemeinsame Verantwortung

Die gemeinsame Elternverantwortung folgt daraus, daß die elterliche Sorge „in **8**

gegenseitigem Einvernehmen" auszuüben ist, also in wechselseitiger Bindung (GERN-
HUBER/COESTER-WALTJEN § 58 I 1). Das gegenseitige Einvernehmen auferlegt den Eltern
Abstimmung in Grundfragen der Erziehung, außerdem Zusammenarbeit.

Die Eltern sind dabei nicht völlig gleichgeschaltet, sie stehen dem Kind als Einzel-
persönlichkeit mit den darauf beruhenden individuellen Eigenschaften und Fähigkeiten und eigener Erziehungsautorität (GERNHUBER/COESTER-WALTJEN § 58 I 2; SIEBERT
NJW 1955, 1, 4) gegenüber, die sich zum Wohle des Kindes im Zusammenklang der
elterlichen Erziehung auswirken. Eine Aufgaben- und Funktionsteilung zwischen
ihnen ist zulässig, sie dürfte im alltäglichen Ablauf der Erziehung der Regelfall sein
(„natürliche Aufgabenteilung" OLG Köln FamRZ 1967, 293; LG Itzehoe FamRZ 1992, 1211)
wie auch in der grundsätzlichen Aufgabenverteilung zwischen den Eltern (BVerf-
GE 10, 59, 82 = NJW 1959, 1483 = Rpfleger 1959, 261 = FamRZ 1959, 416). Der Elternteil, der
aufgrund der vereinbarten Funktionsteilung pflichtgemäß allein handelt, erfüllt damit zugleich auch die Erziehungspflicht des anderen Elternteils; er bleibt darüber
hinaus verpflichtet, den anderen, „unzuständigen" Elternteil in wichtigen Angelegenheiten zu informieren, seinen Rat einzuholen, das vereinbarte Erziehungskonz-
zept einzuhalten und überhaupt die Einstellung des anderen Elternteils zu achten
und mit umzusetzen. Eine dauernde Überlassung ganzer Erziehungsbereiche ist
dagegen unzulässig, sie würde einem nicht zulässigen Verzicht auf die elterliche
Sorge entsprechen und die unverkürzbare Eigenverantwortung auch des überlas-
senden Elternteils leugnen.

9   Eine zulässige Aufgabenverteilung braucht nicht ausdrücklich vereinbart zu sein. Sie
kann stillschweigend, etwa durch Übung und Duldung des anderen Elternteils (BGH
NJW 1976, 2344 = JR 1976, 194 = FamRZ 1976, 212) und sogar „blanko" in der Weise
vorgenommen werden, daß der überlassende Elternteil sein Einverständnis zu allen
jeweils in diesem Zusammenhang erforderlich werdenden erzieherischen Entscheidungen bezüglich des Kindes „blanko" erklärt (WASKOWIAK 82). Die Grenze bildet
wieder das unzulässige gänzliche Ausscheiden aus der Erziehung, außerdem bleibt
der ausübende Elternteil an das vereinbarte Grundkonzept gebunden.

Eine derartige „Blanko-Einwilligung" wird für Eil- und Notfälle angenommen.
Freilich ist der allein anwesende und handelnde Elternteil hier aus seiner Eigenverantwortung ohnehin zu sofortigem alleinigem Handeln verpflichtet, sei es notfalls
auch nur in eigenem Namen (GERNHUBER/COESTER-WALTJEN § 58 I 4). § 1678 Abs 1 gibt
ihm im übrigen bei **tatsächlicher Verhinderung** des anderen Elternteils die Handlungsbefugnis (so jetzt auch das Notvertretungsrecht aus § 1629 Abs 1 S 4). Und
leben gemeinsam sorgeberechtigte Eltern getrennt, so schafft 1687 Abs 1 für Angelegenheiten des täglichen Lebens die Alleinzuständigkeit des betreuenden Elternt-
teils; 1629 Abs 1 S 4 gilt entsprechend. Doch ist in Zeiten sich ständig steigernder
technischer Möglichkeiten zu rascher Kommunikation und damit Konsultation des
anderen (Telefon, Telefax, E-Mail) bei der Annahme von Unerreichbarkeit des
anderen Elternteils Vorsicht geboten.

Über die Ausübung der gemeinsamen elterlichen Sorge mit Außenwirkung im Rahmen der gesetzlichen Vertretung s Rn 41 ff zu § 1629.

10 Die gemeinsame Elternverantwortung gegenüber dem Kind dauert bei **Trennung** der

Eltern fort und gewinnt hier uU besonders an Bedeutung (OLG Saarbrücken FamRZ 1983, 1054; LG Berlin FamRZ 1982, 839). Führt die Trennung zur Scheidung der Elternehe, so verpflichtet ihre gemeinsame Verantwortung dem Kinde gegenüber die Eltern, gemeinsam eine kindgerechte Lösung der Sorgerechtsregelung für den Fall der Scheidung zu erarbeiten (BVerfGE 31, 194 = NJW 1971, 1447 = MDR 1971, 905 = Rpfleger 1971, 300 = FamRZ 1971, 421 = ZBlJugR 1971, 315; BVerfGE 61, 358 = NJW 1983, 101 = MDR 1983, 108 = JZ 1983, 298 m Anm GIESEN = Rpfleger 1982, 470 = FamRZ 1982, 1179 = DAVorm 1982, 1055).

In der Wahrnehmung dieser gemeinsamen Elternverantwortung in Krisenzeiten können die Eltern sich beraten lassen: Nach § 17 KJHG haben Vater und Mutter Anspruch auf Beratung, die helfen soll, im Falle der Trennung oder Scheidung die Bedingungen für eine dem Wohl des Kindes förderliche Wahrnehmung der Elternverantwortung zu schaffen. Eltern sollen bei der Entwicklung eines einvernehmlichen Konzepts für die Wahrnehmung der elterlichen Sorge, das als Grundlage für die schließliche Entscheidung des Familiengerichts dienen kann, durch Beratung unterstützt werden (§ 17 Abs 1 Nr 3, Abs 2 KJHG).

Bleiben die Eltern trotz Scheidung gemeinsam sorgeberechtigt (gemeinsame elterliche Sorge nach Scheidung), so bleibt die gemeinsame Elternverantwortung uneingeschränkt bestehen, mag auch hier die Aufgabenverteilung besondere Bedeutung erlangen. Hier verdient besondere Beachtung die neue Vorschrift des § 1687: Sie verdeutlicht zunächst den Grundsatz, daß auch getrennt lebende, gemeinsam sorgeberechtigte Eltern, sofern es um Angelegenheiten von erheblicher Bedeutung geht, gegenseitiges Einvernehmen anstreben müssen (OLG Dresden FamRZ 2003, 1489). Jedoch schafft diese Vorschrift außerdem für Angelegenheiten des täglichen Lebens die Alleinentscheidungsbefugnis des Elternteils, bei dem das Kind lebt.

3.   Elterliche Einigung

a)   Geltungsbereich

Gemeinsame Elternverantwortung bedeutet nicht, daß die Eltern, abgesehen von **11** der gesetzlichen Vertretung, § 1629, gemeinsam handeln müssen. Gefordert ist eine **einvernehmliche Ausübung** (BVerfGE 10, 59, 82 = NJW 1959, 1483 = Rpfleger 1959, 261 = FamRZ 1959, 416; BGHZ 105, 45 = NJW 1988, 2946 = MDR 1988, 949 m Anm PAWLOWSKI MDR 1989, 775 = JZ 1989, 93 m Anm GIESEN = FamRZ 1988, 1142).

Wie die Eltern diese einvernehmliche Ausübung zu organisieren haben, regelt das Gesetz nicht, sondern darüber entscheiden die Eltern selbst. Das folgt aus dem Elternvorrang, Art 6 Abs 1 u 2 GG, und aus der Subsidiarität staatlichen Handelns (BVerfGE 7, 320, 323 = NJW 1958, 885 m Anm POTRYKUS 1387 = FamRZ 1958, 272; BVerfGE 10, 59, 83 = NJW 1959, 1483 = Rpfleger 1959, 261 = FamRZ 1959, 416).

Inhaltlich sind die Eltern allein verpflichtet, bei allen Maßnahmen das Wohl des Kindes zu achten. Dementsprechend haben die Eltern bei der gemeinsamen Ausübung der Elternverantwortung einvernehmlich zu handeln. Denn **gemeinsame** Elternverantwortung kann wirksam nur praktiziert werden, wenn die Eltern sich **einig** sind. Die Eltern sind deshalb verpflichtet, sich über den Standpunkt des anderen Elternteils zu vergewissern und, wo nötig, Einvernehmen mit ihm herbeizuführen.

Diese Elternpflicht ist Ergebnis des verfassungsrechtlichen Erziehungsprimats der Eltern: Es ist in erster Linie **ihre** Aufgabe, das Leben der Familie zu ordnen, ihre gemeinsame Verantwortung für das Kind selbst zu tragen und eine Einigung herbeizuführen. Staatliche Eingriffe bleiben subsidiär (OLG Schleswig FamRZ 1965, 224, 225 m Anm Gernhuber; OLG Hamm OLGZ 66, 249 = MDR 1066, 507 = FamRZ 1966, 209 = RdJ 1967, 22 = ZBlJugR 1966, 202; OLG Köln FamRZ 1967, 293 [LS] = RdJ 1969, 92 [LS] = ZBlJugR 1967, 342; LG Berlin FamRZ 1982, 839, 840). Die Pflicht zur Einigung folgt einfachgesetzlich bei Eheleuten aus der eherechtlichen Pflicht der Eltern zueinander, § 1353 (Palandt/ Diederichsen § 1353 Rn 8), bei nicht miteinander verheirateten Eltern nach Abgabe der Sorgeerklärung, § 1626a Abs 1 Nr 1, wie auch bei nicht oder nicht mehr miteinander verheirateten Eltern aber aus der Elternpflicht (Art 6 Abs 2 GG) dem Kind gegenüber, dessen Wohl sie verpflichtet sind. Bei Fragen von geringerer Bedeutung, etwa alltäglichen Sorgemaßnahmen oder solchen Bereichen und Funktionen, die einem Elternteil zur Ausübung zugewiesen sind, genügt mutmaßlicher Konsens (BVerfGE 10, 59, 82 = NJW 1959, 1483 = Rpfleger 1959, 261 = FamRZ 1959, 416; Soergel/Strätz Rn 5), auch ein Generalkonsens kann in Betracht kommen. Auch hier ist im Falle der Elterntrennung § 1687 – Alleinzuständigkeit bei Angelegenheiten des täglichen Lebens – zu beachten.

12 Ein Generalkonsens kann vorliegen bei der Hausfrauenehe oder entsprechender Partnerschaft, bei der die Mutter die Pflege des Kindes übernimmt, während der erwerbstätige Vater sich im allgemeinen auf eine Beteiligung an der Erziehung beschränkt. Seit Inkrafttreten des 1. EheRG am 1. 7. 1977 kann die Haushaltsführung zwischen Eheleuten nur noch einvernehmlich geregelt werden, gesetzlich ist die Rollenverteilung zwischen ihnen nicht mehr vorgegeben. Und für nicht miteinander verheiratete Eltern gibt es eine gesetzliche Rollenverteilung mangels entsprechender gesetzlicher Regelung ohnehin nicht.

13 Mit der **Trennung der Eltern** endet ihre Einigungspflicht ebensowenig wie ihre gemeinsame Verantwortung: Wer das Kind sodann bei sich hat, darf nicht einseitig und allein die bisher eingeschlagene Richtung der Erziehung ändern (abrupte Umschulung des Kindes aus einer konfessionell gebundenen in eine freie Schule, LG Berlin FamRZ 1982, 839, 841). Vielmehr haben die gemeinsam sorgeberechtigt gebliebenen Eltern trotz Trennung auch in Krisenzeiten die **Pflicht** (OLG Karlsruhe FamRZ 2000, 1041, 1042; OLG Köln FamRZ 2000, 499; OLG Frankfurt FamRZ 2002, 187; OLG Naumburg FamRZ 2002, 564; OLG Köln FamRZ 2003, 1492; Palandt/Diederichsen § 1671 Rn 17; Kaiser FPR 2003, 573; dies, in: FS Schwab 947, 957 mwNw), ihre einander widerstreitenden Interessen zurückzustellen und im Interesse des Kindeswohls nach einem gemeinsamen Erziehungsweg zu suchen. Dies regelt § 1687 Abs 1 S 1 jetzt ausdrücklich (OLG Karlsruhe FamRZ 2000, 1041, 1042; OLG Frankfurt FamRZ 2002, 187; OLG Naumburg FamRZ 2002, 564; Palandt/Diederichsen § 1671 Rn 17; Kaiser FPR 2003, 573). Aus dieser Einigungspflicht trotz Trennung folgt auch die Verpflichtung der Eltern, zum Wohl des Kindes, § 1626 Abs 3, aktiv an der Gestaltung und Durchsetzung einer Umgangsregelung für das Kind mitwirken, etwa auch dadurch, daß sie das Bringen und Holen des Kindes untereinander aufteilen und diese Belastung nicht einem der Elternteile allein aufbürden (OLG Saarbrücken FamRZ 1983, 1054, 1055).

b) Rechtsnatur

14 Die Rechtsnatur des „gegenseitigen Einvernehmens" ist ungeklärt. Es kommt im

Gesetz außer in § 1627 nur noch in § 1356 Abs 1 vor. Danach regeln die Ehegatten die Haushaltsführung „im gegenseitigen Einvernehmen" (vgl DIEDERICHSEN NJW 1977, 217, 219; KURR FamRZ 1978, 2). Beiden Bestimmungen ist gemeinsam, daß sie gesetzliche Rechtsbeziehungen inhaltlich ausgestalten und daß sie Willensübereinstimmung fordern. Ein und dasselbe Paar kann Partner beider Vereinbarungen sein. Der enge natürliche Zusammenhang von Ehe und Elternschaft bindet die Ausübung der elterlichen Sorge in die eheliche Lebensgemeinschaft ein: die Erziehung des gemeinsamen Kindes ist eine herausragende Aufgabe der ehelichen Lebensgemeinschaft, die die Ehepartner einverständlich regeln müssen (KURR FamRZ 1978, 2). Teilweise wird die Ansicht vertreten, Elternvereinbarungen könnten durch Klage auf Herstellung des ehelichen Lebens durchgesetzt werden (SIEBERT NJW 1955, 1, 4).

Diese dogmatischen Überlegungen gelten allein für Eltern, die miteinander verheiratet sind. Seit Einführung der gemeinsamen elterlichen Sorge als Regelfall und Beibehaltung derselben nach Trennung und Scheidung sowie bei Ermöglichung gemeinsamer elterlicher Sorge bei Eltern, die nicht miteinander verheiratet sind oder waren, sind derartige Überlegungen zum Teil gegenstandslos geworden. Deshalb hat auch die dogmatische Einordnung der Elternvereinbarung bzw des gegenseitigen Einvernehmens an Bedeutung verloren. Richtig dürfte sein, daß das gegenseitige Einvernehmen gemeinsam sorgeberechtigter Eltern als Rechtsform sui generis, folgend aus ihrer familienrechtlichen Bindung an das Kind, einzuordnen ist (MünchKomm/HUBER Rn 9).

Diese Einbindung an das eheliche gegenseitige Einvernehmen entfällt bei Eltern, die nicht miteinander verheiratet sind oder waren. Auch sie sind seit dem 1.7.1998 berechtigt, gemeinsame elterliche Sorge auszuüben, und dann auch zum gegenseitigen Einvernehmen verpflichtet.

Die dogmatische Einordnung der Elternvereinbarung war im übrigen stets umstrit- **15** ten (Einzelheiten WASKOWIAK 33 ff; HEPTING 35 ff). Zum Teil wird eine eher rechtsgeschäftliche Gestaltung der gemeinsamen Sorgerechtsausübung angenommen (LANGE NJW 1961, 1889, 1890; SOERGEL/SIEBERT/LANGE[11] § 1627 Rn 4; SIEBERT NJW 1955, 1, 2; PAULICK FamRZ 1958, 1; GERNHUBER/COESTER-WALTJEN § 58 II 1 Rn 12). Andere Autoren bezweifeln die Richtigkeit und Notwendigkeit solcher Qualifizierung (ERMAN/MICHALSKI Rn 4, der von Gestattung des anderen Elternteils ausgeht; BEITZKE § 26 II 3: bestenfalls geschäftsähnliche Handlung). Die meisten Erziehungshandlungen hätten keinen rechtsgeschäftlichen Charakter: die gegenseitige Zuweisung von Entscheidungsbefugnissen zwischen den Eltern führe in den laufenden Angelegenheiten des Alltags praktisch zu einer Funktionsteilung zwischen ihnen (PAULICK FamRZ 1958, 3), „in der sich die natürliche Aufgabenteilung einspielt" (STAUDINGER/DONAU[10/11] § 1627 Rn 14; HENRICH § 19 III 1). Andere lehnen den rechtsgeschäftlichen Charakter elterlicher Einigung gänzlich ab (STAUDINGER/DONAU[10/11] § 1627 Rn 18; SCHWAB Rn 424).

Soweit angenommen wird, in der Zuweisung von Entscheidungsbefugnissen zur Vertretung des Kindes liege eine **Bevollmächtigung** des anderen Elternteils, wird von rechtsgeschäftlichen Handlungen ausgegangen (HENRICH § 19 III 2; STAUDINGER/ DONAU[10/11] Rn 14), zum Teil wird aber auch insoweit keine rechtliche Einordnung unternommen (LANGE NJW 1961, 1892: stillschweigende Bevollmächtigung möglich; SIEBERT

NJW 1955, 2: stillschweigende Überlassung der Entscheidung möglich; offen auch DÖLLE II § 91 III 2 d).

c) Bindungswirkung

16 Relevant wird die rechtliche Qualifizierung elterlicher Einigung bei der Frage nach der **Bindungswirkung** und mithin nach der Möglichkeit des **Abweichens** und des **Widerrufs**.

Dabei gilt es zu beachten, daß jedes elterliche Einvernehmen dem Kindeswohl verpflichtet ist und bleibt. Wenn und soweit durch Maßnahmen, die elterlichem Einvernehmen entspringen, das Wohl des Kindes beeinträchtigt wird, ist eine jederzeitige Abweichung nicht nur Recht, sondern Pflicht jeden Elternteils (MünchKomm/ HUBER Rn 11). Fraglich kann also nur sein, ob außerhalb der Kindeswohlgrenze, wenn also eine Erziehungsmaßnahme das Kindeswohl nicht nachteilig berührt, Eltern ihre Erziehungsvereinbarung frei widerrufen können.

Dies wird von einigen Autoren angenommen (SOERGEL/STRÄTZ Rn 5; MünchKomm/HUBER Rn 10; BGB-RGRK/WENZ Rn 7; LANGE NJW 1961, 1889, 1890; **aA** ERMAN/MICHALSKI Rn 6: „Laune und Willkür" würden Tor und Tür geöffnet; GERNHUBER FamRZ 1965, 227, 228: Prinzip der freien Einigung „kann zur Tyrannis des ewigen Neuerers unter den Eheleuten führen", das stets den zur Änderung entschlossenen Elternteil begünstigen würde; GERNHUBER/COESTER-WALTJEN § 58 II 1 Rn 14 ff). Andererseits wird eine gewisse Einschränkung der Widerrufbarkeit, also Bindungswirkung oder Bestandsschutz angenommen mit der Folge, daß die Elterneinigung bis zu einer neuen Vereinbarung oder einer Entscheidung des Familiengerichts verbindlich bleibt, etwa wenn die einvernehmlich beschlossene Maßnahme eingeleitet ist (SOERGEL/STRÄTZ Rn 5; GERNHUBER/COESTER-WALTJEN § 58 II 1), wenn der Widerruf mißbräuchlich ist oder wenn kein begründeter Anlaß besteht, der genannt werden muß (ERMAN/MICHALSKI Rn 6; GERNHUBER FamRZ 1962, 89, 96; PAULICK FamRZ 1958, 3; vgl zu allem HAMMER [2004] und FamRZ 2005, 1209 ff mwNw).

17 Der Ansicht, daß eine **Elternvereinbarung** über die Sorgerechtsausübung rechtlich nicht bindet und daher **frei widerruflich** ist, ist zuzustimmen. Eigenständige Elternverantwortung bedeutet auch, daß jeder Elternteil – unter Beachtung der möglichen und nötigen Kontinuität in der Erziehung – das Recht und die Pflicht hat, seine eigenen Entschlüsse zu überprüfen, und zwar nicht nur dann, wenn sich die (äußere) Situation ändert, sondern auch, wenn sich seine Ansicht (etwa aufgrund neu gewonnener Erkenntnisse und Erfahrungen) verändert. Unterwirft man diesen Elternteil einer Begründungspflicht, so könnte sich, etwa bei unterschiedlichem Bildungsniveau der Eltern, daraus eine Benachteiligung des Elternteils ergeben, der seine Meinung geändert hat. Freie Widerrufbarkeit bedeutet aber **keine Befreiung von der Pflicht zum elterlichen Einvernehmen**: Der Elternteil, der sich von einem Einvernehmen löst, bleibt ebenso wie der andere Elternteil verpflichtet, nunmehr aufgrund der neuen Situation ein neues Einverständnis mit dem anderen zu erzielen. Bis dies gelungen ist, gilt aber nicht etwa das alte Einvernehmen fort, sondern die geänderte Meinung des einen Elternteils steht gleichrangig neben der Meinung des anderen Elternteils. Beide müssen sich hierüber sachlich auseinandersetzen, um zu einem neuen Einvernehmen zu gelangen. Äußerstenfalls müssen die Eltern, wenn sie sich über Angelegenheiten von erheblicher Bedeutung nicht einigen, das Familiengericht anrufen (wie hier MünchKomm/HUBER Rn 11; BGB-RGRK/WENZ Rn 7; RAUSCHER § 33 II

Rn 978; aA GERNHUBER Anm zu OLG Schleswig FamRZ 1965, 227, 228, modifiziert GERNHUBER/
COESTER-WALTJEN § 58 II 1 Rn 14 ff; HAMMER FamRZ 2005, 1209).

IV. Kindeswohl – Maßstab elterlicher Sorgerechtsausübung

Die Eltern haben die elterliche Sorge zum **Wohl des Kindes** auszuüben, § 1627 S 1. **18**
Diese Bestimmung enthält eine rechtliche, nicht nur eine sittliche Pflicht (zu letzterer
Nachweise bei LÜDERITZ AcP 178 [1978] 263, 264). Der in § 1627 normierte Kindeswohl-
begriff deckt sich in seiner Funktion weder mit den in §§ 1626 Abs 3, 1671 Abs 2
Nr 2, 1672 genannten Maßstäben richterlicher Entscheidung, die auch noch untereinander differieren, noch mit dem in §§ 1666, 1666 a enthaltenen Begriff als Legitimation staatlichen Eingriffs.

Denn in jenen Vorschriften ist das Kindeswohl Maßstab und Richtschnur der Entscheidung von Gerichten, die anstelle der zuvörderst berufenen Eltern entscheiden
und die ihre Legitimation hierzu aus Art 6 Abs 2 S 2 GG herleiten und ihre Entscheidung nachprüfbar gestalten müssen.

Die Eltern dagegen haben nicht in erster Linie über Konflikte und Kollisionen mit
dem Kindeswohl zu entscheiden. Kraft ihres verfassungsrechtlich garantierten Erziehungsvorrangs entscheiden sie vielmehr autonom und dies legitimerweise auch
ohne rationale Begründung und objektive Nachprüfbarkeit, sondern subjektiv und
nach eigenem Gutdünken darüber, was für ihr Kind „das Beste" ist. Diese Rechtsmacht der Eltern endet nach außen im Verhältnis zum Staat und Dritten erst an der
Grenze elterlichen Ermessens bzw an der Grenze des für das Kind (noch) Vertretbaren (BVerfGE 7, 320, 324 = NJW 1958, 865 m Anm POTRYKUS 1387 = FamRZ 1958, 272;
SCHMITT-GLAESER, Erziehungsrecht 56; ERICHSEN/REUTER, Elternrecht 43 ff). Im Innenverhältnis zum Kind sind die Eltern in vollem Umfang zur Gewährleistung des Kindeswohls
verpflichtet, Freiheit der Eltern vor staatlichem Eingriff bedeutet nicht Bindungs-
losigkeit im Verhältnis zum Kind (COESTER, Kindeswohl 208 mwNw).

Das Wohl des Kindes ist im Rahmen elterlicher Erziehungsautonomie weder zu **19**
definieren noch zu begrenzen (vgl GERNHUBER FamRZ 1973, 229). Kein Dritter außer
den Eltern ist hier berufen, die kindeswohlgerechte Erziehung zu konkretisieren.
Diese Entscheidung ist allein den Eltern zugewiesen. Daß sie sowohl das körperliche
als auch das seelische und geistige Wohl des Kindes zu gewährleisten haben, macht
ua § 1666 Abs 1 deutlich. Umfassend ist auch diese Beschreibung nicht (s STAUDINGER/
COESTER [2004] Erl zu § 1666). Der Versuch, bei der Ausfüllung des Begriffes Kindeswohl
den bescheideneren Begriff der „am wenigsten schädlichen Alternative" (GOLD-
STEIN I) zu verwenden, führt im Bereich elterlicher Erziehung nicht weiter, weil er
von der unangebrachten Prämisse ausginge, das Leben des Kindes in der Familie sei
in jedem Falle schädlich. Freilich werden die Eltern bei Entscheidungen über Maßnahmen, die sich sicher oder mit hoher Wahrscheinlichkeit für das Kind schädlich
auswirken können (Humanforschung an Kindern, vgl EBERBACH FamRZ 1982, 450; Hoch-
leistungssport, vgl COESTER, in: STEINER [Hrsg], Kinderhochleistungssport 25 ff), auch Überlegungen über weniger schädliche Möglichkeiten anzustellen haben.

Das Kindeswohl umfaßt sämtliche Bedürfnisse des Kindes im Rahmen der Perso- **20**
nen- und Vermögenssorge. Sie so gut wie möglich zu erfüllen sind die Eltern auf-

gerufen. Das bedeutet jedoch nicht, daß nur die subjektive Sicht des Kindes (Wohlbefinden) den Ausschlag gibt. Auch objektiv normative Gesichtspunkte (zB Zukunftsperspektiven) sind zu berücksichtigen (OLG Frankfurt FamRZ 1984, 614 = DAVorm 1984, 920 [LS]; vgl aber BayObLGZ 1985, 145 = NJW-RR 1986, 3 = MDR 1985, 765 = FamRZ 1985, 737 m Anm KNÖPFEL FamRZ 1985, 1211 = DAVorm 1985, 717 = JuS 1986, 234 m Anm HOHLOCH, dazu SCHÜTZ FamRZ 1986, 528; LEMPP FamRZ 1986, 1061; WIESER FamRZ 1990, 693: keine gewaltsame Rückführung eines türkischen Mädchens in die Türkei). Kindeswohlgerechte Erziehung bedeutet auch nicht ohne weiteres, daß die Interessen der übrigen Familienmitglieder zurückzustehen hätten. Denn Ziel der Erziehung muß auch sein, das Kind gemeinschaftsfähig zu machen, hierauf hat das Kind einen Rechtsanspruch (§ 1626 Rn 110, 115, vgl im übrigen § 1 Abs 1 KJHG).

Die Interessen des Kindes haben im Rahmen des § 1627 grundsätzlich keinen höheren, aber auch keinen geringeren Rang als die der übrigen Familienmitglieder. Aufgabe der Eltern ist es, die Interessen aller Betroffenen fair gegeneinander abzuwägen und zu gewährleisten, daß das Kind in diesem Rahmen das im konkreten Zusammenhang Nötige und Erforderliche erhält, wobei die Interessen aller Beteiligten anteilig zu berücksichtigen und nach Möglichkeit zu befriedigen sind (COESTER, Kindeswohl als Rechtsbegriff, Brühler Schriften IV, 45 ff; ders, Kindeswohl 209 ff; ZENZ, Kindesmißhandlung 69). Daß sich hierbei bisweilen ein Vorrang der Kindesinteressen ergeben kann (Krankheit, Selbstmordgefahr – BayObLGZ 1985, 145 –, Schulschwierigkeiten, Ermöglichung besonderer Hobbies), ist ebenso selbstverständlich wie deren notwendige Zurücksetzung (etwa bei Versetzung der Eltern oder eines Elternteils und des dadurch bedingten Familienumzugs).

V. Konfliktlösung bei Elternstreit

21 Kommt die den Eltern vom Gesetz aufgegebene Einigung nicht zustande, bietet § 1627 keine Lösung. Die durch § 1628 gewährte gerichtliche Konfliktlösung ist auf Angelegenheiten von erheblicher Bedeutung (zB Schul- und Berufswahl, ärztliche Behandlung, Aufenthaltsbestimmung, s Erl zu § 1628) beschränkt. Elterliche Meinungsverschiedenheiten in Angelegenheiten von geringer Bedeutung, die so belanglos sind, daß sie das Wohl des Kindes nicht berühren (ARNOLD MDR 1953, 334; SIEBERT NJW 1955, 1, 3: Bagatellfälle), bleiben mithin ungelöst. Es bleibt beim status quo (liberum veto, BEITZKE JZ 1952, 744; GERNHUBER/COESTER-WALTJEN § 58 II 2 Rn 18), wenn nicht der durchsetzungsfähigere Elternteil schließlich einseitig entscheidet. Nur wenn hierdurch zugleich die gesetzlichen Voraussetzungen von § 1631a oder 1666 ff erfüllt sind, kann ein staatlicher Eingriff von Amts wegen oder auf Antrag der Betroffenen in Betracht kommen. Das dürfte die Ausnahme sein.

22 Kommt eine Elterneinigung zustande, verstößt aber ein Elternteil dagegen, indem er einigungswidrig handelt, oder holt er die Meinung des anderen nicht ein und handelt von vornherein eigenmächtig, bleibt auch dies außerhalb von § 1628 einerseits, §§ 1631a, 1666 andererseits ohne staatliche Sanktion. Im Verhältnis der Eltern zueinander bedeutet dies eine Pflichtverletzung.

Leben die Eltern nicht nur vorübergehend getrennt, § 1671, kann diese Pflichtverletzung Anlaß für die Einleitung eines Verfahrens nach § 1671 sein mit der Möglichkeit gerichtlicher Regelung, etwa der Übertragung der Alleinsorge auf einen der

Elternteile oder jedenfalls Übertragung von Teilen der gemeinsamen elterlichen Sorge nur auf einen Elternteil, § 1671 Abs 2 S 2. Das gilt auch, wenn die Eltern geschieden, aber Inhaber gemeinsamer elterlicher Sorge geblieben oder aber als unverheiratete Eltern Inhaber der gemeinsamen elterlichen Sorge sind. Dann kann die eigenmächtige Maßnahme eines Elternteils Anlaß für die Einleitung einer Sorgerechtsänderung, § 1671, sein. Aber das Kindeswohl rechtfertigt es nur dann, die elterliche Sorge auf einen Elternteil allein zu übertragen, wenn bei Angelegenheiten von erheblicher Bedeutung einvernehmliche Elternentscheidungen nicht (mehr) zu erwarten sind. Hier muß besonders an die Pflicht zur Einigung (s oben Rn 13) erinnert werden. Der Wechsel des Kindes von einem Elternteil zum anderen und Streit über Unterhalt reicht hierfür allein nicht aus (KG FamRZ 1999, 737).

Die einseitig unter Verstoß gegen § 1627 vorgenommene Maßnahme ist rückgängig zu machen, soweit möglich und tunlich (SOERGEL/STRÄTZ Rn 8; MünchKomm/HUBER Rn 14).

Dem Kind stehen aus § 1627 keine Rechte zu (MünchKomm/HUBER Rn 15; SOERGEL/STRÄTZ Rn 9). Ihm gegenüber bleiben einigungswidrige Maßnahmen gültig.

§ 1628
Gerichtliche Entscheidung bei Meinungsverschiedenheiten der Eltern

Können sich die Eltern in einer einzelnen Angelegenheit oder in einer bestimmten Art von Angelegenheiten der elterlichen Sorge, deren Regelung für das Kind von erheblicher Bedeutung ist, nicht einigen, so kann das Familiengericht auf Antrag eines Elternteils die Entscheidung einem Elternteil übertragen. Die Übertragung kann mit Beschränkungen oder mit Auflagen verbunden werden.

Materialien: Eingefügt durch GleichberG Art 1 Nr 22; neugefaßt durch SorgeRG Art 1 Nr 3 und KindRG Art 1 Nr 11. Vgl STAUDINGER/BGB-Synopse (2006) § 1628.

Schrifttum

S auch die Schrifttumshinweise bei den Vorbem zu §§ 1626 ff u RKEG.
ARNOLD, Gesetzliche Neuregelungen im Bereich der elterlichen Gewalt, FamRZ 1959, 425
BECKER, Neuordnung des „gleichen Rechts" für Vater und Mutter, UJ 1960, 171
ders, Wird der Wille des Kindes berücksichtigt?, Jugendwohl 1970, 400
BEITZKE, Die elterliche Gewalt nach dem Urteil des Bundesverfassungsgerichts, JR 1959, 401
BERGMANN, Zur Gleichberechtigung von Mann und Frau, NJW 1953, 130

BIENWALD, Zur Beteiligung des Mannes bei der Entscheidung über den straffreien Schwangerschaftsabbruch seiner Ehefrau, FamRZ 1985, 1096
BOEHMER, Besprechung von Lehmann, Deutsches Familienrecht (3. Aufl 1969), JZ 1961, 267
BOSCH, Gleichberechtigung im Bereich der elterlichen Gewalt, SJZ 1950, 625
ders, Grundsatzfragen des Gleichberechtigungsgesetzes vor dem Bundesverfassungsgericht, FamRZ 1959, 265

ders, Anm zu BayObLG 29. 5. 1959,
FamRZ 1959, 295

ders, Zum Urteil des Bundesverfassungsgerichts
vom 29. Juli 1959, FamRZ 1959, 406

ders, Nochmals: Zum Urteil des Bundesverfassungsgerichts vom 29. 7. 1959, FamRZ 1959, 430

ders, Rückblick und Ausblick, FamRZ 1980, 739

BOXDORFER, Probleme der Regelung elterlicher
Gewalt bei Streitfragen in Sorgerechtsfällen und
nach der Ehescheidung, RdJ 1974, 260

BRÜGGEMANN, Das Elternrecht in der Grenz-
situation, DAVorm 1974, 151

BRUNS, Das Sorgerechtsverfahren innerhalb
und außerhalb des Scheidungsverbundes (2004)

BÜTTNER, Änderungen im Familienverfahrensrecht durch das KindRG, FamRZ 1998, 585

CERTAIN, Stellungnahme zum Entwurf eines
Gesetzes zur Neuregelung des Rechts der
elterlichen Sorge und zur Änderung des Jugendwohlfahrtsgesetzes, DAVorm 1973, 155

COESTER-WALTJEN, Der Schwangerschaftsabbruch und die Rolle des künftigen Vaters,
NJW 1985, 2175

EBERBACH, Familienrechtliche Aspekte der
Humanforschung an Minderjährigen,
FamRZ 1982, 450

EHINGER, Bedeutung des Streits der Eltern über
die Reglionszugehörigkeit ihres Kindes im Sorgerechtsverfahren, FPR 2005, 367

VAN ELS, Der Verbund als Wartesaal für Entscheidungen zum Kindeswohl, FamRZ 1983, 438

ERDSIEK, Einseitiger Konfessionswechsel bei
bestehender Ehe – Schulwahl nach Beseitigung
des Stichentscheids des Vaters, NJW 1959, 2007

ders, Um den Stichentscheid, NJW 1960, 24

FINGER, Schwangerschaftsabbruch und Sterilisation in der Ehe, KJ 1986, 326

FRANZ, Zur Frage eines eigenen Antragsrechts
des Jugendlichen gegenüber dem Vormundschaftsgericht, FamRZ 1974, 571

GEIGER, Die Rechtswidrigkeit des Schwangerschaftsabbruchs, FamRZ 1986, 1

GENZMER, Gleichberechtigung und elterliche
Gewalt – Ein Beitrag zur Diskussion um das
Urteil des Bundesverfassungsgerichts vom
29. 7. 1959, MDR 1960, 881

GIESSLER, Vorläufiger Rechtsschutz in Ehe-,
Familien- und Kindschaftssachen (1987)

GÖPPINGER, Probleme der gesetzlichen Vertre-

tung des ehelichen Kindes, insbesondere im
Falle des § 1629 Abs 2 S 1 HS 2 BGB nF,
JZ 1960, 82

HARRER, Zivilrechtliche Einflußmöglichkeiten
des künftigen Vaters auf die Durchführung des
Schwangerschaftsabbruchs, ZBlJugR 1989, 238

HEUSSNER, Über die Auswirkungen des
Gleichberechtigungsurteils des Bundesverfassungsgerichts vom 29. 7. 1959, FamRZ 1960, 6

VHIPPEL, Besserer Schutz des Embryos vor
Abtreibung?, JZ 1986, 53

JAGERT, Anm zu AG Köln FamRZ v 15. 3. 1984,
FamRZ 1985, 1173

KNÖPFEL, Die Gleichberechtigung von Mann
und Frau, NJW 1960, 553

KÜNKEL, Neue Zuständigkeiten des Familiengerichts ab 1. 7. 1998, FamRZ 1998, 877

KUNTZE, Anmerkungen zum neuen Sorgerechtsentwurf, JR 1973, 273

H LANGE, Die Lücke im Kindschaftsrecht,
NJW 1961, 1889

LEMPP, Kindeswohl und Kindesrecht, ZfJ 1974,
124

MATTERN, Zum „Stichentscheid", FamRZ 1959,
405

MEYER-STOLTE, Elterliche Sorge – Zur Reform
des Kindschaftsrechts durch das Sorgerechtsänderungsgesetz, Rpfleger 1980, 130

MITTENZWEI, Die Rechtsstellung des Vaters
zum ungeborenen Kind, AcP 187 (1987) 247

MÜLLER-FREIENFELS, Kernfragen des Gleichberechtigungsgesetzes, JZ 1957, 685

RAMM, Sorgerechtsneuregelung – Rechtsgeschichte und Rechtspolitik, JZ 1973, 179

REUTER, Kindergrundrechte und elterliche Gewalt (1968)

ROTH-STIELOW, Nochmals: Der Schwangerschaftsabbruch und die Rolle des künftigen
Vaters, NJW 1985, 2746

RUNGE, Rechtliche Folgen für den die gemeinsame elterliche Sorge boykottierenden Elternteil, FPR 1999, 142

SCHULTZ, Blick in die Zeit, MDR 1959, 814

SCHWAB, Gedanken zur Reform des Minderjährigenrechts und des Mündigkeitsalters,
JZ 1970, 745

ders, Mündigkeit und Minderjährigenschutz,
AcP 172 (1972) 266

ders, Wandlungen der „Gemeinsamen elter-
lichen Sorge", in: FS Gaul (1997) 717
ders, Elterliche Sorge bei Trennung und Schei-
dung der Eltern – Die Neuregelung des Kind-
schaftsrechtsreformgesetzes, FamRZ 1998, 457
SCHWOERER, Was nun? – Betrachtungen zum
Gleichberechtigungsurteil des Bundesverfas-
sungsgerichts vom 29.7.1959, NJW 1959, 2089
SIMSON, Ohne Stichentscheid, JZ 1959, 695
STÖCKER, Das elterliche Sorgerecht („elterliche
Gewalt"), RuG 1974, 66
STORCH/LADE, „Die Weisheit des Alters" – Eine
Glosse, FamRZ 1959, 429
STÜRNER, Der Schutz des ungeborenen Kindes
im Zivilrecht, Jura 1987, 75
VOGEL, Ausgewählte Probleme aus dem Recht
der elterlichen Sorge bei getrennt lebenden
Eltern, FPR 2005, 65
WAAS, Das Gleichberechtigungsprinzip in seiner

Wirkung auf das Recht des ehelichen Kindes,
ZBlJugR 1958, 44
WAHL, Zur Verfassungsmäßigkeit des Stich-
entscheids des Vaters, FamRZ 1959, 305
WASKOWIAK, Die Einigung der Eltern bei der
Ausübung der elterlichen Personensorge (Diss
Marburg 1967)
WEYCHARDT, Die familiengerichtliche Regelung
der elterlichen Verantwortung – Eine Hand-
reichung für den Praktiker, ZfJ 1999, 268 und
326
ZENZ, Elterliche Sorge und Kindesrecht? Zur
beabsichtigten Neuregelung, StAZ 1973, 257
dies, Zur Reform der elterlichen Gewalt,
ACP 173 (1973) 527
ZETTEL, Ein Jahr Neuregelung des Rechts der
elterlichen Sorge – Fragen bei der Anwendung
des neuen Rechts, DRiZ 1981, 211.

Systematische Übersicht

Alphabetische Übersicht

Lore Maria Peschel-Gutzeit

I. Entstehungsgeschichte

§ 1628 in der ursprünglichen Fassung hatte den Regelungsinhalt des heutigen § 1630 **1**
Abs 1. Die Konfliktlösungsvorschrift des BGB war § 1634. Danach hatte der Vater
die elterliche Gewalt und die Mutter neben ihm nur die tatsächliche Personensorge
(Nebengewalt); bei Meinungsverschiedenheiten ging die Meinung des Vaters vor,
§ 1634 S 2 aF (s Vorbem 4 zu §§ 1626 ff u RKEG; § 1627 Rn 1).

Mit dem 31. 3. 1953 trat diese Vorschrift nach Art 117 Abs 1 GG wegen Verstoßes
gegen Art 3 Abs 2 GG außer Kraft (BVerfGE 3, 225 = NJW 1954, 65; vgl oben Vorbem 6 zu

Lore Maria Peschel-Gutzeit

§§ 1626 ff u RKEG). Seit dem 1.4.1953 waren beide Eltern Inhaber der elterlichen Sorge und zur Einigung verpflichtet, notfalls entschied das Vormundschaftsgericht analog §§ 1797, 1798 (BGHZ 20, 313 = NJW 1956, 1148 = MDR 1956, 538 = FamRZ 1956, 223).

Das GleichberG vom 18.6.1957 fügte als § 1628 folgende Vorschrift ein:

> *Können sich die Eltern nicht einigen, so entscheidet der Vater; er hat auf die Auffassung der Mutter Rücksicht zu nehmen.*

> *Das Vormundschaftsgericht kann der Mutter auf Antrag die Entscheidung einer einzelnen Angelegenheit oder einer bestimmten Art von Angelegenheiten übertragen, wenn das Verhalten des Vaters in einer Angelegenheit von besonderer Bedeutung dem Wohle des Kindes widerspricht oder wenn die ordnungsmäßige Verwaltung des Kindesvermögens dies erfordert.*

> *Verletzt der Vater beharrlich seine Verpflichtung, bei Meinungsverschiedenheiten den Versuch einer gütlichen Einigung zu machen und bei seinen Entscheidungen auf die Auffassung der Mutter Rücksicht zu nehmen, so kann das Vormundschaftsgericht der Mutter auf Antrag die Entscheidung in den persönlichen und vermögensrechtlichen Angelegenheiten des Kindes übertragen, wenn dies dem Wohle des Kindes entspricht.*

Durch diese Regelung wurde das Einigungsgebot aus § 1627 ergänzt: Scheiterte der Einigungsversuch, hatte der Vater den sogenannten Stichentscheid, er hatte dabei auf die Auffassung der Mutter lediglich Rücksicht zu nehmen, § 1628 Abs 1 aF. Verstöße gegen die Einigungspflicht und die Pflicht zur Rücksichtnahme auf die Meinung der Mutter gaben der Mutter das Recht, das Vormundschaftsgericht anzurufen, § 1628 Abs 3. Nach Abs 2 konnte sie das Vormundschaftsgericht anrufen, wenn das Verhalten des Vaters in einer Angelegenheit von besonderer Bedeutung dem Wohle des Kindes widersprach und wenn die ordnungsmäßige Vermögensverwaltung dies forderte.

2 Wegen Verstoßes gegen Art 3 Abs 2 GG erklärte das BVerfG diese Vorschrift und § 1629 Abs 1, der die alleinige gesetzliche Vertretung des Vaters zum Inhalt hatte, durch Urteil vom 29.7.1959 für nichtig (BVerfGE 10, 59 = NJW 1959, 1483 = Rpfleger 1959, 261 = FamRZ 1959, 416; zu diesem Urteil und zur Rechtslage danach ARNOLD FamRZ 1959, 425; BECKER UJ 1960, 171; BEITZKE JR 1959, 401; BOEHMER JZ 1961, 267; BOSCH FamRZ 1959, 265; 1959, 406; 1959, 430; ERDSIEK NJW 1959, 2007; 1960, 24; GENZMER MDR 1960, 881; GÖPPINGER JZ 1960, 82; HEUSSNER FamRZ 1960, 6; KNÖPFEL NJW 1960, 553; H LANGE NJW 1961, 1889; MATTERN FamRZ 1959, 405; SCHULTZ MDR 1959, 814; SCHWOERER NJW 1959, 2089; SIMSON JZ 1959, 695; STORCH/LADE FamRZ 1959, 429; WAHL FamRZ 1959, 305; weitere Hinweise STAUDINGER/DONAU[10/11] § 1628).

Es entstand eine Lücke im Gesetz, die die Rechtsprechung in der Folgezeit nach den schon zuvor entwickelten Grundsätzen (BGHZ 20, 313 = NJW 1956, 1148 = MDR 1956, 538 = FamRZ 1956, 223) ausfüllte. Hiernach entschied das Vormundschaftsgericht im Interesse des Kindes entscheidungsbedürftige Elternkonflikte auf Antrag eines Elternteils. Dem Vormundschaftsgericht wurde jedoch keine eigene Sachkompetenz, sondern nur die Kompetenz-Kompetenz eingeräumt. Es übertrug dem Elternteil, der die das Kindeswohl besser wahrende Meinung vertrat, die Entscheidung in der betreffenden Angelegenheit (OLG Celle MDR 1960, 680 [LS]; OLG Frankfurt FamRZ 1961, 125; OLG Hamm JMBlNRW 1963, 80; OLGZ 1966, 249 = MDR 1966, 507 = FamRZ 1966, 209 = RdJ 1967, 22 = ZBlJugR 1966, 202; OLG Köln FamRZ 1967, 293 [LS] = RdJ 1969, 92 [LS] = ZBlJugR 1967, 342; LG Stuttgart NJW 1961, 273 [LS]; AG Hamburg MDR 1960, 924 = FamRZ 1961, 123; AG Münster StAZ 1961, 168).

Insbesondere im Hinblick darauf, daß die Einführung des väterlichen Stichent-   **3** scheids schon vor seiner schließlichen Verabschiedung durch den Bundestag höchst umstritten war (für die Darstellung der parlamentarischen Diskussion siehe KRÜGER, in: KRÜGER/ BREETZKE/NOWACK Vorbem zu §§ 1628, 1629 mwNw) und daß die am 1. 7. 1958 in Kraft getretenen Vorschriften der § 1628, 1629 nur gerade ein Jahr in Kraft blieben, bis sie durch Urteil des BVerfG vom 29. 7. 1959 für ungültig erklärt wurden, gewinnt der Eventualvorschlag des Familienrechtsunterausschusses des Deutschen Bundestags, formuliert von Elisabeth Schwarzhaupt, besonderes Gewicht, der in der zweiten Lesung des GleichberG mit knapper Mehrheit abgelehnt worden war und der folgenden Wortlaut hatte:

Können sich die Eltern in einer Angelegenheit von erheblicher Bedeutung nicht einigen, so kann jeder Elternteil das Vormundschaftsgericht anrufen, wenn das Wohl des Kindes eine Entscheidung erfordert.

Das Vormundschaftsgericht kann einen Elternteil ermächtigen, die Angelegenheit so zu regeln, wie dieser vorgeschlagen hat; das Gericht darf die Anträge beider Eltern nur ablehnen, wenn das Wohl des Kindes durch die Vorschläge beider Eltern gefährdet würde.

Sind weitere Meinungsverschiedenheiten zu befürchten, so kann das Vormundschaftsgericht auf Antrag den Vater oder die Mutter ermächtigen, eine bestimmte Art von Angelegenheiten zu regeln, oder einem Elternteil die Sorge für das Vermögen des Kindes übertragen, wenn dies zum Wohl des Kindes erforderlich ist.

In der Sache stimmt dieser Vorschlag mit der jetzigen Regelung überein und macht deutlich, wie leicht sich der mehr als 20 Jahre währende regelungslose Zustand hätte vermeiden lassen, hätte der Bundestag 1957 den Eventualantrag verabschiedet.

Das am 1. 1. 1980 in Kraft getretene SorgeRG hat mit § 1628 die Lücke im Gesetz   **4** geschlossen. Diese Regelung entspricht dem von der Literatur und Rechtsprechung entwickelten Rechtszustand (BGHZ 78, 108 = NJW 1981, 126 = MDR 1981, 128 = FamRZ 1980, 1107; BT-Drucks 7/2060, 20; 8/2788, 46).

Das am 1. 7. 1998 in Kraft getretene KindRG hat geringfügige Korrekturen ange-   **5** bracht, die aber am Kerngehalt der Vorschrift nichts ändern: Zunächst mußte wegen genereller Änderung der Zuständigkeit auch hier das Vormundschaftsgericht durch das Familiengericht ersetzt werden, S 1 (s Vorbem 67 ff zu §§ 1626 ff u RKEG). Der letzte Halbsatz aus dem ehemaligen Abs 1 S 1 „sofern dies dem Wohl des Kindes entspricht" ist wegen der neuen Generalnorm § 1697a (Kindeswohlgerechtigkeit aller im 5. Titel vorgesehenen Gerichtsentscheidungen) in § 1628 gestrichen worden.

Ebenso ist der alte Abs 2 aufgehoben worden, so daß die Vorschrift nur noch aus einem Absatz besteht. Denn wegen der neuen Generalnorm § 52 FGG, wonach das Familiengericht in allen Verfahren und in jeder Lage auf ein Einvernehmen der Beteiligten hinwirken soll, wurde auch diese Regelung hier für entbehrlich gehalten (BT-Drucks 13/1899, 95).

II.   Bedeutung der Norm

6   § 1628 ist ein Teil des vom Gesetz zur Verfügung gestellten Konfliktlösungsprogramms im Elternstreit. Die den gleichberechtigten Eltern zugewiesene eigenverantwortliche, aneinander gebundene gemeinsame elterliche Sorge ist unproblematisch, solange die Eltern sich, wie in § 1627 normiert, einigen. Gelingt dies nicht, so kann das Gesetz entweder schweigen oder aber eine Konfliktlösung anbieten. Würde das Gesetz jede Entscheidungshilfe versagen, so könnte dies zur gegenseitigen Blockierung der Eltern oder dazu führen, daß der Konflikt ungelöst bliebe, obwohl er entschieden werden müßte. Das ist mit dem Wohl des Kindes, dem Eltern und Gesetz verpflichtet sind, nicht vereinbar. Deshalb muß das Gesetz eine Entscheidungshilfe bieten.

7   Die verschiedentlich vertretene Ansicht, es gebe injudiziable Elternstreitigkeiten (Bosch SJZ 1950, 625, 638; FamRZ 1959, 265, 266; 1959, 295; Wahl FamRZ 1959, 305, 307; Schwoerer NJW 1959, 2089, 2090; BayObLG FamRZ 1959, 293 m Anm Bosch), läßt die Elternpflicht zur kindeswohlgerechten Erziehung außer acht und führt jedenfalls dort nicht weiter, wo erhebliche Kindeswohlinteressen berührt sind. In §§ 1627, 1628 findet sich dieser Gedanke insoweit wieder, als nur Angelegenheiten von **erheblicher** Bedeutung der gerichtlichen Konfliktlösung überwiesen werden.

8   Das GleichberG hatte als Lösung des Elternstreits den väterlichen Stichentscheid normiert, der jedoch gegen die gleichberechtigte Stellung beider Eltern verstieß und deshalb alsbald der Nichtigerklärung durch das BVerfG verfiel. Andere Lösungsvorschläge der Literatur, die bei dem Stichentscheid blieben, diesen aber nicht an das Geschlecht der Eltern, sondern an deren Alter (Bergmann NJW 1953, 130; Mattern FamRZ 1959, 405, 407; abgelehnt von Storch/Lade FamRZ 1959, 429; Genzmer MDR 1960, 881, 882), an Sachgebiete (Bosch FamRZ 1959, 406, 416), an das Geschlecht des Kindes oder das Prinzip des „alternierenden Oberbefehls" band, erwiesen sich ebenfalls als nicht weiterführend.

9   Deshalb hat der Gesetzgeber bei der Schließung der Lücke in Kauf genommen, daß Meinungsverschiedenheiten der Eltern in bestimmten Angelegenheiten notfalls aus der Familie herauswachsen und vor eine streitentscheidende staatliche Instanz gelangen. Das SorgeRG hatte den Weg der vormundschaftsgerichtlichen (jetzt: familiengerichtlichen) Kompetenz für den konkreten Streitfall beschritten (BT-Drucks 7/2060, 20; 8/2788, 46; Jans/Happe § 1628 Nr 1; Belchaus 45). Diesen Weg hatte das BVerfG, der Rechtsprechung vor allem des BGH (BGHZ 20, 313 = NJW 1956, 1148 = MDR 1956, 538 = FamRZ 1956, 223) folgend, bereits gewiesen (BVerfGE 10, 59 = NJW 1959, 1483 = Rpfleger 1959, 261 = FamRZ 1959, 416). Ihn hat die Rechtsprechung seither verfolgt, ohne daß sich, soweit sich dies nach den wenigen veröffentlichten Entscheidungen beurteilen läßt, die seinerzeit zu hörenden Befürchtungen des Hineinregierens des Staates in die Familie, die Aushöhlung des elterlichen Entscheidungsrechts und die Eröffnung eines riesigen Einfalltors staatlicher Einmischung (SCHULTZ MDR 1959, 814) in den letzten Jahrzehnten bewahrheitet hätten.

Das KindRG wirkt auf § 1628 in zweierlei Weise: Die Streitigkeiten nach § 1628, die **10** bisher dem Vormundschaftsgericht vorbehalten waren (mit allen Schwierigkeiten, die sich aus der Doppelzuständigkeit von Vormundschaftsgericht und Familienge- richt bei Familienstreitigkeiten ergeben konnten), sind nunmehr, seit dem 1. 7. 1998, ebenfalls dem Familiengericht zugewiesen.

Inhaltlich hat § 1628 deutlich höhere Bedeutung erlangt als bisher, weil sich diese Vorschrift auf alle Fälle gemeinsamer elterlicher Sorge, gleich aus welchem Grund diese entstanden ist, bezieht. Leben die Eltern nicht nur vorübergehend getrennt, gelten in erster Linie § 1687 Abs 1 und Abs 2. Darüber hinaus kann jeder Elternteil unter den Voraussetzungen des § 1671 die Übertragung der alleinigen elterlichen Sorge oder von Teilen der elterlichen Sorge auf sich beantragen.

Ob es sich bei der Regelung des § 1628 Abs 1 um die Wahrnehmung der Wächter- **11** funktion des Staates handelt (BVerfGE 10, 59, 83 = NJW 1959, 1483 = Rpfleger 1959, 261 = FamRZ 1959, 416; SOERGEL/STRÄTZ Rn 2; ERMAN/MICHALSKI Rn 3) oder aber ob der Staat hier lediglich in unterstützender Funktion tätig wird (ARNOLD FamRZ 1959, 425, 428; GERNHUBER/COESTER-WALTJEN § 58 II 4 Rn 20), wird unterschiedlich beurteilt.

Beide Ansichten werden dem Problem nicht gerecht: Ziel des § 1628 ist nicht Staats- intervention durch gerichtliche Eigenentscheidung, sondern Wahrung des Kindes- wohls durch einen Elternteil, auf den sich insoweit mit Hilfe des Gerichts die elterliche Sorge konzentriert. Aber das Familiengericht beschränkt sich, wird es nach § 1628 tätig, auch nicht auf die Unterstützung, sondern macht sich die Auffas- sung eines Elternteils zu eigen und überträgt ihm deshalb die Entscheidungskom- petenz. Die Meinung eines Dritten (Familiengericht) wirkt also für die Behebung des Elternkonflikts konstitutiv. Man wird deshalb von einer Übergangsnorm zwi- schen elterlicher und staatlicher Verantwortung für das Kindeswohl auszugehen haben, deren Grenzen nicht exakt zu bestimmen sind und deren genaue dogmatische Einordnung nicht zu leisten ist.

Ziel der Vorschrift ist zwar einerseits das Angebot zur Konfliktlösung, andererseits **12** aber Wahrung der Familienautonomie in größtmöglichem Umfang. Dem entspricht die Ausgestaltung des gesamten Konfliktlösungsprogramms der §§ 1627, 1628: In erster Linie sind die Eltern zur Konfliktlösung selbständig und in eigener Verant- wortung und Zuständigkeit aufgerufen, § 1627 S 2. In einer zweiten Stufe bleiben sie zur Konfliktlösung in eigener Verantwortung unter Mitwirkung des Familiengerichts verpflichtet, § 52 FGG, und erst in letzter Stufe entscheidet das Familiengericht, indem es die Entscheidung einem Elternteil überträgt, § 1628 S 1. Auch insoweit wird das Familiengericht nicht „dritter Elternteil" (wie BOSCH unter Wiederholung seiner Ansicht FamRZ 1959, 406, 415 und Anführung von MEYER-STOLTE Rpfleger 1980, 130, 131, der aber nur den Fall der gerichtlichen Auflage erwähnt, FamRZ 1980, 739, 748 meint). Denn das Fami- liengericht tritt zwar einem Elternteil in dessen Auffassung bei, doch bleibt es diesem Elternteil grundsätzlich überlassen, ob er die ihm derart übertragene Ent- scheidung so durchführt, ändert oder erneut mit dem anderen Elternteil die Einigung sucht, zu der er aufgerufen bleibt (BGB-RGRK/Wenz Rn 3; Gernhuber/Coester-Waltjen § 58 II 5 Rn 24).

13 Problematisch in diesem Zusammenhang ist allerdings die dem Familiengericht zugestandene Möglichkeit, einem Elternteil die Entscheidungskompetenz unter Beschränkungen oder Auflagen zu übertragen, § 1628 S 2 (s unten Rn 45 ff). Hierin liegt eine eigene gestaltende Tätigkeit des Familiengerichts, die, mag sie auch guten Zwecken dienen, die Grenze bloßer Kompetenzzuweisung überschreitet (ebenso Meyer-Stolte Rpfleger 1980, 130, 131; Jans/Happe § 1628 Anm 1, 6; Soergel/Strätz Rn 3) und die verfassungsrechtlich nur dann vertretbar erscheint, wenn Eltern auch von ihr schadlos abweichen können, wenn sie sich erneut einigen, oder auch das Familiengericht wiederholt anrufen können.

III. Anwendungsbereich

1. Persönlicher Anwendungsbereich

14 § 1628 regelt allein den Konflikt zwischen zwei in gleicher Weise sorgeberechtigten Eltern. Durch diese Vorschrift sollen Entscheidungshindernisse, die nur aus der Zweiköpfigkeit der Familienspitze herrühren, ausgeräumt werden (BGB-RGRK/Wenz Rn 4). Beide Eltern müssen also Inhaber der Personen- und Vermögenssorge sein, wenn es um einen Konflikt aus diesem Bereich geht.

Ist das Sorgerecht sachlich aufgeteilt, etwa nach § 1671 Abs 1, so können Konflikte im Falle der Überschneidung von Vermögens- und Personensorge auftreten.

Gleichgültig ist, ob die Eltern (noch) miteinander verheiratet, geschieden sind oder ob sie nie miteinander verheiratet waren. Entscheidend ist, daß sie gemeinsam sorgeberechtigt sind. In diesem Zusammenhang gewinnt § 1628 neuartige Bedeutung für die Fälle gemeinsamer elterlicher Sorge unverheirateter Eltern (BVerfGE 61, 358 = NJW 1983, 101 = MDR 1983, 108 = JZ 1983, 298 m Anm Giesen = FamRZ 1982, 1179 = Rpfleger 1982, 470 = DAVorm 1982, 1055), aber auch für die Fälle nicht nur vorübergehender Trennung der Eltern.

15 Freilich können Elterndifferenzen in dieser Phase zu Verfahren nach § 1671 auf Änderung der gemeinsamen elterlichen Sorge führen. Festzuhalten bleibt aber, daß in Krisenzeiten, in denen die Eltern noch nicht endgültig getrennt leben und auch noch nicht wissen, ob sie dies auf die Dauer wollen, der Weg zum Familiengericht nach § 1628 zwingend ist. Will etwa ein Elternteil bei seinem Auszug ein Kind gegen den Willen oder ohne Wissen des anderen Elternteils mitnehmen, so ist dazu die Übertragung des Aufenthaltsbestimmungsrechts auf den ausziehenden Elternteil durch das Familiengericht erforderlich.

Damit rückt die Entscheidung des Familiengerichts nach § 1628 in die Nähe einer partiellen Sorgerechtsregelung nach § 1671 Abs 1 S 2. Denn hier wie dort wird ein Bereich aus der gemeinsamen elterlichen Sorge herausgeschnitten und einem Elternteil allein zugewiesen. Da § 1628 für alle Fälle gemeinsamer elterlicher Sorge gilt, gleichgültig, auf welche Weise diese entstanden ist (s oben Rn 14), gerät § 1628 in die Nähe von § 1671 Abs 1 S 2 (Schwab FamRZ 1998, 457, 467). Auch § 1671 sieht vor, daß die elterliche Sorge zum Teil einem Elternteil allein übertragen wird, wenngleich die Hürden des § 1671 Abs 1 S 2 höher sind als die des § 1628 („am besten"). Im Ergebnis könnte also das Aufenthaltsbestimmungsrecht nach beiden Vorschriften auf einen Elternteil übertragen werden (SCHWAB FamRZ 1998, 468). Diesen Dualismus nimmt das Gesetz hin. Und da die Voraussetzungen des § 1628 wohl eher zu erfüllen sind, ist es vorstellbar, daß Eltern sich vorzugsweise in das Verfahren nach § 1628 begeben (BRUNS 88; VOGEL FamRZ 2005, 65, 69). Festzuhalten bleibt aber, daß der Weg nach § 1671 nicht etwa über § 1671 Abs 3 versperrt ist. Denn § 1628 ist keine Sorgerechtsregelung. Deshalb kann ein Verfahren nach § 1628 auch nicht in den Verbund in einer Scheidungssache geraten. Das folgt aus § 623 Abs 2 S 1 Nr 1 ZPO, der allein auf § 1671 Abs 1 verweist (aA wohl AG Holzminden FamRZ 2002, 560).

Ist die elterliche Sorge im Zuge von Trennung und Scheidung einem Elternteil allein **16** übertragen (§§ 1671, 1672) oder einem Elternteil entzogen (§§ 1666 ff, 1680), so findet § 1628 ebensowenig Anwendung wie in Fällen des Ruhens der elterlichen Sorge eines Elternteils (§ 1675). Meinungsverschiedenheiten zwischen Eltern und Kindern fallen nicht unter § 1628 (anders bei §§ 1631a, 1631b, ähnlich beim Interessenkonflikt zwischen Eltern und Kind, § 1629 Abs 2 S 3, anders auch in Fällen der §§ 1666 ff). Streit zwischen Eltern und einem Pfleger regelt zwar auch das Familiengericht, aber nicht nach § 1628, sondern nach § 1630 Abs 2.

2. Sachlicher Anwendungsbereich

Die Konfliktlösung des § 1628 betrifft Angelegenheiten der **elterlichen Sorge**. Dis- **17** sens der Eltern in bezug auf das Kind außerhalb der elterlichen Sorge (zB Anteil beider Eltern am Kindesunterhalt) wird nicht nach § 1628 gelöst, auch nicht in entsprechender Anwendung.

Geht es um die Unterhaltsbestimmung nach § 1612 Abs 2, so ist zu unterscheiden: Ist **18** das Kind minderjährig, so gehört die Unterhaltsbestimmung zur elterlichen Sorge, § 1631 Abs 1. Streiten sich die Eltern, so greifen die Vorschriften §§ 1627, 1628 ein (BGH LM § 1612 Nr 3 = NJW 1983, 2200, 2202 = FamRZ 1983, 892; NJW 1984, 305 = FamRZ 1984, 37). Ist nur einer von ihnen sorgeberechtigt, gilt nicht § 1628, sondern nach § 1612 Abs 2 S 3 hat das Unterhaltsbestimmungsrecht auch in diesem Falle grundsätzlich der Inhaber der elterlichen Sorge, es sei denn, der andere Elternteil hat das Kind in seinen Haushalt aufgenommen. Dann hat dieser Elternteil, auch ohne elterliche Sorge, das Bestimmungsrecht.

§ 1612 Abs 2 S 2 eröffnet den Weg zum Familiengericht **nur dem Kind**, das allein ein Antragsrecht hat, nicht den Eltern. Will ein minderjähriges Kind eine Änderung der Unterhaltsbestimmung erreichen, so benötigt es keinen Pfleger für seinen Antrag (OLG Hamburg OLGE 2, 93); möglicherweise kommt aber die Bestellung eines Verfahrenspflegers nach § 50 FGG in Betracht.

Ist dagegen ein volljähriges Kind betroffen, für das die Vorschrift ebenfalls gilt (BGH **19** LM § 1612 Nr 1 = NJW 1981, 574 = FamRZ 1981, 250; NJW 1984, 305 = FamRZ 1984, 37), so fehlt der Anknüpfungspunkt der elterlichen Sorge. Deshalb gehört der Elternstreit über die Berechtigung der Unterhaltsbestimmung zwar jetzt, nach Übergang der Zuständigkeit des Vormundschaftsgerichts auf das Familiengericht, auch vor das Familiengericht, aber nicht als Unterhaltsbestimmungsstreit. Der Interessenkonflikt der Eltern über das Unterhaltsbestimmungsrecht gegenüber volljährigen Kindern muß vielmehr im Rahmen des Unterhaltsprozesses, in dem es auf die Unterhaltsbestimmung ankommt, vor dem Familiengericht berücksichtigt werden (BGHZ 104, 224 = NJW 1988, 1974 = FamRZ 1988, 831).

20 Nicht unter § 1628 fällt der Streit um die Austragung eines Kindes, also über die Frage der Geburt oder Nichtgeburt. Denn insoweit handelt es sich nicht um eine Entscheidung über die Ausübung der elterlichen Sorge, die zu diesem Zeitpunkt noch nicht besteht (s oben § 1626 Rn 36 ff).

21 Nicht anzuwenden ist § 1628 auf Akte, die gleichzeitig eine Disposition über die elterliche Sorge beinhalten und die höchstpersönliche Rechte sind und von keiner Einigung der Eltern abhängen: so die Zustimmung zur Eheschließung, § 1303 Abs 3 mit der Folge aus § 1633; Einwilligung zur Adoption des Kindes, § 1747; Übertragung sorgerechtlicher Befugnisse auf Pflegeeltern, § 1630 Abs 3 (MünchKomm/HUBER Rn 7; SOERGEL/STRÄTZ Rn 4; GERNHUBER/COESTER-WALTJEN § 58 II 4 Rn 22).

22 Besteht für bestimmte Angelegenheiten der elterlichen Sorge eine besondere Entscheidungszuständigkeit, so geht diese der Konfliktentscheidung nach § 1628 vor. Das gilt zB bei Streit der Eltern über die religiöse Erziehung des Kindes. Nach § 2 RKEG ist das Vormundschaftsgericht zur Entscheidung aufgrund jener Vorschrift zuständig und ist dies auch nach Inkrafttreten des KindRG geblieben, was BÜTTNER (FamRZ 1998, 585, 587) zu Recht als Kuriosität bezeichnet. Den Streit über das Umgangsrecht getrennt lebender, aber noch gemeinsam sorgeberechtigter Eltern entscheidet nach § 1684 Abs 3 das FamG. Das gilt auch für den Streit über Entscheidungen nach § 1687.

23 Unberührt von § 1628 bleiben Eingriffe des Staates in seiner Funktion als Wächter, § 1666, mit der Möglichkeit einer eigenen Sachentscheidung des Familiengerichtes. Elterlicher Dissens führt nicht ohne weiteres zu einem von Amts wegen einzuleitenden Verfahren nach § 1666. Denn elterliche Uneinigkeit und Beharren auf dem eigenen Standpunkt bedeutet nicht selbstverständlich eine mißbräuchliche Ausübung der elterlichen Sorge. Beide Standpunkte können begründet sein, beide Eltern können gute Gründe für ihre Meinung haben (BOSCH FamRZ 1959, 406, 410 mit Beispielen; SOERGEL/STRÄTZ Rn 2). Geht es um die Befriedigung elementarer Kindesbedürfnisse und **muß** deshalb die Entscheidung fallen, so kann sich (bei einem entsprechenden Elternantrag) ein Verfahren nach § 1628 mit einem solchen aus § 1666 überschneiden, wobei wegen des Elternvorrangs das Verfahren nach § 1628 vorgeht. Gefährdet nicht der Dissens selbst, sondern der Inhalt elterlicher Auffassung das Wohl des Kindes, so kann nicht nach § 1628 (so aber ERDSIEK NJW 1959, 2007), sondern nur nach § 1666 verfahren werden (GERNHUBER/COESTER-WALTJEN § 58 II 4 Rn 23 Fn 43, 5 Fn 15).

IV. Voraussetzungen der Übertragung

1. Uneinigkeit der Eltern

24 Die Meinungsverschiedenheit der Eltern muß trotz ernsthafter beiderseitiger Einigungsbemühungen, zu denen sie nach § 1627 verpflichtet sind (siehe § 1627 Rn 11 ff), fortbestehen oder aus der pflichtwidrig unnachgiebigen Haltung eines Elternteils herrühren. Eltern dürfen ihre Verantwortung nicht auf das Familiengericht abschieben, das folgt aus dem elterlichen Erziehungsvorrang sowie dem ihnen verliehenen Pflichtrecht zur Erziehung des Kindes und damit zugleich aus der Subsidiarität staatlichen Handelns. Rufen die Eltern das Familiengericht an, ohne sich zuvor ernstlich in eigener Verantwortung und Zuständigkeit um eine Einigung bemüht zu haben, so findet keine Entscheidung des Familiengerichts statt (OLG Köln FamRZ 1967, 293 [LS] = ZBlJugR 1967, 342 = RdJ 1969, 92 [LS]; ERMAN/MICHALSKI Rn 12). Das Gericht wird allerdings nach § 52 FGG seinerseits auf eine Elterneinigung hinwirken. Denn Sinn und Aufgabe der Familie würde in Frage gestellt, dürften Eltern „ohne intensive interne Einigungsbemühung alsbald um ein Machtwort des Gerichts bitten" (LG Berlin FamRZ 1982, 839; MünchKomm/HUBER Rn 6; BGB-RGRK/WENZ Rn 3; ERMAN/MICHALSKI Rn 3, 11). Die familieneigenen Konfliktlösungsmöglichkeiten müssen also aktiviert und erschöpft sein.

Die Meinungsverschiedenheit der Eltern kann auch Folge früheren Dissenses sein: so kann der Streit um die Rückgängigmachung einer bereits eingeleiteten oder abgeschlossenen Maßnahme gehen (s oben § 1627 Rn 22).

2.   Bestimmte Angelegenheiten der elterlichen Sorge

§ 1628 gewährt keine gerichtliche Entscheidungshilfe bei allgemeinem Elterndissens, **25** der sich auf Fragen des Erziehungsstils, der Wahl der Erziehungsziele, bei der Ausbildung und Förderung bestimmter Neigungen und Fertigkeiten des Kindes auf sportlichem, musischem, kulturellem Gebiet beziehen kann. Gemeint ist in § 1628 allein eine bestimmte einzelne Angelegenheit oder ein bestimmter umgrenzbarer Bereich von Angelegenheiten. Beide Begriffe sind zur Wahrung des elterlichen Erziehungsprimats auch des Elternteils, der letztlich vom Familiengericht nicht mit der Entscheidung betraut wird, restriktiv auszulegen und bedürfen konkreter Bezeichnung. Eine generalisierende Übertragung darf das Gericht nach § 1628 selbst bei entsprechendem Antrag der Eltern oder eines Elternteils nicht vornehmen (OLG Hamm OLGZ 66, 249 = MDR 1966, 507 = FamRZ 1966, 209 = ZBlJugR 1966, 202 = RdJ 1967, 22: keine Übertragung der persönlichen Vertretung des Kindes auf die Mutter zur Bestimmung der weiteren Schul- und Berufsausbllung eines 17jährigen Sohnes, wenn es genügt, sie zum Abschluß des Lehrvertrages zu ermächtigen; JANS/HAPPE Anm 5; SOERGEL/STRÄTZ Rn 12).

Die Regelung nach § 1628 darf wegen des Übermaßverbotes staatlichen Handelns nicht, auch nicht stillschweigend, zu einem dauernden Teilentzug elterlicher Sorge führen. Dieser ist nur unter den Voraussetzungen des § 1666 zulässig. Daß die Grenze zwischen beiden Problemkreisen fließend und schwer zu ziehen ist, liegt in der Natur der Sache und ist systemkonform nicht zu beheben.

3.   Angelegenheiten von erheblicher Bedeutung für das Kind

Nur solche Angelegenheiten, die für das Kind von erheblicher Bedeutung sind, **26** dürfen von uneinigen Eltern zum Gegenstand einer familiengerichtlichen Entscheidung gemacht werden. Das folgt aus dem Prinzip staatlicher Subsidiarität: Erst wenn das Kindesinteresse an einer positiven Entscheidung erhebliches Gewicht hat, legitimiert es gerichtliche Entscheidungshilfe (BVerfGE 10, 59 = NJW 1959, 1483, 1486 = Rpfleger 1959, 261 = FamRZ 1959, 416).

Vor der durch das SorgeRG gefundenen Fassung des § 1628 wurde die Notwendigkeit gerichtlicher Entscheidungshilfe aber daran gemessen, ob das Wohl des Kindes sie forderte (BVerfGE 10, 59 = NJW 1959, 1483, 1486 = Rpfleger 1959, 261 = FamRZ 1959, 416; zuvor schon SIEBERT NJW 1955, 1, 3; Änderungsantrag SCHWARZHAUPT [s oben Rn 3]; ähnlich später GÖPPINGER JZ 1960, 82, 83; LANGE NJW 1961, 1889, 1891; WASKOWIAK 159). Die Kompetenz des Familiengerichts ist mithin durch die Fassung des SorgeRG erweitert worden (SOERGEL/STRÄTZ Rn 9; MünchKomm/HUBER Rn 14; GERNHUBER/COESTER-WALTJEN § 58 II 4 Rn 21 Fn 30).

27 Handelt es sich um eine Angelegenheit von minderer Bedeutung, so kann und muß der Elterndissens in der Familie bleiben (MünchKomm/HUBER Rn 15; JAUERNIG/SCHLECHTRIEM Anm 2), jedenfalls darf er nicht mit Hilfe des Gerichts entschieden werden. Jeder Elternteil hat gegenüber der von dem anderen Elternteil geplanten Maßnahme in diesem Fall ein Vetorecht. Freilich sind Streitigkeiten über minder wichtige Fragen, vor allem wenn sie sich häufen, im allgemeinen ein Indiz für innerfamiliäre Spannungen, die Anlaß für die Inanspruchnahme fachkundiger Beratung, etwa der Erziehungs- oder Partnerschaftsberatung (§§ 16, 17 KJHG), sein sollten.

28 § 1628 beruft mithin das Familiengericht zur Entscheidung im Rahmen einer Generalklausel, deren Konturen unbestimmt sind und die deshalb Präzisierung in Fallgruppen benötigt (GERNHUBER/COESTER-WALTJEN § 58 II 4 Rn 20). Umfaßt sind Elternentscheidungen, die entweder rechtlich gefordert sind (zB Vornamensgebung) oder die für das Wohl des Kindes von erheblicher Bedeutung sind. Soweit es die Bestimmung des Geburtsnamens angeht, gilt die Sondervorschrift des § 1617 Abs 2.

Was für das Kind von erheblicher Bedeutung ist, bemißt sich an der Bedeutung elterlicher Uneinigkeit für sein Wohl, an der Wichtigkeit der Angelegenheit für seine Sozialisation und für die Gestaltung seines dafür nötigen Umfeldes.

In erster Linie zählen hierzu Konfliktbereiche, die auch im Rahmen von § 1666 Bedeutung haben, ein Zusammenhang, der daraus folgt, daß kindeswohlgefährdendes Elternhandeln nicht selten auf Dissens zwischen beiden Eltern in dem betroffenen Bereich beruht.

29 Als **Angelegenheiten von erheblicher Bedeutung** werden angesehen (s die instruktive Zusammenstellung von Beispielen und Gegenüberstellung von Angelegenheiten des täglichen Lebens, SCHWAB FamRZ 1998, 457, 469 sowie WEYCHARDT ZfJ 1999, 268, 273):

– Streit um den Vornamen des Kindes (OLG Frankfurt FamRZ 1957, 55; AG Münster StAZ 1961, 168; BOSCH FamRZ 1980, 739, 748, siehe im übrigen § 1626 Rn 58 und s STAUDINGER/COESTER [2007] zu § 1616),

– Taufe des Kindes (AG Lübeck FamRZ 2003, 549 m Anm SÖPPER FamRZ 2003, 1035),

– Bestimmung des kindlichen Aufenthalts (BGHZ 20, 313 = NJW 1956, 1148 = MDR 1956, 538 = FamRZ 1956, 223; BayObLG FamRZ 1958, 142, 144; OLG Schleswig SchlHAnz 57, 31;

OLG Frankfurt FamRZ 1961, 125; OLG Stuttgart FamRZ 1999, 39; LG Stuttgart NJW 1961, 273 [LS]; Bosch FamRZ 1959, 406, 410; Schwoerer NJW 1959, 2089, 2091; s aber OLG Zweibrücken FamRZ 2001, 186, das meint, die Übertragung des Aufenthaltsbestimmungsrechtes richte sich dort wie wohl auch grundsätzlich nach § 1671 Abs 2 S 2 und nicht nach § 1628; diese Vorschrift sei auf „situative Entscheidungen" beschränkt, sie betreffe nur Einzelfälle, in denen die Eltern konkrete Meinungsdifferenzen nicht allein lösen könnten [ebenso Schneider, in: Rahm/Künkel, Handbuch des Familiengerichtsverfahrens, III B Rn 799; Runge FPR 1999, 142]; diese restriktive Anwendung dürfte von dem Wortlaut des § 1628 nicht gedeckt sein; s auch Münch-Komm/Huber Rn 12; Schwab FamRZ 1998, 457, 467),

− Fremdplazierung des Kindes im Landschulheim (AG Hamburg MDR 1969, 924 = FamRZ 1961, 123),

− Unterbringung in einer Heilanstalt (Erman/Michalski Rn 12, siehe Erl zu § 1631b),

− Wahl der Schulart (BayObLG FamRZ 1959, 293; OLG München FamRZ 1999, 111; LG Berlin FamRZ 1982, 839; AG Wennigsen FamRZ 1961, 485; AG Lemgo FamRZ 2004, 49) und der Kindertagesstätte (OLG Brandenburg JA 2005, 47),

− Ausbildungs- und Berufswahl (OLG Celle FamRZ 1955, 213; OLG Schleswig SchlHAnz 57, 31; OLG Karlsruhe Justiz 1962, 80; OLG Hamm OLGZ 66, 249 = MDR 1966, 507 = FamRZ 1966, 209 = ZBlJugR 1966, 202 = RdJ 1967, 22; s Staudinger/Salgo Erl zu § 1631a),

− Teilnahme an Sprachreise (nach Großbritannien während des Irakkrieges AG Heidenheim FamRZ 2003, 1404 = NJW-RR 2003, 1225; vgl auch AG Freising FamRZ 2004, 968),

− Ausstellung von Reiseausweis und Paß (OLG Köln FamRZ 2005, 644 = NJW-RR 2005, 90 = FamRB 2005, 105: Reise zu den Großeltern in ein arabisches Land; OLG Karlsruhe FamRZ 2005, 1187 m Anm van Els FamRZ 2005, 276),

− Wahl des religiösen Bekenntnisses (BGH NJW 2005, 2080 m Erl Ehinger FPR 2005, 367 OLG Frankfurt FamRZ 1999, 182; OLG Schleswig FPR 2004, 510 m Anm Britz; LG Kreuznach NJW 1957, 915 = FamRZ 1957, 326; AG Weilburg FamRZ 2003, 1308 = FPR 2003, 339; AG Osnabrück FamRZ 2005, 645; vgl Staudinger/Salgo Erl Anh zu § 1631: § 2 RKEG),

− Zugehörigkeit zu einer Sekte (Erman/Michalski Rn 12),

− Ärztliche Behandlung: Wahl der Behandlungsmethode, des Operateurs, Bluttransfusion, Impfung; (KG FamRZ 2006, 142 = FamRB 2006, 141 = ZKJ 2006, 299; Gernhuber/Coester-Waltjen § 58 II 4 Rn 21 Fn 35; zu Humanexperimenten s Eberbach FamRZ 1982, 450, 455), Behandlung eines hyperkinetischen Syndroms des Kindes (OLG Bamberg FamRZ 2003, 1403 = FPR 2003, 333). Hierunter fallen auch Wahl und Teilnahme an Sportveranstaltungen, Schneider, in: Rahm/Künkel, Handbuch des Familiengerichtsverfahrens II B Rn 799),

− Zweckmäßige Verwaltung des Kindesvermögens, wenn dieses selbst von erheblicher Bedeutung ist und kein Fall des § 1638 vorliegt,

− Ausschlagen einer Erbschaft (OLG Hamm FamRZ 2003, 172 m Anm van Els).

Den Angelegenheiten von erheblicher Bedeutung stehen die Angelegenheiten des täglichen Lebens (Zusammenstellung bei Schwab FamRZ 1998, 457, 469) gegenüber, die häufig vorkommen und die keine schwer abzuändernden Auswirkungen auf die Entwicklung des Kindes haben (zB Mitnahme eines Kindes auf Urlaubsreise, aA OLG Köln FamRZ 1999, 249) Nachhilfe (OLG Naumburg FamRZ 2006, 1058). Für sie regelt § 1687 Abs 1 S 2 jetzt ein Alleinentscheidungsrecht des nicht nur vorübergehend getrennt lebenden, betreuenden Elternteils bei beibehaltener gemeinsamer elterlicher Sorge.

4. Antrag

a) Antrag eines Elternteils

30 Das Familiengericht wird nur auf **Antrag eines Elternteils** tätig. Andernfalls ist eine Entscheidung des Familiengerichts nach § 1628 **unzulässig**, das folgt aus dem Grundsatz der Subsidiarität staatlichen Handelns (Lange NJW 1961, 1889, 1891; Boxdorfer RdJ 1974, 260, 261). Der Antrag muß Angaben über die betroffene Angelegenheit und über die mißlungene Elterneinigung enthalten (MünchKomm/Huber Rn 4). Von Amts wegen kann das Familiengericht nur unter den Voraussetzungen der §§ 1666 ff, 1631a, 1631b entscheiden.

b) Kein Antrag des Kindes

31 Ein Antrag des Kindes reicht ebensowenig aus wie der eines Dritten (Lehrer, Erzieher, Verwandter, Jugendamt). Solange das Wohl des Kindes nicht gefährdet ist, was zur Einleitung eines Verfahrens von Amts wegen führen kann, hat das Gesetz den Eltern die Entscheidung über die Art und Weise der Konfliktlösung zwischen ihnen beiden überlassen (BT-Drucks 8/2788, 46). Deshalb ist auch ein Antragsrecht des Kindes trotz entsprechender Vorschläge im Gesetzgebungsverfahren zur Sorgerechtsreform nicht in das Gesetz aufgenommen worden.

32 Auch in der Literatur war vielfach die Forderung nach einem eigenen Antragsrecht des Jugendlichen in Angelegenheiten von erheblicher Bedeutung, vor allem in bezug auf Ausbildung und Beruf, aber auch bezogen auf die ärztliche Versorgung, erhoben worden (Becker Jugendwohl 1970, 400, 402; Bosch FamRZ 1973, 489, 499; Brüggemann DAVorm 1974, 151; Certain DAVorm 1973, 155; Franz FamRZ 1974, 571 mwNw; Kuntze JR 1973, 273, 275; Lempp ZBlJugR 1974, 124, 137; Ramm JZ 1973, 179; Reuter, Kindesgrundrechte 193, 199, der das Selbstbestimmungsrecht de lege lata aus entsprechender Anwendung von § 7 S 1 RKEG herleitet; Schwab JZ 1970, 745, 747; AcP 172 [1972] 266, 288; Stöcker RuG 1974, 66, 70; Zenz AcP 173 [1973] 527, 544; StAZ 1973, 257, 261).

33 Der Gesetzesvorschlag des Juristinnenbundes (Neues elterliches Sorgerecht 15, 16) enthielt ebenfalls unter Einbeziehung des Beschwerderechts des über 14 Jahre alten Kindes ein Anregungsrecht aller am Verfahren Beteiligten (§ 1633 des Entwurfs) und damit auch des Kindes. Zur Begründung führte der Entwurf an, wolle man Ernst machen mit der wachsenden Selbstbestimmung des Minderjährigen, so müsse man ihm die Möglichkeit geben, sich Gehör zu verschaffen; bei Streitfragen von erheblicher Bedeutung müsse auch der Minderjährige ein Anregungsrecht zum Tätigwerden des Gerichtes haben. Der Grundsatz der Familienautonomie werde hierdurch nicht mehr beeinträchtigt als bei einer vor das Gericht gebrachten Streitigkeit zwischen den Eltern (Neues elterliches Sorgerecht 41, 42, dazu Peschel-Gutzeit 116, wo für

das ältere Kind ab 12 Jahren bei Fragen von Ausbildung und Erziehung ein eigenes Mitwirkungs-, Beteiligungs- und Mitbestimmungsrecht gefordert wird mit der Folge, daß das Kind selbst den Antrag nach § 1628 an das Gericht stellen kann).

Diese Forderungen nach eigenen Mitwirkungs- und Anregungs- oder Antragsrech- **34** ten des Kindes sind durch das SorgeRG zum Teil, nämlich in § 1631a insoweit erfüllt, als es um Angelegenheiten der Ausbildung und des Berufes geht. Dagegen ist der junge Mensch im Rahmen von § 1628 ohne eigenes Initiativrecht geblieben aus Furcht vor übermäßiger staatlicher Einmischung in die Familie (LÜDERITZ FamRZ 1978, 475, 476). Das Kind wurde mit seinem Begehren auf die Eingriffsnorm des § 1666 verwiesen (ein Bedürfnis für ein eigenes Antragsrecht des Kindes sei neben der Vorschrift des § 1666 nicht gegeben, BT-Drucks 7/2060, 20).

Auch das KindRG hat kein anderes Ergebnis erbracht. Auch im Jahre 1997 hat sich der Gesetzgeber zu einem eigenen Antragsrecht des Kindes nicht entschließen können.

Aus heutiger Sicht erscheint diese gesetzgeberische Entscheidung verfehlt. Wie die mehr als 20jährige Erfahrung mit der Vorschrift des § 1631a zeigt, machen Jugendliche von den ihnen dort eingeräumten eigenen Initiativrechten offenbar zurückhaltend Gebrauch. Dies stimmt mit der Erfahrung im Zusammenhang mit § 1628 überein: Keineswegs hat die Schaffung gerichtlicher Entscheidungshilfe für die Eltern zu einem „Sturm" der Eltern auf das Familiengericht geführt, wie vielfach zuvor angenommen und prognostiziert worden war (BOSCH FamRZ 1959, 265, 406; SCHULTZ MDR 1959, 814; WAHL FamRZ 1959, 305). Bei künftigen Reformen des Kindschaftsrechts wird daher erneut zu erwägen sein, ob und ggf auf welche Weise dem Kinde die Möglichkeit zu schaffen ist, seine eigene Position, auf die die Eltern Rücksicht zu nehmen haben, §§ 1626 Abs 2, 1618a, notfalls auch gerichtlich geltend zu machen, ohne zunächst die Hürde des § 1666 nehmen zu müssen (zur Diskussion um kindliche Selbstbestimmung s § 1626 Rn 83 ff). Diese Überlegungen betreffen besonders das über 14 Jahre alte Kind, das in Angelegenheiten, die seine Person betreffen, selbständig Beschwerde einlegen kann (§ 59 Abs 1 S 1, Abs 3 FGG). Es erscheint gesetzgeberisch inkonsequent, auch diesem Kind das Antrags- oder Anregungsrecht zu versagen und es mit eigenen Initiativen auf die Fälle der Gefährdung seiner Interessen zu beschränken (iE ebenso HINZ, Kindesschutz 46 ff; MünchKomm/HUBER Rn 5).

Die Einführung des Verfahrenspflegers, § 50 FGG, vermag ein eigenes Antragsrecht des Kindes nicht zu ersetzen, zumal sich auch jetzt schon wieder außerordentlich restriktive Tendenzen der Rechtsprechung bemerkbar machen.

V.   Verfahren und Entscheidung des Familiengerichts

1.   Zuständigkeit

a)   Sachliche Zuständigkeit

Das Gesetz weist die gerichtliche Entscheidungshilfe bei ungelöstem Konflikt ge- **35** meinsam sorgeberechtigter Eltern wie auch den vorrangigen Sühneversuch seit dem Inkrafttreten des KindRG am 1.7.1998 ausdrücklich dem **Familiengericht** zu. Die sachliche Zuständigkeit des Familiengerichts folgt aus §§ 23b Abs 1 S 2 Nr 2 GVG, 621 Abs 1 Nr 1 ZPO, 64 Abs 1 FGG. Damit schafft das Gesetz eine Konkurrenz zu

§ 1671 Abs 2 (s oben Rn 15) jedenfalls in den Fällen, in denen die Elterntrennung noch nicht verfestigt (noch „vorübergehend") ist. (FamRefK/Rogner § 1628 Rn 3). Sind die Eltern überhaupt nicht getrennt und hegen sie allenfalls Trennungsabsichten, so gilt allein § 1628 (FamRefK/Rogner aaO, Schwab FamRZ 1998, 457, 467).

b) Örtliche Zuständigkeit

36 Ist eine Ehesache anhängig, so ist das Gericht der Ehesache ausschließlich zuständig, § 621 Abs 2 S 1 Nr 1 ZPO. Ansonsten ist das Gericht örtlich zuständig, in dessen Bereich das Kind in dem Zeitpunkt, in dem das Gericht befaßt wird, seinen inländischen Wohnsitz (§ 11) oder seinen Aufenthalt hat (§§ 43, 36 FGG). Die Entscheidung ist dem Richter vorbehalten (§ 14 Nr 5 RPflG).

2. Einigungsverhandlung

37 Die vorrangige Pflicht des in Anspruch genommenen Familiengerichts ist darauf gerichtet, auf eine kindeswohlgerechte Elterneinigung hinzuwirken, **§ 52 FGG**. Diese Pflicht folgt aus dem Wortlaut des neuen § 52 FGG, im übrigen aber auch aus dem Grundsatz der Subsidiarität staatlicher Streitentscheidung. Die Einigung der Eltern dient dem Familienfrieden am besten und vermeidet, daß ein Elternteil dem anderen, aber auch dem Kinde gegenüber als Sieger dasteht (BT-Drucks 7/2060, 20; 8/2788, 46). Im Rahmen der Einigungsverhandlung ist die persönliche Anhörung beider Eltern und des Kindes (§§ 50a, 50 b FGG) unerläßlich.

Hierbei hat das Gericht auch herauszufinden, welcher von zwei divergierenden Elternvorschlägen dem Wohl des Kindes am besten entspricht, § 1697a. Ergibt sich dabei, daß keiner der Elternvorschläge geeignet ist, kann und muß das Gericht im Rahmen der Einigungsbemühungen auch eigene, neue und geeignete Lösungsvorschläge machen (MünchKomm/Huber Rn 18; Soergel/Strätz Rn 10; Erman/Michalski Rn 17).

38 Zeigt sich im Rahmen der Anhörung, daß die Angelegenheit zwar streitig, aber nicht von erheblicher Bedeutung ist, so führt das nicht zur Ablehnung der Vermittlungstätigkeit des Gerichtes, § 52 FGG, wohl aber der gerichtlichen Entscheidung. Zeigt es sich, daß es um eine Angelegenheit des täglichen Lebens oder der Betreuung geht, § 1687 Abs 1 S 2, 4, kann und muß eine Entscheidung nach § 1687 Abs 2 ergehen, wenn dies dem Wohl des Kindes entspricht, § 1697a.

Die Verpflichtung des Familiengerichts zur Elterneinigung erschöpft sich nicht in einem einmaligen Sühneversuch; bis zum Abschluß des Verfahrens gilt sie fort, § 52 FGG. Dies folgt aus der fortdauernden Pflicht der Eltern zur Einigung, § 1627, die auch während des Verfahrens nach § 1628 nicht suspendiert ist.

Das Familiengericht kann sich der sachverständigen Hilfe Dritter bedienen, es kann zB Erzieher, Lehrer, Ärzte hinzuziehen (Soergel/Strätz Rn 10).

3. Verfahren

39 Kommt es zu keiner Einigung zwischen den Eltern, so entscheidet das Familiengericht. Es hat von Amts wegen zu ermitteln und alle geeignet erscheinenden Beweise zu erheben (§ 12 FGG). Beide Eltern und das Kind hat es persönlich anzuhören (§§ 50a, 50b FGG). Diese Anhörungspflicht wird, soweit es das Kind angeht, auch durch § 1626 Abs 2 geprägt. Die Beteiligung des Kindes an Entscheidungen, die ihm § 1626 Abs 2 einräumt (s § 1626 Rn 109 ff), darf durch das Hinzutreten eines Dritten (Familiengericht) nicht eingeschränkt werden oder verlorengehen.

Soweit es die Eltern angeht, wird das Familiengericht aufgrund der persönlichen Anhörung auch einen Eindruck von deren Erziehungsfähigkeit gewinnen, der bei der Entscheidung zu berücksichtigen ist.

Das Jugendamt wird nicht angehört, § 1628 fehlt im Katalog des § 49a FGG. Dennoch kann das Jugendamt das Familiengericht bei der Erfüllung der Auflagen, die das Familiengericht anordnet, unterstützen (§ 50 Abs 1 S 2 KJHG), allerdings wohl nur, wenn die Eltern einverstanden sind.

40 Ein besonderer Aspekt liegt im Zeitfaktor (VAN ELS FamRZ 1983, 438 mit zahlreichen weiteren Nachweisen). Sorgerechtsverfahren sind stets eilbedürftig, weil das Kind in der Befriedigung seiner elementaren Bedürfnisse, um die es bei § 1628 allein geht, nicht warten kann: wo das Kind lebt (Aufenthalt), welche Schule oder Ausbildung es durchläuft, ob und welche ärztliche Behandlung durchgeführt wird, kann nicht offenbleiben, bis ein Verfahren nach § 1628 durch drei Instanzen entschieden ist. Deshalb gewinnen in Verfahren nach § 1628 einstweilige Regelungen besondere Bedeutung, die bei einem entsprechenden Regelungsbedürfnis ergehen können (hM: OLG Karlsruhe Justiz 1962, 80; ERMAN/MICHALSKI Rn 18; SOERGEL/STRÄTZ Rn 15).

4. Inhalt der gerichtlichen Entscheidung

a) Übertragung

41 Scheitern die Einigungsbemühungen des Gerichts, so überträgt das Familiengericht in der konkret betroffenen Angelegenheit oder in einer bestimmten Art von Angelegenheiten (ärztliche Behandlung bei längerem Leiden, Besuch von Waldorf-Schule oder Internat, Vermögensverwaltung in Form von Kapitalanlagen) einem Elternteil die Entscheidung. Nicht zulässig ist eine gerichtliche Entscheidung im Rahmen von § 1628, durch die einem Elternteil generell die Entscheidungszuständigkeit übertragen wird, etwa zur Durchführung eines zeitlich ausgedehnten Plans, der immer neue Entscheidungen fordert (Ausbildungskonzept des Kindes OLG Hamm OLGZ 1966, 249 = MDR 1966, 507 = FamRZ 1966, 209 = ZBlJugR 1966, 202 = RdJ 1967, 22; GERNHUBER/COESTER-WALTJEN § 58 II 5 Rn 23 ff). Denn eine solche Entscheidung würde keine Beilegung eines einmaligen Elternkonflikts, sondern den Teilentzug der elterlichen Sorge bedeuten.

Das Familiengericht trifft nicht selbst eine Sachentscheidung, indem es zB den Schultyp oder den Ausbildungsgang des Kindes bestimmt (anders bei § 1631a Abs 2, s Erl dort). Das Gericht hat keine eigene Sachkompetenz, sondern aus Gründen der Subsidiarität staatlichen Handelns (BVerfGE 10, 59 = NJW 1959, 1483, 1486 = Rpfleger 1959, 261 = FamRZ 1959, 416; FamRZ 2003, 511 = FPR 2003, 251) nur die Kompetenz-Kompetenz (BT-Drucks 7/2060, 20; hM: MünchKomm/HUBER Rn 16). Der Elternteil, dem die Ausübung der elterlichen Sorge in der betreffenden Angelegenheit allein übertragen ist, hat insoweit den **Stichentscheid** (ERMAN/MICHALSKI Rn 14; GERNHUBER/COESTER-WALTJEN § 58 II 5 Rn 23).

42 In der Sache darf diese Kompetenzeinräumung nicht über den letzten Elternvorschlag hinausgehen (s aber unten Rn 45 ff). Das Familiengericht hat sich an den Elternvorschlag zu halten und bestimmt den Elternteil zur Entscheidung, dessen Meinung es beitritt. Die **Zustimmung** des anderen Elternteils wird hierdurch **nicht ersetzt**, sondern die elterliche Sorge wird in dieser konkreten Angelegenheit einem Elternteil allein übertragen, insoweit wird die gemeinsame elterliche Sorge durchbrochen und konzentriert sich auf einen Elternteil (MünchKomm/HUBER Rn 16).

43 Entscheidungskriterium ist allein das Kindeswohl (s § 1627 Rn 18). Der Elternteil, dessen Lösungsvorschlag dem Wohl des Kindes besser gerecht wird, wird insoweit die Entscheidungskompetenz übertragen erhalten. Das kann auch der Elternteil sein, der keinen Antrag an das Familiengericht gestellt hat. Ob der Vorschlag aus objektiver Sicht das Wohl des Kindes optimal fördert oder ob der Richter selbst anders entscheiden würde, ist im Rahmen von § 1628 wegen des elterlichen Erziehungsvorrangs ohne Bedeutung (ZETTEL DRiZ 1981, 211, 214). Die Entscheidungsnotwendigkeit folgt hier allein aus der elterlichen Uneinigkeit, dem Antrag und der erheblichen Bedeutung.

44 Gefährdet der Vorschlag beider Eltern das Wohl des Kindes und gelingt dem Familiengericht im Rahmen seiner Einigungsbemühung kein kindeswohlgerechter Konsens, so überträgt das Familiengericht keinem Elternteil die Entscheidungszuständigkeit und weist den entsprechenden Antrag zurück (OLG Köln FamRZ 1967, 293). Im Rahmen des § 1628 kann es auch jetzt nicht selbst in der Sache entscheiden (BGB-RGRK/WENZ Rn 10; GERNHUBER/COESTER-WALTJEN § 58 II 5 Rn 23 Fn 43). Meistens werden aber sodann die Voraussetzungen für ein Eingreifen von Amts wegen nach §§ 1666 ff, 1631a, 1631b erfüllt sein (ERDSIEK NJW 1959, 2007; ARNOLD FamRZ 1959, 425, 429; H LANGE NJW 1961, 1889, 1891).

b) Beschränkungen und Auflagen

45 Die Entscheidung des Familiengerichts nach S 1 setzt einen Elternteil in die Lage, in der betroffenen Angelegenheit allein zu entscheiden. Diese Ermächtigung führt zur Konzentration der elterlichen Sorge in seiner Person, nicht aber dazu, daß dieser Elternteil auch in der Sache so entscheidet, wie es dem Familiengericht als kindeswohlgerecht erscheint. Die Willensbildung bleibt ausschließlich bei dem nun allein zuständigen Elternteil. S 2 gesteht dem Familiengericht die Möglichkeit zu, die Übertragung der Entscheidungskompetenz unter Beschränkungen und Auflagen vorzunehmen, ohne daß diese Entscheidungszusätze von einem entsprechenden Elternantrag abhängen.

46 Mit dieser Lösung verläßt das Gesetz den Bereich der bloßen Hilfe in Entscheidungskonflikten der Eltern. Es überschreitet die Grenze zwischen ausschließlicher elterlicher Sachkompetenz und Staatsintervention. Die mit dem Übertragungsmodell aufgebaute Fassade staatlicher Nichteinmischung erweist sich als brüchig (GERNHUBER/COESTER-WALTJEN § 58 II 5 Rn 25). An dieser Beurteilung ändert sich auch nichts dadurch, daß die Motive richterlicher Auflagen und Beschränkungen positiv sein mögen (Versöhnung des „unterlegenen" Elternteils durch Auflagen, die auf seine

Meinung betont Rücksicht nehmen; Sicherstellung einer Lösung, die dem Wohl des Kindes besonders gut entspricht, durch entsprechende richterliche Auflagen und Kontrollen, BT-Drucks 8/2788, 46).

Ob, wie der Rechtsausschuß gemeint hat (BT-Drucks 8/2788, 46), diese Beschränkungen **47** und Auflagen ein abhängiges Gestaltungsmittel bleiben, das seine Grundlage in dem Elternvorschlag findet und dessen Verwirklichung dient, und ob sie deshalb innerhalb des Konzepts von § 1628 zulässig sind, erscheint durchaus zweifelhaft, wenn an derselben Stelle ausgeführt ist, daß durch Auflagen Fälle erfaßt werden sollen, in denen der Elternvorschlag der Ergänzung bzw gerichtlichen **Kontrolle** bedarf. Als Grundlage für ein eigenes Kontrollrecht des Familiengerichts reicht seine bloße Kompetenz-Kompetenz aus § 1628 nicht aus. Auch die vom Rechtsausschuß gezogene Grenze für richterliche Auflagen (es dürfe sich nicht um eine so gravierende Veränderung des Elternvorschlags handeln, „daß praktisch eine Entscheidung des Vormundschaftsgerichts an seine Stelle tritt") ist diffus und nicht geeignet, die ausschließliche Sachkompetenz der Eltern zu sichern. Denn auf diese Weise kann das Familiengericht eine Lösung herbeiführen, die von keinem Elternteil gewollt war (BGB-RGRK/WENZ Rn 11; SOERGEL/STRÄTZ Rn 13; unbefangener MünchKomm/HUBER Rn 18, der sogar eine Verbindung zweier unterschiedlicher Vornamen zu einem Doppelnamen durch das Gericht – OLG Frankfurt FamRZ 1957, 55 – für ein zulässiges Entscheidungsergebnis hält; PALANDT/DIEDERICHSEN Rn 5).

Deshalb spricht de lege ferenda vieles für die Schaffung einer eigenen richterli- **48** chen Sachentscheidung, die im Gesetzgebungsverfahren der Sorgerechtsreform für besondere bzw Ausnahmefälle bereits vom Bundesrat gefordert war, etwa, wenn die Ansichten beider Elternteile des Kinde nachteilig sind oder ein Elternteil eine nicht zu billigende Meinung vertritt und der andere Elternteil sich überhaupt nicht entscheiden kann (BT-Drucks 7/2060, 51; ähnlich Alternativentwurf des Juristinnenbundes § 1633 Abs 1 S 2: „Das Gericht kann, wenn dies aus besonderen Gründen erforderlich ist, die Entscheidung auch selbst treffen", Neues elterliches Sorgerecht 16, 43, dazu PESCHEL-GUTZEIT 116, 117; s auch BEITZKE JR 1959, 401, 404, der eine eigene Entscheidung des Vormundschaftsgerichts für zulässig hält, wo das Gericht selbst unmittelbar Maßnahmen ergreifen darf, sowie bei reinen Rechtsfragen; ähnlich DÖLLE § 91 III 2 d, der eine eigene gerichtliche Entscheidung ausnahmsweise dort, wo im Interesse des Kindes nicht zugewartet werden darf, für zulässig hält; ähnlich STAUDINGER/DONAU[10/11] Rn 22 ff; JANSEN FGG § 53 Rn 13).

Auflagen und Beschränkungen sind gerichtliche Gestaltungsmittel. Der obsiegen- **49** de Elternteil kann durch sie auf eine von mehreren von ihm vorgeschlagenen Alternativen festgelegt werden. Eine bestimmte Art der Ausübung der elterlichen Sorge kann vorgeschrieben, eine andere untersagt werden (zB Einschränkung des vom anderen Elternteil nicht gewünschten Umgangs des Kindes). Der Vollzug der Entscheidung kann kontrolliert werden (Anmeldung zur Schule und Ausbildung, Aufenthaltsbegründung durch Vorlegung entsprechender Anmeldebestätigungen, Durchführung ärztlicher Behandlung durch ärztliche Bescheinigung, Nachweis der Vermögensanlage des Kindes durch Bankbeleg).

Stets bleibt zu beachten, daß die Auflage oder Beschränkung den Elternvorschlag im Kern nicht so verändern darf, daß daraus praktisch eine eigene Entscheidung des Gerichts wird (BT-Drucks 8/2788, 46).

5. Rechtsstellung des obsiegenden Elternteils – Folgen der Entscheidung

50 Der Elternteil, dem die Entscheidung übertragen ist, übt die elterliche Sorge in eigener Verantwortung allein aus. Er vertritt das Kind auch allein (§ 1629 Abs 1 S 3).

Eine Verpflichtung, aufgrund der gerichtlichen Kompetenzeinräumung so zu entscheiden, wie zunächst vorgeschlagen, besteht für ihn nicht. Denn die gerichtliche Entscheidungshilfe tritt an die Stelle des den Eltern in erster Linie obliegenden Einvernehmens, zu dem sie stets zurückkehren können. Dabei können sie sich als Folge ihres Erziehungsvorrangs auch auf den Vorschlag des „übergangenen" Elternteils oder auf eine ganz andere Lösung einigen, und zwar auch angesichts entgegenstehender gerichtlicher Auflagen und Beschränkungen (was deren Zulässigkeit nicht überzeugender begründet). Elterliches Einvernehmen, das die Grenze zu §§ 1666, 1631a nicht überschreitet, geht auch in diesem Stadium noch der gerichtlichen Entscheidung vor und verdrängt diese (GERNHUBER/COESTER-WALTJEN § 58 II 5 Rn 23).

51 Aus demselben Grunde scheidet eine Änderung der gerichtlichen Entscheidung **ohne entsprechenden Antrag der Eltern** aus, es sei denn, durch die Nichtbefolgung gerichtlicher Auflagen, zB Nichtvorlegung des Nachweises einer dringend notwendigen ärztlichen Behandlung, werden die Voraussetzungen des § 1666 erfüllt, woraus zugleich die Eingriffs- und Änderungskompetenz des Familiengerichts folgt. Eine Abänderungsbefugnis des Gerichts, sobald das Kindeswohl eine Änderung erfordert, besteht **von Amts wegen** nach § **1696 nicht** (str, wie Text BGB-RGRK/WENZ Rn 12; **aA** MünchKomm/HUBER Rn 22; ERMAN/MICHALSKI Rn 18).

Mit der Übertragung der Entscheidung auf einen Elternteil in der betroffenen konkreten und bestimmten Angelegenheit ist die von einem Elternteil durch seinen Antrag herbeigeführte gerichtliche Zuständigkeit verbraucht. Hält sich ein Elternteil nicht an den Rahmen der ihm übertragenen Kompetenz, so mag der andere Elternteil das Gericht anrufen. Als „dritter Elternteil" (BOSCH FamRZ 1980, 739) wirkt das Familiengericht nach getroffener Entscheidung nicht weiter, an der Durchführung der Entscheidung ist es grundsätzlich nicht beteiligt und zu Kontrollen außerhalb der Grenzen des § 1666 nicht befugt. Insoweit unterscheidet sich die Entscheidung nach § 1628 von solchen, deren Bestandskraft bis zur rechtlichen Abänderung nach § 1696 reicht (BGB-RGRK/WENZ Rn 12).

6. Wirksamkeit der Entscheidung – Rechtsmittel – Kosten

52 Der Beschluß des Familiengerichts, durch den die Entscheidung einem Elternteil übertragen ist, wird mit der Bekanntgabe an die Hauptbeteiligten, also Eltern und Kind, ferner an interessierte Dritte, wenn sie formell beteiligt waren, und gegebenenfalls an den Verfahrenspfleger, gem § 16 Abs 1 FGG wirksam.

53 Hauptrechtsmittel ist nicht mehr die einfache Beschwerde, § 19 FGG, sondern die befristete nach § 621e ZPO (SCHNEIDER, in: RAHM/KÜNKEL, Handbuch des Familiengerichtsverfahrens III B Rn 823; KÜNKEL FamRZ 1998, 877, 878; BÜTTNER FamRZ 1998, 585, 588; FamRefK/ROGNER § 1628 Rn 7). Das ergibt sich, nach Zuweisung der Zuständigkeit der neuen FGG Familiensachen an das Familiengericht durch das KindRG, aus § 621a

Abs 1 ZPO. Diese Vorschrift erklärt die Bestimmungen des FGG und damit auch § 19 FGG nur für anwendbar, soweit sich aus der ZPO oder dem GVG nichts anderes ergibt. Eine solche Sondervorschrift ist § 621e ZPO.

Eine einstweilige Anordnung, § 621g ZPO, die durch das Gewaltschutzgesetz (s Vorbem 75 vor §§ 1626 ff u RKEG) auch in den isolierten FGG-Sorgerechtsverfahren eingeführt worden ist, ist nur mit der sofortigen Beschwerde gem § 620c ZPO anfechtbar. Die Regelung einer Angelegenheit nach § 1628 BGB fällt unter die Vorschrift des § 620c S 1 ZPO. Denn sie enthält eine Regelung der elterlichen Sorge, die auch dann vorliegt, wenn nur ein Teilbereich der Sorge, zB die Befugnis, einen Reisepaß für das Kind zu beantragen (OLG Köln FamRZ 2002, 404) oder das Aufenthaltsbestimmungsrecht auf einen Elternteil übertragen worden ist (ZÖLLER/PHILIPPI § 620c ZPO Rn 4, § 621g Rn 5, § 621 ZPO Rn 29; BAUMBACH/LAUTERBACH/ALBERS/HARTMANN § 621g ZPO Rn 5).

Auch das über 14 Jahre alte Kind ist beschwerdeberechtigt (§ 59 FGG). Insoweit ist der Jugendliche auch zur Beteiligung formell befugt (OLG München FamRZ 1978, 614, 616; KEIDEL/KUNTZE § 59 Rn 2 b).

Die Kostenentscheidung richtet sich nach § 94 Abs 1 Nr 5 KostO. Zahlungspflichtig **54** ist nur der Elternteil, den das Gericht nach billigem Ermessen bestimmt (§ 94 Abs 3 S 2 KostO). Das Gericht kann auch anordnen, daß von der Erhebung der Gebühr abzusehen ist (hierzu krit ZETTEL DRiZ 1981, 211, 214, der sich de lege ferenda für eine Änderung des § 94 Abs 3 KostO dahin ausspricht, daß das Gericht beide Eltern als zahlungspflichtig bestimmen kann).

§ 1629
Vertretung des Kindes

(1) Die elterliche Sorge umfasst die Vertretung des Kindes. Die Eltern vertreten das Kind gemeinschaftlich; ist eine Willenserklärung gegenüber dem Kind abzugeben, so genügt die Abgabe gegenüber einem Elternteil. Ein Elternteil vertritt das Kind allein, soweit er die elterliche Sorge allein ausübt oder ihm die Entscheidung nach § 1628 übertragen ist. Bei Gefahr im Verzug ist jeder Elternteil dazu berechtigt, alle Rechtshandlungen vorzunehmen, die zum Wohl des Kindes notwendig sind; der andere Elternteil ist unverzüglich zu unterrichten.

(2) Der Vater und die Mutter können das Kind insoweit nicht vertreten, als nach § 1795 ein Vormund von der Vertretung des Kindes ausgeschlossen ist. Steht die elterliche Sorge für ein Kind den Eltern gemeinsam zu, so kann der Elternteil, in dessen Obhut sich das Kind befindet, Unterhaltsansprüche des Kindes gegen den anderen Elternteil geltend machen. Das Familiengericht kann dem Vater und der Mutter nach § 1796 die Vertretung entziehen; dies gilt nicht für die Feststellung der Vaterschaft.

(3) Sind die Eltern des Kindes miteinander verheiratet, so kann ein Elternteil, solange die Eltern getrennt leben oder eine Ehesache zwischen ihnen anhängig ist, Unterhaltsansprüche des Kindes gegen den anderen Elternteil nur im eigenen Na-

men geltend machen. Eine von einem Elternteil erwirkte gerichtliche Entscheidung und ein zwischen den Eltern geschlossener gerichtlicher Vergleich wirken auch für und gegen das Kind.

Materialien: E I §§ 1503, 1649, 1651; II § 1525; III § 1608; Mot IV 740; Prot IV 548, 557. Geändert durch GleichberG v 18.6.1957 Art 1 Nr 22; 1. EheRG v 14.6.1976 Art 1 Nr 26; SorgeRG v 18.7.1979 Art 1 Nr 4; UÄndG v 20.2.1986 Art 1 Nr 8; BeistandschaftsG vom 4.12.1997 Art 1 Nr 2; KindRG vom 16.12.1997 Art 1 Nr 12; nach Entscheidung des BVerfG vom 13.5.1986 ist Abs 1 iVm § 1643 Abs 1 insoweit mit Art 2 Abs 1 iVm Art 1 Abs 1 GG nicht vereinbar, als danach Eltern im Zusammenhang mit der Fortführung eines zum Nachlaß gehörenden Handelsgeschäfts ohne vormundschaftsgerichtliche Genehmigung Verbindlichkeiten zu Lasten ihrer minderjährigen Kinder eingehen können, die über deren Haftung mit dem ererbten Vermögen hinausgehen (BGBl I 863); Neuregelung als § 1629a durch das MindjHaftBeschrG vom 25.8.1998 Art 1 Nr 2. Vgl STAUDINGER/BGB-Synopse (2006) § 1629.

Schrifttum

ABRAHAM, Rezension zu vLÜBTOW, Schenkungen der Eltern an ihre minderjährigen Kinder und der Vorbehalt dinglicher Rechte, AcP 151 (1951) 374

AMBROCK, Ehe und Ehescheidung (1977)

ASSMANN, Grundfälle zum Vertrag mit Schutzwirkung für Dritte, JuS 1986, 885

AUTENRIETH, Die Abtretung einer Darlehensforderung der Eltern gegen eine Gesellschaft an minderjährige Kinder aus zivil- und steuerrechtlicher Sicht, DB 1984, 2547

BAUER-MENGELBERG, Anmerkung zu RG 7.3.1931, JW 1931, 2229

BECKER-EBERHARD, Anmerkung zu OLG Köln 28.7.1983, FamRZ 1984, 78

ders, In Prozeßstandschaft erstrittene Leistungstitel in der Zwangsvollstreckung, ZZP 104 (1991) 415

BEHR, Verfahren zur Abgabe der Offenbarungsversicherung, Rpfleger 1988, 1

BEITZKE, Betrachtungen zum neuen Kindschaftsrecht, FamRZ 1958, 7

ders, Die elterliche Gewalt nach dem Urteil des Bundesverfassungsgerichts, JR 1959, 401

ders, Anmerkung zu BGH 7.7.1967, FamRZ 1967, 606

BENGSOHN/OSTHEIMER, Die Grenzen elterlicher Stellvertretung, Rpfleger 1990, 189

BERG, Verträge mit Drittschutzwirkung und Drittschadensliquidation, JuS 1977, 363

ders, Zur Abgrenzung von vertraglicher Drittschutzwirkung und Drittschadensliquidation, NJW 1978, 2018

BERGERFURTH, Zweifelsfragen im familiengerichtlichen Verfahren, FamRZ 1982, 563

BETTERMANN, Vom stellvertretenden Handeln (1937; Nachdruck 1964)

BLECHSCHMIDT, Zur Vertretung des minderjährigen ehelichen Kindes im Unterhaltsprozeß gegen einen getrennt lebenden Elternteil, AcP 160 (1961) 237

BLOMEYER, Zur Problematik des § 181 BGB für die Einmann-GmbH, NJW 1969, 127

ders, Die teleologische Korrektur des § 181 BGB, AcP 172 (1972) 1

BOECKMANN und KOHLHAAS, Zur gesetzlichen Vertretung des Kindes im Strafprozeß, NJW 1960, 1938

BOEHMER, Grundlagen der bürgerlichen Rechtsordnung, Zweites Buch, Zweite Abteilung: Praxis der richterlichen Rechtsschöpfung (1952)

ders, Die elterliche Gesamtvertretung bei der Adoption eines minderjährigen Kindes, JZ 1960, 4

BOESEBECK, In-sich-Geschäfte des Gesellschafter-Geschäftsführers einer Einmann-GmbH, NJW 1961, 481

BÖHMER/SIEHR, Das gesamte Familienrecht Bd 2: Das internationale Recht

Böhmer, Weitere Ausdehnung der schuldlosen Haftung?, VersR 1956, 461

ders, Eine unzulässige Benachteiligung geschädigter Minderjähriger, VersR 1957, 697

ders, § 278 BGB setzt das Bestehen einer Verbindlichkeit voraus, JR 1958, 18

ders, Elterliches Mitverschulden bei Unfällen von in der Bahn beförderten Kindern, MDR 1960, 265

ders, Der Schlußsatz des § 254 Abs 2 BGB bezieht sich nicht auf unerlaubte Handlungen im Sinne von § 254 Abs 1 BGB, MDR 1961, I

ders, Zur Frage der entsprechenden Anwendung des § 278 BGB bei mitwirkendem Verschulden des Beschädigten, NJW 1961, 62

ders, Unzulässige Vermischung von Deliktsrecht und Vertragsrecht, JR 1961, 17

ders, Gleichbehandlung von Beschädigtem und Beschädiger, JZ 1961, 157

Bondi, Der Offenbarungseid nicht prozeßfähiger Schuldner, ZZP 32 (1904) 221

Bosch, Anmerkung zu OLG Köln 28. 3. 1960, FamRZ 1960, 200

ders, Grundsatzfragen des Beweisrechts (1963)

Brachvogel, Wer vertritt das minderjährige Kind bei der Einziehung seines durch Hypothek gesicherten Muttererbes, das der Vater ihm schuldet? Der Vater oder ein zu bestellender Pfleger? BGB § 1795 Nr 2, Gruchot 47 (1903) 544

Braun, Mitwirkung Minderjähriger bei Vereinsbeschlüssen, NJW 1962, 92

Brox, Die unentgeltliche Aufnahme von Kindern in eine Familien-Personengesellschaft, in: FS Bosch (1976) 75

Brüggemann, Anmerkung zu BayObLG 17. 3. 1977 und LG Stuttgart 26. 4. 1977, FamRZ 1977, 656

Brühl, Die Anfechtung der Ehelichkeit ab 1. 1. 1962, FamRZ 1962, 8

Budde, Einstweilige Anordnung zum Kindesunterhalt und Prozeßstandschaft, MDR 1985, 982

Buchholz, Insichgeschäft und Erbschaftsausschlagung-Überlegungen zu einem Problem des § 1643 II BGB, NJW 1993, 1161

Büttner, Änderungen im Familienrechtsverfahren durch das Kindschaftsrechtsreformgesetz, FamRZ 1998, 585

vCaemmerer, Verträge zugunsten Dritter, in: FS Wieacker (1978) 311

Coester, Sorgerechtsentscheidungen und Grundgesetz, NJW 1981, 961

ders, Zur sozialrechtlichen Handlungsfähigkeit des Minderjährigen, FamRZ 1985, 982

Ch Cohn, Gleichberechtigung der Geschlechter im künftigen Elternrecht (1932)

E Cohn, Das rechtsgeschäftliche Handeln für denjenigen, den es angeht (1931)

Coing, Die gesetzliche Vertretungsmacht der Eltern bei der Ausschlagung einer Erbschaft, NJW 1985, 6

Damrau, Die Fortführung des von einem Minderjährigen ererbten Handelsgeschäfts, NJW 1985, 2236

Denck, Die Haftung des Vertragsschuldners für den Hauptgläubiger als Erfüllungsgehilfen im Vertrag mit Schutzwirkung für Dritte – BGH NJW 1975, 867, JuS 1976, 429

Denger, Kinder und Jugendliche als Zeugen im Strafverfahren wegen sexuellen Mißbrauchs in der Familie und deren Umfeld, ZRP 1991, 48

Derleder/Thielbeer, Handys, Klingeltöne und Minderjährigenschutz, NJW 2006, 3233

Diederichsen, Änderungen des Verfahrensrechts nach dem Unterhaltsrechtsänderungsgesetz, NJW 1986, 1462

Dietrich, Rezension zu Magnus, Drittmitverschulden im deutschen, englischen und französischen Recht, AcP 176 (1976) 546

DIV-Gutachten, Gesetzliche Vertretung im Ehelichkeitsanfechtungsprozeß, DAVorm 1984, 277

Dölle, Absurdes Recht?, in: FS Nipperdey (1965) I 23

Eberbach, Familienrechtliche Aspekte der Humanforschung an Minderjährigen, FamRZ 1982, 450

Emmerich, Anmerkung zu BGH 8. 10. 1960, JuS 1985, 316

ders, Anmerkung zu BVerfG 13. 5. 1986, JuS 1986, 806

Engler, Der Familienname des nichtehelichen Kindes, FamRZ 1971, 76

Esser, Die Verantwortlichkeit des Verletzten für mitwirkendes Verschulden seiner Hilfsperson, JZ 1952, 257

ders, Zur Anrechnungspflicht elterlichen Mit-

verschuldens bei Verkehrsunfällen deliktsunfähiger Kinder, JZ 1953, 691

FASTRICH, Die Vertretung des minderjährigen
Kommanditisten in der Familien-KG (1976)

FEHNEMANN, Die Innehabung und Wahrnehmung von Grundrechten im Kindesalter (1983)
dies, Anmerkung zu BVerfG 13. 5. 1986,
JZ 1986, 1055

FELLER, Teleologische Reduktion des § 181
letzter HS BGB bei nicht rechtlich lediglich
vorteilhaften Erfüllungsgeschäften, DNotZ
1989, 66

FINGER, Mitwirkendes Verschulden und Haftung für Dritte, JR 1972, 406

FROMMANN, Die Wahrnehmung der Interessen
Minderjähriger im vormundschafts- und
familiengerichtlichen Erkenntnisverfahren der
freiwilligen Gerichtsbarkeit (Diss Frankfurt
1977)

FROTZ, Verkehrsschutz im Vertretungsrecht
(1972)

FÜHR/MENZEL, Grundstückschenkung des gesetzlichen Vertreters an Minderjährige – Zugleich Besprechung der Beschlüsse BGH vom
25. 11. 2005 – V ZB 13/04 – und vom 3. 2. 2005 –
V ZB 44/04, FamRZ 2005, 1729

GAUL, Die Neuregelung des Abstammungsrechts durch das Kindschaftsrechtsreformgesetz,
FamRZ 1997, 1414

GEFAELLER, Entstehung und Bedeutungswandel
der Arbeitsmündigkeit (§ 113 BGB) (1968)

GERHARDT, Die Vollstreckung aus dem Vertra-
ge zugunsten Dritter, JZ 1969, 691

GERNHUBER, Die Haftung für Hilfspersonen
innerhalb mitwirkenden Verschuldens, AcP 152
(1952/53) 69

ders, Elterliche Gewalt heute – Eine grundsätzliche Betrachtung, FamRZ 1962, 89

GIESEN, Anmerkung zu BGH 27. 9. 1972,
JR 1973, 62

ders, Anmerkung zu BGH 28. 6. 1988, JZ 1989,
95

GIESSLER, Vorläufiger Rechtsschutz in Ehe-,
Familien- und Kindschaftssachen (1987)

ders, Anmerkung zu OLG Köln vom 22. 5. 1987,
FamRZ 1987, 1276

ders, Erlöschen der elterlichen Prozeßführungsbefugnis und Übergang zum familien-

rechtlichen Ausgleichsanspruch, FamRZ 1994,
800

GITTER, Anmerkung zu BGH 9. 7. 1980,
JR 1981, 283

GITTER/SCHMITT, Die geschenkte Eigentumswohnung – BGHZ 78, 29, JuS 1982, 253

HABSCHEID, Zur Problematik der „gesetzlichen
Vertretung", FamRZ 1957, 109

HAEGELE, Familienrechtliche Fragen um den
Testamentsvollstrecker, Rpfleger 1963, 330

ders, Einzelfragen zum Liegenschaftsrecht,
Rpfleger 1975, 153

HÄSEMEYER, Selbstkontrahieren des gesetzlichen Vertreters bei zusammengesetzten
Rechtsgeschäften, FamRZ 1968, 502

G HAGER, Die Prinzipien der mittelbaren
Stellvertretung, AcP 180 (1980) 239

J HAGER, Das Mitverschulden von Hilfspersonen und gesetzlichen Vertretern des Geschädigten, NJW 1989, 1640

HAMPEL, Grundsatzfragen des Beweisrechts,
FamRZ 1964, 125

ders, Rezension zu ORLOWSKY, Die Weigerungsrechte der minderjährigen Beweisperson
im Strafprozeß, FamRZ 1974, 53

HARDER, Das Selbstkontrahieren mit Hilfe
eines Untervertreters, AcP 170 (1970) 295

ders, Die Erfüllungsannahme durch den Minderjährigen – lediglich ein rechtlicher Vorteil,
JuS 1977, 149

ders, Nochmals: Die Erfüllungsannahme durch
den Minderjährigen – lediglich ein rechtlicher
Vorteil, JuS 1978, 84

HELDRICH, Schranken der elterlichen Vertretungsmacht bei der Ausschlagung einer Erbschaft, in: FS Lorenz (1991) 97

HENKE, Anmerkung zu LG Mönchengladbach
30. 4. 1934, JW 1934, 2197

HENNEMANN, § 1629 II 2 und III BGB, Pro-
bleme der gesetzlichen Vertretung und der
Prozeßstandschaft bei Wechselmodell,
FPR 2006, 295

HEPTING, Ehevereinbarungen (1984)

HERTWIG, Verfassungsrechtliche Determinanten des Minderjährigenschutzes, FamRZ 1987,
124

HOCHGRÄBER, Zur Vollstreckung von in Prozeßstandschaft von einem Elternteil erwirkten
Kindesunterhaltstitels, FamRZ 1996, 272

HOENIGER, Kann der Generalbevollmächtigte im Namen des Vertretenen für seine eigene Schuld bürgen?, DJZ 1910, 1348

HOFFMANN, Der Beitritt minderjähriger Arbeitnehmer zu einer Gewerkschaft, BB 1965, 126

HOHLOCH, Anm zu OLG Bamberg (FamRZ 1996, 1061), JuS 1996, 1132

ders, Anm zu OLG Hamm (FamRZ 1998, 113), JuS 1998, 658

HOLM, Grundrechtsträgerschaft und „Grundrechtsmündigkeit" Minderjähriger am Beispiel öffentlicher Heimerziehung, NJW 1986, 3107

HONSELL, Das Insichgeschäft nach § 181: Grundfragen und Anwendungsbereich, JA 1977, 55

HÜBNER, Interessenkonflikt und Vertretungsmacht (1977)

ders, Grenzen der Zulässigkeit von Insichgeschäften, Jura 1981, 288

HÜFFER, Die Fortführung des Handelsgeschäfts in ungeteilter Erbengemeinschaft und das Problem des Minderjährigenschutzes, ZGR 1986, 603

JAEGER, Teleologische Reduktion des § 181 BGB (1999)

JAHNKE, Anm zu OLG Celle vom 19. 7. 1976, NJW 1977, 960

JANS/HAPPE, Gesetz zur Neuregelung des Rechts der elterlichen Sorge (1980)

JAUERNIG, Noch einmal: Die geschenkte Eigentumswohnung – BGHZ 78, 28, JuS 1982, 576

JEBENS, Formerfordernisse bei der Schenkung von Darlehen und stillen Beteiligungen, BB 1980, 407

JERSCHKE, Ist die Schenkung eines vermieteten Grundstücks rechtlich vorteilhaft?, DNotZ 1982, 459

JOHN, Anmerkung zu BGH 8. 10. 1984, JZ 1985, 246

JOSEF, Streitfragen aus der Freiwilligen Gerichtsbarkeit in Handelssachen, Holdheim 27 (1918) 147

KALTHOENER/BÜTTNER, Prozeßkostenhilfe und Beratungshilfe (1988)

KITTNER, Zur Grundrechtsmündigkeit des Minderjährigen am Beispiel der Koalitionsfreiheit (Art 9 Abs 3 GG), ArbuR 1971, 280

KLAMROTH, Anmerkung zu BGH 27. 9. 1972, BB 1973, 398

dies, Selbstkontrahierungsverbot bei Abstimmung über laufende Angelegenheiten in Familiengesellschaften?, BB 1974, 160

dies, Zur Anerkennung von Verträgen zwischen Eltern und minderjährigen Kindern, BB 1975, 525

KLEINDIENST, Zur Bedeutung des § 278 BGB bei mitwirkendem Verschulden, JR 1957, 457

ders, Die entsprechende Anwendung des § 278 BGB bei mitwirkendem Verschulden, NJW 1960, 2028

KLÜSENER, Grundstücksschenkungen durch Eltern, Rpfleger 1981, 258

KNÖPFEL, Zum gemeinsamen Sorgerecht der Eltern nach Scheidung, NJW 1983, 905

KNOPP, Über die Genehmigungsbedürftigkeit von Änderungen eines Gesellschaftsvertrages bei Beteiligung von Minderjährigen oder Mündeln, BB 1962, 939

ders, Gründung stiller Gesellschaften bei Beteiligung Minderjähriger, NJW 1962, 2181

KÖBLER, Das Minderjährigenrecht, JuS 1979, 789

KÖHLER, Grundstücksschenkung an Minderjährige – ein „lediglich" rechtlicher Vorteil?, JZ 1983, 225

ders, Die neuere Rechtsprechung zur Rechtsgeschäftslehre, JZ 1984, 18

KOHLHAAS, Die Auswirkungen der Gleichberechtigung der Geschlechter auf Strafrecht und Strafverfahrensrecht, NJW 1960, 1 u 1940

ders, Die negativen Auswirkungen der Gleichberechtigung auf die Verfolgbarkeit von Antragsdelikten, JR 1972, 326

E KRAUSE, Untermieter und Mieter im Schutzbereich eines Vertrages, JZ 1982, 16

L KRAUSE, Anmerkung zu OLG München (FamRZ 1995, 1293), FamRZ 1996, 307

KROPHOLLER, Gemeinsame elterliche Sorge nach der Scheidung im deutschen und ausländischen Recht, JR 1984, 89

KRÜGER, Grundrechtsausübung durch Jugendliche (Grundrechtsmündigkeit) und elterliche Gewalt, FamRZ 1956, 329

KRÜGER/BREETZKE/NOWACK, Gleichberechtigungsgesetz (1958)

KÜNKEL, Die Geltendmachung des Kindesunterhalts, DAVorm 1982, 217

ders, Die Zuständigkeit in Kindesunterhalts-
sachen, FamRZ 1984, 1062

KUHN, Grundrechte und Minderjährigkeit 1965

KUHR, Zur Problematik des Gewerkschaftsbeitritts Minderjähriger, DB 1968, 1126

KUNKEL, Das junge Konto – Minderjährigenschutz im Rahmen des Girovertrages, RPfleger
1997, 1

KUNTZE, Ergänzungspflegschaft für minderjährige Kommanditisten einer Familiengesellschaft,
JR 1975, 45

KUNZ, Der Minderjährige im Zwangsvollstrek-
kungsverfahren, DGVZ 1979, 53

HEINR LANGE, Mitwirkendes Verschulden des
gesetzlichen Vertreters und Gehilfen außerhalb
eines Verpflichtungsverhältnisses, NJW 1953,
967

ders, Schenkungen an beschränkt Geschäftsfähige und § 107 BGB, NJW 1955, 1339

HERM LANGE, Die Lücke im Kindschaftsrecht,
NJW 1961, 1889

ders, Anmerkung zu BGH 1. 3. 1988, JZ 1989, 48

ders, Schadensersatz (2. Aufl 1990)

LANGENFELD, Vereinbarungen über den nach-
ehelichen Unterhalt in der Praxis, NJW 1981,
2377

LEHMANN, Anmerkung zu RG 17. 1. 1934,
JW 1934, 683

LESSMANN, Teleologische Reduktion des § 181
BGB beim Handeln des Gesellschafter-Geschäftsführers der Einmann-GmbH, BB 1976,
1377

LEVIS, Der Vormundschaftsrichter und der
Pflichtteilsanspruch eines Minderjährigen gegen
den elterlichen Gewalthaber, ZBlFG 1911, 685

LIMBERGER, Offenbarungsversicherung durch
prozeßunfähige Schuldner, DGVZ 1984, 129

vLÜBTOW, Schenkungen der Eltern an ihre
minderjährigen Kinder und der Vorbehalt
dinglicher Rechte (1949)

ders, Das Geschäft „für den es angeht" und
sogenanntes „antezipierte Besitzkonstitut",
ZHR 112 (1949) 227

LÜDERITZ, Das neue Adoptionsrecht,
NJW 1976, 1865

ders, Prinzipien des Vertretungsrechts, JuS 1976,
765

MÄRZ, Das Bundesverfassungsgericht und der
„Verfahrenspfleger" des minderjährigen Kindes
im Sorgerechtsverfahren, FamRZ 1981, 736

MAGNUS, Drittverschulden im deutschen, englischen und französischen Recht (1974)

MAIER-REIMER/MARX, Die Vertretung Minderjähriger beim Erwerb von Gesellschaftsbeteili-
gungen, NJW 2005, 3025

MAMMEY, Zur Anrechnung des Aufsichtsverschuldens des gesetzlichen Vertreters als Mitverschulden des Kindes, NJW 1960, 753

ders, Anmerkung zu OLG Köln 28. 3. 1960,
FamRZ 1960, 200

MARBURGER, Anmerkung zu BGH 13. 2. 1975,
JR 1975, 369

MAURER, Gemeinsames Sorgerecht nach
Scheidung und Streit über den Kindesunterhalt,
FamRZ 1993, 263

MAYER, Der Anspruch auf vormundschaftsgerichtliche Genehmigung von Rechtsgeschäften,
FamRZ 1994, 1007

MEDICUS, Zur Verantwortlichkeit des Geschädigten für seine Hilfspersonen, NJW 1962, 2081

MERKEL, Beschränkung des elterlichen Verwaltungsrechts über ererbtes Kindesvermögen,
MDR 1964, 113

MEYER-STOLTE, Erleichterung der Elternschenkung, Rpfleger 1974, 85

MIGSCH, Die sogenannte Pflichtschenkung, AcP
173 (1973) 46

MOTZER, Geltendmachung und Verwendung
von Schadensersatz wegen Gesundheitsschäden
als Aspekt elterlicher Vermögenssorge,
FamRZ 1996, 844

ders, Die neueste Entwicklung von Gesetzgebung und Rechtsprechung auf dem Gebiet von
Sorgerecht und Umgangsrecht, FamRZ 2001,
1034

K MÜLLER, Gesetzliche Vertretung ohne Vertretungsmacht, AcP 168 (1968) 113

ders, Das Geschäft für den, den es angeht,
JZ 1982, 777

W MÜLLER, Die Bedeutung des § 181 im
Familienrecht, MDR 1952, 209

ders, Zur vormundschaftsgerichtlichen
Genehmigung bei GmbH-Beteiligungen von
Minderjährigen, Mündeln und Pfleglingen,
JR 1961, 326

MÜLLER-FREIENFELS, Die Vertretung beim Rechtsgeschäft (1955)

ders, Stellvertretungsregeln in Einfalt und Vielfalt 1982

NAGEL, Familiengesellschaft und elterliche Gewalt (1968)

NEUHAUS, Anmerkung zu OVG Berlin 21.2.1980, FamRZ 1981, 310

NIPPERDEY, Die Gestattung der Mehrvertretung durch das Vormundschaftsgericht, in: FS Raape (1948) 305

OBERLOSKAMP, Dauer-Ergänzungspfleger für Minderjährige bei Familiengesellschaften, FamRZ 1974, 296

OELKERS, Die Rechtsprechung zum Sorge- und Umgangsrecht, FamRZ 1997, 779

OELKERS/KASTEN, 10 Jahre gemeinsame elterliche Sorge nach der Scheidung, FamRZ 1993, 18

ORLOWSKY, Die Weigerungsrechte der minderjährigen Beweisperson im Strafprozeß (Diss Tübingen 1973)

OTTO, Zu erwartende Entscheidungen des Bundesgerichtshofs auf Vorlage nach § 28 Abs 2 FGG und § 79 Abs 2 GBO, Rpfleger 1979, 403

OTTOW, Zum Offenbarungseidverfahren gegen Prozeßunfähige, DRiZ 1957, 36

PARDEY, Gesetzlich Vertretene als Erben eines Kaufmannes oder Komplementärs, FamRZ 1988, 460

PAWLOWSKI, Anscheinsvollmachten der Erziehungsberechtigten?, MDR 1989, 775

PESCHEL-GUTZEIT, Die Herausgabe der zum persönlichen Gebrauch eines Kindes bestimmten Sachen, MDR 1984, 890

dies, Verfahren und Rechtsmittel in Familiensachen (1988)

PHILIPPI, Anmerkung zu OLG München 8.7.1986, FamRZ 1987, 607

PLUSKAT, Der entgeltliche Erwerb eines GmbH-Gesellschaftsanteils eines beschränkt geschäftsfähigen Minderjährigen, FamRZ 2004, 677

PREDARI, Zwei Fragen aus dem Gebiete des Geschäftsschlusses in sich selbst (§ 181 BGB), Gruchot 63 (1919) 657

PRIESTER, Dauerpfleger bei Familiengesellschaften aus zivilrechtlicher Sicht, DB 1974, 273

RAAPE, Zustimmung und Verfügung, AcP 121 (1923) 257

ders, Anmerkung zu LG Plauen 26.4.1926, JW 1927, 1226

ders, § 181 BGB und Unterhaltspflicht, AcP 140 (1935) 352

RAMM, Die gesetzliche Vertretung der Eltern: überholt und verfassungswidrig, NJW 1989, 1708

REBE, Besprechung Harder JuS 1977, 149, JA 1977, 201

REINICKE, Gesamtvertretung und Insichgeschäft, NJW 1975, 1185

REUTER, Kindesgrundrechte und elterliche Gewalt (1968)

ders, Die Grundrechtsmündigkeit – Problem oder Scheinproblem?, FamRZ 1969, 622

ders, Anmerkung zu BGH 27.7.1972, JuS 1973, 184

RIEDEL, Die Bedeutung des § 181 im Familien- und Erbrecht, JR 1950, 140

RIEMANN, Das Gesetz zur Vereinheitlichung des Unterhaltsrechts minderjähriger Kinder (Kindesunterhaltsgesetz – KindUG) vom 6.4.1998, DNotZ 1998, 456

RISSE, Zur Ergänzungspflegschaft bei Familiengesellschaften, BB 1973, 690

ROBBERS, Partielle Handlungsfähigkeit Minderjähriger im öffentlichen Recht, DVBl 1987, 709

ROELL, Die Geltung der Grundrechte für Minderjährige (1984)

ROESTEL, Das Zeugnisverweigerungsrecht des Kindes im Strafverfahren gegen einen Anhörigen, NJW 1967, 967

ders, Das Kind als Zeuge im Strafverfahren gegen einen Angehörigen, SchlHAnz 1967, 161

ROGNER, Rechtliche Folgen einer Beendigung der Prozeßstandschaft im Unterhaltsprozeß durch Volljährigwerden des Kindes, NJW 1994, 3325

ROHDE, Erbausschlagung durch geschäftsunfähige oder in der Geschäftsfähigkeit beschränkte Personen, ZBlFG 1910, 741, 783

ders, Wann genügt bei Erbauseinandersetzung für mehrere Minderjährige ein gesetzlicher Vertreter?, ZBlFG 1914, 325

RÖLL, Selbstkontrahieren und Gesellschafterbeschlüsse, NJW 1979, 627

Lore Maria Peschel-Gutzeit

ROSENAU, Gesellschaftsvertrag mit Minderjährigen, BB 1970, 793

ders, Ergänzungspfleger für minderjährige Gesellschafter einer Familiengesellschaft, BB 1973, 975

ders, Unentgeltliche Übertragung von Vermögensteilen auf Minderjährige (3. Aufl 1974)

ROTHER, Haftungsbeschränkung im Schadensrecht (1965)

RUPPEL, Der Minderjährige in personalen Handelsgesellschaften (Diss 1965)

SÄCKER-KLINKHAMMER, Verbot des Selbstkontrahierens auch bei ausschließlich rechtlichem Vorteil des Vertretenen?, JuS 1975, 626

SASS, Die Zurechnung von Mitverschulden des Vertragsgläubigers bei der Schadensentstehung zu Lasten des in den Schutzbereich eines Vertrages einbezogenen Dritten nach §§ 254 Abs 2 S 2, 278 BGB, VersR 1988, 768

SCHAUB, Zur Problematik des § 1629 Abs 2 BGB, NJW 1960, 84

dies, Zur Strafverfahrensproblematik bei minderjährigen Zeugen und Beschuldigten aus vormundschaftsrichterlicher Sicht, FamRZ 1966, 134

SCHEERER, Bankgeschäfte des Minderjährigen, BB 1971, 981

SCHILLING, Gesellschafterbeschluß und Insichgeschäft, FS Ballerstedt (1975), 257

SCHLOSSMANN, Die Lehre von der Stellvertretung I (1900)

H-J SCHMIDT, Der Offenbarungseid eines unter elterlicher Gewalt stehenden Schuldners, MDR 1960, 980

H W SCHMIDT, Die Kindesmutter als Vertreterin des Kindes im Ehelichkeitsanfechtungsprozeß, NJW 1964, 2096

K SCHMIDT, Anmerkung zu BGH 16. 4. 1975, FamRZ 1975, 481

ders, Anmerkung zu BGH 8. 10. 1984, NJW 1985, 136

ders, Die Erbengemeinschaft nach einem Einzelkaufmann, NJW 1985, 2785

ders, Gesetzliche Vertretung und Minderjährigenschutz im Unternehmensprivatrecht, BB 1986, 1238

ders, Die gesetzliche Vertretung durch die Eltern: notwendig und verfassungsgemäß, NJW 1989, 1712

SCHMITT, Der Begriff der lediglich rechtlich vorteilhaften Willenserklärung im Sinne des § 107 BGB, NJW 2005, 1090

SCHMITZ, Das arme Kind reicher Eltern: Prozeßstandschaft und Prozeßkostenhilfe, FamRZ 1988, 1131

SCHNEIDER, Selbstkontrahieren beim Abschluß eines Gesellschaftsvertrages mit minderjährigen Kindern?, BB 1954, 705

ders, Die Rechtsstellung des Pflegers eines minderjährigen Gesellschafters in einer Personalgesellschaft, BB 1955, 948

SCHNITZERLING, Die Gefährdung und Verletzung des Kindes im Straßenverkehr in der Rechtsprechung ab 1972, DAR 1977, 57

SCHOENE, Das Zeugnisverweigerungsrecht des Kindes und das gesetzliche Vertretungsrecht der Eltern, NJW 1972, 930

SCHUBERT, Die Einschränkung des Anwendungsbereiches des § 181 BGB bei Insichgeschäften, WM 1978, 290

SCHWAB, Handbuch des Scheidungsrechts (4. Aufl 2000)

ders, Eingetragene Lebenspartnerschaft – Ein Überblick, FamRZ 2001, 385

PETER SCHWERDTNER, Verträge mit Schutzwirkung für Dritte, Jura 1980, 493

SCHWOERER, Was nun? – Betrachtungen zum Gleichberechtigungsurteil des Bundesverfassungsgerichts vom 29. 7. 1959, NJW 1959, 2089

ders, Zur Frage der Wirksamkeit von Alleinvertretungsakten des Vaters aus der Zeit der Scheinherrschaft des § 1629 Abs 1 BGB nF, NJW 1960, 1419

SEDEMUND-TREIBER, Änderungen des Verfahrensrechts nach dem Gesetz zur Änderung unterhaltsrechtlicher, verfahrensrechtlicher und anderer Vorschriften, FamRZ 1986, 209

SERVATIUS, Die gerichtliche Genehmigung von Eltern-Kind-Geschäften, NJW 2006, 334

SIEBERT, Das rechtsgeschäftliche Treuhandverhältnis (193; Neudruck 1970)

ders, Elterliche Gewalt und Gleichberechtigung, NJW 1955, 1

SONNENSCHEIN, Der Vertrag mit Schutzwirkung für Dritte – und immer neue Fragen, JA 1979, 225

vSPRECKELSEN, Der Begriff des privatrechtlichen Amtes (1927)

STAKS, Mitverschulden von Aufsichtspersonen bei Verkehrsunfällen von Kindern, JZ 1955, 606

STEFFEN, Grundrechtsmündigkeit, RdJ 1971, 143

STÖBER, Der minderjährige Gesellschafter einer offenen Handelsgesellschaft oder Kommanditgesellschaft, Rpfleger 1968, 2

STOLLENWERK, Unterhaltsrechtliche Regelungen bei gemeinsamer elterlicher Sorge, FPR 2005, 83

STRAUCH, Verträge und Drittschutzwirkung, JuS 1982, 823

STREE, Strafantragsrecht der Eltern eines Minderjährigen vor und nach der Ehescheidung, FamRZ 1956, 365

STROHAL, Unterhaltsrechtliche Fragen bei Wechsel des Kindes, DAVorm 1997, 251

STROTHMANN, Einzelkaufmännische Unternehmen und Erbenmehrheit im Spannungsfeld von Handels-, Gesellschafts-, Familien- und Erbrecht, ZIP 1985, 969

STÜRNER, Der lediglich rechtliche Vorteil, AcP 173 (1973) 402

ders, Anmerkung zu BGH 27. 9. 1972, JZ 1973, 286

ders, Anmerkung zu BGH 16. 4. 1975, JZ 1976, 66

STURM/STURM, Die gesetzliche Vertretung Minderjähriger nach dem neuen Kindschaftsrecht – national und international, StAZ 1998, 305

STUZ, Der Minderjährige im Grundstücksverkehr, MittRhNotK 1993, 205

THIELE, Die Zustimmung in der Lehre vom Rechtsgeschäft (1966)

TIEDTKE, Unentgeltliche Beteiligung eines Kindes als stiller Gesellschafter, DB 1977, 1064

Unterhaltsrecht, Ein Handbuch für die Praxis (Loseblattsammlung; zit: Unterhaltsrecht/Bearbeiter)

VAN VENROOY, Erfüllung gegenüber dem minderjährigen Gläubiger, BB 1980, 1017

VEIT, Kleines Sorgerecht für Stiefeltern (§ 1687b BGB), FPR 2004, 67

VENZMER, Mitverursachung und Mitverschulden im Schadensersatzrecht (1960)

VOSS, Zur Haftung des Schadensstifters bei Verletzung der Aufsichtspflicht der gesetzlichen Vertreter, VersR 1952, 252

WACKE, Nochmals: Die Erfüllungsannahme durch den Minderjährigen – lediglich ein rechtlicher Vorteil?, JuS 1978, 80

WÄCHTER, Die Wirkung gerichtlicher Scheidungsvereinbarungen über die Unterhaltszahlungen für die Kinder, FamRZ 1976, 253

WALTER, Die Änderungen des familienrechtlichen Verfahrensrechts durch das UÄndG, JZ 1986, 360

WANGEMANN, Die elterliche Gewalt bei rechtlicher Verhinderung eines Elternteils, NJW 1961, 193

WASKOWIAK, Die Einigung der Eltern bei der Ausübung der elterlichen Sorge (Diss Marburg 1967)

WAX, Einzelfragen der Prozesskostenhilfe für familiengerichtliche Verfahren, FPR 2002, 471, 474

vWEBER, Die Ausübung des Zeugnisverweigerungsrechtes im Strafprozeß durch einen Stellvertreter, MDR 1962, 169

WEIMAR, Muß sich das Kind als Verkehrsopfer eine Verletzung der Aufsichtspflicht durch Verwandte anrechnen lassen?, JR 1953, 295

ders, Inwieweit muß sich ein Geschädigter das Verschulden Dritter anrechnen lassen?, DRiZ 1955, 108

ders, Unfälle von Kindern bei Eisenbahnfahrten, VersN 1963, 105

ders, Die partielle Geschäftsfähigkeit des Arbeitsmündigen, MDR 1963, 651

ders, Verkehrsunfälle Minderjähriger bei Einkäufen für Dritte, MDR 1964, 114

ders, Der Honoraranspruch des Arztes bei Behandlung minderjähriger Kinder, DÄBl 1972, 1301

ders, Das mitwirkende Verschulden beim Vertrag mit Schutzwirkung für Dritte, JR 1981, 140

WESTERMANN, Anmerkung zu BGH 10. 11. 1954, JZ 1955, 244

ders, Haftung für fremdes Verschulden, JuS 1961, 333

WEYCHARDT, Zur Weiterentwicklung der Frankfurter Unterhaltsrechtsprechung, DAVorm 1984, 337

WEYER, Die Vertretung des Kindes im Ehelichkeitsanfechtungsprozeß durch die Mutter, FamRZ 1968, 498

WIEDEMANN, Die Übertragung und Vererbung

Lore Maria Peschel-Gutzeit

von Mitgliedschaftsrechten bei Handelsgesellschaften (1965)

WIESER, Zur Anfechtung der Vaterschaft nach
neuem Recht, FamRZ 1998, 1004

ders, Zur Feststellung der nichtehelichen Vaterschaft nach neuem Recht, NJW 1998, 2023

WINKLER, Die Genehmigung des Vormundschaftsgerichts zu gesellschaftsrechtlichen Akten bei Beteiligung Minderjähriger, ZGR 1973,
177

M WOLF, Vermögensschutz für Minderjährige

und handelsrechtliche Haftungsgrundsätze, AcP
187 (1987) 319

WOSGIEN, Anschlußberufung bei gleichzeitiger
Geltendmachung von Kindes- und Ehegattenunterhalt, FamRZ 1987, 1102

ZEISS, Anmerkung zu BGH 31. 3. 1960, JZ 1962,
285

ZIEGLER, Personale Abgrenzungskriterien beim
Vertrag mit Schutzwirkung zugunsten Dritter,
JuS 1979, 328

ZIRKEL, Die Klagebefugnis des Vaters in Ansehung des Kindesvermögens, JW 1911, 633.

Systematische Übersicht

Alphabetische Übersicht

Lore Maria Peschel-Gutzeit

A. Entstehungsgeschichte

Die Vorschrift des § 1629 in ihrer jetzigen Fassung ist gesetzeshistorisch jung: Sie **1** beruht teils auf dem GleichberG, teils auf dem 1. EheRG, zum Teil auf dem SorgeRG, teilweise auf dem UÄndG und schließlich zum Teil auf dem Beistandschaftsgesetz und dem KindRG.

Ursprünglich war die gesetzliche Vertretung des Kindes in § 1630 aF geregelt, der **2** folgenden Wortlaut hatte: „*Die Sorge für die Person und das Vermögen umfaßt die Vertretung des Kindes. Die Vertretung steht dem Vater insoweit nicht zu, als nach § 1795 ein Vormund von der Vertretung des Mündels ausgeschlossen ist. Das Vormundschaftsgericht kann dem Vater nach § 1796 die Vertretung entziehen.*" Diese Bestimmung war am 1.4.1953 (zusammen mit § 1634 S 1 HS 2 aF „Zur Vertretung des Kindes ist sie – das ist die Mutter – nicht berechtigt") außer Kraft getreten. Denn nach Art 117 GG blieb das dem Art 3 Abs 2 GG entgegenstehende Recht nur bis zu seiner Anpassung an das Gleichberechtigungsgebot in Kraft, jedoch nicht länger als bis zum 31.3.1953. Da der Gesetzgeber diese Anpassung nicht fristgerecht vorgenommen hatte, trat § 1630 außer Kraft, ohne daß eine Neuregelung vorlag. Es entstand ein gesetzloser Zustand.

In der Folgezeit war umstritten, ob der Vater nach wie vor alleinvertretungsberechtigt war oder aber nunmehr beide Eltern gemeinsam vertretungsberechtigt waren (wegen der Einzelheiten vgl Staudinger/Donau[10/11] Rn 1 mwNw).

Das **Gleichberechtigungsgesetz** vom 18.6.1957, in Kraft seit dem 1.7.1958, hatte in **3** § 1629 Abs 1 die Alleinvertretung des Kindes durch den Vater angeordnet. Die Vorschrift hatte folgenden Wortlaut: „Die Vertretung des Kindes steht dem Vater zu; die Mutter vertritt das Kind, soweit sie die elterliche Gewalt allein ausübt oder ihr die Entscheidung nach § 1628 Abs 2, 3 übertragen ist." Diese gesetzgeberische Entscheidung war damit begründet worden, daß bei Gesamtvertretung der Rechtsverkehr erschwert und die Rechtssicherheit gefährdet würden (Begründung des Regierungsentwurfs zu Nr 33, § 1629). Mit Recht hatte schon H Krüger (Krüger/ Breetzke/Nowak, GleichberG Rn 2) diese Argumentation als verfehlt erkannt: Weder das BGB noch das GleichberG außerhalb der elterlichen Gewalt hätten im übrigen die Schwierigkeiten der Zweiervertretung gescheut, zB in §§ 1687, 1775, 1797, 1365, 1366, 1367, 1369, 1423, 1424, 1425, 1427 und 1453.

4 Durch Urteil vom 29. 7. 1959 (BVerfGE 10, 59 = NJW 1959, 1483 = MDR 1959, 820 = FamRZ 1959, 416 = Rpfleger 1959, 261) hat das **BVerfG** (neben dem § 1628) § 1629 Abs 1 wegen Verstoßes gegen Art 3 Abs 2 GG für verfassungswidrig und nichtig erklärt, weil diese Bestimmung den vom BVerfG als ebenfalls verfassungswidrig und nichtig erkannten sogenannten Stichentscheid des Vaters in den außerhäuslichen Bereich verlagerte. Damit war klargestellt, daß das eheliche Kind seit dem 1. 4. 1953 entsprechend §§ 1626, 1627 von Vater und Mutter gemeinsam vertreten wird (ebenso BGHZ 30, 306 = NJW 1959, 2111 = MDR 1959, 920; FamRZ 1960, 197; BGHZ 48, 228, 235 = NJW 1967, 2253 = MDR 1967, 911 = FamRZ 1967, 606 m Anm BEITZKE = JZ 1968, 131 m Anm LANGE; LM § 1795 BGB Nr 4; NJW 1975, 1885 = MDR 1975, 746 = JZ 1976, 66 m Anm STÜRNER = FamRZ 1975, 480 m Anm K SCHMIDT = Rpfleger 1975, 245 = Betrieb 1975, 1310 = DNotZ 1975, 626; ebenso OLG Hamm NJW 1959, 2215 = FamRZ 1960, 199 = Rpfleger 1959, 351; OLG Frankfurt NJW 1962, 52 = FamRZ 1962, 126). Das Vertrauen auf die Gültigkeit der verfassungswidrigen Bestimmungen der §§ 1628, 1629 wird grundsätzlich nicht geschützt (BGHZ 39, 45 = LM § 1629 Nr 1 m Anm HAUSS = MDR 1963, 399 = FamRZ 1963, 134 = BB 1963, 367).

5 Das **Sorgerechtsgesetz** hat die Gesetzeslücke 20 Jahre später geschlossen. Es hat in § 1629 Abs 1 das Gesamtvertretungsprinzip anerkannt mit der Begründung, diese Regelung entspreche der gemeinschaftlichen Ausübung der elterlichen Sorge durch beide Elternteile und ihrer Verpflichtung zu gegenseitigem Einvernehmen ebenso wie dem Gleichberechtigungsgrundsatz (Beschlußempfehlung und Bericht des Rechtsausschusses, BT-Drucks 8/2788, 47).

6 § 1629 Abs 2 Satz 1 HS 2 idF des GleichberG hatte einem getrenntlebenden Elternteil die Möglichkeit gegeben, Unterhaltsansprüche des Kindes gegen den anderen Elternteil geltend zu machen. Das **1. EheRG** führte mit Wirkung vom 1. 7. 1977 zu einer Erweiterung dieser Möglichkeit auf das Scheidungsverfahren. Weil die Scheidung eine Trennung nicht voraussetzte, wurde zusätzlich die Möglichkeit geschaffen, während des Scheidungsverfahrens ohne Vorliegen einer Sorgerechtsregelung die Unterhaltsansprüche eines Kindes, das sich in der Obhut des Unterhalt fordernden Elternteils befindet, gegen den anderen Elternteil geltend zu machen, wobei der fordernde Elternteil bei der gerichtlichen Geltendmachung nicht als Vertreter des Kindes, sondern als Prozeßstandschafter im eigenen Namen tätig wurde, Abs 3. Durch diese Regelung sollte das Kind aus dem Ehescheidungsverfahren herausgehalten werden (BT-Drucks 7/650, 136). Solange die Eltern nur getrennt lebten, zwischen ihnen also keine Ehesache anhängig war, blieb es mithin beim Alleinvertretungsrecht des Elternteils, bei dem sich das Kind aufhielt.

7 Das **UÄndG** führte mit Wirkung vom 1. 4. 1986 in den Abs 2 und 3 die Regelung ein, nach welcher Unterhaltsansprüche des Kindes generell während des Getrenntlebens und während der Anhängigkeit einer Ehesache nur in gesetzlicher Prozeßstandschaft von dem Elternteil geltend zu machen sind, der entweder allein sorgeberechtigt ist oder in dessen Obhut sich das Kind befindet. Zugleich wurden in die gesetzliche Prozeßstandschaft alle gerichtlichen Entscheidungen und Vergleiche einbezogen, Abs 3 S 2.

Das **Beistandschaftsgesetz** fügte mit Wirkung zum 1. 7. 1998 in § 1629 Abs 2 S 3 den 7a
letzten Halbsatz ein, der da lautet: „dies gilt nicht für die Feststellung der Vaterschaft." Mit dieser Regelung sollte die Verantwortung der Mutter, für die Feststellung der Vaterschaft des Kindes selbst zu sorgen, gestärkt werden. Hierfür war es
notwendig, zu vermeiden, daß ihr stets wegen Interessenkonflikts die Vertretungsmacht entzogen wurde.

Das **KindRG** fügte mit Wirkung vom 1. 7. 1998 in Abs 1 den S 4 an, der die Allein- 7b
vertretung eines Elternteils in Notfällen einführte. Die Abs 2 und 3 wurden mit
Rücksicht auf die grundsätzlich gemeinsame elterliche Sorge neu gefaßt. Inhaltlich
ergibt sich insoweit keine Änderung. Jedoch unterscheidet die Vorschrift in den
Abs 2 und 3 nunmehr, ob die Eltern miteinander verheiratet sind oder nicht: Abs 2
gilt für alle Fälle der gemeinsamen elterlichen Sorge, unabhängig von deren Entstehungsgrund, während Abs 3 nur für miteinander verheiratete Eltern gilt. In Abs 2
S 3 ist das Vormundschaftsgericht systemkonform durch das Familiengericht ersetzt
worden, und schließlich ist in Abs 1 S 3, der Änderung von § 1628 folgend, der bisherige Abs 1 bei § 1628 gestrichen worden.

B. Aufbau, Bedeutung und Anwendungsbereich der Vorschrift

I. Aufbau

§ 1629 Abs 1 S 1 bestimmt, daß die elterliche Sorge (neben der tatsächlichen Per- 8
sonensorge, vgl § 1626 Rn 58) auch die Vertretung des Kindes umfaßt. S 2 enthält den
Grundsatz der gemeinschaftlichen Vertretung des Kindes durch beide Eltern. S 3
ordnet für einige Fälle Einzelvertretung durch einen Elternteil an. S 4 regelt, als Fall
der Einzelvertretung, die alleinige Notvertretung des erreichbaren Elternteils in Eil-
und Notfällen.

Abs 2 schränkt die Vertretungsmacht der Eltern nach Abs 1 ein. S 1 verweist auf die 9
Vorschrift des § 1795, die die Eltern kraft Gesetzes von der Vertretungsmacht ausschließen. Nach S 3 kann ihnen die Vertretung gerichtlich entzogen werden, nicht
aber für die Feststellung der Vaterschaft, Abs 2 S 3 letzter HS. Diese Regelung hat
ihren Grund in der Abschaffung der Amtspflegschaft durch das Beistandschaftsgesetz vom 4. 12. 1997 (Vorbem 21 zu §§ 1626 ff u RKEG). Sie soll die Eigenverantwortung
der Mutter stärken und in Fällen einer unterlassenen Vaterschaftsfeststellung eine
individuelle, kindeswohlgerechte Lösung ermöglichen. Das Einzelvertretungsrecht
in bezug auf Unterhaltsansprüche des Kindes ist in S 2 geregelt. Es handelt sich um
eine Unterausnahme von dem gesetzlichen Ausschluß nach S 1; auch dieses Recht
kann entzogen werden, Abs 2 S 3 iVm § 1796.

Abs 3 enthält die verfahrensrechtliche Ergänzung zu Abs 2 S 2 für verheiratete 10
Eltern im Falle des Unterhaltsprozesses. Er regelt die gesetzliche Prozeßstandschaft
des für Unterhaltsansprüche alleinvertretungsberechtigten Elternteils, der die Unterhaltsansprüche des Kindes gegen den anderen Elternteil geltend macht.

II. Bedeutung

11 Als eigenständiges Rechtssubjekt, § 1, mit eigenen persönlichen und vermögensrechtlichen Rechten und Pflichten kann das Kind auch am rechtsgeschäftlichen Leben teilnehmen. Wegen seiner fehlenden, § 104, oder beschränkten Geschäftsfähigkeit, § 106, kann das Kind rechtsgeschäftliche Erklärungen aber grundsätzlich nicht selbst, sondern wirksam nur durch einen Vertreter abgeben. Das Sorgerecht der Eltern umfaßt alle Handlungen der Eltern für das Kind in diesem Bereich, und zwar ohne weiteres, soweit es das Innenverhältnis angeht, §§ 1626, 1627. § 1626 Abs 1 enthält die hierfür nötige Vertretungsmacht. Die für das Außenverhältnis erforderliche Vertretungsmacht der Eltern regelt § 1629 in der Form der gemeinsamen gesetzlichen Vertretungsmacht.

12 Bei der gesetzlichen Vertretung handelt es sich um ein Problem des Familienrechts im weiteren Sinne (HABSCHEID FamRZ 1957, 109, 110 ff). Das bedeutet, daß die allgemeinen Regeln über die Vertretungsmacht unter Beachtung der Besonderheiten des familienrechtlichen Zusammenhangs angewendet werden müssen (K MÜLLER AcP 168 [1968] 113, 115). Der von MÜLLER-FREIENFELS (Vertretung 155 ff, 335 ff) u THIELE (Die Zustimmungen in der Lehre vom Rechtsgeschäft 64 ff) herausgearbeitete Aspekt, gesetzliche Vertretung sei nicht Ausdruck der Selbstbestimmung, sondern der Fremdbestimmung, in der gesetzlichen Vertretung finde nicht der Wille des Vertretenen Ausdruck, ist vom BVerfG (BVerfGE 72, 155, 171 = NJW 1986, 1859 = JZ 1986, 632 m Anm FEHNEMANN 1055 = FamRZ 1986, 769 m Anm HERTWIG FamRZ 1987, 124 = DAVorm 1986, 419 = ZfJ 1986, 419 = WM 1986, 828 = ZIP 1986, 975 m Anm EMMERICH JuS 1986, 806) bestätigt worden und nötigt zur besonderen Vorsicht bei der Beurteilung der elterlichen Vertretungsbefugnis wie der Zulässigkeit elterlichen verpflichtenden Handelns (s unten Rn 147 ff, 251).

13 Wenn das BVerfG (BVerfGE 10, 59 = NJW 1959, 1483, 1484 = FamRZ 1959, 416 = Rpfleger 1959, 261) im Zusammenhang mit § 1629 von der Vertretung im „außerhäuslichen Bereich" spricht, so ist das zumindest unscharf. Denn gemeint sind bei der rechtsgeschäftlichen Vertretung alle Rechtsbeziehungen des Kindes zu Dritten, aber auch die rechtsgeschäftlichen Beziehungen zwischen Eltern und Kind. Die Eltern sind die gesetzlichen Vertreter des Kindes auf dem Gebiet des Privatrechts und des öffentlichen Rechts. Soweit es persönliche und Vermögensangelegenheiten des Kindes betrifft, nehmen die Eltern Rechtshandlungen im Namen des Kindes vor und führen in seinem Namen Rechtsgeschäfte.

Als gesetzliche Vertreter des Kindes sind sie die Adressaten von rechtsgeschäftlichen Erklärungen gegenüber dem Kind; ihnen muß eine Klage gegen das Kind zugestellt werden; sie haben behördliche Anordnungen für das Kind entgegenzunehmen, und als gesetzliche Vertreter haben sie zur Wirksamkeit eines Rechtsgeschäfts erforderliche Einwilligungen oder Genehmigungen zu erklären oder zu verweigern, §§ 106 ff, 131, 165 BGB, §§ 51, 52 ZPO.

III. Anwendungsbereich

14 § 1629 gilt für alle Kinder, unabhängig davon, ob ihre Eltern miteinander verheiratet sind oder waren. Die Regel folgt der elterlichen Sorge und gilt auch für adoptierte

Kinder, § 1754, sowie, in gewissem Umfang, für Stiefkinder, § 1687b Abs 1 S 2, Abs 3, § 9 LPartG und für Pflegekinder, § 1688 Abs 1. Das nach §§ 1736, 1740 aF für ehelich erklärte Kind wurde bis zur Entscheidung des BVerfG vom 7.5.1991 (NJW 1991, 1944 = MDR 1991, 639 = FamRZ 1991, 913) allein durch den Vater vertreten, § 1738 Abs 1 aF. Diese Vorschrift wurde vom BVerfG für verfassungswidrig erklärt, soweit sie auch für Fälle galt, in denen der Vater und die Mutter mit dem Kind zusammenlebten, beide bereit und in der Lage waren, die Elternverantwortung gemeinsam zu übernehmen, und dies dem Kindeswohl entsprach. Das KindRG hat die Vorschriften über die Legitimation nichtehelicher Kinder sowie diejenigen über die elterliche Sorge nichtehelicher Kinder (6. und 8. Titel des 2. Abschnitts des 4. Buches) aufgehoben, Art 1 Nr 48 KindRG.

C. Möglichkeiten rechtlichen Handelns für das Kind

I. Handeln im Interesse, aber nicht in Vertretung des Kindes

1. Abschluß von Rechtsgeschäften

Sorgeberechtigte Eltern oder einer von ihnen nehmen im Interesse des Kindes **15** unterschiedliche Rechtshandlungen vor, ohne dabei im Namen des Kindes zu handeln; das Kind hat Teil an dem Nutzen elterlichen Handelns.

Eltern sind nicht verpflichtet, bei einem Geschäft, das materiell das Kind auch oder ausschließlich betrifft, formell in seinem Namen zu handeln (Mot IV 1087). Es obliegt ihrer Entscheidung, ob sie im eigenen Namen oder im Namen des Kindes handeln (OLG Jena OLGE 11, 298). Soweit es die Personensorge angeht, handeln die Eltern im allgemeinen im eigenen Namen, aber auch für eigene Rechnung, auch wenn es um Rechtsgeschäfte mit Dritten geht (Einkauf von Nahrung, Kleidung, Möbeln und sonstiger Kindersachen, Anmieten einer kindgerechten Wohnung). Ähnliches kann sich bei der Vermögenssorge ergeben. Die Eltern handeln hier ohne rechtserheblichen Bezug auf ihre elterliche Sorge (SIEBERT NJW 1955, 1, 2; CH COHN, Gleichberechtigung der Geschlechter im künftigen Elternrecht [1932] 20). Das Kind wird aus derartigen tatsächlichen, aber auch rechtsgeschäftlichen Handlungen der Eltern nicht verpflichtet, wohl aber uU berechtigt (Verträge zwischen Eltern und Dritten mit Schutzwirkung für das Kind oder Verträge gem § 328, zB Beauftragung eines Arztes, BGHZ 105, 45 = NJW 1988, 2946 = MDR 1988, 949 m Anm PAWLOWSKI = MDR 1989, 775 = JZ 1989, 93 m Anm GIESEN 95 = FamRZ 1988, 1142; PALANDT/DIEDERICHSEN Rn 7).

Soweit die Eltern in diesem Zusammenhang **nur** im Interesse des Kindes handeln **16** (etwa Reisen zur Abwicklung von Geschäften des Kindes im Rahmen der Vermögenssorge), haben die Eltern Anspruch auf Ersatz ihrer Aufwendungen, sofern nicht die Aufwendungen ihnen selbst, insbesondere kraft ihrer Unterhaltspflicht (BGHZ 8, 374) zur Last fallen, § 1648 (Einzelheiten siehe STAUDINGER/ENGLER [2004] § 1648 Rn 3, 8; GERNHUBER/COESTER-WALTJEN § 57 IV Nr 4). Auch Maßnahmen zur Verteidigung des elterlichen Sorgerechts erfolgen im eigenen Namen, zB das Herausgabeverlangen nach § 1632 Abs 1, Vorgehen bei Kindesentführung, §§ 235, 236 StGB.

2. Amtsähnliche Handlungen

17 Hierbei handelt es sich um Aufgaben, die den Eltern als Person zugewiesen sind (SIEBERT NJW 1955, 1, 2, 6; SOERGEL/STRÄTZ Rn 7; BGB-RGRK/WENZ Rn 8; krit zu der Unterscheidung: MünchKomm/HUBER § 1629 Rn 8; GERNHUBER/COESTER-WALTJEN § 57 VI 1 Rn 65; **aA** [Vertretungshandlungen] ERMAN/MICHALSKI § 1626 Rn 16).

Gemeint sind Rechtshandlungen, die die Eltern kraft ihrer insoweit amtsähnlichen Rechtsstellung aus eigenem Recht im eigenen Namen vornehmen, wobei der Begriff „Amt" in privatrechtlichem Sinne verwendet wird (vSPRECKELSEN, Der Begriff des privatrechtlichen Amtes [1927]). Diese Handlungen betreffen die Stellung des Kindes, wirken aber nicht unmittelbar für und gegen das Kind. Die Eltern handeln auch in diesem Bereich zum Wohle des Kindes, § 1627; aber diese Handlungen betreffen nicht unmittelbar den sorgerechtlichen Pflichtenkreis.

18 Hierher gehören: Zustimmung privat- und öffentlichrechtlicher Natur, §§ 107 ff, 1411 Abs 1, Zustimmung zur Namensgebung, §§ 1617, 1618; Zustimmung zur Eheschließung, § 1303 Abs 3 EheG (BayObLGZ 1982, 363 = MDR 1983, 228 = Rpfleger 1983, 24 = FamRZ 1983, 66 zu § 3 Abs 1 EheG), zur Adoption, § 1746 Abs 1, S 2, S 3 HS 2, 1757 Abs 2, 1760 Abs 1, 1762 Abs 1 S 2, 1765 Abs 2 S 2, 1768 Abs 2; Zustimmung zur Einbürgerung, Option für die deutsche Staatsangehörigkeit gem § 3 Nr 4 a, 5 StAG; Antrag auf Entlassung aus dem Staatsverband, § 19 StAG (KG FamRZ 1980, 625).

19 Hierher gehören auch die Antragsberechtigungen des gesetzlichen Vertreters, der dabei nicht im Namen des Kindes handelt, sondern ein eigenes Recht ausübt. Ebenso gehört zu diesen Handlungen das Beschwerderecht aus §§ 20, 57 FGG und 298 StPO. Schließlich gehören hierher die besonderen Pflichten des gesetzlichen Vertreters im Hinblick auf das Kind, etwa die öffentlich-rechtliche Meldepflicht gegenüber der Polizei, dem Meldeamt, dem Standesamt, der Schule, weiter die Todeserklärung, § 16 Abs 2 Verschollenheitsgesetz, und der Strafantrag nach §§ 77 Abs 3, 77d StGB.

20 Grundsätzlich müssen die Eltern bei diesen amtsähnlichen Handlungen zusammenwirken, § 1627, nämlich dann, wenn entweder beide Inhaber der vollen elterlichen Sorge sind oder Personen- und Vermögenssorge jeweils einschließlich Vertretungsmacht zwischen ihnen aufgeteilt ist. Nur wenn einem Elternteil die gesamte Vertretung des Kindes allein zusteht, ist dieser zB für die Erteilung der vorgenannten Zustimmungen und die Stellung der Anträge allein zuständig.

Teilweise wird die Ansicht vertreten, dort, wo bei der Erfüllung öffentlich-rechtlicher Pflichten keine Freiheit des Willensentschlusses und der Durchführung bestehe (zB bei der polizeilichen An- und Abmeldung des Kindes), sei jeder Elternteil selbständig verpflichtet; eine gemeinsame Beschlußfassung und Handlung entfalle (SIEBERT NJW 1955, 1, 6; SOERGEL/STRÄTZ Rn 7).

II. Handeln in gesetzlicher Vertretung als direkter Stellvertreter, § 1629 Abs 1 S 1

21 Handeln die sorgeberechtigten Eltern Dritten gegenüber erkennbar als Vertreter des Kindes oder jedenfalls im Namen des Kindes, so handeln sie in dessen unmittelbarer Stellvertretung, § 164 Abs 2. Dies meint § 1629 Abs 1 S 1 (krit zur Gleichsetzung der Vertretung kraft Gesetzes mit der gewillkürten Stellvertretung: MÜLLER-FREIENFELS Vertretung 155 ff, 339 ff). Wollen oder müssen sorgeberechtigte Eltern als gesetzliche Vertreter handeln, so müssen sie im Namen des Kindes handeln, um Rechtswirkungen für das Kind zu erzielen (Prinzip der Offenkundigkeit, hM, für viele: ENNECCERUS/NIPPERDEY AT II § 178 II 2; LARENZ/WOLF AT § 46 Rn 74; MEDICUS AT Rn 880 ff, 905; E WOLF AT § 13 A II; aA: SCHLOSSMANN, Die Lehre von der Stellvertretung I [1900] §§ 11 ff; BETTERMANN, Vom stellvertretenden Handeln [1937; Nachdruck 1964] 46 ff). Für Verfügungen über Kindesrechte ist dies ebenso anerkannt (OLG München HRR 1940 Nr 779) wie für die gerichtliche Geltendmachung von Kindesrechten (RGZ 146, 231, 233; SOERGEL/STRÄTZ Rn 5; ERMAN/ MICHALSKI Rn 7). Eine Ausnahme gilt bei Trennung der Eltern und Anhängigkeit einer Ehesache, § 1629 Abs 3 (siehe unten Rn 343 ff).

Die Eltern sind nicht ermächtigt, für das Kind in **verdeckter Stellvertretung** (vgl HAGER **22** AcP 180 [1980] 239 ff) zu handeln, also zB im eigenen Namen, aber als Vertreter des Kindes oder allein für Rechnung des Kindes (ebenso BGB-RGRK/WENZ Rn 7; Münch-Komm/HUBER Rn 13; GERNHUBER/COESTER-WALTJEN § 57 VI 1 Rn 68; RAUSCHER § 33 Rn 1047; BEITZKE § 26 II 4; KÜNKEL DAVorm 1982, 217, 220). Eltern können eine im eigenen Namen über ein Recht des Kindes getroffene Verfügung wegen Verstoßes gegen § 181 auch nicht im Namen des Kindes genehmigen (RAUSCHER § 33 Rn 1047).

Soweit zum Teil die Ansicht vertreten wird, Eltern könnten auch im eigenen Namen **23** als verdeckte Stellvertreter mit Wirkung für das Kind handeln (OLG Jena OLGE 11, 298; SOERGEL/STRÄTZ Rn 7; ERMAN/MICHALSKI Rn 7; DÖLLE § 94 I; STAUDINGER/DONAU10/11 § 1626 Rn 57 und § 1629 Rn 4), kann dem nicht gefolgt werden. Die Eltern hätten auf diese Weise eine Fülle von fremdwirkenden Handlungsformen ohne praktikable Abgrenzungsmöglichkeiten. Wer in fremdem Namen handelt, muß dies erkennbar zum Ausdruck bringen, § 164; andernfalls werden ihm seine von ihm abgegebenen Erklärungen als Erklärungen im eigenen Namen zugerechnet (BGH FamRZ 1987, 934, 935 für eine Unterhaltsabsprache zwischen den Eltern betreffend künftigen Kindesunterhalt, ebenso BGH NJW 1985, 1394 = FamRZ 1985, 576 mwNw; FamRZ 1986, 254, 255; ROLLAND, 1. EheRG [2. Aufl] BGB § 1629 Rn 5 u § 1585c Rn 28 c).

Soweit es um die Stellvertretung geht, kennt das Recht des BGB auch sonst nur die **24** offene Stellvertretung (STAUDINGER/SCHILKEN [2004] Vorbem 35 zu §§ 164 ff mit den dort genannten Ausnahmen Vorbem 51). Gründe, die es rechtfertigen könnten, gerade bei der Vertretung kraft Gesetzes eine Ausnahme von diesem Grundsatz der Offenheit und des Vertrauensschutzes zu machen, sind nicht erkennbar, insbesondere wenn man berücksichtigt, daß bei der gesetzlichen Vertretung der Vertretene keinen Einfluß auf die Ausübung der gesetzlichen Vertretung hat (BVerfGE 72, 155, 171 = NJW 1986, 1859 = JZ 1986, 632 m Anm FEHNEMANN 1055 = FamRZ 1986, 769 m Anm HERTWIG FamRZ 1987, 124 = DAVorm 1986, 419 = ZfJ 1986, 419 = WM 1986, 828 = ZIP 1986, 975 m Anm EMMERICH JuS 1986, 806; ebenso MÜLLER-FREIENFELS Vertretung 155 ff), das Kind also der Fremdbestimmung durch seine Eltern ausgesetzt ist (ebenso THIELE, Die Zustimmungen in der Lehre vom Rechtsgeschäft [1966] 64 ff). Mit der Einräumung der gesetzlichen Vertretungsmacht ist die Gefahr verbunden, daß sich die Vertretungs- und Entscheidungsbefugnis nachteilig für das Kind auswirken kann, zumal nicht alle Eltern fähig und bereit sind, das Vertretungsrecht uneigennützig und verantwortungsbewußt auszuüben (BVerfGE 72, 155, 171). Diese Gefahr würde ohne Not erhöht, ließe man neben der offenen die verdeckte Stellvertretung zu, weil dann der Rechtsverkehr noch weniger erkennen könnte, wessen Rechte und Pflichten betroffen sind.

25 Im übrigen würde durch eine – zulässige – mittelbare Stellvertretung der **Grundsatz der Gesamtvertretung** (siehe unten Rn 29 ff) im Ergebnis ausgehöhlt. Handeln Eltern bei Abschluß eines Rechtsgeschäfts, das sie im Namen des Kindes abschließen könnten, **nur** im eigenen Namen, so gilt der Gesamtvertretungsgrundsatz nicht (HERM LANGE NJW 1961, 1889, 1892). Zur Wahrung des Gesamtvertretungsgrundsatzes ist es daher geboten, allein das Handeln in fremdem Namen bei Ausübung der gesetzlichen Vertretungsbefugnis zuzulassen (MünchKomm/HUBER Rn 13; RAUSCHER § 33 Rn 1047).

26 Auch Bedürfnisse des Alltags fordern kein anderes Ergebnis. Denn Eltern können gerade bei derartigen Geschäften in eigenem Namen und auf eigene Rechnung handeln (siehe oben Rn 15). Zumeist tun sie dies in Verfolg ihrer Unterhaltspflicht und lassen so das Kind in Ausübung der tatsächlichen Sorge am Nutzen der von ihnen getätigten Rechtsgeschäfte teilhaben.

27 Unter Umständen könnte insoweit auch auf das Institut des **Handelns für den, den es angeht**, zurückgegriffen werden (STAUDINGER/SCHILKEN [2004] Vorbem 51 ff, 53 zu §§ 164 ff), das gerade für **Bargeschäfte des Alltags** entwickelt worden ist. Hier wird entweder die mittelbare Stellvertretung – ausnahmsweise – als zulässig angesehen, aber mit derselben Wirkung wie der unmittelbaren Stellvertretung angenommen (vLÜBTOW ZHR 112 [1949] 227 ff), oder aber es wird, gerade bei Bargeschäften des täglichen Lebens, ein Schutz des Rechtsverkehrs durch das Offenheitsprinzip als entbehrlich angesehen und deshalb dennoch unmittelbare Stellvertretung angenommen (BGH NJW 1955, 587, 590; STAUDINGER/SCHILKEN [2004] Vorbem 53 zu §§ 164 ff mwNw; HÜBNER AT Rn 610; LARENZ/WOLF AT § 46 Rn 79; MEDICUS AT Rn 920; grundlegend E COHN [1931]; vLÜBTOW ZHR 112 [1949] 227 ff; K MÜLLER JZ 1982, 777 ff; zur Kritik an dem Institut des Handelns für denjenigen, den es angeht: TEMPEL § 2 III, in Athenäum-Zivilrecht 1 [1972] 225 ff).

28 Eine Ausnahme bildet die **Surrogationsvorschrift des § 1646**: Erwerben Eltern mit Mitteln des Kindes bewegliche Sachen, insbesondere Inhaberpapiere oder ein Recht an einer Sache, so geht mit dem Erwerb das Eigentum direkt auf das Kind über (Mittelsurrogation). Insoweit kommt es also nicht darauf an, ob die Eltern im Namen oder nur auf Rechnung des Kindes gehandelt haben. Für den Fall, daß die Eltern im eigenen Namen handeln, enthält § 1646 eine Vermutung für das Vorhandensein des Willens, für Rechnung des Kindes zu erwerben. Der Schutz des Kindes greift nicht ein, wenn die Eltern mit Mitteln des Kindes für ihre eigene Rechnung oder für Rechnung Dritter erwerben wollten. Derjenige, der sich hierauf beruft, muß dies beweisen. Gelingt ihm dies, so hat das Kind kein Eigentum erworben, sondern nur einen Anspruch auf rechtsgeschäftliche Übertragung des Eigentums gegen die Eltern oder auf Ersatz der aus seinem Vermögen aufgewendeten Mittel (STAUDINGER/ ENGLER [2004] § 1646 Rn 5, 10, 11; BGB-RGRK/WENZ Rn 6).

D. Rechtsformen der elterlichen Vertretung

I. Gesamtvertretung

1. Grundsatz, Inhalt, Zweck

Das Gesetz in der Fassung des Sorgerechtsänderungsgesetzes enthält nur den **29** **Grundsatz der Gesamtvertretung**, § 1629 Abs 1 S 2. Dieser Grundsatz entspricht dem gemeinschaftlichen Sorgerecht der Eltern, §§ 1626, 1627, und dem Gebot gegenseitigen Einvernehmens, § 1628. Er galt auch schon für die Zeit nach dem 1. 4. 1953 und gilt, seitdem der § 1629 Abs 1 aF vom BVerfG für nichtig erklärt worden ist, damit seit dem 1. 4. 1953 unverändert fort (allgM: BGHZ 30, 306, 309 = NJW 1959, 2111 = MDR 1959, 920; FamRZ 1960, 197; BayObLG NJW 1961, 1033 = JR 1962, 72 = FamRZ 1961, 176; OLG Hamm NJW 1959, 2215 = FamRZ 1960, 199 = Rpfleger 1959, 351; OLG Frankfurt NJW 1962, 52 = FamRZ 1962, 126; Beitzke JR 1959, 401, 404; Schwoerer NJW 1959, 2089, 2092; Herm Lange NJW 1961, 1889, 1892).

Ob durch diese Regelung der Gleichberechtigungsgrundsatz verwirklicht ist oder ob **30** auch andere Lösungen denkbar wären, die die Gleichberechtigung der Geschlechter wahren würden (so schon BVerfGE 10, 59, 89 = NJW 1959, 1483 = MDR 1959, 820 = FamRZ 1959, 416 Rpfleger 1959, 261; Staudinger/Donau[10/11] Rn 1 mwNw, Gernhuber/ Coester-Waltjen § 58 III 1), braucht nicht entschieden zu werden. Denn die Notwendigkeit, die Eltern in ihrer Verantwortung für das Kind zu verbinden, läßt weder Einzelvertretung noch Alleinvertretung durch einen Elternteil zu (aA für die Zeit vor Inkrafttreten des GleichberG BGH LM § 640 ZPO Nr 18 = NJW 1958, 709 [LS] = MDR 1958, 316 = FamRZ 1958, 178 m abl Anm Bosch). Nur das Recht zur Gesamtvertretung nimmt einem Elternteil die Möglichkeit, allein Außenwirkung zu erzielen, die der andere Elternteil nicht billigt. Nur das Prinzip der Gesamtvertretung kann das Kind vor Schäden aus gegensätzlichem Handeln der Eltern bewahren (Soergel/Strätz Rn 8; BGB-RGRK/ Wenz Rn 9; MünchKomm/Huber Rn 11). Denn Zweck der Gesamtvertretung ist die Sicherung des Vertretenen gegen eine treuwidrige Ausübung der Vertretungsmacht durch gegenseitige Kontrolle der Vertreter. Hierzu sind die Eltern kraft ihres gemeinsamen Sorgerechts verpflichtet; das Verbundensein der Eltern in die Gesamtvertretung fördert neben der Notwendigkeit auch die Bereitschaft zur Einigung, § 1627. Das gilt auch für das durch das Lebenspartnerschaftsgesetz mit Wirkung zum 1. 8. 2001 eingeführte „kleine Mitsorgerecht" des Ehegatten, des alleinvertretungsberechtigten Elternteils, § 1687b (BT-Drucks 14/3751, 39; AnwKomm-BGB/Peschel-Gutzeit § 1687b Rn 6; Veit FPR 2004, 67, 71).

Ob mit dem Grundsatz der Gesamtvertretung auch dem Interesse des Rechtsverkehrs besser gedient ist (so Soergel/Strätz Rn 8; aA Gernhuber/Coester-Waltjen § 58 III 1 Rn 29), hat gegenüber diesen herausragenden Elternpositionen und Kindesschutzbedürfnissen nachrangige Bedeutung.

2. Wirkung der Gesamtvertretung

Gesamtvertretung bedeutet, daß im Regelfall, wenn beide Elternteile Inhaber der **31** elterlichen Sorge sind, nur beide Eltern zusammen befugt sind, im Namen des Kindes Rechtsgeschäfte vorzunehmen und Rechtsstreitigkeiten zu führen.

32 Die Gesamtvertretung und damit die Notwendigkeit gemeinschaftlichen Handelns der Eltern nach außen wird durch die Trennung der Eltern allein nicht berührt. Erst eine gerichtliche Regelung nach § 1671 ändert diesen Zustand. Auch durch die Eheauflösung wird die Notwendigkeit gemeinschaftlichen Handelns nach außen nicht aufgehoben, wenn und soweit die gemeinsame elterliche Sorge fortbesteht (soweit es die Geltendmachung von Kindesunterhalt angeht, vgl unten Rn 321 ff). Nur wenn das Familiengericht auf Antrag eines Elternteils bei nicht nur vorübergehender Trennung (oder Scheidung) der Ehe einem Elternteil die elterliche Sorge allein überträgt, § 1671, endet die Gesamtvertretung der Eltern. Die Gesamtvertretung gilt auch bei Eltern, die nicht miteinander verheiratet sind oder waren, gem § 1626a gemeinsam sorgeberechtigt sind und getrennt leben (BVerfG 3. Kammer des 1. Senats FamRZ 2005, 429) mit der Folge, daß die Mutter das Kind bei der Einlegung einer Verfassungsbeschwerde nicht allein vertreten kann. Vielmehr ist die Bestellung eines Ergänzungspflegers notwendig.

33 Wegen des Prinzips der Unteilbarkeit der elterlichen Sorge ist eine Aufspaltung der gemeinsamen Elternsorge nach Scheidung etwa der Art, daß einem Elternteil allein die gesetzliche Vertretung zustehen soll oder nur die Vertretung den geschiedenen Eltern gemeinsam bleiben soll, auch dann nicht zulässig, wenn die Eltern dies übereinstimmend vorschlagen.

34 Gesamtvertretung erfordert **nicht notwendig**, daß die Eltern **gleichzeitig** nach außen tätig werden. Ursprünglich war allerdings angenommen worden, daß bei Gesamtvertretung alle Gesamtvertreter nach außen nur gemeinsam tätig werden können mit der Folge, daß auch dann, wenn ein Gesamtvertreter zunächst allein handelt und der andere (später) zustimmt, diese Zustimmung gegenüber dem dritten Vertragspartner erklärt werden muß.

35 Diese den Geschäftsverkehr erschwerenden Erfordernisse hat die Rechtsprechung (RGZ 81, 325 ff) schon früh gemildert. Seither genügt es, daß nach außen nur **ein** Gesamtvertreter handelt und daß der andere Gesamtvertreter nur **ihm** gegenüber, also intern, die Zustimmung erklärt, sei es in Form der Einwilligung oder der Genehmigung (RGZ 101, 242, 343; 110, 145, 146; 112, 215, 220; 118, 168, 170; OLG München BB 1972, 113, 114; MünchKomm/Schramm § 164 Rn 87).

Muß die gesetzliche Schriftform, § 126, gewahrt werden, so genügt die Unterschrift *eines* Gesamtvertreters (RGZ 106, 268; Staudinger/Dilcher[12] § 126 Rn 21).

36 Diese interne Zustimmung des nicht handelnden Gesamtvertreters kann auch durch schlüssiges Handeln erteilt werden. Für den Vertragspartner bedeutet dies, daß er nicht erkennen kann, ob und wann das von ihm mit einem Elternteil abgeschlossene Rechtsgeschäft wirksam wird. Für die Gesamtvertretung der Eltern bedeutet es, daß sie auch getrennt und nacheinander Erklärungen für das Kind abgeben können oder daß nur ein Elternteil handelt und der andere später zustimmt (Soergel/Strätz Rn 9; MünchKomm/Huber Rn 11; im Grundsatz auch Gernhuber/Coester-Waltjen § 58 III 2 Rn 30 u BGB-RGRK/Wenz Rn 10 f). Gibt nur ein Elternteil die Erklärung ab, so ist diese solange schwebend unwirksam, bis der zweite Elternteil die übereinstimmende Erklärung abgibt oder die Erklärung des ersten Elternteils genehmigt; nach Eintritt der Volljährigkeit kann dies auch das Kind selbst tun (BGB-RGRK/Wenz Rn 10).

Das Gesetz normiert aber nicht Einzelvertretung des Kindes durch einen Elternteil **37** und die bloße Notwendigkeit der Zustimmung durch den anderen. Vielmehr gibt auch der als zweiter, getrennt handelnde Elternteil seine Erklärung unter der eigenen Elternverantwortung, § 1627, für das Kind ab; nur braucht dies analog § 182 Abs 2 nicht in der für das Rechtsgeschäft bestimmten Form zu geschehen, wenn diese Form bei der Ersterklärung eingehalten wurde (wohl allgM, BGB-RGRK/WENZ Rn 11). Aber wie auch sonst bei Gesamtvertretung (RGZ 81, 325, 329; BGH LM § 164 BGB Nr 15) kommt die gemeinschaftliche Erklärung mit Wirkung für und gegen das Kind nur wirksam zustande, wenn und soweit der Elternteil, der die Erklärung zuerst abgegeben hat, an ihr im Zeitpunkt der Erklärung des anderen Elternteils noch festhält (RGZ 81, 325, 329; RG DRW 1942, 1159; BGH WM 1976, 1053, 1054; WM 1982, 1036, 1037; WM 1986, 315; WM 1996, 2594; auch BGHZ 30, 306, 313 = NJW 1959, 2111 = MDR 1959, 920; BGHZ 105, 4548; in der Literatur umstritten: wie hier BGB-RGRK/WENZ Rn 11; ERMAN/PALM § 167 Rn 34 ff; STAUDINGER/SCHILKEN [2004] § 167 Rn 54; krit PAWLOWSKI MDR 1989, 775).

Gibt nur ein Elternteil eine Willenserklärung im Namen des Kindes ohne Ermäch- **38** tigung oder in Überschreitung der Ermächtigung des anderen Elternteils ab, so liegt ein Fall des § 177 vor (RGZ 61, 223). Das Geschäft ist schwebend unwirksam und kann entweder vom anderen Elternteil oder nach Eintritt der Volljährigkeit vom Kinde selbst (GERNHUBER/COESTER-WALTJEN § 58 III 2 Rn 31) genehmigt werden, und zwar intern gegenüber dem zuerst und allein handelnden Elternteil, es sei denn, der Geschäftsgegner hat eine Aufforderung nach § 177 Abs 2 an einen der Elternteile gerichtet. Die Genehmigungsfähigkeit hängt allerdings davon ab, wie der zuerst und allein handelnde Elternteil aufgetreten ist: Handelt der zuerst tätig werdende Elternteil zwar im Namen des Kindes, begründet er aber überhaupt nicht, daß und warum er meint, allein und selbständig für das Kind handeln zu können, so liegt kein Fall des § 177 vor. Hier kann nur die zweite autonome, übereinstimmende Erklärung des anderen Elternteils den Tatbestand der „Willenserklärung für das Kind" vollenden (str: wohl MünchKomm/SCHRAMM § 164 Rn 52; GERNHUBER/COESTER-WATLJEN § 58 III 2 Rn 31).

Bei **Willensmängeln** und der Zurechnung von **Wissen** (BGH LM § 852 BGB Nr 35 = **39** NJW 1968, 988) wird nicht auf beide Elternteile abgestellt: Liegt ein Willensmangel, der zur Nichtigkeit oder Anfechtbarkeit des Rechtsgeschäfts führt, nur in der Person eines Elternteils vor, reicht dies zur Geltendmachung der Nichtigkeit oder zur Anfechtung der gesamten Erklärung aus (STAUDINGER/SCHILKEN [2004] § 167 Rn 58, 59; BGB-RGRK/WENZ Rn 12; MünchKomm/SCHRAMM § 167 Rn 93; SOERGEL/STRÄTZ Rn 9; MÜLLER-FREIENFELS Vertretung 388). Die Kenntnis nur eines Elternteils setzt die Verjährung nach § 852 in Lauf (BGH NJW 1976, 2344 = JR 1976, 194 = FamRZ 1976, 212), sie verhindert gutgläubigen Erwerb nach § 932 und die Einrede der Entreicherung, § 819 (allgM: BGHZ 17, 160 = LM § 1822 BGB Nr 3 m Anm FISCHER = NJW 1955, 1067 m Anm GANSSMÜLLER = MDR 1955, 667 m Anm NIPPERDEY BB 1955, 489 = Betrieb 1955, 553 = WM 1955, 830, 832 = DNotZ 1955, 530; BGHZ 20, 149, 153; 62, 166, 173; RAUSCHER § 33 Rn 1048; GERNHUBER/COESTER-WALTJEN § 58 III 3 Rn 32).

Was gelten soll, wenn **nur** das Kind bösgläubig ist, wird kontrovers beurteilt. MÜL- **40** LER-FREIENFELS (Vertretung 393 ff) tritt für eine analoge Anwendung des § 166 Abs 2 ein; der BGH (BGHZ 55, 128, 135) hebt bei Haftung aus ungerechtfertigter Bereicherung des Minderjährigen nach § 819 auf dessen Kenntnis vom fehlenden Rechtsgrund ab und wendet im Rahmen dieser Vorschrift § 828 Abs 2 entsprechend an.

II. Alleinvertretung eines Elternteils

1. Alleinvertretung kraft Elternvereinbarung

41 Unabhängig von der elterlichen Gesamtvertretung, deren Zweck dadurch nicht verletzt wird, kann jeder Elternteil den anderen **intern** zum **Alleinhandeln für das Kind** autorisieren.

a) Ermächtigung oder Bevollmächtigung?

42 Ob diese Autorisierung im Wege der Bevollmächtigung oder der Ermächtigung geschieht, ist umstritten. Beide Institute ähneln einander insoweit, als beide es durch Erteilung der Handlungsmacht ermöglichen, durch rechtsgeschäftliches Handeln unmittelbar auf den Rechtskreis des anderen einzuwirken. Ermächtigung und unmittelbare Stellvertretung unterscheiden sich dadurch, daß der Ermächtigte ausschließlich im eigenen Namen auftritt, der unmittelbare Stellvertreter ausschließlich im Namen des Vertretenen. Außerdem soll die Vollmacht personenbezogen, die Ermächtigung gegenstandsbezogen sein (FLUME § 57 I b; SIEBERT, Das rechtsgeschäftliche Treuhandverhältnis [1933, Neudruck 1970] 254; RAAPE AcP 121 [1923] 257 ff, 263, 272 ff; MÜLLER-FREIENFELS, Vertretung 98 ff; STAUDINGER/SCHILKEN [2004] Vorbem 64 zu § 164). Beide, Bevollmächtigung wie Ermächtigung, sind auch bei Gesamtvertretern grundsätzlich möglich. Nur aus dem zugrundeliegenden Rechtsverhältnis, das die Gesamtvertretung zur Folge hat, und aus der Art und Weise des Auftretens des einen handelnden Gesamtvertreters im Rechtsverkehr läßt sich ermitteln, ob Ermächtigung oder Bevollmächtigung vorliegt. Die Unterscheidung ist relevant in Richtung auf Widerrufbarkeit der Handlungsmacht und Wirksamkeit des Handelns für den anderen (im fremden oder eigenen Namen?).

43 Es kommt also darauf an, um welche Art Geschäfte es sich handelt und wie der Alleinhandelnde auftritt. Handelt es sich um ein einzelnes Geschäft, einen Kreis von Geschäften, insbesondere um solche minderer Bedeutung, oder darum, daß Eltern das Handeln für das Kind nach Lebenskreisen aufgeteilt bzw eine allgemeine Funktionsteilung untereinander vorgenommen haben, so spricht schon diese gegenstandsbezogene Übertragung von Handlungsmacht mehr für eine **Ermächtigung** als für eine Bevollmächtigung. Entscheidend ist aber das Auftreten eines alleinhandelnden Elternteils im Rechtsverkehr: Ein in umgrenzten Angelegenheiten allein handelnder Elternteil müßte, wäre er vom anderen Elternteil bevollmächtigt, nicht nur als offener Stellvertreter des Kindes in dessen Namen, sondern ebenso als Unterbevollmächtigter des anderen Elternteils in dieses Elternteils Namen handeln. Eine derartige Interpretation würde dem Lebenssachverhalt, bei dem ein Elternteil in Übereinstimmung mit dem anderen allein handelt, nicht gerecht. Denn wenn schon Vater oder Mutter allein für das Kind, in dessen Namen handelnd, auftreten, so pflegen sie nach der Lebenserfahrung nicht auch noch zugleich im Namen des abwesenden Elternteils aufzutreten.

44 Es ist deshalb hier, analog zu § 125 Abs 2 S 2 HGB, von der **Ermächtigung** des allein handelnden Elternteils durch den anderen Elternteil auszugehen. Der ermächtigte Elternteil handelt nach außen und innen alleinverantwortlich, ohne sich intern auf etwaige Weisungen des ermächtigenden Elternteils berufen zu können (BGHZ 64, 72, 75, 77 = LM § 181 BGB Nr 18 m Anm FLECK = NJW 1975, 1117 m abl Anm REINICKE 1185 =

MDR 1975, 645 = GmbH-Rdsch 1975, 131). Dieser Umstand steht der Übernahme des Instituts des ermächtigten Gesamtvertreters, das auf der Grundlage der Vorschrift des § 125 Abs 2 S 2 HGB entwickelt ist, in das Recht der elterlichen Sorge nicht entgegen. Auch kraft Ermächtigung wirken beide Elternteile am Abschluß des Rechtsgeschäfts mit, denn stets geht dem Alleinhandeln eines Elternteils der Konsens mit dem anderen voraus, wodurch die Erfordernisse eigenverantwortlicher und einvernehmlicher Ausübung der elterlichen Sorge, § 1627, erfüllt sind (ebenso BGHZ 105, 45 ff = NJW 1988, 2946 = MDR 1988, 949 = JZ 1989, 93 m zust Anm GIESEN = FamRZ 1988, 1142; zust in bezug auf Ermächtigung PAWLOWSKI MDR 1989, 775; MünchKomm/ SCHRAMM § 164 Rn 89 ff; GERNHUBER/COESTER-WALTJEN § 58 III 2; BEITZKE § 26 5; aA: [Bevollmächtigung] BGB-RGRK/WENZ Rn 13 u, wenngleich nicht problematisiert, SOERGEL/STRÄTZ Rn 12; ERMAN/MICHALSKI Rn 3; PALANDT/DIEDERICHSEN Rn 9; JANS/HAPPE Anm 4; RAUSCHER § 33 Rn 1048).

b) Art und Weise der Machtübertragung, Inhalt

Die Ermächtigung folgt, was Übernahme, Mißbrauch, Überschreitung angeht, den **45** Regeln der Bevollmächtigung. Dementsprechend kann sie auch stillschweigend oder durch schlüssiges Handeln erfolgen. Dies wird insbesondere bei Aufgaben- oder Funktionsteilungen zwischen den Eltern zu bejahen sein. Die Eltern können ausdrücklich oder stillschweigend die Regelung bestimmter Aufgaben der elterlichen Sorge einschließlich der Vertretung oder auch Vertretung allein untereinander aufteilen (vgl § 1627 Rn 11 f). Sie können einander ebenso ausdrücklich oder stillschweigend ermächtigen, das Kind allein zu vertreten (hM: MünchKomm/HUBER Rn 33 ff; GERN-HUBER/COESTER-WALTJEN § 58 III 2 Rn 30; ebenso – für die Bevollmächtigung – BGB-RGRK/ WENZ Rn 14; SOERGEL/STRÄTZ Rn 12; ERMAN/MICHALSKI Rn 3).

Auch die Grundsätze der Duldungs- und Anscheinsvollmacht sind anwendbar **46** (GERNHUBER/COESTER-WALTJEN § 58 III 2 Rn 30). Aber die Besonderheit der Rechtsbeziehung zwischen den gesamtvertretenden Eltern einerseits und dem Kinde andererseits gebietet eine zurückhaltende Anwendung. Zum einen kann die Zulassung der stillschweigenden oder duldenden Ermächtigung zur Umgehung der gesetzlich angeordneten gemeinsamen Vertretung des Kindes führen. Zum anderen führt das Verhalten des Elternteils, der nicht handelt, sondern den anderen Elternteil stillschweigend oder duldend mithandeln läßt, nicht zur unmittelbaren Rechtswirkung in **seiner**, des gesetzlichen Vertreters, Person, sondern allein in der Person des Kindes.

Stillschweigende Ermächtigung setzt voraus, daß dem ermächtigten Elternteil seine Vertretungsmacht bewußt ist und daß er die Handlungsmacht des anderen Elternteils um die eigene Handlungsmacht erweitern will (BGB-RGRK/WENZ Rn 14; Münch-Komm/HUBER Rn 34; RAUSCHER § 33 Rn 1048). Hat der nicht handelnde Elternteil dieses Bewußtsein nicht, so entfällt die Möglichkeit einer stillschweigenden Ermächtigung. Hat etwa die Mutter die falsche Vorstellung, der Vater sei für das Kind alleinvertretungsberechtigt, so bedeutet ihr Stillschweigen nicht, daß sie den Vater zur Vertretung, also zur Mitwahrnehmung ihrer eigenen Vertretungsmacht, ermächtigt. Aus einfachem Schweigen des einen Elternteils kann mithin eine stillschweigende Ermächtigung des anderen Elternteils nicht abgeleitet werden (BGHZ 39, 45 = LM § 1629 BGB Nr 1 m Anm HAUSS = MDR 1963, 399 = FamRZ 1963, 134 = BB 1963, 367; LAG Düsseldorf FamRZ 1967, 47; SOERGEL/STRÄTZ Rn 12; BGB-RGRK/WENZ Rn 14; ERMAN/MICHALSKI Rn 3; MünchKomm/HUBER Rn 34; unklar PALANDT/DIEDERICHSEN Rn 9).

47 Noch größere Bedenken bestehen gegen die Annahme einer Ermächtigung wegen bloßen Rechtsscheins gegenüber dem Vertragspartner (vgl Einzelheiten PAWLOWSKI MDR 1989, 775 mwNw; aA LG Deggendorf VersR 1973, 609, 610 mit bedenklicher Begründung, es sei „geradezu die Regel, daß in rechtsgeschäftlichen Angelegenheiten minderjähriger Kinder der Vater tätig wird und die Mutter dies ausdrücklich oder stillschweigend billigt"). Im übrigen wird Ermächtigung durch bloßen Rechtsschein oder Duldung schon deswegen nur ausnahmsweise in Betracht kommen, weil Geschäfte des täglichen Lebens von den Eltern regelmäßig im eigenen Namen abgewickelt werden. Handelt es sich dagegen um wichtige oder bedeutendere Angelegenheiten, so wird dem Rechtsverkehr abzuverlangen sein, daß er sich vor Vertragsschluß vergewissert, ob sein Vertragspartner (minderjähriges Kind) wirksam vertreten ist.

c)   Widerruf

48 Die Ermächtigung eines Elternteils ist frei widerruflich und schränkt die Vertretungsbefugnis des ermächtigenden Elternteils grundsätzlich nicht ein: Handelt der Ermächtigende **vor** dem Ermächtigten, ist seine Erklärung wirksam (STAUDINGER/ SCHILKEN [2004] Vorbem 63 zu §§ 164 ff mwNw).

d)   Generalermächtigung

49 Die freie Widerrufbarkeit der Ermächtigung führt nicht zur Zulassung einer Generalermächtigung. Denn eine solche würde das Prinzip der Gesamtvertretung unterlaufen und mit der Pflicht beider Elternteile, für Person und Vermögen des Kindes in eigener Verantwortung zu sorgen, §§ 1626, 1627 S 1, kollidieren. Ist der andere Elternteil tatsächlich an der Ausübung der elterlichen Sorge verhindert, geht insoweit die elterliche Sorge ohnehin kraft Gesetzes auf den nicht verhinderten Elternteil über, § 1678, so daß kein schutzwürdiges Interesse besteht, darüber hinaus eine Generalermächtigung zuzulassen, die den Grundsatz der Gesamtvertretung umgehen und aushöhlen könnte (MünchKomm/HUBER Rn 37; GERNHUBER/COESTER-WALTJEN § 58 III 2 Rn 30; RAUSCHER § 33 Rn 1048; ebenso für das vergleichbare Problem der Generalvollmacht BGB-RGRK/WENZ Rn 15).

e)   Ärztliche Eingriffe

50 Für die elterliche Einwilligung in ärztliche Eingriffe und die elterliche Vertretung bei Abschluß des Behandlungsvertrages für das Kind hat der BGH (BGHZ 105, 45 = NJW 1988, 2946 = MDR 1988, 949 = JZ 1989, 93 m Anm GIESEN = FamRZ 1988, 1142) allgemeine Grundsätze aufgestellt. In „Routinefällen", wenn es um die Behandlung leichterer Erkrankungen und Verletzungen geht, hat der beim Arzt mit dem Kinde erscheinende Elternteil die Ermächtigung zum Handeln für den anderen Elternteil (LG Berlin NJW 1961, 973 = JR 1961, 263). Aufgrund einer allgemeinen Funktionsteilung zwischen den Eltern auf diesem Teilgebiet der elterlichen Sorge oder aufgrund einer konkreten Absprache ist der beim Arzt oder Krankenhaus vorsprechende Elternteil typischerweise ermächtigt, für den abwesenden Elternteil die erforderliche Einwilligung in den ärztlichen Heileingriff mitzuerteilen. Darauf darf sich der Arzt ungefragt verlassen.

51 Geht es dagegen um ärztliche Eingriffe schwerer Art mit nicht unbedeutenden Risiken, muß sich der Arzt vergewissern, ob der erschienene Elternteil die Ermächtigung des abwesenden Elternteils hat und wie weit diese geht. Bei derartigen schwierigen und risikoreichen Eingriffen liegt die Ermächtigung des einen Elternteils durch den anderen nicht von vornherein nahe. Denn sie folgt weder aus einer üblichen Funktionsteilung noch spricht ein Anschein dafür, daß der anwesende Elternteil „freie Hand" für derartige schwierige Alleinentscheidungen hat. Die Annahme einer solchen Anscheinsermächtigung würde die Berechtigung und Verpflichtung des anderen Elternteils, die Personensorge für das Kind gerade in besonders wichtigen Angelegenheiten mit wahrzunehmen, unterlaufen (ebenso GIESEN JZ 1989, 95 u PAWLOWSKI MDR 1989, 775, der eine Anscheinsvollmacht bei der gesetzlichen Vertretung überhaupt ablehnt). Hier ist aber die neu eingeführte gesetzliche Alleinvertretungsmacht bei Gefahr, § 1629 Abs 1 S 4 (s unten Rn 52) zu beachten.

2. Alleinvertretung kraft Gesetzes

In sehr unterschiedlichen Fällen normiert das Gesetz Alleinvertretung des Kindes **52** durch einen Elternteil. Sie besteht immer, wenn und soweit einem Elternteil die elterliche Sorge allein zusteht (etwa nach §§ 1626a Abs 2, 1671, 1672, 1680a Abs 1), wenn ein Elternteil die elterliche Sorge allein ausübt (§§ 1629 Abs 1 S 3, 1628, 1678 Abs 1) oder wenn er alleinvertretungsberechtigt ist, weil der andere Elternteil minderjährig ist (§ 1673 Abs 2 S 2; s iE Rn 66 ff).

Sofern eine **Interessenkollision** vorliegt, § 181, findet **keine** Alleinvertretung statt: Auch wenn nur bei einem der beiden gesamtvertretenden Elternteile ein rechtlicher Hinderungsgrund nach § 1795 oder § 181 eingreift, sind **beide** Elternteile (der Vater **und** die Mutter) von der Vertretung kraft Gesetzes ausgeschlossen; der andere wird also nicht zum Alleinvertreter, § 1629 Abs 2 S 1 (BGH LM § 1594 BGB Nr 14 = NJW 1972, 1708 = MDR 1972, 936 = FamRZ 1972, 498 = DAVorm 1972, 389; BayObLGZ 59, 370 = NJW 1960, 577 = FamRZ 1960, 33; KG FamRZ 1974, 380 = DAVorm 1974, 648; BayObLG FamRZ 1976, 168 [LS] = Rpfleger 1974, 346 = MittBayNot 1974, 155; KG FamRZ 1974, 380; OLG Zweibrücken FamRZ 1980, 911; MünchKomm/HUBER Rn 42; SOERGEL/STRÄTZ Rn 25; PALANDT/DIEDERICHSEN Rn 21; GERNHUBER/COESTER-WALTJEN § 58 III 6 Rn 36; s im übrigen unten Rn 185 ff).

a) Notvertretungsrecht
Das sogenannte Notvertretungsrecht, also das Alleinvertretungsrecht für Eltern mit **53** gemeinsamer elterlicher Sorge, § 1629 Abs 1 S 4, hat das KindRG eingeführt. Bisher kannte das Gesetz es nur bei Personen, die im Rahmen der jugendhilferechtlichen Hilfen zur Erziehung, §§ 33–35a KJHG (Vollzeitpflege, Heimerziehung, intensive sozialpädagogische Einzelbetreuung, Eingliederungshilfe für seelisch behinderte Kinder und Jugendliche) die Erziehung und Betreuung übernommen hatten. Dies war in § 38 Abs 1 Nr 5 KJHG (SGB VIII aF) ausdrücklich geregelt. Danach waren Pflegepersonen und die ihnen nach § 38 Abs 1 KJHG gleichgestellten Personen berechtigt, bei Gefahr im Verzuge alle Rechtshandlungen vorzunehmen, die zum Wohle des Kindes oder des Jugendlichen notwendig waren; der Personensorgeberechtigte war unverzüglich zu unterrichten.

Nachdem das KindRG dieses Notvertretungsrecht der Pflege- und ihnen gleichgestellten Personen in das BGB übernommen hatte, § 1688 nF, konnte es nicht auf den Kreis von Pflegeeltern beschränkt bleiben. Es mußte vielmehr auch für das Verhältnis von Elternteilen zueinander geregelt werden (BT-Drucks 13/4899, 90). In der Sache ist dies keine Neuerung. Denn auch vor Inkrafttreten des KindRG wurde die selbständige Handlungsmacht des allein erreichbaren Elternteils in Eil- und Notfällen (Unfall, plötzliche Erkrankung des Kindes) aus allgemeinen Rechtsgrundsätzen hergeleitet, etwa aus § 744 Abs 2 (Alleinvertretungsrecht in der Gemeinschaft bei zur Erhaltung notwendigen Maßregeln), § 1454 (Alleinvertretungsrecht eines Ehegatten bei Verwaltung des Gesamtgutes, wenn Gefahr im Verzuge ist), § 2038 Abs 1 S 2 (Alleinvertretungsrecht eines Miterben bei ungeteilter Erbengemeinschaft, soweit es um zur Erhaltung notwendige Maßnahmen geht), § 115 Abs 2 HGB (Alleinvertretungsrecht eines Gesellschafters bei Gesamtvertretung der Gesellschafter einer OHG, wenn Gefahr im Verzuge ist). Aus diesen allgemeinen Grundsätzen wurde auch schon vor Inkrafttreten des KindRG die Handlungsmacht des anwesenden Elternteils hergeleitet (MünchKomm/Huber, § 1629 Rn 25; Soergel/Strätz Rn 7; Gernhuber/Coester-Waltjen § 58 I 4 Rn 5; aA Staudinger/Peschel-Gutzeit[12] § 1629 Rn 52).

So vernünftig diese Regelung ist, so ist doch Vorsicht geboten: Zum einen kann der abwesende Elternteil durch heute sehr erleichterte Telekommunikation im allgemeinen rasch erreicht und befragt werden. Zum anderen kann in einem Notfall (Unfall, plötzliche Erkrankung des Kindes) der allein anwesende Elternteil den Arztvertrag auch im eigenen Namen (zugunsten des Kindes oder jedenfalls mit Schutzwirkung für das Kind) abschließen. Bedeutung hat das Notvertretungsrecht deshalb vor allem für die notwendig werdende Einwilligung des Kindes in den Eingriff. Diese Einwilligung kann aber nur im Namen des Kindes abgegeben werden (Gernhuber/Coester-Waltjen § 58 I 4 Rn 5).

Nur solche Rechtshandlungen sind vom Notvertretungsrecht gedeckt, die zum Wohl des Kindes notwendig sind. Dem Kinde müssen also andernfalls erhebliche, insbesondere gesundheitliche, möglicherweise auch wirtschaftliche Nachteile drohen, deren Abwendung sofortiges Handeln eines Elternteils erforderlich macht. Besondere Probleme entstehen, wenn das Kind an einer länger bekannten Krankheit leidet, die sich plötzlich während der Abwesenheit oder Unerreichbarkeit des andern Teils erheblich verschlechtert. Hier wird zum Teil die Ansicht vertreten, das Notvertretungsrecht decke nicht das alleinige Handeln eines Elternteils, wenn die Notwendigkeit des Handelns vorhersehbar war (FamRefK/Rogner § 1629 Rn 3). Dem ist nicht zuzustimmen. Voraussetzung dafür, daß ein Elternteil alleinvertretungsberechtigt wird, ist die plötzlich und unerwartet eintretende Notlage. Dies ist auch bei länger bestehenden Krankheiten möglich. Ist Gefahr im Verzuge, muß zum Wohle des Kindes unverzüglich gehandelt werden. Das bedeutet zugleich, daß Gefahr im Verzuge solange nicht anzunehmen ist, als der andere sorgeberechtigte Elternteil noch rechtzeitig erreicht werden kann.

Auch der Überlegung, das Notvertretungsrecht dürfe nicht dazu benutzt werden, eine bereits geäußerte gegenteilige Meinung des anderen Elternteils zu unterlaufen (Palandt/Diederichsen Rn 17), kann für wirkliche Notfälle nicht zugestimmt werden. Stets entscheidet das Wohl des Kindes. Und wäre der andere Elternteil anwesend und würde er sich gegen notwendige ärztliche Maßnahmen aussprechen, müßte der jetzt allein anwesende Elternteil ohnehin den Weg über § 1628 gehen, um den Kinde zu helfen.

Daß der abwesende Elternteil unverzüglich zu unterrichten ist, versteht sich von selbst; das Gesetz sagt es aber auch noch einmal ausdrücklich, § 1629 Abs 1 S 4 (MünchKomm/Huber Rn 25 ff, 31).

b) Passivvertretung bei Willenserklärungen

Für die Entgegennahme von Willenserklärungen, zB Vertragsangebot, Kündigung, **54**
Zustellung (Passivvertretung), gilt Alleinvertretung eines Elternteils, § 1629 Abs 1
S 2 HS 2. Dies entspricht einem im Recht der – auch gesetzlichen – Gesamtvertretung allgemein anerkannten Rechtsprinzip (§§ 28 Abs 2 BGB, 125 Abs 2 S 3, 150
Abs 2 S 2 HGB, 78 Abs 2 S 2 AktG, 35 Abs 2 S 3 GmbHG, 171 Abs 3 ZPO; RGZ 53,
227, 231; BGHZ 20, 149; 62, 166, 173; HERM LANGE NJW 1961, 1889, 1892) und einem Bedürfnis
des Rechtsverkehrs (BT-Drucks 7/2060, 21). Dasselbe gilt für die Entgegennahme von
rechtsgeschäftsähnlichen Erklärungen, zB Ablehnung des Anspruchs auf Versicherungsschutz nach § 12 Abs 3 S 2 VVG (BGH LM § 1626 BGB Nr 5 = NJW 1977, 950 [LS] =
FamRZ 1977, 245), und bei anderen Passivvertretungen, bei denen grundsätzlich nur
einer der beiden Elternteile mitwirken muß, zB § 171 Abs 3 ZPO (LG Ravensburg
Rpfleger 1975, 370; STEIN/JONAS/ROTH § 171 Rn 10; ZÖLLER/STÖBER § 171 Rn 6; für den inhaltlich
übereinstimmenden § 7 Abs 3 VerwZustG vom 3. 7. 1952, BGBl I 379: BFH BB 1974, 1103 = Betrieb
1974, 2384 = FamRZ 1975, 209 [LS]; NJW 1977, 544 [LS]); § 63 Abs 2 SGG; § 56 Abs 2
VwGO; § 53 Abs 2 FinGO; § 37 Abs 1 S 2 StPO; § 67 Abs 5 S 3 JGG.

Aus der gemeinschaftlichen Verbundenheit der Eltern, § 1627 S 1, folgt im Innen- **55**
verhältnis, daß der Erklärungsempfänger den anderen zu informieren hat (BGHSt 22,
103 = NJW 1968, 950 = FamRZ 1968, 250).

c) Passivvertretung bei Wissensvertretung

Auch für die Kenntniserlangung von Tatsachen (Wissensvertretung) durch den ge- **56**
setzlichen Vertreter gilt Alleinvertretung, wenn und soweit der Lauf der gesetzlichen
Frist betroffen ist. Es wird der Gemeinschaft von Gesamtvertretern verwehrt, sich
im Außenverhältnis darauf zu berufen, daß ein Gesamtvertreter es unterlassen hat,
seine Kenntnis dem anderen Gesamtvertreter mitzuteilen. Denn § 1627 S 1 schreibt
ausdrücklich vor, daß die elterliche Sorge im gegenseitigen Einvernehmen auszuüben ist. Ein Elternteil ist also rechtlich verpflichtet, den anderen Elternteil ins
Vertrauen zu ziehen; unterläßt er es, führt das nicht zur Verzögerung des Fristbeginns.

aa) Vaterschaftsanfechtung

Die Frist für die Vaterschaftsanfechtung beginnt mit dem Zeitpunkt, in dem das **57**
Kind von den Umständen erfährt, die gegen die Vaterschaft sprechen, § 1600b Abs 1
S 2, nicht aber vor der Geburt und nicht vor Wirksamkeit der Anerkennung. Beim
minderjährigen Kind kommt es gemäß §§ 1600, 166 Abs 1 auf die Kenntnis des
gesetzlichen Vertreters an, dessen Kenntnis muß das Kind sich anrechnen lassen
(OLG Köln DAVorm 1976, 638; KG DAVorm 1974, 648 und FamRZ 1978, 927; OLG München
DAVorm 1979, 860, 863). Der gesetzliche Vertreter muß auch befugt sein, das Kind im
Anfechtungsprozeß zu vertreten. Hat das Kind keinen gesetzlichen Vertreter, der
zur Erhebung der Anfechtungsklage befugt ist, so beginnt die Frist nicht zu laufen.
Denn es fehlt an einer Person, die das Kind in der Kenntnisnahme vertreten kann.
Die Zurechnung der Kenntnis des gesetzlichen Vertreters nach § 166 Abs 1 kann nur
gelten, wenn dieser auch die rechtlichen Folgen aus der Kenntnis ziehen kann. Dies
kann bei bestehender gemeinsamer elterlicher Sorge keiner der beiden Eltern. Denn
die Eltern sind, solange sie gemeinsam Inhaber der elterlichen Sorge sind, rechtlich
gehindert, aus dieser Kenntnis die nötigen Folgerungen (Klageerhebung) zu ziehen:
Der Vater kann nicht namens des Kindes gegen sich selbst Klage erheben, weil er

nach § 1600e den Prozeß gegen sich selbst führen müßte. Auch der Rechtsgedanke aus §§ 1629 Abs 2 S 1, 1795 Abs 2, 181 ist entsprechend anzuwenden (STAUDINGER/ RAUSCHER [2004] § 1600a Rn 27; MünchKomm/MUTSCHLER § 1597 aF Rn 5; PALANDT/DIEDERICH- SEN § 1600a Rn 6; SOERGEL/GAUL § 1597 aF Rn 5; BGB-RGRK/BOECKERMANN § 1596 aF Rn 25; BECKER-EBERHARD FamRZ 1984, 78, 80; BGH NJW 1975, 375, 376).

Diese Hinderung gilt über § 1629 Abs 2 S 1, 1795 Abs 1 Nr 3 auch für die Mutter. Erst wenn die Eltern nicht mehr gemeinsam Inhaber der elterlichen Sorge sind, etwa weil die Elternehe gescheitert oder beendet ist und die elterliche Sorge in diesem Zusammenhang gerichtlich geregelt ist, ist das Hindernis behoben, die gesetzliche Vertretung geregelt und beginnt die Anfechtungsfrist zu laufen (OLG Hamm FamRZ 1964, 574 [LS] = ZBlJugR 1964, 209; FamRZ 1969, 548, 549 m Anm BOSCH; OLG Braun- schweig FamRZ 1968, 40 m Anm RICHTER 257; KG FamRZ 1974, 380 = DAVorm 1974, 648; OLG Koblenz DAVorm 1983, 735; aA BGH LM § 640 ZPO Nr 18 = NJW 1958, 709 [LS] = MDR 1958, 316 = FamRZ 1958, 178 m Anm BOSCH für die Zeit vor Inkrafttreten des GleichberG).

58 Für den Fall dauernder Trennung oder Scheidung ist dies eine Entscheidung nach §§ 1671 oder 1672: Wird die Mutter Inhaberin der alleinigen elterlichen Sorge, so ficht sie als gesetzliche Vertreterin des Kindes nach § 1600a Abs 3 die Vaterschaft an, wenn dies dem Wohl des Kindes dient, § 1600a Abs 4. Eine familiengerichtliche Genehmigung benötigt sie nicht (mehr), da das Familiengericht als Klagevorausset- setzung die Kindeswohldienlichkeit der Anfechtung prüfen muß. Wird der Vater, also der Mann, dessen Vaterschaft nach § 1592 Nr 1 oder 2 oder § 1593 besteht, Sorgerechtsinhaber, so muß unterschieden werden: Will er im Namen des Kindes anfechten, so steht seiner Anfechtungsklage § 1629 Abs 2 S 1 und § 1795 Abs 1 Nr 3 entgegen. Das Kind benötigt also einen Pfleger, der unter denselben Voraussetzun- gen wie die alleinsorgeberechtigte Mutter, nämlich unter dem Aspekt der Kindes- wohldienlichkeit anfechten kann, § 1600a Abs 4 iVm Abs 3. Will der Vater dagegen **nicht** in Vertretung des Kindes, sondern im eigenen Namen anfechten, so kann er das, nach Beendigung des Hindernisses gemeinsamer elterlicher Sorge, ebenso nur selbst wie die Mutter, § 1600a Abs 2.

Das volljährig gewordene Kind kann, unabhängig von der Entscheidung seines gesetzlichen Vertreters, jetzt aufgrund der Neuregelung des § 1600b Abs 3 selbst anfechten. Die Anfechtungsfrist beginnt nicht vor Eintritt der Volljährigkeit und nicht vor dem Zeitpunkt, in dem das Kind von den Umständen erfährt, die gegen die Vaterschaft sprechen.

bb) Strafantrag

59 Für den **Beginn der Strafantragsfrist** kommt es auf die Kenntnis des Berechtigten von Tat und Täter an. Für den Antrag des gesetzlichen Vertreters und des Sorgeberech- tigten kommt es auf dessen Kenntnis an. Bei Gesamtvertretung der gesetzlichen Vertreter genügt es, wenn einer der gesetzlichen Vertreter die erforderlichen Tat- sachen erfahren hat. Denn es wird aus Gründen des Kindeswohls für geboten ge- halten, daß möglichst bald geklärt wird, ob es zu einem gerichtlichen Verfahren kommt oder nicht (BGHSt 22, 103 ff = NJW 1968, 950 = FamRZ 1968, 250; BLEI AT § 110 II 2; LACKNER StGB § 77 Rn 11; MAURACH/GÖSEL/ZIPF AT § 74 II Rn 18; LK/JÄHNKE StGB § 77b Rn 10; TRÖNDLE/FISCHER StGB § 77 Rn 11; GERNHUBER/COESTER-WALTJEN § 58 III 4 Rn 33; BGB-RGRK/WENZ Rn 19; aA: RGSt 35, 267, 270; 47, 338, 339; SCHÖNKE/SCHRÖDER/STREE StGB

§ 77b Rn 4 mit dem Hinweis, es sei kein Gebot des Rechtsfriedens, daß bei Gesamtvertretung der Eltern die Kenntnis des einen Elternteils die Frist in Lauf setze, § 77 Abs 3 spreche dagegen; SOERGEL/STRÄTZ Rn 20; BOECKMANN NJW 1960, 1938, 1939; HERM LANGE NJW 1961, 1889, 1893, 1894).

Dagegen können die Eltern nur **in Gesamtvertretung** Strafantrag für das Kind stellen, **60** wobei es genügt, daß ein Elternteil allein die Antragserklärung abgibt, § 158 Abs 2 StPO, wenn nur der andere innerhalb der Antragsfrist sein Einverständnis oder die Zustimmung erklärt (BGH LM § 61 StGB aF Nr 2 = MDR 1957, 52 = JZ 1957, 67; FamRZ 1960, 197; JR 1967, 303 m Anm SCHRÖDER; FamRZ 1967, 329; BGHSt 22, 103 = NJW 1968, 950 = FamRZ 1968, 250; FamRZ 1984, 883, 884; BayObLGSt 1960, 267; 1961, 40 ff; BayObLG NJW 1961, 1033 = JR 1961, 72 = FamRZ 1961, 176; LK/JÄHNKE StGB § 77 Rn 47; SCHÖNKE/SCHRÖDER/STREE StGB § 77 Rn 16; TRÖNDLE/FISCHER StGB § 77 Rn 11; krit KOHLHAAS NJW 1960, 1 ff; JR 1972, 326 ff); die Eltern können einen Strafantrag auch nur in Gesamtvertretung zurücknehmen (BOECKMANN NJW 1960, 1938, 1940, SCHÖNKE/SCHRÖDER/STREE StGB § 77d Rn 3; GERNHUBER/COESTER-WALTJEN § 58 III 4 Rn 33; aA SOERGEL/STRÄTZ Rn 20; KOHLHAAS NJW 1960, 2). Solange das Einverständnis oder die Zustimmung des anderen Elternteils fehlt, ist der Antrag schwebend unwirksam (LG Heilbronn Justiz 1980, 480).

Das in § 77 Abs 3 StGB normierte Antragsrecht auch des nur tatsächlich Personen- **61** sorgeberechtigten gibt diesem eine punktuelle Vertretungsmacht in Form der Alleinvertretungsmacht, die er unabhängig von der Entscheidung des gesetzlichen Vertreters ausübt (GERNHUBER/COESTER-WALTJEN § 58 III 4 Rn 33; SOERGEL/STRÄTZ Rn 19).

cc) Verjährung

Ist gegen das Kind eine unerlaubte Handlung begangen worden, so setzt das Wissen **62** des allein tätig gewordenen Elternteils, dem die Wahrnehmung dieser konkreten Belange vom anderen Elternteil überlassen ist, die Frist des § 852 in Lauf (BGH NJW 1976, 2344 = JR 1976, 194 = FamRZ 1976, 212; BGB-RGRK/WENZ Rn 18; GERNHUBER/ COESTER-WALTJEN § 58 III 4 Rn 33 Fn 58).

dd) Gutgläubiger Erwerb/Entreicherung

Die Kenntnis nur eines Elternteils verhindert den gutgläubigen Erwerb, § 932, des **63** Kindes und nimmt diesem die Einrede der Entreicherung, § 819 (BGHZ 17, 160 = LM § 1822 BGB Nr 3 m Anm FISCHER = NJW 1955, 1067 m Anm GANSSMÜLLER = MDR 1955, 667 m Anm NIPPERDEY = BB 1955, 489 = Betrieb 1955, 553 = WM 1955, 830, 83 = DNotZ 1955, 530; BGHZ 20, 149, 153; BGHZ 62, 166, 173; GERNHUBER/COESTER-WALTJEN § 58 III 3 Rn 32; SOERGEL/ STRÄTZ Rn 9).

ee) Willensmängel/Anfechtung

Auch ein Willensmangel, der nur in der Person eines Elternteils vorliegt, berechtigt **64** zur Anfechtung des Rechtsgeschäfts (MünchKomm/HUBER Rn 32; SOERGEL/STRÄTZ Rn 9; BGB-RGRK/WENZ Rn 12; ERMAN/MICHALSKI Rn 6; MÜLLER-FREIENFELS 389, 394 ff). Die Benachteiligung eines Elternteils iSv § 3 Abs 1 S 1 AnfG bei Zuwendung an das Kind muß das Kind sich zurechnen lassen, § 166 Abs 1 BGB, wenn der Elternteil die schenkweise Übertragung des Eigentums auf das Kind durch Insichgeschäft bewirkt (RGZ 74, 412, 414). An der Kenntnis fehlt es aber, wenn das minderjährige Kind die ihm nur vorteilhafte (§ 107) Schenkung annimmt und dabei keine Kenntnis von der Benachteiligungsabsicht des schenkenden Schuldners hatte (BGHZ 94, 232, 237 =

NJW 1985, 2407 = JZ 1985, 795 = FamRZ 1985, 804 = DNotZ 1986, 80; Huber, AnfG [9. Aufl 2000]
§ 3 Rn 28).

d) Amtsähnliche Handlungen

65 Bei sogenannten amtsähnlichen Handlungen (siehe oben Rn 17 ff) wird von dem Alleinvertretungsrecht eines Elternteils kraft Gesetzes ausgegangen (MünchKomm/ Huber Rn 18; krit Soergel/Strätz Rn 7; Gernhuber/Coester-Waltjen § 58 III 4 Rn 33). Häufig wird es sich dabei nicht um Vertretungshandlungen der Eltern handeln, weil diese insoweit, etwa bei der polizeilichen An- und Abmeldung des Kindes, in Erfüllung einer ihnen selbst obliegenden Pflicht handeln.

e) Alleinige Ausübung des Sorgerechts/Alleiniges Sorgerecht

66 Gemäß § 1629 Abs 1 S 3 1. Alt vertritt ein Elternteil das Kind allein, soweit er das Sorgerecht allein ausübt. Folgende Fälle sind gemeint:

67 Der andere Elternteil ist verstorben, § 1680 Abs 1, oder für tot erklärt, § 1681 Abs 1, die elterliche Sorge des anderen Elternteils ruht wegen rechtlicher oder tatsächlicher Hindernisse, §§ 1673–1675, 1678, 1751 Abs 1, dem anderen Elternteil sind Bestandteile der elterlichen Sorge entzogen, §§ 1628, 1666, 1666a, 1680 Abs 3, die nicht mit dem Vater verheiratete Mutter hat mangels Sorgeerklärung die alleinige elterliche Sorge nach § 1626a Abs 2, einem Elternteil ist die elterliche Sorge gemäß §§ 1671, 1672 oder durch einstweilige Anordnung, § 620 Nr 1 ZPO, allein übertragen, eine Anordnung gemäß § 1638 besteht in bezug auf nur einen Elternteil mit der Folge, daß der andere Elternteil allein verwaltet, § 1638 Abs 3.

68 Ist von diesen Ereignissen nur ein Teil des Sorgerechts betroffen (Personensorge oder Vermögenssorge nach §§ 1628, 1666, 1667 Abs 3), so besteht im übrigen, im Blick auf die nicht betroffenen Teile, weiter Gesamtvertretung.

69 Die elterliche Sorge kann zwischen den Eltern so aufgeteilt sein, daß ein Elternteil die (vollständige) Personensorge, der andere die (vollständige) Vermögenssorge hat. Dann hat jeder Elternteil für seinen Teil alleiniges Vertretungsrecht.

70 Die Aufteilung kann auch zwischen einem Elternteil und einem Pfleger vorgenommen werden, 1630 Abs 3 bei Familienpflege. Auch hier folgt jeweils die Vertretungsmacht dem Anteil an der elterlichen Sorge. Bei Meinungsverschiedenheiten, die beide Bereiche berühren, entscheidet das Familiengericht, § 1630 Abs 2.

71 Wenn und soweit einem Elternteil die Entscheidung gemäß § 1628 übertragen ist, besteht Alleinvertretungsrecht, § 1629 Abs 1 S 3 2. Alt (s oben Rn 50 zu § 1628). Auch wenn ein Elternteil allein sorgeberechtigt ist, weil ihm die elterliche Sorge allein übertragen ist, kann er mit der Krankenversicherung, die der andere Elternteil für das Kind unterhält, nicht direkt abrechnen, sondern benötigt dafür eine Vollmacht des anderen Elternteils (AG Ebersberg FamRZ 2004, 826).

f) Teilmündigkeit

72 Bei vorgezogener echter Teilmündigkeit des Kindes **entfällt** das Vertretungsrecht beider Eltern oder des einzigen Elternteils generell; es hat also auch keiner von ihnen ein Alleinvertretungsrecht. Zu denken ist an die elterliche Ermächtigung zum

selbständigen Betrieb eines Erwerbsgeschäftes, § 112, zum Abschluß eines Dienst-
oder Arbeitsverhältnisses, § 113, im Erbrecht die Fähigkeit des minderjährigen,
mindestens 16 Jahre alten Kindes zur selbständigen Errichtung eines Testaments,
§§ 2064, 2229 Abs 1, Abs 2, Widerruf und Aufhebung einer letztwilligen Verfügung
durch den Minderjährigen persönlich, §§ 2290 Abs 2 S 2, 2296 Abs 1, die Religionsmündigkeit, § 5 S 1 RKEG, das eigene Beschwerderecht des über 14 Jahre alten
Kindes, § 59 FGG (s im übrigen § 1626 Rn 77 ff).

g) Beschwerderecht im FGG-Verfahren

Sind die Eltern über die Einlegung einer Beschwerde in FGG-Sachen uneins, so **73**
besteht für den Elternteil, der es bei der ergangenen Entscheidung nicht bewenden
lassen will, kein Alleinvertretungsrecht. Soweit diese Ansicht vertreten und auf
analoge Anwendung von § 58 FGG gestützt wird (JANSEN, FGG [2. Aufl] § 58 Rn 4;
KEIDEL/ENGELHARDT, FGG § 58 Rn 2; BASSENGE, FGG § 58 Rn 2; BUMILLER/WINKLER, FGG
§ 58 Rn 1), gehen diese Auffassungen sämtlich auf eine Entscheidung des OLG
Stuttgart vom 29. 6. 1955 (NJW 1955, 1721) zurück. In jenem Fall war die Elternehe
1951 rechtskräftig geschieden; der Mutter war danach durch Verfügung des Vormundschaftsgerichts lediglich das Personensorgerecht nach § 74 EheG übertragen
worden, so daß beide Eltern auch 1954, als der Streit entstand, noch gemeinschaftlich die gesetzliche Vertretung des Kindes innehatten. Die Mutter wollte sich namens der Kinder allein gegen eine Verfügung des Grundbuchamtes beschweren,
durch die die Kinder beschwert und der Vater begünstigt waren. Das OLG Stuttgart
hat hierzu ausgeführt: „Bei Meinungsverschiedenheiten zwischen den Eltern über
die Einlegung der Beschwerde in einer Angelegenheit der Freiwilligen Gerichtsbarkeit müßte der Elternteil, der das Rechtsmittel einlegen will, die Entscheidung des
Vormundschaftsgerichts herbeiführen können. Es erscheint angemessener, in solchen Fällen entsprechend § 58 FGG dem Elternteil … ausnahmsweise die Alleinvertretungsmacht zur Einlegung der Beschwerde zuzuerkennen." Nachdem dem so
betroffenen Elternteil bei gemeinschaftlicher elterlicher Sorge aufgrund der Neuregelung des § 1628 nunmehr ausdrücklich das Recht eingeräumt ist, das Familiengericht anzurufen, und er auf diese Weise erreichen kann, daß ihm die Entscheidungsbefugnis nebst Alleinvertretungsmacht vom Familiengericht übertragen wird, besteht weder ein Bedürfnis für die analoge Anwendung des § 58 FGG auf einen
Elternteil noch wäre dies sachdienlich: Denn bei Gewährung des Allein-Beschwer-
derechts analog § 58 FGG ginge die im übrigen in § 1628 normierte Mitwirkung und
Prüfung des sachkundigen Familiengerichts verloren (wie hier BGB-RGRK/WENZ
Rn 19).

h) Geltendmachung von Unterhaltsansprüchen

Für die Geltendmachung von Unterhaltsansprüchen des Kindes gegen den anderen **74**
Elternteil besteht kraft Gesetzes trotz gemeinsamer elterlicher Sorge Alleinvertretungsrecht dessen, in dessen Obhut sich das Kind befindet, § 1629 Abs 2 S 2 (vgl im
einzelnen unten Rn 330 ff).

3. Alleinvertretung kraft Richterakts

Das Familiengericht kann den Eltern, einem von beiden Elternteilen oder auch dem **75**
alleinvertretungsberechtigten Elternteil die Vertretung des Kindes entziehen, § 1629
Abs 2 S 3 iVm § 1796. Geschieht dies einem von zwei gesamtvertretenden Eltern, so

folgt daraus kraft Gesetzes, § 1680 Abs 3 iVm Abs 1, das Alleinvertretungsrecht für den anderen Elternteil (SOERGEL/STRÄTZ Rn 38; BGB-RGRK/WENZ Rn 26; MünchKomm/ HUBER Rn 71; ERMAN/MICHALSKI Rn 23; unklar: PALANDT/DIEDERICHSEN Rn 21).

76 Sieht das Familiengericht zwar keinen Anlaß zum Entzug des Vertretungsrechts auch des anderen Elternteils, hält es aber aus Kindesschutzgründen dessen (daraus folgende) Alleinvertretungsmacht für bedenklich, so kann es nur noch nach § 1666 ff verfahren (MünchKomm/HUBER Rn 71; FamRefKomm/ROGNER § 1680 Rn 9; BT-Drucks 13/4899, 103). Spricht das Gericht keine Entziehung der Vertretungsmacht eines oder beider Elternteile aus, sondern bestellt es nur einen Pfleger, § 1909 iVm 1697, so liegt darin die stillschweigende Entziehung der Vertretungsmacht (KG FamRZ 1966, 239; SOERGEL/ STRÄTZ Rn 38). Soweit die Ansicht vertreten wird, nach Verlagerung der Zuständigkeit für die Entziehung der Vertretungsmacht auf das Familiengericht könne dies nicht mehr gelten, denn eine gemäß § 1909 durch das Vormundschaftsgericht vorgenommene Pflegerbestellung könne nicht gleichzeitig die durch § 1629 Abs 2 S 3 dem Familiengericht zugewiesene Entziehung der Vertretung enthalten (MünchKomm/ HUBER Rn 73), ist dem nicht zuzustimmen. Denn das Familiengericht selbst kann diese Anordnung der Pflegschaft aussprechen und auch selbst den Pfleger auswählen, § 1697. Aus Gründen der Rechtsstaatlichkeit sollte das Gericht die Folge der Vertretungsentziehung aber durch begründeten Beschluß ausdrücklich aussprechen, damit der widersprechende Betroffene seine Rechte sachgemäß verteidigen kann (BVerfGE 6, 32, 44 = NJW 1957, 297; KG OLGZ 1966, 331 = NJW 1966, 1320 = FamRZ 1966, 239, 240; BayObLG DAVorm 1967, 229, 231; s im einzelnen Rn 92 ff; 279 ff).

E. Inhalt, Umfang, Dauer und Grenzen elterlicher Vertretung

I. Inhalt elterlicher Vertretungsmacht

1. Allgemeines

77 Die Vertretungsmacht der Eltern umfaßt die gesetzliche Vertretung des Kindes in sämtlichen Angelegenheiten der Personen- und Vermögenssorge, §§ 1626 Abs 1 S 1 iVm 1629 Abs 1 S 1. Die Vertretung bezieht sich auf jedes rechtsgeschäftliche Handeln, das Rechtswirkungen für das Kind erzeugt: auf Verpflichtungen, Verfügungen, einseitige, rechtsgestaltende Willenserklärungen, auch auf rechtsgeschäftsähnliche Handlungen.

78 Zu unterscheiden hiervon sind Handlungen, die die Eltern für ihre Kinder, ohne sie zu vertreten, vornehmen, weil das Gesetz sie den Eltern als Sorgerechtsinhaber, bisweilen auch ohne diese Rechtsposition, zuweist: zB Zustimmungen nach §§ 170 ff, 1411 Abs 1, 1617 Abs 1 (Geburtsnamen-Bestimmungsrecht, STAUDINGER/COESTER [2007] § 1617 Rn 13), § 1616 (Vornamenserteilung, STAUDINGER/COESTER [2007] § 1616 Rn 22 ff), nicht Antrag auf Vornamensänderung nach dem NÄG, hier fungieren die Eltern als gesetzliche Vertreter: (BVerwG NJW 1988, 240, 241), Einwilligung zu status- verändernden Akten, zB Eheschließungen, § 1303 Abs 3, Adoption (Verfahrens- handlung, auf die § 1629 Abs 2 S 1 seit Umstellung der Adoption vom Vertrags- auf das Dekretsystem weder unmittelbar noch mittelbar anwendbar ist, ebensowenig § 1746 Abs 1 S 3; vgl BGH LM § 1746 BGB Nr 1 = NJW 1980, 1746 = MDR 1980, 740 =

FamRZ 1980, 675 = DAVorm 1980, 474; SchlHOLG DAVorm 1979, 440; LG Berlin FamRZ 1977, 660; LG Bonn NJW 1977, 2168 – str –; aA LG Stuttgart NJW 1977, 2167 [LS] = FamRZ 1977, 413 m Anm Brüggemann 456; LG Traunstein NJW 1977, 2167), verfahrensrechtliche Antrags- und Beschwerderechte (§§ 20, 57 FGG, 298 StPO), öffentlich-rechtliche An- und Abmeldungen bei Polizei, Schule, Standesamt, sog amtsähnliche Handlungen (s oben Rn 17 ff). Die Eltern handeln hier aus eigenem Recht und daher in eigenem Namen. Auch insoweit müssen grundsätzlich beide Eltern zusammenwirken, § 1627, es sei denn, einem Elternteil steht die gesamte Vertretung allein zu.

Die Vertretungsmacht der gesetzlichen Vertreter unterliegt allerdings dem allge- **79** meinen Verbot des Selbstkontrahierens nach §§ 181, 1629 Abs 2 S 1 iVm 1795 Abs 2 (s unten Rn 129 ff; 188 ff; 199 ff; 212); insoweit sind sie von der Vertretung ausgeschlossen.

2. Einzelfälle

a) Erbschaft

Die Eltern vertreten als Gesamtvertreter (BayObLGZ 1977, 163, 167 ff = Rpfleger 1977, **80** 362) das Kind bei der Annahme (BayObLGZ 1953, 261, 268; Staudinger/Otte [2000] § 1943 Rn 9) und bei der Ausschlagung der Erbschaft oder eines Erbteils (OLG Hamm NJW 1959, 2215 = FamRZ 1960, 199 = Rpfleger 1959, 351), bei der Wahrnehmung der Sicherungsrechte des Nacherben gem §§ 2116 ff (OLG Frankfurt MDR 1964, 419 = FamRZ 1964, 154, 155); sie tun dies auch dann, wenn der Erblasser sie von der Verwaltung des Nachlasses ausgeschlossen hat (OLG Karlsruhe FamRZ 1965, 573; Staudinger/Engler [2004] § 1638 Rn 16 mwNw; Soergel/Strätz § 1638 Rn 10; Erman/Michalski § 1638 Rn 9; BGB-RGRK/Adelmann § 1638 Rn 10; Palandt/Diederichsen § 1638 Rn 2; Gernhuber/Coester-Waltjen § 61 I 3 Rn 5; Merkel MDR 1964, 113; aA BayObLGE 30, 78). Führt die Ausschlagung dazu, daß die Erbschaft nunmehr einem Elternteil selbst kraft Gesetzes oder letztwilliger Verfügung als nächstem Erben anfällt, so ist umstritten, ob ein Insichgeschäft vorliegt, die Eltern also an dieser Erklärung kraft Gesetzes, §§ 1629 Abs 2 S 1, 1795 Abs 1 Nr 2, 181, gehindert, weil von der Vertretung ausgeschlossen sind (dafür Staudinger/Donau 10/11 Rn 43; Heldrich, in: FS Lorenz [1991] 97 ff; Buchholz NJW 1993, 1161; dagegen BayObLGZ 1951, 456 f = DNotZ 1952, 163; BayObLGZ 1983, 213, 221 = FamRZ 1984, 200 [LS] = Rpfleger 1983, 482; OLG Frankfurt MDR 1964, 419 = FamRZ 1964, 154; offen: OLG Frankfurt NJW 1955, 466 = FamRZ 1955, 144; NJW 1962, 52 = FamRZ 1962, 126; OLGZ 1970, 81 = MDR 1969, 1062 = FamRZ 1969, 658 = Rpfleger 1969, 386; BayObLGZ 1977, 163 = Rpfleger 1977, 362; Staudinger/Otte [2000] § 1945 Rn 8; Soergel/Stein § 1945 Rn 6; MünchKomm/Huber § 1929 Rn 52, 80, MünchKomm/Leipold § 1945 Rn 12; Erman/Schlüter § 1945 Rn 3; Palandt/Edenhofer § 1975 Rn 2; Palandt/Heinrichs § 181 Rn 13; Coing NJW 1985, 6, 9).

Der Tatbestand des § 181 ist nicht erfüllt. Denn die Erbausschlagung ist eine ein- **81** seitige Willenserklärung, die sich nicht an eine Privatperson richtet, sondern gegenüber dem Nachlaßgericht abzugeben ist (§ 1945 Abs 1). Während bei der Anfechtung einer letztwilligen Verfügung ein durch den Wegfall derselben Betroffener, also ein im entgegengesetzten Sinne Beteiligter, ein Gegner, vorhanden ist, trifft dies bei der Ausschlagung der Erbschaft nicht zu. Ihre Wirkung besteht darin, daß der Anfall der Erbschaft an den Ausschlagenden als nicht erfolgt gilt und die Erbschaft demjenigen anfällt, welcher berufen sein würde, wenn der Ausschlagende zur Zeit des

Erbfalls nicht gelebt hätte, § 1953 Abs 1, Abs 2. Zwar soll das Nachlaßgericht gem § 1953 Abs 3 die Ausschlagung dem Nächstberufenen mitteilen, aber nur, damit die Ausschlagungsfrist des § 1944 für diesen in klarer Form in Lauf gesetzt wird. Der Ausschlagende nimmt mithin mit dem Nächstberufenen kein Rechtsgeschäft vor, so daß auch der gesetzliche Vertreter, der für das von ihm vertretene Kind mit der Wirkung ausschlägt, daß ihm selbst die Erbschaft anfällt, **kein** Rechtsgeschäft mit sich selbst vornimmt. Der Tatbestand des § 181 ist nicht erfüllt (ebenso SOERGEL/LEPTIEN § 181 Rn 30; COING NJW 1985, 6, 10; BayObLGZ 1983, 213, 221 = FamRZ 1984, 200 [LS] = Rpfleger 1983, 482; OLG Frankfurt MDR 1964, 419 = FamRZ 1964, 154).

82 Diese Grundsätze gelten auch bei der Anfechtung der Annahme einer Erbschaft oder eines Vermächtnisses und bei der Entscheidung, ob der Pflichtteil beansprucht oder sichergestellt werden soll (KG OLG 14, 273, 274; JW 1936, 2748; BayObLGZ 1961, 277, 281 = NJW 1961, 2309 = MDR 1962, 57 = FamRZ 1962, 36; BayObLGZ 1963, 132 = FamRZ 1963, 578, 579 = Rpfleger 1964, 269 m Anm HAEGELE).

83 Für die Anfechtung der letztwilligen Verfügung gilt etwas anderes, § 181 greift. Denn dort ist sachlich ein Anfechtungsgegner, § 143, auch dann vorhanden, wenn die Anfechtung dem Nachlaßgericht gegenüber zu erklären ist (RGZ 76, 89; 143, 350, 353 = JW 1934, 1044 m Anm RAAPE; RGZ 157, 24; KGJ 37, A 283; 41, 168; JFG 2, 283 = OLGE 43, 358 = Recht 1924 Nr 945; BayObLGZ 1960, 490; 1983, 213, 220 = FamRZ 1984, 200 [LS] = Rpfleger 1983, 482; BOEHMER Grundlagen II 2, 69; BGB-RGRK/STEFFEN § 181 Rn 5; MünchKomm/THIELE § 181 Rn 31; ERMAN/BROX § 181 Rn 16; SOERGEL/LEPTIEN § 181 Rn 30; STAUDINGER/SCHILKEN [2004] § 181 Rn 40; PALANDT/EDENHOFER § 2081 Rn 1).

Wegen der Notwendigkeit familiengerichtlicher oder vormundschaftsgerichtlicher Genehmigung der vorstehenden erbrechtlichen Erklärungen s STAUDINGER/ENGLER (2004) § 1643 Rn 33 ff mwNw.

b)   Prozeßführung
aa) Zivilprozeß
α)   Allgemeines

84 Voraussetzungen und Umfang der Vertretung des prozeßunfähigen Minderjährigen durch seine gesetzlichen Vertreter bei der Prozeßführung im Zivilprozeß bestimmen sich nach bürgerlichem Recht, § 51 Abs 1 ZPO. Daher vertreten die Eltern den Minderjährigen auch im Prozeß gemeinschaftlich, § 1629 Abs 1 S 1, S 2 HS 1. Sie sind als gesetzliche Vertreter zur Prozeßführung im Namen des Kindes berechtigt.

85 Ob sie darüber hinaus für das Kind auch Prozesse im eigenen Namen führen dürfen, wird unterschiedlich beurteilt: Nach OLG Braunschweig (OLGE 26, 263), OLG Jena (OLGE 11, 298), ZIRKEL (JW 1911, 633), SOERGEL/STRÄTZ Rn 5 u STAUDINGER/DONAU[10/11] Rn 4 soll der gesetzliche Vertreter solche Ansprüche aus Rechtsgeschäften im eigenen Namen geltend machen können, die er als **stiller** oder **verdeckter Stellvertreter** im eigenen Namen abgeschlossen hat. Nach **aA** (MünchKomm/HUBER Rn 13; ERMAN/MICHALSKI Rn 7; RGZ 146, 231, 233) können die Eltern im Prozeß nur dann Rechtswirkungen für das Kind erzielen, wenn sie in seinem Namen handeln; sie haben nicht die allgemeine Wahl, ob sie einen Rechtsstreit in Vertretung des Kindes oder im eigenen Namen führen wollen. Dem ist zuzustimmen (Einzelheiten und Begründung s oben Rn 21, 24 f).

Daß sie neben dem Kind Partei sein können, zB nach einem Unfall eigene Scha- **86** densersatzansprüche und die des Kindes zusammen einklagen können, ist selbstverständlich (RGZ 146, 231; 156, 193, 196; SOERGEL/STRÄTZ Rn 5). Es handelt sich in diesem Fall um eine subjektive Klagenhäufung.

Führen die Eltern oder ein alleinvertretungsberechtigter Elternteil einen Rechts- **87** streit gegen das Kind, so sind sie von der Vertretung des Kindes kraft Gesetzes ausgeschlossen, §§ 1629 Abs 2 S 1, 1795, 181 (E I § 1651 Nr 1, 2; Mot IV 1091 Nr 2; Prot IV 557; RGZ 7, 404, 405). Die Eltern können das Kind auch nicht in einem Rechtsstreit vertreten, der die Übertragung oder Belastung einer durch Pfandrecht, Hypothek, Schiffshypothek oder Bürgschaft gesicherten Forderung des Kindes gegen die Eltern oder die Aufhebung oder Minderung dieser Sicherheit zum Gegenstand hat oder die Verpflichtung des Kindes zu einer solchen Übertragung, Belastung, Aufhebung oder Minderung begründet, §§ 1629 Abs 2 S 1, 1795 Abs 1 Nr 2. Wohl aber können sie als gesetzliche Vertreter das Kind in einem Arzthaftungsprozeß vertreten, auch wenn sie dadurch ihre Eigenschaft als Zeugen verlieren bzw nicht wahrnehmen können (OLG Hamm Rpfleger 1984, 270; MünchKomm/HUBER Rn 81).

Soweit sie das Kind im Prozeß wirksam vertreten, nehmen sie für das Kind auch **88** **Zustellungen** entgegen. Die Zustellung an einen Elternteil genügt, § 171 Abs 3 ZPO (LG Ravensburg Rpfleger 1975, 370; KUNZ DGVZ 1979, 53, 56). In einem solchen Fall kann die Zustellung an die gesetzlichen Vertreter des Kindes auch dem Kinde selbst als Ersatzperson nach § 181 ZPO ausgehändigt werden, sofern das Kind als erwachsen im Sinne dieser Vorschrift anzusehen ist. Volljährigkeit ist nicht erforderlich (BGH Rpfleger 1973, 129; ZÖLLER/STÖBER § 181 ZPO Rn 12 mwNw).

Sind die Eltern aus Rechtsgründen von der Vertretung des Kindes im Prozeß aus- **89** geschlossen, so erhält das Kind einen Ergänzungspfleger nach § 1909. Wegen der umstrittenen Frage, ob dieser Ergänzungspfleger ohne weiteres zu bestellen ist oder ob das Vormundschaftsgericht (bzw nach § 1697 das Familiengericht) befugt ist, zuvor das besondere Bedürfnis für die Pflegerbestellung, zB die Aussichten des Rechtsstreits zu prüfen, vgl STAUDINGER/BIENWALD (2006) § 1909 Rn 25 ff.

Die elterliche Vertretung erstreckt sich auch auf die Abgabe der **eidesstattlichen** **90** **Versicherung** für das Kind, §§ 1807, 1883 ZPO (BGB-RGRK/WENZ Rn 20, SOERGEL/ STRÄTZ Rn 5). Die Eltern sind für den prozeßunfähigen Schuldner offenbarungspflichtig, und zwar gemeinschaftlich (STEIN/JONAS/MÜNZBERG ZPO § 807 Rn 44; ZÖLLER/STÖBER ZPO § 807 Rn 6; BAUMBACH/LAUTERBACH/ALBERS/HARTMANN § 807 Rn 52; BEHR Rpfleger 1988, 3; BayObLGZ 1990, 325; OLK Köln Rpfleger 2000, 399; LG Düsseldorf MDR 1958, 434; BONDI ZZP 32 [1904], 221 ff; mit Einschränkung: LIMBERGER DGVZ 1984, 129, 132; KUNZ DGVZ 1979, 53, 54), wobei nicht beide Eltern handeln müssen (THOMAS/PUTZO ZPO § 807 Rn 14; LG Frankfurt Rpfleger 1993, 502 mwNw). Erklärungspflichtig sind die gesetzlichen Vertreter, die es zur Zeit des Offenbarungstermins sind (OLG Bamberg DGVZ 1998, 75; KG ZiP 1996, 298 mwNw; OLG Köln Rpfleger 2000, 399). Besteht bei dem Minderjährigen Arbeitsmündigkeit, §§ 112, 113, so beschränkt sich die Auskunftspflicht des Minderjährigen auf die zur erlaubten Tätigkeit gehörenden Gegenstände; im übrigen bleiben die gesetzlichen Vertreter zur Offenbarung verpflichtet (OLG Breslau OLG 35, 140, 141; KG OLGZ 68, 428 = NJW 1968, 2245 = MDR 1968, 930; LG Münster FamRZ 1974, 467 für § 113; H-J SCHMIDT MDR 1960, 980, 981). Zur Erzwingung der Vermögensoffenbarung, § 901 ZPO,

Lore Maria Peschel-Gutzeit

ist ein gegen die Eltern gerichteter Haftbefehl erforderlich (LG Koblenz DGVZ 1972, 117 = FamRZ 1972, 471 [LS]; Bosch Grundsatzfragen 57 Fn 176 mwNw; Limberger DGVZ 1984, 129, 132, 133; Ottow DRiZ 1957, 36, 37; Kunz DGVZ 1979, 53, 54).

91 Soweit es die Geltendmachung von Unterhaltsansprüchen des Kindes gegen die Eltern angeht, enthält § 1629 Abs 2 S 2, Abs 3 eine Sonderregelung (vgl unten Rn 321 ff).

β) Anfechtung der Vaterschaft

92 Nach der Neuregelung durch das KindRG ordnet das Gesetz dem Kind, unabhängig vom Personenstand der Eltern, den Vater einheitlich zu. Diese Zuordnung ist nach § 1592 auf drei Wegen möglich:

– Die Mutter ist bei der Geburt des Kindes verheiratet; dann ist der Ehemann der Vater des Kindes, § 1592 Nr 1.

– Die Mutter ist bei der Geburt des Kindes nicht verheiratet; dann ist Vater des Kindes der Mann, der das Kind anerkannt hat, § 1592 Nr 2, §§ 1594–1598, oder

– der Mann, dessen Vaterschaft gerichtlich festgestellt ist, §§ 1592 Nr 3, 1600d.

Diese Zuordnung kann nur durch gerichtliche Anfechtung, und zwar durch Klage, § 1600e Abs 1 oder Antrag, § 1600c Abs 2 beseitigt werden. Das gilt für die automatische Zuordnung des Ehemannes und die Anerkennung. Die Zuordnung durch gerichtliche Feststellung kann nur durch Wiederaufnahme des Feststellungsverfahrens beseitigt werden. Anfechtungsberechtigt sind der Mann, dessen Vaterschaft besteht, der Mann, der an Eides statt versichert, der Mutter des Kindes während der Empfängniszeit beigewohnt zu haben, die Mutter und das Kind, § 1600.

Soweit es die elterliche Vertretungsmacht angeht, hat sie im Zusammenhang mit der Feststellung der Vaterschaft in zweifacher Weise Bedeutung: Bei der (gerichtlichen) Feststellung der Vaterschaft und bei der Anfechtung der Vaterschaft. Soweit es die gerichtliche Feststellung der Vaterschaft angeht, kann das Kind **aktiv**, also als klagende Partei, oder **passiv**, also als beklagte Partei, betroffen sein. Der Mann kann gegen das Kind, der Mann, der an Eides statt versichert hat, daß er der Mutter in der Empfängniszeit beigewohnt hat, kann gegen das Kind und den Vater, das Kind (oder die Mutter) kann gegen den Vater auf Feststellung der Vaterschaft klagen, §§ 1600d und 1600e. Dasselbe gilt für die Anfechtung. Der Mann kann seine Vaterschaft anfechten mit dem Ziel, daß festgestellt wird, daß er nicht der Vater des Kindes ist, § 1599 Abs 1. Diese Klage richtet er gegen das Kind, das Kind ist also beklagte Partei. Das Kind kann die Vaterschaft seinerseits anfechten, es richtet seine Klage gegen den Mann, §§ 1600, 1600e; das Kind ist also klagende Partei.

93 Der Mann, der seine Vaterschaft festgestellt wissen oder aber sie anfechten will und der insoweit seine Klage stets gegen das Kind richten muß, ist von der gesetzlichen Vertretung des Kindes ausgeschlossen, §§ 1629 Abs 2 S 1, 1795 Abs 1 Nr 3 und 1. Denn es stünden sich Vertreter und Vertretener als Prozeßgegner in einer Person gegenüber (BGH LM § 1796 BGB Nr 1 = NJW 1975, 345 = MDR 1975, 302 = FamRZ 1975, 162 [LS] = DAVorm 1975, 103; OLG Hamm FamRZ 1969, 548, 549 m Anm Bosch; OLG München

DAVorm 1979, 859, 863; OLG Zweibrücken FamRZ 1980, 911; LG Münster MDR 1968, 325; Soergel/Gaul § 1597 Rn 5; Staudinger/Rauscher [2004] § 1600a Rn 27; Gernhuber/ Coester-Waltjen § 52 V 4 Rn 118; Becker-Eberhard FamRZ 1984, 78, 80 m zutr Krit an OLG Köln FamRZ 1984, 77; Gaul FamRZ 1997, 1414; Wieser FamRZ 1998, 104; ders NJW 1998, 2023).

Die Mutter dagegen kann das Kind im Grundsatz vertreten. Sie ist formal nicht **94** gehindert, denn sie kann nicht auf beiden Seiten als Prozeßpartei erscheinen. Aber es muß unterschieden werden danach, ob beide Eltern gemeinsam Inhaber der elterlichen Sorge sind oder ob die Mutter alleinsorgeberechtigt ist.

Sind beide Eltern gemeinsame Sorgerechtsinhaber, ist damit auch die Mutter als Vertreterin ausgeschlossen (hM: BGH LM § 1594 BGB Nr 14 = NJW 1972, 1708 = MDR 1972, 936 = FamRZ 1972, 498 = DAVorm 1972, 389; BayObLGZ 59, 370 = NJW 1960, 577 = FamRZ 1960, 33; FamRZ 1976, 168 [LS] = Rpfleger 1974, 346 [Auszug] = MittBayNot 1974, 155; KG FamRZ 1974, 380 = DAVorm 1974, 648; OLG Braunschweig FamRZ 1968, 40 m Anm Richter 257; Soergel/ Strätz Rn 25; Weyer FamRZ 1968, 498; Brühl FamRZ 1962, 8, 12; H W Schmidt NJW 1964, 2096; BGB-RGRK/Böckermann § 1597 Rn 3; Gernhuber/Coester-Waltjen § 52 V 4 Rn 118; Palandt/Diederichsen Rn 20). In diesem Falle ist dem Kind ein Ergänzungspfleger zu bestellen.

Ist die Mutter die alleinige Inhaberin des elterlichen Sorgerechts, so kann sie das **95** Kind in dem Anfechtungsprozeß vertreten (BGH LM § 640 ZPO Nr 18 = NJW 1958, 709 [LS] = MDR 1958, 316 = FamRZ 1958, 178 m Anm Bosch; KG JR 1962, 264; OLG Düsseldorf OLGZ 1965, 275 = NJW 1965, 400 = FamRZ 1965; 223 [LS]; OLG Hamm DAVorm 1973, 159, 160; OLG Celle FamRZ 1976, 97; LG München II ZBlJugR 1968, 238; AG Hamburg FamRZ 1965, 223; H W Schmidt NJW 1964, 2096; Weyer FamRZ 1968, 498). Bei der Mutter könnte aber ein erheblicher Interessenkonflikt bestehen, der das Familiengericht veranlassen könnte, ihr in den genannten Aktiv- und Passivprozessen des Kindes dessen Vertretung zu entziehen, § 1796 iVm § 1629 Abs 2 S 3. Denn die Mutter kann ein eigenes, mit den Interessen des Kindes kollidierendes Interesse an der gerichtlichen Feststellung oder Nichtfeststellung der Vaterschaft wie auch an der Anfechtung oder Nichtanfechtung haben. Jedoch hat das Gesetz diesen Weg verstellt, indem es in § 1629 Abs 2 S 3 die Feststellung der Vaterschaft von der Interessenkollisionsentziehung nach § 1796 ausdrücklich ausgenommen hat. Diese Regelung geht auf das Beistandschaftsgesetz vom 4. 12. 1997 (BGBl I 2846), in Kraft seit dem 1. 7. 1998, zurück, das ua die Amts- pflegschaft für das nichteheliche Kind abgeschafft und die neue freiwillige Beistand- schaft eingeführt hat mit der Folge, daß seither kein Amtspfleger mehr die Fest- stellung der Vaterschaft betreiben kann, sondern daß dies allein von der Entschei- dung der Mutter abhängt. In der Begründung des Gesetzes wird ausgeführt, daß, ließe man es bei der generellen Regelung des § 1629 Abs 2 S 3 iVm § 1796, soweit es die Feststellung der Vaterschaft angeht, es in nahezu allen Fällen, in denen die Vaterschaftsfeststellung von der Mutter nicht oder nicht hinreichend betrieben wer- de, zu einem Sorgerechtsentzug und anschließender Pflegerbestellung kommen müßte. Zu einer Einzelfallprüfung in Bezug auf etwaige berechtigte Gründe der Mutter käme es dann nicht. Das sei eine unerwünschte Konsequenz und stehe im Gegensatz zu dem mit der Abschaffung der Amtspflegschaft verfolgten Ziel, die Eigenverantwortung für die Vaterschaftsfeststellung in erster Linie der Mutter zuzu- weisen (BT-Drucks 13/892, 16 ff, 30, 34).

Das bedeutet, daß die alleinsorgeberechtigte Mutter das Kind im aktiven wie im passiven Feststellungsprozeß ebenso auch im aktiven wie passiven Anfechtungsprozeß vertreten kann, § 1629 Abs 2 S 3 gilt nicht. Liegen konkrete Anhaltspunkte für eine Kindeswohlgefährdung durch die Mutter vor, so kann ihr im Einzelfall das Sorgerecht nach § 1666 entzogen und nach § 1909 dem Kind ein Pfleger bestellt werden (BT-Drucks 13/892, 34). Bei einem solchen Sorgerechtsentzug darf aber nicht nur auf einen formalen Interessengegensatz abgestellt werden. Erhebt etwa die Mutter als Vertreterin des Kindes keine Vaterschaftsfeststellungsklage, so liegt darin allein noch keine erhebliche Kindeswohlgefährdung. Zwar liegt die Klärung der Abstammung grundsätzlich stets im wohlverstandenen Interesse des Kindes (BGH NJW 1972, 1708; OLG Stuttgart FamRZ 1982, 831). Aber die Mutter kann beachtliche Gründe haben, von der Erhebung der Feststellungsklage abzusehen, etwa bei Zeugung des Kindes im Inzest oder durch Vergewaltigung, aber auch bei entgegenstehenden materiellen Interessen des Kindes im Unterhaltsrecht oder in bezug auf Erbschaftsanwartschaften (PALANDT/DIEDERICHSEN Rn 28; FamRefKomm/ROGNER § 1629 Rn 5; RAUSCHER § 33 V Rn 1058).

So reicht das Interesse des Sozialamtes, im Rahmen polizeilicher Ermittlungen wegen Sozialleistungsbetruges durch gerichtliche Feststellung den Vater von nichtehelichen Kindern zu erfahren, den die Mutter nicht nennt, nicht aus, um der Mutter wegen Gefährdung des Kindeswohls insoweit die elterliche Sorge zu entziehen. Denn bei der Abwägung der beiderseitigen Interessen ist das Interesse des Kindes an der Feststellung der Identität seines Vaters nicht höher zu bewerten als das Interesse der Mutter, den Vater nicht zu benennen (AG Fürth FamRZ 2001, 1089).

96 Die gesetzliche Vertretung des Kindes im Feststellungs- oder Anfechtungsprozeß ist zu unterscheiden von der Entschließung, eine solche Klage zu erheben. Diese Entschließung gehört zur elterlichen Sorge. Sie ist kein Rechtsgeschäft mit dem Kind und steht dem Personensorgeberechtigten auch dann zu, wenn dieser an der gesetzlichen Vertretung nach §§ 1629 Abs 2 S 1, 1795 verhindert ist (STAUDINGER/RAUSCHER [2004] § 1600a Rn 39; PALANDT/DIEDERICHSEN § 1600a Rn 8; RAUSCHER § 29 V Rn 801; BayObLG DAVorm 1988, 1025, 1026; OLG Bamberg NJW-RR 1992, 387, 388; OLG Hamm OLGZ 1986, 25, 27). Über das „ob" der Feststellung oder Anfechtung kann nicht nur die sorgeberechtigte Mutter, sondern auch der sorgeberechtigte Ehemann oder anerkennende Vater entscheiden, wenn er nach §§ 1626, 1626a sorgeberechtigt ist. Wird durch diese Entscheidung das Kindeswohl wegen erheblichen Interessengegensatzes gefährdet, so kann das Familiengericht bei gemeinsamer elterlicher Sorge nach § 1628, sonst nach § 1666 verfahren und dem Kind einen Pfleger bestellen. Diese Pflegerbestellung muß aber direkt nach §§ 1666, 1909 wegen erheblicher Kindeswohlgefährdung vorgenommen werden, der Weg über § 1629 Abs 2 S 3 ist versperrt, § 1629 Abs 2 S 3 HS 2 (BayObLG FamRZ 1999, 737, 738; aA STAUDINGER/RAUSCHER [2004] § 1600a Rn 38, dessen mehr formalistische Begründung, der Zweck der neu eingeführten Regelung § 1629 Abs 2 S 3 HS 2 gebiete es nicht, sie auf die Anfechtung der Vaterschaft zu erstrecken, nicht zu überzeugen vermag. Die Gesetzesbegründung verweist klar auf die konkrete Kindeswohlgefährdung iSv § 1666, Anhaltspunkte dafür, daß sich diese Regelung nur auf die Vaterschaftsfeststellung und nicht etwa auf die Anfechtung beziehen soll, sind nicht erkennbar, weil die Interessenlage im Gegenteil identisch sein dürfte).

97 Will das Kind durch Anfechtungsklage, § 1599 Abs 1, feststellen lassen, daß der nach

§§ 1592, 1593 als Vater zugeordnete Mann nicht sein Vater ist, wozu es nach § 1600 berechtigt ist, so kann es dies nur durch seinen gesetzlichen Vertreter tun, § 1600a Abs 3. Zulässig ist die Klage des gesetzlichen Vertreters nur, wenn sie dem Wohl des vertretenen Kindes dient, § 1600a Abs 4. Diese Prüfung nimmt das Familiengericht anläßlich der Anfechtung selbst vor. Dabei hat es die möglichen Auswirkungen des Anfechtungsverfahrens auf den Familienfrieden und die persönlichen Beziehungen zwischen Mann und Kind zu berücksichtigen (BT-Drucks 13/4899, 87; OLG Schleswig FamRZ 2003, 51, 52). Entspricht die Anfechtung nach Ansicht des Familiengerichts nicht dem Wohl des vertretenen Kindes, so trifft es keine sachliche Entscheidung über die Vaterschaft, sondern weist die Klage als unzulässig ab (PALANDT/DIEDERICH-SEN § 1600a Rn 11; ie STAUDINGER/RAUSCHER [2004] § 1600a Rn 52 ff, 62 ff).

γ) Zeugnisverweigerungsrecht

Als **Zeuge** ist das minderjährige Kind unter den Voraussetzungen des § 383 Abs 1 **98** Ziff 3 ZPO zur **Verweigerung des Zeugnisses** berechtigt. Ihm soll damit, wie anderen zeugnisverweigerungsberechtigten Personen, die Konfliktlage erspart werden. Das Zeugnisverweigerungsrecht ist ein höchstpersönliches Recht (BGHSt 21, 303 = LM § 52 StPO Nr 27 m Anm PELCHEN = NJW 1967, 2273 = MDR 1967, 1023 = JZ 1968, 35 [LS] = JR 1967, 468; BAUMBACH/LAUTERBACH/ALBERS/HARTMANN ZPO Einf v §§ 383–389 Rn 5; ZÖLLER/GREGER § 383 Rn 4), das der minderjährige Zeuge selbständig ausübt und das dem gesetzlichen Vertreter grundsätzlich nicht zusteht (BGHSt 12, 235 = LM § 81c StPO Nr 2 m Anm BUSCH = NJW 1959, 445 = MDR 1959, 318 = JZ 1959, 323 = JR 1959, 388 = FamRZ 1959, 160 m Anm BOSCH; BGHSt 14, 159 = LM § 52 StPO Nr 17 m Anm KOHLHAAS = NJW 1960, 1396 = MDR 1960, 599 = JZ 1960, 378 [LS] = FamRZ 1960, 232; GA 1962, 147; NJW 1967, 360 = JR 1967, 468 = FamRZ 1967, 668 = RdJ 1968, 348 [LS]; BayObLGZ 1966, 343 = NJW 1967, 206 = MDR 1967, 128 = FamRZ 1966, 644 m Anm BOSCH; OLG Düsseldorf FamRZ 1973, 547; vWEBER MDR 1962, 169; SCHAUB FamRZ 1966, 134; ROESTEL SchlHAnz 1967, 161, 164 und NJW 1967, 967; SCHOENE NJW 1972, 930). Das Verweigerungsrecht steht dem Kind unabhängig von seinem Alter und seinem Einsichtsvermögen zu.

Anders als im Strafprozeß, § 52 Abs 2 StPO (eingefügt durch das Gesetz vom **99** 9. 12. 1974, BGBl I 3393), ist im Zivilprozeß die Zeugenstellung des Minderjährigen und die Ausübung von prozessualen Befugnissen durch den gesetzlichen Vertreter nicht geregelt. Aber die von Rechtsprechung und Lehre für den Strafprozeß vor der Novelle von 1974 entwickelten Grundsätze lassen sich im wesentlichen auf den Zivilprozeß übertragen (OLG Stuttgart FamRZ 1965, 515; OLGZ 85, 385 = MDR 1986, 85 = JZ 1985, 899 = Rpfleger 1985, 441; SOERGEL/STRÄTZ § 1626 Rn 18; GERNHUBER/COESTER-WALTJEN § 57 VII 6; BOSCH Grundsatzfragen 38, 49 ff; AK-ZPO/RÜSSMANN § 383 Rn 4; STEIN/JONAS/BERGER § 383 Rn 7; ZÖLLER/GREGER § 383 Rn 4; BAUMBACH/LAUTERBACH/ALBERS/HARTMANN ZPO Einf v §§ 383–389 Rn 5; MünchKomm/DAMRAU ZPO § 383 Rn 8; krit ORLOWSKY, Weigerungsrechte 184, 185).

Danach ist zu unterscheiden zwischen dem Minderjährigen, der von der Zeugen- **100** aussage und dem Zeugnisverweigerungsrecht eine genügende Vorstellung hat (einsichtsfähiger Minderjähriger), und demjenigen, dem diese Fähigkeit wegen mangelnder Verstandesreife fehlt (nicht einsichtsfähiger Minderjähriger). Ob diese Einsichtsfähigkeit vorliegt, entscheidet das vernehmende Gericht oder die vernehmende Behörde selbständig (BGHSt 13, 394, 397 = LM § 81c StPO Nr 4 = NJW 1960, 584 = MDR 1960, 419; BGHSt 14, 159 = LM § 52 StPO Nr 17 m Anm KOHLHAAS = NJW 1960, 1396 =

MDR 1960, 599 = JZ 1960, 378 [LS] = FamRZ 1960, 232; BayObLGZ 1966, 343 = NJW 1967, 206 = MDR 1967, 128 = FamRZ 1966, 644 m Anm Bosch; OLG Stuttgart NJW 1971, 2237 = Justiz 1971, 327 und OLGZ 1985, 385 = FamRZ 1985, 1154). Im Zweifel ist mangelnde Verstandesreife anzunehmen (BGHSt 19, 85 = LM § 52 StPO Nr 22 m Anm Krumme = NJW 1963, 2378 = MDR 1963, 944 = FamRZ 1964, 43; BGHSt 23, 221 = LM § 52 StPO Nr 33 m Anm Faller = NJW 1970, 766 = MDR 1970, 432 = JZ 1970, 261 = JR 1970, 307 m Anm Peters; NJW 1979, 1722; Löwe/Rosenberg/Dahs § 52 StPO Rn 28; Kleinknecht/Meyer/Gossner § 52 StPO Rn 18; KMR/Sax § 52 StPO Rn 15).

101 Hält das vernehmende Gericht oder die vernehmende Behörde hiernach den minderjährigen Zeugen für einsichtsfähig, so entscheidet der Minderjährige selbständig und allein (BGH NJW 1967, 360 = JR 1967, 468 = FamRZ 1967, 668 = RdJ 1968, 348 [LS]) darüber, ob er das Zeugnis **verweigert**. Einer Zustimmung des oder der gesetzlichen Vertreter zur Ausübung des Zeugnisverweigerungsrechts bedarf es nicht. Stimmt der gesetzliche Vertreter der Aussage zu, während der Minderjährige sie verweigert, so begründet diese Zustimmung **keine Zeugnispflicht** des Minderjährigen: es entscheidet allein die Weigerung des Minderjährigen. Denn gegen seinen Willen darf das das Zeugnis verweigernde Kind nicht in die sich so ergebende Konfliktsituation gebracht werden. Dieser im Strafprozeß anerkannte Grundsatz (BGHSt 14, 21, 24 = NJW 1960, 586; BGHSt 14, 159 = LM § 52 StPO Nr 17 m Anm Kohlhaas = NJW 1960, 1396 = MDR 1960, 599 = JZ 1960, 378 [LS] = FamRZ 1960, 232; BGHSt 21, 303 = LM § 52 StPO Nr 27 m Anm Pelchen = NJW 1967, 2273 = MDR 1967, 1023 = JZ 1968, 35 [LS] = JR 1967, 468; anders noch BGHSt 12, 235 = LM § 810 ZPO Nr 2 m Anm Busch = NJW 1959, 445 = MDR 1959, 318 = JZ 1959, 323 = JR 1959, 388 = FamRZ 1959, 160 m Anm Bosch; ausführlich Bosch Grundsatzfragen 25 ff) gilt wegen der Übereinstimmung der Konfliktlage auch im Zivilprozeß. Deshalb muß das Kind vor seiner Aussage auch darüber belehrt werden, daß es trotz Zustimmung seines gesetzlichen Vertreters nicht auszusagen braucht (BGHSt 21, 303, 305; 14, 159, 160; OLG Stuttgart FamRZ 1965, 515; Wieczorek § 383 ZPO Anm A IV b; Stein/Jonas/Berger § 383 ZPO Rn 101 ff; Zöller/Greger § 383 ZPO Rn 4).

102 Will das einsichtsfähige Kind aussagen, so verzichtet es auf das prozessuale Weigerungsrecht. Für diesen Verzicht bedarf es der Genehmigung seines gesetzlichen Vertreters. Verweigert dieser die Zustimmung zur Aussage und damit zum Verzicht auf das prozessuale Weigerungsrecht, so darf das einsichtsfähige Kind grundsätzlich **nicht** vernommen werden (BGHSt 12, 235 = LM § 810 StPO Nr 2 m Anm Bosch = NJW 1959, 445, 830 = MDR 1959, 318 = JZ 1959, 323 = JR 1959, 588 = FamRZ 1959, 160 m Anm Bosch; BGHSt 14, 159 = LM § 52 StPO Nr 17 m Anm Kohlhaas = NJW 1960, 1396 = MDR 1960, 599 = JZ 1960, 378 [LS] = FamRZ 1960, 232; GA 1962, 147; BGHSt 19, 85 = LM § 52 StPO Nr 22 m Anm Krumme = NJW 1963, 2378 = MDR 1963, 944 = FamRZ 1964, 63; BGHSt 21, 303 = LM § 52 StPO Nr 27 m Anm Pelchen = NJW 1967, 2273 = MDR 1967, 1023 = JZ 1968, 35 [LS] = JR 1967, 468; BGHSt 23, 221; LM § 52 StPO Nr 33 m Anm Faller = NJW 1970, 766; MDR 1970, 432 = JZ 1970, 261 = JR 1970, 307 m Anm Peters; OLG Stuttgart NJW 1971, 2237, 2238 = Justiz 1971, 327; Löwe/Rosenberg/Dahs § 52 StPO Rn 25). Der Minderjährige soll auf diese Weise vor einer Konfliktlage, die er möglicherweise selbst nicht gesehen hat, bewahrt werden. Das gebietet der Grundsatz des Minderjährigenschutzes. Der gesetzliche Vertreter hat also bei dem einsichtsfähigen Minderjährigen nur eine Sperrfunktion; er kann eine Aussage verhindern, aber nie das unwillige Kind zur Aussage zwingen (Bosch, Grundsatzfragen 21 mwNw).

103 Steht eindeutig fest, daß der einsichtsfähige Minderjährige die geistige Reife hat, um die Tragweite nicht nur der Aussage, sondern auch des Weigerungsrechts nach § 383 ZPO selbständig und umfassend zu beurteilen, so kann er, trotz verweigerter Zustimmung des gesetzlichen Vertreters, dennoch vernommen werden. Dieser nun in § 52 Abs 2 S 1 StPO enthaltene Grundsatz gilt entsprechend im Zivilprozeß (Bay-ObLGZ 1966, 343; NJW 1967, 206 = MDR 1967, 128 = FamRZ 1966, 644 m Anm Bosch; Bay-ObLGZ 1985, 53; OLG Stuttgart FamRZ 1965, 515; OLG Düsseldorf FamRZ 1973, 547; Münch-Komm/Huber § 1626 Rn 49 ff; Soergel/Strätz § 1629 Rn 18; Erman/Michalski § 1626 Rn 19, 21; Gernhuber/Coester-Waltjen § 57 VII 6 Rn 82; Reuter Kindesgrundrechte 33 ff, 215 ff; Stein/Jonas/Berger § 383 ZPO Rn 6; Zöller/Greger § 383 ZPO Rn 4).

Das von Staudinger/Donau[10/11] § 1626 Rn 75 angenommene absolute elterliche **104** Vetorecht bis zur Volljährigkeit des Kindes und die von Wieczorek (§ 383 ZPO Anm A IVa) vertretene generelle Zustimmungsbedürftigkeit aller Zeugenaussagen Minderjähriger lassen sich spätestens seit der Ergänzung des § 52 StPO nicht mehr halten, ebensowenig die Vorschläge von Bosch (Grundsatzfragen 38 ff), wonach alle über 14 Jahre alten Kinder die volle und alleinige Entscheidungsfreiheit (Prozeßhandlungsfähigkeit) haben sollen, davor jedoch überhaupt nicht, sowie diejenigen von Orlowsky (Weigerungsrechte 90 ff), der die Aussagebereitschaft des Kindes bis zur Mündigkeit durch die Eltern kontrollieren lassen will.

Hält die vernehmende Institution den Minderjährigen dagegen **nicht** für einsichts- **105** fähig oder bejaht sie die Einsichtsfähigkeit nur hinsichtlich der Bedeutung der Aussage, nicht aber hinsichtlich des Wesens des Weigerungsrechts, so entscheidet über die Verweigerung zunächst allein der gesetzliche Vertreter (OLG Stuttgart OLGZ 1985, 385 = FamRZ 1985, 1154 = MDR 1986, 85 = JZ 1985, 899 = Rpfleger 1985, 441; wohl auch OLG Frankfurt MDR 1987, 151). Verweigert dieser, so unterbleibt die Aussage des Kindes. Übt der Vertreter das Weigerungsrecht nicht aus, ist er also mit der Aussage des verstandesunreifen Kindes einverstanden, verweigert das Kind selbst aber die Aussage, so bleibt es bei der Verweigerung; die Zustimmung des gesetzlichen Vertreters führt auch hier nicht zur Erzwingung der kindlichen Aussage. Denn als grundsätzlich Verweigerungsberechtigter soll das Kind selbst dann, wenn es das Weigerungsrecht nicht voll erfaßt, gegen seinen Willen nicht aussagen müssen (BGHSt 13, 394 = LM § 81c StPO Nr 4 = NJW 1960, 584 = MDR 1960, 419; BGHSt 14, 159 = LM § 52 Nr 17 m Anm Kohlhaas = NJW 1960, 1396 = MDR 1960, 599 = JZ 1960, 378 [LS] = FamRZ 1960, 232; BGHSt 21, 303 = LM § 52 StPO Nr 27 m Anm Pelchen = NJW 1967, 2273 = MDR 1967, 1023 = JZ 1968, 35 [LS] = JR 1967, 468; BGHSt 23, 221 = LM § 52 StPO Nr 33 m Anm Faller = NJW 1970, 766 = MDR 1970, 432 = JZ 1970, 261 = JR 1970, 307 m Anm Peters). Auch insoweit hat also der gesetzliche Vertreter nur eine Sperrfunktion, keine positive Funktion zur Herbeiführung der Aussage (BGH NJW 1979, 1722).

Soweit die Eltern als gesetzliche Vertreter zustimmen müssen, müssen beide zu- **106** stimmen. Stimmt nur einer zu, während der andere die Zustimmung ablehnt, so ist die Zustimmung nicht erteilt, es sei denn, der zustimmende Elternteil ruft erfolgreich das Familiengericht, § 1628, an (Gernhuber/Coester-Waltjen § 57 VII 6 Rn 82; Stein/Jonas/Berger § 383 ZPO Rn 9; Roestel SchlHAnz 1967, 161, 164). Bevor eine positive Entscheidung des Familiengerichts vorliegt, ist die Vernehmung des minderjährigen Zeugen unzulässig (Löwe/Rosenberg/Dahs § 52 StPO Rn 31).

Ist der gesetzliche Vertreter selbst Beschuldigter (Verdacht von Kindesmißbrauch!), so kann er über die Ausübung des Zeugnisverweigerungsrechts nicht entscheiden, § 52 Abs 2 S 2 StPO. Steht die gesetzliche Vertretung beiden Eltern gemeinsam zu, so ist auch der andere Elternteil kraft Gesetzes von der Entscheidung ausgeschlossen, § 52 Abs 2 S 2 letzter HS StPO. Hält die vernehmende Institution das Kind nicht für einsichtsfähig, so kommt insoweit die Bestellung eines Ergänzungspflegers in Betracht (BayObLG NJW 1998, 614 unter teilweiser Änderung früherer Rechtsprechung).

107 Die Ausschlußregelung des § 52 Abs 2 Satz 2 StPO gilt entsprechend im Zivilprozeß. Wenn der oder die **gesetzlichen Vertreter selbst Parteien** des Rechtsstreits sind, in dem das Kind aussagen soll (Ehescheidungsverfahren!), sind die Eltern von der Vertretung des Kindes ausgeschlossen. Sofern eine Zustimmung der Eltern überhaupt erforderlich ist, was bei dem voll einsichtsfähigen minderjährigen Zeugen zu verneinen ist, muß für die Zustimmung ein **Pfleger** bestellt werden (BayObLGZ 1966, 343 = NJW 1967, 206 = MDR 1967, 129 = FamRZ 1966, 644 m Anm BOSCH; BayObLGZ 1985, 53; BayObLG NJW 1998, 614; OLG Hamm OLGZ 1972, 157, 158 = FamRZ 1974, 158 [LS] = Rpfleger 1972, 21; OLG Stuttgart FamRZ 1965, 515, 516; OLGZ 85, 385 = FamRZ 1985, 1154 = MDR 1986, 85 = JZ 1985, 899 = Rpfleger 1985, 441; LG Mannheim MDR 1971, 663 [LS] = FamRZ 1974, 158 [LS]) Hierfür ist das Familiengericht zuständig (LG Berlin FamRZ 2004, 905).

108 Ob dann, wenn **nur ein Elternteil Partei** ist, beide Eltern von der Vertretung des Kindes ausgeschlossen sind, oder ob der andere Elternteil die Zustimmung dann allein erteilt, wurde vor der Änderung des § 52 StPO unterschiedlich beurteilt (für den Ausschluß beider: SCHOENE NJW 1972, 930 ff; dagegen: OLG Stuttgart NJW 1971, 2237 = Justiz 1971, 327). Und auch seither wird einerseits die Ansicht vertreten, wegen der ehelichen Befangenheit sei auch der andere Elternteil von der Vertretung des Kindes grundsätzlich ausgeschlossen, so daß dem Kind ein Pfleger zu bestellen ist (Münch-Komm/HUBER § 1626 Rn 53; SOERGEL/STRÄTZ § 1629 Rn 18, 21; GERNHUBER/COESTER-WALTJEN § 57 VII 6 Rn 83; OLG Stuttgart FamRZ 1965, 515; OLG Hamm OLGZ 1972, 157 = FamRZ 1974, 158 [LS] = Rpfleger 1972, 21; LG Mannheim MDR 1971, 663 [LS] = FamRZ 1974, 158 [LS]), oder wegen erheblichen Interessengegensatzes sei beiden Eltern das Vertretungsrecht zu entziehen und dem Kind ein Pfleger zu bestellen (OLG Frankfurt OLGZ 1980, 429, 430 = FamRZ 1980, 927, 928); während andererseits die Auffassung vertreten wird, der andere, nicht prozeßbefangene Elternteil sei insoweit alleinvertretungsberechtigt, nur bei erheblichem Interessenwiderstreit sei dem Kind ein Pfleger zu bestellen, § 1629 Abs 2 S 3 iVm § 1796 (BayObLGZ 1966, 343 = NJW 1967, 206 = MDR 1967, 128 = FamRZ 1966, 644 m Anm BOSCH; für die Zeit vor Änderung des § 52 StPO: WIECZOREK § 383 ZPO Anm A IV a; ZÖLLER/GREGER § 383 ZPO Rn 4). Der ersteren Meinung ist zuzustimmen: Die familiäre Konfliktlage ist eine solche, die §§ 1795, 181 entspricht; beide Eltern sind wegen Interessenkollision hier kraft Gesetzes von der Vertretung des Kindes ausgeschlossen.

bb) Freiwillige Gerichtsbarkeit

109 Bei Verfahren der freiwilligen Gerichtsbarkeit handelt es sich grundsätzlich nicht um Rechtsstreitigkeiten (mit Ausnahme der sog echten Streitverfahren). Das hat zur Folge, daß der vertretungsberechtigte Elternteil in einem solchen Verfahren nicht gehindert ist, für das minderjährige Kind tätig zu werden, zB in einem Erbscheinsverfahren die Erbschaft auszuschlagen, und zwar auch dann, wenn er dadurch selbst zum Erben berufen wird (BayObLGZ 1983, 9, 12 = FamRZ 1983, 834 = Rpfleger 1983, 152 = DAVorm 1984, 210; BayObLGZ 1983, 213, 220 = FamRZ 1984, 200 [LS] = Rpfleger 1983, 482; COING

NJW 1985, b; s oben Rn 80 f). Ebenso kann er für diese Kinder als Miterben auftreten, wenn zwischen ihnen und volljährigen Geschwistern Streit über die Erbberechtigung besteht (BayObLGZ 1961, 227, 281 = NJW 1961, 2309 = MDR 1962, 57 = FamRZ 1962, 36).

Wollen Eltern ein Kind anderweitig unterbringen und zwar in einer Weise, die mit **110** Freiheitsentziehung verbunden ist, so ist dies nur mit Genehmigung des Familiengerichts zulässig, § 1631b. Das Genehmigungsverfahren ist in §§ 70–70n FGG geregelt. Die Frage ist, ob die Eltern, die den mit der Unterbringung verbundenen schwerwiegenden Eingriff herbeiführen wollen, den Minderjährigen in dem Genehmigungsverfahren gesetzlich vertreten können. Nach § 70a FGG ist das Kind ohne Rücksicht auf seine Geschäftsfähigkeit in dem Unterbringungsverfahren verfahrensfähig, wenn es das 14. Lebensjahr vollendet hat. Darüber hinaus regelt § 70b FGG, daß das Familiengericht, soweit dies zur Wahrnehmung der Interessen des Kindes erforderlich ist, ihm einen Pfleger für das Verfahren bestellt. Diese durch das Betreuungsgesetz mit Wirkung zum 1.1.1992 neu getroffene Regelung wahrt die Interessen des Kindes, so daß die früher erhobenen Bedenken, dem Minderjährigen müsse im Verfahren der freiwilligen Gerichtsbarkeit insoweit ein eigener Interessenvertreter beigeordnet werden, nunmehr gesetzlich ausgeräumt sind. Im übrigen käme auch stets die Bestellung eines Verfahrenspflegers, § 50 FGG, in Betracht, soweit dies zur Wahrung der Kindesinteressen erforderlich ist (s hierzu ie Vorbem 76 zu §§ 1626 ff u RKEG). Die erkennbaren Interessenkollisionen sind also durch zwischenzeitliche Gesetzesreformen aufgelöst. Im Zweifel ist dem Kind ein Pfleger zu bestellen, wenn es um seine mit Freiheitsentziehung verbundene Unterbringung geht.

cc) Strafverfahren
Im Strafverfahren gilt der Ausschluß der Vertretungsmacht nach §§ 1629 Abs 2, 1795 **111** Abs 1 Nr 3 nicht, auch nicht entsprechend.

Die Befugnis, **Strafantrag** für das Kind zu stellen, ist Ausfluß des Personensorgerechts, das insoweit auch die Vertretung des Kindes umfaßt. Steht die Personensorge beiden Eltern zu, gilt auch für den Strafantrag Gesamtvertretung (hM: BGH FamRZ 1960, 197; BGHSt 22, 103 = NJW 1968, 950 = FamRZ 1968, 250; FamRZ 1984, 883; BayObLG NJW 1961, 1033 = JR 1961, 72 = FamRZ 1961, 176, 178; SOERGEL/STRÄTZ Rn 19; KOHLHAAS NJW 1960, 1 u 1940; ders JR 1972, 326; BOECKMANN NJW 1960, 1938). Ist einer der Eltern tatsächlich an der Ausübung der Personensorge verhindert, § 1678, so stellt der andere allein den Strafantrag (BGH FamRZ 1967, 329 = JR 1967, 303 m Anm SCHRÖDER). Wird durch die Straftat ein den Eltern selbst zustehendes Recht verletzt (zB Erziehungs- und Aufsichtsrecht, §§ 235, 236 StGB), steht jedem Elternteil das Strafantragsrecht zu (BayObLG NJW 1961, 1033 = JR 1961, 72 = FamRZ 1961, 176).

Außerdem hat derjenige, dem (nur) die Sorge für das antragsberechtigte Kind **112** zusteht, das Antragsrecht; er handelt insoweit als Vertreter, § 77 Abs 3 S 1 StGB (SCHÖNKE/SCHRÖDER/STREE § 77 StGB Rn 20; s oben Rn 61).

Wem die Entscheidung, Strafantrag zu stellen, zusteht, wenn **einer der Elternteile 113 einer Straftat gegen das Kind verdächtig** wird, wird unterschiedlich beurteilt. Einigkeit besteht insoweit, als daß der Elternteil, der der Straftat verdächtig oder bezichtigt wird, in dem deshalb gegen ihn geführten Ermittlungs- und Strafverfahren das Kind nicht vertreten kann. Begründet wird diese Auffassung damit, daß dort, wo

Lore Maria Peschel-Gutzeit

der Vertreter Gegner des Vertretenen sei, die Vertretungsbefugnis versage; dieser in § 181 für das bürgerliche Recht normierte Grundsatz gelte auch für das öffentliche Recht (RGSt 50, 156; 73, 113, 115 = DR 1939, 623; BGHSt 6, 155, 157 = NJW 1954, 1413, 1414; BGHSt 14, 159 = LM § 52 StPO Nr 17 m Anm KOHLHAAS = NJW 1960, 1396 = MDR 1960, 599 = JZ 1960, 378 [LS] = FamRZ 1960, 232; GA 1962, 147). Teilweise wird der Ausschluß des tatverdächtigen Elternteils auch aus entsprechender Anwendung der §§ 1629 Abs 2 S 1, 1795 Abs 1 Nr 3 hergeleitet (KRÜGER/BREETZKE/NOWACK GleichberG Anm B II 3 zu § 1629; GERNHUBER/COESTER-WALTJEN § 61 IV 1 Rn 42; STREE FamRZ 1956, 365, 367; SCHAUB FamRZ 1966, 134, 136; HAMPEL FamRZ 1964, 125, 128; s auch oben Rn 106).

114 Umstritten ist, ob in derartigen Fällen **auch der andere Elternteil** ohne weiteres **verhindert** ist, im Strafverfahren für das Kind zu handeln. Die Rechtsprechung nimmt an, daß nunmehr der andere Elternteil allein befugt ist, den Strafantrag für das Kind zu stellen (BayObLG NJW 1956, 1608 m krit Anm SCHWOERER 1688 = FamRZ 1956, 320; LG Duisburg FamRZ 1955 20 m Anm SCHWOERER; LG Göttingen FamRZ 1956, 152 m Anm SCHWOERER; BGHSt 14, 159, 160 = LM § 52 StPO Nr 17 m Anm KOHLHAAS = NJW 1960, 1396 = MDR 1960, 599 = JZ 1960, 378 [LS] = FamRZ 1960, 232; GA 1962, 147; BGHSt 19, 85 = LM § 52 StPO Nr 22 m Anm KRUMME = NJW 1963, 2378 = MDR 1963, 944 = FamRZ 1964, 43; OLG Stuttgart NJW 1971, 2237, 2240 = Justiz 1971, 327 – jeweils für das Zeugnis- bzw Untersuchungsverweigerungsrecht –).

115 Im Schrifttum wird teilweise angenommen, auch der andere, an der Tat nicht beteiligte Elternteil sei in entsprechender Anwendung von §§ 1629 Abs 2 S 1, 1795 automatisch von der Vertretung des Kindes ausgeschlossen; § 1629 Abs 2 S 1 iVm § 1795 Abs 1 enthalte wegen der Gefahr des Interessenkonflikts eine über § 181 hinausgehende Beschränkung und sei auf die Konfliktsituation im Strafprozeß auszudehnen (KRÜGER/BREETZKE/NOWACK, GleichberG § 1629 Anm B II 3; SOERGEL/STRÄTZ Rn 21; STREE FamRZ 1956; 365; HAMPEL FamRZ 1964, 125, 128; SCHAUB FamRZ 1966, 135; SCHÖNKE/SCHRÖDER/STREE § 77 StGB Rn 21). Andererseits wird angenommen, § 1795 sei nicht entsprechend anwendbar. Der nicht betroffene Elternteil habe ein Alleinvertretungsrecht (BOECKMANN NJW 1960, 1938, 1939; KLEINKNECHT/MEYER/GOSSNER § 52 StPO Anm 20). Soweit die Ansicht vertreten wird, es handele sich um einen Fall von § 1796, so daß die Vertretungsmacht des anderen Elternteils nach § 1629 Abs 2 S 3 entzogen werden könne (BOSCH, Grundsatzfragen 54, 55), bleibt bisweilen unklar, ob bis zur Pflegerbestellung auch dem tatverdächtigen Elternteil die Vertretungsmacht verbleibt.

116 Wegen des bei Tatverdacht gegen einen Elternteil erheblichen Interessenkonflikts (bei gemeinsamer elterlicher Sorge) erscheint es zum Schutze des Kindes unerläßlich, auch den anderen Elternteil als automatisch von der Vertretung des Kindes ausgeschlossen anzusehen, also § 1629 Abs 2 S 1 iVm § 1795 Abs 1 Nr 3 jedenfalls entsprechend anzuwenden (iE auch RG DRiZ 1933 Nr 192; s für das Zeugnisverweigerungsrecht oben Rn 106).

117 Die Eltern entscheiden auch über das **Klageerzwingungsverfahren** für das beleidigte Kind (BGB-RGRK/WENZ Rn 20; KOHLHAAS NJW 1960, 1 ff). Als gesetzliche Vertreter können die Eltern auch selbständig Rechtsmittel für das Kind im Strafprozeß einlegen, § 298 StPO. Im Jugendstrafverfahren haben die Erziehungsberechtigten und der gesetzliche Vertreter neben dem Jugendlichen das Recht, gehört zu werden,

Fragen und Anträge zu stellen und bei Untersuchungshandlungen anwesend zu sein, § 67 Abs 1 JGG. Beide haben neben dem Jugendlichen die Befugnis, Rechtsmittel einzulegen. Sie bedürfen aber der Zustimmung des Jugendlichen zur Zurücknahme des von ihnen eingelegten Rechtsmittels, § 55 Abs 3 JGG.

dd) Öffentliches Recht

Die gesetzlichen Vertreter vertreten den Minderjährigen auch im öffentlich-recht- **118** lichen Verfahren, also insbesondere im **Verwaltungsverfahren** und im **Verfassungsbeschwerdeverfahren**. Aber der Minderjährige, der nach Vorschriften des öffentlichen Rechts inhaltlich handlungsfähig und demgemäß prozessual handlungsfähig ist, kann im Verwaltungsverfahren auch selbst tätig werden. Ob in dieser Situation die Rechte der gesetzlichen Vertreter **neben** denen des Minderjährigen bestehen bleiben, ist streitig (bejahend für das Verwaltungsverfahren KOPP/RAMSAUER VwVfG Rn 12 zu § 12; KNACK Rn 3.2.5 zu § 12 VwVfG; ULE/LAURINGER § 16 Rn 14; WOLFF/BACHOF VerwR § 156 III c; für den Verwaltungsprozeß KOPP/SCHENKE VwGO Rn 9 zu § 62; REDEKER/VOERTZEN VwGO Rn 4 zu § 62; EYERMANN VwGO § 62 Rn 4, 9; verneinend OBERMAYER VwVfG § 12 Rn 18; BORGS, in: MEYER/ BORGS, VwVfG § 12 Rn 4; für das Sozialrecht COESTER FamRZ 1985, 983 mwNw; differenzierend: FEHNEMANN, Innehabung 48; ROELL, Grundrechte 57, 61 ff). Im Zweifel ist wegen des fortbestehenden Schutzbedürfnisses des Minderjährigen auch von einer fortbestehenden Handlungsmacht des gesetzlichen Vertreters auszugehen, und zwar im Regelfall als konkurrierende Handlungsmacht (ROBBERS DVBl 1987, 709, 716 mwNw).

In diesem Zusammenhang sind besonders zu nennen das Recht des Minderjährigen, **119** ab dem vollendeten 15. Lebensjahr **Sozialleistungen** zu beantragen und entgegenzunehmen, § 36 SGB I, sowie das Recht des Minderjährigen, ab dem vollendeten 16. Lebensjahr Verfahrenshandlungen nach dem **Ausländergesetz und dem Asylverfahrensgesetz** vorzunehmen, §§ 68 Abs 1 AuslG, 12 Abs 1 AsylVfG. In eigenen Sachen sind Minderjährige im Sozialgerichtsverfahren prozeßfähig, soweit sie durch Vorschriften des bürgerlichen oder öffentlichen Rechts für den Gegenstand des Verfahrens als geschäftsfähig anerkannt sind. Zur **Rücknahme eines Rechtsbehelfs** bedürfen sie aber der Zustimmung des gesetzlichen Vertreters, § 71 Abs 2 SozGG. Haben die Eltern nach erfolglosem Widerspruch wegen Nichtversetzung ihres Kindes vor dem Verwaltungsgericht geklagt, ist diese Klage erstinstanzlich abgewiesen worden und haben die Eltern dagegen ein Rechtsmittel eingelegt, so sollen sie dieses wirksam nur einvernehmlich zurücknehmen können (OVG Münster FamRZ 1975, 44, 45 = DVBl 1975, 443, 734).

Ob ein Elternteil nicht oder nicht allein befugt ist, eine Erklärung nach § 5 StAG für **120** das noch nicht 16 Jahre alte Kind abzugeben, ist ausschließlich nach dem Bürgerlichen Gesetzbuch zu beurteilen, dh nach §§ 1626, 1626a. Sind beide Eltern gemeinsame Inhaber der elterlichen Sorge, so können sie nur gemeinsam für ihr minderjähriges Kind eine **Optionserklärung** abgeben. Verweigert einer der Elternteile seine Zustimmung, so kommt ein familiengerichtliches Verfahren nach § 1628 in Betracht, in welchem einem der beiden Elternteile die Entscheidung übertragen werden kann. Verweigert der alleinsorgeberechtigte Elternteil die Optionserklärung, kommt nur ein Verfahren nach § 1666 in Betracht, mit der Folge, für das Kind einen Ergänzungspfleger nach § 1909 einzusetzen.

Nach § 5 StAG in der Fassung, die ihm das KindRG gegeben hat, gilt ab 1. 7. 1998 für die vor dem 1. 7. 1993 geborenen nichtehelichen Kinder eine Altfallregelung. Durch die Erklärung, deutscher Staatsangehöriger werden zu wollen (Erwerb der Staatsangehörigkeit durch Erklärung) erwirbt das vor dem 1. 7. 1993 geborene Kind eines deutschen Vaters und einer ausländischen Mutter die deutsche Staatsangehörigkeit, wenn das Kind nach deutschem Recht vom Vater wirksam anerkannt oder dessen Vaterschaft festgestellt ist, wenn weiter das Kind seit mindestens drei Jahren seinen gewöhnlichen Aufenthalt in der Bundesrepublik hat und wenn die Erwerbserklärung vor der Vollendung des 23. Lebensjahres des Kindes abgegeben wird. Vor dem 1. 7. 1998 – Inkrafttreten des KindRG – hatte § 5 seit dem Inkrafttreten des RuStAG 1913 unverändert gelautet „Eine nach deutschen Gesetzen wirksame Legitimation durch einen Deutschen begründet für das Kind die Staatsangehörigkeit des Kindes" und damit die Grundnorm des § 4 StAG (Erwerb der Staatsangehörigkeit durch Geburt) ergänzt.

Da das deutsche Staatsangehörigkeitsrecht dem Abstammungsprinzip folgt, ist jeweils die Rechtslage bei Geburt des Kindes entscheidend. Das bedeutet: Das bis zum 30. 6. 1993 geborene nichteheliche Kind eines deutschen Vaters und einer nicht deutschen Mutter erwarb die deutsche Staatsangehörigkeit durch die nach deutschem Recht wirksame Legitimation des Vaters. Hatte der Vater das Kind bis zum Stichtag nicht legitimiert, kann das Kind, wenn es vor dem 1. 7. 1993 geboren ist, unter den Voraussetzungen des §§ 5 StAG nF die Staatsangehörigkeit durch Erklärung erwerben. An die Stelle der – nicht mehr bestehenden – Legitimation tritt die Vaterschaftsanerkennung oder Feststellung. Diese Regelung ist eine Zwischenlösung für Altfälle. Denn ab 1. 7. 1998 kommt es, als Folge der Kindschaftsrechtsreform, auf die Frage der Ehelichkeit des Kindes nicht mehr an. Folglich richtet sich seither der Erwerb der Staatsangehörigkeit allein nach § 4 StAG, also nach der Geburt des Kindes. Ist ein Elternteil bei der Geburt des Kindes Deutscher, erwirbt auch das Kind die deutsche Staatsangehörigkeit, § 4 Abs 1 S 1 StAG. Wenn bei der Geburt des Kindes nur der Vater deutscher Staatsangehöriger ist, so ist nach deutschem Recht zur Begründung der Abstammung die Anerkennung der Vaterschaft oder aber die gerichtliche Feststellung erforderlich, § 1592 Nr 1 und 2. Für den Erwerb der Staatsangehörigkeit muß also eine wirksame Anerkennung oder Feststellung vorliegen. Die Altfallregelung des § 5 StAG schließt für nichteheliche Kinder eine Lücke im Recht des Staatsangehörigkeitserwerbs, wenn sie von einem deutschen Vater und einer ausländischen Mutter abstammen. Erst seit dem 1. 7. 1993 kann ein solches Kind die deutsche Staatsangehörigkeit kraft Gesetzes erwerben, davor konnte dies nur durch Einbürgerung geschehen, § 10 RuStAG aF. Deshalb gewährt § 5 StAG diesen Personen rückwirkend die Möglichkeit des Staatsangehörigkeitserwerbs durch Erklärung.

Nach § 5 Nr 3 StAG muß die Erklärung des Kindes spätestens vor der Vollendung seines 23. Lebensjahres abgegeben werden. Der Erwerb der Staatsangehörigkeit tritt nach § 5 unmittelbar als Folge der Erklärung ein. Die Erklärung, die deutsche Staatsangehörigkeit erwerben zu wollen, setzt Geschäftsfähigkeit des Erklärenden voraus. Die Geschäftsfähigkeit richtet sich nach dem Heimatrecht des Erklärenden, Art 7 Abs 1 S 1 EGBGB. Sofern deutsches Recht Anwendung findet, gilt folgendes: Nach Vollendung des 16. Lebensjahrs kann das Kind die Erklärung selbst abgeben, § 7 StAG iVm § 68 Abs 1 AuslG. Das Kind bedarf also, trotz Minderjährigkeit, ab Vollendung seines 16. Lebensjahrs nicht mehr der Zustimmung seines gesetzlichen

Vertreters (GK StAR § 5 Rn 85). § 37 StAG, der §§ 68 und 70 AuslG für entsprechend anwendbar erklärt, gilt nicht nur für das Einbürgerungsverfahren, sondern auch für den Erklärungserwerb nach § 5 StAG (BT-Drucks 14, 533, 17). Die Zustimmung des gesetzlichen Vertreters beschränkt sich also bei den Kindern, die vor dem 1.7.1993 geboren sind, auf die Kinder, die bis zum 30.6.2009 16 Jahre alt werden.

Die Entlassung einer unter elterlicher Sorge stehenden Person aus der deutschen Staatsangehörigkeit, § 18 StAG, kann nur deren gesetzlicher Vertreter beantragen, § 19 Abs 1 StAG, und zwar bis zur Volljährigkeit des Kindes, § 37 iVm § 68 Abs 1 AuslG (Teilmündigkeit ab 16 Jahren) gilt hier nicht. Ist deutsches Recht anzuwenden, gelten §§ 1626 ff, 1751 ff. Bei § 19 StAG ist Gesamtvertretung vorgeschrieben, § 1629 Abs 1 S 2, so daß die Entlassung nur beide Eltern gemeinschaftlich beantragen können (BVerwG NJW 1987, 1157). Die Eltern benötigen hierfür die Genehmigung des deutschen Vormundschaftsgerichts, das seinerseits allein dem Wohl des Kindes verpflichtet ist (KG FamRZ 1980, 625, 626 = StAZ 1980, 148; BayObLGZ 1967, 304). Diese Genehmigung ist allerdings nicht erforderlich, wenn Vater oder Mutter die Entlassung aus der Staatsangehörigkeit für sich und **zugleich** kraft elterlicher Sorge für das Kind beantragen, § 19 Abs 2 S 1 StAG.

Die elterliche Sorge umfaßt auch die Vertretung des Kindes in einem Namensände- **121** rungsverfahren, § 2 NÄG (OVG Berlin FamRZ 1981, 87 m erl Anm NEUHAUS FamRZ 1981, 310). Das gilt auch für die Änderung des Vornamens gem §§ 11, 3 Abs 1 NÄG. Daß der Vorname als Ausfluß der elterlichen Sorge von den Eltern aus eigenem Recht frei bestimmt wird (STAUDINGER/COESTER [2007] § 1616 Rn 22, 37 ff), ist für das Recht auf Änderung des Namens bedeutungslos. Das eigene, aus der Personensorge fließende Recht der Eltern erschöpft sich in der Vornamensgebung; eine Befugnis, den öffentlichrechtlichen Anspruch auf Namensänderung in eigenem Namen zu erheben, wird davon nicht umfaßt. Die Eltern können daher nicht in eigenem, sondern nur im Namen des Kindes handeln (BVerwG NJW 1988, 2400, 2401). Die Vertretung des Kindes durch die Mutter, die nach der Scheidung alleinige Sorgerechtsinhaberin geworden ist, wird nach OVG Berlin (FamRZ 1981, 87) durch §§ 1629, 1795, 1796 auch dann nicht ausgeschlossen, wenn das Kind den Familiennamen des Stiefvaters erhalten soll. Das OVG Berlin hat insoweit auch eine Sorgerechtsverletzung durch die Mutter verneint (**aA**: OLG Celle FamRZ 1961, 33 m Anm BOSCH; OLG Frankfurt StAZ 1978, 159).

Ob das Kind im **Verfassungsbeschwerdeverfahren** durch die Eltern vertreten werden **122** kann, wenn zwischen ihnen und dem Kind ein Interessenkonflikt nicht auszuschließen ist, hatte das BVerfG (BVerfGE 68, 176 = NJW 1985, 423 m Anm SALGO 413 = FamRZ 1985, 39, 40 = ZfJ 1985, 41) zunächst offengelassen. In seiner Entscheidung vom 18.6.1986 (BVerfGE 72, 122 = NJW 1986, 3129 = FamRZ 1986, 871, 873 = DAVorm 1986, 414) hat das BVerfG entschieden, der enge Bezug des Sorgerechtsverfahrens zum grundgesetzlich gewährleisteten Anspruch des Kindes auf den Schutz des Staates schließe es aus, einem Minderjährigen den Zugang zum BVerfG zu versagen, wenn sein gesetzlicher Vertreter nicht willens oder nicht in der Lage sei, für ihn Verfassungsbeschwerde zu erheben. Da die betroffenen Kinder erst 10 und 13 Jahre alt waren, hat das BVerfG offengelassen, ob ein über 14 Jahre altes Kind in Analogie zu § 59 FGG gegen Sorgerechtsentscheidungen selbst Verfassungsbeschwerde erheben kann (so aber FEHNEMANN, Innehabung 52; ROELL, Grundrechte 66, 67). Das BVerfG hatte es als ungeklärt angesehen, ob und unter welchen Voraussetzungen ein noch nicht 14 Jahre altes Kind im Sorgerechtsverfahren eines **Pflegers** bedarf, ebenso die Frage nach einem **Ergänzungspfleger** im Verfassungsbeschwerdeverfahren. Es hat entschieden, daß künftig in Sorgerechtsentziehungsverfahren ein Ergänzungspfleger nach § 1909 Abs 1 zu bestellen sei. Das sei im entschiedenen Fall versäumt worden. Um die betroffenen Kinder zu schützen, sei es ausnahmsweise wegen Art 6 Abs 2 S 2 GG gerechtfertigt, im verfassungsrechtlichen Verfahren Vertreter zuzulassen, die nicht förmlich bestellt seien (zB der nichteheliche Vater – BVerfGE 55, 171, 176, 178 = NJW 1981, 217 = FamRZ 1981, 124 = ZfJ 1981, 61 = DAVorm 1981, 202; s dazu COESTER NJW 1981, 961 u MÄRZ FamRZ 1981, 736 oder, wie im entschiedenen Falle, der Träger eines katholischen Kinderheims, der das Kind über einen nicht unerheblichen Zeitraum befugtermaßen in Obhut hatte und der wegen der persönlichen Beziehung zu dem Kind verständlichen Anlaß hat, für dessen persönliches Wohl einzutreten). Daß dem Kind dann, wenn ein Interessenkonflikt mit den Eltern nicht auszuschließen ist, in einem derartigen Verfahren ein Ergänzungspfleger zu bestellen ist, folgt aus § 1629 Abs 2 S 3 iVm § 1796 (so jetzt auch BVerfGE 75, 201 = NJW 1988, 125; BVerfGE 79, 51 = NJW 1989, 519 = FamRZ 1989, 31, 32 = DAVorm 1989, 278 = ZfJ 1989, 88; FamRZ 2006, 537, 538). Darüber hinaus gewährt das BVerfG in Fällen, in denen die zum Schutz des Kindes nötige Pflegerbestellung unterlassen wurde, als Notbehelf einen nicht förmlich zugelassenen Vertreter des Kindes (SOERGEL/STRÄTZ Rn 5; Münch-Komm/HUBER Rn 5). Heute kommt vor allem die Einsetzung eines Verfahrenspflegers nach § 50 FGG in Betracht (BVerfGE 99, 145 = NJW 1999, 631 = FamRZ 1999, 85; Münch-Komm/HUBER Rn 5 und § 1626, 103 ff).

c) Ärztlicher Behandlungsvertrag

123 Die **Eltern** schließen den Behandlungsvertrag in der Regel im eigenen Namen ab; das Kind wird daraus mitberechtigt (Vertrag zu seinen Gunsten), zumindest aber mitgeschützt (Vertrag mit Schutzwirkung zu seinen Gunsten; vgl unten Rn 178 ff, s zu alledem RGZ 85, 183 = Recht 1914 Nr 2613; WarnR 1918 Nr 113 = Recht 1918 Nr 1345; RGZ 152, 175 = ZAkDR 1937, 151 m Anm BEWER; BGH VersR 1955, 279; BGHZ 89, 263 = NJW 1984, 1400; OLG Celle VersR 1955, 408; LG Berlin NJW 1961, 973 = JR 1961, 263). Sie können den Vertrag aber auch nur als gesetzliche Vertreter des Kindes abschließen, und zwar grundsätzlich einer von ihnen kraft Ermächtigung durch den anderen in Alleinvertretung des Kindes, insbesondere bei leichter Erkrankung, in „Routinefällen", oder aufgrund entsprechender Funktionsteilung zwischen ihnen (s oben Rn 50 und § 1626 Rn 103 ff), anders bei gravierenden oder lebensgefährlichen Eingriffen (BGHZ 105, 45 = NJW 1988, 2946 = MDR 1988, 949 m Anm PAWLOWSKI 775 = JZ 1989, 93 m Anm GIESEN = FamRZ 1988, 1142).

124 Ob das **Kind** bei entsprechender Einsichtsfähigkeit den Behandlungsvertrag **selbst abschließen** kann, ist streitig (SOERGEL/STRÄTZ § 1629 Rn 6).

125 Ist der Minderjährige vom gesetzlichen Vertreter mit Genehmigung des Familiengerichts zum selbständigen Betrieb eines Erwerbsgeschäftes ermächtigt, so ist er insoweit **handelsmündig**, also für solche Rechtsgeschäfte unbeschränkt geschäftsfähig, welche der Geschäftsbetrieb mit sich bringt, § 112. Ist der Minderjährige vom gesetzlichen Vertreter ermächtigt, in Dienst oder in Arbeit zu treten, so ist er für solche Rechtsgeschäfte unbeschränkt geschäftsfähig, welche die Eingehung oder Aufhebung eines Dienst- oder Arbeitsverhältnisses der gestatteten Art betreffen, § 113 **(Arbeitsmündigkeit)**. Sowohl für den Handels- als auch für den Arbeitsmündigen wird die Geschäftsfähigkeit teilweise erweitert (WEIMAR MDR 1963, 651; GEFAEL-

LER, Entstehung und Bedeutungswandel der Arbeitsmündigkeit [1968]). Der Minderjährige in dieser Situation muß seine Arbeitsfähigkeit erhalten, so daß er im Falle seiner Erkrankung den Arzt allein rechtswirksam in Anspruch nehmen kann. Das ist zB dann der Fall, wenn sich der Arbeits- oder Handelsmündige wegen einer Grippe- erkrankung, einer Blinddarmentzündung oder zum Zwecke der Extraktion eines Zahnes in ärztliche Behandlung begeben muß. Diese Art ärztlicher Behandlungen und operativer Eingriffe, die zur Erhaltung der Arbeitskraft nach den Regeln ärzt- licher Kunst und Wissenschaft unbedingt erforderlich sind, begründen aufgrund der partiellen Geschäftsfähigkeit eine Zahlungsverpflichtung des Minderjährigen. Han- delt es sich dagegen um schwerwiegende Operationen, zB um eine in ihren Erfolgs- aussichten zweifelhafte Schieloperation, so erstreckt sich die Handlungsfähigkeit des Minderjährigen nicht darauf, diesen Arztvertrag rechtswirksam selbst abzuschließen (WEIMAR DABl 1972, 1301, 1302).

Kinder, die **gesetzlich krankenversichert** sind (selbständig oder im Wege der Fami- **126** lienhilfe, § 10 SGB V), und solche, die Sozialhilfe beziehen, sind ab 15 Jahren selbständig handlungsfähig, § 36 Abs 1 SGB I; Eltern haben eine gewisse Einschrän- kungsmöglichkeit, § 36 Abs 2 SGB I (COESTER FamRZ 1985, 982, 986; GERNHUBER/ COESTER-WALTJEN § 57 VII 4 Rn 80). Diese derart versicherten Jugendlichen oder selb- ständigen Bezieher von Sozialhilfeleistungen können selbständig einen Behand- lungsvertrag abschließen, zB betreffend eine Operation, die sie selbst wünschen, nicht aber ihre Eltern (Einzelheiten s § 1626 Rn 106).

Alle übrigen Kinder bedürfen zum wirksamen Abschluß des Arztvertrages der **127** Zustimmung ihrer gesetzlichen Vertreter, § 108 Abs 1. Bei zweckdienlichen und gefahrlosen ärztlichen Eingriffen besteht eine Pflicht zur Zustimmung der Eltern stets; darüber hinaus müssen die Eltern nach entsprechender Belehrung (BGH NJW 1971, 1887) Gefahren und Erfolgsaussichten des Eingriffs gegeneinander abwä- gen. **Religiöse Bedenken** entlasten die Eltern nicht. So müssen auch Zeugen Jehovas trotz entgegenstehender Grundsätze ihres Glaubens einer medizinisch indizierten Bluttransfusion bei ihrem Kind zustimmen (BayObLG FamRZ 1976, 43, 46; OLG Hamm NJW 1968, 212; FamRZ 1968, 221).

Können die Eltern sich nicht einigen, § 1627, so kann das Familiengericht auf **128** entsprechenden Antrag einem von ihnen die alleinige Entscheidung übertragen, § 1628. Verweigern die Eltern die Zustimmung mißbräuchlich, so kann diese vom Familiengericht ersetzt werden, § 1666 (LG München NJW 1980, 646 = FamRZ 1979, 850; LG Berlin FamRZ 1980, 285). Selbst wenn der junge Mensch mit Zustimmung der Eltern den Behandlungsvertrag selbständig abschließt, müssen bei einer gefährlichen Be- handlung (Warzen behandelt mit Arsenlösung) die Eltern vom Arzt unterrichtet und belehrt werden (BGH LM § 844 BGB II Nr 34 = NJW 1970, 511 = FamRZ 1970, 136 = VersR 1970, 324; LM § 823 BGB Nr 28 = NJW 1972, 335 = FamRZ 1972, 89 = VersR 1972, 153; vgl im übrigen § 1626 Rn 90 ff; STAUDINGER/COESTER [2004] § 1666 Rn 80–83, 114–116 sowie zu Einzel- heiten COESTER FamRZ 1985, 982, 986).

d) Sonstiges rechtsgeschäftliches Handeln für das Kind
aa) Allgemeines
Auch hier ist zunächst der Ausschluß des Vertretungsrechts der Eltern bei soge- **129** nannten **Insichgeschäften** zu beachten, §§ 1629 Abs 2 S 1, 1795 Abs 2 (vgl unten

Rn 188 ff). Dennoch gibt es eine Vielzahl von Geschäften, bei denen die Eltern das Kind wirksam auch dann vertreten können, wenn sie selbst oder einer von ihnen Vertragspartner des Geschäfts sind, bei dem auf der anderen Seite Vertragspartner das Kind ist.

130 So vertritt der gesetzliche Vertreter das Kind wirksam immer dann, wenn das Rechtsgeschäft dem Kind ausschließlich rechtliche Vorteile verschafft (BGHZ 59, 236, 240 = LM Nr 17 m Anm PFRETSCHNER = NJW 1972, 2262 = JZ 1973, 284 m Anm STÜRNER = MDR 1973, 37 = FamRZ 1972, 630 = Rpfleger 1974, 105 = BB 1973, 63 m Anm KLAMROTH, 389 = Betrieb 1972, 2159 = WM 1972, 1275; s hierzu GIESEN JR 1973, 62; REUTER JuS 73, 184; SÄCKER/ KLINKHAMMER JuS 1975, 626; BGH LM § 1795 Nr 4 = NJW 1975, 1885 = MDR 1975, 746 = JZ 1976, 66 m Anm STÜRNER = FamRZ 1975, 480 m Anm K SCHMIDT = Rpfleger 1975, 245 = DNotZ 1975, 626; BGHZ 94, 232 = LM § 3 AnfG Nr 25 = NJW 1985, 2407 = JZ 1985, 795 = FamRZ 1985, 804 = DNotZ 1986, 80; BGH NJW 1989, 2542 = FamRZ 1989, 945; BayObLG FamRZ 1974, 659; Bay-ObLGZ 98, 139 = NJW 1998, 3574; BGB-RGRK/STEFFEN § 181 Rn 13; SOERGEL/LEPTIEN § 181 Rn 27; MünchKomm/HUBER Rn 47; MünchKomm/SCHRAMM § 181 Rn 15; STAUDINGER/SCHILKEN [2004] § 181 Rn 6, 32; **aA** noch RG WarnR 1910 Nr 414 = Recht 1910 Nr 3893; WarnR 1932 Nr 200 = HRR 1933 Nr 731).

131 Für die Frage, ob ein Geschäft lediglich einen rechtlichen Vorteil bringt, wird **nicht** auf die **wirtschaftlichen**, sondern **nur** auf die **rechtlichen Folgen** des Geschäfts abgestellt (stRspr und hM, BGH LM § 107 BGB Nr 7 = MDR 1971, 380 = DNotZ 1971, 302; BGHZ 78, 28 ff = NJW 1981, 109 = JZ 1981, 109 = JR 1981, 281 m Anm GITTER = FamRZ 1981, 761 = Rpfleger 1980, 463 = Betrieb 1980, 2234 = WM 1980, 1193 = DNotZ 1981, 111 = JuS 1981, 292 m Anm EMMERICH; BGHZ 161, 170 = NJW 2005, 415 = FamRZ 2005, 359 = LMK 2005, 25 [LORENZ]; iü GITTER/SCHMITT JuS 1982, 253 u JAUERNIG JuS 1982, 576; BayObLG NJW 1968, 941 = FamRZ 1968, 206; STAUDINGER/DILCHER[12] § 107 Rn 4 ff; BGB-RGRK/KRÜGER-NIELAND § 107 Rn 2; SOERGEL/ HEFERMEHL § 107 Rn 1; ERMAN/PALM § 107 Rn 3; PALANDT/HEINRICHS § 107 Rn 2; **aA**: STÜRNER AcP 173 [1973], 402 ff; KÖHLER JZ 1983, 225 ff). Als entscheidend für die Annahme eines lediglich rechtlichen Vorteils wird es angesehen, daß der Minderjährige aus seinem Vermögen, das er vor Abschluß des Vertrages besaß, nichts aufgeben und daß er keine neuen Belastungen auf sich nehmen muß, damit der Vertrag zustande kommt (BayObLGZ 1967, 245 ff = NJW 1967, 1912 = MDR 1967, 919 = Rpfleger 1968, 18 = DNotZ 1968, 98; BayObLGZ 74, 61 ff = NJW 1974, 1142 = MDR 1974, 491 = FamRZ 1974, 320 = Rpfleger 1974, 188 = BB 1974, 858 = Betrieb 1974, 574 = WM 1974, 469 = DNotZ 1974, 449; FamRZ 2004, 457; OLG Colmar OLG 24, 29, 30; **aA**: HEINR LANGE NJW 1955, 1339 ff).

Wegen der Einzelheiten vgl unten Rn 198 ff, 221 ff.

bb) Einzelfälle
132 Ist dem gesetzlichen Vertreter eine **Hypothek** des Kindes wirksam, nämlich durch einen Pfleger, verpfändet worden, so ist er als Vertreter des Kindes berechtigt, die Rückzahlung des Darlehens entgegenzunehmen (OLG Dresden OLGE 10, 209, 211).

Die verwitwete Mutter als Alleininhaberin der elterlichen Sorge kann ihre minderjährigen Kinder bei Abschluß eines **Auseinandersetzungsvertrages** vertreten, den die Kinder mit einem volljährigen Halbgeschwister (Kind des verstorbenen Vaters aus dessen früherer Ehe) abschließen (OLG Hamm FamRZ 1965, 86, 87).

Der gesetzliche Vertreter ist berechtigt, ein **Sparkassenguthaben** des Kindes zur Tilgung eigener Schuld einzuziehen und zu verwenden; die Grenze bildet § 1666 (RGZ 75, 357, 359; **aA** KG OLGE 22, 158 ff).

Der gesetzliche Vertreter ist berechtigt, an dem Grundstück des Kindes eine **Hypothek** zu bewilligen mit Vorrang vor der Hypothek eines Elternteils. Denn der Nachteil des Rangrücktritts trifft den Vertreter unmittelbar (KG JFG 12, 285, 289).

Der als **Vorerbe** im Grundbuch eingetragene gesetzliche Vertreter kann das Kind bei der Zustimmung als **Nacherbe** zur Löschung des Nacherbenvermerks und zur Bestellung eines Erbbaurechts jedenfalls dann vertreten, wenn diese Zustimmung nicht gegenüber dem Kind, sondern gegenüber dem durch die Verfügung begünstigten Dritten oder gegenüber dem Grundbuchamt abgegeben wird (RGZ 76, 89, 92; OLG Hamm NJW 1965, 1489, 1490; Soergel/Leptien § 181 Rn 3, str).

Der gesetzliche Vertreter kann die erforderliche Genehmigung eines von ihm mit einem Dritten abgeschlossenen Rechtsgeschäfts namens des Vertretenen gegenüber dem Dritten erklären, obwohl er bei einer Erklärung gegenüber sich selbst von der Vertretung ausgeschlossen wäre (RGZ 76, 89).

Beim Abschluß eines **Berufsbildungsvertrages** vertreten die Eltern das Kind ohne die Beschränkung des § 181 BGB, § 3 Abs 3 Berufsbildungsgesetz (MünchKomm/Huber Rn 65).

Wegen Schenkungen an ein Kind s unten Rn 221 ff, 256 ff.

II. Umfang elterlicher Vertretungsmacht

1. Allgemeines

Die elterliche Vertretungsmacht ist grundsätzlich unbeschränkt und nur insoweit **133** ausgeschlossen oder beschränkt, als dies im Gesetz besonders bestimmt ist (Mot IV 740). So deckt die elterliche Vertretungsmacht grundsätzlich auch den Abschluß riskanter, ja schädlicher Geschäfte, soweit die Vertretungsmacht hier nicht ausdrücklich ausgeschlossen oder eingeschränkt ist (s unten Rn 185 ff). Im Interesse klar gefaßter Beschränkungstatbestände hat das Gesetz dies in Kauf genommen (Mot IV 740 ff); die Rechtsprechung hat eine Ausdehnung der Beschränkungstatbestände durch entsprechende Anwendung stets abgelehnt (BGHZ 92, 259 = NJW 1985, 136 m Anm K Schmidt = JR 1985, 243 m Anm John = FamRZ 1985, 173 = JuS 1985, 316 m Anm Emmerich mwNw). Die Eltern können das Kind auch dann vertreten, wenn dieses, handelte es selbst, der Einwilligung des gesetzlichen Vertreters gem § 107 (lediglich rechtlicher Vorteil) nicht bedürfte (Mot IV 1086). Die elterliche Vertretungsmacht soll den Eltern die pflichtgemäße Ausübung ihrer elterlichen Sorge ermöglichen. Als Vertretungsmacht reicht sie nicht weiter als die elterlichen Rechte und Pflichten.

2. Keine elterliche Vertretungsmacht

Soweit die gesamte Personen- oder Vermögenssorge ausgeschlossen ist oder nicht **134** ausgeübt werden darf, findet Vertretung durch die Eltern oder einen Elternteil nicht statt.

Das gilt in folgenden Fällen:

– wenn dem anderen Elternteil bei Meinungsverschiedenheiten das Sorgerecht einschließlich der Vertretung oder auch die Vertretung allein insgesamt oder für eine oder mehrere Angelegenheiten durch das Familiengericht übertragen wird (s § 1628 Rn 50);

– wenn dem anderen Elternteil die elterliche Sorge (oder ausnahmsweise nur die Personen- oder die Vermögenssorge) nach §§ 1671, 1672 übertragen wird;

– wenn die Vermögensverwaltung durch Bestimmung eines Dritten ausgeschlossen ist, § 1638;

– wenn die elterliche Sorge ruht, §§ 1673–1675;

– wenn das Familiengericht dem Inhaber der elterlichen Sorge die Personensorge (§ 1666) oder die Vermögenssorge (§§ 1666, 1667 Abs 3) entzieht;

135 Soweit in diesem Zusammenhang auch § 1630 Abs 2 genannt wird, ist dem nicht zuzustimmen. Denn § 1630 Abs 2 enthält lediglich eine Rechtsfolgenverweisung, setzt also voraus, daß die Personensorge oder Vermögenssorge einem **Pfleger** aus einem der von § 1630 Abs 2 umfaßten Gründe (vgl § 1630 Rn 13) übertragen worden ist. Einen selbständigen Ausschließungsgrund enthält § 1630 Abs 2 nicht.

136 Personensorge und gesetzliche Vertretung können aber auch in der Weise auseinanderfallen, daß den Eltern oder einem Elternteil nur das eine oder das andere zusteht. So steht die tatsächliche Personensorge für eine verheiratete minderjährige Tochter dem Inhaber der elterlichen Sorge nicht zu, wohl aber bleibt er zur Vertretung in persönlichen Angelegenheiten berechtigt und verpflichtet (vgl § 1633 Rn 7 f).

137 Bisweilen steht dem Inhaber der elterlichen Sorge zwar kraft Gesetzes die tatsächliche Personensorge zu, nicht aber die Vertretung in persönlichen Angelegenheiten, etwa wenn der betreffende Elternteil in der Geschäftsfähigkeit beschränkt ist oder einen **Pfleger** für seine Person oder sein Vermögen erhalten hat, § 1673 Abs 2.

138 Schließlich kann das Familiengericht aus ganz besonderen Gründen einem Elternteil die tatsächliche Personensorge entziehen, ihm aber die Vertretung in persönlichen Angelegenheiten belassen, vor allem in Fällen von Meinungsverschiedenheiten gem § 1628 (vgl § 1628 Rn 23).

139 Bei gewissen höchstpersönlichen Geschäften des Kindes ist die elterliche Vertretungsmacht zugunsten eigener Handlungsbefugnisse des Kindes zurückgedrängt: §§ 1411 Abs 1 S 4; 1600a Abs 2; 1617a Abs 2; 1617c Abs 1 S 2; 1618 S 6; 1671 Abs 2 Nr 1; 1746 Abs 1 S 3, Abs 2; 1750 Abs 3; 1757 Abs 2; 2064; 2229 Abs 2; 2274; 2275 Abs 2; 2282 Abs 1 S 2; 2284; 2290 Abs 2; 2296 Abs 1; 2347 Abs 2 S 1; 2351; 5 RKEG;

59 FGG; 607 Abs 1 ZPO; Zeugnisverweigerungsrecht (s oben Rn 98 f); Einwilligung in ärztlichen Eingriff (s oben Rn 123 ff).

In bestimmten Zusammenhängen sind die Eltern nicht frei in der gesetzlichen **140** Vertretung des Kindes; sie bedürfen für ihr Handeln der vormundschaftsgerichtlichen oder familiengerichtlichen Genehmigung: §§ 112; 1484 Abs 2 S 2; 1491 Abs 3; 1492 Abs 3; 1517 Abs 2; 1639 Abs 2; 1643–1645; 1667 Abs 3; 1683; 2290 Abs 3; 2291 Abs 1 S 2; 2347 Abs 1, Abs 2 S 2; § 19 Abs 2 StAG.

Die Vertretungsmacht des Inhabers der elterlichen Sorge kann endlich ausgeschlos- **141** sen sein, und zwar entweder kraft Gesetzes (vgl unten Rn 185 ff) oder durch Entscheidung des Familiengerichts (vgl unten Rn 279 ff).

III. Dauer und Grenzen elterlicher Vertretungsmacht

1. Dauer

Die Vertretungsmacht nach § 1629 endet mit dem Sorgerecht oder mit Eintritt des **142** alleinigen Selbstentscheidungsrechts des Minderjährigen. Hiermit endet aber nicht notwendig die **Bindungswirkung** bereits geschlossener Rechtsgeschäfte für das Kind. Die elterliche Vertretungsmacht soll verhindern, daß Kinder Verträge abschließen, die ihrem wohlverstandenen Interesse widersprechen. Die in der Anordnung gesetzlicher Vertretung liegende Fremdbestimmung dient mithin dem Schutz des Minderjährigen und entspricht damit seinem Wohl (vgl zu dieser Problematik HERTWIG FamRZ 1987, 124 ff und M WOLF AcP 187 [1987] 319, 331). Die elterliche Vertretungsmacht ist aber nicht generell auf Rechtsgeschäfte beschränkt, die das volljährig gewordene Kind nicht mehr behindern. Pflichtgemäße Ausübung der elterlichen Sorge kann zur Bindung des Kindes führen, die über den Zeitraum der Minderjährigkeit hinausgeht. Längerfristige und kontinuierliche Rechtsverhältnisse können dem Kindesinteresse dienlich sein. Sie können aber auch das Interesse des Kindes an effektiver Selbstbestimmung ab Volljährigkeit verletzen. Im Interesse und zum Schutz des Kindes obliegt es daher den Eltern, von den Kindern **langfristige Bindungen** fernzuhalten, die das Recht des Volljährigen auf Selbstbestimmung verkürzen könnten.

Rechtsgeschäfte **(zB Generalvollmacht)** und Prozeßhandlungen, die die **Selbstbestim- 143 mung** des mündig Gewordenen schmälern, bedürfen deshalb besonders genauer Überprüfung daraufhin, ob das elterliche Handeln sich an die Grenzen einer pflichtgemäß ausgeübten elterlichen Sorge gehalten hat. Pflichtgemäße Wahrnehmung heißt Wahrnehmung auch unter Berücksichtigung der von der Volljährigkeit grundsätzlich geforderten Selbstbestimmung des Kindes. Freiheit zur Selbstbestimmung ist nicht identisch mit der Freiheit von allen Bindungen, die kraft elterlicher Sorge geschaffen wurden. Aber pflichtgemäßes Handeln der Eltern muß gewährleisten, daß der volljährig Gewordene nicht nur eine zum Schein abgewertete Freiheit erreicht (GERNHUBER FamRZ 1962, 89, 94). Die Vertretungsmacht der Eltern ist zeitlich nicht begrenzt. Aber über den Eintritt der Volljährigkeit hinauswirkende Verpflichtungen des Kindes kann sie nur umfassen, wenn hierdurch die Kindesinteressen in der Weise gewahrt werden, daß auch der Wechsel von der Fremd- zur Selbstbestimmung des Kindes berücksichtigt wird (GERNHUBER aaO und GERNHUBER/COESTER-WALTJEN

§ 57 IV 5 Rn 35 und VI 2 Rn 70; iE auch KRÜGER, in: KRÜGER/BREETZKE/NOWACK, GleichberG Einl Rn 293 ff, 300, 303).

2. Grenzen

144 Schon das RG (RGZ 41, 263, 265, 266) hatte die Fortdauer einer **Generalvollmacht**, die die Mutter und Vormünderin namens ihres minderjährigen Kindes einem befreundeten Kaufmann erteilt hatte, über die Großjährigkeit des Kindes hinaus verneint und hierzu ausgeführt: Grundsätzlich verpflichte zwar auch der vom Vormund geschlossene Vollmachtsvertrag den Mündel über die Dauer der Vormundschaft hinaus. Aber dem Vormund stehe das Recht, den Mündel durch Vollmachtsverträge zu verpflichten und ihm über die Dauer der Vormundschaft hinaus einen Vertreter zu bestellen, nur dann zu, wenn die Zwecke der vormundschaftlichen Verwaltung dies als notwendig erscheinen ließen. Schließe der Vormund Vollmachtsverträge für den Mündel, die diesen über die Vormundschaft hinaus **auf unbestimmte Zeit** in **allen** seinen Angelegenheiten binden würde, so liege darin eine **Überschreitung** der vormundschaftlichen Befugnisse, weil die Verwaltung durch den Vormund dies nicht erfordere.

145 Dementsprechend vertritt MÜLLER-FREIENFELS (Vertretung 370, 371) die Auffassung, daß die vom Vormund geschlossenen Miet-, Pacht- und Darlehensverträge, Versicherungs-, Verpfändungs- und Lehrlingsvereinbarungen **nur solange bestehen, wie die Geschäftsbeschränktheit des Mündels dauere** mit der Folge, daß diese Geschäfte **mit Volljährigkeit enden** oder vom Mündel neu bestätigt werden müssen (ähnlich KRÜGER, in: KRÜGER/BREETZKE/NOWACK aaO, die ein **außerordentliches Kündigungsrecht** des volljährig Gewordenen vorschlägt).

146 In einigen Zusammenhängen hatte der Gesetzgeber diese Gefahr erkannt und geregelt: So bedürfen Verträge, die das Kind zu wiederkehrenden Leistungen über die Vollendung des 19. Lebensjahres hinaus verpflichten, der Genehmigung des Familiengerichts, §§ 1643 Abs 1, 1822 Nr 5. Aber durch die Regelung des § 1643 Abs 1 war nicht in allen Fällen sicher zu verhindern, daß der volljährig Gewordene nicht mehr als nur eine scheinbare Freiheit erreicht.

147 Das BVerfG hatte am 13. 5. 1986 (BVerfGE 72, 155 = NJW 1986, 1859 = JZ 1986, 632 m Anm FEHNEMANN 1055 = FamRZ 1986, 769 m Anm HERTWIG FamRZ 1987, 124 = DAVorm 1986, 419 = ZfJ 1986, 419 = WM 1986, 828 = ZIP 1986, 975 m Anm EMMERICH JuS 1986, 806) entschieden, daß Eltern ihre Kinder kraft elterlicher Vertretungsmacht bei Fortführung eines ererbten Handelsgeschäfts in ungeteilter Erbengemeinschaft nicht unbegrenzt verpflichten können; das sei mit dem **allgemeinen Persönlichkeitsrecht** Minderjähriger, Art 2 Abs 1 iVm Art 1 Abs 1 GG, nicht vereinbar. Mit Gesetzeskraft hatte es ausgesprochen, „daß § 1629 Abs. 1 iVm § 1643 Abs. 1 BGB insoweit mit Art. 2 Abs. 1 iVm Art. 1 Abs. 1 GG nicht vereinbar ist, als danach Eltern im Zusammenhang mit der Fortführung eines zum Nachlaß gehörenden Handelsgeschäfts ohne vormundschaftsgerichtliche Genehmigung Verbindlichkeiten zu Lasten ihrer minderjährigen Kinder eingehen können, die über deren Haftung mit dem ererbten Vermögen hinausgehen" (BGBl I 863).

148 Das BVerfG sah das Recht des jungen Menschen auf **individuelle Selbstbestimmung**

verletzt und die Grundbedingungen freier Entfaltung und Entwicklung und damit deren engere persönliche Lebenssphäre betroffen. Nachwirkungen der elterlichen Sorge in der Zeit der Volljährigkeit seien verfassungsrechtlich noch hinnehmbar, wenn sich die Haftung des Minderjährigen bei einem ererbten und fortgeführten Handelsgeschäft auf das im Wege der Erbfolge erworbene Vermögen beschränke. Wenn aber der Gesetzgeber den Eltern das Recht einräume, ihre Kinder in einem weitergehenden Maße zu verpflichten, dann müsse er gleichzeitig dafür Sorge tragen, daß den Volljährigen Raum bleibe, um ihr weiteres Leben selbst und ohne unzumutbare Belastungen zu gestalten, die sie nicht zu verantworten hätten. Diese Möglichkeit sei ihnen jedenfalls dann verschlossen, wenn sie als Folge der Vertretungsmacht ihrer Eltern mit erheblichen Schulden in die Volljährigkeit „entlassen" würden. Den Anforderungen des Art 2 Abs 1 iVm Art 1 Abs 1 GG genüge eine (künftige) Regelung, welche entweder die Fortführung eines Handelsgeschäfts durch Minderjährige von einer vormundschaftsgerichtlichen Genehmigung abhängig machen oder Minderjährige als Miterben eines Handelsgeschäfts jedenfalls nicht über den Umfang des ererbten Vermögens hinaus zu Schuldnern werden lasse.

Mit diesen Erwägungen hatte das BVerfG das Urteil des BGH vom 8. 10. 1984 **149** (BGHZ 92, 259 = NJW 1985, 136 m Anm Schmidt = FamRZ 1985, 173 = JR 1985, 243 m Anm John = JuS 1985, 316 m Anm Emmerich) aufgehoben. Der BGH hatte die Auffassung vertreten, daß Eltern im Zusammenhang mit der Fortführung eines zum Nachlaß gehörigen Handelsgeschäfts unbeschränkt Verbindlichkeiten zu Lasten ihrer Kinder ohne vormundschaftsgerichtliche Genehmigung eingehen könnten (vgl hierzu K Schmidt NJW 1985, 136; John JZ 1985, 246, 247; Emmerich JuS 1985, 316). Durch Beschluß vom 27. 10. 1986 (NJW-RR 1987, 450) hat sodann der BGH das Verfahren bis zur verfassungskonformen **Neuregelung durch den Gesetzgeber** ausgesetzt (zur Kritik an der Entscheidung des BVerfG s Fehnemann JZ 1986, 1055; Ramm NJW 1989, 1708; dagegen K Schmidt NJW 1989, 1712, ders zuvor BB 1986, 1238; Coing NJW 1985, 6; Pardey FamRZ 1988, 460; Emmerich JuS 1986, 806; Hertwig FamRZ 1987, 124; Hüffer ZGR 1986, 603, 651; M Wolf AcP 1987 [1987] 319, 336; K Schmidt NJW 1985, 2785; Strothmann ZIP 1985 969; Damrau NJW 1985, 2236).

Diese Neuregelung enthält das Minderjährigenhaftungsbeschränkungsgesetz vom **150** 25. 8. 1998 (s oben Vorbem 26 zu §§ 1626 ff u RKEG). Es gibt mit Wirkung vom 1. 1. 1999 durch § 1629a dem volljährig Gewordenen die Möglichkeit, seine Haftung für Altverbindlichkeiten zu beschränken (s Überblick Peschel-Gutzeit FPR 2006, 455 f, iü Erl Staudinger/Coester § 1629a).

F. Rechtsfolgen der Vertretung und Haftung des Kindes

I. Rechtsfolgen

1. Allgemeines

Durch die elterliche Vertretung wird das Kind unmittelbar verpflichtet und berech- **151** tigt, § 164 Abs 1. Handeln die Eltern als gesetzliche Vertreter des Kindes, obwohl sie überhaupt keine Vertretungsmacht (Entzug nach § 1666) oder jedenfalls nicht die in Anspruch genommene Alleinvertretungsmacht (Berufung auf angebliche Generalermächtigung, auf einen in Wahrheit nicht vorliegenden Eilfall) hatten, oder überschreiten die Eltern ihre Vertretungsmacht, so handeln sie als Vertreter ohne Vertretungsmacht. Das betreffende Rechtsgeschäft ist schwebend unwirksam, bis es genehmigt wird, § 177 (BGH FamRZ 1973, 370 [LS] = WM 1973, 460). Bei einseitigen Rechtsgeschäften gelten §§ 174, 180.

2. Handeln ohne Vertretungsmacht

152 Ob Eltern, die im Namen des Kindes pflichtwidrig handeln, stets als Vertreter ohne Vertretungsmacht handeln, wird kontrovers beurteilt (dafür: RGZ 71, 219, 221; GERN-HUBER/COESTER-WALTJEN § 57 VI 3 Rn 72–73; GERNHUBER FamRZ 1962, 94; wohl auch MÜLLER-FREIENFELS, Vertretung 367 ff, siehe aber 368 Fn 40; dagegen: RGZ 143, 350 = JW 1934, 1044 m Anm RAAPE; BGH MDR 1964, 592 = JZ 1964, 420 = FamRZ 1964, 361 = Betrieb 1964, 792 = WM 1964, 505; NJW 1966, 1911 = WM 1966, 491; DÖLLE § 94 III 1; MÜLLER AcP 168 [1968] 116 ff; differenzierend: FROTZ 259 ff, 611 ff: die gesetzliche Vertretungsmacht sei auf pflichtgemäßes Handeln des gesetzlichen Vertreters beschränkt. Bei Verstoß hafte der Vertreter aus § 179. Das widerspreche nicht dem Verkehrsschutz; der Rechtsverkehr sei durch die darüber hinausgehende Haftung des Vertretenen aus culpa in contrahendo hinreichend geschützt).

153 Die Entscheidung für oder gegen eine Beschränkung der elterlichen Vertretungsmacht auf pflichtgemäßes Handeln hängt davon ab, ob man dem Schutze des sicheren Rechtsverkehrs oder dem Minderjährigenschutz Vorrang einräumt. Die vom BGH (vgl BHGZ 92, 259 = NJW 1985, 136; weitere Nachweise s Rn 149) vertretene Auffassung, zum Schutze des sicheren Rechtsverkehrs müsse der Minderjährigenschutz überall dort zurückstehen, wo das Gesetz nicht ausdrücklich etwas anderes sage, erscheint mit Blick auf die Entscheidung des BVerfG vom 13. 5. 1986 (BVerfGE 72, 155 = NJW 1986, 1859) in anderem Licht. Der Gesetzgeber hat die Konsequenzen gezogen und mit dem Inkraftsetzen des Minderjährigenhaftungsbeschränkungsgesetzes am 1. 1. 1999 nunmehr in § 1629a die Haftung des Minderjährigen begrenzt, insoweit also dem Minderjährigenschutz Vorrang vor dem Schutz des sicheren Rechtsverkehrs eingeräumt (s oben Rn 150 und Erl STAUDINGER/COESTER zu § 1629a).

154 Daß elterliche Vertretungsmacht im übrigen bei evidentem **Mißbrauch** endet, ist anerkannt (BGH NJW 1966, 1955 = WM 1966, 491 mwNw; BGHZ 50, 112 = NJW 1968, 1379; LM § 37 GmbHG Nr 46 = BB 1976, 852 = Betrieb 1976, 1278; WM 1980, 953, 954; Betrieb 1984, 661; SOERGEL/LEPTIEN § 177 Rn 15 ff; BGB-RGRK/STEFFEN §§ 177 Rn 2, 164 Rn 24; MünchKomm/SCHRAMM § 164 Rn 106 ff; FLUME AT II § 45 II 3; MEDICUS AT Rn 965 ff; DÖLLE II § 94 III 1; LÜDERITZ JuS 1976, 765, 767). Der objektive Mißbrauch der Vertretungsmacht hebt bei Kenntnis des Dritten oder Evidenz des Mißbrauchs die Vertretungsmacht auf, unabhängig vom Vorsatz oder Fahrlässigkeit des Mißbrauchenden. Dieser handelt ohne Vertretungsmacht mit den gesetzlichen Folgen aus §§ 177 ff (FLUME aaO; vgl für vorsätzlichen Mißbrauch durch bewußte Täuschung oder vorsätzliches Verschweigen wesentlicher Umstände zum Zwecke des Erschwindelns staatlicher Leistungen OVG Berlin NJW 1985, 822, 823).

155 Liegt ein **Handeln ohne Vertretungsmacht** vor, so kann entweder der gesetzliche Vertreter des Kindes, der mit den Eltern nicht identisch ist, der andere Elternteil (falls der erste in scheinbarer Alleinvertretungsmacht gehandelt hat) oder das volljährig gewordene Kind die **Genehmigung** erteilen (GERNHUBER/COESTER-WALTJEN § 57

VI 3 Rn 72–73; SOERGEL/STRÄTZ Rn 13, 28; MünchKomm/HUBER Rn 40; ERMAN/MICHALSKI Rn 3; BGB-RGRK/WENZ Rn 17; JAUERNIG/BERGER Rn 9; **aa**: K MÜLLER AcP 168 [1968] 113, 116, 120, der meint, es sei nicht angängig, die Vertretung unter Anwendung von § 177 allein durch einen Willensakt des Vertretenen wirksam werden zu lassen ohne Rücksicht auf den Willen des **falsus procurator**, dieser selbst müsse vielmehr bestätigen bzw zustimmen. Trotz beachtlicher Gründe für diese Ansicht ist aus Gründen der Rechtssicherheit mit GERNHUBER [GERNHUBER/COESTER-WALT-JEN § 57 VI 3 Rn 31] dennoch von der generellen Anwendbarkeit von § 177 auszugehen).

Die **Genehmigung** kann sowohl gegenüber dem Vertragsgegner als auch gegenüber **156** dem alleinhandelnden Elternteil erklärt werden, § 182 Abs 1 (RGZ 61, 223, 225; 81, 325, 327 ff; 101, 342, 343; 112, 215, 220; HERMANN LANGE NJW 1961, 1889, 1893). Bei formgebundenem Rechtsgeschäft gilt für die Genehmigung das Formerfordernis grundsätzlich nicht, § 182 Abs 2 (RG JW 1901, 518 Nr 9; RGZ 63, 96; 81, 325, 327; 101, 342; 118, 168, 171). Das gilt auch für die Auflassung (BGHZ 19, 138 = NJW 1956, 178; KG JW 37, 3230; MünchKomm/ HUBER Rn 40; SOERGEL/STRÄTZ Rn 13; H LANGE NJW 1961, 1889, 1894; **aA** ie BEITZKE JR 1959, 401, 404).

Der andere Teil hat im Rahmen des § 178 ein Widerrufsrecht. Der alleinhandelnde **157** Elternteil ist an seine Erklärung gebunden. Es spielt also keine Rolle, ob er in dem Zeitpunkt, zu dem die Genehmigung erteilt wird, seine Ansicht geändert hat. Denn die Widerrufsmöglichkeiten bei schwebend unwirksamen Rechtsgeschäften sind im Interesse der Rechtssicherheit im Gesetz erschöpfend aufgezählt (BOEHMER JZ 1960, 7; SCHWOERER NJW 1960, 1419, 1421; H LANGE NJW 1961, 1889, 1893; GERNHUBER/COESTER-WALT-JEN § 58 III 2 Rn 31; MünchKomm/HUBER Rn 40; SOERGEL/STRÄTZ Rn 13).

Soweit die Rechtsprechung (RGZ 81, 325, 329; DRW 1942, 1159; BGH LM § 164 Nr 15; **158** BGHZ 30, 306, 313 = NJW 1959, 2111 = MDR 1959, 920; WM 1976, 1053, 1054; ebenso STAU-DINGER/SCHILKEN [2004] § 167 Rn 54) eine Bindung des vollmachtlos Handelnden an seine eigene Erklärung bis zur Erteilung der Genehmigung verneint, ist die Interessenlage erkennbar eine andere: Ob einer von zwei Geschäftsführern einer GmbH, wenn er allein handelt, für sich selbst und damit praktisch auch für das Unternehmen schon eine Bindung erzeugt (RGZ 81, 325; DRW 1942, 1159), ob die Gemeinde durch einen vollmachtlos Handelnden bei der Kündigung eines Pachtbetriebes gebunden ist (BGH LM § 164 Nr 15), dürfte anders zu beurteilen sein als der Fall, in dem ein Vater ohne Ermächtigung durch die Mutter allein ein wichtiges Geschäft für das Kind abschließt.

Die Entscheidung darüber, ob dieses Geschäft rechtswirksam wird, liegt bei der **159** Mutter und, falls volljährig geworden, bei dem Kind, nicht aber bei dem vollmacht-los handelnden Vater, der sich bereits entschieden hatte (**aA** LG Heilbronn Justiz 1980, 480, das eine Bindung der Mutter an einen einseitig von ihr erklärten **Verzicht** auf einen **Strafantrag** für das Kind verneint und annimmt, die Mutter sei, nachdem der Vater die Genehmigung des Verzichts verweigert hatte, nicht gehindert, daraufhin später gemeinsam mit dem Vater Strafantrag zu stellen).

Wird die Genehmigung verweigert, so kann der andere Vertragsteil Schadensersatz- **160** ansprüche gem § 179 geltend machen, und zwar gegen den oder die vertretungs-machtlos handelnden Eltern (GERNHUBER/COESTER-WALTJEN § 57 VI 3 Rn 72–73; SOERGEL/ STRÄTZ Rn 13; MünchKomm/HUBER Rn 40; **aA** K MÜLLER AcP 168 [1968] 113, 139 ff).

II.   Haftung des Kindes für seine gesetzlichen Vertreter*

161   Soweit die Eltern das Kind kraft Gesetzes vertreten, sind sie Sachwalter des Kindes auch bei der Erfüllung von dessen Verbindlichkeiten. Handeln die Eltern dabei schuldhaft pflichtwidrig, so hat das Kind ihr Verschulden wie eigenes zu vertreten,

* **Schrifttum in zeitlicher Reihenfolge:**
Voss, Zur Haftung des Schadensstifters bei Verletzung der Aufsichtspflicht der gesetzlichen Vertreter, VersR 1952, 252; GERNHUBER, Die Haftung für Hilfspersonen innerhalb des mitwirkenden Verschuldens, AcP 152 (1952/53) 69; ESSER, Die Verantwortlichkeit des Verletzten für mitwirkendes Verschulden seiner Hilfspersonen, JZ 1952, 257; ders, Zur Anrechnungspflicht elterlichen Mitverschuldens bei Verkehrsunfällen deliktsunfähiger Kinder, JZ 1953, 691; LANGE, Mitwirkendes Verschulden des gesetzlichen Vertreters und die Hilfen außerhalb eines Verpflichtungsverhältnisses, NJW 1953, 967; WEIMAR, Muß sich das Kind als Verkehrsopfer eine Verletzung der Aufsichtspflicht durch Verwandte anrechnen lassen?, JR 1953, 295; ders, Inwieweit muß sich ein Geschädigter das Verschulden Dritter anrechnen lassen?, DRiZ 1955, 108; STAKS, Mitverschulden von Aufsichtspersonen bei Verkehrsunfällen von Kindern, JZ 1955, 606; BÖHMER, Weitere Ausdehnung der schuldlosen Haftung?, VersR 1956, 461; ders, Eine unzulässige Benachteiligung geschädigter Minderjähriger, VersR 1957, 697; ders, § 278 BGB setzt das Bestehen einer Verbindlichkeit voraus, JR 1958, 18; KLEINDIENST, Zur Bedeutung des § 278 BGB bei mitwirkendem Verschulden, JR 1957, 567; ders, Die entsprechende Anwendung des § 278 BGB bei mitwirkendem Verschulden, NJW 1960, 2028; MAMMEY, Zur Anrechnung des Aufsichtsverschuldens des gesetzlichen Vertreters als Mitverschulden des Kindes, NJW 1960, 753; VENZMER, Mitverursachung und Mitverschulden im Schadensersatzrecht (1960); BÖHMER, Elterliches Mitverschulden bei Unfällen von in der Bahn beförderten Kindern, MDR 1960, 264; ders, Der Schlußsatz des § 254 Abs 2 BGB bezieht sich nicht auf unerlaubte Handlungen iS des § 254 Abs 1 BGB, MDR 1961, 1; ders, Unzulässige Vermischung von Deliktsrecht und Vertragsrecht, JR 1961, 17; ders, Gleichbe-handlung von Beschädigtem und Beschädiger, JZ 1961, 157; ders, Zur Frage der entsprechenden Anwendung des § 278 BGB bei mitwirkendem Verschulden des Beschädigten, NJW 1961, 62; WESTERMANN, Haftung für fremdes Verschulden, JuS 1961, 333; MEDICUS, Zur Verantwortlichkeit des Geschädigten für seine Hilfspersonen, NJW 1962, 2081; ZEISS, Anm zu BGH 31. 3. 1960 (BGHZ 33, 136), JZ 1962, 285; WEIMAR, Unfälle von Kindern bei Eisenbahnfahrten, VersN 1963, 105; ROTHER, Haftungsbeschränkung im Schadensrecht (1965); FINGER, Mitwirkendes Verschulden und Haftung für Dritte, JR 1972, 406; MAGNUS, Drittmitverschulden im deutschen, englischen und französischen Recht (1974); dazu DIETRICH AcP 176 (1976) 546; MARBURGER, Anm zu BGH 13. 2. 1975, JZ 1975, 369; DENCK, Die Haftung des Vertragsschuldners für den Hauptgläubiger als Erfüllungsgehilfen im Vertrag mit Schutzwirkung für Dritte – BGH NJW 1975, 867, JuS 1976, 429; BERG, Verträge mit Drittschutzwirkung und Drittschadensliquidation, JuS 1977, 363; ders, Zur Abgrenzung von vertraglicher Drittschutzwirkung und Drittschadensliquidation, NJW 1978, 2018; SCHNITZERLING, Die Gefährdung und Verletzung des Kindes im Straßenverkehr in der Rechtsprechung ab 1972, DAR 1977, 57; vCAEMMERER, Verträge zugunsten Dritter, in: FS Wieacker (1978) 311; SONNENSCHEIN, Der Vertrag mit Schutzwirkung für Dritte – und immer neue Fragen, JA 1979, 225; ZIEGLER, Personale Abgrenzungskriterien beim Vertrag mit Schutzwirkung zugunsten Dritter, JuS 1979, 328; SCHWERDTNER, Verträge mit Schutzwirkung für Dritte, Jura 1980, 493; WEIMAR, Das mitwirkende Verschulden beim Vertrag mit Schutzwirkung für Dritte, JR 1981, 140; KRAUSE, Untermieter und Mieter im Schutzbereich eines Vertrages, JZ 1982, 16; STRAUCH, Verträge mit Drittschutzwirkung, JuS 1982, 823; ASSMANN, Grundfälle zum Vertrag mit Schutz-

§ 278 S 1. Das Kind haftet also für das Verschulden seines gesetzlichen Vertreters im Rahmen rechtsgeschäftlichen Handelns, dh innerhalb eines Vertragsverhältnisses oder eines bereits bestehenden (auch gesetzlichen) Schuldverhältnisses.

Trifft den gesetzlichen Vertreter an der Entstehung des Schadens ein Mitverschul- **162** den, so muß sich das Kind auch dieses Mitverschulden grundsätzlich anrechnen lassen, § 254 Abs 2 S 2, und zwar gleichgültig, ob das Mitverschulden des gesetzlichen Vertreters im Tun (Abs 1) oder Unterlassen (Abs 2 S 1) liegt. § 254 Abs 2 S 2 ist nach herrschender Rechtsprechung und überwiegender Meinung im Schrifttum wie ein selbständiger Abs 3 von § 254 zu lesen, weil es als sachwidrig angesehen wird, den Geschädigten nur für eine Mitwirkung seiner Hilfsperson durch Unterlassen, Abs 2 S 1, nicht aber durch positives Tun, Abs 1, einstehen zu lassen (seit RGZ 62, 106 st Rspr, auch des BGH seit BGHZ 1, 248 ff = LM § 254 [Ea] Nr 1 m Anm KRILLE = NJW 1951, 477; BGHZ 3, 46 ff= JZ 1951, 749 m Anm LEHMANN = BB 1951, 712; s dazu STAUDINGER/SCHIEMANN [2005] § 254 Rn 95; MünchKomm/OETKER § 254 Rn 126).

Umstritten ist, wie die Verweisung in § 254 auf § 278 zu verstehen ist, ob nämlich **163** § 254 Abs 2 S 2 nicht nur auf die Rechtsfolgen des § 278 verweist, sondern auch auf dessen Voraussetzungen (Rechtsgrund- oder Rechtsfolgenverweisung?). Da § 278 von Schuldner und der Erfüllung einer Verbindlichkeit spricht, wird gefragt, ob bei der schuldhaften Mitwirkung des gesetzlichen Vertreters bereits ein Schuldverhältnis zwischen dem Geschädigten und dem Schädiger bestehen muß. Die Tatsache, daß § 254 Abs 2 S 2 nur die **entsprechende** Anwendung des § 278 normiert, trägt zur Lösung nicht bei, weil dieses Problem bei der Beratung des § 254 nicht gesehen worden ist (GERNHUBER AcP 152 [1952/53] 69, 74; vgl auch ROTHER 132 ff).

Die **Rechtsprechung** versteht § 254 Abs 2 S 2 als Rechts**grund**verweisung: Dem ge- **164** schädigten Kind könne das Mitverschulden seines gesetzlichen Vertreters beim schädigenden Ereignis nur angerechnet werden, wenn die Schadensmitverursachung im Rahmen eines schon bestehenden Schuldverhältnisses oder eines einem Schuldverhältnis ähnlichen Verhältnisses erfolgt; zwischen dem geschädigten Kind und dem Ersatzpflichtigen müssen also schon **vor** dem Schadenseintritt schuldrechtliche oder schuldrechtsähnliche Beziehungen bestanden haben (RGZ 62, 346, 349; 75, 257, 258; 119, 152, 155; 1401, 7; 159, 283; 164, 264, 269; BGHZ 1, 248, 249 ff = LM § 254 [Ea] Nr 1 m Anm KRILLE = NJW 1951, 477; BGHZ 3, 46, 49 ff = JZ 1951, 749 m Anm LEHMANN = BB 1951, 712; BGHZ 5, 378, 385 = LM § 254 [Ea] Nr 3 = NJW 1952, 1050 = VersR 1952, 240; BGHZ 24, 325 = LM § 254 [Ea] Nr 5 m Anm HAUSS = NJW 1957, 1187 = JZ 1957, 474 = VersR 1957, 455; BGHZ 33, 136, 140 ff = NJW 1961, 20 = MDR 1961, 33 = JZ 1962, 283 m Anm ZEISS = FamRZ 1961, 28; NJW 1962, 1199; VersR 1962, 783, 784; LM § 254 [Ea] Nr 7 = NJW 1964, 1670, 1671 = MDR 1964, 658; VersR 1970, 934, 936; VersR 1975, 133, 134; LM § 837 BGB Nr 2 = NJW 1977, 1392, 1394 = VersR 1977, 668; BGHZ 73, 190 = NJW 1979, 973 = FamRZ 1979, 284 = VersR 1979, 421; LM § 278 BGB Nr 83 = NJW 1980, 2080 = MDR 1980, 922 = VersR 1980, 938; NJW 1980, 2573, 7575; LM § 254 [Ea] Nr 16 = NJW 1983, 1108, 1110 = MDR 1983, 654 = VersR 1983, 394; BGHZ 103, 228 = NJW 1988, 2667 =

wirkung für Dritte, JuS 1986, 885; SASS, Die Zurechnung von Mitverschulden des Vertragsgläubigers bei der Schadensentstehung zu Lasten des in den Schutzbereich eines Vertrages einbezogenen Dritten nach §§ 254 Abs 2 S 2,

278 BGB, VersR 1988, 768; HAGER, Das Mitverschulden von Hilfspersonen und gesetzlichen Vertretern des Geschädigten, NJW 1989, 1640; H LANGE, Anm zu BGHZ 103, 338 ff, JZ 1989, 48.

JZ 1989, 45 m zust Anm Herm Lange 48 = FamRZ 1988, 810 = VersR 1988, 632; BGHZ 116, 60; OLG Düsseldorf NJW 1973, 1801, 1802 = FamRZ 1974, 254 = ZBlJugR 1974, 451; ebenso Münch-Komm/Oetker § 254 Rn 129; Soergel/Mertens § 254 Rn 94; BGB-RGRK/Alff § 254 Rn 62 ff; Erman/Kuckuck § 254 Rn 72; Palandt/Heinrichs § 254 Rn 49; Staudinger/Schiemann [2005] § 254 Rn 99; Fikentscher § 55 VII 2 h; Mammey NJW 1960, 753; Böhmer JZ 1961, 157; Sass VersR 1988, 768; Hager NJW 1989, 1640).

165 Dabei wird, soweit es die Obliegenheit aus § 254 Abs 2 S 1 angeht, schon das durch die Schädigung selbst begründete Schuldverhältnis als ausreichend angesehen (RGZ 62, 346, 350; BGHZ 9, 316, 319 ff = LM § 1 HaftpflG Nr 6 m Anm Delbrück = NJW 1953, 977 [dazu Esser JZ 1953, 691 und Heinr Lange NJW 1953, 967] = VersR 1953, 243).

166 In der Literatur überwiegt die Gegenmeinung, § 254 Abs 2 S 2 enthalte nur eine Rechts**folgen**verweisung, so daß es auf ein Schuldverhältnis zwischen Schädiger und Geschädigtem nicht ankomme; der Geschädigte müsse sich das Verschulden von Hilfspersonen stets anrechnen lassen (für die ältere Literatur s Staudinger/Werner[10/11] § 254 Rn 61 ff; Enneccerus/Lehmann § 16 II 1; Larenz, Schuldrecht I § 31 I d; Gernhuber AcP 152 [1952/53] 69 ff, 83; Heinr Lange NJW 1953, 967; Kleindienst JR 57, 457; ders NJW 1960, 2028; Rother 127 ff, 145, 153; Finger JR 1972, 406 ff; iE auch Esser[4] § 47 VI 2; Magnus 104). Soweit der Geschädigte nicht voll geschäftsfähig ist, wird zum Teil allerdings dessen Haftung für rechtswidriges Verhalten des gesetzlichen Vertreters wiederum verneint (Esser JZ 1952, 257; Herm Lange Schadensersatz § 10 XI 5 f; Esser/Schmidt, Schuldrecht I § 35 III; Einzelheiten bei Staudinger/Schiemann [2005] § 254 Rn 98).

167 Mit der Rechtsprechung und der in der Kommentarliteratur vertretenen Ansicht ist von einer **Rechtsgrundverweisung** in § 254 Abs 2 S 2 auszugehen. Dabei ist der entgegenstehenden Literatur zuzugeben, daß das sog Gleichbehandlungsargument zwischen Schädiger und Geschädigtem (Schädiger und Geschädigte sollen für Hilfspersonen nach derselben Vorschrift haften) nur bedingt überzeugt, weil es im Haftungsrecht eine Gleichbehandlung von Schädiger und Geschädigtem nicht gibt. Aber gleich, welcher Meinung man folgt, verbleiben stets offene Fragen; „man findet auf Schritt und Tritt ein Übermaß an Gegensätzen und Widersprüchen" (Sass VersR 1988, 768, 770); keine der angeführten Meinungen kann alle auftauchenden Probleme sachangemessen und zufriedenstellend lösen. Betrachtet man das Ergebnis des aufgezeigten Meinungsstreits in Fällen, in denen das Kind zu Schaden kommt, so zeigt sich folgendes: Nur dann, wenn die Hilfsperson, hier also der gesetzliche Vertreter, insolvent ist, ist die Risikoverteilung aus § 254 Abs 2 S 2 für das Kind von Bedeutung. Greift die Vorschrift des § 254 Abs 2 S 2 stets ein (so ein Großteil der Literatur), so muß der Schädiger dann, wenn der gesetzliche Vertreter schuldhaft gehandelt hat und deshalb mithaftet, dem Kind nur seinen Anteil, seine Quote am gesamten Schaden zahlen und nicht etwa zunächst den ganzen Schaden mit Regreßmöglichkeiten beim gesetzlichen Vertreter; das Kind muß den verbliebenen Schadensanteil bei seinem gesetzlichen Vertreter liquidieren, trägt also das Risiko von dessen Insolvenz. Greift dagegen § 254 Abs 2 S 2 nicht stets, sondern nur beim Vorliegen eines Schuldverhältnisses ein (so die Rechtsprechung und die Kommentarliteratur), so muß der Schädiger dem Kind alles zahlen und kann beim gesetzlichen Vertreter Regreß nehmen. Hier trägt der Schädiger das Risiko, falls der gesetzliche Vertreter insolvent ist.

Dieses Ergebnis macht deutlich, daß die Lösung der Rechtsprechung und Kommen- **168** tarliteratur dem Kinde vor allem in den häufigen Fällen, in denen das Kind deliktisch geschädigt wird, wobei seinen gesetzlichen Vertreter eine Verletzung der Aufsichtspflicht trifft, einen besseren Schutz, eine gesichertere Position gewährt. Im Lichte der neuesten Rechtsprechung des BVerfG (BVerfGE 72, 155 = NJW 1986, 1859 = JZ 1986, 632 m Anm Fehnemann 1055 = FamRZ 1986, 769 = DAVorm 1986, 419 = ZfJ 1986, 419 = WM 1986, 828 = ZIP 1986, 975 [dazu Emmerich JuS 1986, 806 u Hertwig FamRZ 1987, 124]), die die Vermögensinteressen des Kindes gegen pflichtwidriges Handeln der Eltern verstärkt schützen und vor allem seine Belastung über die Volljährigkeit hinaus begrenzen will, gibt dieser sichere und bessere Kindesschutz nach der Rechtsprechung den Ausschlag: Bleibt ein Ausfallrisiko bei der Schadensregulierung, so darf es jedenfalls das Kind nicht treffen, falls der gesetzliche Vertreter vermögenslos ist. Dieses Ergebnis wird (nur) durch die von der Rechtsprechung und (ihr folgend) der Kommentarliteratur vertretene beschränkte Rechtsgrundverweisung ermöglicht (vgl neuestens BGHZ 103, 338 = NJW 1988, 2667 = JZ 1989, 45 m zust Anm Herm Lange = FamRZ 1988, 810 = VersR 1988, 632; dazu Hager NJW 1989, 1640, 1642; ebenso Staudinger/ Schiemann [2005] § 254 Rn 99).

Nach der Rechtsprechung kommt es also darauf an, ob ein Schuldverhältnis zwi- **169** schen Kind und Schädiger besteht. Bestehen zwischen dem Kind und dem Schädiger **vertragliche Beziehungen**, so ist dem verletzten Kind das Mitverschulden seines gesetzlichen Vertreters entsprechend § 278 anzurechnen. Das Kind muß sich daher bei der Erfüllung eines Vertragsverhältnisses, etwa eines Beförderungsvertrages, mangelnde Beaufsichtigung durch seine Mutter entgegenhalten lassen (BGHZ 9, 316, 319 ff = LM § 1 HaftpflG Nr 6 m Anm Delbrück = NJW 1953, 977 = VersR 1953, 243; BGHZ 24, 325 = LM § 254 [Ea] Nr 5 m Anm Hauss = NJW 1957, 1187 = JZ 1957, 474 = VersR 1957, 455; VersR 1959, 1009; 1962, 783; LM § 278 Nr 51 = NJW 1968, 1323, 1324 = VersR 1968, 673; BGH 73, 190, 192 = NJW 1979, 973 = FamRZ 1979, 284 = VersR 1979, 421; BGHZ 103, 338, 343 = NJW 1988, 2667 = JZ 1989, 45 = FamRZ 1988, 810 = VersR 1988, 632), ebenso sonstiges Mitverschulden der Eltern (BGH LM § 254 [Ea] Nr 7 = NJW 1964, 1670 = MDR 1964, 658).

Dabei soll für die Anwendung des § 278 das durch die Schädigung begründete **170** Schuldverhältnis genügen. Das Kind muß sich also ein Verschulden seines gesetzlichen Vertreters bei der **Minderung** des schon eingetretenen Schadens anrechnen lassen, § 254 Abs 2 S 2, etwa die verspätete Hinzuziehung oder eine unsorgfältige Auswahl des Arztes (RGZ 141, 353, 355 = JW 1933, 2643; RGZ 156, 193, 205; BGHZ 5, 378, 384 = LM § 254 [Ea] Nr 3 = NJW 1952, 1050 = VersR 1952, 240).

Für die Anwendung von § 278 genügt auch eine sogenannte **Sonderverbindung**, etwas **171** einem Schuldverhältnis Ähnliches, eine vertragsähnliche Beziehung (RGZ 75, 257; 77, 211; BGH NJW 1980, 2573). Diese von der Rechtsprechung gefundene Lösung ermöglicht es, häufig unentschieden zu lassen, welcher Art die Rechtsbeziehung zwischen den Beteiligten ist. Als vertragsähnliche Beziehung hat die Rechtsprechung angesehen: das Recht aus einem Vertrag zugunsten Dritter (RGZ 149, 6, 8; BGHZ 9, 316 = LM § 1 HaftpflG Nr 6 m Anm Delbrück = NJW 1953, 977 = VersR 1953, 243; BGHZ 24, 325 = LM § 254 [Ea] Nr 5 m Anm Hauss = NJW 1957, 1187 = JZ 1957, 474 = VersR 1957, 455), den Schutz aus einem Vertrag mit Schutzwirkung für Dritte (vgl dazu Berg JuS 1977, 367; ders NJW 1978, 2018). Hierunter fallen vor allem **Mietverträge** (BGHZ 5, 378 = LM § 254 [Ea] Nr 3 = NJW 1952, 1050 = VersR 1952, 240 = VersR 1959, 1009; LM § 328 Nr 28 = NJW 1965, 1757 =

MDR 1965, 901 = JZ 1965, 572 = BB 1965, 846 = VersR 1965, 854; NJW 1975, 867 [dazu DENCK JuS 1976, 429] = JR 1975, 367 m Anm MARBURGER = VersR 1975, 522), **Werkverträge** (BGH LM § 254 [E] Nr 2 = MDR 1956, 534 m Anm RÖTELMANN 536 = VersR 1956, 500; BGHZ 33, 247 = NJW 1961, 211 = JZ 1961, 169 m Anm LORENZ = VersR 1961, 59), **Beförderungsverträge** (BGHZ 9, 316 = LM § 1 HaftpflG Nr 6 m Anm DELBRÜCK = NJW 1953, 977 = VersR 1953, 243; VersR 1955, 20; BGHZ 24, 325 = LM § 254 [Ea] Nr 5 m Anm HAUSS = NJW 1957, 1187 = JZ 1957, 474 = VersR 1957, 455) uU auch **Hausverwaltungsverträge** (BGH LM § 278 BGB Nr 51 = NJW 1968, 1323 = VersR 1968, 673) und **Arztverträge** (RGZ 152, 175, 176 = ZAkDR 1937, 151 m Anm BEWER; BGH NJW 1971, 241, 242).

172 Auch ein Schutzpflichtverhältnis ohne Leistungspflichten (zB **Verschulden bei Vertragsschluß**) kann ausreichen (RGZ 151, 357, 360; BGH Betrieb 1967, 1085; NJW 1968, 1966: Der Amtsvormund beauftragt für den Mündel einen Rechtsanwalt mit der Berufungseinlegung und unterläßt den Hinweis an den Rechtsanwalt auf die Urteilszustellung und damit den Fristlauf; BGHZ 66, 51 = NJW 1976, 712: Mitnahme eines Kindes beim Einkauf der Mutter in einem Selbstbedienungsladen, wobei das Kind zu Fall kommt).

Auch das **Schulbenutzungsverhältnis** ist vom BGH (LM § 254 [Ea] Nr 7 = NJW 1964, 1670 = MDR 1964, 648) als eine solche Sonderverbindung angesehen worden. Er hat das Mitverschulden der Eltern beim Verlust eines wertvollen Armbandes der Tochter, das diese während des Turnunterrichts abgelegt hatte, bejaht.

173 Dagegen begründen **allgemeine Verkehrssicherungspflichten keine Sonderverbindung** (BGHZ 5, 378 = LM § 254 [Ea] Nr 3 = NJW 1952, 1050 = VersR 1952, 240: Sturz des Kindes auf schadhafter Treppe des Mietshauses, in dem seine Eltern wohnen; die Eltern kannten den gefahrdrohenden Zustand; aA OLG Hamburg MDR 1957, 423, 424; VersR 1957, 528 [LS]: Eröffnet jemand auf seinem Grundstück einen öffentlichen Verkehr und nimmt diesen ein anderer Verkehrsteilnehmer in Anspruch, so tritt dieser Verkehrsteilnehmer dadurch, daß er die Verkehrsmöglichkeit ausnutzt, in schuldrechtliche Beziehung zu dem, der den Verkehr eröffnet hat).

Ebensowenig begründen allgemeine **Satzungen** und **Benutzerhinweise** eine derartige Sonderverbindung, etwa auf einem Friedhof (BGH LM § 837 Nr 2 = NJW 1977, 1392 = VersR 1977, 668), auf dem Grundstück eines Steinmetzes (BGH LM § 278 BGB Nr 83 = NJW 1980, 2080 = MDR 1980, 922 = VersR 1980, 938) oder auf einem öffentlichen Spielplatz, auf welchem Benutzer- und Verbotstafeln standen (BGHZ 103, 338, 342 = NJW 1988, 2667 = JZ 1989, 45 = FamRZ 1988, 810 = VersR 1988, 632). Auch die **unentgeltliche Zulassung zu einer Sport-Werbeveranstaltung** schafft eine solche Sonderverbindung nicht (BGH VersR 1975, 133: Besucherkind wird anläßlich eines besuchsoffenen Reitertrainings von einem Pferd verletzt).

Die Sonderverbindung ist auch verneint worden in einem Fall, in dem das Vormundschaftsgericht nicht dafür sorgte, daß das Ausscheiden des Mündels aus einer Handelsgesellschaft infolge Erbauseinandersetzung in das Handelsregister eingetragen wurde. Das Mitverschulden des Amtsvormundes bei der Entstehung des Schadens wurde dem Kind nicht angerechnet (BGH LM § 254 [Ea] Nr 10 = MDR 1965, 882 = FamRZ 1965, 505 = BB 1965, 668).

174 Liegt eine Sonderverbindung vor, so **muß das Kind** für das schädigende Verhalten des gesetzlichen Vertreters **einstehen**. Dabei wird allerdings die Einschränkung gemacht, der gesetzliche Vertreter müsse „**als gesetzlicher Vertreter**" tätig gewesen sein (BGHZ 33, 141 ff= NJW 1961, 20 = MDR 1961, 33 = JZ 1962, 283 m Anm Zeiss = FamRZ 1961, 28). Das bedeutet freilich nicht, daß der gesetzliche Vertreter rechtsgeschäftlich iSv §§ 164 ff gehandelt haben muß. Als gesetzlicher Vertreter wird auch angesehen, wer die Funktion der Eltern auftragsgemäß wahrnimmt (Mitarbeiter des Jugendamtes, der Kindertransport begleitet: BGHZ 24, 325 = LM § 254 [Ea] Nr 5 m Anm Hauss = NJW 1957, 1187 = JZ 1957, 474 = VersR 1957, 455; Lehrer bei Aufenthalt in Jugendheim: OLG Neustadt VersR 1959, 931; Großvater: LG Saarbrücken VersR 1967, 385; Testamentsvollstrecker als gesetzlicher Vertreter des Erben: RGZ 144, 399, 402).

Hierher gerechnet wird auch der Elternteil, der, ohne Inhaber der gesetzlichen **175** Vertretung zu sein, die tatsächliche Personensorge ausübt (RGZ 149, 6, 8, das annimmt, es entspreche dem natürlichen Rechtsgefühl, die Mutter, die das gemeinsame Kind bei einem Ausflug allein begleitet, mit dem abwesenden, alleinvertretungsberechtigten Vater gleichzubehandeln; notfalls habe der Vater seine Aufsichtspflicht stillschweigend auf die Mutter übertragen; ebenso BGHZ 9, 316 [weitere Nachweise s Rn 171] für die Zeit der Geltung der Alleinvertretung des Kindes durch den Vater). Dagegen hat der BGH in einem ähnlichen Fall, bei welchem das Kind im Mai 1949 dadurch zu Schaden kam, daß die Mutter sich mit ihm zusammen von ihrem Liebhaber mit einem Lkw entführen ließ, wobei der Entführer tödlich verunglückte und das Kind verletzt wurde, dem Kind das mitwirkende Verschulden der Mutter nicht angerechnet (BGH LM § 276 [G] Nr 6 = JZ 1955, 453 m Anm Staks 606 = VersR 1955, 342). Der BGH hat angenommen, wegen der Vorwerfbarkeit des Tuns könne die Mutter nicht als vom Vater bevollmächtigt angesehen werden. Außerhalb der gesetzlichen Vertretung habe die Mutter ihre Obhutspflicht verletzt, so daß ihr Verschulden dem Kind nicht anzurechnen sei.

Besteht eine vertragliche oder vertragsähnliche Beziehung nicht, so **entfällt jede** **176** **Zurechnung** des Mitverschuldens des gesetzlichen Vertreters. Das gilt mithin für alle **deliktischen** Ansprüche des Kindes: Vor der Schädigung des Kindes bestehen hier keinerlei Rechtsbeziehungen zwischen dem Kind und dem Schädiger; das Kind braucht sich das Mitverschulden der Eltern oder des Elternteils bei der Entstehung des Schadens, das stets in der Verletzung der Aufsichtspflicht besteht, nicht anrechnen zu lassen (RGZ 149, 6, 8; BGHZ 1, 248 = LM § 254 [Ea] Nr 1 m Anm Krille = NJW 1951, 477; 3, 46 = JZ 1951, 749 m Anm Lehmann = BB 712; 9, 316 = LM § 1 HaftpflG Nr 6 m Anm Delbrück = NJW 1953, 977 = VersR 1953, 243; LM § 254 [E] Nr 2 = MDR 1956, 534 m Anm Rötelmann = VersR 1956, 500; BGHZ 24, 325 = LM § 254 [Ea] Nr 5 m Anm Hauss = NJW 1957, 1187 = JZ 1957, 474 = VersR 1957, 455; LM § 254 [Ea] Nr 7 = NJW 1964, 1670 = MDR 1964, 658; LM § 278 BGB Nr 51 = NJW 1968, 1323 = VersR 1968, 673; VersR 1975, 133; LM § 837 BGB Nr 2 = NJW 1977, 1392 = VersR 1977, 668; BGHZ 73, 190 = NJW 1979, 973 = FamRZ 1979, 284 = VersR 1979, 421; LM § 278 BGB Nr 83 = NJW 1980, 2080 = MDR 1980, 922 = VersR 1980, 938; NJW 1980, 2573; BGHZ 103, 338 = NJW 1988, 2667 = JZ 1989, 45 m Anm Herm Lange = FamRZ 1988, 810).

Hat das Kind durch ein und dasselbe Ereignis einerseits Ersatzansprüche aus Ver- **177** trag oder vertragsähnlicher Beziehung (mit der Haftungseinschränkung nach §§ 254 Abs 2 S 2, 278), andererseits aus Delikt (ohne derartige Haftungseinschränkung), so muß sich das Kind das Mitverschulden seines gesetzlichen Vertreters auch gegenüber dem deliktischen Anspruch anrechnen lassen (BGHZ 9, 316 = LM § 1 HaftpflG Nr 6 m Anm Delbrück = NJW 1953, 977 = VersR 1953, 243; dazu Esser JZ 1953, 691 u Heinr Lange NJW 1953, 967; LM § 254 [E] Nr 2 = MDR 1956, 534 m Anm Rötelmann = VersR 1956, 500;

BGHZ 24, 325 = LM § 254 [Ea] Nr 5 m Anm HAUSS = NJW 1957, 1187 = JZ 1957, 474 = VersR 1957, 455; LM § 254 [Ea] Nr 7 = NJW 1964, 1670 = MDR 1964, 658; NJW 1975, 867 = JR 1975, 367 m Anm MARBURGER = VersR 1975, 522; dazu DENCK JuS 1976, 429). Das geschädigte Kind kann also nicht wählen und seinen Deliktsanspruch selbst dann nicht voll durchsetzen, wenn es sich insoweit für seinen gesetzlichen Vertreter nach § 831 Abs 1 S 2 exkulpieren kann.

Denn auch hier haben die vertraglichen vor den deliktischen Ansprüchen Vorrang (str aA STAUDINGER/SCHIEMANN [2005] § 254 Rn 107; MünchKomm/OETKER § 254 Rn 137; DENCK JuS 1976, 429, 431 Fn 9; MARBURGER JR 1975, 369). Das gilt nach der Rechtsprechung selbst dann, wenn das Kind einen rein deliktischen Anspruch, zB auf Schmerzensgeld, geltend macht (BGH LM § 254 [E] Nr 2 = MDR 1956, 534, 536 m Anm RÖTELMANN = VersR 1956, 500).

178 Ist das Kind aber selbst nicht Partner des Rechtsgeschäfts, sondern lediglich Begünstigter oder mitgeschützt durch einen Vertrag mit Schutzwirkung, der zwischen Schädiger und Drittem abgeschlossen ist (zB Kind des Mieters wird infolge Mangels der Mietsache verletzt), so ist fraglich, ob auch dann die Haftungseinschränkung nach §§ 254 Abs 2 S 2, 278 gilt, § 278 also Vorrang behält, obwohl das geschädigte Kind nicht voller Partner des Vertrages oder der Sonderverbindung ist. Hier vertritt die Rechtsprechung die Ansicht, daß das Kind sich das Mitverschulden seines gesetzlichen Vertreters auch gegenüber seinem deliktischen Anspruch anrechnen lassen muß. Die Einbeziehung des Kindes in den geschützten Vertragsbereich bringe es mit sich, daß es mit der Erreichung seines Rechtsschutzes auch die damit verbundenen Rechtsnachteile – Anrechnung des Mitverschuldens des gesetzlichen Vertreters – in Kauf nehmen müsse (BGHZ 5, 378 = LM § 254 [Ea] Nr 3 = NJW 1952, 1050 = VersR 1952, 240; BGHZ 9, 316 = LM § 1 HaftpflichtG Nr 6 m Anm DELBRÜCK = NJW 1953, 977 = VersR 1953, 243; LM § 254 [E] Nr 2 = MDR 1956, 534 m Anm RÖTELMANN = VersR 1956, 500; VersR 1959, 1009 ff; LM § 278 Nr 51 = NJW 1968, 1323 = VersR 1968, 673; anders: BGHZ 33, 247 = NJW 1961, 211 = JZ 1961, 169 m Anm LORENZ = VersR 1961, 59 und NJW 1985, 1076 = VersR 1975, 336 ohne Auseinandersetzung mit den vorgenannten Entscheidungen; offen: BGH NJW 1975, 867 = JR 1975, 367 m Anm MARBURGER = VersR 1975, 522; dazu DENCK JuS 1976, 429).

179 Dieser Lösung stimmen OETKER (in MünchKomm § 254 Rn 131); ERMAN/KUCKUCK § 254 Rn 54 sowie HERM LANGE (Schadensersatz § 10 XI 6 c mwNw) zu, während MEDICUS (NJW 1962, 2081, 2083 ff), DENCK (JuS 1976, 429), MARBURGER (JR 1975, 369) und SASS (VersR 1988, 768 ff) sie kritisieren. Vor allem SASS macht anhand vieler Beispiele und guter Differenzierung deutlich, daß es keine einheitliche Lösung für alle Fälle der Drittschutzverträge gebe, daß nach Fallgruppen unterschieden werden müsse. Grundsätzlich begrenzten §§ 254 Abs 2 S 2, 278 vertragliche und konkurrierende deliktische Ansprüche; dabei müsse aber vorausgesetzt werden, daß gewisse Bedingungen erfüllt seien.

180 Dieser Kritik ist zuzustimmen. Zwar mag es zutreffen, daß das geschützte Kind nicht erwarten kann, daß zB der Vermieter, der für seine Hilfspersonen nach § 278 einzustehen hat, auch noch ein Verschulden des dem Kinde nahestehenden Mieters mitzuvertreten hat. Aber diese Begründung reicht nicht aus, um das Kind in seinen Ersatzansprüchen einzuschränken. Mit SASS ist zu fordern, daß es sich bei der verwirklichten Gefahr, die zu der Schädigung geführt hat, um eine vertragstypische

Gefahr handelt, die ausschließlich den Beteiligten eines Vertrages droht und die zu einer Intensivierung der Selbstschutzobliegenheiten zwingt.

Ein mitwirkendes Verschulden, das sich der Geschädigte gem §§ 254, 278 anrechnen **181** lassen muß, wirkt auch zugunsten eines mithaftenden Gesamtschuldners, selbst wenn dieser nur aus unerlaubter Handlung haftet (BGHZ 90, 86 = NJW 1984, 2087).

Für **unerlaubte Handlungen** seiner Eltern haftet das Kind in keinem Falle; § 831 ist **182** unanwendbar; das Kind bestellt seine Eltern oder sonstigen gesetzlichen Vertreter nicht zu seiner Verrichtung (RGZ 62, 346, 349; 121, 114, 118; 159, 283 ff; SOERGEL/STRÄTZ § 1626 Rn 24; ERMAN/MICHALSKI § 1629 Rn 9; BAMBERGER/ROTH/VEIT Rn 9; BEITZKE § 26 II 5 aE; GERNHUBER/COESTER-WALTJEN § 57 IV 5 Rn 36). Das Kind haftet auch nicht für seine gesetzlichen Vertreter bei Verletzung der Verkehrssicherungspflicht im Rahmen von § 823. Auch für Tierschäden, § 833, und Schäden aus dem Einsturz dieses Gebäudes, § 836, kann aus dem Verhalten des gesetzlichen Vertreters keine Ersatzpflicht des Kindes entstehen (RG WarnR 1916 Nr 278 – Tierhalterhaftung –; WarnR 1914 Nr 334 u WarnR 1915 Nr 283 = JW 1915, 580 – Gebäudehaftung –).

Im **Versicherungsvertrag** gelten die Eltern als gesetzliche Vertreter uU als Reprä- **183** sentanten des Kindes im Sinne der Repräsentantentheorie zu § 61 VVG (RGZ 135, 370; BGH NJW-RR 1991, 1307; OLG Düsseldorf VersR 1958, 757; PRÖLSS VVG § 6 Rn 69).

Wegen der **Haftung der Eltern für das Kind** vgl STAUDINGER/ENGLER (2004) Erl zu **184** § 1664.

G. Ausschluß und Entziehung der Vertretungsmacht, §§ 1629 Abs 2 S 1, S 3, 1795, 1796*

I. Ausschluß der Vertretungsmacht

1. Allgemeines

Das Gesetz will Kinder davor schützen, daß Eltern Konflikte zwischen eigenen **185** Vermögensinteressen und denen des Kindes zu Lasten des Kindes lösen könnten. Wegen der (abstrakten) Gefahr des Mißbrauchs elterlicher Vertretungsmacht bei

---

* **Schrifttum in zeitlicher Reihenfolge:** JOSEF, Die Beteiligung von Minderjährigen an einer GmbH, Holdheim 27 (1918) 147; RAAPE, § 181 BGB und Unterhaltspflicht, AcP 140 (1935) 352; NIPPERDEY, Die Gestattung der Mehrvertretung durch das Vormundschaftsgericht, in: FS Raape (1948) 305; vLÜBTOW, Schenkungen der Eltern an ihre minderjährigen Kinder und der Vorbehalt dinglicher Rechte (1949); dazu ABRAHAM AcP 151 (1951) 374; RIEDEL, Die Bedeutung des § 181 im Familien- und Erbrecht, JR 1950, 140; BOEHMER, Grundlagen der bürgerlichen Rechtsordnung, Zweites Buch, Zweite Abteilung: Praxis der richterlichen Rechtsschöpfung (1952); W MÜLLER, Die Bedeutung des § 181 im Familienrecht, MDR 1952, 209; W SCHNEIDER, Selbstkontrahieren beim Abschluß eines Gesellschaftsvertrages mit minderjährigen Kindern?, BB 1954, 705; ders, Die Rechtsstellung des Pflegers eines minderjährigen Gesellschafters in einer Personalgesellschaft, BB 1955, 948; HEINR LANGE, Schenkungen an beschränkt Geschäftsfähige und § 107 BGB, NJW 1955, 1339; WANGEMANN, Die elterliche Gewalt bei

---

Interessenkollision schließt das Gesetz bei bestimmten Geschäften die Vertretungsmacht der Eltern aus. Ob dieser Ausschluß in Ausübung des staatlichen Wächteramtes, Art 6 Abs 2 S 2 GG, geschieht, ist fraglich. Die Antwort hängt davon ab, ob

rechtlicher Verhinderung eines Elternteils, NJW 1961, 193; W Müller, Zur vormundschaftsgerichtlichen Genehmigung bei GmbH-Beteiligungen von Minderjährigen, Mündeln und Pfleglingen, JR 1961, 326; Boesebeck, Insich-Geschäfte des Gesellschafter-Geschäftsführers einer Einmann-GmbH, NJW 1961, 481; Knopp, Über die Genehmigungsbedürftigkeit von Änderungen eines Gesellschaftsvertrages bei Beteiligung von Minderjährigen oder Mündeln, BB 1962, 939; ders, Gründung stiller Gesellschaften bei Beteiligung Minderjähriger, NJW 1962, 2181; Dölle, Absurdes Recht?, in: FS Nipperdey (1965) I 23; Wiedemann, Die Übertragung und Vererbung von Mitgliedschaftsrechten bei Handelsgesellschaften (1965); Ruppel, Der Minderjährige in personalen Handelsgesellschaften (Diss Frankfurt 1965); Häsemeyer, Selbstkontrahieren des gesetzlichen Vertreters bei zusammengesetzten Rechtsgeschäften, FamRZ 1968, 502; Nagel, Familiengesellschaft und elterliche Gewalt (1968); Harder, Das Selbstkontrahieren mit Hilfe eines Untervertreters, AcP 170 (1970) 295; Rosenau, Gesellschaftsvertrag mit Minderjährigen, BB 1970, 793; Scheerer, Bankgeschäfte des Minderjährigen, BB 1971, 981; Blomeyer, Die teleologische Korrektur des § 181 BGB, AcP 172 (1972) 1; Stürner, Der lediglich rechtliche Vorteil, AcP 173 (1973) 402; Meyer-Stolte, Erleichterung der Elternschenkung, Rpfleger 1974, 85; Klamroth, Selbstkontrahierungsverbot bei Abstimmung über laufende Angelegenheiten in Familiengesellschaften?, BB 1974, 160; K Oberloskamp, Dauer-Ergänzungspfleger für Minderjährige bei Familiengesellschaften, FamRZ 1974, 296; Priester, Dauerpfleger bei Familiengesellschaften aus zivilrechtlicher Sicht, Betrieb 1974, 273; Rosenau, Unentgeltliche Übertragung von Vermögensteilen auf Minderjährige (3. Aufl 1974); Säcker/Klinkhammer, Verbot des Selbstkontrahierens auch bei ausschließlich rechtlichem Vorteil des Vertretenen?, JuS 1975, 626; Klamroth, Zur Anerkennung von Verträgen

zwischen Eltern und minderjährigen Kindern, BB 1975, 525; Schilling, Gesellschafterbeschluß und Insichgeschäft, in: FS Ballerstedt (1975) 257; Haegele, Einzelfragen zum Liegenschaftsrecht, Rpfleger 1975, 153 ff; Reinicke, Gesamtvertretung und Insichgeschäft, NJW 1975, 1185; Lessmann, Teleologische Reduktion des § 181 BGB beim Handeln des Gesellschaftergeschäftsführers der Einmann-GmbH, BB 1976, 1377; Fastrich, Die Vertretung des minderjährigen Kommanditisten in der Familien-KG (1976); Brox, Die unentgeltliche Aufnahme von Kindern in eine Familien-Personengesellschaft, in: FS Bosch (1976) 75; Tiedtke, Unentgeltliche Beteiligung eines Kindes als stiller Gesellschafter, Betrieb 1977, 1064; Honsell, Das Insichgeschäft nach § 181: Grundfragen und Anwendungsbereich, JA 1977, 55; Hübner, Interessenkonflikt und Vertretungsmacht (1977); Harder, Die Erfüllungsannahme durch den Minderjährigen – lediglich ein rechtlicher Vorteil?, JuS 1977, 149; ders, Nochmals: Die Erfüllungsannahme durch den Minderjährigen – lediglich ein rechtlicher Vorteil?, JuS 1978, 84; Wacke, Nochmals: Die Erfüllungsannahme durch den Minderjährigen – lediglich ein rechtlicher Vorteil?, JuS 1978, 80; Schubert, Die Einschränkung des Anwendungsbereichs des § 181 BGB bei Insichgeschäften, WM 1978, 290; Köbler, Das Minderjährigenrecht, JuS 1979, 789; Röll, Selbstkontrahieren und Gesellschafterbeschlüsse, NJW 1979, 627; Jebens, Formerfordernisse bei der Schenkung von Darlehen und stillen Beteiligungen, BB 1980, 407; van Venrooy, Erfüllung gegenüber dem minderjährigen Gläubiger, BB 1980, 1017; Klüsener, Grundstücksschenkungen durch Eltern, Rpfleger 1981, 258; Jerschke, Ist die Schenkung eines vermieteten Grundstücks rechtsvorteilhaft?, DNotZ 1982, 459; Gitter/Schmitt, Die geschenkte Eigentumswohnung – BGHZ 78, 29, JuS 1982, 253; Jauernig, Noch einmal: Die geschenkte Eigentumswohnung – BGHZ 78, 28, JuS 1982, 576; Köhler, Grundstücksschenkung an Mindie in Art 6 Abs 2 GG genannte „Pflege und Erziehung", über deren elterliche Ausübung die staatliche Gemeinschaft wacht, auch die Vermögenssorge, um deren Ausübung nach außen es hier bei der Vertretungsmacht geht, umfaßt. Das BVerfG hat in seiner Entscheidung vom 13. 5. 1986 (BVerfGE 72, 155 = NJW 1986, 1859 = JZ 1986, 632 m Anm FEHNEMANN 1055 = FamRZ 1986, 769 = DAVorm 1986, 419 = ZfJ 1986, 419 = WM 1986, 828 = ZIP 1986, 975; dazu EMMERICH JuS 1986, 806 u HERTWIG FamRZ 1987, 124) vorausgesetzt, daß auch die Vermögenssorge grundrechtlich geschützt ist, und hat dies nicht weiter erörtert (so schon zuvor BVerfGE 10, 59 = NJW 1959, 1483 = FamRZ 1959, 416 = Rpfleger 1959, 261 u BVerfGE 24, 119 = NJW 1968, 2233 = FamRZ 1968, 578 = DAVorm 1968, 324 = ZfJ 1969, 24). Dagegen werden gewichtige Einwände in der Literatur erhoben (Nachw bei FEHNEMANN ZfJ 1986, 178 und JZ 1986, 1055). Mit FEHNEMANN (ZfJ 1986, 183; JZ 1986, 1055, 1057) ist jedoch der Grundrechtsschutz der Vermögenssorge zumindest aus Art 6 Abs 1 GG abzuleiten, so daß die Einschränkung der elterlichen Vertretungsmacht in § 1629 Abs 2 und damit der staatliche Schutz des Kindes seine verfassungsrechtliche Grundlage in den Art 6, 3 GG und den Freiheitsrechten der Art 1 und 2 GG haben.

Nach § 1629 Abs 2 S 1 ist in gewissen Fällen die Vertretungsmacht der Eltern oder **186** diejenige des alleinvertretungsberechtigten Elternteils – und über § 1687b die des Stiefelternteils und nun über § 9 LPartG auch diejenige des eingetragenen Lebenspartners, die beide „kleines Sorgerecht" haben – kraft Gesetzes ausgeschlossen, um eine **mögliche** Gefährdung der Interessen des Kindes zu verhindern (Mot IV 740 ff, 1088 ff). Darauf, ob die Eltern miteinander verheiratet sind, oder nicht, kommt es nicht (mehr) an (MünchKomm/HUBER Rn 41; PALANDT/DIEDERICHSEN Rn 20). Ob im **Einzelfall** die Kindesinteressen **tatsächlich** gefährdet sind, ist hier, im Gegensatz zu § 1629 Abs 2 S 3, unerheblich. Hier wie im Grundtatbestand des § 181 ist der Interessengegensatz zwischen mehreren von dem Vertreter repräsentierten Personen zwar gesetzgeberisches Motiv, aber grundsätzlich weder erforderlich noch ausreichend, um den inneren Tatbestand zu erfüllen (BGHZ 21, 229 ff = LM § 181 BGB Nr 6 m Anm HÜCKINGHAUS = NJW 1956, 1433 = DNotZ 1956, 559; FamRZ 1961, 473, 475 = VersR 1961, 900; BGHZ 50, 8 = LM § 181 BGB Nr 11 m Anm MATTERN = NJW 1968, 936 = MDR 1968, 481 = JZ 1968, 333 = FamRZ 1968, 245 = BB 1968, 442; BGHZ 51, 209 = NJW 1969, 841; BGHZ 56, 97, 101 = NJW 1971, 1355 m abl Anm WINKLER = JR 1971, 503 m Anm GIESEN = DNotZ 1971, 670; BayObLGZ 1951, 456 = DNotZ 1952, 163; FamRZ 1976, 168 [LS] = Rpfleger 1974, 346; SOERGEL/ STRÄTZ § 1629 Rn 24, 31; BOEHMER, Grundlagen II 2, 50; DÖLLE § 94 III 2 b). Die Ausschließungsgründe sind für den oder die Inhaber der elterlichen Sorge dieselben wie für den Vormund; das Gesetz verweist auf die Regelung des § 1795, die für den Vormund gilt, uneingeschränkt. Eine im Gesetzgebungsverfahren zunächst erwogene Privilegierung der Eltern ist wegen der identischen Gefahrenlage verworfen worden (Mot IV 740, 741).

§ 1795 Abs 1 regelt zwei rechtsgeschäftliche und einen prozessualen Bereich, in **187**

derjährige – ein „lediglich" rechtlicher Vorteil?, JZ 1983, 225; ders, Die neuere Rechtsprechung zur Rechtsgeschäftslehre, JZ 1984, 18; AUTENRIETH, Die Abtretung einer Darlehensforderung der Eltern gegen eine Gesellschaft an minderjährige Kinder aus zivil- und steuerrechtlicher Sicht, Betrieb 1984, 2547; COING, Die gesetzliche Vertretungsmacht der Eltern bei der Ausschlagung einer Erbschaft, NJW 1985, 6; FELLER, Teleologische Reduktion des § 181 letzter Halbsatz BGB bei nicht rechtlich lediglich vorteilhaften Erfüllungsgeschäften, DNotZ 1989, 66.

Lore Maria Peschel-Gutzeit

denen der Vormund den Mündel nicht vertreten kann. Darüber hinaus nennt die Vorschrift in Abs 2 ausdrücklich § 181, den sie „unberührt" läßt, so daß das Verbot des Selbstkontrahierens damit über die Einschränkung des § 1795 Abs 1 hinaus generell für den Vormund und, über § 1629 Abs 2 S 1, für den Inhaber der elterlichen Sorge gilt. Der Inhaber der elterlichen Sorge ist danach über § 1629 Abs 2 S 1 von der gesetzlichen Vertretung des Kindes in allen Fällen des § 181 und in den Fällen des § 1795 Abs 1 ausgeschlossen.

2. Ausschluß der Vertretungsmacht nach §§ 1629 Abs 2 S 1, 181, 1795 Abs 2

a) Grundsatz

188 Insichgeschäfte sind den Eltern ebenso verboten wie anderen Vertretern. Dabei kommt es nicht darauf an, ob es sich um einseitige oder mehrseitige, um schuldrechtliche oder dingliche Rechtsgeschäfte (BayObLGZ 5, 412, 413 = RJA 4, 194 = KGJ 28, A 296 ff), um Rechtsgeschäfte zwischen den Eltern und dem Kind oder **einem** Elternteil und dem Kind oder um Rechtsgeschäfte zwischen mehreren von den Eltern vertretenen Kindern handelt.

189 Bei einem **zusammengesetzten** Rechtsgeschäft, zB einer Erbauseinandersetzung und Erbteilsübertragung mit verschiedenen Beteiligten, gilt § 181 nur für das jeweilige Teilgeschäft, das von der gegen § 181 verstoßenden Parteienstellung betroffen ist. Ob der von § 181 betroffene Vertreter damit von der Vertretung bei zusammengesetzten Rechtsgeschäften insgesamt ausgeschlossen ist, richtet sich rechtsanalog nach § 139. Der BGH (BGHZ 50, 8, 13 = LM § 181 BGB Nr 11 mit Anm MATTERN = NJW 1968, 936 = MDR 1968, 481 = JZ 1968, 333 = FamRZ 1968, 245 = BB 1968, 442) hat unter Heranziehung des Rechtsgedankens von § 139 entschieden, daß dann, wenn der Wille der Beteiligten darauf gerichtet ist, daß die mehreren Akte eines zusammengesetzten Rechtsgeschäfts miteinander stehen und fallen sollen, derjenige, der von der Vertretung auch nur bei einem Teil nach § 181 ausgeschlossen ist, von der gesetzlichen Vertretung insgesamt ausgeschlossen ist. Dem ist zuzustimmen (ebenso STAUDINGER/SCHILKEN [2004] § 181 Rn 12; STAUDINGER/ENGLER [2004] § 1795 Rn 7; SOERGEL/STRÄTZ § 1629 Rn 31; wohl auch GERNHUBER/COESTER-WALTJEN § 61 III 1 Rn 17; **aA** – keine Anwendung von § 139 – HÄSEMEYER FamRZ 1968, 502 ff).

b) Ausnahmen

190 § 181 steht nicht entgegen, wenn das Selbstkontrahieren **gestattet** ist (STAUDINGER/SCHILKEN [2004] § 181 Rn 49 ff mwNw). Das kann durch den Vollmachtgeber oder das Gesetz geschehen. Das Gesetz gestattet Selbstkontrahieren, wenn das Rechtsgeschäft ausschließlich in der **Erfüllung einer Verbindlichkeit** besteht.

aa) Gestattung

191 Eine rechtsgeschäftliche Gestattung durch den Vollmachtgeber, hier also das Kind, scheidet aus. Nur durch einen besonders bestellten Vertreter, einen sog **Sonderpfleger**, kann eine solche rechtsgeschäftliche Gestattung erklärt werden (STAUDINGER/SCHILKEN [2004] § 181 Rn 55; BOEHMER Grundlagen II 2, 64). Das **Familiengericht** kann dem gesetzlichen Vertreter das Selbstkontrahieren nicht gestatten. Denn es ist nicht Vertreter des gesetzlich vertretenen Kindes, sondern hat fürsorgliche Aufgaben wahrzunehmen (RGZ 67, 61 ff = JW 1907, 826 f; RGZ 71, 162 ff; BGHZ 21, 229 = LM § 181 Nr 6 m Anm HÜCKINGHAUS = NJW 1956, 1433 = DNotZ 1956, 559; FamRZ 1961, 473 = VersR 1961,

900; BayObLGZ 1958, 373 = NJW 1959, 989 = FamRZ 1959, 125; OLG Hamm OLGZ 75, 173 = FamRZ 1975, 510; STAUDINGER/SCHILKEN [2004] § 181 Rn 57; STAUDINGER/ENGLER [2004] § 1795 Rn 9; BGB-RGRK/STEFFEN § 181 Rn 16; SOERGEL/DAMRAU § 1795 Rn 5, 7; MünchKomm/ SCHRAMM § 181 Rn 42; MünchKomm/HUBER Rn 18; MünchKomm/WAGENITZ § 1795 Rn 13; BEITZKE § 28 I 3 d; GERNHUBER/COESTER-WALTJEN § 61 III 1 Rn 17; BOEHMER, Grundlagen II 2, 61 ff; FLUME § 48, 6; W MÜLLER MDR 1952, 209; **aA**: STAUDINGER/COING[10/11] § 181 Rn 19 n; ERMAN/ HOLZHAUER § 1795 Rn 10; SOERGEL/LEPTIEN § 181 Rn 42; HÜBNER, Interessenkonflikt und Vertretungsmacht, 125, 127, der annimmt, in der vormundschaftsgerichtlichen Genehmigung eines Geschäfts liege zugleich die Gestattung, das Vormundschaftsgericht sei gesetzlich wegen seiner allgemeinen Aufsichts- und Fürsorgepflicht ermächtigt, Befreiung von § 181 zu erteilen; NIPPERDEY [FS Raape 305] mit ders Begründung jedenfalls für die Mehrvertretung).

Dies gilt auch in Fällen der sog **Mehrvertretung**, bei einem Rechtsgeschäft also, bei **192** dem mehrere gesetzlich vertretene Beteiligte – zB drei minderjährige Geschwister – von demselben Vertreter vertreten werden. Auch hier kann das Familiengericht nicht von dem Verbot des § 181 befreien, die Eltern ermächtigen oder ähnliches. Die Rechtsprechung hat regelmäßig verlangt, daß **für jedes der minderjährigen Kinder ein besonderer Pfleger** bestellt wird (RGZ 67, 61 = JW 1907, 826; RGZ 71, 162; 93, 334; BayObLGZ 8, 396; 13, 13; KG OLG 3, 106, 107 = KGJ 22, A 34; KGJ 23, A 89 = RJA 3, 20; KGJ 40, A 1; KG SeuffBl 76, 486). Der BGH hat an dieser Rechtsprechung festgehalten (BGHZ 21, 229, 234 = LM § 181 BGB Nr 6 m Anm HÜCKINGHAUS = NJW 1956, 1433 = DNotZ 1956, 559; FamRZ 1961, 473, 475 = VersR 1961, 900; ebenso BayObLGZ 1958, 373 = NJW 1959, 989 = FamRZ 1959, 125; OLG Hamm FamRZ 1965, 86; OLGZ 75, 173 = FamRZ 1975, 510).

Diese Rechtsprechung hat Zustimmung, aber – gerade unter Hinweis auf die Für- **193** sorgepflicht des Familiengerichts – auch Ablehnung gefunden (NIPPERDEY, in: FS Raape 305; ENNECCERUS/NIPPERDEY § 181 II 1; SOERGEL/LEPTIEN § 181 Rn 42; PALANDT/DIEDERICHSEN § 1795 Rn 8; LARENZ AT § 30 II a; SCHILLING, in: FS Ballerstedt 257, 269; HONSELL JA 1977, 55, 57 ff).

Mit der Rechtsprechung und der zustimmenden Kommentarliteratur ist jedenfalls **194** dann stets jedem Kind ein eigener Pfleger zu bestellen, wenn ein **Interessenkonflikt zwischen den Vertretern** möglich ist. Ob ein gemeinsamer Pfleger für alle Kinder genügt, wenn die Kinder als interessenhomogene Gruppe dem Rechtsgeschäftsgegner gegenüberstehen, erscheint nicht nur im Blick auf die Schwierigkeiten einer solchen tatsächlichen Feststellung fraglich: Sind zB drei minderjährige Geschwister zu gleichen Teilen an einer Personalgesellschaft beteiligt und soll eine wesentliche Bestimmung des Gesellschaftsvertrages zu Lasten der Kinder verändert werden, so benötigen die Kinder für ihre Vertretung einen Pfleger (BGH LM § 138 HGB Nr 8 = NJW 1961, 724 = MDR 1961, 389 = Betrieb 1961, 333 = DNotZ 1961, 320 m Anm SCHELTER). Dabei macht es einen erheblichen auch rechtlichen Unterschied, ob die Personalgesellschaft (hier: KG) sich mit nur **einem** Pfleger als Vertreter der drei Kinder auseinanderzusetzen und im Ergebnis zu einigen hat oder ob dies mit drei verschiedenen Pflegern zu geschehen hat. Daß der Schutz der Kinder in der letzteren Konstellation besser gewährleistet ist, liegt auf der Hand, mag auch der Rechtsverkehr dies als Erschwernis empfinden. Da in diesem Falle nach noch hM (Nachweise PALANDT/DIEDERICHSEN § 1822 Rn 10) nicht einmal eine familiengerichtliche Genehmigung der Vertragsänderung erforderlich ist, kann der Schutz der Kindesinteressen **nur** durch personenverschiedene Pfleger gesichert werden. Hinzu kommt, daß es eine in ihren Interessen homogene Gruppe von minderjährigen Gesellschaftern kaum geben wird. Zumindest sind die Kinder verschieden weit entfernt von der Volljährigkeitsgrenze und damit von der rechtlichen Auswirkung auf die Zeit, in der die Änderung des Vertrages für jeden einzelnen von ihnen voll wirksam wird.

195 Das Selbstkontrahieren ist den Eltern auch weder kraft **Gewohnheitsrecht** noch kraft **Verkehrsübung** in bestimmten Fällen gestattet. Letzteres ist vor allem für Geschäfte des gesetzlichen Vertreters bejaht worden, die im Rahmen des Üblichen liegen, etwa kleinere Geschenke an die Kinder oder die Einzahlung auf deren Sparkonto (KG OLGE 22, 158; OLG München Recht 1936 Nr 2361; anders die **hM**: RG JW 1937, 988; BGH BB 1965, 1007; OLG Königsberg HRR 1940 Nr 1110; OLG Köln MDR 1947, 197 = JMBl NRW 1947, 55; KG MDR 1956, 105; vgl wegen Einzelheiten SCHEERER BB 1971, 981, 985). Dieses Problem hat an Bedeutung verloren, seit auf Geschäfte, die dem Vertretenen lediglich rechtliche **Vorteile** bringen, im Wege teleologischer Reduktion § 181 nicht mehr angewendet wird (s unten Rn 198 ff, 221 ff). In einer gewohnheitsrechtlichen Übung liegt **keine** gesetzliche Gestattung; sie ist nicht imstande, gesetztes Recht außer Kraft zu setzen (LARENZ AT § 30 II a; HÜBNER, Interessenkonflikt und Vertretungsmacht 140; BLOMEYER AcP 172 [1972] 1, 12 ff; GERNHUBER/COESTER-WALTJEN § 61 III 1 Rn 18).

196 Dagegen kann der gesetzliche Vertreter mit einem Dritten einen Vertrag zugleich im Namen des Kindes abschließen, wenn der gesetzliche Vertreter und das Kind gemeinsam, parallel als Vertragsparteien auf der einen und der Dritte auf der anderen Seite stehen; eine solche Konstellation ist weder durch §§ 181, 1629 Abs 2 S 1, 1795 Abs 2 noch sonst verboten (RG JW 1912, 790; BayObLGZ 21, 218, 221; SOERGEL/STRÄTZ § 1629 Rn 31).

197 § 181 stellt grundsätzlich nicht darauf ab, ob konkret ein Interessenwiderstreit vorliegt, sondern allein auf die Art der Vornahme des Rechtsgeschäfts, ob sich also bei dem Rechtsgeschäft Vertreter und vertretene Partei als dieselbe Person gegenüberstehen (Selbstkontrahieren) oder aber um ein Geschäft, bei dem der Vertreter für verschiedene von ihm vertretene Personen gleichzeitig auftritt (Mehrvertretung). Diese streng formale Interpretation des § 181 als Ordnungsvorschrift wurde vom RG in stRspr vertreten (RGZ 68, 172, 176; WarnR 1910 Nr 414 = Recht 1910 Nr 3893; WarnR 1932 Nr 200 = HRR 1933 Nr 731; RGZ 143, 350 = JW 1934, 1044 m Anm RAAPE; RGZ 157, 24, 31). Der BGH hat sich dieser Rechtsprechung zunächst angeschlossen (BGHZ 21, 229, 231 = LM § 181 Nr 6 m Anm HÜCKINGHAUS = NJW 1956, 1433 = DNotZ 1956, 559; BGHZ 33, 189; BGH FamRZ 1961, 473 = VersR 1961, 600). Ergebnis dieser Rechtsprechung war, daß § 181 bei entsprechender Parteistellung selbst dann noch zur Anwendung gelangte, wenn das Geschäft dem Vertretenen nur **Vorteile** bringen konnte, ein Mißbrauch der Vertretungsmacht also ausgeschlossen war. Umgekehrt wurde § 181 trotz bestehenden Interessenwiderstreits nicht angewendet, wenn formell der gesetzliche Vertreter nicht zugleich als Vertragspartner des Vertretenen auftrat. In der Literatur war diese Ansicht seit langem umstritten (Nachw bei STAUDINGER/SCHILKEN [2004] § 181 Rn 6; vgl auch vLÜBTOW, Schenkungen, 1949; hierzu ABRAHAM AcP 151 [1951] 374 mwNw; BOESEBECK NJW 1961, 481 mwNw; SCHUBERT WM 1978, 290).

198 In seiner Entscheidung vom 19.4.1971 hat der BGH sich den gegen diese Interpretation des § 181 erhobenen Bedenken angeschlossen (BGHZ 56, 97 ff = NJW 1971, 1355 m Anm WINKLER = JR 1971, 503 m Anm GIESEN = DNotZ 1971, 670) und den **Übergang**

von der formalen zur abstrakt-teleologischen Rechtsanwendung vollzogen. Damit findet § 181 trotz Vorliegens eines Insichgeschäfts keine Anwendung mehr in Fällen, in denen die Gefahr eines Interessenkonflikts nicht zu erwarten ist. Das sind Geschäfte, die nach ihrem Inhalt typischerweise dem Vertretenen keine rechtlichen Nachteile bringen können. Bei lediglich rechtlich vorteilhaftem Geschäft wird der Normzweck durch ein Insichgeschäft des gesetzlichen Vertreters nicht gefährdet (BGH seither in stRspr, BGHZ 59, 236 = NJW 1972, 2262 = MDR 1973, 37 = JZ 1973, 284 m Anm Stürner = FamRZ 1972, 630 = Rpfleger 1974, 105 = BB 1973, 63 m Anm Klamroth 389 = Betrieb 1972, 2159 = WM 1972, 1275 = DNotZ 1973, 86; BGHZ 64, 72 = LM § 181 BGB Nr 18 m Anm Fleck = NJW 1975, 1117 m abl Anm Reinicke 1185 = MDR 1975, 645 = GmbHRdsch 1975, 131; LM § 1795 Nr 4 = NJW 1975, 1885 = MDR 1975, 746 = JZ 1976, 66 m Anm Stürner = FamRZ 1975, 480 m Anm Schmidt = Rpfleger 1975, 245 = DAVorm 1976, 162 [LS] = Betrieb 1975, 1310 = DNotZ 1975, 626; BGHZ 77, 7 = NJW 1980, 1577 = JR 1980, 412 m Anm Kuntze; BGHZ 94, 232 = NJW 1985, 2407 = JZ 1985, 795 = FamRZ 1985, 804 = DNotZ 1986, 80; ebenso BayObLG FamRZ 1974, 659; FamRZ 1976, 539). Die Literatur stimmt dieser geänderten Rechtsprechung zu (BGB-RGRK/Steffen § 181 Rn 13; Soergel/Leptien § 181 Rn 5; MünchKomm/Schramm § 181 Rn 9, 15; MünchKomm/Wagenitz § 1795 Rn 19; MünchKomm/Huber § 1629 Rn 49; Palandt/Heinrichs § 181 Rn 2; Erman/Palm § 181 Rn 2 und 10; Larenz § 30 II a; Hübner, Interessenkonflikt und Vertretungsmacht 138; Stürner AcP 173 [1973], 402, 442; Honsell JA 1977, 55; Rauscher § 33 Rn 1051; aA wohl Gernhuber/Coester-Waltjen § 61 III 1 Rn 23 f; Rauscher § 33 Rn 1051).

bb) Erweiterung oder Einengung zulässigen Elternhandelns bei teleologisch reduzierter Anwendung des § 181?

Diese abstrakt-teleologische Anwendung des § 181 **erweitert** für die Eltern die **199** Möglichkeit, im Wege des erlaubten Insichgeschäfts ohne die Notwendigkeit eines Ergänzungspflegers für das Kind zu handeln, wenn bei bestimmter Sachverhaltsgestaltung eine Interessenkollision zwischen Eltern und Kindern ausscheidet.

Das gilt vornehmlich für solche Geschäfte, die, entsprechend dem Gedanken aus **200** § 107, für das Kind lediglich rechtlich vorteilhaft sind, zB **Schenkungen** (BGHZ 56, 97 = NJW 1971, 1355 m abl Anm Winkler = JR 1971, 503 m Anm Giesen = DNotZ 1971, 670; BGHZ 59, 236 = NJW 1972, 2262, 1975, 1885; BGHZ 94, 232 = NJW 1985, 2407). Insoweit besteht eine Wechselwirkung zwischen §§ 107 und 181. Das Gesetz hat in § 107 zum Schutze des Minderjährigen auf das Kriterium des lediglich rechtlichen Vorteils abgestellt. Ist ein solcher Vorteil zu bejahen, kann das beschränkt geschäftsfähige Kind selbständig handeln, also zB ohne Mitwirkung des gesetzlichen Vertreters Geschenke annehmen. Die Rechtssicherheit gebietet es nun nicht, daß dasselbe Kind dann, wenn es hierbei gesetzlich vertreten wird, wegen §§ 1629, 1795, 181 eines Pflegers bedarf (BGHZ 94, 232, 235 = NJW 1985, 2407 = JZ 1985, 795 = FamRZ 1985, 804 = DNotZ 1986, 80; krit: Schubert WM 1978, 290, 291 ff). Die Nichtanwendung von § 181 wird in diesen Fällen auch damit gerechtfertigt, daß das Nichtvorliegen eines Interessenkonflikts für Dritte ohne weiteres erkennbar ist (Säcker/Klinkhammer JuS 1975, 626, 629). Wegen der Einzelheiten s unten Rn 221 ff.

Andererseits **engt** die abstrakt-teleologische, auf den Normzweck (Schutz des ver- **201** tretenen Kindes) konzentrierte Anwendung des § 181 die Handlungsmöglichkeit der Eltern dort **weiter ein**, wo sie sonst trotz bestehenden Interessenkonflikts ein Rechtsgeschäft in der Form des § 181 oder unter Mitwirkung eines von ihnen selbst gewählten Dritten wirksam abschließen konnten (Ausdehnung der Verbotsnorm des § 181 auf **getarnte** Selbstkontrahierungsakte, BOEHMER Grundlagen II 2, 67 ff):

202 So können Eltern das Verbot des § 181 nicht dadurch überwinden, daß sie für sich selbst einen Vertreter oder für das Kind einen Untervertreter bestellen, so daß sich formell verschiedene Personen gegenüberstehen (BGHZ 64, 72 = LM § 181 BGB Nr 18 m Anm FLECK = NJW 1975, 1117 m abl Anm REINICKE 1185 = MDR 1975, 645 = GmbHRdsch 1975, 131; BGHZ 91, 334; 337 = LM § 181 BGB Nr 30; BGH NJW 1991, 691; KG JFG 12, 285, 286; NJW-RR 1999, 168; OLG Frankfurt OLGZ 74, 347; OLG Hamm NJW 1982, 1105; MünchKomm/ SCHRAMM § 181 Rn 24; SOERGEL/LEPTIEN § 181 Rn 29; PALANDT/HEINRICHS § 181 Rn 12; GERN-HUBER/COESTER-WALTJEN § 61 III Fn 21; RAUSCHER § 33 Rn 1051; LARENZ AT § 30 II a; HEINR LEHMANN JW 1934, 683; **aA**: RGZ 103, 147; 108, 405; OLG Celle SJZ 1948, 311 m abl Anm HEINR LEHMANN = NJW 1947, 300 m Anm SACHS 524). Denn zu Rechtsgeschäften, die ihm selbst nicht möglich sind, kann ein Vertreter auch keine Untervollmacht erteilen (HARDER AcP 170 [1970] 295 ff mwNw).

203 Bei Zustimmungen, die nach § 182 Abs 1 sowohl gegenüber demjenigen, der der Zustimmung bedarf, als auch gegenüber dem Geschäftsgegner erklärt werden kön-nen, können die Eltern nicht durch die Wahl des Erklärungsempfängers verhindern, daß § 181 eingreift (BOEHMER, Grundlagen II 2, 67 ff: „juristischer Kunstgriff"). Haben die Eltern als Vorerben im Rahmen des § 2113 Abs 1 verfügt, zB eine Nachlaßhypothek an einen Dritten abgetreten, so muß das Kind als Nacherbe zustimmen; ohne diese Zustimmung ist die Verfügung schwebend unwirksam. Gegenüber den Eltern kann das Kind, vertreten durch die Eltern, diese Genehmigung wegen Verstoßes gegen § 181 nicht erklären (RG BayZ 1922, 44 = SeuffA 77 Nr 62; BayObLGZ 5, 412 = RJA 4, 194 = KGJ 28, A 296). Wählen die Eltern als gesetzliche Vertreter des Kindes nicht sich selbst als Erklärungsempfänger, sondern den Dritten, § 182 Abs 1, so soll dies möglich und, weil nicht gegen § 181 verstoßend, wirksam sein (RGZ 76, 89; WarnR 1915 Nr 179; BayZ 1922, 44 = SeuffA 77 Nr 62; BayObLGZ 1977, 76, 81; OLG Hamm NJW 1965, 1489; ebenso STAUDINGER/SCHILKEN [2001] § 181 Rn 25 ff; SOERGEL/LEPTIEN § 181 Rn 29; PA-LANDT/HEINRICHS § 181 Rn 8; **aA**: STAUDINGER/DONAU[10/11] § 1629 Rn 42; STAUDINGER/SCHILKEN [2004] § 181 Rn 41; GERNHUBER/COESTER-WALTJEN § 61 III 2 Rn 23 f; BOEHMER, Grundlagen II 2, 67 ff; vLÜBTOW, Schenkungen, 20; COING NJW 1985, 6 ff).

204 Können Eltern **amtsempfangsbedürftige** Erklärungen im Namen des Kindes wahl-weise an sich selbst oder an ein Amt richten, so soll nach der Rechtsprechung § 181 nicht eingreifen, wenn die Eltern die Erklärung (nach ihrer Wahl) gegenüber dem Amt abgeben. Hier ist jedoch zu unterscheiden: Hätten die Eltern als gesetzliche Vertreter die Erklärung **auch** gegenüber sich selbst abgeben können, wie in den Fällen der §§ 875 Abs 1 S 2, 876 S 3, 880 Abs 2 S 3, 1168 Abs 2 S 1, 1183 S 2, so ist § 181 entsprechend anzuwenden, da sie in der Sache Erklärungsempfänger sind (BGHZ 77, 7, 8 = NJW 1980, 1577 = JR 1980, 412 m zust Anm KUNTZE; KG KGJ 41, A 168; KGJ 47, A 147; JFG 1, 377; JFG 2, 283, 288 = OLG 43, 358 = Recht 1924 Nr 945; JFG 12, 285; PALANDT/HEINRICHS § 181 Rn 12; BOEHMER, Grundlagen II 2, 70 ff; PREDARI Gruchot 63 [1919] 675, 686 ff; **aA**: RGZ 157, 24; BayObLGZ 6, 435; OLGE 13, 330; HRR 1934 Nr 1053; GERNHUBER/ COESTER-WALTJEN § 61 III 2 Rn 23 f).

205 Dasselbe gilt auch für die Anfechtung des Testaments durch die Testamentserbin, die zugleich gesetzliche Vertreterin der gesetzlichen Erben ist und in dieser Eigenschaft für die gesetzlichen Erben anficht: auch hier gilt § 181 (RGZ 143, 350, 353 = JW 1934, 1044 [m abl Anm RAAPE]; ebenso SOERGEL/LEPTIEN § 181 Rn 30; SOERGEL/STRÄTZ § 1629 Rn 31; Münch-Komm/SCHRAMM § 181 Rn 31; ERMAN/PALM § 181 Rn 16; GERNHUBER/COESTER-WALTJEN § 61 III 2 Rn 23 f; HÜBNER, Interessenkonflikt und Vertretungsmacht 223 ff, 227).

Ist dagegen das Amt oder die Behörde (Gericht) in der Sache, nicht nur formell, **206** Erklärungsempfänger, so greift § 181 nicht ein. Das gilt zB für die Ausschlagung der Erbschaft, die der gesetzliche Vertreter gegenüber dem Nachlaßgericht erklärt, auch wenn er hierdurch selbst Erbe wird (BayObLGZ 1977, 163 = Rpfleger 1977, 362; Bay-ObLGZ 1983, 213, 220 = FamRZ 1984, 200 [LS] = Rpfleger 1983, 482; KG JFG 12, 117 = JW 1935, 1439; implizit auch OLG Frankfurt NJW 1955, 466 = FamRZ 1955, 144; NJW 1962, 52 = FamRZ 1962, 126; OLGZ 70, 81 = MDR 1969, 1062 = FamRZ 1969, 658 = Rpfleger 1969, 386; PALANDT/HEINRICHS § 181 Rn 13; s im übrigen oben Rn 80 f, 109 f).

Das Kind wird in seinen Vermögensinteressen hier nur durch § 1643 Abs 2 S 1 **207** geschützt; unterläßt der gesetzliche Vertreter die Ausschlagung pflichtwidrig, kommt außerdem der Entzug der Vertretungsmacht nach §§ 1629 Abs 2 S 3, 1796 in Betracht (BayObLGZ 1983, 213, 220 = FamRZ 1984, 200 [LS] = Rpfleger 1983, 482).

Als nicht rechtsgeschäftliche, sondern rein verfahrensrechtliche Erklärung wird die **208** Anmeldung der Änderung der Gesellschafterstellung des Kindes zum Handelsregister angesehen, die deshalb nicht unter § 181 fällt (BayObLGZ 1970, 133 = NJW 1970, 1796 = FamRZ 1970, 274 [LS] = Rpfleger 1970, 288 = DNotZ 1971, 107 = BB 1970, 940 = Betrieb 1970, 1377; MünchKomm/HUBER § 1629 Rn 53).

In Fällen der im Namen des Kindes erklärten Schuldübernahme, Verbürgung oder **209** Bestellung einer dinglichen Sicherheit für eine Schuld der Eltern zu Lasten des vertretenen Kindes **(Interzession)** lehnt die Rechtsprechung die Anwendung des § 181 ebenso ab wie bei befreiender Drittleistung der Eltern im Namen des Kindes zu eigenen Gunsten. Eine Ausnahme wird nur dort gemacht, wo die Eltern gleichzeitig im eigenen Namen handeln wie bei der Schuldübernahme gem § 415 (RGZ 51, 422, 425 – Schuldübernahme –; 71, 219, 220 – Bürgschaft –; 75, 257 – Drittleistung –; OLG Celle OLG 8, 215, 216 – Drittleistung –; SOERGEL/LEPTIEN § 181 Rn 34; MünchKomm/SCHRAMM § 181 Rn 35; BGB-RGRK/STEFFEN § 181 Rn 11; PALANDT/HEINRICHS § 181 Rn 14). Zur Begründung wird angeführt, eine analoge Anwendung von § 181 auf andere mögliche Interessenkonflikte sei nicht zulässig (BGHZ 91, 334, 337); gegen Mißbrauch der Vertretungsmacht werde der Vertretene allein nach Vertretungsrecht geschützt.

Mit GERNHUBER/COESTER-WALTJEN (§ 61 III 2 Rn 23) erscheint es im Interesse des zu **210** schützenden Kindes dennoch notwendig, den Eltern die Möglichkeit einer Interzession und einer Drittleistung zu eigenen Gunsten generell zu nehmen (ebenso iE STAUDINGER/DILCHER[12] § 181 Rn 22; STAUDINGER/DONAU[10/11] § 1629 Rn 42 für die Schuldübernahme; ERMAN/PALM § 181 Rn 18; **aA**: BOEHMER, Grundlagen II 2, 67 ff; HÜBNER, Interessenkonflikt und Vertretungsmacht 205 ff; BAUER/MENGELBERG, JW 1931, 2229; STAUDINGER/SCHILKEN [2004] § 181 Rn 43).

Eltern, die ihr Kind im eigenen Betrieb ausbilden wollen, sind für den **Abschluß des** **211** **Berufsausbildungsvertrages** von dem Verbot des § 181 befreit, § 3 Abs 3 Berufsausbildungsgesetz v 14. 8. 1969 (BGBl I 1112). Durch diese Regelung wurde § 126b Abs 3

GewO, wonach in solchen Fällen auf den Abschluß eines förmlichen Lehrvertrages verzichtet werden konnte, aufgehoben, § 106 Abs 1 Nr 2 Berufsausbildungsgesetz.

cc) Die wichtigsten Einzelfälle
α) Erbauseinandersetzung

212 Im Grundsatz kann ein Elternteil die Erbauseinandersetzung nicht selbst vornehmen (KG KGJ 35, A 9, 13). Wegen § 181 müssen minderjährige Miterben regelmäßig jeder einen besonderen Pfleger haben, wenn die Auseinandersetzung durch Aufhebung der Erbengemeinschaft erfolgen soll (RGZ 93, 334; BGHZ 50, 8 = LM § 181 Nr 11 m Anm MATTERN = NJW 1968, 936 = MDR 1968, 481 = JZ 1968, 333 = FamRZ 1968, 245 m abl Anm HÄSEMEYER FamRZ 1968, 502 = BB 1968, 442; im Grundsatz auch OLG Jena NJW 1995, 3126 = FamRZ 1996, 185 = Rpfleger 1996, 26 m krit Anm WESCHE Rpfleger 1996, 198; mit freilich spitzfindiger Unterscheidung zwischen Verkauf eines Nachlaßgrundstücks in der von vornherein beabsichtigten Teilung des Erlöses einerseits und der Erbauseinandersetzung andererseits). Denn sofern es sich nicht um ein reines „Außengeschäft" mit einem Dritten handelt, bei dem der gesetzliche Vertreter und die Kinder eine gemeinsame Interessenpartei bilden, sondern ausschließlich oder auch nur **mit** um ein „Innengeschäft", das die Rechtsbeziehung des gesetzlichen Vertreters zu den Kindern oder der Kinder untereinander berührt, ist ein Selbstkontrahieren des Vertreters oder eine Mehrvertretung unstatthaft. Die somit nötige, aber lästige und kostspielige „Pflegerhäufung" (BOEHMER, Grundlagen II 2, 57) ist nur in wenigen Fällen vermeidbar, die noch dazu zumeist nicht dem entsprechen, was die Beteiligten wünschen.

213 Folgen die Miterben bei der Auseinandersetzung allein den Regeln der §§ 2046 ff, 2042, 752 ff, nehmen sie also die Teilung in Natur vor oder verkaufen sie insgesamt mit anschließender Verteilung des Erlöses, so erfüllen sie damit allein eine gesetzliche Verbindlichkeit und verstoßen nicht gegen § 181; die Vertretung aller minderjährigen Miterben durch **einen** Pfleger genügt (RGZ 93, 334, 336; BGHZ 21, 229, 232 = LM § 181 Nr 6 m Anm HÜCKINGHAUS NJW 1956, 1433 = DNotZ 1956, 559; SOERGEL/STRÄTZ § 1629 Rn 31; ERMAN/HOLZHAUER § 1795 Rn 4; PALANDT/EDENHOFER § 2042 Rn 7; MÜNCHKOMM/HUBER § 1629 Rn 64; RAUSCHER § 33 Rn 1052; GERNHUBER/COESTER-WALTJEN § 61 III 5 Rn 29 ff; W MÜLLER MDR 1952, 209).

214 *Ein* Pfleger reicht auch aus, wenn die Erbauseinandersetzung durch gemeinschaftliche Übereignung einzelner Nachlaßgegenstände an einen oder mehrere Miterben erfolgt, § 2040. Darüber hinaus soll *ein* Pfleger genügen, wenn die minderjährigen Erben ihre Nachlaß*anteile* oder auch den *ganzen* Nachlaß selbständig ohne Mitwirkung der **anderen** nach § 2033 Abs 1 anderen Miterben gegen eine individuelle, für jeden minderjährigen Miterben selbständige Gegenleistung überlassen (RGZ 67, 61 = JW 1907, 826; RGZ 71, 162; 93, 334; BGHZ 50, 8 = LM § 181 Nr 11 m Anm MATTERN = NJW 1968, 936 = MDR 1968, 481 = JZ 1968, 333 = FamRZ 1968, 245 = BB 1968, 442; BayObLGZ 3, 311 = Recht 1902 Nr 1104; 8, 396; 9, 126 = SeuffBl 73, 802; 9, 459, 462 = DJZ 1909, 1153; 13, 13; KG KGJ 22, A 34 = OLG 3, 106, 107; KGJ 23, A 89 = RJA 3, 20; OLG 3, 300; OLG 4, 119 = RJA 2, 221; KGJ 35, A 9, 13; KGJ 40, A 1; SeuffBl 76, 486; JFG 2, 283 = OLG 43, 358 = Recht 1924 Nr 945; ROHDE ZBlFG 1914, 325 ff; BOEHMER, Grundlagen II 2, 57 ff; GERNHUBER/COESTER-WALTJEN § 61 III 5 Rn 29 ff). Hier kommt es wegen der in § 2033 Abs 1 verankerten Autonomie jedes Miterben in bezug auf seinen Anteil nicht zu Innenvereinbarungen zwischen den Vertretenen selbst, und für das Entgelt gilt nicht § 2041, wonach dieses zunächst

gemeinsames Vermögen der Erben wird, das sodann durch Vereinbarung unter ihnen, also durch ein Innengeschäft, aufgeteilt werden muß.

Das gleiche gilt, wenn der gesamte Nachlaß an einen Miterben verkauft wird, weil sich **215** ein solcher Vertrag nur aus einer Summe von Einzelverträgen nach § 2033 Abs 1 zusammensetzt (RGZ 68, 410, 414; 93, 334, 335; KG KGJ 26, A 113; KGJ 40, A 1; SeuffBl 76, 486).

Bei der Übernahme der gesamten Erbschaft durch **einen** Miterben gilt folgendes: **216** Soll der Nachlaß vom überlebenden Elternteil übernommen werden, so muß für jeden minderjährigen Miterben ein **gesonderter** Pfleger bestellt werden, es sei denn, der überlebende Elternteil übernimmt jeweils die vollständigen Miterbenanteile der minderjährigen Miterben oder aber er kauft den ganzen Nachlaß gegen ein schon im Kaufvertrag zwischen den Miterben aufgeschlüsseltes Entgelt. In diesen Fällen genügt die Bestellung eines gemeinsamen Pflegers (BayObLGZ 9, 126 = SeuffBl 73, 802; BayObLGZ 9, 459 = DJZ 1909, 1153; KG KGJ 40, A 1).

Übernimmt ein volljähriges Kind als Miterbe den Nachlaß, so muß für die minder- **217** jährigen Miterben jedenfalls *ein* Pfleger bestellt werden. Der überlebende Elternteil ist hier nicht von der Vertretung der minderjährigen Miterben nach § 181 ausgeschlossen, aber nach § 1795 Nr 1.

In allen anderen Fällen der Erbauseinandersetzung muß für jedes Kind ein **geson-** **218** **derter** Pfleger bestellt werden (RGZ 67, 61 = JW 1907, 826; BGHZ 21, 229 = LM § 189 Nr 6 m Anm Hückinghaus = NJW 1956, 1433 = DNotZ 1956, 559; Soergel/Leptien § 181 Rn 18; Soergel/Strätz Rn 31; Palandt/Edenhofer § 2042 Rn 7; MünchKomm/Huber § 1629 Rn 64; Gernhuber/Coester-Waltjen § 61 III 5 Rn 29 ff; aA LG Köln DNotZ 1951, 229 m zust Anm Riedel).

Werden einzelne Nachlaßgegenstände gegen Zahlung bestimmter Abfindungssum- **219** men an die einzelnen Miterben verkauft, so ist die Vertretung der Miterben durch nur einen gemeinsamen Pfleger unzulässig (RGZ 93, 334, 335; aA BayObLGZ 9, 459, 462 = DJZ 9, 1153), weil in diesem Falle auch ein „Innengeschäft" zwischen den Miterben selbst, nämlich die zusätzliche Vereinbarung über die Teilung des nach § 2041 gemeinschaftlichen Erlöses in Betracht kommt, selbst wenn diese Teilung nur eine „rechnerische" ist (RGZ 93, 334, 335; KG KGJ 26, A 113; KGJ 40, A 1; SeuffBl 76, 486).

Dasselbe – Einsetzung je eines Pflegers für jeden beteiligten minderjährigen Erben – **220** gilt bei der Umwandlung des Gesamthandeigentums der Miterben an einem Nachlaßgrundstück in Bruchteilseigentum (RGZ 67, 61 = JW 1907, 826; BGHZ 21, 229; Gernhuber/Coester-Waltjen § 61 III 5 Rn 29 ff), bei der Überlassung eines Grundstücks an die Mutter oder an ein volljähriges Kind gegen Bestellung gesonderter Hypotheken oder anderer selbständiger Gegenleistungen für jedes der anderen Kinder (aA BayObLGZ 9, 459, 462 = DJZ 1909, 1153).

β)   Schenkungen der Eltern an das minderjährige Kind
Rechtsgeschäfte, die dem beschränkt geschäftsfähigen Minderjährigen lediglich ei- **221** nen rechtlichen Vorteil verschaffen, kann dieser selbständig, ohne Einwilligung des gesetzlichen Vertreters, vornehmen, §§ 107, 106. Schenkungen gehören grundsätzlich zu den Geschäften, die entsprechend dem Gedanken aus § 107 für den Vertretenen

rechtlich lediglich vorteilhaft sind und die deshalb eine Einschränkung des § 181 zulassen (BGHZ 59, 236 = NJW 1972, 2262 = MDR 1973, 37 = JZ 1973, 284 m Anm STÜRNER FamRZ 1972, 630 = Rpfleger 1974, 105 = BB 1973, 63 m Anm KLAMROTH 389 = Betrieb 1972, 2159 = WM 1972, 1275 = DNotZ 1973, 86; dazu GIESEN JR 1973, 62; REUTER JuS 1973, 184; SÄCKER/KLINKHAMMER JuS 1975, 626; LM § 1795 BGB Nr 4 = NJW 1975, 1885 = MDR 1975, 746 = JZ 1976, 66 m Anm STÜRNER = FamRZ 1975, 580 m Anm K SCHMIDT = Rpfleger 1975, 245 = DNotZ 1975, 626 = Betrieb 1975, 1310 = DAVorm 1976, 162 [LS], ergangen auf Vorlage BayObLG FamRZ 1974, 659; BGHZ 94, 232 = NJW 1985, 2407 = JZ 1985, 795 = FamRZ 1985, 804 = DNotZ 1986, 80; LM § 930 BGB Nr 21 = NJW 1989, 2542 = FamRZ 1989, 945). Denn die Regelung der §§ 1629 Abs 2 S 1, 1795 dient dem Schutz des Minderjährigen gegen die Verfolgung eigennütziger Interessen durch seinen gesetzlichen Vertreter. Bei lediglich rechtlich vorteilhaften Schenkungen wird der Normzweck durch ein Insichgeschäft des gesetzlichen Vertreters nicht gefährdet. Insoweit besteht eine Wechselwirkung zwischen §§ 107 und 181, die eine teleologische Reduktion der Vorschrift des § 181 fordert. Der Gesetzgeber hat in § 107 zum Schutz des Minderjährigen auf das Kriterium des lediglich rechtlichen Vorteils abgestellt. Nach BGHZ 94, 232, 235 ist nicht einzusehen, daß im Rahmen der gesetzlichen Vertretung nach §§ 1629, 1795, 181, wenn der Minderjährige durch die Willenserklärung nur einen rechtlichen Vorteil erlangt, der Normzweck Rechtssicherheit den Vorzug haben sollte. Der BGH hält es für eine lebensfremde Formalität, wenn der gesetzliche Vertreter eines beschränkt geschäftsfähigen Minderjährigen ihm durch ein Insichgeschäft nichts schenken, dieser aber die Annahmeerklärung ohne die Einwilligung des gesetzlichen Vertreters selbst abgeben könnte. Ob dies auch bei Vereinbarung eines Besitzkonstituts, §§ 868, 930, gilt, hat der BGH seinerzeit noch offengelassen. Inzwischen hat er diese Frage positiv entschieden (NJW 1989, 2542 = FamRZ 1989, 945) und dabei auf das gesetzliche Besitzmittlungsverhältnis zwischen Veräußerer (Eltern) und Erwerber (Kind) abgestellt. Die Vermögenssorge der Eltern als Teil der elterlichen Sorge berechtige und verpflichte die Eltern, die dem minderjährigen Kinde gehörenden Sachen im Wege des Insichgeschäfts in Besitz zu nehmen und zu verwalten. Dieses gesetzliche Besitzmittlungsverhältnis reiche für eine Übertragung nach § 930 aus (ebenso OLG Düsseldorf FamRZ 1999, 652, dort freilich konkret abgelehnt).

222 Für die Frage, ob dem Kinde bei Elternschenkung ein Pfleger bestellt werden muß, kommt es also darauf an, ob mit der Schenkung im Einzelfall **rechtliche Nachteile** verbunden sind, so daß das Kind das elterliche Schenkungsversprechen nicht selbständig annehmen kann. Bei der Abgrenzung des nur vorteilhaften von dem auch nachteiligen Schenkungsversprechen stellte die Praxis zunächst nur auf die Rechtsfolgen des schuldrechtlichen Verpflichtungsgeschäfts und nicht auf die des dinglichen Erfüllungsgeschäfts ab. Die Annahme des Schenkungsangebots begründete nach dieser Auffassung für den Minderjährigen nur den – rechtlich lediglich vorteilhaften – Eigentumsverschaffungsanspruch, so daß der beschränkt geschäftsfähige Minderjährige entweder selbst, § 107, oder vertreten durch seine Eltern, § 1629 Abs 1 S 2, den schuldrechtlichen Schenkungsvertrag abschließen konnte. Vertretungshindernisse nach § 1629 Abs 2 S 1 iVm § 1795 Abs 1 Nr 1 oder § 1795 Abs 2, § 181 bestanden nicht. Die zur Erfüllung des Schenkungsvertrages erklärte Auflassung konnte, selbst wenn mit ihr ein Rechtsnachteil verbunden war, vom gesetzlichen Vertreter des Minderjährigen ohne Pflegerbestellung entgegengenommen werden, weil dies nur in Erfüllung einer Verbindlichkeit geschah (BGHZ 15, 168 = NJW 1955, 1353 = JZ 1955, 243 m Anm WESTERMANN = FamRZ 1955, 43 = DNotZ 72; ebenso die

Kommentarliteratur: BGB-RGRK/Krüger-Nieland § 107 Rn 23; Soergel/Leptien § 181 Rn 27; MünchKomm/Schramm § 181 Rn 15; Palandt/Heinrichs § 181 Rn 9; Staudinger/Dilcher[12] § 107 Rn 18; vLübtow, Schenkungen 17 ff, 101 ff; W Müller MDR 1952, 209; krit Westermann JZ 1955, 244; Heinr Lange NJW 1955, 1339; Enneccerus/Nipperdey AT Band 1 2. Halbband § 181 III 4; Flume AT 2. Band § 48, 6; Dölle II, 208 Fn 32; Staudinger/Donau[10/11] § 1629 Rn 51; Schubert WM 1978, 290).

Nur wenn also schon das Schenkungsversprechen als solches mit rechtlichen Nach- **223** teilen verbunden war, zB Schenkung unter einer Auflage, § 525, wurde der alleinige rechtliche Vorteil verneint mit der Folge, daß ein Pfleger auf seiten des Kindes mitzuwirken hatte. So wurde die Schenkung eines Vermögens wegen der Haftung aus § 419 als nicht nur rechtlich vorteilhaft angesehen (BGHZ 53, 174 = DNotZ 1970, 285), ebensowenig die Schenkung eines Geldbetrages, wenn die Schenkung mit der Pflicht verbunden war, dem Schenker den geschenkten Betrag als Darlehen zur Verfügung zu stellen (BFH WM 1975, 603, 604 = Betrieb 1975, 383; NJW 1977, 456 = BB 1976, 1651; BayObLGZ 1974, 61 = NJW 1974, 1142 = MDR 1974, 491 = FamRZ 1974, 320 = Rpfleger 1974, 188 = BB 1974, 858 = Betrieb 1974, 574 = WM 1974, 469 = DNotZ 1974, 449). Anders wurde es dagegen angesehen, wenn der Rückzahlungsanspruch aus einem nicht gewährten Darlehen geschenkt wurde (OLG Hamm FamRZ 1978, 439 = Rpfleger 1978, 251 = Betrieb 1978, 1397 = DNotZ 1978, 434; str, s Autenrieth Betrieb 1984, 2547; zur Gesamtproblematik Jebens BB 1980, 407, 409).

Diese Aufspaltung in einen zustimmungsfreien schuldrechtlichen Verpflichtungsver- **224** trag und einen zulässigen dinglichen Erfüllungsvertrag, von Heinr Lange (NJW 1955, 1339) als „elegantes Jonglierspiel mit den Bällen der §§ 107 und 181" kritisiert, bei der jeder Rechtsnachteil des Eigentumserwerbs wirkungslos blieb, so daß auch der Minderjährigenschutz leerlaufen konnte, hat der BGH mit seiner Entscheidung vom 9. 7. 1980 (BGHZ 78, 28, 30 ff = NJW 1981, 109 = JZ 1981, 109 = FamRZ 1981, 761 = Rpfleger 1980, 463 = DNotZ 1981, 111 = JR 1981, 281 m Anm Gitter = JuS 1981, 292 m Anm Emmerich = WM 1980, 1193 = Betrieb 1980, 2234, hierzu Gitter/Schmitt JuS 1982, 253 u Jauernig JuS 1982, 576, ergangen auf Vorlagebeschluß BayObLGZ 1979, 243 = NJW 1980, 416 [LS] = MittBayNot 1979, 150) **geändert**. Seither kommt es für die Beurteilung, ob die Schenkung dem Minderjährigen lediglich einen rechtlichen Vorteil bringt, auf die **Gesamtbetrachtung** des schuldrechtlichen und des dinglichen Vertrages an.

Sind hiernach mit der Übertragung des dinglichen Rechts Nachteile verbunden, so **225** ist auch dann, wenn der schuldrechtliche Vertrag dem Minderjährigen lediglich einen rechtlichen Vorteil bringt, der gesetzliche Vertreter nicht, auch nicht nach § 181 letzter HS befugt, den Minderjährigen zu vertreten oder die von dem Minderjährigen selbst erklärte Auflassung zu genehmigen. Denn es ist mit dem Schutzzweck des § 107 nicht vereinbar, wenn bei lukrativem Charakter des Grundgeschäftes unbeschadet rechtlicher Nachteile, die mit der Übertragung des dinglichen Rechts verbunden sind, der gesetzliche Vertreter im Hinblick auf § 181 letzter HS befugt ist, den Minderjährigen bei der Annahme der Auflassung zu vertreten. Der durch § 107 angestrebte Minderjährigenschutz würde für den Bereich von Schenkungen seitens des gesetzlichen Vertreters weitgehend ausgeschaltet, würde man hinsichtlich des Erfüllungsgeschäftes die Ausnahmevorschrift des § 181 letzter HS eingreifen lassen. Das Interesse des Minderjährigen bei einem Erwerb von dem gesetzlichen Vertreter fordert nach allgemeinen Rechtsgrundsätzen des § 181 die Einschaltung eines Pflegers. Andererseits bliebe der nach Sinn und Zweck des § 107 maßgebliche Gesichtspunkt, ob nämlich das Rechtsgeschäft sich im Ergebnis für den Minderjährigen rechtlich (auch) belastend auswirkt, unberücksichtigt. Nach dieser neuen Rechtsprechung des BGH ist auch der Begriff der ausschließlichen Lukrativität unter dem Schutzzweck des § 107 zu sehen, ohne daß damit der „rechtliche" durch den „wirtschaftlichen" Vorteil ersetzt wird (zu dieser vom BGH gewählten rechtlichen Konstruktion krit JAUERNIG JuS 1982, 576; KÖHLER JZ 1984, 18; FELLER DNotZ 1989, 66, 73 je mwNw).

226 Die Kriterien für lediglich rechtliche Vorteile sind umstritten (s hierzu im einzelnen STAUDINGER/SCHILKEN [2004] § 181 Rn 32 mwNw; KLÜSENER Rpfleger 1981, 258, 260; FELLER DNotZ 1989, 66, 69 je mwNw). Einigkeit besteht nur, daß es allein auf **Rechtsfolgen** und nicht auf die **wirtschaftlichen** Auswirkungen ankommt (aA STÜRNER AcP 173 [1973] 402 ff).

227 Für **Grundstücksschenkungen** gilt hiernach folgendes: Handelt es sich um ein **unbelastetes** Grundstück, so wird die Schenkung als allein rechtlich vorteilhaft angesehen, weil die mit jedem Erwerb von Grundstücken verbundenen öffentlich rechtlichen Lasten (Steuern, Erschließungsbeiträge, Abgaben, Gebühren) erst Folge der Übereignung sind; eine Pflegerbestellung für das Kind ist nicht erforderlich (KG JFG 13, 300 = HRR 1936 Nr 788 = JW 1936, 1679 [anders noch KGJ 45, 237, 238]; BGHZ 15, 168 = NJW 1955, 1353 = JZ 1955, 243 m Anm WESTERMANN = FamRZ 1955, 43 = DNotZ 1955, 72; LM § 107 BGB Nr 7 = MDR 1971, 380 = DNotZ 1971, 302; BGHZ 78, 28 = NJW 1981, 109 = JZ 1981, 109 = FamRZ 1981, 761 = JR 1981, 281 m Anm GITTER = DNotZ 1981, 111 = Rpfleger 1980, 463 = WM 1980, 1193 = Betrieb 1980, 2234 = JuS 1981, 292 m Anm EMMERICH; BGHZ 161, 170 = LMK 2005, 25 [LORENZ] = NJW 2005, 415 m Anm SCHMITT NJW 2005, 1090 = FamRZ 2005, 359; FamRZ 2005, 738; BayObLGZ 1967, 245 = NJW 1967, 1912 = MDR 1967, 919 = FamRZ 1968, 89 = Rpfleger 1968, 18 = DNotZ 1968, 98; NJW 1968, 941 = FamRZ 1968, 206; BGB-RGRK/KRÜGER-NIELAND § 107 Rn 17; SOERGEL/HEFERMEHL § 107 Rn 1 u 3; SOERGEL/STRÄTZ Rn 34; MünchKomm/SCHMITT § 107 Rn 36; MünchKomm/HUBER Rn 56; vLÜBTOW, Schenkungen 102 ff, dazu ABRAHAM AcP 151 [1951] 374 ff; GITTER/SCHMITT JuS 1982, 253; JAUERNIG JuS 1982, 576; KÖHLER JZ 1983, 225, 229; LORENZ [LMK] 2005, 25; SCHMITT NJW 2005, 1090; FÜHR/MENZEL FamRZ 2005, 1729; zweifelnd STAUDINGER/KNOTHE [2004] § 107 Rn 2 ff; FLUME, AT Band 2 § 137b; LARENZ, AT § 6 III; KLÜSENER Rpfleger 1981, 258, 261; HEINR LANGE NJW 1955, 1339, 1342 ff; GERNHUBER/COESTER-WALTJEN § 61 III 6 Rn 34; DÖLLE II § 94 Fn 32; STÜRNER AcP 173 [1973] 402 ff [der auf die wirtschaftlichen Vor- und Nachteile abstellt]; HÜBNER 143 ff [der ungefährliche Rechtsnachteile außer acht lassen will]).

228 Ist das Grundstück **dinglich belastet** (Grundpfandrecht, Dienstbarkeit, Nießbrauch, dingliches Wohnrecht, Vormerkung) oder behalten sich die Eltern bei der Schenkung an das beschränkt geschäftsfähige Kind das dingliche Recht vor, so neigen Rechtsprechung und Schrifttum dazu, den Eltern die Pflegerbestellung zu ersparen. Bestand das vorbehaltene Recht bereits als Recht an der eigenen Sache der Eltern, übernimmt also das Kind selbst keine Pflicht zur Bestellung von Rechten, so fehlt es am rechtlichen Nachteil. Denn dann schenken die Eltern lediglich die belastete Sache, deren Schenkung immer noch rechtlich vorteilhaft ist. Der unentgeltliche Erwerb belasteten Eigentums bleibt eine Vermögensvermehrung und ein rechtlicher Vorteil. Dies hat der BGH mit Beschluß vom 25. 11. 2004 (BGHZ 161, 170 = NJW 2005, 415 = FamRZ 2005, 359) im Falle der Schenkung eines mit einer Grundschuld belasteten Grundstücks ausdrücklich bejaht und hierzu ausgeführt, eine Grundschuld verpflichtete den Grundstückseigentümer lediglich dazu, die Zwangsvollstreckung des Gläu-

bigers in das Grundstück zu dulden. Die mit dem Erwerb des Grundstücks verbundene Haftung der beiden betroffenen Minderjährigen sei demnach auf die ihnen zugewendete Sache beschränkt. Diese Haftung mindere zwar den im Eigentumserwerb liegenden Vorteil, beseitige ihn aber nicht. In jenem Fall bedurfte es auch nicht der Schaffung eines Titels für den Fall der Zwangsvollstreckung, was den Minderjährigen hätte Kosten verursachen können, denn dort hatte sich die schenkende Mutter bei der Bestellung der Grundschuld schon der sofortigen Zwangsvollstreckung unterworfen, so dass ein Titel bereits vorlag und den beiden Minderjährigen weitere Kosten nicht entstehen konnten.

In derselben Entscheidung hat der BGH sich auch mit der Frage beschäftigt, ob die mit jeder Art von Grunderwerb verbundene Verpflichtung zur Tragung öffentlicher Lasten einen Rechtsnachteil im Sinne von § 107 darstelle, und hat dies verneint. Dies hat er damit begründet, zwar treffe den erwerbenden Minderjährigen infolge dieses Rechtsgeschäfts persönlich die Pflicht, zB Grundsteuer zu zahlen. Aber dieser Umstand zwinge nicht in jedem Fall zu der Annahme, das Rechtsgeschäft bedürfe gemäß §§ 107, 108 Abs 1 einer Genehmigung. Insoweit verweist der BGH auf seine Entscheidung BGHZ 78, 28, bei der es um die Überlassung von Wohnungseigentum ging. Er fährt fort, § 107 bezwecke in erster Linie, den Minderjährigen vor einer Gefährdung seines Vermögens zu schützen. Diese Vorschrift knüpfe im Interesse der Rechtssicherheit an das formale Kriterium des rechtlichen Nachteils an, und diese Entscheidung des Gesetzgebers schließe es aus, den von § 107 vorausgesetzten rechtlichen Nachteil durch den wirtschaftlichen Vorteil zu ersetzen. Aber es sei möglich, bestimmte Rechtsnachteile wegen ihres typischerweise ganz unerheblichen Gefährdungspotentials als von dem Anwendungsbereich der Vorschrift nicht erfaßt anzusehen. Dies gelte jedenfalls für solche persönlichen Verpflichtungen, die ihrem Umfang nach begrenzt und wirtschaftlich derart unbedeutend seien, daß sie eine Verweigerung der Genehmigung nicht rechtfertigen könnten. Unter diesen Voraussetzungen, so der BGH, wäre es reiner Formalismus, würde man die Wirksamkeit des Rechtsgeschäfts von der Erteilung einer Genehmigung abhängig machen, obwohl das Ergebnis der dabei vorzunehmenden Prüfung von vornherein feststehe. Damit sondert der BGH geschlossene, klar abgegrenzte Gruppen von Rechtsnachteilen aus, weil diese nach ihrer abstrakten Natur typischerweise keine Gefährdung des Minderjährigen mit sich brächten. Eine derartige Fallgruppe, die also nicht unter § 107 falle, stelle die Verpflichtung des Minderjährigen dar, die laufenden öffentlichen Grundstückslasten zu tragen (zust SCHMITT NJW 2005, 1090; LORENZ LMK 2005, 25; krit FÜHR/MENZEL FamRZ 2005, 1729)

Werden die den Eltern vorbehaltenen dinglichen Rechte zugleich mit der Übereignung an das Kind bestellt, so bleibt es ebenfalls bei dem einheitlichen rechtlichen Vorteil (RGZ 148, 321; BayObLGZ 1967, 245 = NJW 1967, 1912 = MDR 1967, 919 = FamRZ 1968, 89 = Rpfleger 1968, 18 = DNotZ 1968, 98 – Vorbehalt dinglichen Wohnrechts –; BayObLGZ 1979, 49 = MDR 1979, 669 = Rpfleger 1979, 197 = DNotZ 1979, 543 = WM 1979, 1078 = JurBüro 1979, 1054 – vorbehaltener Nießbrauch –; BayObLGZ 98, 139 = NJW 1998, 3574 – vorbehaltener Nießbrauch und Vorkaufsrecht –; OLG Colmar OLGE 24, 29; OLG München JFG 18, 115 = HRR 1938, 1478 = DNotZ 1939, 206 – bestehende Hypothekenbelastung –; LG Augsburg Rpfleger 1967, 175 m Anm HAEGELE; LG Aachen FamRZ 1969, 610 [LS]; LG Tübingen FamRZ 1972, 373 [LS] = BWNotZ 1971, 67; LG Münster FamRZ 1999, 739 – Ausschluß der Aufhebung der Grundstücksgemeinschaft –; STAUDINGER//KNOTHE [2004] § 107 Rn 12; MünchKomm/SCHMITT § 107 Rn 40;

MünchKomm/HUBER Rn 56; SOERGEL/HEFERMEHL § 107 Rn 4; SOERGEL/STRÄTZ Rn 34; ERMAN/
PALM § 107 Rn 6; ERMAN/MICHALSKI Rn 13; PALANDT/HEINRICHS § 107 Rn 4, § 181 Rn 9; PALANDT/
DIEDERICHSEN § 1795 Rn 11; GERNHUBER/COESTER-WALTJEN § 61 III 6 Rn 34; RAUSCHER § 33
Rn 1052; vLÜBTOW, Schenkungen 103 ff; HÜBNER 148; HAEGELE Rpfleger 1975, 153, 159; **aA** OLG
München JFG 23, 231 = HRR 1942 Nr 544 = DFG 1942, 67 = DNotZ 1943, 75; OLG Frankfurt
Rpfleger 1974, 429; wohl auch LG Saarbrücken DNotZ 1980, 113; HEINR LANGE NJW 1955, 1339,
1341). Das BayObLG (FamRZ 2004, 1055) hatte dagegen noch angenommen, eine
Geschäft, bei welchem die Mutter ihren beiden minderjährigen Töchtern ein mit
einer Grundschuld belastetes Grundstück schenken wollte, wobei sie sich gleichzeitig ein unentgeltliches Nießbrauchsrecht an dem gesamten Grundbesitz vorbehalten
hatte, sei nicht lediglich rechtlich vorteilhaft und bedürfe daher einer Pflegerbestellung, und hatte die Rechtssache wegen Divergenz zum OLG Köln dem BGH
vorgelegt. Der BGH (BGHZ 161, 170 = NJW 2005, 415) hat nun entschieden, daß es sich
bei dem vom BayObLG entschiedenen Fall lediglich um einen rechtlichen Vorteil
handelt, so daß die Bestellung eines Ergänzungspflegers nicht in Betracht kam.

229 Ein hypothekarisch belastetes Grundstück führt nicht zur persönlichen Leistungs-
pflicht des Minderjährigen, allenfalls kann das Grundstück wieder verlorengehen.
Sein zuvor vorhandenes Vermögen wird dagegen nicht geschmälert oder belastet
(BayObLGZ 1967, 245 = NJW 1967, 1912 = MDR 1967, 919 = FamRZ 1968, 89 = Rpfleger 1968, 18 =
DNotZ 1968, 98; MünchKomm/SCHMITT § 107 Rn 11; SOERGEL/HEFERMEHL § 107 Rn 4 je mwNw;
KLAMROTH BB 1975, 525; GITTER/SCHMITT JuS 1982, 253, 255). Das gilt nach BayObLG
(BayObLGZ 1979, 49 = MDR 1979, 669 = Rpfleger 1979, 197 = DNotZ 1979, 543 = WM 1979,
1078 = JurBüro 1979, 1054) selbst dann, wenn die vorhandenen Grundpfandrechte den
Wert des Grundstücks ausschöpfen oder übersteigen (zweifelhaft!).

230 Behält sich der schenkende Vater vor, das seinem beschränkt geschäftsfähigen Kind
geschenkte Grundstück noch mit Grundpfandrechten zu belasten, verbleibt es beim
insgesamt rechtlichen Vorteil (OLG Frankfurt MDR 1981, 139 = Rpfleger 1981, 19, 20; OLG
Celle OLGZ 1974, 104 = DNotZ 1974, 731 m Anm WINKLER).

231 Umstritten ist, was bei der **Schenkung unter Vorbehalt einer Dienstbarkeit** gilt. Wird
die Begründung von Dienstbarkeiten an eigenen Sachen als zulässig angesehen
(RGZ 142, 231, 234; BGHZ 41, 209, 211; zust vLÜBTOW, Schenkungen 98 ff; HEINR LANGE
NJW 1955, 1339, 1342 für den Nießbrauch), so können die Eltern dieses Recht noch für
sich selbst zur Zeit ihrer Rechtsinhaberschaft bestellen und schenken dann die so
belastete Sache. Behalten sich die Eltern bei der Schenkung einer beweglichen
Sache an das Kind den **Nießbrauch** daran vor, so soll nach RGZ 148, 321, anders
als bei der Erbauseinandersetzung, ein einheitliches Rechtsgeschäft vorliegen, das,
als Ganzes betrachtet, dem Kind lediglich einen rechtlichen Vorteil, nämlich den
unentgeltlichen Erwerb einer nießbrauchbelasteten Sache bringe (hierzu krit BOEHMER,
Grundlagen II 2, 61 ff). Der Rechtserwerb unter gleichzeitiger Belastung des erwor-
benen Gegenstandes mit einer Dienstbarkeit bzw der Erwerb einer mit einem
Nießbrauch belasteten Sache wird allgemein als nur rechtlich vorteilhaft angesehen
(OLG München JFG 18, 115 = HRR 1938 Nr 1478 = DNotZ 1939, 206; BayObLGZ 1979, 49 =
MDR 1979, 669 = Rpfleger 1979, 197 = DNotZ 1979, 543 = WM 1979, 1078 = JurBüro 1979, 1054;
OLG Celle OLGZ 1974, 104 = DNotZ 1974, 731 m Anm WINKLER; BayObLGZ 98, 139 = NJW 1998,
3574; LG Augsburg Rpfleger 1967, 175 m Anm HAEGELE; LG Aachen FamRZ 1969, 610 [LS]; LG
Tübingen FamRZ 1972, 373 [LS] = BWNotZ 1971, 67; **aA** OLG München JFG 23, 231 = HRR 1942

Nr 544 = DFG 1942, 67 = DNotZ 1943, 75; OLG Frankfurt Rpfleger 1974, 429; wohl auch OLG Saarbrücken DNotZ 1980, 113; HEINR LANGE NJW 1955, 1339, 1340). Auch die Einräumung eines **dinglichen Wohnrechts** wird noch als rechtlich vorteilhaft angesehen, vorausgesetzt, die persönliche Schuld wird nicht vom Kind übernommen (BayObLGZ 1967, 245 = NJW 1967, 1912 = MDR 1967, 919 = FamRZ 1968, 89 = Rpfleger 1968, 18 = DNotZ 1968, 98).

Bei **Reallasten** trifft den Minderjährigen gemäß § 1108 Abs 1 als Eigentümer die **232** persönliche Haftung; es fehlt am allein rechtlichen Vorteil, so daß bei der Übereignung eines derart belasteten Grundstücks die Pflegerbestellung notwendig ist.

Bei der Schenkung eines **vermieteten** oder **verpachteten** Grundstücks tritt der Min- **233** derjährige kraft Gesetzes in das bestehende Miet- oder Pachtverhältnis ein, §§ 571, 581 Abs 2. Das ist rechtlich nachteilig (OLG Oldenburg NJW-RR 1988, 839 = DNotZ 1989, 92; OLG Karlsruhe FamRZ 2001, 181 [LS]; BayObLG FamRZ 2004, 458; HEINR LANGE NJW 1955, 1339, 1341; FELLER DNotZ 1989, 66 ff; aA JERSCHKE DNotZ 1982, 459, 466 mwNw; STÜRNER AcP 173 [1973] 402, 431 ff).

Erwirbt das Kind ein entgeltliches **Erbbaurecht**, so ist der Erwerb schon wegen der **234** Haftung für den Erbbauzins nicht allein rechtlich vorteilhaft (BGH NJW 1979, 102, 103; KLÜSENER Rpfleger 1981, 258, 262).

Erwirbt das Kind durch Schenkung **Wohnungseigentum**, gelten die Grundsätze wie **235** bei der Schenkung von Grundstücken: auf dem Wohnungseigentum ruhende öffentliche Lasten und dingliche Belastungen werden also nicht berücksichtigt. Auch der Eintritt in die Gemeinschaftsordnung wird nicht als rechtlich nachteilig angesehen, weil die hieraus resultierenden Pflichten sich im wesentlichen bereits aus dem Gesetz ergeben; ihre bloße Ausgestaltung wird nicht als rechtlicher Nachteil angesehen (BayObLG FamRB 2005, 79; OLG Celle NJW 1976, 2214 m abl Anm JAHNKE NJW 1977, 960; STAUDINGER/DILCHER¹² § 107 Rn 15; MünchKomm/SCHMITT § 107 Rn 48; SOERGEL/HEFERMEHL § 107 Rn 6).

Ist mit der Schenkung von Wohnungseigentum **zugleich** der **Eintritt in einen Verwal-** **236** **tervertrag** verbunden, wodurch persönliche Verpflichtungen des Minderjährigen und eine nicht unerhebliche Verschärfung der Pflichten des Wohnungseigentümers entstehen, so wird die Schenkung als rechtlich nachteilig angesehen mit der Folge, daß der Minderjährige die Schenkung weder selbst annehmen noch der gesetzliche Vertreter ihn bei der Annahme vertreten kann (BGHZ 78, 28 = NJW 1981, 109 = JZ 1981, 109 = FamRZ 1981, 761 = JR 1981, 281 m Anm GITTER = DNotZ 1981, 111 = Rpfleger 1980, 463 = WM 1980, 1193 = Betrieb 1980, 2234 = JuS 1981, 292 m Anm EMMERICH, ergangen auf Vorlagebeschluß BayObLGZ 1979, 243 = NJW 1980, 416 [LS] = MittBayNot 1979, 150; vgl hierzu OTTO Rpfleger 1979, 404, 405; dem BGH zust GITTER JR 1981, 283; GITTER/SCHMITT JuS 1982, 253, 256; abl JAUERNIG JuS 1982, 576; KLÜSENER Rpfleger 1981, 258 ff; BÄRMANN/PICK/MERLE WEG § 1 Rn 45; RAUSCHER § 33 Rn 1052).

Tritt der Vater mit seiner am Kindesgrundstück bestehenden **Hypothek** im Range **237** zurück, so braucht das Kind hierfür keinen Pfleger (KG JFG 12, 285, 289); das Kind kann, muß aber auch dieses rechtlich allein vorteilhafte Geschäft nach § 107 selbst abschließen; der Vater kann es wegen § 1629 Abs 2 S 1, § 1795 nicht vertreten (BGH FamRZ 1961, 473 = VersR 1961, 900). Die Bestellung einer Hypothek zur Sicherung einer

Forderung des Kindes und die Abtretung einer Hypothek an das Kind sind rechtlich ebenso zu behandeln.

238 Für den Erwerb eines **Patentes** benötigt der beschränkt geschäftsfähige Minderjährige einen Pfleger jedenfalls dann, wenn die Übertragung im wesentlichen zu dem Zwecke erfolgt, um auf den Namen des Minderjährigen Patentverletzungsklagen erheben zu können (RGZ 151, 128, 134).

239 Legen Eltern für das Kind ein **Sparkassenguthaben** an, so liegt darin eine Schenkung nur, wenn sie dem Kind einen unmittelbaren Anspruch auf Abhebung einräumen wollen (RG Recht 1915 Nr 2524; KG OLGE 22, 158; PREDARI Gruchot 63, 683). Im Zweifel fehlt diese Absicht (RGZ 60, 141, 143; RG JW 1937, 988, 989; BGH BB 1965, 1007; OLG Königsberg HRR 1940 Nr 1110; OLG Köln MDR 1947, 197 = JMBl NRW 1947, 55; KG MDR 1956, 105; SCHEERER BB 1971, 981, 985).

240 Schenkungen der Eltern an das **geschäftsunfähige** Kind können **nur** die Eltern versprechen und vollziehen, und zwar ohne Pfleger im erlaubten Insichgeschäft, wenn und soweit dem geschäftsunfähigen Kind hierdurch nur ein rechtlicher Vorteil verschafft wird (BGHZ 59, 236 = NJW 1972, 2262 = JZ 1973, 284 m Anm STÜRNER = FamRZ 1972, 630 = Rpfleger 1974, 105 = DNotZ 1973, 86 = BB 1973, 73 = WM 1972, 1275; LM § 1795 Nr 4 = NJW 1975, 1885 = JZ 1976, 66 m Anm STÜRNER = FamRZ 1975, 480 m Anm SCHMIDT = Rpfleger 1975, 245 = MDR 1975, 746 = DNotZ 1975, 626 = Betrieb 1975, 1310 = DAVorm 1976, 162 [LS]; hierzu SÄCKER/KLINKHAMMER JuS 1975, 626; MEYER-STOLTE Rpfleger 1974, 85).

241 Dieses im Wege teleologischer Reduktion mit der hM gewonnene Verständnis von § 181 vermeidet den rechtlich unrichtigen Weg, Zuwendungen von Eltern an Kinder als gesetzlich gestattete Erfüllung elterlicher Unterhaltspflicht anzusehen (so aber RAAPE AcP 140 [1935] 352; vLÜBTOW, Schenkungen 102 ff; hierzu ABRAHAM AcP 151 [1951] 374; HENKE JW 1934, 2197). Denn Gegenstände elterlicher Zuwendung wie Kindermöbel, Musikinstrumente, Spielsachen, Kleidung, werden, wenn Eltern damit nur ihre Unterhaltspflicht erfüllen, im allgemeinen dem Kind gerade nicht übereignet (vgl hierzu PESCHEL-GUTZEIT MDR 1984, 890; s im übrigen BLOMEYER AcP 172 [1972] 1, 13; HÜBNER 140 ff; GERNHUBER/COESTER-WALTJEN § 61 III 7 Rn 33).

242 Auch der Rückgriff auf die zweifelhafte Gestattung der Elternschenkungen kraft Verkehrsübung oder kraft Gewohnheitsrechts entfällt bei entsprechend teleologisch reduziertem Verständnis des § 181 (aA ERMAN/MICHALSKI Rn 13).

γ)   **Familiengesellschaften zwischen Eltern und minderjährigen Kindern***
243 Familiengesellschaften zwischen Eltern und minderjährigen Kindern lassen sich nur

---

* **Schrifttum in zeitlicher Reihenfolge** (außer den in Fn zu Rn 185 angeführten Titeln): STÖBER, Der minderjährige Gesellschafter einer offenen Handelsgesellschaft oder Kommanditgesellschaft, Rpfleger 1968, 2; BLOMEYER, Zur Problematik des § 181 BGB für die Einmann-GmbH, NJW 1969, 127; ROSENAU, Ergänzungspfleger für minderjährige Gesellschafter einer Familienpersonengesellschaft, BB 1973, 975; RISSE, Zur Ergänzungspflegschaft bei Familiengesellschaften, BB 1973, 690; WINKLER, Die Genehmigung des Vormundschaftsgerichts zu gesellschaftsrechtlichen Akten bei Beteiligung Minderjähriger, ZGR 1973, 177; KUNTZE, Ergänzungspflegschaft, JR 1975, 45; STROTHMANN, Einzelkaufmännisches Unternehmen

gründen, wenn jedes der Vertretung bedürftige Kind einen gesonderten Pfleger erhält, §§ 1629 Abs 2 S 1, 1795 Abs 2, 181, 1909, und das **Familiengericht** (OLG Hamm FamRZ 2001, 53) diese Gründung genehmigt, §§ 1643 Abs 1, 1822 Nr 3 (RGZ 67, 61 = JW 1907, 826; BGHZ 17, 160 = LM § 1822 Nr 3 m Anm FISCHER = NJW 1955, 1067 m Anm GANSSMÜLLER = MDR 1955, 667 m Anm NIPPERDEY = BB 1955, 489 = Betrieb 1955, 553 = DNotZ 1955, 530 = WM 1955, 830; LM § 138 HGB Nr 8 = NJW 1961, 724 = MDR 1961, 389 = DNotZ 1961, 320 m Anm SCHELTER = Betrieb 1961, 333; obiter BGHZ 65, 93 = LM § 181 BGB Nr 19 = NJW 1976, 49 = MDR 1976, 122 = BB 1975, 1452; BFHE 111, 85 = BStBl II 1974, 289 = BB 1974, 168 = Betrieb 1974, 365; BayObLGZ 1958, 373 = NJW 1959, 989 = FamRZ 1959, 125; BayObLGZ 1976, 281 = Rpfleger 1977, 60; BayObLGZ 1977, 121 ff; BayObLG FamRZ 1980, 401 = Rpfleger 1979, 455; BayObLG FamRZ 1996, 119; KG KGJ 22, A 34 ff = OLGE 3, 106; KGJ 22, A 280, 284 = OLGE 3, 408; KGJ 23, A 89, 92 = RJA 3, 20; KGJ 31, A 152, 156 = OLGE 12, 224, 226; KGJ 37, A 145 = RJA 10, 42; KGJ 44, A 28; KG NJW 1976, 1946; OLG Hamm Rpfleger 1974, 152; OLG Zweibrücken FamRZ 2000, 117, 119; LG Berlin JR 1949, 575; LG Bielefeld NJW 1969, 753; LG Aachen NJW-RR 1994, 1319; SCHNEIDER BB 1954, 705; ders BB 1955, 948; W MÜLLER JR 1961, 326; KNOPP BB 1962, 939; ders NJW 1962, 2181; STÖBER Rpfleger 1968, 2; ROSENAU BB 1970, 793; WINKLER ZGR 1973, 177 ff; STÜRNER AcP 173 [1973] 402, 448; KLAMROTH BB 1975, 525; BROX, in: FS Bosch [1976] 75 ff; BENGSOHN/OSTHEIMER Rpfleger 1990, 189, 191).

Dabei gehört die Herbeiführung der familiengerichtlichen Genehmigung zum Wirkungsbereich des Pflegers (BayObLG Rpfleger 1979, 455).

Dasselbe gilt für die **Umwandlung** der Gesellschaft, zB einer KG in eine GmbH **244** (OLG Stuttgart OLGZ 1978, 426 = Justiz 1979, 19; W MÜLLER JR 1961, 326).

Der familiengerichtlichen Genehmigung bedarf es nicht, wenn der Minderjährige als **245** **Erbe** in die Gesellschafterposition einrückt (KG JFG 10, 99 = HRR 1933 Nr 815 = JW 1933, 118; STÖBER Rpfleger 1968, 2, 9; SCHEERER BB 1971, 981, 987). Soweit es die Eingehung von Verbindlichkeiten zu Lasten der minderjährigen Gesellschafter durch die Eltern angeht, ist jedoch die Entscheidung des BVerfG vom 13. 5. 1986 (BVerfGE 72, 155 = NJW 1986, 1859 = JZ 1986, 632 m Anm FEHNEMANN 1055 = FamRZ 1986, 769 = DAVorm 1986, 419 = ZfJ 1986, 419 = WM 1986, 828 = ZIP 1986, 975; s dazu EMMERICH JuS 1986, 806 u HERTWIG FamRZ 1987, 124) und der sich daraus ergebende Schutz des Minderjährigen vor Überschuldung durch die Eltern zu beachten (vgl hierzu STROTHMANN ZIP 1985, 969; K SCHMIDT BB 1986, 1238 ff sowie oben Rn 147). Dieses Problem ist jetzt durch die Minderjährigenhaftungsbeschränkung, § 1629a, gesetzgeberisch gelöst (s Erl STAUDINGER/ COESTER § 1629a).

Auch wenn dem Minderjährigen der Gesellschaftsanteil **schenkweise** übertragen **246** wird, erlangt er hierdurch wegen der Mitgliedschaftsverpflichtungen nicht nur einen rechtlichen Vorteil (LG Köln Rpfleger 1970, 245; GERNHUBER/COESTER-WALTJEN § 61 III 7 Rn 35 ff; SCHEERER BB 1971, 981, 987; STÜRNER AcP [1973] 402, 435; KLAMROTH BB 1975, 525, 527; HÜBNER 149; aA NAGEL 37 ff; BROX, in: FS Bosch 75, 79).

Dabei wird die gesellschaftliche Treupflicht allein noch nicht als rechtlich nachteilig

---

und Erbengemeinschaft im Spannungsfeld von Handels-, Gesellschafts-, Familien- und Erbrecht, ZIP 1985, 969; K SCHMIDT, Gesetzliche Vertretung und Minderjährigenschutz im Unternehmensprivatrecht, BB 1986, 1238.

                                                    Lore Maria Peschel-Gutzeit

angesehen (TIEDTKE Betrieb 1977, 1064, 1066; **aA** NAGEL 26 ff; BROX, in: FS Bosch 79 ff). Tritt eine Haftung über die Zuwendung hinaus gewöhnlich nicht ein, so wird der Erwerb als rechtlich vorteilhaft angesehen, etwa bei Gesellschaften, bei welchen die Haftung auf die erbrachte Einlage begrenzt ist. Wird zB das Kind Kommanditist einer KG (mit voll eingezahltem KG-Anteil), so ist dies rechtlich lediglich vorteilhaft (OLG Zweibrücken FamRZ 2001, 181; GERNHUBER/COESTER-WALTJEN § 61 III 7 Rn 35 ff; HÜBNER, Interessenkonflikt und Vertretungsmacht 150; BENGSOHN/OSTHEIMER Rpfleger 1990, 189, 191; **aA** STAUDINGER/DILCHER[12] § 107 Rn 24 mwNw; STÜRNER AcP 173 [1973] 436 ff; BROX, in: FS Bosch 75, 79 ff; NAGEL 28 ff; krit auch RAUSCHER § 33 Rn 1052).

247 Die unentgeltliche Beteiligung des Minderjährigen als **stiller Gesellschafter** wird ebenfalls als rechtlich allein vorteilhaft angesehen (STÜRNER AcP 173 [1973] 403, 436; OBERLOSKAMP FamRZ 1974, 296 ff mwNw; KLAMROTH BB 1975, 525, 527; TIEDTKE Betrieb 1977, 1064 ff; JEBENS BB 1980, 407; AUTENRIETH Betrieb 1984, 2547, 2548; **aA** BROX, in: FS Bosch 80; BFHE 108, 197 = BStBl II 1973, 307 = Betrieb 1973, 699; BFHE 111, 85 = BStBl II 1974, 289 = BB 1974, 168 = Betrieb 1974, 365).

248 Wird der Minderjährige **Gesellschafter einer GmbH**, so ist dies rechtlich dann allein vorteilhaft, wenn bei der Errichtung der GmbH das Stammkapital sofort eingezahlt und nicht zurückgezahlt wird (SOERGEL/STRÄTZ § 1629 Rn 32; GERNHUBER/COESTER-WALTJEN § 61 III 7 Rn 35 ff; HÜBNER 150; zweifelnd PLUSKAT FamRZ 2004, 677; **aA** STÜRNER AcP 173 [1973] 436; KLAMROTH BB 1975, 525, 527). Zum Erwerb von Namensaktien vgl STÜRNER, 437.

249 Soweit es die **Mitwirkung** des minderjährigen Gesellschafters am Leben der Gesellschaft, also die **Geschäftsführung** angeht, verneint der BGH die Anwendung des § 181 und billigt die Vertretung der minderjährigen Kinder durch ihre Eltern in einer zwischen ihnen bestehenden KG bei Gesellschafterbeschlüssen über Maßnahmen der Geschäftsführung oder sonstige gemeinsame Gesellschaftsangelegenheiten im Rahmen des bestehenden Gesellschaftsvertrages. Denn insoweit geht es nach Ansicht des BGH nicht um die Austragung individueller Interessengegensätze, sondern um die Verfolgung des gemeinschaftlichen Gesellschaftszwecks (BGHZ 65, 93, 97 ff = LM § 181 Nr 19 = NJW 1976, 49 = MDR 1976, 122 = BB 1975, 1452, ergangen auf Vorlagebeschluß OLG Hamm NJW 1974, 920 [LS] = BB 1974, 573 = Betrieb 1974, 815 mwNw; dazu OBERLOSKAMP FamRZ 1974, 296 ff; LG Berlin NJW 1974, 1203; ebenso BGB-RGRK/WENZ Rn 25; SOERGEL/STRÄTZ Rn 32; GERNHUBER/COESTER-WALTJEN § 61 III 7 Rn 35 ff; RAUSCHER § 33 Rn 1052; SCHEERER BB 1971, 981, 987; KLAMROTH BB 1974, 160; RÖLL NJW 1979, 627, 630; **aA** JOSEF Holdheim 27 [1918] 147 ff für Kapitalerhöhungsbeschlüsse einer GmbH; SCHILLING, in: FS Ballerstedt 257 ff, 275; HÜBNER 265 ff für Beschlüsse mit Eigeninteresse des Vertreters; FASTRICH 22 ff für Beschlüsse, die Grundlagen des Gesellschaftsvertrags betreffen).

250 Dieses Ergebnis verhindert die von der Praxis für die Geschäftsführung nicht gewünschte Vertretung des minderjährigen Gesellschafters durch einen **Dauerpfleger** (vgl hierzu W SCHNEIDER BB 1955, 948, 949; ROSENAU BB 1973, 975; RISSE BB 1973, 690; PRIESTER Betrieb 1974, 273; OBERLOSKAMP FamRZ 1974, 296; KLAMROTH BB 1974, 160; KUNTZE JR 1975, 45 ff). Die Vertretung des minderjährigen Gesellschafters durch die Eltern bei der Geschäftsführung ist nun auch steuerlich anerkannt (BFH NJW 1976, 1287 = Betrieb 1976, 1088; Betrieb 1976, 1041; anders noch BFHE 108, 197 = BStBl II 1973, 307 = Betrieb 1973, 699; OLG Frankfurt OLGZ 73, 429 = NJW 1973, 2113 = FamRZ 1974, 269 [LS] = Rpfleger 1973, 399 = BB 1973, 1280 = Betrieb 1973, 1938; OLG Hamburg MDR 1974, 491 = Rpfleger 1974, 154 [gegen AG

Hamburg Rpfleger 1973, 398 = Betrieb 1973, 1391 u LG Hamburg Betrieb 1974, 181]; LG Düsseldorf GmbHRdsch 1974, 40 = FamRZ 1974, 269 [LS]).

Für den Fall, daß ein einzelkaufmännisches Unternehmen von einem Elternteil und **251** den Kindern in **Miterbengemeinschaft** fortgeführt wird, gilt auch ohne Abschluß eines Gesellschaftsvertrages dasselbe (BGHZ 92, 259 = NJW 1985, 136 m Anm K Schmidt = FamRZ 1985, 173 = JR 1985, 243 m Anm John = JuS 1985, 316 m Anm Emmerich). Jedoch ist auch insoweit als Folge der Entscheidung BVerfGE 72, 155 (weitere Nachw s Rn 245) die Neuregelung des § 1629a zu beachten (s Erl Staudinger/Coester zu § 1629a).

Für die **Änderung** des Gesellschaftsvertrages und die **Auflösung** der Gesellschaft gilt **252** etwas anderes: Hier muß uU aus besonderem Anlaß ein Pfleger bestellt werden (BGH LM § 138 HGB Nr 8 = NJW 1961, 724 = MDR 1961, 389 = DNotZ 1961, 320 m Anm Schelter = Betrieb 1961, 333; NJW 1962, 2344; LG Saarbrücken Rpfleger 1973, 358; LG Berlin NJW 1974, 1203 je für die Änderung des Gesellschaftsvertrages; BGHZ 52, 316 = NJW 1970, 33 = JZ 1970, 291 m Anm Wiedemann = DNotZ 1970, 298 = Betrieb 1969, 2028 für die Auflösung der Familien-GmbH: der BGH verneint einen Verstoß gegen § 181, weil es sich nicht um ein Rechtsgeschäft der Gesellschafter untereinander, sondern um einen Sozialakt körperschaftlicher Willensbildung handele; vgl hierzu krit Gernhuber/Coester-Waltjen § 61 III 7).

dd) Erfüllung einer Verbindlichkeit
Handeln die Eltern in Erfüllung einer Verbindlichkeit, so greift das Verbot des § 181 **253** kraft ausdrücklicher gesetzlicher Gestattung nicht. Dieser in § 181 genannte Grundsatz kehrt in § 1795 Abs 1 Nr 1 nochmals wieder: die dort genannten Rechtsgeschäfte zwischen engen Verwandten können die Eltern für das Kind vornehmen, wenn sie ausschließlich in der Erfüllung einer Verbindlichkeit bestehen.

Diese gesetzliche Gestattung gilt nur für **Erfüllungsgeschäfte**, zB die Rückzahlung **254** eines Darlehens, Zahlung des Mietzinses, des Kaufpreises, Erfüllung eines Schenkungsversprechens, eines Vermächtnisses. Voraussetzung ist stets die Gültigkeit des Grundgeschäfts, das zu einer Verbindlichkeit gegenüber dem Vertretenen, dem Vertreter oder gegenüber Dritten geführt hat (BGH FamRZ 1961, 473, 475 = VersR 1961, 900). Der Kaufvertrag über ein Grundstück muß also, abgesehen von der Notwendigkeit der Pflegerbestellung nach §§ 1629 Abs 2 S 1, 1795, in der Form des § 311b Abs 1, das Schenkungsversprechen in der Form des § 518 Abs 1 wirksam geschlossen sein. Die Heilung eines formnichtigen Vertrages, §§ 311b Abs 1 S 2, 518 Abs 2 durch Erfüllung ist **keine** Erfüllung einer Verbindlichkeit iSv § 181 (RGZ 94, 147, 150; BGH FamRZ 1961, 473, 475 = VersR 1961, 900; MünchKomm/Schramm § 181 Rn 56; Soergel/Leptien § 181 Rn 43; aA Gernhuber/Coester-Waltjen § 61 III 6 Rn 33). Der Mietvertrag muß ebenfalls, soll er wirksam geschlossen sein, auf seiten des Minderjährigen durch einen Pfleger geschlossen werden, es sei denn, das Kind wurde Schuldner des Mietzinses durch Erbgang oder Surrogation auf seiten des Vermieters.

Handelt es sich bei der Erfüllung eines **Vermächtnisses** darum, daß das zum Erben **255** eingesetzte Kind zu Lasten des gesetzlichen Vertreters mit einem Vermächtnis beschwert ist, so können die Eltern dieses selbst als gesetzliche Vertreter zu eigenen Gunsten erfüllen, ebenso umgekehrt (BayObLG DNotZ 1983, 176). Bei der Erfüllung des **Pflichtteilsanspruchs** des Minderjährigen handeln die Eltern nicht nur in Erfüllung einer Verbindlichkeit. Vielmehr übt der Minderjährige mit der Anforderung, spätestens mit der Annahme des Pflichtteilsbetrages ein Gestaltungsrecht aus, was weder rechtlich nur vorteilhaft ist noch in Erfüllung einer Verbindlichkeit geschieht, so daß die Eltern von der Vertretung ausgeschlossen sind; das Kind braucht zur Erfüllung einen Pfleger (Levis ZBlFG 1911, 685, 690 ff). Die Umwandlung des Gesamthandeigentums minderjähriger Miterben am Nachlaßgrundstück in Bruchteileigentum ist keine Erfüllung einer Verbindlichkeit, weil hierauf kein Rechtsanspruch besteht (BGHZ 21, 229, 233 = LM § 181 Nr 6 m Anm Hückinghaus = NJW 1956, 1433 = DNotZ 1956, 559; aA LG Köln DNotZ 1951, 229 m zust Anm Riedel, der für seine Ansicht zu Unrecht RGZ 93, 334 zitiert).

256 Ist bei einer **Schenkung** des gesetzlichen Vertreters das Erfüllungsgeschäft nachteilig, so kommt es nach der neueren Rechtsprechung des BGH (BGHZ 78, 28, 34 = NJW 1981, 109 = JZ 1981, 109 = JR 1981, 281 m Anm Gitter = FamRZ 1981, 761 = Rpfleger 1980, 463 = DNotZ 1981, 111 = WM 1980, 1193 = Betrieb 1980, 2234 = JuS 1981, 292 m Anm Emmerich; vgl aber jetzt BGHZ 161, 170 = NJW 2005, 415) auf eine Gesamtbetrachtung des schuldrechtlichen und des dinglichen Geschäftes an. Ob diese Überlegung sich auch auf die Wirksamkeit des Kausalgeschäfts auswirkt, ist streitig (Feller DNotZ 1989, 66, 69 mwNw, vgl im übrigen oben Rn 221 ff).

257 Die Wirksamkeit des Erfüllungsgeschäfts iSv § 181 setzt voraus, daß das, was als Erfüllung geleistet wird, dem Minderjährigen rechtswirksam geschuldet wurde. Ob Erfüllungssurrogate darunter fallen, ist umstritten. Die Aufrechnung wird als zulässiges Erfüllungssurrogat angesehen, wenn beide Forderungen voll wirksam und fällig sind (Soergel/Damrau § 1795 Rn 2; Erman/Holzhauer § 1795 Rn 10; Erman/Palm § 181 Rn 27; MünchKomm/Schramm § 181 Rn 50; Palandt/Heinrichs § 181 Rn 22); sonstige Erfüllungssurrogate wie Leistungen erfüllungshalber oder an Erfüllungs Statt werden dagegen nicht zugelassen.

258 Zur Wirksamkeit eigenmächtiger Erfüllungsannahme durch den Minderjährigen selbst im Blick auf § 107 – lediglich rechtlicher Vorteil – vgl Harder JuS 1977, 149 ff; dazu Rebe JA 1977, 201; Harder JuS 1978, 84 ff; Wacke JuS 1978, 80 ff; van Venrooy BB 1980, 1017 ff je mwNw.

3. Ausschluß der Vertretungsmacht nach §§ 1629 Abs 2 S 1, 1795 Abs 1

a) §§ 1629 Abs 2 S 1, 1795 Abs 1 Nr 1
aa) Allgemeines

259 Die Vertretungsmacht der Eltern ist ebenso beschränkt wie die des Vormunds. Die Vorschrift des § 1795 Abs 1 Nr 1 geht über § 181 hinaus und schließt bei Interessenwiderstreit die Vertretungsmacht unmittelbar aus, es sei denn, die Rechtshandlung besteht ausschließlich in der Erfüllung einer Verbindlichkeit. Die Eltern können ihr Kind nach § 1795 Abs 1 Nr 1 nicht vertreten bei einem Rechtsgeschäft zwischen dem Kind einerseits und dem Ehegatten des Vertretenen oder einer mit dem Vertreter in gerader Linie verwandten Person andererseits (BGH LM § 1795 Nr 4 = NJW 1975, 1885 = JZ 1976, 66 m Anm Stürner = FamRZ 1975, 480 m Anm K Schmidt = Rpfleger 1975, 245 = MDR 1975, 746 = DNotZ 1975, 626 = Betrieb 1975, 1310 = DAVorm 1976, 162 [LS]; BayObLG FamRZ 1974, 659: Großeltern der Kinder). Der Begriff „Ehegatte" bezieht sich auf die bestehende Ehe; nicht erfaßt ist der geschiedene Ehegatte oder der Ehegatte aus einer für nichtig erklärten, aufgehobenen oder durch Todeserklärung beendeten Ehe (BGH NJW 1955, 217, 218 = FamRZ 1955, 100 m Anm SCHWOERER; OLG Düsseldorf OLGZ 1965, 275 = NJW 1965, 400 = FamRZ 1965, 223 [LS]). Auch Rechtsgeschäfte zwischen Kindern und den Verwandten eines verstorbenen Ehegatten fallen nicht unter das Vertretungsverbot (OLG Hamm FamRZ 1965, 86, 87). Auf andere Verwandte des Inhabers der elterlichen Sorge ist die Bestimmung nicht anzuwenden, auch nicht auf verschwägerte Personen (OLG Hamm aaO). Doch kann hier bei tatsächlicher Interessenkollision eine Entziehung der Vertretungsmacht nach §§ 1629 Abs 2 S 3, 1796 in Betracht kommen.

§ 1795 Abs 1 Nr 1, der über § 181 hinausgeht, soll eine **mögliche** Gefährdung der **260** Kindesinteressen verhindern. Ob eine Gefährdung tatsächlich vorliegt, ist, im Gegensatz zu §§ 1629 Abs 2 S 3, 1796, unerheblich (BGHZ 21, 229 = LM § 181 Nr 6 m Anm HÜCKINGHAUS = NJW 1956, 1433 = DNotZ 1956, 559; FamRZ 1961, 473 = VersR 1961, 900; BGHZ 50, 8 = LM § 181 Nr 11 m Anm MATTERN = NJW 1968, 936 = MDR 1968, 481 = JZ 1968, 333 = FamRZ 1968, 245 = BB 1968, 442; BayObLGZ 1951, 456 = DNotZ 1952, 163). Das Vertretungsverbot des § 1795 Abs 1 Nr 1 gilt aber nicht für Rechtsgeschäfte, die dem Kind lediglich einen **rechtlichen Vorteil** bringen (BGHZ 59, 236, 240 = NJW 1972, 2262 = MDR 1973, 37 = JZ 1973, 284 m Anm STÜRNER = FamRZ 1972, 630 = Rpfleger 1974, 105 = DNotZ 1973, 86 = BB 1973, 63 m Anm KLAMROTH 389 = Betrieb 1972, 2159 = WM 1972, 1275, dazu GIESEN JR 1973, 62, REUTER JuS 1973, 184, SÄCKER/KLINGHAMMER JuS 1975, 626; LM § 1795 BGB Nr 4 = NJW 1975, 1885 = MDR 1975, 746 = FamRZ 1975, 480 m Anm K SCHMIDT = JZ 1976, 66 m Anm STÜRNER Rpfleger 1975, 245 = DNotZ 1975, 626 = Betrieb 1975, 1310 = DAVorm 1976, 162 [LS], ergangen auf Vorlagebeschluß BayObLG FamRZ 1974, 659; OLG Hamm FamRZ 1978, 439 = Rpfleger 1978, 251 = DNotZ 1978, 434 = Betrieb 1978, 1397; zum lediglich wirtschaftlichen Vorteil vgl STÜRNER AcP 173 [1973] 402 ff). Die **teleologische Reduktion** ist hier aus denselben Gründen geboten wie bei § 181 (vgl oben Rn 198 ff, 221 ff). Eine Ausnahme vom Verbot des § 1795 Abs 1 Nr 1 gilt, wenn es sich bei dem Rechtsgeschäft ausschließlich um die Erfüllung einer Verbindlichkeit handelt (vgl oben Rn 253 ff).

Ausgeschlossen sind die Eltern von der Vertretungsmacht bei dem in § 1795 Abs 1 **261** Nr 1 genannten Personenkreis von ein- und mehrseitigen Rechtsgeschäften jeder Art (KG JFG 12, 117, 120 = JW 1935, 1435).

bb) Einzelfälle

Rechtsgeschäft iS dieser Vorschrift ist auch die Zustimmung des gesetzlichen Ver- **262** treters (BayObLGZ 5, 412, 414 = RJA 4, 194 = KGJ 28, A 296). Betroffen sind auch Erklärungen gegenüber einer Behörde oder einem Gericht (RGZ 143, 350 – Nachlaßgericht; KG KGJ 41, A 168; JFG 1, 377; JFG 12, 117 = JW 1935, 1439; BayObLGZ 9, 413 = Seuff A 64, Nr 34; BayObLGZ 1951, 456 = DNotZ 1952, 163 gegen KG JFG 2, 283 = OLG 43, 358 = Recht 1924 Nr 945 – jeweils gegenüber dem Grundbuchamt –; AG Lüdenscheid FamRZ 2002, 1227 gegenüber Sozialamt und Unterhaltsvorschußkasse). Die Abtretung einer Kindeshypothek an sich selbst kann der gesetzliche Vertreter nicht genehmigen (RG BayZ 22, 44 = SeuffA 77 Nr 62). Ebensowenig kann er den Rangrücktritt eines Kindes-Grundpfandrechts bezüglich des eigenen Grundstücks erklären (KG Recht 1930 Nr 55). Wohl aber kann der gesetzliche Vertreter eine Hypothek, die auf seinem eigenen Grundstück ruht, für das Kind erwerben, ebenso Rechte und Forderungen gegen das Kind, die er bei Fälligkeit namens des Kindes an sich selbst erfüllen kann.

263 Zweifelhaft kann sein, ob § 1795 Abs 1 Nr 1 auch solche Verfahrenshandlungen und statusverändernde Erklärungen meint, die **nur** gegenüber einer Behörde abgegeben werden können wie etwa bei der **Einbenennung** und **Adoption**. Die nach § 1618 S 3 notwendige Einwilligung des Kindes ist eine rechtsgeschäftliche Willenserklärung, die durch das Kind selbst oder seinen gesetzlichen Vertreter abgegeben wird und die sich mit den Erklärungen der Einbenennenden zu einem dreiseitigen Gesamtakt iS dreier parallel verlaufender Erklärungen zusammenfügt (BayObLG FamRZ 1977, 309, 410 = DAVorm 1977, 319; **aA** BRÜGGEMANN FamRZ 1977, 656, 660: Verfahrenshandlungen). Wird das Kind bei der Einwilligung allein durch die alleinsorgeberechtigte Mutter vertreten, so muß dem Kinde kein Pfleger nach § 1909 Abs 1 S 1 bestellt werden. Denn weder die Voraussetzungen des § 181 noch des § 1795 Abs 1 Nr 1 sind gegeben: Mutter und Kind schließen kein Rechtsgeschäft miteinander ab, sondern geben nur gleichlautende Erklärungen ab mit dem Ziel, die Namensgleichheit in einer Kleinfamilie herzustellen (ENGLER FamRZ 1971, 76). Außerdem kommt bei der Abgabe der Einwilligungserklärung eine Gefährdung von Vermögensinteressen des Kindes begrifflich nicht in Betracht, worauf sowohl § 181 als auch § 1795 Abs 1 Nr 1 abstellen. Eine abstrakte Gefährdung des Kindesvermögens scheidet aus. Die Mutter ist also bei der Erklärung der Einwilligung zur Einbenennung im Namen des Kindes gegenüber dem Standesbeamten von der Vertretung des Kindes nicht kraft Gesetzes ausgeschlossen (BayObLG FamRZ 1977, 409, 410 = DAVorm 1977, 319, zust BRÜGGEMANN FamRZ 1977, 656, 660; LG Mannheim MDR 1977, 1018; AG Hamburg DAVorm 1975, 63; DAVorm 1977, 133; vgl im übrigen STAUDINGER/COESTER [2007] § 1618 Rn 39 mwNw).

264 Für die **Adoption** durch den **Stiefvater** ist die Bestellung eines Ergänzungspflegers nicht erforderlich, wenn die Mutter als gesetzliche Vertreterin für das Kind die Einwilligung gegenüber dem Vormundschaftsgericht erklärt (BGH LM § 1746 BGB Nr 1 = NJW 1980, 1746 = MDR 1980, 740 = FamRZ 1980, 675 = DAVorm 1980, 474; SchlHOLG DAVorm 1979, 440; LG Berlin FamRZ 1977, 660; LG Bonn NJW 1977, 2168; **aA** LG Stuttgart FamRZ 1977, 413 = NJW 1977, 2167 [LS] mit abl Anm BRÜGGEMANN FamRZ 1977, 656; LG Traunstein NJW 1977, 2167). Bei der Neuordnung des Adoptionsrechts durch das Gesetz vom 2. 7. 1976 (BGBl I 1749) ist das bisherige Vertragssystem durch das Dekretsystem ersetzt worden. Zwar ist nach wie vor zur Adoption die Einwilligung des zu Adoptierenden notwendig. Diese ist aber, anders als nach dem früheren Recht, gegenüber dem Amtsgericht zu erklären. Es ist eine verfahrensrechtliche Handlung im Rahmen der freiwilligen Gerichtsbarkeit (LÜDERITZ NJW 1976, 1865, 1869; BRÜGGEMANN FamRZ 1977, 656, 659; BGH aaO). Auf sie werden §§ 1629 Abs 2 S 1, 1795 Abs 1 Nr 1 weder direkt noch indirekt angewendet. Bei konkreter Besorgnis einer Interessenkollision zwischen Mutter und Kind kommt ein partieller Entzug der Vertretungsmacht nach §§ 1629 Abs 2 S 3, 1796 in Betracht.

265 Die Anmeldung der **Änderung der Gesellschafterstellung** des Kindes zum Handelsregister ist ebenfalls eine rein verfahrensrechtliche, keine rechtsgeschäftliche Handlung, die deswegen von dem Vertretungsverbot der §§ 1629 Abs 2 S 1, 1795 Abs 1 Nr 1 nicht erfaßt wird (BayObLGZ 1970, 133 ff = NJW 1970, 1796 = FamRZ 1970, 274 [LS] = Rpfleger 1970, 288 = DNotZ 1971, 107 = Betrieb 1970, 1377 = BB 1970, 940; SOERGEL/STRÄTZ Rn 36).

266 Schenkt die Mutter ihren Kindern Hypotheken und Grundstücke und **widerruft** sie später diese **Schenkung** wegen Undanks der Kinder, so ist das Anerkenntnis der

Berechtigung des Widerrufs und in seinem Gefolge die Rückauflassung ein Rechtsgeschäft zwischen den Kindern und der Mutter, bei dem der Vater nach § 1795 Abs 1 Nr 1 von der Vertretung der Kinder ausgeschlossen ist (KG OLGE 40, 81). Der Vater ist von der Vertretung seiner erstehelichen Kinder auch bei Rechtsgeschäften, etwa der Aufnahme eines Darlehens, mit seiner zweiten Frau ausgeschlossen (KG JFG 12, 117, 120 = JW 1935, 1439).

Die **Erbauseinandersetzung** ist ein Rechtsgeschäft und fällt damit unter § 1795 Abs 1 **267** Nr 1, jedenfalls aber unter § 1795 Abs 2 iVm § 181 (BGHZ 21, 229 = LM § 181 BGB Nr 6 m Anm HÜCKINGHAUS = NJW 1956, 1433 = DNotZ 1956, 559; KG KGJ 35, A 9, 13). Der gesetzliche Vertreter kann nicht für das Kind die nach § 2120 erforderliche Einwilligung als Nacherbe erteilen, wenn seine Ehefrau als Vorerbin verfügt (BayObLGZ 5, 412 = RJA 4, 194 = KGJ 28, A 296). Ebensowenig kann der Vorerbe, der zugleich gesetzlicher Vertreter des minderjährigen Nacherben ist, die Zustimmung zu seiner eigenen Erteilung löschungsfähiger Quittung hinsichtlich einer Nachlaßhypothek rechtswirksam erklären (KG KGJ 33, A 184 = OLGE 14, 132). Die Entscheidung darüber, ob die durch den Erbfall entstandenen Pflichtteilsansprüche der gemeinsamen Kinder geltend gemacht werden sollen, wird dagegen nicht als Rechtsgeschäft qualifiziert, so daß kein Vertretungsverbot nach § 1795 Abs 1 Nr 1 besteht (BayObLGZ 1963, 132 = FamRZ 1963, 578 = Rpfleger 1964, 269 m Anm HAEGELE), jedoch kann bei Interessengegensatz eine Entziehung der Vertretungsmacht nach §§ 1629 Abs 2 S 3, 1796 in Betracht kommen. Die Ernennung des überlebenden Elternteils zum Testamentsvollstrecker für die zu Erben eingesetzten minderjährigen Kinder soll nach Auffassung des LG Mannheim (Justiz 1977, 135 = MDR 1977, 579 = DAVorm 1977, 329 [LS]) weder gegen § 181 verstoßen noch die Entziehung der Vertretungsmacht nach §§ 1629 Abs 2 S 3, 1796 rechtfertigen (vgl hierzu im einzelnen HAEGELE Rpfleger 1963, 330, 332).

Die Erklärung des gesetzlichen Vertreters eines Minderjährigen, das **Vorkaufsrecht 268** im Hinblick auf einen bestimmten Kaufvertrag nicht ausgeübt zu haben, wird nicht als Rechtsgeschäft qualifiziert; es fällt damit nicht unter § 1795 Abs 1 Nr 1 und ist ohne Genehmigung eines Pflegers wirksam (BayObLG FamRZ 1965, 441 [LS] = Mitt-RheinNotK 1964, 647).

Wegen der Geltendmachung von Unterhaltsansprüchen des Kindes gegen einen **269** Elternteil s u Rn 321 ff.

b) §§ 1629 Abs 2 S 1, 1795 Abs 1 Nr 2
Jedes Rechtsgeschäft, das die Übertragung oder Belastung einer durch ein Fahr- **270** nispfandrecht (§§ 1273 ff), eine Hypothek (§§ 1113 ff), eine Schiffshypothek (§ 8 SchiffsRG v 15. 11. 1940 [RGBl I 1499] idF der SchiffsRG-DVO Art 2 Nr 25 v 21. 12. 1940 [RGBl I 1609]), ein Registerpfandrecht an Luftfahrzeugen (§ 98 LuftfahrtRG [BGBl 1959 I 57]) oder durch Bürgschaft (§§ 765 ff) gesicherten Forderung des Kindes gegen die Eltern oder die Aufhebung oder Minderung dieser Sicherheit zum Gegenstand hat, ist der Vertretungsmacht der Eltern entzogen. Das gilt auch für jedes Rechtsgeschäft, das die Verpflichtung des Kindes zu einer solchen Übertragung, Belastung, Aufhebung oder Minderung begründet.

Hauptanwendungsfall ist die durch eine **Hypothek** gesicherte Forderung des Kindes **271** gegen die Eltern, selbst wenn die Eltern nicht Eigentümer des belasteten Grundstücks sind (KG KGJ 23, A 245 = RJA 3, 50; KGJ 43, 146).

272 Eine Ausnahme für Erfüllungsgeschäfte besteht hier nicht, so daß der Inhaber der elterlichen Sorge auch dann von der Vertretungsmacht ausgeschlossen ist, wenn durch die Vornahme des Rechtsgeschäfts lediglich eine Verbindlichkeit des Kindes erfüllt werden soll (KG OLGE 5, 362; **aA** GERNHUBER/COESTER-WALTJEN § 61 IV 3 Rn 47).

273 Unter die den Eltern verbotenen Rechtsgeschäfte fallen **nicht** Verfügungen der Eltern über **ungesicherte Forderungen** der Kinder.

274 Soweit **Grundschulden** für das Kind eingetragen sind, ist zu unterscheiden: Verfügungen der Eltern über **Sicherungsgrundschulden**, die für das Kind auf dem Grundstück der Eltern zur Sicherung von Forderungen des Kindes lasten, sind, wiewohl in § 1795 Abs 1 Nr 2 nicht genannt, wegen der Funktionsgleichheit von Hypotheken und Sicherungsgrundschulden dem Verbot des § 1795 Abs 1 Nr 2 gleichfalls unterworfen (hM OLG Braunschweig JW 1936, 2937 f; SOERGEL/DAMRAU § 1795 Rn 3; ERMAN/HOLZHAUER § 1795 Rn 17; MünchKomm/HUBER Rn 61; STAUDINGER/DONAU10/11 § 1629 Rn 63; DÖLLE § 94 III 2 c aa Fn 38; RAUSCHER § 33 Rn 1053). Soweit das Verfügungsverbot aus Nr 2 auch auf die **isolierte** Grundschuld angewendet wird (KG JFG 11, 66 = HRR 1933 Nr 1589), kann dem nicht gefolgt werden, da der Normtext „gesicherte Forderung" entgegensteht (**aA** – überhaupt keine analoge Anwendung auf Grundschulden und Sicherungsgrundschulden: STAUDINGER/ENGLER [2004] § 1795 Rn 27; GERNHUBER/COESTER-WALTJEN § 61 IV 3 Rn 47).

275 Einer den Eltern verbotenen Übertragung der Forderung durch das Kind steht die Zustimmung des Kindes zu einer von einem Elternteil nach § 415 vereinbarten, die Eltern befreienden **Schuldübernahme** gleich (RGZ 68, 37, 39 = JW 1908, 271; WarnR 1915 Nr 140 = ZBlFG 16, 35; SOERGEL/DAMRAU § 1795 Rn 2; MünchKomm/HUBER Rn 61; GERNHUBER/COESTER-WALTJEN § 61 IV 3 Rn 47; RAAPE JW 1927, 1226, 1227).

276 Ob die **Kündigung und Einziehung** einer solchen Forderung durch die Eltern unter § 1795 Abs 1 Nr 2 fällt, ist umstritten. Soweit dies verneint wird (GERNHUBER/COESTER-WALTJEN § 61 IV 3 Rn 47; BRACHVOGEL Gruchot 47 [1904] 544, 546, 551), wird zur Begründung angeführt, der Verlust der Sicherheit trete nicht aufgrund Rechtsgeschäfts ein, sondern kraft Gesetzes. Die entgegengesetzte Meinung hält § 1795 Abs 1 Nr 2 für anwendbar mit der Begründung, durch einen solchen rechtsgeschäftlichen Vorgang endige ebenfalls die Sicherheit für das Kind (BayObLG Recht 1901 Nr 406; KG OLGE 2, 140; KGJ 23, A 245 = RJA 3, 50; KGJ 24, A 17 = RJA 3, 56 = DJZ 1902, 274; SOERGEL/DAMRAU § 1795 Rn 3; ERMAN/HOLZHAUER § 1795 Rn 3). Der letzteren Meinung ist wegen des Schutzzwecks der Norm zuzustimmen. Kindesschutz nur über §§ 1666, 1667 zu verwirklichen, ist eine zu schwerfällige Maßnahme, die häufig auch zu spät kommen wird.

277 Auch die **Abtretung** einer dem eigenen Kind gegen den Vater zustehenden **Hypothek** an den Gläubiger des Vaters zur Tilgung einer Schuld des Vaters scheitert an § 1795 Abs 1 Nr 2 (RG Recht 1914 Nr 890). Ebenso ist die Abtretung der Unterhaltsansprüche des Kindes durch den Vater als gesetzlicher Vertreter an sich selbst unwirksam (OLG Brandenburg FamRZ 2004, 702)

c) §§ 1629 Abs 2 S 1, 1795 Abs 1 Nr 3

Nach dieser Regelung können die Eltern ihr Kind nicht vertreten bei einem Rechts- **278** streit zwischen den in Nr 1 genannten Personen und bei einem Rechtsstreit über eine der in Nr 2 genannten Angelegenheiten. Gemeint sind alle privaten Rechtsstreite der ZPO; solche der freiwilligen Gerichtsbarkeit nur, soweit es sich um echte Streitigkeiten handelt (s oben Rn 84 ff; 109 ff sowie unten Rn 321 ff).

II. Entziehung der Vertretungsmacht, §§ 1629 Abs 2 S 3, 1796

1. Grundsatz, Allgemeines

In Fällen, in denen der Inhaber der elterlichen Sorge nicht **kraft Gesetzes** von der **279** Vertretung des Kindes **ausgeschlossen** ist, kann ihm diese dennoch **kraft Richteraktes** vom Familiengericht entzogen werden, § 1796. Dabei hat der Ausschluß kraft Gesetzes gem §§ 1629 Abs 2 S 1, 1795, 181 Vorrang vor der Entziehung, die nicht in Betracht kommt, wenn die Eltern schon kraft Gesetzes von der Vertretung des Kindes ausgeschlossen sind (BayObLGZ 17, 107 = RJA 15, 178 = OLGE 33, 367 = Recht 1916 Nr 1540). Der gesetzliche Ausschluß gem §§ 1629 Abs 2 S 1, 1795 umfaßt bestimmte Sachverhalte mit **möglicher, typischerweise** drohender Gefährdung der Kindesinteressen. Damit ist den Eltern aber nicht generell die Macht genommen, für das Kind zu handeln, wenn ihre eigenen Interessen oder solche Interessen, die sie zu wahren haben, mit denen des Kindes widerstreiten. Um im Falle konkreter Interessengefährdung das Kind im **Einzelfall** zu schützen, ist deshalb darüber hinaus dem Familiengericht durch eine Art Generalklausel (Gernhuber/Coester-Waltjen § 61 IV 5 Rn 49) die Möglichkeit eingeräumt, den Eltern in bestimmten Zusammenhängen die Vertretung des Kindes zu entziehen. Hierdurch wird der Kindesschutz im gesamten rechtsgeschäftlichen und prozessualen Bereich erweitert und geht noch darüber hinaus, zB in bezug auf Ansprüche des Kindes gegen die Eltern (Unterhalt, wenn das Kind mit ihnen in Rechtsgemeinschaft steht) oder wenn es um die Nichtgeltendmachung von Kindesrechten, also um ein **Negativum** geht (Hauptanwendungsfälle: Geltendmachung von Pflichtteilsansprüchen, von prozessualen Weigerungsrechten).

Die Entziehung nach § 1796 findet nur für eine **einzelne Angelegenheit** oder für **280** einen **bestimmten Bereich** statt (KG KGJ 45, A 53). Die Entziehung der **gesamten** Vertretungsmacht kann nicht nach § 1796 angeordnet werden. Sie ist nur zulässig im Rahmen der Entziehung der Personensorge insgesamt oder allein der Vertretung in persönlichen Angelegenheiten, § 1666 Abs 1, oder im Rahmen der Entziehung der Vermögensverwaltung einschl der Vertretung in Vermögensangelegenheiten aufgrund der §§ 1666 Abs 1, 1667 Abs 3 (KG OLGE 26, 247 ff; KGJ 45, 42 ff; RJA 14, 1, 3; JFG 17, 31 = DFG 1938, 13; OLG Frankfurt OLGZ 1980, 429 = FamRZ 1980, 927; MünchKomm/ Huber Rn 70).

Die Entziehung nach § 1796 kann eine **zeitweilige** sein (zB bei Veräußerung eines **281** Grundstücks der Eltern an das Kind) oder aber eine **dauernde** (zB Verwaltung eines Grundstücks des Kindes, auf dem die Eltern einen Gewerbebetrieb unterhalten).

2. Voraussetzungen

Den Inhabern der elterlichen Sorge darf die Vertretungsmacht nur entzogen werden, **282** wenn das **Interesse des Kindes** einerseits und das der Eltern oder einer mit den Eltern in gerader Linie verwandten oder von ihnen kraft gesetzlicher oder gewillkürter Vertretungsmacht vertretenen Person andererseits in **erheblichem Gegensatz** zueinander stehen (OLG Hamm FamRZ 1963, 580 zur Ehelichkeitsanfechtung [aF]; zur Abgrenzung zwischen Interessengegensatz einerseits und „bloß gesonderten Interessen" andererseits vgl RGZ 21, 325, 327). Ein Verschulden des Sorgerechtsinhabers ist insoweit nicht vorausgesetzt (OLG Hamburg OLGE 43, 365, 366).

283 Das Familiengericht entscheidet darüber, ob ein erheblicher Interessengegensatz besteht. Umstritten ist, ob dies nach freiem, dh pflichtgemäßem Ermessen erfolgt (BGH LM § 1796 Nr 1 = NJW 1975, 345 = MDR 1975, 302 = FamRZ 1975, 162 [LS] = DAVorm 1975, 103; OLG Hamburg JW 1931, 1381; wohl auch BayObLGZ 1981, 44 = Rpfleger 1981, 302; OLG Hamm FamRZ 1963, 580; DÖLLE § 94 III 2 c bb; STAUDINGER/DONAU[10/11] § 1629 Rn 67) oder aber ob es sich hierbei um einen unbestimmten Rechtsbegriff handelt, dessen Ausfüllen kein Ermessen zuläßt und der damit voll revisibel ist (SOERGEL/DAMRAU § 1796 Rn 3; ERMAN/HOLZHAUER § 1796 Rn 1; GERNHUBER/COESTER-WALTJEN § 61 IV 5 Rn 49 Fn 97). Der letzteren Meinung ist aus Gründen des besseren Kinderschutzes zuzustimmen. Das Familiengericht hat bei seiner Entscheidung nach § 12 FGG die erforderlichen Feststellungen von Amts wegen zu treffen (KG JW 1936, 2748, 2749) und zu ermitteln, welche Maßnahmen die Eltern oder der Elternteil zu treffen beabsichtigen (BayObLGZ 1981, 62 = FamRZ 1981, 916 [LS] = Rpfleger 1981, 302; KG JFG 17, 31 = DFG 1938, 13).

284 Wie bei allen Eingriffen in das Elternrecht hat das Familiengericht den Grundsatz der Verhältnismäßigkeit strikt zu wahren (BayObLGZ 52, 178). Häufig wird anstelle der Entziehung der Vertretungsmacht eine gerichtliche Belehrung der Eltern über die Gefährdung der Kindesinteressen, uU verbunden mit zweckentsprechenden gerichtlichen Auflagen, zum Schutz des Kindes ausreichen (ERMAN/MICHALSKI Rn 22). Das Gericht muß abwägen, welche Folgen ein Eingriff für den Familienfrieden hat (BayObLG FamRZ 1989, 540, 541).

285 Von einer Entziehung der Vertretungsmacht ist abzusehen, wenn trotz des möglichen oder erkennbaren Interessenwiderstreits **zu erwarten** ist, daß der Sorgerechtsinhaber dennoch im Interesse des Kindes handeln wird (BGH NJW 1955, 217 = FamRZ 1955, 100 m Anm SCHWOERER; KG JFG 17, 31 = DFG 1938, 13; JFG 17, 114 = DFG 1938, 58 = JW 1938, 1168 = DJ 1938, 427; OLG München JFG 23, 217 = DFG 42, 58 = DNotZ 1942, 387; OLG Karlsruhe FamRZ 2004, 51).

286 Soweit es um Ansprüche des Kindes gegen die Eltern geht, kann eine Entziehung der Vertretungsmacht wegen der Hemmung der Verjährung dieser Ansprüche, § 207, entbehrlich sein (KG JW 1936, 2749). Stets wird das Familiengericht abzuwägen haben zwischen den materiellen Interessen des Kindes einerseits und dem Familienfrieden andererseits (KG OLGE 14, 273 ff; KGJ 42, A 19, 21; JFG 13, 183 = DJ 1936, 336 = JW 1936, 393 = HRR 1936 Nr 195; JW 1936, 2748, 2749; BayObLGZ 1961, 277, 283 = NJW 1961, 2309 = MDR 1962, 57 = FamRZ 1962, 36; BayObLGZ 1963, 132 = Rpfleger 1964, 269 m Anm HAEGELE = FamRZ 1963, 578, 579; MünchKomm/HUBER Rn 68; ERMAN/MICHALSKI Rn 22; SOERGEL/STRÄTZ Rn 37; GERNHUBER/COESTER-WALTJEN § 61 IV 5 Rn 49).

287 Stellt das Familiengericht die Unrichtigkeit der Vorwürfe, die den Interessengegensatz begründen sollen, fest, so fehlt es an der Interessenkollision (BayObLG Recht 1913 Nr 1474).

Wenn die Eltern sich gegenüber den helfenden Maßnahmen des Familiengerichts uneinsichtig und unbelehrbar zeigen oder wenn die Gefährdung schon weit fortgeschritten ist, wird freilich die Entziehung der Vertretungsmacht nicht zu umgehen sein (KG JFG 15, 303, 305 = JW 1937, 2042).

Ein **erheblicher Interessengegensatz** liegt vor, wenn die Förderung des Interesses der **288** anderen Seite **auf Kosten** des Interesses der anderen Seite **erfolgt** oder diese Förderung nur auf Kosten des Interesses der anderen Seite **möglich** ist (BayObLGZ 17, 107 = RJA 15, 178 = OLG 33, 367 = Recht 1916, Nr 1540; BayObLGZ 1963, 132, 134 = FamRZ 1963, 578 = Rpfleger 1964, 269 m Anm HAEGELE; BayObLGZ 1976, 114, 117 = MDR 1976, 932 = FamRZ 1977, 144 = Rpfleger 1976, 306 = Betrieb 1976, 2109 = WM 1976, 1263; BayObLGZ 1982, 86 = FamRZ 1982, 737 [LS] = Rpfleger 1982, 180 = ZBlJugR 1982, 363 = FRES 12, 160; KG KGJ 29, A 24, 25; OLGE 18, 298; KGJ 42, A 15, 19; KGJ 42, A 19, 21 f; SchlHAnz 1929, 22; OLGZ 1966, 331 = NJW 1966, 1320 = FamRZ 1966, 239; OLG Stuttgart OLGZ 1983, 299 = FamRZ 1983, 831 = DAVorm 1983, 736; OLG Hamm NJW 1986, 389 [LS] = NJW-RR 1986, 79 = DAVorm 1985, 1026).

Daß eine Förderung des einen Interesses nur auf Kosten des anderen möglich **289** **erscheint**, reicht nicht aus (KG RJA 2, 221 = OLGE 4, 119; OLGE 18, 305; OLG Hamburg OLGE 43, 365; OLG Frankfurt MDR 1964, 419 = FamRZ 1964, 154; OLG Stuttgart OLGZ 1983, 299 = FamRZ 1983, 831 = DAVorm 1983, 736; **aA** BayObLGZ 17, 107, 108 = RJA 15, 178 = OLGE 33, 367 = Recht 1916 Nr 1540).

Aber es reicht aus, daß der Interessengegensatz zu erwarten ist oder daß eine **Ge-** **290** **fährdung** des Kindesinteresses bereits eingetreten ist (BayObLGZ 17, 107 = RJA 15, 178 = OLGE 33, 367 = Recht 1916 Nr 1540; KG SeuffA 72 Nr 221 – S 372 – = SchlHAnz 1917, 153; JFG 17, 35 = DFG 1938, 13). Die Gefährdung ist zu bejahen, wenn konkrete Umstände darauf hinweisen, daß die Eltern statt im Interesse des Kindes im eigenen Interesse handeln werden (BayObLGZ 1982, 86 = Rpfleger 1982, 180, 181 = FamRZ 1982, 737 [LS] = ZBlJugR 1982, 363 = FRES 12, 160; KG OLGE 16, 36).

Mit Rücksicht auf einen zu erwartenden Interessenwiderstreit kann es angezeigt **291** erscheinen, gewisse Handlungen des gesetzlichen Vertreters durch Entziehung nach § 1796 zu verhindern, ohne daß bereits ein neuer gesetzlicher Vertreter (Pfleger) bestellt werden muß (KG OLGE 33, 346; BayObLGZ 17, 107 = RJA 15, 178 = OLGE 33, 367 = Recht 1916 Nr 1549).

3. Einzelfälle

a) Kein erheblicher Interessengegensatz
Bloße Meinungsverschiedenheiten zwischen Familiengericht und Eltern darüber, ob **292** eine bestimmte Maßnahme der Eltern den Interessen des Kindes entspricht, führen nicht ohne weiteres zur Feststellung eines Interessenwiderstreits, wenn im übrigen der gesetzliche Vertreter an der Angelegenheit nicht persönlich interessiert ist (BayObLGZ 25, 200 = JFG 4, 146 = JW 1927, 1217).

Ein Weisungsrecht des Familiengerichts gegenüber den Eltern besteht nicht; erforderlichenfalls muß es die Personensorge oder die Vermögenssorge entziehen (KG JFG 15, 303 = JW 1937, 2042).

293 Stehen die materiellen Interessen des Sorgerechtsinhabers und des Kindes nicht zueinander in Widerspruch, sondern sind sie nur prozessual unvereinbar, kommt eine Entziehung nicht in Betracht (KG KGJ 42, A 19, 21 – Fall des „untergeschobenen" Grafen Kwilecki –; OLGE 46, 197 f; OLG Dresden JW 1931, 1380 – Privatklageverfahren des Kindes, in dem die vertretungsberechtigte Mutter Zeugin gewesen wäre –; OLG Hamm Rpfleger 1984, 270; SOERGEL/STRÄTZ Rn 37; WEBER ZBlFG 1910/11, 740), wohl aber, wenn der Klagvortrag mit der die elterliche Sorge voraussetzenden Vertretung des Kindes im Prozeß unvereinbar ist (KG KGJ 42, A 15 ff).

294 Im **Vaterschaftsanfechtungsprozeß** ist die allein sorgeberechtigte Mutter zur Vertretung des Kindes gegen die Klage des geschiedenen Ehemannes berechtigt, solange das Familiengericht ihr nicht die elterliche Sorge entzogen hat (BGH LM § 1594 BGB Nr 14 = NJW 1972, 1708 = MDR 1972, 936 = FamRZ 1972, 498 = DAVorm 1972, 389; OLG Stuttgart OLGZ 1983, 299 = FamRZ 1983, 831 = DAVorm 1983, 736; OLG Celle FamRZ 1976, 97; OLG Braunschweig FamRZ 1968, 40 m Anm RICHTER; OLG Düsseldorf OLGZ 1965, 275 = NJW 1965, 400 = FamRZ 1965, 223 [LS]; s im einzelnen oben Rn 92 ff, 279 ff). Ob eine solche Entziehung der Vertretungsmacht wegen der Neufassung des § 1629 Abs 2 S 3 jetzt noch nach § 1796 möglich wäre oder aber nur nach § 1666, ist umstritten, vgl ie oben Rn 92 ff.

295 Stehen sich Sorgerechtsinhaber und Kind als **Gläubiger** und **Schuldner** gegenüber, so rechtfertigt dieser Umstand allein noch nicht die Entziehung der Vertretungsmacht, denn sowohl § 181 als auch § 1795 Abs 1 Nr 1, die die Erfüllung einer Verbindlichkeit zwischen Eltern und Kindern zulassen, setzen ein Gläubiger-Schuldner-Verhältnis gerade voraus.

b) **Erheblicher Interessengegensatz**

296 Ein erheblicher Interessengegensatz zwischen Eltern und Kindern besteht,

– wenn eine **gefährdete Hypothek** des Kindes gegen den Sorgerechtsinhaber sichergestellt werden muß (BayObLGZ 17, 107 = RJA 15, 178 = OLGE 33, 367 = Recht 1916 Nr 1540),

– wenn es um **Regreßansprüche des Kindes** wegen zu billigen Verkaufs eines von ihm ererbten Grundstücks geht (KG OLGE 18, 305),

– wenn es um die Prüfung der Frage geht, ob das Kind wegen **unsachgemäßer Verwaltung** seiner Impfschadenrente Regreßansprüche hat (OLG Hamm OLGZ 1974, 70 = FamRZ 1974, 31),

– wenn den Eltern durch **Einweisung** des Kindes in eine **geschlossene Anstalt** der natürliche Vorteil der Befreiung von der lästigen Anwesenheit des Kindes im eigenen Hause entsteht (BayObLGZ 11, 64 = Recht 1910 Nr 1266, überholt durch die Regelung des § 1631b),

297 – wenn **Erbauseinandersetzungen** zwischen Eltern und Kind notwendig sind (KG SeuffA 72 Nr 221 – S 372– = SchlHAnz 1917, 153),

– wenn ein **Pflichtteilsanspruch** des Kindes gegen einen Elternteil geltend zu machen ist und ein Interessengegensatz bei der Erfüllung des Pflichtteilsanspruchs oder bei dessen Sicherstellung erkennbar ist – anders, wenn der Nachlaß und damit der Pflichtteilsanspruch wertlos ist – (KG OLGE 14, 273; OLGE 34, 262; JW 1936, 2748, 2749; BayObLGZ 1963, 132 = Rpfleger 1964, 269 m Anm HAEGELE = FamRZ 1963, 578; Bay-ObLGZ 1982, 86 = Rpfleger 1982, 180 = FamRZ 1982, 737 [LS] = ZBlJugR 1982, 363 = FRES 12, 160; OLG Frankfurt MDR 1964, 419 = FamRZ 1964, 154),

– wenn die **Ausschlagung der Erbschaft** deren Anfall für die Eltern bringt (BayObLG Rpfleger 1983, 482),

– wenn es um die Annahme oder Ausschlagung der **Nacherbschaft** geht (Bay-ObLGZ 1961, 277 = NJW 1961, 2309 = MDR 1962, 57 = FamRZ 1962, 36; OLG Frankfurt MDR 1964, 419 = FamRZ 1964, 154),

– wenn die Eltern oder ein Elternteil zugleich **Testamentsvollstrecker** und das Kind Erbe ist (KG KGJ 48, 141; BayObLG Rpfleger 1977, 440; OLG Nürnberg FamRZ 2002, 272; **aA** LG Mannheim Justiz 1977, 135 = MDR 1977, 579 = DAVorm 1977, 329 [LS], vgl hierzu HAEGELE Rpfleger 1963, 330, 333),

– wenn es um die **Erteilung des Erbscheins** für die Kinder geht und der Vater der Ansicht ist, er selbst sei zusammen mit seiner Schwester alleiniger Erbe geworden (OLG Köln FamRZ 2001, 430; **aA** wohl LG Braunschweig FamRZ 2000, 1184 bei abweichendem Sachverhalt).

Dabei ist aber zu beachten, daß bei Erbauseinandersetzung und Geltendmachung von Pflichtteilsansprüchen die gesetzliche Vertretungsmacht der Eltern bereits nach §§ 1629 Abs 2 S 1, 1795 Abs 1 Nr 1, Nr 3 bzw nach §§ 1795 Abs 2, 181 ausgeschlossen ist. Die Entziehung der Vertretungsmacht nach §§ 1629 Abs 2 S 3, 1796 kann daher nur für das **Vorstadium** in Betracht kommen, in welchem geprüft wird, ob die Auseinandersetzung betrieben oder der Pflichtteilsanspruch, evtl auch der Pflichtteilsergänzungsanspruch, geltend gemacht werden soll (so schon KG KGJ 31, A 10 für die Entscheidung, ob Unterhaltsklage gegen den Vater erhoben wird). Hier kann die zeitweilige Entziehung der elterlichen Vertretungsmacht zweckmäßigerweise mit der Einsetzung eines **Überlegungspflegers** gekoppelt werden (KG SeuffA 72 Nr 221 – S 372 – = SchlHA 1917, 153; OLGE 34, 262 [einschränkend JW 1936, 2748, 2749]; ebenso SOERGEL/STRÄTZ Rn 37; GERN-HUBER/COESTER-WALTJEN § 61 IV 5 Rn 50 f; **aA** SOERGEL/DAMRAU § 1796 Rn 3: die Prüfung des Interessengegensatzes kann das Vormundschaftsgericht [jetzt Familiengericht] nicht dem Pfleger überlassen),

– wenn der gesetzliche Vertreter gegen das Kind eine **strafbare Handlung** begangen **298** hat, die nur auf Antrag, § 77 StGB, verfolgbar ist, und zwar auch dann, wenn der Strafantrag schon gestellt ist, sofern dessen Rücknahme zu besorgen ist (OLG Frankfurt OLGZ 1980, 429 = FamRZ 1980, 927; vgl im einzelnen oben Rn 59 ff, 111 ff, 159),

– wenn der nicht entsprechend einsichtsfähige Minderjährige im Prozeß aussagen will und nun der gesetzliche Vertreter zur Entscheidung über das **Zeugnisverweigerungsrecht** berufen ist (BayObLGZ 1966, 343 = NJW 1967, 206 = MDR 1967, 128 = FamRZ 1966, 644 m Anm BOSCH; vgl im einzelnen oben Rn 98 ff, 114, 279),

– wenn Eltern und Kind je **Gesellschafter einer Handelsgesellschaft** sind, jedenfalls
für ungewöhnliche Beschlüsse iSv § 164 HGB (Soergel/Damrau § 1796 Rn 4 mwNw;
vgl im einzelnen oben Rn 243 ff),

– im **Sorgerechtsverfahren** in Fällen des § 1666 (OLG Frankfurt OLGZ 1980, 429 =
FamRZ 1980, 927),

299 – im **Vaterschaftsanfechtungsprozeß**, wenn Anhaltspunkte für einen erheblichen Interessenwiderstreit zwischen der vertretungsberechtigten Mutter und dem Kind
bestehen (BayObLG FamRZ 1989, 314 [LS]; OLG Stuttgart OLGZ 1983, 299 = FamRZ 1983,
831 = DAVorm 1983, 736; OLG Celle FamRZ 1976, 97; OLG Düsseldorf OLGZ 1965, 275 =
NJW 1965, 400 = FamRZ 1965, 223 [LS]; OLG Naumburg DR 1943, 490). Die Interessenkollision ist zu bejahen, wenn der klagende Mann substantiiert behauptet, der
jetzige Ehemann der Mutter sei der Erzeuger des Kindes, während die Mutter dies
bestreitet (OLG Hamm FamRZ 1963, 580; aA AG Hamburg FamRZ 1965, 223), oder wenn
die Mutter, ohne für ausreichende Aufklärung zu sorgen, unter allen Umständen
daran festhält, der geschiedene Ehemann sei der Vater des Kindes (BayObLGZ 1982,
32 = Rpfleger 1982, 222 = FamRZ 1982, 640 [LS] = ZBlJugR 1982, 353, 357 = FRES 12, 135); ob
als Folge eines solchen erheblichen Interessenwiderstreits eine Entziehung der
Vertretungsmacht der Mutter nach § 1796 oder nur nach § 1666 in Betracht
kommt, ist umstritten, s im einzelnen oben Rn 92 ff,

– wenn die Mutter den angeblichen Erzeuger geheiratet hat und der geschiedene
Ehemann als Vertreter des Kindes **keine Vaterschaftsanfechtungsklage** erheben
will (OLG Oldenburg NdsRpfl 1969, 104 = FamRZ 1969, 428 [LS]; OLG Frankfurt NJW 1969,
190 [LS] = FamRZ 1969, 106; KG OLGZ 1966, 331 = NJW 1966, 1320 = FamRZ 1966, 239),
jedoch muß in diesen Fällen keineswegs stets eine Interessenkollision vorliegen,
die Nichtanfechtung der Vaterschaft kann im Interesse des Kindes liegen (LG Hof
DAVorm 1978, 296),

– wenn das Kind seine Abstammung vom jetzigen Ehemann der Mutter klären
lassen will, die Mutter dem Kind jedoch den Unterhaltsanspruch gegen den
früheren Ehemann erhalten will, der seinerseits die Anfechtungsfrist versäumt
hat (OLG Hamm NJW 1986, 389 [LS] = NJW-RR 1986, 79 = DAVorm 1985, 1026). Wegen der
Einzelheiten des Vaterschaftsanfechtungsprozesses siehe oben Rn 57, 92 ff, 294,

– wenn es um die Ersetzung der verweigerten Einwilligung eines Elternteils in die
vom Kinde beantragte Adoption unter den Voraussetzungen des § 1748 geht (OLG
Nürnberg FamRZ 2001, 573).

4. Verfahren

300 Liegen die Voraussetzungen des § 1796 vor, so ist das Familiengericht **verpflichtet**,
dem gesetzlichen Vertreter die Vertretungsmacht zu entziehen. Das Gericht erfährt
von dem Interessenkonflikt durch das Prozeß- oder Strafgericht, § 35a Abs 1 FGG,
oder durch die Eltern, §§ 1909 Abs 2, 1693.

301 Die Zuständigkeit des Familiengerichts folgt aus §§ 43 Abs 1, 36, 64 Abs 3 S 2 FGG
(BayObLG FamRZ 2001, 716; OLG Hamm FamRZ 2001, 717; OLG Dresden FamRZ 2001, 715),

die Anhörungspflicht aus §§ 50a, 50b FGG; die Nichtanhörung der Beteiligten ist ein Verfahrensverstoß (KG KGJ 31, A 10; JW 1936, 2748, 2749; BayObLGZ 22, 293).

Die Entziehung der Vertretungsmacht, die mit Gründen versehen sein muß (KG **302** OLGZ 1966, 331 = NJW 1966, 1320 = FamRZ 1966, 239; BayObLG DAVorm 1967, 229), wird mit ihrer Mitteilung an die Eltern wirksam, § 16 FGG, nicht schon mit dem Eintritt des Interessengegensatzes (KG KGJ 30, A 34, 35), aber auch nicht erst mit der Bestellung eines Pflegers, wenn dieser erst später bestellt wird. Die Entziehung liegt auch in der Bestellung eines Pflegers und der entsprechenden Mitteilung an die Eltern (KG KGJ 31, A 10; OLGE 14, 273; OLGZ 1966, 331 = NJW 1966, 1320 = FamRZ 1966, 239; BayObLG DAVorm 1967, 229; OLG Hamm OLGZ 1974, 70 = FamRZ 1974, 31, 33).

Es entscheidet der Rechtspfleger, §§ 14, 3 Nr 2a RPflG (OLG Frankfurt OLGZ 1980, **303** 429 = FamRZ 1980, 927; MünchKomm/Huber Rn 82; Soergel/Strätz Rn 40; Erman/Michalski Rn 24; Jansen [FGG § 35 Rn 94] erhebt dagegen verfassungsrechtliche Bedenken).

Gegen die Entscheidung findet die befristete Beschwerde nach § 621e ZPO statt **304** (OLG Zweibrücken FamRZ 2001, 181; OLG Köln FamRZ 2001, 430; MünchKomm/Huber Rn 82). Auch das Kind ist gem § 59 FGG beschwerdeberechtigt, weswegen ihm auch die Entscheidung bekanntzumachen ist.

Soweit die Ansicht vertreten wird, gegen die Auswahl eines bestellten Pflegers oder **305** gegen die verweigerte Entlassung des Pflegers sei eine Beschwerde nicht zulässig (KG JW 1936, 2935 m abl Anm Roquette; JFG 16, 314; JFG 19, 93, 94), ist dem aus rechtsstaatlichen Gründen nicht zu folgen (ebenso BayObLGZ 25, 193, 197; Soergel/Strätz Rn 40; Erman/Michalski Rn 24).

Die Entziehung der Vertretungsmacht wirkt konstitutiv. Wenn der gesetzliche Ver- **306** treter im Rechtsstreit nicht kraft Gesetzes ausgeschlossen ist, ist der minderjährige Prozeßbeteiligte ordnungsgemäß gesetzlich vertreten. Das Prozeßgericht kann nicht von sich aus wegen Interessenwiderstreits den Minderjährigen als nicht ordnungsgemäß vertreten ansehen (OLG Naumburg DR 1943, 490; OLG Düsseldorf OLGZ 1965, 275 = NJW 1965, 400 = FamRZ 1965, 223 [LS]; OLG Celle FamRZ 1976, 97). Erforderlichenfalls muß das Prozeßgericht Anzeige an das Familiengericht nach § 35a FGG machen.

Fällt der Interessengegensatz später weg, so muß die Entziehung ausdrücklich auf- **307** gehoben werden, es sei denn, sie war zeitlich oder gegenständlich beschränkt (Bay-ObLGZ 1952, 178). Mit dem Wirksamwerden der Aufhebungsverfügung erhält der Elternteil – ex nunc – wieder die volle Vertretungsmacht.

Ist der andere Elternteil alleiniger Sorgerechtsinhaber geworden, so hat der von der **308** Entziehung betroffene Elternteil kein Beschwerderecht und auch kein Recht, Aufhebung der Entziehung zu beantragen (OLG Köln FamRZ 1982, 1124).

Die Gerichtskosten werden nach §§ 2, 95 Abs 1 Nr 2, 96 KostO erhoben, im Be- **309** schwerderechtszug gilt § 131 Abs 3 KostO (Korintenberg/Lappe § 95 Rn 40; § 131 Rn 35).

III. Wirkung des Ausschlusses und der Entziehung der Vertretungsmacht

310 Fehlt beiden Eltern oder demjenigen Elternteil, dem die gesetzliche Vertretung allein zusteht, die Vertretungsmacht, weil sie gesetzlich ausgeschlossen oder ihm entzogen ist, so muß dem Kind ein **Ergänzungspfleger** bestellt werden, § 1909 Abs 1. Übersieht das Familiengericht § 1795 und damit die Notwendigkeit der Pflegerbestellung, so kann dies Amtshaftungsansprüche des Kindes begründen (BGH FamRZ 1961, 473 = VersR 1961, 900).

311 Liegt ein Fall des § 1796 vor, kann uU auch die bloße Entziehung der Vertretungsmacht ausreichen, wenn es allein darum geht, ein bestimmtes elterliches Handeln zu verhindern. Aufgabe des Pflegers ist es, innerhalb des Wirkungskreises, für den er bestellt ist, das betreffende Rechtsgeschäft als gesetzlicher Vertreter des Kindes vorzunehmen, etwa eine erforderliche Einwilligung oder Genehmigung zu erklären und ggf einen Rechtsstreit zu führen.

312 Gibt der Sorgerechtsinhaber eine Willenserklärung im Namen des Kindes ab, obwohl seine Vertretungsmacht ausgeschlossen oder ihm entzogen ist, so handelt er als **Vertreter ohne Vertretungsmacht**. Für die Wirksamkeit seiner Erklärungen gelten die allgemeinen Bestimmungen der §§ 177 ff, 185 (RGSt 39, 15, 16; RGZ 67, 51, 54; 68, 37, 40 = JW 1908, 271; RGZ 71, 162, 163; 93, 334, 337; JW 1924, 1862 m Anm Blume; RGZ 119, 114, 116; BGH WM 1973, 460 = FamRZ 1973, 370 [LS]; KG KGJ 43, A 146, 147; JFG 1, 92, 94; Recht 1930 Nr 55; OLG Hamburg Recht 1909 Nr 1328; OLGE 21, 284). Derartige Geschäfte sind schwebend unwirksam (BGHZ 65, 123; OLG Frankfurt OLGZ 1974, 347; s im übrigen oben Rn 152 ff); sie können entweder von dem Pfleger (KG JFG 12, 117, 121 = JW 1935, 1439) oder von dem vertretenen Kind, sofern es inzwischen volljährig geworden ist (RG WarnR 1937 Nr 22), nie aber von den Eltern (BayObLGZ 1959, 370 = NJW 1960, 577 = FamRZ 1960, 33) genehmigt werden. Tritt jemand als Pfleger auf, ohne es zu sein, und genehmigt er die Erklärung des Sorgerechtsinhabers, so ist seine Genehmigung wirksam, wenn er später zum Pfleger bestellt wird (OLG Hamm OLGZ 1972, 99 = FamRZ 1972, 270).

313 Dieselben Grundsätze gelten für Rechtsgeschäfte, die gegen § 181 verstoßen (BGH LM § 1594 BGB Nr 14 = NJW 1972, 1708 = MDR 1972, 936 = FamRZ 1972, 498 = DAVorm 1972, 389; BGHZ 65, 123, 126 = NJW 1976, 104; OLG Frankfurt OLGZ 1974, 347, 350; GERNHUBER/ COESTER-WALTJEN § 61 III 3 Rn 26). Für einseitige Rechtsgeschäfte gilt § 180.

314 Schlechthin nichtig sind nur bestimmte Rechtsgeschäfte, bei denen das Gesetz die Unwirksamkeit ausdrücklich regelt: bei Schenkungen der Eltern in Vertretung des Kindes, § 1641 (STAUDINGER/ENGLER [2004] § 1641 Rn 15 ff).

315 Ist ein Elternteil **kraft Gesetzes** von der Vertretung des Kindes **ausgeschlossen**, so ist es auch der andere Elternteil (§ 1629 Abs 2 S 1: „der Vater und die Mutter"), gleichgültig, ob § 1795 auf den anderen Elternteil ebenfalls zutrifft oder nicht. Denn beide Eltern sind **rechtlich** (nicht **tatsächlich**, deshalb gilt § 1678 nicht) an der Vertretung des Kindes gehindert; die Vertretungsmacht des anderen Elternteils erstarkt nicht etwa zum Alleinvertretungsrecht. Das ergibt sich aus der Tatsache der Gesamtvertretung der Eltern: Für Gesamtvertretung gilt der Grundsatz, daß bei rechtlicher Verhinderung eines von zwei Gesamtvertretern auch der andere infolge der

Begrenzung seiner Vertretungsmacht auf die Gesamtvertretung nicht wirksam handeln kann (RGZ 103, 417 ff; 116, 116, 117).

Die Zusammenfassung der rechtlichen Verhinderung von Vater und Mutter in **316** § 1629 Abs 2 S 1 hat nicht bloß sprachliche, sondern die **sachliche** Bedeutung, daß sowohl Vater als auch Mutter an der Vertretung rechtlich gehindert sind, auch wenn nur einer von ihnen zum Gegner in der in § 1795 angeführten nahen Beziehung steht. Der andere Elternteil kann wegen gesetzlich vermuteter Interessenkollision nicht handeln, und häufig wird in solchen Fällen eine Befangenheit der Eltern vorliegen. Würde die Vertretungsmacht des einen Elternteils im Falle rechtlicher Verhinderung des anderen Elternteils zur Alleinvertretungsmacht erstarken, so wäre ein Mißbrauch der elterlichen Sorge zu befürchten. In der amtlichen Begründung zu § 1629 idF des GleichberG vom 18.6.1957 (BT-Drucks 2/224, 57 ff) ist ausgeführt: „Ist ein Elternteil an der Vertretung des Kindes – in den Fällen des § 1795 – rechtlich verhindert, so liegt es nicht im Interesse des Kindes, daß dann der andere Elternteil seine Vertretung übernimmt, auch wenn er im Einzelfall nicht kraft Gesetzes von der Vertretung ausgeschlossen ist. Gerade bei einem guten Einvernehmen der Ehegatten sind beide in solchen Fällen in gleicher Weise zur Vertretung des Kindes ungeeignet. Es muß daher entsprechend dem jetzigen Rechtszustand ein Pfleger zur Vertretung des Kindes bestellt werden."

Dies entspricht heute der hM (BGH LM § 1594 BGB Nr 14 = NJW 1972, 1708 = MDR 1972, **317** 936 = FamRZ 1972, 498 = DAVorm 1972, 389; BayObLGZ 1959, 370 = NJW 1960, 577 = FamRZ 1960, 33; FamRZ 1976, 168 [LS] = Rpfleger 1974, 346 [Auszug] = MittBayNot 1974, 155; OLG Hamm FamRZ 1964, 574 [LS] = ZBlJugR 1964, 209, 210; FamRZ 1969, 548 ff m Anm BOSCH; OLG Braunschweig FamRZ 1968, 40 m Anm RICHTER 257; KG FamRZ 1974, 380 = DAVorm 1974, 648; OLG Zweibrücken FamRZ 1980, 911; OLG Hamm FamRZ 1993, 1122, 1123; MünchKomm/ HUBER Rn 42; SOERGEL/STRÄTZ Rn 25; ERMAN/MICHALSKI Rn 17; PALANDT/DIEDERICHSEN Rn 21; KRÜGER/BREETZKE/NOWACK § 1629 Rn 7; DÖLLE § 92 I 4 b; GERNHUBER/COESTER-WALTJEN § 58 III 6 Rn 36). Das gilt unabhängig davon, ob die Eltern verheiratet sind oder nicht, solange sie nur die gemeinsame elterliche Sorge haben. Deshalb gilt dies auch nach rechtskräftiger Scheidung der Elternehe, solange nicht die alleinige elterliche Sorge dem einen Elternteil übertragen worden ist (BGH LM § 1594 BGB Nr 14 = NJW 1972, 1708 = MDR 1972, 936 = FamRZ 1972, 498 = DAVorm 1972, 389).

Hat das Familiengericht einem Elternteil die **Vertretung nach § 1796 entzogen**, so **318** führt dies nicht zwingend dazu, daß auch dem anderen Elternteil die Vertretungsmacht zu entziehen ist. Vielmehr muß das Gericht prüfen, ob auch für diesen Elternteil die Voraussetzungen des § 1796 erfüllt sind. Ist das zu bejahen, entzieht das Familiengericht auch dem anderen Elternteil die gesetzliche Vertretung (OLG Köln FamRZ 2001, 430).

Ist das zu verneinen, so erstarkt sein bisheriges Mitvertretungsrecht kraft Gesetzes **319** gem § 1680 Abs 3 iVm Abs 1 zum alleinigen Vertretungsrecht (SOERGEL/STRÄTZ Rn 38; ERMAN/MICHALSKI Rn 23; MünchKomm/HUBER Rn 71; GERNHUBER/COESTER-WALTJEN § 61 IV 5 Rn 52; BLECHSCHMIDT AcP 160 [1961] 246 Fn 44, der danach differenziert, ob die Eltern zusammenleben oder getrennt bzw geschieden sind, insoweit jedoch überholt durch BGH LM § 1594 BGB Nr 14 = NJW 1972, 1708 = MDR 1972, 936 = FamRZ 1972, 498 = DAVorm 1972, 389; zweifelnd RAUSCHER § 33 Rn 1047).

320 Wegen der Streichung des § 1680 Abs 1 S 2 aF durch das KindRG besteht seit dem 1. 7. 1998 nicht mehr die Möglichkeit, aufgrund einfacher Kindeswohlprüfung zB für den nach § 1796 ausgeschlossenen Elternteil einen zusätzlichen Pfleger als Gesamtvertreter zu bestellen und so die Alleinvertretung des anderen Elternteils zu verhindern. Will das Familiengericht von § 1680 abweichen, so geht der Weg nur über § 1666 (BT-Drucks 13/1489, 103; MünchKomm/Huber Rn 72; FamRefK/Rogner § 1680 Rn 9).

H.　Geltendmachung von Kindesunterhalt

I.　Überblick

321 Die Geltendmachung des Unterhaltsanspruchs des Kindes gehört zur Vertretung des Kindes. Solange die Eltern zusammenleben, wird dem im Hause lebenden Kinde sein Unterhalt von den Eltern in Form des Familienunterhalts, §§ 1360, 1360a Abs 1, in Natur gewährt. Fehlt es daran, kann der Kindesunterhalt von einem Elternteil im eigenen Namen vom anderen Elternteil gefordert werden, womit praktisch die §§ 1629 Abs 2 S 1, 1795 durchbrochen werden (Erman/Michalski Rn 20 d; Gernhuber/Coester-Waltjen § 21 I 2, § 58 IV 2). Will das Kind den ihm nach §§ 1601 ff zustehenden Unterhalt selbst geltend machen, so kann es dies, solange es minderjährig ist, nur durch einen Pfleger. Denn der nicht in Anspruch genommene Elternteil hat bei gemeinsamer elterlicher Sorge kein Alleinvertretungsrecht; außerdem hindern ihn die Vertretungsverbote der §§ 1629 Abs 2 S 1, 1795 Abs 1 Nr 1 und 3 (Soergel/Strätz Rn 41). Dieser Grundsatz gilt aber nur, solange das Kind bei den gemeinsam sorgeberechtigten Eltern lebt und dort betreut und unterhalten wird. Endet diese Gemeinsamkeit oder hat sie nie bestanden, hat also ein Elternteil das Kind in seiner alleinigen Obhut (Ausnahmen s unten Rn 335 ff), so gewährt ihm § 1629 Abs 2 S 2 in bezug auf die Geltendmachung von Unterhaltsansprüchen des Kindes als Ausnahme von § 1629 Abs 2 S 1 ein Alleinvertretungsrecht. Und besteht keine gemeinsame elterliche Sorge (etwa weil sie mangels Sorgeerklärung, § 1626a, nie entstanden ist oder weil die gemeinsame elterliche Sorge entzogen oder nach Trennung oder Scheidung einem Elternteil allein übertragen ist), hat er ohnehin das Alleinvertretungsrecht.

322 Ist die Elternehe aufgelöst und die elterliche Sorge einem Elternteil allein übertragen, so erstreckt sich die Alleinvertretungsmacht dieses Elternteils auf die Geltendmachung des Unterhalts für das Kind gegen den anderen Elternteil. §§ 181, 1629 Abs 2 S 1, 1795 Abs 1 Nr 1 und 3 greifen von vornherein nicht ein, weil es keine Gesamtvertretung mehr gibt, weil Ehegatte iSv § 1795 Abs 1 Nr 1 nicht der geschiedene Ehegatte ist und eine eheliche Befangenheit iSv § 181 nach Scheidung nicht mehr gegeben ist (Soergel/Strätz Rn 46).

323 Leben die Eltern getrennt, ohne daß einem Elternteil die elterliche Sorge übertragen ist, so könnte der Elternteil, bei dem das Kind lebt und der durch diese tatsächliche Pflege und Erziehung seine Unterhaltspflicht gegenüber dem Kind erfüllt, § 1606 Abs 3 S 2, den Barunterhaltsanspruch des Kindes, der durch § 1361 nicht umfaßt ist, gegen den anderen Elternteil weder gerichtlich noch außergerichtlich geltend machen. Denn er ist wegen der fortbestehenden elterlichen Gesamtvertretung weder berechtigt noch ermächtigt, das Kind in diesem Zusammenhang gegen den anderen

Elternteil allein zu vertreten, §§ 1629 Abs 2 S 1, 1795 Abs 1 Nr 1 und 3, Abs 2, 181. Dem Kind müßte ein Pfleger bestellt werden.

Für diesen Fall gewährt § 1629 Abs 2 S 2 dem Elternteil, in dessen Obhut das Kind lebt, das Recht, den Unterhaltsanspruch des Kindes gegen den anderen Elternteil geltend zu machen. Diese Regelung wird als gesetzlich angeordnete Ausnahme vom Grundsatz der Gesamtvertretung und als Durchbrechung des Vertretungsverbots gem §§ 1629 Abs 2 S 1, 1795 Abs 1 Nr 1 und 3 angesehen (BGH LM § 1629 Nr 2 = NJW 1965, 394 = MDR 1965, 122 = JZ 1965, 63 = FamRZ 1965, 38, 39; OLG Karlsruhe FamRZ 1998, 563; SOERGEL/STRÄTZ Rn 41; MünchKomm/HUBER Rn 83; PALANDT/DIEDERICHSEN Rn 29; BEITZKE § 26 II 5; DÖLLE § 92 I 3 b; SCHAUB NJW 1960, 84; MAMMEY FamRZ 1960, 200; HERM LANGE NJW 1961, 1889, 1894).

Mit dieser Ausnahmeregelung soll eine schnelle Durchsetzung des Unterhaltsanspruchs des Kindes ohne vorherige Pflegerbestellung ermöglicht werden (BGH aaO). Die Rechtfertigung für diese Ausnahmeregelung ist in der Konfliktlage begründet, in der sich die Eltern sehen, deren Ehe sich in Auflösung befindet (BT-Drucks 10/4514, 21). Hierunter soll die Regelung der Unterhaltsansprüche der Kinder nicht leiden.

Diese Ausnahme ist durch das Gesetz zur Änderung unterhaltsrechtlicher, verfah- **324** rensrechtlicher und anderer Vorschriften (UÄndG) vom 20. 2. 1986 (BGBl I 301), in Kraft seit dem 1. 4. 1986, erweitert worden. Seither kann, unabhängig von einer Trennung der Eltern, stets dann, wenn zwischen den Eltern eine Ehesache gleich welcher Art, § 606 Abs 1 S 1 ZPO (außer Scheidungssachen zB Verfahren auf Aufhebung der Ehe, auf Feststellung des Bestehens oder Nichtbestehens einer Ehe oder des Rechts zum Getrenntleben, Klagen auf Herstellung des ehelichen Lebens), anhängig ist, der das Kind betreuende Elternteil den Unterhaltsanspruch des Kindes direkt ohne Pfleger geltend machen, und zwar vor allem auch durch Antrag auf Erlaß einer einstweiligen Anordnung (SEDEMUND-TREIBER FamRZ 1986, 209, 213; DIEDERICHSEN NJW 1986, 1462, 1464).

Die Änderung der Absätze 2 und 3 geht auf – vom Bundesrat angeregte – Beschlüsse des Rechtsausschusses des Deutschen Bundestages zurück (BT-Drucks 10/2888, 44 und 10/4517, 7). Mit der Erweiterung der Alleinvertretungsmacht aus § 1629 Abs 2 S 2 und der damit übereinstimmenden Prozeßstandschaft aus Abs 3 ist die bis dahin umstrittene Frage geklärt, ob die Prozeßstandschaft aus Abs 3 S 1 nur für den Kindesunterhalt **im** Scheidungsverbund gilt (so OLG Bamberg FamRZ 1979, 1059; OLG Frankfurt FamRZ 1980, 719; SchlHOLG SchlHA 1981, 40; OLG Köln FamRZ 1981, 489; OLG Düsseldorf FamRZ 1981, 697; AMBROCK, Ehe und Ehescheidung § 1629 Anm 3a) oder auch für den isolierten Unterhaltsprozeß **während** eines Ehescheidungsverfahrens (BGH LM 1629 Nr 9 = NJW 1983, 2084 = MDR 1983, 738 = FamRZ 1983, 474, 475 = DAVorm 1983, 371; zuvor bereits KG FamRZ 1978, 718; SchlHOLG SchlHA 1979, 54; OLG Hamm FamRZ 1980, 1060, 1061; OLG Frankfurt FamRZ 1982, 528, 529; OLG Saarbrücken FamRZ 1982, 952; ROLLAND Rn 16).

Zugleich ist damit die Schwierigkeit behoben, die darin bestand, daß häufig ein Parteiwechsel erforderlich wurde, wenn der dem Kinde Obhut gebende Elternteil zunächst Unterhalt im Namen des Kindes einklagte und dann, nach Anhängigkeit des Scheidungsantrages, den Unterhaltsprozeß im eigenen Namen übernehmen mußte (BGH NJW 1983, 684 = FamRZ 1982, 587, der diesen Parteiwechsel auch für die Berufungsinstanz zuließ).

Seit dem 1. 4. 1986 kann Kindesunterhalt in den Krisenzeiten einer Trennung und des häufig folgenden Eheverfahrens von einem Elternteil durchgesetzt werden, und zwar stets mit Wirkung für und gegen das Kind. Auf der Grundlage des geänderten § 1629 Abs 2 und 3 kann seit dem 1. April 1986 auch der Kindesunterhalt durch einstweilige Anordnung in Prozeßstandschaft unmittelbar für und gegen das Kind geregelt werden (Wegfall der Worte „im Verhältnis der Ehegatten zueinander" in § 620 S 1 Nr 4 ZPO aF; s OLG Zweibrücken FamRZ 2000, 964). Das Kind erhält auf diese Weise einen eigenen Titel (WALTER JZ 1986, 360, 366).

325 Ein weiterer Widerspruch bestand darin, daß die Vertretungsregelung aus Abs 2 S 2 und Abs 3 aF nur für minderjährige Kinder galt, wogegen sich die prozessuale Regelung der Unterhaltsanordnung, § 620 S 1 Nr 4 ZPO aF, auch auf volljährige Kinder bezog (BT-Drucks 10/4514, 23).

Auch hier hat das UÄndG einschneidende Veränderungen gebracht: Durch die Ausdehnung der Prozeßstandschaft aus Abs 3 S 1 auf das Verfahren der einstweiligen Anordnung nach § 620 Nr 4 ZPO ist zugleich die Möglichkeit, Volljährigenunterhalt im Eheverfahren durch einstweilige Anordnung zu regeln, entfallen (Einfügung des Wortes „minderjährigen" in § 620 Nr 4 ZPO nF). Denn Prozeßstandschaft setzt Vertretungsmacht für minderjährige Kinder voraus. Das volljährige Kind muß mithin seit dem 1. April 1986 seinen Unterhaltsanspruch stets isoliert geltend machen, vorläufig nur noch durch einstweilige Verfügung (SEDEMUND-TREIBER FamRZ 1986, 209, 213; DIEDERICHSEN NJW 1986, 1462, 1464; WALTER JZ 1986, 360, 366).

326 Das Gesetz zur Reform des Kindschaftsrechts (Kindschaftsrechtsreformgesetz – KindRG) vom 16. 12. 1997 (BGBl I 2942) hat in Art 1 Nr 22 mit Wirkung zum 1. 7. 1998 für die Geltendmachung von Unterhaltsansprüchen des Kindes abermals Änderungen gebracht. In § 1629 Abs 2 S 2 wird nun nicht mehr darauf abgestellt, ob die (verheirateten) Eltern getrennt leben oder eine Ehesache zwischen ihnen anhängig und eine Regelung der elterlichen Sorge noch nicht getroffen ist, sondern konsequenterweise nur noch darauf, ob die Eltern gemeinsam sorgeberechtigt sind und einer von ihnen das Kind allein (oder überwiegend) betreut (in seiner Obhut hat). Abs 3 schafft – wie bisher – eine Prozeßstandschaft für miteinander verheiratete Eltern, die getrennt leben oder zwischen denen eine Ehesache anhängig ist. Das Gesetz unterscheidet jetzt aber zwischen gemeinsam sorgeberechtigten Eltern allgemein (§ 1629 Abs 2 S 2) und solchen, die miteinander verheiratet sind (§ 1629 Abs 3). Nur für die letzteren gilt die Prozeßstandschaft aus Abs 3 während der Trennungszeit und der anhängigen Ehesache.

In der Begründung des Regierungsentwurfs vom 13. 6. 1996 (BT-Drucks 13/4899, 96) ist hierzu ausgeführt, §§ 1629 Abs 2 S 2 und 1629 Abs 3 aF hätten, trotz grundsätzlich bestehender gemeinsamer Vertretungsmacht nach § 1629 Abs 1 S 1, ein Alleinvertretungsrecht des Elternteils für die Geltendmachung von Kindesunterhalt vorgesehen, in dessen Obhut sich das Kind befinde. Diese Vorschrift solle aber nach neueren Gerichtsentscheidungen nicht gelten, wenn anläßlich der Scheidung beiden Eltern die gemeinsame elterliche Sorge belassen worden sei. Diese Auffassung bedeute, daß die gemeinsame elterliche Sorge nach Scheidung Nachteile für den Elternteil mit sich bringe, in dessen Obhut sich das Kind befinde. Er könne nämlich zunächst nicht den Unterhalt gegen den anderen Elternteil einklagen, sondern müsse erst versuchen, insoweit die Alleinsorge übertragen zu bekommen. Diese Entwicklung sei nicht gewollt. Mit der Neufassung des Abs 2 S 2 werde das Alleinvertretungsrecht allen Elternteilen eingeräumt, die mit dem anderen Elternteil gemeinsam sorgeberechtigt seien und in deren Obhut sich das Kind befinde. Diese Regelung gelte unabhängig vom Grund der gemeinsamen elterlichen Sorge, ob sie also während der Ehe bestehe, nach Auflösung der Ehe oder bei nicht miteinander verheirateten Eltern. Damit werde ein vorheriger Entzug der Sorge des Elternteils, der dem Kinde barunterhaltspflichtig sei, überflüssig.

Als verfahrensrechtliche Ergänzung von Abs 2 S 2 enthalte Abs 3 S 1 eine gesetzliche Prozeßstandschaft des für Unterhaltsansprüche alleinvertretungsberechtigten Elternteils. Mit dieser Regelung solle, wie schon bei der bisherigen Prozeßstandschaft, verhindert werden, daß das Kind in den Streit der Eltern (bei sonstigen Ehesachen oder Getrenntleben) oder in das Scheidungsverfahren förmlich als Partei einbezogen werde. In anderen Fällen der gemeinsamen elterlichen Sorge (nach Scheidung oder bei nicht miteinander verheirateten Eltern) sei eine gesetzliche Prozeßstandschaft nicht notwendig, da es in diesen Fällen nicht zu einem Zusammentreffen mit Scheidungs- und Ehesache kommen könne.

Die Regelung, daß der betreuende Elternteil den Kindesunterhalt allein, ohne **327** Pfleger, im eigenen Namen geltend machen kann, gilt unter bestimmten Voraussetzungen für geschiedene Eltern **entsprechend**; die Eltern werden insoweit als schlicht getrennt lebende Eltern behandelt.

Ist im Zusammenhang mit der Scheidung die elterliche Sorge auf einen Elternteil allein übertragen, so vertritt dieser das Kind allein und macht im Namen des Kindes dessen Unterhalt geltend (vgl oben Rn 322).

Ist dagegen die Ehe geschieden, ohne daß eine Sorgerechtsregelung getroffen ist, so kann der Obhutsinhaber nur im eigenen Namen den Kindesunterhalt geltend machen. Dies kann vorkommen

– in Alt- und Übergangsfällen (OLG Stuttgart FamRZ 1978, 941), in denen vor dem 1. 7. 1977 die Elternehe ohne gleichzeitige Regelung der elterlichen Sorge geschieden worden ist (LG Hannover FamRZ 1968, 43; LG Bielefeld NJW 1975, 2020 = FamRZ 1976, 168 Nr 158 [LS] = DAVorm 1975, 642 [LS]; LG Nürnberg-Fürth DAVorm 1978, 404, 405),

– wenn auf das Sorgerecht ausländisches Recht anzuwenden ist, sofern das Kind hier lebt (OLG Frankfurt FamRZ 1983, 917: Elterntrennung ohne Scheidung),

– bei Scheidung im Ausland, sofern das Kind seinen gewöhnlichen Aufenthalt in der Bundesrepublik hat (BGH FamRZ 1986, 345, 346; KG OLGZ 1980, 165, 166 = FamRZ 1980, 730 [LS] = DAVorm 1980, 210 = Rpfleger 1980 102; OLG Frankfurt FamRZ 1982, 528, 529; LG Nürnberg-Fürth DAVorm 1978, 404, 405),

– wenn den geschiedenen Ehegatten nachträglich ein gemeinsames Kind geboren wird (vgl SOERGEL/STRÄTZ Rn 46; ROLLAND Rn 12).

328 Ist den Eltern trotz Scheidung die elterliche Sorge gemeinsam belassen worden (erst möglich seit der Entscheidung des BVerfG vom 3.11.1982, BVerfGE 61, 358 = NJW 1983, 101 = MDR 1983, 108 = JZ 1983, 298 m Anm GIESEN = FamRZ 1982, 1179 = Rpfleger 1982, 470 = DAVorm 1982, 1055), so kommt es darauf an, wie diese gemeinsame elterliche Sorge ausgestaltet ist:

Lebt das Kind in der Obhut *eines* Elternteils (Residenzmodell), so gelten die Grundsätze des § 1629 Abs 2 S 2 entsprechend; die Eltern werden wie bei schlichtem Getrenntleben behandelt.

Üben die Eltern die tatsächliche Versorgung gemeinsam aus (Wechselmodell, Vogelnestmodell), so fehlt es – auch nach der Neuregelung des Abs 2 S 2 durch das KindRG – an einer gesetzlichen Regelung: Wegen der Elternscheidung entfällt § 1360 als Rechtsgrundlage zur Geltendmachung des Kindesunterhalts, ebenso § 1629 Abs 2 S 2, weil es an der alleinigen Obhut fehlt. Der Unterhaltsschuldner ist nach §§ 1629 Abs 2 S 1, 1795 Abs 2, 181 von der Vertretung des Kindes ausgeschlossen. Wäre der andere Elternteil dadurch zugleich mit ausgeschlossen, § 1629 Abs 2 S 1, so bliebe nur eine Pflegerbestellung für das Kind. Dieses Ergebnis, das das Gesetz bei gemeinsam sorgeberechtigten Eltern bei klarer Obhutszuordnung durch die Regelung des § 1629 Abs 2 S 2 gerade vermeiden wollte, wird der Situation geschiedener Eltern mit verbliebener gemeinsamer Elternverantwortung nicht gerecht. Deren Interessengegensatz ist nicht größer als in Zeiten bestehender Ehe. Beide haben hier wie dort das Eigeninteresse, nicht überproportional zum Unterhalt des Kindes beitragen zu müssen. Deshalb ist in entsprechender Anwendung von § 1629 Abs 2 S 2 der andere, nicht schuldende Elternteil berechtigt, Unterhaltsansprüche des Kindes geltend zu machen, wenn sich die Obhut abgrenzen und nachweisen läßt (iE ebenso OLG Stuttgart FamRZ 1986, 595, 596, das allerdings eine analoge Anwendung von Abs 2 S 2 ablehnt und statt dessen annimmt, der fordernde Elternteil sei in dieser Situation zur alleinigen Vertretung des Kindes ohne weiteres nach Abs 1 S 3 befugt; iE ohne die Variation des OLG Stuttgart OLG Hamm FamRZ 1998, 313; BGB-RGRK/WENZ Rn 30; SOERGEL/ STRAETZ Rn 46; KNÖPFEL NJW 1983, 905, 909; KROPHOLLER JR 1984, 89, 97; MAURER FamRZ 1993, 263, 265; HENNEMANN FamRZ 2006, 295 ff; **aA** OLG Frankfurt FamRZ 1993, 228).

329 Absatz 3 regelt die Art und Weise, in der der noch mit dem anderen verheiratete Elternteil den Unterhaltsanspruch zu verfolgen hat: Er tut dies nicht als gesetzlicher Vertreter im Namen des Kindes, sondern ausschließlich als gesetzlicher Prozeßstandschafter, also im eigenen Namen.

II. Alleinvertretung durch einen Elternteil

1. Allgemeines

330 § 1629 Abs 2 S 2 berechtigt den einen Elternteil, Unterhaltsansprüche des Kindes **gegen den anderen Elternteil** geltend zu machen. Richten sich die Unterhaltsansprüche gegen Dritte, etwa Großeltern, so muß dem Kind ein Pfleger bestellt werden, ebenso, wenn es sich um Unterhaltsansprüche des Kindes gegen denjenigen Elternteil handelt, der gerade dessen Unterhaltsanspruch geltend macht. Denn dieser handelnde Elternteil ist durch §§ 1629 Abs 2 S 1, 1795 Abs 2, 181 gehindert, das Kind zu vertreten; das Vertretungsverbot des anderen Elternteils folgt aus §§ 1629 Abs 2 S 1, 1795 Abs 2 Nr 1 und 3. Es besteht auch kein Alleinvertretungsrecht eines Elternteils – bei gemeinsamer elterlicher Sorge – gegenüber dem Sozialamt zur Geltendmachung von laufender Hilfe zum Lebensunterhalt (OVG Lüneburg FamRZ 2004, 653)

2.   Voraussetzungen

Das Alleinvertretungsrecht aus Abs 2 S 2 besteht bei gemeinsamer elterlicher Sorge, **331** auf deren Gründe es nicht ankommt, sofern der Antragsteller das Kind in seiner Obhut hat.

a)   Gemeinsame elterliche Sorge
Die Ausnahme des Abs 2 S 2 trifft nur den Regelfall, daß beiden Eltern die gemein- **332** same elterliche Sorge und die gemeinschaftliche gesetzliche Vertretung des Kindes zusteht. Steht einem Elternteil die gesetzliche Vertretung nicht zu, etwa weil ihm nach § 1666 die Personensorge entzogen ist, und hat dieser Elternteil das Kind in seiner Obhut (zB weil ihm das Jugendamt als Vormund oder Pfleger die Betreuung des Kindes übertragen hat), so kann dieser Elternteil nicht nach Abs 2 S 2 allein vertretungsbefugt sein oder werden.

Nur so weit die gesetzliche Vertretung geht, kann auch die Alleinvertretung aus Abs 2 S 2 reichen. Deshalb besteht sie nicht bzw endet sie, wenn das Kind **volljährig** wird (BGH LM § 1629 Nr 9 = NJW 1983, 2084 = MDR 1983, 738 = FamRZ 1983, 474, 475 = DAVorm 1983, 371; NJW 1985, 1347 [LS] = MDR 1985, 562 = FamRZ 1985, 471, 473; NJW-RR 1990, 323 = FamRZ 1990, 283 = DAVorm 1990, 58) oder wenn die Vaterschaft rechtskräftig angefochten ist (OLG Düsseldorf FamRZ 1987, 1162), nicht aber vor der Anfechtung, selbst wenn beide Eltern um die „Scheinehelichkeit" des Kindes wissen (OLG Oldenburg NJW 1967, 359 [LS]).

Für voreheliche Kinder des einen Ehegatten, die in der Obhut des anderen Ehegatten leben, besteht kein Alleinvertretungsrecht und damit auch keine Prozeß- standschaft (**aA** AG Groß-Gerau FamRZ 1988, 1070). Hier bleibt nur der Weg über eine Pflegerbestellung. Auch für ein nicht aus der Ehe stammendes, im gemeinsamen Haushalt der Eltern lebendes Kind („scheineheliches" Kind aus der Vorehe) besteht keine Prozeßstandschaft (OLG Hamm NJW 1988, 830).

b)   Obhut
Nur der Elternteil wird alleinvertretungsberechtigt, in dessen Obhut sich das Kind **333** befindet. Dem Obhutsinhaber kann zur Durchsetzung des Unterhaltsanspruchs auf seinen Antrag ein **Beistand** bestellt werden gemäß § 1712. Ist dem Obhutgeber auf seinen Antrag zur Durchsetzung des Unterhaltsanspruchs des Kindes ein Beistand gemäß § 1712 Abs 1 Nr 2 gegeben, was ihm seit dem Gesetz zur weiteren Verbesse- rung von Kinderrechten (Kinderrechteverbesserungsgesetz – KindRVerbG) vom 1. 2. 2002 (BGBl I 1239), Art 1 Nr 5 entgegen § 1713 Abs 1 aF jetzt auch bei gemein- samer elterlicher Sorge möglich ist, so ändert dies wegen § 1716 S 1 nichts an der Vertretungsmacht des obhütenden Elternteils. Im Prozeß ist aber § 53a ZPO zu

beachten: Wird das Kind durch einen Beistand vertreten, so ist die Vertretung durch den sorgeberechtigten Elternteil ausgeschlossen (PALANDT/DIEDERICHSEN § 1716 Rn 4; MünchKomm/HUBER Rn 97).

334 Der Begriff der Obhut stammt nicht aus dem Familienrecht. Er ist § 51 Abs 2 JWG aF, jetzt § 42 KJHG entlehnt, ohne dort definiert zu sein. Es ist derselbe Begriff wie in §§ 1684 Abs 2, 1748 Abs 1 S 2, 1751 Abs 4. Gemeint ist die tatsächliche Personensorge und Fürsorge für das Kind, die Situation, in der die Versorgung und Betreuung des Kindes durch einen Elternteil sichergestellt ist, der sich tatsächlich um den Unterhalt kümmert (BT-Drucks 7/650, 175; OLG Bamberg FamRZ 1996, 1091; OLG Frankfurt FamRZ 1996, 888; OLG Stuttgart NJW-RR 1996, 67 = FamRZ 1995, 1168; OLG Karlsruhe FamRZ 1998, 563; KG FamRZ 2003, 53 = FamRB 2004, 85; OLG Köln OLGR 2005, 609; LG München FamRZ 1999, 875). Eine Wohngemeinschaft zwischen Kind und Elternteil ist nicht gefordert; auch der Elternteil hat das Kind in seiner Obhut, der das Kind bei einem Dritten (Internat, Pflegestelle, Verwandte) unterbringt und dort seinen Lebensunterhalt sicherstellt (OLG Bamberg FamRZ 1985, 632, 633; OLG Düsseldorf FamRZ 1992, 575; OLG Stuttgart FamRZ 1995, 1168 [LS]; BGB-RGRK/WENZ Rn 34; SOERGEL/STRÄTZ Rn 42; MünchKomm/HUBER Rn 87; ERMAN/MICHALSKI Rn 20; PALANDT/DIEDERICHSEN Rn 31; JOHANNSEN/HENRICH/JAEGER § 1672 Rn 4; ROLLAND Rn 9; GERNHUBER/COESTER-WALTJEN § 58 III 5 Rn 35 Fn 67). Hat jedoch keiner der Eltern das Kind in Obhut, lebt dieses vielmehr mit Zustimmung der Eltern bei seinem Onkel, gilt nicht § 1629 Abs 2 S 2. Vielmehr benötigt das Kind zur Geltendmachung von Unterhaltsansprüchen einen Ergänzungspfleger (OLG Stuttgart FamRZ 2005, 1892 [LS] = NJW-RR 2005, 1382).

335 Leben die Eltern innerhalb der Wohnung getrennt oder leben sie bei Anhängigkeit der Ehesache noch zusammen, so kann sich das Kind in der Obhut eines Elternteils befinden, wenn sich dieser ausschließlich oder doch vorrangig um das Kind und dessen Unterhalt kümmert (OLG Düsseldorf FamRZ 1988, 1092; PALANDT/DIEDERICHSEN Rn 31; ERMAN/MICHALSKI Rn 20). Dabei schadet es für die Annahme der Obhut nicht, wenn auch der andere Elternteil gelegentlich bei der Betreuung einspringt (RAUSCHER § 33 Rn 1055). Entscheidend ist der **Schwerpunkt** der Betreuung (BGH FamRZ 2006, 1015 m Anm LUTHIN = ZKJ 2006, 513; OLG Frankfurt FamRZ 1992, 575 zu § 1629 Abs 2 S 2 aF; OLG Düsseldorf FamRZ 2001, 1235 = JAmt 2001, 298 = FuR 2002, 87; KG FamRZ 2003, 53: keine Obhut bei Aufteilung 2/3 zu 1/3 zwischen den Eltern; OLG München FamRZ 2003, 248 m abl Anm VOGEL FamRZ 2003, 1316; MünchKomm/HUBER Rn 87; PALANDT/DIEDERICHSEN Rn 31; BÜTTNER FamRZ 1998, 585, 593; OELKERS FamRZ 1997, 779, 782; STOLLENWERK FPR 2005, 83).

336 Leben die Eltern in der Wohnung getrennt und läßt sich das Kind in der Fürsorge nicht einem Elternteil eindeutig zuordnen, etwa weil die Eltern das Kind in (gleichmäßiger) **gemeinsamer Obhut** haben, so kann das Kind seinen Unterhaltsanspruch nur durch einen Pfleger gegen die Eltern geltend machen (OLG Frankfurt KindPrax 2003, 147; AG Groß-Gerau FamRZ 1991, 1466; BGB-RGRK/WENZ Rn 34; SCHWAB/MAURER Handbuch I Rn 529; JOHANNSEN/HENRICH/JAEGER § 1629 Rn 6), es sei denn, das Familiengericht trifft eine Entscheidung nach § 1628. Das gilt auch, wenn beide Elternteile sich um die Obhut bemühen (OLG Zweibrücken FamRZ 2001, 290). Wer unter Berufung auf die eigene Obhut Kindesunterhalt verlangt, muß diese beweisen (OLG Hamburg FamRZ 2001, 1235).

337 Auf die **Berechtigung** zur Obhut kommt es nicht an; es entscheidet die tatsächliche vorrangige Fürsorge. Deshalb hat auch der Elternteil das Kind in seiner Obhut, der es von dem anderen Elternteil entführt hat, es sei denn, dieser andere Elternteil ist Inhaber der **alleinigen** elterlichen Sorge (ROLLAND Rn 10). Denn auch in diesem Fall muß der Unterhalt des Kindes schnell und ohne zusätzliche Komplikationen (Pflegerbestellung!) gesichert werden.

Geht das Obhutsverhältnis auf den anderen Elternteil über, so endet auch die **338** gesetzliche Alleinvertretungsmacht des bisherigen Obhutsinhabers ebenso wie die darauf beruhende Prozeßstandschaft aus Abs 3 S 1. Die von dem bisherigen Obhutsinhaber in eigenem Namen erhobene Klage auf Zahlung von Kindesunterhalt wird unzulässig, und zwar nicht nur für den Unterhaltszeitraum ab dem Übergang des Obhutsverhältnisses, sondern insgesamt, auch für die bis dahin aufgelaufenen Rückstände. Das OLG Hamm (FamRZ 1990, 890, 891) begründet dieses Ergebnis mit der Überlegung, daß es für die Vertretungsbefugnis allein auf den Zeitpunkt der Geltendmachung ankommt und nicht auf den Zeitraum, für den der Unterhalt verlangt wird. Das OLG Köln (FamRZ 2005, 1999) sieht dagegen den bisher vertretungsberechtigten Elternteil als berechtigt an, in einem anhängigen Unterhaltsrechtsstreit als „Abwicklungsmaßnahme" den Rechtsstreit für erledigt zu erklären (ebenso JOHANNSSEN/HINRICH/JAEGER § 1629 Rn 8).

c) Entsprechende Anwendung nach Sorgerechtsübertragung bei bestehender Ehe?

Ist einem Elternteil die elterliche Sorge allein übertragen, §§ 1671, 620 Nr 1 ZPO, so **339** kann er, solange die Ehe besteht, nach §§ 1629 Abs 2 S 1, 1795 Abs 1 Nr 1 und 3 das Kind bei der Geltendmachung von Ansprüchen aller Art, also auch der Unterhaltsansprüche, grundsätzlich gegen den anderen Elternteil nicht vertreten.

Da aber ein Bedürfnis für die Anwendung des Abs 2 S 2 auch in diesen Fällen besteht – die Interessenlage der raschen und reibungslosen Geltendmachung von Kindesunterhalt ist gleich –, tritt zur Geltendmachung des Kindesunterhalts als Legitimation an die Stelle der Obhut die Regelung der elterlichen Sorge, dh hier Übertragung der alleinigen elterlichen Sorge auf den betreuenden (und klagenden) Elternteil (BT-Drucks 7/650, 175; OLG Koblenz FamRZ 2002, 562 = FPR 2002, 74, 75; iE ebenso RGRK/WENZ Rn 35; SOERGEL/STRÄTZ Rn 43).

Sind und bleiben diese Eltern miteinander verheiratet, greift Abs 3: Der alleinsorgeberechtigte Elternteil kann als Prozeßstandschafter in eigenem Namen den Unterhaltsanspruch des Kindes geltend machen, wenn und solange die Eltern getrennt leben oder eine Ehesache zwischen ihnen anhängig ist.

3. Rechtsfolgen

§ 1629 Abs 2 S 2 verschafft dem Elternteil, der das Kind versorgt (in der Form der **340** Obhut), die Rechtsstellung, die er benötigt, um den Unterhalt des Kindes gegen den anderen Elternteil geltend zu machen (BGH LM § 1629 Nr 2 = NJW 1965, 394 = MDR 1965, 122 = JZ 1965, 63 = FamRZ 1965, 38, 39). Diese Rechtsstellung bedeutet,

– daß der Elternteil zur alleinigen Vertretung des Kindes berechtigt (oder ermächtigt, JOHANNSEN/HENRICH/JAEGER § 1672 Rn 4; DIEDERICHSEN NJW 1986; 1462, 1464) ist. Der andere Elternteil ist von der Vertretung des Kindes insoweit ausgeschlossen (BGB-RGRK/WENZ Rn 36; MünchKomm/HUBER Rn 90);

– daß der alleinvertretungsberechtigte Elternteil von dem sich auf beide Eltern erstreckenden gesetzlichen Vertretungsausschluß, §§ 1629 Abs 2 S 1, 1795 Abs 1 Nr 1 und 3, befreit ist (s oben Rn 321), ebenso von dem Verbot des Selbstkontrahierens, §§ 1629 Abs 2 S 1, 1795 Abs 2, 181;

– daß das Alleinvertretungsrecht des Elternteils über den Wortlaut des § 1629 Abs 2 S 2 hinaus die Vertretung des Kindes in **allen** die gesetzliche Unterhaltspflicht betreffenden gerichtlichen Streitigkeiten gegenüber dem anderen Elternteil umfaßt, also auch in Verfahren der einstweiligen Verfügung und einstweiligen Anordnung, in Abänderungs- und negativen Feststellungsklagen, gleich ob das Kind aktiv oder passiv betroffen ist. Dies ist notwendig wegen der erforderlichen Einheitlichkeit der Entscheidung etwa bei gleichzeitigem Unterhaltserhöhungs- und Herabsetzungsverlangen, die in einem untrennbaren Zusammenhang stehen (BGH FamRZ 1987, 151), aber auch wegen der Widerklage (OLG Zweibrücken FamRZ 1986, 1237; KG FamRZ 1988, 313, 314; BGB-RGRK/WENZ Rn 38; JOHANNSEN/HENRICH/JAEGER § 1672 Rn 4).

341 Dieser Elternteil vertritt das Kind gegenüber dem anderen Elternteil auch **außergerichtlich** allein (OLG Hamburg FamRZ 1981, 490; SOERGEL/STRÄTZ Rn 44 aE; BGB-RGRK/WENZ Rn 39; KÜNKEL DAVorm 1982, 217, 220).

Soweit die Ansicht vertreten wird, „geltend machen" heiße nicht „regeln" oder vertraglich festlegen (ROLLAND Rn 3 u einschränkend Rn 22 sowie LANGENFELD NJW 1981, 2377, 2378 unter Hinweis auf den Regierungsentwurf), wird übersehen, daß der Regierungsentwurf selbst darauf verweist, daß die Wirkung einer von den Eltern getroffenen Vereinbarung über Kindesunterhalt nach § 164 zu beurteilen sei. Die Annahme, bei außergerichtlicher Vereinbarung müsse das Kind durch einen Pfleger vertreten sein, widerspricht dem Zweck von Abs 2 S 2 (offengelassen von BGH FamRZ 1986, 254, 255). Allerdings muß der vertretende Elternteil **klar** zum Ausdruck bringen, daß er als gesetzlicher Vertreter **im Namen des Kindes** handelt (OLG Hamburg FamRZ 1981, 490). Auch eine Vollstreckungsunterwerfung muß dies deutlich machen (BGH FamRZ 1986, 254, 255; FamRZ 1987, 934, 935; BGB-RGRK/WENZ Rn 39 aE).

4. Entziehung des Alleinvertretungsrechts

342 Tritt bei dem nach Abs 2 S 2 alleinvertretungsberechtigten Elternteil ein konkreter Interessenwiderstreit ein, so hat das Familiengericht ihm die Vertretung zu entziehen, §§ 1629 Abs 2 S 3, 1796 (ROLLAND Rn 13; GERNHUBER/COESTER-WALTJEN § 61 IV 5 Rn 42). Ein solcher Grund kann vorliegen, wenn das Kind auch gegen die es vertretende, getrennt lebende Mutter einen Unterhaltsanspruch in Geld hat und zwischen den Eltern ein Ehescheidungsrechtsstreit mit Erbitterung geführt wird (OLG Köln OLGZ 1966, 580 mit bedenklicher Anlehnung an frühere Argumentationen von Rechtsprechung und Lehre, die durch die Entscheidungen des BGH vom 3.6.1953 [LM § 74 EheG Nr 7 = NJW 1953, 1546 = MDR 1953, 1794 = JZ 1953, 635 m Anm SCHWOERER] und vom 22.11.1954 [NJW 1955, 217 = FamRZ 1955, 100 m Anm SCHWOERER] als überholt angesehen werden sollten).

Eine solche Entziehung führt allerdings nicht dazu, daß der andere Elternteil, der Unterhalt zahlen soll und der bis dahin nicht vertretungsberechtigt war, nun vertretungsberechtigt wird. Denn dieser Elternteil kann das Kind in dem Aktivprozeß gegen sich selbst ohnehin nicht vertreten, §§ 1629 Abs 2 S 1, 1795 Abs 2, 181. Dem Kind ist mithin ein Pfleger zu bestellen.

III. Gerichtliche Geltendmachung (Prozeßstandschaft), § 1629 Abs 3

1. Allgemeines

Auch dann, wenn der Unterhaltsschuldner seine Unterhaltspflicht erfüllt, hat das **343** minderjährige Kind einen Anspruch auf Titulierung seines Unterhaltsanspruchs (OLG Stuttgart NJW 1978, 112; OLG Koblenz FamRZ 1978, 826; OLG Oldenburg Rpfleger 1979, 72 [LS]; OLG Karlsruhe FamRZ 1979, 630).

Wegen der Konfliktlage zwischen den Eltern, unter der die Unterhaltsansprüche des **344** Kindes so wenig wie möglich leiden sollen, hat das Gesetz dem alleinvertretungsberechtigten verheirateten Elternteil die Stellung eines **gesetzlichen Prozeßstandschafters** eingeräumt („Pietätsrücksichten", GERNHUBER/COESTER-WALTJEN § 58 IV 2). Dieser Elternteil kann und muß die Unterhaltsansprüche des Kindes gegenüber dem anderen Elternteil **nur im eigenen Namen**, im gerichtlichen Verfahren also als Partei in gesetzlicher Prozeßstandschaft geltend machen, § 1629 Abs 3 S 1.

Diese Regelung bedeutet gleichzeitig, daß das Kind selbst den Anspruch nicht geltend machen darf (Ausschluß des Prozeßführungsrechts; AG Backnang FamRZ 2000, 975). Da der klagende Elternteil als Prozeßstandschafter selbst Partei ist, kann der andere, auf Kindesunterhalt in Anspruch genommene Elternteil seinerseits eigene Ehegattenunterhaltsansprüche im Wege der Widerklage geltend machen (OLG Köln FamRZ 1995, 1497). Er kann aber nicht mit den Unterhaltsansprüchen des Kindes gegen Zugewinnansprüche, die der Prozeßstandschafter aus eigenem Recht gegen ihn geltend macht, aufrechnen (OLG Naumburg FamRZ 2001, 1236).

Über den Wortlaut des Gesetzes hinaus ist die Vorschrift im Interesse der Einheitlichkeit der Entscheidung auf **Passivprozesse** zu erstrecken (siehe oben Rn 340). Der Obhut gewährende Elternteil kann also auch allein Passivpartei einer Abänderungs- oder negativen Feststellungsklage sein, die der Unterhaltsschuldner wegen des Kindesunterhaltes erhebt (OLG Zweibrücken FamRZ 1986, 1237; KG FamRZ 1988, 313; OLG Stuttgart DAVorm 1990, 900, 903; OLG Brandenburg FamRZ 2000, 1377; MünchKomm/HUBER Rn 96; JOHANNSEN/HENRICH/JAEGER § 1629 Rn 10).

Diese gesetzliche Prozeßstandschaft gilt nur für die gerichtliche Geltendmachung des Kindesunterhalts (arg aus der Satzfolge in Abs 3: S 2, der gerichtliche Entscheidungen und gerichtliche Vergleiche meint, baut auf S 1 auf). Mit dieser Regelung soll verhindert werden, daß das Kind in den Streit der Eltern (bei sonstigen Ehesachen oder bei Getrenntleben, BT-Drucks 10/4514, 23; DIEDERICHSEN NJW 1986, 1462, 1464; SEDEMUND-TREIBER FamRZ 1986, 209, 213) oder in das Scheidungsverfahren (BT-Drucks 7/650, 174, 176) förmlich als Partei einbezogen wird (Begründung des Regierungsentwurfs BT-Drucks 7/650, 176).

345 Aber die Auswirkungen dieser gesetzlichen Prozeßstandschaft gehen über dieses Ziel weit hinaus (vgl unten Rn 369 ff). Deshalb wird bezweifelt, ob die Ausgestaltung der elterlichen Funktion des Unterhaltswahrers als Prozeßstandschafter gerechtfertigt ist. Denn das Kind werde in den Scheidungsprozeß der Eltern durch seine obligatorische Anhörung, § 50b FGG, direkt einbezogen, während es im Unterhaltsrechtsstreit ohnehin durch seinen gesetzlichen Vertreter handelt, zudem im Verbund im Anwaltszwang. Deshalb habe die Vorschrift des § 1629 Abs 3 vor allem Auswirkungen auf Rubrum, Kostenentscheidung und Prozeßkostenhilfe (BGB-RGRK/ Wenz Rn 41). Seit Auflösung des Zwangsverbundes Sorgerecht im Ehescheidungsverfahren hat dieses Argument aber an Gewicht verloren. Denn in sehr vielen Fällen, in denen um die elterliche Sorge nicht mehr gestritten wird, wird auch das Kind nicht angehört.

346 Die Rechtsprechung hat auf der Grundlage des sprachlich zu weit gefaßten Abs 3 idF des 1. EheRG „solange die Scheidungssache anhängig ist" die Vorschrift auch auf isolierte Kindesunterhaltsprozesse **während** der Anhängigkeit einer Ehesache erstreckt, hat also die sachliche Verknüpfung mit dem Scheidungsverfahren verlassen (BGH LM § 1629 Nr 9 = NJW 1983, 2084 = MDR 1983, 738 = FamRZ 1983, 474, 475 = DAVorm 1983, 371, wegen weiterer Nachweise siehe oben Rn 324). Das UÄndG hat diese zeitliche Verknüpfung beibehalten und erstreckt auf die Zeit des Getrenntlebens, so daß während der Trennung und/oder der Anhängigkeit einer Ehesache zwischen den Eltern stets und nur der Elternteil als Prozeßstandschafter für das Kind den Unterhaltsanspruch geltend machen kann. Dagegen muß der Minderjährige seinen Unterhalt vor der Trennung der miteinander verheirateten Eltern und/oder vor dem elterlichen Ehescheidungsverfahren und nach dessen Ende allein durch seinen gesetzlichen Vertreter geltend machen.

347 Nur während der Krisenzeit der Elternehe werden also die Unterhaltsansprüche des Kindes von dem betroffenen Elternteil im eigenen Namen geltend gemacht, eine gesetzgeberische Lösung, deren Berechtigung überdacht werden könnte.

Einerseits ist zu fragen, ob die Eltern in dieser Konfliktlage besonders geeignet sind, in eigenem Namen mit direkter Wirkung für und gegen das Kind zu handeln, ob also dies dem Wohl des Kindes wirklich dient. Andererseits könnte, hält man die Lösung der Prozeßstandschaft deshalb für gut, weil das Kind so aus der Elternspannung heraus gehalten wird, überlegt werden, die elterliche Prozeßstandschaft auf die Zeit nach der Auflösung der Ehe bis zur Volljährigkeit des Kindes zu erstrecken (BGB-RGRK/Wenz Rn 42; Wosgien FamRZ 1987, 1102, 1106).

2. Voraussetzungen

a) Vertretungsbefugnis

348 Wie das Alleinvertretungsrecht des obhütenden Elternteils, § 1629 Abs 2 S 2, gilt auch die Prozeßstandschaft nur für das **minderjährige Kind**. Das volljährige oder volljährig gewordene Kind kann seinen Unterhalt, auch für die zurückliegende Zeit der Minderjährigkeit, nur selbst gerichtlich geltend machen; ihm steht die verfahrensrechtliche Disposition allein zu (BGH LM § 1629 Nr 9 = NJW 1983, 2084 = MDR 1983, 738 = FamRZ 1983, 474, 475 = DAVorm 1983, 371; NJW 1985, 1347 [LS] = MDR 1985, 562 = FamRZ 1985, 471, 473).

Die gesetzliche Prozeßstandschaft setzt also die Vertretungsbefugnis voraus, wobei **349**
es nicht darauf ankommt, ob sich diese auf § 1629 Abs 2 S 2, § 620 Nr 4 ZPO oder
§ 1671 gründet.

Nur so weit, wie die Vertretungsmacht geht, reicht auch die Prozeßstandschaft. Wird
die elterliche Sorge im Scheidungsverfahren dem anderen Elternteil übertragen, so
endet die Prozeßstandschaft (BGH NJW-RR 1990, 323 = FamRZ 1990, 283 = DAVorm 1990,
58).

Dabei gilt eine Besonderheit: Im Scheidungsprozeß kann jeder Elternteil für den **350**
Fall der rechtskräftigen Scheidung die Übertragung der elterlichen Sorge auf sich
selbst beantragen. Tut er dies, so kann er dies mit dem Antrag verbinden, Unterhalt
für das gemeinsame Kind zu verlangen. Insoweit wird er als Prozeßstandschafter
tätig. Diese Befugnis hat er unabhängig davon, ob er (noch) sorgeberechtigt ist, ob
ihm dieses Recht entzogen ist oder ob er das Kind in diesem Stadium in seiner
Obhut hat. In diesem Falle legitimiert sich seine Prozeßstandschaft allein aus seinem
Regelungsantrag betreffend die elterliche Sorge für den Fall der rechtskräftigen
Scheidung. Stellen beide Eltern derartige Regelungsanträge hinsichtlich der elterlichen Sorge und des Kindesunterhalts, so spricht das FamG im Verbundurteil
demjenigen Elternteil Kindesunterhalt zu, dem es die elterliche Sorge überträgt,
während es den Gegenantrag abweist (ZÖLLER/PHILIPPI § 323 ZPO Rn 14; BGB-RGRK/
WENZ Rn 53; PESCHEL-GUTZEIT, Verfahren 31; KÜNKEL FamRZ 1984, 1062, 1064).

b) Getrenntleben der Eltern ohne anhängige Ehesache

Das Gesetz spricht von miteinander verheirateten Eltern, die entweder getrennt **351**
leben oder zwischen denen eine Ehesache anhängig ist. Der Trennungsbegriff aus
Abs 3 ist derselbe wie in § 1361 und deckt sich **nicht** mit demjenigen aus § 1567,
dessen Normzweck ein anderer ist. Auf die ehefeindliche Absicht der Trennung
kommt es für die Frage, ob Kindesunterhalt erleichtert geltend gemacht werden
kann, nicht an; es genügt, wenn einer der beiden Elternteile die häusliche Gemeinschaft willentlich aufgegeben hat. Die Dauer der tatsächlichen Trennung entscheidet
nicht; sie kann auch erst vor kurzem vorgenommen sein. Die Trennung innerhalb der
ehelichen Wohnung genügt auch hier, sofern das Kind einem Elternteil faktisch
zuzuordnen ist (BGB-RGRK/WENZ Rn 30; ROLLAND Rn 6; **aA** – Trennungsbegriff wie in § 1567
– SOERGEL/STRÄTZ Rn 42; PALANDT/DIEDERICHSEN Rn 31; RAUSCHER § 33 Rn 1053). Leben die
Eltern wieder zusammen, so endet die Prozeßstandschaft.

c) Anhängigkeit einer Ehesache

Eine Ehesache ist anhängig, sobald sie bei dem zuständigen Gericht in gehöriger **352**
Form (Anwaltszwang!) eingereicht ist. Zustellung ist nicht Voraussetzung, da
Rechtshängigkeit nicht gefordert ist (ROLLAND Rn 8). Die Einreichung eines Prozeß-
kostenhilfegesuchs für die Eheklage genügt, anders als in § 620a Abs 2 ZPO, nicht.

Werden die Klage oder der Antrag zurückgenommen oder endet das Verfahren
durch abweisendes Urteil, so bleibt das Alleinvertretungsrecht eines Elternteils nur
bestehen, wenn die Eltern weiter getrennt leben.

Ob das Alleinvertretungsrecht besteht, wenn die Ehesache im **Ausland** anhängig ist,
ist noch nicht entschieden (in den Entscheidungen OLG Frankfurt FamRZ 1982, 528, 529 und

BGH FamRZ 1986, 345, 346 lebten die Eltern getrennt, im ersten Fall beide in Deutschland, im zweiten Fall nur ein Elternteil mit den Kindern). Davon zu unterscheiden ist die Prozeßstandschaft, die nach sorgfältig begründeter Ansicht des OLG Frankfurt (aaO) davon abhängt, daß es sich um eine Ehesache in Deutschland handelt, während der BGH (aaO) dies unentschieden gelassen hat. Dabei ist zu beachten, daß nach dem Haager Übereinkommen über das auf Unterhaltsverpflichtung gegenüber Kindern anzuwendende Recht (Unterhaltsstatutabkommen 1956, UStAK), das für die Bundesrepublik und Westberlin am 1. 1. 1962 in Kraft getreten ist (BGBl 1962 II 16; GVBl Berlin 1962, 604, 605), die Frage, ob, in welchem Ausmaß und von wem ein Kind Unterhalt verlangen kann, nach dem Recht des Staates, in dem das Kind seinen gewöhnlichen Aufenthalt hat, beantwortet wird. Das Recht des Aufenthaltsortes gilt auch für die Frage, wer die Unterhaltsklage erheben kann und welche Fristen für die Klageerhebung gelten (Art 1 Abs 1, Abs 3 UStAK; BOEHMER/SIEHR Bd 2 Art 1 Rn 120 ff).

d)   Beginn der Prozeßstandschaft

353   Die Prozeßstandschaft beginnt mit der Trennung der Eltern und/oder mit dem Anhängigmachen einer Ehesache (vgl oben Rn 351, 352). Es ändert nichts an der Prozeßstandschaft, wenn das Scheidungsverfahren längere Zeit nicht betrieben wird (OLG Saarbrücken FamRZ 1982, 952).

Ein schon vor dem Getrenntleben anhängiges Verfahren des Kindes kann nur in Prozeßstandschaft fortgeführt werden. Die Prozeßstandschaft dauert über die Anhängigkeit fort, solange der klagende Elternteil die elterliche Sorge hat (BGH FamRZ 1990, 283; OLG Hamm FamRZ 1998, 379).

e)   Ende der Prozeßstandschaft

354   Die gesetzliche Prozeßstandschaft endet mit dem rechtskräftigen Abschluß der Ehesache oder mit der Beendigung der Elterntrennung (OLG Karlsruhe FamRZ 1980, 1059; OLG Frankfurt FamRZ 1980, 1059; OLG Hamm FamRZ 1980, 1060 ff; MünchKomm/HUBER Rn 100).

Das Prozeßführungsrecht fällt an das Kind zurück, das nunmehr durch seinen gesetzlichen Vertreter handelt (BGH FamRZ 1986, 345, 346; BGB-RGRK/WENZ Rn 50; JOHANNSEN/HENRICH/SEDEMUND-TREIBER § 621 ZPO Rn 56). Das Kind wird zur Partei des Rechtsstreits. Fortsetzung des Verfahrens in gewillkürter Prozeßstandschaft ist nicht möglich, denn deren Voraussetzungen fehlen (OLG Frankfurt FamRZ 1979, 175; OLG Karlsruhe FamRZ 1980, 1149).

aa)   Fortdauer bei laufendem Unterhaltsverfahren

355   Die Beendigung der Prozeßstandschaft gilt allerdings nur für die Rechtsverfolgung oder Rechtsverteidigung in einem **neu** einzuleitenden Verfahren. Unterhaltsprozesse, die in Prozeßstandschaft in zulässiger Weise eingeleitet worden sind, können in dieser Form zum Abschluß gebracht werden (MünchKomm/HUBER Rn 100; JOHANNSEN/ HENRICH/SEDEMUND-TREIBER § 621 ZPO Rn 56 mwNw).

356   Ob bei einem Unterhaltsprozeß des Kindes, der über die rechtskräftige Scheidung hinaus währt, an die Stelle der gesetzlichen Prozeßstandschaft aus § 1629 Abs 3 die aus § 265 Abs 2 ZPO in entsprechender Anwendung tritt, erscheint zweifelhaft (dafür OLG Hamburg DAVorm 1989, 95, 99; **aA** ROLLAND Rn 20). Überwiegend wird jedenfalls

dann, wenn der Kindesunterhalt als **Folgesache** anhängig gemacht war, von einer Fortdauer der Prozeßstandschaft trotz inzwischen eingetretener rechtskräftiger Scheidung ausgegangen, wenn der Streit um den Kindesunterhalt als Folgesache, sei es auch in der Berufung, weitergeführt wurde (OLG Bamberg FamRZ 1979, 448 [LS]; OLG Celle FamRZ 1979, 629; OLG Hamburg FamRZ 1984, 706, 708; OLG Düsseldorf FamRZ 1987, 1183; SOERGEL/STRÄTZ Rn 44; MünchKomm/HUBER Rn 100; ERMAN/MICHALSKI Rn 19; ZÖLLER/ PHILIPPI § 623 ZPO Rn 14; PESCHEL-GUTZEIT Verfahren 32; BERGERFURTH FamRZ 1982, 563, 564).

Diese Rechtsprechung hat der BGH erweitert auf Nichtfolgesachen. So hat er in **357** einem Fall, in dem während des Scheidungsrechtsstreits ein Elternteil in einem **isolierten** Verfahren Kindesunterhalt geltend gemacht hatte, dessen Prozeßstandschaft in der Berufungsinstanz als fortbestehend angesehen, obwohl inzwischen in dem Scheidungsverfahren der Scheidungsausspruch rechtskräftig geworden war (BGH NJW-RR 1990, 323 = FamRZ 1990, 283 = DAVorm 1990, 58). Nach dieser Entscheidung entspricht es dem Rechtsgedanken des § 265 Abs 2 S 1 ZPO und den unabweisbaren praktischen Bedürfnissen, daß ein Unterhaltsprozeß, der berechtigterweise in Prozeßstandschaft eingeleitet worden ist, in dieser Form auch zum Abschluß gebracht werden kann (iE ebenso OLG Hamburg DAVorm 1989, 95, 98).

Die Prozeßstandschaft überdauert mithin in diesen Fällen das Ende einer Eltern- **358** trennung oder der Ehesache (OLG Hamm FamRZ 1998, 379; MünchKomm/HUBER Rn 100; JOHANNSEN/HENRICH/SEDEMUND-TREIBER § 621 ZPO Nr 56; ZÖLLER/PHILIPPI § 623 ZPO Rn 14; KÜNKEL FamRZ 1984, 1062, 1064; GIESSLER FamRZ 1994, 800) und legitimiert damit auch zur Einlegung von Rechtsmitteln und Anschlußrechtsmitteln (OLG Hamm FamRZ 1988, 187; PHILIPPI FamRZ 1987, 607; WOSGIEN FamRZ 1987, 1102 ff; **aA** OLG München FamRZ 1987, 169).

Nach Beendigung der Prozeßstandschaft ist in allen neuen Aktiv- wie Passivprozessen, die das Kind betreffen, das Kind allein Partei, bei Minderjährigen in gesetzlicher Vertretung, ab Volljährigkeit ganz ohne Mitwirkung des Elternteils (OLG Hamm FamRZ 1990, 1375 für das Abänderungsverfahren; vgl im übrigen unten Rn 361 ff, 388). In einem Fall der Nicht-Prozeßstandschaft (die Mutter hatte erst nach rechtskräftiger Scheidung für die gemeinsamen Kinder Unterhaltsklage erhoben, und zwar fälschlicherweise in Prozeßstandschaft) hat der BGH es ausnahmsweise aus Gründen der Prozeßökonomie zugelassen, daß die Mutter im zweiten Rechtszug aus dem Rechtsstreit ausschied und nur noch die Kinder, gesetzlich vertreten durch die Mutter, klagten (NJW 2003, 2172 = FamRZ 2003, 1093 = FPR 2003, 675 [LS]).

bb) Wechsel der Obhut

Wechselt während der Prozeßstandschaft die Obhut vom einen auf den anderen **359** Elternteil, so geht auf diesen die Prozeßstandschaft über, und zwar insgesamt, nicht erst ab dem Zeitpunkt, in dem der Wechsel eintritt (OLG Hamm FamRZ 1990, 890; OLG München FamRZ 1997, 1493; JOHANNSEN/HENRICH/JAEGER § 1629 Rn 8, 11; BGB-RGRK/WENZ Rn 50; MünchKomm/HUBER Rn 101; GIESSLER FamRZ 1994, 800, 803). Dasselbe gilt, wenn die elterliche Sorge während der Prozeßstandschaft auf den anderen Elternteil übergeht; auch hier wird die von dem bisherigen Sorgerechtsinhaber im eigenen Namen geführte Klage auf Kindesunterhalt insgesamt unzulässig (JOHANNSEN/HENRICH/JAEGER Rn 11). Der neue Sorgerechtsinhaber muß, wenn die Elterntrennung fortbesteht oder die Ehesache anhängig bleibt, nun seinerseits in Prozeßstandschaft den Kindesunterhalt geltend machen; der bisherige Obhutsinhaber oder sorgeberechtigte Elternteil hat allenfalls einen eigenen familienrechtlichen Ausgleichsanspruch (OLG Hamm FamRZ 1990, 890).

cc) Sonderfälle

360 Was gilt, wenn die elterliche Sorge im Zusammenhang mit der Scheidung beiden Eltern gemeinsam belassen worden ist, wenn den geschiedenen Eheleuten nachträglich ein gemeinschaftliches Kind geboren wird, wenn die Ehe ohne Regelung der elterlichen Sorge für ein gemeinsames Kind geschieden worden ist (Altfälle, Auslandsberührung), wird uneinheitlich beurteilt (vgl oben Rn 327, 328). Einerseits wird angenommen, in diesen Fällen sei die Prozeßstandschaft beendet, weil der rechtfertigende Grund – Heraushalten des Kindes aus dem Elternkonflikt – im wesentlichen nicht mehr bestehe. Hier müsse nunmehr das Kind, allein vertreten von einem Elternteil analog § 1629 Abs 2 S 2, gerichtlich vorgehen (BGB-RGRK/Wenz Rn 52). Andererseits wird danach differenziert, ob die Eltern weiter getrennt leben, was in diesen Fällen zwar anzunehmen, aber nicht zwingend sei. Dann gelte weiter Prozeßstandschaft (Soergel/Strätz Rn 46 aE). Die letzte Lösung verdient jedenfalls in den Fällen Zustimmung, in denen das Kind dem Elternteil, der Unterhalt verlangt, klar zugeordnet werden kann (vgl im einzelnen oben Rn 327, 328).

dd) Volljährigkeit

361 Die Prozeßstandschaft endet mit der Volljährigkeit des Kindes (BGH LM § 1629 Nr 9 = NJW 1983, 2084 = MDR 1983, 738 = FamRZ 1983, 474, 475 = DAVorm 1973, 371; NJW 1985, 1347 [LS] = MDR 1985, 562 = FamRZ 1985, 471, 473; NJW-RR 1990, 323 = FamRZ 1990, 283 = DAVorm 1990, 58; OLG Frankfurt FamRZ 1979, 175; OLG München FamRZ 1983, 925, 926; OLG Düsseldorf FamRZ 1987, 1162; OLG München FamRZ 1996, 422; MünchKomm/Huber Rn 102; Giessler FamRZ 1994, 800, 802).

Tritt während des Unterhaltsrechtsstreits Volljährigkeit ein, so wird die Klage des Prozeßstandschafter-Elternteils unzulässig; er muß die Hauptsache für erledigt erklären. Erhält er die Klage aufrecht, so ist diese als unzulässig abzuweisen (OLG München FamRZ 1983, 925, 926). Das Kind wird zur Partei des Rechtsstreits. Es handelt sich um einen Parteiwechsel kraft Gesetzes, der sich automatisch vollzieht (BGH LM § 1629 Nr 9 = NJW 1983, 2084 = MDR 1983, 738 = FamRZ 1983, 474, 475 = DAVorm 1983, 371; NJW 1985, 1347 [LS] = MDR 1985, 562 = FamRZ 1985, 471, 473; Bergerfurth FamRZ 1982, 563, 564; Rogner NJW 1994, 3325, 3326; Giessler FamRZ 1994, 800, 802; aA Kind muß Eintritt in den Rechtsstreit erklären: Johannsen/Henrich/Jaeger Rn 12; Schwab/Maurer Handbuch I Rn 533 ff). War der Kindesunterhalt bisher als Folgesache geltend gemacht, so führt der Eintritt der Volljährigkeit zur Abtrennung des Unterhaltsprozesses, § 623 Abs 1 S 2 ZPO (BGH FamRZ 1985, 471; Zöller/Philippi § 623 ZPO Rn 15; Schwab/Maurer Handbuch I Rn 312 und 367; Gernhuber/Coester-Waltjen § 58 IV 4; Giessler FamRZ 1994, 800, 802; Bergerfurth FamRZ 1982 563, 564).

362 Einstweilige Anordnungen in Ehesachen können seit dem Inkrafttreten des UÄndG am 1. 4. 1986 für volljährige Kinder nicht mehr erwirkt werden, § 620 Nr 4 ZPO nF („gegenüber einem minderjährigen Kind").

363 Unterhaltsurteile, die zur Zeit der Minderjährigkeit ergangen sind, gelten über den

Zeitpunkt des Eintritts der Volljährigkeit hinaus weiter (Identität des Unterhaltsanspruchs: BGH NJW 1984, 1613 = FamRZ 1984, 682; KG FamRZ 1983, 746; OLG Hamm FamRZ 1983, 208 u 639; AG Landstuhl FamRZ 1983, 639; Peschel-Gutzeit Verfahren 32; aA OLG Hamm FamRZ 1983, 206; AG Altena FamRZ 1982, 323).

Das volljährig gewordene Kind kann gegen das Urteil, das ein Elternteil in Prozeßstandschaft erstritten hat, selbst Rechtsmittel einlegen (BGH NJW-RR 1990, 323 = FamRZ 1990, 283 = DAVorm 1990, 58), und zwar ausschließlich das Kind; die Prozeßstandschaft dauert in diesem Falle nicht fort (OLG Zweibrücken FamRZ 1989, 194, 195; MünchKomm/Huber Rn 102). Die Berufung des zur Zahlung Verurteilten ist unmittelbar gegen das volljährige Kind zu richten (OLG Zweibrücken FamRZ 1997, 1166 [LS]; aA Rogner NJW 1994, 3325, 3328, der annimmt, die Berufung könne sowohl gegen das Kind als auch gegen den bisherigen Prozeßstandschafter gerichtet werden, wenn das Kind erst im zweiten Rechtszug volljährig wird).

ee) Entzug der elterlichen Sorge

364   Wird die elterliche Sorge oder das Alleinvertretungsrecht aus Abs 2 S 2 dem prozeßführenden Elternteil rechtskräftig entzogen, bevor über den Unterhaltsanspruch entschieden wird, so endet die Prozeßstandschaft. Bei Folgesachen gilt: Erhält das Kind einen Vormund, so tritt dieser in den Prozeß ein; die Folgesache Kindesunterhalt ist abzutrennen. Wird Inhaber der elterlichen Sorge der andere Elternteil, so ist die Folgesache Kindesunterhalt in der Hauptsache für erledigt zu erklären (Zöller/Philippi § 623 ZPO Rn 15). Nunmehr muß der neue Sorgerechtsinhaber als Prozeßstandschafter im eigenen Namen tätig werden (Schwab/Maurer, Handbuch I Rn 533).

f) Anwendungsbereich

365   Zu den Unterhaltsansprüchen, die ausschließlich in Prozeßstandschaft geltend gemacht werden können, gehören Unterhaltsansprüche des minderjährigen Kindes im Scheidungsverbundverfahren als Folgesache. Darüber hinaus fallen unter Abs 3 alle Unterhaltsansprüche minderjähriger Kinder, die während des Getrenntlebens oder während einer anhängigen Ehesache geltend gemacht werden, gleich, ob für diesen Zeitraum oder zeitlich unbegrenzt.

Die zunächst sehr streitige Frage, ob die ursprüngliche Fassung des Abs 3 im ersten EheRG „solange die Scheidungssache anhängig ist" eine zeitliche oder sachliche Anknüpfung bedeutete (für ersteres BGH LM § 1629 Nr 9 = NJW 1983, 2084 = MDR 1983, 738 = FamRZ 1983, 474 = DAVorm 1983, 371; OLG Hamm FamRZ 1980, 1060; OLG Frankfurt FamRZ 1982, 528 f; OLG Saarbrücken FamRZ 1982, 952; Rogner NJW 1994, 3325, 3326; zur Gegenmeinung OLG Köln FamRZ 1981, 489; OLG Düsseldorf FamRZ 1981, 697; Bergerfurth FamRZ 1982, 563 mwNw, vgl oben Rn 324), ist durch das UÄndG dahin beantwortet worden, daß alle in **diese Zeiträume** (Trennung, Anhängigkeit einer Ehesache) fallenden Kindesunterhaltsstreitigkeiten ausschließlich von dem Elternteil im eigenen Namen als Prozeßstandschafter geltend gemacht werden können (Sedemund-Treiber FamRZ 1986, 209, 213; Diederichsen NJW 1986, 1462, 1464; Rogner NJW 1994, 3325, 3326; Johannsen/Henrich/Sedemund-Treiber § 621 ZPO Rn 56; MünchKomm/Huber RZ 99).

366   Nicht nur für den Hauptprozeß gilt die Prozeßstandschaft, sondern auch für die summarischen Verfahren der einstweiligen Verfügung und – in Ehesachen – der einstweiligen Anordnung nach § 620 Nr 4 ZPO (OLG Brandenburg FamRZ 2000, 1377).

Als Besonderheit regelt § 620a Abs 2 S 1 ZPO, daß der Antrag auf Erlaß einer einstweiligen Anordnung gestellt werden kann, sobald eine Ehesache anhängig oder der Antrag auf Prozeßkostenhilfe eingereicht ist. Insoweit geht diese Regelung über § 1629 Abs 3 hinaus.

367 Die Prozeßstandschaft gilt für Aktivprozesse ebenso wie für Passivprozesse, etwa für gegen das Kind gerichtete Abänderungsklagen (KG FamRZ 1988, 313) und negative Feststellungsklagen (OLG Zweibrücken FamRZ 1986, 1237; OLG Brandenburg FamRZ 2000, 1377; vgl im übrigen oben Rn 340 u unten Rn 388 f).

368 Ob es für die **Prozeßkostenhilfe** allein auf die Bedürftigkeit des Kindes oder (auch) auf die des Prozeßstandschafters ankommt, war umstritten: Die Bedürftigkeit des **Kindes** hielten allein für ausschlaggebend OLG Karlsruhe FamRZ 1987, 1062; KG FamRZ 1989, 82; OLG Frankfurt FamRZ 1994, 1041; OLG Bamberg NJW-RR 1994, 388 = FamRZ 1994, 635; OLG Dresden FamRZ 1997, 128; OLG Stuttgart MDR 1999, 41; OLG Dresden FamRZ 2002, 1412; KALTHOENER/BÜTTNER, Prozeßkostenhilfe Rn 43; SCHMITZ FamRZ 1988, 1131; WAX FPR 2002, 471, 474; auf die Bedürftigkeit **(auch) des Prozeßstandschafters** stellten ab OLG Köln FamRZ 1984, 304 (LS); SCHWAB/MAURER, Handbuch I Rn 153; KÜNKEL FamRZ 1984, 1062, 1064; **nur** auf die Bedürftigkeit des Prozeßstandschafters stellten ab OLG Köln FamRZ 1984, 304; OLG Karlsruhe FamRZ 1988, 636; OLG Koblenz FamRZ 1988, 637; OLG Nürnberg JurBüro 1990, 754; OLG Hamm FamRZ 1991, 1208; OLG Köln FamRZ 1993, 1472; OLG München FamRZ 1996, 1021; OLG Karlsruhe FamRZ 2001, 1080 = MDR 2001, 876; OLG Hamm FamRZ 2001, 924; OLG Bamberg FamRZ 2005, 1101; ZÖLLER/ PHILIPPI § 114 Rn 8 und JOHANNSEN/HENRICH/THALMANN § 114 Rn 2; PHILIPPI FPR 2002, 479.

Diese Streitfrage hat der BGH durch Beschlüsse vom 11. 5. 2005 (FamRZ 2005, 1164 = NJW-RR 2005, 1237) und 26. 10. 2005 (FamRZ 2006, 32) dahin entschieden, daß es nur auf die Einkommens- und Vermögensverhältnisse des klagenden Elternteils und nicht auf diejenigen des Kindes ankommt. Er begründet dies damit, daß das Kind durch § 1629 Abs 3 aus dem Streit der Eltern herausgehalten werden soll. Käme es auf seine Verhältnisse an, würde es indirekt doch in den Rechtsstreit einbezogen. Der BGH verweist in diesem Zusammenhang auf den Prozeßkostenvorschußanspruch, den sowohl das Kind als auch der gesetzliche Vertreter hätten. Das überzeugt nicht. Denn bei dem Prozeßkostenvorschuß dürfte es sich um einen Sonderbedarf des Kindes handeln, den nach ganz herrschender Meinung beide Eltern anteilig zu tragen hätten. Scheitert der Prozeßkostenvorschußanspruch des Kindes gegen den beklagten Elternteil, so muß der klagende Elternteil die Prozeßkosten allein tragen, wofür eine Rechtsgrundlage nicht erkennbar ist. Aber die lange streitig gebliebene Frage ist nunmehr entschieden.

3. Auswirkungen

a) Prozeßführung im eigenen Namen

369 Nach Abs 3 S 1 kann der alleinvertretungsberechtigte Elternteil den Unterhaltsanspruch des Kindes **nur** im eigenen Namen geltend machen. Die gesetzliche Prozeßstandschaft gibt dem betroffenen Elternteil nicht nur die rechtliche Möglichkeit zur Geltendmachung im eigenen Namen, sondern diese Regelung ist **zwingend** (PALANDT/

DIEDERICHSEN Rn 32; ROLLAND Rn 15). Das Kind selbst kann in diesem Stadium nicht klagen. Ein dennoch im Namen des Kindes geltend gemachter Unterhaltsanspruch muß als unzulässig abgewiesen werden, es sei denn, auf seiten des Kindes wird die Parteirolle geändert, etwa durch Klagänderung (OLG Karlsruhe FamRZ 1980, 1149; OLG Frankfurt FamRZ 1980, 719); bisweilen läßt sich der Antrag des Kindes auch umdeuten (OLG Bamberg FamRZ 1979, 1059; ROLLAND Rn 15), wozu das OLG Brandenburg (FamRZ 2005, 118) nicht bereit war.

Auch auf der Passivseite, etwa einer Abänderungs- oder leugnenden Feststellungs- **370** klage, kann Partei nur der Elternteil, nicht das betroffene Kind sein (OLG Zweibrücken FamRZ 1986, 1237; KG FamRZ 1988, 313, 314; OLG Stuttgart DAVorm 1990, 906; OLG Brandenburg FamRZ 2000, 1377; OLG Naumburg FamRZ 2003, 1115; vgl oben Rn 326 und unten Rn 388 ff).

Diese dem Elternteil verliehene Prozeßführungsbefugnis (BGH LM § 1629 Nr 9 = **371** NJW 1983; 2084 = MDR 1983, 738 = FamRZ 1983, 474 = DAVorm 1983, 371; NJW 1985, 1347 [LS] = MDR 1985, 562 = FamRZ 1985, 471, 473; FamRZ 1986, 345, 346) ist Teil der Ausübung der elterlichen Sorge. Ob sie allein Vertretungs- oder darüber hinaus Treuhandfunktion hat, ist umstritten. Eine Treuhandstellung des Elternteils nimmt der BGH (FamRZ 1991, 295 ff) an und begründet mit ihr die Unzulässigkeit der Aufrechnung, die der Prozeßbevollmächtigte dieses Elternteils gegen gepfändeten Kindesunterhalt mit eigenen Honoraransprüchen vorgenommen hatte.

Dem ist zuzustimmen. Wenn die gezahlten oder beigetriebenen Unterhaltsleistungen, die der Elternteil in Prozeßstandschaft hatte titulieren und vollstrecken lassen, einer treuhandartigen Zweckbindung zugunsten des Kindes unterliegen mit der Folge, daß eigene Gläubiger dieses Elternteils keinen Zugriff auf diese Unterhaltsleistungen haben (BGH aaO), dann hat der Prozeßstandschafter-Elternteil im Verhältnis zum Kind die Stellung eines Treuhänders (**aA** wohl BGB-RGRK/WENZ Rn 47). Diese treuhänderische Zweckbindung ergibt sich daraus, daß die Prozeßstandschaft keine Auswirkung auf die materiellrechtliche Lage hat (SCHWAB/MAURER Handbuch I Rn 538). Sie soll dem Kinde nützen, nicht aber schaden, was anzunehmen wäre, wenn sein Unterhalt aus seinem Vermögen ausgegliedert und dem des Prozeßstandschafters zugerechnet würde (BGH aaO; MünchKomm/HUBER RZ 105).

Auch das **Kind** kann **als Prozeßstandschafter** für den es betreuenden Elternteil **372** handeln. In Fällen etwa, in denen das Kindergeld an den barunterhaltpflichtigen Elternteil ausgezahlt wird, kann das Kind, wenn nur dieses seinen Unterhaltsanspruch außerhalb der Prozeßstandschaft geltend macht, selbst das anteilige Kindergeld, das dem betreuenden Elternteil zusteht und das der andere Elternteil auskehren muß, im Wege der Prozeßstandschaft mit einklagen (BGH FamRZ 1982, 887, 889; FamRZ 1988, 834, 835; BGB-RGRK/WENZ Rn 48).

b)   Wirkung für und gegen das Kind – Rechtskrafterstreckung

§ 1629 Abs 3 S 2 idF des UÄndG bestimmt, daß alle von einem Elternteil erwirkten **373** gerichtlichen Entscheidungen, also auch einstweilige Anordnungen, sowie die zwischen den Eltern über den Kindesunterhalt geschlossenen Vergleiche kraft Gesetzes für und gegen das Kind wirken. Soweit Urteile betroffen sind, handelt es sich um eine gesetzlich angeordnete Rechtskrafterstreckung.

374 Das bedeutet, daß das volljährig gewordene Kind keine Erstklage erheben kann, wenn zur Zeit seiner Minderjährigkeit eine Entscheidung (Urteil oder Vergleich) über seinen Kindesunterhalt ergangen ist. Es kann nur Abänderungsklage erheben. Die Annahme des OLG München (FamRZ 1995, 1293), das volljährig gewordene Kind müsse den Schuldner nach Eintritt der Volljährigkeit selbst mahnen, anders werde kein Verzug begründet, ist unzutreffend. Denn der Inhaber der Unterhaltsforderung ist und war das Kind. Er ist also ebenso identisch geblieben, wie der Schuldner (ebenso KRAUSE FamRZ 1996, 307 und OLG Naumburg FamRZ 2001, 1236). Ebenso ist der Unterhaltsschuldner zur Vermeidung der Zwangsvollstreckung auf Abänderungs-, negative Feststellungs- oder Zwangsvollstreckungsabwehrklage gegen das Kind verwiesen, wenn er weniger Unterhalt zahlen will (KRAUSE FamRZ 1996, 307; vgl unten Rn 385 ff).

375 Auch ein zwischen den Eltern geschlossener **Prozeßvergleich** wirkt unmittelbar für und gegen das Kind, ohne daß das Kind diesem Vergleich beizutreten braucht, ja überhaupt beitreten könnte (allein möglich ist ja Handeln in Prozeßstandschaft). Diese Regelung gilt erst seit Inkrafttreten des 1. EheRG, also seit dem 1. 7. 1977 für neue Scheidungs- und Ehesachen (OLG Hamburg FamRZ 1982, 524, 525; LG Hamburg FamRZ 1982, 524; zur Rechtslage vor Inkrafttreten des 1. EheRG KG NJW 1973, 2032, 2033; GERHARDT JZ 1969, 691, 697; WÄCHTER FamRZ 1976, 253 ff mwNw). Für Vergleiche im Anordnungsverfahren besteht diese Regelung erst seit dem Inkrafttreten des UÄndG am 1. 4. 1986 (OLG Brandenburg FamRZ 2000, 1377; für den Rechtszustand bis 31. 3. 1986 vgl BGH LM § 162 Nr 3 = NJW 1983, 2200 = FamRZ 1983, 892, 893).

Es braucht also nicht mehr geprüft zu werden, ob das Kind einen eigenen Anspruch nach § 328 erhalten sollte (so aber bei Vergleichen aus der Zeit vor Inkrafttreten des 1. EheRG, BGH FamRZ 1979, 787, 789; 1980, 342, 343; zur Zwangsvollstreckung aus solchen Vergleichen BGH NJW 1983, 684 = FamRZ 1982, 587; OLG Hamburg FamRZ 1982, 524).

Zu prüfen bleibt aber, ob **auch** dem Elternteil ein Erfüllungsanspruch eingeräumt werden sollte, was ihn für Folgeklagen auf Abänderung ebenso legitimiert wie für die Zwangsvollstreckung. Entgegen KG (FamRZ 1984, 505; siehe auch SOERGEL/STRÄTZ Rn 44) spricht für einen derartigen Willen der Parteien keine tatsächliche Vermutung (OLG Hamm FamRZ 1981, 1200; OLG Hamburg FamRZ 1985, 624, 625; AG Berlin-Charlottenburg FamRZ 1984, 506).

376 Private (außergerichtliche) Unterhaltsvergleiche fallen nicht unter Abs 3. Sie schaffen eigene Ansprüche des Kindes nur, wenn der Vergleich (auch) im Namen des Kindes geschlossen ist (OLG Hamburg FamRZ 1981, 490), wenn das Kind ihm beigetreten ist oder es sich um einen Vertrag zu seinen Gunsten handelt (MünchKomm/ HUBER RZ 106; RAUSCHER § 33 Rn 1056; RIEMANN DNotZ 1998, 456, 462; zweifelnd OLG Frankfurt FuR 2002, 550).

377 Einstweilige Anordnungen wirken seit Inkrafttreten des UÄndG am 1. 4. 1986 auch unmittelbar für und gegen das Kind. Zuvor wurde seit Inkrafttreten des 1. EheRG am 1. 7. 1977 durch einstweilige Anordnung nur eine Unterhaltspflicht der Ehegatten im Verhältnis zueinander begründet; das Kind wurde aus der einstweiligen Anordnung nicht berechtigt und nicht verpflichtet (BGH LM § 1612 Nr 3 = NJW 1983, 2200 =

FamRZ 1983, 892; OLG Köln FamRZ 1983, 646 = DAVorm 1983, 526; OLG Bremen FamRZ 1984, 70; zur Kritik vgl Budde MDR 1985, 982 ff; vgl im übrigen oben Rn 326).

Altanordnungen, die zwischen dem 1.7.1977 und dem 31.3.1986 erlassen wurden, wirken auch nicht ab 1.4.1986 für und gegen das Kind (BGH NJW 1986, 3082 = MDR 1987, 129 = FamRZ 1986, 878, 879; OLG Köln FamRZ 1987, 957; aA Schwab/Maurer Handbuch I Rn 540).

Durch das UÄndG ist die Prozeßstandschaft aus § 1629 Abs 3 auf einstweilige Anordnungen erweitert worden. Nach Abs 3 S 2 umfaßt die Prozeßstandschaft sowie die Wirkung für und gegen das Kind nicht mehr nur Urteile, sondern allgemein Entscheidungen, worunter auch Anordnungen fallen. Dementsprechend sind in § 620 Nr 4 ZPO die Worte „im Verhältnis der Ehegatten zueinander" entfallen (Sedemund-Treiber FamRZ 1986, 209, 213; Diederichsen NJW 1986, 1462, 1464).

Vergleiche, die seit dem 1.4.1986 im Anordnungsverfahren geschlossen werden, **378** wirken nunmehr über Abs 3 S 2 ebenfalls unmittelbar für und gegen das Kind (OLG Brandenburg FamRZ 2000, 1377, 1378). Diese Wirkung haben Vergleiche, die im Kindes-unterhalts-Anordnungsverfahren vor dem 1.4.1986 geschlossen sind, nicht. Diese Altvergleiche fallen unter Abs 3 S 2 nur, wenn sie auch den Unterhalt nach Schei-dung regeln sollten (dann Folgesache), wofür aber besondere Anhaltspunkte vor-liegen müssen (BGH LM § 1612 Nr 3 = NJW 1983, 2200 = FamRZ 1983, 892, 893; OLG Hamburg FamRZ 1982, 412 = DAVorm 1982, 266).

c) Zwangsvollstreckung
Aus dem in Prozeßstandschaft erwirkten Titel kann der verantwortliche Elternteil **379** als Titelgläubiger vollstrecken. Das geschieht unmittelbar nach §§ 724, 725 ZPO. Denn das Recht auf Erteilung der vollstreckbaren Ausfertigung steht grundsätzlich der Partei zu, die den Vollstreckungstitel erstritten hat (BGH NJW 1983, 1678 = JZ 1983, 150; NJW 1984, 806 = MDR 1984, 385 = JR 1984, 287 m Anm Gerhardt; NJW 1991, 839 = FamRZ 1991, 295).

Zum Zwecke der Zwangsvollstreckung kann der Titel freilich auf das Kind umge-schrieben werden, § 727 ZPO, jedenfalls dann, wenn der Prozeßstandschafter nicht seinerseits eine vollstreckbare Ausfertigung beantragt, der Schuldner also der Ge-fahr der Doppelvollstreckung nicht ausgesetzt wird (BGH NJW 1983, 1678 = JZ 1983, 150; NJW 1984, 806 = MDR 1984, 385 = JR 1984, 287 m Anm Gerhardt; OLG Karlsruhe FamRZ 1980, 1059, 1060; OLG Hamm FamRZ 2000, 365 und 1590; Zöller/Stöber § 727 ZPO Rn 13; Palandt/ Diederichsen Rn 39). Teilweise wird auch angenommen, sowohl der Prozeßstand-schafter-Elternteil als auch das Kind könnten vollstrecken (OLG Hamburg FamRZ 1984, 927; KG FamRZ 1984, 505; Soergel/Strätz Rn 44; aA Becker/Eberhardt ZZP 104 [1991] 415, 427; Hochgräber FamRZ 1996, 272).

Umstritten ist, wer aus dem so berechtigterweise erwirkten Titel nach Beendigung **380** der Prozeßführungsbefugnis vollstrecken darf:

Einerseits wird angenommen, daß mit dem Erlöschen der Prozeßführungsbefugnis auch die Befugnis zur Vollstreckung aus einem solchen Titel entfalle, die Prozeß-führungsbefugnis müsse als Prozeß- und Vollstreckungsvoraussetzung während der gesamten Verfahrensdauer fortbestehen, § 265 Abs 2 ZPO sei auf den Verlust der Prozeßführungsbefugnis nicht, auch nicht analog anzuwenden (OLG Frankfurt FamRZ 1983, 1268; Zöller/Vollkommer vor § 50 Rn 22). Nach dem Erlöschen der Prozeßführungsbefugnis könne nur noch das Kind (bei Minderjährigkeit in gesetzlicher Vertretung, als Volljähriger selbständig) vollstrecken, zu diesem Zweck müsse der Titel auf das Kind umgeschrieben werden (SchlHOLG SchlHAnz 1982, 111; OLG Frankfurt FamRZ 1983, 1268; OLG Hamburg FamRZ 1985, 624; OLG Celle FamRZ 1992, 842; OLG Hamm FamRZ 1992, 843; OLG Oldenburg FamRZ 1992, 844; AG Berlin-Charlottenburg FamRZ 1984, 506; Palandt/Diederichsen Rn 36; Rolland Rn 24; Giessler Rn 561). Geschehe das nicht, vollstrecke der Prozeßstandschafter also weiter im eigenen Namen, so könne der Schuldner hiergegen Erinnerung nach § 766 ZPO einlegen (OLG Frankfurt FamRZ 1983, 1268 und Giessler aaO) oder Vollstreckungsabwehrklage erheben (SchlHOLG SchlHAnz 1982, 111; OLG Köln FamRZ 1985, 626; OLG München FamRZ 1990, 653).

381 Demgegenüber wird überwiegend die Ansicht vertreten, die Vollstreckungsbefugnis ende nicht bereits mit dem Entfallen der Prozeßstandschaft nach Abs 3 S 1. Vielmehr könne der Titelinhaber, auch wenn zB die Prozeßstandschaft durch Eintritt der Rechtskraft des Scheidungsausspruchs erloschen sei, die Zwangsvollstreckung aus **eigenem Recht** betreiben (OLG Hamm FamRZ 1981, 589; KG FamRZ 1984, 505; OLG Hamburg FamRZ 1984, 927, 928; OLG Köln FamRZ 1985, 626; OLG Nürnberg FamRZ 1987, 1172 = DAVorm 1987, 803 = JurBüro 1988, 383; SchlHOLG FamRZ 1990, 189; OLG Frankfurt FamRZ 1994, 453; LG Düsseldorf FamRZ 1986, 87 [LS] = Rpfleger 1985, 497 = JurBüro 1985, 1735; BGB-RGRK/Wenz Rn 54; MünchKomm/Huber Rn 107; Palandt/Diederichsen Rn 39; Schwab/Maurer, Handbuch I Rn 537; Zöller/Stöber § 724 ZPO Rn 3; Gernhuber/Coester-Waltjen § 58 IV 2; Hochgräber FamRZ 1996, 272). Dem Prozeßstandschafter sei weiter die Vollstreckungsklausel, für die es auf die materiellrechtliche Lage nicht ankomme, zu erteilen, selbst wenn die Veränderung der materiellen Rechtslage offenkundig sei (KG aaO; OLG Hamburg aaO; OLG Köln aaO). Der Urkundsbeamte prüfe nicht von Amts wegen, ob die Vollstreckungsklausel wegen Rechtskraft der Scheidung zu verweigern sei. Der Unterhaltsschuldner könne aber einwenden, daß die Prozeßführungsbefugnis durch Eintritt der Rechtskraft der Scheidung erloschen sei (SchlHOLG SchlHAnz 1982, 111; OLG Frankfurt FamRZ 1983, 1268; OLG Hamburg FamRZ 1985, 624; OLG Köln FamRZ 1985, 626). Er könne diesen Einwand mit der Vollstreckungsabwehrklage durchsetzen (SchlHOLG und OLG Köln aaO; OLG München FamRZ 1990, 653; Becker-Eberhard ZZP 104, 415, 431; Hochgräber FamRZ 1996, 272; **aA** OLG Frankfurt FamRZ 1983, 1268: Erinnerung gem § 766 ZPO).

382 Einige Oberlandesgerichte (OLG Karlsruhe FamRZ 1980, 1059, 1060; OLG Hamm FamRZ 1981, 1200, 1201) haben die Frage offengelassen. Das SchlHOLG (FamRZ 1990, 189) und das AG Viersen (FamRZ 1988, 1306 f) differenzieren nach dem Grund des Endes der Prozeßstandschaft: nach Eintritt der Volljährigkeit könne nur noch das Kind vollstrecken; ihm müsse die Entscheidung darüber überlassen bleiben.

383 Der Ansicht, daß der Prozeßstandschafter auch dann vollstreckungsbefugt bleibt, wenn die Prozeßstandschaft beendet ist, solange nicht die Klausel auf den Inhaber des materiellen Anspruchs umgeschrieben ist (BGH NJW 1983, 1678 = JZ 1983, 150; NJW 1984, 806 = MDR 1984, 385 = JR 1984, 287 m Anm Gerhardt), ist auch für den Fall der gesetzlichen Prozeßstandschaft nach Abs 3 zuzustimmen. Die gegenteilige Ansicht, die zur Durchsetzung des in Prozeßstandschaft erstrittenen Titels stets die

Umschreibung der Klausel verlangt, läßt unbeachtet, daß es sich bei der Prozeßführungsbefugnis aus § 1629 nicht um einen der Rechtsnachfolge vergleichbaren Fall handelt. Vielmehr ist und bleibt hier Inhaber des materiellen Unterhaltsanspruchs stets das Kind. Sein Anspruch ist durch die Prozeßstandschaft nicht aus seinem Vermögen ausgegliedert; auch nach Beendigung der Prozeßstandschaft ist das Kind unverändert materiell berechtigt geblieben. Allein zu seinem Schutz und zur schnellen Realisierung seines Unterhaltsanspruchs ist in Abs 3 die gesetzliche Prozeßstandschaft eingeführt. Dieser Sinn würde in sein Gegenteil verkehrt, würde auf diese Weise dem Kind nur ein Titel geschaffen, der nach Beendigung der Elterntrennung oder der Ehesache stets umgeschrieben werden müßte, bevor aus ihm vollstreckt werden könnte (ähnlich MünchKomm/HUBER Rn 107; BGB-RGRK/WENZ Rn 54; aA wohl AG Tempelhof-Kreuzberg FamRZ 2002, 893).

Das bedeutet, daß der Prozeßstandschafter-Elternteil, der den Titel erstritten hat, **384** nach Beendigung der Prozeßführungsbefugnis der richtige Vollstreckungsgläubiger ist. Er beantragt im eigenen Namen die Klausel und führt die Zwangsvollstreckung aus eigenem Recht durch. In diesem Sinne hat im Jahre 1990 der 9. Zivilsenat des BGH (BGHZ 113, 90 = NJW 1991, 839 = FamRZ 1991, 295 = DAVorm 1991, 332) entschieden. Er ist zu dem Ergebnis gelangt, daß die Mutter nach rechtskräftigem Scheidungsausspruch berechtigt war, Unterhaltsansprüche des Kindes, die sie als Prozeßstandschafterin für das Kind hatte titulieren lassen, anschließend im eigenen Namen vollstrecken zu lassen. Dabei hat der BGH jedoch gleichzeitig auf die treuhänderische Zweckbindung der durch Pfändung verwirklichten Unterhaltsansprüche des Kindes hingewiesen, die dem Kind zustehen und zufließen sollen und demgemäß bei der Erfüllung nicht zum Vermögen der Mutter, sondern nach wie vor zum Vermögen des Kindes gehören, aus dem sie kraft der Prozeßstandschaft nicht ausgegliedert worden seien. Demgemäß hat der BGH einem Gläubiger der Mutter, ihrem Prozeßbevollmächtigten, die Aufrechnung mit eigenen Honoraransprüchen gegenüber den durch Zwangsvollstreckung verwirklichten Kindesunterhaltszahlungen versagt, soweit die Honoraransprüche nicht im Zusammenhang mit der Durchsetzung des Kindesunterhalts standen.

d) Anpassungs- und Abwehrklagen
aa) Vollstreckungsabwehrklagen
Die Vollstreckungsabwehrklage gem § 767 ZPO ist zu erheben, wenn der Schuldner **385** den Verlust der materiell-rechtlichen Rechtsposition des Gläubigers nach der letzten mündlichen Verhandlung geltend macht. Sie kann zB dann erforderlich werden, wenn die Vertretung des Kindes durch Änderung der Sorgerechtsregelung entfällt, der Titelgläubiger (Prozeßstandschafter) aber dennoch weiter vollstreckt (OLG Köln FamRZ 1985, 626; OLG Nürnberg FamRZ 2002, 407).

Ob der Schuldner das Ende der Prozeßstandschaft im Vollstreckungsverfahren mit **386** der Zwangsvollstreckungsabwehrklage geltend machen kann, wird nicht einheitlich beurteilt. Während das OLG Frankfurt (FamRZ 1983, 1268) annimmt, der richtige Rechtsbehelf sei die Erinnerung nach § 766 ZPO, wird überwiegend die Ansicht vertreten, die Vollstreckungsabwehrklage nach § 767 ZPO sei das richtige Mittel (SchlHOLG SchlHAnz 1982, 111; FamRZ 1990, 189; OLG Köln FamRZ 1985, 626; FamRZ 1995, 308; OLG München FamRZ 1990, 653; OLG Celle FamRZ 1992, 842; OLG Hamm FamRZ 1992, 843; OLG Oldenburg FamRZ 1992, 844; OLG Brandenburg FamRZ 1997, 509; OLG Hamm

FamRZ 2000, 365 und 1590; AG Viersen FamRZ 1988, 1306; PALANDT/DIEDERICHSEN Rn 36; MünchKomm/HUBER Rn 107; BECKER-EBERHARD ZZP 104 [1991] 415, 431; HOCHGRÄBER FamRZ 1996, 272). Dem ist zuzustimmen. Das gilt unabhängig von dem Grund des Wegfalls der Prozeßstandschaft, also zB durch Volljährigkeit (OLG Hamm FamRZ 1992, 843; OLG Oldenburg FamRZ 1992, 844; OLG Celle FamRZ 1992, 842; OLG Stuttgart FamRZ 1997, 1493) oder durch Wegfall der Obhut iSv § 1629 Abs 2 S 2 (OLG Brandenburg FamRZ 1997, 509; OLG München FamRZ 1997, 1493; STROHAL DAVorm 1997, 251).

387 Solange der Elternteil selbst noch aus dem nicht umgeschriebenen Titel vollstreckt, ist die zB auf Erfüllung gestützte Vollstreckungsabwehrklage nicht gegen das Kind, sondern gegen den vollstreckenden Elternteil zu richten. Denn derjenige, der die Zwangsvollstreckung betreibt, ist der richtige Gegner einer Vollstreckungsabwehrklage. Das kann, je nachdem, wer die Vollstreckung betreibt, der Prozeßstandschafter-Elternteil sein oder das betroffene Kind. Passivlegitimiert gegenüber der Vollstreckungsabwehrklage ist derjenige, dem die Klausel erteilt worden ist oder der die Zwangsvollstreckung in eigenem Namen betreibt (KG FamRZ 1984, 505 mwNw; OLG Nürnberg FamRZ 1987, 1172 = DAVorm 1987, 803 = JurBüro 1988, 383; AG Viersen FamRZ 1988, 1306 für eine einstweilige Anordnung nach § 620 Nr 4 aF ZPO, aus der ein Elternteil den Kindesunterhalt über die Volljährigkeit des betroffenen Kindes hinaus vollstreckte).

Hat die Prozeßstandschaft dadurch geendet, daß die elterliche Sorge für das Kind allein auf den Beklagten/Titelschuldner übergegangen ist, wodurch dem bisher betreuenden Elternteil/Prozeßstandschafter ein familienrechtlicher Ausgleichsanspruch gegen den Titelschuldner entstanden sein kann (vgl hierzu GIESSLER FamRZ 1997, 800; STROHAL DAVorm 1997, 251), kann der Titelgläubiger versucht sein, diesen eigenen Ausgleichsanspruch durch Zwangsvollstreckung aus dem Kindesunterhaltstitel zu verwirklichen und ebenso, diese eigenen Ansprüche einer Zwangsvollstreckungsabwehrklage entgegenzuhalten. Diese Versuche müssen erfolglos bleiben: Denn das Auswechseln des titulierten Anspruchs ist nicht zulässig (MünchKomm/HUBER Rn 107; JOHANNSEN/HENRICH/JAEGER Rn 13; HOCHGRÄBER FamRZ 1996, 272, 273).

bb) Abänderungsklagen

388 Abänderungsklagen nach § 323 ZPO, ebenso Abänderungen im vereinfachten Verfahren nach § 645 ZPO (anders uU bei einem Titel aus der Zeit vor dem 1. 7. 1977, AG Ulm FamRZ 1988, 860 [LS]), sind unabhängig davon, ob Kind oder Elternteil die Zwangsvollstreckung im eigenen Namen betreiben, nach dem Ende der Prozeßstandschaft auch dann, wenn der Titel noch nicht umgeschrieben ist (OLG Karlsruhe FamRZ 1980, 1059), ausschließlich gegen den Inhaber des materiellen Unterhaltsanspruchs, also gegen das Kind zu richten (BGH LM § 323 ZPO Nr 35 = NJW 1983, 1976 = FamRZ 1983, 806; OLG Hamm FamRZ 1980, 1060; 1981, 589 u 1200; 1990, 1375, 1376; OLG Frankfurt FamRZ 1980, 1059; OLG Karlsruhe FamRZ 1980, 1059 u 1149; OLG Hamm FamRZ 1990, 1375; OLG Köln FamRZ 1995, 1503 [LS]; OLG Brandenburg FamRZ 2000, 1378; MünchKomm/ HUBER Rn 108; SOERGEL/STRÄTZ Rn 44; ERMAN/MICHALSKI Rn 20 b; BGB-RGRK/WENZ Rn 56; ROLLAND Rn 24; PALANDT/DIEDERICHSEN Rn 40; ZÖLLER/VOLLKOMMER § 323 ZPO Rn 30, 38).

Das Kind führt auch aktiv die Abänderungsklage. Das ist die Folge der Rechtskrafterstreckung und zugleich eine Ausnahme von dem Grundsatz der Parteienidentität im Abänderungsverfahren (BGH NJW 1983, 684 = FamRZ 1982, 587, 588; LM § 323 ZPO

Nr 35 = NJW 1983, 1976 = FamRZ 1983, 806; FamRZ 1986, 254, 255; OLG Karlsruhe FamRZ 1980, 1059, 1149; OLG Brandenburg FamRZ 2002, 1270).

Auch wenn das Kind volljährig geworden ist, kommt nur die Abänderungsklage des **389** Kindes, keine Erstklage bzw eine gegen das Kind gerichtete Abänderungsklage in Betracht (BGH NJW 1984, 1613 = FamRZ 1984, 862 mwNw; BGB-RGRK/Wenz Rn 56; Schwab/ Maurer Handbuch I Rn 536).

Solange die Prozeßstandschaft besteht, kann die Abänderungsklage aktiv und passiv **390** nur von dem Prozeßstandschafter geführt werden (KG FamRZ 1988, 313, 314; Palandt/ Diederichsen Rn 40; MünchKomm/Huber Rn 108; Zöller/Vollkommer § 323 ZPO Rn 38 mwNw).

cc) Negative Feststellungsklage/Aufhebung der einstweiligen Anordnung

Gegen eine einstweilige Anordnung betreffend Kindesunterhalt, die in Prozeßstand- **391** schaft erwirkt ist, ist nach Beendigung der Prozeßstandschaft die (allein zulässige) negative Feststellungsklage (nicht etwa Abänderungsklage, BGH LM § 323 ZPO Nr 33 = NJW 1983, 1330 = FamRZ 1983, 355) nur gegen das Kind zu richten, nicht mehr (auch) gegen den Prozeßstandschafter. Dagegen ist der in Prozeßstandschaft handelnde Elternteil während des Bestehens der Prozeßführungsbefugnis allein passiv-legitimiert (OLG Zweibrücken FamRZ 1986, 1237).

Gegen eine vor dem 1. 4. 1986 ergangene einstweilige Anordnung auf Regelung des **392** Kindesunterhalts im Verhältnis der Eltern zueinander betreffend ein danach volljährig gewordenes Kind kann der Schuldner gegenüber dem vollstreckenden anderen Elternteil negative Feststellungsklage erheben (OLG Frankfurt FamRZ 1991, 1210).

dd) Bereicherungsklage

Ansprüche aus ungerechtfertigter Bereicherung wegen zuviel geleisteten Kindesun- **393** terhalts sind gegen das Kind selbst und nicht gegen den insoweit nicht passiv-legitimierten Elternteil zu richten (OLG Karlsruhe FamRZ 1982, 111; Erman/Michalski Rn 20 b; **aA** KG FamRZ 1979, 327: gegen den anderen Elternteil).

ee) Widerklage

Will der beklagte Vater nach Ende der Prozeßstandschaft der Mutter als Fortsetzung **394** des Verfahrens wegen eines bei ihm lebenden Kindes Widerklage erheben, so soll dies unzulässig sein, weil die Widerklage jetzt gegen das Kind und nicht mehr gegen die Mutter zu richten sei (OLG Köln FamRZ 2005, 1259 m abl Anm Gottwald FuR 2005, 330; zustimmend Soyka FamRKompakt 2005, 113).

§ 1629a
Beschränkung der Minderjährigenhaftung

(1) Die Haftung für Verbindlichkeiten, die die Eltern im Rahmen ihrer gesetzlichen Vertretungsmacht oder sonstige vertretungsberechtigte Personen im Rahmen ihrer Vertretungsmacht durch Rechtsgeschäft oder eine sonstige Handlung mit Wirkung für das Kind begründet haben, oder die auf Grund eines während der Minderjährigkeit erfolgten Erwerbs von Todes wegen entstanden sind, beschränkt sich auf den

Lore Maria Peschel-Gutzeit\
Michael Coester

Bestand des bei Eintritt der Volljährigkeit vorhandenen Vermögens des Kindes; dasselbe gilt für Verbindlichkeiten aus Rechtsgeschäften, die der Minderjährige gemäß §§ 107, 108 oder § 111 mit Zustimmung seiner Eltern vorgenommen hat oder für Verbindlichkeiten aus Rechtsgeschäften, zu denen die Eltern die Genehmigung des Vormundschaftsgerichts erhalten haben. Beruft sich der volljährig Gewordene auf die Beschränkung der Haftung, so finden die für die Haftung des Erben geltenden Vorschriften der §§ 1990, 1991 entsprechende Anwendung.

(2) Absatz 1 gilt nicht für Verbindlichkeiten aus dem selbständigen Betrieb eines Erwerbsgeschäfts, soweit der Minderjährige hierzu nach § 112 ermächtigt war, und für Verbindlichkeiten aus Rechtsgeschäften, die allein der Befriedigung seiner persönlichen Bedürfnisse dienen.

(3) Die Rechte der Gläubiger gegen Mitschuldner und Mithaftende, sowie deren Rechte aus einer für die Forderung bestellten Sicherheit oder aus einer deren Bestellung sichernden Vormerkung werden von Absatz 1 nicht berührt.

(4) Hat das volljährig gewordene Mitglied einer Erbengemeinschaft oder Gesellschaft nicht binnen drei Monaten nach Eintritt der Volljährigkeit die Auseinandersetzung des Nachlasses verlangt oder die Kündigung der Gesellschaft erklärt, ist im Zweifel anzunehmen, dass die aus einem solchen Verhältnis herrührende Verbindlichkeit nach dem Eintritt der Volljährigkeit entstanden ist; Entsprechendes gilt für den volljährig gewordenen Inhaber eines Handelsgeschäfts, der dieses nicht binnen drei Monaten nach Eintritt der Volljährigkeit einstellt. Unter den in Satz 1 bezeichneten Voraussetzungen wird ferner vermutet, dass das gegenwärtige Vermögen des volljährig Gewordenen bereits bei Eintritt der Volljährigkeit vorhanden war.

Materialien: Art 1 Minderjährigenhaftungsbeschränkungsgesetz vom 29. 5. 1998 (BGBl I 2487).

Schrifttum

AHRENS, Existenzvernichtung Jugendlicher durch Deliktshaftung – Zu einer Fehlentscheidung des LG Dessau, VersR 1997, 1064
ATHANASIADIS, Die Beschränkung der Haftung Minderjähriger (2000)
BEHNKE, Das neue Minderjährigenhaftungsbeschränkungsgesetz, NJW 1998, 3078
ders, Minderjährige als Gesellschafter – Minderjährigenhaftungsbeschränkungsgesetz und Beratungspraxis, NZG 1999, 244
BITTNER, Die Einrede der beschränkten Haftung auf das Volljährigkeitsvermögen aus § 1629a BGB, FamRZ 2000, 325
CHRISTMANN, Die Geltendmachung der Haftungsbeschränkung zugunsten Minderjähriger, ZEV 1999, 416
dies, Die Geltendmachung der Haftungsbeschränkung Minderjähriger – weitere Anwendungsfälle des § 1629a, ZEV 2000, 45
COESTER, Die beschränkte Haftung von Minderjährigen – schuldrechtliche Risiken und Nebenwirkungen, in: FS W Lorenz (2001) 113
ders, No Risk, no Fun – zum Überschuldungsschutz für junge Volljährige, § 1629a, Jura 2002, 88
DAUNER-LIEB, Der Entwurf zur Beschränkung der Minderjährigenhaftung – ein Fremdkörper im Haftungssystem des Unternehmensrechts?, ZIP 1996, 1818

ECKEBRECHT, Praktische Folgen des Minderjährigenhaftungsbeschränkungsgesetzes, MDR 1999, 1248

FOMFEREK, Der Schutz des Vermögens Minderjähriger (2000)

GLÖCKNER, Die Haftung des Minderjährigen, FamRZ 2000, 1397

GRUNEWALD, Haftungsbeschränkungs- und -kündigungsmöglichkeiten für volljährig gewordene Personengesellschafter, ZIP 1999, 597

HABERSACK, Das neue Gesetz zur Beschränkung der Haftung Minderjähriger, FamRZ 1999, 1

HABERSACK/SCHNEIDER, Haftungsbeschränkung zu Gunsten Minderjähriger – aber wie?, FamRZ 1997, 649

HERTWIG, Verfassungsrechtliche Determinanten des Minderjährigenschutzes, FamRZ 1987, 124

HÜFFER, Die Fortführung des Handelsgeschäfts in ungeteilter Erbengemeinschaft und das Problem des Minderjährigenschutzes – Überlegungen zu den Entscheidungen BGHZ 92, 259 und BVerfG WM 1986, 828, ZGR 1986, 603

KLÜSENER, Das neue Minderjährigenhaftungsbeschränkungsgesetz, Rpfleger 1999, 55

KLUMPP, Beschränkung der Minderjährigenhaftung – ein überfälliges Gesetz, ZEV 1998, 409

LAUM/DYLLA-KREBS, Der Minderjährige mit beschränkter Haftung?, in: FS Vieregge (1995) 513

LOHSE/TRIEBEL, Vermögensverwaltende Gesellschaften bürgerlichen Rechts mit minderjährigen Gesellschaftern und gerichtliche Genehmigungspraxis, ZEV 2000, 337

LÖWISCH, Beschränkung der Minderjährigenhaftung und gegenseitiger Vertrag, NJW 1999, 1002

LUDYGA, Die Beschränkung der Minderjährigenhaftung, FPR 2006, 460

MALIK, Die Grenzen der elterlichen Vermögenssorge (1999)

MAY, Minderjährigkeit und Haftung (Diss Bonn 1991)

MÜLLER-FELDHAMMER, Mißbrauchsrisiken im Anwendungsbereich von § 1629a BGB, FamRZ 2002, 13

MUSCHELER, Haftungsbeschränkung zu Gunsten Minderjähriger (§ 1629a BGB), WM 1998, 2271

NICOLAI, Minderjährigenschutz: Keine zeitliche Beschränkung der Haftungsbeschränkungseinrede?, DB 1997, 514

PESCHEL-GUTZEIT, Elterliche Vertretung und Minderjährigenschutz, FamRZ 1993, 1009

dies, Das Minderjährigenhaftungsbeschränkungsgesetz oder: Wo bleibt der Schutz der Kinder vor Überschuldung?, FPR 1998, 74

dies, Überschuldungsschutz für Minderjährige, FPR 2006, 455

PESCHEL-GUTZEIT/JENCKEL, § 1629 BGB oder: Vom langen Leben einer Gesetzeslücke, FuR 1997, 34

PETERSEN, Der Minderjährige im Familien- und Erbrecht, Jura 2006, 280

RAMM, Die gesetzliche Vertretung durch die Eltern: Überholt und verfassungswidrig, NJW 1989, 1708

REIMANN, Der Minderjährige in der Gesellschaft – kautelare juristische Überlegungen aus Anlaß des Minderjährigenhaftungsbeschränkungsgesetzes, DNotZ 1999, 179

REUTER, Elterliche Sorge und Verfassungsrecht, AcP 192 (1992) 108

A SCHMIDT, Die Auswirkungen der Entscheidung des Bundesverfassungsgerichts vom 13.5.1986 auf den Minderjährigenschutz im Recht der Personengesellschaften (1991)

K SCHMIDT, Gesetzliche Vertretung und Minderjährigenschutz im Unternehmensprivatrecht: Bemerkungen zum Beschluß des BVerfG vom 13.5.1986, BB 1986, 1238

ders, Die gesetzliche Vertretung durch die Eltern: Notwendig und verfassungsmäßig, NJW 1989, 1712

ders, Minderjährigen-Haftungsbeschränkung im Unternehmensrecht: Funktioniert das? Eine Analyse des § 1626a BGB mit Rückblick auf BGHZ 92, 259 = NJW 1985, 136, JuS 2004, 361

ders, § 1629a BGB oder: Über den Umgang mit einer rechtstechnisch misslungenen Vorschrift, in: FS Derleder (2005) 601

STÜRNER, Zivilrechtliche Haftung junger Menschen – fortbestehender Reformbedarf im deutschen Recht? in: GS Lüderitz (2000) 789

THIEL, Das Gesetz zur Beschränkung der Haftung Minderjähriger (2002)

Michael Coester

dies, Finanzierung minderjähriger Sportler und die Einrede nach § 1629a BGB, SpuRt 2002, 1

THIELE, Kindesvermögen im Personalunternehmensrecht nach dem Beschluß des Bundesverfassungsgerichts vom 13.5.1986 – Bestandsaufnahme und Vorschlag einer Neuregelung (Diss Köln 1992)

ders, Die Auswirkungen des Beschlusses des Bundesverfassungsgerichts vom 13.5.1986 auf die elterliche Vertretungsmacht im Zusammen-

hang mit Personalunternehmen, FamRZ 1992, 1001

WAAS, Das Gesetz zur Beschränkung der Haftung Minderjähriger zwischen Selbstbestimmung und notwendigem Schutz des Minderjährigen, KritV 2000, 5

M WOLF, Vermögensschutz für Minderjährige und handelsrechtliche Haftungsgrundsätze, AcP 187 (1987) 319.

Systematische Übersicht

Alphabetische Übersicht

Michael Coester

I. Normbedeutung

1. Entstehungsgeschichte

1 Die Vorschrift ist die gesetzgeberische Reaktion auf eine Entscheidung des BVerfG von 1986, die die Regeln über die elterliche Vertretungsmacht (§§ 1629 Abs 1, 1643 Abs 1) insoweit für verfassungswidrig erklärt hatte, als sie es den Eltern ermöglichen, ihre minderjährigen Kinder in so hohe Schulden zu verstricken, daß ihnen nach Erreichen der Volljährigkeit eine eigenverantwortliche ökonomische Lebensgestaltung praktisch nicht mehr möglich ist (BVerfGE 72, 155: Verstoß gegen Art 2 Abs 1 GG [allgemeine Handlungsfreiheit] und Art 2 Abs 1 iVm Art 1 Abs 1 GG [allgemeines Persönlichkeitsrecht]. Zum Ausgangsfall und zur Prozeßgeschichte s BT-Drucks 13/5624, 6; PESCHEL-GUTZEIT/ JENCKEL FuR 1997, 34 f; MUSCHELER WM 1998, 2271, 2273 ff; GLÖCKNER FamRZ 2000, 1397, 1398 f). Über eine angemessene, verfassungskonforme Lösung entspann sich in der Folgezeit eine intensive Diskussion (s alle Schrifttumsangaben vor 1998). Zu Anfang der 90er Jahre legten sowohl die Stadt Hamburg wie auch das BJM Gesetzesentwürfe vor (zum Hamburger Entwurf von September 1992 s BR-Drucks 623/93, Anh; PESCHEL-GUTZEIT FamRZ 1993, 1009 ff; LAUM/DYLLA-KREBS, in: FS Vieregge [1995] 513, 522 f. Zum Diskussionsentwurf des BJM von Juni 1993 s LAUM/DYLLA-KREBS aaO 524 ff). Dennoch dauerte es fast dreizehn Jahre, bis der Gesetzgeber mit dem „Minderjährigenhaftungsbeschränkungsgesetz" (MHBG), dessen Kernstück § 1629a bildet, dem Regelungsauftrag des BVerfG nachkam (MHBG vom 29. 5. 1998, BGBl I 2487, in Kraft getreten am 1. 1. 1999; zu Übergangsvorschriften s Art 3 MHBG, vgl auch unten Rn 17). Trotz ihrer rechtsethischen und verfassungsrechtlichen Verankerung scheint die praktische Bedeutung der Vorschrift hingegen eher gering zu sein (zu den Gründen s K Schmidt JuS 2004, 361 ff).

2. Inhalt

Das Gesetz eröffnet dem volljährig Gewordenen die Möglichkeit, seine Haftung für **2** zur Zeit seiner Minderjährigkeit begründete Verbindlichkeiten („Altverbindlichkeiten") einredeweise auf das am 18. Geburtstag vorhandene Vermögen („Altvermögen" oder „Volljährigkeitsvermögen") zu beschränken. Damit droht zwar ein Verlust dieser Aktiva, aber eine in die Zukunft wirkende Überschuldung des Volljährigen kann abgewehrt werden – der junge Mensch hat bei Eintritt in die Volljährigkeit schlimmstenfalls einen Vermögensstand von „Null" (BT-Drucks 13/5624, 8), auf das fortan erworbene Vermögen („Neuvermögen") können die Altgläubiger nicht zugreifen. Unberührt bleiben daneben die allgemeinen Behelfe der InsO (Restschuldbefreiung, §§ 286 ff InsO; Schuldenbereinigung, §§ 304 ff InsO). Gegenüber einem Verbraucherinsolvenzverfahren bietet § 1629a Abs 1 eine deutlich schnellere und einfachere Lösung (Melchers FPR 2006, 66, 70).

§ 1629a umschreibt die Verbindlichkeiten, für die die Haftung beschränkt werden **3** kann (Abs 1), und regelt einige Ausnahmen (Abs 2), stellt des weiteren klar, daß Sicherheiten des Minderjährigen oder Dritter für die Verbindlichkeit unberührt bleiben (Abs 3), und stellt schließlich in Abs 4 zwei Vermutungen zu Gunsten des Rechtsverkehrs auf, wenn der volljährig Gewordene Mitglied einer Gemeinschaft oder Gesellschaft ist oder Alleininhaber eines Handelsgeschäfts und dieses Engagement nicht binnen drei Monaten (durch Kündigung oder Aufgabe des Geschäftsbetriebs) beendet. Flankierend eröffnet § 723 Abs 1 S 3–6 eine außerordentliche Kündigungsmöglichkeit.

Mit diesem **„Haftungsbeschränkungsmodell"** hat sich der Gesetzgeber gegen das **4** gleichfalls diskutierte **„Genehmigungsmodell"** entschieden. Nach diesem (vom BVerfG ebenfalls als mögliche Lösung angedeutete) Modell sollte der Minderjährigenschutz durch eine Fortschreibung und Modernisierung des Katalogs genehmigungspflichtiger Geschäfte (§§ 1643, 1821, 1822) sichergestellt werden. Nach der Begründung des RegE hätte das Genehmigungsmodell jedoch einen nahtlosen Schutz des Minderjährigen vor Überschuldung nicht gewährleistet – die den Gerichten abverlangten wirtschaftlichen Prognosen würden diese sachlich und vom Geschäftsanfall her überfordern, sowohl falsche Entscheidungen, unvorhergesehene Entwicklungen oder nicht erfaßte Geschäfte seien unvermeidbar, und der lange Zeitablauf für das Genehmigungsverfahren würde den Bedürfnissen des Geschäftsverkehrs zuwiderlaufen (BT-Drucks 13/5624, 6 f; ausführlich Muscheler WM 1998, 2271, 2274 f; Peschel-Gutzeit FamRZ 1993, 1009 ff; Waas KritV 2000, 5, 11 ff). Zwar wurden auch die Nachteile des Haftungsbeschränkungsmodells nicht verkannt, insbes die Zurücksetzung der Gläubigerinteressen gegenüber den Interessen des volljährig Gewordenen (**krit** vor allem auch Reuter AcP 192 [1992] 108, 134 ff; für das Haftungsbeschränkungsmodell zuerst M Wolf AcP 187 [1987] 319, 327 ff). Insgesamt seien aber die Risiken, die das Haftungsbeschränkungsmodell für den Geschäftsverkehr mit sich bringe, deutlich geringer zu veranschlagen als die Interessengefährdung für den jungen Volljährigen ohne ein solches Modell (BT-Drucks 13/5624, 7).

5 Die nunmehr Gesetz gewordene Möglichkeit, die Haftung für Altverbindlichkeiten pauschal auf das am achtzehnten Geburtstag vorhandene Vermögen zu beschränken, geht deutlich über den Ausgangsfall und die Beanstandungen des BVerfG hinaus. Die elterliche Vertretungsmacht gem § 1629 wird zwar nicht in ihrer Substanz, wohl aber in ihren Folgen, dh ihren Wirkungsmöglichkeiten erheblich eingeschränkt. Der Überschuldungsschutz des § 1629a gilt jedoch nicht nur gegenüber elterlichen Sorgemaßnahmen, sondern gegenüber **allen fremdverantworteten Verbindlichkeiten**, die der junge Mensch bei Eintritt in die Volljährigkeit vorfindet. Aus dem Blickwinkel seines verfassungsrechtlich geschützten Persönlichkeitsrechts ist dieser umfassende Ansatz konsequent – für den jungen Volljährigen macht es wenig Unterschied, von wem und auf welcher Rechtsgrundlage Schulden verursacht worden sind, für die er einstehen muß (vgl BT-Drucks 13/5624, 8). Nur wird dadurch die gesetzessystematische Plazierung der Vorschrift im Recht der elterlichen Sorge fragwürdig (noch der Hamburger Entwurf 1992 und der Diskussionsentwurf von 1993 wollten die Regelung nach den §§ 107 ff einfügen; **krit** zur Gesetzessystematik BEHNKE NJW 1998, 3078; MUSCHELER WM 1998, 2271, 2272 Fn 7; GLÖCKNER FamRZ 2000, 1397, 1401).

3. Grenzen des Normbereichs; Verhältnis zu anderen Vorschriften

a) Persönlicher Geltungsbereich unzureichend

6 Obwohl dies die Hauptschutzrichtung des MHBG ist, erweist sich der gesetzliche Ansatz doch auch insoweit als zu eng. § 1629a schützt nur ehemals Minderjährige vor fremdverantworteter Überschuldung, nicht aber ehemals **betreute** oder unter **Pflegschaft** stehende Volljährige (vor allem § 1911), die ihre volle Eigenverantwortung wiedererlangen. Unter dem Aspekt der verfassungsrechtlich geschützten Handlungsfreiheit (Art 2 Abs 1 GG) und des allgemeinen Persönlichkeitsrechts (Art 2 Abs 1 mit Art 1 Abs 1 GG, vgl Rn 1) stehen diese Personen den volljährig gewordenen jungen Menschen gleich. Die minderjährigen Kinder im Ausgangsfall des BVerfG (Rn 1) waren nur *eine* Erscheinungsform einer übergreifenden Problematik: Schutz der Person vor den Langzeitfolgen zeitlich begrenzter Fremdbestimmung. Das Fehlen einer § 1629a entsprechenden Regelung für (ehemals) Betreute und Pfleglinge verletzt deren Grundrechte aus Art 1 und 2 GG ebenso wie bei ehemals Minderjährigen vor Inkrafttreten der Vorschrift (MUSCHELER WM 1998, 2271, 2278 f). Darüber hinaus liegt eine evidente Verletzung des Gleichbehandlungsgebots (Art 3 Abs 1 GG) vor.

b) Kein Schutz vor Verarmung

7 Der Überschuldungsschutz des § 1629a wahrt dem volljährig Gewordenen die Chance, Vermögen erwerben und damit eigenverantwortlich wirtschaften zu können (bei *dessen* Verlust bleibt noch die Restschuldbefreiung nach §§ 286 ff InsO) – das bis zur Volljährigkeit schon erworbene Vermögen bleibt hingegen dem Zugriff der (Alt-) Gläubiger ausgesetzt. Sein vollständiger Verlust ist das – wenn auch äußerste – Risiko, welches das Gesetz dem jungen Volljährigen zuweist. Vor Erreichung der Volljährigkeit greift nicht einmal diese Risikobegrenzung (krit K SCHMIDT, in: FS Derleder [2005] 601, 607). Schutz vor Verarmung durch elterliche Mißwirtschaft während der Minderjährigkeit ist nicht Thema des § 1629a, insoweit bleibt es bei den herkömmlichen Schutzansätzen: Präventivschutz durch familien- oder vormundschaftsgerichtliche Genehmigungspflicht (§§ 1643, 1821, 1822), unter Umständen Schadensersatzansprüche gegen die Eltern (§ 1664). Diese sind nicht nur wegen des

abgesenkten Sorgfaltsmaßstabs für die Eltern, sondern auch aus psychologischen Gründen von geringer praktischer Relevanz. Hinsichtlich des gerichtlichen Präventivschutzes muß gefragt werden, warum nicht – nachdem sich der Katalog der §§ 1821, 1822 als unzureichend und veraltet erwiesen hatte – ergänzend zum Überschuldungsschutz des § 1629a eine Verbesserung des Verarmungsschutzes unternommen worden ist: *Insoweit* sind Haftungsbeschränkungs- und Genehmigungsmodell keine Alternative (vgl Rn 4), sondern kumulative Ansätze eines umfassenden Schutzes für Minderjährige (Dauner-Lieb ZIP 1996, 1818, 1824; Dickmeis DAVorm 1994, 682; Coester, in: FS W Lorenz [2001] 113, 117; ansatzweise schon M Wolf AcP 187 [1987] 319, 342; vgl auch Muscheler WM 1998, 2271, 2275, der jedoch – gegen obige Tendenz – jedenfalls die Frage einer analogen Ausweitung des Katalogs für erledigt hält [zu dieser Frage vgl Brüggemann FamRZ 1990, 5 ff, 124 ff]).

Unabhängig davon ist unklar, ob und welche **Auswirkungen § 1629a auf die gericht-** 8 **liche Praxis zu §§ 1821, 1822** haben sollte. Zum Teil wird kein Anlaß gesehen, diese Normen anders zu handhaben als bisher (Reimann DNotZ 1999, 179, 187), zum Teil wird aber auch eine gewisse Lockerung der – insbes nach der Entscheidung des BVerfG von 1986 – sehr restriktiven Genehmigungspraxis (vgl BayObLG DNotzZ 1998, 495) für angemessen erachtet, da eine Risikoverwirklichung nunmehr durch die Einrede der Haftungsbeschränkung aufgefangen werden könne; bei Mitgliedschaft des Minderjährigen in Gesellschaften kommt der Sonderkündigungsschutz des § 723 Abs 1 (Rn 84 ff) hinzu (OLG Braunschweig ZEV 2001, 75, 76 mit zustimmender Anmerkung Sticherling/Stücke; OLG Bremen NJW-RR 1999, 876, 877; LG München I ZEV 2000, 370, 372; Damrau ZEV 2000, 209, 213; Lohse/Triebel ZEV 2000, 337, 342; Glöckner ZEV 2001, 47, 49). Auf jeden Fall bleiben die *Kindesinteressen* der einzige Entscheidungsmaßstab – die Interessen von Gläubigern, die möglicherweise durch eine spätere Haftungsbeschränkung benachteiligt werden könnten, sind nicht (genehmigungsfeindlich) zu berücksichtigen (Muscheler WM 1998, 2271, 2275).

c) Selbstverantwortete Überschuldung

Verbindlichkeiten, die der Minderjährige selbst ohne fremdes Zutun verursacht hat, 9 unterfallen nicht der Einrede der Haftungsbeschränkung nach § 1629a (näher unten Rn 41 ff; zur Abgrenzung von elterlicher Fremdverantwortung s Rn 25). Hierzu gehören insbes auch **deliktische Verbindlichkeiten**, die den Minderjährigen nach § 828 Abs 3 treffen. Die dem MHBG zugrunde liegenden Wertungen des BVerfG, junge Menschen dürften nicht hoffnungslos überschuldet in die Volljährigkeit entlassen werden (Rn 1), gilt im Grundsatz auch für die deliktische Haftung des Minderjährigen. Gleiches gilt vice versa für eine Mitverantwortlichkeit bei Eigenschäden (§ 254; dazu Stürner, in: GS Lüderitz [2000] 789, 795, 808). Folgerichtig hat das BVerfG verfassungsrechtliche Zweifel auch an § 828 Abs 2 (aF, jetzt Abs 3) für „plausibel" gehalten (BVerfG NJW 1998, 3557, 3558; diese Zweifel sind durch die Schadensersatzrechtsreform 2002 nicht grundsätzlich behoben), und vereinzelt wird kritisiert, daß der Gesetzgeber des MHBG nicht den Überschuldungsschutz umfassend konzipiert und insbes auch die deliktische Eigenhaftung mit einbezogen habe (Ahrens VersR 1997, 1064; M Wolf AcP 187 [1987] 319; Glöckner FamRZ 2000, 1397, 1404 f; Rolfs JZ 1999, 233, 241; Palandt/Diederichsen Rn 2; vgl auch Goecke NJW 1999, 2305, 2310; Rauscher, Familienrecht Rn 1063; Stürner, in: GS Lüderitz [2000] 789 ff). Vereinzelt wird sogar eine analoge Anwendung des § 1629a Abs 1 auf Deliktsschulden gefordert (Ludyga FPR 2006, 460 ff).

10 Das Haftungsbeschränkungsmodell des § 1629a ist jedoch kein angemessener Ansatz für den Schutz Minderjähriger vor selbstverschuldeten Verbindlichkeiten. Das BVerfG (NJW 1998, 3557, 3558) hat – neben dem Hinweis auf § 286 ff InsO – eine einzelfallbezogene Haftungsmilderung durch die Zivilgerichte gem § 242 für möglich und geboten angesehen. Dieser Ansatz könnte vom Gesetzgeber konkretisiert und ausgebaut werden; es sind aber auch andere Lösungen denkbar (vgl STÜRNER, in: GS Lüderitz [2000] 789, 806 ff [Versicherungssystem]). Eine pauschale Haftungsbeschränkung mit Erreichen der Volljährigkeit würde der Vielfalt von Konstellationen hingegen nicht gerecht und wäre auch ein falsches Signal für das Verantwortungsbewußtsein Jugendlicher (KLUMPP ZEV 1998, 409, 411; COESTER, in: FS W Lorenz [2001] 123, 128 f; ders JURA 2002, 88, 90).

d) Anderweitiger Minderjährigenschutz

11 Anderweitige, bereichsspezifische Schutzansätze zu Gunsten Minderjähriger haben auch nach Inkrafttreten des § 1629a ihre Bedeutung grundsätzlich nicht verloren (zur gerichtlichen Genehmigungspflicht nach §§ 1821, 1822 s Rn 8). Dies gilt beispielsweise für die Nichtanwendung der **bereicherungsrechtlichen Saldotheorie** (oder entsprechender bereicherungsrechtlicher Privilegierungen von Minderjährigen, wie etwa bei der „Gegenleistungskondiktion" iSv CANARIS, in: FS W Lorenz [1991] 19 ff; LARENZ/CANARIS, Schuldrecht II/2 § 73 III 5 a). Die Sonderbehandlung des Minderjährigen im Bereicherungsrecht setzt voraus, daß dieser in nicht zurechenbarer Weise, also ohne elterliche Zustimmung gehandelt hat. Damit fehlt es am Merkmal der „Fremdverantwortung" für § 1629a (Rn 5 f, 17 ff), eigenmächtige Schuldenverursachung wird durch diese Norm nicht aufgefangen. Der in §§ 107 ff angelegte und im Bereicherungsrecht „verlängerte" Schutz gegen jugendliche Unvernunft behält deshalb weiterhin seinen Sinn (COESTER, in: FS W Lorenz [2001] 113, 128; **aA** HABERSACK/SCHNEIDER FamRZ 1997, 649, 655).

12 Ähnliches gilt für den Schutz Minderjähriger im Rahmen der Grundsätze über die **fehlerhafte (faktische) Gesellschaft**: Anders als erwachsene „Mitgesellschafter" haften sie für Schulden und Einlagen nicht (BGHZ 17, 165; K SCHMIDT, Gesellschaftsrecht § 6 III 3 c cc). § 1629a ist kein Anlaß, diesen Schutz zurückzunehmen und fortan von (nur) beschränkbarer Haftung auszugehen (GRUNEWALD ZIP 1999, 597, 600; K SCHMIDT JuS 2004, 361, 366; vgl REIMANN DNotZ 1999, 179, 188).

4. Mißbrauch der Haftungsbeschränkungsmöglichkeit

13 Die Regelung des § 1629a hat die Befürchtung aufkommen lassen, die **Eltern** könnten das Haftungsprivileg des Minderjährigen mißbrauchen: Statt riskante Geschäfte selbst zu tätigen, könnten sie ihr Kind als Vertragspartei vorschieben; eine Risikoverwirklichung könnte später dann mittels Einrede nach Abs 1 aufgefangen werden. Dem soll nach mancher Ansicht dadurch zu begegnen sein, daß die Eltern im Außenverhältnis bei evidentem Mißbrauch oder Kollusion entsprechend § 179 haften und im Innenverhältnis zum Kind nach § 1664; diesen Anspruch des Kindes könnten die Altgläubiger pfänden (BT-Drucks 13/5624, 9; ERMAN/MICHALSKI Rn 20; PALANDT/DIEDERICHSEN Rn 23; MünchKomm/HUBER Rn 40; BEHNKE NJW 1998, 3078, 3082; GLÖCKNER FamRZ 2000, 1397, 1400 f). Aus diesen Gründen hat auch der Gesetzgeber darauf verzichtet, den Ausfall des Minderjährigen als Schuldner (Abs 1) durch eine Ersatzhaftung der Eltern entsprechend § 179 zu kompensieren (BT-Drucks 13/5624, 9).

Beide Ansätze führen letztlich nicht weiter. Zwar ist es richtig, daß die elterliche **14** Vertretungsmacht bei evidentem Mißbrauch endet, die Eltern also ohne Vertretungsmacht iS der §§ 177 ff handeln (STAUDINGER/PESCHEL-GUTZEIT § 1629 Rn 154 mwNw). Allerdings zielen diese Grundsätze auf den Schutz des Vertretenen, also des Kindes, nicht des Dritten (MÜLLER-FELDHAMMER FamRZ 2002, 13, 15). Dessen Schadensersatzansprüche nach § 179 Abs 1 sind – wegen der notwendigen Evidenz des Mißbrauchs – durch § 179 Abs 3 S 1 ausgeschlossen (MUSCHELER WM 1998, 2277; COESTER, in: FS Lorenz [2001] 113, 122; THIEL 158 f).

Ein *Schadensersatzanspruch nach § 1664* (iVm § 280 Abs 1 oder §§ 823 ff; zum Streit über § 1664 als Anspruchsgrundlage oder lediglich als Haftungsmaßstab s STAUDINGER/ENGLER [2004] § 1664 Rn 6, 7; GERNHUBER/COESTER-WALTJEN § 57 Rn 37) setzt eine Interessenverletzung des *Kindes* voraus, die der Gläubiger ist irrelevant. Außerdem nimmt bei elterlicher Mißwirtschaft § 1629a Abs 1 den Schaden vom Kind, so daß ein pfändbarer Anspruch entfällt (MUSCHELER und COESTER aaO; vgl auch MÜLLER-FELDHAMMER FamRZ 2002, 13, 16).

Schlüssig erscheint demgegenüber der Vorschlag, die Eltern im Hinblick auf ihre **15** Sachwalterstellung und etwaiges Eigeninteresse einer verschärften Eigenhaftung Dritten gegenüber aus culpa in contrahendo (§ 311 Abs 2, 3) zu unterwerfen oder auch einer deliktsrechtlichen Garantenstellung wie beim GmbH-Geschäftsführer (MUSCHELER WM 1998, 2271, 277; vgl BGHZ 109, 297). Allerdings sollte das Risiko der Kontrahierung mit Minderjährigen dadurch nicht weitgehend vom Rechtsverkehr auf die Eltern verlagert werden: Der Rechtsverkehr muß das Risiko einer Haftungsbeschränkung nach § 1629a Abs 1 künftig einkalkulieren und kann sich durch Forderung von Sicherheiten (Abs 3) absichern (PESCHEL-GUTZEIT FamRZ 1993, 1009, 1014; MÜLLER-FELDHAMMER FamRZ 2002, 13, 16; THIEL 160).

Ein **Mißbrauch durch das volljährig gewordene Kind** selbst liegt jedenfalls nicht in der **16** Erhebung der Haftungsbeschränkungseinrede gemäß Abs 1, auch wenn diese erst nach längerer Zeit erfolgt (Rn 49) oder erst nach der Befriedigung eigener Ansprüche aus dem Altvermögen (Rn 61). Lediglich in Ausnahmefällen, etwa bei der Abwehr des Zugriffs von Neugläubigern auf ein deutlich positives Altvermögen, könnte an mißbräuchliche Ausübung der Einredemöglichkeit gedacht werden – dem kann jedoch mit dem Einwand des Rechtsmißbrauchs (§ 242) begegnet werden (Rn 63; vgl MÜLLER-FELDHAMMER FamRZ 2002, 13, 16).

II. Erfaßte Verbindlichkeiten

Der volljährig Gewordene kann seine Haftung für Verbindlichkeiten beschränken, **17** die während seiner Minderjährigkeit durch seine Vertreter begründet worden sind (unten Rn 18 ff, 24; s aber OLG München SpuRT 2003, 29 ff: keine Altverbindlichkeit, wenn nach Volljährigkeit für frühere Schuld ein abstraktes Schuldanerkenntnis abgegeben wird) oder durch ihn selbst mit Zustimmung seiner gesetzlichen Vertreter (unten Rn 25) oder die von Todes wegen auf ihn übergegangen sind (unten Rn 26). „Verbindlichkeiten" iS des § 1629a Abs 1 sind – wie aus Gesetzeszweck und –wortlaut eindeutig hervorgeht – nur solche Leistungspflichten, die aus dem *Vermögen* des volljährig Gewordenen zu erfüllen sind. Andere Leistungspflichten, gerichtet etwa auf Dienste oder Mitwirkung, können vom volljährig Gewordenen für die Zukunft nur nach allgemeinen Grundsätzen gekündigt werden (zB §§ 314, 626, 723, nach dem KSchG oä).

Erfaßt werden grundsätzlich alle fremdverantworteten Verbindlichkeiten; aus Sicht des Minderjährigenschutzes ist es gleichgültig, wer für den Minderjährigen gehandelt hat und auf welcher Rechtsgrundlage (BT-Drucks 13/5624, 8). § 1629a gilt auch für Verbindlichkeiten, die vor Inkrafttreten der Vorschrift (Rn 1) entstanden sind (BFH NJW 2004, 175, 176; MünchKomm/HUBER Rn 82).

1. Begründung durch Vertreter

a) Vertreterstellung

18 An erster Stelle nennt Abs 1 die **Eltern im Rahmen ihrer gesetzlichen Vertretungsmacht**, anknüpfend an § 1629 Abs 1 und den Normaltypus fremdverantwortlichen Handelns für das minderjährige Kind. Als (fingierte) gesetzliche Vertreter handeln die Eltern auch noch im Rahmen des § 1698a (STAUDINGER/COESTER [2006] § 1698a Rn 1, 7; MUSCHELER WM 1998, 2271, 2280). Nicht im Normtext angesprochen, aber vom Normsinn ohne weiteres mitumfaßt sind die Eltern aber auch insoweit, als sie auf Grund **anderer Vertretungsmacht** das Kind verpflichten – etwa als geschäftsführende Gesellschafter einer OHG, der auch das Kind angehört, oder als Testamentsvollstrecker (GLÖCKNER FamRZ 2000, 1397, 1401; MUSCHELER WM 1998, 2271, 2280). Auch können nichtsorgeberechtigte Elternteile rechtsgeschäftliche Vertretungsmacht vom Sorgeberechtigten erhalten haben (MünchKomm/HUBER Rn 9, 18; AnwKomm-BGB/KAISER Rn 12).

19 **Sonstige Personen** können kraft Gesetzes oder auf rechtsgeschäftlicher Grundlage vertretungsberechtigt sein. **Gesetzliche Vertretungsmacht** haben vor allem der **Vormund** (§ 1793 Abs 1 S 1) und der **Pfleger** (§§ 1915, 1793 Abs 1 S 1). Überflüssigerweise bestimmt § 1793 Abs 2 die „entsprechende" Anwendung des § 1629a und ist überdies mißverständlich eng gefaßt: Unter § 1629a fallen, über den Normtext hinaus, auch Vertretungshandlungen des Vormunds auf Grund anderweitiger Vertretungsmacht (vgl Rn 18) oder seine „sonstigen Handlungen" oder Handlungen anderer Personen mit Wirkung gegen das unter Vormundschaft stehende Kind (MUSCHELER WM 1998, 2271, 2278 f).

Gesetzliche Vertretungsmacht (wenn auch möglicherweise beschränkte) können aber auch andere Personen haben (s Aufzählung bei STAUDINGER/LÖWISCH [2004] § 278 Rn 110 ff), etwa **Pflegeeltern** (§§ 1688 Abs 1 S 1; 1632 Abs 4) oder **Stiefeltern** nach Verbleibensanordnung (§§ 1682, 1688 Abs 4) oder neben dem alleinsorgeberechtigten Elternteil auf Grund des „kleinen Sorgerechts" (§ 1687b Abs 1, 2; § 9 Abs 1, 2 LPartG; vgl PESCHEL-GUTZEIT FPR 2006, 455, 456). Auch der **Ehegatte** eines Minderjährigen vertritt diesen im Rahmen der „Schlüsselgewalt" des § 1357, unabhängig von der rechtlichen Qualifizierung dieser Verpflichtungsmacht (dazu STAUDINGER/VOPPEL [2007] § 1357 Rn 21 ff); die Verbindlichkeiten werden allerdings häufig (wenngleich nicht notwendig) unter § 1629a Abs 2 fallen (STAUDINGER/VOPPEL [2007] § 1357 Rn 31).

20 Die Vertretungsmacht sonstiger Personen kann aber auch auf anderer Rechtsgrundlage beruhen, etwa auf **rechtsgeschäftlicher Vollmacht** (erteilt durch die gesetzlichen Vertreter oder mit deren Zustimmung durch den Minderjährigen selbst) oder **gesellschaftsrechtlicher Handlungsmacht**. So wird der Minderjährige als Mitglied einer

BGB-Gesellschaft unmittelbar und persönlich durch Rechtshandlungen verpflichtet, die ein Mitgesellschafter für die Gesellschaft vornimmt („Theorie der Doppelverpflichtung", vgl BGHZ 79, 374, 377; 117, 168, 176; GRUNEWALD ZIP 1999, 597; HABERSACK JuS 1993, 1 ff). Probleme bereitet hingegen die Mitgliedschaft des Minderjährigen in einer OHG, KG oder Partnerschaftsgesellschaft: Die für die Gesellschaft Handlungsberechtigten (Mitgesellschafter, Prokuristen, Handlungsbevollmächtigte) vertreten rechtsgeschäftlich nur die Gesellschaft selbst, während die persönliche Haftung der einzelnen Gesellschafter aus dem Gesetz folgt (§§ 128, 161 Abs 2 HGB; § 8 Abs 1 PartGG). Gleichwohl rechnet die Begründung zum RegE des MHBG die Mitgesellschafter oder Prokuristen ohne weiteres zu den „sonstigen vertretungsberechtigten Personen" (BT-Drucks 13/5624, 8).

Im Ergebnis sollte nicht bezweifelt werden, daß auch die gesellschaftsrechtlich vermittelte Haftung des Minderjährigen unter § 1629a Abs 1 zu fassen ist – die Fremdverantwortung der Verbindlichkeiten war für den Gesetzgeber entscheidend, die Rechtskonstruktion sollte unerheblich sein (BT-Drucks 13/5624, 8; RAUSCHER, Familienrecht Rn 1060; K SCHMIDT JuS 2004, 361, 364; PESCHEL-GUTZEIT FPR 2006, 455, 456; **gegen** eine Anwendung des § 1629a nur KLUMPP ZEV 1998, 409, 411; HABERSACK/SCHNEIDER FamRZ 1997, 649, 653 [aber revidiert bei HABERSACK FamRZ 1999, 1, 3]). Dabei bleibt es letztlich gleich, ob man **Abs 1 direkt** (BEHNKE NJW 1998, 3078, 3079; ders NZG 1999, 244, 245; JAUERNIG/BERGER Rn 3) oder **analog anwendet** (HABERSACK FamRZ 1999, 1, 3; GLÖCKNER FamRZ 2000, 1397, 1402; RUST DStR 2005, 1992, 1995; MünchKomm/HUBER Rn 17; AnwKomm-BGB/KAISER Rn 11) oder ob man – dogmatisch am saubersten – die Vorgänge nicht als rechtsgeschäftliche Vertretung des Minderjährigen, sondern als „sonstige Handlungen" iS des Abs 1 einstuft (GRUNEWALD ZIP 1999, 597, 598; vgl dazu noch Rn 23).

b) Vertreterhandeln

Das Gesetz stellt rechtsgeschäftliche und sonstige Handlungen der Vertretungsperson gleich. **Rechtsgeschäftlich** begründete Verbindlichkeiten sind vor allem solche aus Verträgen des (vertretenen) Minderjährigen mit Dritten. Erfaßt sind nicht nur die Primärpflichten, sondern auch Nebenpflichten und Sekundärpflichten; auch die Rückabwicklung nach Rücktritt oder Bereicherungsrecht (Leistungskondiktion) ist noch dem rechtsgeschäftlichen Handeln des Vertreters zuzurechnen (anders MünchKomm/HUBER Rn 8 [„sonstige Handlungen"]). Zur Abgrenzung von der Eigenverantwortung des Minderjährigen s unten Rn 25. **21**

Abs 1 S 1 HS 2 stellt ausdrücklich klar, daß auch die **familien- oder vormundschafts**gerichtliche **Genehmigung eines Rechtsgeschäfts gem §§ 1643, 1821, 1822** die Beschränkbarkeit der Haftung durch den volljährig Gewordenen **nicht beseitigt** (die Erwähnung nur des Vormundschaftsgerichts im Normtext ist ein Redaktionsfehler). Dies ist zT heftig kritisiert worden (LAUM/DYLLA-KREBS, in: FS Vieregge [1995] 513, 537 f; HABERSACK/SCHNEIDER FamRZ 1997, 649, 652; HABERSACK FamRZ 1999, 1, 4; KLUMPP ZEV 1998, 409, 412; GLÖCKNER FamRZ 2000, 1397, 1403), aber im Ergebnis zu Unrecht: Gerichte sind ebensowenig wie Eltern vor wirtschaftlichen Fehlprognosen gefeit, und das Schutzbedürfnis des jungen Volljährigen vor erdrückender Überschuldung wird nicht dadurch geringer, daß neben den Eltern auch noch eine staatliche Instanz für wirtschaftliche Fehlprognosen verantwortlich ist (BT-Drucks 13/5624, 8, 12; PALANDT/DIEDERICHSEN Rn 5; M WOLF AcP 187 [1987] 319, 340; DAUNER-LIEB ZIP 1996, 1818, 1819; ECKEBRECHT MDR 1999, 1248, 1249 f; WAAS KritV 2000, 5, 17; RAUSCHER, Familienrecht Rn 1061). **22**

Zwar hätte schon ein Ausbau der gerichtlichen Genehmigungsvorbehalte den verfassungsrechtlichen Anforderungen genügt (Rn 4), der weitergehende Schutz durch die jetzige Gesetzesregelung ist aber verfassungsrechtlich nicht verboten. Damit unterliegen beispielsweise auch Verbindlichkeiten der Haftungsbeschränkungseinrede, die nach gerichtlich genehmigter Beteiligung des Minderjährigen an einer *Kapitalgesellschaft* dieser gegenüber bestehen (§ 1822 Nr 3; vgl unten Rn 87; BÜRGER RNotZ 2006, 156, 177 f; RUST DStR 2005, 1992, 1996).

Umgekehrt beseitigt die Möglichkeit einer Haftungsbeschränkung gem § 1629a nicht die Genehmigungs*bedürftigkeit* von Rechtsgeschäften nach den oben genannten Vorschriften – immerhin kann der volljährig Gewordene sein gesamtes Altvermögen verlieren (OLG Zweibrücken ZEV 2001, 76, 77; REIMANN DNotZ 1999, 179, 180; WAAS KritV 2000, 5, 16 f; BÜRGER RNotZ 2006, 156, 178). Wohl aber kann die Einredemöglichkeit aus § 1629a für die Gerichte zu einem Abwägungsfaktor im Genehmigungsverfahren werden (Erleichterung der Genehmigungs*fähigkeit*; OLG Bremen MittRhNotK 1999, 284; OLG Braunschweig ZEV 2001, 75, 76; OLG Zweibrücken ZEV 2001 76, 77; LG München I ZEV 2000, 370, 372; BÜRGER RNotZ 2006, 156, 178; GLÖCKNER ZEV 2001, 47, 49 f; DAMRAU ZEV 2000, 209, 210; THIEL 50 f; zurückhaltend OLG Hamm FamRZ 2001, 53, 54).

23 **Sonstige Handlungen** des Vertreters (zu Nichtvertretern Rn 24) sind *Realakte*, die Verbindlichkeiten zu Lasten des Minderjährigen begründen. Hierher rechnen zum einen schädigende Handlungen im Rahmen von Vertragsbeziehungen, für die der Minderjährige nach § 278 einstehen muß (AnwKomm-BGB/KAISER Rn 14; THIEL 37 f; zu Eigenhandlungen des Minderjährigen insoweit Rn 42). Auch eine Haftung kraft gesellschaftsrechtlicher Beteiligung kommt in Betracht (oben Rn 20; GRUNEWALD ZIP 1999, 597, 598: Der Rechtsgrund der Verbindlichkeit der *Gesellschaft* ist gleichgültig [Vertrag, Delikt, Bereicherung ua]). Eine Einstandspflicht des Minderjährigen über § 831 wird hingegen ausscheiden, da die Eltern oder sonstigen Vertreter mangels Weisungsgebundenheit nicht „Verrichtungsgehilfen" des Minderjährigen sind (KLUMPP ZEV 1998, 409, 411; MUSCHELER WM 1998, 2271, 2277 [jedoch für eine Haftung über § 31 analog, aaO Fn 61]; vgl STAUDINGER/ PESCHEL-GUTZEIT § 1629 Rn 182).

Die „Handlung" kann auch in einem pflichtwidrigen *Unterlassen* des Vertreters bestehen, wenn hieraus Verbindlichkeiten für den Minderjährigen erwachsen (MUSCHELER WM 1998, 2271, 2281; s auch unten Rn 26).

2. Nichtvertretungsberechtigte Personen

24 Nach dem Gesetzeswortlaut muß die Verbindlichkeit des Minderjährigen stets von einer vertretungsberechtigten Person zu verantworten sein, selbst wenn eine „sonstige Handlung" die Grundlage ist. Diese Beschränkung ist sachwidrig, da in diesen Fällen die Vertretungsmacht irrelevant ist. Entscheidend ist nur, daß Verbindlichkeiten aus fremdem Handeln dem Minderjährigen zugerechnet werden – etwa kraft Gesetzes im Gesellschaftsrecht (Rn 20, 23). Vom Schutzzweck des § 1629a her kann es keinen Unterschied machen, ob die Verbindlichkeit der Gesellschaft, für die der Minderjährige persönlich haftet, durch eine Person mit oder ohne Vertretungsmacht für die Gesellschaft verursacht worden ist (in unmittelbarer Vertretung des minderjährigen Gesellschafters wird ohnehin nicht gehandelt, s Rn 20). Haftet die Gesellschaft für Handlungen nichtvertretungsberechtigter Personen nach §§ 278 oder 831 oder sind Verbindlichkeiten auf anderer Grundlage entstanden (zB Eingriffskondiktion), so muß der ehemals minderjährige Gesellschafter seine Haftung dafür ebenfalls gem § 1629a Abs 1 beschränken können (GRUNEWALD ZIP 1999, 597, 598: „Quasi-Vertreter").

3. Eigengeschäfte des Minderjährigen mit Zustimmung des gesetzlichen Vertreters

Abs 1 S 1 HS 2 unterwirft auch die Rechtsgeschäfte des Minderjährigen selbst, die **25** erst auf Grund elterlicher Zustimmung gem §§ 107, 108, 111 wirksam werden konnten, der Einrede der Haftungsbeschränkung. Dies ist gerechtfertigt, weil auch hier die Eltern die eigentliche Verantwortung für die den Minderjährigen treffenden Verbindlichkeiten tragen. Außerdem wird so der Gefahr gewehrt, daß Geschäftspartner auf diese Vertragsgestaltung dringen, um die Möglichkeit einer Haftungsbeschränkung zu umgehen (BT-Drucks 13/5624, 13; **krit** LAUM/DYLLA-KREBS, in: FS Vieregge [1995] 513, 538).

Problematisch wird die Abgrenzung zwischen elterlicher Fremdverantwortung und selbstverantworteter Überschuldung (Rn 9), wenn die Eltern in Rechtsgeschäfte des Minderjährigen einwilligen, bei denen dessen Belastung nicht von vornherein feststeht, sondern von seinem künftigen (Konsum-)Verhalten abhängt – zB Verträge über Energieversorgung (Elektrizität, Gas, Öl) oder über Mobilfunkleistungen (zu letzteren DERLEDER/THIELBAR, Handys, Klingeltöne und Minderjährigenschutz, NJW 2006, 3233 ff). Solche Einwilligungen werden infolge zunehmender Emanzipation Jugendlicher häufig erteilt, massive Minderjährigenverschuldung in Deutschland ist die Folge (FRIES VuR 2004, 237 ff; DERLEDER/THIELBAR aaO). Die Selbstverpflichtungsmacht der Minderjährigen geht hier unmittelbar auf die bereichsspezifische, aber sonst oft nicht begrenzte Einwilligung der gesetzlichen Vertreter zurück (zu ausdrücklichen oder impliziten Obergrenzen DERLEDER/THIELBAR NJW 2006, 3233, 3235 f) und ist deshalb „fremdverantwortet" iS § 1629a Abs 1. Nur für eine Teilemanzipation gem § 112 hat der Gesetzgeber die Eigenverantwortung des Jugendlichen für entscheidend erklärt (§ 1629a Abs 2, dazu Rn 30 ff); im Umkehrschluß bleibt bei sonstigen Einwilligungen, die Handlungsspielräume für Jugendliche eröffnen, die elterliche Fremdverantwortung maßgeblich. Auch vor dem verfassungsrechtlichen Hintergrund des § 1629a Abs 1 (Rn 1) muß dessen Anwendbarkeit grundsätzlich bejaht werden (zum Problem der „persönlichen Bedürfnisbefriedigung", Abs 2 Alt 2, s Rn 36).

4. Erwerb von Todes wegen

a) Schutzzweck

Der volljährig Gewordene kann seine Haftung auch für Verbindlichkeiten beschrän- **26** ken, „die auf Grund eines während der Minderjährigkeit erfolgten Erwerbes von Todes wegen entstanden sind" (Abs 1 S 1 HS 1). Dies überrascht auf den ersten Blick, denn zum einen fällt die Erbschaft dem Kinde kraft Gesetzes an, und mit ihr auch die Verbindlichkeiten des Erblassers (§ 1922, 1967), zum zweiten kennt das Erbrecht ohnehin eigenständige Möglichkeiten der Haftungsbeschränkung (§§ 1975 ff). Allerdings sind diese Verfahren zT lästig und kostenaufwendig, so daß es bei überschuldeten Nachlässen interessengerecht sein kann, wenn die Eltern für das Kind die Erbschaft ausschlagen (§ 1942, 1944). Hierfür bedürften sie der Genehmigung des Familiengerichts (§ 1643 Abs 2 S 1), während die Nicht-Ausschlagung ohne gerichtliche Kontrolle bleibt (BayObLG FamRZ 1997, 126). Diese Schutzlücke wird jetzt vom Gesetz geschlossen: Die Nicht-Ausschlagung einer überschuldeten Erbschaft stellt sich für das Kind letztlich ebenso als fremdverantworteter Lastenübergang dar wie eine von den Eltern konstitutiv begründete Verbindlichkeit (BT-Drucks 13/5624, 13; PALANDT/DIEDERICHSEN Rn 4; THIEL 44 f). Allerdings hat die Regelung nur klarstellenden Charakter, wenn man unter das Tatbestandsmerkmal „sonstige Handlungen" in zutreffender Weise auch elterliches Unterlassen fallen läßt (Rn 23; vgl MUSCHELER WM 1998, 2271, 2280 f).

27 Mit dieser Regelung geht das Gesetz über die Vorgaben des BVerfG (Rn 1) hinaus, das nur die Verpflichtungsmacht der Eltern *nach* dem Erbfall für bedenklich erklärt hatte (BEHNKE NJW 1998, 3078, 3079). Auf der anderen Seite folgt das Gesetz auch nicht der vom BVerfG angedeuteten Möglichkeit, die Haftung des Kindes auf das ererbte Vermögen zu beschränken – nach Erhebung der Einrede gem § 1629a Abs 1 haftet der volljährig Gewordene immerhin noch mit seinem gesamten Altvermögen (JAUERNIG/BERGER Rn 4).

b) Einzelheiten

28 „Auf Grund" eines Erbfalls sind vor allem die **Erblasserschulden** auf den Minderjährigen übergegangen; vom Schutzzweck des § 1629a Abs 1 sind aber auch die **Erbfallschulden** mit umfaßt (Pflichtteils- und Vermächtnisansprüche; Bestattungskosten). Nachlaßverwaltungskosten und Nachlaßerbenschulden hingegen kommen nur durch weitere Rechtsgeschäfte zustande, die schon – solange sie von Vertretern des Minderjährigen vorgenommen werden und nicht von ihm selbst nach Eintritt der Volljährigkeit – von der ersten Variante des Abs 1 erfaßt werden.

29 Die **erbrechtlichen Haftungsbeschränkungsmöglichkeiten** (§§ 1975 ff) bleiben von § 1629a **unberührt**: Der Minderjährige kann nach diesen Grundsätzen seine Haftung auf den Nachlaß beschränken; hat er (bzw sein gesetzlicher Vertreter) dies unterlassen, gewährt ihm § 1629a Abs 1 nach Eintritt in die Volljährigkeit eine „zweite Chance" (BEHNKE NJW 1998, 3078, 3079; vgl MUSCHELER WM 1998, 2271, 2281 [doppelte Privilegierung]; JAUERNIG/BERGER Rn 4).

III. Nichterfaßte Verbindlichkeiten

1. Selbständiger Betrieb eines Erwerbsgeschäfts, Abs 2 Alt 1

30 Emanzipiert sich ein Minderjähriger mit Genehmigung des Vormundschaftsgerichts gem § 112 zum selbständigen Betrieb eines Erwerbsgeschäfts, so muß er insoweit in Chancen und Risiken den anderen Wirtschaftssubjekten gleichgestellt sein – dies schon im eigenen Interesse, da er sonst als Geschäftspartner nicht akzeptiert würde. Dieser Gesichtspunkt wiegt letztlich schwerer als die Fremdverantwortung der Emanzipation durch Eltern und Vormundschaftsgericht, so daß der Ausschluß der Haftungsbeschränkungsmöglichkeit in Abs 2 Alt 1 grundsätzlich gerechtfertigt erscheint (BT-Drucks 13/5624, 13; PALANDT/DIEDERICHSEN Rn 11: **aM** ATHANASIADIS 96).

31 Allerdings ist ein Spannungsverhältnis zu Abs 1 S 1 HS 2 nicht zu verkennen: Gerichtliche Genehmigungen nach §§ 1643, 1821, 1822 schließen die Einredemöglichkeit nach § 1629a Abs 1 nicht aus, tragfähige Unterschiede zwischen § 1822 Nr 3 und § 112 sind nur schwer zu erkennen (zu ersterer Vorschrift ausführlich REIMANN DNotZ 1999, 179, 184 ff), und manche halten die Ermächtigung für eine Vielzahl von Rechtsgeschäften iS des § 112 für gefährlicher als die Einzelfallgenehmigungen nach §§ 1821, 1822 (LAUM/DYLLA-KREBS, in: FS Vieregge [1995] 513, 538; GLÖCKNER FamRZ 2000, 1397, 1403; KLUMPP ZEV 1998, 409, 412 [für eine nach den einzelnen Genehmigungstatbeständen differenzierende Lösung]). MUSCHELER hält die Regelung des Abs 2 Alt 1 deshalb sogar für verfassungswidrig (WM 1998, 2271, 2282 [auch sei ein Rückgang der vormundschaftsgerichtlichen Genehmigungen nach § 112 zu befürchten]).

Dabei ist jedoch zu berücksichtigen, daß die bereichsspezifische Emanzipation nach **32** § 112 Abs 1 S 1 nicht vollständig ist, gem S 2 sind gerichtlich genehmigungspflichtige Geschäfte ausgenommen. Dies bedeutet gleichzeitig eine Grenze des Ausnahmetatbestandes in § 1629a Abs 2. In merkwürdigem Kontrast zur grundsätzlichen Autonomie gem § 112 Abs 1 wird der Minderjährige bei den genehmigungspflichtigen (traditionell „gefährlichen") Geschäften gleich dreifach geschützt: Er bedarf der elterlichen Zustimmung (§§ 112 Abs 1 S 2, 107), diese der familiengerichtlichen Genehmigung (§§ 1643, 1821, 1822), und dennoch kann später der volljährig Gewordene seine Haftung beschränken (§ 1629a Abs 1). Man mag diesen übersteigerten Schutz kritisieren (COESTER, in: FS Lorenz [2001] 113, 117), insbes in seinem Kontrast zu §§ 112 Abs 1 S 1, 1629a Abs 2 Alt 1, aber er nimmt gleichzeitig dieser Ausnahme von der Haftungsbeschränkungsmöglichkeit einiges von ihrer Schärfe. Im übrigen kann zwar dennoch nicht ausgeschlossen werden, daß ein nach § 112 Abs 1 S 1 emanzipierter Jugendlicher sich bis zum 18. Geburtstag in hoffnungslose Überschuldung hineinmanövriert hat. Kraft elterlichen und vormundschaftsgerichtlichen Emanzipationsaktes hat er seine Phase eigenverantwortlichen Wirtschaftens jedoch schon früher begonnen, und er steht nicht anders da als ein Zwanzigjähriger, der sich in den ersten beiden Jahren seiner Volljährigkeit in den Ruin gewirtschaftet hat. Die Fremdverantwortung für die vorzeitige Emanzipation kann nicht ohne weiteres gleichgesetzt werden mit der für die spätere Überschuldung auf Grund selbständigen Handelns. Als Auffangnetz bleibt die Restschuldbefreiung nach §§ 286 ff InsO.

Auch wenn der Ausnahmetatbestand des Abs 2 Alt 1 wie vorstehend gerechtfertigt **33** wird, so bleiben doch unbefriedigende Abgrenzungen: Der Minderjährige, der auf Grund einer **elterlichen Generaleinwilligung** partiell selbständig handeln kann (vgl BGH NJW 1977, 622 f), oder der gem § **113** zur Aufnahme eines Dienst- oder Arbeitsverhältnisses ermächtigte Minderjährige fallen nicht unter § 1629a Abs 2, sie können wie bei einzelnen Eigengeschäften mit elterlicher Zustimmung (Abs 1 HS 2) ihre Haftung für daraus erwachsene Verbindlichkeiten beschränken (der „Hamburger Entwurf" [Rn 1] hatte §§ 112 und 113 noch gleichgestellt; wie hier AnwKomm-BGB/KAISER Rn 23; aA GERNHUBER/COESTER-WALTJEN § 61 Rn 62 [Gleichstellung mit § 112]; ebenso offenbar auch THIEL 54). Dies führt zu wenig überzeugenden Ergebnissen: Der minderjährige, nach § 113 emanzipierte Arbeitnehmer, der wirksam einen Vergleich mit seinem Arbeitgeber geschlossen hat, kann die Erfüllung der darin übernommenen Verpflichtungen nach Erreichen der Volljährigkeit unter Umständen gem § 1629a Abs 1 verweigern, obwohl im Lichte der ausschlaggebenden „Fremdverantwortung" die Situation der in § 112 eher vergleichbar ist als einer elterlichen Zustimmung nach §§ 107, 108. Gleiches müßte für eine vertragliche Schadensersatzhaftung gelten, wenn er als Arbeitnehmer grob fahrlässig einen Schaden verursacht hat (zu schädigenden Handlungen des

Minderjährigen im Rahmen von Vertragsbeziehungen s unten Rn 42; vgl COESTER JURA 2002, 88, 89; zur Handlungsmacht im Rahmen des § 113 s SOERGEL/HEFERMEHL § 113 Rn 5). Zwar bestehen Unterschiede im Autonomiebereich der §§ 112 und 113 oder bei einer Generalermächtigung, aber ob sie im Lichte des Gleichheitssatzes die unterschiedliche Behandlung im Rahmen des § 1629a rechtfertigen können, erscheint zweifelhaft.

2. Befriedigung persönlicher Bedürfnisse, Abs 2 Alt 2

34 Auch die Haftung für Verbindlichkeiten, die zur Befriedigung persönlicher Bedürfnisse eingegangen wurden, kann nach Eintritt der Volljährigkeit nicht eingeschränkt werden. Dabei macht es keinen Unterschied, ob es sich um ein Eigengeschäft des Minderjährigen (mit Zustimmung der Eltern) oder um ein reines Vertretergeschäft handelte. Damit wird der **Anwendungsbereich des § 1629a wesentlich eingeschränkt**. Die Gesetzesverfasser rechtfertigen diese Einschränkung mit dem Argument, daß dem Minderjährigen der Gegenwert des Geschäfts unmittelbar zugute komme und überdies keine unzumutbaren finanziellen Belastungen iS des BVerfG zu befürchten seien (BT-Drucks 13/5624, 13).

35 Das Kriterium der **„persönlichen Bedürfnisbefriedigung"** ist zur Konkretisierung dieser gesetzgeberischen Vorstellung nicht glücklich gewählt (krit zur Unbestimmtheit des Begriffs PESCHEL-GUTZEIT FamRZ 1993, 1009, 1013; LAUM/DYLLA-KREBS, in: FS Vieregge [1995] 513, 540; MUSCHELER WM 1998, 2271, 2282; GLÖCKNER FamRZ 2000, 1397, 1401). Schon die Entwurfsbegründung selbst führt aus, daß nicht nur „Kleingeschäfte des täglichen Lebens", sondern auch größere Geschäfte erfaßt (also von § 1629a Abs 1 ausgenommen) sein sollten, sofern sie „für Minderjährige der jeweiligen Altersstufe typisch oder jedenfalls nicht ungewöhnlich sind" (BT-Drucks 13/5624, 13 mit den Beispielen Mofa oder Computer). Einerseits werden dadurch doch erhebliche finanzielle Belastungen des jungen Volljährigen ermöglicht, andererseits versuchen die Gesetzesverfasser mit dem Element des „Typischen" eine Begrenzungslinie zu setzen, die im Gesetzeswortlaut keinen Ausdruck findet: „Persönliche Bedürfnisbefriedigung" deutet eher auf die konkrete Lebenssituation des Minderjährigen, die – bei Anlehnung an unterhaltsrechtliche Begriffe (§ 1360a Abs 1) oder § 1357 – in wohlhabenden Kreisen auch Geschäfte erheblichen Volumens umfassen kann.

36 Unterhaltsrechtliche Maßstäbe haben aber eine ganz andere Funktion und passen nicht für die Konkretisierung des § 1629a Abs 2 (MUSCHELER WM 1998, 2271, 2282 f). Die Grenzlinie zwischen voller Haftung und Haftungsbeschränkung sollte auch nicht pauschal zwischen erwerbswirtschaftlichem und privatem Vermögensbereich gezogen werden (so tendenziell DAUNER-LIEB ZIP 1996, 1818, 1819; dagegen MUSCHELER 2283). Da der Gesetzgeber in Abs 2 kaum den grundsätzlichen Schutzansatz des Abs 1 konterkarieren wollte, bleibt nur, das gesetzliche Kriterium der „persönlichen Bedürfnisbefriedigung" *teleologisch* iS des vom historischen Gesetzgeber Gemeinten zu *reduzieren*: Von der Haftungsbeschränkung ausgenommen sind Kleingeschäfte des täglichen Lebens und altersangemessene Konsumgeschäfte (uU auch Dauerschuldverhältnisse, zB Fitnessstudiovertrag), nicht aber Großgeschäfte wie Autokauf oder Erwerb einer selbstgenutzten Eigentumswohnung, selbst wenn sie einer (dem Familienstandard entsprechenden) luxuriösen Bedürfnisbefriedigung dienen (COESTER Jura 2002, 88, 89 f; MünchKomm/HUBER Rn 28; AnwKomm-BGB/KAISER Rn 24; THIEL 56 f; MUSCHELER WM 1998, 2271, 2283). Maßloser Konsum weit über die persönlichen wirt-

schaftlichen Verhältnisse hinaus, ermöglicht durch elterliche Pauschaleinwilligungen (Rn 25), ist vom Ausnahmetatbestand der „persönlichen Bedürfnisbefriedigung" nicht erfaßt (anders DERLEDER/THIELBAR NJW 2006, 3233, 3238 Fn 57). „Bedürfnis" iS Abs 2 Alt 2 ist nicht vom subjektiven Verständnis des Minderjährigen her, sondern objektiv zu bestimmen – der Gesetzgeber wollte sicherlich nicht die Jugendlichen in Abs 1 vor elterlicher Verantwortungslosigkeit schützen, diesen Schutz aber der Unvernunft der Jugendlichen selbst wieder preisgeben. Schließlich fallen auch finanzierte Ausbildungen oder Ausbildungssicherungen oder finanzierte aufwendige Heilbehandlungen nicht unter Abs 2 (tendenziell anders DAUNER-LIEB ZIP 1996, 1818, 1819; KLUMPP ZEV 1998, 409, 411; wohl auch WAAS KritV 2000, 5, 20 f): Solche Verträge werden in aller Regel ohnehin vom gesetzlichen Vertreter im eigenen Namen *für* den Minderjährigen abgeschlossen; aber auch wenn der Minderjährige selbst der Vertragspartner sein sollte, fällt das Geschäft aus dem Zuschnitt des Abs 2 Alt 2 heraus (anders AG Norderstedt MDR 2001, 513 für eine Heilbehandlung [Röntgenuntersuchung für über 2000 DM]). Den Leistungserbringern steht es frei, sich Sicherheiten (Abs 3) auszubedingen. Der Umstand, daß die Leistungen dem Minderjährigen „unmittelbar zugute gekommen" sind (BT-Drucks 13/5624, 13; AG Norderstedt aaO), ändert an dieser Wertung nichts. Auf ähnlicher Linie – wenngleich mit umgekehrter Tendenz – liegt der Vorschlag, die Haftungsbeschränkung des Abs 1 gemäß Abs 2 Alt 2 nur „bei bleibenden Vorteilen des Minderjährigen" entfallen zu lassen (DERLEDER/THIELBAR NJW 2006, 3233, 3238 Fn 57). Das Gesetz gibt weder in Wortlaut noch in Begründung dafür etwas her; ausschlaggebender Leitgedanke bleibt auch im Rahmen der 2. Alternative von Abs 2 der Überschuldungsschutz junger Volljähriger.

3. Haftung aus Sicherheiten oder Vormerkung, Abs 3 Alt 2

Gem Abs 3 Alt 2 erstreckt sich eine Haftungsbeschränkung nach Abs 1 nicht auf **37** **dingliche Sicherheiten**, die für eine Verbindlichkeit des Minderjährigen bestellt worden sind. Dies gilt für von **Dritten** gestellten Sicherheiten wie auch für Sicherheiten, die der gesetzliche Vertreter aus dem **Vermögen des Minderjährigen** zur Verfügung stellt: Hypotheken, Grundschulden, Sicherungsübereignungen, Sicherungszessionen, Pfandrechte etc. Auch ein durch Vormerkung gesicherter Anspruch, etwa auf Übereignung eines Grundstücks, kann trotz der Haftungsbeschränkung durchgesetzt werden. Dies führt dazu, daß der volljährig Gewordene zwar den schuldrechtlichen Anspruch des Gläubigers durch die Einrede der Haftungsbeschränkung abwehren, dessen dinglichen Verwertungsversuchen aber nichts entgegensetzen kann (PALANDT/ DIEDERICHSEN Rn 15). Zu *akzessorischen* Sicherheiten sowie zur *Abdingbarkeit* des Abs 3 s unten Rn 39.

Von Abs 3 *nicht* erfaßt sind Pfandrechte, Hypotheken oder Vormerkungen, die ein **38** Altgläubiger *nach* Eintritt des Schuldners in die Volljährigkeit im Wege der Zwangsvollstreckung oder durch Arrest erlangt hat – sie muß der Volljährige gem §§ 1629a Abs 1, 1990 Abs 2 nicht gegen sich gelten lassen, er kann vielmehr ihre Aufhebung verlangen (MUSCHELER WM 1998, 2271, 2284).

4. Haftung von Mitschuldnern oder Mithaftenden, Abs 3 Alt 1

Abs 3 Alt 1 hat eher eine klarstellende Funktion (BT-Drucks 13/5624, 13): Das persön- **39** liche Haftungsprivileg des § 1629a Abs 1 kommt Mitschuldnern (zB Mitgesellschaftern, Gesamtschuldnern etc) oder Mithaftenden (zB Bürgen) nicht zugute. Soweit es sich um akzessorische Mithaftung handelt (zB Bürgschaft, §§ 767 Abs 1, 768 Abs 1 S 1), wird mit Abs 3 Alt 1 das Akzessorietätsprinzip eingeschränkt (THIEL SpuRT 2002, 1, 4) – entsprechend ähnlichen Regelungen bei der beschränkten Erbenhaftung (§§ 768 Abs 1 S 2, 1137 Abs 1 S 2, 1211 Abs 1 S 2). Allerdings ist Abs 3 dispositiv – der Bürgschaftsvertrag kann auch strikte Akzessorietät vorsehen (PALANDT/DIE-DERICHSEN Rn 15; AnwKomm-BGB/KAISER Rn 42; PESCHEL-GUTZEIT FPR 2006, 455, 459). Auch besagt Abs 3 nichts über etwaige Haftungsprivilegien des Mitschuldners oder Mithaftenden selbst – war auch er minderjährig, so kann er bei Volljährigkeit eigenständig die Einrede des Abs 1 geltend machen (PALANDT/DIEDERICHSEN Rn 15; BEHNKE NZG 1999, 244, 245).

40 Ist ein Mitschuldner/Mithaftender von Altgläubigern in Anspruch genommen, so gilt seine Rückgriffsforderung im Innenverhältnis zum volljährig Gewordenen (§§ 426 Abs 2, 774 Abs 1, 1143, 1225) als Altschuld, dh sie ist gleichermaßen der Einrede gem Abs 1 ausgesetzt wie die Hauptforderung (JAUERNIG/BERGER Rn 9; BEHNKE NZG 1999, 244, 245; MUSCHELER WM 1998, 2271, 2284).

5. Vom Minderjährigen selbst verursachte Verbindlichkeiten

41 § 1629a ist konzeptionell beschränkt auf den Schutz des jungen Volljährigen vor fremdverantwortlich begründeten Verbindlichkeiten aus der Zeit seiner Minderjährigkeit (Rn 5) – umfassender Überschuldungsschutz ist nicht Thema der Vorschrift (zur grundsätzlichen Problematik oben Rn 9, 10, 25). Deshalb kann der volljährig Gewordene, über die Ausnahmen der Abs 2, 3 hinaus, seine Haftung nicht für Schulden beschränken, die er ohne Zutun seiner Vertreter selbst verursacht hat (PALANDT/DIEDERICHSEN Rn 13; JAUERNIG/BERGER Rn 4; MUSCHELER WM 1998, 2271, 2281). „Fremdverantwortet" werden solche Schulden auch nicht schon dadurch, daß die Eltern noch während der Minderjährigkeit ihres Kindes für dieses über die Schulden verhandelt, Vergleiche geschlossen oder prozessiert haben – der Schuldgrund bleibt eigenverantwortet, elterliche Pflichtwidrigkeit kann allenfalls zu Schadenersatzansprüchen gegen die Eltern führen (THIEL 57 ff, 60 [zum Verjährungsverzicht]; zu entsprechenden Handlungen des volljährig Gewordenen selbst s Rn 48). Je nach Haftungsgrund bleibt jedoch bereichsspezifischer Minderjährigenschutz unberührt (Rn 11 f). Im einzelnen:

Im **rechtsgeschäftlichen Bereich** wird der Minderjährige schon durch §§ 105 ff vor eigenmächtiger Schuldenverursachung geschützt (zu Verträgen im Mobilfunk- und Internetbereich DERLEDER/THIELBAR NJW 2006, 3233 ff); soweit er eigenständige Handlungsmöglichkeiten hat, zieht § 1629a die Trennlinie zwischen Fremd- und Eigenverantwortung (zu § 108 s Rn 25; zu § 112 Rn 30 ff; zu § 113 Rn 33). Entsprechendes gilt, wenn der Minderjährige als Vertreter gehandelt hat: Ohne elterliche Zustimmung entstehen keine eigenen Verbindlichkeiten, mit elterlicher Zustimmung möglicherweise ja (§ 179 Abs 3 S 2; entsprechend die Sachwalterhaftung bei bestehender Vertretungsmacht), aber beschränkbar nach § 1629a Abs 1 S 1 HS 2. Ist ein vom Minderjährigen geschlossener Vertrag mangels elterlicher Zustimmung unwirksam, sind ausgetauschte Leistungen nach Bereicherungsrecht zurückzugewähren, § 1629a Abs 1 greift nicht ein. Minderjährigenschutz findet allerdings im Rahmen der Saldotheorie (oder ähnlicher Schutzansätze) statt (s Rn 11).

Im **Deliktsrecht** sehen §§ 828 und 829 spezifische Schutzfilter vor, die schon die **42**
deliktische Verantwortlichkeit einschränken. Soweit jedoch nach diesen Grundsätzen Verbindlichkeiten entstanden sind, ist die Haftung für sie nicht nach § 1629a
Abs 1 beschränkbar (oben Rn 9, 10). Dies gilt auch für den Bereich der **Gefährdungshaftung** (zB bei Mopedunfall, vgl PALANDT/DIEDERICHSEN Rn 13; BVerfG NJW 1998, 3557
[nicht generell verfassungswidrig]). Soweit der Minderjährige im Rahmen von (von den
Eltern geschlossenen oder genehmigten) **Vertragsverhältnissen** Schäden verursacht
und damit vertraglicher Haftung ausgesetzt ist (§§ 241 Abs 2, 280 Abs 1, 282, 311
Abs 2), muß für seine Verbindlichkeiten allerdings das gleiche gelten wie für Er-
füllungsansprüche oder Ansprüche wegen sonstiger Vertragsverletzungen – die Haftung ist nach Abs 1 beschränkbar (MUSCHELER WM 1998, 2271, 2281; aA THIEL 38 ff; fallen
die Handlungen bereits in die Zeit der Volljährigkeit, s Rn 48).

Schließlich können auch aus **anderen Rechtsgründen** Handlungen des Minderjähri- **43**
gen zu Verbindlichkeiten führen. Sofern nicht ein wesentlicher Verantwortungsbei-
trag des Vertreters festzustellen ist, scheidet eine Beschränkungsmöglichkeit gem
§ 1629a Abs 1 entsprechend den vorerwähnten Grundsätzen aus. Dies gilt vor allem
auch für **familienrechtliche Unterhaltspflichten** (§§ 1360, 1361, 1601, 1615l; vgl PA-
LANDT/DIEDERICHSEN Rn 13).

6. Verbindlichkeiten ohne Handlungsbezug

Auch ohne Handlung/Unterlassung des Minderjährigen oder einer für ihn vertre- **44**
tungsberechtigten Person können Verbindlichkeiten entstehen, etwa für den Minderjährigen als Geschäftsherrn aus Geschäftsführung ohne Auftrag (§§ 683, 670; 684,
812), aus § 812 Abs 1 S 1 Alt 2 (Bereicherung in sonstiger Weise) oder auf steuer-
oder sozialversicherungsrechtlicher Grundlage (vgl KÜHN/HOFMANN, AO § 33 Anm 4e;
vMAYDELL/RULAND, Sozialrechtshandbuch Kap 16 Rn 109). Dabei wird deutlich, daß das
entscheidende Kriterium für § 1629a nicht ist, wer gehandelt hat (Vertreter oder
Minderjähriger selbst), sondern ob die Verbindlichkeit von einer dem Minderjährigen zuzurechnenden Person verursacht worden ist oder nicht: Fremdverantwortung oder Fehlen einer solchen entscheidet über die Haftungsbeschränkungsmöglichkeit gem § 1629a Abs 1. Damit ist auch bei Verbindlichkeiten ohne Handlungsbezug (wie bei Eigenhandeln des Minderjährigen, oben Rn 41 ff) grundsätzlich von der
Nichtanwendbarkeit des § 1629a Abs 1 auszugehen (zum Handlungsbezug beim Erwerb
von Todes wegen s Rn 26). Eine Ausnahme mag gelten, wenn Willen oder Wissen des
(gesetzlichen) Vertreters für die Entstehung der Verbindlichkeit eine wesentliche
Rolle spielen (zB §§ 683 oder 819; so MUSCHELER WM 1998, 2271, 2281). Verbindlichkeiten, die unbeeinflußbar kraft Gesetzes entstehen, sind gem § 1629a deshalb nicht
beschränkbar (FG Baden-Württemberg EFG 2002, 135, 137 [Steuerschulden; offengelassen BFH
NJW 2004, 175, 176; aA GERNHUBER/COESTER-WALTJEN § 61 Rn 63]; OLG Braunschweig ZEV 2001,
75, 76 [obiter]; VG Hamburg BeckRS 2003, 22915 [sozialrechtl Rückforderung]).

7. Herausgabepflichten

Gegenstandsbezogene Herausgabepflichten können auf unterschiedlicher Rechts- **45**
grundlage beruhen, schuldrechtlich zB auf Rücktritt (§ 346), § 812 oder § 667, sa-
chenrechtlich auf § 985. Auch bei fremdverantworteten Geschäften ist § 1629a
grundsätzlich dann nicht anzuwenden, wenn und solange der herauszugebende **Ge-**

genstand noch vorhanden ist – eine Überschuldung des volljährig Gewordenen droht insoweit nicht, wegen der selbst erbrachten Gegenleistung gelten die allgemeinen Sicherungen (zB § 348, Saldotheorie, §§ 1000 oder 273). Der volljährig Gewordene darf den Gegenstand nicht zur Befriedigung anderer Gläubiger verwenden, andernfalls macht er sich schadensersatzpflichtig (als Neuverbindlichkeit). Entsprechendes gilt bei zu vertretendem Untergang nach Eintritt der Volljährigkeit. Anders ist die Situation hingegen, wenn nach Herausgabe des Gegenstands das Altvermögen nicht mehr ausreichen würde, um vorrangige Gläubiger (dazu Rn 61) zu befriedigen – hier kann der volljährig Gewordene vor der Herausgabe entsprechende Wertsicherheit vom Gläubiger verlangen (vgl STAUDINGER/MAROTZKE [2002] § 1990 Rn 38). Bei Herausgabeansprüchen nach § 985 gehört der Substanzwert des Gegenstandes allerdings nicht zum Altvermögen, so daß diese stets zu erfüllen sind (vgl PALANDT/DIEDERICHSEN Rn 13).

46 War der **Gegenstand** vor Volljährigkeit hingegen **schon weggefallen** und stehen jetzt Wertersatz- oder Schadensersatzansprüche in Rede, so kommt es für das Eingreifen von § 1629a Abs 1 wieder auf das Kriterium der Fremdverantwortlichkeit des zugrundeliegenden Geschäfts oder Vorgangs an. Haben beispielsweise die Eltern durch Vertrag im Namen ihres minderjährigen Kindes einen PKW erworben, der sich als gestohlen erweist, so muß der volljährig Gewordene den PKW, solange vorhanden, herausgeben gem §§ 985, 935; Schadensersatzansprüchen wegen schuldhafter Zerstörung gem §§ 989, 990 kann jedoch die Einrede der beschränkten Haftung gem § 1629a Abs 1 entgegengehalten werden (vgl Rn 42; zum Nichteingreifen von Abs 2 s Rn 36). Hatte der Minderjährige hingegen selbst das Auto gestohlen und dann zerstört, haftet er auch als Volljähriger unbeschränkbar auf Schadensersatz (COESTER Jura 2002, 88, 90 f; ebenso AnwKomm-BGB/KAISER Rn 20).

8. Neuverbindlichkeiten

47 Die Fixierung des Gesetzes auf fremdverantwortete Schulden aus der Zeit der Minderjährigkeit führt zu einer scharfen zeitlichen Zäsur: Mit Eintritt der Volljährigkeit beginnt die volle Eigenverantwortung, eine Beschränkung für nunmehr begründete Verbindlichkeiten („Neuschulden") kommt nicht in Betracht, insoweit steht der volljährig Gewordene jedem anderen Wirtschaftssubjekt gleich. Bei Neuschulden spielt es auch keine Rolle, ob der volljährig Gewordene selbst oder ein Vertreter gehandelt hat, da die Vertretungsmacht ihrerseits vom volljährig Gewordenen erteilt sein muß (PALANDT/DIEDERICHSEN Rn 14).

48 Für die **Abgrenzung von Alt- und Neuverbindlichkeiten** kommt es bei gestreckten Vorgängen darauf an, wann der **Rechtsgrund** für die Verbindlichkeit gelegt worden ist – der Zeitpunkt des Fälligwerdens ist unerheblich. So sind bei Dauerschuldverhältnissen (Miete, Kreditvertrag) auch solche periodisch fällig werdenden Leistungen als „Altschuld" anzusehen, die *nach* Eintritt der Volljährigkeit zu erbringen sind (PESCHEL-GUTZEIT FamRZ 1993, 1009, 1012; HABERSACK FamRZ 1999, 1, 4; LÖWISCH NJW 1999, 1003; MünchKomm/HUBER Rn 24; vgl noch Rn 70). Verbindlichkeiten, die auf der Basis eines Altvertrags erst durch Handlungen des volljährig Gewordenen entstehen (zB Schadensersatzansprüche wegen Vertragsverletzung), sind hingegen „Neuschulden" (vgl FOMFEREK NJW 2004, 410, 412; näher THIEL 30 ff, 40 ff; s auch Rn 17, 42). Das gleiche gilt, wenn der volljährig Gewordene eine Altschuld bestätigt oder konstitutiv verändert (zB durch Vergleich, Anerkenntnis, Verjährungsverzicht). Die Abgrenzung von Alt- und Neuschulden ist – zumal § 1629a Abs 1 S 2 auf die erbrechtliche Haftungsbeschränkung verweist – dieselbe wie bei Erblasserschulden, so daß wegen aller Einzelheiten auf die dort entwickelten Grundsätze verwiesen werden kann (STAUDINGER/ MAROTZKE [2002] § 1967 Rn 19 ff).

IV. Geltendmachung und Folgen der Haftungsbeschränkung

1. Geltendmachung

Die Haftungsbeschränkung des Abs 1 S 1 tritt nicht ex lege mit Erreichen der Voll- **49** jährigkeit ein, vielmehr legt es das Gesetz in die Hand des volljährig Gewordenen, sich darauf zu „berufen" (S 2), dh es gewährt ihm die **dauernde Einrede** der auf das Altvermögen beschränkten Haftung für Altschulden. Der Substanz nach bleiben diese unberührt (vgl STAUDINGER/MAROTZKE [2002] § 1990 Rn 36). Ohne Erhebung der Einrede haftet er unbeschränkt mit seinem gesamten Vermögen. Dasselbe gilt naturgemäß für Altschulden, gegenüber denen die Beschränkungseinrede nicht erhoben werden kann (Abs 2; Rn 30 ff; MünchKomm/HUBER Rn 55). Die Einrede kann *Ansprüchen* der Altgläubiger entgegengehalten werden; mit ihr kann aber auch eine *Aufrechnung* eines Altgläubigers gegen eine Forderung des Neuvermögens des Volljährigen abgewehrt werden, weil dies doch auf die Befriedigung aus dem Neuvermögen hinauslaufen würde (MUSCHELER WM 1998, 2271, 2287; vgl STAUDINGER/MAROTZKE [2002] § 1990 Rn 41). Allerdings folgt aus dem Wesen der Einrede, daß der volljährig Gewordene die Aufrechnungserklärung des Altgläubigers unter Berufung auf § 1629a Abs 1 zurückweisen muß (**aA** MUSCHELER WM 1998, 2271, 2287: nicht erforderlich). Die Einrede muß nicht allen Altgläubigern gleichermaßen entgegengehalten werden, nur haftet der volljährig Gewordene nach erstmaliger Erhebung dem Altgläubiger für die korrekte Verwendung des Altvermögens (vgl STAUDINGER/MAROTZKE [2002] § 1990 Rn 19 a E; näher Rn 53, 58 ff).

Die Einrede muß auch nicht mit Eintritt der Volljährigkeit erhoben werden, es besteht **keine Frist:** Der volljährig Gewordene kann abwarten, ob und bis sich die Erschöpfung des Altvermögens abzeichnet oder gar schon eingetreten ist (**krit** insoweit LAUM/DYLLA-KREBS, in: FS Vieregge [1995] 513, 531 ff; DAUNER-LIEB ZIP 1996, 1818, 1822 f; NICOLAI BB 1997, 1515 f; PESCHEL-GUTZEIT/JENCKEL FuR 1997, 34, 38); auch Abs 4 macht von der Fristfreiheit keine Ausnahme (vgl Rn 74, 75).

Ein **Verzicht auf die Einredemöglichkeit** ist *vor* dem Eintritt der Volljährigkeit vom **50** Schutzzweck der Norm her ausgeschlossen; der volljährig Gewordene kann aber, wie sich schon aus der Ausgestaltung als Einrede ergibt, ohne weiteres einem Gläubiger gegenüber (nicht notwendig allen) auf die Geltendmachung rechtswirksam verzichten (BEHNKE NZG 1999, 244, 246; BITTNER FamRZ 2000, 325, 334 Fn 105; COESTER, in: FS Lorenz [2001] 113, 124 Fn 57; LÖWISCH NJW 1999, 1002 f; MünchKomm/HUBER Rn 32; für vergleichbare Zusammenhänge BGHZ 22, 267; LARENZ/WOLF AT des Bürgerlichen Rechts § 18 Rn 55). Dies kann grundsätzlich auch konkludent geschehen (THIEL 30 ff; dies SpuRT 2002, 1, 3) – die bloße Erfüllung einzelner Verbindlichkeiten nach Volljährigkeit genügt dafür aber nicht. In der Insolvenz des volljährig Gewordenen kann die Einrede auch vom **Insolvenzverwalter** erhoben werden – dies führt zur abgesonderten Befriedigung der Altgläubiger aus dem Altvermögen (vgl BITTNER FamRZ 2000, 325, 333; vgl Rn 70).

51 Im **Prozeß** kann der Einredemöglichkeit in mehrerer Weise Rechnung getragen werden: Der von einem Altgläubiger verklagte Volljährige kann sich damit begnügen, die Aufnahme eines *Vorbehalts* der beschränkten Haftung in das Urteil gem § 780 Abs 1 ZPO zu beantragen; dann kann er die Beschränkung im Rahmen der Zwangsvollstreckung gem §§ 781, 785, 786, 767 ZPO durchsetzen (im Steuerverfahren ist ein Vorbehalt entspr § 780 Abs 1 ZPO nicht vorgesehen, die Haftungsbeschränkung kann allenfalls [Rn 44] auf Vollstreckungsebene geltend gemacht werden, BFH NJW 2004, 175, 176). Er kann die Einrede aus § 1629a Abs 1 aber auch schon im Prozeß erheben – das Gericht hat dann nach seinem Ermessen mehrere Reaktionsmöglichkeiten: Liegen die Voraussetzungen des § 1629a Abs 1 vor und ist das Altvermögen unstreitig erschöpft oder zur Befriedigung des Klägers unzureichend, kann die *Klage abgewiesen* werden (KLUMPP ZEV 1998, 409, 415; MUSCHELER WM 1998, 2271, 2287; K SCHMIDT JuS 2004, 361, 365). Besteht das Altvermögen unstreitig nur aus einigen, vom Beklagten bezeichneten Aktiva, so kann ihn das Gericht *verurteilen unter Beschränkung der Zwangsvollstreckung auf die vorhandenen Gegenstände* (bei weitergehender Vollstreckung Erinnerung gem § 766 ZPO, vgl MUSCHELER WM 1998, 2271, 2287; **anders** MünchKomm/SIEGMANN § 1990 Rn 15; KLUMPP ZEV 1998, 409, 415 [Vollstreckungsabwehrklage nach § 767 ZPO]). Sind die Voraussetzungen der Einrede oder die Ergiebigkeit des Altvermögens *streitig*, wird das Gericht nur einen Vorbehalt gem § 780 Abs 1 in das Urteil aufnehmen und damit die weitere Klärung dem Zwangsvollstreckungsverfahren überlassen (BT-Drucks 13/5624, 9; vgl STAUDINGER/MAROTZKE [2002] § 1990 Rn 21, auch zu den Prozeßkosten). Besteht Streit nur über den Wert des Altvermögens, nicht aber über die grundsätzliche Einredemöglichkeit, so kann das Gericht schließlich schon im Urteil die Haftungsbeschränkung auf das Altvermögen feststellen und es dem Beklagten überlassen, diese im Zwangsvollstreckungsverfahren durch Vollstreckungsabwehrklage durchzusetzen (§§ 781, 785, 767 ZPO; vgl STAUDINGER/MAROTZKE [2002] § 1990 Rn 11, 13; MUSCHELER WM 1998, 2271, 2287).

52 Die Einrede aus § 1629a Abs 1 kann auch erhoben werden, wenn der Beklagte **erst während des Prozesses volljährig wird.** Sie kann im Wege der Vollstreckungsgegenklage auch noch gegen die Zwangsvollstreckung aus Titeln geltend gemacht werden, die zur Zeit der Minderjährigkeit erlangt worden sind. Das Fehlen eines Vorbehalts in solchen Titeln verhindert die Einrede des volljährig Gewordenen aus § 1629a nicht, da es sich um ein fremdverantwortetes Versäumnis handelt (K SCHMIDT JuS 2004, 361, 365; AnwKomm-BGB/KAISER Rn 29). Selbst dingliche Zwangssicherungen (Hypotheken, Pfandrechte, Vormerkung) müssen gem §§ 1629a Abs 1 S 2, 1990 Abs 2 der Einrede weichen (Rn 38).

2. Folgen

a) Grundsatz

53 Als Folge der Einredeerhebung durch den volljährig Gewordenen ordnet Abs 2 S 2 die **„entsprechende Anwendung"** der **§§ 1990, 1991** an. Dabei handelt es sich um einen **Rechtsfolgenverweis**, auf die in § 1990 vorausgesetzte Dürftigkeit des Nachlasses (hier: des Altvermögens) kommt es nicht an (BEHNKE NJW 1998, 3078, 3080; MUSCHELER WM 1998, 2271, 2284; THIEL 64 ff). *Nicht* in Bezug genommen sind die sonstigen Vorschriften über die beschränkte Erbenhaftung, insbes die Vorschriften über Nachlaßverwaltung und Nachlaßinsolvenzverfahren (§§ 1975 ff). Der volljährig Gewordene kann die Einrede der beschränkten Haftung also sofort, ohne Antrag auf

Eröffnung eines Insolvenzverfahrens erheben, auch wenn das Altvermögen beträchtlich (wenngleich überschuldet) ist. Auch die Vorschriften über die *Inventarerrichtung* (§§ 1993 ff) sind nicht anzuwenden, der Gesetzgeber fürchtete eine übermäßige Belastung der Gerichte (BT-Drucks 13/5624, 9; **krit** BEHNKE NJW 1998, 1378, 3080; MUSCHELER WM 1998, 2271, 2276 f). Damit entfällt der Zwang für den volljährig Gewordenen, sich frühzeitig über seine Vermögenssituation klar zu werden, aber auch die hilfreiche Vermutung des § 2009. Da ihm jedoch bei Einredeerhebung ohnehin die Beweislast für Altschuld und Altvermögen obliegt und er (wenngleich ohne Inventarfrist gem § 1994) ohnehin ein Bestandsverzeichnis des Altvermögens vorlegen muß (Rn 58), ist in einschlägigen Fällen die alsbaldige Inventarerrichtung ein Gebot wirtschaftlicher Vernunft (BT-Drucks 13/5624, 10: „sinnvoll"; PALANDT/DIEDERICHSEN Rn 9; BEHNKE und MUSCHELER aaO).

Entsprechend der im Erbrecht üblichen Unterscheidung zwischen Dürftigkeits- und **54** Unzulänglichkeitseinrede (STAUDINGER/MAROTZKE [2002] § 1990 Rn 2) kann die Einrede gem § 1629a Abs 1 zweifache Bedeutung haben: Bei substantiellem, aber überschuldetem Altvermögen gegenständliche Beschränkung der Haftung auf dessen Aktiva, bei erschöpftem Altvermögen Unzulänglichkeitseinrede als dauerndes Leistungsverweigerungsrecht (vgl MUSCHELER WM 1998, 2271, 2284 f). Bei der Dürftigkeitseinrede gliedert sich das Vermögen des volljährig Gewordenen fortan in zwei Vermögensmassen: Das nach Volljährigkeit erworbene **Neuvermögen** als Haftungsmasse für Neugläubiger sowie Altgläubiger mit nicht von § 1629a erfaßten Forderungen (oben Rn 30 ff), und das den Altgläubigern haftende **Altvermögen** (s unten Rn 59 ff; zum Zugriff von Neugläubigern Rn 62 ff; zur Frage einer dinglichen Surrogation, wenn der Volljährige mit Mitteln des Altvermögens etwas erwirbt, s THIEL 78 f). Hinsichtlich dieses Altvermögens hat der volljährig Gewordene nach Einredeerhebung eine doppelte Pflichtenstellung: Er muß es gem §§ 1629a Abs 1 S 2, 1990 Abs 1 S 2 an die Altgläubiger „zum Zwecke der Befriedigung im Wege der Zwangsvollstreckung herausgeben" (s Rn 55 ff), und bis zur Befriedigung hat er das Altvermögen wie ein Beauftragter der Altgläubiger zu verwalten, §§ 1991 Abs 1, 1978 Abs 1, 662 ff (s Rn 58 ff). Für daraus erwachsene Herausgabe- und Ersatzpflichten haftet der Volljährige auch mit seinem Neuvermögen (§§ 1991 Abs 1, 1978 Abs 2; zu dieser mißverständlichen Regelung STAUDINGER/MAROTZKE [2002] § 1978 Rn 35, 36; § 1991 Rn 9 ff; vgl MUSCHELER WM 1998, 2271, 2285).

An diesem Konzept, das dem Verständnis des Gesetzgebers wie auch den verwiesenen Vorschriften über die beschränkte Erbenhaftung (§§ 1990, 1991) entspricht, hat K SCHMIDT grundlegende **Kritik** geübt (in: FS Derleder [2005] 601 ff; andeutungsweise schon JuS 2004, 361, 363, 366): Die Vorstellung zweier getrennter Vermögensmassen sei eine lebensfremde Fiktion und führe zu überkomplizierten, oft nicht sachgerechten Einzelausgestaltungen (dazu unten Rn 55 ff). Der volljährig Gewordene behalte und verwalte ein einheitliches Vermögen, nur sei seine Haftung für Altschulden *summenmäßig* auf den Wert des pfändbaren Aktivvermögens bei Eintritt in die Volljährigkeit begrenzt – Haftungsbeschränkung, aber keine Haftungssonderung. Es ist K SCHMIDT zuzugeben, daß ein solches Normverständnis die Rechtsanwendung erleichtern und manch realitätsfremden Konstruktivismus ersparen würde. Diese Lesart aber schon der *lex lata* zu unterlegen, dürfte die Freiräume auch des „denkenden Juristen" übersteigen (**anders** K SCHMIDT, in: FS Derleder [2005] 601, 622 f; **dessen Ansatz ablehnend** PALANDT/DIEDERICHSEN Rn 9).

b) Pflichten und Rechte des volljährig Gewordenen
aa) Herausgabe des Altvermögens, § 1990 Abs 1 S 2

55 Gem §§ 1629a Abs 1 S 2, 1990 Abs 1 S 2 ist der volljährig Gewordene nach Einredeerhebung den Altgläubigern zur **Herausgabe des Altvermögens** zum Zwecke der Befriedigung verpflichtet. „Herausgabe" meint nicht Übergabe und Übereignung, sondern nur die **Ermöglichung und Duldung der Zwangsvollstreckung** (STAUDINGER/MAROTZKE [2002] § 1990 Rn 29; MünchKomm/SIEGMANN § 1990, Rn 13; MUSCHELER WM 1998, 2271, 2285). Zum „Ermöglichen" gehört die Vorlage eines Vermögensverzeichnisses (Rn 58) sowie Verschaffung eines Vollstreckungstitels (vgl § 794 Abs 1 Nr 5 ZPO; RGZ 137, 50, 53; ERMAN/SCHLÜTER § 1990 Rn 4; STAUDINGER/MAROTZKE [2002] § 1990 Rn 30). Statt dessen kann der Volljährige die Gegenstände des Altvermögens aber auch **freiwillig** herausgeben, dh mit Barmitteln die Forderung eines Altgläubigers bezahlen oder Gegenstände an Erfüllung Statt übereignen. In diesem Fall muß er sich aber gegen den Vorwurf anderer Gläubiger absichern, er habe Teile des Altvermögens unter Wert weggegeben (mit der Folge der Eigenhaftung aus dem Neuvermögen, vgl Rn 54; LANGE/KUCHINKE, Erbrecht § 49 VIII). Soweit der Anspruch eines Altgläubigers auf einen bestimmten Gegenstand gerichtet ist, kann der Volljährige die Herausgabe nicht durch Zahlung des Wertes abwenden (§ 1973 Abs 2 S 2 ist durch §§ 1629a Abs 1 S 2, 1991 Abs 1 nicht in Bezug genommen; ERMAN/SCHLÜTER § 1990 Rn 4).

56 **Nicht** herausgegeben werden müssen nach § 811 ZPO **unpfändbare Gegenstände**. Dies folgt schon aus dem in § 1990 Abs 1 S 2 hergestellten Bezug auf die Zwangsvollstreckung (dennoch ist die Frage im Erbrecht streitig, vgl STAUDINGER/MAROTZKE [2002] § 1990 Rn 32 mwNw), aber auch aus der (im Vergleich zum Erben) besonderen Situation des volljährig Gewordenen, der die Gegenstände schon als Minderjähriger besessen hat und idR über kein paralleles Eigenvermögen (= Neuvermögen) verfügt (ausführlich MUSCHELER WM 1998, 2271, 2286).

57 Hat der volljährig Gewordene Gegenstände des Altvermögens schon veräußert, so schuldet er nun nicht ohne weiteres die Herausgabe der empfangenen Gegenleistung – dingliche Surrogation findet nicht statt (BGH FamRZ 1989, 1070, 1072; MUSCHELER WM 1998, 2271, 2286). Ein schuldrechtlicher Herausgabeanspruch der Altgläubiger gem §§ 1629a Abs 1 S 2, 1991 Abs 1, 1978, 667 hängt davon ab, ob der Volljährige Fremdgeschäftsführungswillen hatte, dh für das Altvermögen handeln wollte (bei Eigengeschäften nur Schadensersatzpflicht, BGH FamRZ 1989, 1070, 1072).

bb) Verwaltung nach Auftragsrecht

58 Im übrigen bestimmen sich die Pflichten und Rechte des volljährig Gewordenen bezüglich des Altvermögens nach **Auftragsrecht, §§ 1629a Abs 1 S 2, 1991 Abs 1, 1978 Abs 1 S 1, 662 ff** (AnwKomm-BGB/KAISER Rn 32). Hierzu gehört vor allem eine **Auskunfts- und Rechenschaftspflicht** (§ 666), die sich auch auf die Erstellung und Vorlage eines Bestandsverzeichnisses erstreckt (§§ 259, 260, uU mit eidesstattlicher Versicherung, Abs 2; vgl auch schon §§ 1990 Abs 1 S 2 mit 260). Die Erträge des Altvermögens sind herauszugeben (§ 667); bei eigennütziger Verwendung des Altvermögens durch den Volljährigen schuldet dieser Schadensersatz (s oben Rn 54), entnommenes Geld ist zu verzinsen (§ 668). Auf der anderen Seite hat der Volljährige auch Anspruch auf **Aufwendungsersatz** gem §§ 1978 Abs 3, 670 (zur Realisierung Rn 61).

c)   Insbesondere: Die Befriedigung von Gläubigern

aa)   Hinsichtlich der freiwilligen **Befriedigung von Altgläubigern aus dem Altver-** **59** **mögen** ist zu unterscheiden: Solange der Volljährige davon ausgehen darf, daß die Aktiva zur Deckung aller Verbindlichkeiten ausreichen, kann er die Gläubiger **nach seinem Belieben** befriedigen. Die übrigen Gläubiger müssen dies gegen sich gelten lassen, selbst wenn Altgläubiger befriedigt worden sind, denen gegenüber die Beschränkungseinrede nach Abs 1 nicht hätte erhoben werden können (§§ 1629a Abs 1 S 2, 1991 Abs 1, 1979; vgl Muscheler WM 1998, 2271, 2286; MünchKomm/Huber Rn 56). Diese Voraussetzung kann idR nur solange vorliegen, als der volljährig Gewordene seine Schulden vor Einredeerhebung bezahlt.

Erhebt er hingegen die Einrede, wird sich die Dürftigkeit des Altvermögens in aller **60** Regel schon abzeichnen, so daß § 1979 nicht zum Zuge kommt (vgl Staudinger/ Marotzke [2002] § 1991 Rn 5; zu weitgehend Bittner FamRZ 2000, 325, 330, die § 1979 von vornherein auf § 1629a für nicht anwendbar erachtet). In diesem Fall gilt nicht (mehr) Beliebigkeit. Andererseits herrscht mangels eines besonderen Minderjährigeninsolvenzverfahrens auch nicht der Grundsatz gleichmäßiger Gläubigerbefriedigung, vielmehr kann der Volljährige die Altgläubiger so befriedigen, wie sie sich melden (**krit** Laum/Dylla-Krebs, in: FS Vieregge [1995] 513, 540 f; Dauner-Lieb ZIP 1996, 1821 f; Müller-Feldhammer FamRZ 2002, 13, 17; Schwartze, in: FS Pieper [1998] 527, 546 ff; zur Rechtfertigung der gesetzlichen Lösung s hingegen Behnke NJW 1998, 3078, 3080; Habersack/ Schneider FamRZ 1997, 654 f; Muscheler WM 1998, 2271, 2286 f; Klumpp ZEV 1998, 409, 414; AnwKomm-BGB/Kaiser Rn 36; zur entsprechenden Situation bei der erbrechtlichen Dürftigkeitseinrede Staudinger/Marotzke [2002] § 1991 Rn 6). An die zeitliche Priorität ist der Volljährige allerdings auch gebunden **(Prioritätsprinzip)**, Abweichungen machen ihn anderen Gläubigern gegenüber schadensersatzpflichtig (Lange/Kuchinke, Erbrecht § 49 VIII 4 a Fn 196; Staudinger/Marotzke [2002] § 1991 Rn 6; Muscheler WM 1998, 2271, 2287 Fn 130). Er darf die Befriedigung eines Gläubigers nicht ablehnen mit dem Argument, die Aktiva des Altvermögens reichten nicht zur Befriedigung *aller* Altgläubiger (Staudinger/Marotzke [2002] § 1991 Rn 6): Er ist nicht einmal berechtigt zur gleichmäßigen (anteiligen) Gläubigerbefriedigung, nach Erschöpfung des Altvermögens bleibt ihm die Unzulänglichkeitseinrede (Rn 54; Klumpp ZEV 1998, 409, 414).

Als **Ausnahme vom Prioritätsprinzip** ist § 1991 Abs 3 zu beachten: **Titelgläubiger** sind **61** vorrangig zu befriedigen. Eine weitere Ausnahme besteht hinsichtlich der **Aufwendungsersatzansprüche des Volljährigen** (Rn 58, 65; AnwKomm-BGB/Kaiser Rn 37). Diese muß er durch Selbstvollzug realisieren, dh er darf dem Altvermögen entsprechende Geldbeträge entnehmen oder ein Zurückbehaltungsrecht an Gegenständen geltend machen, das die Gläubiger durch Sicherheitsleistung abwenden können (Muscheler WM 1998, 2271, 2287; MünchKomm/Huber Rn 45; zum erbrechtlichen Streitstand Staudinger/ Marotzke [2002] § 1991 Rn 13). Da der Volljährige gegen sich selbst keinen Titel erwerben kann, darf er seine Ersatzansprüche **vorrangig** befriedigen; insoweit setzt er sich selbst gegen Titelgläubiger iSd § 1991 Abs 3 durch, wenn das Urteil einen Vorbehalt gem § 780 ZPO enthält (vgl RG WarnR 1913/14 Nr 213; BGB-RGRK/Johannsen § 1991 Rn 6; Staudinger/Marotzke [2002] § 1991 Rn 13, 19; Muscheler WM 1998, 2271, 2287 mit Fn 131; Bittner FamRZ 2000, 325, 330).

bb)   Während der volljährig Gewordene den Zugriff von Altgläubigern auf sein **62** Neuvermögen mittels der Einrede nach Abs 1 abwehren kann, ist streitig, ob er umgekehrt auch den **Zugriff von Neugläubigern auf das Altvermögen** verhindern kann oder sogar muß. § 784 Abs 2 ZPO, der ein entsprechendes Abwehrrecht begründen könnte, ist für § 1629a nicht in Bezug genommen (§ 786 Alt 2 ZPO), eine sonstige gesetzliche Grundlage fehlt. Eine *analoge Anwendung des § 784 Abs 2 ZPO* ist auf erbrechtlicher Ebene (Zugriff von Eigengläubigern des Erben auf den Nachlaß) heftig umstritten (umfassende Nachweise bei STAUDINGER/MAROTZKE [2002] § 1990 Rn 28), der Streit findet seine Fortsetzung im Rahmen des § 1629a. Gegner eines Abwehrrechts des Volljährigen berufen sich auf den Wortlaut des § 786 ZPO; des weiteren wird darauf hingewiesen, daß Neugläubiger bei Vertragsschluß möglicherweise auf das umfangreiche (Alt-)Vermögen des Volljährigen vertraut hatten und dieser den Neugläubigern grundsätzlich mit seinem *gesamten* Vermögen hafte (BEHNKE NJW 1998, 3078, 3081; MUSCHELER WM 1998, 2271, 2286; jurisPK-BGB/SCHWER Rn 18; THIEL 97 ff; in erbrechtlichem Zusammenhang STAUDINGER/MAROTZKE [2002] § 1990 Rn 28; MünchKomm/SIEGMANN § 1990 Rn 7). Überzeugender erscheinen demgegenüber die Argumente der Gegenseite (vgl KLUMPP ZEV 1998, 409, 414; HABERSACK FamRZ 1999, 1, 5; BITTNER FamRZ 2000, 325, 331; RAUSCHER, Familienrecht Rn 1065; MünchKomm/HUBER Rn 53; AnwKomm-BGB/KAISER Rn 39): Könnte der Volljährige die Neugläubiger nicht vom Altvermögen fernhalten, hätten die Altgläubiger einen Wertersatzanspruch (gem §§ 1978 Abs 1 oder 812) gegen das Neuvermögen des Volljährigen. Solches Neuvermögen ist jedoch (wie bei jungen Volljährigen in aller Regel) nicht vorhanden, so daß die den Altgläubigern zur Verfügung stehende Haftungsmasse von Neugläubigern geplündert werden könnte. Es wäre dem Volljährigen sogar zu raten, seine Neugläubiger zum Zugriff zu ermuntern: Dann würden seine Neuschulden aus dem Altvermögen getilgt, den Forderungen der Altgläubiger könnte er die Erschöpfungseinrede entgegenhalten; deren Ersatzforderung gegen das Neuvermögen wäre praktisch nicht realisierbar.

63   Demgemäß ist das **Recht des volljährig Gewordenen zu bejahen, den Zugriff von Neugläubigern auf das Altvermögen entsprechend § 784 Abs 2 ZPO abzuwehren.** Seine Verwalterstellung gem § 1978 Abs 1 *verpflichtet* ihn sogar dazu. Lediglich für den Volljährigen mit deutlich positivem Altvermögen ist eine Einschränkung zu machen: Gefährdet die Befriedigung von Neugläubigern aus dem Altvermögen nicht die volle Befriedigung aller Altgläubiger, könnte einer Vollstreckungsabwehrklage des Volljährigen der Einwand des Rechtsmißbrauchs (§ 242) entgegengehalten werden (HABERSACK/SCHNEIDER FamRZ 1997, 649, 655; BITTNER FamRZ 2000, 325, 331; MünchKomm/HUBER Rn 53; AnwKomm-BGB/KAISER Rn 39).

64   Diese Auffassung gilt im Ergebnis auch für die **Aufrechnung eines Neugläubigers gegen eine Forderung des Altvermögens.** Auf erbrechtlicher Ebene wird vorgebracht, daß § 1991 für die Dürftigkeitseinrede nicht auch auf § 1977 Abs 2 verweise, der eine solche Aufrechnung ausschließe (STAUDINGER/MAROTZKE [2002] § 1990 Rn 43 mwNw; für § 1629a auch BITTNER FamRZ 2000, 325, 332). Es ist jedoch fraglich, ob § 1991 als bewußte Ausklammerung des § 1977 verstanden werden kann. Hinzu kommt, daß die Interessenlage der Altgläubiger dieselbe ist wie beim Zugriff des Neugläubigers im Wege der Zwangsvollstreckung (inkonsequent deshalb BITTNER aaO, die die Aufrechnung dennoch zulassen will). Die Aufrechnung durch den Neugläubiger ist deshalb nicht möglich (MünchKomm/HUBER Rn 54; AnwKomm-BGB/KAISER Rn 40).

cc) Verwaltungsfehler des volljährig Gewordenen

Berichtigt der volljährig Gewordene **Altverbindlichkeiten mit Mitteln seines Neuver-** **65**
mögens, so sind diese getilgt, er hat seine Einredemöglichkeit nach Abs 1 nicht
genutzt. Für die Frage der Revidierbarkeit ist zu unterscheiden:

(1) Für **Aufwendungsersatzansprüche gegen das Altvermögen** (§§ 1629a Abs 1 S 2,
1991 Abs 1, 1978 Abs 3; vgl Rn 61) gilt die Sondervorschrift des § 1979. War der
volljährig Gewordene „gutgläubig" im Sinne dieser Vorschrift, hat er ohne weiteres
einen Ersatzanspruch gegen das Altvermögen; durfte er hingegen nicht von der
Solvenz des Altvermögens ausgehen (vgl Rn 59), gibt es nur einen Ersatzanspruch,
wenn er mit aktuellem Fremdgeschäftsführungswillen für das Altvermögen gehandelt hatte, §§ 1978 Abs 3, 683, 670 (zu §§ 1979, 1978 Abs 3 vgl STAUDINGER/MAROTZKE [2002]
§ 1978 Rn 26; MünchKomm/SIEGMANN § 1978 Rn 13; A ERNST, Haftung des Erben für neue Ge-
schäftsverbindlichkeiten [1994] 18; zur Diskussion im Rahmen des § 1629a s MUSCHELER WM 1998,
2271, 2285; BITTNER FamRZ 2000, 325, 330; COESTER, in: FS Lorenz [2001] 113, 118 f; ders Jura 2002,
88, 92). Selbst wenn es demnach einem Aufwendungsersatzanspruch gibt, hilft dieser
jedenfalls nicht weiter, wenn das Altvermögen erschöpft ist.

(2) Daneben kommt ein **Rückforderungsanspruch gegen das Altvermögen** gem § 813 **66**
Abs 1 in Betracht. Dem kann nicht entgegengehalten werden, trotz Einredemöglichkeit erbrachten Leistungen wohne eine „Verfestigungsfunktion" inne, die eine
Rückforderbarkeit ausschließe (so aber LÖWISCH NJW 1999, 1002, 1003; ROTH, Die Einrede
des Bürgerlichen Rechts [1988] 84 ff). Damit wird das Regel-/Ausnahmeverhältnis des
§ 813 Abs 1 auf den Kopf gestellt und der Schutzzweck des § 1629a verfehlt (COESTER,
in: FS Lorenz [2001] 113, 119 f; zur entsprechenden Problematik bei der Dürftigkeitseinrede des Erben Mot V 666; STAUDINGER/MAROTZKE [2002] § 1990 Rn 40 mwNw; OLG Stuttgart NJW-RR 1989, 1283). Wenn Art 5 Abs 2 MHBG Bereicherungsansprüche ausschließt, soweit der volljährig Gewordene *vor* Inkrafttreten des Gesetzes Altschulden aus seinem Vermögen befriedigt hat, so kann daraus im Umkehrschluß gefolgert
werden, daß solche Ansprüche *nach* Inkrafttreten des MHBG grundsätzlich möglich
sind (im Grundsatz ebenso MünchKomm/HUBER Rn 48; AnwKomm-BGB/KAISER Rn 37; zur Einschränkung bei gegenseitigen Verträgen unten Rn 71).

Berichtigt der volljährig Gewordene **Neuschulden mit Mitteln des Altvermögens**, so **67**
haben die Altgläubiger einen Bereicherungsanspruch gem § 812 Abs 1 S 1 Alt 2
sowie – aus dem gem §§ 1629a Abs 1 S 2, 1991 Abs 1, 1978 Abs 1 fingierten Auf-
tragsverhältnis – Herausgabeansprüche nach § 667 und Schadensersatzansprüche aus
§§ 280 Abs 1, 241 Abs 2. Für diese Ansprüche haftet der volljährig Gewordene mit
seinem Neuvermögen, also unbeschränkbar (AnwKomm-BGB/KAISER Rn 45, 46; zur Problematik vgl COESTER, in: FS Lorenz [2001] 113, 121).

d) Insbesondere: Die Abwicklung von gegenseitigen Verträgen

Die Einredemöglichkeit des volljährig Gewordenen gem Abs 1 wirft spezifische **68**
Probleme für die Abwicklung gegenseitiger Verträge auf. Dabei sind folgende Fallgestaltungen zu unterscheiden (vgl LÖWISCH NJW 1999, 1002 f; COESTER JURA 2002, 88, 92):

aa) Ist **beiderseits noch nicht erfüllt**, kann sich der Vertragspartner durch Einrede
nach § 320 davor schützen, daß er trotz Erbringung der eigenen Leistung später die

Gegenleistung des volljährig Gewordenen nicht erhält (weil dieser sich auf § 1629a Abs 1 beruft; Löwisch NJW 1999, 1002).

69 bb) Ist der **Vertragspartner vorleistungspflichtig**, kann er seine Interessen mit der Unsicherheitseinrede nach § 321 wahren. Als die Vorleistungspflicht beseitigende „Anspruchsgefährdung" im Sinne dieser Vorschrift wird man den Eintritt oder das Bekanntwerden der Überschuldung des Altvermögens anzusehen haben, auf die aktuelle Erhebung der Einrede nach Abs 1 kommt es nicht an (Coester, in: FS Lorenz [2001] 113, 123 f; **anders** Klumpp ZEV 1998, 409, 412; Löwisch NJW 1999, 1002 f; AnwKomm-BGB/ Kaiser Rn 48). Hat sich der Vertragspartner auf eine Vorleistungspflicht eingelassen, obwohl ihm die Überschuldung des (derzeit noch minderjährigen) Gegners bekannt war, steht ihm die Einrede nach § 321 allerdings nicht zur Verfügung (vgl Staudinger/ Otto [2004] § 321 Rn 28).

70 Besonders problematisch sind insoweit **Dauerschuldverhältnisse** (dazu ausführlich Waas KritV 2000, 5, 25 ff). Sind sie mit dem noch Minderjährigen begründet worden, so gelten auch nach Eintritt der Volljährigkeit fällig werdende Vergütungen als Altschulden, bezüglich derer die Haftung nach Abs 1 beschränkt werden kann (Rn 48; ist der ehemals Minderjährige nicht Vergütungs-, sondern Leistungsschuldner, s oben Rn 17). Diese Einredemöglichkeit schwebt damit als Damoklesschwert über der weiteren Vertragserfüllung. Nach früheren Entwürfen sollten die künftigen Raten als Neuschulden einzustufen sein, verbunden mit einem Kündigungsrecht des jungen Volljährigen, falls er diese Last nicht mehr tragen will („Hamburger Entwurf" [Rn 1] § 115; dazu Peschel-Gutzeit FamRZ 1993, 1009, 1012; Habersack/Schneider FamRZ 1997, 649, 653; zugunsten dieser Lösung auch noch Waas KritV 2000, 5, 26 ff). Nach jetzt geltendem Recht bleibt nur die Möglichkeit für den Vertragspartner, das Vertragsverhältnis gemäß § 314 aus wichtigem Grund zu kündigen, wenn der volljährig Gewordene die Einrede nach Abs 1 erhebt (BT-Drucks 13/5624, 9; Löwisch NJW 1999, 1003; Thiel 141 f; der volljährig Gewordene selbst hat kein Kündigungsrecht, vgl Thiel 142 ff). Wenn er schon vorher Gewißheit über den Fortbestand des Dauerschuldverhältnisses erlangen will, kann er unter den Voraussetzungen des § 321 vor weiteren eigenen Leistungen einen Verzicht des jungen Volljährigen auf die Beschränkungsmöglichkeit nach § 1629a Abs 1 verlangen, zumindest aber Sicherheitsleistung gem Abs 3.

Hingegen geht es zu weit, aus der bloßen Nichtwahrnehmung einer Kündigungsmöglichkeit seitens des volljährig Gewordenen auf dessen „eigenverantwortliche Übernahme" des Schuldverhältnisses (und damit praktisch auf einen Einredeverzicht) schließen zu wollen (so aber Thiel 135 ff; dies SpuRT 2002, 1, 2).

71 cc) Hatte der noch **Minderjährige schon seinerseits erfüllt**, so kann er jetzt als Volljähriger ohne weiteres die Gegenleistung fordern. Hat er erst als Volljähriger seine Leistung erbracht, hat er auch die Wahl, diese statt dessen gem § 813 zurückzuverlangen (Rn 66). Eine Einschränkung wird allerdings insoweit gelten müssen, als seine Erfüllungsleistung den Vertragspartner veranlaßt hat, seinerseits zu erfüllen. Das Absicherungsproblem durfte dieser für erledigt halten, zumal § 320 bei „Bewirken der Gegenleistung" das eigene Zurückbehaltungsrecht entfallen läßt. Hat also der volljährig Gewordene die Gegenseite durch eigene Leistungserbringung zur Gegenleistung objektiv herausgefordert, so wäre es nunmehr treuwidrig (§ 242), die eigene Leistung nach § 813 zurückzuverlangen. Ein solcher Anspruch besteht nur, wenn der junge Volljährige Zug-um-Zug die Rückgewähr der Gegenleistung anbietet.

dd) Hat der **Vertragspartner schon einseitig erfüllt**, so kann die Gegenleistung des **72** volljährig Gewordenen dennoch nach Abs 1 verweigert werden. Der Vertragspartner kann nicht gemäß §323 vom Vertrag zurücktreten, weil seine einredebehaftete Forderung nicht „fällig" iSv §323 Abs 1 ist (a**M** AnwKomm-BGB/KAISER Rn 49; ähnlich STAUDINGER/LÖWISCH [2004] §826 Rn 17; zur Thematik nach altem Recht: LÖWISCH NJW 1999, 1002, 1003). Ein Rückforderungsrecht des Vertragspartners ergibt sich auch nicht aus §326 Abs 4, weil die Schuldbefreiung des volljährig Gewordenen durch §1629a Abs 1 nicht einem Leistungsausschluß iS §275 Abs 1–3 gleichzustellen ist. Deshalb entfällt schließlich auch ein Rücktrittsrecht des Vertragspartners nach §326 Abs 5. Auch liegt in der weiteren Verwendung des empfangenen Leistungsgegenstandes durch den jungen Volljährigen nicht stets ein konkludenter Verzicht auf die Einredemöglichkeit nach Abs 1 (analog §144; so aber LÖWISCH NJW 1999, 1002, 1003). Da der Lieferant trotz Geltendmachung der Haftungsbeschränkung durch den volljährig Gewordenen keine Rücktrittsmöglichkeit hat, darf dieser den Gegenstand auch weiter verwenden, ohne daß sich in der Verwendung sein Verzichtswille äußert (vgl BITTNER FamRZ 2000, 325, 334 Fn 105; COESTER, in: FS Lorenz [2001] 113, 125 f).

Dieses Ergebnis sollte auch nicht als unbillig oder treuwidrig eingestuft werden (näher COESTER Jura 2002, 88, 92). Es ist Sache des Leistenden, seine Interessen durch vorheriges Verlangen eines Einredeverzichts oder von Sicherheiten zu wahren oder seinerseits die Einreden nach §§320, 321 zu erheben.

3. Die Einrede im Insolvenzverfahren des volljährig Gewordenen

Ungeachtet der Entscheidung des Gesetzgebers gegen ein eigenständiges Minder- **73** jähigeninsolvenzverfahren (Rn 60) kann ein normales Insolvenzverfahren über das Vermögen des Minderjährigen oder volljährig Gewordenen eröffnet werden. Hatte der volljährig Gewordene die Einrede aus §1629a Abs 1 schon erhoben, so ist der Insolvenzverwalter hieran gebunden; sonst kann nach Verfahrenseröffnung der Insolvenzverwalter nach seinem Ermessen die Einrede erheben (Rn 50). Die Einrede-erhebung hat zur Folge, daß die gesamte Insolvenzmasse in Alt- und Neuvermögen geteilt wird und aus dem Altvermögen eine abgesonderte Befriedigung der Altgläubiger stattfindet (für Einzelheiten s BITTNER FamRZ 2000, 325, 332 f).

V. Abs 4: Mitgliedschaft des volljährig Gewordenen in einer Erbengemeinschaft oder Gesellschaft oder Inhaberschaft eines Handelsgeschäfts

1. Normzweck und -bedeutung

Bei Gesamthandsgemeinschaften oder Gewerbebetrieben wirft die Unterscheidung **74** von Alt- und Neuverbindlichkeiten sowie die Durchführung einer Haftungsbeschränkung durch den volljährig Gewordenen besondere Probleme auf. Der Gesetzgeber hatte erwogen, eine dem §27 HGB entsprechende Regelung einzuführen und damit die Einredemöglichkeit durch den volljährig Gewordenen an die kurzzeitig befristete Aufgabe seines gewerblichen Engagements zu koppeln (so noch der „Hamburger Entwurf" [Rn 1]; dazu PESCHEL-GUTZEIT FamRZ 1993, 1009, 1012). Letztlich

wurde dieser Weg aber nicht beschritten, da man betriebswirtschaftlich unsinnige
oder übereilte Liquidationsverfahren vermeiden wollte (BT-Drucks 13/5624, 10 f; zur
Kritik an der gesetzlichen Lösung s vor allem WAAS KritV 2000, 5, 26 f; K SCHMIDT JuS 2004,
361, 363; ders, in: FS Derleder [2005] 601, 608).

75 Im Ergebnis erlaubt das Gesetz in Abs 4 dem volljährig Gewordenen die Fortsetzung seiner gewerblichen Aktivität, ohne den Verlust seiner Einredemöglichkeit
nach Abs 1 fürchten zu müssen (BT-Drucks 13/5624, 12). Ihm wird zwar das Recht
eingeräumt, binnen drei Monaten sein gewerbliches Engagement zu beenden und
damit klare Verhältnisse zu schaffen (Rn 83 ff). Tut er dies nicht, so sollen lediglich
zwei Vermutungen zugunsten der Altgläubiger für Klarheit und Rechtssicherheit
sorgen. In Kauf genommen hat der Gesetzgeber damit die Inkohärenz des Haftungs-
systems für Unternehmensverbindlichkeiten: Der vom Unternehmensanfall oft
überraschte Erbe muß sich binnen kurzer Frist zwischen Unternehmensfortführung
bei voller Haftung einerseits und Haftungsbeschränkung durch Unternehmensauf-
gabe andererseits entscheiden, der volljährig Gewordene hingegen nicht – das Fehlen einer Ausschlußfrist für die Einrede nach § 1629a läßt den Kontrast deutlich
hervortreten (**krit** DAUNER-LIEB ZIP 1996, 1818, 1822 f; NICOLAI BB 1997, 515 f; HABERSACK/
SCHNEIDER FamRZ 1997, 649, 651; KLUMPP ZEV 1998, 409, 414; **zustimmend** hingegen BEHNKE
NJW 1998, 3078, 3082). In Kauf genommen wurde auch eine Kollision mit den Grundsätzen über die Kapitalaufbringung und -erhaltung bei Kapitalgesellschaften und der
KG, soweit die Einlage des Minderjährigen noch nicht erbracht oder unzulässiger-
weise zurückgezahlt worden ist: Sowohl die Außenhaftung des volljährig Gewordenen wie die Haftung nach innen gegenüber der Gesellschaft sind als „Altverbindlichkeit" beschränkbar, die entsprechenden Leistungen können der Gesellschaft und
deren Gläubigern also letztlich vorenthalten werden (vgl HABERSACK/SCHNEIDER
FamRZ 1997, 649, 652; REIMANN DNotZ 1999, 179, 204).

76 Die Vermutungen nach Abs 4 sind nach den Vorstellungen des Gesetzgebers der
Ausgleich für den Verzicht auf eine klare Vermögenszäsur, sie sollen zu Gunsten der
Altgläubiger klare Verhältnisse schaffen (BT-Drucks 13/5624, 10–12). Abs 4 verbessert
die Rechtsstellung der Gläubiger jedoch nicht: Schon nach allgemeinen Grundsätzen
trägt der volljährig Gewordene die Beweislast für das Vorliegen von „Altschulden"
und die Zugehörigkeit der in Anspruch genommen Haftungsmasse zum „Neuvermögen". **Abs 4** ist deshalb letztlich **bedeutungslos** (JAUERNIG/BERGER Rn 11; MUSCHELER
WM 1998, 2271, 2284; GLÖCKNER FamRZ 2000, 1397, 1401; MÜLLER-FELDHAMMER FamRZ 2002, 13,
16; THIEL 119 ff; vgl auch Rn 93).

2.   Verhältnis zu anderen Schutzansätzen

a)   § 15 HGB
77 Minderjährigenschutz nach § 1629a Abs 1 und Verkehrsschutz nach § 15 HGB können bei unterbliebener oder falscher Eintragung bzw Bekanntmachung des Geburtsdatums eines Gesellschafters oder Einzelkaufmanns in Konflikt geraten. Deshalb
war zunächst vorgesehen, den Vorrang des Minderjährigenschutzes ausdrücklich
klarzustellen (DiskE 1993, vgl Fn 1). Der Gesetzgeber hat von einer entsprechenden
Regelung jedoch abgesehen: Mit der durch die Handelsrechtsreform eingeführten
allgemeinen Eintragungspflicht hinsichtlich des Geburtsdatums (§ 24 Abs 1 Han-
delsregisterverfügung; §§ 106 Abs 2 Nr 1, 162 Abs 1 HGB) sei das Problem faktisch

entschärft, richtige Eintragung und Bekanntmachung seien weitgehend sichergestellt (BT-Drucks 13/5624, 14). Dennoch ist das Verhältnis von §§ 1629a BGB und 15 HGB *umstritten.*

Zunächst ist festzustellen, daß ein Konflikt mit den Grundsätzen der negativen **78** Publizität (§ 15 Abs 1, 2 HGB) gar nicht entstehen kann. Da für *jeden* Gewerbetreibenden (nicht nur für Minderjährige) das Geburtsdatum einzutragen ist (Rn 77), erwächst bei fehlerhafter Nichteintragung kein schützenswertes Vertrauen in die Volljährigkeit der eingetragenen Person (Muscheler WM 1998, 2271, 2283; Glöckner FamRZ 2000, 1397, 1400 Fn 28; Christmann ZEV 2000, 45, 47; **anders** offenbar Rust DStR 2005, 1992, 1995; Klumpp ZEV 1998, 415; Müller-Feldhammer FamRZ 2002, 13, 17, der eine Verlautbarung in der *Firma* der Gesellschaft verlangt, wenn alle persönlich haftenden Gesellschafter minderjährig sind; so auch schon May 100; Athanasiadis 215).

Passieren kann allerdings die unrichtige Bekanntmachung eines Geburtsdatums, die **79** den Minderjährigen fälschlich als Volljährigen erscheinen läßt (§ 15 Abs 3 HGB; wäre dies angesichts der grundsätzlichen Sorgfalt der Registerbeamten „praktisch nicht relevant" und deshalb „hinzunehmen" [BT-Drucks 13/5624, 14], könnte man den gesamten § 15 Abs 3 HGB streichen). Während hier Entstehungsgeschichte und Gesetzesbegründung auf einen Vorrang des Verkehrsschutzes zu Lasten des Minderjährigen hindeuten (MünchKommHGB/Krebs § 15 Rn 21, 93; so auch Habersack/Schneider FamRZ 1997, 649, 651), wird dennoch auch zu Gunsten eines Vorrangs des § 1629a Abs 1 argumentiert (Muscheler WM 1998, 2283; Behnke NJW 1998, 3078, 3081 f; Glöckner FamRZ 2000, 1397, 1400 Fn 28; Christmann ZEV 2000, 45, 47; Rust DStR 2005, 1992, 1996). Dabei beruft man sich auf den auch anderweitigen Vorrang des Minderjährigenschutzes vor dem Verkehrsschutz sowie auf die verfassungsrechtlich gebotene Schutzfunktion des § 1629a. Im Ergebnis kann die Entscheidung nur zu Gunsten dieser zweiten Auffassung lauten: Eine Rechtsscheinshaftung nach § 15 Abs 3 HGB kommt aus verfassungsrechtlichen Gründen nur in Betracht, wenn die falsche Bekanntmachung dem Eingetragenen in irgendeiner Weise *zuzurechnen* ist (für die insoweit hL Canaris, Handelsrecht § 5 Rn 52, 53; Baumbach/Hopt § 15 Rn 19; **aA** MünchKommHGB/Krebs § 15 Rn 83 ff mit umfassenden Nachweisen). Bei Minderjährigen kommt es auf die Zurechenbarkeit zum gesetzlichen Vertreter an. Damit ist die Haftung aus § 15 Abs 3 HGB für den volljährig Gewordenen eine fremdverantwortete Verbindlichkeit aus der Zeit seiner Minderjährigkeit, so daß er ohne weiteres die Einrede aus § 1629a Abs 1 erheben kann (Behnke NJW 1998, 3078, 3082; Haertlein JS 2000, 982, 990).

b) Andere Schutzansätze

Das Wahlrecht eines Erben des persönlich haftenden Gesellschafters einer OHG **80** oder KG gem **§ 139 HGB**, seine Beteiligung in eine Kommanditistenstellung umwandeln zu lassen, berührt das Haftungsbeschränkungsrecht gem § 1629a Abs 1 nicht. Ein volljährig Gewordener, der die Umwandlung nach § 139 Abs 1 nicht verlangt hat und persönlich haftender Gesellschafter geblieben ist, kann also dennoch seine Haftung gem § 1629a Abs 1 beschränken (Reimann DNotZ 1999, 179, 196 [auch zur Berechnung des Gewinnanteils gem § 139 Abs 5 HGB]).

Zur Sonderbehandlung von Minderjährigen im Rahmen der Grundsätze über die fehlerhafte Gesellschaft s oben Rn 12.

3. Die beiden Vermutungen des Abs 4

a) Voraussetzungen

81 Die Vermutungen in S 1 und S 2 haben zur gemeinsamen Voraussetzung, daß der volljährig Gewordene seine Gemeinschaftszugehörigkeit oder sein gewerbliches Engagement nicht binnen drei Monaten kündigt bzw einstellt. § 723 Abs 1 S 2–6 gewährt das dazu gesellschaftsrechtlich notwendige Gestaltungsrecht. Die Vermutung in S 2 setzt überdies voraus, daß die erste Vermutung widerlegt werden konnte (Rn 92).

aa) Drei-Monats-Frist

82 Abs 4 S 1 räumt dem volljährig Gewordenen eine Frist von „drei Monaten nach Eintritt der Volljährigkeit" ein. Das Kündigungsrecht des § 723 Abs 1 S 4 ist kongruent befristet, jedoch ist der Fristbeginn anders definiert: Die Drei-Monats-Frist beginnt erst zu laufen, wenn der volljährig Gewordene „von seiner Gesellschafterstellung Kenntnis hatte oder haben mußte". Die Begründung zum RegE betont in anderem Zusammenhang die erstrebte Kongruenz zwischen § 723 Abs 1 und § 1629a (BT-Drucks 13/5634, 12), so daß die Modifizierung des Fristbeginns in § 723 Abs 1 S 4 sinnvollerweise in § 1629a Abs 4 S 1 „hineinzulesen" ist.

bb) Kündigung der Gemeinschaft/Gesellschaft oder Einstellung des Handelsgeschäfts

83 Das Gesetz stellt dem volljährig Gewordenen anheim, durch Rückzug aus dem gewerblichen Engagement „klare Verhältnisse" hinsichtlich Alt- und Neuvermögen zu schaffen. Abs 4 hat insoweit (wenn überhaupt) nur Bedeutung für Verbindlichkeiten, die grundsätzlich unter § 1629a fallen. Wo eine Haftungsbeschränkung nicht in Betracht kommt (§ 112; persönliche Bedürfnisbefriedigung, Abs 2), ist Abs 4 gegenstandslos (auch gesellschaftsrechtlich gibt es kein Kündigungsrecht, § 723 Abs 1 S 5). Mangels der Gefahr persönlicher Neuschulden gibt es auch kein Kündigungsrecht bei Mitgliedschaft in Kapitalgesellschaften oder für den Kommanditisten einer KG, der seine Einlage schon erbracht hat (REIMANN DNotZ 1999, 179, 203; vgl Rn 87).

Im einzelnen gilt für die jeweiligen Beteiligungsformen:

84 (1) Bei der **BGB-Gesellschaft** ist mit dem MHBG das Sonderkündigungsrecht des § 723 Abs 1 eingefügt worden. Es betrifft nur die Kündigung der „Gesellschaft", ein *Austrittsrecht* nur des volljährig gewordenen Gesellschafters ist nicht vorgesehen. Räumt der Gesellschaftsvertrag allerdings ein solches Recht ein, so gilt dies jetzt auch für den Fall der Volljährigkeit (BT-Drucks 13/5624, 11; GRUNEWALD ZIP 1999, 597, 598; ausführlich zu den gesellschaftsvertraglichen Gestaltungsmöglichkeiten GLÖCKNER ZEV 2001, 47, 48 ff). Fehlt eine entsprechende gesellschaftsvertragliche Regelung, bleibt es beim Kündigungsrecht bezüglich der Gesellschaft – die anderen Gesellschafter können allenfalls konstitutiv die Fortsetzung der Gesellschaft unter den Verbleibenden vereinbaren (BT-Drucks 13/5624, 11; GRUNEWALD aaO; aA KLUMPP ZEV 1998, 409, 413 [dennoch Austrittsrecht]).

85 (2) Bei der **OHG, KG oder Partnerschaftsgesellschaft** fehlt es an einer ausdrücklichen Regelung des Kündigungsrechts bei Erreichen der Volljährigkeit. Der Gesetzgeber hielt dies für entbehrlich, weil die Regelung in § 723 Abs 1 auf das Recht der OHG „ausstrahle" (BT-Drucks 13/5624, 10; krit BEHNKE NJW 1998, 3078, 3082). Konkret wurde dabei an § 133 HGB (Auflösung der Gesellschaft) gedacht (so in der Tat HABERSACK FamRZ 1999, 1, 2; LOHSE/TRIEBEL ZEV 2000, 337, 342); seit der Neufassung des § 131 HGB im Sinne eines grundsätzlichen Fortbestehens der Gesellschaft bei Ausscheiden eines Gesellschafters ist die „Ausstrahlung" aber sachlich angemessener auf § 131 Abs 3 Nr 3 (Kündigung nur des Gesellschafters) zu beziehen (GRUNEWALD ZIP 1999, 597, 599; tendenziell ähnlich, aber mit anderem Ansatz KLUMPP ZEV 1998, 409, 413 [§ 139 HGB analog]). Der volljährig Gewordene hat damit „nur" ein Austrittsrecht.

Es fragt sich, ob iS des Abs 4 auch eine **Umwandlung** der Gesellschaftsbeteiligung **86** des volljährig Gewordenen **in eine Kommanditistenstellung** genügt. Dies ist zu bejahen, soweit eine solche Umwandlung möglich ist, etwa kraft Gesellschaftsvertrags (KLUMPP ZEV 1998, 409, 413; GRUNEWALD ZIP 1999, 597, 599 [beide mit der Empfehlung für eine solche Vertragsgestaltung]). Mangels einer entsprechenden Vertragsklausel gibt es keinen Anspruch auf Umwandlung (anders KLUMPP aaO [analog § 139 HGB]); wenn aber vor oder nach Kündigung eine entsprechende Regelung mit den übrigen Gesellschaftern vertraglich getroffen wird, reicht das für Abs 4 (vgl BT-Drucks 13/5624 Rn 11).

Abs 4 gilt auch für den volljährig gewordenen **Kommanditisten**, der seine Einlage **87** noch nicht erbracht hat, da seine Rechtsstellung insoweit mit der eines Komplementärs vergleichbar ist (GRUNEWALD ZIP 1999, 597, 599 f). Bei der Beteiligung des Minderjährigen an **Kapitalgesellschaften** gibt es allerdings kein Kündigungsrecht bei Erreichen der Volljährigkeit, auch wenn Einlagen noch nicht erbracht sind oder sonstige Zahlungsverpflichtungen (zB aus §§ 31, 32a GmbHG) bestehen. Folglich gilt auch Abs 4 insoweit nicht (BÜRGER RNotZ 2006, 156, 177 f).

(3) Für die **Erbengemeinschaft** hat das MHBG ebenfalls kein Sonderkündigungs- **88** recht eingefügt. Nach § 2042 Abs 1 kann ein Miterbe „jederzeit" die Auseinandersetzung verlangen. Der Erblasser kann dieses Recht zwar ausschließen, möglich bleibt allerdings auch dann das Auseinandersetzungsverlangen aus „wichtigem Grund", §§ 2044 Abs 1 S 1, 2, 749 Abs 2. Bei wirtschaftlicher Betätigung der Erbengemeinschaft soll im Hinblick auf die Haftungsfolgen der Eintritt der Volljährigkeit stets als „wichtiger Grund" anzusehen sein (BT-Drucks 13/5624, 10). Angesichts der materiellen Bedeutungslosigkeit des Abs 4 (Rn 76 und 93) ist dieses Argument jedoch fragwürdig.

(4) Ist der volljährig Gewordene **Inhaber eines Einzelhandelsgeschäfts**, so muß er zur **89** Vermeidung der Vermutungen des Abs 4 dieses Geschäft binnen drei Monaten „einstellen", S 1 HS 2. Der Begriff ist derselbe wie in § 27 Abs 1 S 1 HGB (dazu MünchKommHGB/LIEB § 27 Rn 51–58): Erforderlich ist die tatsächliche, endgültige Aufgabe des Handelsgeschäfts, auf die Löschung im Handelsregister kommt es hingegen nicht an. Auch müssen nicht alle Liquidationsmaßnahmen vor Ablauf der Drei-Monats-Frist abgeschlossen sein (PALANDT/DIEDERICHSEN Rn 21).

b) Rechtsfolgen
Hat der volljährig Gewordene nicht fristgerecht gekündigt oder sein Handelsge- **90** schäft eingestellt, greifen die Vermutungen der Sätze 1 und 2 ein. Sie gelten für alle Verbindlichkeiten, die unter Abs 1 fallen, also sowohl Ansprüche der Gesellschaft

oder Erbengemeinschaft gegen den volljährig Gewordenen wie auch Ansprüche der anderen Gesellschafter sowie schließlich auch Ansprüche Dritter gegen die Gesellschaft, für die jeder Gesellschafter persönlich einstehen muß (Rn 20; vgl BEHNKE NZG 1999, 244 f). Zu den Ansprüchen der anderen Gesellschafter gehören auch Rückgriffsansprüche gem § 426 Abs 2 (MUSCHELER WM 1998, 2271, 2281 Fn 87; aA LAUM/DYLLA-KREBS, in: FS Vieregge [1995] 519, 532).

91 Die **Vermutung der Neuverbindlichkeit nach S 1** bedeutet, daß der volljährig Gewordene unbeschränkbar mit seinem Neuvermögen haftet, wenn er nicht nachweisen kann, daß es sich um eine Altschuld handelt.

92 Die **Vermutung des Altvermögens nach S 2** ergibt nur Sinn, wenn die Widerlegung der ersten Vermutung gelungen ist (COESTER Jura 2002, 88, 93). Dann steht zwar fest, daß es sich um eine Altschuld handelt; die Vermutung des S 2 sichert dem Altgläubiger gleichwohl den Zugriff auf das ganze Vermögen des volljährig Gewordenen, soweit dieser nicht beweisen kann, daß es sich um Neuvermögen handelt (hier bewährt sich eine rechtzeitige Inventarerrichtung, vgl Rn 53). Die Vermutung nach S 2 gilt nur zugunsten von Altgläubigern; es wäre hingegen sinnwidrig, sie dem volljährig gewordenen Schuldner als Waffe gegen seine *Neugläubiger* in die Hand zu geben. Deren Rechtsstellung will das Gesetz nicht verschlechtern; gegenüber ihrem Zugriff muß der volljährig Gewordene *beweisen*, daß es sich um Altvermögen handelt (HABERSACK FamRZ 1999, 1, 6; MünchKomm/HUBER Rn 80).

93 Hat der volljährig Gewordene die Kündigung oder Einstellung seines Handelsgeschäfts fristgerecht vorgenommen, greifen die Vermutungen des Abs 4 nicht ein. An der Darlegungs- und Beweislast ändert dies allerdings nichts: Erhebt er die Einrede nach Abs 1, ist er für die Voraussetzungen der Haftungsbeschränkung, dh Altschuld und Neuvermögen, beweispflichtig (Rn 76).

§ 1630
Elterliche Sorge bei Pflegerbestellung oder Familienpflege

(1) Die elterliche Sorge erstreckt sich nicht auf Angelegenheiten des Kindes, für die ein Pfleger bestellt ist.

(2) Steht die Personensorge oder die Vermögenssorge einem Pfleger zu, so entscheidet das Familiengericht, falls sich die Eltern und der Pfleger in einer Angelegenheit nicht einigen können, die sowohl die Person als auch das Vermögen des Kindes betrifft.

(3) Geben die Eltern das Kind für längere Zeit in Familienpflege, so kann das Familiengericht auf Antrag der Eltern oder der Pflegeperson Angelegenheiten der elterlichen Sorge auf die Pflegeperson übertragen. Für die Übertragung auf Antrag der Pflegeperson ist die Zustimmung der Eltern erforderlich. Im Umfang der Übertragung hat die Pflegeperson die Rechte und Pflichten eines Pflegers.

Materialien: Abs 1: E I §§ 1503, 1650; E II § 1523; E III § 1606; GleichberG Art 1 Nr 22; SorgeRG Art 1 Nr 5 a; Abs 2: E I §§ 1503, 1653; E II § 1524; E III § 1607; GleichberG Art 1 Nr 22; SorgeRG Art 1 Nr 5 b; SorgeRG Art 1 Nr 5 c; KindRG Art 1 Nr 13; KindRG Art 4, Art 6; Abs 3.
Vgl STAUDINGER/BGB-Synopse (2006) § 1630.

Schrifttum

S auch das bei den Vorbem zu §§ 1626 ff u RKEG sowie das zum Kinder- und Jugendhilfegesetz [Vorbem 27 Fn] angeführte Schrifttum
BAER, Der Anspruch des Dauerpflegekindes auf Kontinuität „seiner" Familie – eine ferne Zielvorstellung?, psychosozial – Zeitschrift für Prävention und Theorie psychosozialer Konflikte 1980, 67
dies, Die neuen Regelungen der Reform des Rechts der elterlichen Sorge für das „Dauerpflegekind", FamRZ 1982, 221
BARDENZ, Zur Unterbringung „in einer anderen Familie" gem §§ 33, 39 KJHG, FamRZ 1997, 1523
BELCHAUS, Elterliches Sorgerecht (1980)
BRÜGGEMANN, Elterliche Vermögenssorge – alte und neue Fragen, ZBlJugR 1980, 53
COESTER, Die Bedeutung des Kinder- und Jugendhilfegesetzes (KJHG) für das Familienrecht, FamRZ 1991, 253
DIEDERICHSEN, Zur Reform des Eltern-Kind-Verhältnisses, FamRZ 1978, 461
DONAU, Das neue Kindschaftsrecht, MDR 1958, 6
FEIL, Vergessene Kinder im Entwurf eines Gesetzes zur Neuregelung des Rechts der elterlichen Sorge, UJ 1978, 65
FEUCHTWANGER, Anmerkungen zu RG JW 1931, 1348 in JW 1932, 1351
FINGER, Die Herausnahme von Pflegekindern aus der Pflegefamilie nach § 1632 Abs 4 BGB, ZBlJugR 1985, 341
ders, Pflegekinder im gerichtlichen Streitverfahren, ZBlJugR 1986, 46
ders, Die Ersetzung der Einwilligung eines Elternteils in die Annahme als Kind nach § 1748 BGB, FuR 1990, 183
ders, Ausübung der Personensorge bei Pflegekindern, § 38 KJHG, ZfJ 1990, 618
ders, § 1632 Abs 4 BGB – Zuordnungskonflikt bei Pflegekindern, Anträge der Pflegeeltern im gerichtlichen Verfahren, FuR 1998, 37, 80
FRICKE, Die Wahrnehmung von Angelegenheiten der elterlichen Sorge durch Pflegeeltern oder Heimerzieher bei bestehender Vormundschaft, Pflegschaft oder Betreuung, ZfJ 1992, 305
GERNHUBER, Der Senior und sein Zwangsvermögenspfleger, FamRZ 1976, 189
ders, Neues Familienrecht (1977)
GLEISSL/SUTTNER, Zur Rechtsstellung der Pflegeeltern nach neuem Recht, FamRZ 1982, 122
GROSS, Die Stellung der Pflegeeltern im Grundgesetz und im Zivilrecht, FPR 2004, 411
HABERMANN-TRIES, Das neue Kinder- und Jugendhilfegesetz, NDV 1990, 205, 231, 339
HOLZHAUER, Die Neuregelung des Pflegekindverhältnisses, ZRP 1982, 222
KNÖPFEL, Zur Neuordnung des elterlichen Sorgerechts, FamRZ 1977, 600
ders, Faktische Elternschaft, Bedeutung und Grenzen, FamRZ 1983, 317
LAKIES, Tendenzen im Pflegekindschaftsrecht, ZfJ 1989, 521
ders, Zum Verhältnis von Pflegekindschaft und Adoption, FamRZ 1990, 698
ders, Tages- und Vollzeitpflege im Kinder- und Jugendhilfegesetz (KJHG), ZfJ 1990, 545
ders, Das neue Kinder- und Jugendhilferecht – ein Überblick, ZfJ 1991, 22
ders, Das Recht der Pflegekindschaft im BGB nach der Kindschaftsrechtsreform, ZfJ 1998, 129
LEMPP, Soll die Stellung der Pflegekinder unter besonderer Berücksichtigung des Familien-, Sozial- und Jugendrechts neu geregelt werden? Kinderpsychologischer und -psychiatrischer Aspekt des Themas, Referat 54. Deutscher Juristentag I, 43 (1982)
ders, Die Vermeidung von Verfahren nach § 1632 Abs 4 BGB – Eine Aufgabe der Jugendämter, ZfJ 1986, 543
LÜDERITZ, Elterliche Sorge als privates Recht, AcP 178 (1978) 263
LUTHER, Familiengemeinschaft und Pflegekindschaft, FamRZ 1983, 434

Lore Maria Peschel-Gutzeit

MÜNDER, Soziale Elternschaft – Erziehung
außerhalb der leiblichen Ursprungsfamilie,
ZBlJugR 1981, 231

ders, Der Anspruch auf Herausgabe des Kindes
– zur Reichweite von § 1632 Abs 1 und Abs 4
BGB, NJW 1986, 811

ders, Das neue Kinder- und Jugendhilfegesetz,
NP 1990, 341

ders, Das neue Kinder- und Jugendhilfegesetz,
SozArb 1990, 206

ROQUETTE, Anmerkung zu Kammergericht,
JW 1936, 2935

SALGO, Ist das Pflegekind nicht mehr das Stiefkind der Rechtsordnung?, StAZ 1983, 89

ders, Pflegekindschaft und Recht, NP 1984, 221

ders, Die Regelung des Pflegekinderwesens
nach der geplanten Novelle zum JWG, RdJ
1985, 246

ders, Pflegekindschaft und Staatsintervention
(1987)

ders, Familienpflege zwischen Privatheit und
Öffentlichkeit, Dokumentation 4. Tag des Kindeswohls (1989) 180

ders, Die Regelung der Familienpflege im Kin-
der- und Jugendhilfegesetz (KJHG), in: WIES-
NER/ZARBOCK (Hrsg), Das neue Kinder- und
Jugendhilfegesetz (1991) 115

ders, Die Pflegekindschaft in der Kindschaftsrechtsreform vor dem Hintergrund verfassungs-
und jugendhilferechtlicher Entwicklungen,
FamRZ 1999, 337

ders, Umgang mit Kindern in Familienpflege –
Voraussetzungen und Grenzen, FPR 2004, 419

SCHLÜTER/LIEDMEIER, Das Verbleiben eines
Kindes in der Pflegefamilie nach § 1632 Abs 4
BGB, FuR 1990, 122

SCHWAB, Soll die Rechtsstellung der Pflegekin-
der unter besonderer Berücksichtigung des
Familien-, Sozial- und Jugendrechts neu geregelt
werden?, Zur zivilrechtlichen Stellung der
Pflegeeltern, des Pflegekindes und seiner Eltern
– rechtliche Regelungen und rechtspolitische
Forderungen, Gutachten A zum 54. Deutschen
Juristentag (1982) A 65; dazu Beschlüsse
FamRZ 1982, 1177

SCHWENZER, Empfiehlt es sich, das Kindschaftsrecht neu zu regeln?, Gutachten A zum
59. Deutschen Juristentag (1992) A 59

SIMON, Reformüberlegungen zur Rechtsstellung
der Pflegekinder, NJW 1982, 1673

UNZNER, Die psychologischen Auswirkungen
der Fremdplazierung des Kindes in Pflegefamilie oder Kinderheim, FPR 2003, 321

WAGNER, Jugendhilfe und Pflegefamilie aus
verfassungsrechtlicher Sicht anhand des KJHG,
FuR 1994, 219

WIESNER, Pflegekindschaft und Jugendhilferecht, ZfJ 1989, 101

ders, Die Reform des Kindschaftsrechts – Auswirkungen für die Praxis der Kinder- und
Jugendhilfe, ZfJ 1998, 269

WINDEL, Zur elterlichen Sorge bei Familienpflege, FamRZ 1997, 713

ZENZ, Zur Reform der elterlichen Gewalt, AcP
173 (1973) 527

dies, Soll die Rechtsstellung der Pflegekinder
unter besonderer Berücksichtigung des
Familien-, Sozial- und Jugendrechts neu geregelt
werden?, Soziale und psychologische Aspekte
der Familienpflege und Konsequenzen für die
Jugendhilfe, Gutachten A zum 54. Deutschen
Juristentag (1982) A 9.

Systematische Übersicht

Alphabetische Übersicht

A.   Entstehungsgeschichte

Abs 1 der Vorschrift entspricht wörtlich dem ursprünglichen § 1628.   **1**

Abs 2 stimmt im wesentlichen mit § 1629 aF überein, der lautete:

> *„Steht die Sorge für die Person oder die Sorge für das Vermögen des Kindes einem Pfleger zu, so entscheidet bei einer Meinungsverschiedenheit zwischen dem Vater und dem Pfleger über die Vornahme einer sowohl die Person als das Vermögen des Kindes betreffenden Handlung das Vormundschaftsgericht."*

Das **GleichberG** paßte diese Bestimmung dem Grundsatz der Gleichberechtigung an, es ersetzte das Wort „Vater" durch „Eltern" und verbesserte die Vorschrift sprachlich; außerdem faßte es §§ 1628 und 1629 aF zu § 1630 zusammen. Seither hatte die Bestimmung folgenden Wortlaut:

„Das Recht und die Pflicht der Eltern, für die Person und das Vermögen des Kindes zu sorgen, erstreckt sich nicht auf Angelegenheiten des Kindes, für die ein Pfleger bestellt ist.

Steht die Sorge für die Person oder die Sorge für das Vermögen des Kindes einem Pfleger zu, so entscheidet das Vormundschaftsgericht, falls sich die Eltern und der Pfleger in einer Angelegenheit nicht einigen können, die sowohl die Person als auch das Vermögen des Kindes betrifft. "

Das **SorgeRG** hat in Abs 1 die Wortwahl der Legaldefinition der elterlichen Sorge in § 1626 angepaßt und in Abs 2 die Worte „Sorge für die Person" und „Sorge für das Vermögen" durch „Personensorge" und „Vermögenssorge" ersetzt.

Das **KindRG** hat in Abs 2 das Wort „Vormundschaftsgericht" durch das Wort „Familiengericht" ersetzt. Dies folgt der Maßgabe aus Art 4 und Art 6 des Gesetzes, der den Kreis der Familiensachen erweitert und dem Familiengericht anstelle des Vormundschaftsgerichts zugewiesen hat.

Abs 3 ist eine neue, von den Abs 1 und 2 unabhängige Regelung. Ein Vorbild findet sich in Art 300 schweizerisches ZGB. Mit dieser und der Vorschrift des § 1632 Abs 4 ist zum ersten Mal eine gesetzliche Regelung des Pflegekindverhältnisses in das Recht der elterlichen Sorge aufgenommen worden.

Das **KindRG** hat in Abs 3 S 1 als möglichen Antragsteller neu die Pflegeperson aufgenommen. Auch sie kann nun beantragen, daß das Familiengericht Angelegenheiten der elterlichen Sorge auf sie selbst, die Pflegeperson, überträgt. Diese Übertragung hängt von der Zustimmung der Eltern ab, Abs 3 S 2.

B.   Bedeutung von Abs 1

2 Die tatsächliche Sorge und das Vertretungsrecht sind dem Inhaber der elterlichen Sorge kraft Gesetzes für solche Angelegenheiten entzogen, für die dem Kind ein Pfleger bestellt ist.

Befindet sich ein Vormund in dieser Lage, gilt für ihn dasselbe, § 1794. Die Ausschließung tritt mit der Pflegerbestellung ein und bleibt so lange in Kraft, bis die Pflegschaft aufgehoben wird, unabhängig davon, ob sie zu Recht angeordnet war oder nicht (BayObLGZ 6, 553, 558).

§ 1630 setzt voraus, daß das Kind unter elterlicher Sorge steht und daß diese ausgeübt wird. Ist die elterliche Sorge beider Eltern beendet (§ 1626 Rn 38 ff), findet § 1630 keine Anwendung. Ist die elterliche Sorge nur eines Elternteils beendet und ruht die des anderen oder ruht die elterliche Sorge beider Eltern (Folge § 1675), greift § 1630 ebenfalls nicht ein.

I.   Anwendungsbereich

Nach § 1909 Abs 1 erhält ein Kind einen Pfleger in Angelegenheiten, an deren Besorgung die Eltern oder der Vormund verhindert sind (Ergänzungspflegschaft). Im Bedarfsfall sind die Eltern zur Anzeige an das Vormundschaftsgericht verpflichtet, § 1909 Abs 2.

1.   Tatsächliche Verhinderung

Eine Pflegschaft wird erforderlich, wenn beide sorgeberechtigten Eltern **tatsächlich** **3** verhindert sind, die elterliche Sorge oder Teile davon auszuüben. Nicht erforderlich ist, daß die elterliche Sorge (formell) ruht, § 1674 Abs 1. Die tatsächliche, wenn auch nur vorübergehende Verhinderung beider Elternteile kann für die Pflegerbestellung ausreichen, wenn gerade in dieser Zeit für das Kind eine unaufschiebbare Entscheidung getroffen werden muß (§ 1693: Kind verunglückt zusammen mit den Eltern, die Entscheidung über die Operation des Kindes können die – noch bewußtlosen – Eltern nicht treffen).

2.   Rechtliche Verhinderung

Eine Pflegerbestellung wird weiter notwendig, wenn beide Eltern an der Ausübung **4** der elterlichen Sorge aus **rechtlichen** Gründen verhindert sind. Das gilt in folgenden Fällen:

a)   Vertretungsverbot
Beide sorgeberechtigten Eltern sind **kraft Gesetzes** an der Vertretung des Kindes verhindert, § 1629 Abs 2 S 1 iVm § 1795 (s § 1629 Rn 52, 185 ff). Das gilt zB für die Unterhaltsklage des Kindes gegen beide Eltern (s § 1629 Rn 278, 321 ff). Lebt das Kind in der Obhut des einen Elternteils, so klagt dieser als Prozeßstandschafter in eigenem Namen gegen den anderen Elternteil, § 1629 Abs 2 S 2, Abs 3 (§ 1629 Rn 333 ff). Bei der Vaterschaftsanfechtung können beide Eltern bei bestehender Ehe das Kind nicht vertreten (§ 1629 Rn 92 ff), anders nach Ehescheidung (§ 1629 Rn 95).

b)   Beschränkung der Vermögenssorge
Ist dem Kinde Vermögen zugewendet mit der Bestimmung, daß die Eltern von der **5** Verwaltung ausgeschlossen sind, §§ 1638 Abs 1, 1909 Abs 1 S 2, so sind beide Eltern von der Vermögenssorge ausgeschlossen (s STAUDINGER/ENGLER [2004] § 1638 Rn 1 ff). Ist diese Bestimmung durch Verfügung von Todes wegen vorgenommen worden, so kann der Inhaber der elterlichen Sorge für das Kind keinen Erbschein beantragen (OLG Braunschweig JZ 1951, 24 [LS]; OLG Frankfurt FamRZ 1997, 1115 = NJW-RR 1997, 580); er kann auch von dem Vermögenspfleger keine Rechenschaft verlangen (KG OLG 17, 266; LG Bonn, FamRZ 1995, 1433).

c)   Nicht: Insolvenz
Konkurs (heute Insolvenz) der Eltern beendet nicht mehr ihre Vermögenssorge. **6** § 1670 Abs 1, der dies regelte, ist mit Wirkung vom 1. 7. 1998 durch Art 1 Nr 48 des KindRG aufgehoben worden und zwar im Vorgriff auf Art 33 Nr 28 EGInsO, der die Aufhebung der Vorschrift des § 1670 Abs 1 ebenfalls vorsah, und zwar zum 1. 1. 1999 (STAUDINGER/COESTER [2004] zu § 1667 hinter Rn 24). Der Grund liegt in der neuen In-

solvenzregelung, die nicht mehr ohne weiteres ein Unwerturteil über den Schuldner fällt. Bei konkreter Gefährdung des Kindesvermögen bleiben nur Maßnahmen nach §§ 1666, 1667.

d) Entziehung

7 Ist beiden Eltern die gesetzliche Vertretung nach § 1629 Abs 2 S 3, § 1796 oder die Personensorge oder Vermögenssorge nach § 1666, 1666a, 1667 Abs 3 entzogen, so sind sie an der Ausübung gehindert.

e) Regelung nach §§ 1671, 1672

8 Sind infolge ihres nicht nur vorübergehenden Getrenntlebens beiden Eltern die Personensorge und die Vermögenssorge oder Teile davon entzogen, §§ 1671 Abs 1, 1672 Abs 1, so sind sie damit aus Rechtsgründen an der Ausübung gehindert.

f) Überbrückungspfleger

9 Pflegschaft ist anzuordnen, wenn die Voraussetzungen für die Anordnung einer Vormundschaft vorliegen, dem Kinde ein Vormund aber noch nicht bestellt ist, § 1909 Abs 3.

g) Familienpflege, nicht mehr: Unterhaltsbeistand

10 Auf Antrag der Eltern erhält das Kind einen Pfleger, wenn die Eltern einen Teil ihrer elterlichen Sorge freiwillig zur Disposition des Familiengerichts stellen (Selbstbeschränkung der Eltern, GERNHUBER/COESTER-WALTJEN § 60 II 1). Dies kommt nicht mehr in Betracht, wenn auf Antrag der Eltern einem Beistand die Geltendmachung von Unterhaltsansprüchen übertragen wird, § 1712, weil durch die Beistandschaft die elterliche Sorge nicht eingeschränkt wird, § 1716, wohl aber, wenn sich das Kind für längere Zeit in Familienpflege befindet und die Eltern oder die Pflegeperson einen entsprechenden Übertragungsantrag stellen, § 1630 Abs 3.

II. Folgen der Pflegerbestellung

11 Wird nur einem Elternteil die Personensorge oder Vermögenssorge entzogen, so übt grundsätzlich der andere Elternteil die elterliche Sorge allein aus, eine Pflegerbestellung scheidet aus. Aber das Familiengericht kann eine andere Maßnahme treffen, wenn das Kindeswohl dies fordert, § 1680 Abs 3 iVm Abs 2, § 1697a.

Steht einem Elternteil die gemeinsame elterliche Sorge zusammen mit dem anderen Elternteil zu oder ist er nach § 1626a alleiniger Sorgerechtsinhaber und wird ihm die elterliche Sorge entzogen, so hat das Familiengericht sie dem anderen Elternteil zu übertragen, wenn dies dem Wohl des Kindes nicht widerspricht bzw seinem Wohl dient, § 1680 Abs 3 iVm Abs 2. Widerspricht dies dem Wohl des Kindes, bestellt das Gericht einen Vormund oder Pfleger. Dasselbe kann in Betracht kommen, wenn der allein sorgeberechtigte Elternteil stirbt, § 1680 Abs 2.

1. Folgen für die Eltern

12 Die Eltern können für die Auswahl der Pflegers Vorschläge machen, die zu berücksichtigen sind (LG München I Rpfleger 1975, 130; LG Berlin DAVorm 1976, 429). Aber die Entscheidung über die Pflegerauswahl trifft das Vormundschaftsgericht oder das

Familiengericht, § 1697, nach pflichtgemäßem Ermessen unter entsprechender Anwendung von § 1779 (BayObLGZ 1964, 277 = NJW 1964, 2306 = MDR 1965, 138 = FamRZ 1965, 99 mwNw). § 1697 hat hier, soweit das Familiengericht tätig wird, keine Änderung gebracht (STAUDINGER/ENGLER [2004] § 1779 Rn 40).

Die Eltern, und zwar jeder für sich (OLG Stuttgart NJW 1955, 1721; OLG Karlsruhe NJW 1956, 672; KEIDEL/KUNTZE § 58 FGG Rn 2 mwNw) können sich gegen die Auswahl des Pflegers beschweren (BayObLGZ 25, 193, 194; 1964, 277 = NJW 1964, 2306 = MDR 1965, 138 = FamRZ 1965, 99 mwNw; OLG München DFG 1937, 90 [LS]; OLG Hamm FamRZ 1972, 519 = ZBlJugR 1973, 117: aus § 57 Abs 1 Nr 9 FGG, wenn die Personensorge zumindest mitbetroffen ist; KEIDEL/KUNTZE § 57 FGG Rn 38 Fn 151; aA KG JFG 16, 314 = HRR 1938 Nr 220). Ebenso hat jeder Elternteil, der Inhaber der elterlichen Sorge ist, ein Beschwerderecht gegen die Ablehnung seines Antrags auf Entlassung des Pflegers (SOERGEL/STRÄTZ Rn 3; KEIDEL/ENGELHARD § 57 FGG Rn 38; ROQUETTE JW 1936, 2935; aA KG JW 1936, 2935). Im übrigen haben die Eltern aber kein Beschwerderecht, vielmehr erstreckt sich die Beschränkung ihrer elterlichen Sorge auch hierauf.

Im Falle der Pflegerbestellung kann der insoweit von der Vertretung des Kindes **13** ausgeschlossene Elternteil im Prozeß des Kindes als Zeuge vernommen werden (OLG Hamm FamRZ 1978, 204). Eltern, die trotz Bestehens der Pflegschaft weiter in Vertretung des Kindes handeln, werden als Vertreter ohne Vertretungsmacht tätig, §§ 177 ff finden Anwendung (RGZ 93, 334, 337). Das gilt auch **ohne** Pflegerbestellung bei **gesetzlichem** Ausschluß der Eltern, §§ 1629 Abs 2 S 1, 1795, sowie dann, wenn das Vormundschaftsgericht oder das Familiengericht, § 1697, die Vertretung nach § 1796 entzogen hat oder die Eltern nach § 1638 von der Vermögenssorge ausgeschlossen sind, die Pflegerbestellung aber noch nicht wirksam ist (RG Recht 1909 Nr 1327; BayObLG OLGE 30, 78; OLG Braunschweig SeuffA 63 Nr 254). Ist dagegen dem Kind ein Pfleger allein im Hinblick auf § 181 zu seiner Vertretung bei Vertragsschlüssen mit seinem Vater bestellt, so gilt § 1630 Abs 1 nicht (RGZ 144, 246, 251).

2. Folgen für den Pfleger

Für die Verwaltung durch den Pfleger finden die Vorschriften des Vormundschafts- **14** rechts Anwendung, §§ 1915, 1773 ff. Soweit es die Notwendigkeit der Genehmigung durch das Vormundschaftsgericht angeht, gelten die §§ 1793 ff, 1822 ff, nicht dagegen § 1643.

Ist dem Pfleger nur die **Vertretungsmacht** hinsichtlich der Rechte des minderjährigen Kindes am mütterlichen Nachlaß übertragen, so kann er nicht vom Vater die Herausgabe des Nachlasses verlangen, wenn dessen **Verwaltungsrecht** unberührt geblieben ist (KG OLGE 26, 247, 248).

Veräußert ein Vater in der Absicht, seine Gläubiger zu benachteiligen, ein Grund- **15** stück an seine kurz vor der Volljährigkeit stehende Tochter, deren alleiniger gesetzlicher Vertreter er ist, so kann die Veräußerung nach § 3 Abs 1 AnfG anfechtbar sein, auch wenn der auf Betreiben des Vaters bestellte Ergänzungspfleger, Onkel der Tochter, der die Tochter bei Abschluß des Kaufvertrages vertreten hat, die Benachteiligungsabsicht des Vaters nicht kannte (Anwendung von § 166 Abs 2 auf den Ergänzungspfleger, BGHZ 38, 65 = NJW 1962, 2251 = MDR 1963, 129).

III. Beendigung der Pflegschaft

16 Die Pflegschaft endet kraft Gesetzes mit dem Ende der elterlichen Sorge, § 1918. Sie tritt nicht ein, wenn das Kind bis zur Pflegerbestellung stirbt (BayObLGZ 19, 126).

Die Pflegschaft ist aufzuheben, wenn der Grund für die Anordnung weggefallen ist, § 1919, aber auch, wenn sich herausstellt, daß ein Grund für die Bestellung nicht vorgelegen hat, § 18 FGG (BayObLGZ 21, 95). Die Eltern können dieses Ziel nach § 20 FGG erforderlichenfalls auch im Beschwerdeweg verfolgen (KG JFG 16, 314, 315 = HRR 1938 Nr 220).

C. Meinungsverschiedenheiten zwischen Eltern und Pfleger, Abs 2

I. Anwendungsbereich des Abs 2

17 Steht die Personensorge den Eltern oder einem Elternteil zu, die Vermögenssorge dagegen dem Pfleger (oder umgekehrt), so entscheidet jeder Berechtigte innerhalb seines Aufgabengebietes selbständig ohne Mitwirkung des anderen Teiles.

Auch wenn Abs 1 die Aufgaben zwischen Eltern und Pfleger gegeneinander abgrenzt, gibt es Fälle, die sowohl in die verbliebene Kompetenz der Eltern als auch in die des Pflegers fallen. Es geht um folgende Überschneidungsfälle:

1. Persönlicher Anwendungsbereich

18 Der Konflikt muß bestehen zwischen dem Pfleger und dem **Sorgerechtsinhaber**. Abs 2 findet keine Anwendung bei Meinungsverschiedenheiten zwischen Stiefeltern und Pfleger (BayObLGZ 10, 1, 3 = SeuffA 64 Nr 180; OLG München JFG 15, 134, 137; BGB-RGRK/Wenz Rn 5). Angesichts des durch das LPartG eingeführten Mitentscheidungsrechts (kleines Sorgerecht) des Stiefelternteils, § 1687b, und des Lebenspartners, § 9 LPartG, das zumindest bei Gefahr im Verzuge zum Alleinentscheidungsrecht wird, § 1687b Abs 2, § 9 LPartG Abs 2, bleibt aber die Entwicklung, auch innerhalb der Rechtsprechung, abzuwarten. Denn Konflikte zwischen Pfleger einerseits und Stiefelternteil bzw Lebenspartner andererseits können der Sache nach denjenigen zwischen Pfleger und Sorgerechtsinhaber entsprechen (**aA** wohl PALANDT/DIEDERICHSEN, § 1630 Rn 13, aber wohl vor Inkrafttreten des LPartG). Keine Anwendung findet § 1630 Abs 2 zwischen Eltern und Ehegatten des minderjährigen verheirateten Kindes, § 1633, wohl aber entsprechend bei Meinungsverschiedenheiten zwischen dem Sorgerechtsinhaber und dem verheirateten minderjährigen Kind selbst (s § 1633 Rn 15).

2. Sachlicher Anwendungsbereich

19 Die Befugnis des Familiengerichts zur Sachentscheidung besteht nur, wenn die umstrittene Angelegenheit sowohl die Personen- als auch die Vermögenssorge betrifft, beide Teilbereiche müssen berührt sein (RGZ 129, 18 = JW 1931, 1348). Betrifft die Angelegenheit ausschließlich das Vermögen oder allein die Person des Kindes, findet Abs 2 keine Anwendung. Ist ein Elternteil wegen eigener Minderjährigkeit nur personensorgeberechtigt und betrifft der Konflikt diesen Bereich, so gilt gem § 1673 Abs 2 S 2, S 3 folgendes: Ist der gesetzliche Vertreter ein Pfleger oder Vormund, so geht die Meinung des minderjährigen Elternteils vor, andernfalls entscheidet erforderlichenfalls das Familiengericht, § 1628.

Meist liegen Angelegenheiten, die sowohl die Personen- als auch die Vermögens- **20** sorge betreffen, auf dem Gebiet der Erziehung, Ausbildung, der Berufswahl und des Unterhalts. Die Bestimmung der Ausbildung und die Berufswahl gehören zum Gebiet der Personensorge (s § 1626 Rn 67). Werden hierfür aber Aufwendungen aus dem Kindesvermögen nötig, so ist zugleich die Vermögenssorge betroffen (RGZ 129, 18 21 = JW 1931, 1348 [krit FEUCHTWANGER JW 1932, 1351]; KG Recht 1919 Nr 6; JFG 21, 289, 290; aA: beide Bereiche sind stets betroffen BayObLGZ 13, 470 = OLGE 26, 268 = Recht 1912 Nr 2677).

Hat das Kind zur Verwaltung seines Vermögens einen Pfleger und nehmen die Eltern dieses Vermögen für den Unterhalt des Kindes gem § 1603 Abs 2 S 2 in Anspruch, so entscheidet das Familiengericht nach § 1630 nur, wenn der Pfleger mit der Entnahme der Mittel grundsätzlich einverstanden ist und sich nur über die Höhe der nötigen Beträge mit den Eltern streitet (BayObLGZ 3, 115, 118; 5, 189, 191; 10, 1, 2 = SeuffA 64 Nr 180; KG KGJ 33, A 9 = RJA 8, 7 = OLGE 14, 248; Recht 1916 Nr 1150). Die Unterhaltsbemessung richtet sich nach § 1649 Abs 1 S 1 analog (BayObLGZ 1975, 29 = NJW 1975, 1422 = FamRZ 1975, 219 = Rpfleger 1975, 129 = DAVorm 1975, 296). Über Streitigkeiten, die die Unterhaltpflicht selbst und die Haftung des Kindesvermögens für den Unterhalt angehen, entscheidet allein das Familiengericht als Prozeßgericht.

Hat dagegen das Kind kein eigenes Vermögen, so sind Ausbildung und Berufswahl allein Angelegenheit der Personensorge (RGZ 129, 18 = JW 1931, 1348 [krit FEUCHTWANGER JW 1932, 1351]).

Nur die Personensorge ist im Streit, wenn es darum geht, zu entscheiden, ob Teil- **21** beträge aus dem Unterhalt auf ein Sparguthaben des Kindes eingezahlt werden sollen (OLG München JFG 15, 134). Dagegen ist auch die Vermögenssorge betroffen, wenn das Sparguthaben zur Bestreitung des Unterhalts mitverwendet werden soll (BayObLGZ 10, 1 = SeuffA 64 Nr 180 für eine angelegte Unfallrente; SOERGEL/STRÄTZ Rn 5; PALANDT/DIEDERICHSEN Rn 9; aA MünchKomm/HUBER Rn 7).

Nur zur Vermögenssorge gehört die Herbeiführung der Genehmigung des Familiengerichts, auch wenn die allein personensorgeberechtigten Eltern dem allein vermögenssorgeberechtigten Pfleger bei Maßnahmen widersprechen (OLG Frankfurt Rpfleger 1979, 423). § 1630 findet keine Anwendung.

3. Entsprechende Anwendung

§ 1630 Abs 2 enthält den Grundgedanken der Konfliktlösung in Fällen, in denen **22** Personensorge und Vermögenssorge auseinanderfallen und zwischen den Inhabern dieser Sorgebereiche Meinungsverschiedenheiten auftauchen, die beide Bereiche berühren. Deshalb entscheidet das Familiengericht über Konflikte zwischen einem minderjährigen Elternteil und dem Vormund, § 1673 Abs 2 (BayObLGZ 10, 1 = SeuffA 64 Nr 180; KG Recht 1919 Nr 6), zwischen Vater und Mutter, wenn nach der Scheidung oder bei dauernder Trennung dem einen Elternteil die Vermögenssorge, dem an-

deren die Personensorge übertragen ist, § 1671 Abs 1, und bei Meinungsverschieden-
heiten zwischen Eltern und Pfleger bei gespaltener Teilzuständigkeit innerhalb eines
Bereiches, etwa im Falle des § 1638 oder des § 1630 Abs 3 (SOERGEL/STRÄTZ Rn 8;
MünchKomm/HUBER Rn 8; PALANDT/DIEDERICHSEN Rn 12).

Steht dagegen die Personensorge und die Vertretung in persönlichen Angelegenheiten verschiedenen Personen zu, so soll § 1630 Abs 2 nicht analog anzuwenden
sein (RGZ 129, 18 = JW 1931, 1348; OLG München JFG 16, 205). Dem ist nicht zu folgen.
§ 1630 Abs 2 ist vielmehr **in allen Fällen** entsprechend anzuwenden, **in denen die
elterliche Sorge oder einer ihrer Bestandteile verschiedenen Personen zusteht**, zB im
Falle des § 1633 bei Streit zwischen Eltern und minderjährigem verheiratetem Kind
(BGB-RGRK/WENZ Rn 5; SOERGEL/STRÄTZ Rn 8; PALANDT/DIEDERICHSEN Rn 12; s § 1633
Rn 15).

23 Stehen sich dagegen Pfleger und Stiefelternteil gegenüber, so soll Abs 2 keine Anwendung finden (s aber, nach Inkrafttreten von § 1687b, oben Rn 18), ebensowenig im Streit
zwischen Eltern und Ehegatten des verheirateten minderjährigen Kindes (s oben
Rn 18).

24 II. Entscheidung des Familiengerichts

Zu unterscheiden sind folgende Fälle:

– die Eltern sind untereinander einig, stimmen aber nicht mit dem Pfleger überein,

– die Eltern sind untereinander uneins, einer von ihnen stimmt mit dem Pfleger
überein,

– die Eltern sind untereinander uneins, keiner stimmt mit dem Pfleger überein.

1. Einige Eltern

25 Sind die Eltern untereinander einig, stimmen sie aber nicht mit dem Pfleger überein,
so muß das Familiengericht nach § 1630 Abs 2 entscheiden. Geschähe dies nicht,
müßte die Angelegenheit ungeregelt bleiben, was zum Schaden des Kindes gerei-
chen könnte. Das Familiengericht entscheidet, anders als im Falle des § 1628, in der
Sache selbst, indem es der Meinung der Eltern oder des Pflegers beitritt. Zur
eigenen Sachlösung ist das Familiengericht auch im Falle des § 1630 Abs 2 **nicht**
befugt, es kann also nicht seine Meinung an die Stelle der Betroffenen setzen, es sei
denn, die Voraussetzungen der §§ 1666 ff wären erfüllt.

2. Konsens eines Elternteils mit dem Pfleger

26 Sind die Eltern untereinander uneins, stimmt aber einer von ihnen mit dem Pfleger
überein, so legt das Familiengericht in erster Linie den Elternstreit gem § 1628 bei.
Überträgt er dem Elternteil die Entscheidung, der mit dem Pfleger übereinstimmt,
so ist damit zugleich der Meinungsstreit zwischen Eltern und Pfleger beigelegt, ohne
daß nach § 1630 Abs 2 noch entschieden werden muß (SOERGEL/STRÄTZ Rn 7; RAUSCHER
§ 33 VI Rn 1082). Überträgt das Familiengericht die Entscheidung dem anderen, dis-

sentierenden Elternteil, so hat es damit in der Sache auch gegen den Pfleger entschieden. Deshalb wird eine Verbindung dieser Verfahren vor dem Familiengericht empfohlen (GERNHUBER/COESTER-WALTJEN, § 60 II 3 Fn 4). Eine Entscheidung des Familiengerichts nach § 1630 Abs 2 ist in diesem Falle dennoch nötig, weil andernfalls der Elternteil nicht in dem Bereich tätig werden kann, für den auch der Pfleger zuständig ist.

3. Uneinige Eltern, Dissens mit dem Pfleger

Sind die Eltern untereinander uneins und stimmt keiner von ihnen mit dem Pfleger **27** überein, so muß auch hier zunächst der Elternstreit im Verfahren nach § 1628 beigelegt werden, aber nur, wenn dies für die Entscheidung nach § 1630 Abs 2 erforderlich ist. Denn wenn das Familiengericht hier in jedem Falle der Ansicht des Pflegers folgen will, kann der Elternstreit auf sich beruhen. Andernfalls muß es zu einer gestuften Entscheidung (GERNHUBER/COESTER-WALTJEN § 60 III 3 Fn 85 mwNw) kommen, indem zuerst der Elternstreit nach § 1628 und dann der Streit mit dem Pfleger nach § 1630 Abs 2 entschieden werden muß. Ist der Elternstreit nach § 1628 nicht lösbar, etwa weil es am Merkmal der erheblichen Bedeutung mangelt, so muß dennoch bei Dissens mit dem Pfleger eine Entscheidung nach § 1630 Abs 2 ergehen.

Das Familiengericht ersetzt mit seiner Entscheidung die Zustimmung des unterle- **28** genen Teils (SOERGEL/STRÄTZ Rn 6; PALANDT/DIEDERICHSEN Rn 19). Unter Umständen muß das Familiengericht auch nur über die Höhe der Beträge entscheiden, die dem Kindesvermögen zur Bestreitung des Erziehungsaufwandes zu entnehmen sind (sog Summenentscheidungen, KG KGJ 33, A 9 = RJA 8, 7 = OLGE 14, 248; BayObLGZ 1975, 29 = NJW 1975, 1422 = Rpfleger 1975, 129 = FamRZ 1975, 219 = DAVorm 1975, 296).

Die Zuständigkeit des Gerichts richtet sich nach § 43 Abs 2 FGG; dies ist das **29** Familiengericht, bei dem die Pflegschaft anhängig ist. Das Gericht wird nur auf Antrag der Eltern, eines Elternteils oder des Pflegers tätig.

Die Entscheidung ist nach § 14 Abs 1 Nr 5 RPflG dem Richter vorbehalten. Alle Beteiligten sind zu hören (die Eltern nach § 50a FGG, das Kind nach § 50b FGG, Pfleger und Jugendamt ggf nach § 12 FGG, im Katalog von § 49a FGG ist § 1630 Abs 2 nicht erwähnt). Entscheidungsmaßstab ist allein das Kindeswohl, § 1697a.

Da die richterliche Entscheidung im allgemeinen die Zustimmung oder Ermächti- **30** gung zu einem Rechtsgeschäft ersetzt, hängt hier die Wirksamkeit der Entscheidung von der Rechtskraft ab, § 53 FGG. Es findet die sofortige Beschwerde nach § 60 Abs 1 Nr 6 FGG statt (BayObLGZ 10, 1 = SeuffA 64 Nr 180; BayObLGZ 13, 470, 474 = OLGE 26, 268 = Recht 1912 Nr 2677; BayObLGZ 1975, 29 = NJW 1975, 29 = NJW 1975, 1422 = Rpfleger 1975, 129 = FamRZ 1975, 219 = DAVorm 1975, 296; KG RJA 3, 221; OLG Schleswig SchlHAnz 1957, 31; SOERGEL/STRÄTZ Rn 10; BGB-RGRK/WENZ Rn 8; ERMAN/MICHALSKI Rn 8; BAMBERGER/ROTH/VEIT Rn 17; AnwKomm-BGB/RAKETE-DOMBEK Rn 12; JAUERNIG/BERGER Anm 3; KEIDEL/ENGELHARD § 53 FGG Rn 6; BASSENGE § 53 FGG Rn 1; BUMILLER/WINKLER § 53 FGG Rn 2; **aA** [einfache Beschwerde] KG KGJ 38, A 44 = RJA 10, 167; PALANDT/DIEDERICHSEN Rn 20; JANSEN § 53 FGG Rn 14; befristete Beschwerde nach § 621e ZPO MünchKomm/HUBER Rn 14).

Weist dagegen das Familiengericht einen Antrag nach § 1630 Abs 2 zurück, so findet die einfache Beschwerde, §§ 19 ff FGG, statt (OLG München JFG 15, 134, 136).

Zur Beschwerde berechtigt sind Eltern und Pfleger in Vertretung und im Namen des Kindes, § 58 Abs 2 FGG, im übrigen nach § 57 Abs 1 Nr 9 FGG im eigenen Namen, aber im Interesse des Kindes. Das Kind selbst kann unter den Voraussetzungen des § 59 FGG Beschwerde einlegen.

Die Kosten richten sich nach §§ 93, 94 Abs 1 Nr 5, Abs 3 S 2 KostO.

D.   Sorgerechtsübertragung bei Familienpflege, Abs 3

I.   Entstehungsgeschichte

31 Eine eigenständige zivilrechtliche Ordnung des Pflegekindschaftsrechts war zunächst nicht Gegenstand der langjährigen Beratungen zur Sorgerechtsreform gewesen. Erst im weiteren Verlauf des Gesetzgebungsverfahrens hat der Rechtsausschuß des Bundestages als vorläufige Lösung drei besonders dringlich erscheinende Vorschriften eingefügt:

– **§ 1630 Abs 3** ermöglicht es dem Familiengericht, auf Antrag der Eltern Sorgerechtsangelegenheiten auf die Pflegeperson zu übertragen,

– **§ 1632 Abs 4** gibt dem Familiengericht die Möglichkeit, unter bestimmten Voraussetzungen den Verbleib des Pflegekindes bei den Pflegepersonen anzuordnen,

– **§ 50c FGG** bezieht die obligatorische Anhörung der Pflegepersonen in die Anhörungspflicht des Familiengerichts ein, wenn das Kind seit längerer Zeit in Familienpflege lebt, es sei denn, von der Anhörung kann eine Aufklärung nicht erwartet werden.

32 Bei der Beratung des SorgeRG wurde deutlich, daß die drei neuen Vorschriften nur ein erster Schritt zu einer umfassenden Normierung der Pflegeverhältnisse sind (BT-Drucks 8/2788, 40). Daneben bildete das Pflegekindwesen ein zentrales Anliegen der Jugendhilferechtsreform (s Vorbem 36 ff zu §§ 1626 ff u RKEG). Diese Neuregelung auf dem Gebiet der öffentlichen Jugendhilfe ist durch das KJHG §§ 33, 37, 38 vorgenommen worden (zur rechtspolitischen Entwicklung der zivilrechtlichen Regelung des Pflegeverhältnisses ZENZ AcP 173 [1973] 527, 534; GERNHUBER, Neues Familienrecht 53; KNÖPFEL FamRZ 1977, 600, 601; LÜDERITZ AcP 178 [1978] 263, 283, 292; DIEDERICHSEN FamRZ 1978, 461, 472; FEIL UJ 1978, 65; JANS/HAPPE Bem 1; BELCHAUS Rn 4; HOLZHAUER ZRP 1982, 222; SIMON NJW 1982, 1673; SCHWAB Gutachten 54. DJT, A 68; ZENZ Gutachten 54. DJT, A 9; SALGO StAZ 1983, 89; LUTHER FamRZ 1983, 434, 435; SALGO NP 1984, 225; ders grundlegend: Pflegekindschaft und Staatsintervention 71 ff; Beschlüsse des 54. DJT 1982, FamRZ 1982, 1177).

33 Die rechtliche Regelung des Pflegekindverhältnisses ist seit jeher durch einen Dualismus geprägt: Zwar geht es bei der Inpflegegabe eines Kindes stets um dessen Fremdunterbringung. Aber das Kind kann einerseits durch die öffentliche Jugendhilfe untergebracht werden, andererseits kann dies auch privat geschehen in der

Weise, daß das Pflegekind in einer Familie so untergebracht wird, daß sich seine familiäre Einbettung derjenigen in der leiblichen Familie annähert. Im ersten Fall ist das öffentliche Jugendhilferecht tangiert, im zweiten Fall zumindest auch das Familienrecht. Daß mit den §§ 1630 Abs 3, 1632 Abs 4 BGB, 50 c FGG die privatrechtliche Neuregelung des Pflegekindschaftsrechts im Familienrecht zeitlich der Neuregelung im Jugendhilferecht vorangegangen ist, findet seine Berechtigung darin, daß inzwischen die Kenntnisse über die Bedeutung privater psychosozialer Beziehungen für das Kind und die sozialen Eltern gewachsen und vertieft und die Gefahren von Defiziten auf diesem Sektor verdeutlicht worden sind. Sie haben die familienrechtliche Anerkennung von privaten Pflegeverhältnissen gefördert (zur psychologischen und sozialen Situation der Pflegefamilien ZENZ, Gutachten 54. DJT, 19 ff; BAER FamRZ 1982, 221; SALGO NP 1984, 225, 226; ders, Pflegekindschaft und Staatsintervention 229 ff; SCHLÜTER/LIEDMEIER FuR 1990, 122).

Die Diskussion über den im Sinne des Kindes richtigen Ansatz ist aber nicht verstummt. Während einerseits die familienrechtliche Regelung als erweiterungsbedürftig angesehen wird (BAER 230; ZENZ 44 ff; SCHWENZER Gutachten A 84, 110; SALGO FamRZ 1999, 337; WINDEL FamRZ 1997, 717), wird das andererseits verneint (HOLZHAUER ZRP 1982, 222). Daneben wird noch ein differenzierterer dualer Ansatz vertreten, vor allem gemessen an der Länge der Pflegezeit und dem Alter des Kindes (SALGO, Pflegekindschaft und Staatsintervention 360 ff, 402 ff). Letztere Überlegungen finden ihren Niederschlag einerseits in § 1632 Abs 4, andererseits in §§ 33, 36, 37 KJHG (s hierzu COESTER FamRZ 1991, 253). **34**

II. Bedeutung von Abs 3

Durch die in Abs 3 gegebene Übertragungsmöglichkeit soll die ordnungsgemäße **35** Betreuung des Kindes durch die Pflegeperson sichergestellt werden, so zB wenn kurzfristig über den Besuch des Kindes bei einem Arzt zu entscheiden ist (BT-Drucks 8/2788, 47). Weder die Eltern noch die Pflegeeltern sollen durch Abs 3 geschützt oder begünstigt werden. So soll es den Eltern durch die neu geschaffene Möglichkeit nicht erleichtert werden, sich der Sorge für ihr Kind ohne dessen Freigabe zur Adoption zu entledigen. Eine solche Regelung widerspräche der natürlichen Elternverantwortung, der Höchstpersönlichkeit und Unverzichtbarkeit der elterlichen Sorge und wäre unvereinbar mit dem verfassungsrechtlichen elterlichen Erziehungsvorrang.

Deshalb muß jedes Pflegeverhältnis im Grundsatz auf die Rückkehr des Kindes zu seiner Herkunftsfamilie angelegt sein (LEMPP ZBlJugR 1986, 543). Diesem Gedanken wird durch die Neuregelung der §§ 33 ff KJHG im öffentlichen Jugendhilferecht Rechnung getragen.

Aber nicht nur aus diesem Grunde ist die praktische Bedeutung von Abs 3, die von **36** Anfang an nicht hoch eingeschätzt worden war, gering geblieben (SCHWAB, Gutachten 54. DJT, A 107; SALGO, Pflegekindschaft und Staatsintervention 280) und hat sich bis 1984 auf wenige hundert Fälle bei mehr als 40 000 Kindern in Vollpflege pro Jahr (Nachw SALGO aaO; s auch BAER FamRZ 1982, 221, 231; SIMON NJW 1982, 1673; LAKIES ZfJ 1990, 545, 553) beschränkt. Vielmehr ist die Vorschrift einerseits allein von der Theorie geprägt, andererseits läßt sie die soziale und psychologische Wirklichkeit vieler Eltern, die die Versorgung ihres Kindes zwar in andere Hände geben, aber ein Tätigwerden des

Lore Maria Peschel-Gutzeit

Gerichtes fürchten, ebenso außer acht wie die Tatsache, daß solche Eltern häufig jede **rechtliche** Einbuße ihrer Elternstellung ablehnen und dabei die **faktische** Sorgerechtseinbuße, die sie durch die Inpflegegabe selbst herbeigeführt haben, leugnen (SALGO 281 ff).

Hier hat das KindRG in zweifacher Weise angesetzt. Einerseits hat es in Abs 3 der Pflegeperson die Möglichkeit eingeräumt, ihrerseits einen Antrag auf Übertragung von Angelegenheiten der elterlichen Sorge zu stellen, Abs 3 S 1. Für die diesem Antrag folgende Übertragung ist die Zustimmung der Eltern erforderlich, Abs 3 S 2. Und andererseits ist den Pflegeeltern durch § 1688 ein eigenes Entscheidungsrecht bei Angelegenheiten des täglichen Lebens im Leben des Kindes eingeräumt und mit entsprechender Vertretungsmacht ausgestattet, § 1688 Abs 1 S 1. Darüber hinaus darf die Pflegeperson den Arbeitsverdienst des Kindes verwalten, ebenso bestimmte Sozialleistungen für das Kind geltend machen und verwalten, § 1688 Abs 1 S 2. Freilich können die Eltern dieser Regelung widersprechen, § 1688 Abs 3, dann gilt die gesetzliche Ermächtigung aus Abs 1 nicht. Und außerdem kann das Familiengericht die Befugnis aus Abs 1 zum Wohl des Kindes einschränken, § 1688 Abs 3 S 2.

Mit diesen beiden Neuerungen sind Forderungen erfüllt worden, die seit langem im Schrifttum gestellt worden waren (vgl SCHWENZER, Gutachten A zum 59. Deutschen Juristentag [1992] mit Hinweis auf die Forderungen von SALGO und SCHWAB auf dem 54. Deutschen Juristentag [1982]; ebenso WINDEL FamRZ 1997, 717, 721; SALGO FamRZ 1999, 337, 342). Das jetzt geschaffene Antragsrecht der Pflegeperson hat seinen Grund darin, daß die Eltern erfahrungsgemäß selten entsprechend aktiv sind, während die Pflegeperson, die mit dem Kind zusammenlebt, die Notwendigkeit einer solchen Kompetenzübertragung täglich erlebt. Überwunden wird mit dieser Regelung also nur die fehlende Elterninitiative, die elterliche Sorge selbst bleibt unangetastet. Das zeigt das Zustimmungserfordernis der Eltern, § 1630 Abs 3 S 2 (RAUSCHER § 35 I Rn 1130; PALANDT/ DIEDERICHSEN Rn 17).

Die Übernahme des Entscheidungsrechts in Angelegenheiten des täglichen Lebens aus § 38 KJHG in das BGB erfüllt ebenfalls entsprechende, seit langem erhobene Forderungen (SCHWENZER aaO, insbesondere A 110 5 a).

III. Voraussetzungen der Übertragung

1. Familienpflege

37 Das Gesetz führt die Begriffe „Pflegeperson" und „Familienpflege" in § 1630 Abs 3 erstmals in das BGB ein, ohne sie zu definieren. Ob es damit die namensgleichen Begriffe des JWG aF oder die des KJHG, §§ 33 ff, übernommen hat oder ob die dortigen Regelungen jedenfalls zur Ausdeutung heranzuziehen sind, erscheint fraglich (dafür BGB-RGRK/WENZ Rn 12; MünchKomm/HUBER Rn 17; ERMAN/MICHALSKI Rn 10; PALANDT/DIEDERICHSEN Rn 16; JANS/HAPPE Bem 4; BELCHAUS Rn 6; krit SOERGEL/STRÄTZ Rn 9). Denn das Ziel der familienrechtlichen Regelung von Abs 3 ist ein anderes als das der jugendhilferechtlichen Lösung. Deshalb müssen sich Voraussetzungen und Maßstab jugendhilferechtlicher Familienpflege und der Familienpflege im Familienrecht nicht decken. Vielmehr bedürfen sie jeweils im Einzelfall der kritischen Überprüfung (RAUSCHER § 35 I Rn 1127; WINDEL FamRZ 1997, 713, 717; LAKIES ZfJ 1998, 129).

So gilt Abs 3 für alle Kinder bis zur Vollendung des 18. Lebensjahres und alle **38** faktischen Pflegeverhältnisse familienähnlicher Art. Familienpflege iSv Abs 3 liegt vor, wenn zumindest eine Pflegeperson außerhalb des Elternhauses die elterliche Sorge ausübt und zwischen ihr und dem Kind ein familienähnliches Verhältnis und entsprechende Beziehungen bestehen (BayObLGZ 1984, 98 = NJW 1984, 2168 = MDR 1984, 668 = FamRZ 1984, 817 = ZBlJugR 1984, 373 = DAVorm 1984, 1036 [LS]; OLG Frankfurt OLGZ 1983, 297 = FamRZ 1983, 1163; OLG Hamm NJW 1985, 3029, 3030; LG Frankfurt FamRZ 1984, 729; BELCHAUS Rn 6).

Die familienähnliche Unterbringung unterscheidet die Familienpflege von der Heimunterbringung (OLG Hamm NJW 1985, 3029, 3030). Ausnahmsweise kann freilich auch die Unterbringung in einem Heim oder einer heimähnlichen Einrichtung als Familienpflege iSv § 1630 Abs 3 angesehen werden, wenn die gesamte Versorgung, Betreuung und Erziehung des Kindes familienähnlich ausgestaltet ist und der Charakter der Einrichtung als Heim gänzlich zurücktritt (OLG Hamm aaO).

Entscheidend ist stets die persönliche Beziehung zwischen Kind und Pflegeperson; je **39** familienähnlicher diese ist, um so eher wird ein solches Verhältnis als Familienpflege anzusehen und mit dem Schutz vor allem des § 1632 Abs 4 auszustatten sein (BayObLG NJW 1988, 2381 – Kinderhaus –; FINGER ZBlJugR 1985, 341, 342; MÜNDER NJW 1986, 811, 813; SCHLÜTER/LIEDMEIER FuR 1990, 122, 123 mwNw; BGB-RGRK/WENZ Rn 12).

Von Abs 3 umfaßt ist aber nur die sogenannte Vollpflege (SCHLÜTER/LIEDMEIER 123), was wiederum nicht technisch zu verstehen ist. Es braucht sich nicht um eine dauernde, etwa tägliche oder ganztägige, sondern nur um eine regelmäßige Familienpflege (etwa an mehreren Tagen in der Woche über längere Zeit) zu handeln, bei der das Kind außerhalb der eigenen Familie in familiärer Betreuung aufgenommen ist (BGB-RGRK/WENZ Rn 12; MünchKomm/HUBER Rn 18). Diese Pflege umfaßt auch die Pflege durch Verwandte und Verschwägerte, etwa durch die Großeltern, den nichtehelichen Vater, die Stiefeltern (BayObLG FamRZ 1982, 737 Nr 443 [LS] = Rpfleger 1982, 225 = DAVorm 1982, 611 – Großmutter –; BayObLGZ 1984, 98 = NJW 1984, 2168 = MDR 1984, 668 = FamRZ 1984, 817 = ZBlJugR 1984, 373 = DAVorm 1984, 1036 [LS] – Großonkel –; AG Tübingen FamRZ 1988, 428 – nichtehelicher Vater –; BAER FamRZ 1982, 221, 222; FINGER ZBlJugR 1985, 341, 342; LAKIES ZBlJugR 1989, 521, 527; WINDEL FamRZ 1997, 713).

Nach Sinn und Zweck der Vorschrift kommt es auch nicht darauf an, ob die Pflege- **40** person die nach § 44 KJHG nötige Pflegeerlaubnis besitzt (BayObLGZ 1984, 98 = NJW 1984, 2168 = MDR 1984, 668 = FamRZ 1984, 817 = ZBlJugR 1984, 373 = DAVorm 1984, 1036 [LS]; OLG Frankfurt OLGZ 1983, 297 = FamRZ 1983, 1163; FamRZ 1983, 1164, 1165; OLG Hamm NJW 1985, 3029, 3030; SCHWAB Gutachten 54. DJT, A 78; SCHLÜTER/LIEDMEIER 123; RAUSCHER § 35 I Rn 1127; **aA** ERMAN/MICHALSKI Rn 10).

Das Pflegeverhältnis muß nach dem Wortlaut des Gesetzes **längere Zeit** bestehen. **41** Das richtet sich nicht allein nach der bloßen Zeitdauer der Pflege (**aA** wohl AG Tübingen FamRZ 1988, 428), sondern danach, ob die Familienpflege so lange währt, daß das Kind zu der Pflegeperson und darüber hinaus zu seinem sozialen Umfeld engere Bindungen entwickeln kann (BayObLGZ 1991, 17; NJW-RR 1999, 369; OLG Celle FamRZ 1990, 191; OLG Braunschweig ZBlJugR 1983, 311, 312; AG Frankfurt DAVorm 1982, 365; GLEISSL/SUTTNER FamRZ 1982, 122, 125; BAER FamRZ 1982, 221, 223). Dabei ist das kindliche

Zeitgefühl besonders zu beachten. Ob sich das Kind in der Familienpflege derart verwurzelt hat, hängt auch von seiner individuellen Bindungsfähigkeit und Bindungsbereitschaft ab (SCHLÜTER/LIEDMEIER FuR 1990, 122, 123 mwNw; RAUSCHER § 35 I Rn 1130). Auch die Erreichbarkeit der Eltern ist hierbei von Interesse.

42 Dabei ist zu unterscheiden: Lebt das Kind bereits längere Zeit in Familienpflege, so ist die **bisherige Dauer** Indiz für die geplante weitere Fortdauer. Ist dagegen die Familienpflege erst geplant, entscheidet allein die in Aussicht genommene **künftige Dauer**. Exakte Zeiträume für die „längere Zeit" iSv Abs 3 lassen sich nicht nennen (für sechs Monate: BELCHAUS Rn 5; für mindestens drei Monate: JANS/HAPPE Bem 5; SOERGEL/ STRÄTZ Rn 9; für mehr als sechs Monate: MünchKomm/HUBER Rn 19). Je jünger das Kind ist, um so geringer sind die Zeiträume anzusetzen, die aus der Sicht des Kindes bereits als längere Zeit anzusehen sind. Handelt es sich dagegen um ein älteres, zB zehn Jahre altes Kind, dürfte die Unterbringung in einer Pflegefamilie über einen Zeitraum von mehreren Wochen noch nicht zu einer Verwurzelung führen. Regelmäßig werden aber auch bei älteren Kindern Zeiträume von mehr als einem knappen Jahr als länger eingestuft (BayObLG NJW-RR 1999, 369; OLG Celle FamRZ 1990, 191; RAUSCHER § 35 I Rn 1130).

43 Es müssen die zumindest personensorgeberechtigten **Eltern** sein, die das Kind in Familienpflege geben oder gegeben haben. Duldet die alleinsorgeberechtigte Mutter lediglich aufgrund einer Verbleibensanordnung gem § 1632 Abs 4 den Aufenthalt des Kindes bei Pflegeeltern, so fehlt es an den Voraussetzungen des Abs 3 (OVG Thüringen FamRZ 2002, 1725). Die Inpflegegabe durch Vormund oder Pfleger führt nicht zur Anwendung von Abs 3, auf den § 1800 nicht verweist (BAER FamRZ 1982, 221, 229; BGB-RGRK/WENZ Rn 14).

2. Antrag der Eltern oder der Pflegeperson

44 Nur auf Antrag der Eltern oder der Pflegeperson, nicht auf Antrag des Kindes, wird das Familiengericht tätig. Der Antrag ist die formelle Voraussetzung für die Einleitung des Verfahrens, eine Regelung von Amts wegen scheidet aus. Gleichzeitig begrenzt der Antrag aber auch den Rahmen der vom Gericht vorzunehmenden Übertragung, ist soweit also Sachantrag (SCHWAB, Gutachten A 96; GLEISSL/SUTTNER FamRZ 1982, 122, 123). Der Antrag muß deshalb deutlich machen, welche Angelegenheit der Personensorge übertragen werden soll.

45 Der Übertragungsantrag muß den Teil der elterlichen Sorge betreffen, den der antragstellende Elternteil und von ihm abgeleitet die Pflegeperson innehat. Ist nur ein Elternteil sorgeberechtigt, genügt seine Zustimmung zur Übertragung der in Abs 3 genannten Angelegenheiten auf die Pflegeperson (OLG Braunschweig FamRZ 2002, 118). Ist kein Elternteil sorgeberechtigt, etwa weil ihm die gesamte elterliche Sorge entzogen ist, so entfällt eine Regelung nach § 1630 Abs 3. Der Vormund oder Pfleger ist nach § 1666 ff einzusetzen.

Der Zeitpunkt der Antragstellung ist im Gesetz nicht genannt. Es genügt daher, daß er im Laufe des Pflegeverhältnisses gestellt wird, etwa, wenn sich herausstellt, daß das Kind für längere Zeit in Familienpflege bleibt (SCHWAB, Gutachten A 95 ff; BAER FamRZ 1982, 221, 229).

Elternstreit über den Übertragungsantrag wird nicht nach § 1628 entschieden, da das **46** Sorgerecht selbst teilweise zur Disposition steht (BGB-RGRK/Wenz Rn 16; s § 1628 Rn 21; **aA** Gleissl/Suttner FamRZ 1982, 122, 123; MünchKomm/Huber Rn 20; Soergel/Strätz Rn 9). Fehlt es infolge des Elternzwistes bei gemeinsamem Sorgerecht der Eltern am notwendigen gemeinsamen Antrag, kommt eine Regelung nur nach §§ 1666 oder 1632 Abs 4 (Verbleibensanordnung) in Betracht. Ob die Pflegeeltern in diesem Falle zum Vormund oder Pfleger zu bestellen sind, entscheidet sich danach, ob die gesetzlichen Voraussetzungen für die Einschränkung der elterlichen Sorge erfüllt sind und ein Bedürfnis für die Bestellung besteht.

3. Einwilligungen

a) der Pflegeperson

Das Gesetz erwähnt die Einwilligung der Pflegeperson nicht, sie ist aber ungeschrie- **47** bene und selbstverständliche Voraussetzung (Schwab Gutachten A 95; MünchKomm/ Huber Rn 23; Rauscher § 35 I Rn 1130). Die Übernahme ist freiwillig. Eine Pflicht zur Übernahme der von den Eltern genannten Teile der elterlichen Sorge besteht für die Pflegepersonen nicht (BGB-RGRK/Wenz Rn 17).

b) des Kindes

Eine Einwilligung des Kindes sieht das Gesetz nicht vor, sie ist keine förmliche **48** Verfahrensvoraussetzung. Materiell kann es für die Frage der Beurteilung des Kindeswohls und der Angemessenheit der Übertragung auf Wunsch und Willen des Kindes durchaus ankommen, weshalb die Anhörung des Kindes nach § 50b FGG obligatorisch ist.

IV. Verfahren und gerichtliche Entscheidung

1. Verfahren

Zuständig ist das Familiengericht, örtlich zuständig ist das Gericht des Wohnsitzes **49** oder des Aufenthaltes des Kindes, §§ 43 Abs 1, 36 Abs 1, Abs 2 FGG. Die Entscheidung ist dem Richter vorbehalten, § 14 Abs 1 Nr 6 a RPflG idF des KJHG (Palandt/ Diederichsen Rn 20). Meinungsverschiedenheiten zwischen Eltern und Pflegepersonen entscheidet der Richter nach § 1630 Abs 2, § 14 Abs 1 Nr 5 RPflG.

Die Pflicht zur Anhörung aller Betroffenen ergibt sich aus §§ 50a FGG – Eltern –, 50b FGG – Kind –, 50c FGG – Pflegeperson –, 49 Abs 1 Nr 1 b FGG – Jugendamt –. Die Entscheidung wird mit der sofortigen Beschwerde angefochten (Keidel/Engelhardt FGG § 53 Rn 6; Jauernig/Berger Rn 3; Soergel/Strätz Rn 10; Erman/Michalski Rn 8; Bamberger/Roth/Veit Rn 17; **aA** Palandt/Diederichsen Rn 20: Einfache Beschwerde). Beschwerdeberechtigt sind Eltern, Kind und Pflegeperson in Personensorgesachen nach § 57 Nr 9 FGG, sonst nach §§ 20, 59 FGG (OLG Frankfurt OLGZ 1980, 425 = FamRZ 1980, 826).

Die Kosten richten sich nach §§ 93, 94 Abs 1 Nr 4, Abs 3, 96, 131 Abs 3 KostO. Zahlungspflichtig ist der vom Familiengericht nach billigem Ermessen bestimmte Elternteil, § 94 Abs 3 S 2 KostO.

2.   Inhalt der Entscheidung

a)   Entscheidungskriterien

50 In dem Umfang, wie die Eltern oder die Pflegeperson mit Zustimmung der Eltern es beantragt haben, **kann** das Familiengericht die elterliche Sorge auf die Pflegeperson übertragen. Eine Pflicht, dem Antrag stattzugeben, besteht für das Familiengericht nicht (GLEISSL/SUTTNER FamRZ 1982, 122, 123; MünchKomm/HUBER Rn 24; BGB-RGRK/WENZ Rn 18; ERMAN/MICHALSKI Rn 9, 12; BELCHAUS Rn 10). Vor seiner Entscheidung hat es nach § 12 FGG zu prüfen, ob die Übertragung dem Wohl des Kindes entspricht, § 1697a, und dem Zweck der Vorschrift gerecht wird.

51 Wenn die Voraussetzungen erfüllt sind, kann das Gericht die beantragte Übertragung nur ablehnen, wenn sie rechtswidrig ist oder wenn sie mit dem Zweck des Abs 3 in Widerspruch steht. Soweit es die rechtliche Zulässigkeit angeht, ist ua zu prüfen, ob die Eltern sich durch den Antrag ihrer elterlichen Sorge in unzulässiger Weise entledigen wollen (Umgehung der an sich angezeigten Adoption, GLEISSL/SUTTNER 123) oder ob die Eltern auf die elterliche Sorge in unzulässiger Weise verzichten wollen (ERMAN/MICHALSKI Rn 12; BELCHAUS Rn 8). Bei der Zweckmäßigkeitsprüfung der Übertragung ist oberste Richtschnur die **Förderung des Kindesinteresses** (GLEISSL/SUTTNER 123; SCHWAB, Gutachten A 96 ff; BAER FamRZ 1982, 221, 229; ERMAN/MICHALSKI Rn 12; **aA** HOLZHAUER ZRP 1982, 222, 224). Dabei ist entscheidend, ob durch die angestrebte Übertragung die Lage des Kindes **verbessert** wird, sie also dem Kinde nützt. Denn diesem Ziel dient die Regelung des Abs 3, ebenso wie § 1632 Abs 4, § 50c FGG ausschließlich. Auf die **Notwendigkeit** der Übertragung kommt es nicht an (SCHWAB, Gutachten A 96 ff; **aA** BELCHAUS Rn 8; SOERGEL/STRÄTZ Rn 9; ERMAN/MICHALSKI Rn 12, die diese Ansicht aus der Unverzichtbarkeit der elterlichen Sorge herleiten; dabei wird aber außer acht gelassen, daß in diesem Falle Eltern und Pflegeperson übereinstimmen und die Eltern schon bisher solchen Personen rechtsgeschäftlich die Betreuung überlassen und entsprechende Vollmachten erteilen, also bestimmen konnten, wie weit sie bei der Betreuung ihres Kindes Dritte hinzuziehen). Soll die Vorschrift im Sinne der Verbesserung des rechtlichen Schutzes des Kindes überhaupt Bedeutung erlangen, muß die Kindeswohl- und Zweckmäßigkeitsprüfung ausreichen (ebenso SCHWAB, Gutachten A 97 ff; MünchKomm/HUBER Rn 24).

b)   Umfang der Übertragung

52 Sowohl die Personensorge als auch die Vermögenssorge können Gegenstand der Übertragung sein. Über den Antrag darf das Familiengericht nicht hinausgehen. Ob das Familiengericht hinter dem Antrag zurückbleiben darf, hängt davon ab, ob auf die Notwendigkeit der konkret beantragten Maßnahme abzustellen ist (s oben Rn 51). Geht man von der Notwendigkeit aus, wird der Antrag restriktiv auszulegen und nur das unerläßlich Nötige zu tun, werden also nur einzelne Bestandteile der elterlichen Sorge zu übertragen sein (so SOERGEL/STRÄTZ Rn 9; ERMAN/MICHALSKI Rn 12). Stellt man dagegen allein auf die Kindeswohlgerechtigkeit und Zweckmäßigkeit ab, wird großzügig zu verfahren und uU die gesamte Personensorge zu übertragen sein (BRÜGGE-MANN ZBlJugR 1980, 53; GLEISSL/SUTTNER FamRZ 1982, 122, 123; BAER FamRZ 1982, 221, 229; SCHWAB, Gutachten, A 102; JANS/HAPPE Rn 6; MünchKomm/HUBER Rn 25; ERMAN/MICHALSKI Rn 12; BGB-RGRK/WENZ Rn 19; PALANDT/DIEDERICHSEN Rn 19; RAUSCHER § 35 I Rn 1130) einschließlich oder ausschließlich der gesetzlichen Vertretung in allen oder Teilbereichen der Personensorge.

Ob auch die gesamte elterliche Sorge nach Abs 3 übertragen werden kann, wird **53** ebenfalls kontrovers beurteilt. Der Wortlaut des Gesetzes ist unergiebig, die Formulierung „Angelegenheiten der elterlichen Sorge" könnte auf Teilgebiete deuten. Andererseits differenziert § 1628 nach Angelegenheiten der elterlichen Sorge oder einer bestimmten Art von Angelegenheiten, während § 1630 Abs 3 diese Beschränkung und Unterscheidung nicht vornimmt. Stellt man auch insoweit auf die Zweckmäßigkeit und Kindeswohlgerechtigkeit ab, muß im Einzelfall auch die Übertragung der gesamten elterlichen Sorge (genauer: aller Angelegenheiten der elterlichen Sorge) möglich sein (KG FamRZ 2006, 1291; MünchKomm/HUBER Rn 26; PALANDT/DIEDERICHSEN Rn 18; **aA** BGB-RGRK/WENZ Rn 19; SOERGEL/STRÄTZ Rn 9).

Auch Angelegenheiten, die Grundentscheidungen im Bereich von Schule und Be- **54** rufsbildung und der Religionswahl betreffen, können mitübertragen werden, sie sind **nicht** von vornherein von der Übertragung **ausgenommen** (so aber SOERGEL/STRÄTZ Rn 9), denn die Pflegeeltern sind bei langjähriger Vollpflege uU am besten imstande, diese Entscheidung kindgerecht zu treffen (GLEISSL/SUTTNER FamRZ 1982, 122, 123). Dem entspricht die Neuregelung des § 1688. Häufig wird es sich allerdings empfehlen, diesen Bereich von der Übertragung auszunehmen und den Eltern derartige Entscheidungen vorzubehalten (SCHWAB, Gutachten A 102; BGB-RGRK/WENZ Rn 19); auch die Ausübung der elterlichen Sorge während des Aufenthaltes des Kindes bei den leiblichen Eltern ist von der Übertragung auszunehmen.

Die im einzelnen übertragenen Angelegenheiten sind genau zu bezeichnen und **55** gegen die bei den Eltern verbliebenen Sorgerechtsteile abzugrenzen. Soweit das Kind bei Pflegeeltern lebt, ist die Übertragung der Sorgerechtsangelegenheit auf beide Pflegeeltern gemeinsam zweckmäßig. Eine Befristung der Übertragung folgt grundsätzlich dem Antrag, richtet sich aber im übrigen nach der Kindeswohlgerechtigkeit und Zweckmäßigkeit.

V. Wirkung und Dauer der Übertragung

1. Wirkung der Übertragung

Soweit das Familiengericht eine Übertragung vornimmt, hat die Pflegeperson die **56** Rechte und Pflichten eines Pflegers, § 1630 Abs 3 S 3. Soweit die Übertragung der elterlichen Sorge auf die Pflegeperson reicht, sind die Eltern von der Ausübung ausgeschlossen. Das gilt für die gesetzliche Vertretung nur, wenn der Pflegeperson außer der tatsächlichen Personensorge auch die Vertretung übertragen ist (beachte jetzt aber § 1688 Abs 1 S 1).

An der öffentlichrechtlichen Stellung der Pflegeperson iSv § 33 KJHG ändert sich **57** durch § 1630 Abs 3 S 3 nichts. Die Pflegeperson erhält also weiter das Pflegegeld, das Kind bleibt Pflegekind (JANS/HAPPE Rn 6; BAER FamRZ 1982, 221, 230; SOERGEL/STRÄTZ Rn 9).

2. Dauer der Übertragung

Was gelten soll, wenn die Familienpflege endet (durch Tod oder Wechsel der Pflege- **58** person, Rückkehr des Kindes zu den Eltern), ist gesetzlich nicht geregelt. Entsprechend den Maßstäben von Kindeswohlgerechtigkeit und Zweckmäßigkeit einerseits, Erforderlichkeit des Antrags andererseits endet die Übertragung hier ohne weiteres, weil der Antrag diesen Fall nicht umfaßt hat: der Antrag bezog sich allein auf die den Eltern bekannte, bestimmte Pflegeperson, nur mit ihr stimmten die Eltern überein (BGB-RGRK/Wenz Rn 21).

59 Auf Antrag der Eltern kann die Übertragung jederzeit rückgängig gemacht werden, die Grenze über die Rückübertragung bildet die Gefährdung des Kindes iSv §§ 1666, 1632 Abs 4 (Belchaus Rn 10; Jans/Happe Rn 6; Gleissl/Suttner FamRZ 1982, 122, 124; Soergel/Strätz Rn 9; MünchKomm/Huber Rn 29; BGB-RGRK/Wenz Rn 22; Palandt/Diederichsen Rn 19). Das Jugendamt muß auch insoweit vermitteln und begleitend beraten, § 38 KJHG.

60 Auch von Amts wegen kann die Übertragung rückgängig gemacht werden, wenn die Pflegeeltern dies beantragen oder das Kindeswohl es erfordert (Gleissl/Suttner FamRZ 1982, 122, 124; MünchKomm/Huber Rn 29, BGB-RGRK/Wenz Rn 22).

§ 1631
Inhalt und Grenzen der Personensorge

(1) Die Personensorge umfasst insbesondere die Pflicht und das Recht, das Kind zu pflegen, zu erziehen, zu beaufsichtigen und seinen Aufenthalt zu bestimmen.

(2) Kinder haben ein Recht auf gewaltfreie Erziehung. Körperliche Bestrafungen, seelische Verletzungen und andere entwürdigende Maßnahmen sind unzulässig.

(3) Das Familiengericht hat die Eltern auf Antrag bei der Ausübung der Personensorge in geeigneten Fällen zu unterstützen.

Materialien: E I § 1504; II § 1526; III § 1609; Mot IV 750; Prot IV 548. Geändert durch GleichberG v 18. 6. 1957 Art 1 Nr 22; geändert durch SorgeRG v 18. 7. 1979 Art I Nr 6; geändert durch KindRG v 16. 12. 1997 Art Nr 1 und Nr 46; geändert durch G zur Ächtung der Gewalt in der Erziehung und zur Änderung des Kindesunterhaltsrechts v 2. 11. 2000 Art 1 Nr 3. Staudinger/BGB-Synopse (2006) § 1631.

Schrifttum

H-J Albrecht, Die Entwicklung des Züchtigungsrechts, RdJB 1994, 198
P-A Albrecht, Jugendstrafrecht (2000)
Baltz, Ächtung der Gewalt in der Erziehung, ZfJ 2000, 210
Böckenförde, Elternrecht – Recht des Kindes – Recht des Staates, in: Krautscheidt-Marré, Essener Gespräche zum Thema Staat und Kirche (1980)
Bosch, Anm zu BGH v 6. 4. 1976, FamRZ 1976, 332
Brumlik, Erziehungsziel, in: Lenzen (Hrsg), Pädagogische Grundbegriffe (Band 1: Agression bis Interdisziplinarität) (1989)
Bundesministerium der Justiz (BMJ), Arbeitsgruppe „Familiengerichtliche Maßnahmen bei Gefährdung des Kindeswohls" (2006)
Bussmann, Verbot familialer Gewalt gegen Kinder (2000)

ders, Das Recht auf gewaltfreie Erziehung aus juristischer und empirischer Sicht, FPR 2002, 298

COESTER, Das Kindeswohl als Rechtsbegriff (1983)

ders, Elterliche Gewalt, in: FS Schwab (2005)

COESTER/LEHMKUHL/SALGO/SALZGEBER/ZENZ, Gemeinsame elterliche Sorge nicht miteinander verheirateter Eltern aufgrund von Sorgeerklärung oder gerichtlicher Entscheidung, JAmt 2005, 498

DETTENBORN, Kindeswohl und Kindeswille (2007)

EHRHARDT-RAUCH, Das Recht des Kindes auf gewaltfreie Erziehung und seine Auswirkung auf die soziale Arbeit, ZfJ 2004, 59

EISENBERG, JGG (8. Aufl 2000)

FIESELER/SCHLEICHER, Kinder- und Jugendhilferecht – Gemeinschaftskommentar zum SGB-VIII (GK-SGB III) (1998)

FREHSEE, Die staatliche Förderung familiärer Gewalt an Kindern, KrimJ 1992, 36

FRIEHE, Der strafrechtliche Schutz des Aufenthaltsbestimmungsrechts gegenüber den im Sorgerecht „verbliebenen" Eltern, ZfJ 1985, 330

GERNHUBER, Elterliche Gewalt heute, FamRZ 1962, 89

GOLDSTEIN/FREUD/SOLNIT, Das Wohl des Kindes (1988)

GÜNTHER, Die Auswirkungen familienrechtlicher Verbote auf das Strafrecht, in: FS Lange (1992)

HEGER/SCHOMBURG, Das Gesetz zur Ächtung der Gewalt in der Erziehung und zur Änderung des Kindesunterhaltsrechts, KindPrax 2000, 171

HEGNAUER, Grundriss des Kindesrechts (5. Aufl Bern 1999)

HEILMANN, Kindliches Zeitempfinden und Verfahrensrecht (1998)

HIRSCH, Entzug und Beschränkung des elterlichen Sorgerechts (1968)

HONIG, Verhäuslichte Gewalt (1992)

HORKHEIMER ua, Studien über Autorität und Familie (2. Aufl 1987)

HOYER, Im Strafrecht nichts Neues? – Zur strafrechtlichen Bedeutung der Neufassung des § 1631 II BGB, FamRZ 2001, 521

HUBER/SCHERER, Die Neuregelung zur Ächtung der Gewalt in der Erziehung, FamRZ 2001, 797

KARGL, Das Strafunrecht der elterlichen Züchtigung (§ 223 StGB), NJ 2003, 57

KEMPER, Anm zu BezG Erfurt v 26.11.1992, FuR 1993, 162

KINDLER, Auswirkungen von häuslicher Gewalt auf die psychosoziale Entwicklung von Kindern, FPR 2005, 16

KNÖDLER, „Das hat noch keinem geschadet", ZKJ 2007, 58

KOHL/LANDAU, Gewalt in sozialen Nahbeziehungen (2001)

KOLVENBACH, Sorgerechtsmaßnahmen, in RAUSCHENBACH/SCHILLING: Kinder- und Jugendhilfe Report 2 (2005)

KRÜGER, Grundrechtsausübung durch Jugendliche (Grundrechtsmündigkeit) und elterliche Gewalt, FamRZ 1956, 329

KUNZ, Zum Züchtigungsrecht der Eltern, ZfJ 1990, 52

LAKIES, Vorläufige Maßnahmen zum Schutz von Kindern und Jugendlichen (1997)

LEMPP, Kinder- und jugendpsychiatrische Anmerkungen zur Frage, wieweit das Erziehungsrecht der Eltern durchgesetzt werden kann und darf, FamRZ 1986, 1061

LÜDERITZ, Die Rechtsstellung ehelicher Kinder nach Trennung ihrer Eltern im künftigen Recht der Bundesrepublik Deutschland, FamRZ 1975, 605

LÜDERITZ/DETHLOFF, Familienrecht (2007)

LUTHIN, Anm zu BezG Erfurt v 26.11.1992, FamRZ 1993, 832

MASSFELLER/BÖHMER/COESTER/SCHWENZER, Das gesamte Familienrecht – Band 1: Das innerstaatliche Recht der Bundesrepublik Deutschland (Stand: April 1995)

MEYSEN/SCHINDLER, Schutzauftrag und Kindeswohlgefährdung, JAmt 2004, 449

MORITZ, Die (zivil-)rechtliche Stellung der Minderjährigen und Heranwachsenden innerhalb und außerhalb der Familie (1989)

MÜNDER, Beratung, Betreuung, Erziehung und Recht (2. Aufl 1991)

ders, Familienrecht (2005)

ders, Familien- und Jugendrecht – Band 2: Jugendhilferecht (4. Aufl 2000)

PESCHEL-GUTZEIT, Es ist geschafft: Gewalt in der Erziehung verboten!, FPR 2000, 231 dies, Das Kind als Träger eigener Rechte, Frühe Kindheit 2001, 4

PRENGEL, Gewaltfreies Erziehen in Familien – Widerspruch von Freiheit und Strukturierung, in: BMFSFJ (Hrsg), Gewaltfreie Erziehung, Materialien zur Familienpolitik Nr 9 (2000)

RAMM, Jugendrecht (1990)

REICHERT/HAMMER, Anm zu BGH vom 25. 11. 1986, JZ 1988, 617

RIEMER, Körperliche Züchtigung nunmehr verboten, ZfJ 2003, 328

ders, Auswirkungen des Gewaltverbots in der Erziehung nach § 1631 II BGB auf das Strafrecht, FPR 2006, 387

ROHMANN, Leichte körperliche Bestrafung, Kind-Prax 2004, 123, 170

ROXIN, Die strafrechtliche Beurteilung der elterlichen Züchtigung, JuS 2004, 117

SACHSSE/TENNSTEDT, Familienpolitik durch Gesetzgebung: Die juristische Regulierung der Familie, in: KAUFMANN (Hrsg), Staatliche Sozialpolitik und Familie (1982)

SALGO, Pflegekindschaft und Staatsintervention (1987)

ders, Das Kindeswohl in der neueren Rechtsprechung des Bundesverfassungsgerichts, in: DU BOIS (Hrsg), Praxis und Umfeld der Kinder- und Jugendpsychiatrie (1989)

ders, Das Verhältnis von Eltern, Kind und Staat in der Verfassungsordnung der Bundesrepublik Deutschland, FuR 1990, 363

ders, Die Regelung der Familienpflege im SGB VIII, in: WIESNER/ZARBOCK (Hrsg), Das neue Kinder- und Jugendhilfegesetz (SGB VIII) (1991)

ders, Nachwort, in: FURSTENBERG/CHERLIN, Geteilte Familien (1993)

ders, Der Anwalt des Kindes (1996)

ders, Vom langsamen Sterben des elterlichen Züchtigungsrechts, RdJB 2001, 283

ders, Religiöse Kindererziehung – (k)ein Thema für das Recht im 21. Jahrhundert?!, in: ADOLF-ARNDT-KREIS (Hrsg), Nun sag, wie hast Du's mit der Religion? (2006)

ders, § 8a SGB VIII, ZKJ 2006, 531, ZKJ 2007, 12

SALGO/ZENZ/FEGERT/BAUER/WEBER/ZITELMANN, Verfahrenspflegschaft für Kinder und Jugendliche, Köln 2002

SCHNEIDER, Körperliche Gewaltanwendung in der Familie (1987)

SCHWAB, Handbuch des Scheidungsrechts (2004)

ders, Familienrecht (2005)

ders, Elterliche Sorge bei Trennung und Scheidung der Eltern – Die Neuregelungen des Kindschaftsrechtsreformgesetzes –, FamRZ 1998, 457

ders, Kindschaftsrechtsreform und notarielle Vertragsgestaltung, DNotZ 1998, 437

ders, Wandlungen der „Gemeinsamen elterlichen Sorge", in: FS Gaul (1997) 717

SCHWENK, Erziehung, in: LENZEN (Hrsg), Pädagogische Grundbegriffe (Band 1: Aggression bis Interdisziplinarität) (1989)

SCHWERDTNER, Kindeswohl oder Elternrecht?, AcP 173 (1973) 227

SCHWIND/BAUMANN ua (Hrsg), Ursachen, Prävention und Kontrolle von Gewalt, Bd I–IV (1990)

SIMITIS, Kindeswohl – eine Diskussion ohne Ende, in: GOLDSTEIN/FREUD/SOLNIT, Diesseits des Kindeswohls (1982)

ders, Kindschaftsrecht – Elemente einer Theorie des Familienrechts, in: FS Müller-Freienfels (1986)

WIESNER, Welche Hilfen bietet das SGB VIII zur gewaltfreien Erziehung?, in: BMFSFJ (Hrsg), Gewaltfreie Erziehung, Materialien zur Familienpolitik Nr 9 (2000) 56

WIESNER/KAUFMANN/MÖRSBERGER/OBERLOSKAMP/STRUCK, SGB VIII (Kinder- und Jugendhilfe) (2006)

ZACHER, Elternrecht, in: ISENSEE/KIRCHHOF, Handbuch des Staatsrechts (Band VI: Freiheitsrechte) (1989)

ZENZ, Zur Reform der Elterlichen Gewalt, AcP 173 (1973) 527

dies, Kindesmißhandlung und Kindesrechte (1979)

ZENZ, 59. DJT, Referat (1992)

ZIEGERT, Wie wirksam ist das Züchtigungsverbot in Schweden – ein rechtssoziologischer Erfahrungsbericht, in: Institut für Soziologie der Universität Hamburg (Hrsg) (1982)

ZITELMANN, Kindeswohl und Kindeswillen (2001).

Systematische Übersicht

Alphabetische Übersicht

I. Allgemeines

1. Entstehungsgeschichte

1 Zwar regelt die Vorschrift „von Anfang an dieselbe Materie; jedoch wird an den inhaltlichen Änderungen der Wandel des Elternrechts besonders deutlich" (SOERGEL/ STRÄTZ Rn 1). Dieser Diskussions- und Wandlungsprozeß wird an der in der 8. Legislaturperiode bereits in Gang gesetzten Entwicklung (BT-Drucks 8/2788, 48), am in der 12. Legislaturperiode gescheiterten **Mißhandlungsverbotsgesetz** (BT-Drucks 12/ 6343), an den Änderungen durch das KindRG (BT-Drucks 13/8511, 74) und schließlich am **Gesetz zur Ächtung der Gewalt in der Erziehung** (BT-Drucks 14/1247) sowie am

Kinderrechteverbesserungsgesetz (BT-Drucks 14/8131) erkennbar. Dieser Entwicklungs-
prozeß belegt anschaulich, daß die Diskussion um „das Wohl des Kindes" zwangsläufig eine „ohne Ende" (SIMITIS, in: GOLDSTEIN ua [1982] 169) bleiben muß. Gleichzeitig
belegen die Änderungen dieser Bestimmung, daß „das Vertrauen des Gesetzgebers
in die Erziehungspotenzen (und Erziehungsstile) der Familie ... offenkundig nicht
mehr ungebrochen" ist (SACHSSE/TENNSTEDT 87, 103). Damit geht eine „Verengung des
Vertretbarkeitsrahmens" einher (COESTER 209). Diese Entwicklung läßt sich mit dem
nach und nach veränderten Wortlaut des Abs 2 veranschaulichen:

– § 1631 Abs 2 aF: „Der Vater kann kraft des Erziehungsrechts angemessene Zuchtmittel gegen das Kind anwenden. Auf seinen Antrag hat das Vormundschaftsgericht ihn durch geeignete Zuchtmittel zu unterstützen" (BGB idF v 1896);

– § 1631 Abs 2 aF: „Das Vormundschaftsgericht hat die Eltern auf Antrag bei der
  Erziehung des Kindes durch geeignete Maßregeln zu unterstützen" (GleichberG
  v 18. 6. 1957 Art 1 Nr 22);

– § 1631 Abs 2 aF: „Entwürdigende Erziehungsmaßnahmen sind unzulässig" (SorgeRG v 18. 7. 1979 Art 1 Nr 6);

– § 1631 Abs 2 BGB-E: „Körperliche und seelische Mißhandlungen und andere
  entwürdigende Maßnahmen sind unzulässig" (gescheiterter RegE eines Mißhandlungsverbotsgesetzes v 3. 12. 1993 [BT-Drucks 12/6343]);

– § 1631 Abs 2 aF: „Entwürdigende Maßnahmen, insbesondere körperliche und
  seelische Mißhandlungen, sind unzulässig" (idF des KindRG v 16. 12. 1997);

– „Kinder haben ein Recht auf gewaltfreie Erziehung. Körperliche Bestrafungen,
  seelische Verletzungen und andere entwürdigende Maßnahmen sind unzulässig"
  (§ 1631 Abs 2 BGB idF des Gesetzes zur Ächtung der Gewalt in der Erziehung
  v 6. 7. 2000 [geltende Fassung]).

2. Normbedeutung

Die Vorschrift konkretisiert einen Teilbereich des § 1626 Abs 1, nämlich die Perso- **2**
nensorge (vgl Erl dort). Bereits am Wortlaut von § 1631 Abs 1 wird der Bezug zu Art 6
Abs 2 GG erkennbar: „Pflege und Erziehung der Kinder sind das natürliche Recht
der Eltern und die zuvörderst ihnen obliegende Pflicht". Die Änderung der Reihenfolge „das Recht und die Pflicht" in „die Pflicht und das Recht" soll den Pflichten-
charakter der elterlichen Sorge betonen (vgl BT-Drucks 13/4899, 93). Das in der Verfassung bereits angelegte **Spannungsverhältnis** („Recht *und* Pflicht") findet seinen
einfachgesetzlichen Niederschlag. Dem Staat darf unter Geltung des GG die Befindlichkeit und Entwicklung des Kindes nicht gleichgültig sein. Eine neutrale Einstellung ist ihm versagt. Das besondere Interesse an der Erziehung der Kinder findet
im **staatlichen Wächteramt** seinen verfassungsrechtlichen Ausdruck. Aber auch für
das Verständnis und für die Bedeutung des zweiten, ebenfalls bereits in der Verfassung angelegten Spannungsverhältnisses, nämlich jenes zwischen Eltern und Staat
(Art 6 Abs 2 S 2 GG: „Über ihre Betätigung wacht die staatliche Gemeinschaft"),
finden sich in dieser Bestimmung insoweit Orientierungen, als in ihr konkrete Be-

schreibungen einzelner elterlicher Pflichten und Rechte sowie zulässiger bzw unzulässiger Erziehungsmittel zugleich auch Erwartungen an die Eltern als „Inhaber" der Personensorge formulieren, auch wenn diese Vorschrift nach wie vor nicht die Sanktionierung von Pflichtverstößen zum Regelungsgegenstand hat. Allerdings entfaltet § 1631 Abs 2 als **echte Verbotsnorm** Auswirkungen auf die Anwendung §§ 1666 Abs 1, 1666a wie auch auf das Strafrecht, s Rn 76 ff. Hauptanliegen dieses Wächteramtes des Staates, welches sich auf alle Betätigungen der Eltern – also auch und gerade auf ihre Erziehung – bezieht, ist die **Achtung der Menschenwürde, des Rechts auf freie Entfaltung der Persönlichkeit des Kindes und des Rechts auf Leben und körperliche Unversehrtheit** (Art 1 Abs 1 und Art 2 GG), welche Inhalt und Schranken des elterlichen Erziehungsrechts mitbestimmen (LÜDERITZ/DETHLOFF § 13 Rn 2; zum „Pflichtrecht" vgl STAUDINGER/PESCHEL-GUTZEIT § 1626 Rn 19 sowie ZACHER § 134 Rn 67; vgl zur Grundrechtsgeltung STAUDINGER/PESCHEL-GUTZEIT § 1626 Rn 11 ff). „Pflege", „Erziehung", „Beaufsichtigung" und die „Aufenthaltsbestimmung" wie auch die bewußte Beschreibung unzulässiger „Erziehungsmittel" bzw die Postulierung eines Rechts des Kindes auf „gewaltfreie Erziehung" scheinen Selbstverständliches aus dem Familienalltag zu beschreiben, überflüssig sind solche Konkretisierungen keineswegs.

3 Mit der **Volljährigkeit** (§ 2) endigt das Personensorgerechtsverhältnis (zu Beginn und Ende der elterlichen Sorge vgl STAUDINGER/PESCHEL-GUTZEIT § 1626 Rn 35 ff, bei Heirat vgl STAUDINGER/PESCHEL-GUTZEIT § 1633 Rn 8 f, zum Ruhen s §§ 1673, 1674), und es bestehen sodan keinerlei darauf beruhende Befugnisse der Eltern mehr fort. Etwaige Pflichten beruhen dann jedenfalls nicht auf der elterlichen Sorge, sondern auf anderweitigen, wenn auch familienrechtlichen, Pflichtenbindungen.

4 Zur **Unverzichtbarkeit der Personensorge** vgl STAUDINGER/PESCHEL-GUTZEIT § 1626 Rn 25 ff mwNw. Mit zunehmendem Alter des Kindes verändert sich der Inhalt der Pflichten und Rechte; der Gedanke einer **„allmählichen Verflüchtigung"** (GERNHUBER/ COESTER-WALTJEN § 57 Rn 84) der Personensorge erlangt dabei eine ständig wachsende Bedeutung (hierzu Rn 25, 44).

3. Ergänzungen durch weitere Bestimmungen

5 Weitere inhaltliche Aussagen zur Bedeutung, Auswirkung und Reichweite der Personensorge finden sich seit dem SorgeRG in einer Reihe von Bestimmungen: **§§ 1626 Abs 2 S 1, 1631 Abs 2, 1631a, 1631b, 1631c, 1632 Abs 2** sowie in den grundsätzlichen Aussagen der **§§ 1618a, 1626 Abs 2.** „Diese Tendenz zu mehr gesetzlicher Differenzierung ist rechtspolitisch zu begrüßen" (MünchKomm/HINZ[3] Rn 2; zu gesetzlich geregelten und „übergesetzlichen" **Eigenzuständigkeiten des Minderjährigen** vgl STAUDINGER/PESCHEL-GUTZEIT § 1626 Rn 78 ff, 83 ff). Ein Kennzeichen der reformerischen Bemühungen ist die – wenn auch verhaltene – Tendenz zur **Entlastung kindschaftsrechtlicher Generalklauseln** durch Beschreibung von Erwartungen bzw von spezifischen, als besonders prekär geltenden Konstellationen, was wiederum die Anwendung der dennoch nach wie vor notwendigen Generalklauseln beeinflußt; so sind zB die in § 1631 Abs 2 erfolgten Wertentscheidungen bei der Anwendung der §§ 1666, 1666a zu berücksichtigen.

6 Eine Reihe weiterer Bestimmungen des BGB, aber auch anderer gesetzlicher Regelungen ergänzen § 1631 Abs 1: Das Recht zur Vertretung des Kindes ist jeweils in

allen Sorgerechtsbereichen miteingeschlossen (§ 1629 Abs 1). Soweit eine mißbräuchliche Ausübung der Personensorge bzw eine Nichtausübung der Personens-
orgepflichten vorliegt, bestimmt § **1666** die daraus folgenden Konsequenzen. Darüber hinaus kann auch eine Haftung gem § 832 sowie eine strafrechtlich bewehrte
Verantwortlichkeit der Eltern (§ 171 StGB) bestehen (BGH, NStZ 2004, 94: Eltern haben
gegenseitige Garantenpflichten hinsichtlich ihres Kindes). Vater und Mutter, auch Alleinerziehende haben gem §§ **16 Abs 1, 17, 18 Abs 1 SGB VIII** einen **Unterstützungs- und
Beratungsanspruch gegenüber der Jugendhilfe** bei der Ausübung der Personensorge.
Die Personensorge ist ein „sonstiges Recht" iSv § 823 Abs 1 (s STAUDINGER/PESCHEL-
GUTZEIT § 1626 Rn 20 ff; STAUDINGER/HAGER [1999] § 823 Rn B 183 mwNw; MünchKomm/WAGNER
§ 823 Rn 163).

4.   Begriff und Bedeutung der Personensorge

§ 1631 Abs 1 stellt die wesentlichen **Bestandteile des Personensorgerechts** heraus, **7**
nämlich die Pflicht und das Recht der Eltern, das Kind zu pflegen (su Rn 22 f), zu
erziehen (su Rn 23 ff), zu beaufsichtigen (su Rn 31 ff) und seinen Aufenthalt zu bestimmen (su Rn 50 ff).

Über die sonstigen Bestandteile des Personensorgerechts s STAUDINGER/PESCHEL- **8**
GUTZEIT § 1626 Rn 57, zur **Abgrenzung** von tatsächlicher Personensorge und Ver-
tretung in persönlichen Angelegenheiten s STAUDINGER/PESCHEL-GUTZEIT § 1626
Rn 58 ff, zur Abgrenzung von Personen- und Vermögenssorge s STAUDINGER/PE-
SCHEL-GUTZEIT § 1626 Rn 67 ff.

Bezüglich **Inhalt, Umfang und Definition** der Personensorge vgl STAUDINGER/PE- **9**
SCHEL-GUTZEIT § 1626 Rn 57 ff. Mit Einfügung von **„insbesondere"** durch das Sor-
geRG wurde klargestellt, daß es sich bei der **Aufzählung** „nicht um das gesamte
Sorgerecht handelt" (MASSFELLER/BÖHMER/COESTER/SCHWENZER § 1631 Rn 2; zu den weiteren
Angelegenheiten der Personensorge vgl BAMBERGER/ROTH/VEIT Rn 14). Die Aufzählung von
Bestandteilen des Personensorgerechts versteht sich folglich **nicht** als eine **erschöp-
fende**; eine vollständige und abschließende Konkretisierung des Inhalts der Personensorge ist nicht möglich (vgl bereits Mot IV 750). Der Begriff der Personensorge –
bereits in § 1626 Abs 1 erstmals genannt – ist im Gesetz außer in dieser Bestimmung
nicht näher definiert. § 1631 stellt somit lediglich einige – allerdings die wichtigsten –
Bestandteile des Personensorgerechts heraus (STAUDINGER/DONAU[10/11] Rn 2). MÜNDER
(2005) 161 weist zwar zu Recht darauf hin, daß § 1631 relativ unsystematisch und
„eklektizistisch" („insbesondere") den Inhalt des Personensorgerechts benennt, und
darauf, daß einzelne Aspekte nicht präzise angesprochen werden.

Eine abschließende, „vollständige Aufzählung", die auch nur annähernd die rele- **10**
vantesten Bereiche der Personensorge zu benennen versucht, würde indes die umfangreiche Aufzählung von STAUDINGER/PESCHEL-GUTZEIT § 1626 Rn 58 ff noch bei
weitem übertreffen müssen, weshalb die Anführung weiterer Beispiele nicht in
Betracht zu ziehen ist, zumal durch Alter und Entwicklungsstand besondere, niemals
vollständig überschaubare Variablen aufgrund sehr unterschiedlicher Bedürfnisse
Minderjähriger hinzutreten. Bemerkenswert scheint, daß moderne Gesetzgeber einerseits nicht den Weg einer konkretistischen Deskription der Personensorge oder
zB der *parental responsibility* (s *Sec 2 und 3 Children Act 1989, Großbritannien*)

wählen, vielmehr mittelbar über die Benennung kindlicher Bedürfnisse und besonderer für die Kindesentwicklung relevanter Faktoren – zB in § 50b FGG: „Bindung", „Neigung", „Wille des Kindes" oder in *Sec 1 Children Act 1989, Großbritannien* – Anforderungen an die Ausübung und Wahrnehmung der Personensorge formulieren und damit den **Vertretbarkeitsrahmen** verändern wie zB Abs 2: „Das Recht des Kindes auf gewaltfreie Erziehung", andererseits die weiterhin unumgängliche **kindschaftsrechtliche Generalklausel** durch Konkretisierungen bestimmter Konfliktkonstellationen zu **entlasten** suchen.

II. Ausübung der Personensorge

1. Inhaber des Personensorgerechts

11 Inhaber des Personensorgerechts gegenüber dem minderjährigen Kind sind die Eltern (§§ 1626 Abs 1, 1626a Abs 1 Nr 1), der nach § 1671 Abs 1 allein personensorgeberechtigte Elternteil, die Adoptiveltern nach § 1754, die Mutter des Kindes, dessen Eltern bei seiner Geburt nicht miteinander verheiratet sind und keine Sorgeerklärung abgegeben haben (§ 1626a Abs 2), der Vormund oder der für diesen Sorgerechtsbereich zuständige Pfleger gegenüber dem Mündel bzw Pflegling (§§ 1793, 1797, 1800, 1909 f, 1915), auch Pflegeeltern, soweit ihnen gem § 1630 Abs 3 die Personensorge übertragen worden ist (STAUDINGER/PESCHEL-GUTZEIT § 1630 Rn 50.

12 Vater und Mutter sind während der Ehe sowie bei Fortgeltung gemeinsamer elterlicher Sorge nach Trennung (Umkehrschluß aus § 1671 Abs 1), aber auch nach einer Sorgeerklärung gem § 1626a Abs 1 Nr 1 **gleichberechtigte** Inhaber des Teilrechts Personensorge aus der elterlichen Sorge (s STAUDINGER/PESCHEL-GUTZEIT § 1626 Rn 9 sowie § 1629 Rn 3 ff). Deshalb stehen das Recht der Personensorge und damit auch seine Bestandteile in den genannten Konstellationen **beiden Eltern gemeinsam** zu, und zwar auch dann, wenn sie getrennt leben (STAUDINGER/COESTER [2004] § 1671 Rn 2), es sei denn, daß das Familiengericht eine Regelung nach den §§ 1628, 1666 Abs 1, 1671 Abs 2 getroffen hat. Den Eltern steht bei nicht nur vorübergehender Trennung, aber auch nach Scheidung die elterliche Sorge – und damit auch die Personensorge – gemeinsam zu, sofern das Familiengericht die elterliche Sorge oder einen Teil der elterlichen Sorge nicht auf einen Elternteil allein übertragen hat (s STAUDINGER/ COESTER [2004] § 1671 Rn 26 ff; zu den rechtspolitischen Debatten vor dem KindRG vgl SALGO, in: FURSTENBERG/CHERLIN 203 ff und ders FamRZ 1996, 449; SCHWAB FamRZ 1998, 457; ders DNotZ 1998, 437). Allerdings gilt sodann die **kraft Gesetzes** mit der (nicht nur vorübergehenden) Trennung **eintretende Änderung der Kompetenzverteilung** zwischen den Eltern gem § 1687 (vgl hierzu STAUDINGER/SALGO [2006] § 1687 Rn 2 ff; SCHWAB FamRZ 1998, 457, 468 ff), sofern die Eltern nicht im zulässigen Rahmen etwas anderes vereinbart haben.

13 Ob die gemeinsame und gleichberechtigte Trägerschaft der elterlichen Sorge und damit die Unteilbarkeit gemeinsamer Elternverantwortung betont (STAUDINGER/PESCHEL-GUTZEIT § 1626 Rn 9) oder das gleichrangige Bestehen einer väterlichen *und* einer mütterlichen Sorge als selbständige subjektive Rechte hervorgehoben wird (MünchKomm/HINZ[3] § 1626 Rn 17), durch die **gegenseitige Ausübungsbindung** (GERNHUBER/COESTER-WALTJEN § 57 Rn 3) verliert einerseits diese Meinungsverschiedenheit an Bedeutung, andererseits läßt sich zugleich nicht bestreiten, daß „väterliche und mütterliche Sorge … angesichts situationsbedingter unterschiedlicher Anforderungen an Vater und Mutter nicht zwangsläufig inhaltsgleich" (MünchKomm/Hinz[3] aaO) sein müssen. Dies kommt insbesondere in den §§ 1687, 1687a, 1687b zum Ausdruck. Das „gemeinsame Sorgerecht" getrennt lebender Eltern als offenes Modell bedarf in jedem Falle der **Konkretisierung durch elterliches Einvernehmen** (SCHWAB, in: FS Gaul 717, 724).

Gerade in den Bereichen der Personensorge wie etwa der Erziehung und der Auf- **14** sicht wird es häufig zu einer **tatsächlichen Aufgabenaufteilung** kommen (müssen), wobei jeder Elternteil selbständig dem Kind gegenübertritt. Die wechselseitige Wahrnehmung der Elternverantwortung geht meistens mit entsprechenden **Absprachen** einher. Die alltägliche Aufgabenteilung und die darauf beruhende Wahrnehmung nur einzelner Funktionen aus dem Rahmen der Personensorge entbindet keinen Elternteil von der uneingeschränkten eigenen Verantwortung dem Kinde gegenüber; die Eltern sind daher nicht nur **verpflichtet**, sich gegenseitig zu überwachen (STAUDINGER/PESCHEL-GUTZEIT § 1627 Rn 6 ff mwNw; BGH NStZ 2004, 94: Elternteile haben gegenseitige Garantenpflichten hinsichtlich ihres Kindes), sondern auch **ihre Erziehungsgrundsätze gegenseitig abzustimmen** (vgl hierzu GERNHUBER FamRZ 1962, 89, 95 f). Dies gilt insbesondere unter dem vom KindRG favorisierten Sorgerechtsmodell der Fortgeltung gemeinsamer elterlicher Sorge trotz Trennung (STAUDINGER/SALGO [2006] § 1687 Rn 13). Zur Frage der Verantwortung der Eltern bei tatsächlicher Aufgabenteilung untereinander s STAUDINGER/ENGLER (2004) § 1664 Rn 20 ff.

2. Ausübungsübertragung

Durch das **KindRG** (§§ 1687 [für gemeinsam sorgeberechtigte, aber getrennt lebende **14a** Eltern], 1687a [für den nicht sorgeberechtigten Elternteil], 1688 [für Pflegeeltern und Heimerzieher] und durch das **LebenspartnerschaftsG** § 9 [für den Lebenspartner] und § 1687b [für den Stiefelternteil]) erfolgten **kraft Gesetzes eintretende Kompetenzzuweisungen.** Gemeinsames Ziel dieser **konfliktreduzierenden Rechtsvorsorgemaßnahmen** (BT-Drucks 13/4899, 107, 154 Nr 23) ist der Abbau von **Konfliktspannungen** (vgl ZENZ 59. DJT M 9, M 20), die wegen **Auseinanderfallens von Lebenswirklichkeit und sorgerechtlicher Verantwortungszuweisung** im Bereich der nunmehr geregelten Fallkonstellationen (einschließlich von notwendigen **Handlungen bei Gefahr im Verzuge**) zu belastenden und konfliktreichen Lebenssituationen führen können. Insoweit erübrigen sich explizite partielle Ausübungsüberlassungen; abweichende Elternvereinbarungen oder individuelle Gestaltungen sind indes weiterhin im Rahmen der hier stets zu beachtenden Kindeswohlmaxime zulässig, ja geradezu erwünscht; die Rechtsvorsorge des Staates wird stets durch eine das Kindeswohl berücksichtigende individuelle Elternsorge verdrängt (STAUDINGER/SALGO [2006] § 1687 Rn 1, 12 f, § 1688 Rn 8 ff, 39 ff).

a) im Alltag

Wie in kaum einem anderen Bereich der elterlichen Sorge wird gerade bei der **15** Wahrnehmung der elterlichen Aufgaben aus dem Kreis der Personensorge deutlich, daß hierfür von den Eltern zunehmend **Dritte hinzugezogen werden** (müssen). Zur Ambivalenz von institutionalisierten und gesellschaftlichen „Miterziehern" und Elternrecht s ZACHER Rn 6 ff. Die **partielle Ausübungsübertragung** von Sorgerechtsbefugnissen und Sorgerechtspflichten (vgl Staudinger/Peschel-Gutzeit § 1626 Rn 28 f) ist für die meisten Eltern und Kinder inzwischen ein alltägliches Geschehen; sie ist zulässig, denn „die elterliche Sorge gehört nicht mehr zu den streng höchstpersönlichen Rechten, die selbst einer Ausübung durch Dritte widerstehen" (Gernhuber/ Coester-Waltjen § 57 Rn 18; Lüderitz/Dethloff § 13 Rn 19). Insbesondere die Personensorgerechtsbereiche des § 1631 Abs 1 wie Pflege, Erziehung und Aufsicht werden häufig von den Eltern zur Ausübung auf Dritte übertragen: zB auf die „Kinderfrau", bei Tagesbetreuung wie Krippe, Kindergarten, Hort, Tagespflege; bei Freizeitaktivitäten wie Abenteuerspielplatz, Ferienlager, Reiterhofaufenthalt; im Rahmen von „Hilfen zur Erziehung": in der Tagesgruppe, sozialpädagogischen Familienhilfe, Vollzeitpflege und Heimerziehung (vgl hierzu Staudinger/Salgo [2006] Erl zu § 1688); im Rahmen von Internatserziehung und Lehre; zur Übertragung der Wahrnehmung der schulischen Mitwirkungsrechte der Eltern an eine nichtsorgeberechtigte Person vgl VG Hannover v 15. 8. 2006 – 6 B 43 52/06. „Damit wird praktisch die gesamte unmittelbare Personensorge übertragen", worauf Lüderitz/Dethloff aaO zu Recht hinweist. Dadurch können die Eltern sich aber nicht von ihrer Verantwortung dem Kinde gegenüber freistellen; sie haften ihm gegenüber uneingeschränkt für die Sorgfalt bei Auswahl des Dritten, regelmäßig auch ohne Auswahl- und Überwachungsverschulden (vgl Staudinger/Donau[10/11] Rn 4 sowie Staudinger/Engler [2004] § 1664 Rn 21 ff u Gernhuber/Coester-Waltjen § 57 Rn 20 – 22). Die zumeist **formlos erfolgende Ausübungsüberlassung** ist zum einen abzugrenzen gegenüber dem **unzulässigen Verzicht** auf die elterliche Sorge und damit auf ihre Bestandteile (hierzu Staudinger/ Peschel-Gutzeit § 1626 Rn 24 ff, 27 zu den Ausnahmen), zum anderen gegenüber **kontrollierten Dispositionsakten** (§§ 1630 Abs 3 [Übertragung von Angelegenheiten der elterlichen Sorge auf die Pflegeperson], 1671, 1672 [Übertragung der elterlichen Sorge mit Zustimmung der Mutter auf den Vater]).

Für gemeinsam sorgeberechtigte, jedoch nicht nur vorübergehend getrennt lebende Eltern bedarf es keiner Ausübungsübertragung, weil hier kraft Gesetzes die Kompetenzverteilung in § 1687 geregelt ist (s Staudinger/Salgo [2006] § 1687 Rn 1, 7). Im Verhältnis zwischen sorgeberechtigtem und nicht sorgeberechtigtem Elternteil gilt § 1687a (s Staudinger/Salgo [2006] § 1687a Rn 1, 4). Durch die Beistandschaft (§§ 1712, 1716) erfolgt keine Ausübungsübertragung, vielmehr kommt es zu einem Nebeneinander zweier gesetzlicher Vertreter, weil die Beistandschaft die elterliche Sorge nicht einschränkt.

b) im Rahmen von Erziehungshilfen

16 Auch die im Rahmen der Erziehungshilfen des SGB VIII (§§ 27 ff) getroffene Ausübungsüberlassung der jeweils betroffenen Bereiche des Personensorgerechts an Fachkräfte und Institutionen freier und öffentlicher Träger der Jugendhilfe erfolgt im zulässigen Rahmen (s Staudinger/Peschel-Gutzeit § 1626 Rn 28). Insbesondere für die stationären Formen der Erziehungshilfen **Vollzeitpflege** und **Heimerziehung** (§§ 33, 34 SGB VIII) stellt nunmehr § 1688 (entspricht dem § 38 SGB VIII aF; vgl Salgo, in: Wiesner/Zarbock 115, 145; ders [1987] 263 ff) klar, daß die Pflegeperson und die im Rahmen der Heimerziehung verantwortliche Person auf Grund der in dieser Bestimmung enthaltenen **gesetzlichen Befugnis** berechtigt sind, **die Personensorgeberechtigten in Angelegenheiten des täglichen Lebens** zu vertreten und von den in § 1688 Abs 1 genannten Befugnissen Gebrauch zu machen (Staudinger/Salgo [2006] § 1688 Rn 1, 11 ff). Eine explizite Nennung von auch und gerade im Zusammenhang der

Erziehungshilfen gem §§ 27 ff SGB VIII wichtigen Bereichen der Personensorge wie Pflege, Erziehung, Aufsicht und Aufenthaltsbestimmung wurde bedauerlicherweise unterlassen (vgl auch § 42 Abs 2 S 4 SGB VIII). Diese Bereiche der Personensorge werden allerdings in aller Regel zwangsläufig von der gesetzlichen Kompetenzverteilung des § 1688 Abs 1 teilweise umfaßt sein (müssen) – auch wenn **Grundsatzentscheidungen als Angelegenheiten von erheblicher Bedeutung iSv § 1687 Abs 1 Satz 1 bei den Personensorgeberechtigten verbleiben** (STAUDINGER/SALGO [2006] § 1688 Rn 20) –, weil ohne entsprechende Kompetenzen auch in diesem Bereich der Personensorge die für den Minderjährigen nunmehr zuständigen Pflegeeltern bzw Heimerzieher ua in § 1688 Abs 2 genannten Personen, welche die Erziehung des Kindes übernommen haben, kaum imstande sein werden, im Alltag verantwortlich anstelle der Personensorgeberechtigten zu handeln (STAUDINGER/SALGO [2006] § 1688 Rn 21).

Zu wenig Beachtung findet diese Frage der Ausübung der Personensorge auch im **17** Rahmen von gerichtlich angeordneten Interventionen nach §§ 1666, 1666 a und der damit häufig einhergehenden **Fremdplazierung**. Die immer wieder anzutreffende und nur vermeintlich den Grundsatz der Verhältnismäßigkeit zu wahren glaubende Gerichtspraxis meint, mit einem lediglich das Aufenthaltsbestimmungsrecht beschränkenden Interventionsbeschluß auskommen zu können. In Wirklichkeit nimmt diese Vorgehensweise faktisch den Eltern weit mehr, als sie vorgibt; sie läßt zugleich Unklarheiten bezüglich der wesentlichen anderen Personensorgerechtsbereiche aufkommen, was sich beeinträchtigend hinsichtlich der Wahrung des Kindeswohls auswirken kann (zum Problem vgl STAUDINGER/COESTER [2004] § 1666 Rn 188). Unter Geltung der das SGB VIII bestimmenden Grundsätze wie **Fachlichkeit, Transparenz und Ehrlichkeit von staatlichen Interventionen** Eltern wie Minderjährigen gegenüber **muß die Frage der Ausübung der Personensorge** von Anbeginn der Intervention an **geklärt sein**. Diese Aufgabe obliegt nicht nur der Kinder- und Jugendbehörde. Soweit Gerichte im oben angesprochenen gesetzlichen Rahmen beteiligt sind, gehört es zu ihren **Rechtsvorsorgeaufgaben**, auch die sich mit der Ausübung der Personensorge durch Dritte **stets** stellenden **Kompetenzfragen** zu **berücksichtigen**. Neuere Untersuchungen belegen, daß zunehmend mehr als nur das Aufenthaltsbestimmungsrecht der Eltern entzogen wird, und belegen einen wachsenden Anteil von umfassenderen bzw vollständigen Entzügen des Sorgerechts (vgl KOLVENBACH 114).

Die auftretenden Fallkonstellationen fordern in jedem Fall eine **gezielte Klärung**: **17a** Soweit die Fremdplazierung mit elterlichem Einverständnis, dh in aller Regel ohne Einschaltung des Gerichts, erfolgt, wird meistens auch das Einverständnis der Eltern mit der gesetzlichen Wirkung des § 1688 (vgl grds HEGNAUER, 54. DJT, I 67 f; STAUDINGER/ SALGO [2006] § 1688 Rn 5, 39 ff) zu unterstellen sein. Allerdings besteht auch insoweit Klärungs- wie Aufklärungsbedarf, weil § 1688, wie aufgezeigt, Fragen der Personensorge wie Erziehung und Aufsicht gerade nicht ausdrücklich anspricht und weil zuweilen die Kinder- und Jugendbehörden es verabsäumen, die Personensorgeberechtigten überhaupt über die gesetzliche Wirkung des § 1688 **aufzuklären**. Ist die Einschaltung des Gerichts durch das Jugendamt unausweichlich geworden (§ 8a Abs 3 HS 1 SGB VIII, vgl SALGO ZKJ 2006, 531 und ders ZKJ 2007, 12), ist der notwendige Interventionsumfang, dh die tatsächlich erforderliche **Reichweite einer Beschränkung** elterlicher Befugnisse, insbesondere hinsichtlich der Zuständigkeiten im personensorgerechtlichen Bereich **im Hinblick auf die Bedürfnisse des Kindes**, auf die Interventionsgründe und die Perspektiven des Eingriffs und vor allem unter dem Gesichtspunkt der Kooperationsbereitschaft und -möglichkeit mit den Eltern zu **prüfen und zu bestimmen**.

Keineswegs selbstverständlich ist gerade in dieser Fallkonstellation das Einverständnis der Kindeseltern mit den gesetzlichen – allerdings beschränkbaren – Wirkungen des § 1688 Abs 3 S 1: „Die Absätze 1 und 2 gelten nicht, sofern der Inhaber der elterlichen Sorge etwas anderes erklärt." Allerdings können nach einer Verbleibensanordnung gem §§ 1632 Abs 4, 1682 die Befugnisse der Person, bei welcher der Verbleib angeordnet wurde, nur mit familiengerichtlicher Befugnis eingeschränkt oder ausgeschlossen werden (§ 1688 Abs 4, vgl § 1688 Rn 43 ff). Besteht ein (Teil-)Entzug der elterlichen Sorge fort, so steht den Eltern diese Befugnis zur anderweitigen Erklärung ohnehin nicht (mehr) zu. Der sodann zuständig gewordene Vormund/Pfleger sollte idR die gesetzlich eingeräumten Befugnisse des in § 1688 Abs 2 genannten Personenkreises nicht ohne Not einschränken.

III. Personensorge und Staatsgewalt

18 Die **tatsächliche Personensorge**, insbesondere wiederum die Pflicht und das Recht zur Erziehung, Beaufsichtigung und Aufenthaltsbestimmung, wird durch **öffentlich-rechtliche Bestimmungen** in einigen Fällen mehr oder weniger **eingeschränkt**, wobei auch hier stets ein Spannungsverhältnis zwischen elterlicher Erziehungszuständigkeit und den nachfolgend genannten staatlichen, ebenfalls mit Erziehungsaufgaben betrauten Institutionen besteht:

1. Schulischer Bereich

19 Da „der **staatliche Erziehungsauftrag in der Schule**, von dem Art 7 Abs 1 GG ausgeht, … in seinem Bereich dem elterlichen Erziehungsrecht nicht nach-, sondern **gleichgeordnet**" und „der Staat in der Schule … nicht auf das ihm durch Art 6 Abs 2 S 2 GG zugewiesene Wächteramt beschränkt" ist (BVerfGE 34, 165, 183), geht sowohl das **Recht wie auch die Pflicht zur Erziehung als auch zur Wahrnehmung der Aufsicht teilweise auf die Schule über**. Soweit also „Schulpflicht" besteht (vgl zum Abhalten vom Schulbesuch STAUDINGER/COESTER [2004] § 1666 Rn 123; BVerfG FamRZ 2006, 1094; vgl auch den Vorschlag der Arbeitsgruppe des BMJ zu § 1666: „das Gebot zur Einhaltung der Schulpflicht"), erfährt das Personensorgerecht von den Eltern hinzunehmende Beschränkungen (auch dann, wenn die Eltern ihre Kinder in eine staatlich genehmigte Privatschule schicken). **Erziehung** und **Aufsicht** sind insoweit **auf die Schulorgane übertragen**. Die Eltern müssen schulische Anordnungen akzeptieren und dürfen die Minderjährigen nicht zur Nichtbefolgung anhalten. Gleichzeitig sind sie aber berechtigt und uU sogar verpflichtet, gegen nicht mehr hinnehmbare Erziehungs- und Aufsichtsmaßnahmen der Schule (zB Überbelastung durch Hausaufgaben, ungerechte Behandlung und Disziplinierung des Kindes, Nichtbeachtung der Aufsichtspflicht etwa bei Unterrichtsausfall [vgl unten Rn 39 f], Züchtigung) vorzugehen. Das damit bereits von der Verfassung geforderte **Miteinander von Schule und Elternhaus** tangiert den Bereich der Personensorge: „Diese gemeinsame Erziehungsaufgabe von Eltern und Schule, welche die Bildung der einen Persönlichkeit des Kindes zum Ziel hat, läßt sich nicht in einzelne Kompetenzen zerlegen. Sie ist in einem sinnvollen aufeinander bezogenen **Zusammenwirken** zu erfüllen" (BVerfGE aaO); zum Verhältnis von schulischer und elterlicher Erziehung s BÖCKENFÖRDE, in: KRAUTSCHEIDT/MARRÉ 54,

82 ff sowie OPPERMANN, in: ISENSEE/KIRCHHOF § 135 Rn 79; GERNHUBER/COESTER-
WALTJEN § 5 Rn 48.

2. Jugendstrafrecht

Die Sanktionen einer Jugendstraftat im Rahmen des JGG tangieren in unterschied- **20**
licher Intensität das Personensorgerecht. Dieses **verfassungsrechtliche Spannungsverhältnis zwischen erzieherischen jugendstrafrechtlichen Eingriffen und** den dabei nach
wie vor existenten **personensorgerechtlichen Befugnissen** der Eltern „ist bislang in
Rechtsprechung und Lehre nicht hinreichend berücksichtigt worden" (worauf P-A
ALBRECHT 81 f zu Recht nachdrücklich hinweist). Trotz des nur **subsidiären Erziehungsauf-
trags des Staates** können Erziehungsmaßregeln des JGG, die zweifelsohne in das
elterliche Personensorgerecht eingreifen, gerechtfertigt sein, „da sie einer Fehlhal-
tung des Jugendlichen begegnen und abhelfen wollen, die sich gegebenenfalls trotz
der elterlichen Erziehungsbemühungen eingestellt hat" (BVerfGE 74, 102, 125). Die
jugendstrafrechtliche wie familien- und jugendhilferechtliche Lehre und Rechtsprechung haben auch in diesem Bereich der sicherlich schwierigen Balance zwischen
den Rechten der Personensorgeberechtigten und der Jugendlichen im Verhältnis
zum jugendstrafrechtlichen Eingriffsrecht des Staates bislang zu wenig Beachtung
geschenkt (vgl P-A ALBRECHT 161 f sowie EISENBERG § 93 Rn 13 jew mwNw). Zum Verhältnis
von Jugendstrafrecht und Elternrecht vgl BVerfG NJW 2003, 2004, 2006.

3. Jugendhilfe

Jugendhilferechtliche Einschränkungen der elterlichen Sorge, wie sie das JWG (auf- **21**
grund der §§ 62, 63) noch kannte, sind **dem SGB VIII weitgehend fremd.** *Erzieherische Hilfen* gem §§ 27 ff SGB VIII sind *nur auf* elterlichen *Antrag* oder aber auf der
Grundlage einer familiengerichtlichen Entscheidung (gem §§ 1666, 1666a) möglich
(zu den damit uU auftretenden Schwierigkeiten s SALGO [1996] 496 ff). Allerdings stattet das
SGB VIII das Jugendamt während der Übergangsphase einer **Krisenintervention,**
nämlich im Rahmen einer **Inobhutnahme** gem § 42 SGB VIII, mit eigenständigen
Befugnissen, die die Personensorge tangieren, aus (§ 42 Abs 2 S 4 SGB VIII: „Das
Jugendamt ist während der Inobhutnahme berechtigt, alle Rechtshandlungen vorzunehmen, die zum Wohl des Kindes oder Jugendlichen notwendig sind; der mut-
maßliche Wille des Personensorge- oder Erziehungsberechtigten ist dabei angemessen zu berücksichtigen" [vgl WIESNER, SGB VIII § 42 Rn 30 ff]). Die Vorschrift stellt klar,
daß diese gesetzlich eingeräumten **Befugnisse nur vorübergehender Natur** sind: Bei
elterlichem Einverständnis treten Befugnisse der in § 1688 Abs 1 und Abs 2 genannten Betreuungspersonen des Kindes kraft Gesetzes ein (vgl hierzu STAUDINGER/SALGO
[2006] § 1688 Rn 11), soweit die Voraussetzungen dieser Bestimmung im übrigen vorliegen (Rn 16). Widersprechen die Eltern der jugendbehördlichen Inobhutnahme, so
ist unverzüglich das Kind den Personensorge- oder Erziehungsberechtigten zu übergeben oder eine Entscheidung des FamG herbeizuführen (§ 42 Abs 3 S 2 Nr 1 oder
Nr 2 SGB VIII). Sodann liegt es beim FamG, auch und gerade über die personensorgerechtlichen Befugnisse aus § 1631 Abs 1 – nicht nur hinsichtlich des Aufenthaltsbestimmungsrechts – im Rahmen der Entscheidung nach § 1666 zu befinden (vgl
Rn 17). Über diese **zeitlich** in jedem Falle **eng begrenzte** („unverzüglich") **Fallkonstellation** hinaus kennt das reformierte Jugendhilferecht der Bundesrepublik **kein**

eigenständiges Erziehungsrecht der Kinder- und Jugendbehörden (s WIESNER, SGB VIII Vor § 27 Rn 21; MÜNDER ua § 27 Rn 13; GK-SGB VIII/HÄBEL § 27 Rn 11–16).

21a   Dem öffentlichen Träger der Jugendhilfe steht es nicht zu, ohne einen darauf gerichteten Antrag des Personensorgeberechtigten Hilfen zur Erziehung zu gewähren. Gem § 8a SGB VIII muß der öffentliche wie der freie Träger der Kinder- und Jugendhilfe nach erfolgter Feststellung einer Kindeswohlgefährdung den Personensorgeberechtigten Hilfen zur Erziehung anbieten oder diese zur Inanspruchnahme motivieren (vgl SALGO ZKJ 2006, 531 und ZKJ 2007, 12). Ist dem Personensorgeberechtigten das Recht auf Inanspruchnahme von Hilfen zur Erziehung nicht entzogen worden, so ist die Gewährung von Jugendhilfe gegen seinen erklärten Willen rechtswidrig und verletzt das Elternrecht (BVerwG NJW 2002, 232; zum Problem GK-SGB VIII/ SALGO § 33 Rn 26 mwNw). Deshalb sollten bei richterlichen Interventionen gem §§ 1666, 1666a – auch im Eilverfahren – nicht nur das Aufenthaltsbestimmungsrecht, sondern auch das Recht, Maßnahmen gem § 27 ff SGB VIII zu beantragen, entzogen werden, sofern nicht die Eltern doch noch angesichts des Gerichtsverfahrens sich zur Inanspruchnahme von Hilfen zur Erziehung entschließen (vgl Rn 17 mwNw; zum Gefährdungsabwendungsprimat der Eltern vgl SALGO ZKJ 2007, 12, 13). In das Aufenthaltsbestimmungsrecht erfolgende Eingriffe müssen stets die reale Auswirkung der Intervention berücksichtigen (zum Problem vgl auch § 1632 Rn 94 f).

IV.   Inhalt der Personensorge, Abs 1

1.   Pflege

22   Der Begriff „Pflege" ist durch das SorgeRG in die Gesetzesformulierung aufgenommen worden: „Der Entwurf erwähnt im Unterschied zum geltenden Recht auch die Pflege des Kindes, da sie neben der Erziehung für die Entwicklung des Kindes besonders wichtig ist und auch in Artikel 6 Abs 2 GG neben der Erziehung des Kindes aufgeführt ist" (BT-Drucks 8/2788, 47; vgl den Wortlaut des Art 6 Abs 2 S 1 GG, der in § 1 Abs 2 SGB VIII wiederholt wird). Traditionell zielt dieser Begriff („Pflege") auf die körperliche Befindlichkeit: Ernährung, Hygiene, Gesundheit, ärztliche Versorgung, Bekleidung, Versorgung uä wird darunter gefaßt, wobei diese Einzelbereiche der Personensorge fließend ineinandergreifen, sich teilweise überlappen (MünchKomm/HINZ³ Rn 9) und sich mit der seelischen Kindesentwicklung verändern. Die Entscheidung über die Beendigung lebenserhaltender Maßnahmen steht dem Personensorgeberechtigten nicht zu (OLG Brandenburg FamRZ 2000, 1033). Auch an diesen definitorischen Umschreibungsversuchen wird die vollständig kaum zu lösende Aufgabe, die **Ganzheitlichkeit der elterlichen Verantwortung** umfassend zu bestimmen, erneut deutlich: Eltern sind „Generalisten" (dazu GOLDSTEIN ua [1988] 27). MAUNZ/DÜRIG/HERZOG/BADURA (Art 6 Abs 2 Rn 107) befürwortet einen über die physische Befindlichkeit hinausgehenden Pflegebegriff: „Unter ‚Pflege' kann die allgemeine Sorge für die Person des Kindes, für sein körperliches Wohl und für seine geistige und charakterliche Entwicklung verstanden werden". In diesem Sinne auch ZACHER Rn 65: „Dabei wird man mit ‚Pflege' mehr die Dimension des körperlichen und geistigen Wohles und Gedeihens verbinden, mit ‚Erziehung' dagegen mehr die Aufgabe der Ausbildung und Bildung. Letztlich kann aber eine klare Unterscheidung nicht gemacht werden." PALANDT/DIEDERICHSEN Rn 4 geht hingegen von einem engeren Begriff der „Pflege" aus: „Sie betrifft die körperliche Be-

treuung." Zur Pflege gehören die von der Impfkommission empfohlenen Impfungen sowie die Teilnahme an den empfohlenen ärztlichen Vorsorgeuntersuchungen (vgl STAUDINGER/SALGO [2006] § 1687 Rn 45).

2. Erziehung

a) Allgemeines

Daß die „Erziehung" des Kindes ein Bestandteil der Personensorge der Eltern – **23** früher der väterlichen bzw elterlichen Gewalt – ist, war der deutschen Rechtsentwicklung lange keineswegs so selbstverständlich. Das gemeine Recht hatte die Erziehungsgewalt nicht als Ausfluß der väterlichen Gewalt behandelt, sondern als ein daneben bestehendes, selbständiges elterliches Recht aufgefaßt, das in erster Linie dem Vater, nach ihm der Mutter zustand (vgl Mot IV 750 mwNw sowie STAUDINGER/ DONAU[10/11] Rn 8). Hingegen behandelt das BGB seit seinem Inkrafttreten die Sorge für die **Erziehung des Kindes** als Ausfluß der Sorge für die Person und daher **als Bestandteil der „elterlichen Gewalt"** bzw – seit 1980 – der „elterlichen Sorge". Hieraus folgt ua, daß im Rahmen von notwendigen Sorgerechtsbeschränkungen – zB im Rahmen des § 1666 – die Erziehungsrechte den Eltern weiterhin zustehen, soweit nicht das Gericht explizit diese einschränkt (vgl Rn 21a) bzw die Eltern deren Ausübung von sich aus auf Dritte zur Ausübung übertragen, was am **verfassungsrechtlich begründeten „Erziehungsprimat" der Eltern** – „die zuvörderst ihnen obliegende Pflicht" (Art 6 Abs 2 S 1 GG) – grundsätzlich nichts ändert. So wurde zB im Jahre 2005 im Bundesgebiet in insgesamt 8163 Fällen die elterliche Sorge vollständig oder teilweise gem §§ 1666, 1666a entzogen (Statistisches Bundesamt [Hrsg] 2005). In immerhin 3075 Fällen hiervon erfolgte nur der Entzug des Aufenthaltsbestimmungsrechts, mit der Folge, daß die Pflicht und das Recht zur Erziehung des Kindes weiterhin bei den Personensorgeberechtigten verbleibt. Dies kann zwar eine beabsichtigte und deshalb bewußte Bedingung der Intervention sein, meistens wird jedoch die Frage der Innehabung und Ausübung des Rechts und der Pflicht zur Erziehung dabei übersehen (vgl STAUDINGER/COESTER [2004] § 1666 Rn 188 mwNw). Wenn zivilrechtliche Kindesschutzmaßnahmen insbesondere wegen Verletzung bzw Nichtwahrnehmung der Pflicht bzw des Rechts zur Erziehung des Minderjährigen notwendig werden, ist es mit einem Entzug des Aufenthaltsbestimmungsrechts meistens nicht getan. S dazu auch Rn 17. Zu den zulässigen Erziehungsmethoden s Rn 69 ff.

b) Inhaltliche Bestimmung

„Erziehung" ist das **wichtigste Element der Personensorge** (DÖLLE II § 92 I 2 a; vgl hierzu **24** auch STAUDINGER/PESCHEL-GUTZEIT § 1626 Rn 57 mwNw). Sie ist **keine Fremdbestimmung**, vielmehr – wie LEMPP formuliert – vom ersten Lebenstage an eine **Wechselbeziehung zwischen Eltern und Kind** (FamRZ 1986, 1061, 1062; zum treuhänderischen Charakter des Elternrechts vgl BÖCKENFÖRDE 64). „Kein anderes Element der Personensorge erreicht auch nur entfernt die Bedeutung der Erziehung" (GERNHUBER[3] § 53 II 1). Zugleich wird an der Pflicht und dem Recht der Eltern zur Erziehung deutlich, daß elterliche Sorge nicht als bloßes Rechtsverhältnis begriffen werden kann (SCHWAB Rn 539). Während das Familienrecht wie bereits die Verfassung „Erziehung" als **Recht und Pflicht** der Eltern anspricht, nimmt das Jugendhilferecht den Minderjährigen zunächst zum Ausgangspunkt: „Jeder junge Mensch hat **ein Recht auf Förderung seiner Entwicklung und auf Erziehung** zu einer eigenverantwortlichen und gemeinschaftsfähigen Persönlichkeit" (§ 1 Abs 1 SGB VIII, sa §§ 8, 9 Nr 2, 11, 22 Abs 1 SGB VIII), um sodann unmittelbar in § 1 Abs 2 SGB VIII den Wortlaut des Art 6 Abs 2 GG zum Inhalt der einfachgesetzlichen Regelung zu machen. Befremdlich wirkt diese Gesetzestechnik, auch wenn Aussagen der Verfassung nicht oft genug wiederholt werden können. Die Verfassung wie die einfachgesetzliche Verwendung dieses Begriffs im Kindschaftsrecht des BGB und im Jugendhilferecht gehen offensichtlich von einem allgemein verbreiteten wie anerkannten Begriff der „Erziehung" aus; nähere Erläuterungen und Definitionen finden sich nämlich in keiner dieser gesetzlichen Bestimmungen. Der inzwischen auch in der Rechtswissenschaft anerkannte Weg, zum Aus- und Auffüllen unbestimmter Rechtsbegriffe die Nachbarwissenschaften, hier insbesondere die Humanwissenschaften, heranzuziehen (vgl hierzu insbes COESTER 419 ff), bleibt bei diesem **Definitionsproblem** von eingeschränktem Nutzen.

Auch in den Erziehungswissenschaften gab es zB immer wieder Versuche, „das ‚Wesen' der Erziehung zu bestimmen oder allgemeine Definitionen zu benennen" (SCHWENK 429): Unter Erziehung seien „Handlungen zu verstehen, die in der Absicht erfolgen (oder: die den Zweck haben), in anderen Menschen gemäß für sie gesetzten Normen (Sollensanforderungen, Idealen, Zielen) psychische Dispositionen hervorzubringen, zu ändern, abzubauen oder zu erhalten". Auch die Ausführungen bei STAUDINGER/DONAU[10/11] Rn 10 sind von dieser Schwierigkeit gekennzeichnet: „Erziehung ist die Sorge für die körperliche, geistige und seelische Entwicklung des Kindes, das planmäßige Einwirken auf die Bildung seiner noch unfertigen, in der Entwicklung begriffenen Persönlichkeit. Zum Wesen des Menschen gehören die Bedürftigkeit, die Fähigkeit und das Streben nach Erziehung. Dabei müssen die Fähigkeiten des Kindes, die zur Entfaltung drängen, angeleitet, gefördert oder gehemmt werden"; vgl auch ERMAN/MICHALSKI Rn 7; MünchKomm/HINZ[3] Rn 9; STAUDINGER/PESCHEL-GUTZEIT § 1626 Rn 115 f; BGB-RGRK/WENZ Rn 9.

25 Wie die elterliche Sorge von Anbeginn auf ihre Beendigung hin angelegt ist, so ist Erziehung als Teil dieses **„Pflichtenrechts"** auf das Ziel der Verselbständigung, auf ihre Ablösung hin angelegt (vgl § 1626 Abs 2): „Einem **fremdnützigen Recht**, das dem Kind den Weg zur selbstverantwortlichen Persönlichkeit zeigen und ebnen soll, ist kraft der ihm immanenten Teleologie die **Tendenz zur allmählichen Verflüchtigung** eigen", wie GERNHUBER/COESTER-WALTJEN (§ 57 Rn 84) zu Recht hervorheben (auch BGB-RGRK/WENZ Rn 3). Bei einer solchen Zieldefinition handelt es sich keineswegs um eine moderne Erscheinung des Zeitgeistes: „Der erste Teil der väterlichen Gewalt oder besser Pflicht, die Erziehung, gehört also dem Vater derart, daß sie zu einem bestimmten Zeitpunkt endet. Ist die Erziehungsarbeit erledigt, hört dieser Teil der Gewalt von selbst auf", wie bereits LOCKE (1623–1704), Zwei Abhandlungen über die Regierung, erkannte; vgl auch Mot IV 750: Das Erziehungsrecht darf „nur solange und insoweit ausgeübt werden ..., als im Interesse des Kindes ein Bedürfnis dazu vorhanden ist ... Eine darüber hinausgehende Ausübung des Erziehungsrechts würde sich als Mißbrauch des Erziehungsrechts darstellen ...".

c) Erziehungsziele

26 Die Diskussion um Erziehung und Erziehungsziele, auch soweit es um elterliche Erziehung geht, ist in Deutschland von den geschichtlichen Brüchen des 20. Jahrhunderts bestimmt. Schon die Reflexion über die rechtliche Relevanz von Erziehungszielen gilt als Sakrileg und gerät unversehens in den Ruch der Verfassungswidrigkeit (ZENZ AcP 173 [1973] 527, 541). Einerseits geht es dabei um die Frage, welchen

Anteil elterliche Erziehung an der Entwicklung und Entstehung von Persönlichkeits- und Sozialisationstypen mit antidemokratischen Einstellungen hatte (s vor allem: HORKHEIMER ua, Studien über Autorität und Familie [1987]) und nach wie vor haben kann, andererseits besteht insbesondere auf dem Hintergrund der bereits benannten historischen Erfahrungen (zu den „Schatten der Vergangenheit" und ihren Auswirkungen in der Familienrechtspraxis vgl SALGO FuR 1990, 363 f sowie RAMM § 12 mwNw) und der daraus von den Vätern und Müttern des GG in seinem Art 6 gezogenen Konsequenzen (BVerfGE 24, 119, 141 f; zu Erziehungszielen vgl auch Bonner Kommentar [JESTAEDT] Art 6 Abs 2 und 3 GG Rn 105 ff) eine tiefverwurzelte Skepsis und **Ablehnung gegenüber jeglicher staatlicherseits verordneten Erziehungszielbestimmung** (zum Sexualkundeunterricht in der Schule vgl BVerfGE 47, 46 f; BVerwG FamRZ 1977, 541, 542). Diese Skepsis wird durch die unsäglichen Einmischungen und den Mißbrauch des Staatsapparates zu diesem Zweck während des Nationalsozialismus ebenso genährt wie durch Familienpolitik und Interventionspraxis des „real existierenden Sozialismus" (HIRSCH 46 ff): Vgl einerseits § 2 HJG: „Die gesamte deutsche Jugend ist ... körperlich, geistig und sittlich im Sinne des Nationalsozialismus zum Dienst am Volk und zur Volksgemeinschaft zu erziehen.", andererseits: „Es ist die vornehmste Aufgabe der Eltern, ihre Kinder in vertrauensvollem Zusammenwirken mit den staatlichen und gesellschaftlichen Einrichtungen zu gesunden und lebensfrohen, tüchtigen und allseitig gebildeten Menschen, zu aktiven Erbauern des Sozialismus heranzuziehen" (§ 3 Abs 1 S 2 FGB vom 20. 12. 1965 idF des Einführungsgesetzes vom 19. 6. 1975 zum Zivilgesetzbuch der DDR oder ebd § 42 Abs 2 S 2: „... erziehen die Eltern ihre Kinder zur sozialistischen Einstellung zum Lernen und zur Arbeit, zur Achtung vor den arbeitenden Menschen, zur Einhaltung der Regeln des sozialistischen Zusammenlebens, zur Solidarität, zum sozialistischen Patriotismus und Internationalismus."). Zur Konkretisierung des Kindeswohls im sozialistischen Recht vgl insbes COESTER 30 ff.

Darüber, daß „wichtigstes Ziel jeder Erziehung ... die Entwicklung des Kindes zur **27** **selbstverantwortlichen Persönlichkeit**" ist (BT-Drucks 8/2788, 34), besteht kein Streit. Aber schon an der Diskussion zu § 1626 Abs 2 werden solche Empfindlichkeiten und Mißverständnisse (zu diesen BT-Drucks 8/2788, 44) sichtbar. Vgl hierzu insbesondere STAUDINGER/PESCHEL-GUTZEIT § 1626 Rn 109 ff mit umfangreichen Nachweisen zur Kontroverse um Erziehungziele und -stile. COESTER (184 mwNw) zieht mE die einzig zulässige Konsequenz aus dieser Kontroverse: „Die Formulierung von Erziehungszielen, die lediglich eine Umsetzung grundgesetzlicher Werte für den Bereich der Familie bedeuten, kann nicht gegen die Verfassung verstoßen." Zur Erschließung dieser auch für elterliche Erziehung relevanten Werte aus der Verfassung wie zu den Grenzen elterlicher Bestimmung liegt eine Reihe aufschlußreicher Entscheidungen des BVerfG vor (dazu SALGO, in: DU BOIS [Hrsg] 156). In der fachgerichtlichen Rechtsprechung finden sich kaum grundsätzliche Aussagen zu Erziehungsfragen; die Rechtsprechung vermeidet es, sich über den Einzelfall hinaus festzulegen (LÜDERITZ FamRZ 1975, 605, 606). Hilfreich ist häufig, sofern die positive Bestimmung des Umfangs und der Grenzen von Begriffen wie Erziehung oder Kindeswohl zunächst Schwierigkeiten bereitet, auf die von Gesetzgebung, Rechtsprechung und Lehre getroffenen und entwickelten Aussagen hinsichtlich der Sanktionierung bei Nichtgewährleistung dieser Standards zurückzugreifen (zB auf die Kommentierungen zu §§ 1666, 1666a). Zur erziehungswissenschaftlichen Bestimmung von Erziehungszielen vgl BRUMLIK, in: LENZEN 535 ff. Zwischen der Wertordnung des Rechts und einer sich emanzipatorisch verstehenden Pädagogik besteht hinsichtlich des obersten

Erziehungsziels „Mündigkeit" Übereinstimmung (s hierzu STAUDINGER/COESTER [2004] § 1666 Rn 68, 111; ERMAN/MICHALSKI Rn 7), wobei hervorgehoben wird, daß darüber hinausgehende und rechtsverbindlich festzulegende Erziehungsziele angesichts der Wertoffenheit der Verfassung abzulehnen sind. Allerdings ist mit COESTER (184) darauf hinzuweisen, daß **Wertoffenheit nicht mit Wertfreiheit gleichgesetzt werden darf.** Zum Recht auf Erziehung RAMM §§ 35, 43 II 2 a mwNw. Mittelbare Wirkungen auf die nach wie vor nicht verstummende Diskussion um Erziehungsziele haben die in Art 29 der **UN-Konvention über die Rechte des Kindes** enthaltenen Bildungsziele.

28 Zu den Grenzen der Beachtlichkeit von Erziehungsgrundsätzen von Eltern aus anderen Kulturkreisen oder mit anderen als den bei uns verbreiteten religiösen Überzeugungen vgl STAUDINGER/COESTER (2004) § 1666 Rn 142 ff.

29 Der Gesetzgeber des SorgeRG von 1979 „verabschiedet entgegen mancher vehement vorgetragener, gegenteiliger Behauptung nicht die elterliche Autorität, sondern sieht in ihr einen zutiefst rationalen, **auf Kommunikation und Partizipation beruhenden Prozeß** ... (und) gibt damit deutlich zu erkennen, daß ihm die Binnenstruktur der Familie alles andere als gleichgültig ist" (SIMITIS, in: FS Müller-Freienfels 579, 593; zur antiautoritären Erziehung s STAUDINGER/PESCHEL-GUTZEIT § 1626 Rn 123). § 1626 Abs 2 enthält die Leitlinie zur Ausübung von elterlicher Erziehung (BT-Drucks 8/ 2788, 33 f, 44; BGB-RGRK/WENZ Rn 9). Somit formuliert der Gesetzgeber nicht nur Erwartungen bezüglich des „Wie" der Erziehung (vgl Rn 74 zur Reformdebatte um die Neuformulierung des § 1631 Abs 2), sondern auch, daß die **Personensorgeberechtigten –** zwar in einem nunmehr **verengten Vertretbarkeitsrahmen – von ihrem Erziehungsrecht auch aktiv (Pflicht)** Gebrauch machen; denn sie **müssen** ihre **Erziehungsverantwortung wahrnehmen** (s STAUDINGER/PESCHEL-GUTZEIT § 1626 Rn 123). Zur Änderung der Reihenfolge „das Recht und die Pflicht" in „die Pflicht und das Recht" durch das KindRG vgl BT-Drucks 13/4899, 93.

d) „Hilfen zur Erziehung"

30 Das reformierte Jugendhilferecht gewährt den **Personensorgeberechtigten** – und nicht dem Minderjährigen – einen **Rechtsanspruch auf „Hilfe zur Erziehung"** mit einem differenzierten Leistungsangebot (§ 27 ff SGB VIII; vgl WIESNER, SGB VIII § 27 Rn 27 ff; GK-SGB VIII/FIESELER § 1 Rn 5, 11–13; GK-SGB VIII/HÄBEL § 27 Rn 2), sofern „eine dem Wohl des Kindes oder Jugendlichen entsprechende Erziehung nicht gewährleistet ist". Die öffentlichen Hilfen gem §§ 11 ff SGB VIII setzen bereits *vor* dem Vorliegen von Defiziten ein (STAUDINGER/COESTER [2004] § 1666a Rn 10 ff). Sofern die Nichtwahrnehmung der Erziehung bzw die Unterlassung der Inanspruchnahme von Erziehungshilfen das Wohl des Minderjährigen gefährdet, sind entsprechende Maßnahmen im Rahmen der §§ 1666, 1666a geboten, daneben bestehende Eingriffsmöglichkeiten sind im Gegensatz zum JWG mit Inkrafttreten des SGB VIII entfallen (vgl Rn 21; siehe auch STAUDINGER/COESTER [2004] § 1666 Rn 45); das **SGB VIII sieht keine Zwangshilfe für die Eltern** vor (vgl WIESNER, SGB VIII § 27 Rn 26); trotz festgestelltem Gefährdungsrisiko hat das Jugendamt idR den Personensorgeberechtigten Hilfen anzubieten, soweit es solche für geeignet und notwendig hält (§ 8a Abs 1 S 4 SGB VIII), und das Familiengericht (erst) anzurufen, soweit das Tätigwerden des Familiengerichts für erforderlich gehalten wird bzw wenn die Personensorgeberechtigten nicht bereit oder in der Lage sind, bei der Abschätzung des Gefährdungsrisikos mitzuwirken (§ 8a Abs 3 S 1 und S 2 SGB VIII).

Allerdings steht dem FamG gem §§ 1666, 1666 a die Befugnis zu, den Eltern Auflagen zu machen: hinsichtlich der Inanspruchnahme von Beratung – auch dazu, „wie Konfliktsituationen in der Familie gewaltfrei gelöst werden können" (§ 16 Abs 1 Satz 3 SGB VIII) –, von „Hilfen zur Erziehung", von therapeutischen Hilfen etc (vgl hierzu insbesondere die Vorschläge der Arbeitsgruppe des BMJ). Das FamG hat die Erfüllung solcher Auflagen selbst zu überprüfen und wird bei Nichterfüllung und nach wie vor bestehender Kindeswohlgefährdung weitergehende Konsequenzen ziehen müssen. Einzig während der Inobhutnahme des Kindes oder Jugendlichen gem § 42 Abs 2 S 4 SGB VIII ist das Jugendamt berechtigt, alle Rechtshandlungen vorzunehmen, die zum Wohl des Kindes oder Jugendlichen notwendig sind unter angemessener Berücksichtigung des mutmaßlichen Willens der Personensorge- bzw Erziehungsberechtigten (vgl LAKIES 27 f). Diese Befugnisse umfassen die Pflicht und das Recht der Aufenthaltsbestimmung, der Beaufsichtigung und der Erziehung. Dieses Erziehungsrecht des Jugendamtes kraft Gesetzes ist zeitlich eng begrenzt, denn die Personensorge- bzw Erziehungsberechtigten sind „unverzüglich" von der Inobhutnahme zu unterrichten (§ 42 Abs 3 S 1 SGB VIII): Sodann, dh bei Zustimmung der Personensorgeberechtigten zu der Inobhutnahme, beruht die Befugnis zur Erziehung durch Pflegeeltern bzw durch die in der Einrichtung verantwortliche Person, bei denen das Kind oder der Jugendliche während der Inobhutnahme untergebracht ist, entweder auf – wegen des vorläufigen Charakters – entsprechender Anwendung der gesetzlichen Wirkung des § 1688 Abs 1 und Abs 2 (vgl § 1688 Rn 17) und dem Einverständnis der Eltern hiermit (§ 1688 Abs 3). Anderenfalls, dh bei Nichteinverständnis der Personensorgeberechtigten, ergibt sie sich aus einer diesbezüglichen Entscheidung des FamG gem §§ 1666, 1666a, die das Jugendamt gem § 42 Abs 3 S 2 Nr 2 SGB VIII herbeiführen muß, soweit die Übergabe des Minderjährigen an die Personensorgeberechtigten nicht vertretbar erscheint. Allerdings können auch bis zu diesen Zäsuren während der Inobhutnahme erzieherische Fragen zu beantworten sein, um eine sozialpädagogisch qualifizierte Inobhutnahme durchführen zu können (WIESNER, SGB VIII § 42 Rn 30 f; MÜNDER ua § 42 Rn 32). Durch die wortgleiche Übernahme von § 1629 Abs 1 S 4 in das SGB VIII erhält das Jugendamt kraft Gesetzes diese Befugnisse in Wahrnehmung eines öffentlichen Amtes.

3. Beaufsichtigung

a) Allgemeines

Die **Pflicht** und das **Recht zur Beaufsichtigung** im Rahmen des § 1631 bezieht sich auf **31** Minderjährige (§§ 2, 1626 Abs 1); die Aufsichtspflicht soll das Kind vor Selbst- und Fremdgefährdungen schützen. Allerdings unterliegt der oder die Minderjährige, der oder die verheiratet ist oder war, keiner Beaufsichtigung (STAUDINGER/PESCHEL-GUTZEIT § 1633 Rn 8). Die Aufsichtspflicht trifft sämtliche Inhaber des Personensorgerechts, idR also die Eltern, aber auch den Vormund oder Pfleger nach Entzug oder bei Ruhen der elterlichen Sorge. Sie obliegt nunmehr auch **Pflegeeltern**, dem **Elternteil**, der **nicht Inhaber der elterlichen Sorge** ist, **Großeltern, Stiefeltern** oder einem **Lebenspartner** und anderen in § 1685 Abs 2 genannten engen Bezugspersonen, soweit diese für das Kind tatsächlich Verantwortung tragen; diesen mit dem Kind zusammen lebenden Personenkreis trifft **eine gesetzliche** Aufsichtspflicht, weil ihnen aufgrund der §§ 1688, 1687a 1687b und des § 9 LPartG die Befugnis zur (Mit-) Entscheidung in Angelegenheiten des täglichen Lebens des Kindes von Gesetzes wegen zusteht. Dieser **Rechtsstellung muß eine Pflichtenstellung** entsprechen (vgl

LÜDERITZ § 31 II Rn 998). Vgl hierzu bereits Beschluß des 59. DJT, M 262: „Für Stiefeltern sollte eine Teilhabe an der elterlichen Sorge ermöglicht werden." Die Umsetzung dieser rechtspolitischen Forderung führt auch zu einer auf gesetzlicher Grundlage bestehenden Aufsichtspflicht des genannten Personenkreises. Einer Vereinbarung dieses Personenkreises mit dem Personensorgeberechtigten, die zur Haftung nach § 832 führen kann (vgl zur früheren Rechtslage BGB-RGRK/WENZ Rn 15; STAUDINGER/BELLING/EBERL-BORGES [2002] § 832 Rn 37) bedarf es aufgrund der nunmehr gesetzlichen Aufsichtspflicht nicht mehr.

Nicht anders verhält es sich, solange die Eltern des Kindes einander nicht heiraten bzw solange sie keine Sorgeerklärung abgeben (§ 1626a): Hält sich das Kind mit Einwilligung des allein sorgeberechtigten Elternteils beim anderen Elternteil auf (§ 1687a), so folgt aus der **Befugnis zur alleinigen Entscheidung in Angelegenheiten der tatsächlichen Betreuung eine entsprechende Pflichtenstellung hinsichtlich der Aufsichtspflicht**. Zwar kommt dem Vater ohne Heirat bzw Sorgeerklärungen eine Sorgerechtsteilhabe mit der Mutter kraft Gesetzes nach wie vor nicht zu (vgl BGH FamRZ 2001, 907; zu den verfassungsrechtlichen Bedenken STAUDINGER/COESTER § 1626a Rn 37 ff; vgl COESTER/LEHMKUHL/SALGO/SALZGEBER/ZENZ JAmt 2005, 498), der Aufenthalt des Kindes mit Einwilligung des sorgeberechtigten Elternteils führt jedoch zur Befugnis zur alleinigen Entscheidung in Angelegenheiten der tatsächlichen Betreuung und damit ua zur entsprechenden Aufsichtspflicht (vgl zur Aufsichtspflicht des nicht sorgeberechtigten Elternteils im Rahmen der Ausübung des Umgangsrechts bereits STAUDINGER/BELLING/EBERL-BORGES [2002] § 832 Rn 14). Dieselbe Pflicht trifft bei gemeinsamer elterlicher Sorge den Elternteil, bei dem sich das Kind gewöhnlich nicht aufhält (§ 1687 Abs 1 S 4) während des Aufenthaltes des Kindes bei ihm. Die Einräumung von gesetzlichen (Mit-)Entscheidungsrechten für einen nunmehr erweiterten, aber eindeutig bestimmten Personenkreis bzw die Fortgeltung gemeinsamer elterlicher Sorge trotz dauerhaften Getrenntlebens führen automatisch zu einer Erweiterung des Personenkreises bzw Fortgeltung der Pflichtenstellung auch hinsichtlich der Aufsichtspflicht. Die Einräumung personensorgerechtlicher Befugnisse ist mit der Wahrnehmung von Pflichtenkreisen untrennbar verbunden. Eine von Pflichten befreite Personensorge kennt das Familienrecht des BGB nicht. Während zuvor sowohl die Übertragung von Befugnissen wie die Übernahme von Pflichten einer besonderen vertraglichen Übernahme bedurfte, führt nunmehr **die Einräumung von Befugnissen kraft Gesetzes an einen erweiterten Personenkreis zu einer Erweiterung des Personenkreises mit Aufsichtspflichten kraft Gesetzes**. Das Problem der Analogiefähigkeit (vgl hierzu STAUDINGER/BELLING/EBERL-BORGES [2002] § 832 Rn 7 ff) stellt sich beim vom Gesetz erweiterten Personenkreis nun nicht mehr.

31a **Beide** dauernd **getrennt lebenden, gemeinsam sorgeberechtigten** Eltern bleiben grundsätzlich aufsichtspflichtig; die Aufsicht über das Kind ist Kernbestandteil der beiden Eltern hier nach wie vor gemeinsam zustehenden Personensorge, sie trifft jeden personensorgeberechtigten Elternteil unabhängig vom anderen (LÜDERITZ/DETHLOFF § 13 III Rn 78); zur Konkretisierung der Wahrnehmung der Aufsichtspflicht bedarf es in jedem Falle entsprechender Absprachen über die interne Arbeitsteilung unter den Eltern, für welches Modell („Residenz-, Wechsel- oder Pendelmodell") sie sich entscheiden. Trotz Absprachen hinsichtlich der Wahrnehmung der Aufgaben bestehen zwischen Eltern gegenseitige Kontrollpflichten hinsichtlich der Einhaltung der übernommenen Pflichten. Kein Elternteil kann sich seiner Verantwortung dadurch entledigen, daß er den gemeinsamen Haushalt verläßt (MünchKomm/Wagner § 832 Rn 9, 21). Die gesetzlichen Wirkungen des § 1687 entheben Eltern nicht von der Pflicht zu entsprechenden Absprachen über die Wahrnehmung der Aufsichtspflicht. Soweit ein gemeinsam sorgeberechtigter Elternteil sich berechtigterweise, dh aufgrund entsprechender Absprachen, darauf verlassen kann, daß der andere Elternteil erforderliche Aufsichtsmaßnahmen trifft, braucht er selbst nicht tätig zu werden (MünchKomm/Wagner § 832 Rn 9). Verantwortlich im Sinne der Aufsichtshaftung bleiben beide Eltern gemeinsam solange, bis das FamG zumindest die Aufsichtspflicht als Bestandteil der Personensorge auf einen Elternteil allein überträgt (§§ 1628, 1671 Abs 2) oder nach einem Sorgerechtzug die betr Befugnisse einem Elternteil alleine zustehen (§ 1680 Abs 3). Jedoch besteht die gesetzliche Aufsichtspflicht auch bei Alleinsorge eines Elternteils beim umgangsberechtigten Elternteil fort.

Auch und gerade an der Aufsichtspflicht wird deutlich, wie sehr sich die einzelnen **32** **Bestandteile der Personensorge überlappen, ineinanderfließen**, also Abgrenzungen oft schwierig sein können: Maßnahmen der Eltern in Ausübung ihrer Aufsichtspflicht erfolgen zumeist auch in erzieherischer Absicht. Aufsicht und Erziehung stehen in einer komplexen Beziehung (Staudinger/Belling/Eberl-Borges [2002] § 832 Rn 78 f). Die **in der elterlichen Sorge angelegte Dynamik** zeigt auch in diesen Bereichen der Personensorge ihre Auswirkungen: „Die Beaufsichtigung hängt eng mit der Erziehung zusammen und verändert ihren Umfang entsprechend wachsender Einsicht beim Kind" (Lüderitz/Dethloff § 27 III Rn 78). Zur **Interdependenz zwischen Aufsicht und Erziehung** vgl Staudinger/Belling/Eberl-Borges (2002) § 832 Rn 63.

Vom Erfolg oder Mißlingen der Erziehung hängt häufig ab, inwieweit ein Minder- **33** jähriger der Beaufsichtigung mehr oder weniger bedarf (MünchKomm/Wagner § 832 Rn 26). Leitlinie der Ausübung der Aufsicht ist, „dem Minderjährigen ein ständig steigendes Maß an Freiheit zu gewähren" (Münder [2005] 167; vgl hierzu insbesondere Gernhuber/Coester-Waltjen § 57 Rn 85): „Die (positiv bestimmende und negativ ausschließende) Direktion der ersten Phase wird mit zunehmender Reife des Kindes abgelöst …". Je nach Entwicklungsstand (vgl Rn 44) wird folglich Beaufsichtigung die negativ-verbietende Komplementärfunktion zur positiv-anleitenden Erziehung haben (MünchKomm/Hinz³ Rn 11).

Die in § 1631 Abs 1 normierte **Aufsichtspflicht zielt allein auf den Schutz Minder-** **34** **jähriger** (BGHZ 100, 313, 316); ebenso Gernhuber/Coester-Waltjen § 57 Rn 49: „Elterliche Sorge dient den Interessen des Kindes; den Interessen Dritter dient sie nicht" (ebenso MünchKomm/Huber Rn 6). Eine Haftung der Eltern ergibt sich – wie bei Volljährigen, die der Aufsicht bedürfen – lediglich aus § 832. Dort wird eine allgemeine Pflichtensituation sichtbar, die dem Verkehr Schutz vor Gefahren gewähren soll, die von Personen ausgehen, die der Aufsicht bedürfen (Gernhuber/Coester-Waltjen § 57 Rn 49).

b)   Gebotene Aufsichtspflicht

§ 832 (vgl insbes Staudinger/Belling/Eberl-Borges [2002] § 832 Rn 56 ff mit umfangreichen **35** Rspr-Nachw Rn 97 ff) gewährt Dritten einen Anspruch gegen die Aufsichtspflichtigen (Gernhuber/Coester-Waltjen aaO; ebenso BGB-RGRK/Wenz Rn 16). Folglich sind die §§ 1626 ff keine Schutzgesetze iSv § 823 Abs 2 (Staudinger/Donau¹⁰/¹¹ Rn 22 mwNw). Eine Heranziehung der Rspr zu § 832 – was zumeist vorbehaltlos empfohlen wird, zB von GERNHUBER/COESTER-WALTJEN § 62 Rn 26: bei der Präzisierung der Pflicht dem Kind gegenüber könne auf die sehr umfangreiche Literatur zu § 832 begrenzt zurückgegriffen werden – ist im hier fraglichen Zusammenhang elterlicher Aufsichtspflicht nur in Grenzen möglich, weil „nicht alles, was teilweise überzogene Rechtsprechung zur Haftpflicht nach § 832 voraussetzt, auch dem Kinde gegenüber geboten" ist, worauf LÜDERITZ § 27 III Rn 854 mit Recht hinweist. Die Haftung aus § 832 ist deliktsrechtlicher Natur, im Rahmen des § 1631 indes geht es um den Schutz des Kindes vor Gefahren, die von ihm selbst oder von Dritten ausgehen: Die Pflicht und das Recht zur Beaufsichtigung zielt folglich einerseits darauf ab, das Kind vor Schäden zu bewahren, die es sich selbst (an Körper, Eigentum, Vermögen) zufügen könnte. Hierzu kann gehören, daß der Minderjährige auch davor geschützt werden soll, von Dritten wegen deliktischer Handlungen in Anspruch genommen zu werden, die Aufsichtspflichtige bei entsprechender Wahrnehmung hätten verhindern können. Das kann andererseits ein Abhalten des Kindes von strafbaren Handlungen ebenso bedeuten wie die Abwehr von Straftaten gegen das Kind durch Dritte (vgl BGH FamRZ 1984, 883: Pflicht der Mutter, die Töchter vor sexuellem Missbrauch durch Ehemann zu schützen; RAMM § 43 II 3 b).

36 Zum Anspruch des Kindes gegen die Personensorgeberechtigten wegen Verletzung der Aufsichtspflicht s STAUDINGER/ENGLER (2004) § 1664 Rn 33, 50 f, 53 ff.

37 Eine **Verletzung der Aufsichtspflicht** kann auch zu sorgerechtsbeschränkenden Eingriffen im Rahmen der §§ 1666, 1666a führen. Bei Einschränkungen der Personensorge nach diesen Normen kommt es darauf an, welche Bereiche entzogen sind. Dabei ist stets zu beachten, daß bei einem Eingriff in die elterliche Sorge, der mit einer Trennung des Kindes von der Familie verbunden ist, stets die Aufsichtspflicht wie das Recht zur Aufenthaltsbestimmung notwendigerweise entzogen werden müssen (auch GERNHUBER/COESTER-WALTJEN § 57 Rn 123); zum diesbezüglichen, häufig vernachlässigten, Klärungsbedarf auch hinsichtlich der Aufsichtspflicht s oben Rn 17.

38 Zur **strafrechtlichen Sanktionierung** der Verletzung von Fürsorge- und Erziehungspflichten gegenüber einer Person unter 16 Jahren und damit auch der Aufsichtspflicht vgl § 171 StGB.

c) Aufsichtspflicht während Schule und Freizeit

39 Durch die in den Schulgesetzen der Länder normierte Schulpflicht bestehen Verpflichtungen der Eltern wie der Schulpflichtigen hinsichtlich der Einhaltung der Schulpflicht (grundlegend hierzu BVerfG FamRZ 2006, 1094); ggf sind die Personensorgeberechtigten zur Überwachung von deren Einhaltung und zum entsprechenden Gebrauch der Aufsichtspflicht sowie des Aufenthaltsbestimmungsrechts verpflichtet – zur diesbezüglichen Kontrollpflicht der Eltern hinsichtlich Einhaltung des Schulbesuchs wie auch der Freizeitgestaltung vgl SOERGEL/STRÄTZ Rn 15. Zum letzteren auch STAUDINGER/BELLING/EBERL-BORGES (2002) § 832 Rn 108: Die Eltern müssen sich darum kümmern, wie das Kind seine Freizeit gestaltet; nur so können sie beurteilen, ob das Kind die Freizeit nicht zu gefährlichem Tun verwendet. Allerdings bestehen auch vom BGH anerkannte Grenzen hinsichtlich der Zumutbarkeit von Kontrollen und Verboten gegenüber Minderjährigen vor der Volljährigkeit, vgl Rn 44.

Jedoch sind während des Besuchs der Schule die ansonsten bei Übertragung der **40** Aufsichtspflicht bestehenden Sorgfalts- und Kontrollpflichten der aufsichtspflichtigen Eltern (s Rn 19) gegenüber Personen, denen die Aufsichtspflicht übertragen wurde, wesentlich eingeschränkt und nur bei Vorliegen von gegebenen Anlässen herausgefordert; dürfen doch die Personensorgeberechtigten idR von einer qualifizierten Wahrnehmung der Aufsichtspflicht während des Schulbesuchs ausgehen. Zur Aufsichtspflicht der Lehrer an öffentlichen Schulen vgl STAUDINGER/BELLING/ EBERL-BORGES (2002) § 832 Rn 22, 166.

Personensorgeberechtigte müssen die durch das Gesetz zum Schutz der Jugend in **41** der Öffentlichkeit (JÖschG) getroffenen Vorgaben im Rahmen der Ausübung der Aufsichtspflicht berücksichtigen.

d) Übertragung der Aufsichtspflicht auf Dritte

Allgemein zur Ausübungsüberlassung vgl Rn 15. Da heutzutage Minderjährige einen **42** gesellschaftlich mitgetragenen Sozialisationsprozeß durchlaufen (MÜNDER [1991] 87), wird häufig aufgrund entsprechender vertragsrechtlicher Übertragung das Personal in Einrichtungen wie zB Krippen, Horten, Krabbelstuben, Schülerläden, Kindergärten, aber auch die Tagesmutter – im Rahmen von ambulanten (§§ 29–32 SGB VIII) sowie stationären Erziehungshilfen zB die Pflegeeltern bzw das Heimpersonal gem §§ 33, 34 SGB VIII – aufsichtspflichtig. Heutzutage findet die Übertragung der Aufsicht ständig statt. Da sie nicht eine Verpflichtung der Personensorgeberechtigten höchstpersönlicher Art ist, kann und muß sie auf Dritte übertragen werden können. In einer solchen Situation trifft abwesende Eltern – auch bei Betreuung und Beaufsichtigung ihres Kindes im eigenen Haushalt durch Dritte – die **Pflicht zur sorgfältigen Auswahl**. Hier aktualisiert sich die Aufsichtspflicht in Form einer Organisationspflicht (STAUDINGER/BELLING/EBERL-BORGES [2002] § 832 Rn 74, 120) hinsichtlich Auswahl, Eignung, Instruktion, gelegentliche Kontrollen des Übernehmers bezüglich tatsächlicher konkreter Gewährleistung. Soweit im Rahmen von Erziehungshilfen das Jugendamt die Auswahl der jeweils Aufsichtspflichtigen trifft, dürften die Personensorgeberechtigten idR diesbezüglich entlastet sein; denn sie dürfen bei entsprechenden Jugendhilfeleistungen nach den oa Bestimmungen des SGB VIII aufgrund des Fachkräftegebots (§ 72 Abs 1 SGB VIII) auf eine qualifizierte Auswahl der eingeschalteten Personen durch das Jugendamt vertrauen (vgl zur Haftung des Jugendamtes bei Verletzung der Kontrollpflichten im Bereich der Pflegekinderaufsicht BGH, ZfJ 2005 167). Sicherlich treffen Eltern, die ohne Einschaltung des Jugendamtes ihr Kind etwa in einem Internat unterbringen, stärkere Pflichten hinsichtlich der Auswahl der Einrichtung als Eltern, die sich des Jugendamtes bei einer Fremdunterbringung bedienen. Daß während der Unterbringung in stationären Erziehungshilfen (Heim oder Familienpflege) die Personensorgeberechtigten keinerlei Aufsichtspflichten treffen (so STAUDINGER/BELLING/EBERL-BORGES [2002] § 832 Rn 19), erscheint äußerst fraglich: Nach der Konstruktion der entsprechenden Hilfeformen im SGB VIII (§§ 27 iVm 33, 34) handelt es sich nicht um erzwungene „Maßnahmen" des Jugendamtes, vielmehr um die Erfüllung von Rechtsansprüchen der Personensorgeberechtigten mit entsprechend ausgeprägten Mitwirkungsmöglichkeiten; nur soweit das FamG gem §§ 1666, 1666 a auch das Aufenthaltsbestimmungsrecht entzogen hat, folgt hieraus eine Einschränkung auch der Aufsichtspflicht.

Allerdings sind Personensorgeberechtigte vergleichbar der Situation während des

Schulbesuchs (s Rn 19) – nicht völlig aus ihrer Verantwortung als Personensorgever-
pflichtete entlassen. Eltern dürfen ihre Kinder in keiner Situation „blind" jedem
anvertrauen, vielmehr treffen die Eltern **Sorgfalts-, Auswahl- und Kontrollpflichten**,
uU mit Verschuldenszuordnung gem § 278 (STAUDINGER/ENGLER [2004] § 1664 Rn 26 ff).
Bei gegebenem Anlaß sind die Personensorgeberechtigten zu Klärungen, Rückfra-
gen, Kontrollen oder Weisungen gegenüber den zur Erfüllung der Aufsichtspflicht
eingeschalteten Dritten verpflichtet (MünchKomm/HUBER Rn 14; LÜDERITZ/DETHLOFF § 13
Rn 19). Die Rspr bleibt hinsichtlich der Übernahme der Aufsicht (zB im Falle der
Einladung zum Kindergeburtstag) widersprüchlich: BGH NJW 1968, 1847 f (Gefäl-
ligkeit) gegenüber OLG Celle NJW-RR 1987, 1384 f. Beispiele aus der neueren
Rspr: BGH NJW 1980, 1044 = FamRZ 1980, 235; NJW 1984, 790; FamRZ 1987, 1128;
OLG Stuttgart FamRZ 1988, 1046 f; vgl mwNw STAUDINGER/BELLING/EBERL-BOR-
GES (2002) § 832 Rn 32, 35 f, 121.

e) Maß und Inhalt der Aufsicht

43 Zu Maß und Inhalt der erforderlichen Aufsicht (vgl insbes STAUDINGER/BELLING/EBERL-
BORGES [2002] § 832 Rn 89 ff mit umfangreichen Rspr-Nachw, allerdings mit der Einschränkung
oben Rn 35) gilt nach wie vor das von STAUDINGER/DONAU[10/11] Rn 18 Gesagte: **„Nicht
ängstlich und engherzig"** darf die Aufsichtspflicht aufgefaßt werden, weil sie damit
der gestellten Erziehungsaufgabe geradezu zuwiderliefe: Ein überbehütendes – inzwischen übernehmen juristische Autoren wie STAUDINGER/COESTER (2004) § 1666
Rn 110; MünchKomm/HUBER Rn 8 und LÜDERITZ § 27 III Rn 854 den entwicklungspsychologischen Begriff „overprotection" –, wenn auch wohlmeinendes Fernhalten von jeglicher Gefahr würde dem allgemein anerkannten **Ziel** und der **Aufgabe**
elterlicher Erziehung, nämlich der **Verselbständigung** (§ 1626 Abs 2) und des „Um-
gehenkönnens" mit Gefahren, diametral entgegenstehen. Andererseits muß die
Aufsichtspflicht um so intensiver wahrgenommen werden, je geringer der bisherige
Erfolg war (BGH FamRZ 1984, 985). Zum vernünftigen Ausgleich dieser **Pflichten-
kollision** vgl STAUDINGER/BELLING/EBERL-BORGES (2002) § 832 Rn 80 mwNw. Rspr
und Lehre müssen sich ständig auch der Auswirkungen ihrer Beiträge für den
Erziehungsprozeß im Alltag bewußt sein: Eine engherzige Rspr liefe ebenso Gefahr
wie eine entsprechende Erziehung, das Ziel, die Entwicklung des Kindes zu einer
selbständigen Persönlichkeit zu fördern, zu verfehlen: „Zum Spiel der Kinder gehört
auch, Neuland zu entdecken und zu ‚erobern'", weshalb keine Anforderungen an die
Sorgfaltspflicht der Eltern gestellt werden dürfen, die den notwendigen **Entwick-
lungsprozeß zur Selbständigkeit** stören, wie der BGH FamRZ 1984, 985 zutreffend
feststellt. Ebenso schon BGH NJW 1976, 1684 (Grillgeräte-Entscheidung): Nicht
unbedingtes Fernhalten von jedem Gegenstand, der bei unsachgemäßem Umgang
gefährlich werden kann, sondern gerade die Erziehung des Kindes zu verantwortungsbewußtem Hantieren mit einem solchen Gegenstand ist oft der bessere Weg
zur Schadensverhütung. Praxis und Lehre haben die schwierige Aufgabe, Aufsichtspflichtige diesbezüglich zu ermutigen, ohne dabei die auch ihnen zukommende
Überwachung der Einhaltung der Kindern gegenüber bestehenden Schutzpflichten
zu vernachlässigen. Die Entscheidungen, die diese schwierige Aufgabe zu bewältigen
versuchen, werden im Schrifttum unterschiedlich beurteilt. Manche Autoren haben
die Strenge der Rechtsprechung kritisiert: „Unverkennbar neigt die Rechtsprechung
dazu, die Pflicht der Eltern über das verkehrsübliche Maß hinaus zu steigern"
(GERNHUBER/COESTER-WALTJEN § 62 Rn 30); ebenso MünchKomm/WAGNER § 832 Rn 27;
auch SOERGEL/STRÄTZ Rn 15: „Die Rspr zeigt gelegentlich bedenkliche Schärfe"

und SOERGEL/STRÄTZ Rn 31 mit Kritik an BGH FamRZ 1964, 505, weil an „Erfolgshaftung" grenzend; auch BGB-RGRK/WENZ Rn 16 mwNw kritisiert „die Strenge der früheren Rspr", die mit anderen Aussagen wie zB in § 1626 Abs 2 oder BVerfGE 24, 119, 144 „kaum zu vereinbaren [sei] und [deshalb] ... wiederholt als eltern- und damit kinderfeindlich kritisiert" worden war; vgl BOSCH Anm zu BGH FamRZ 1976, 330 (Kind im Warenhaus), der sogar von der Haftung des „Kinderhalters" spricht, sowie LÜDERITZ § 27 III 854. Hingegen meint zB STAUDINGER/ SCHÄFER[12] § 832 Rn 61 a andererseits, daß sich „indessen ... in der neueren Rspr auch mildere Töne in diese Strenge der elterlichen Aufsichtspflichten" mischen. Auch GERNHUBER/COESTER-WALTJEN § 62 Rn 30 vertreten schließlich die Auffassung, daß der Rspr bewußt ist, „daß elterliche Erziehung auch **Gewöhnung des Kindes an Gefahrenlagen** fordert und insoweit **nicht durch ein Übermaß an Beaufsichtigung** gehindert werden darf". In dieselbe Richtung weist MÜNDER (1991) 92, wenn er feststellt, „daß die Anforderungen gelassener, liberaler und offener geworden sind", indem nicht allzu strenge Maßstäbe angelegt werden, sondern die Entwicklung zur Autonomie und Selbständigkeit betont wird (MÜNDER [1991] 95). Zur gebotenen Lösung dieses Spannungsverhältnisses vgl STAUDINGER/BELLING/EBERL-BORGES (2002) § 832 Rn 80 ff, insbes Rn 81.

Im Einzelfall hängt sodann das Maß der erforderlichen Aufsicht vom Alter (nur als **44** widerlegbare Vermutung oder als Indiz, da es keine festen Altersgrenzen gibt, an denen sich Art und Weise der Aufsicht orientieren könnte), von der körperlichen, seelischen und sozialen Entwicklung und Reife, von den Fortschritten der Erziehung, von persönlichen Erfahrungen, Eigenarten und Charaktereigenschaften, von den geistigen Fähigkeiten, vom Stand der Ausbildung, von den örtlichen Gegebenheiten, vielen anderen Bedingtheiten des jeweiligen Minderjährigen und anderen situativen Faktoren ab. Daß das Alter von Relevanz sein kann, wird am Maß der geforderten Aufsicht gegenüber fast Volljährigen (BGH NJW 1980, 1044 = FamRZ 1980, 235; OLG Celle NJW 1966, 302) deutlich: Um nicht den Kontakt zum Jugendlichen zu verlieren, könne uU angezeigt sein, keine allzu große Strenge walten zu lassen und nicht auf strikter Einhaltung elterlicher Weisungen zu bestehen (MünchKomm/HUBER Rn 10 im Anschluß an BGH FamRZ 1980, 235; STAUDINGER/BELLING/EBERL-BORGES [2002] § 832 Rn 83 f). Im selben Sinne auch SOERGEL/STRÄTZ Rn 15: „Irreales ist aber auch insoweit nicht zu fordern, so zB nicht ein generelles Verbot an einen 17jährigen zum Besuch von Partys und Gaststätten." Auch und gerade in diesem Lebensabschnitt zeigt sich, daß die Aufsichtspflicht nur ein Teilbereich der Personensorge ist – MÜNDER (2005) 167 spricht von einer Nebenpflicht –, und daß sich auch hinsichtlich der Wahrnehmung der Aufsichtspflicht aus der Erziehungsaufgabe **Zumutbarkeitsgrenzen** ergeben können. Grundsätzlich kann auch in diesem Bereich elterlicher Sorge nichts anderes gelten als im übrigen: Wenn elterliche Sorge auf ihre allmähliche Verflüchtigung hin angelegt ist (siehe bereits oben Rn 25), weil möglichst früh Selbstbestimmung und nicht Fremdbestimmung herrschen muß, dann hat diese Zielvorgabe Auswirkungen auch auf die konkreten Einzelbereiche wie zB auf die Wahrnehmung der Aufsichtspflicht im Bereich der Intimsphäre Minderjähriger (Tagebücher, Briefe, Manuskripte, Telefongespräche, Kontakte); solche Intimbereiche älterer Minderjähriger sind zu respektieren (so auch GERNHUBER/COESTER-WALTJEN § 57 Rn 86–88; STAUDINGER/PESCHEL-GUTZEIT § 1626 Rn 108; STAUDINGER/COESTER [2004] § 1666 Rn 140; SOERGEL/STRÄTZ Rn 15), es sei denn, daß **konkrete** Umstände auf eine Selbst- oder Fremdschädigung oder eine Gefährdung durch Dritte im umfassenden Sinne weisen. So muß die grundsätzlich im Rahmen der Erziehungs- und Aufsichtspflicht bestehende Pflicht zur Überwachung des Umgangs und der Freizeitgestaltung, uU auch zur Einhaltung des JÖschG (hierzu Staudinger/Schäfer[12] § 832 Rn 75; Soergel/ Strätz Rn 15) allmählich zurücktreten, sie kann allerdings unter den genannten Umständen besonders herausgefordert sein.

45 Aber auch auf seiten der Aufsichtspflichtigen können Gegebenheiten, die vom Recht aufgegriffen werden (so Gernhuber/Coester-Waltjen § 62 Rn 26; Staudinger/Belling/Eberl-Borges [2002] § 832 Rn 71 ff) wie etwa die Anzahl der Kinder oder die wirtschaftlichen Verhältnisse der Eltern bei der Beurteilung dessen, was zumutbar ist, eine Rolle spielen. Letztlich wird, auch um den Preis einer gewissen Einschränkung der Prognostizierbarkeit, lediglich auf die individuelle Situation abzustellen sein. Deshalb sind die immer wieder anzutreffenden formelhaften, sehr allgemein gehaltenen Aussagen wie „entscheidend ist, was verständige Eltern nach vernünftigen Anforderungen im konkreten Fall unternehmen müssen, um Schädigungen Dritter durch ihr Kind zu verhindern" (Gernhuber/Coester-Waltjen aaO; BGB-RGRK/Wenz Rn 16; BGH NJW 1990, 2553; BGH FamRZ 1987, 1128) sicherlich zutreffend, aber wenig hilfreich, um ein Mehr an Verhaltenssicherheit zu bieten.

f) Einzelfälle

46 Aus der Fülle von Einzelfällen können nur die wichtigsten, am häufigsten auftretenden Konstellationen aufgegriffen werden: Schon seit langem wird beim Spielen von Kindern – anders allenfalls bei **Kleinkindern** – keine ständige Beaufsichtigung gefordert (s Nachw Staudinger/Donau[10/11] Rn 19), ja eine solche auf Schritt und Tritt als mit dem Zweck der Erziehung nicht vereinbar angesehen (Staudinger/Schäfer[12] § 832 Rn 61; MünchKomm/Wagner § 832 Rn 27; Gernhuber/Coester-Waltjen[4] § 62 Rn III 4: „Ständige Aufsicht [schon nicht mehr: ständige Beobachtung] wird allein dem Kleinkind geschuldet, das Verbotenes und Erlaubtes nicht zu unterscheiden weiß. Ständige Kontrolle der Freizeitgestaltung, Überwachung und Ermahnung wird dem älteren Kinde geschuldet, mit steigender Intensität bei Teilnahme am Verkehr und höchster Intensität beim Umgang mit Kraftfahrzeugen und gefährlichen Gegenständen, insbesondere Schußwaffen"). Aber hier zeigt sich, daß zB allein die Gefährlichkeit der Gegenstände bzw der örtlichen Gegebenheiten uU zur Einschränkung der soeben gemachten Aussage bezüglich der Überwachungspflicht führen können. Zu den gebotenen Aufsichtsmaßnahmen im Einzelfall vgl Staudinger/Belling/Eberl-Borges (2002) § 832 Rn 89 ff mwNw.

47 Hinsichtlich einer Reihe von als besonders **gefährlich** geltenden **Gegenständen** und Situationen besteht eine **erhöhte Aufsichtspflicht**, die sich in Aufklärung und Information (OLG Düsseldorf MDR 1975, 80) über die Gefahren und deren Beherrschung oder Verhinderung, in Unterweisung und Belehrung, aber auch in entsprechenden **Überprüfungspflichten** niederschlägt. Beispiele sind Kraftfahrzeugzündschlüssel, Zündhölzer (hierzu Staudinger/Belling/Eberl-Borges [2002] § 832 Rn 106, 109 und Anw-Komm-BGB/Rakete-Dombek, § 1631 Rn 8 jew mwNw; BGH FamRZ 1996, 600); Brennspiritus; Waffen (ebd Rn 111), auch Pfeil und Bogen (BGH FamRZ 1964, 505); Medikamente, chemische Mittel, Verkehr (ebd Rn 100 ff), uU Haustiere etc. Dabei sind gefährliche Beschäftigungen nicht etwa tabu, vielmehr ist zumeist die Erziehung des Kindes zum verantwortungsbewußten Hantieren mit gefährlichen Gegenständen – also der praktische Umgang – der bessere Weg, das Kind und Dritte vor Schäden zu bewahren (so ausdrücklich BGH NJW 1976, 1684; Staudinger/Belling/Eberl-Borges [2002] § 832 Rn 91).

Allerdings können hier höhere Anforderungen an Aufklärung und Information über Gefahren und deren Verhinderung bestehen. UU reicht die einmalige Unterweisung, Belehrung und Kontrolle nicht, vielmehr können weitere Überprüfungspflichten dahingehend bestehen, ob die Aufklärung verstanden worden ist; ggf kann Wiederholung derselben und erneute Überprüfung notwendig sein.

Angesichts der unzähligen denkbaren Fälle können auch die Aussagen hinsichtlich **48** der Mittel wie der Intensität der Aufsicht nur sehr allgemein ausfallen: Die Spannbreite der erwarteten Tätigkeiten des/der Aufsichtspflichtigen reicht über das Informieren, Belehren, das Überwachen und Kontrollieren bis hin zu Ge- und Verboten und bis zum Eingreifen und Unmöglichmachen bestimmter Aktivitäten; die erwarteten Reaktionsweisen müssen in einem Stufenverhältnis zueinander stehen (vgl MÜNDER [1991] 95). Keinesfalls ist also das schärfste Mittel nach dem Motto „sicher ist sicher" gefordert, weil damit die bereits genannten Möglichkeiten für das **Erlernen des Umgehens mit Gefahren** von vornherein blockiert wären; denn „overprotection" und Ängstlichkeit sind schlechte Erziehungsmaximen (LÜDERITZ § 27 III Rn 854; auch MünchKomm/HUBER Rn 8).

Verschiedentlich, zB von MünchKomm/WAGNER § 832 Rn 4, wird den Eltern als **49** Aufsichtspflichtigen der Abschluß einer Haftpflichtversicherung nahegelegt. Zur Versicherbarkeit des Risikos BGH FamRZ 1983, 874 u FamRZ 1984, 984. Nur unter besonderen Umständen kann der Abschluß einer Haftpflichtversicherung für das Kind erforderlich sein (BGH FamRZ 1980, 874). De lege lata besteht hierzu keine Rechtspflicht der Eltern (STAUDINGER/SCHÄFER[12] § 832 Rn 58; BGB-RGRK/WENZ Rn 16); denn „von einer verdeckten Gefährdungshaftung Dritten gegenüber kann ... nicht die Rede sein", wie GERNHUBER/COESTER-WALTJEN § 62 Rn 30 zu Recht bemerken.

4. Aufenthaltsbestimmung

a) Allgemeines
Während die explizit vom Gesetz benannten Bereiche Pflege, Erziehung und Be- **50** aufsichtigung sich in erster Linie auf den Binnenraum der Eltern-Kind-Beziehung beziehen, entfaltet das **Recht und die Pflicht zur Aufenthaltsbestimmung** – also die Wahl und Bestimmung des Ortes, an dem sich das Kind tatsächlich aufhalten soll – **vielfältige Binnen- und Außenwirkungen.** Von der Bestimmung der Wohnung und des Wohnorts, also des tatsächlichen Aufenthaltsorts, ist die Bestimmung des Wohnsitzes iS des § 11 zu unterscheiden, welche ebenfalls den/dem Personensorgeberechtigten zusteht; zum Konflikt zwischen „melderechtlicher Handlungsfähigkeit" und Personensorgerecht vgl VGH Baden-Württemberg FamRZ 1986, 88. Zur Durchsetzung dieses Rechts zur Aufenthaltsbestimmung gegenüber Dritten gewährt das Gesetz dem Sorgeberechtigten den **Herausgabeanspruch** gem § 1632 Abs 1 (s Erl zu § 1632). Dieser Herausgabeanspruch beruht schließlich auch auf dem Recht zur Aufenthaltsbestimmung (vgl auch MünchKomm/HUBER Rn 15).

Zum strafrechtlichen Schutz des Aufenthaltsbestimmungsrechts vgl FRIEHE ZfJ **51** 1985, 330.

Das Aufenthaltsbestimmungsrecht ist Teil der tatsächlichen Personensorge (s STAU- **52**

DINGER/PESCHEL-GUTZEIT § 1626 Rn 58). Der Zusammenhang mit den anderen aus dem Personensorgerecht fließenden Rechten und Pflichten ist evident: So sind mit der konkreten **Aufenthaltsbestimmung fast immer erzieherische Absichten verknüpft**, so etwa dem Kind den Aufenthalt an einem bestimmten Ort zu untersagen. Zugleich wird an diesem Beispiel deutlich, daß mit Aufenthaltsbestimmung auch die Wahrnehmung und Konkretisierung der Aufsichtspflicht erfolgt. Im zulässigen Rahmen (vgl Rn 69) können die Eltern zur Durchsetzung erzieherischer wie aufsichtspflichtrechtlicher Intentionen auch vom Mittel des „Hausarrests" Gebrauch machen, welcher nicht zu den genehmigungspflichtigen Maßnahmen aus dem Rahmen des § 1631b zählt (vgl auch GERNHUBER/COESTER-WALTJEN § 62 Rn 20 mwNw). Wie diese können auch andere elterliche Maßnahmen freiheitsbeschränkende Wirkungen entfalten; zur Abgrenzung von freiheitsbeschränkenden zu freiheitsentziehenden Maßnahmen s auch § 1631b Rn 13 ff.

53 In Ausübung dieser Pflicht und dieses Rechts zur Aufenthaltsbestimmung können die Personensorgeberechtigten vielerlei Aufenthaltsorte wählen, zB Hort, Kindergarten, Tagespflege, Schule, Internat, Ferienlager, -dorf, Heim, Haushalt von Verwandten, Pflegefamilie, Auslandsaufenthalt im Rahmen von Schüleraustausch, Kur, Sanatorium, Krankenhaus, Psychiatrie – hier wie bei einer Unterbringung mit freiheitsentziehenden Maßnahmen im Heim allerdings nur im nach § 1631b zulässigen Rahmen, s Erl zu § 1631b. Das Kind ist bei entspr Aufenthaltsbestimmung nicht befugt, den Aufenthaltsort ohne Zustimmung der Eltern zu verlassen. Soweit in einer von den Eltern bestimmten Einrichtung oder bei einer entspr Person Gefährdungen des Kindeswohls iSv § 1666 zu befürchten oder gar eingetreten sind, ist das Jugendamt befugt, **vorläufige Schutzmaßnahmen** zu ergreifen (vgl §§ 8a Abs 3 S 2, 42 Abs 1 S 1 Nr 2 SGB VIII), was zwangsläufig elterliche Entscheidungsbefugnisse, insbesondere das Aufenthaltsbestimmungsrecht, tangiert. Allerdings sind die Personensorgeberechtigten unverzüglich von den getroffenen Maßnahmen zu unterrichten (§ 42 Abs 3 S 1 SGB VIII; vgl auch die sorgerechtlichen Befugnisse des Jugendamtes kraft Gesetzes gem § 42 Abs 2 S 4 SGB VIII sowie behördlichen Befugnisse nach dem JÖschG).

54 Zum Verhältnis zu § 1612 Abs 2 vgl STAUDINGER/ENGLER (2000) § 1612 Rn 37; MünchKomm/BORN § 1612 Rn 3.

b) Kindeswohl, Kindeswille und Aufenthaltsbestimmung

55 Treffen die Eltern keine Aufenthaltsbestimmung, kann eine Gefährdung iS des §§ 1666, 1666a vorliegen (Vernachlässigung; vgl auch STAUDINGER/COESTER [2004] § 1666 Rn 107 ff), weil eine Pflicht des Personensorgeberechtigten zur Ausübung und Wahrnehmung des Aufenthaltsbestimmungsrechts besteht; bei Vernachlässigung derselben oder deren Nichtausübung kann ein Einschreiten des FamG geboten sein.

56 Grundsätzlich bewegen sich die Personensorgeberechtigten bei geeigneter Unterbringung außerhalb des Elternhauses – uU auch bei einer Unterbringung gegen den Willen des Kindes – im zulässigen Rahmen. Allerdings könnte bei einer solchen Fallkonstellation, insbes bei älteren Kindern, das Unterbringungsziel in Frage gestellt sein, wenn eine Unterbringung gegen den ausdrücklichen Willen des Minderjährigen erfolgt. Letzten Endes kann und muß uU eine Aufenthaltsbestimmung gegenüber dem Kind auch gegen dessen ausdrücklichen Willen erfolgen; vgl zB die

Indikatoren für eine freiheitsentziehende Unterbringung (STAUDINGER/SALGO § 1631b Rn 24 ff). Auch aus Art 11 Abs 1 GG ergibt sich keine andere Konsequenz (vgl MAUNZ/ DÜRIG/HERZOG Art 11 GG Rn 47). Die **Grenzen des Aufenthaltsbestimmungsrechts** werden insbes gegenüber älteren Kindern deutlich; die Grenze **entwürdigender Erziehungsmaßnahmen** iSv § 1631 Abs 2 kann hier eher erreicht sein als bei jüngeren Kindern: „Was für das Kleinkind noch Freiheitsbeschränkung ist, kann für den Jugendlichen Freiheitsentzug sein" (GERNHUBER/COESTER-WALTJEN § 62 Rn 21). Deshalb setzt im Rahmen der Hilfen zur Erziehung das SGB VIII auf entsprechende „Aushandlungsstrategien" (§§ 8 Abs 1, 36 Abs 1 S 1 und Abs 2 S 2); zu deren Grenzen vgl HB-VP/SALGO § 33 Rn 52 mwNw sowie SALGO, ZKJ 2006, 531, 532 f. Zu dem in diesem Zusammenhang bedeutenden Verhältnis von **Kindeswillen** zu **Kindeswohl** vgl insbes STAUDINGER/COESTER (2004) § 1666 Rn 71 ff sowie die grundlegenden Arbeiten von ZITELMANN und DETTENBORN. UU kann ein Nichtberücksichtigen des Kindeswillens nicht nur aus pädagogischer Sicht unklug sein, sondern auch eine mißbräuchliche Ausübung der elterlichen Sorge iSv § 1666 Abs 1 darstellen, weil hier das Beharren auf Durchsetzung elterlicher Aufenthaltsbestimmung, insbes bei älteren Kindern, nicht nur dem in § 1626 Abs 2 zum Ausdruck kommenden Ziel des Gesetzes zuwiderläuft, sondern weil durch ein solches Elternverhalten bei dieser Altersgruppe deren Grundrechte (Art 2 und 1 Abs 1 GG) tangiert sind (so auch STAUDINGER/COESTER [2004] § 1666 Rn 135, 141; BGB-RGRK/WENZ Rn 6).

Auch wenn sich Eltern grundsätzlich bei **langfristiger Unterbringung außerhalb des** **57** **Elternhauses** – im Bereich von Hilfen zur Erziehung gem §§ 27, 33 SGB VIII – im zulässigen Rahmen bewegen, gehen sie doch im Laufe der Zeit gewisse Risiken ein. Aus diesem Grunde verpflichtet das SGB VIII die Jugendhilfe, **vor** einer langfristigen Unterbringung des Kindes die Eltern „auf die möglichen Folgen für die Entwicklung des Kindes hinzuweisen", § 36 Abs 1 S 1 SGB VIII, weil uU das Aufenthaltsbestimmungsrecht der Eltern hinter das Wohl des Kindes zurücktreten muß, wenn Eltern und Kind entfremdet sind (vgl § 1632 Rn 63 ff; BEITZKE/LÜDERITZ § 27 IV 1; GK-SGB VIII/SALGO § 33 Rn 3).

Das Kind hat grds einen **Rechtsanspruch auf Aufnahme im Elternhaus**; allerdings wird **58** man die Klagbarkeit dieses Rechts verneinen müssen (wie STAUDINGER/DONAU[10/11] Rn 29), vgl auch SOERGEL/STRÄTZ Rn 17: IdR haben Eltern das Kind bei sich aufzunehmen, ggf muß das FamG gem § 1666 wegen Vernachlässigung einschreiten. UU käme zunächst die **Inobhutnahme** gem § 42 Abs 1 Nr 1 oder 2 SGB VIII als **vorläufige Schutzmaßnahme** in Betracht. Zumindest müßten Eltern, die eine Aufnahme des Kindes in einer Situation völliger Überforderung und Hilflosigkeit ablehnen – was nicht stets eine mißbräuchliche Ausübung der elterlichen Sorge oder eine Vernachlässigung darstellen muß –, einen Antrag auf erzieherische Hilfen gem §§ 27, 33 oder 34 SGB VIII stellen oder selbst für eine Unterbringung zB in einem Internat sorgen; ihr Einverständnis mit der Inobhutnahme führt automatisch gem § 42 Abs 3 S 5 SGB VIII zur Einleitung des Verfahrens auf Gewährung einer Hilfe zur Erziehung. Unterlassen sie alles das, so kann dadurch ebenfalls das Einschreiten des FamG gem §§ 1666, 1666a indiziert sein. Zur Problematik des Entzugs „nur" des Aufenthaltsbestimmungsrechts vgl Rn 17 sowie STAUDINGER/COESTER (2004) § 1666 Rn 188 f mwNw. Die besondere Bedeutung der Entziehung des Aufenthaltsbestimmungsrechts in der Praxis des zivilrechtlichen Kindesschutzes wird angesichts einer verfassungsrechtlich begründeten und auch vom SGB VIII intendierten Reflexion der Staatsintervention (BT-Drucks 11/5948, 71: „geplante, zeit- und zielgerichtete Intervention") insoweit Veränderungen erfahren, als sich die berufenen Organe eingehender mit dem „Ob", dem „Wo und Wie", dem „Wie lange" und damit auch mit dem Umfang von Sorgerechtsbeschränkungen intensiver als bislang werden auseinandersetzen müssen.

58a Die verbreitete gerichtliche Praxis, „nur" das **Aufenthaltsbestimmungsrecht** den Eltern zu entziehen (so fälschlicherweise LG Darmstadt DAVorm 1995, 761; OVG Rheinland-Pfalz v 13.4.2000 – 12 A 11123/99; richtig dagegen VerwG Arnsberg FamRZ 1997, 1373) kann zu erheblichen Problemen bei der Hilfegewährung gem §§ 27, 33 SGB VIII (vgl GK-SGB VIII/Häbel § 27 Rn 56 sowie GK-SGB VIII/Salgo § 33 Rn 26; Salgo [1996] 502) und bei der Heranziehung zu den Kosten gem § 91 SGB VIII führen und ist unehrlich den Eltern, Pflegeeltern und den Minderjährigen gegenüber (zum Problem oben Rn 16 ff und Staudinger/Coester [2004] § 1666 Rn 188). Der **Entzug des Aufenthaltsbestimmungs-rechts allein reicht nicht aus**, um gegen den Willen der insoweit weiterhin personensorgeberechtigten Eltern, dh ohne ihren explizit darauf gerichteten Antrag gem §§ 27, 33 SGB VIII, einem Minderjährigen Hilfe zur Erziehung in Vollzeitpflege zu leisten. Vgl BVerwG NJW 2002, 232: Ist dem Sorgeberechtigten das Recht auf Inanspruchnahme von Hilfen zur Erziehung nicht entzogen worden, so ist die Gewährung von Jugendhilfe gegen seinen erklärten Willen rechtswidrig und verletzt das Elternrecht (Art 6 Abs 2 S 1 GG); vgl auch VG Arnsberg FamRZ 1997, 1373, 1374; hingegen BayObLG FamRZ 1997, 572: Mitentzug des Antragsrechts auf jugend-hilferechtliche Leistungen; **aA**: Krug § 33 I S 3: Aufenthaltsbestimmungspfleger sei zugleich Personensorgeberechtigter iSv § 27 SGB VIII, die Berechtigung zur Beantragung von Hilfen zur Erziehung sei „Annex des Aufenthaltsbestimmungsrechts", so auch LG Darmstadt FamRZ 1995, 1435, 1436; zur Problematik, auf wen die entzogenen Rechte übertragen werden sollen vgl Salgo (1996) 498; zur Problematik von Eilentscheidungen der Familiengerichte vgl Heilmann (1998) 178 ff, 252 ff. Vgl auch Empfehlung A II 1 des 14 DFGT: In Fällen des § 1666 soll im Eilverfahren nicht nur das Aufenthaltsbestimmungsrecht übertragen werden, sondern auch das Recht, Maßnahmen nach § 36 SGB VIII zu beantragen (FamRZ 2002, 296, 297, II 1 a).

59 Zur gerichtlichen und behördlichen Hilfe im Rahmen der Durchsetzung der Aufenthaltsbestimmung vgl Rn 83 ff.

60 Ein Streit unter Personensorgeberechtigten um den Aufenthaltsort des Kindes ist eine **Angelegenheit von erheblicher Bedeutung** iS der §§ 1628, 1687 Abs 1 S 1 vgl Staudinger/Salgo (2006) § 1687 Rn 38 ff sowie Staudinger/Peschel-Gutzeit § 1628 Rn 29 jew mwNw.

c) Aufenthaltsbestimmung bei dauerhafter Trennung und Scheidung (§ 1671)

61 Soweit bei gemeinsam sorgeberechtigten nicht nur vorübergehend getrennt leben-den Eltern kein Antrag auf eine Sorgerechtsregelung durch das FamG gem § 1671 erfolgt ist bzw ein entsprechender Antrag zurückgewiesen wird, bleibt es trotz Trennung beim gemeinsamen elterlichen Sorgerecht und damit auch bei der **gemein-samen Zuständigkeit für Entscheidungen über das Aufenthaltsbestimmungsrecht** als einer **Angelegenheit von erheblicher Bedeutung** iS der §§ 1628, 1687 Abs 1 Satz 1. Eine Uneinigkeit unter Eltern über den Aufenthaltsort bei gemeinsamer elterlicher Sorge nach Trennung könnte das gewählte Sorgerechtsmodell in Frage stellen, weil in einem Kernbereich des Personensorgerechts Uneinigkeit besteht (vgl STAUDINGER/ COESTER [2004] § 1671 Rn 136, 259; SCHWAB/MOTZER, HB III Rn 111). Die **Uneinigkeit über den Aufenthaltsort** kann auch Ausstrahlungswirkungen auf die anderen zentralen Sorgerechtsbereiche wie zB Erziehung und Umgangsregelung haben, weshalb die Entscheidung des BezG Erfurt FamRZ 1993, 830 (Belassung gemeinsamer elterlicher Sorge mit Übertragung des Aufenthaltsbestimmungsrechts auf einen Elternteil) bedenklich erscheint (vgl Anm LUTHIN FamRZ 1993, 832; ablehnend auch KEMPER FuR 1993, 162 f). Ebenso wie bei der richterlichen Regelungsnotwendigkeit hinsichtlich des Umgangsrechts bei gemeinsamer elterlicher Sorge die Basis des gemeinsamen Sorgerechts zerstört sein kann (so STAUDINGER/COESTER [2004] § 1671 Rn 137), scheint bei einer Regelungsnotwendigkeit bezüglich des Aufenthaltsbestimmungsrechts das gewählte Sorgerechtsmodell erst recht in Frage zu stehen. Allerdings bedarf es hier stets peniblerer richterlicher Aufklärung, um die dem Wohl des Kindes am besten entsprechende Entscheidung gem § 1671 Abs 2 Nr 2 treffen zu können. Während bei manchen getrennt lebenden Eltern die partielle familiengerichtliche Intervention bezüglich des Aufenthaltsbestimmungsrechts durchaus eine befriedende Wirkung haben kann, ist in anderen Konstellationen – trotz § 1687 – eher zu befürchten, daß sich der Streit *nach* der Aufteilung verlagert und fortsetzt (STAUDINGER/COESTER [2004] § 1671 Rn 255 ff; zum Risiko der Konfliktverschleppung vgl ZENZ 59. DJT M 18; STAUDINGER/ SALGO [2006] § 1687 Rn 38).

Im Rahmen des § 1671 Abs 1 nimmt das neue Kindschaftsrecht grundsätzlich gegen- **62** über einer Aufspaltung des Sorgerechts eine offenere Haltung ein (hierzu STAUDINGER/ COESTER [2004] § 1671 Rn 250); der Grundsatz der Unteilbarkeit und Alleinzuständigkeit wird insbesondere unter Geltung der gesetzlichen Wirkungen des § 1687 sowie im Hinblick auf die §§ 1628, 1671 Abs 1 nicht mehr aufrechterhalten. Eine Beschränkung der Sorgerechtsübertragung auf das Aufenthaltsbestimmungsrecht kommt im Gegensatz zur früheren Regelung nicht mehr lediglich im Rahmen vorläufiger bzw einstweiliger Anordnungen in Betracht (vgl STAUDINGER/COESTER [2004] § 1671 Rn 296). Die häufig als vorläufige/einstweilige Eilmaßnahmen anzutreffende Übertragung „nur" des Aufenthaltsbestimmungsrechts auf einen Elternteil ist zumeist vom Bestreben bestimmt, einerseits mit diesem geringstmöglichen Eingriff **faktische Präjudizierungen** zu vermeiden, andererseits davon, die faktische Betreuung des Kindes durch einen Elternteil einstweilen außer Streit zu stellen – die Befugnisse aus § 1687 reichen hierfür beim Streit über den Aufenthaltsort nicht mehr aus. Ob die vorläufige/einstweilige als Eilmaßnahme anzutreffende Übertragung „nur" des Aufenthaltsbestimmungsrechts „häufig genügt", läßt sich nicht so pauschal beantworten, weil zu oft auch in den anderen Sorgerechtsbereichen keine Übereinstimmung mehr möglich sein kann, aber dennoch eilbedürftige Elternentscheidungen – ohne daß „Gefahr im Verzug" iSv § 1629 Abs 1 S 4 vorliegt – von erheblicher Bedeutung notwendig sein könnten. Die befürchtete faktische Präjudizierung – sie ist häufig bereits längst durch eine stark geschlechtsspezifische Aufgabenverteilung hinsichtlich der bisherigen Versorgung und Betreuung der Kinder eingetreten – kann auch durch eine Übertragung lediglich des Aufenthaltsbestimmungsrechts im Rahmen des vorläufigen Rechtsschutzes nicht gänzlich vermieden werden (vgl zur Gefahr faktischer Präjudizierung aufgrund vorläufiger Eilmaßnahmen grundlegend HEILMANN 252 ff).

Zu **Auswanderungsabsichten** des sorgeberechtigten Elternteils vgl STAUDINGER/ **63**

COESTER (2004) § 1671 Rn 210 sowie STAUDINGER/PESCHEL-GUTZEIT (1997) § 1634 Rn 312 ff.

d)   Grenzen des Aufenthaltsbestimmungsrechts

64 Das Aufenthaltsbestimmungsrecht des allein Personensorgeberechtigten ist während der Dauer des Umgangs des Kindes mit dem **Umgangsberechtigten** eingeschränkt. Dem Elternteil, der nicht Inhaber der elterlichen Sorge ist und bei dem sich das Kind rechtmäßig aufhält, steht eine Entscheidungsbefugnis zur alleinigen Entscheidung in Angelegenheiten der tatsächlichen Betreuung zu (§§ 1687a iVm 1687 Abs 1 S 4). Dem umgangsberechtigten Elternteil steht ua die **Pflicht** und das **Recht** zu, während des Umgangs den **Aufenthalt des Kindes bestimmen** (vgl STAUDINGER/PESCHEL-GUTZEIT [1997] § 1634 Rn 33). Dieses zwangsläufig eingeschränkte Recht zur Aufenthaltsbestimmung des Umgangsberechtigten gehört zu den Befugnissen zur Alleinentscheidung in Angelegenheiten der tatsächlichen Betreuung und hat seinen Schwerpunkt im Binnenverhältnis dem Kind gegenüber (vgl STAUDINGER/SALGO [2006] § 1687a Rn 4) und ist strikt auf den Zeitraum des Umgangs begrenzt, weshalb danach jenes des Personensorgeberechtigten unmittelbar auflebt und sich daher bei verweigerter Übergabe des Kindes in Form des Herausgabeanspruchs aus § 1632 Abs 1 gegen den Umgangsberechtigten richtet.

65 Zu den Grenzen der Aufenthaltsbestimmung im Zusammenhang mit Schulpflicht und Jugendstrafrecht vgl Rn 19 f. Zur Kindeswohlgefährdung als Grenze vgl Rn 55 ff.

V.   Gewaltfreie Erziehung und das Verbot körperlicher Bestrafungen und anderer entwürdigender Erziehungsmaßnahmen, Abs 2

1.   Entstehungsgeschichte

66 Während das BGB in seiner ursprünglichen Fassung dem Vater das Recht einräumte, „kraft des Erziehungsrechts angemessene **Zuchtmittel** gegen das Kind anzuwenden", wurde im GleichberG v 18. 6. 1957 diese Befugnis **ersatzlos gestrichen**, allerdings wollte der Gesetzgeber hiermit nicht eine Mißbilligung von elterlicher Züchtigung aussprechen. So wurde das **Recht der Eltern zur körperlichen Züchtigung** des Kindes von der hM weiterhin als Ausfluß des Erziehungsrechts angesehen. Erst im Rahmen der Beratung zum SorgeRG ist eine spezifische und positivrechtliche Regelung einschließlich der Frage eines ausdrücklichen Züchtigungsverbots erörtert, ein solches schließlich abgelehnt und mit dem SorgeRG der Fassung des § 1631 Abs 2 „Entwürdigende Erziehungsmaßnahmen sind unzulässig" der Vorzug gegeben worden. Präzisierungsversuche in der 12. Legislaturperiode (§ 1631 Abs 2 aF BGB-E: „Körperliche und seelische Mißhandlungen und andere entwürdigende Maßnahmen sind unzulässig" [RegE eines Mißhandlungsverbotsgesetzes v 3.12.1993, BT-Drucks 12/6343]) waren zunächst gescheitert (s Rn 1). § 1631 Abs 2 BGB (idF des KindRG v 16.12.1997) erhielt die Fassung: „Entwürdigende Maßnahmen, insbesondere körperliche und seelische Mißhandlungen, sind unzulässig". Dem Gesetzgeber des Jahres 2000 schien die frühere im Rechtsausschuß entstandene und „verhältnismäßig unbestimmte" (Beschlußempfehlung und Bericht, BT-Drucks 8/2788, 35) Norm, auch wenn sie im Jahre 1979 noch als vertretbar galt, weil es sich nach der damaligen Auffassung nicht um ein striktes Verbot, sondern um eine mehr programmatische Norm, um ein Leitbild ohne Sank-

tionsbewehrung handeln sollte – trotz der später durch das KindRG erfolgten Präzisierungsversuche – als nicht mehr ausreichend (BT-Drucks 14/1247, 3 ff).

Die **geltende Fassung** des § 1631 Abs 2 „Kinder haben ein Recht auf gewaltfreie Erziehung. Körperliche Bestrafungen, seelische Verletzungen und andere entwürdigende Maßnahmen sind unzulässig" wurde erst durch das **Gesetz zur Ächtung der Gewalt in der Erziehung und zur Änderung des Kindesunterhaltsrechts** v. 6. 7. 2000 eingeführt (zur Rezeption des neuen Rechts vgl BUSSMANN (2002) 298.

2. Die Einführung einer Verbotsnorm

Entgegen den Beschlußempfehlungen des Rechtsausschusses zur früheren Fassung **67** des § 1631 Abs 2 durch das SorgeRG (BT-Drucks 8/2788, 35: „Leitbild ohne Sanktionsbewehrung") handelt es sich nunmehr bei § 1631 Abs 2 eindeutig um eine **Verbotsnorm** (BT-Drucks 14/1247, 5; juris PK/SCHWER § 1631 Rn 1). In erster Linie sollen Eltern Hilfen bei der Bewältigung von Konflikt- und Krisensituationen angeboten werden. Damit sind familiengerichtliche Maßnahmen aus den §§ 1666, 1666 a (BayObLG FuR 1994, 238) sowie strafrechtliche Sanktionen aus den §§ 223 ff, 185, 239, 240 StGB – soweit die Tatbestandsmerkmale dieser Normen erfüllt sind – nicht ausgeschlossen. Das „Recht des Kindes auf gewaltfreie Erziehung" berührt den **zivilrechtlichen** wie den **strafrechtlichen** Kindesschutz nicht unmittelbar – die Strafbarkeit bleibt unverändert bestehen (BT-Drucks 14/1247, 3, 5), jedoch entfaltet § 1631 Abs 2 sowie die mit **§ 16 Abs 1 Satz 3 SGB VIII** erfolgte **sozialrechtliche** Anfügung (vgl Rn 80) nachhaltige mittelbare Auswirkungen auf die Anwendung des Zivil- wie des Strafrechts (vgl hierzu SALGO RdJB 2001, 283, 289 ff). Die mangelnde unmittelbare Durchsetzbarkeit und Erzwingbarkeit des § 1631 Abs 2 ändert nichts an der **Rechtsnormqualität** dieser Bestimmung (vgl GERNHUBER/COESTER-WALTJEN § 57 Rn 89 bereits für die frühere Fassung des SorgeRG). Es ist folglich nicht lediglich ein sittliches Gebot gesetzlich normiert worden. Zwischen Bürgerlichem Recht, Sozialrecht und Strafrecht bestehen somit keine Wertungswidersprüche (KNÖDLER 60); zu den Austrahlungswirkungen auf die gesamte Rechtsordnung vgl COESTER (2005) 758.

3. Positives und negatives Erziehungsleitbild

Bei § 1631 Abs 2 handelt es sich – neben § 1626 Abs 2 – um die einzige Vorschrift im **68** Familienrecht, die Erziehungsmaßnahmen ausdrücklich – und dies inzwischen nicht mehr nur negativ (zum früheren Rechtszustand RAMM § 43 II 2 b) anspricht, sondern näher positiv zu umschreiben sucht (LÜDERITZ/DETHLOFF § 13 Rn 72). Der Zusammenhang mit den §§ 1626 Abs 2, 1618a, 1631a ist deutlich: Während diese Bestimmungen ausschließlich positive Beispiele, Erwartungen und Vorgaben zu innerfamiliärer Kommunikation gesetzlich umschreiben, um Einfluß auf den Erziehungsstil zu bekommen, beschreibt § 1631 Abs 2 nunmehr ein **positives** („Kinder haben ein Recht auf gewaltfreie Erziehung") **und ein negatives Erziehungsleitbild** („Körperliche Bestrafungen, seelische Verletzungen und andere entwürdigende Maßnahmen sind unzulässig").

4. Verfassungsrechtliche Vorgaben

Letztlich geht es um nichts anderes als um die **Wahrung der Grundrechte des Kindes 69**

(BT-Drucks 14/1247, 5; STAUDINGER/COESTER [2004] § 1666 Rn 3, 95). In § 1631 Abs 2 kommt zum Ausdruck, daß die grundsätzlich freie Wahl der Erziehungsmittel (so auch BGB-RGRK/WENZ Rn 18) durch verfassungsrechtliche Vorgaben begrenzt ist. Insoweit stellt § 1631 Abs 2 eine deutliche Einschränkung bei der Wahl der zulässigen Erziehungs-mittel dar. Mit wachsendem Nachdruck verdeutlichte der Gesetzgeber des SorgeRG, des KindRG und schließlich des **Gesetzes zur Ächtung der Gewalt in der Erziehung**, daß einerseits der **Vertrauensvorschuß an Eltern nicht grenzenlos** (Art 6 Abs 2 S 2 und Abs 3 GG) ist (vgl SACHSSE/TENNSTEDT 87, 103), andererseits der Schutz der Menschen-würde (Art 1 Abs 1 GG) und das Recht auf körperliche Unversehrtheit (Art 2 Abs 2 S 1 GG) auch und gerade für Kinder gelten. Die immer wieder hervorgehobene **Pflichtgebundenheit des Elternrechts** wird hiermit konkretisiert und materialisiert, was zugleich zu einer Verengung des noch akzeptierten elterlichen Handlungsrah-mens führt. Adressaten der Verbotsnorm sind Eltern, Pfleger (§ 1905), Vormund (§ 1805), Pflegeeltern, Stiefeltern, Lebenspartner und alle Personen, denen elterliche Befugnisse zur Ausübung übertragen worden sind.

5. Rechtstatsächliche Daten

70 Verschiedene Untersuchungen aus den letzten Jahren haben ein hohes Ausmaß an körperlicher Gewaltanwendung gegen Kinder auch in der Familie aufgezeigt (BT-Drucks 14/1247, 4 mwNw). Angesichts dieser rechtstatsächlichen Daten hinsichtlich Verbreitung, negativer Folgen und Spätfolgen familialer Gewalt (ebd: uva größere Gewaltbereitschaft von Jugendlichen, die selbst Gewalt in ihren Familien erfahren hatten), aber auch in Anbetracht der erheblichen ökonomischen Folgekosten von in der Familie erlittener Gewalt gegen Kinder und Jugendliche für Staat und Gesell-schaft war der Gesetzgeber zum Handeln nicht nur befugt, sondern auch verpflich-tet.

6. Der humanwissenschaftliche Befund

71 Auch der **humanwissenschaftliche Befund** bezüglich der Wirkungen von Körperstra-fen fiel eindeutig aus: Diese sind „nicht nur weitgehend unwirksam, sondern sogar schädlich ... Sie fördern nicht die Erreichung des Sozialisationsziels und führen zu psychischen Störungen und Fehlanpassungen" (vgl SCHNEIDER 223 sowie BT-Drucks 14/1247, 4 jew mwNw; KINDLER 16 ff hinsichtlich miterlebter häuslicher Gewalt; RIEMER ZfJ 2003, 332). Diesem Befund, über den in den einschlägigen Humanwissenschaften kein Streit besteht (so auch ua die Einschätzung von DIEDERICHSEN, in: Zur Sache 181; SCHNEIDER 223 ff sowie ALBRECHT RdJB 1994, 198, 207; RIEMER ZfJ 2003, 332), konnte sich weder das zivilrechtliche Kindesschutzrecht noch das Strafrecht auf Dauer verschließen (BT-Drucks 14/1247, 5). Spätestens mit dem KindRG war der früher **gewohnheitsrechtlich anerkannte Rechtfertigungsgrund** des elterlichen Züchtigungsrechts durch die seiner-zeit vorgenommene Änderung des § 1631 Abs 2 im Strafrecht **entfallen**; allerdings waren dennoch einflußreiche Stimmen aus Theorie und Praxis lange Zeit nicht bereit, dies zu akzeptieren (hierzu SALGO RdJB 2001, 283, 284 f).

7. Das Ende der familienrechtlichen Züchtigungsbefugnis

72 Lange Zeit schien das Eltern-Kind-Verhältnis, nachdem im Zuge der Aufklärung Körperstrafen aus dem Arsenal des Strafrechts und auch aus dem unter Erwachsenen geltenden Familienrecht sowie aus dem Schulrecht verschwunden waren (vgl zu diesen Entwicklungen grundlegend ZENZ 35 ff; RIEMER ZfJ 2003, 328 f), das letzte noch verbliebene Refugium angeblich gerechtfertigter Gewaltanwendung (hierzu auch HONIG 261 ff) auch noch in einer Ära geblieben zu sein, die von einer allgemein verbreiteten, wenn auch noch nicht erfolgreich umgesetzten **Gewaltächtung in allen Lebensbereichen** gekennzeichnet ist (vgl Änderungen im Polizeirecht aller Bundesländer das Gewaltschutzgesetz, § 1666a Abs 2 S 2). Die Herleitung eines elterlichen Züchtigungsrechts aus dem „natürlichen" Elternrecht der Verfassung (so MAUNZ/DÜRIG/HERZOG Art 2 Abs 2 GG Rn 42, anders bereits ebd Rn 47) vermochte nicht zu überzeugen, greifen doch körperliche Züchtigungen stets in die körperliche Unversehrtheit und damit in den Schutzbereich des Art 2 Abs 2 S 1 GG und in die Menschenwürde (Art 1 Abs 1 GG) ein. Diesem gegenüber konnte sich auch die lange Zeit vertretene **gewohnheitsrechtliche Geltung** eines Züchtigungsrechts (BGHSt 11, 241, 249) auf Dauer nicht behaupten (wie hier MORITZ 253; RAMM § 43 II 2 b bb). Ebensowenig überzeugend fallen Bemühungen aus, das elterliche Züchtigungsrecht aus dem Elternrecht als vorstaatlichem Recht abzuleiten. Dem war mit STAUDINGER/DONAU[10/11] Rn 31 entgegenzuhalten, daß man mit einer solchen Begründung sämtliche Bestimmungen der §§ 1626 ff – die eine Konkretisierung des Elternrechts der Verfassung auf dem Gebiet des bürgerlichen Rechts darstellen – als gegenstandslos oder sogar – je nach Auffassung – als naturrechtswidrig bezeichnen könnte.

Mit der in der 14. Legislaturperiode erfolgten „Ächtung der Gewalt in der Erzie- **73** hung" wurde dieser Standpunkt vom Gesetzgeber unterstrichen (BT-Drucks 14/1247, 3): Folglich bestehen nunmehr auch **keine** entspr straf- bzw zivilrechtlichen **Rechtfertigungsgründe** (so noch STAUDINGER/DONAU[10/11] Rn 33; vgl auch unten Rn 78). „Mit der Erkenntnis, daß körperliche Strafen nicht der Erreichung eines höherrangigen Erziehungszwecks dienen, hat die den Eltern gewährte Befugnis, Rechtsgüter des Kindes zu verletzen, vielmehr ihre innere materielle Rechtfertigung verloren" (SCHNEIDER 225). Die **nutzlose Schmerzzufügung** konnte auch **grundrechtlich nicht geschützt** sein (ALBRECHT RdJB 1994, 198, 205). Die frühere **hM befürwortete** zwar weiterhin das **Züchtigungsrecht** als eine aus den elterlichen Erziehungsbefugnissen abgeleitete Maßnahme bis hin zur „verdiente(n) Tracht Prügel" (PALANDT/DIEDERICHSEN[57] Rn 9; anders inzwischen PALANDT/DIEDERICHSEN[66] Rn 11); früher zB ERMAN/MICHALSKI Rn 8: „Richtiger Ansicht nach ist das Recht, ein Kind notfalls zu züchtigen, mit den Erziehungsaufgaben der Eltern untrennbar verbunden"; inzwischen gab auch dieser Autor diesen Standpunkt auf, ERMAN/MICHALSKI (2004) Rn 8. Dieser frühere Standpunkt soll nach der Gesetz gewordenen Fassung des § 1631 Abs 2 aF zulässig gewesen sein. Die „Tracht Prügel" wie die Ohrfeige waren hingegen seinerzeit bereits „entwürdigende Erziehungsmaßnahmen", weil hierdurch das Machtgefälle und die Hilflosigkeit, das Ausgeliefertsein des Kindes und dessen Ohnmacht zum Ausdruck kommen (hierzu REICHERT/HAMMER JZ 1988, 617, 619).

Die bei körperlicher Züchtigung eingesetzte physische Energie kann zB bei älteren Kindern, im Gegensatz zu Kleinkindern, von sekundärer Bedeutung sein, weshalb je nach Umständen auch schon der „Klaps" (vgl hierzu Rn 86) in den Bereich der nach dieser Bestimmung unzulässigen Maßnahmen fallen kann, nicht stets fallen muß. Auffallend war aber bereits eine allmähliche indirekte Annäherung der früheren hM an die damalige Mindermeinung zwar nicht im Grundsätzlichen, jedoch im Ergebnis: der zulässige Rahmen und die Einsatzmöglichkeiten für körperliche Züchtigung

wurde (zB bei MünchKomm/Hinz³ Rn 23, Beitzke/Lüderitz § 27 II 1 b sowie BGB-RGRK/
Wenz Rn 20) zunehmend enger (auch Zenz 40) definiert. Diesen Wandel brachten zB
die überaus kritischen Stellungnahmen zur Wasserschlauch-Entscheidung des BGH
(JZ 1988, 617) zum Ausdruck (zB von MünchKomm/Hinz³ Rn 23; zur Bedeutung der Rechtfertigungsgründe nach früherem und geltendem Recht vgl LG Berlin ZfJ 2006, 103, 105; grundsätzlich
gegen eine Freistellung der strafrechtlichen Verantwortlichkeit Kargl, 57).

8. Ambivalenzen und Dilemmata der Gesetzgebung

74 Die Ambivalenz, Hilflosigkeit und Unzufriedenheit mit der Regelung des § 1631
Abs 2 aF ließ sich bereits an einer nicht abbrechenden **rechtspolitischen Debatte** mit
einer Vielzahl von **Gesetzesvorschlägen** ablesen (zur Rechtsentwicklung sowie zu den
Änderungsvorschlägen vgl BT-Drucks 14/1247, 3 f). Nur einen vorläufigen Höhepunkt stellte
der in der 12. Legislaturperiode gescheiterte Regierungsentwurf zu einem Mißhandlungsverbotsgesetz (BT-Drucks 12/6343) mit einer Neufassung des § 1631 Abs 2 (E) dar:
*„Körperliche und seelische Mißhandlung und andere entwürdigende Maßnahmen
sind unzulässig."* Immerhin sah sich die Bundesregierung seinerzeit – wohl auch
unter dem Druck der Verbände (insbes des Deutschen Kinderschutzbundes), der
Empfehlungen der Gewaltkommission (Schwind/Baumann [Hrsg] ua Bd I 157 f, 318), der
Kinderkommission des Deutschen Bundestages wie der Opposition (vgl BT-Drucks 12/
6783 [SPD] und bereits BT-Drucks 11/7135 [Die Grünen]) zu einer Präzisierung veranlaßt,
weil die bis dahin gültige Regelung ihre Aufgabe, den Unterschied zwischen erlaubten und verbotenen Maßnahmen – insbesondere die Unzulässigkeit von Mißhandlungen – deutlich zu machen, nicht erfüllt habe (BT-Drucks 12/6343, 4). Dennoch
gelangte dieser zu Recht kritisierte und in der 12. Legislaturperiode gescheiterte
Reformansatz kaum über die Reichweite der bis dahin geltenden Regelung hinaus
(kritisch auch Gernhuber/Coester-Waltjen⁴ § 57 VIII 2 Fn 5; vgl auch Stellungnahme des Deutschen Familiengerichtstags FamRZ 1993, 1167). In der rechtspolitischen Debatte fand der
Standpunkt, daß erst bei einem expliziten familienrechtlichen Verbot von Gewalt
(zur Problematik vgl BT-Drucks 12/6343, 13) als Erziehungsmittel für das Weiterexistieren
eines wie auch immer begründeten Rechtfertigungsgrundes kein Raum mehr besteht, keinen Rückhalt, sah doch die hM weiterhin (vgl nur Palandt/Diederichsen⁵⁷⁻⁵⁹
Rn 9; s auch Staudinger/Donau¹⁰/¹¹ Rn 33) in einer zulässigen Ausübung des Züchtigungsrechts einen die Rechtswidrigkeit ausschließenden Rechtfertigungsgrund.
Zwar verpflichtet Art 19 Abs 1 **UN-Konvention über die Rechte des Kindes** die
Bundesrepublik als Vertragsstaat, geeignete Maßnahmen zu treffen, „um das Kind
vor jeder Form körperlicher oder geistiger Gewaltanwendung, Schadenszufügung
oder Mißhandlung ... zu schützen". Die Bundesregierung erkannte seinerzeit indes
keine Veranlassung zum Tätigwerden (vgl BT-Drucks 12/6343, 7: Das in Art 19 Abs 1 UN-
Konvention über die Rechte des Kindes enthaltene Verbot rechtswidriger Gewaltanwendung sei
schon seinerzeit im deutschen Recht enthalten gewesen); dennoch sah sie doch hierin einen
wichtigen Impuls für ihre Reformbemühungen zur Neufassung von § 1631 Abs 2.

9. Regelungen in anderen Rechtsordnungen

75 Zu den Regelungen in anderen Rechtsordnungen vgl BT-Drucks 12/6343, 6 f sowie
insbes Ziegert (14 ff), der überzeugend nachwies, daß jegliches zivilrechtliches
Züchtigungsverbot nur Sinn hat, wenn es die gesellschaftlichen Sichtweisen berücksichtigt und in ein dichtes Netz anderer sozialpolitischer Maßnahmen eingebunden

ist; vgl zu den flankierenden, gezielt bewußtseinsbildenden Maßnahmen SCHNEIDER 227. Bestrafungs- und Gewaltverbote Eltern gegenüber in einigen europäischen Ländern (Schweden, Norwegen, Dänemark, Österreich) haben schließlich die jüngste rechtspolitische Debatte und die abschließende Gesetzgebung maßgeblich beeinflußt (BT-Drucks 14/1247, 4 f; BUSSMANN 316 ff; ders RdJB 2001, 35, 48 ff).

10. Keine Ausweitung der Strafbarkeit

Wie an kaum einer anderen Norm drückte sich bereits an § 1631 Abs 2 aF seit der **76** ersten Aufnahme ins BGB im Jahre 1979 eine Ambivalenz wie eine gewisse Hilflosigkeit des Gesetzgebers aus: Einerseits bestand eine Scheu vor staatlichen Reglementierungen der Familie (vgl Rn 26 ff), andererseits konnte auch der Gesetzgeber auf der einfachgesetzlichen Ebene nicht mehr die Augen vor rechtstatsächlich belegten gravierenden Spannungssituationen zwischen Elternrecht und Kindeswohl verschließen. Hinzu trat das Dilemma eines zivilrechtlichen Verbots von Körperstrafen: Trotz der damit erneut bekräftigten Abschaffung des zuvor von der hM anerkannten Rechtfertigungsgrundes für ein Züchtigungsrecht im Strafrecht sollten dysfunktionale Wirkungen strafrechtlicher Verfolgung vermieden werden (BUSSMANN 397; BT-Drucks 14/1247, 6 f). Immer wieder wurde dieser Standpunkt in der rechtspolitischen Debatte unterstrichen. Dieser Hilflosigkeit will der Gesetzgeber nunmehr nicht nur mit einer präziser formulierten zivilrechtlichen Einschränkung der erlaubten Mittel der Erziehung sowie einem positiven Erziehungsleitbild, sondern auch mit einer **sozialrechtlichen Stützungsstrategie** begegnen (§ 16 Abs 1 Satz 3 SGB VIII), um Eltern den Weg zum Hilfesystem des Kinder- und Jugendhilferechts zu öffnen: „Ziel des Gesetzentwurfs ist die Ächtung der Gewalt in der Erziehung ohne Kriminalisierung der Familie. Nicht die Strafverfolgung oder der Entzug der elterlichen Sorge dürfen deshalb in Konfliktlagen im Vordergrund stehen, sondern Hilfen für die betroffenen Kinder, Jugendlichen und Eltern" (BT-Drucks 14/1247, 5 r Sp; vgl auch bereits 10. Kinder- und Jugendbericht, BT-Drucks 13/11368, 167 sowie 2. Staatenbericht an die Vereinten Nationen, BR-Drucks 373/01, Nr 481 ff). Die zivilrechtliche Veränderung in § 1631 Abs 2 zeigt bereits erste und zu erwartende Wirkungen auf das Strafrecht (Nachw bei RIEMER 398 ff; vgl noch die andere Einschätzung von ROHMANN Kind-Prax 2000, 174), wenn auch nach wie vor Strafurteile auch angesichts des Verbreitungsgrades von Gewalt gegenüber Kindern nicht Ausnahme bleiben (AG Burgwedel JAmt 2005, 50; AG Köln v 16. 10. 2003 – 524 Ds 337/03; die weiteren von RIEMER 389 angeführten strafrechtlichen Sanktionen einzelner Gerichte scheinen nicht von der zivilrechtlichen Reform beeinflußt und wären auch nach früherem Recht nicht anders ausgefallen).

11. Auswege aus der „Kriminalisierungsfalle"

Das Ende des „Züchtigungsrechts" im Familienrecht muß keineswegs zu einer **77** „Kriminalisierungsautomatik" im Strafrecht führen. Körperliche Disziplinierung bei Überschreiten bestimmter Erheblichkeitsschwellen erfüllt nun einmal den Tatbestand der Körperverletzung (§ 223 StGB). Der immer wieder ins Feld geführte „Klaps" ist keine „Gewalt", idR nicht tatbestandsmäßig nach der früheren Rechtsprechung – jedoch kann der Klaps die Spitze des nach außen erkennbar gewordenen Eisbergs von Gewalt sein, auch die Gefahr einer Eskalation ist nicht zu unterschätzen, denn „die Übergänge zwischen schwer traumatisierenden seelischen Mißhandlungen und leichteren seelischen Verletzungen [sind] fließend" (PRENGEL 9).

78 Die jüngsten Reformen des § 1631 Abs 2 haben zweifelsohne den „klassischen" **Rechtfertigungsgrund des elterlichen Züchtigungsrechts beseitigt** (TRÖNDLE/FISCHER[54] StGB § 223 Rn 18; ROXIN 177; HEGER/SCHOMBURG, Kind-Prax 2000, 171, 172; HOYER, FamRZ 2001, 521, 523). Dies war an sich nach der hier vertretenen Auffassung bereits durch das SorgeRG von 1979 der Fall („entwürdigende Erziehungsmaßnahmen sind unzulässig"), war spätestens aber durch das KindRG von 1997 klargestellt (BT-Drucks 14/1247, 6) „Wenn der Grad der körperlichen Einwirkung die Erheblichkeitsschwelle einer Körperverletzung erreicht und Rechtfertigungsgründe nicht (mehr) ersichtlich sind, dann kann eine Ohrfeige von den Eltern strafrechtlich nicht anders bewertet werden als eine zwischen Erwachsenen. Am Prinzip der Einheitlichkeit der Rechtsordnung kann unter dieser rechtstheoretischen Perspektive nicht gerüttelt werden" (BUSSMANN 446). Einzelne Vertreter der Strafrechtswissenschaft (GÜNTHER 893; vgl zu den Widerständen aus Teilen der Rechtswissenschaft die Nachweise bei KNÖDLER 63 ff; RIEMER 388 f) hatten für elterliche Züchtigungen einen speziellen „Strafunrechtsausschluß" gefordert, als sich bereits das Ende der Tatbestandslösung abzeichnete, sie konnten sich aber in der Strafrechtswissenschaft nicht durchsetzen. Bemerkenswert scheint, daß von Teilen der Strafrechtswissenschaft hier mit enormen Begründungsaufwand weiterhin Umgehungsstrategien entworfen werden, um mißliebige gesetzgeberische Entscheidungen zu umgehen (GÜNTHER aaO; HOYER FamRZ 2001, 521, 523 f), statt andere genuin strafrechtliche Lösungen, die ohnehin in der aktuellen Strafrechtsentwicklung die Diskussion um ein zeitgemäßes Sanktionssystem bestimmen, weiterzuentwickeln.

79 Das Stichwort wäre hier die auch im Erwachsenenstrafrecht auszubauende **Diversion**. Das Strafrecht wird selbständig auf familienrechtswidrige Handlungen, die auch Straftatbestände verwirklichen, mit einer Vielzahl von Möglichkeiten insbesondere der Diversion reagieren können und müssen. Über die möglichen und wahrscheinlichen dysfunktionalen Auswirkungen von strafrechtlicher Verfolgung auf die Familie besteht Einigkeit. Es muß also ein **Ausweg aus der „Kriminalisierungsautomatik"** gefunden werden, der gleichwohl die unmißverständliche Absage an Gewalt in der Erziehung nicht relativiert. Im „Schatten" der zur Normstabilisierung des zivilrechtlichen Gewaltverbots erforderlichen und auch nunmehr unmißverständlichen strafrechtlichen Absage an Gewalt als Erziehungsmittel bietet sich ein **prozeduraler Weg** (BUSSMANN 397, 429 ff) in Kombination mit einer sozialrechtlichen Lösung (WIESNER 59; COESTER [2005] 759; SALGO RdJB 2001, 283 ff) an, die sich aus § 16 Abs 1 S 3 SGB VIII (KJHG) ergibt.

12.   Die sozialrechtlichen Hilfsangebote

80 Da sozialrechtlich ohnehin *Wege aufzuzeigen sind, wie Konfliktsituationen in der Familie gewaltfrei gelöst werden können*, bieten sich variantenreiche Möglichkeiten für die Strafverfolgungsbehörden zur **Kooperation** mit freien und öffentlichen Trägern der Kinder- und Jugendhilfe an, die im Rahmen einer **Verfahrenseinstellung** nach § 153a StPO zur Weiterentwicklung von **Diversionsmodellen** genutzt werden könnten – ein bereits von der **Gewaltkommission** befürworteter Weg (SCHWIND ua 318). Sozialrechtlich sind nämlich ohnehin zur Verwirklichung des Gesetzesauftrages aus § 16 Abs 1 S 3 SGB VIII Modelle mit therapeutischen und beraterischen Elementen (zB Trainingskurse; Videotraining) zu entwickeln und bereitzuhalten (GK-SGB VIII/SCHLEICHER § 16 Rn 2q zu den Konsequenzen für die Jugendhilfe sowie PESCHEL-GUT-

ZEIT FPR 2000, 231, 232: „Einen breiten Raum werden künftig die Hilfsangebote der Jugendhilfe einnehmen müssen"; ebenso SALGO RdJB 2001, 283, 289 ff). Bemerkenswert in diesem Zusammenhang ist einerseits, wie knapp die Einzelbegründung zu dieser zentralen sozialrechtlichen Ergänzung im Gesetzentwurf ausfiel (BT-Drucks 14/1247, 8) – im Gesetzgebungsverfahren wurde um diese Passage zwischen Bund und Ländern lange und heftig gestritten. Andererseits darf jedoch nicht in Vergessenheit geraten, dass bereits der Gesetzesentwurf hinsichtlich der Kosten für die öffentlichen Haushalte unter „Vollzugsaufwand" eine beachtliche Erwartung ausspricht: „Durch die flankierend vorgesehene Ergänzung des Kinder- und Jugendhilfegesetzes um Angebote zur Förderung der gewaltfreien Erziehung sind insbesondere durch vermehrten Personalaufwand Mehrkosten bei den Jugendämtern zu erwarten, die derzeit nicht zu beziffern sind" (BT-Drucks 14/1247, 1). Dies ist insofern von erheblicher Bedeutung, als § 16 Abs 1 S 3 SGB VIII eine fast wortwörtliche Übernahme der von der damaligen Bundesregierung vorgeschlagenen Ergänzung zum in der 12. Legislaturperiode gescheiterten *Misshandlungsverbotsgesetz* (BT-Drucks 12/6343, 18: § 16 Abs 1 S 3 SGB VIII-E, idF des gescheiterten Mißhandlungsverbotsgesetzes) ist: „Sie sollen Wege aufzeigen, wie Konfliktsituationen in der Familie ohne Gewalt gelöst werden können"; seinerzeit ging nämlich die Bundesregierung noch davon aus, daß ihr Vorschlag keine Kostenfolgen nach sich zieht (BT-Drucks 12/6343, 18).

Zwar folgt der Gesetzgeber in der 14. Legislaturperiode nicht der höchst problematischen Sichtweise der Bundesregierung in der 12. Legislaturperiode, indes lauern trotz der obigen Aussage wegen des nicht unerheblichen Gefälles hinsichtlich der personellen Ausstattung und der fachlichen Kompetenz der einzelnen Jugendämter erhebliche Gefahren für die Implementierung des Hilfeansatzes des Gesetzes zur Ächtung der Gewalt in der Erziehung (vgl WIESNER 63 zu haushaltspolitischen Auswirkungen der Reform sowie BALTZ ZfJ 2000, 210, 213 f). Soweit Eltern bereit sind, entsprechende – hoffentlich alsbald bundesweit bereitstehende – sozialrechtliche Angebote in Anspruch zu nehmen und damit entsprechende „Beratungsauflagen" erfüllen (vgl BMJ, Arbeitsgruppe Vorschlag zur Reform des § 1666: familiengerichtliches Gebot, öffentliche Hilfen zB der Kinder- und Jugendhilfe anzunehmen), wird das Legalitätsprinzip des Strafrechts damit nicht aus den Angeln gehoben. Einstellungsmöglichkeiten nach Erfüllung entsprechender Auflagen führen „nicht zu einer Neutralisierung der normstabilisierenden Wirkung des materiellen Strafrechts bzw Familienrechts" (BUSSMANN 447) – im Gegenteil. **81**

13. Neue Diversionsstrategien im Strafrecht im Verhältnis zu neuen Programmatiken im Zivil- und Jugendhilferecht

Im „Schatten des Strafrechts" unter Markierung von Unrecht wird erst ein Verzicht **82** auf Strafe möglich. Wenn die Jugendhilfe „Eltern und Kindern wirklich helfen will" – was zweifelsohne zu ihrem genuinen Gesetzesauftrag gehört – wird sie sich auf den „Deal" der Eltern mit der Staatsanwaltschaft einlassen und erstere auf dem Weg zu einer Verfahrenseinstellung – in Erfüllung eines eigenen Gesetzesauftrags aus § 16 Abs 1 S 3 SGB VIII – unterstützen müssen. Der zivilrechtliche Kindesschutzauftrag der Justiz ist bereits seit 1979 auf Kooperation mit der Kinder- und Jugendhilfe aufgrund von § 1666a Abs 1 verpflichtend angelegt, wie auch die Kinder- und Jugendhilfe die Justiz in ihrem Tätigkeitsfeld unterstützen muß (§ 50 SGB VIII; §§ 49, 49a FGG). Jugendhilfe und Justiz müssen den Grundrechtsschutz zugunsten Minderjähriger verwirklichen, sicherlich auf unterschiedlichen Wegen und mit je spezifischen Mitteln; hierbei ergeben sich zwangsläufig Kooperations-, aber auch Abstandsgebote (vgl MEISEN/SCHINDLER JAmt 2004, 449, 454: „Verantwortungsgemeinschaft zur Abschaffung und Abwendung von Kindeswohlgefährdungen"). Die aufgrund des **Gesetzes zur Ächtung der Gewalt in der Erziehung** neu entstandene Situation für Jugendhilfe und Justiz fordert einerseits neue Diversionsstrategien in der Strafjustiz und andererseits neue Programmatiken in der Jugendhilfe. Lassen sich Eltern/-teile nicht auf solche neuen von der Kinder- und Jugendhilfe zu entwickelnden und dringend bereitzustellenden Programme (hierzu EHRHARDT-RAUCH, ZfJ 2004, 59) ein, müssen sie mit strafrechtlichen Konsequenzen, aber auch mit zivilrechtlichen Kindesschutzmaßnahmen rechnen (SALGO RdJB 2001, 283, 289 ff).

Die hier noch zu entwickelnden Lösungsansätze, die sich an alle Schichten und nicht nur Angehörige der Mittelschicht richten, haben auch für die Entscheidungspraxis der Familiengerichte erhebliche Auswirkungen im Rahmen zivilrechtlicher Kindesschutzverfahren gem §§ 1666, 1666a (STAUDINGER/COESTER [2004] § 1666 Rn 186): Soweit sich Eltern auf Hilfsangebote aus dem neuen Rahmen des § 16 Abs 1 S 3 SGB VIII einlassen, muß das Familiengericht prüfen, ob hiermit das durch seine Eltern gefährdete Kind nunmehr wirksam doch noch mit und über seine Eltern geschützt werden kann. Für Eltern könnte es sich folglich zivil- und strafrechtlich „auszahlen", sich auf entsprechende Diversionsangebote einzulassen. Jugendamt und Familiengericht ihrerseits blieben in der ihnen ohnehin zukommenden Verantwortung, die Wirksamkeit entsprechender Programme im Hinblick auf den erforderlichen Schutz für das Kind zu überprüfen. Für den zivilrechtlichen Kindesschutz gem §§ 1666, 1666a könnten sich also insofern positive Rückwirkungen ergeben, als die auch dem Familiengericht zu Gebote stehenden Möglichkeiten, den Eltern Auflagen und Gebote zu machen, bestimmte Hilfen in Anspruch zu nehmen, nunmehr um das von den Jugendämtern bereit zu haltende spezifische Angebot aus § 16 Abs 1 S 3 SGB VIII erweitert werden müssen.

14. Das „Recht auf gewaltfreie Erziehung"

83 Das „Recht auf gewaltfreie Erziehung" soll verdeutlichen, daß das Kind als Person mit eigener Würde und als Träger von Rechten und Pflichten die Achtung seiner Persönlichkeit auch von seinen Eltern verlangen kann (Begründung des Fraktionsentwurfs BT-Drucks 14/1247, 5). Ausdrücklich verworfen wurde die im Entwurf des Kinderrechteverbesserungsgesetzes vorgeschlagene Formulierung: „Kinder sind gewaltfrei zu erziehen" (BT-Drucks 14/2096, 5). Um einen vom Kind gegen seine Eltern einklagbaren Rechtsanspruch sollte es sich nach Ansicht der Regierungsfraktionen dennoch nicht handeln (Plenarprotokoll 14/114, 10895 A; ebenso MünchKomm/HUBER Rn 18). Der Gesetzgeber knüpft gezielt nicht an einen strafrechtlichen Gewaltbegriff an, sondern wollte den Begriff der „gewaltfreien Erziehung" durch S 2 konkretisieren (BT-Drucks 14/1247, 7). Der Gesetzgeber wollte sicherstellen, daß das Kind ein Recht auf Erziehung hat, die auf jegliche Art von körperlicher Bestrafung oder seelischer Verletzung verzichtet (ebd). Mit der spektakulären Formulierung „Das Kind hat ein Recht auf gewaltfreie Erziehung" zielt der Gesetzgeber, wie bereits der Gesetzgeber des KindRG bei § 1684 Abs 1 HS 1 („Das Kind hat das *Recht auf Umgang* ..."; BT-Drucks 13/8511, 68) in erster Linie auf eine **Bewußtseinsänderung** der Eltern (BT-Drucks 14/1247, 7; HEGER/SCHOMBURG KindPrax 2000, 171, 172), um mit einem Appell eine erhöhte Aufmerksamkeit zu erzielen (MünchKomm/Huber Rn 30). Auch wenn der Gesetzgeber **keine Sanktionsmöglichkeiten** vorsah, handelt es sich nun nicht mehr um ein bloßes unverbindliches Leitbild: Der Gesetzgeber schränkt das grundrechtlich verbürgte Elternrecht hinsichtlich der erlaubten Mittel der Erziehung ein (Schwab Rn 547). Wendet sich ein Kind unter 14 Jahren an das FamG, weil es sein Recht auf gewaltfreie Erziehung durchsetzen will, wird das FamG einen solchen „Antrag" ohnehin nicht mangels Antragsberechtigung zurückweisen dürfen, vielmehr diesen Hinweis von Amts wegen stets aufgreifen müssen (§ 12 FGG), weil unter diesen Umständen geklärt werden muß, ob nicht eine Gefährdung des Kindeswohls iSv § 1666 Abs 1 gegeben ist (MünchKomm/Huber Rn 31). Das gesetzlich festgeschriebene Prinzip gewaltfreier Erziehung erfaßt sämtliche Bereiche elterlichen Handelns; sie gilt keinesfalls lediglich für die „Erziehung" (so aber Hoyer FamRZ 2001, 521, 524; nicht eindeutig Schwab Rn 548, der zwar ein allgemeines Gewaltverbot anerkennt, aber dieses ebenfalls auf Erziehungsmaßnahmen beschränkt sieht).

Solche Tendenzen lassen sich nach wie vor etwa anhand jüngster Stellungnahmen **84** zur Reform nachweisen, welche nur mit Widerstreben bereit sind, die neue Gesetzeslage zu akzeptieren und zu aberwitzigen rechtsdogmatischen Lösungen aufrufen (so Hoyer FamRZ 2001, 521, 524 f): das Gewaltverbot etwa soll sich nur auf „Erziehung", nicht aber auf die anderen Personensorgebereiche des § 1631 Abs 1 wie „Pflege", „Beaufsichtigung" und „Aufenthaltsbestimmung" beziehen – somit in diesen anderen Bereichen der Personensorge „Züchtigungsmaßnahmen" oder Gewaltanwendung zulässig sein sollen, verfolge doch diese Züchtigung, wenn damit das Kind von selbstschädigendem oder -gefährdendem Verhalten abgehalten werden soll, gar keinen Erziehungszweck (ebd). Eine solche künstliche Aufspaltung der ganzheitlichen Personensorge (hierzu Rn 22) zur Rettung von Gewaltanwendung in der Eltern-Kind-Beziehung vermag nicht zu überzeugen: Eltern dürfen bei der Ausübung der Personensorge körperliche Bestrafungen, seelische Verletzungen und andere entwürdigende Maßnahmen nicht mehr einsetzen (Peschel-Gutzeit, Frühe Kindheit 2/2001, 4, 6). Das Prinzip gewaltfreier Beziehungen durchdringt das gesamte Familienrecht und entfaltet Wirkungen nicht etwa nur auf die Anwendung des zivilrechtlichen Kindesschutzes in den §§ 1666, 1666a oder bei Anwendung des Kindeswohlprinzips des § 1697a (hierzu Staudinger/Coester [2006] § 1697a Rn 1), sondern auch auf andere zentrale Entscheidungssituationen (zB bei §§ 1361b Abs 1, 1611, 1628, 1671, 1672, 1684). Das Prinzip der Gewaltfreiheit in Familienbeziehungen wird zu einem über diesen uva Einzelvorschriften schwebenden Grundprinzip (Schwab Rn 547: Konkretisierung des allgemeinen Gewaltverbotes; vgl auch das GewaltschutzG).

Das Recht auf gewaltfreie Erziehung verbietet selbstverständlich nicht objektiv **85** erforderliche und effektive Maßnahmen der Gefahrenabwehr (vgl GK-SGB VIII/ Schleicher § 16 Rn 2k), zu denen Eltern bereits aufgrund der Aufsichtspflicht befugt und sogar verpflichtet sind. Der Umfang und die Häufigkeit der kontroversen rechtspolitischen Debatte um solche uU unter Körpereinsatz erfolgenden Interventionen ließ den Eindruck aufkommen, daß es eher um Akzeptanzprobleme gegenüber dem Grundanliegen der Rechtspolitik ging. Selbstverständlich muß nach wie vor das Baby vor dem Sturz vom Wickeltisch oder das Kind vor dem Sturz in einen reißenden Fluß oder in einen tiefen Abgrund bewahrt bleiben, ebenso das Kind im Straßenverkehr, bei Gefahr an einer Rolltreppe oder an der Bahnsteigkante festgehalten werden; Eltern dürfen und müssen erforderlichenfalls korrigierend in den

Geschehensablauf eingreifen (Staudinger/Eberl-Borges [2002] § 832 Rn 97, 101). Auch
darf und muß dem mit einem gefährlichen Gegenstand hantierenden Kind erforderlichenfalls ein solcher Gegenstand entrissen, uU bei Versagen anderer Möglichkeiten ein Kfz-Schlüssel weggenommen werden. Selbstverständlich muß der Umgang
mit gefährlichen Gegenständen und Situationen gelernt und geübt werden, jedoch
muß das Kind von einer Selbst- oder Fremdschädigung erforderlichenfalls unter
Körpereinsatz ferngehalten werden. Die Heranziehung strafrechtlicher Maßstäbe
und Rechtsfiguren zur Entwicklung eines eigenständigen familienrechtlichen Begriffs „gewaltfreier Erziehung" ist untauglich (aA Bamberger/Roth/Veit § 1631 Rn 20a).
Der Gesetzgeber hat nicht jede körperliche Einwirkung zu präventiven Zwecken
verboten. Eltern dürfen bei gegebenem Anlaß das Kind daran hindern, das Elternhaus zu verlassen. Das ganze Repertoire elterlicher Reaktionen auf kindliches Fehlverhalten ist durch § 1631 Abs 2 nicht tangiert, soweit es sich nicht um körperliche
Bestrafung, um seelische Verletzungen oder andere entwürdigende Maßnahmen
handelt (BT-Drucks 14/1247, 7; GK-SGB VIII/Schleicher § 16 Rn 2k), und soweit der Verhältnismäßigkeitsgrundsatz streng beachtet wird (Huber/Scherer FamRZ 2001, 797, 799).
In den Fällen des rechtfertigenden Notstandes, der Notwehr und der Nothilfe bleibt
auch der Einsatz von Gewalt ausnahmsweise zulässig (vgl Knödler, 65).

15. Das Verbot körperlicher Bestrafung

86 Jegliche Art körperlicher Bestrafung ist unzulässig, auch wenn sie nicht die Intensität
einer Mißhandlung erreicht (BT-Drucks 14/1247, 8). Die Liste nunmehr unzulässiger
körperlicher Bestrafungen ist lang: Die „Tracht Prügel", generell das Schlagen mit
und ohne Schlaggegenstände (mit der Faust oder der flachen Hand), auch die Ohrfeige (hierzu BGH StV 1992, 106: „die körperliche Wirkung einer Ohrfeige, die eine üble, unangemessene Behandlung darstellt, ist, auch wenn sie nur kurz anhält, in der Regel mehr als eine bloß
unerhebliche Beeinträchtigung des körperlichen Wohlbefindens"), aber auch schon ein „Klaps".
Auch geringfügige Einwirkungen können unter den Begriff der „körperlichen Bestrafung" fallen (aA Schwab Rn 548). Zu den verniedlichenden Konnotationen im
diesem Kontext (s auch oben Rn 77) vgl insbes Bussmann 394 f. Ein „leichter Klaps"
könnte auch in den Bereich der unzulässigen entwürdigenden Maßnahmen fallen.
Das gilt auch für ein „hartes Zupacken" in Bestrafungsabsicht, nicht jedoch bei
Gefahrenabwehr (vgl Rn 85). Auf das Ziel des Schlagens oder Tretens kommt es nicht
an (Kopf, Gesicht, Arm, Hand, Finger, Rücken, Gesäß, Beine, Füße). An den Haaren
wie an Ohren ziehen gehört ebenso zu den unzulässigen Formen körperlicher Bestrafung wie bei Kleinkindern das heftige Schütteln, was wegen seiner besonderen
Gefährlichkeit (Schütteltrauma) bereits den Tatbestand einer erheblichen Kindeswohlgefährdung gem § 1666 Abs 1 erfüllt und auch strafrechtliche Sanktionen nach
sich zieht. Fesseln wie das Festgurten im Rahmen der sog Festhaltetherapie sind
ebenfalls unzulässig. Ein Beißen der Kinder in das Gesäß zu Erziehungszwecken
stellt eine unzulässige körperliche Bestrafung und eine entwürdigende Erziehungsmaßnahme dar (OLG Thüringen FamRZ 2003, 1319, 1320).

16. Das Verbot seelischer Verletzungen

87 Für eine an der Menschenwürde und am Persönlichkeitsrecht des Kindes orientierte
Erziehung besteht neben der körperlichen Bestrafung auch für seelische Verletzungen kein Raum (BT-Drucks 14/1247, 8). Mit dem unbestimmten Rechtsbegriff der

„seelischen Verletzung" zielt der Gesetzgeber vor allem auf kränkende und herabsetzende Verhaltensweisen von Eltern, aber auch auf „extreme Kälte im Umgang mit dem Kind" (ebd). Die gesetzgeberischen Absichten stoßen hier mE an deutliche Grenzen: Liebe, Zuwendung, überhaupt ein bestimmtes „Binnenklima" in Familien lassen sich nicht per Gesetz verordnen; dennoch ist angesichts vielfacher Beeinträchtigungen des psychischen Kindeswohls durch Eltern der Hinweis auf die psychische Dimension elterlichen Verhaltens in § 1631 Abs 2 ebenso von Gewicht wie entsprechende Hinweise in den §§ 1626 Abs 2 und 1666 Abs 1. Abschließende Aufzählungen seelisch verletzender Verhaltensweisen durch Eltern kann es nicht geben, zumal hier der Wertekanon jeder einzelnen Eltern-Kind-Beziehung, das Kindesalter, das Geschlecht und zahlreiche weitere Faktoren eine Rolle spielen können. Somit können nur Bespiele für seelische Verletzungen gegeben werden (vgl GK-SGB VIII/Schleicher § 16 Rn 2l): kränkende und herabsetzende Verhaltensweisen der Eltern, das Bloßstellen vor Geschwistern, Freunden, Verwandten, Nachbarn, Lehrern, Schulkameraden, das altersunangemessene Alleinlassen, das Einsperren im Dunkeln, das Nichtansprechen, das Nichtbeachten, die Mißachtung etc.

17. Das Verbot anderer entwürdigender Maßnahmen

Der Begriff der entwürdigenden Maßnahme wurde aus dem bereits seit 1979 (Sor- **88** geRG) geltenden Recht übernommen. Allerdings wurde der Begriff „entwürdigende Erziehungsmaßnahmen" durch „entwürdigende Maßnahmen" ersetzt, weil entwürdigende Maßnahmen auch dann unzulässig sind, wenn sie nicht zum Zweck der Erziehung von den Eltern eingesetzt werden (BT-Drucks 14/1247, 8).

Der Begriff „entwürdigende Maßnahmen" ist der Oberbegriff und damit Auffangtat- **89** bestand (AnwKomm-BGB/Rakete-Dombek Rn 4) zu allen von § 1631 Abs 2 beschriebenen unzulässigen Verhaltensweisen. Der Gesetzgeber des SorgeRG nahm damals bewußt in Kauf, eine **lex imperfecta** geschaffen zu haben: „Was entwürdigende Erziehungsmaßnahmen sind, kann nicht eindeutig für alle denkbaren Fälle im voraus definiert werden. Darunter sind nicht nur unangemessene – wenn überhaupt – Körperstrafen zu verstehen, sondern auch andere Maßnahmen, die das Ehr- und Selbstwertgefühl des Kindes in einem vom Anlaß der Erziehungsmaßnahme nicht zu rechtfertigenden Maße verletzen" (BT-Drucks 8/2788, 35).

Je abstrakter die Aussage zu Reichweite und Regelungsumfang des § 1631 Abs 2 in seinen früheren Fassungen in der juristischen Literatur ausfiel, umso größer schien – wie selbstverständlich – die Einigkeit darüber zu sein, was unter „entwürdigenden Erziehungsmaßnahmen" zu verstehen ist: Wenn **Erziehung zur Achtung der Würde anderer anzuhalten** hat, darf sie sich selbst niemals entwürdigender Mittel bedienen (Gernhuber/Coester-Waltjen § 57 Rn 90; Soergel/Strätz Erg Rn 10), schließlich ist diese Grenze der Menschenwürdegarantie auch bei Sorgerechtsmaßnahmen deshalb einzuhalten (BGB-RGRK/Wenz Rn 19). Konsequenterweise schränkt die nunmehr geltende Fassung v § 1631 Abs 2 das grundrechtlich verbürgte Elternrecht hinsichtlich der erlaubten Mittel der Erziehung ein (BT-Drucks 14/1242, 7). Einigkeit besteht auch insoweit, daß ein abschließender Katalog zulässiger (Ermahnung, Verweis, Ausgehverbot, Hausarrest, Einschränkungen im Freizeitbereich, Kürzung des Taschengeldes, Entzug von Vergünstigungen etc) bzw unzulässiger, weil **entwürdigender Maßnahmen** nicht möglich ist (BT-Drucks 8/2788, 35). Als idR **unzulässige, weil auch ent-**

würdigende Erziehungsmaßnahmen gelten: Fesseln, Festgurten des Kindes an eine Person im Rahmen der sog Festhaltetherapie, Einsperren im Dunkeln, Nacktausziehen, langdauerndes Nichtansprechen des Kindes als eine Form des Liebesentzugs (BEITZKE/LÜDERITZ § 27 II 1 b), ferner der vom Rechtsausschuß (BT-Drucks 8/2788, 48) angeführte Fall: wenn ein Kind von seinen Eltern gezwungen würde, sich in der Öffentlichkeit oder vor seinen Kameraden mit einem Schild um den Hals zu zeigen, das auf seine Verfehlung hinweist („Ich bin ein Dieb"), also Maßnahmen der Eltern, die das Kind der Verachtung und dem Gespött aussetzen, die die Selbstachtung und das Ehrgefühl des Kindes verletzen, wie zB die Strafpredigt in Gegenwart Dritter (BEITZKE/LÜDERITZ aaO; MünchKomm/HUBER Rn 28). Allemal hierzu gehören die berühmten, noch vom BGH NJW 1953, 1440 für zulässig erachteten, elterlichen Disziplinierungsmaßnahmen: Kurzschneiden der Haare, Festbinden an Bett und Stuhl, um den Verbleib der „sittlich verdorbenen Tochter" sicherzustellen (vgl aus der Vielzahl kritischer Stellungnahmen nur KRÜGER FamRZ 1956, 329, 334; SCHWERDTNER AcP 173 [1973] 240 Fn 40), die Verwendung eines stabilen **Wasserschlauches als Schlaggegenstand** (entgegen BGH JZ 1988, 617; auch SOERGEL/STRÄTZ Erg Rn 10 sieht hierin eine entwürdigende Erziehungsmaßnahme) verstößt nicht nur gegen das Verbot körperlicher Bestrafung, sondern stellt zugleich eine entwürdigende Maßnahme dar. Zu den entwürdigenden Maßnahmen zu zählen sind des weiteren: **alle quälenden, auch das Schamgefühl verletzenden Maßnahmen**, wie zB die Kontrolle der Geschlechtsorgane einer 14jährigen durch ihre Eltern (BayObLG DAVorm 1983, 78, 79; zu „Pobissen" vgl Rn 86). Das Unterlassen der Verhinderung entwürdigender Erziehungsmaßnahmen des Stiefvaters durch die Mutter (OLG Frankfurt FamRZ 1981, 308) wie Schläge mit dem Stock, Zerschlitzen eines von der Großmutter dem Kind geschenkten Fußballs, Abmeldung aus dem Fußballverein aus geringfügigem Anlaß, Zuwendungsentzug, Essensbeschränkungen und Bedrohung, kann als ein der Mutter zugerechnetes Verhalten eines Dritten Sorgerechtsbeschränkungen gem § 1666 erforderlich machen (BayObLG FuR 1994, 238). Zum gewaltsamen „Füttern" eines Kleinkindes s OLG Frankfurt FamRZ 1980, 284.

18. Keine Übertragbarkeit von Züchtigungsbefugnissen

90 Die früher häufig angenommene Zulässigkeit auch einer isolierten Übertragung der Ausübung von Zwangs- und Straf- einschließlich Züchtigungsbefugnissen auf Dritte läßt sich unter Geltung der neuen Rechtslage nicht mehr aufrechterhalten. Eltern können nur ihnen zustehende Befügnisse übertragen; da ihnen aber kein Züchtigungsrecht zusteht, können sie auch keine entsprechenden Befugnisse übertragen (PALANDT/ DIEDERICHSEN Rn 9). So sehr Dritte zur Bewältigung des Alltags mit dem ihnen jeweils anvertrauten Kind im Außen- wie im Innenverhältnis dringend auf die jeweils notwendigen Handlungsvollmachten und Erziehungsbefugnisse angewiesen sind (STAUDINGER/SALGO [2006] § 1688 Rn 5 ff) – hierzu gehören durchaus auch Befugnisse zu Disziplinierung und Sanktionen im zulässigen Rahmen –, **können ihnen keine Befugnisse übertragen sein, die auch den Eltern nicht zustehen können.** Soweit Zwang und Strafe – innerhalb des Spektrums zulässiger Erziehungsmaßnahmen – im Rahmen von wohlabgewogenen Elternentscheidungen (MünchKomm/HINZ[3] Rn 24 spricht von strengen elterlichen Abwägungspflichten) erzieherische Intentionen verfolgen, können sie ihre Berechtigung haben. Die Überlassung der Ausübung von elterlichen Erziehungsbefugnissen kann – schon gar die früher häufig angenommene stillschweigende Übertragung (BGBRGRK/WENZ Rn 21, MORITZ 253) – folglich nicht das „Züchtigungsrecht" beinhalten.

19. Kein Züchtigungsrecht Dritter

Ein „Züchtigungsrecht" steht Dritten unter keinem denkbaren Umstand zu: Lehrern 91 ist ein solches inzwischen nach Landesrecht dienstrechtlich untersagt (vgl die Nachweise der Landesgesetze bei FISCHER/TRÖNDLE, StGB § 223 Rn 19), eine Berufung auf Gewohnheitsrecht versagt inzwischen auch das Strafrecht (FISCHER/TRÖNDLE aaO); wer Jugendliche beschäftigt oder ausbildet, darf sie nicht körperlich züchtigen (§ 31 JArbSchG). Pflegeeltern steht – unabhängig davon, ob sie im Rahmen von Erziehungshilfen nach dem SGB VIII (§§ 27, 33) oder rein privatrechtlich, dennoch erlaubnispflichtig (gem § 44 Abs 1 SGB VIII) tätig sind – ebensowenig ein Züchtigungsrecht zu wie Heim- oder Internatserziehern.

Dritten, zB Straßenpassanten, Verkäufern, Bademeistern, Fahrern von Schülerbus- 92 sen, stehen auch keinerlei Befugnisse zur Züchtigung anstelle von Erziehungsberechtigten zu (GERNHUBER/COESTER-WALTJEN § 57 Rn 93 mwNw; STAUDINGER/Donau[10/11] Rn 36; SOERGEL/STRÄTZ Rn 14), um „Ungezogenheiten" von Minderjährigen, schon gar nicht mit körperlichen Sanktionen, zu ahnden. Sämtliche Konstruktionen zur Rechtfertigung und Begründung eines Züchtigungsrechts durch Dritte können inzwischen keine Geltung mehr beanspruchen, weil Züchtigung kein zulässiges Erziehungsmittel ist. Davon unberührt bleiben – auch notfalls gewaltsame – Interventionen bei Selbst- oder Fremdgefährdung (s oben Rn 85 mwNw [vgl BT-Drucks 12/6343, 13]) nach Nothilfe- und GoA-Prinzipien, zu diesen Maßnahmen können auch Dritte berechtigt und verpflichtet sein.

VI. Gerichtliche Unterstützung, Abs 3

1. Allgemeines

Vorläufer des Abs 3 ist der frühere Abs 2 dieser Bestimmung. Im Unterschied zur 93 früheren Rechtslage bezieht sich die Unterstützungspflicht des mit dem KindRG zuständig gewordenen FamG nun nicht mehr nur auf die Erziehung, sondern auf den Gesamtbereich der Personensorge. Die neuerdings rechtspolitisch favorisierten „Richtergespräche" mit Eltern und Minderjährigen finden in §§ 1631 Abs 1 einen Anknüpfungspunkt.

Antragsberechtigt sind personensorgeberechtigte Eltern bzw der personensorgebe- 94 rechtigte Elternteil. Personensorgeberechtigte Eltern können nur gemeinsam den Antrag stellen, vgl Wortlaut von § 1631 Abs 3 im Gegensatz zu § 1632 Abs 3 HS 1. Zwar handelt im Gesamtbereich der Erziehung jeder Elternteil für sich (GERNHUBER/COESTER-WALTJEN § 57 Rn 95), jedoch muß vor einer Inanspruchnahme des Gerichts zur Unterstützung der Eltern von diesen Einigkeit erzielt worden sein (MünchKomm/HUBER Rn 41). Soweit es sich um eine Uneinigkeit unter den Eltern handelt, wäre daher ein Unterstützungsersuchen zugleich als ein Antrag iSv § 1628 zu verstehen. Stiefeltern steht eine Antragsbefugnis nicht zu (SOERGEL/STRÄTZ Rn 25). Minderjährige sind ebenfalls nicht antragsberechtigt. Ein solcher nach § 1631 Abs 3 unzulässiger „Antrag" des Minderjährigen könnte allerdings uU zumindest eine gerichtliche Klärung von Amts wegen dahingehend in Gang bringen, ob nicht weitere zivilrechtliche Schutzmaßnahmen erforderlich sind (hierzu STAUDINGER/COESTER [2004] § 1666 Rn 208). Im Rahmen des § 1631 Abs 3 wird das Gericht nicht in Wahrnehmung seines Wächteramtes aus der

Verfassung, sondern als „Organ staatlicher Familienhilfe" (GERNHUBER/COESTER-WALTJEN § 57 Rn 98 f) eben **nur auf jederzeit widerruflichen Antrag tätig**.

95 Es besteht **nur** eine **relative Bindung des FamG** an den Antrag: Dieser begrenzt lediglich Maßnahmen des FamG gem § 1631 Abs 3 (BGB-RGRK/WENZ Rn 22). Das Gericht kann aber hinter dem zurückbleiben, was die Eltern beantragen. Ein **Rechtsanspruch** auf Tätigwerden **besteht nicht**. Die Antragstellung darf nicht zur Verdrängung oder Verkürzung des elterlichen Erziehungsrechts führen. Selbstverständlich kann ein Antrag auf Unterstützung jederzeit zurückgenommen werden (vgl Rn 94). Würde dem Gericht allerdings ein Hilfebedarf – und bei einem Unterbleiben der Inanspruchnahme von Hilfen durch die Eltern gar eine Kindeswohlgefährdung – offensichtlich, so sind die Voraussetzungen und die Geeignetheit zivilrechtlicher Kindesschutzmaßnahmen von Amts wegen zu prüfen (wie STAUDINGER/DONAU¹⁰/¹¹ Rn 38). **Kriterium** für die Gewährung von unterstützenden Maßnahmen ist das **wohlverstandene Kindeswohl** (KG FamRZ 1965, 390) und nicht allein das elterliche Verständnis hiervon (MünchKomm/HUBER Rn 42; ERMAN/MICHALSKI Rn 16); denn jede familiengerichtliche Unterstützung muß die **Konformität und Stimmigkeit mit den** in den §§ 1626 Abs 2, 1631 Abs 2, 1697a umschriebenen **Prinzipien** wahren und die Kindesgrundrechte beachten und verwirklichen. Daraus begründet sich die freie Stellung des FamG (MünchKomm/HINZ³ Rn 28); dieses kann ein Tätigwerden aus Zweckmäßigkeitserwägungen oder, wenn es ein Tätigwerden nicht für geboten hält, ablehnen. Auch wenn hier im Handlungsrahmen des § 1631 Abs 3 keine gerichtliche Tätigkeit in Wahrnehmung des verfassungsrechtlichen Wächteramts – im Gegensatz zu §§ 1666, 1666a – ausgeübt wird (hier: **Antragsabhängigkeit**, aber auch **Handlungsermessen**), darf der Staat Eltern dort nicht aktiv unterstützen, wo das begehrte Vorgehen nicht einer pflichtgemäßen Ausübung der elterlichen Sorge entspricht. Das um Unterstützung angerufene Gericht kann sich – ebenso wie die um Hilfe angegangene Jugendhilfe – aus seiner ihm zugleich neben der Unterstützung aufgegebenen Pflichtaufgabe zur Wahrnehmung des staatlichen Wächteramts nicht herausbegeben. Die Versagungsschwelle gegenüber von den Eltern angeforderter Unterstützung liegt sehr viel niedriger als die Eingriffsschwelle der §§ 1666, 1666a (vgl GERNHUBER/COESTER-WALTJEN § 57 Rn 96; ERMAN/MICHALSKI Rn 16; aA OLG Neustadt/W FamRZ 1964, 575, 576). Ansprüche der Eltern gegen das Kind auf Befolgung elterlicher Anordnungen können nach hM nicht klageweise gegen das Kind durchgesetzt werden (GERNHUBER/COESTER-WALTJEN § 3 Rn 38), der Staat beschränkt sich hier auf Hilfen.

2. Gerichtliche Unterstützungsmaßnahmen

a) Inhalte und Verhältnis zur Jugendhilfe

96 Häufig werden – wenn überhaupt noch das FamG von Eltern um Unterstützung angegangen wird – **vermittelnde gerichtliche Kompetenzen** gefragt sein: Vermittlung zwischen den Minderjährigen und seinen Eltern sowie das Hinführen zu Jugendhilfeleistungen staatlicher und freier Träger nach dem SGB VIII; dies folgt aus § 52 Abs 1 und 2 FGG. Der Gesetzgeber wollte diese traditionelle Aufgabe nicht ausschließlich dem Jugendamt zuweisen, obwohl ihm bewußt war, daß Jugendhilfe in erster Linie von den Trägern der Jugendhilfe geleistet wird (BT-Drucks 8/2788, 48). Sorgeberechtigten Vätern und Müttern gewährt § 17 Abs 1 SGB VIII einen Beratungsanspruch, Eltern ohne Sorgeberechtigung gewährt § 18 Abs 4 SGB VIII einen

Beratungs- und Unterstützungsanspruch bei Fragen des Umgangsrechts gegenüber dem öffentlichen Jugendhilfeträger.

Es mag Fälle geben, wo eine gerichtliche Unterstützung der Eltern in Form der **97** Bekräftigung, Ermahnung, Verwarnung, Vermittlung oder Klarstellung dem Minderjährigen (MünchKomm/Hinz³ Rn 30), aber auch Kinder- und Jugendbehörden gegenüber hilfreich sein kann (zum letzteren vgl LG Berlin FamRZ 1985, 1075; Jans/Happe Rn 6). Die Zugangsbarrieren zum FamG sind gewiß nicht geringer als zum Jugendamt. Ob dieser Absatz neben Leistungen der Jugendhilfe (zu diesen s Staudinger/Coester [2004] § 1666a Rn 10 ff) nach dem SGB VIII weitgehend gegenstandslos geworden ist, weil dem FamG nur noch ein schmales Betätigungsfeld (MünchKomm/Huber Rn 44) verblieben ist, läßt sich empirisch nicht belegen, dürfte jedoch zutreffend sein. Jans/ Happe (Rn 6) sehen sogar in dieser Regelung eine „umstrittene Unterstützungspflicht". Immerhin steht dem FamG auch die Kontrolle hinsichtlich der Notwendigkeit „öffentlicher Hilfen", mit denen eine Trennung des Kindes von der elterlichen Familie verbunden ist im Rahmen des § 1666a zu (hierzu Salgo, Pflegekindschaft und Staatsintervention 94 ff; Staudinger/Coester [2004] § 1666a Rn 2 ff; OLG Frankfurt DAVorm 1993, 943). Soweit unterstützende Maßnahmen iS des Abs 3 erfolgen, schlägt sich dies zumindest nicht in veröffentlichten Gerichtsbeschlüssen nieder. Jugendbehörden, uU auch Polizeibehörden, werden von Eltern eher um Hilfe gebeten. Das **moderne Jugendhilferecht** stellt Eltern eine **breit gefächerte Palette von „Hilfen zur Erziehung"** gem §§ 27 ff SGB VIII als Rechtsansprüche mit weitgehenden Mitentscheidungsrechten bereit.

Ein Einsatz gerichtlicher Autorität (so auch Jans/Happe Rn 6), gestützt auch auf die **98** Befugnis, das persönliche Erscheinen von Eltern und Kind anzuordnen, könnte in manchen Fällen, die wohl eher die Ausnahmen sind, den abgebrochenen Dialog zwischen Eltern und Kind uU wieder in Gang bringen – auch wenn dies von der Jugendhilfe bereits erfolglos versucht worden ist. Aber das FamG als Miterzieher ist in aller Regel nicht wünschbar. Wenn Eltern ihren Kindern gegenüber sich nicht durchsetzen können, sind in erster Linie jugendhilferechtliche Formen der Unterstützung und nicht gerichtliche Ermahnung oä gefragt; allerdings könnte in Ausnahmefällen das Gespräch bei Gericht mit Eltern, Kind, uU den Vertretern der Jugendhilfe, den zuvor versperrten Zugang zu ebensolchen Hilfen ermöglichen. Familienrechtliche und sozialrechtliche Interventionen sollen nach dem KindRG viel stärker aufeinander bezogen sein (§ 52 Abs 1 und 2 FGG); vgl BMJ, Vorschlag der Arbeitsgruppe zu einem § 165a Abs 1 Fam-FG (neu).

Es kann angesichts der **Vielfalt und Variationsbreite** der einzelnen **Fallkonstellationen 99** keinen, schon gar nicht einen abschließenden, Katalog bestimmter gerichtlicher Unterstützungsmaßnahmen geben. Für alle Unterstützungsersuchen gilt indes: Die **Entwicklung** und den **Reifegrad des betroffenen Kindes** und damit uU wachsende Entscheidungsspielräume des Minderjährigen muß das FamG bei der Durchsetzung elterlicher Vorstellungen stets **berücksichtigen**; schon die Eltern dürften dies nicht mißachten (§ 1626 Abs 2).

Zu den **Unterstützungsmaßnahmen** gehören ua: In erster Linie das Gespräch mit **100** Kindern und Jugendlichen, Eltern und Jugendbehörden und anderen Personen und Institutionen, soweit sich damit die Chancen zum Konfliktabbau erhöhen;

desweiteren Ermahnungen, Belehrungen, Verweis, Bekräftigung, Mißbilligung, Anordnung des persönlichen Erscheinens, Klarstellung gegenüber Jugendbehörde, daß das Kind auf Wunsch der sorgeberechtigten Mutter bei der Pflegemutter verbleiben kann, obwohl das Jugendamt dieser die Erteilung der Pflegeerlaubnis verweigert (LG Berlin FamRZ 1985, 1075), **Hilfe bei der Aufenthaltsermittlung**. Rückkehrgebote an das Kind werden stets die Persönlichkeitsrechte des Kindes und die Menschenwürdegarantie beachten müssen, wobei ein die Schutzbereiche dieser Grundrechte (Art 2 Abs 1 und Art 1 Abs 1 GG) tangierendes Unterstützungsersuchen von Eltern eine Untersuchung von Amts wegen hinsichtlich der Notwendigkeit zivilrechtlicher Kindesschutzmaßnahmen auslösen sollte. Hierbei kann § 1631 Abs 3 nie Grundlage für eine Gewaltanwendung gegen das Kind bieten (GERNHUBER/COESTER-WALTJEN § 57 Rn 97 jew mwNw; zur Kontroverse vgl inbes MünchKomm/HINZ³ Rn 29 unter Ablehnung der Position von WIESER FamRZ 1990, 693, 695 f; SOERGEL/STRÄTZ Erg Rn 26), im übrigen zur Zulässigkeit von Gewaltanwendung iSv § 33 Abs 2 FGG im Fall der Kindesherausgabe vgl § 1632 Rn 37 ff. Selbstverständlich kann durch das FamG unter keinem denkbaren Umstand Züchtigung, durch wen auch immer, angeordnet werden (vgl Rn 91).

Zur freiheitsentziehenden Unterbringung s Erl zu § 1631b Rn 13 ff (lex specialis). Deshalb ist im Rahmen von § 1631 Abs 3 eine gerichtliche Anordnung von Arrest unzulässig, anders Hausarrest durch Eltern im zulässigen Rahmen. Die dem Jugendrichter im JGG zugewiesenen Kompetenzen stehen dem FamG im Rahmen des § 1631 Abs 3 nicht zu. Denkbar, und nach Berichten aus der Praxis durchaus nicht ungewöhnlich, ist bei allein sorgeberechtigten Elternteilen, soweit eine Unterstützung gem § 1631 Abs 3 ungeeignet erscheint, daß das FamG den Eltern einen Hinweis auf die Möglichkeit einer **Erziehungsbeistandschaft** zur Bewältigung von Entwicklungsproblemen gem § 30 SGB VIII gibt, worauf die Personensorgeberechtigten einen Rechtsanspruch haben können. Diese sozialrechtliche Unterstützungsform könnte jedenfalls eine größere praktische Bedeutung erlangen als die Unterstützungsersuchen gem § 1631 Abs 3. Die **bürgerlich-rechtliche Beistandschaft** (§ 1685 aF) ist durch das BeistandschaftsG aufgehoben worden; der Begriff Beistandschaft im Familienrecht hat einen Bedeutungswandel erfahren und dient nunmehr gem § 1712 ff der Feststellung der Vaterschaft und der Geltendmachung von Unterhaltsansprüchen.

101 Das FamG kann das Jugendamt nach dem SGB VIII nicht mehr – wie es noch § 48c JWG vorsah – mit der Unterstützung der Eltern, dh im hiesigen Zusammenhang mit der Ausführung von Anordnungen iSv § 1631 Abs 3, betrauen. Diese Bestimmung des JWG ist angesichts der **vielfältigen Rechtsansprüche der Personensorgeberechtigten im SGB VIII** überflüssig geworden. Einem gerichtlichen Ersuchen um Unterstützung kann sich das JA andererseits auch als eigenständige Fachbehörde nicht entziehen, weil § 50 Abs 1 S 2 SGB VIII sowie § 49a Abs 1 Nr 4 FGG die jugendamtliche Mitwirkung in einem Verfahren gem § 1631 Abs 3 vorsehen. In aller Regel wird der in § 50 Abs 2 SGB VIII für das FamG wie für das Jugendamt verbindlich vorgeschriebene Kommunikationsprozeß zu Übereinstimmungen darüber führen (müssen), mit welchen unterstützenden Jugendhilfeleistungen den Eltern, die das FamG um Unterstützung gem § 1631 Abs 3 ersucht hatten, geholfen werden kann (zum heutigen Stellenwert des Abs 3 vgl WIESNER/OBERLOSKAMP SGB VIII Anh § 50 Rn 82).

b)   Vorrangige Verfahren

Soweit spezialgesetzliche Regelungen bestehen, sind diese **vorrangig** (§§ 1628, 1631a,   **102**
1631b, 1632, 1666, 1666a); Verfahren nach diesen Regeln mit jeweils besonderen
Tatbeständen haben Priorität (so auch MünchKomm/Hinz[3] Rn 29; Soergel/Strätz Rn 26).

3.   Verfahren

Zu Verfahrensfragen vgl Staudinger/Coester (2004) § 1666 Rn 206 ff. Zur An-   **103**
tragsberechtigung s Rn 94. In jedem Falle ist vor Gewährung unterstützender Maßnahmen die **Kindesanhörung** (hierzu grundlegend FamGb/Fehmel Vor §§ 50a ff Rn 1 ff und
§ 50b Rn 1 ff sowie Keidel/Engelhardt § 50b FGG Rn 1 ff) gem § 50b FGG durchzuführen
sowie das Jugendamt gem § 49a Abs 1 Nr 4 FGG zu hören. Sollte der Antrag nur von
einem der sorgeberechtigten Eltern ausgehen, so muß der andere Elternteil gem
§ 50a Abs 1 FGG – uU auch der nichtsorgeberechtigte gem § 50a Abs 2 FGG –
gehört werden. Bleibt es bei der elterlichen Uneinigkeit, so ist zunächst ein Verfahren nach § 1628 vorrangig, weil ein Antrag gem § 1631 Abs 3 für das Kind von
erheblicher Bedeutung ist (Rn 94).

Sachliche zuständig ist das AG (FamG) nach dem KindRG aus § 621 Abs 1 Nr 1   **104**
ZPO, die **örtliche** Zuständigkeit richtet sich nach §§ 43, 36, 64 Abs 3 S 2 FGG.

Funktionell zuständig für Unterstützungsmaßnahmen ist gem § 3 Nr 2a RPflG der   **105**
Rechtspfleger. Anders, soweit dem Richter vorbehaltene zivilrechtliche Kindesschutzmaßnahmen (§ 14 Nr 8 RPflG), die durch einen Antrag nach § 1631 Abs 3
uU ausgelöst werden können, erforderlich werden. Rechtsmittel gegen die Entscheidung des FamG ist die befristete **Beschwerde** zum OLG (§§ 621e Abs 1 ZPO); soweit
der Rechtspfleger entschieden hat, gilt § 11 RPflG. Zur Beschwerdeberechtigung vgl
Staudinger/Coester (2004) § 1666 Rn 232 ff. Die **Gebühren** richten sich nach § 95
Abs 1 S 1 Nr 2 KostO; das Kind ist nie Kostenschuldner, sondern der Antragsteller.

Anhang zu § 1631

Gesetz über die religiöse Kindererziehung (RKEG)

vom 15.7.1921 (RGBl I 939; 1263)

Geändert durch Art 7 § 31 Gesetz zur Reform des Rechts der Vormundschaft und Pflegschaft für Volljährige (Betreuungsgesetz – BtG) vom 12.9.1990 (BGBl I 2002).

Schrifttum

ALBERS, Glaubensfreiheit und schulische Integration von Ausländerkindern, DVBl 1994, 984

vCAMPENHAUSEN, Religionsfreiheit, in: ISENSEE/KIRCHHOF (Hrsg), Handbuch des Staatsrechts, Band VI: Freiheitsrechte (1989)

COESTER, Das Kindeswohl als Rechtsbegriff (1983)

DÖLLE, Familienrecht, Band 2 (1965)

EIMUTH, Die Sekten-Kinder (1996)

ENGELMANN, Das Reichsgesetz über die religiöse Kindererziehung vom 15.7.1921 (1922)

ERLER, Kindererziehung, religiöse, in: ERLER/KAUFMANN (Hrsg), Handwörterbuch zur deutschen Rechtsgeschichte, II. Band (1978)

FEUCHTE, Wer entscheidet über die Teilnahme des Kindes am Religionsunterricht?, DÖV 1965, 661

FUCHS, Religionsmündigkeit und Teilnahme am schulischen Religionsunterricht, ZfJ 1989, 224

GERNHUBER, Neues Familienrecht – Eine Abhandlung zum Stil des jüngeren Familienrechts (1977)

GIESEN, Familienrecht (1994)

GLÄSSING, Kann der Vormundschaftsrichter die Erstbestimmung der Religion des Kindes vornehmen?, FamRZ 1962, 350

HEILMANN, Kindliches Zeitempfinden und Verfahrensrecht (1998)

HEUSSNER, Über die Auswirkungen des Gleichberechtigungsurteils des Bundesverfassungsgerichts vom 25.7.1959, FamRZ 1960, 6

HIRSCH, Entzug und Beschränkung des elterlichen Sorgerechts (1965)

HOFMANN, Die religiöse Kindererziehung in verfassungsrechtlicher Sicht, FamRZ 1965, 61

ders, Religiöse Kindererziehung, in: Evangelisches Staatslexikon, Band 2 (1987)

JESTAEDT, Das elterliche Erziehungsrecht im Hinblick auf Religion, in: LISTL/PIRSON (Hrsg), Handbuch des Staatskirchenrechts der Bundesrepublik Deutschland, 2. Band (1996)

KAMMERLOHER/LIS, Die Entstehung des Gesetzes über religiöse Kindererziehung vom 15.7.1921 (1999)

KIPP, Die religiöse Kindererziehung nach Reichsrecht (1923)

KOSTKA, Im Interesse des Kindes, Elterntrennung und Sorgerechtsmodelle in Deutschland, Groß-Britannien und den USA (2004)

LEMPP/BRAUNBEHRENS/EICHNER/RÖCKER, Die Anhörung des Kindes gemäß § 50b FGG (1987)

LISTL, Adoptionsrecht und religiöse Kindererziehung, FamRZ 1974, 74

LUTHIN, Anm zu BGH v. 11. Mai 2005, FamRZ 2005, 1167, FamRZ 2005, 1168

PETERS, Elternrecht, Erziehung, Bildung und Schule, in: BETTERMANN/NIPPERDEY/SCHEUNER (Hrsg), Die Grundrechte (1960)

RAACK/DOFFING/RAACK, Recht der religiösen Kindererziehung (2003)

SALGO, Religiöse Kindererziehung – (k)ein Thema für das Recht im 21. Jahrhundert?!, in: ADOLF-ARNDT-KREIS (Hrsg), Nun sag, wie hast Du's mit der Religion? (2006)

SAUTER, Erziehung, religiöse, in: LENZEN (Hrsg), Pädagogische Grundbegriffe, Band 1 (2004)

SCHWAB, Die Gretchenfrage vor Gericht, FamRZ 1998, 345

STEIN, Elterliches Erziehungsrecht und Religionsfreiheit, in: FRIESENHAHN/SCHEUNER/LISTL

Gesetz über die religiöse Kindererziehung

(Hrsg), Handbuch des Staatskirchenrechts der Bundesrepublik Deutschland, 2. Band (1975) UMBACH, Grundrechts- und Religionsmündigkeit im Spannungsfeld zwischen Kindes- und Elternrecht, in: FS Geiger (1989) WEYCHARDT, Anm zu BGH v. 11. Mai 2005, FamRZ 2005, 1167, FamRZ 2005, 1534

WIESNER/KAUFMANN/MÖRSBERGER/OBERLOSKAMP/STRUCK, SGB VIII (Kinder- und Jugendhilfe) (2006) WÜRTENBERGER, Religionsmündigkeit, in: FS Obermayer (1986).

Alphabetische Übersicht
(fette Ziffern = §§ des RKEG;
magere Ziffern = Randnummern)

Ludwig Salgo

Vorbemerkungen zum RKEG

I. Historische Entwicklung

1 Der Begriff **religiöse Kindererziehung** ist erst durch das Reichsgesetz vom 15. 7. 1921 für das Reichsgebiet einheitlich bestimmt worden. Die Bestrebungen rechtlicher

Klärung und Bewältigung dieser Materie reichen erheblich weiter zurück: Während noch für die Kirche des Mittelalters die Frage im Mittelpunkt stand, ob man die Kinder von Juden gegen den Willen der Eltern taufen dürfe, hatte seit der Reformation, insbesondere aber seit dem Tridentiner Konzil (1545–1563), die Frage der religiösen Kindererziehung vor allem bei Kindern, deren Eltern verschiedenen Bekenntnissen angehörten, immer wieder zu konfessionellen Reibungen und zu juristischen Zweifeln und Streitfragen Anlaß gegeben. Mit dem Augsburger Religionsfrieden von 1555 hatte der Protestantismus staatliche Anerkennung gefunden, was zu der Regelung führte, daß die religiöse Erziehung der Kinder aus gemischten Ehen meistens im Vertragswege dahingehend geregelt wurde, daß für die Söhne die Religion des Vaters, für Töchter die der Mutter als maßgebend erklärt wurde. Der Westfälische Frieden (1648) traf keine einschlägigen Bestimmungen; dieses Rechtsgebiet wurde überwiegend noch als Teil des Privatrechts angesehen. Im 18. Jahrhundert setzte sich hingegen zunehmend die Auffassung durch, daß es sich um eine staatskirchenrechtliche Angelegenheit handele. Infolgedessen finden sich vermehrt obrigkeitliche Partikularregelungen. Der Reichsdeputationshauptschluß, der die Aufrechterhaltung konfessionell einheitlicher Staaten praktisch unmöglich machte, führte zu einer Vermehrung einzelstaatlicher Bestimmungen über die konfessionelle Erziehung der Kinder (zur Entstehungsgeschichte vgl insbes Kammerloher/Lis).

Das **Personenstandsgesetz** vom 6. 2. 1875 brachte zwar die Einführung der obliga- **2** torischen Zivilehe, ließ aber den Rechtszustand hinsichtlich der religiösen Kindererziehung unberührt.

Bereits bei Beginn der Arbeiten zum BGB war daher die Rechtslage auf diesem **3** Gebiet unübersichtlich, die Rechtszersplitterung noch größer als in vielen Teilen des Privatrechts. Obwohl der **Plancksche Entwurf** eine reichsrechtliche Regelung vorgesehen hatte, kam es zu keiner Einigung (vgl E I § 1508; Mot IV 757 ff; ZG IV 390 ff; Prot IV 685 ff, 875 ff). Eine solche scheiterte einmal am Widerstand zahlreicher Regierungen, für die das öffentlich-rechtliche Moment und damit die Wahrung ihrer Partikular-Souveränität ausschlaggebend war, zum anderen an der Forderung des Zentrums, das die Zulässigkeit von Verträgen befürwortete, mittels derer die Eltern sich ein für allemal auf ein bestimmtes Bekenntnis ihrer Kinder festlegen könnten (vgl Staudinger/Donau[10/11] Vorbem 1). Planck erschien es unter diesen Umständen unzweckmäßig, die Frage der religiösen Kindererziehung den gesetzgebenden Organen des Reiches vorzulegen und dadurch sogar das Zustandekommen des BGB zu gefährden. Schließlich wurde durch Art 134 EGBGB festgelegt, daß auch die Frage, ob den Erziehungsberechtigten während der ganzen Dauer der Minderjährigkeit des Kindes die Bestimmung des Glaubensbekenntnisses des Kindes zusteht, der Landesgesetzgebung überlassen bleibt; reichseinheitlich wurde lediglich bestimmt, daß das VormG auch auf dem Gebiet der religiösen Kindererziehung unter den Voraussetzungen des § 1666 einschreiten kann (Prot IV 877).

Diese Regelung (Art 134 EGBGB) führte zu einer Erhöhung der Rechtszersplit- **4** terung, da nunmehr verschiedene Staaten in ihren Ausführungsgesetzen zum BGB neue oder zusätzliche Bestimmungen über die religiöse Kindererziehung trafen (zB § 34b bad AG BGB vom 11. 11. 1899; Art 108–116 b hess AG BGB v 17. 7. 1899). Man zählte diesbezüglich 31 verschiedene Rechtsgebiete innerhalb des Reiches (zu den Hauptgruppen vgl Erler, in: Handwörterbuch Bd 2, 727 mwNw). Zudem stand für viele

Gebiete des Reiches nicht einmal zweifelsfrei fest, welche Gesetze anzuwenden seien. Weitere Schwierigkeiten ergaben sich daraus, daß in den meisten Partikularrechten (mit Ausnahme von Sachsen und Braunschweig) Kollisionsnormen fehlten. Das Kammergericht wandte in ständiger Rspr (KGJ 32 A 27; 39 A 31; 44 A 39) Art 19 EGBGB entsprechend an, während die bayerischen ebenso wie die hamburgischen Gerichte (OLGE 30, 69) am Territorialprinzip festhielten. Zum Rechtszustand in Deutschland vor dem Inkrafttreten des Gesetzes vom 15. 7. 1921 vgl ENGELMANN 9–21; über die Partikulargesetze und die dazu vorliegende Lit vgl STAUDINGER/ KEIDEL⁹ Erl zu Art 134 EGBGB (Anm 3 f) sowie insbes STAUDINGER/DONAU¹⁰/¹¹ Anhang nach § 1631 m umfangreichen Schrifttumsnachw in den Vorbem. Auch durch die Art 135, 136 der Weimarer Reichsverfassung haben die landesrechtlichen Vorschriften keinerlei Änderung erfahren.

5   Diese außerordentliche Zersplitterung blieb bis zum **Inkrafttreten des RKEG** vom 15. 7. 1921 bestehen. Es ist das einzige Gesetz, das die in Art 109 Abs 2 der Weimarer Reichsverfassung verbriefte Gleichstellung von Männern und Frauen schon zur Zeit der Weimarer Republik verwirklicht hat. Es ist auch das einzige den Bereich von Kirche und Religion berührende Gesetz, das in der Epoche der Weimarer Republik als Reichsgesetz zustande gekommen ist (vgl ERLER aaO). Das Gesetz ist 1939 auch in **Österreich** in Kraft getreten und auch dort noch heute in nur leicht modifizierter Form in Kraft (Bundesgesetz über religiöse Kindererziehung 1985, Öst BGBl Nr 155/ 1985). Über nähere Einzelheiten, die von historischem Interesse sind, insbesondere zur Entstehungsgeschichte des RKEG vgl ENGELMANN 21 ff; JESTAEDT 387; DÖLLE II 172 ff; KAMMERLOHER/LIS jew mwNw.

6   Vgl auch die Regelung in der **Schweiz** (Art 303 ZGB), die – bis auf die erst ab Vollendung des 16. Lebensjahres eingeräumte Religionsmündigkeit – im Grundsatz dem RKEG entspricht.

7   Durch das *Gesetz über die religiöse Kindererziehung vom 15. 7. 1921* (gemäß § 11 des Gesetzes und VO vom 8. 9. 1921 [RGBl I 1263] in Preußen am 1. 10. 1921, im übrigen Reich am 1. 1. 1922 in Kraft getreten) ist die religiöse Kindererziehung für das ganze Reich *einheitlich geregelt* worden. Durch § 8 des Gesetzes sind alle abweichenden landesgesetzlichen Bestimmungen ebenso wie Art 134 EGBGB aufgehoben worden.

II.   Aktuelle Bedeutung

8   Das RKEG ist – bis auf zwei Verweisungsersetzungen durch Art 7 § 31 des BtG vom 12. 9. 1990 – nicht geändert worden. Reformvorschläge des 38. DJT B 102 (1950) sind von der Rechtspolitik nicht aufgenommen worden. Das RKEG hat in der vormundschaftsgerichtlichen Praxis inzwischen **keine allzu große Bedeutung** mehr (zur früheren Bedeutung vgl HIRSCH 38 ff); es finden sich zur vom RKEG geregelten Materie kaum noch veröffentlichte Entscheidungen neueren Datums. Daß das RKEG nicht mehr in der Sammlung Deutscher Gesetze von SCHÖNFELDER oder etwa auch in der Kommentierung von DIEDERICHSEN, in: PALANDT seit der 51. Aufl nicht mehr enthalten ist, mag bedauert werden (zB von GIESEN § 19 I a cc und JESTAEDT 389); dies ist nicht mehr als ein Indiz für einen möglichen Bedeutungsverlust in einer religionsneutralen bis religionsindifferenten Umwelt (JESTAEDT 375).

Bei Konflikten unter den Eltern um Fragen der religiösen Erziehung des Kindes, die **8a**
anläßlich von Trennung und Scheidung entstanden waren, ging es immer wieder um
die Frage, ob mit partiellen Abspaltungen oder ob erst mittels Zuweisung größerer
Sorgerechtsbereiche oder durch Zuweisung des gesamten Sorgerechts an einen Elternteil allein oder gar der Aufschiebung der Entscheidung über die Religionszugehörigkeit des Kindes bis zur Vollendung des 14. Lebensjahres gewartet werden soll,
um die entstandenen Konflikte einer Lösung zuzuführen. Das vom Gesetzgeber
nicht nur in Deutschland präferierte Modell der Fortgeltung gemeinsamer elterlicher
Sorge nach Elterntrennung bzw Scheidung (vgl KOSTKA) erfährt bei der Frage der
religiösen Kindererziehung gewissermaßen ihre Nagelprobe. Am Beispiel der Entscheidung des BGH v. 11.5.2005 (FamRZ 2005, 1167 mit Anm LUTHIN FamRZ 2005, 1168
und WEYCHARDT FamRZ 2005, 1534) lässt sich dies verdeutlichen: Die Parteien streiten
um die elterliche Sorge für ihren gemeinsamen dreijährigen Sohn. Die Mutter ist
deutsche Staatsangehörige und katholisch, der Vater pakistanischer Staatsangehöriger und dem Islam zugehörig. Die Ehe ist rechtskräftig geschieden und die elterliche Sorge für das Kind durch das FamG der Mutter übertragen worden. Das OLG
Bamberg hatte die Beschwerde des Vaters zurückgewiesen; die Rechtsbeschwerde
des Vaters hatte beim BGH Erfolg. Die Kernaussage der BGH-Entscheidung lautet:
„Auch die Meinungsverschiedenheit der Eltern über die religiöse Erziehung des
Kindes ist – jedenfalls für sich genommen – nicht angetan, die Alleinsorge der
Mutter als die für das Kindeswohl beste Lösung erscheinen zu lassen. Zwar ist es
eine wichtige Aufgabe der Eltern, ihrem Kind ethische Wertvorstellungen zu vermitteln und es zu einem angemessenen Sozialverhalten zu erziehen. Dies kann, muß
aber nicht notwendig durch eine frühzeitige feste Orientierung in einem bestimmten
Glauben oder an einer bestimmten Konfession erfolgen. Zudem könnte dem Anliegen, das Kind – etwa im Hinblick auf seine vom OLG betonte christlich-katholi-
sche Umgebung – bereits taufen zu lassen, durch eine Entscheidung nach § 1628
BGB Rechnung getragen werden." Gegen die Aufspaltung der ganzheitlichen elterlichen Sorge sind immer wieder beachtliche Gründe vorgebracht worden (vgl
SCHWAB FamRZ 1998, 457, 468): Wie soll das Recht der Eltern oder eines Elternteils
auf Erziehung, und damit auch das Recht auf die religiöse Erziehung des Kindes
anders als durch „eine frühzeitige und feste Orientierung in einem bestimmten
Glauben oder an einer bestimmten Konfession erfolgen" (BGH aaO).

Dass es sich bei der **Religion des Kindes** um eine **Angelegenheit von erheblicher** **8b**
Bedeutung handelt iS der §§ 1628, 1687 Abs 1 S 1 und somit die Grundentscheidungen von gemeinsam sorgeberechtigten Eltern in Übereinstimmung zu treffen sind
(§ 1627), darüber besteht kein Zweifel (STAUDINGER/PESCHEL-GUTZEIT § 1628 Rn 29; STAU-
DINGER/SALGO [2006] § 1687 Rn 37 mwNw; SCHWAB FamRZ 1998, 345; ders FamRZ 1998, 457, 469;
AG Weilburg FamRZ 2003, 13,08). Erhebliche Bedenken bestehen gegen den vom BGH
eingeschlagenen Weg über die Zuweisung der Entscheidung über die Taufe als
„Angelegenheit von erheblicher Bedeutung" gem § 1628 insofern, als der **BGH** hier
die **Spezialregelung** eines solchen Konfliktes gem §§ 2 Abs 1, 2 Gesetz über die
Religiöse Kindererziehung vom 15.7.1921 schlicht und einfach **übersieht** und vorschlägt, den Konflikt über § 1628 zu lösen (vgl § 2 RKEG Rn 7; STAUDINGER/PESCHEL-
GUTZEIT § 1628 Rn 22; **aA** STOCKMANN juris PK-FamR 16/2005 Anm 2). Das RKEG gilt auch
noch nach der Kindschaftsrechtsreform von 1998 – somit hätte über diesen Konflikt
ohnehin das VormG und nicht das FamG entscheiden müssen. Bei Religions- und

Anh zu § 1631: Vorbem zum RKEG
9, 10
Gesetz über die religiöse Kindererziehung

Bekenntnisverschiedenheit der Eltern spricht ein Argument für den Elternteil, der dem Kind diesbezüglich näher steht (SCHWAB/MOTZER III Rn 156).

9 Das RKEG ist vom **Geist religiöser Toleranz**, von der Beachtung der Individualität des Kindes wie der Eltern und vom Gleichberechtigungsgrundsatz bestimmt – es findet auch auf die Erziehung der Kinder in einer nicht bekenntnismäßigen Weltanschauung entsprechende Anwendung (§ 6 RKEG). Immerhin stand gem § 1627 BGB aF zum Zeitpunkt seines Inkrafttretens ausschließlich dem Vater „kraft der elterlichen Gewalt das Recht und die Pflicht [zu], für die Person und das Vermögen des Kindes zu sorgen". Indes hatte „neben dem Vater die Mutter während der Dauer der Ehe das Recht und die Pflicht, für die Person des Kindes zu sorgen" – die tatsächliche Personensorge –, zur Vertretung des Kindes war sie jedoch nicht befugt (§ 1634 BGB aF). Von daher war es kein weiter Schritt, Vater **und** Mutter die Einigung über die religiöse Erziehung als Teilbereich der tatsächlichen Personensorge schon 1921 zu übertragen, was dazu führte, daß seither keiner der Eltern die Religion des Kindes einseitig bestimmen kann. Zweifelsfrei war es ein Fortschritt, daß damit, wenn auch nur auf einem Teilgebiet, das RKEG bereits die Gleichberechtigung der Mutter mit dem Vater herstellte (STAUDINGER/PESCHEL-GUTZEIT Vorbem 5 zu §§ 1626 ff).

Das **RKEG** gilt nach wie vor als **Modell einer gesetzlichen Regelung,** mit welchem nach übereinstimmender Ansicht das sich in Phasen vollziehende allmähliche Heranreifen des Kindes **zur Selbstbestimmung** vorbildlich berücksichtigt worden ist (vgl § 1629 Rn 72: vorgezogene echte Teilmündigkeit; GERNHUBER/COESTER-WALTJEN § 62 Rn 8; MünchKomm/HUBER Anh zu § 1631, Vorbem vor § 1 RKEG). Auch die Anhörungsregelung in § 2 Abs 3 S 5 RKEG greift der Zeit voraus; der in ihr verankerte Kerngedanke erhält erst im Jahre 1979 mit § 50b FGG sowie mit Art 12 UN-Konvention über die Rechte des Kindes eine Verallgemeinerung. Daß dem VormG auch **vermittelnde Funktionen** zustehen, auch das ist bereits in § 2 Abs 3 S 1 RKEG gesetzlich verankert, kann doch bei diesem Gericht im Konfliktfall die „Vermittlung" beantragt werden (vgl nunmehr §§ 52, 52a FGG). Damit weist das RKEG in mehrfacher Hinsicht weit über den heute nicht sehr oft nachgefragten direkten Regelungsbereich hinaus und gibt für alle die **Persönlichkeit des Kindes** betreffenden, gesetzlich zumeist nicht geregelten, hochsensiblen – zuweilen prekären – Bereiche nicht nur de lege ferenda wichtige Orientierungen für eine „übergesetzliche" Eigenzuständigkeit des Minderjährigen, vgl hierzu STAUDINGER/PESCHEL-GUTZEIT § 1626 Rn 83–108. Ob der bundesrepublikanische Gesetzgeber, vor dieselbe Frage gestellt, die gleiche Weitsicht gehabt hätte, läßt sich zumindest, wenn man den Kleinmut des SorgeRG-Gesetzgebers von 1979 (GERNHUBER, Neues Familienrecht [1977] 49) wie des KindRG von 1997 vor Augen hat, bezweifeln.

10 Als weit dem GG vorgreifendes Gesetz hat das RKEG nicht erst dem **GG** angepaßt werden müssen (diese Modernität verkennt STOCKMANN, jurisPK-FamR 16/2005 Anm 2): Es beruht auf dem Grundsatz der Glaubens- und Gewissensfreiheit (Art 4 Abs 2 GG), gewährleistet zugleich die Gleichberechtigung der Eltern (Art 3 Abs 2 GG) und kollidiert auch nicht mit dem Bestimmungsrecht der Eltern hinsichtlich der Teilnahme des Kindes am Religionsunterricht (Art 7 Abs 2 GG). Art 7 Abs 2 GG regelt nur das Verhältnis Eltern-Schule, nicht das Eltern-Kind-Verhältnis hinsichtlich religiöser Erziehung. Einschlägig hier ist das RKEG, das nach hM mit dem GG im

Einklang steht (MAUNZ/DÜRIG/HERZOG Art 7 Rn 32; BK/ZIPPELIUS Art 4 Rn 68; BGHZ 21, 340) und gem Art 125 GG als Bundesrecht fortgilt (JESTAEDT 389 mwNw). Das RKEG regelt nur das Verhältnis der Eltern untereinander bzw zwischen ihnen und dem Kind (vgl auch HIRSCH 38), gilt jedoch nicht für Streitigkeiten zwischen Eltern bzw Minderjährigen und Schulbehörden oder Religionsgemeinschaften (PALANDT/DIE-DERICHSEN Anh zu § 1631 [50. Aufl] § 1 Rn 1 RKEG). Andererseits sind die im RKEG den Eltern bzw Minderjährigen zugewiesenen Kompetenzen auch für die Religions- und Weltanschauungsgemeinschaften verbindlich (STEIN 472); dies stellt aber den privat-rechtlichen Charakter des RKEG nicht in Frage.

Das RKEG steht auch in voller Übereinstimmung mit Art 14 UN-Konvention über die Rechte des Kindes und ist nach wie vor „uneingeschränkt anwendbar" (Denk-schrift zum Übereinkommen, BT-Drucks 12/42 Anm 3 zu Art 14). Seit dieser rechtspolitischen Bekräftigung wurde lediglich im Rahmen der Beratungen des KindRG die Zustän-digkeit des VormG hinsichtlich des RKEG in Frage gestellt, fielen doch durch das KindRG alle Sorgerechtsangelegenheiten, zu denen religiöse Erziehung zweifels-ohne gehört (vgl STAUDINGER/SALGO [2006] § 1687 Rn 37), in den Zuständigkeitsbereich des FamG. Dennoch beließ das KindRG die Zuständigkeit hinsichtlich des RKEG beim **VormG** (hierzu SCHWAB FamRZ 1998, 345). Nach Art 26 FamFG-E (Referentenent-wurf 2007) soll künftig für alle Entscheidungen nach dem RKEG das **Familiengericht** zuständig werden.

III. Grundzüge des RKEG

Die Grundzüge des RKEG sind: **11**

1. Über die Religion des Kindes bestimmen die personensorgeberechtigten Eltern gemeinsam; einseitige Bestimmung durch einen Elternteil ist ausgeschlossen. Die Einigung der Eltern ist frei widerruflich, „ohne bürgerliche Wirkung" (§ 4 RKEG) und wird durch den Tod eines Ehegatten gelöst (§ 1 S 2 RKEG).

2. Bei Uneinigkeit verweist § 2 Abs 1 RKEG auf den Personensorgeberechtigten; damit stand nach dem zum Zeitpunkt des Inkrafttretens des RKEG geltenden Recht dem Vater die Entscheidung zu; in bewußter Abweichung hiervon sollte durch § 2 Abs 2 RKEG die Mutter geschützt werden; unter Geltung des GG führt diese Verweisung zur Konfliktregelung nach den zu § 1628 entwickelten Regelungsme-chanismen, vgl § 2 Rn 2.

3. Nach Beginn der religiösen Erziehung und während bestehender Ehe bedarf ein Wechsel der Religion sowie die Abmeldung vom Religionsunterricht stets der Zustimmung des anderen Elternteils (§ 2 Abs 2 RKEG). Die Zustimmung hierzu kann vom VormG ersetzt werden, wobei nur die „Zwecke der Erziehung" maßgeb-lich sind (§ 2 Abs 3 RKEG).

4. Steht die Personensorge einem Vormund oder einem Pfleger zu, so bedarf dieser zur (erstmaligen) Bestimmung der Religion des Kindes stets der Genehmi-gung des VormG (§ 3 Abs 2 S 2 RKEG). Steht sie dem Pfleger oder dem Vormund neben der Mutter oder dem Vater zu, so geht die Meinung des Elternteils vor (§ 3 Abs 1 RKEG).

5. Nach Vollendung des 14. Lebensjahres kann das Kind seine Religion frei bestimmen; nach Vollendung des 12. Lebensjahres kann es gegen seinen Willen nicht in einem anderen als dem bisherigen Bekenntnis erzogen werden (§ 5 RKEG); hat es das 10. Lebensjahr vollendet, so muß es vor einer etwaigen Entscheidung des VormG gehört werden (§ 2 Abs 3 S 5 RKEG).

6. Streitigkeiten über die religiöse Kindererziehung werden nur auf Antrag, von Amts wegen nur unter den Voraussetzungen des § 1666 (§ 7 RKEG) vom VormG entschieden.

7. Das RKEG ist auch auf die Erziehung in einer nicht bekenntnismäßigen Weltanschauung entsprechend anzuwenden (§ 6 RKEG).

Die in §§ 8–11 RKEG enthaltenen Bestimmungen sind heute gegenstandslos.

§ 1 RKEG

Über die religiöse Erziehung eines Kindes bestimmt die freie Einigung der Eltern, soweit ihnen das Recht und die Pflicht zusteht, für die Person des Kindes zu sorgen. Die Einigung ist jederzeit widerruflich und wird durch den Tod eines Ehegatten gelöst.

I. Begriff und Inhalt „religiöser Erziehung"

1 § 1 RKEG bezieht sich ausschließlich auf die Eltern-Kind-Beziehung als den die religiöse Entwicklung prägenden Ort religiöser Erziehung, unbeschadet der anderen Orte religiöser Erziehung wie Schule und Religionsgemeinschaften, auf die sich die diesbezügliche elterliche Bestimmung (als Vorfrage) auswirkt, die jedoch von Schul- und Kirchenrecht geregelt werden. Das Gesetz sieht die religiöse Kindererziehung – wie die Erziehung in einer nicht bekenntnismäßigen Weltanschauung (§ 6 RKEG) – als *Bestandteil des Erziehungsrechts*, konkret **der tatsächlichen Personensorge** (STAU-DINGER/PESCHEL-GUTZEIT § 1626 Rn 58), verzichtet aber auf eine nähere Definition dieses zum Verabschiedungszeitpunkt für nicht definitionsbedürftig gehaltenen Begriffs (vgl ENGELMANN 34). Dieser ist weit zu fassen und, wie auch die anderen Bestandteile der Personensorge, deskriptiv abschließend nicht erfaßbar (s § 1631 Rn 22) und kei- neswegs nur auf Rituale und Einhaltung von institutionell vorgegebenen religiösen Geboten bezogen. Die nach außen erkennbaren Handlungen religiöser Erziehung der Personensorgeberechtigten wie Taufe in den christlichen Religionen oder die Beschneidung nach jüdischem Ritus oder die Anmeldung zur Teilnahme an einem bestimmten Religionsunterricht innerhalb oder außerhalb der Schule sind zwar wichtige, aber nur Teilbereiche religiöser Erziehung. Unter *religiöse Kinderer- ziehung* fällt jede persönlichkeitsformende Einwirkung auf das Kind, soweit damit eine religiös-weltanschauliche Prägung verfolgt wird (JESTAEDT 372); hierher gehören insbesondere die religiöse Ausbildung außerhalb der Schule wie zB Katechismus-, Kommunion-, Firm- und Konfirmationsunterricht, Teilnahme an den Unterweisun- gen der Koranschule, aber auch die Einübung von religiösen Handlungen und Ge- bräuchen im Alltag (JESTAEDT aaO). Für das Neugeborene wird der Beginn der religiösen Kindererziehung, falls es getauft wird, mit der Taufe festgelegt; ein Verstehen dieser wie auch anderer religiöser Handlungen durch das Kind oder seine alters- und entwicklungsbedingte Erziehungsfähigkeit ist für den Beginn der religiösen Kindererziehung nicht vorausgesetzt. Zugleich wird idR mit der Taufe als Akt religiöser Kindererziehung durch die Eltern die Zugehörigkeit zur entsprechenden Kirche festgelegt. Hier handeln die Eltern kraft ihrer Elternverantwortung für das Kind; in dieser Entwicklungsphase kann es seine Glaubens- und Bekenntnisfreiheit selbst noch nicht ausüben. Belastende Folgen dieser Elternentscheidung kann das Kind, wenn es die Religionsmündigkeit erlangt hat, jederzeit durch Austritt beenden (BVerfGE 30, 415, 424).

Die religiöse Erziehung (zum Begriff vgl JESTAEDT aaO) will **Hilfestellung für Lebens- 2 weltorientierung** geben, indem sie idR auf die zugleich transzendente Möglichkeit solcher Orientierung verweist; sie verfolgt das Ziel der Persönlichkeitsformung auf dem Gebiet des religiös-weltanschaulichen Bekenntnisses (BGB-RGRK/WENZ Anh nach § 1631, § 1 RKEG Rn 1). Da sich Religion als eine „anthropologische Grundkonstante" (SAUTER, in: LENZEN 456 ff) erweist, wird einerseits die Fixierung auf ausschließlich christliche Traditionen allein bereits aufgrund des Toleranzgebots der Verfassung (Art 4 GG) zu überwinden sein (hierzu ALBERS 984, 990; BVerwG RdJB 1994, 285 ff) – selbstverständlich fällt zB die von den Eltern gewünschte religiöse Unterweisung etwa in der Koranschule auch unter den Begriff der religiösen Kindererziehung –, andererseits stellen sich zunehmende Herausforderungen an den Staat hinsichtlich der Wahrnehmung seines verfassungsrechtlich gebotenen **Wächteramtes** aus Art 6 Abs 2 S 2 GG, weil sich insbesondere für „Sekten-Kinder" aufgrund religiöser Erziehung durch die Eltern, aber auch aufgrund eigener Entscheidung, erhebliche Gefährdungen ergeben können (vgl ZACHER Rn 98; STAUDINGER/COESTER [2004] § 1666 Rn 115 mwNw; vCAMPENHAUSEN Rn 77; JESTAEDT 400 sowie EIMUTH 31 ff); das Neutralitätsgebot und die Verantwortung für das Wohlergehen der Kinder können angesichts fundamentalistischer bzw holistisch-ersatzreligiöser Strömungen (JESTAEDT 375) kollidieren, wobei der Staat das Recht auf Leben und körperliche Unversehrtheit vor jeder Form der physischen und psychischen Gefährdung gem Art 2 Abs 2 GG zu schützen und Minderjährigen gegenüber einen besonderen Schutzauftrag aus Art 6 Abs S 2 GG wahrzunehmen hat. Dies gilt auch im Hinblick auf die Tätigkeit von „Jugendsekten und Psychogruppen" (WIESNER/MÖRSBERGER, SGB VIII § 45 Rn 50). Jedenfalls ergibt sich aus dem Recht der Eltern oder eines Elternteils zur religiös-weltanschaulichen Erziehung niemals die Befugnis, „das Kind zum Instrument und Objekt seiner religiösen Lebensführung unter Zurückstellung von dessen grundrechtlich geschützten Interessen zu machen" (COESTER 234). Möglicherweise zunehmende Konflikte in diesem Umfeld werden im Rahmen des **zivilrechtlichen Kindesschutzes gem §§ 1666, 1666a** zu regeln sein (vgl STAUDINGER/COESTER [2004] § 1666 Rn 115); denn gem § 7 RKEG bleibt die Möglichkeit vormundschaftsgerichtlichen Einschreitens von Amts wegen, falls sich die Ausübung des elterlichen Bestimmungsrechts etwa als mißbräuchliche Ausübung des Sorgerechts oder als Vernachlässigung des Kindes darstellt. Eine Verpflichtung der Eltern zu einer religiösen oder weltanschaulichen Erziehung besteht grundsätzlich nicht, weil auch religions- bzw weltanschauungsindifferente Eltern unter dem Schutz des Art 6 Abs 2 S 1 GG stehen.

Das Recht der Personensorgeberechtigten zur religiösen Erziehung gilt auch dann **3** und ist besonders zu beachten, wenn unterstützende, ergänzende oder ersetzende Leistungen durch öffentliche oder freie Träger der **Jugendhilfe** gewährt werden

(§ 9 Nr 1 SGB VIII); ihr Wunsch- und Wahlrecht erfährt gem § 5 SGB VIII besonderen Schutz. Die Herausforderungen an die Träger der Jugendhilfe zur Beachtung dieser Vorgabe sind angesichts des Umstandes, daß gerade Kinder und Jugendliche mit anderer kultureller und damit auch religiöser Sozialisation als üblich auf Leistungen der Jugendhilfe besonders angewiesen sein können, enorm. Das GG schützt und anerkennt die Eltern als primäre Träger der religiös-weltanschaulichen Erziehung ihrer Kinder (JESTAEDT 375). Allerdings werden Wünsche von Personensorgeberechtigten nach einer dem Menschenbild des GG widersprechenden Erziehung vom Jugendhilfeträger nicht beachtet werden dürfen (vgl zB die Vorgabe des § 9 Nr 3 SGB VIII). Langdauernde Fremdplazierung in Heimerziehung oder Familienpflege kann aber zu allmählichen Einbußen auch dieses elterlichen Einflußbereichs religiös-weltanschaulicher Erziehung führen (STAUDINGER/SALGO [2005] § 1688 Rn 22), ist doch insbesondere für die religiöse Erziehung der gemeinsame Alltag zwischen Eltern und Kindern von prägender Bedeutung (zur von den Eltern veranlaßten Taufe, wenn diese sich überhaupt nicht um das Kind gekümmert haben, vgl OLG Stuttgart FamRZ 1960, 406). Auch aus diesem Grund haben die Aufklärungs- und Kooperationspflichten des Jugendhilfeträgers gem § 36 Abs 1 S 1 SGB VIII große Bedeutung (vgl hierzu grds § 1632 Rn 55 ff).

4 Bei den christlichen Konfessionen beginnt idR die religiöse Kindererziehung mit der Taufe, sie endet mit der Vollendung der in § 5 RKEG genannten **Altersstufen** nicht vollends, aber auch durch Heirat (§ 1633). Das Recht zur **religiösen Einflußnahme** als Teilbereich der Personensorge, insbesondere des Erziehungsrechts gem § 1631 Abs 1, bleibt auch nach Vollendung der Altersschranken des § 5 RKEG bestehen (BGHZ 21, 340, 351 f; MünchKomm/HUBER § 1631 Anh § 1 RKEG Rn 2; STAUDINGER/COESTER [2004] § 1666 Rn 115; GERNHUBER/COESTER-WALTJEN § 62 Rn 8; vCAMPENHAUSEN Rn 78; vgl insbes Rn 5 f zu § 5 RKEG). Das Kind entscheidet über seine Religion oder Weltanschauung nach Vollendung des 14. Lebensjahres, dennoch sind die Eltern bis zur Volljährigkeit befugt, uU verpflichtet, das Kind vor schädlichen Einflüssen Dritter, dh uU auch durch Religionsgemeinschaften, aber auch vor sich selbst, zu bewahren (GERNHUBER/COESTER-WALTJEN § 57 Rn 60 und § 62 Rn 8). Dies darf einerseits nicht zur Aushöhlung oder gar Aufhebung der Wirkung des § 5 S 1 RKEG führen, andererseits bleiben elterliche und staatliche Schutzkompetenz bei Gefährdungen des Wohls Minderjähriger stets erhalten. Die elterliche Sorge berechtigt – unabhängig von der Altersstufe in § 5 S 1 RKEG –, aus eigenem Recht gegenüber Dritten bei Störungen gem § 823 und §§ 12, 1004 analog vorzugehen (zum *zweispurigen* gerichtlichen Rechtsschutz für Kinder vgl STAUDINGER/COESTER [2004] § 1666 Rn 10) bzw das VormG um Unterstützung zu ersuchen (§ 1631 Abs 3); dieses kann auch gegen ein das Kindeswohl gefährdendes „Verhalten eines Dritten" die erforderlichen Maßnahmen treffen (§ 1666 Abs 1). Deshalb bleibt trotz der eindeutigen Mündigkeitsstufen des § 5 RKEG ein Spannungsverhältnis zwischen Elternrecht und Religionsmündigkeit bestehen.

II. Die Bestimmungsberechtigten

5 Während die §§ 1 und 2 RKEG von einer *bestehenden Ehe* der Kindeseltern ausgehen, ist unter Berücksichtigung des gewandelten rechtlichen und tatsächlichen Umfelds auf die oder den Inhaber des Personensorgerechts abzustellen. Bislang galt die religiöse Kindererziehung wegen des **Grundsatzes der Unteilbarkeit und Alleinzuständigkeit** der elterlichen Sorge bei Scheidung als nicht von anderen Berei-

chen der Personensorge abspaltbar (BayObLG NJW 1963, 590 und FamRZ 1976, 43, 44). Diesen Grundsatz **der Unteilbarkeit und Alleinzuständigkeit** gibt nunmehr § 1671 Abs 1 zwar auf, dennoch ist vor einer Zergliederung (STAUDINGER/COESTER [2004] § 1671 Rn 255) der elterlichen Sorge zu Recht gewarnt worden. Auch in einer zunehmend religiös indifferenten Welt gehören Fragen der **religiösen** und **weltanschaulichen Erziehung** zu den **Angelegenheiten von erheblicher Bedeutung** iSv **§ 1628, 1687 Abs 1 S 1** (**hM**, vgl STAUDINGER/PESCHEL-GUTZEIT § 1628 Rn 29; STAUDINGER/SALGO [2006] § 1687 Rn 37; SCHWAB FamRZ 1998, 457, 468; FamRefK/ROGNER § 1687 Rn 13; PALANDT/DIEDERICHSEN § 1628 Rn 3; KELLER 87; BT-Drucks 13/4899, 107). Dies führt zur Notwendigkeit des Einvernehmens gemeinsam sorgeberechtigter Eltern in Fragen religiöser Kindererziehung trotz Trennung bzw zu den Konfliktlösungsmechanismen der §§ 1687, 1628 (vgl STAUDINGER/SALGO [2006] § 1687 Rn 20 ff). Die Teilnahme am Gottesdienst, die Einhaltung von institutionell vorgegebenen religiösen Geboten uvam, dh Umsetzungen der gemeinsam zu treffenden **Grundentscheidung**, fallen in den Bereich der Alltagssorge und können somit jeweils vom Betreuungselternteil, dem die Alltagssorge zufällt, alleine getroffen werden. Aber die Taufe in den christlichen Religionen, die Anmeldung zum oder Abmeldung vom **Religionsunterricht**, der Austritt aus der Religionsgemeinschaft, die Beschneidung nach jüdischem oder moslemischen Ritus uvam bleiben dennoch Angelegenheiten von erheblicher Bedeutung. Gleiches gilt für weltanschauliche Gemeinschaften und **Sekten** (STAUDINGER/PESCHEL-GUTZEIT § 1628 Rn 29; zur Kindeswohlgefährdung bei extremen ersatzreligiösen Strömungen vgl § 7 Rn 6; STAUDINGER/COESTER [2004] § 1666 Rn 115 jew mwNw).

Bestimmungsberechtigt hinsichtlich der religiösen Erziehung sind: **Personensorgeberechtigte Eltern** iS der §§ 1626 Abs 1, 1626a Abs 1 Nr 1 (nicht miteinander verheiratete Eltern nach Sorgeerklärungen), Adoptiveltern (§ 1754 Abs 1; zum Verhältnis von Adoptionsrecht und religiöser Kindererziehung vgl LISTL FamRZ 1974, 74), der **allein sorgeberechtigte Elternteil** (nach Sorgerechtszuweisung gem § 1671 Abs 2, der Vater gem § 1672 Abs 1), bei Sorgerechtsentzug bzw Ruhen der elterlichen Sorge grundsätzlich der andere Elternteil (§§ 1666, 1680 Abs 3 bzw §§ 1673 Abs 1, 1674 Abs 1, 1675, und die Mutter gem § 1626 Abs 2) (**hM** MünchKomm/HUBER Anh § 1631, § 1 RKEG Rn 3; GERNHUBER/COESTER-WALTJEN § 62 Rn 10, 11–13; **aA** BGB-RGRK/WENZ Anh § 1631, § 2 RKEG Rn 4: Zustimmung des anderen nichtsorgeberechtigten Elternteils wegen des Fortbestehens des „natürlichen Elternrechts" erforderlich); **Pflegeeltern** nur, wenn ihnen gem § 1630 Abs 3 auch die religiöse Kindererziehung übertragen worden war, was (STAUDINGER/PESCHEL-GUTZEIT § 1630 Rn 54; BGB-RGRK/WENZ § 1630 Rn 19; RAACK/DOFFING/RAACK, S 178: Bekenntnisänderung zur Abwehr einer Kindeswohlgefährdung) grundsätzlich zulässig ist; **aA** STAUDINGER/DONAU[10/11] Anh nach § 1631, § 1 RKEG Rn 2 sowie SOERGEL/STRÄTZ § 1630 Rn 9 (von der gesetzlichen Ausübungsbefugnis der Pflegeperson aufgrund von § 1688 ist die religiöse Erziehung *nicht* umfaßt, vgl STAUDINGER/SALGO [2006] § 1688 Rn 22 mwNw); nicht bestimmungsberechtigt sind **Stiefeltern**. Dem **Vormund** obliegt zwar die Personensorge (gem §§ 1793, 1801 iVm 1631 Abs 1) und damit grundsätzlich auch die Sorge für die religiöse Erziehung des Mündels (STAUDINGER/ENGLER [2004] § 1801 Rn 1), jedoch ist ihm die Bestimmung des Bekenntnisses weitgehend entzogen (GERNHUBER/COESTER-WALTJEN § 72 Rn 4): Eine Änderung der bereits erfolgten Bestimmung über die religiöse Erziehung ist ihm (wie auch einem Pfleger) versagt (§ 3 Abs 2 S 6 RKEG), die Erstbestimmung der Religion wie Bekenntniswechsel durch einen gleichfalls personensorgeberechtigten Elternteil, sofern diesem die Sorge für die religiöse Kindererziehung nicht entzogen ist, kann er nicht verhindern (§ 3 Abs 1

RKEG), die Meinung der Mutter oder des Vaters geht vor, und selbst wenn ihm alleine (oder einem Pfleger) die Erstbestimmung zusteht, bedarf er hierzu der Genehmigung des VormG (§ 3 Abs 2 S 2–5 RKEG).

III. Die freie Einigung der Eltern

6 Mit dem Erfordernis, daß die Einigung „frei" erfolgt sein muß, sollte sichergestellt werden, daß keine unzulässige fremde Beeinflussung, gleichgültig ob von privater, kirchlicher oder staatlicher Seite, vorliegen darf. Frei sind die Eltern in ihrer Entscheidung auch insoweit, als daß das Kind in einem religiösen Bekenntnis – ebenso in einer nicht bekenntnismäßigen Weltanschauung iSv § 6 RKEG – erzogen werden darf, dem keiner der Elternteile angehört.

7 Unter „**Einigung**" versteht das RKEG lediglich die Tatsache der Willensübereinstimmung beider Elternteile in Fragen der religiös-weltanschaulichen Kindererziehung und verwendet diesen Begriff nicht iS der §§ 873, 929 (**aA** STAUDINGER/DONAU[10/11] Anh nach § 1631, § 1 RKEG Rn 8: *Die Einigung ist Rechtsgeschäft*). Ob die „Einigung" der Eltern als ein Rechtsgeschäft (dafür STAUDINGER/DONAU[10/11] § 1 Rn 8 mwNw) oder nur „rechtsgeschäftsähnlich" ist (so BEITZKE/LÜDERITZ § 27 II 3a), bleibt ohne praktische Bedeutung (GERNHUBER/COESTER-WALTJEN § 62 Rn 10; MünchKomm/HUBER § 1631 Anh § 1 RKEG Rn 3); sie ist jederzeit frei widerruflich und kein bindender zivilrechtlich wirksamer Vertrag (vgl Erl zu § 4 RKEG). Vgl auch die Verwendung dieses Begriffs („Einigung") im gleichen Sinne wie im RKEG in § 1627 S 2. Der dort aufgestellte Grundsatz gilt auch und gerade bei Differenzen über Fragen der religiösen Erziehung: Die Eltern müssen versuchen, „sich zu *einigen*". Ausdrückliche Erklärungen sind für die „Einigung" iSv § 1 Abs 1 RKEG entbehrlich, denn diese kann sich auch stillschweigend durch schlüssige Handlungen (zB durch die Taufe) vollziehen, indem etwa ein Elternteil von religiösen Erziehungshandlungen des anderen Elternteils Kenntnis hat und dies widerspruchslos geschehen läßt (ENGELMANN 36) bzw dies nachträglich billigt. Die Einigung ist auch schon vor der Geburt des Kindes möglich.

8 Die Einigung kann wegen der **höchstpersönlichen Natur** dieser Elternentscheidung nicht durch einen Stellvertreter erklärt werden (BGB-RGRK/WENZ Anh nach § 1631, § 1 RKEG Rn 5), auch wenn Eltern die Ausübung der Personensorge – und damit auch die religiöse Erziehung – Dritten überlassen können (vgl § 1631 Rn 15 ff).

9 Die Einigung wird mit dem **Tod eines Elternteils** (§ 1 S 2 HS 2 RKEG; § 1681 Abs 1) gelöst; eine im Wege letztwilliger Verfügung getroffene Bestimmung über die religiöse Erziehung kann den anderen Elternteil nicht rechtswirksam binden (str, so OLG München JFG 6, 668; für Zulässigkeit BGHZ 5, 61 = NJW 1952, 703; ebenso STAUDINGER/DONAU[10/11] § 3 Rn 10 mwNw); sie wäre mit dem Normtext unvereinbar (MünchKomm/HUBER § 1631 Anh § 1 RKEG Rn 3). Einigen sich die Eltern nicht oder wird die Einigung widerrufen, bevor die religiöse Erziehung begonnen hat, so gilt § 2 Abs 1 RKEG.

IV. Widerruf der Einigung

10 Jederzeit kann die Einigung widerrufen werden (§ 1 S 2 RKEG). Ein **Widerruf** muß dem anderen Ehegatten gegenüber erfolgen; dies kann auch durch eine tatsächliche

Handlung geschehen, soweit darin die Aufkündigung der bisherigen „Einigung" hinsichtlich der religiös-weltanschaulichen Erziehung deutlich zum Ausdruck kommt. In einem Kirchenaustritt ist noch nicht per se ein Widerruf der Einigung in Fragen der religiösen Erziehung zu sehen; das RKEG regelt keine kirchenrechtlichen Fragen, so wenig wie das Kirchenrecht das familienrechtliche Rechtsverhältnis als Regelungsgegenstand des RKEG zu bestimmen vermag: Der Widerruf der Einigung unter den Eltern ist somit keine kirchenrechtlich relevante Erklärung bezüglich der Kirchenzugehörigkeit. Dem Widerruf kommt indes zunächst keine praktische Auswirkung zu, vgl § 2 Abs 2 und 3 RKEG. Stellvertretung ist wie bei der *Einigung* auch beim Widerruf ausgeschlossen.

§ 2 RKEG

(1) Besteht eine solche Einigung nicht oder nicht mehr, so gelten auch für die religiöse Erziehung die Vorschriften des Bürgerlichen Gesetzbuchs über das Recht und die Pflicht, für die Person des Kindes zu sorgen.

(2) Es kann jedoch während bestehender Ehe von keinem Elternteil ohne die Zustimmung des anderen bestimmt werden, daß das Kind in einem anderen als dem zur Zeit der Eheschließung gemeinsamen Bekenntnis oder in einem anderen Bekenntnis als bisher erzogen, oder daß ein Kind vom Religionsunterricht abgemeldet werden soll.

(3) Wird die Zustimmung nicht erteilt, so kann die Vermittlung oder Entscheidung des Vormundschaftsgerichts beantragt werden. Für die Entscheidung sind, auch soweit ein Mißbrauch im Sinne des § 1666 des Bürgerlichen Gesetzbuchs nicht vorliegt, die Zwecke der Erziehung maßgebend. Vor der Entscheidung sind die Ehegatten sowie erforderlichenfalls Verwandte, Verschwägerte und die Lehrer des Kindes zu hören, wenn es ohne erhebliche Verzögerung oder unverhältnismäßige Kosten geschehen kann. Der § 1779 Abs. 3 Satz 2 des Bürgerlichen Gesetzbuchs findet entsprechende Anwendung. Das Kind ist zu hören, wenn es das zehnte Jahr vollendet hat.

I.   Bedeutung der Norm

Während im Mittelpunkt von § 1 RKEG die Einigung der Eltern steht, regelt § 2 **1** RKEG die zentrale Frage, was zu geschehen hat, wenn eine Einigung *nicht* oder *nicht mehr* besteht. § 2 Abs 1 RKEG trifft die Vorsorge für den Fall fehlender Elterneinigung, Abs 2 schränkt die freie Bestimmung ein, hat jedoch inzwischen seine ursprüngliche Bedeutung eingebüßt, Abs 3 bestimmt die materiellen Entscheidungskriterien und regelt das Verfahren bei vormundschaftsgerichtlichem Einschreiten.

II.   Fehlende Elterneinigung (Abs 1)

Die Vorschrift gilt sowohl für den Fall, daß eine Elterneinigung noch nie bestanden **2** hat, als auch für den Fall, daß diese nicht mehr besteht (§ 1 S 2 RKEG). Da nach früher geltendem Recht des BGB der Vater idR allein entscheidungsberechtigt war (vgl hierzu Vorbem 9 zum RKEG), hätte die Verweisung in Absatz 1 letztendlich zur Alleinentscheidungsbefugnis des Vaters geführt (§ 1634 S 2 **aF**), indes schränkt Abs 2 seine Entscheidungsfreiheit ein; insoweit war also die Mutter schon seit Inkrafttreten des RKEG gleichberechtigt. Der Verweis auf die für das Personensorgerecht geltenden Bestimmungen im BGB führt zu den unter Geltung des GG vom Gleichberechtigungsgrundsatz bestimmten §§ 1627, 1628 (vgl hierzu STAUDINGER/ PESCHEL-GUTZEIT § 1628 Rn 22 ff mwNw) und zur Anwendung der zu diesen Bestimmungen entwickelten Prinzipien – insoweit ist § 2 Abs 2 RKEG wegen der inzwischen erfolgten einfachgesetzlichen Umsetzung des Gleichberechtigungsgrundsatzes im Verhältnis der Eltern untereinander obsolet geworden (GERNHUBER[3] § 53 I 6; BEITZ-KE/LÜDERITZ § 27 II 3: „antiquiert"; aA JESTAEDT 398 mwNw). Die von § 2 Abs 2 RKEG genannten Entscheidungen (Änderung der bisherigen religiösen Erziehung, Abmeldung vom Religionsunterricht) fallen allemal in den von personensorgeberechtigten Eltern **im gegenseitigen Einvernehmen** (§ 1627 S 1) zu treffenden Entscheidungsrahmen im personensorgerechtlichen Bereich, auf die § 2 Abs 1 RKEG ausdrücklich verweist. Deshalb sind angesichts der differenzierten Konfliktregelung nach § 1628 einschließlich der zu beachtenden Verfahrensregelungen (ua § 50a und § 50b FGG) die Abs 2 und 3 des § 2 RKEG eigentlich überflüssig. Es handelt sich bei den zuletzt genannten Vorschriften um Schutzmechanismen zugunsten der Mutter wie des Kindes nach Vollendung des zehnten Lebensjahres, die mangels entsprechender Regelungen im Familien- und Verfahrensrecht zum Zeitpunkt des Inkrafttretens des RKEG ausdrücklicher gesetzlicher Festlegung bedurften. Entscheidungsgrundlage bleibt trotz Verweisung in § 2 Abs 1 das RKEG (STAUDINGER/PESCHEL-GUTZEIT § 1628 Rn 22), weil sich der Gesetzgeber bislang nicht zu einer Integration dieser Materie in das Kindschaftsrecht des BGB bewegen ließ. Einen solchen Bedarf erkennt die Rechtspolitik derzeit offensichtlich wegen der Sensibilität der Materie nicht, deshalb blieb die Zuständigkeit für Konfliktregelungen aus dem RKEG beim VormG, obwohl das KindRG vom Bestreben bestimmt ist, die Zuständigkeiten für Sorgerechtsfragen, wenn auch nicht ausnahmslos, beim FamG zu konzentrieren (BT-Drucks 13/ 4899, 71 f); das RKEG ist im KindRG nicht etwa übersehen worden (aaO 38). Nach Art 26 FamFG-E (Referentenentwurf) soll künftig für alle Entscheidungen nach dem RKEG das Familiengericht zuständig werden. Die Verweisung in § 2 Abs 1 RKEG führt auf Seiten der Eltern dazu, daß sie versuchen müssen, sich zu einigen (§ 1627 S 2), hierzu können sie das VormG zwecks **Vermittlung** (§ 2 Abs 3 S 1 RKEG) anrufen; das angerufene Gericht ist verpflichtet, auf eine kindeswohlorientierte Elterneinigung hinzuwirken (§ 1628 Abs 2) – dem KindRG entsprechend soll diesbezüglich das **FamG** zuständig werden (vgl Wortlaut § 1628; zum Problem s unten Rn 17). Das Gericht wird **nur auf Antrag** tätig (§ 7 S 2 RKEG), es sei denn, die Voraussetzungen des § 1666 liegen vor. Der Verweis auf die BGB-Regelungen führt auch dazu, daß dem angerufenen Gericht keine eigene Sachkompetenz, sondern nur die Kompetenz-Kompetenz, dh die Zuweisung der Entscheidung an einen Elternteil zusteht (STAUDINGER/PESCHEL-GUTZEIT § 1628 Rn 41; GERNHUBER/COESTER-WALTJEN § 62 Rn 10). Näheres zur Konfliktregelung unten Rn 7 ff.

III. Aktuelle Bedeutung des Abs 2

3 Nach Wegfall des gleichberechtigungswidrigen Stichentscheids des Ehemannes (BVerfGE 10, 59; vgl hierzu STAUDINGER/PESCHEL-GUTZEIT § 1628 Rn 2 ff) und nach entsprechenden Korrekturen der §§ 1627 ff **aF** hat § 2 Abs 2 RKEG, der ausdrücklich zur

Herbeiführung der Gleichberechtigung angefügt worden war (ENGELMANN 46), seine Schutzfunktion zugunsten der Ehefrau eingebüßt (MünchKomm/HUBER Anh zu § 1631, § 2 RKEG Rn 3; BGB-RGRK/WENZ Anh nach § 1631, § 2 RKEG Rn 4). Während bestehender Ehe, bei gemeinsamer elterlicher Sorge nach Scheidung (wie hier JESTAEDT 398) und nach einer Sorgeerklärung der nicht miteinander verheirateten Eltern (gem § 1626a Abs 1 Nr 1) können die in § 2 Abs 2 RKEG genannten Entscheidungen nicht ohne Zustimmung des anderen Elternteils getroffen werden, es sei denn, daß die Personensorge nur einem Elternteil zusteht (§§ 1666, 1671, 1672, 1673 ff; ebenso Münch-Komm/HUBER Anh zu § 1631, § 2 RKEG Rn 3; GERNHUBER/COESTER-WALTJEN § 62 Rn 10; aA STAUDINGER/DONAU[10/11] Anh nach § 1631, § 2 RKEG Rn 22; BEITZKE/LÜDERITZ § 27 II 3 c). Ebenso wie die Konfliktregelung in § 1628, so setzt auch § 2 RKEG bestehende gemeinsame elterliche Sorge (STAUDINGER/PESCHEL-GUTZEIT § 1628 Rn 14), die zuletzt genannte Vorschrift wenigstens gemeinsame Personensorge, voraus. Ebenso wie § 1628 könnte auch § 2 RKEG eine neuartige Bedeutung für Fälle gemeinsamer elterlicher Sorge geschiedener Eltern wie auch für die der Scheidung vorausgehende Trennungsphase bekommen (vgl STAUDINGER/SALGO [2006] § 1687 Rn 20; STAUDINGER/PE-SCHEL-GUTZEIT § 1628 Rn 10, 12 sowie RegE KindRG, BT-Drucks 13/4899, 98). Allein perso-nensorgeberechtigte Elternteile können in diesen Fällen die in § 2 Abs 2 RKEG genannten Entscheidungen ohne Zustimmung des anderen Elternteils vollziehen (GERNHUBER/COESTER-WALTJEN § 62 Rn 11–13). Für den Bereich der religiösen Erziehung als Teil der Personensorge kann hier nichts besonderes gelten (MünchKomm/HUBER Anh zu § 1631, § 2 RKEG Rn 3; aA für den Fall alleiniger Personensorge eines Elternteils bei bestehender Ehe BGB-RGRK/WENZ Anh nach § 1631, § 2 RKEG Rn 4). Ist die Elternehe geschieden, so löst dies zwar nicht per se die Einigung gem § 1 S 1 RKEG; erst die Zuweisung des Sorgerechts an einen Elternteil allein ermöglicht indes diesem den jederzeitigen Widerruf der Einigung; ihm steht es frei, die in § 2 Abs 2 RKEG genannten Entscheidungen ohne Zustimmung des anderen Elternteils alleine zu treffen (hM PALANDT/DIEDERICHSEN [50. Aufl] Anh zu § 1631, § 1 Rn 3; GERNHUBER/COESTER-WALTJEN § 62 Rn 11–13). Einmischungen des nichtsorgeberechtigten Elternteils in die religiöse Erziehung des sorgeberechtigten Elternteils sind unzulässig (BayObLG FamRZ 1961, 381 = NJW 1961, 1581; BGB-RGRK/WENZ Anh nach § 1631, § 1 RKEG Rn 6; PALANDT/DIEDERICHSEN aaO). Dieses Abänderungsrecht ist jedoch an das Wohl des Kindes gebunden (vgl Rn 5). Sofern *keine* Personensorgerechtseinbuße der genannten Art stattgefunden hat, bedarf es somit für Bekenntniswechsel und Abmeldung vom Religionsunterricht stets der *Zustimmung* des anderen Elternteils – auch bei gemein-samer Sorge nach Elterntrennung, da es sich um eine Angelegenheit von erheblicher Bedeutung iSv § 1687 Abs 1 S 1 handelt (STAUDINGER/SALGO [2006] § 1687 Rn 37). Dies gilt auch für den Fall, daß durch einstweilige Anordnung nach § 620 S 1 Nr 1 ZPO lediglich eine Übertragung des Aufenthaltsbestimmungsrechts erfolgt ist. Ist im Wege der einstweiligen Anordnung gem § 620 ZPO hingegen über die elterliche Sorge insgesamt befunden worden, so ist zwar der nunmehr allein zur Personensorge berufene Elternteil befugt, auch allein über das Bekenntnis des Kindes zu entschei-den. Wegen des vorläufigen *Charakters* der Personensorgerechtszuweisung in die-sem Fall sollte indes dieser Elternteil sich gleichwohl idR mit dem anderen Elternteil zu verständigen suchen, besteht doch die Gefahr der Beeinträchtigung des Kindes-wohls durch mehrfachen Bekenntniswechsel (GERNHUBER/COESTER-WALTJEN § 62 Rn 10; JESTAEDT 400).

Die **Zustimmung** hat keinen anderen rechtlichen Charakter als die Einigung iSv § 1 **4**

RKEG (BGB-RGRK/Wenz Anh nach § 1631, § 2 RKEG Rn 8). Ihr gleichzustellen ist das (nachträgliche) Einverständnis. Wegen ihres höchstpersönlichen Charakters kann sie nicht durch einen Stellvertreter erklärt werden. Sie kann ebenso wie die Einigung stillschweigend vorgenommen werden, etwa dadurch, daß der Vater zur Mitteilung der Mutter, sie werde das Kind vom Religionsunterricht abmelden, schweigt. Im Gegensatz zur Einigung ist die Zustimmung nicht frei widerruflich; bei der freien Widerruflichkeit der Einigung in § 1 S 2 RKEG handelt es sich um eine explizite Ausnahme.

5 Das zur Zeit der Eheschließung (Zeitpunkt der Abgabe der Erklärung gem § 1310 Abs 1) – bei *adoptierten Kindern* ist auf den Erlaß des Adoptionsdekrets iSv § 1752 Abs 1 abzustellen – gemeinsame Bekenntnis läßt sich nach der **formellen Religionszugehörigkeit** der Eltern feststellen (BGB-RGRK/Wenz Anh nach § 1631, § 2 RKEG Rn 5). Zurecht wird aber vor einer schematischen Festlegung gewarnt (BGHZ 5, 57, 59), weil die Pluralisierung der Lebenswelt einfache Zuordnungen verbietet: Die Taufe läßt zB nicht ohne weiteres Rückschlüsse auf eine christliche Erziehung zu (OLG München JFG 12, 149 f; OLG Stuttgart FamRZ 1960, 406) wie umgekehrt auch ohne Taufe ein Kind christlich erzogen worden sein mag (Jestaedt 394); für die Bestimmung des Bekenntnisses nach dem RKEG sind kirchenrechtlich relevante Formalakte zwar starke, jedoch **widerlegbare Indizien**. § 2 Abs 2 RKEG ist auch anwendbar, dh die Zustimmung des anderen Elternteils ist auch dann erforderlich, wenn die Eltern zur Zeit der Eheschließung sich einer nicht bekenntnismäßigen Weltanschauung (§ 6 RKEG) zurechneten und das Kind nunmehr in einer anderen als dieser Weltanschauung oder in einem religiösen Bekenntnis erzogen werden soll. Auch bei Verschiedenheit des religiösen Bekenntnisses der Ehegatten zum Zeitpunkt der Eheschließung ist, wenn das Kind in einem anderen Bekenntnis oder in einer anderen Weltanschauung als bisher erzogen werden soll, die Zustimmung des anderen Elternteils erforderlich. Bei der Feststellung des bisherigen Bekenntnisses bzw der entsprechenden Weltanschauung ist immer von der zuletzt ausgeübten Erziehungspraxis auszugehen (BGB-RGRK/Wenz Anh nach § 1631, § 2 RKEG Rn 6). Auch und gerade bei der religiösen bzw weltanschaulichen Erziehung kommt dem im Familienrecht vielfach und schon seit langem anerkannten **Kontinuitätsgrundsatz** (vgl Jestaedt 401; Staudinger/Coester [2004] § 1671 Rn 246 ff mwNw) – also der „Stetigkeit in der Entwicklung und Erziehung des Kindes" (BVerfG FamRZ 1982, 1179, 1183) – besondere Bedeutung zu (vgl auch § 5 S 2 RKEG). Nur einvernehmlich kann die bisherige Einigung durch eine neue ersetzt oder aufgehoben werden – ansonsten eröffnet § 2 Abs 3 RKEG die vormundschaftsgerichtliche Entscheidung –, wobei Entscheidungen der Eltern in Übereinstimmung, solange sie das Wohl des Kindes nicht iSv § 1666 Abs 1 (vgl § 7 S 2 RKEG) gefährden, völlig frei und keinerlei voraus- oder nachgehenden staatlichen Kontrollen unterworfen sind. „Allein entscheidend sind die Interessen des Kindes, die Flexibilität im Wandel der Situation ebenso erfordern wie Stabilität als Schutz vor Schädigung durch unkontrollierte Meinungsänderungen in schneller Folge" (Gernhuber/Coester-Waltjen § 58 II 1). Ein für das Kind nicht nachvollziehbarer Wechsel birgt die Gefahr erheblicher psychischer Belastung (MünchKomm/Huber Anh zu § 1631, § 2 RKEG Rn 6: Grundsatz der Kontinuität kann für die Beibehaltung eines bisher ausgeübten Religionszugehörigkeit sprechen). Wurde das Kind abrede- und damit gesetzeswidrig in einem anderen Bekenntnis erzogen als unter den Eltern vereinbart war, und läßt sich nicht nachweisen, daß der andere Elternteil dies widerspruchslos hingenommen hat – dann wäre nämlich dies als stillschweigende Zustimmung anzusehen –, so ergeht eine gerichtliche Entscheidung auch nur auf Antrag gem § 2 Abs 3 S 1 RKEG. Der Elternteil, der sich auf Gesetzwidrigkeit beruft, wird stets zu prüfen haben, ob er nicht durch Duldung seine stillschweigende Zustimmung erteilt hat und – auch wenn dies nicht der Fall war – ob, nachdem das Kind über längere Zeit in einem gesetzeswidrig bestimmten Bekenntnis erzogen worden war, die angestrebte Rückführung der Erziehung zur früher vereinbarten religiösen Erziehung mit dem Wohl des Kindes vereinbar ist (hM: OLG Freiburg JR 1950, 370; HIRSCH 44; MünchKomm/HUBER Anh zu § 1631, § 2 RKEG Rn 6; BGB-RGRK/WENZ Anh nach § 1631, § 2 RKEG Rn 6; GERNHUBER/COESTER-WALTJEN § 62 Rn 10; JESTAEDT 397). Rein zivilrechtliches Restitutionsdenken verbietet das Kindeswohl auch in diesem Bereich. Es kommt also darauf an, wie stark die Bindung des Kindes an das bisherige „gesetzwidrige" Bekenntnis ist, und ob durch eine Änderung dieses Bekenntnisses zugunsten des „rechtmäßigen" das Wohl des Kindes gefährdet würde (wie STAUDINGER/DONAU[10/11] Rn 17 mwNw). Daß die gesetzwidrige religiöse Erziehung nicht einfach negiert werden kann, geschieht allein aus Rücksichtnahme auf das Kind (OLG Stuttgart FamRZ 1955, 143; BayObLGZ 1961, 229, 238).

Zustimmungsbedürftig bleibt die **Abmeldung vom schulischen Religionsunterricht** 6 auch dann, wenn das Kind stattdessen anderweitig Religionsunterricht bzw religiöse Unterweisung erhält, wie auch die Ummeldung von einer Schule mit Religionsunterricht in eine Schule ohne Religionsunterricht. Das Gesetz ist vom Bestreben bestimmt, die Fortdauer des Religionsunterrichts zu gewährleisten, jedenfalls aber die Abmeldung hiervon von der beiderseitigen Zustimmung der Eltern abhängig zu machen.

IV. Die Entscheidung gem Abs 3

1. Allgemeines

Auch wenn man Abs 2 für obsolet hält (vgl oben Rn 2), so behält Abs 3 weiterhin 7 Bedeutung für die Entscheidung des Elternstreits gem Abs 1 (MünchKomm/HUBER Anh zu § 1631, § 2 RKEG Rn 4, 6). Für diesen Fall und – sofern Abs 2 weiterhin für anwendbar gehalten wird – wenn die Zustimmung zu den in Abs 2 genannten Änderungsabsichten also nicht erteilt worden ist, kann die **Vermittlung oder Entscheidung** des Vormundschaftsgerichts angerufen werden. Diese Möglichkeiten mögen aus heutiger Sicht in Anbetracht des § 1628 überflüssig erscheinen. Dies gilt auch für die verfahrensrechtlichen Weisungen des Abs 3 S 3 und S 5 hinsichtlich der geforderten Anhörungen. Weder das BGB noch das zum Zeitpunkt des Inkrafttretens des RKEG geltende Verfahrensrecht sahen indes solche Entscheidungsmöglichkeiten bzw Verfahren überhaupt vor, wie sie der Gesetzgeber des RKEG einführte. Um die gesetzgeberischen Intentionen verwirklicht zu sehen, war es damals erforderlich, bereichsspezifische Regelungen und Verfahren gesetzlich zu bestimmen, die inzwischen zu den Grundstandards familienrechtlicher Regelungen im materiellen und formellen Recht gehören. Die Konfliktregelung in Abs 3 ist gegenüber § 1628 lex specialis (STAUDINGER/PESCHEL-GUTZEIT § 1628 Rn 22), auch wenn Abs 1 auf die Vorschriften des BGB über das Recht und die Pflicht, für die Person des Kindes zu sorgen, verweist. Allerdings würde auch ohne diese bereichsspezifische Regelung in § 2 Abs 3 RKEG eine Konfliktentscheidung gem § 1628 unter Beachtung inzwischen noch strikterer verfahrensrechtlicher Vorgaben nicht nach anderen Kriterien ergehen, zumal die Wahl des religiösen Bekenntnisses zu den *Angelegenheiten von erheblicher Bedeutung* für das Kind gehört (vgl STAUDINGER/SALGO [2006] § 1687 Rn 37; STAUDINGER/PESCHEL-GUTZEIT § 1628 Rn 29 mwNw). Deshalb geben die zu § 1628 entwickelten Grundsätze auch für die Konfliktentscheidungen gem § 2 Abs 1 und Abs 3 RKEG verbindliche Orientierung.

2.   Das Antragserfordernis für Vermittlung oder Entscheidung

8 Das angerufene Gericht wird in jedem Fall **nur auf Antrag** tätig. Ein Tätigwerden des Gerichts von Amts wegen ist nach dem RKEG unzulässig, es sei denn, daß die Voraussetzungen der §§ 1666, 1666a vorliegen (§ 7 S 2 RKEG). Dem Grundsatz der Subsidiarität staatlichen Handelns gerade auf dem Gebiet der religiösen Kindererziehung trägt das RKEG mehrfach Rechnung. Im Hinblick auf § 1627 S 2 steht entgegen dem Wortlaut von § 2 Abs 3 S 1 RKEG den Eltern nicht frei, eine gerichtliche Vermittlung *oder* gleich eine Entscheidung zu beantragen; denn auch im Bereich religiöser Kindererziehung sind die Eltern verpflichtet, zu versuchen, sich zu einigen; wenn allerdings Vermittlungsversuche bereits gescheitert sind oder als aussichtslos erscheinen müssen, dann kann gleich eine Entscheidung beantragt werden. Aber auch das in Anspruch genommene Gericht ist gem § 52 FGG – entsprechend dem Grundsatz der Subsidiarität staatlicher Streitentscheidung (MASSFELLER/COESTER § 1628 Rn 15) – verpflichtet, auf eine kindeswohlgerechte Elterneinigung hinzuwirken (STAUDINGER/PESCHEL-GUTZEIT § 1628 Rn 37; STAUDINGER/SALGO [2006] § 1687 Rn 58). Deshalb muß das Gericht zuerst prüfen – auch wenn von einem Elternteil oder beiden Eltern gleich ein Antrag auf Entscheidung nach § 2 Abs 3 S 1 RKEG gestellt wird –, ob die familieneigenen Konfliktlösungsmöglichkeiten überhaupt aktiviert und erschöpft sind (ENGELMANN 57; STAUDINGER/PESCHEL-GUTZEIT § 1628 Rn 24 mwNw). Wird beim Gericht lediglich eine *Vermittlung* beantragt, dann kann das Gericht bei Scheitern der Einigungsbemühungen nicht von sich aus eine *Entscheidung* gem § 3 Abs 3 S 1 RKEG treffen (vgl ENGELMANN aaO; STAUDINGER/DONAU[10/11] Rn 24); für ein Eingreifen von Amts wegen müssen vielmehr die Voraussetzungen des § 1666 gegeben sein. Allein aus dem Umstand des aufgrund des Antrags zutage getretenen Elternkonflikts um Fragen der religiösen Kindererziehung läßt sich nicht ohne weiteres auf eine Kindeswohlgefährdung iS der genannten Eingriffsnorm schließen. Jeder Elternteil für sich mag gute Gründe für den eingenommenen Standpunkt haben (STAUDINGER/PESCHEL-GUTZEIT § 1628 Rn 23). Allerdings können dem Gericht im Zuge der Vermittlungstätigkeit erhebliche Belastungen des Kindes aufgrund des Konflikts bekannt geworden sein, die es aufgrund des hier herrschenden Amtsermittlungsgrundsatzes (§ 12 FGG) zu einer Prüfung der Voraussetzungen der Eingriffsnorm zwingen (vgl § 7 RKEG Rn 5).

3.   Justitiabilität der Entscheidung

9 Im Rahmen des § 2 RKEG kann das VormG in zwei Fallgestaltungen angerufen werden: 1. Sofern eine Einigung zwischen personensorgeberechtigten Eltern nicht (oder nicht mehr) besteht (§ 2 Abs 1 RKEG iVm § 1628 BGB); 2. Wenn eine Zustimmung in einer der Fallkonstellationen des § 2 Abs 3 RKEG nicht erteilt wird.

Während in der früheren Diskussion der Standpunkt vertreten wurde, Elternstreitigkeiten in diesen Fragen seien vor allem für die Fälle erstmaliger Bestimmung über die religiöse Kindererziehung, insbesondere die Frage nach der Kindestaufe, injustitiabel (vgl zB GLÄSSING FamRZ 1962, 350 f), ist diese Auffassung heute entschieden abzulehnen; dies wäre eine Justizverweigerung verbunden mit der Gefahr von Weiterungen des Konflikts (vgl STAUDINGER/DONAU[10/11] § 2 Rn 4 und STAUDINGER/PESCHEL-GUTZEIT § 1628 Rn 6 jew mwNw). Richterliche Entscheidungen in diesen und verwandten Konstellationen gehören angesichts des Gebots zur konfessionellen Neutralität sicherlich zu den schwierigsten (STAUDINGER/DONAU[10/11] Rn 5), deswegen sind die Konflikte nicht injustitiabel (BGB-RGRK/WENZ Anh nach § 1631 § 2 Rn 1 u 9 sowie GERNHUBER[3] § 53 I 5 mit überzeugender Ablehnung einer Injustitiabilität; eine Injustitiabilität in Kindeswohlfragen ablehnend bereits BVerfGE 10, 59, 84; ebenso SOERGEL/STRÄTZ § 1631 Rn 8; JESTAEDT 401; **aA** HOFMANN FamRZ 1965, 61, 63; HEUSSNER FamRZ 1960, 6, 10; LG Mannheim FamRZ 1966, 517: *Das Gericht verweigert eine beantragte Entscheidung über die Taufe des Kindes und überläßt damit das Kind dem Elternstreit*). Die zutreffende Beantwortung der vom VormG zu entscheidenden Frage setzt „ein hohes Maß von Objektivität, Takt und Fähigkeit zur Einfühlung in das Seelenleben des Kindes" voraus (ENGELMANN 61). Der Richter schützt die psychische Entwicklung des Kindes, mit den geistigen Inhalten der angestrebten Veränderung befaßt er sich nur insoweit, als diese die Psyche des Kindes schwer beeinträchtigt (vgl HIRSCH 39).

4. Entscheidungskriterien

Führt der **vorrangige Vermittlungsversuch** des VormG nicht zu einer Einigung unter **10** den Eltern und beantragt einer der Eltern die „Entscheidung", so **muß** das Gericht entscheiden. Formell gesehen soll es um die Ersetzung der gem Abs 2 vom anderen Elternteil nicht erlangbaren Zustimmung bzw um die Ablehnung einer solchen Ersetzung gehen (BGB-RGRK/WENZ Anh nach § 1631, § 2 Rn 9; die **aA** von STAUDINGER/ DONAU[10/11] Rn 28, daß es sich um eine Entscheidung des Gerichts handle, ist ohne praktische Bedeutung); es geht bei der Konfliktentscheidung letztendlich um die Zuweisung der Entscheidungskompetenz. Die Entscheidung des VormG ist auch dann einzuholen, wenn ein Elternteil bereits Entscheidungen trotz fehlender Einigung – rechtswidrig, weil auch ohne gerichtliche Entscheidung – getroffen hat und nicht bereit ist, diese rückgängig zu machen. Möglicherweise (vgl Rn 5) kann die rechtswidrig erfolgte religiöse Erziehung allein aus Rücksichtnahme auf das Kind nicht einfach ignoriert werden; einer gerichtlichen Missbilligung rechtswidrigen Handelns kann dennoch eine Bedeutung zukommen. **Antragsberechtigt** gem Abs 1 und 3 ist jeder Elternteil. Das Gebot der konfessionellen Neutralität muß vom VormG ständig beachtet werden (BGB-RGRK/WENZ ebd), entscheidungsrelevant sind ausschließlich die **Zwecke der Erziehung**. § 1666 ist hier nicht geeignet, denn das Gericht muß auch dort entscheiden, wo weder Vater noch Mutter das Kindeswohl gefährden (HIRSCH 38 Fn 2). Zur Auslegung dieses Begriffs kann auf die inzwischen rechtswissenschaftlich fundierte Erschließung des Kindeswohlbegriffs zurückgegriffen werden (COESTER 229 ff; STAUDINGER/COESTER [2004] § 1666 Rn 63 ff), haben doch die *Zwecke der Erziehung* kein anderes Ziel als die Sicherstellung und Wahrung des *Kindeswohls* (JESTAEDT 401: *Der Sache nach nichts Abweichendes*). Die Neutralitätspflicht des Staates verwehrt es dem Gericht, Glaubensbekenntnisse oder Weltanschauungen zu bewerten oder gar zu privilegieren. Es darf für die richterliche Entscheidung – entgegen HIRSCH 41 mwNw – keinen Unterschied machen, ob es sich um einen Wechsel innerhalb christlicher Religionsgemeinschaften oder zB um einen angestrebten Wechsel zum jüdischen oder mohammedanischen Glauben handelt. Der Vormundschaftsrichter darf nicht „seine subjektiven Ansichten über Religion und Politik den Anschauungen des Inhabers der elterlichen Gewalt entgegenstellen; denn das Recht wollte nicht einem Glauben den Vorzug vor den anderen einräumen, nicht eine politische Meinung vor der anderen privilegieren" (KG OLGE 7, 420; STAUDINGER/DONAU[10/11] Rn 26). Zum Maßstab für die richterliche Entscheidung darf auch nicht etwa der Wunsch oder gar ein Gewissenskonflikt eines der Elternteile geraten, vielmehr ist **allein auf die Befindlichkeit des Kindes**, auf dessen Wohl im umfassenden Sinne abzustellen; die beantragte Zuweisung der Entscheidungskompetenz darf nicht dazu führen, daß *das Kind* in Gewissensnot oder seelische Erschütterung gerät (OLG München JFG 14, 47, 51; PALANDT/DIEDERICHSEN [50. Aufl] Anh zu § 1631, § 2 Rn 6). Gleichgültig ist auch, ob den Eltern bzw einem Elternteil wegen der angestrebten Entscheidung Sanktionen von seiten ihrer Religionsgemeinschaft drohen (OLG München JW 1927, 2231). Die Entscheidung ist auch und gerade unter der Wahrung der konfessionellen Neutralität des Staates nicht beliebig, weshalb sich etwa ein Losverfahren (nach dem Motto „katholisch oder evangelisch") verbietet. Es gilt, in einem Suchverfahren geeignete objektive Kriterien (BVerfGE 10, 59, 86) und Entscheidungselemente zu finden, die eine am **Wohl des Kindes** orientierte Entscheidung ermöglichen.

Der Richter muß sich zwar in die Weltanschauung der streitenden Eltern einfühlen, da diesen die Erziehung des Kindes auch künftig obliegt (STAUDINGER/DONAU[10/11] Rn 26), entscheidend allerdings ist die Situation des Kindes: Wie wird sich die angestrebte Entscheidung auf dessen Wohlbefinden auswirken? Vorurteilsfrei ist dabei mittels einer Analyse der tatsächlichen Gegebenheiten das Verhältnis der konkreten Ehe und Familie zu einer bestimmten Religion oder einer bekenntnismäßigen Weltanschauung aufzuklären (MünchKomm/HUBER Anh zu § 1631, § 2 RKEG Rn 6). Je nach Umständen des Falles werden vielfältige Faktoren die richterliche Entscheidung leiten: das Alter, die Entwicklung, der Reifegrad und die Individualität des Kindes; die bisherige geübte Praxis und die Bindungen des Kindes an das bisherige Bekenntnis (HIRSCH 40); die Familientradition; die örtlichen Gegebenheiten und Bedingungen am tatsächlichen bisherigen und künftigen Aufenthaltsort des Kindes (prognostische Abwägung: wo wird das Kind leben, vgl BayOblG FamRZ 1966, 252, 253; HIRSCH 41 f; BGB-RGRK/WENZ Anh nach § 1631, § 2 RKEG Rn 9); dessen Ein- und Vorstellung auch schon unterhalb der Altersschranke des Abs 3 S 5, die gem § 50b FGG zu eruieren sind; das Verhältnis des Kindes zum Elternteil, mit dem es zusammenlebt bzw der im Leben des Kindes faktisch eine größere Bedeutung hat, sowie das persönliche Verhältnis des Kindes zum anderen Elternteil; lebt oder soll das Kind im großelterlichen Haushalt leben, dann auch die Einstellungen der Großeltern; bei mehreren Kindern die religiöse Erziehung der anderen Geschwister (LG Traunstein FamRZ 1960, 37), auch Halbgeschwister. Nicht ausschlaggebend ist die kirchliche Trauung der Kindeseltern, wenn diese nur eine „äußerliche" Kirchenverbundenheit demonstriert, für die religiöse Erziehung im Alltag des Kindes die Religionszugehörigkeit aber keine erkennbaren Auswirkungen hatte.

Das bereits erwähnte Prinzip der Stetigkeit in der Erziehung (Kontinuitätsprinzip), welches gerade für die religiöse bzw weltanschauliche Erziehung von besonderem Gewicht ist (vgl Rn 5), schränkt die jederzeitige Widerruflichkeit (§ 1 S 2 RKEG) zwar erheblich ein, andererseits können Entwicklungen Änderungen der religiösweltanschaulichen Erziehung rechtfertigen. Der eine gerichtliche Entscheidung anstrebende Elternteil darf nicht etwa wegen seines Widerrufs der Einigung „bestraft" werden (in diesem Sinne auch BGB-RGRK/WENZ Anh nach § 1631, § 2 RKEG Rn 9). Andererseits spricht viel für eine Bevorzugung desjenigen Elternteils, der die größere Gewähr für eine konstante Erziehung im religiösen Bereich bietet (MünchKomm/HUBER Anh zu § 1631, § 2 RKEG Rn 6). Im Zweifel ist das bisherige Bekenntnis beizubehalten (STAUDINGER/DONAU[10/11] Rn 26; HIRSCH 42).

5. Die Anhörungspflichten des Gerichts

a) Allgemeines

Eine spezifische Ausgestaltung und Präzisierung der Anhörungspflichten, wie sie mit **11** den §§ 50a–50c FGG inzwischen im Verfahrensrecht eingefügt worden sind (vgl hierzu insbes FEHMEL FamGb Vor §§ 50a ff FGG Rn 1 ff), war im BGB (vgl § 1673 **aF**) bzw im FGG zum Zeitpunkt des Inkrafttretens des RKEG nicht festgelegt, weshalb das RKEG nicht auf die Festlegung expliziter Anhörungsregelungen verzichten konnte. Auch unter Geltung der §§ 50a ff FGG haben die Anhörungspflichten in § 2 Abs 3 S 3 u S 5 RKEG ihre Bedeutung nicht verloren (so auch BGB-RGRK/WENZ Anh nach § 1631, § 2 RKEG Rn 11); diese sind teils weitergehend als die Anhörungspflichten im FGG, teils können die Anhörungsvorschriften der §§ 50a ff FGG Rückwirkungen auf die Auslegung und praktische Handhabung der Anhörungspflichten aus § 2 Abs 3 S 3 u S 5 RKEG haben: Sofern die zuletzt genannten Regelungen lediglich von Anhörung sprechen, wird im hochsensiblen Bereich religiöser Kindererziehung nur die *persönliche Anhörung* von Eltern und Kindern iS der § 50a S 3 und § 50b FGG den inzwischen entwickelten Standards (zu diesen s FEHMEL aaO) gerecht. Beide Eltern sind persönlich zu hören – ihre mündliche Anhörung ist zwingend vorgeschrieben; ermöglicht doch erst die sorgfältig aufzuklärende Differenz unter den Eltern in einem so sensiblen Bereich der Personensorge eine dem Wohle des Kindes gerecht werdende richterliche Entscheidung. Verwandte, Verschwägerte und die Lehrer des Kindes (§ 2 Abs 3 S 3 HS 2 RKEG) sind nur dann zu hören, wenn gewichtige Gründe dafür sprechen, daß sie zur Aufklärung des Sachverhalts, ggf zur Absicherung der Prognose, beitragen können. Die mündliche Anhörung sollte idR durch den entscheidenden Richter selbst durchgeführt werden – auf jeden Fall die Anhörung der Eltern und des Kindes –, ohne daß die Anhörung durch den ersuchten Richter etwa bei sehr weiter Entfernung der (des) Beteiligten – im Beschwerdeverfahren durch den beauftragten Richter des erkennenden Gerichts – generell ausgeschlossen wäre. Im Gegensatz zur Anhörung des Kindes nach Vollendung des zehnten Lebensjahres gem § 2 Abs 3 S 5 RKEG sieht Abs 3 S 3 dieser Bestimmung die Möglichkeit vor, von der Anhörung der dort genannten Personen abzusehen: auch bei den Eltern des Kindes ist diese Möglichkeit ausgeschlossen, bei den weiteren in dieser Vorschrift genannten Personen kann je nach Umständen des Falles von der Anhörung abgesehen werden.

b) Die Kindesanhörung

Kinder sind gem § 2 Abs 3 S 5 RKEG von der **Vollendung des 10. Lebensjahres** an **12** stets **persönlich** zu hören. Auch jüngere Kinder sind gem § 50b Abs 1 FGG persönlich zu hören. Jedoch können die für Kinder unter 10 Jahren entwickelten Grundsätze der Kindesanhörung gem § 50b Abs 1 FGG (vgl FEHMEL, FamGb § 50b FGG Rn 19 ff) nur mit Einschränkungen herangezogen werden; während in vielen personensorgerechtlichen Bereichen auch bereits die „Anschauung" eines Kleinkindes und seines Verhaltens durchaus Sinn haben kann, damit sich das Gericht vom Kind einen unmittelbaren Eindruck verschafft (§ 50b Abs 1 HS 2 FGG), ist für den hier fraglichen Bereich der religiösen Kindererziehung daraus idR kaum etwas an Erkenntnissen für die richterliche Entscheidung zu gewinnen. Deshalb empfiehlt es sich, Kinder unter 10 Jahren gem § 50b Abs 1 FGG idR erst ab Schulreife anzuhören. Für Kinder nach Vollendung des 10. Lebensjahres hingegen darf auf den Grad der geistigen Entwicklung keine Rücksicht genommen werden (ENGELMANN 59), sie sind **stets** anzuhören; eine Ausnahme, wie sie in § 50b Abs 3 S 1 FGG vorgesehen ist, sieht § 2 Abs 3 S 5 RKEG nicht vor. Die zur Durchführung der Kindesanhörung gem § 50b FGG entwickelten Grundsätze gelten weitestgehend auch hier: Anhörung in Abwesenheit der Eltern; idR Anhörung im Richterzimmer; im allgemeinen auch gemeinsame Anhörung von Geschwistern; keine wortgetreue, doch möglichst präzise Protokollierung und Übermittlung des Ergebnisses der Anhörung an die Eltern (zur Kindesanhörung umfassend FEHMEL, FamGb § 50b FGG Rn 19 ff).

13 Während nach Vollendung des 12. Lebensjahres gem § 5 S 2 RKEG dem Minderjährigen eine auch die Eltern bindende Entscheidungsbefugnis zusteht – er kann nicht gegen seinen Willen in einem anderen Bekenntnis als bisher erzogen werden –, kommt zwar dem Ergebnis der verpflichtenden Kindesanhörung gem § 2 Abs 3 S 5 RKEG nach Vollendung des zehnten Lebensjahres nicht die gleiche Bedeutung zu, jedoch wird der im Rahmen der Kindesanhörung zum Ausdruck gekommenen Verbundenheit des Kindes mit und zu einer bestimmten Religion bzw Weltanschauung ein besonderes Gewicht im Rahmen der richterlichen Gesamtwürdigung der Lebensumstände des Kindes zukommen. Wie ein die Änderung der bisherigen religiösen Erziehung bzw die Abmeldung des Kindes vom Religionsunterricht betreibender Elternteil, so wird auch das Gericht einer solche Änderungen ablehnenden Willensäußerung des Kindes auch unterhalb der Altersschranken der § 2 Abs 3 S 5 RKEG wie des § 5 S 2 RKEG besonderes Gewicht beimessen müssen.

c) Anhörung weiterer Personen
14 Verwandte (zB Großeltern, Geschwister), Verschwägerte und die Lehrer sind hingegen nur dann anzuhören, wenn der Lebenssachverhalt belegt, daß diese Personen relevante Erkenntnisquellen für die vom Gericht zu treffende Entscheidung darstellen. Da es um eine das ganze Leben bestimmende Weichenstellung gehen kann, sollte das Gericht nicht ohne **Ausschöpfung aller relevanten Erkenntnisquellen** entscheiden (BGB-RGRK/WENZ Anh nach § 1631, § 2 RKEG Rn 11). Dem Gericht steht es frei, über den genannten Personenkreis hinaus aufgrund seiner Verpflichtung, den Sachverhalt von Amts wegen aufzuklären (§ 12 FGG), weitere Personen anzuhören. Auch wenn sich das RKEG nicht im Katalog der anhörungspflichtigen Fälle gem § 49 Abs 1 FGG befindet, spricht sehr viel dafür, die für Eltern, Kinder und Jugendliche zuständige Fachbehörde, nämlich das **Jugendamt**, vor einer Entscheidung stets anzuhören; § 49 FGG stellt keine abschließende Regelung der obligatorischen Anhörungspflicht des Jugendamtes dar (KEIDEL/ENGELHARDT § 49 Rn 11). Der vom Gesetz vorgegebene Grundsatz der Erforderlichkeit hinsichtlich des Kreises der anzuhörenden Personen sollte im Zweifelsfall eher weit als zu eng ausgelegt werden, wird eine Entscheidung doch nur auf der Grundlage einer umfassenden Analyse der Gesamtsituation des Kindes möglich sein. Von der Anhörung der Verwandten, Verschwägerten und der Lehrer – nicht des Kindes und der Eltern – darf das Gericht absehen, wenn deren Anhörung zu erheblichen Verzögerungen führt.

d) Absehen von der Anhörung

Weil erhebliche Verfahrensverzögerungen dem Kindeswohl abträglich sind, werden **15** in vielen Ländern jüngste Reformen im materiellen und Verfahrensrecht vom Bestreben geleitet, Verfahrensverzögerungen möglichst zu vermeiden (hierzu grundlegend HEILMANN). Jedoch ist – im Rahmen von Entscheidungen nach § 2 RKEG (anders zB bei zivilrechtlichen Kindesschutzmaßnahmen) – im Zweifelsfall der gründlichen Ermittlung (der „guten Entscheidung", KIPP 21; zum Abwägungsproblem vgl LEMPP 120) der Vorrang vor einer schnellen Entscheidung einzuräumen, geht es doch bei Entscheidungen gem § 2 Abs 2 RKEG um die Frage der Änderung eines bestehenden Zustandes, der von Rechts wegen solange fortzubestehen hat, bis eine Entscheidung ergeht, die diesen Zustand ändert (KIPP aaO). Geht es um Konflikte bei der Erstbestimmung und Festlegung religiöser Kindererziehung eines Kleinkindes gem § 2 Abs 1 RKEG, so kann auf die Anhörung bzw Anschauung dieses Kindes verzichtet werden. Auf für erforderlich gehaltene Anhörungen sollte jedoch nicht verzichtet werden; das Gericht hat es weitgehend in der Hand, dafür Sorge zu tragen, unnötige Verfahrensverzögerungen zu vermeiden. Das Gericht hat die genannten Anhörungen durchzuführen, wenn dies ohne erhebliche Verzögerungen *und* (der Wortlaut *„oder"* ist offensichtlich ein Redaktionsversehen; vgl Wortlaut von § 1673 **aF**) unverhältnismäßige Kosten möglich ist (STAUDINGER/DONAU[10/11] Rn 25). Der Kostengesichtspunkt sollte angesichts der zur Entscheidung anstehenden Frage nicht zu hoch veranschlagt werden (KIPP 21).

Der Elternteil, der eine Änderung der religiösen/weltanschaulichen Erziehung abrupt betreibt, aber auch ein Elternteil, der einer Änderungsabsicht widerspricht, kann in einen erheblichen Interessengegensatz zum Kind geraten. Unter diesem Umstand muß das Gericht prüfen, ob nicht ein **Verfahrenspfleger** gem § 50 Abs 2 Nr 1 FGG zur Wahrnehmung der Kindesinteressen zu bestellen ist (vgl hierzu SALGO ua).

6. Inhalt der Entscheidung

Im Rahmen der Entscheidung gem Abs 3 darf das Gericht – wie auch im Falle des **16** § 2 Abs 1 RKEG iVm § 1628 – nicht den Willen der Eltern durch seinen eigenen ersetzen (**hM**: STAUDINGER/DONAU[10/11] Rn 27; KIPP 20; ENGELMANN 60; BGB-RGRK/WENZ Anh nach § 1631, § 2 RKEG Rn 9; GERNHUBER/COESTER-WALTJEN § 62 Rn 11–13). Dies bedeutet, daß das Gericht durch die Optionen der Eltern gebunden ist und nicht etwas anordnen darf, was von keinem der Eltern gewünscht wird. Der Entscheidungsrahmen wird wegen des Grundsatzes der Subsidiarität staatlichen Handelns („zuvörderst ihnen obliegende Pflicht", Art 6 Abs 2 S 1 GG) ausschließlich von den Eltern bestimmt; das Gericht trifft nicht selbst die Sachentscheidung, sondern erteilt oder versagt seine Zustimmung zum beabsichtigten (ggf bereits rechtswidrig erfolgten) Bekenntniswechsel bzw zur Abmeldung vom Religionsunterricht. Die Zustimmung des anderen Elternteiles wird hierdurch streng genommen nicht ersetzt – wie zB gem § 1748 Abs 1 –, sondern die Zuständigkeit für die religiöse Erziehung in der Zukunft und damit der Bekenntniswechsel bzw die Kompetenz für die Abmeldung vom Religionsunterricht wird – in Abweichung von der bisherigen gemeinsamen Zuständigkeit – einem Elternteil allein übertragen (wie bei § 1628, vgl STAUDINGER/PESCHEL-GUTZEIT § 1628 Rn 42). Der Elternteil, dem die Entscheidung übertragen wurde, übt im übertragenen Bereich die elterliche Sorge alleine aus und vertritt das Kind auch allein. Der Elternteil, dem die Kompetenz übertragen wurde, ist aber nicht verpflichtet, so zu entscheiden, wie zunächst beabsichtigt war.

7.   Verfahrensfragen

a)   Zuständigkeit

17 Die **sachliche** Zuständigkeit für Entscheidungen gem § 2 Abs 1 und Abs 3 liegt de lege lata beim **VormG** (Richtervorbehalt, § 14 Abs 1 Nr 19 RPflG). Obwohl der RegE eines KindRG das RKEG nicht übersehen hat (BT-Drucks 13/4899, 30), findet sich in diesem Reformvorschlag keine die Zuständigkeit des VormG im Regelungsbereich des RKEG abändernde Regelung, weil das Problem der Zuständigkeit hier bewußt nicht angegangen wurde. Angesichts des Bestrebens des Entwurfs zum KindRG, duale Zuständigkeiten möglichst abzubauen und auf das FamG weitgehend alle Entscheidungen aus dem Bereich der elterlichen Sorge zu übertragen (BT-Drucks 13/4899, 71 f), wäre für die vormundschaftsgerichtliche Zuständigkeit eigentlich kein Raum mehr. Angesichts des eindeutigen Wortlautes und der Tatsache, daß der Gesetzgeber des KindRG das Problem der gespaltenen Zuständigkeit kaum übersehen haben dürfte, bleibt es – entgegen der in der 12. Aufl vertretenen Meinung – bei der vormundschaftsgerichtlichen Zuständigkeit (MünchKomm/HUBER Anh zu § 1631, § 2 Rn 5). Entscheidungen gem § 1666, auf die das RKEG zweifach Bezug nimmt (§ 2 Abs 3 S 2 und § 7 RKEG), werden weiterhin vom VormG getroffen werden (entgegen dem Wortlaut des § 1666 Abs 1 BGB idF des KindRG). Diese Zuständigkeitsaufspaltung führt dazu, daß im Bereich religiöser Kindererziehung beim Grundkonflikt gem § 2 Abs 1 und Abs 3 RKEG weiterhin stets das VormG zuständig bleibt. Die Zuweisungen an das FamG in den Bezug genommenen Normen bleiben in allen vom RKEG vorgesehenen gerichtlichen Entscheidungen unberücksichtigt, und es bleibt durchgängig bei der Zuständigkeit des VormG. Dieses kaum hinnehmbare Ergebnis kann nur der Gesetzgeber korrigieren. Nach Art 26 FamFG-E (Referentenentwurf) soll künftig für alle Entscheidungen nach dem RKEG das Familiengericht zuständig werden.

b)   Verfahren

18 Antragsberechtigt sind **nur die Eltern** (s ENGELMANN 58; DÖLLE II § 93 III 3), weder Dritte (Verwandte, Lehrer, Geistliche, Mitarbeiter der Jugendhilfe, Religions- oder Schulbehörden) noch das Kind selbst (zum Antragsrecht Minderjähriger de lege lata und ferenda vgl STAUDINGER/PESCHEL-GUTZEIT § 1628 Rn 31 ff mit umfangreichem Nachw), wobei die Altersgrenzen des § 5 RKEG die Diskussion um ein eigenes Antragsrecht des Kindes in diesem Bereich entscheidend entschärfen.

19 Die Verfahren gem § 2 Abs 1 und Abs 3 kommen **nur auf Antrag** in Gang (vgl Rn 8); für Verfahren von Amts wegen bietet das RKEG – ohne das Vorliegen der Voraussetzungen des § 1666 – keinen Raum. Das Kind hat kein formelles Antragsrecht und kann auch informell ein Verfahren aufgrund des § 2 RKEG, im Gegensatz zu § 1666, nicht in Gang bringen. Für die Ermittlungen gilt trotz Antragsverfahren § 12 FGG. UU kann die Einholung von Sachverständigengutachten erforderlich werden (hierzu STAUDINGER/COESTER [2004] § 1666 Rn 220 ff).

Beschlüsse sind **grundsätzlich schriftlich zu begründen** und den Beteiligten **bekanntzumachen.** Hinsichtlich der Anhörungen und der Beteiligung des Jugendamtes vgl

Rn 11. Eine Überprüfung der Entscheidung von Amts wegen gem § 1696 findet nicht statt, weil die Übertragung der Kompetenz-Kompetenz nicht vorläufigen oder jederzeit abänderbaren Charakter hat, sondern auf Dauer angelegt ist. Der Beschluß des Gerichts, durch welchen die Entscheidung einem Elternteil übertragen ist, wird mit der Bekanntgabe gem § 16 Abs 1 FGG wirksam (STAUDINGER/PESCHEL-GUTZEIT § 1628 Rn 52 mwNw).

Dem unterliegenden Elternteil stehen die einfache (§§ 19, 20 FGG) und die weitere **20** **Beschwerde** (§ 27 ff FGG) zu. Die Beschwerdeberechtigung des über 14 Jahre alten Kindes gem § 59 FGG erlangt im Hinblick auf sein Entscheidungsrecht (§ 5 S 1 RKEG) keine Bedeutung. Aus dem Antragsrecht des über 12jährigen Kindes (vgl § 5 RKEG Rn 10) folgt ebenfalls eine Beschwerdeberechtigung. Außer den Eltern steht die Beschwerde dem Jugendamt und Großeltern gem § 57 Nr 9 FGG zu, nicht jedoch dem Pfarramt oder Religionsgemeinschaften (**str**, wie hier BGB-RGRK/WENZ Anh nach § 1631, § 2 RKEG Rn 11; **aA** MünchKomm/HINZ[3] § 1631 Anh § 2 RKEG Rn 5; STAU-DINGER/DONAU[10/11] Rn 29 mwNw).

Gem § 2 Abs 3 S 4 RKEG können die Verwandten und Verschwägerten nach § 1779 **21** Abs 3 S 2 vom Kind Ersatz ihrer **Auslagen** verlangen (zu den Einzelheiten mwNw vgl STAUDINGER/ENGLER [2004] § 1779 Rn 49). Angesichts des Umstandes, daß Uneinigkeit unter den Eltern die Entscheidung des VormG notwendig gemacht hat, erscheint dieser ausschließlich gegen das Kind gerichtete Anspruch auf Ersatz der Auslagen nicht unproblematisch.

§ 3 RKEG

(1) Steht dem Vater oder der Mutter das Recht und die Pflicht, für die Person des Kindes zu sorgen, neben einem dem Kind bestellten Vormund oder Pfleger zu, so geht bei einer Meinungsverschiedenheit über die Bestimmung des religiösen Bekenntnisses, in dem das Kind erzogen werden soll, die Meinung des Vaters oder der Mutter vor, es sei denn, daß dem Vater oder der Mutter das Recht der religiösen Erziehung auf Grund des § 1666 des Bürgerlichen Gesetzbuchs entzogen ist.

(2) Steht die Sorge für die Person eines Kindes einem Vormund oder Pfleger allein zu, so hat dieser auch über die religiöse Erziehung des Kindes zu bestimmen. Er bedarf dazu der Genehmigung des Vormundschaftsgerichts. Vor der Genehmigung sind die Eltern sowie erforderlichenfalls Verwandte, Verschwägerte und die Lehrer des Kindes zu hören, wenn es ohne erhebliche Verzögerung oder unverhältnismäßige Kosten geschehen kann. Der § 1779 Abs. 3 Satz 2 des Bürgerlichen Gesetzbuchs findet entsprechende Anwendung. Auch ist das Kind zu hören, wenn es das zehnte Lebensjahr vollendet hat. Weder der Vormund noch der Pfleger können eine schon erfolgte Bestimmung über die religiöse Erziehung ändern.

I. Normbedeutung

Ein Vormund oder Pfleger unterliegt trotz seiner Selbständigkeit mannigfachen **1** **Bindungen und Grenzen**, denen Eltern nicht ausgesetzt sind; die Befugnis eines Vormunds oder Pflegers, mit Außenwirkung für den Mündel zu handeln, ist stärker eingeschränkt als die der Eltern im Verhältnis zum Kind (STAUDINGER/ENGLER [2004] § 1793 Rn 1). Beschränkungen dieser Art finden sich in § 3 RKEG. Die Norm behandelt Fälle, in denen die **tatsächliche Personensorge** einem Vormund oder Pfleger **neben** dem Vater oder der Mutter oder beiden zusteht (Abs 1) oder in denen die **Personensorge insgesamt** einem Vormund oder Pfleger **allein** zusteht (Abs 2). Die Vorschrift hat vor allem durch das NEhelG v 1969 wesentlich an Bedeutung verloren, weil der Hauptanwendungsfall der Bestellung eines Vormundes bei nichtehelicher Geburt gem § 1707 S 1 iVm § 1773 jew **aF** entfallen ist. Von größerer praktischer Bedeutung ist Abs 2.

2 § 3 RKEG beinhaltet Ausnahmen und Sonderregelungen vom im übrigen geltenden Pflegschafts- und Vormundschaftsrecht; der Gesetzgeber des RKEG legte besondere Regelungen des speziellen Rechtsgebiets der religiösen Kindererziehung fest, weil ohne diese Sonderregelungen in § 3 RKEG dem Vormund oder Pfleger ein weitgehend uneingeschränktes Bestimmungsrecht auch auf dem Gebiet religiös-weltanschaulicher Kindererziehung zugestanden hätte. Konfliktvermeidende Funktion kommt bereits § 1779 Abs 2 S 2 zu: Schon bei der Auswahl eines Pflegers oder Vormunds ist auf das Bekenntnis des Mündels Rücksicht zu nehmen (STAUDINGER/ENGLER [2004] § 1779 Rn 14 ff). Allerdings ist dies **nicht** als ein **oberstes Gebot** zur Bekenntnisgleichheit zu verstehen, weshalb der gem § 1801 Abs 1 grundsätzlich mögliche Entzug der Sorge für die Religion des Mündels aus dem Zuständigkeitsbereich des Vormunds nur erfolgen soll, wenn durch konkrete Umstände – belegbar durch gewichtige Gründe – die Verschiedenheit der Bekenntnisse eine Entziehung erfordert (zum ganzen STAUDINGER/ENGLER [2004] § 1801 Rn 5 f).

II. Duale tatsächliche Personensorge (Abs 1)

3 Daß *beiden* (gemeinsam sorgeberechtigten) Eltern die tatsächliche Personensorge *neben* einem Vormund oder einem Pfleger zusteht, dürfte in der Praxis kaum mehr vorkommen (vgl die mannigfachen, inzwischen weitgehend obsolet gewordenen Fallkonstellationen aus dem Anwendungsbereich des Abs 1 zum Zeitpunkt des Inkrafttretens des RKEG bei ENGELMANN 63 ff sowie STAUDINGER/DONAU[10/11] Rn 1 ff), da bei Ausfall eines Elternteils (gem §§ 1673, 1674) idR der andere Elternteil allein sorgeberechtigt sein wird (vgl § 1678 Abs 1); ist dieser Elternteil gestorben oder ruhen auch seine Rechte, dann kommt uU die tatsächliche Personensorge des einen Elternteils neben einem Vormund in Betracht. Soweit der Mutter die elterliche Sorge gem § 1626a Abs 2 alleine zusteht, entscheidet sie in allen Fragen religiöser Kindererziehung alleine, es sei denn, ihr wäre gem § 1666 das Recht der religiösen Erziehung entzogen, dann gilt Abs 2. Grundsätzlich räumt § 3 Abs 1 RKEG, soweit nicht das Recht der religiösen Erziehung entzogen ist, bei Differenzen zwischen Vormund/Pfleger und Vater/Mutter der Elternansicht **Vorrang** ein (MünchKomm/HINZ[3] Anh zu § 1631, § 3 RKEG Rn 3). Dieser Vorrang entspricht bereits der Ausnahmebestimmung des § 1673 Abs 2 S 3 HS 2 und ist nicht auf den minderjährigen Elternteil beschränkt. Dieses vorrangige Bestimmungsrecht ist entgegen dem Wortlaut nicht auf die *Bestimmung* (Erstbestimmung wie auch Änderung dieser Bestimmung) des religiösen Bekenntnisses beschränkt, sondern gilt für sämtliche Fragen religiöser Erziehung (wie hier STAUDINGER/DONAU[10/11] Rn 3; STAUDINGER/ENGLER [2004] § 1801 Rn 2).

4 Dieser Vorrang von Vater/Mutter entfällt allerdings, wenn einem Vormund allein die tatsächliche Personensorge zusteht. Ein **Ruhen** der elterlichen Sorge (gem §§ 1673, 1674, 1751 Abs 1 S 1) bedeutet noch keinen Substanzverlust des Sorgerechts (STAUDINGER/COESTER [2004] § 1675 Rn 2), jedoch ist dieser Elternteil an dessen Ausübung gehindert (§ 1675). In derartigen Fällen ist deshalb nicht Abs 1, sondern Abs 2 anzuwenden; es ist nicht möglich, die Meinung eines Elternteils vorgehen zu lassen, der die elterliche Sorge, insbesondere die tatsächliche Personensorge nicht ausüben kann und nicht ausüben darf (STAUDINGER/DONAU[10/11] Rn 2 und 5).

§ 3 Abs 1 letzter HS RKEG weist lediglich auf eine Selbstverständlichkeit (BGB- **5** RGRK/WENZ Anh nach § 1631, § 3 RKEG Rn 1): Ein Vorrang des Elternteils neben Vormund und Pfleger entfällt, wenn dem Elternteil gerade das Recht der religiösen Erziehung auf Grund von § 1666 entzogen worden ist.

III. Alleinige Personensorge von Vormund und Pfleger (Abs 2)

Abs 2 regelt die religiöse Erziehung für den häufiger vorkommenden Fall, in wel- **6** chem keine weitere Elternzuständigkeit mehr besteht, dem eingesetzten Vormund/ Pfleger also die Personensorge und damit auch die religiöse Erziehung alleine zusteht (vgl die Fallkonstellationen bei § 1 RKEG Rn 5). Dieses Bestimmungsrecht unterliegt mehrfachen Einschränkungen: dem Vormund oder Pfleger steht dieses Recht lediglich als **Erstbestimmungsrecht** zu, dh eine Bestimmung steht einem Vormund oder Pfleger nur zu, wenn nicht bereits früher eine entsprechende Bestimmung erfolgt war. Eine bereits getroffene Bestimmung – auch eine von ihm selbst mit Genehmigung des Gerichts getroffene – kann der Vormund bzw Pfleger **nicht** (Abs 2 S 6) ändern (MünchKomm/HINZ[3] Anh zu § 1631, § 3 RKEG Rn 4; ENGELMANN 70). Weder das Gericht noch die unter den Voraussetzungen von § 3 Abs 2 S 1 RKEG auch insoweit nicht zur Bestimmung berechtigten Eltern können eine solche Änderung der einmal getroffenen Bestimmung der religiösen Erziehung „genehmigen" (KG JFG 3, 120, 122). Eine bestehende Beschränkung der elterlichen Befugnisse verschließt Eltern Entscheidungen, die ihnen ohne Beschränkung der Personensorge unterhalb der Schranke des § 1666 jederzeit möglich sind. Indem das Gesetz lediglich die Erstbestimmung, nicht aber die Änderung der religiösen Erziehung zuläßt, will es auch für unter der Personensorge eines Vormunds bzw Pflegers stehende Mündel die **Stetigkeit der Erziehung** sichern – ein Grundsatz, von dem das RKEG, aber auch eine Vielzahl von Einzelbestimmungen des zivilrechtlichen Kindesschutzrechts (zB §§ 1632 Abs 4, 1696 Abs 1) wie des Vormundschaftsrechts (zB §§ 1779 Abs 2 S 2, 1801) bestimmt werden (vgl oben § 2 Rn 5). Einer unzulässigen Änderung der bereits bestimmten religiösen Erziehung kommt deren tatsächliche Vereitelung gleich (STAUDINGER/DONAU[10/11] Rn 9). Auch die Abmeldung vom Religionsunterricht durch Vormund bzw Pfleger ist unzulässig.

Ob eine **Bestimmung** (zum Begriff vgl oben § 1 RKEG Rn 5) erfolgt ist, muß geprüft **7** werden; schlüssige Handlungen, die den Willen des früheren Erziehungsberechtigten ernstlich und endgültig deutlich erkennbar werden ließen, erst recht die Taufe (BayObLG JFG 12, 149; nicht zwangsläufig in jedem Fall, vgl OLG Stuttgart FamRZ 1960, 406) oder die Beschneidung nach jüdischem Ritus (BayObLGZ 1961, 238) sind Bestimmungsakte, die für den Vormund bzw Pfleger verbindlich sind und die eine Änderung ausschließen (STAUDINGER/DONAU[10/11] Rn 9). Ob die frühere Bestimmung rechtmäßig zustande gekommen ist, darauf wird es aus den og Gründen (§ 2 Rn 5) nicht ankommen (aA Staudinger/Donau[10/11] Rn 11; BGB-RGRK/Wenz Anh nach § 1631, § 3 RKEG Rn 2). Ob eine Bestimmung auch durch letztwillige Verfügung verbindlich getroffen werden kann, ist strittig (für die Zulässigkeit BGHZ 5, 57, 61, ebenso Staudinger/Donau[10/11] Rn 10 mwNw). Das Recht des Vormunds zur Erstbestimmung wird folglich für Fälle Bedeutung haben, in denen nachweislich noch keine frühere Erstbestimmung erfolgt ist (BGB-RGRK/Wenz Anh nach § 1631, § 3 RKEG Rn 2). Nicht übersehen werden sollte, daß eine bewußte Erziehung in einer nicht bekenntnismäßigen Weltanschauung auch eine Bestimmung iSv §§ 1 und 3 Abs 2 RKEG ist, die eine Änderung ebenfalls ausschließt.

8 Liegen die Voraussetzungen für eine Erstbestimmung durch den Vormund bzw Pfleger vor, dann bedürfen diese zusätzlich der **vormundschaftsgerichtlichen Genehmigung** (Abs 2 S 2). Das Genehmigungsverfahren wird sich auf die Prüfung zu konzentrieren haben, ob bereits eine Bestimmung erfolgt war. Die Bestimmung des religiösen Bekenntnisses zählt zu den dem Vormund/Pfleger obliegenden Aufgaben in Wahrnehmung der Sorge für die Person des Mündels (Staudinger/Engler [2004] § 1801 Rn 1). Inhaltlich darf das Gericht die beabsichtigte Bestimmung durch Vormund bzw Pfleger nicht überprüfen, indem etwa die Genehmigung nur für die Bestimmung eines bestimmten Bekenntnisses genehmigt wird. Während bei der Auswahl des Vormundes/Pflegers auf das bereits bestimmte Bekenntnis des Mündels Rücksicht zu nehmen ist (§ 1779 Abs 2 S 2), steht dem Gericht eine Bewertung der vom Vormund/Pfleger beabsichtigten Bestimmung nicht zu. Wie auch im Falle des § 2 Abs 3 RKEG darf das Gericht auch hier nur genehmigen oder die Genehmigung versagen, nicht aber eine selbständige anderweitige Anordnung treffen (vgl § 2 Rn 10; Engelmann 69). Für das Gericht sind auch hier die **Zwecke der Erziehung** iSv § 2 Abs 3 S 2 RKEG maßgebend (Engelmann ebd).

9 Die in Abs 2 S 3–5 vorgegebenen Anhörungsregelungen entsprechen den in § 2 Abs 3 S 3–5 RKEG (vgl deshalb Erl zu § 2 RKEG Rn 11 ff).

§ 4 RKEG

Verträge über die religiöse Erziehung eines Kindes sind ohne bürgerliche Wirkung.

I.   Entstehungsgeschichte

1 Die Aufnahme der in § 4 RKEG enthaltenen Aussage erscheint vor allem im Hinblick auf § 1 RKEG überflüssig. Die bereits angesprochene Rechtszersplitterung hinsichtlich der religiösen Kindererziehung vor Inkrafttreten des RKEG (Vorbem 3 f) in Deutschland zeigte sich insbesondere daran, welche Bedeutung die Gesetze der früheren Einzelstaaten auf dem Gebiet des Deutschen Reiches einer vertragsmäßigen Regelung der religiösen Erziehung beilegten (vgl die Übersicht bei Engelmann 71 f). Während einzelne Rechtsordnungen derartigen Verträgen jede Bindung versagten, hielten andere Vereinbarungen auf diesem Gebiet für zulässig und rechtswirksam. § 4 RKEG wiederholt (BGB-RGRK/Wenz Anh nach § 1631, § 4 RKEG; Münch-Komm/Huber Anh zu § 1631, § 4 RKEG) bzw bekräftigt den schon in § 1 RKEG festgelegten Grundsatz, daß Verträge, in welcher Form auch immer sie zustande gekommen sein mögen, ohne bindende Wirkung sind; eine unverbindliche Einigung

(§ 1 RKEG) kann nicht zu einer bindenden gemacht werden. Die Vorschrift zielte einerseits auf die Verbreitung solcher Verträge, andererseits auf kirchliche Verpflichtungen. Durch die Wahl der Worte „sind ohne bürgerliche Wirkung" anstatt „sind nichtig" sollte zum Ausdruck gebracht werden, daß das RKEG rein privatrechtlicher Natur (wohl aA Peters, in: Bettermann/Nipperdey/Scheuner 391: primär öffentlich-rechtlich und kein Ergänzungsgesetz zum BGB) ist und damit nicht in das Recht der Religionsgemeinschaften eingegriffen werden sollte (Engelmann 72). Ein vergleichbarer Hinweis mit derselben Intention wie in § 4 RKEG „ohne bürgerliche Wirkung" findet sich zB in der Überschrift zum 1. Abschnitt des Vierten Buches des BGB „Bürgerliche Ehe" und in § 1588, wonach die kirchlichen Verpflichtungen in Ansehung der Ehe durch die Vorschriften des Ersten Abschnitts des Vierten Buches nicht berührt werden (Engelmann 72 f; Staudinger/Donau10/11 Rn 2). Die Vorschrift, daß Verträge über religiöse Erziehung eines Kindes „ohne bürgerliche Wirkung" sind, besagt nichts anderes, als daß solche Verträge *nichtig* iSd BGB sind. Daraus folgt, daß auch das Versprechen einer Vertragsstrafe für den Fall der Nichterfüllung unwirksam ist (§ 344); Staudinger/Donau10/11 Rn 1.

Ob die Bestimmung des religiös-weltanschaulichen Bekenntnisses – nicht die Prak- **2** tizierung religiöser Erziehung – immer noch zu den wenigen höchstpersönlichen („unveräußerlichen", so Engelmann 72) und aus heutiger Sicht – auch zur Ausübung (vgl hier Erl zu § 1631 Rn 15) – nicht übertragbaren elterlichen Rechten gehört, ist umstritten (vgl § 1 Rn 5 mwNw); bei auf Dauer angelegter Fremdplazierung verbietet sich eine vertragliche Übertragung oder eine gem § 1630 Abs 3 auf eine andere Person nicht von vornherein.

II. Das Verhältnis des § 4 RKEG zu § 1 RKEG

Soweit ein Vertrag über die religiöse Erziehung vorliegt, besteht damit sicherlich **3** eine Einigung iSv § 1 S 1 RKEG. Da aber aufgrund von § 1 S 2 RKEG diese Einigung jederzeit auch ohne Einhaltung irgendwelcher Förmlichkeiten widerruflich ist, kann eine diesen Grundsatz aushebelnde vertragliche Bindung nicht wirksam herbeigeführt werden: trotz „Vertrag" und/oder Einigung stehen dem Bestimmungsberechtigten die Rechte nach den §§ 2, 3 RKEG zu (Engelmann 73).

III. Normbedeutung

Völlig außer Betracht zu bleiben haben aufgrund von § 4 RKEG alle Folgen nach **4** kirchenrechtlichen Vorschriften, selbst wenn diese einschneidende Sanktionen für den Fall der Nichteinhaltung der vertraglich übernommenen Verpflichtungen vorsehen. Aus der Existenz eines solchen Vertrages ergibt sich, daß eine Einigung vorliegt bzw zu einem früheren Zeitpunkt vorlag; insoweit kann ein solcher Vertrag als Nachweis im Streitfalle oder für den Vormund/Pfleger, falls Unklarheit darüber bestehen sollte, ob eine Bestimmung über die religiöse Erziehung bereits erfolgt ist (§ 3 Abs 2 RKEG), dienen. Aus heutiger Sicht hat ein solcher Vertrag auch aus familienrechtlicher Perspektive kaum noch Bedeutung: aus der „Kündigung" oder „Vertragsverletzung" dieses Vertrages ergeben sich keinerlei Folgen, wie früher angenommen, teilweise aber immer noch vertreten wird. Zwar sind die Ehegatten gem § 1353 Abs 1 verpflichtet, sich entsprechend dem erzielten Einvernehmen bei der Regelung gemeinschaftlicher Angelegenheiten zu verhalten (Staudinger/Voppel

Ludwig Salgo

[2007] § 1353 Rn 51). Es geht aber nicht an, in der Nichteinhaltung eines solchen Vertrages bzw im Widerruf der Einigung ein Indiz für eine Verletzung ehelicher Pflichten zu sehen (so ENGELMANN 74; GLÄSSING FamRZ 1962, 350 f; STAUDINGER/DONAU[10/11] Rn 4: das Nichteinhalten des [an sich unwirksamen] Versprechens konnte [nach früherem Ehescheidungsrecht] je nach Lage des Falles eine *schwere Eheverfehlung* darstellen und damit ein Scheidungsgrund sein; PALANDT/DIEDERICHSEN [50. Aufl] Anh zu § 1631, § 4; MünchKomm/HINZ[3] Anh zu § 1631 § 4 RKEG mit der Einschränkung, daß eine einseitige Lösung aus Überzeugungsgründen auch vom Eherecht respektiert werden muß; JESTAEDT 403), macht doch der widerrufende Ehegatte von einem in § 1 S 2 RKEG gesetzlich eingeräumten und unbeschränkbaren Recht Gebrauch, was schlechterdings nicht als Verstoß gegen die Pflichten der Ehegatten gelten kann. Auch der Hinweis, die Nichteinhaltung des Vertrages stelle einen Eheaufhebungsgrund iSv § 32 EheG dar (JESTAEDT 403), muß aus heutiger Sicht abgelehnt werden. Aus der Nichteinhaltung eines nichtigen Vertrages auf Fehlentwicklungen der Ehe bzw einen Mangel im Ehewillen zu erkennen, mag in Rechtsordnungen mit keinen oder sehr eingeschränkten Scheidungsmöglichkeiten verständlich erscheinen, im System der Zerrüttungsscheidung können solche Ausweichstrategien keine Anerkennung finden.

5   Da ein Widerruf den Ehegatten freisteht, kann auch schwerlich die Nichteinhaltung des Vertrages einen Mißbrauch der elterlichen Sorge iSv § 1666 Abs 1 darstellen (so aber ENGELMANN 74 mit Einschränkungen; PALANDT/DIEDERICHSEN [50. Aufl] Anh zu § 1631, § 4; JESTAEDT 403); kann doch allein ein Meinungswechsel niemals zu einem Mißbrauch der elterlichen Sorge führen (GERNHUBER/COESTER-WALTJEN § 62 Rn 10). Allerdings muß der Grundsatz der „Stetigkeit in der Erziehung" auch bei der religiösen Erziehung möglichst gewahrt bleiben, eine Verletzung dieses Grundsatzes kann ein Verfahren gem § 1666 zur Folge haben.

6   Gelegentlich früher vorgetragene verfassungsrechtliche Bedenken gegen § 4 RKEG (ablehnend bereits STAUDINGER/DONAU[10/11] Rn 5) sind nicht überzeugend (hM MünchKomm/ HUBER Anh zu § 1631 Vorbem vor § 1 RKEG; STAUDINGER/DONAU[10/11] Rn 5; SOERGEL/STRÄTZ § 1631 Rn 6; JESTAEDT 403), verwirklicht doch diese Bestimmung sowie auch § 1 RKEG die Vorgaben der Art 4 und 6 Abs 2 GG sowie von Art 14 UN-Konvention über die Rechte des Kindes geradezu vorbildlich (GERNHUBER/COESTER-WALTJEN § 62 Rn 9; aA HEUSSNER FamRZ 1960, 6, 9).

§ 5 RKEG

Nach der Vollendung des vierzehnten Lebensjahrs steht dem Kind die Entscheidung darüber zu, zu welchem religiösen Bekenntnis es sich halten will. Hat das Kind das zwölfte Lebensjahr vollendet, so kann es nicht gegen seinen Willen in einem anderen Bekenntnis als bisher erzogen werden.

I.   Normbedeutung

1   § 5 RKEG ist bis heute die bekannteste und wohl am meisten zitierte Norm von allen Bestimmungen des RKEG; zum Modellcharakter de lege ferenda vgl Vorbem 9.

Das **Selbstbestimmungsrecht** des Kindes in religiösen Fragen entwickelt sich nach dem RKEG in drei Stufen:

1. nach Vollendung des **10. Lebensjahres** ist das Kind vor einer Entscheidung des VormG zu hören (§ 2 Abs 3 S 5, § 3 Abs 2 S 5 RKEG),

2. nach Vollendung des **12. Lebensjahres** kann es gegen seinen Willen nicht mehr in einem anderen Bekenntnis als bisher erzogen werden (unten Rn 9 f),

3. nach Vollendung des **14. Lebensjahres** ist das Kind religionsmündig (unten Rn 4 ff).

Der Gesetzgeber des RKEG wollte auch hinsichtlich des *annus discretionis*, dh der **2** Festsetzung des Zeitpunktes, von welchem an dem Kind die Wahl seines religiösen Bekenntnisses freistehen sollte, das Kind also **religionsmündig** sein soll, Einheitlichkeit herstellen, beherrschte doch bis dahin eine bunte Mannigfaltigkeit (Engelmann 75 m umf Nachw) auch die diesbezügliche Rechtslage in Deutschland.

Entscheidungsbefugnisse des Kindes in diesem Bereich waren schon – zB in den beiden großen Religionsgemeinschaften – seit langem dem allgemeinen Volljährigkeitsalter vorgelagert (Konfirmation, Erstkommunion, Firmung). Deswegen war die Festlegung der Religionsmündigkeit weit unter der zum Zeitpunkt des Inkrafttretens des RKEG erst bei Vollendung des 21. Lebensjahres liegenden Volljährigkeit nicht überraschend und auch nicht „höchst umstritten" (so aber Würtenberger, in: FS Obermayer 113, 115 f; ebenso BayObLG FamRZ 1984, 1259, 1263). Der Planck'sche Vorentwurf zum Familienrecht hatte auch unter Bezugnahme auf das Ende der Schulpflicht ebenfalls das vierzehnte Lebensjahr als annus discretionis befürwortet.

II. Verfassungsrechtliche Bedeutung

Das RKEG verwirklicht und konkretisiert auf dem Gebiet des Art 4 GG das Recht **3** des Kindes und dessen Persönlichkeitsentfaltung – ebenso wie Art 14 UN-Konvention über die Rechte des Kindes –, weshalb das Bestimmungsrecht der Eltern aus Art 6 Abs 2 S 1 GG in dem Maße verdrängt wird, als das Kind in die Mündigkeit hineinwächst (BVerfGE 59, 360, 387 und bereits 47, 46, 74; vgl auch § 1631 Rn 2 mwNw). Verfassungsrechtlichen ua Bedenken gegen die in § 5 RKEG vorgenommene Typisierung kann nicht gefolgt werden (hM: BVerfGE 59, 360, 388; Maunz/Dürig/Herzog Art 7 Rn 32; Jestaedt 404 mwNw; BGB-RGRK/Wenz Anh nach § 1631, § 5 RKEG Rn 2; aA Würtenberger, in: FS Obermayer 113, 119, der Bedenken gegen die Religionsmündigkeit ab 14 aus entwicklungspsychologischen Gründen zu erkennen glaubt; ebenso Hofmann FamRZ 1965, 64; Dölle II 199). Die Religionsmündigkeit führt indes nicht zur vollkommenen Beendigung elterlicher wie staatlicher Schutzkompetenzen (vgl § 1 RKEG Rn 4), wenn das religionsmündige Kind sich selbst gefährdet oder durch Dritte in eine Gefahrenlage gebracht wird (Staudinger/Coester [2004] § 1666 Rn 115, 145 ff).

III. Reichweite der Religionsfreiheit des Kindes gem § 5 RKEG

Die mit § 5 S 1 RKEG dem Kind nach Vollendung des vierzehnten Lebensjahres **4** eingeräumte **Entscheidungsbefugnis** erweitert in Fragen des religiösen Bekenntnisses dessen Geschäfts- und Prozeßfähigkeit für alle mit religiös-weltanschaulicher Erziehung zusammenhängenden Gebiete (STAUDINGER/DONAU[10/11] Rn 9; MünchKomm/HUBER Anh zu § 1631, § 5 RKEG Rn 2; ENGELMANN 76 spricht von „kleiner Emanzipation"). Die Reichweite der Befugnisse des Kindes ab Vollendung des vierzehnten Lebensjahres umfaßt ua Entscheidungen – auch gegen den Willen der Eltern – über die Teilnahme am Gottesdienst, am Religionsunterricht (vgl hierzu Rn 7) und anderen religiösen Handlungen, aber auch den Austritt aus der Kirche (BGHZ 21, 340, 351). Entgegen STAUDINGER/DONAU[10/11] Rn 7 u 9 und HOFMANN FamRZ 1965, 65 – wo ein Kirchenaustritt nur bei gleichzeitigem Anschluß an eine andere Religionsgemeinschaft für zulässig erachtet wird – und mit der **hM** (vgl JESTAEDT 404 f mwNw) steht dem Kind ab Vollendung des 14. Lebensjahres nicht nur das Recht zum Religionswechsel, sondern als Auswirkung positiver wie negativer Religionsfreiheit (Art 4 Abs 1 GG) auch die Befugnis zu, sich gegen jegliche Form eines religiös-weltanschaulichen Bekenntnisses iSv § 6 RKEG zu entscheiden (GERNHUBER/COESTER-WALTJEN § 62 Rn 8: „Das Kind kann sich bekenntnisfrei erklären"; ebenso nunmehr HOFMANN 2962; STRÄTZ FamRZ 1977, 213, 214). Vorausgesetzt ist einzig beschränkte Geschäftsfähigkeit (STAUDINGER/DONAU[10/11] Rn 6; ENGELMANN 76 f; MünchKomm/HUBER Anh zu § 1631 § 5 RKEG Rn 2), was darüber hinaus jegliche Überprüfung der geistig-sittlichen Reife oder der inneren Beweggründe des Kindes ausschließt (BayObLGZ 1961, 228, 238).

5   Eine Beschränkung des dem Kind gem § 5 S 1 RKEG zustehenden Selbstbestimmungsrechts durch personensorgeberechtigte Eltern kann eine mißbräuchliche Ausübung der elterlichen Sorge iSv § 1666 Abs 1 S 1 darstellen (ENGELMANN 77); ein entsprechendes Verhalten des Vormunds oder Pflegers könnte das VormG zum Einschreiten aufgrund seines Aufsichtsrechts (§ 1837 Abs 2 S 1) veranlassen. Zwar ist richtig, daß nach Erreichen der Altersschranke des § 5 S 1 RKEG weder personensorgeberechtigten Eltern noch einem Vormund oder Pfleger die Sorge für die religiöse Erziehung mehr zusteht (BGB-RGRK/WENZ Anh nach § 1631, § 5 RKEG Rn 3), jedoch bildet § 1666 Abs 1 S 1 die Eingriffsgrundlage auch bei durch Überschreiten der Entscheidungskompetenz hervorgerufenen Kindeswohlgefährdungen (vgl auch HIRSCH 44). Dies gilt auch bei Selbstgefährdung des Kindes im Rahmen und durch religiös-weltanschauliche Betätigung (zB durch gesundheitsgefährdendes Fasten; uU Sektenzugehörigkeit; vgl die zahlreichen Beispiele bei EIMUTH; ebenso bereits ENGELMANN 78; STAUDINGER/DONAU[10/11] Rn 11).

6   Die Religionsmündigkeit des Kindes schließt die **Klagebefugnis** von Eltern nicht aus, wenn diese aufgrund ihres Erziehungsrechts aus Art 6 Abs 2 S 1 GG Klage erheben mit dem Ziel, ihrem Kind seinem Wunsche entsprechend die Teilnahme am Religionsunterricht einer Religionsgemeinschaft zu ermöglichen, der es nicht angehört; die Religionsgemeinschaften haben gem Art 7 Abs 3 S 2 GG ausschließlich zu entscheiden (BVerwG FamRZ 1983, 1223).

IV. Landesrechtliche Verpflichtungen zur Teilnahme am Religionsunterricht entgegen § 5 S 1 RKEG

7   Der Staatsgerichtshof für das Deutsche Reich hatte bereits festgestellt, daß das über 14 Jahre alte Kind selbst darüber entscheidet, ob es am Religionsunterricht teilnimmt oder nicht (StGH, in: RGZ 134 Anh, 1, 8). Bayern (Art 137 Abs 1 Bayerische Verfassung) und das Saarland (Art 29 Abs 2 Saarländische Verfassung) haben nach

1949 – vor dem GG – entsprechende Regelungen getroffen und in Abweichung von § 5 S 1 RKEG die Entscheidungsfreiheit des Schülers über die Teilnahme am Religionsunterricht auf die Vollendung des 18. Lebensjahres hinausgeschoben. Rheinland-Pfalz (Art 35 Abs 1 Rheinland-Pfälzische Verfassung aF) gehörte auch zu dieser Gruppe von Ländern, inzwischen tritt aufgrund der Änderung der Landesverfassung vom 15. 3. 1991 die Religionsmündigkeit in diesem Land nicht mehr erst mit der Volljährigkeit ein, sondern richtet sich nach § 5 S 1 RKEG (zur Kontroverse um die Weitergeltung dieser landesrechtlichen Besonderheiten mit umfangreichen Nachweisen vgl JESTAEDT 405 ff; vgl bereits zuvor OVG Rheinland-Pfalz FamRZ 1981, 82). ME überzeugend ist indes nachgewiesen, daß die genannten Länderverfassungen § 5 S 1 RKEG nicht geändert haben; es besteht kein rechtlicher oder tatsächlicher Anlaß, alleine für die Teilnahme am Religionsunterricht von der Religionsmündigkeit eine Ausnahme zu machen (wie hier UMBACH, in: FS Geiger 359, 371 mwNw; GERNHUBER/COESTER-WALTJEN § 62 Rn 9; FUCHS 224 ff; aA FEUCHTE DÖV 1965, 661 ff; JESTAEDT 408 f mwNw, zur rechtswissenschaftlichen Kontroverse ebd 406 Fn 143 und 144).

V. Das Entscheidungsrecht des Kindes

Die Entscheidung des Kindes muß nach außen als ernstgemeinter Wille des Kindes **8** erkennbar werden, sie ist an keinerlei Formen gebunden und kann mündlich, schriftlich, ausdrücklich oder stillschweigend gegenüber dem gesetzlichen Vertreter oder der Religionsgemeinschaft (GERNHUBER/COESTER-WALTJEN § 62 Rn 8) zum Ausdruck gebracht werden (STAUDINGER/DONAU[10/11] Rn 3; ENGELMANN 79; BGB-RGRK/WENZ Anh nach § 1631, § 5 RKEG Rn 4; MünchKomm/HUBER Anh zu § 1631, § 5 RKEG Rn 3).

VI. Die Stellung des Kindes nach Vollendung des 12. Lebensjahres

Ein Kind nach Vollendung des 12. Lebensjahres darf gem § 5 S 2 RKEG nicht gegen **9** seinen Willen in einem anderen Bekenntnis als bisher erzogen werden. Dieser Regelung liegen zwei gesetzgeberische Intentionen zugrunde: Einerseits soll mit diesem Grundsatz die Stetigkeit der Erziehung gewahrt werden, andererseits soll das Kind nicht in Gewissensnot geraten, was eine Gefährdung seiner geistig-seelischen Entwicklung bedingen könnte. Ausschlaggebend ist, in welchem Bekenntnis das Kind bisher *tatsächlich* erzogen wurde, nicht zB die bloße Taufe (wie STAUDINGER/DONAU[10/11] Rn 2); ob die Bestimmung in rechtmäßig korrekter Weise (vgl oben § 2 Rn 5) zustande gekommen ist, darauf kommt es auch im hiesigen Zusammenhang nicht an (MünchKomm/HUBER Anh zu § 1631, § 5 RKEG Rn 4). Die Zustimmung des über 12 Jahre alten Kindes ist für den Bekenntnis-, für den Weltanschauungswechsel (§ 6 RKEG) wie für die Abmeldung vom Religionsunterricht erforderlich. Wurde das Kind zB bisher nicht konfessionell, aber in einer bestimmten bekenntnismäßigen Weltanschauung erzogen, und beabsichtigen die Eltern nunmehr, das Kind in einem bestimmten religiösen Bekenntnis zu erziehen, so bedürfen sie hierzu seiner Zustimmung. Dies gilt entgegen STAUDINGER/DONAU[10/11] Rn 5 auch dann, wenn das Kind bisher überhaupt nicht in einem religiös-weltanschaulichen Bekenntnis erzogen wurde, weil auch hier die Stetigkeit der Erziehung in Frage gestellt ist, und auch dieses Kind durch den Gesinnungswechsel der Personensorgeberechtigten in Gewissensnot geraten kann (aA auch KIPP 47). Das zwangsweise Zuführen des Kindes in diesem Alter zu einem Bekenntnis oder einer Weltanschauung, wenn es bisher nicht entsprechend erzogen wurde, erscheint aus heutiger Sicht als höchst problematisch.

10 Der Wille, in keinem anderen als dem bisherigen Bekenntnis erzogen zu werden, kann förmlich oder formlos zum Ausdruck gebracht werden (STAUDINGER/DONAU[10/11] Rn 3). Aus der materiellrechtlichen Bestimmung des vollendeten 12. Lebensjahres als Schranke, von der an das Kind nicht gegen seinen Willen in einem anderen Bekenntnis als bisher erzogen werden darf (§ 5 S 2 RKEG), folgt ein eigenes förmliches Antragsrecht ab diesem Lebensalter, wenn ein Bekenntniswechsel gegen den Willen des Kindes durchgeführt werden soll; die im allgemeinen und damit auch für das Kind bestehende Möglichkeit, bei Mißbrauch des Sorgerechts ein Tätigwerden des FamG „anzuregen", würde der mit § 5 S 2 RKEG dem Kind materiellrechtlich eingeräumten Position nicht gerecht (STAUDINGER/DONAU[10/11] § 7 Rn 4; ENGELMANN 82), auch wenn im erzwungenen Bekenntniswechsel, insbesondere wenn das Zustimmungserfordernis des § 5 S 2 RKEG bekannt ist, ein Mißbrauch der elterlichen Sorge iSv § 1666 Abs 1 vorliegen wird.

§ 6 RKEG

Die vorstehenden Bestimmungen finden auf die Erziehung der Kinder in einer nicht bekenntnismäßigen Weltanschauung entsprechende Anwendung.

I. Bedeutung der Norm

1 Die Verpflichtung zur Gleichstellung von religiöser und nicht bekenntnismäßiger Weltanschauung ist unter der Geltung des GG (Art 4 Abs 1) **Verfassungsgebot**. Während die dem § 6 RKEG innewohnende Toleranz und Liberalität bei Inkrafttreten dieses Gesetzes „ohne Zweifel weiten Kreisen ein Stein des Anstoßes" war (KIPP 50), entsprach diese Bestimmung bereits dem Geist der Weimarer Reichsverfassung (Art 135, 137 Abs 1 und Abs 7 WRV), stellt doch die zuletzt genannte Verfassungsbestimmung Vereinigungen, die sich die gemeinschaftliche Pflege einer **Weltanschauung** zur Aufgabe gemacht haben, den Religionsgesellschaften gleich; sie ist gem Art 140 Abs 1 GG Bestandteil des GG, welches darüber hinaus mehrfach Grundaussagen zum weltanschaulichen Bekenntnis enthält (Art 4 Abs 1, 7 Abs 5, 33 Abs 3 GG).

II. Der Begriff der „nicht bekenntnismäßigen Weltanschauung"

2 Der Begriff „Weltanschauung" iSv § 6 RKEG muß, dem Grundsatz der Glaubens- und Gewissensfreiheit entsprechend, im weitesten Sinne gedacht werden (ENGELMANN 79 f; BGB-RGRK/WENZ Anh nach § 1631, § 6; MünchKomm/HUBER Anh zu § 1631, § 6 RKEG; GERNHUBER/COESTER-WALTJEN § 62 Rn 9). Eine organisatorische Verbindung zu einer Weltanschauungsgemeinschaft oder einer Vereinigung ähnlicher Art setzt das Gesetz nicht voraus (STAUDINGER/DONAU[10/11] Rn 1). Unter Weltanschauung wird eine regelmäßig auf religionsfreier oder religionsloser Grundlage beruhende Lehre oder Anschauung verstanden, die das Weltganze und die Stellung des Menschen in der Welt zu erfassen und zu bewerten sucht und den Anhängern dieser Weltanschauung einen bestimmten Sinn ihres Lebens vermitteln will. § 6 RKEG zielt hauptsächlich auf Weltanschauungen, die auf anderen als religiösen Grundlagen über den Sinn des Lebens und zur Stellung des Menschen in der Welt beruhen (ENGELMANN 80; KIPP 49). Hierher gehören nicht etwa nur verbreitete oder gar anerkannte Weltanschauungen, vielmehr kann sich jeder selbst seine eigene Weltanschauung bilden und das Kind nach den §§ 1–3 RKEG erziehen: „Ja, es wird grundsätzlich sogar für zulässig erklärt werden müssen, daß der Bestimmungsberechtigte, wenn er selbst überhaupt keine Weltanschauung hat, also in dieser Hinsicht einem völligen Nihilismus huldigt, das Kind nach den gleichen Grundsätzen erzieht" (ENGELMANN 80). Letztendlich bildet die einzige Schranke für eine Erziehung in einer nicht bekenntnismäßigen Weltanschauung wie für eine religiöse Erziehung § 1666 Abs 1. Das Gebot **weltanschaulicher Neutralität** und der weite elterliche Ermessensspielraum versagen hier staatlichen Organen die Bewertung elterlicher Weltanschauungen. Entgegen KIPP (49 f) wird deshalb angenommen werden müssen, daß „keine Weltanschauung auch eine Weltanschauung ist", wobei eine Werteordnung in jeder Eltern-Kind-Beziehung in aller Regel anzutreffen sein wird, es sei denn, daß es sich um ein völlig vernachlässigtes Kind iSv § 1666 Abs 1 handelt. Vgl in diesem Zusammenhang Erl zu § 1631 Rn 23 ff zur verfassungsrechtlich gebotenen Wertorientierung jeglicher Erziehung unter Geltung des GG, die auch in § 1 Abs 1 SGB VIII ihren Niederschlag findet, weil *„Jeder junge Mensch [...] ein Recht auf Förderung seiner Entwicklung und auf Erziehung zu einer eigenverantwortlichen und gemeinschaftsfähigen Persönlichkeit"* hat. Unterbleibt jegliche Orientierung und weltanschauliche Erziehung zur Erfüllung dieses Rechts des Kindes elterlicherseits und liegt eine Vernachlässigung des Kindes vor, so könnte uU staatliche Intervention gem Art 6 Abs 3 GG, konkretisiert durch zivilrechtliche Kindesschutzmaßnahmen gem § 1666 Abs 1, geboten sein (KIPP 50).

§ 7 RKEG

Für Streitigkeiten aus diesem Gesetz ist das Vormundschaftsgericht zuständig. Ein Einschreiten von Amts wegen findet dabei nicht statt, es sei denn, daß die Voraussetzungen des § 1666 des Bürgerlichen Gesetzbuchs vorliegen.

I. Normbedeutung

Da auch das gerichtliche Verfahren, insbesondere die sachliche Zuständigkeit bei **1** Streitigkeiten in diesem Bereich vor 1921 in Deutschland sehr unterschiedliche Regelungen erfuhren – teils waren die Verwaltungsbehörden und -gerichte, teils kirchliche Instanzen, teils die Prozeßgerichte zuständig (vgl ENGELMANN 81; KIPP 49) –, war es ein besonderes Anliegen des Gesetzgebers des RKEG, hier eine ausschließliche Zuständigkeit für Streitigkeiten „aus diesem Gesetz" beim VormG festzulegen.

II. Reichweite der Zuständigkeit

Unter Streitigkeiten „aus diesem Gesetz" versteht § 7 RKEG solche, die das Recht **2** zur Bestimmung der religiösen Erziehung des Kindes als familienrechtliche Befugnis betreffen. Hierunter fallen Streitigkeiten darüber, wem das Bestimmungsrecht hinsichtlich der religiösen Erziehung zusteht, also insbesondere zwischen den Eltern, aber auch Konflikte darüber, ob das Kind bisher bereits in einem bestimmten Bekenntnis erzogen wurde (§ 2 Abs 2, § 3 Abs 2 und § 5 Abs 2 RKEG) oder darüber, welche Befugnisse einem Vormund bzw Pfleger in diesem Bereich zustehen (STAU-

Ludwig Salgo

DINGER/DONAU[10/11] Rn 1). Auch Konflikte über die Ausübung des Erziehungsrechts zwischen dem Kind und den jeweils Personensorgeberechtigten können unter die „Streitigkeiten aus diesem Gesetz" fallen, wenn zB das über 12jährige Kind ohne seine Zustimmung sich einem Bekenntniswechsel unterwerfen soll, oder wenn der über 14jährige geltend macht, sein Selbstbestimmungsrecht werde durch den Erziehungsberechtigten mißachtet.

3 Das RKEG grenzt den Kreis der Personen, die das Gericht anrufen können, erheblich ein: Es muß sich entweder um einen Streit unter den Personensorgeberechtigten handeln oder um einen Konflikt zwischen diesen Personen und dem Kind. Nur den unmittelbar an diesen Konflikten Beteiligten (Vater/Mutter, Vormund/Pfleger und Kind) steht ein Antragsrecht zu. Andere Personen haben auch bei berechtigtem Interesse an der religiösen Erziehung des Kindes kein Antragsrecht, weil es ausschließlich den unmittelbar Betroffenen überlassen bleiben soll, ob sie ihre Meinungsverschiedenheiten vor das VormG tragen wollen oder nicht (wie STAUDINGER/ DONAU[10/11] Rn 4; **aA** BGB-RGRK/WENZ Anh nach § 1631, § 7). Dritten könnte bei berechtigtem Interesse gem § 57 Abs 1 Nr 9 FGG ein Beschwerderecht zustehen; zur Beschwerdeberechtigung des Caritasverbandes in Fragen der religiösen Kindererziehung vgl KEIDEL/ENGELHARDT FGG § 57 Rn 38 mwNw.

4 Das RKEG ist vom Bestreben bestimmt, bei Konflikten zwischen Personensorgeberechtigten und Dritten den Weg zum VormG zu verschließen; so gehören Streitigkeiten mit der Kirche oder der Schule, überhaupt die öffentlich-rechtliche Seite religiöser Kinderziehung wie zB ein Streit über die Wirksamkeit des Kirchenaustritts, darüber, ob jemand Mitglied der Kirche ist (OLG Braunschweig FamRZ 1965, 228; VerwG Braunschweig FamRZ 1963, 446), über Pflicht zur Teilnahme am Religionsunterricht in der Schule etc, nicht in den Zuständigkeitsbereich des VormG nach dem RKEG (vgl STAUDINGER/DONAU[10/11] Rn 1). Geht es hingegen um die Frage, ob ein Elternteil zB für das Kind den Austritt aus der Kirche erklären oder die Abmeldung vom Religionsunterricht veranlassen konnte, so handelt es sich um eine Streitigkeit aus diesem Gesetz, geht es doch um einen Streit unter den Personensorgeberechtigten um Fragen religiöser Kindererziehung. Bei Meinungsverschiedenheit über einzelne Maßnahmen religiöser Erziehung unter den Eltern kann das VormG gem § 2 Abs 3 RKEG iVm § 1628 angerufen werden; das Kind kann hingegen idR das VormG, wie auch im übrigen, nicht anrufen (grds zum Antragsrecht des Kindes vgl STAUDINGER/PESCHEL-GUTZEIT § 1628 Rn 31 ff mit umfangreichen Nachw), wenn es mit Einzelmaßnahmen religiöser Erziehung durch seine Eltern nicht einverstanden ist (STAUDINGER/DONAU[10/11] Rn 1) – anders bei Mißbrauchsfällen; hier ist das Gericht von Amts wegen zur Aufklärung und ggf zum Einschreiten verpflichtet. Zum Antragsrecht des über 12jährigen Kindes vgl § 5 Rn 10. Bei Selbstgefährdung des Kindes auch nach Vollendung des 14. Lebensjahres, zB durch den Beitritt zu einer Sekte, bleibt das FamG für Unterstützungsmaßnahmen gem § 1631 Abs 3 wie für Kindesschutzmaßnahmen gem § 1666 Abs 1 zuständig. Im übrigen ist das Erziehungsrecht der Eltern in religiös-weltanschaulichen Fragen nicht irgendeiner gerichtlichen Kontrolle unterworfen.

III. Die Bedeutung des Antragserfordernisses

5 Vormundschaftsgerichtliche Verfahren aufgrund des RKEG kommen – außer in den

Mißbrauchsfällen – nur auf Antrag in Gang. Auch wenn die Einleitung eines Verfahrens von Amts wegen ausgeschlossen ist, gilt, wenn einmal ein Verfahren von einem hierzu Berechtigten in Gang gebracht worden ist, § 12 FGG für das weitere Verfahren. Die Zuweisung an das VormG führt zum Verfahren nach dem FGG (BGB-RGRK/Wenz Anh nach § 1631, § 7). Die Besonderheit des Antragserfordernisses zeigt sich auch darin, daß ein mittels eines Antrags in Gang gekommenes Verfahren jederzeit vor Abschluß des Verfahrens durch Rücknahme des Antrags beendet werden kann; das VormG ist nicht befugt, das Verfahren weiterzubetreiben, es sei denn, ein Mißbrauchsfall läge vor – unter diesem Umstand können auch die Erkenntnisse aus einem durch Rücknahme des Antrags beendeten Verfahren nach dem RKEG im Verfahren nach § 1666 herangezogen werden (PALANDT/DIEDERICHSEN [50. Aufl] Anh zu § 1631 § 7 Rn 1).

IV. Die Bedeutung von § 7 S 2 RKEG

Aus dem Spektrum kindeswohlgefährdenden Elternverhaltens im Zusammenhang **6** religiös-weltanschaulicher Erziehung kommen zunehmend in erster Linie Gefährdungen des geistig-seelischen Wohls in Betracht, allerdings kann durch exzentrische religiöse Erziehung auch eine extreme Gefährdung des physischen Kindeswohls vorliegen (vgl hierzu mwNw STAUDINGER/COESTER [2004] § 1666 Rn 115). Das Unterlassen jeglicher religiös-weltanschaulicher Erziehung erfüllt für sich genommen (entgegen STAUDINGER/DONAU[10/11] Rn 9) nicht (mehr) die Voraussetzungen einer Kindesschutzmaßnahme, es sei denn, das Kind würde vernachlässigt oder in sonstiger Weise zusätzlich gefährdet. Auch wenn die Eltern ihr Kind ohne jede religiös-weltanschauliche Erziehung lassen wollen oder wenn sie das Kind zur bewußten Diesseitigkeit erziehen wollen, kann der Richter nicht eingreifen (HIRSCH 39). Dasselbe gilt für eine Änderung der religiös-weltanschaulichen Erziehung, soweit sie die Entwicklung des Kindes berücksichtigt. Auch ein in der Bundesrepublik nicht verbreitetes Bekenntnis steht unter dem Schutz der Verfassung: Im Hinblick auf Art 4 Abs 1 GG und Art 6 Abs 2 S 1 GG wird das VormG mit größter Vorsicht und Zurückhaltung vorzugehen haben (ENGELMANN 86), andererseits stellen sich in Konfrontation mit fundamentalistischen bzw holistisch-ersatzreligiösen Strömungen (vgl EIMUTH mit zahlreichen Beispielen; JESTAEDT 375) neue Herausforderungen an den zivilrechtlichen Kindesschutz gem § 1666 Abs 1. Das VormG hat auch das religionsmündige Kind, aber auch das jüngere in elterlicher oder jugendamtlicher Obhut lebende Kind, vor jeglicher Art von Gefährdung durch Eltern oder durch Dritte zu schützen. Liegt ein Mißbrauch vor, so ist zu prüfen, welche Maßnahme zur Abwendung der Gefährdung geeignet ist: Bei extremen Einstellungen auf seiten der Eltern wird zu prüfen sein, ob lediglich das Recht der religiös-weltanschaulichen Erziehung oder ob nicht die gesamte Personensorge zu entziehen sein wird (STAUDINGER/DONAU[10/11] Rn 9). Zum Verfahren vgl insbes STAUDINGER/COESTER (2004) § 1666 Rn 206–242.

Das KindRG (vgl § 2 RKEG Rn 17) beließ es bei vormundschaftsgerichtlicher Zustän- **7** digkeit im RKEG, obwohl die meisten das Personensorgerecht tangierenden gerichtlichen Konfliktregelungen – insbesondere § 1666 – dem FamG übertragen worden sind. Dies führt auch im Rahmen von § 7 RKEG zu Zuständigkeitsproblemen. Nach Art 26 FamFG-E (Referentenentwurf 2007) soll künftig für alle Entscheidungen nach dem RKEG das Familiengericht zuständig werden.

Ludwig Salgo

§ 8 RKEG

Alle diesem Gesetz entgegenstehenden Bestimmungen der Landesgesetze sowie Artikel 134 des Einführungsgesetzes zum Bürgerlichen Gesetzbuch werden aufgehoben.

§§ 9, 10 RKEG

(gegenstandslos)

§ 11 RKEG

Das Gesetz tritt am 1. 1. 1922 in Kraft.

1 Vgl die Erläuterungen der §§ 8–11 RKEG bei STAUDINGER/DONAU[10/11]; sie sind heute nur noch von historischem Interesse.

§ 1631a
Ausbildung und Beruf

In Angelegenheiten der Ausbildung und des Berufes nehmen die Eltern insbesondere auf Eignung und Neigung des Kindes Rücksicht. Bestehen Zweifel, so soll der Rat eines Lehrers oder einer anderen geeigneten Person eingeholt werden.

Materialien: Eingefügt durch SorgeRG v 18. 7. 1979 Art 1 Nr 7; BT-Drucks 8/2788; Abs 2 aufgehoben und die Absatzbezeichnung „(1)" durch KindRG v 25. 9. 1997 Art 1 Nr 48 gestrichen. STAUDINGER/BGB-Synopse (2006) § 1631a.

Schrifttum

BELCHAUS, Elterliches Sorgerecht – Kommentar zum Gesetz zur Neuregelung der elterlichen Sorge (1980)
COESTER, Familienrechtliche Aspekte des Kinderhochleistungssports, in: STEINER (Hrsg), Kinderhochleistungssport (1984)
COESTER-WALTJEN, Neuregelung der elterlichen Sorge §§ 1626–1633 BGB, in: Juristinnenbund (Hrsg), Neues elterliches Sorgerecht (1977)
Deutscher Bundestag (Hrsg), Zur Sache 1/78, Elterliches Sorgerecht (1978)
ERICHSEN, Elternrecht-Kindeswohl-Staatsgewalt (1985)
GERNHUBER, Neues Familienrecht – Eine Abhandlung zum Stil des jüngeren Familienrechts (1977)
HIRSCH, Entzug und Beschränkung des elterlichen Sorgerechts (1968)
HÖHNE, Gerichtliche Kontrolle elterlicher Fehlentscheidungen (1974)
JANS/HAPPE, Gesetz zur Neuregelung der elterlichen Sorge (1980)
KNÖPFEL, Zur Neuordnung des elterlichen Sorgerechts, FamRZ 1977, 600
KÜHN, Kindeswohl im Spannungsfeld von Gesellschaft und Recht, in: KÜHN/MÜNDER/ PFÜRTNER/RAUM, Selbstbestimmungsrecht des Jugendlichen (1978)

LÜDERITZ, Elterliche Sorge als privates Recht, AcP 178 (1978) 263

RAMM, Jugendrecht (1990)

RUMMEL (Hrsg), Kommentar zum Allgemeinen bürgerlichen Gesetzbuch, 1 Band (2. Aufl Wien 1990)

SACHSSE/TENNSTEDT, Familienpolitik durch Gesetzgebung: Die juristische Regulierung der Familie, in: KAUFMANN (Hrsg), Staatliche Sozialpolitik und Familie (1982)

SALGO, 10 Jahre UN-Übereinkommen über die Rechte des Kindes – Auswirkungen am Beispiel von Art 12 –, Kind-Prax 1999, 179

SCHOLZ, Entwicklung, in: LENZEN (Hrsg),

Pädagogische Grundbegriffe, Band 1: Aggression bis Interdisziplinarität (1989)

SCHWAB, Mündigkeit und Minderjährigenschutz, AcP 172 (1972) 266

ders (Hrsg), Handbuch des Scheidungsrechts (3. Aufl 1995)

SIMITIS, Kindschaftsrecht – Elemente einer Theorie des Familienrechts, in: FS Müller-Freienfels (1986)

ZENZ, Elterliche Sorge und Kindesrechte, StAZ 1973, 257

dies, Zur Reform der elterlichen Gewalt, AcP 173 (1973) 527.

Systematische Übersicht

Alphabetische Übersicht

I. Allgemeines

1. Entstehungsgeschichte

1 Die Vorschrift ist durch das **SorgeRG** vom 18. 7. 1979 eingeführt und durch das KindRG v 25. 9. 1997 teilweise zurückgenommen worden. Einen Vorläufer im BGB – im Gegensatz zum älteren deutschen Recht (zB PrALR II 2 §§ 109 ff [1794]; § 1804 Sächs BGB [1865]) wie zum seit längerem geltenden Recht des Auslands (zB Art 302 Abs 2 ZGB; § 147 ABGB [seit 1811]) – gab es nicht. Das BGB von 1900 distanzierte sich von solchem liberalem Gedankengut mit der Begründung, daß ein Bedürfnis für ein Eingreifen des Vormundschaftsgerichts in das den Eltern zustehende Recht der Berufsentscheidung nicht besteht und mit Rücksicht auf die regelmäßig den Eltern gegenüber den Kindern obliegende Unterhaltpflicht im Interesse der Autorität der Eltern auch nicht als angemessen zu betrachten sei (Mot IV 751); sehr anschaulich beschrieben ist diese sich im 19. Jahrhundert vollziehende Entwicklung weg vom Individualschutz im Sinne der Aufklärung bis hin zur Ausweisung des Rechts aus dem Familieninneren und damit die Versagung eines solchen Individualschutzes von Schwab AcP 172 (1972) 266, 287 ff.

2 An einer **qualifizierten Ausbildung** haben zwar auch Staat und Gesellschaft ein wachsendes Interesse, sie erhöht jedoch auch die individuelle Konkurrenzfähigkeit auf dem Arbeitsmarkt, verschafft besser bezahlte und angesehenere Berufspositionen, trägt wesentlich zur persönlichen Zufriedenheit und damit zur Selbstverwirklichung im beruflichen Bereich bei und verringert das Risiko, in wirtschaftlich schwierigeren Zeiten den Arbeitsplatz zu verlieren. Durch die **Herabsetzung des Volljährigkeitsalters** (zum 1.1.1975) war bereits die Wahl des Studiums (siehe noch OLG Köln FamRZ 1973, 265: Verbot des Soziologiestudiums gegenüber 20jährigem Sohn nicht mißbräuchlich) oder der Ausbildung ab Vollendung des 18. Lebensjahres elterlicher Bestimmung ohnehin entzogen.

Ein empirisch nachgewiesener Regelungsbedarf aus der unmittelbaren Zeit vor **3** Inkrafttreten des SorgeRG lag nicht vor, vielmehr bestand Einvernehmen, daß bei der konkret anstehenden Berufswahl mit großer Mehrheit **keine Konflikte** zwischen Eltern und Jugendlichen nachweisbar waren (LÜDERITZ AcP 178 [1978] 263, 283: Berufswahl idR sehr harmonisch; KÜHN 377 mwNw) und der Prozeß der Berufswahl relativ unproblematisch ablief, was eine verfehlte Berufswahl dennoch nicht ausschließt. Für die Sechzigerjahre hingegen lagen empirische Untersuchungen mit einer beachtlichen Zahl von Fällen vor, in denen eine **große Unzufriedenheit** mit der durchlaufenen Berufsausbildung festgestellt worden war, es war sogar von „Berufsnötigung" die Rede (vgl SCHWAB AcP 172 [1972] 266, 284 mwNw). Soweit Konflikte bestanden, erfolgte die Regelung über § 1666 aF (vgl STAUDINGER/GÖPPINGER[10/11] § 1666 Rn 88 ff; HÖHNE 185 ff). Der Rechtsausschuß des deutschen Bundestags hielt seinerzeit die Möglichkeiten der Konfliktlösung über die kindschaftsrechtliche Generalklausel des § 1666 Abs 1 für nicht geeignet (BT-Drucks 8/2788, 50; kritisch demgegenüber MünchKomm/ HINZ[3] Rn 1: aus rechtsirrtümlichen Erwägungen). Zwar ging der Rechtsausschuß davon aus, daß die Rücksichtnahme auf Eignung und Neigung des Kindes für die meisten Eltern eine Selbstverständlichkeit sei, trotzdem komme es immer wieder vor, daß Eltern, wie Gerichtsentscheidungen im Rahmen des § 1666 belegten, in Einzelfällen diese Grundsätze nicht beachteten und in einem **falschen Prestigedenken** oder als Ersatz für unerfüllte eigene Berufswünsche das Kind in eine Ausbildung oder einen Beruf zwängen, in welchen es zwangsläufig scheitere (BT-Drucks 8/2788, 37). An einer in der Lit zu Recht kritisierten Entscheidung des SchlHOLG (SchlHA 1957, 280 f = RdJB 1958, 29) nahm der Rechtsausschuß so viel Anstoß, daß mit einer zentralen Passage dieser Entscheidung die Notwendigkeit für die gesetzliche Neuregelung begründet wurde (BT-Drucks 8/2788, 49). Während ursprünglich nur ein besonderer Hinweis auf die Ausbildung und den Beruf gleichsam als Anhängsel zur allgemeinen **Rücksichtnahmeklausel** (vgl auch § 1618a) des § 1626 Abs 2 BGB-E – ohne Streitentscheidungskompetenz des seinerzeit zuständigen VormG – vorgesehen war (siehe BT-Drucks 8/111 Art 1 Nr 1; hierzu KNÖPFEL FamRZ 1977, 600, 607 f mwNw; BELCHAUS 63), hat der Rechtsausschuß die Regelung „für diese Ausnahmefälle" (BT-Drucks 8/2788, 49) verselbständigt und dabei vor allem die Möglichkeit eingeführt, eine vormundschaftsgerichtliche Entscheidung gem Abs 2 aF herbeizuführen.

Hingegen hielt der Gesetzgeber in der 13. Legislaturperiode die Verselbständigung der Konfliktregelung in Abs 2 aF gegenüber der kindschaftsrechtlichen Generalklausel für **entbehrlich** (BT-Drucks 13/4899, 115) und hob diese seinerzeit zur Entlastung der Generalklausel eingeführte Sondervorschrift unter Verweis auf die Konfliktlösung in § 1666 wieder auf. Auschlaggebend war eine Befragung der Landesjustizverwaltungen, nach der Abs 2 aF in der Praxis neben § 1666 keine erwähnenswerte Rolle gespielt (ebd 65) habe. Nach Ansicht des Gesetzgebers des **KindRG** können durch § 1666 offensichtliche Fehleinschätzungen der Eltern korrigiert werden (ebd 115).

Über die Einzelheiten der Konfliktregelung im aufgehobenen Abs 2 s Staudinger/ Salgo[12] Rn 19 ff sowie zum Verhältnis von Abs 2 aF zu § 1666 Abs 1 S 1 vgl BayObLg FamRZ 1991, 102; kritisch gegenüber der Abschaffung des Abs 2 Erman/ Michalski § 1631a Rn 7a.

4   § 1631a bekräftigt gewissermaßen die vom BGB-Gesetzgeber zugunsten der patriarchalischen Familie zurückgedrängten **Mitspracherechte** (hierzu Zenz AcP 173 [1973] 527, 529), wenn auch nur äußerst verhalten und halbherzig (Gernhuber 49), um Anschluß an die gesellschaftliche Entwicklung zu finden und damit **die freie Entfaltung der Persönlichkeit** des Kindes zu sichern (Zenz StAZ 1973, 257; Ramm § 44 I 2 b; BT-Drucks 8/ 2788, 73). Der SorgeRG-Gesetzgeber erteilte letztendlich weitergehenden Forderungen (vgl zB die Sachverständigenanhörung, Elterliches Sorgerecht, Deutscher Bundestag [Hrsg]), die dem 14- oder 15jährigen in solchen Angelegenheiten ein **Antrags- oder Mitbestimmungsrecht** zubilligen wollten, eine **Absage** (vgl mit umfangreichen Nachw Staudinger/Peschel-Gutzeit § 1628 Rn 32 ff sowie insbes Zenz StAZ 1973, 257; Schwab AcP 172 [1972] 266, 285; Knöpfel FamRZ 1977, 600, 608; Franz FamRZ 1974, 571, 574; Coester-Waltjen 67, 78 f) mit der Begründung, daß in einem Verfahren von Amts wegen das Vormundschaftsgericht eher die Möglichkeit hat, eine vorhandene Konfliktlage beizulegen, als dies auf Grund eines förmlichen Antrags eines der Beteiligten mit dem daraus erwachsenden Verfahrenszwang in jedem Fall möglich sei (BT-Drucks 8/2788, 50). Der Rechtsausschuß befürchtete, daß ein Antragsrecht dazu führen könne, daß das Gericht auch bei Belanglosigkeiten tätig werden müsse und die Eltern in Verfahren gezogen werden könnten, die in keinem Verhältnis zu dem Anlaß stehen (BT-Drucks 8/2788, 37). Aus Österreich, wo ein solches Antragsrecht mit voller Parteistellung des Minderjährigen im Verfahren seit 1811 besteht, wird von solchen Problemen nicht berichtet (vgl Rummel/Pichler § 147 Rn 1 ff). Während das SorgeRG noch stark von der Befürchtung inspiriert ist, daß vorhandene Begabungsreserven aufgrund elterlicher Fehlentscheidungen nicht ausgeschöpft werden könnten (Unterforderung) und dadurch falsche Entscheidungen fallen, die für den ganzen Lebensweg von ausschlaggebender Bedeutung sind (BT-Drucks 8/2788, 49), ist die pädagogische und auch rechtliche Diskussion der Neunzigerjahre von der Sorge um eine Überforderung der Kinder durch zu hochgesteckte, ehrgeizige elterliche Erwartungen bestimmt (vgl zB das „Aussterben" der Hauptschule; Coester, in: Steiner [Hrsg] 15 ff). Die immer größer gewordene **Durchlässigkeit des Ausbildungssystems entschärft** zunehmend mögliche **Konfliktkonstellationen**, weil sich damit **vielfältige nachträgliche Korrekturmöglichkeiten** von Fehlentscheidungen eröffnen.

2. Bedeutung der Norm

5   § 1631a bringt eigentlich Selbstverständliches zum Ausdruck; seine Grundgedanken sind bereits in § 1626 Abs 2, der Grundsatznorm des neuen Sorgerechts, niedergelegt, s insbes Staudinger/Peschel-Gutzeit § 1626 Rn 109 ff. Auch wenn sich nur **wenige veröffentlichte Entscheidungen** zu dieser Bestimmung finden lassen, sollte die Bedeutung der Ausbildung den Beteiligten mit dieser Konkretisierung des staatlichen Wächteramtes (BT-Drucks 8/2788, 37; Soergel/Strätz Rn 2) deutlich ins Bewußtsein gerückt werden (Massfeller/Böhmer/Coester/Schwenzer Rn 1). Zwar ist mit Abschaffung des Abs 2 aF der unmittelbare Hinweis auf das staatliche Wächteramt nicht mehr in dieser bereichsspezifischen Norm enthalten, dennoch gelten nunmehr im Rahmen des § 1666 die zu § 1631 Abs 2 aF entwickelten Interventionsmaßstäbe (STAUDINGER/SALGO[12] § 1631a Rn 19–27). § 1631a gehört zum Bestand pädagogisierender Rechtsnormen aus dem SorgeRG (vgl neben § 1626 Abs 2 die §§ 1618a, 1631 Abs 2), die wegen der darin enthaltenen Ausbreitung ökonomischer und administrativer Rationalität teilweise durchaus mit Zurückhaltung gesehen wurden (vgl SACHSSE/ TENNSTEDT, in: KAUFMANN [Hrsg] 128; umfangreiche Nachweise bei STAUDINGER/PESCHEL-GUT-ZEIT § 1626 Rn 113 f). Der Rechtsausschuß sah die Eltern angesichts der geringen Durchschaubarkeit und der schnellen Entwicklung als überfordert (BT-Drucks 8/ 2788, 37) und legte ihnen deshalb die Inanspruchnahme externer Beratung nahe, was auch nicht besonders neu und originell war, sah doch bereits das preußische ALR II § 112 die Zuziehung der Lehrer vor. Aus der geringen Anzahl der zu § 1631a ver-öffentlichten Entscheidungen läßt sich über die Wirklichkeit, insbesondere über das Konfliktniveau und die Informationsgrundlagen von Entscheidungen über die Be-rufswahl nichts herleiten (MünchKomm/HINZ[3] Rn 2). **Geschlechtsspezifische Benachtei-ligungen von Mädchen**, insbesondere in ausländischen Familien (Abhalten vom Schulbesuch wegen Betreuung jüngerer Geschwister, Versagung von Schul- und Berufsausbildung wegen fest geprägter Frauenbilder etc; hierzu § 9 Nr 3 SGB VIII), könnten weiterhin eine Rolle spielen. Eine Konfliktentscheidung in diesem Bereich gem § 1666 zugunsten eines ausländischen Kindes ist eine Schutzmaßnahme iSd Haager Minderjährigenschutzabkommens (vgl hierzu STAUDINGER/COESTER [2004] § 1666 Rn 142–150, 240 mwNw; BGB-RGRK/WENZ Rn 16).

3.   Systematische Einordnung

Entscheidungen in Angelegenheiten der Ausbildung und des Berufes gehören zur   **6** Personensorge, was sich aus der systematischen Anordnung unmittelbar im An-schluß an die Regelung in § 1631 ergibt (BT-Drucks 8/2788, 49; RAMM 313). Wegen der **herausragenden Bedeutung, die Ausbildungs- und Berufswahlfragen** heute beigemes-sen wird, erfolgte mit § 1631a eine **Verselbständigung der Regelung**, die gleichwohl nichts anderes als eine **Konkretisierung der Grundregel** des § 1626 Abs 2 und der Personensorge aus § 1631 Abs 1 darstellt. Der Ausbildung wie der beruflichen Po-sition kommt heutzutage größere Bedeutung für das gesamte spätere Leben zu als Status und Vermögen (GERNHUBER/COESTER-WALTJEN § 62 Rn 5–7), deshalb haben Aus-bildungsfragen einen besonderen Stellenwert. Auch § 1631a gehört in die Reihe der die kindschaftsrechtliche Generalklausel in § 1666 **ergänzend spezifizierenden Regelungen** wie die §§ 1618a, 1631 Abs 2, 1631b und 1632 Abs 4. § 1631a ist zwar nach wie vor **spezielle Schutzvorschrift**, verdrängt indes nunmehr Maßnahmen nach § 1666 nicht mehr, vielmehr ergibt sich die Reaktion auf gravierende elterliche Fehlentscheidungen mit nachhaltig das Wohl des Kindes beeinträchtigenden Aus-wirkungen aus den §§ 1666, 1666a (s zu § 1631a aF: STAUDINGER/COESTER[12] § 1666 Rn 44: „Sonderregelung" und Rn 114; GERNHUBER/COESTER-WALTJEN[4] § 57 IX 7: „Spezialfall einer Kin-deswohlgefährdung"). Durch die Abschaffung des Abs 2 hat sich die Eingriffsschwelle nicht verändert (BT-Drucks 13/4899, 115). FamRefK/ROGNER Rn 2 weist kritisch auf die Unterschiede hinsichtlich der geforderten Prognosen: Während § 1666 eine ge-genwärtige oder doch absehbare Gefahr erfordert, waren im Rahmen der Progno-se des abgeschafften Abs 2 fernerliegende Zeiträume einzubeziehen. Prognosen im Hinblick auf die fernere Zukunft sind mit erheblichen Unsicherheiten behaftet, im übrigen lassen sich heutzutage Fehlentscheidungen wesentlich leichter korrigieren (vgl Rn 4).

7 Es besteht einerseits ein Zusammenhang mit anderen Bestimmungen, die auch stärker **auf die Persönlichkeit des Kindes Rücksicht nehmen** – hieran und nicht an eigenen Wünschen und Vorstellungen der Eltern sind die Elternentscheidungen in erster Linie auszurichten (BELCHAUS Rn 5) –, andererseits mit § 1610 Abs 2, wonach die Ausbildungskosten zum Lebensbedarf gehören (vgl STAUDINGER/ENGLER/KAISER [2000] § 1610 Rn 73 ff; SCHWAB/BORTH, HB Teil V Rn 62; MASSFELLER/BÖHMER/COESTER/SCHWENZER Rn 5: Hat zB das Gericht [nunmehr auf der Grundlage des § 1666] gegen die Eltern entschieden, und darf das Kind weiterhin die Oberstufe besuchen, so müssen die Eltern voll für den Unterhalt aufkommen). Zu beachten im Außenverhältnis: Die Schulgesetze der Bundesländer, das BBiG und die HandwO. Vgl auch Art 28 und 29 UN-Übereinkommen über die Rechte des Kindes. Zum Verhältnis zu §§ 113, 1628, 1666 und 1666a vgl Rn 8.

II.   Rücksichtnahmepflichten

1.   Allgemeines

8 Unmittelbare **Adressaten** der Norm sind **personensorgeberechtigte Eltern** bzw Elternteile, aber auch Vormund und Pfleger (STAUDINGER/ENGLER [2004] § 1800 Rn 23). Diesen obliegt allein die Pflicht und das Recht, im Rahmen ihrer Erziehungsaufgabe (§ 1631 Abs 1) die Ziele und Wege der Ausbildung unter Berücksichtigung der Eignung und Neigung des minderjährigen Kindes verantwortlich festzulegen (BGH FamRZ 1983, 48). Meinungsverschiedenheiten der Eltern auch in diesem Bereich fallen unter die §§ 1627, 1628 (STAUDINGER/PESCHEL-GUTZEIT § 1628 Rn 29; STAUDINGER/SALGO [2006] § 1687 Rn 43 f). Ausbildung und Berufswahl gehören entsprechend der Gesetz gewordenen Fassung der §§ 1631 Abs 1, 1631a nach wie vor zur elterlichen Kompetenz „Erziehung" (STAUDINGER/PESCHEL-GUTZEIT § 1626 Rn 67; SOERGEL/STRÄTZ Rn 4; oben § 1631 Rn 23 ff). Die Eltern bestimmen im Rahmen ihres Erziehungsrechts über Ausbildung und Beruf. Damit wird berücksichtigt, daß sich das Leben des Kindes nicht nur nach seiner ohnehin von Umweltfaktoren weitgehend geprägten Bildungsfähigkeit und seinen Leistungsmöglichkeiten gestaltet, sondern daß hierfür auch die **Interessen und Sozialvorstellungen der Familie** nach wie vor **von erheblicher Bedeutung** sind (BVerfGE 34, 165, 184). Es gehört nach der Rspr des BVerfG nicht zu den Aufgaben des Staates als „Wächter", gegen den Willen der Eltern als primär („zuvörderst") zuständigen, für eine im Verhältnis zu den Fähigkeiten des Kindes **bestmögliche Förderung** zu sorgen (BVerfGE 72, 122, 139). Die gem § 10 Abs 1 BBiG erforderliche Unterschrift auch des minderjährigen Auszubildenden unter den Berufsbildungsvertrag entzieht nicht das Berufsausbildungsverhältnis aus dem elterlichen Kompetenzbereich. Zudem bedarf der minderjährige Auszubildende zur wirksamen Begründung des Ausbildungsverhältnisses der Zustimmung des gesetzlichen Vertreters – § 113 ist insoweit nicht anwendbar, weil bei Ausbildungsverhältnissen die Vermittlung der für die Ausübung einer qualifizierten beruflichen Tätigkeit notwendigen fachlichen Fertigkeiten und Kenntnisse im Vordergrund steht (STAUDINGER/DILCHER[12] § 113 Rn 5; MünchKomm/SCHMITT § 113 Rn 14; SCHAUB, Arbeitsrechtshandbuch § 174 Rn 5). Die Reform von 1979 korrigiert letztendlich diese elterliche Zuständigkeit nicht: kritisch hierzu mit verfassungsrechtlichen Erwägungen RAMM § 44 I 2 b; diesen direkten verfassungsrechtlichen Weg ablehnend GERNHUBER/

COESTER-WALTJEN § 57 Rn 78: **Verfeinerungen der Eigenzuständigkeiten des Minder-jährigen** seien de lege ferenda **notwendig** (sa STAUDINGER/PESCHEL-GUTZEIT § 1626 Rn 84).

Allerdings verknüpft der Gesetzgeber die Entscheidungsfindung mit einer **echt** **9** **Rechtspflicht zur Rücksichtnahme** (SOERGEL/STRÄTZ Rn 7; PALANDT/DIEDERICHSEN Rn 2: **Interessenberücksichtigungsgebot**; aA JAUERNIG/BERGER §§ 1631–1633 Rn 11), die sich nicht nur auf ein Gewährenlassen beschränkt, sondern auch aktive Unterstützung beinhaltet (MünchKomm/HUBER Rn 7; PALANDT/DIEDERICHSEN Rn 2). § 1631a sieht eine Sanktion nicht mehr vor, wenn Eignung und Neigung nicht berücksichtigt worden sind, vielmehr sollen sich bei Vorliegen der eng gefaßten Voraussetzungen des mit dem KindRG abgeschafften Abs 2 (vgl Rn 3) nunmehr aus § 1666 Abs 1 ergeben. **Korrekturmöglichkeiten** zur Wahrung des Rechts des Kindes zur **Persönlichkeitsent-faltung** sind folglich erst dann zulässig, wenn sich das elterliche Verhalten als Miß-brauch des Sorgerechts erweist, sie sollen auch nach Abschaffung von Abs 2 nicht ausgeschlossen sein. Grundsätzlich ist das **erzieherische Ermessen** der Eltern erst bei ganz eindeutigen Unter- bzw Überschreitungen eingeschränkt (hierzu Rn 4): Sowohl die Über- wie die Unterforderung sind Möglichkeiten elterlicher (Fehl-)Entschei-dung (zu ehrgeizigen Eltern mit Prestigedenken vgl PALANDT/DIEDERICHSEN Rn 1; BELCHAUS Rn 8). Die Erwartung von ZENZ (StAZ 1973, 257, 263) hat sich zu oft bestätigt: Uner-füllte eigene Aufstiegswünsche können Eltern veranlassen, ihre Kinder mit unrea-listischen Leistungserwartungen zu überfordern.

2. Ausbildung und Beruf

Der Begriff Ausbildung umfaßt **nicht nur** die **Ausbildung zu einem Berufe**, ist also **10** weiter und umfassender als der Begriff der Berufsausbildung (vgl Art 302 Abs 2 ZGB [Schweiz]: allgemeine und berufliche Ausbildung). Zum Begriff der Erziehung, der auch Ausbildung beinhaltet, vgl § 1631 Rn 23 ff. Während der vorschulische Bereich noch stärker den Akzent auf Erziehung setzt (Vorschulerziehung), versteht man unter Ausbildung im wesentlichen die **schulische Ausbildung** und die **Berufs-ausbildung**. Die Ausbildung fördert die Entwicklung von Anlagen, Begabungen und Fertigkeiten und ist Teil des Sozialisationsprozesses. Der Begriff der Ausbildung umfaßt aber auch musische wie politisch-soziale Bildung (BGB-RGRK/WENZ Rn 4), (Sprach-)Kenntnisse, Fähigkeiten und Geschick, somit Eigenschaften, die nicht nur auf berufliches Fortkommen zielen (SOERGEL/STRÄTZ Rn 5), ebenso auch die sportliche Ausbildung (COESTER, in: STEINER 26) oder der Führerscheinerwerb (AnwKomm-BGB/RAKETE-DOMBEK § 1631 Rn 2), Computernutzung (BAMBERGER/VEIT § 1631a Rn 1).

Die Anforderungen der Industriegesellschaft, aber auch und gerade der postindu- **11** striellen Gesellschaft an den Einzelnen werden immer höher. So läßt sich die Struk-tur des Kindschaftsrechts – wie überhaupt des Familienrechts – nur vor dem Hinter-grund der **Veränderungen in der Arbeitswelt** verstehen: Die besondere Erwähnung von Angelegenheiten des Berufs und der Ausbildung in § 1631a sind eine Reaktion auf diese Veränderungen, die sich auch an der auf **Breitenwirkung** und **Qualifikation** zielenden **Bildungspolitik** zeigen (hierzu SIMITIS, in: FS Müller-Freienfels 582): Schon an der Einführung der **allgemeinen Schulpflicht** zeigt sich diese **erste Zäsur elterlicher Ent-scheidungskompetenz**. Diese Verallgemeinerung und Intensivierung der **Ausbil-dungsanforderungen** beschleunigt die **zunehmende Verselbständigung** des Kindes gegenüber der eigenen Familie: § 1631a Abs 1 zielt zwar auf die Person des Kindes, erkennt die Heranbildung einer **eigenverantwortlichen Persönlichkeit** (wie auch § 1626 Abs 2 und § 1 Abs 1 KJHG) als das Ziel auch der Ausbildung an und fordert die Eltern zu Rücksichtnahme und im Zweifelsfall zu externer Beratung auf, hält aber letztendlich beharrlich an der elterlichen Alleinentscheidungskompetenz fest (SIMITIS aaO); eine gerichtliche Korrekturmöglichkeit bleibt nunmehr ausschließlich unter den Voraussetzungen gem § 1666 Abs 1 (vgl Rn 20 ff).

12 Die mit § 1631a erfolgte **Verselbständigung der Regelung für Ausbildungs- und Berufswahl** in einer besonderen Bestimmung spezifiziert die allgemeine Pflicht aus § 1626 Abs 2. Die **Einbeziehung der Jugendlichen** selbst in den Entscheidungsprozeß erlangt eine erhebliche Bedeutung (vgl hierzu Art 12 UN-Übereinkommen über die Rechte des Kindes sowie SALGO Kind-Prax 1999, 179). Da für die allermeisten Berufe heutzutage eine Ausbildung erforderlich ist, kommt dem Tatbestand „Angelegenheiten des Berufs" (zur Begriffsbestimmung vgl MünchKomm/HUBER Rn 4) hingegen kaum eine selbständige Bedeutung zu.

3. Eignung und Neigung

a) Eignung

13 Eignung und Neigung sind **nicht** die **alleinigen Kriterien**, auf die Eltern Rücksicht zu nehmen haben, aber die wichtigsten („insbesondere") (vgl BGB-RGRK/WENZ Rn 7). Nach dem Wortlaut der Norm dürfen Eignung und Neigung von den Eltern nicht mißachtet werden. Allerdings wird zu Recht Kritik an dieser Kumulation geübt (COESTER, in: STEINER 29). Weitere Kriterien sind körperliche und geistige Fähigkeiten, Konstitution und Gesundheit, sowie der Leistungswille des Kindes (BGB-RGRK/WENZ Rn 7); die von WENZ (aaO) angesprochene **Finanzierbarkeit** in den Grenzen der Leistungsfähigkeit der Eltern darf sicherlich nicht vernachlässigt werden, verliert aber als Entscheidungskriterium angesichts öffentlicher **Ausbildungsfinanzierung** zunehmend an Gewicht (SACHSSE/TENNSTEDT, in: KAUFMANN [Hrsg] 118 f; MünchKomm/HUBER § 1631a Rn 9), wobei jedoch die Reduzierungen der Schülerförderung nach dem BAföG wieder zu einer stärkeren Inanspruchnahme der Eltern führen können. Weitere, allerdings bei Abneigung nicht zu berücksichtigende Kriterien können sein: Verdienstmöglichkeiten, Arbeitsmarktchancen, Fortführung des Betriebs im Interesse der Familie. Als **objektive Belege** für die Eignung können dienen: Schulzeugnisse, Beurteilungen von Lehrern und Ausbildern, Ergebnisse von Eignungstests, Gutachten etc. Allerdings wird stets die Bedingtheit und Begrenztheit solcher Beurteilungen beachtet werden müssen, handelt es sich doch nur um augenblicklich feststellbare Fähigkeiten, Fertigkeiten, Anlagen, Begabungen, die erwarten lassen, daß die angestrebte Schullaufbahn bzw Berufsausbildung, also der Weg zum Ausbildungsziel, erfolgreich absolviert werden könnte (BELCHAUS Rn 5 f). Das **Problem prognostischer Entscheidungen** ist aber nicht nur mit der Möglichkeit einer entwicklungsbedingten Fehlprognose hinsichtlich der Fähigkeiten des Kindes belastet; hinzu kommt, daß auch die Anforderungen der einzelnen Berufe wie deren **Arbeitsmarktchancen** ständigen Veränderungen unterworfen sind (vgl zu auf Prognosen beruhenden Förderungsentscheidungen § 9 Abs 1 BafÖG: Förderung, wenn Leistungen erwarten lassen, daß das angestrebte Ausbildungsziel erreicht wird). Bei gleicher Eignung sollte die Neigung den Ausschlag geben (BELCHAUS Rn 8).

b) Neigung

Auch die **subjektiven Wünsche und Zielvorstellungen** sind zu berücksichtigen (vgl **14** bereits PrALR II 2 § 110). Hier gibt es teilweise objektivierbare Anhaltspunkte und Kriterien (GERNHUBER/COESTER-WALTJEN § 62 Rn 5–7). Spontane, aus Launen (zu Phantasie- und Modeberufen vgl COESTER-WALTJEN 79; ZENZ StAZ 1973, 257, 262) entstandene Standpunkte werden sich sicher von solchen Neigungen unterscheiden, die sich über längere Zeiträume hinweg als ernstzunehmende Berufs- oder Ausbildungswünsche manifestiert haben (BT-Drucks 8/2788, 49). ZENZ (StAZ 1973, 257, 263) weist auf die relativ stabilen, nur vereinzelt „irrealen" Berufsinteressen bei 15- bis 17jährigen und auf die Zugänglichkeit für Beratung sowie darauf hin, daß letztendlich solche Begriffe nicht als meßbare, invariable Größen zu verstehen sind.

Die Pflicht der Eltern zur **Rücksichtnahme** auf Eignung und Neigung des Kindes gibt **15** indes dem Willen des Kindes nur ein schwaches eigenes Gewicht; sie hat die Position des Kindes nur geringfügig verbessert. Zur Mitwirkung entsprechend wachsenden Fähigkeiten und Bedürfnissen s STAUDINGER/PESCHEL-GUTZEIT § 1626 Rn 83.

4. Externe Beratung

Bereits das PrALR II 2 § 112 empfiehlt die Hinzuziehung des Lehrers. Um Begren- **16** zungen des Entscheidungshorizonts (SCHWAB AcP 172 [1972] 266, 284; MünchKomm/HUBER Rn 10, 13) angesichts der **geringen Durchschaubarkeit** und der schnellen Entwicklung zu überwinden (BT-Drucks 8/2788, 37), wird die dringende Empfehlung („soll") zur Inanspruchnahme externer Beratung im Zweifelsfall gesetzlich verankert und nimmt bei Zweifeln auf Seiten der Eltern zwangsläufig den Charakter einer **Mußvorschift** an (ERMAN/MICHALSKI Rn 7 a). Sowohl auf Seiten der Eltern wie der Jugendlichen können neben Zweifeln über Eignung und Neigung **Informationsdefizite** hinsichtlich Entwicklungen in der Arbeitswelt bestehen (LÜDERITZ AcP 178 [1978] 263, 283; JANS/HAPPE Rn 1; ZENZ StAZ 1973, 257, 262), die gleichsam künstlich, dh mit externer Hilfe auszugleichen sind. Zwar bleibt zunächst die Nichtbeachtung der Empfehlung **sanktionslos** (SCHWAB Rn 183: „soll" wie in § 1355 Abs 1 = schwache Mahnung), allerdings hat die Außerachtlassung der Empfehlung zur externen Beratung bei unüberbrückbaren Eltern-Kind-Konflikten hinsichtlich der Schulwahl- bzw Berufswahlentscheidung uU indizielle Wirkung für eine Korrekturbedürftigkeit gem § 1666 (MünchKomm/HUBER Rn 15: leichte Verstöße gegen die in Abs 1 normierten Grundsätze bleiben ohne rechtliche Folgen). Die angeratene Inanspruchnahme von Beratung soll der Beseitigung von Unklarheiten und Unsicherheiten dienen und zu einem **Kompetenzzuwachs** führen, um externe Konfliktlösungen gem § 1666 Abs 1 zu vermeiden, und damit dazu beitragen, die **Familienautonomie** zu **erhalten** (SOERGEL/STRÄTZ Rn 8; BGB-RGRK/WENZ Rn 9); vgl auch den in den §§ 17, 18 KJHG verankerten **sozialrechtlichen Beratungsansatz**, der vor allem auch dieses Ziel verfolgt. Im übrigen steht es dem Familiengericht im Rahmen der Auswahl der erforderlichen Maßnahmen gem § 1666 Abs 1 frei, eine Weisung an die Eltern auszusprechen, die entsprechende Beratung in Anspruch zu nehmen (STAUDINGER/COESTER [2004] § 1666 Rn 186).

Art 302 Abs 3 ZGB *(Schweiz)* sieht eine Kooperationsempfehlung zur Zusammen- **17** arbeit mit Schule und Jugendhilfe an die Adresse der Eltern vor.

Als Berater kommen neben Lehrern, die das Kind kennen, erfahrene Angehörige **18** bestimmter in Betracht gezogener Berufsgruppen, uU Ärzte und/oder Psychologen und insbesondere Berufsberater (vgl §§ 30 SGB III) in Frage.

Zurecht wird (auch von ZENZ [StAZ 1973, 257, 262]) darauf hingewiesen, daß Berufs- und Ausbildungsentscheidungen heutzutage unbedingt Informationen vielschichtiger Art voraussetzen. Der Informationsvorsprung der Eltern ist inzwischen deutlich abgeschwächt. Tendenziell ist mit einer **Anhebung des Informationsniveaus** eher bei den Jugendlichen als bei ihren Eltern zu rechnen, was für eine Zubilligung von Entscheidungskompetenz gesprochen hätte. Warnungen (ua ZENZ aaO) vor den starken gesellschaftlichen Interessen an ausschließlich **marktorientierter Berufsberatung**, denen die Jugendlichen immer stärker ausgesetzt sind, sollten allerdings nicht übergangen werden.

19 Da Entscheidungen in Angelegenheiten der Ausbildung und des Berufs zu den Angelegenheiten von erheblicher Bedeutung iSd §§ 1628, 1687 Abs 1 S 1 zählen (vgl STAUDINGER/SALGO § 1687 Rn 44), führt elterliche Uneinigkeit zur gerichtlichen Entscheidungsanweisung gem § 1628 (STAUDINGER/PESCHEL-GUTZEIT § 1628 Rn 29; Anw-Komm-BGB/RAKETE-DOMBEK § 1631 Rn 2).

§ 1631b
Mit Freiheitsentziehung verbundene Unterbringung

Eine Unterbringung des Kindes, die mit Freiheitsentziehung verbunden ist, ist nur mit Genehmigung des Familiengerichts zulässig. Ohne die Genehmigung ist die Unterbringung nur zulässig, wenn mit dem Aufschub Gefahr verbunden ist; die Genehmigung ist unverzüglich nachzuholen. Das Gericht hat die Genehmigung zurückzunehmen, wenn das Wohl des Kindes die Unterbringung nicht mehr erfordert.

Materialien: Eingefügt durch SorgeRG
v 18.7.1979 Art 1 Nr 7; geändert durch KindRG
Art 1 Nr 46;
STAUDINGER/BGB-Synopse (2006) § 1631.

Schrifttum

AFFELDT, Anm zu OLG Brandenburg, FamRZ 2004, 815, FamRZ 2004, 1798
ALBRECHT/SCHÄFER, Zum Erfordernis der vormundschaftsgerichtlichen Genehmigung bei der Unterbringung Minderjähriger (§§ 1631b, 1800 BGB), DAVorm 1981, 15
Arbeitsgruppe „Geschlossene Unterbringung", Argumente gegen geschlossene Unterbringung in Heimen der Jugendhilfe (1997)
BAUER, Neue Gesichtspunkte zum Thema Freiheitsentzug und geschlossene Unterbrin-
gung in der Jugendhilfe, Evangelische Jugendhilfe 2001, H 2, 8 f
ders, Die Verfahrenspflegschaft gem § 70b FGG, in: SALGO/ZENZ/FEGERT/BAUER/WEBER/ZITELMANN Rn 181–226 (zitiert: HB-VP/BAUER Rn)
BAUER/BIRK/RINK, Heidelberger Kommentar zum Betreuungs- und Unterbringungsrecht (26. Ergänzungslfg, Stand: Mai 2001), zit: HK-BUR
BELCHAUS, Elterliches Sorgerecht – Kommentar

zum Gesetz zur Neuregelung der elterlichen
Sorge (1980)

BIENWALD, Betreuungsrecht (3. Aufl 1994)

ders, Verfahrenspflegschaftsrecht (2002)

Bundesarbeitsgemeinschaft Verfahrenspflegschaft für Kinder und Jugendliche (Hrsg),
Standards für VerfahrenspflegerInnen (2005)

Bundesministerium der Justiz (BMJ), Arbeitsgruppe „Familiengerichtliche Maßnahmen bei
Gefährdung des Kindeswohls" (2006)

COESTER, Das Kindeswohl als Rechtsbegriff
(1983)

COTTIER, Subjekt oder Objekt, die Partizipation
von Kindern in jugendstraf- und zivilrechtlichen
Kindesschutzverfahren (2006)

CZERNER, Die elterlich initiierte Unterbringung
gemäß § 1631b BGB – ein familienrechtliches
Fragment im vormundschafts- und verfassungsrechtlichen Spannungsfeld, AcP 202 (2002) 72

ders, Probleme bei der Inobhutnahme gemäß
§ 42 SGB VIII, ZfJ 2000, 372

DAMRAU, Anm zu AG Kamen v 21.10.1982,
FamRZ 1983, 1060

DETTENBORN, Kindeswohl und Kindeswille
(2007)

DODEGGE, Anm zu LG Essen v 12.3.1993,
FamRZ 1993, 1348

EICKEN/ERNST/ZENZ, Fürsorglicher Zwang
(1990)

ERICHSEN/REUTER, Elternrecht-Kindeswohl-
Staatsgewalt (1985)

FEGERT, Geschlossene Unterbringung als
Massnahme der Jugendhilfe?, DVJJ-Journal
1994, 309

ders, Alle Wahljahre wieder … Die (aufge-
zwungene) Debatte um die geschlossene Unterbringung in der Jugendhilfe, JH 1998, 208

ders, Rechte von Kindern und Jugendlichen bei
Freiheitsentzug in der Kinder- und Jugendpsychiatrie, in: National Coalition, 48

FEGERT/SPÄTH/SALGO (Hrsg), Freiheitsentziehende Maßnahmen in der Jugendhilfe und
Kinder- und Jugendpsychiatrie (2001)

FISCHER, Verfahrenswege und Verfahrensreali-
täten freiheitsentziehender Maßnahmen bei
Minderjährigen aus gerichtlicher Sicht, in:
RÜTH/PANKOFER/FREISLEDER (2006)

FREISLEDER/MARTINIUS, Jugendpsychiatrischer
Notfall und Unterbringung auf einer geschlos-

senen Station, in: MARTINIUS/JOEST (Hrsg),
Kinder- und jugendpsychiatrische Notfälle
(1991) 57

GOLLWITZER/RÜTH, § 1631b – Die geschlossene
Unterbringung Minderjähriger aus Kinder- und
jugendpsychiatrischer Sicht, FamRZ 1996, 1388

HÄSSLER ua, Praktische Erfahrungen hinsichtlich der Verfahrenswege nach § 1631b BGB,
§ 42.3 SGB VIII und PsychKG, in: FEGERT/
SPÄTH/SALGO 205

HEILMANN, Kindliches Zeitempfinden und
Verfahrensrecht (1998)

HOOPS, Zum Problem der Indikationsstellung
und der Verfahrensweisen bei Unterbringungen
nach § 1631b BGB im Rahmen von Jugendhilfe,
in: RÜTH/PANKOFER/FREISLEDER

HOOPS/PERMIEN, „Mildere Maßnahmen sind
nicht möglich", freiheitsentziehende Maßnahmen nach § 1631b BGB in Jugendhilfe und
Psychiatrie (2006)

JANS/HAPPE, Gesetz zur Neuregelung der
elterlichen Sorge (1980)

JÜRGENS/KRÖGER/KROPHOLLER, Anm zu AG
Glückstadt v 18.2.1980, FamRZ 1980, 825

KORITZ, Der Verfahrenspfleger im Unterbringungsverfahren nach § 1631b BGB – das
Spannungsfeld zwischen einer Bestellung nach
§ 50 und § 70b FGG, FPR 2006, 42

LEMPP, Gerichtliche Kinder- und Jugendpsychiatrie (1983)

MARSCHNER/VOLCKART, Freiheitsentziehung
und Unterbringung, (2001)

MASSFELLER/BÖHMER/COESTER/SCHWENZER,
Das gesamte Familienrecht – Band 1: Das
innerstaatliche Recht der Bundesrepublik
Deutschland (Stand: April 1995)

MORITZ, Die (zivil-) rechtliche Stellung der
Minderjährigen und Heranwachsenden innerhalb und außerhalb der Familie (1989)

MÜNDER ua, Frankfurter Lehr- und Praxis –
Kommentar zum SGB VIII (2. Aufl 1993)

National Coalition, Rechte von Kindern und
Jugendlichen bei Freiheitsentzug (2001)

PAETZOLD, Ergebnisse einer Untersuchung zu
freiheitsentziehenden Maßnahmen nach § 1631b
BGB in Brandenburg, in: FEGERT/SPÄTH/SALGO,
193

PANKOFER, Spannungsfelder der geschlossenen
Unterbringung und des Freiheitsentzugs im

Kontext der Jugendhilfe. Kritische Reflexionen, in: Rüth/Pankofer/Freisleder

Remschmidt, Erziehung und Strafe, Geschlossene Unterbringung – Ausweg oder Irrweg, DVJJ-Journal 1994, 269

Rüth, Das jugendpsychiatrische Gutachten zur geschlossenen Unterbringung Minderjähriger in der Psychiatrie und in der Jugendhilfe – Statusermittlung versus Prozessdiagnostik, ZfJ 2001, 372

Rüth/Pankofer/Freisleder, Geschlossene Unterbringung (2006)

Saage/Göppinger, Freiheitsentziehung und Unterbringung (1994)

Salgo, Pflegekindschaft und Staatsintervention (1987)

ders, Der Anwalt des Kindes (1996)

ders, Zwischenbilanz der Entwicklungstendenzen bei der Verfahrenspflegeschaft für Kinder und Jugendliche, FPR 2006, 7

ders, Neue Perspektiven bei der Verfahrenspflegschaft für Kinder und Jugendliche – § 166 FamFG-E, FPR 2006, 12

Salgo/Zenz/Fegert/Bauer/Weber/Zitelmann, Verfahrenspflegschaft für Kinder und Jugendliche (2002), zit: HB-VP/Autor

Schlauss, Mehr Schutz für gefährdete Kinder, ZKJ 2007, 9

Schleiffer, Die Pflegefamilie: eine sichere Basis?, ZfSp 2006, 226

Schlink/Schattenfroh, Zulässigkeit der geschlossenen Unterbringung in Heimen der öffentlichen Jugendhilfe, in: Fegert/Späth/Salgo 73

Schmitt/Glaeser, Das elterliche Erziehungsrecht in staatlicher Reglementierung (1980)

Schnoor/Schepker/Fegert, Rechtliche Zulässigkeit von Zwangsmaßnahmen in der Kinder- und Jugendpsychiatrie, Praxis der Kinderpsychologie und Kinderpsychiatrie, 2006, 814

Statistisches Bundesamt, Arbeitsunterlage Familiengerichte 1999 und 2000

Trenczek, Geschlossene Unterbringung oder Inobhutnahme?, DVJJ-Journal 1994, 288

ders, Inobhutnahme und geschlossene Unterbringung, ZfJ 2000, 121

Wiesner, Freiheitsberaubung in pädagogischer Verantwortung? JAmt 2003, 109

Wacker, Verfahrenspflegschaft gem § 70b FGG, Kind-Prax 2002, 32

Wille, Freiheitsentziehung bei Kindern und Jugendlichen nach § 1631b BGB in der familiengerichtlichen Praxis, DAVorm 2000, 449

ders, § 1631b BGB in der amtsgerichtlichen Praxis, ZfJ 2001, 85

vWolffersdorf, Genehmigung, Anordnung und Durchführung freiheitsentziehender Maßnahmen in der Jugendhilfe gemessen an den Vorgaben der UN-Kinderrechtskonvention, in: National Coalition 40

ders, Freiheitsentziehung – eine Maßnahme mit Zukunft?, in: Rüth/Pankofer/Freisleder

vWolffersdorf/Sprau/Kuhlen, Geschlossene Unterbringung in Heimen – Kapitulation der Jugendhilfe (1990)

ders, Freiheitsentziehung – eine Maßnahme mit Zukunft?, in: Rüth/Pankofer/Freisleder

Zimmermann, Das neue Verfahren in Unterbringungssachen, FamRZ 1990, 1308

Zitelmann, Kindeswohl und Kindeswillen (2001).

Systematische Übersicht

Alphabetische Übersicht

I. Allgemeines

1. Normbedeutung und Verfassungsrecht

§ 1631b **schränkt** das **Personensorgerecht** der Eltern insoweit **ein**, als es ihnen mit **1** dieser durch das SorgeRG eingeführten Bestimmung verboten ist, ihr Kind ohne eine familiengerichtliche Genehmigung unterzubringen, soweit die **Unterbringung mit Freiheitsentzug** verbunden ist (ERICHSEN/REUTER 82: „präventives Verbot mit Erlaubnisvorbehalt"). § 1631b **begrenzt** damit die **Ausübung des Aufenthaltsbestimmungsrechts** der Personensorgeberechtigten (BT-Drucks 8/2788, 38), obschon eine solche Entscheidung, auch und gerade mit der Wahl einer entsprechenden Unterbringung – je nach den Umständen des sicherlich nicht alltäglichen Falles – durchaus eine dem Kindeswohl dienliche Entscheidung in Ausübung elterlicher Pflichten und Rechte sein kann. Auch wenn die Eltern sich allein vom Wohl ihres Kindes bei dieser schwerwiegenden Entscheidung leiten lassen, unterwirft § 1631b ihre Entscheidung einer **staatlichen Kontrolle**; diese ist gerade erforderlich, um festzustellen, daß das Wohl des Kindes gewahrt wird. Zu beachten sind zudem die Verfahren aus Art 37b und 34c der UN-Konvention über die Rechte des Kindes.

Die **tatsächliche Bedeutung** von mit Freiheitsentziehung verbundenen Unterbringun- **2** gen Minderjähriger in der Praxis der Justiz, der Jugendhilfe und der Kinder- und Jugendpsychiatrie ist nur **schwer zu ermessen**. Ob rechtstatsächlich belegbare Zweifel bezüglich der Einhaltung dieser Verpflichtung zur Einholung der richterlichen Genehmigung durch die Eltern (vgl GERNHUBER/COESTER-WALTJEN § 7 Rn 15; nämliche Zweifel auch bei MARSCHNER/VOLCKART, A Rn 64) angebracht sind, muß offen bleiben. Nach wie vor gibt es keine sicheren Erkenntnisse über den exakten Umfang aller mit Freiheitsentziehung verbundenen Unterbringungen gem § 1631b. Allerdings brachte eine vom BMFSFJ und von einigen Bundesländern gefördertes Projekt (vgl HOOPS/PERMIEN, 21 ff) etwas mehr an Sicherheit hinsichtlich der Größenordnung und der Anwendungsschwerpunkte von § 1631b. Den Schwerpunkt bilden nicht Unterbringungen mit einem jugendhilferechtlichen Hintergrund. Das SGB VIII sieht eine eigenständige Grundlage für eine Unterbringung von Kindern und Jugendlichen, die mit einer Freiheitsentziehung verbunden ist, nur noch für die Inobhutnahme (§ 42 Abs 5 SGB VIII) bei Gefahr für Leib und Leben des Kindes oder Jugendlichen, aber auch für Dritte, höchstens bis zur Dauer von 48 Stunden vor (Rn 17). Für eine sozialpädagogisch indizierte Unterbringung mit Freiheitsentziehung in einer Einrichtung der Kinder- und Jugendhilfe bedarf, es soweit diese über den genannten Zeitraum hinaus geht, einer familiengerichtlichen Genehmigung gem § 1631b. Solche Möglichkeiten der freiheitsentziehenden Unterbringung sind aus fünf Bundesländern mit 196 Plätzen erfaßt – es könnten mehr bestehen. Die Kinder- und Jugendhilfestatistik weist 105000 Plätze in Einrichtungen der stationären Jugendhilfe nach – geschlossene Plätze werden nicht ausgewiesen. Exakte Zahlen über freiheitsentziehende Maßnahmen in der Kinder- und Jugendpsychiatrie fehlen (HOOPS/PERMIEN, 27 ff) Aber auch die Erfassung der „geschlossenen" Plätze macht Schwierigkeiten zumal sich in diesen Einrichtungen die Plätze „geschlossen" oder „schließbar/offen" gestalten lassen. Nach Angaben einer bundesweiten Erhebung gab es im Jahr 2002 Unterbringungen gem § 1631b in diesen Einrichtungen in 2340 Fällen. Diesen Eindruck bestätigt auch die lokale Erhebung von FISCHER 3: 85% aller Unterbringungen gem § 1631b betrafen solche in der Kinder- und Jugendpsychiatrie, und nur 15% erfolgten in Einrichtungen der Kinder- und Jugendhilfe (GOLLWITZER/RÜTH; VWOLFFERSDORF/SPRAU/KUHLEN 64). Das **Statistische Bundesamt** weist in der Arbeitsunterlage „Familiengerichte" *Verfahren auf Genehmigung der Unterbringung eines Kindes gem § 1631b BGB und Verfahren auf Verlängerung der Unterbringung* nach; allerdings ergibt sich hieraus nicht, wie lange die Unterbringung dauerte und ob sie in einer **Kinder- und Jugendpsychiatrie** oder in einer **Einrichtung der Jugendhilfe** erfolgte. Auch sind in den nachfolgenden Angaben nicht Unterbringungen nach den Landesunterbringungsgesetzen erfaßt. Praktiker bezweifeln die Richtigkeit dieser Zahlenangaben:

a) **Verfahren auf Genehmigung/Verlängerung der Unterbringung eines Kindes gem § 1631b**

	Deutschland	Früheres Bundes-gebiet	Neue Länder
2004	6999*	5708	1192
	484**	371	113
2005	7383*	6239	1144
	483**	414	69

* Verfahren auf Genehmigung
** Verfahren auf Verlängerung

b) **Bestellungen bzw Verlängerung im einzelnen**

	OLG Bezirk	2004	2005
Baden-Württemberg	Karlsruhe	185	216
		14	20
	Stuttgart	241	272
		40	42
		426	**488**
		54	62

	OLG Bezirk	2004	2005
Bayern	München	796	881
		8	40
	Nürnberg	179	170
		5	1
	Bamberg	151	152
		–	–
		1126	**1203**
		13	**41**
Berlin		**195**	**199**
		3	**13**
Brandenburg		**142**	**130**
		7	**2**
Hamburg		**97**	**117**
		5	**7**
Bremen		**44**	**45**
		4	**–**
Hessen		**531**	**561**
		58	**69**
Mecklenburg-Vorpommern		**72**	**103**
		1	**4**
Niedersachsen	Braunschweig	226	202
		7	6
	Celle	489	560
		11	18
	Oldenburg	166	173
		2	7
		881	**935**
		20	**31**
Nordrhein-Westfalen	Düsseldorf	382	374
		19	16
	Hamm	1297	1388
		66	73
	Köln	222	262
		24	33
		1901	**2024**
		109	**122**
Rheinland-Pfalz	Koblenz	169	208
		39	13
	Zweibrücken	124	129
		37	25
		293	**337**
		76	**38**

OLG Bezirk	2004	2005
Saarland	60	77
	–	2
Sachsen	466	396
	36	24
Sachsen-Anhalt	282	289
	57	31
Schleswig-Holstein	253	253
	29	29
Thüringen	230	226
	12	8
Gesamt	6999*	7383*
	484**	483**

(Statistisches Bundesamt, Rechtspflege, Familiengerichte, Verfahren auf Genehmigung der Unterbringung eines Kindes gem § 1631b BGB vor dem AG nach OLG-Bezirken, jew Tabelle 1.2 lfd Nrn 13, 14 ff).

3 Zwar ist nach wie vor die Unterbringung psychisch kranker Kinder und Jugendlicher nach den entsprechenden **Ländergesetzen (PsychKG)** möglich, jedoch hat § 1631b als bundeseinheitliche Regelung diesen gegenüber einen **eindeutigen Vorrang** (WILLE ZfJ 2002, 85 unter Berufung auf die Hess Verwaltungsvorschrift) und erlangt eine wachsende Bedeutung (zur **Favorisierung von § 1631b aus kinder- und jugendpsychiatrischer Sicht** vgl FREISLEDER/MARTINIUS 59; FEGERT, in: NATIONAL COALITION, 48, 51: Unterbringung nach dem Freiheitsentziehungsgesetz stigmatisierender als zivilrechtliche Unterbringung gem § 1631b). Beim Aufeinandertreffen unterschiedlicher Unterbringungsformen (Konkurrenz) setzt sich § 1631b wegen seiner Spezialität durch (SAAGE/GÖPPINGER 4.4 Rn 144). Das Element der personalen Zuwendung (fürsorgliche Orientierung; Kindeswohl als Kriterium, idR Fortbestehen elterlicher Sorgerechte bis zur Volljährigkeit; Fortbestehen der Zuständigkeit des FamG am gewöhnlichen Aufenthaltsort des Minderjährigen, vgl Rn 32) spricht zudem für den **Vorrang der zivilrechtlichen Unterbringung**, bei der im Gegensatz zur öffentlichrechtlichen Unterbringung nicht die Sicherungsinteressen der Allgemeinheit (Gefahrenabwehr), sondern die Individualinteressen des Minderjährigen (Kindeswohl) im Vordergrund stehen und die Vorgehensweise bestimmen. Verfassungsrechtliche Gesichtspunkte sprechen zudem für das Handeln der durch Art 6 Abs 2 GG zuvörderst zum Handeln verpflichteten und berufenen Eltern (so auch WILLE ZfJ 2002, 85, 88). „Geschlossene Unterbringung" war lange Zeit ein polarisierendes Thema in den Fachszenen der Kinder- und Jugendhilfe (HOOPS/PERMIEN, 11).

Seit der Feststellung im 11. Kinder- und Jugendhilfebericht (BT-Drucks 14/8181, 240 f), daß „in wenigen sehr seltenen Konstellationen die zeitweilige pädagogische Betreuung in einer geschlossenen Gruppe eine dem jeweiligen Fall angemessene Form der Intervention sein" kann, versachlicht sich diese Debatte. Bei Überforderung oder Versagen der Eltern ist der Staat zunächst zu deren Wiederbefähigung verpflichtet, erst dann kommen in die elterlichen Rechte eingreifende Maßnahmen zur Abwehr der Kindeswohlgefährdung in Betracht (§ 1666 Abs 1). Dem Unterbringungsrecht

der Bundesländer (PsychKG) kommt dennoch in akuten Gefährdungslagen ein
ergänzender Anwendungsbereich zu; diese Verfahren müssen jedoch, soll die Unterbringung aufrechterhalten bleiben, umgehend in Verfahren gem § 1631b übergeführt
werden (WILLE ZfJ 2002, 85). Bei der geschlossenen Unterbringung in der Kinder- und
Jugendpsychiatrie handelte es sich lange Zeit auch um ein fachintern beinahe **ta-
buisiertes Thema** (FREISLEDER/MARTINIUS 58). Sie sollte der absolute Ausnahmefall
gewesen sein (FEGERT DVJJ-Journal 1994, 309, 310; REMSCHMIDT DVJJ-Journal 1994, 269,
273: Für eine kleine und überschaubare Zahl von Kindern und Jugendlichen ist eine vorübergehende
außerfamiliäre Unterbringung mit partiellem Freiheitsentzug nicht zu umgehen, wenn man diese
Kinder und Jugendlichen nicht fallenlassen möchte), und in den Lehrbüchern dieses Fachs
fanden sich bis vor kurzem kaum Ausführungen. Doch gab es hierzu in Fachkreisen
der Jugendhilfe eine anhaltende und bis heute nicht abgeschlossene, **in jüngster Zeit
wiederbelebte Debatte** (vgl FEGERT/SPÄTH/SALGO; National Coalition; WIESNER, SGB VIII § 34
Rn 18 ff jew mwNw), wobei diejenigen Einrichtungen, die geschlossene Unterbringung
als sozialpädagogische Maßnahme nach wie vor und in letzter Zeit vermehrt anbieten, sich bis vor kurzem unter dem Druck der ihnen gegenüber überwiegend
kritisch eingestellten Fachdiskussion weitgehend nicht daran beteiligten, was sich in
jüngerer Zeit deutlich verändert hat (vgl hierzu WOLFFERSDORFF, in: RÜTH/PANKOFER/FREIS-
LEDER, 149). Hinzu treten immer wieder dahingehende Erwartungen der Politik an die
Adresse der Jugendhilfe, daß diese zur **Vermeidung von Untersuchungshaft**, aber
auch für erheblich delinquente, noch nicht strafmündige Jugendliche, **geschlossene
Unterbringung** anbieten solle. Vgl hierzu die ausführlich dokumentierte jüngste
Debatte (FEGERT JH 1998, 208; REMSCHMIDT DVJJ-Journal 1994, 269 ff; HOOPS/PERMIEN 11 ff
mwNw; 11. Kinder- und Jugendhilfebericht, BT-Drucks 14/8181, 240 f). In beiden Bereichen
findet sich in den letzten Jahren eine wachsende Bereitschaft, sich differenziert und
ohne grundsätzliche Vorbehalte mit freiheitsentziehenden Maßnahmen zu befassen
(HOOPS/PERMIEN aaO; WIESNER § 34 Rn 20; WIESNER JAmt 2003, 109, 116)

Der Grundgedanke des Art 104 GG, ob indirekt oder über Art 2 Abs 2 S 2 GG **4**
(vgl hierzu ERICHSEN/REUTER 84), kommt in dieser mit dem SorgeRG eingeführten Bestimmung (§ 1631b) zum Ausdruck, weshalb es **keinen Unterschied** macht, **ob
Eltern** (bzw ein Elternteil) – deren Rechte nicht vom Staat abgeleitet sind (SOER-
GEL/STRÄTZ Rn 2) –, **Vormund** oder **Pfleger** das Kind bzw ihren Mündel in einer mit
Freiheitsentziehung verbundenen Betreuung unterbringen (OLG Frankfurt 6 UF 236/
00 v 10.11.1999); sie **alle bedürfen der Genehmigung des FamG**, da über die Zulässigkeit und Fortdauer einer jeden Freiheitsentziehung gem Art 104 Abs 2 S 1 GG nur
der **Richter** zu entscheiden hat (BVerfGE 10, 302, 310; zu den gesteigerten Anforderungen
nach Art 104 GG vgl SCHLINK/SCHATTENFROH, in: FEGERT/SPÄTH/SALGO 73, 82 ff). Deshalb
kann hier (entgegen JANS/HAPPE Rn 1) weniger von einer Kollision zwischen Art 6
Abs 2 und Art 104 GG gesprochen werden: **Freiheitsentziehende Maßnahmen** auch
Minderjährigen gegenüber **bedürfen** einer **richterlichen Kontrolle**, und auch der
Umstand, daß Eltern oder an deren Stelle Handelnde in Erfüllung einer öffentlichen Aufgabe eine solche Unterbringungsform anstreben, enthebt diese nicht von
der geforderten richterlichen Kontrolle. Deshalb scheinen **verfassungsrechtliche Bedenken**, die hier gegenüber der Unterwerfung von Eltern unter die Genehmigungspflicht eine Verletzung des verfassungsrechtlich geschützten Elternrechts geltend
machen (SCHMITT/GLAESER 58), **nicht gerechtfertigt** (ebenso MünchKomm/HUBER Rn 1).
Auch die Ausschußminderheit im Rechtsausschuß des BT kritisierte im Gesetzgebungsverfahren, daß Eltern den gleichen Kontrollen wie ein Vormund ausgesetzt

seien, schließlich seien sie im Verhältnis zu ihrem Kind nicht als Fremde anzusehen; um Mißbräuchen begegnen zu können, genüge § 1666 (BT-Drucks 8/2788, 51). Diese Auffassung ist von der Ausschußmehrheit verworfen und damit die alte Streitfrage, ob auch Eltern zur Unterbringung ihres Kindes, wenn diese mit Freiheitsentziehung verbunden ist, der familiengerichtlichen Genehmigung bedürfen (dagegen zB BayObLG NJW 1963, 2372), entschieden worden. Das Kontrollinteresse ist hier weniger Ausfluß des staatlichen Wächteramtes des Art 6 Abs 2 S 2 GG den Eltern gegenüber, als vielmehr **Ausdruck gesteigerter staatlicher Kontrollpflicht aufgrund von Art 104 GG** im Falle der Freiheitsentziehung. Ebenso steht nicht das Mißtrauen gegenüber Eltern im Vordergrund (so auch JANS/HAPPE Rn 1), sondern die besondere **Verletzlichkeit und damit Schutzbedürftigkeit eines** unter solchen Umständen **untergebrachten Kindes**. Die Persönlichkeit des Kindes soll sich grundsätzlich in Freiheit entwickeln (ERICHSEN/REUTER 83), weshalb Abweichungen von diesem Grundmodell von Sozialisation besonderer Rechtfertigung bedürfen und staatlichen Kontrollen unterworfen sind. Die richterliche Kontrolle und die zahlreichen verfahrensrechtlichen Schutzmechanismen sollen älteren Kindern und Jugendlichen auch vermitteln, daß sie als Person von der staatlichen Gemeinschaft anerkannt werden und daß der Eingriff in ihre Freiheitsrechte nicht leichtfertig geschieht und nicht einzig und allein von der vermeintlichen Willkür des Arztes und/oder seiner Eltern abhängt (so auch FREISLEDER/MARTINIUS 59; GOLLWITZER/RÜTH FamRZ 1996, 1388, 1391). Vgl auch die Anerkennung eines besonderen **Schutzbedürfnisses fremdplazierter Minderjähriger** in Art 20 Abs 1 **UN-Übereinkommen über die Rechte des Kindes**. Im übrigen gehören Genehmigungserfordernisse in für das Kind bedeutsamen Angelegenheiten zum gesicherten Rechtsbestand (BGB-RGRK/ WENZ Rn 3).

Daß der Kreis der genehmigungspflichtigen Handlungen der Eltern mit § 1631b erweitert wurde, hängt mit der wachsenden Sensibilität sowohl in Fragen der Freiheit und ihrer Beschränkung (GERNHUBER/COESTER-WALTJEN § 7 Rn 14) wie auch gegenüber möglichen **Interessenkollisionen** zwischen Eltern und Kindern zusammen. Die richterliche Kontrolle verlagert jedoch die Befugnis zur Unterbringung des Kindes nicht; das Recht der Eltern zu einer mit Freiheitsentziehung verbundenen Unterbringung bleibt materiell bestehen (STAUDINGER/ENGLER [2004] § 1800 Rn 29), lediglich ihre **Zulässigkeit** ist **von einer richterlichen Entscheidung abhängig**. Das FamG ordnet nicht die Unterbringung an, es hat sie nur zu genehmigen. Dies zeigt sich etwa daran, daß Eltern nach richterlicher Genehmigung einer freiheitentziehenden Unterbringung nicht zur Unterbringung verpflichtet sind, es sei denn, daß ihr Verhalten die Voraussetzung des § 1666 Abs 1 erfüllt: Würden Personensorgeberechtigte trotz Vorliegens der Notwendigkeit für eine mit Freiheitsentziehung verbundene Unterbringung iSv § 1631b etwa wegen Gleichgültigkeit, Verhinderung, Überforderung, Uneinsichtigkeit eine solche nicht veranlassen und beim FamG die dafür erforderliche Genehmigung nicht einholen oder die genehmigte Unterbringung trotz Kindeswohlgefährdung nicht veranlassen, so wäre das FamG gefordert, die zur Abwendung der Gefahr erforderlichen Maßnahmen zu treffen (OLG Brandenburg FamRZ 2004, 815, 816). § 1631b sowie die mit dem BtG im Jahre 1992 eingeführten strengen Verfahrensregeln in §§ 70–70n FGG (hierzu ZIMMERMANN FamRZ 1990, 1308) wollen **sicherstellen, daß** niemand – auch und gerade **Minderjährige** nicht – **unbemerkt in einer geschlossenen Anstalt verschwinden** kann. Die mit dem SorgeRG eingeführte Regelung des § 1631b hatte vor allem die Notwendigkeit einer richterlichen Kontrolle einer elterlichen Entscheidung über die mit Freiheitsentziehung verbundene Unterbringung wegen psychischer Erkrankung des Kindes im Fokus. Die neuere Diskussion um freiheitsentziehende Unterbringung zielt insbesondere auf die Grenzfälle zwischen Jugendhilfe und Kinder- und Jugendpsychiatrie, bei denen weniger die Eltern die „treibende Kraft" für eine freiheitsentziehende Unterbringung sind, vielmehr versagen die Eltern in ihrer Hilflosigkeit ihre Zustimmung gegenüber den entsprechenden Bestrebungen der Jugendhilfe nicht (so auch WILLE ZfJ 2002, 85, 88; FISCHER 34 f), insoweit nehmen sie ihre Verantwortung wahr. Die Jugendhilfe ist unter keinem Umstand befugt, einen Antrag gem § 1631b anstelle uneinsichtiger Eltern zu stellen (FISCHER 35). Die Eltern haben alle notwendigen Maßnahmen zur Erhaltung oder Wiederherstellung der Gesundheit des Kindes zu ergreifen (SCHNOOR/SCHEPKER/FEGERT 817), wozu ausnahmsweise eine freiheitsentziehende Unterbringung gehören kann.

2.   Entstehungsgeschichte

Bei der Formulierung von § 1631b erfolgte bewußt – zur Ermöglichung einer Fort- **5** führung der Rspr (BT-Drucks 8/2788, 51) – eine Anlehnung an den seit 1962 geltenden § 1800 Abs 2 aF (s den Wortlaut dieser Bestimmung und zur Entstehungsgeschichte von § 1631b STAUDINGER/ENGLER [2004] § 1800 Rn 5 ff) und den Entwurf SPD/FDP (BT-Drucks 8/111, 3) zu § 1631a: „Die Unterbringung eines Kindes in einer Heil- oder Pflegeanstalt bedarf der Genehmigung des Vormundschaftsgerichts; § 1800 Abs. 2 Satz 2 und 3 gilt entsprechend." § 1631b ist eine **zusätzliche rechtsstaatliche Garantie**, weil Erziehung unter den Bedingungen der Freiheitsentziehung als starker **Eingriff in die grundrechtliche Position des Kindes** und seine Entwicklung (MünchKomm/HUBER Rn 1) gelten muß. Eine Entscheidung von solcher einschneidenden Tragweite sollte seinerzeit unter den Vorbehalt der (vormundschafts-)gerichtlichen Genehmigung gestellt sein (BT-Drucks 8/2788, 38). Vermieden werden soll ein Abschieben des Kindes in eine geschlossene Einrichtung, wenn bei sinnvoller Wahrnehmung des Erziehungsrechts eine Problemlösung auf weniger schwerwiegende Weise erreicht werden kann (BT-Drucks aaO). Das **Genehmigungserfordernis** soll verhindern, daß Eltern ihr Aufenthaltsbestimmungsrecht mißbrauchen und eine mit Freiheitsentziehung verbundene Unterbringung durchsetzen, auch wenn sie nicht den Interessen des Minderjährigen dient (AG Glückstadt FamRZ 1980, 824). Die **Zuständigkeitsverlagerung vom VormG zum FamG** erfolgte im KindRG auf Vorschlag des BR (BT-Drucks 13/4899, 159 f).

3.   Normstruktur

Während § 1631b S 1 die mit einer Freiheitsentziehung verbundene Unterbringung **6** grundsätzlich der **vorausgehenden Genehmigung** unterwirft, eröffnet S 2 die Möglichkeit der Unterbringung ohne eine entsprechende Genehmigung bei Gefahr für das Kind **und** der gleichzeitig festgelegten Verpflichtung zum unverzüglichen – iS des § 121 Abs 1 S 1 – Nachholen der Genehmigung. In dieser Reihenfolge liegt ein **Regel-Ausnahme-Verhältnis**: Die vorausgehende Genehmigung als die Regel, die nachträgliche Genehmigung als die Ausnahme („nur zulässig, wenn"). Erst S 3 HS 2 des § 1631b benennt das für die richterliche Entscheidung maßgebliche Kriterium: Das **Erfordernis** zu einer mit Freiheitsentzug verbundenen Unterbringung **muß sich aus dem Wohl des Kindes ergeben.** Hinzu tritt eine besondere, bereits hier im materiellen Recht verankerte Überprüfungspflicht (zu den verfahrensrechtlichen Überprüfungspflichten vgl §§ 70 f, 70i FGG) bezüglich der getroffenen Genehmigung: Sie ist **zurückzunehmen**, wenn diese Art von Unterbringung nicht mehr erforderlich ist (hierzu Rn 28 ff).

II. Anwendungsbereich

1. Persönlich

a) Unterbringung eines Kindes

7 § 1631b unterwirft die mit Freiheitsentzug verbundene Unterbringung **eines jeden Kindes** durch die Personensorgeberechtigten, idR also durch die Eltern, der richterlichen Genehmigung. Auch Kinder und Jugendliche können, wie jeder Mensch, den Willen und die natürliche Fähigkeit haben, den Aufenthalt zu verändern (hierzu vEICKEN/ERNST/ZENZ 21 ff). Ein Eingriff in die persönliche Freiheit durch Unterbringung mit Freiheitsentziehung liegt folglich bei solchen Maßnahmen auch Minderjährigen gegenüber vor, weil hierdurch in Rechtssphären eingegriffen wird, die nicht erst dem unbeschränkt Geschäftsfähigen zustehen (vgl auch STERN, Das Staatsrecht der Bundesrepublik Deutschland, Bd III/1 [1988] 1068). Auf die allgemeinen Regeln über die Geschäftsfähigkeit kommt es hier, wo es um die schlichte Fortbewegungsmöglichkeit geht, nicht an. Auch der Umstand, daß vom Inhaber der elterlichen Sorge aufgrund der ihm grundsätzlich zustehenden Befugnis eine solche Unterbringung zulässigerweise angestrebt wird, ändert nichts am Charakter dieses Vorgehens: „Freiheitsentziehung" liegt auch hier vor (BVerfGE 10, 302, 309; LEIBHOLZ/RINCK/HESSELBERGER, GG Art 104 Rn 41). Die Vorschrift findet aus den genannten Gründen **Anwendung auf Minderjährige jeden Alters** und nicht etwa nur auf verfahrensfähige Minderjährige iSv § 70a FGG ab Vollendung des vierzehnten Lebensjahres. DAMRAU hingegen (FamRZ 1983, 1060, 1061) will anstelle der altersmäßigen Entwicklung auf das „körperliche Alter" abstellen, was dazu führen soll, daß die Unterbringung eines vierjährigen Kindes in einem geschlossenen Heim keiner Genehmigung bedürfen soll. Eine Genehmigungsbedürftigkeit läßt sich indes nicht dem Alter des Kindes entnehmen (PALANDT/DIEDERICHSEN Rn 4), da der Wortlaut der Norm insoweit eindeutig ist. Zur Relevanz des Einverständnisses „einsichtsfähiger" Minderjähriger vgl Rn 8. Für Volljährige gilt hingegen § 1906.

b) Die Unterzubringenden

8 Die familiengerichtliche Genehmigung ist auch bei Einverständnis des diesbezüglich als einsichtsfähig bezeichneten Minderjährigen erforderlich (**aA** wohl SOERGEL/STRÄTZ Rn 7; ERMAN/MICHALSKI Rn 4; HK-BUR/RINK Rn 20): Auch bei älteren Minderjährigen ist die familiengerichtliche Genehmigung in aller Regel erforderlich, da gemeinsames Merkmal für freiheitsentziehende Unterbringungen Minderjähriger zumeist – in Anbetracht des engen Anwendungsbereiches des § 1631b – eine wesentliche Gefährdung, Erkrankung oder Störung und damit einhergehend eine **Beeinträchtigung oder Einschränkung der Steuerungs-, Einsichts- und Entscheidungsfähigkeit** ist, so daß eine so schwerwiegende Entscheidung, bei der zudem auch Eltern dem richterlichen Genehmigungserfordernis unterworfen sind, kaum je allein von der Einwilligung des Minderjährigen abhängig sein kann (vgl insbes GOLLWITZER/RÜTH; SCHNOOR/SCHEPKER/ FEGERT, 821 f). Das Persönlichkeitsprofil der hier in Betracht zu ziehenden Minderjährigen spricht in aller Regel eben nicht für das Vorhandensein einer entsprechenden Einsichtsfähigkeit in eine so folgenreiche Entscheidung (so auch MünchKomm/ WAGENITZ[4] § 1800 Rn 28). Zudem sollte die maßgebliche **Entscheidungsbefugnis** hinsichtlich der Einsichtsfähigkeit **ausschließlich beim Richter** liegen, was nur in einem Verfahren nach § 1631b gewährleistet ist. Das Selbstbestimmungsrecht auch einsichtsfähiger Minderjähriger ist insoweit beschränkt. Zahlreiche Faktoren schränken idR die Entscheidungsfähigkeit der hier in Betracht kommenden Gruppe von Minderjährigen erheblich ein: Krankheiten, Drogen, Alkohol, Druck von Angehörigen, von Anstalten und andere Einflußfaktoren. Solche hinter den „Einwilligungen" stehende Faktoren werden sich nicht ohne weiteres im Rahmen der Anhörung zeigen. Die dem Gericht zur Verfügung stehenden Mittel zur zweifelsfreien Klärung der Freiwilligkeit der Einwilligung sind hier begrenzt. Welche Bedeutung kommt einer „Freiwilligkeitserklärung" zu, die bei Widerruf durch den Minderjährigen „bis zur dann unverzüglich erforderlichen richterlichen Beschlußfassung gilt" (so WILLE DAVorm 2000, 450, 452 mit dem wenig überzeugenden Hinweis, daß so dem Minderjährigen die Möglichkeit gegeben wird, „für die eigene Person Verantwortung zu übernehmen"); für unter den Bedingungen einer Freiheitsentziehung unterzubringende Minderjährige tragen die Personensorgeberechtigten, die Einrichtung und auch das FamG die Verantwortung, nicht der idR in seiner Entwicklung schwer beeinträchtigte Minderjährige; die **Herstellung der Entscheidungsfähigkeit ist das Ziel der Unterbringung** und kann gerade zum Unterbringungszeitpunkt noch nicht vorausgesetzt werden.

Da den nicht dauernd getrennt lebenden Eltern mit gemeinsamer Sorge das Auf- **9** enthaltsbestimmungsrecht nur gemeinsam zusteht, können sie auch die Genehmigung für die von ihnen beabsichtigte Unterbringung gem § 1631b **nur gemeinsam** einholen. Bei Uneinigkeit muß zuvor in einem Verfahren nach § 1628 bestimmt werden, welchem Elternteil die entsprechende Befugnis übertragen wird, denn Verfahrensgegenstand ist ausschließlich die von den Eltern vorgesehene Unterbringung. Nichts anderes gilt für Eltern, denen die elterliche Sorge zwar gemeinsam zusteht, die aber nicht nur vorübergehend getrennt leben: Eine mit Freiheitsentziehung verbundene Unterbringung des Kindes ist stets eine Angelegenheit von erheblicher Bedeutung iSv § 1687 Abs 1 S 1, somit ist deshalb das gegenseitige Einvernehmen der Eltern hierfür erforderlich (STAUDINGER/SALGO [2006] § 1687 Rn 45). Eine Verbindung dieser beiden inhaltsgleichen Verfahren empfiehlt sich wegen der **Eilbedürftigkeit** solcher Unterbringungen (so auch MASSFELLER/BÖHMER/COESTER/SCHWENZER Rn 3; zu verfahrensrechtlichen Fragen vgl STAUDINGER/SALGO [2006] § 1687 Rn 56 ff).

Es macht nach inzwischen **hM** keinen Unterschied, ob die Freiheitsentziehung durch **10** Eltern, Vormund bzw Pfleger oder durch Träger öffentlicher Gewalt erfolgt (Nachweise zu dieser Entwicklung bei STAUDINGER/ENGLER [2004] § 1800 Rn 3 f). Obwohl das BVerfG (BVerfGE 10, 302, 328) es offenließ, ob diese Grundsätze auch im Eltern-Kind-Verhältnis Wirkung haben, vertraten schon vor Inkrafttreten des SorgeRG Schrifttum und Mehrzahl der Gerichte die später mit § 1631b Gesetz gewordene Auffassung, daß der in Art 104 Abs 2 S 1 GG verankerte Freiheitsschutz auch im Falle der Unterbringung eines Minderjährigen Geltung beanspruchen muß (vgl STAUDINGER/ENGLER [2004] § 1800 Rn 4).

2. Genehmigungsfreie und -pflichtige Unterbringung

„Unterbringung" bedeutet eine **Fremdplazierung** des Kindes außerhalb des Eltern- **11** hauses. Auf die zeitliche Ausdehnung der mit Freiheitsentziehung verbundenen Unterbringung kommt es hingegen nicht an, so daß auch nur „kurze" oder „vorübergehende" Maßnahmen solcher Art unter die Genehmigungspflicht fallen (aA Soergel/Strätz Rn 4; BGB-RGRK/Wenz Rn 5; Belchaus Rn 5).

Grundsätzlich umfaßt das Aufenthaltsbestimmungsrecht auch (genehmigungsfreie) Unterbringungen des Kindes (vgl § 1631 Rn 53) etwa im Kindergarten, in einem Krankenhaus zwecks Durchführung einer Operation, auch in einem Internat oder in einem Kinder- oder Jugendheim iSv § 34 SGB VIII. Im Gesetzgebungsverfahren wurde hervorgehoben, daß keinesfalls ein „Erziehungsinternat" (BT-Drucks 8/2788, 51) unter § 1631b fallen soll, weil sichergestellt bleiben müsse, daß die Unterbringung des Kindes in einem Internat keiner vormundschaftsgerichtlichen Genehmigung bedarf (BT-Drucks 8/2788, 83). Zu den Risiken und zur Problematik möglicher Entfremdung zwischen Eltern und Kind bei langfristiger Unterbringung und eines dadurch möglichen Substanzverlustes elternrechtlicher Positionen vgl Salgo (1987) 187 ff; Beitzke/Lüderitz § 27 IV 1 und 2 a. Wie effektiv im übrigen die richterliche Kontrolle ist, ob hiermit das „Ob", das „Wie", das „Wie lange" und das „Wohin", also auch die Geeignetheit der in Aussicht genommenen Fremdplazierung (Münch-Komm/Hinz[3] Rn 1), wirklich überprüft wird, läßt sich ohne eine entsprechende, bislang nicht vorliegende rechtstatsächliche Untersuchung nicht beurteilen. Insoweit ist dieses Gebiet kaum erforscht (vgl die Untersuchung zur Praxis in einem Bundesland von Paetzold, in: Fegert/Späth/Salgo 193). Neueste Erhebungen lassen erheblichen Zweifel hinsichtlich der Einhaltung der rechtsstaatlichen Garantien des Unterbringungsverfahrens aufkommen (Hoops/Permien 63 ff; Fischer 42 ff).

12 § 1631b erstreckt sich auf **jede Form der Unterbringung mit Freiheitsentziehung**, insbesondere auf geschlossene Heime und Anstalten bzw auf entspr Abteilungen in an sich offenen Einrichtungen (Palandt/Diederichsen Rn 2). Wie immer das Einsperren des Kindes im Elternhaus zu beurteilen wäre (ein solches Verhalten könnte uU die Voraussetzungen des § 1631 Abs 2 [hierzu § 1631 Rn 66 ff] bzw des § 1666 Abs 1 erfüllen) – als **Freiheitsbeschränkung** oder **Freiheitsentziehung** –, jedenfalls ist sie nicht mit einer Unterbringung verbunden und fällt deshalb nicht unter § 1631b (Soergel/Strätz Rn 4). Ursprünglich war im RegE vorgesehen, daß lediglich die Unterbringung des Kindes in einer „Heil- oder Pflegeanstalt" der Genehmigungspflicht unterfallen sollte (BT-Drucks 8/2788, 38).

Typische Merkmale freiheitsentziehender Unterbringung sind ua: entsprechende Baulichkeiten mit Sicherheitstechnologie und Raumgestaltung (Technische Installationen wie Gitter, Zäune, Mauern, gesicherte Türen und Fenster), Überwachungs- und Kontrollsysteme zur Verhinderung des Verlassens der Einrichtung bzw des Kontakts nach außen, der Einsatz von Sicherungspersonal, die rund um die Uhr wirksam sind (vgl Jans/Happe Rn 2; vWolffersdorff/Sprau/Kuhlen 22). Kontaktmöglichkeiten nach außen etwa durch Briefe, Telefon oder Besuche ändern grundsätzlich nicht das Merkmal „Freiheitsentziehung" (auch Soergel/Strätz Rn 6), sofern die beschriebenen oä Umstände vorliegen; zu den weiteren erheblichen Einschränkungen der persönlichen Freiheit vgl Gollwitzer/Rüth, FamRZ 1996, 1388. Aber auch in einer offenen Einrichtung fällt das Festgehaltenwerden auf einem bestimmten beschränkten Raum (BT-Drucks 8/2788, 51) unter das Verbot mit Erlaubnisvorbehalt. Das gilt auch etwa für eine weitläufige Anstalt, innerhalb deren der Minderjährige sich frei bewegen kann („halboffene Unterbringung"), aber am Verlassen des Geländes gehindert ist (AG Kamen FamRZ 1983, 299). Es kommt darauf an, **ob** die **Bewegungsfreiheit**

durch diese Maßnahmen **eingeschränkt** ist. Die Genehmigung gem § 1631b gilt für jede Art von mit Freiheitsentziehung verbundener Unterbringung. Ob es sich um eine solche handelt, muß das FamG, ggf nach entsprechenden Ermittlungen, feststellen.

In den meisten kinder- und jugendpsychiatrischen Kliniken werden „**fakultativ ge-** **12a** **schlossene Stationen"** vorgehalten (**Multifunktionseinrichtungen**) dh diese können nach Bedarf „offen" oder „geschlossen" gestaltet werden. Sofern eine solche Station geschlossen wird, muss für die „offen" untergebrachten Patienten die Möglichkeit bestehen, auf Wunsch die Öffnung der Stationstür ohne große Erschwernisse erreichen zu können, wobei Erschwernisse, wie sie in allen (offenen) Einrichtungen wie auch in einer familiären Situation üblich sind, hingenommen werden müssen, ohne daß schon der Tatbestand einer unzulässigen Freiheitsentziehung gegeben wäre (vgl SCHNOOR/SCHEPKER/FEGERT, 821 f).

3. Freiheitsentziehung, Freiheitsbeschränkung und unterbringungsähnliche Maßnahmen

a) Freiheitsentziehung und Freiheitsbeschränkung
§ 1631b zielt auf **Freiheitsentziehung** und **nicht auf Freiheitsbeschränkung**. Gesetz- **13** geberische Absicht war es nicht, typische Freiheitsbeschränkungen partieller Art (MünchKomm/WAGENITZ § 1800 Rn 26) von einer richterlichen Genehmigung abhängig zu machen. Zwangsläufig gehen mit Sozialisation, mit Pflege und Erziehung, Betreuung und Versorgung – wo auch immer und nicht erst mit einer Unterbringung von Minderjährigen in Einrichtungen – Freiheitsbeschränkungen wie begrenzte Ausgangszeiten, Ausgehverbote, Hausarbeitsstunden bis hin zum „Stuben- oder Hausarrest" einher (BT-Drucks 8/2788, 38; vgl auch § 1631 Rn 52). So können Minderjährige Einrichtungen nicht jederzeit verlassen, zB nachts wegen Abschließens des Hauses oder der Wohnung, ohne daß deshalb allein aufgrund dieser oder ähnlicher äußerer Umstände bereits von einer Unterbringung iSv § 1631b gesprochen werden könnte. Freiheitsbeschränkungen solcher Art, die bei dem Alter des Kindes üblich sind (PALANDT/DIEDERICHSEN Rn 3), werden von § 1631b nicht erfaßt (hierzu GERNHUBER/COESTER-WALTJEN § 62 Rn 22; JANS/HAPPE Rn 2). Bei der im Einzelfall zu treffenden **Abgrenzung zwischen** genehmigungsbedürftiger Freiheitsentziehung und genehmigungsfreier Freiheitsbeschränkung darf das Alter keine Rolle (MARSCHNER/VOLCKART C Rn 6) spielen (anders BT-Drucks 8/2788, 51); anders noch STAUDINGER/SALGO[12] § 1631b Rn 13. Erzieherische Übergriffe von Eltern bzw eines Vormundes/Pflegers sind kein im Rahmen von § 1631b zu behandelndes Problem, sondern je nach den Umständen des Einzelfalls gem §§ 1631 Abs 2, 1666, 1800, 1837 Abs 4, gegebenenfalls auch strafrechtlich, zu beurteilen.

b) Unterbringungsähnliche Maßnahmen
Bei unterbringungsähnlichen Maßnahmen durch **mechanische Vorrichtung wie Fixie-** **14** **rung oder Medikamente**, mit denen die Freiheit entzogen werden soll, stellt sich die Frage, ob § 1906 Abs 4 bei Minderjährigen eine analoge (dafür PALANDT/DIEDERICHSEN Rn 4) oder gar keine Anwendung findet (vgl hierzu CZERNER). Zwar blieb die freiheitsentziehende Unterbringung Minderjähriger gem § 1631b durch das BtG unberührt (BT-Drucks 11/4528, 82 f; BIENWALD Vor §§ 70 ff Rn 14 sowie § 70 Rn 6), jedoch strahlt die für Betreute eingeführte Regelung des § 1906 auch auf die Unterbringung Minderjäh-

riger aus (MünchKomm/Schwab[3] § 1800 Rn 24; dennoch sollen die bei Erwachsenen genehmigungspflichtigen Maßnahmen bei Minderjährigen genehmigungsfrei sein, vgl MünchKomm/Wagenitz § 1800 Rn 27): So wird die regelmäßige Fixierung eines minderjährigen Patienten durch Bauchgurt am Stuhl tagsüber als freiheitsentziehende Maßnahme der Genehmigung bedürfen (so auch MünchKomm/Huber Rn 8; Gernhuber/Coester-Waltjen § 62 Rn 22; BGB-RGRK/Wenz Rn 6: Freiheitsentziehung durch „Fesseln" oder „Fixieren" am Bett; dies ist bei volljährigen selbstverständlich, BayObLG FamRZ 1994, 721), während die Sicherung eines Bettes mittels eines Gitters bei einem Kleinkind in einer Einrichtung keiner Genehmigung bedarf, handelt es sich doch um eine alterstypische, auch im Elternhaus nicht anders durchzuführende Sicherungsmaßnahme (vgl MünchKomm/Huber Rn 8 mwNw).

15 Daß gerade bei Minderjährigen solche „unterbringungsähnlichen Maßnahmen", die mit guten Gründen im BtG den freiheitsentziehenden gleichgestellt sind, generell nicht der Genehmigungspflicht unterfallen sollen (MünchKomm/Wagenitz § 1800 Rn 27), vermag kaum zu überzeugen (so aber LG Essen FamRZ 1993, 1347 mit krit Anm von Dodegge FamRZ 1993, 1348; OLG Karlsruhe JAmt 2002, 418 f; OLG Brandenburg FamRZ 2000, 1033). Der Vergleich mit altersüblichen Maßnahmen im elterlichen Haushalt wie Verschließen der Wohnungstür oder Anbringen eines Gitters am Bett eines Kleinkindes als sinnvolle Maßnahmen der insoweit selbstverständlich genehmigungsfreien Ausübung der elterlichen Sorge geht an der Sache vorbei, wenn es zB darum geht, einen siebenjährigen Jungen nachts oder auch tagsüber mittels eines Segofixgurtes zu fixieren. Dies kann nicht mehr als eine alltägliche, völlig selbstverständliche, altersübliche Beschränkung aufgefaßt werden (ebenso Dodegge FamRZ 1993, 1349). Soweit über die Freiheitsentziehung durch Unterbringung in einer geschlossenen Einrichtung hinaus weitergehende freiheitsentziehende Maßnahmen wie zB die **Fixierung** für erforderlich gehalten werden, stellt dies eine **genehmigungspflichtige Erweiterung** der Unterbringungsart dar, die nicht von der Genehmigung der Unterbringung bereits erfaßt ist und deshalb mittels einer weiteren zusätzlichen Gerichtsentscheidung genehmigt werden muß (MünchKomm/Huber Rn 9: neue genehmigungspflichtige Stufe des Freiheitsentzugs; HK-BUR/Rink § 1631 Rn 9, 19; nicht eindeutig hingegen MünchKomm/Schwab § 1906 Rn 7). Daher ist § 1906 Abs 4 bei Minderjährigen analog anzuwenden.

4.   Unterbringung und das SGB VIII

16 Das SGB VIII eröffnet **keine** eigenständige Rechtsgrundlage für eine freiheitsentziehende Unterbringung auf Dauer (**geschlossene Unterbringung**) im Rahmen der Jugendhilfe (Trenczek ZfJ 2000, 121, 124, 128: Freiheitsentziehung im Kinder- und Jugendhilferecht allein im Rahmen der Krisenintervention). Soll ein Minderjähriger in einer entsprechenden Einrichtung untergebracht werden, bedarf es stets einer **richterlichen Genehmigung** des entsprechenden Antrags der Personensorgeberechtigten gem § 1631b (BT-Drucks 11/5948, 69; Wiesner, SGB VIII § 34 Rn 21; Münder ua § 34 Rn 9). Das SGB VIII beendete aber auch die seit 1977 anhaltende Fachdiskussion um das **Für und Wider geschlossener Unterbringung** nicht (vgl hierzu jew mwNw Fegert/Späth/Salgo; National Coalition; Münder ua § 34 Rn 9; Wiesner, SGB VIII Rn 25 f; für ein gesetzliches Verbot geschlossener Unterbringung GK-SGB VIII/Häbel § 34 Rn 21; Arbeitsgruppe „Geschlossene Unterbringung"; vgl Hoops/Permien 11 ff mwNw; 11. Kinder- und Jugendhilfebericht, BT-Drucks 14/240 f). Soll unter den genannten Voraussetzungen zB gem § 34 SGB VIII Heimerziehung in einer geschlossenen Einrichtung als Hilfe zur Erziehung gem § 27 ff SGB VIII durchgeführt werden, so erlangen die jugendhilferechtlichen Bedingungen und Verfahren gem §§ 36 ff SGB VIII im Rahmen einer **zeit-** und **zielgerichteten** sowie **geplanten Intervention** unter größtmöglicher Beteiligung des Minderjährigen wie seiner Eltern eine zusätzliche Bedeutung. Der ordnungsrechtliche Gehalt der Maßnahme wird vom fachlich-sozialpädagogischen Auftrag überlagert (TRENCZEK DVJJ-Journal 1994, 288, 290), wenn auch das SGB VIII auf ordnungsrechtliche Instrumentarien nicht gänzlich verzichten kann (HK-BUR/RINK § 42 SGB VIII Rn 17):

Für die **Inobhutnahme** eines Kindes oder Jugendlichen durch die Behörden der **17** Jugendhilfe ohne oder gegen den Willen der Personensorgeberechtigten (diese sind nicht erreichbar oder zu einem entsprechenden Antrag an das FamG gem § 1631b nicht bereit) ist für eine mit Freiheitsentzug verbundene Unterbringung bei Vorliegen der engen Voraussetzungen des § 42 Abs 5 SGB VIII die **vorausgehende Genehmigung gem § 1631b ausnahmsweise nicht erforderlich** (§ 42 Abs 5 lex specialis gegenüber § 1631b S 2 vgl WIESNER, SGB VIII § 42 Rn 58; HK-BUR/RINK Rn 16). Dabei ist nach § 42 Abs 5 SGB VIII sichergestellt, daß freiheitsentziehende Maßnahmen nur zulässig sind, „wenn und soweit sie erforderlich sind, um eine **Gefahr für Leib oder Leben des Kindes oder Jugendlichen** oder eine **Gefahr für Leib und Leben Dritter** abzuwenden". Vorausgesetzt wird, daß eine „dringende Gefahr für das Wohl des Kindes oder des Jugendlichen die Inobhutnahme erfordert" (§ 42 Abs 1 Nr 2 SGB VIII) und „eine familiengerichtliche Entscheidung nicht rechtzeitig eingeholt werden kann" (§ 42 Abs 1 Nr 2b SGB VIII) und „eine familiengerichtliche Entscheidung nicht rechtzeitig eingeholt werden kann" (§ 42 Abs 1 Nr 2 b SGB VIII). Hiervon kann zB bei einer geäußerten **Selbsttötungsabsicht** (hier ist kinder- und jugendpsychiatrischer Sachverstand gefordert; zu den Suizidindikatoren vgl CZERNER ZfJ 2000, 372, 381) wie bei Gefahr eines Infektrisikos von Kindern und Jugendlichen im Prostituierten- bzw Homosexuellenmilieu auszugehen sein (HK-BUR/RINK § 42 SGB VIII Rn 16). Allerdings zeigt das letzte Beispiel, daß die freiheitsentziehende Maßnahme der entscheidende **erste** Schritt sein kann, danach aber **nur intensive sozialpädagogische Hilfen eine Änderung bewirken können.**

§ 42 Abs 5 SGB VIII füllt (immer nur vorübergehend) insoweit eine Lücke aufgrund tatsächlicher Gegebenheiten (auf seiten der Personensorgeberechtigten, wenn sie keine entsprechenden Anträge stellen können oder wollen) bzw der Ungeeignetheit des vorhandenen Eingriffsarsenals (Landesunterbringungsgesetze). Im Gegensatz zu § 1631b, welcher eine Unterbringung mit Freiheitsentzug nur zur Wahrung des Wohls des betroffenen Minderjährigen zuläßt, kann gem § 42 Abs 5 SGB VIII eine freiheitsentziehende Unterbringung auch zur Abwendung einer Gefahr für Leib und Leben Dritter erfolgen. Die Gefährdung anderer Rechtsgüter wie Eigentum, Besitz oder der öffentlichen Sicherheit und Ordnung kann nach dem eindeutigen Gesetzeswortlaut **nicht** die Grundlage für die Inobhutnahme im Rahmen des § 42 Abs 5 SGB VIII bilden. Soweit die Freiheitsentziehung durch die Behörden der Kinder- und Jugendhilfe ohne gerichtliche Genehmigung erfolgt, ist sie spätestens mit Ablauf des Tages nach ihrem Beginn zu beenden (§ 42 Abs 5 S 2 SGB VIII). Nur für diese Phase ist die Unterbringung mit Freiheitsentziehung ohne richterliche Genehmigung zulässig. Auch die Jugendhilfe ist zu einer **strikten Prüfung der Erforderlichkeit** (§ 42 Abs 5 S 1 SGB VIII) vor einer solchen, wenn auch zeitlich begrenzten, Unterbringung verpflichtet. Der auch hier geltende **Verfassungsgrundsatz der Verhältnismäßig-**

keit der staatlicherseits einzusetzenden Mittel führt zum Vorrang sozialpädagogischer Lösungen aus dem vielfältigen und bei Bedarf erweiterbaren Spektrum von erzieherischen Hilfen ohne Freiheitsentziehung (§§ 27 ff SGB VIII; §§ 1666, 1666a; hierzu BVerfGE 60, 79, 95). Damit ist auch für die Jugendhilfe klargestellt, daß nur in den seltensten Fällen freiheitsentziehende Maßnahmen angezeigt sind (BT-Drucks 11/5948, 77: Ausnahmecharakter der Vorschrift). Das Entschließungs- und Auswahlermessen der Behörde kann im Einzelfall erheblich eingeschränkt, uU auf Null reduziert sein, woraus sich in besonderen Fällen auch die Verpflichtung zur mit Freiheitsentzug verbundenen Unterbringung durch die Behörden der Jugendhilfe ergeben kann (TRENCZEK DVJJ-Journal 1994, 288, 292). Auch wenn die Erziehungsberechtigten mit einer freiheitsentziehenden Maßnahme der Jugendhilfe einverstanden wären, ist die richterliche Genehmigung einzuholen. Auch soweit sich Kinder oder Jugendliche an das Jugendamt wenden (Selbstmelder) und um die Inobhutnahme bitten (§ 42 Abs 1 Nr 1 SGB VIII), sind unter den strengen Voraussetzungen des § 42 Abs 5 S 1 SGB VIII Unterbringungen mit freiheitsentziehenden Maßnahmen nur zulässig, soweit der Kinder- und Jugendbehörde keine andere Möglichkeit zur Verfügung steht, um die Gefahr für Leib und Leben des Jugendlichen abzuwenden (vgl auch TRENCZEK ZfJ 2000, 121, 127; WILLE ZfJ 2002, 85, 93). Sollte sich eine freiheitsentziehende Maßnahme als unausweichlich erweisen, so führt kein Weg an den Personensorgeberechtigten (§ 42 Abs 3 SGB VIII) und – bei einer den Zeitrahmen des § 42 Abs 5 S 2 SGB VIII überschreitenden freiheitsentziehenden Unterbringung – dem Genehmigungserfordernis gem § 42 Abs 5 S 2 SGB VIII bzw – bei Untätigkeit der Personensorgeberechtigten – am Verfahren gem § 1666 vorbei (MARSCHNER/VOLCKART C Rn 13). Für die Herausnahme des Kindes aus einem vom Personensorgeberechtigten gewählten Aufenthaltsort wegen Kindeswohlgefährdung gem § 42 Abs 1 Nr 2 SGB VIII durch das Jugendamt gilt ebenfalls, daß eine daraufhin erfolgende und mit Freiheitsentziehung verbundene Unterbringung nur mit Genehmigung des FamG zulässig bzw eine solche unverzüglich nachzuholen ist.

Die Inobhutnahme im Rahmen des § 42 SGB VIII – ohne, uU aber auch mit freiheitsentziehenden Maßnahmen – kann der Einstieg in eine jugendpsychiatrische Behandlung oder in eine intensive sozialpädagogische Maßnahme ohne Freiheitsentzug sein (FEGERT DVJJ-Journal 1994, 309, 310; TRENCZEK ZfJ 2000, 121, 132). Zu Recht wird für das gerichtliche Verfahren nach entsprechendem Ersuchen der Jugendhilfe auf gerichtliche Entscheidung (gem § 42 Abs 3 Nr 2 SGB VIII) über die Aufrechterhaltung der mit Freiheitsentzug verbundenen Inobhutnahme mangels ausdrücklicher gesetzlicher Regelung die entsprechende Anwendbarkeit der tragenden Grundsätze des Unterbringungsverfahrens (vgl Rn 31 ff) gefordert (HK-BUR/RINK SGB VIII § 42 Rn 2, 6; WILLE ZfJ 2002, 85, 93). Dies führt ua dazu, daß die auf Ersuchen der Jugendhilfe (gem § 42 Abs 3 Nr 2 SGB VIII) hin zu treffende gerichtliche Entscheidung über eine vorläufige Unterbringung durch einstweilige Anordnung auf höchstens sechs Wochen zu befristen ist (§§ 70f Abs 1 Nr 3, 70h Abs 2 FGG). In dieser Zeit müssen, falls die mit Freiheitsentzug verbundene Unterbringung aufrechterhalten bleiben soll, die Voraussetzungen für ein Verfahren nach § 1631b, erforderlichenfalls nach §§ 1666, 1666a, geklärt sein (WIESNER § 42 Rn 65).

5. Konsequenzen der fehlenden familiengerichtlichen Genehmigung

a) Unterlassen der Einholung der Genehmigung

Befürchtungen, daß Eltern wegen des Genehmigungserfordernisses medizinisch not- **18** wendige Unterbringungen unterließen, lassen sich nicht belegen. Immerhin könnte ein solches elterliches Unterlassen in den Anwendungsbereich des § 1666 fallen, sofern Eltern etwa bei einer akuten Psychose oder einem schweren suizidalen Syndrom, die eine unmittelbar drohende Gefahr für den Minderjährigen bedeuten können, sich nicht um eine entsprechende fachärztliche Krisenintervention (vgl STAU-DINGER/COESTER [2004] § 1666 Rn 98) und um die für die freiheitsentziehende Maßnahme erforderliche familiengerichtliche Genehmigung bemühen. Die Unterlassung der Einholung der richterlichen Genehmigung könnte uU für die Personensorgeberechtigten wie für die Verantwortlichen der Anstalt oder Einrichtung auch **strafrechtliche Relevanz** haben, weil bei einer nicht durch eine gerichtliche Entscheidung angeordneten Freiheitsentziehung **Freiheitsberaubung** nach § 239 StGB vorliegen könnte (so auch SOERGEL/STRÄTZ Rn 2). Die Verantwortlichen in der Anstalt bzw Einrichtung **müssen** sich deshalb von der Erteilung der Genehmigung überzeugen und dürfen sich nicht mit entsprechenden Behauptungen des Personensorgeberechtigten zufriedengeben (HK-BUR/RINK Rn 10).

b) Nachholen der Genehmigung, § 1631b S 2

Im Gegensatz zum allgemeinen Sprachgebrauch im BGB, wonach Genehmigung **19** nachträgliche Zustimmung bedeutet (vgl § 184 Abs 1), ist familiengerichtliche „Genehmigung" iSv § 1631b als **vorherige Zustimmung** zu verstehen. Dies ergibt sich auch aus § 1631b S 2. **Regelfall** ist also die vorherige familiengerichtliche Genehmigung (MünchKomm/HUBER Rn 10; JANS/HAPPE Rn 3; vgl auch BVerfGE 10, 302, 323). Dieser Grundsatz gilt nicht, wenn mit dem Aufschub (bis zur richterlichen Genehmigung) Gefahr verbunden ist (§ 1631b S 2 HS 1; § 8a Abs 3 S 2 SGB VIII). Diese Voraussetzung wird zB bei Selbstmordgefahr, akuter Intoxikation oder Gefahr eines schizophrenen Schubes gegeben sein (SOERGEL/STRÄTZ Rn 11). Sie ist **eng** auszulegen (BGB-RGRK/WENZ Rn 8 mwNw) und nur gegeben, wenn eine vorläufige Unterbringung durch eine einstweilige Anordnung (§ 70h FGG) nicht rechtzeitig erreicht werden kann. In solchen jugendpsychiatrischen Notfallsituationen kann ein sofortiges Eingreifen mit einer freiheitsentziehenden Unterbringung – nach den entsprechenden Ländergesetzen (PsychKG) – gefordert sein; hier wird es oft der Kinder- und Jugendpsychiater sein, der in einer solchen Akutsituation darüber zu entscheiden hat, ob eine sofortige Aufnahme unter geschlossenen Rahmenbedingungen indiziert ist (FREISLEDER/MARTINIUS 58). Es ist Aufgabe der Eltern, unter diesen Umständen **unverzüglich** die richterliche Genehmigung gem § 1631b S 2 herbeizuführen, was sie auch dem Arzt überlassen können. Die (häufig überforderten) Eltern müssen dem Gericht gegenüber zumindest zu erkennen geben („Antrag"), daß sie mit einer (bereits erfolgten) mit Freiheitsentziehung verbundenen Unterbringung einverstanden sind und diese aufrechterhalten wollen (vgl WILLE ZfJ 2002, 85, 88 auch zur Konfliktsituation der Eltern). Jedoch ist in diesen Fällen die Genehmigung unverzüglich (vgl auch Art 104 Abs 2 S 2 GG), dh ohne schuldhaftes Zögern (§ 121 Abs 1 S 1) nachzuholen (§ 1631b S 2 HS 2).

Allerdings darf der Arzt nicht darauf vertrauen, daß die Eltern sich schon um die **20** Genehmigung kümmern werden, sondern muß von sich aus, falls die Eltern ihm eine entsprechende Aktivität zur Erlangung der richterlichen Genehmigung nicht nachweisen können, an das FamG herantreten; auch die Eltern dürfen sich nicht diesbezüglich auf den Arzt verlassen. Von wo auch immer das **Familiengericht** Informationen über eine von den Eltern bereits veranlaßte oder erst bevorstehende und mit Freiheitsentziehung verbundene Unterbringung erlangt, es muß **von Amts wegen** tätig werden (KEIDEL/KUNTZE/KAYSER, FGG Vorb §§ 70–70n Rn 6; WILLE ZfJ 2002, 85, 88). Die Säumigkeit von Eltern, Jugendamt oder Gericht darf aber nicht dazu führen, dass (ohne richterliche Genehmigung) das Kind oder der Jugendliche einer Gefahr für Leib oder Leben durch Aufhebung der Freiheitsentziehung ausgesetzt wird. Bei Fortdauer der Gefährdung des Lebens oder der dringenden Gefahr schwerer nicht wieder herstellbarer Körperschäden ist die Fortsetzung der Freiheitsentziehung auch ohne gerichtliche Entscheidung geboten (Eltern verlangen das Kind heraus, nach Befristungsablauf oder bei ausstehender Gerichtsentscheidung). Bis zur Gerichtsentscheidung kann die geschlossene Unterbringung durch den verantwortlichen Leiter einer Einrichtung als Nothilfe oder als rechtfertigender Notstand iS der §§ 32, 34 StGB strafrechtlich gerechtfertigt sein (HK-BUR/RINK Rn 22). Diese Berechtigung (WIESNER § 42 Rn 64) ergibt sich aus der Güterabwägung (vgl auch SCHNOOR/SCHEPKER/FEGERT 827). Das FamG kann sodann bei Vorliegen der Voraussetzungen des § 70h FGG durch einstweilige Anordnung eine vorläufige Unterbringungsmaßnahme treffen. Hierbei wird die Glaubhaftmachung der Voraussetzungen für die richterlich anzuordnende vorläufige Unterbringungsmaßnahme insbesondere durch das gesetzlich geforderte ärztliche Zeugnis über den Zustand des Minderjährigen (§ 69f Abs 1 Nr 2 FGG) von ausschlaggebendem Gewicht sein.

21 Die Voraussetzung für die Unterbringung ohne gerichtliche Genehmigung „wenn mit dem Aufschub Gefahr verbunden ist" in § 1631b S 2 HS 2 ist **nicht** gleichzusetzen mit dem Tatbestandsmerkmal „Gefahr im Verzug" etwa in § 69f Abs 1 S 1 Nr 4 und S 4 FGG: Bei der „Gefahr durch Aufschub" ist ein Tätigwerden zwar dringend, aber noch nicht so eilbedürftig wie „bei Gefahr im Verzug" (hierzu mit zutreffenden Differenzierungen HK-BUR/RINK Rn 21). Von **wesentlicher Bedeutung** sind die **zeitlichen Begrenzungen** (sechs Wochen, längstens drei Monate) der einstweiligen Anordnung gem § 70h Abs 2 FGG.

6.   Entscheidungskriterium „Kindeswohl"

22 Das Gesetz erwartet vom FamG eine **inhaltliche Überprüfung** der Unterbringungsentscheidung der Personensorgeberechtigten und **nicht lediglich deren formale Bestätigung.** Ausschlaggebendes Kriterium ist auch hier das „Wohl des Kindes" im umfassenden Sinne – vgl § 1631b S 3 – und nicht das Interesse der Eltern an der Unterbringung. Die **Unterbringung muß im wohlverstandenen Interesse des Kindes liegen**, auf die Motivation der Eltern oder auf den von ihnen verfolgten Zweck kommt es nicht an (ERMAN/MICHALSKI Rn 6).

22a Zu einer Überprüfung von § 1631b durch das BVerfG (BVerfGE 74, 236, 241) kam es bislang nicht; die Bedenken der zu dieser Entscheidung führenden – indes zu Recht verworfenen – Richtervorlage wegen Unbestimmtheit („Wohl des Kindes"), dürften durch die strengen Anforderungen an das Unterbringungsverfahren gem §§ 70–70n FGG ausgeräumt sein, wenn auch das materielle Recht weiterhin dem FamG darüber hinaus keine inhaltlichen Kriterien vorgibt. Die schwerwiegenden verfassungsrechtlichen Bedenken von SCHLINK/SCHATTENFROH sind ernst zu nehmen, indes kommen die von diesen Autoren vorgeschlagenen Lösungen auch nicht ohne die Verwendung unbestimmter Rechtsbegriffe bei den Genehmigungsvoraussetzungen aus. Eine strikte Beachtung der verfahrensrechtlichen Anforderungen der §§ 70–70n FGG würde den Bedenken Rechnung tragen. Darüber hinaus liegen zu Fragen des „Kindeswohls" inzwischen umfangreiche rechts- und humanwissenschaftliche Standardwerke vor (vgl nur COESTER [1983] mwNw). Auch durch die umfangreiche Rspr besteht inzwischen mehr Sicherheit, wenn auch zu Fragen des „Kindeswohls" niemals alle denkbaren Alternativen schon gerichtlich entschieden sein können (vgl auch den Vorschlag zu einer Neufassung von § 1631b der Arbeitsgruppe „Familiengerichtliche Maßnahmen bei Gefährdung des Kindeswohls" [BMJ]).

Im Mittelpunkt des familiengerichtlichen Genehmigungsverfahrens steht die Frage, **23** ob diese Form der Unterbringung **„unerläßlich"** ist, dh ob nicht weniger einschneidende Maßnahmen ausreichen (MünchKomm/HUBER Rn 11; zum Grundsatz der Verhältnismäßigkeit vgl SOERGEL/STRÄTZ Rn 10; siehe auch unten Rn 25). Auch wenn im Kontext des § 1631b eine explizite **einfachgesetzliche Verankerung des Verhältnismäßigkeitsgrundsatzes der Verfassung** – wie in den §§ 1666, 1666a – fehlt, **gilt** selbstverständlich auch und gerade hier – im Rahmen einer noch darüber hinausgehenden Grundrechtsbeschränkung dem Minderjährigen gegenüber – dieses Prinzip sogar verstärkt (STAUDINGER/COESTER [2004] § 1666 Rn 181 ff). Insofern begrenzt § 1631b elterliches Auswahlermessen, als sie die Elternentscheidung (idR vorausgehender) Kontrolle unterwirft. Da die Unterbringung nach richterlicher Genehmigung durch den Inhaber des Aufenthaltsbestimmungsrechts – und nicht durch das Gericht – erfolgt, steht diesem auch die Auswahlentscheidung bezüglich der Einrichtung zu (vgl OLG Brandenburg FamRZ 2004, 815, 817).

Im Mittelpunkt des Genehmigungsverfahrens steht die Frage, ob das Kind wegen **24** seines körperlichen, geistigen oder seelischen Zustandes **gerade** der Pflege, Erziehung oder Verwahrung in einer mit Freiheitsentziehung verbundenen Form bedarf (vgl für den Mündel STAUDINGER/ENGLER [2004] § 1800 Rn 2). **Indikatoren** könnten zB sein: **Selbst-**, uU **Fremdgefährdung** iSv § 42 Abs 5 S 1 SGB VIII. Hier kann das **Erfordernis eines Schutzes vor sich selbst** vorliegen (BVerfGE 58, 208, 224; vgl auch MORITZ 419). Ein Schutzbedürfnis wird bei Minderjährigen in solchen Lebenssituationen regelmäßig zu bejahen sein. Die Indikation für eine mit Freiheitsentziehung verbundene Unterbringung aus kinder- und jugendpsychiatrischer Sicht dürfte idR die Annahme der erforderlichen Einsichtsfähigkeit im Übrigen ausschließen (GERNHUBER/COESTER-WALTJEN § 62 Rn 24). Die Praxis der Kinder- und Jugendpsychiatrie geht von der Notwendigkeit einer mit Freiheitsentziehung verbundenen Unterbringung nur in wenigen begründeten **Ausnahmefällen** aus, wie zB bei akuten psychotischen Störungen, ausgeprägten depressiv-suizidalen Syndromen, gelegentlich auch schweren Erregungszuständen nicht psychotischer Genese zB im Rahmen einer dissozialen Entwicklung, Schulphobie aufgrund pathologischer Trennungsangst, psychotisch auffälligen, verwahrlosten Jugendlichen mit Weglauftendenzen und delinquenten Verhaltensweisen, Wahn, halluzinatorischem Erleben (s FREISLEDER/MARTINIUS 57, 60; FEGERT DVJJ-Journal 1994, 309, 311; zu möglichen akuten Gefährdungslagen RÜTH ZfJ 2001, 372, 374; ders, Indikationen zur geschlossenen Unterbringung in der Jugendhilfe aus der Sicht des jugendpsychiatrischen Gutachters, in: RÜTH/PANKOFER/FREISLEDER, 47; sowie HOOPS/PERMIEN, 31; vgl auch die *Leitlinie der Bundesarbeitsgemeinschaft der Leitenden Klinikärzte für Kinder- und Jugend-*

psychiatrie und Psychotherapie, in: FEGERT/SPÄTH/SALGO 281 ff; SCHNOOR/SCHEPKER/FEGERT 815; FISCHER 36). Als **„letztes Erziehungsmittel"** soll Freiheitsentziehung gerechtfertigt sein, um Minderjährige vor der Prostitution zu bewahren (HK-BUR/RINK § 1631b Rn 17; WILLE ZfJ 2002, 85, 87 Fn 13: zB bei Mädchen – Babystrich –, die nach erzwungener Entgiftung eine weitere Therapie ablehnen; zur geschlechtsspezifischen Bias der geschlossenen Unterbringung s PANKOFER 95; HOOPS, in: RÜTH/PANKOFER/FREISLEDER 65; FISCHER 39; COTTIER 222, 230); weitere Beispiele gibt TRENCZEK ZfJ 2000, 121, 127: bei dem verhängnisvollen S-Bahn- oder Aufzug-Surfen (Selbstgefährdung) oder bei den sog „Crash-Kids", die mit entwendeten Autos durch die Straßen jagen (Selbst- und Fremdgefährdung). Zu Problemkonstellationen der geschlossenen Unterbringung in der Jugendhilfe vgl RÜTH ZfJ 2001, 372, 378.

25 Daß Minderjährige ohne freiheitsbeschränkende Unterbringung ab Deliktsfähigkeit uU Ersatzansprüchen und dadurch verursachten Prozessen oder ab Strafmündigkeit Strafverfahren ausgesetzt sein könnten, muß stets unter Beachtung des Verhältnismäßigkeitsgrundsatzes besonders geprüft werden (BVerfGE 58, 208, 226; MünchKomm/ HUBER Rn 14); damit allein kann freiheitsentziehende Unterbringung iSd § 1631b nicht begründet werden. Ob die „pädagogische Erwägung", anderen nicht zu schaden, eine freiheitsentziehende Unterbringung aus erzieherischen Gründen rechtfertigt (HK-BUR/RINK Rn 18), erscheint fraglich. Anders könnte uU die Notwendigkeit für eine freiheitsentziehende Unterbringung zu beurteilen sein, wenn ein Minderjähriger eine Vielzahl kleinerer Diebstähle oder Körperverletzungen begangen hat und sich allen pädagogischen Bemühungen entzieht (so HK-BUR/RINK Rn 18). Ob gerade die freiheitsentziehenden Bedingungen zu einer Verhaltensänderung führen könnten – insbesondere die Überprüfung der Erfolglosigkeit anderweitiger bisheriger pädagogischer Bemühungen –, unterliegt hier der **strengen richterlichen Abwägung und Prüfung.** Die richterliche Entscheidungssituation ist hier der im Rahmen des § 1666a zu treffenden verantwortungsbelasteten Entscheidung (STAUDINGER/ COESTER [2004] § 1666a Rn 4) vergleichbar. Dritte haben Belästigungen durch Minderjährige idR hinzunehmen, im übrigen stehen Dritten vielfältige Rechtsschutzmöglichkeiten offen; mit Belästigungen ließe sich eine mit Freiheitsentziehung verbundene Unterbringung niemals begründen (BGB-RGRK/WENZ Rn 12; SOERGEL/STRÄTZ Rn 10). Nur wenn überwiegende Belange des Gemeinwohls, wie sie mit den Schranken des Art 2 Abs 1 GG bestimmt sind, es zwingend gebieten, muß der Freiheitsanspruch des Einzelnen zurücktreten (BVerfGE 58, 208, 225). Denn in der Jugendhilfe ist nachgewiesen worden, daß für eine Vielzahl von Kindern und Jugendlichen mit personalintensiven sozialpädagogischen Maßnahmen und Angeboten in Einrichtungen auf geschlossene Unterbringung – uU sogar auf die Untersuchungshaft – großteils verzichtet werden kann (hierzu äußerst differenziert für die Unterbringung im Rahmen der Jugendhilfe v WOLFFERSDORF/SPRAU/KUHLEN 341: Einerseits ist „geschlossene Unterbringung in der Jugendhilfe im Einzelfall nachvollziehbar und notwendig", andererseits ist der „Nachweis dafür, daß auch mit sehr problematischen Jugendlichen offene Arbeitsformen möglich sind" [v WOLFFERS-DORF/SPRAU/KUHLEN 345] geliefert; zur Praxis der Kinder- und Jugendpsychiatrie vgl LEMPP, Gerichtliche Kinder- und Jugendpsychiatrie 195; hingegen halten FREISLEDER/MARTINIUS 61 die Vorstellung, geschlossene Stationen in der Kinder- und Jugendpsychiatrie seien aufgrund von Personalaufstockung und pädagogisch-therapeutischen Könnens gänzlich ersetzbar, für unrealistisch).

26 Auch die Praxis der **Jugendschutzstellen** zeigt, daß eine geschlossene Unterbringung nur in besonderen Ausnahmefällen angezeigt ist (BT-Drucks 11/5948, 76), ja daß mehr

und mehr Kinder- und Jugendnotdienste völlig auf eine geschlossene Unterbringung verzichten. Angesichts dieser fachpolitischen Kontroversen in den Fachdisziplinen sowie angesichts immer wieder erhobenen Forderungen seitens mancher Politiker (WOLFFERSDORF, in: RÜTH/PANKOFER/FREISLEDER, 155 fordert „solchen populistischen Erwartungen" entgegenzutreten) kommt der **richterlichen** Aufmerksamkeit eine zwar nicht leichte, aber umso wichtigere **Kontrollfunktion** zu. Hier wird es auf die jeweilige Beeinträchtigung des Minderjährigen sowie auf die Überprüfung der Verhältnisse der Eltern, auf ihre Möglichkeiten und Fähigkeiten, aber auch auf ihre Kooperationsbereitschaft ankommen, nicht zuletzt aber auf die Eignung des erreichbaren Jugendhilfeangebots vor Ort. Auch deshalb ist die Anhörung der Eltern wie der Kinder und Jugendlichen sowie des Jugendamtes von zentraler Bedeutung (hierzu Rn 39 ff). Im Einzelfall könnten aus der breiten Palette von Erziehungshilfen nach dem SGB VIII solche Hilfen in Betracht kommen, mit denen sich uU die mit Freiheitsentziehung verbundene Unterbringung vermeiden ließe. Ggf könnte durch die Jugendhilfe statt einer Unterbringung in einer geschlossenen Einrichtung eine offene Unterbringung erfolgen (auch vWOLFFERSDORFF/SPRAU/KUHLEN 344), uU sogar die intensive sozialpädagogische Einzelbetreuung gem § 35 SGB VIII gewährt werden. Deshalb ist die Beteiligung der Kinder- und Jugendhilfe gem §§ 49 Abs 1 Nr 1 d, 70 d Abs 1 Nr 6 FGG von zentraler Bedeutung (hierzu unten Rn 40). Die schwierigen und für jeden Einzelfall neu zu treffenden Abwägungen müssen auch die konkrete Realisierbarkeit von Erziehungshilfen nach dem SGB VIII vor Ort berücksichtigen. Die meisten hier betroffenen Jugendlichen haben eine „lange Maßnahmenkarriere und oft auch eine ausgeprägte Schulkarriere hinter sich" (HOOPS/PERMIEN, 43, PAETZOLD, 195).

Im übrigen kommt es nicht darauf an, ob die Unterbringung medizinisch, psychiatrisch oder pädagogisch begründet wird; dies kann lediglich uU bei der Auswahl des Unterbringungsortes oder des Gutachters gem § 70e FGG von Bedeutung sein (siehe KEIDEL/KUNTZE/KAYSER, FGG § 70e Rn 4; vgl auch unten Rn 37). Hier wird das gem § 70e FGG vor der Unterbringung einzuholende **Gutachten** die Entscheidung des Gerichts vorbereiten, was eine kritische Auseinandersetzung mit diesem durch das Gericht voraussetzt. Umfassend zu dieser Begutachtung und ihren Standards RÜTH, ZfJ 2001, 372, 377 ff. Lehnt das FamG die Genehmigung ab, bleibt aber eine Fremdplazierung (ohne Freiheitsentziehung) dennoch dringend erforderlich, und lehnen die Eltern die Inanspruchnahme entsprechender Erziehungshilfen gem §§ 27, 33 oder 34 SGB VIII ab, so könnte im elterlichen Unterlassen eine Gefährdung des Kindeswohls iSv § 1666 liegen (PALANDT/DIEDERICHSEN Rn 1). Zweifel hinsichtlich der Genehmigungsbedürftigkeit einer sich aus erzieherischen Gründen als notwendig erweisenden, mit Freiheitsentzug verbundenen Unterbringung sind (ERMAN/MICHALSKI Rn 5) nach der Gesetz gewordenen Fassung von § 1631b nicht begründet (MünchKomm/WAGENITZ § 1800 Rn 26); das Gesetz vermeidet jegliche Orientierung am Zweck der Unterbringung, der unter keinen Umständen „die Mittel heiligt".

Im Mittelpunkt des vor der **Genehmigungsentscheidung des FamG** gem § 70e FGG **27** einzuholenden Gutachtens muß die Frage stehen, ob durch die Unterbringung wirksame Möglichkeiten für eine Heilung des kranken Minderjährigen eröffnet werden, die ohne eine mit Freiheitsentziehung verbundene Unterbringung nicht bestehen würden. Entsprechendes muß für eine pädagogisch indizierte und mit Freiheitsentzug verbundene Unterbringung in Einrichtungen der Kinder- und Jugendhilfe; zu den Indikationen in der Jugendhilfe (vgl HOOPS/PERMIEN, 36) gelten.

Dieses Gutachten muß **vor** der Unterbringungsmaßnahme eingeholt werden. Ein **Verstoß** gegen § 70e FGG stellt einen **Verfahrensfehler** dar, der zur Aufhebung der Entscheidung durch das Beschwerdegericht führen kann (KEIDEL/KUNTZE/KAYSER, FGG § 70e Rn 6). Bei der Auswahl des Gutachters im Rahmen des Genehmigungsverfahrens gem § 1631b wird zu beachten sein, daß es sich häufig auch um Entwicklungsstörungen im pädagogischen bzw entwicklungspsychologischen Sinne handeln kann, die nicht in jedem Fall einen Krankheitswert im psychiatrischen Sinne erreicht haben müssen (HK-BUR/RINK Rn 7), weshalb für die Erstellung des Gutachtens nicht immer der „erfahrene Kinder- und Jugendpsychiater" am besten geeignet erscheint, vielmehr häufiger ein „erfahrener Kinderpsychologe" oder auch ein Pädagoge hinzugezogen werden sollte (KEIDEL/KUNTZE/KAYSER, FGG § 70e Rn 4; BIENWALD § 70e Rn 8; vgl auch den Vorschlag zur entsprechenden Ergänzung des § 70e Abs 1 FGG der Arbeitsgruppe „Familiengerichtliche Maßnahmen bei Gefährdung des Kindeswohls" [BMJ]).

7.   Überprüfung der Fortdauer freiheitsentziehender Unterbringung

28 Letztlich **aus verfassungsrechtlichen Gründen** erfahren die **zeitlichen Auswirkungen von Interventionen des Staates** in Eltern-Kind-Beziehungen (SALGO [1987] 229 ff). im materiellen wie im Verfahrensrecht eine ständig wachsende Aufmerksamkeit (grundlegend HEILMANN). Zu einer solchen besonderen Aufmerksamkeit gegenüber der mit Freiheitsentzug verbundenen Unterbringung verpflichtet § 1631b S 3 das Gericht: Es hat die Genehmigung zurückzunehmen, wenn das Kindeswohl eine solche Unterbringung nicht mehr erfordert. Während § 1696 in Gestalt einer Generalklausel die **fortlaufende Verantwortung des Staates** für das Wohl des Kindes in der Form verankert, daß den Gerichten weiterhin auch nach einer getroffenen Entscheidung uU Regelungs- und Abänderungsbefugnisse zustehen (§ 1696 Abs 1) und länger dauernde Maßnahmen, die als zivilrechtliche Schutzmaßnahmen veranlaßt waren, in angemessenen Abständen zu überprüfen sind (§ 1696 Abs 3), ist mit § 1631b S 3 die **Verpflichtung zur fortlaufenden Überprüfung der Genehmigung zu einer mit Freiheitsentzug verbundenen Unterbringung von Amts wegen** (so auch BAUER 80, 82) unmittelbar in der materiellrechtlichen Grundnorm verankert, die auch die Voraussetzung hierzu bestimmt. Damit ist § 1631b S 3 lex specialis gegenüber anderen materiellrechtlichen Änderungsmöglichkeiten wie zB § 1696. Zum Verhältnis zu § 70i Abs 1 S 1 FGG vgl KEIDEL/KUNTZE/KAYSER § 70i Rn 2. Darüber hinaus können das Kind, die Eltern, die Einrichtung oder Anstalt, die Kinder- und Jugendbehörde ua eine Überprüfung **jederzeit** anregen (BGB-RGRK/WENZ Rn 13). Da die Eltern und nicht das Gericht die Entscheidung für die Unterbringung getroffen haben, können sie diese **jederzeit** auch wieder **beenden**, es sei denn, sie würden damit die Gefährdungsgrenze des § 1666 überschreiten. In diesem Falle wäre der verantwortliche Leiter der Einrichtung bzw der Arzt berechtigt, die Herausgabe (§ 1632 Abs 1) zu verweigern (vgl Rn 20), um sofort eine vorläufige Anordnung des FamG (zu den Voraussetzungen s STAUDINGER/COESTER [2004] § 1666 Rn 236 ff) zu erwirken. Keinesfalls darf er in dieser Situation ein schwerst gefährdetes Kind bei entsprechender Indikation erst einmal entlassen, vielmehr ist umgehend das FamG zu informieren. Gem § 8a Abs 3 S 2 iVm § 42 Abs 1 Nr 2 b SGB VIII ist das Jugendamt unter diesen Umständen verpflichtet, das Kind in Obhut zu nehmen und seinen Verbleib in der Klinik anzuordnen, weil eine dringende Gefahr besteht und die Entscheidung des Gerichts nicht abgewartet werden kann.

Im Gegensatz zum Überprüfungsverfahren gem § 1696 (hierzu STAUDINGER/COESTER **29**
[2006] § 1696 Rn 5) handelt es sich bei der Überprüfung gem § 1631b S 3 **nicht** um ein
neues, selbständiges Verfahren mit einem neuen Sachverhalt und eigenständigen
Entscheidungskriterien. Im Mittelpunkt der Überprüfung steht keine andere Frage
als die, die zur Unterbringungsgenehmigung geführt hat: Ist die Unterbringung mit
Freiheitsentzug zur Wahrung des Kindeswohls **weiterhin** erforderlich? Kein Betroffener soll länger als erforderlich unter den genannten Bedingungen untergebracht
sein. Erforderlichenfalls ist uU ein Übergang in eine weniger restriktive Unterbringung ohne Freiheitsentziehung möglich, zB in eine andere Einrichtung, in eine
andere (offene) Abteilung der Einrichtung, ins Elternhaus uU mit Unterstützung
des Kindes und seiner Eltern aufgrund des SGB VIII. Da bereits die Unterbringungsentscheidung zu befristen ist (§ 70f Abs 1 Nr 3 FGG) – sie endet, wenn sie
nicht vorher verlängert wird –, empfiehlt es sich, frühzeitig dafür Sorge zu tragen,
daß alle notwendigen Informationen rechtzeitig (für die regelmäßig durchzuführen-
den Überprüfungsentscheidungen davor) vorliegen (vgl WILLE ZfJ 2002, 85, 95 zur rechtzeitigen Kooperation vor anstehender Entlassung).

Während § 70i Abs 2 FGG bestimmt, daß für eine Verlängerung der Unterbrin- **30**
gungsmaßnahme die Vorschriften über die erstmalige Unterbringung entsprechend
gelten, regelt das Gesetz das Verfahren vor einer Aufhebung nicht. Die §§ 70–70h
FGG bieten jedoch wichtige Anhaltspunkte auch für dieses Verfahren, wenn auch
nicht alle Einzelschritte im Überprüfungsverfahren einzuhalten sind. Es liegt im von
§ 12 FGG und Art 103 Abs 1 GG bestimmten Rahmen, welche Aufklärung vor einer
Aufhebung durchzuführen sein wird: Neues Gutachten möglichst desselben Sachverständigen, Anhörung des Betroffenen, Stellungnahme möglichst des bereits mit
dem Minderjährigen vertrauten Verfahrenspflegers, der Eltern wie der Behörde etc
(zum Problem KEIDEL/KUNTZE/KAYSER § 70i Rn 3). Es liegt einzig und allein in der richterlichen Verantwortung, eine Unterbringungsentscheidung **nicht zu früh**, aber auch
nicht zu spät aufzuheben. Hilfreich für die Überprüfung gem § 1631b S 3 wäre, wenn
bereits das Gutachten gem § 70e FGG zum frühesten Zeitpunkt einer möglichen
Aufhebung der Genehmigung prognostische, deshalb konkret zu überprüfende, Aussagen machen würde, weil damit auch für den Zeitpunkt der richterlichen Überprüfung zumindest Anhaltspunkte gegeben wären. Soweit die Unterbringung über
den Eintritt der Volljährigkeit hinaus erforderlich ist, empfehlen sich rechtzeitig
vorsorgende Maßnahmen iSv § 1908a, die erst mit dem Eintritt der Volljährigkeit
wirksam werden, so daß bis dahin § 1631b anwendbar bleibt (HK-BUR/RINK Rn 16).

III. Gerichtliches Verfahren

Angesicht der immer wieder aufgedeckten schwerwiegenden Versäumnisse bei der **31**
Einhaltung der **umfassenden rechtsstaatlichen Garantien** in Verfahren der Genehmigung und Überprüfung freiheitsentziehender Unterbringungen ist erneut auf die
menschen- und verfassungsrechtliche Relevanz der strikten Beachtung dieser Vorgaben hinzuweisen. Ausführlich zum Unterbringungsverfahren vgl STAUDINGER/
BIENWALD (2006) § 1906 Rn 61 ff; HB-VP/BAUER Rn 181 ff; HK-BUR/RINK
§ 1631b BGB. Das Unterbringungsverfahren ist durch das Betreuungsgesetz (BtG)
mit Wirkung vom 1. 1. 1992 in § 70 bis 70n FGG neu geregelt worden; diese **Verfahrensregeln mit umfassenden rechtsstaatlichen Garantien** gelten gem § 70 Abs 1 S 2
Nr 1 Buchst a FGG ua für die Unterbringung nach § 1631b. Auch wenn das BtG bis

auf das Verbot der Sterilisation Minderjähriger in § 1631c das Kindschaftsrecht und
das Minderjährige betreffende Vormundschaftsrecht kaum berührt, sollte das Unterbringungsverfahren für Volljährige und Minderjährige nicht unterschiedlich ausgestaltet sein. Vielmehr sollte damit das **Bewußtsein für die Rechte Minderjähriger im
Unterbringungsverfahren sensibilisiert** werden (vgl JÜRGENS ua Rn 527). Zur Verfahrens-
einleitung bzw -beendigung siehe Rn 9 und insbes 28 ff sowie MünchKomm/HUBER
Rn 19. Der strikten Beachtung dieser Vefahrensregeln kommt wegen der Unbestimmtheit der materiell-rechtlichen Regelung des § 1631b eine besondere Bedeutung zu. Immer wieder wird die Nichtbeachtung dieser Verfahrensregeln beklagt
(MARSCHNER/VOLCKART A Rn 64; PAETZOLD; TRENCZECK ZfJ 2000, 121, 129; HOOPS/PERMIEN 64 f;
FISCHER 42 ff).

1.   Zuständigkeiten

a)   Sachliche und örtliche Zuständigkeit

32   Die **sachliche Zuständigkeit** des Familiengerichts folgt aus § 70 Abs 1 S 3 FGG. Die
örtliche Zuständigkeit richtet sich nach § 43 Abs 1, 36, 64 Abs 1 und Abs 3 S 2 FGG
(KEIDEL/KUNTZE/ENGELHARDT § 43 Rn 6). Sofern bereits beim VormG im Zusammenhang mit einer Pflegschaft oder Vormundschaft ein Verfahren anhängig ist, wird
dennoch das FamG für die nach § 1631b zu treffende Entscheidung (Konzentra-
tionsmaxime) zuständig; für zivilrechtliche Unterbringungen gem § 1631b sollte nach
den Bestrebungen des KindRG grundsätzlich das FamG zuständig sein (wenig überzeugend OLG Brandenburg FamRZ 2004, 815 f, OLG Dresden JAmt 2006, 161: für die Beibehaltung
der vormundschaftsgerichtlichen Zuständigkeit, soweit vor der Entscheidung gem § 1631b bereits
eine Vormundschaft/Pflegschaft besteht; ebenso MünchKomm/HUBER Rn 19). Örtlich zuständig
ist das Gericht – und dies dürfte der Regelfall sein –, in dessen Bezirk der betroffene
Minderjährige seinen gewöhnlichen Aufenthalt hat (§§ 70 Abs 2 S 2 iVm § 65 Abs 1
FGG). **Maßgeblich** ist hier gem § 11 der **Wohnsitz der Eltern** und **nicht** etwa **der Sitz
der Anstalt** (KEIDEL/KUNTZE/KAYSER, FGG § 70 Rn 13), in welcher das Kind untergebracht werden soll (OLG Bremen FamRZ 1980, 928, 929; BayObLG FamRZ 1982, 1133, 1134;
OLG Brandenburg FamRZ 2003, 175; OLG München FamRZ 1988, 969, 970: Wenn das Kind seit
mehr als 10 Jahren außerhalb des Wohnorts der Eltern untergebracht ist, ist davon auszugehen, daß
am Sitz der Anstalt durch die Eltern ein Wohnsitz begründet wurde). Dies führt idR gem § 36
Abs 1 FGG zur örtlichen Zuständigkeit des Familiengerichts am Wohnsitz des Minderjährigen. Eine Abweichung hiervon ist gem §§ 70 Abs 2 S 2, 65a Abs 1 S 1, 46
Abs 1 S 1 FGG nur bei Vorliegen wichtiger Gründe möglich.

33   Die Unterbringung eines Kindes mit Freiheitsentzug an einem anderen Ort als dem
Wohnsitz der Eltern bildet idR für sich allein **keinen wichtigen Grund zur Abgabe** an
das Amtsgericht am Sitz der Anstalt. Zwar ermöglicht § 70 Abs 3 FGG mit Zustimmung des gesetzlichen Vertreters eine isolierte Abgabe des Unterbringungsverfahrens – wie bis zum Inkrafttreten des BtG nach § 46a FGG aF – an das Gericht des
Unterbringungsortes, jedoch ist **vor jeder schematischen Handhabung zu warnen**; die
Abgabeentscheidung nach § 70 Abs 3 FGG setzt eine gründliche Prüfung und Abwägung aller Gesichtspunkte, die für oder gegen die Abgabe an das Anstaltsgericht
sprechen, voraus (KEIDEL/KUNTZE/KAYSER § 70 Rn 16). Die hierfür erforderliche Zustimmung des gesetzlichen Vertreters darf die notwendige Abwägung nicht erübrigen,
zumal gem § 70c iVm § 68 Abs 2 FGG häufig das Wohnsitzgericht von einer persönlichen Anhörung vor der Abgabeentscheidung absieht. Da Minderjährige sich in der

Entwicklung befinden und das typische Charakteristikum von Minderjährigkeit die Verbindung mit und die Abhängigkeit von Eltern und bisherigem Lebensmittelpunkt – an den die Minderjährigen zumeist nach der freiheitsentziehenden Unterbringung zurückkehren – ist, sollte nicht zusätzlich ohne weiteres die Bedeutung des örtlichen Lebensbezugs durch eine übereilte Abgabeentscheidung vernachlässigt werden. Damit würden, entgegen der gesetzgeberischen Intention, Minderjährige – ohne vorausgehende **rechtsstaatliche Kontrolle am Ort des bisherigen Lebenszusammenhangs** – zunächst einmal in geschlossenen Anstalten außerhalb untergebracht werden können; dies ist äußerst bedenklich. Das kontrollierende Gericht am bisherigen Lebensmittelpunkt des Kindes oder Jugendlichen kann die Erforderlichkeit und die Erreichbarkeit von Alternativen grundsätzlich besser überprüfen als das Gericht am Sitz der geschlossenen Einrichtung (vgl auch § 1666, 1666a). Bei Minderjährigen wird idR bereits zu diesem Zeitpunkt noch **nicht** von einer **langfristigen Unterbringung** auszugehen sein (hingegen nicht gänzlich überzeugend für Abgabe BayObLG FamRZ 1999, 796 in einem Fall, in welchem lediglich mit einem längeren Aufenthalt zu rechnen war; sofern es sich um eine auf Dauer angelegte Unterbringung gem § 1631b handelt und eine Rückkehr ins Elternhaus nicht beabsichtigt ist, wird das Gericht am Mittelpunkt seiner Lebensbeziehungen örtlich zuständig [OLG München FamRZ 2006, 1622]). Die vom BtG vorgesehene Möglichkeit zur Abweichung von der örtlichen Zuständigkeit am Wohnsitz des Betroffenen zielt auf die Mehrzahl der im Blickfeld des BtG stehenden (volljährigen) Betroffenen, für die der persönliche Kontakt zum ortsnahen Gericht am Sitz der Anstalt von Vorteil sein wird, wovon für das Genehmigungsverfahren zur Unterbringung Minderjähriger gem § 1631b idR nicht auszugehen sein wird (MünchKomm/HINZ[3] Rn 14; vgl auch die insoweit nach wie vor zutreffende Begr des OLG Köln FamRZ 1980, 481; **aA** HK-BUR/ RINK Rn 3). Unterbringungen Minderjähriger können insoweit **nicht** ohne weiteres mit denen Volljähriger **gleichgesetzt** werden (OLG Hamm DAVorm 1981, 309, 310; für Zuständigkeit am Anstaltsort bei langfristig angelegter Unterbringung in einem Pflegeheim für Cerebralgeschädigte vgl OLG München FamRZ 1988, 969). Deshalb wird stets vor der Anordnung einer Unterbringung gem § 1631b eine Überprüfung der Verhältnisse und Möglichkeiten der zur Erziehung berechtigten und verpflichteten Eltern notwendig sein. In diese Abwägung – unter strikter Beachtung der Verhältnismäßigkeit – einzugehen hat auch, ob und welche Erziehungshilfen aufgrund des SGB VIII am Wohnort bereitgestellt bzw von den Eltern gem §§ 27 ff SGB VIII beansprucht worden sind (§ 50 Abs 2 SGB VIII iVm § 49 Abs 1 Nr 1 d FGG). Erst dann (zutreffend OLG Bremen FamRZ 1980, 928, 929) kann darüber befunden werden, ob eine Erziehung, uU mit entsprechender Unterstützung, außerhalb einer geschlossenen Anstalt tatsächlich noch möglich oder als eine realistische Perspektive nicht mehr in Betracht zu ziehen sein wird (BayObLG FamRZ 1982, 1133, 1134). Keinesfalls darf aber den Interessen des an sich zuständigen Richters am Wohnsitzgericht des gesetzlichen Vertreters bzw solchen der Justizverwaltung zur Vermeidung eines „Reiserichtertums" Vorrang vor den Interessen des betroffenen Minderjährigen eingeräumt werden (BIENWALD[3] § 70 FGG Rn 14; kritisch schon OLG Stuttgart FamRZ 1980, 825; OLG Köln FamRZ 1980, 481; BayObLG FamRZ 1982, 343). Hinzu kommt, daß das nach der Abgabe zuständige Gericht gem § 70 Abs 3 S 3 FGG auch für die Verlängerung zuständig bleibt. Die **Vorteile der einheitlichen Zuständigkeit am Wohnort der Eltern** sollten solange nicht preisgegeben werden, als nicht feststeht, daß die Unterbringung von Dauer sein wird (KEIDEL/KUNTZE/KAYSER, FGG § 70 Rn 17).

b)   Funktionelle Zuständigkeit

34 Die Entscheidung gem § 1631b liegt beim **Familienrichter** (§ 3 Nr 2 Buchst a RPflG).

2.   Verfahrensfähigkeit

35 Da das FGG in seinen allgemeinen Vorschriften keine Bestimmung zur Verfahrensfähigkeit kennt und eine ansonsten übliche entsprechende Anwendung der Vorschriften des bürgerlichen Rechts über die Geschäftsfähigkeit zur Bestimmung der
Verfahrensfähigkeit (vgl KEIDEL/KUNTZE/ZIMMERMANN FGG § 13 Rn 43 ff) hier nicht in
Betracht gezogen werden sollte, weil ein **Grundrechtsschutz** gegen derart in die
persönliche Rechtssphäre eingreifende gerichtliche Entscheidungen nach der Rspr
des BVerfG (BVerfGE 10, 302, 306; vgl auch BGHZ 35, 1, 9) geboten ist und nicht von der
unbeschränkten Geschäftsfähigkeit im bürgerlich-rechtlichen Sinne abhängen kann,
bestimmt § 70a FGG in Anlehnung an § 59 FGG die Verfahrensfähigkeit in Unterbringungssachen ohne Rücksicht auf die Geschäftsfähigkeit auf die Vollendung des
vierzehnten Lebensjahres (BR-Drucks 59/89, 552; KEIDEL/KUNTZE/ZIMMERMANN FGG § 13
Rn 43; KEIDEL/KUNTZE/KAYSER § 70a Rn 1). Diese Altersbestimmung wurde deshalb gewählt, weil die Unterbringung als besonders gravierende Maßnahme angesehen
wurde; ein verfahrensfähiger Minderjähriger iSv § 70a FGG kann auch dann Anträge stellen, Rechtsmittel einlegen bzw zurücknehmen, wenn ein Verfahrenspfleger
bestellt wurde; ein solcher kann somit ein Rechtsmittel nicht ohne Zustimmung
dieses Betroffenen zurücknehmen. Für Kinder unter vierzehn Jahren ist die **Bestellung eines Pflegers** für das Verfahren iS des § 70b Abs 1 S 1 FGG **geboten** (HB-VP/
BAUER Rn 198 ff; BIENWALD[3] Vorb §§ 70 ff Rn 13), weil hier bei der zu entscheidenden
Frage, ob das Gericht der Unterbringungsabsicht der Sorgeberechtigten folgt, eine
Interessenkollision besteht.

3.   Bestellung eines Verfahrenspflegers

36 Neuere Untersuchungen belegen bei der **zwingenden Bestellung eines Verfahrenspflegers** erhebliche Versäumnisse der gerichtlichen Praxis. Ausführlich zur Verfahrenspflegschaft gem § 70b vgl HB-VP/BAUER Rn 181–226; BIENWALD (2002)
Rn 104 ff. Die Bestellung eines Verfahrenspflegers wird in § 70b Abs 1 S 1 FGG
gefordert, „soweit dies zur Wahrung der Interessen des Betroffenen erforderlich ist".
Hiervon ist **regelmäßig** auszugehen, weil ein Minderjähriger seine Interessen in
einem so komplizierten Verfahren wie dem Unterbringungsverfahren nicht ausreichend vertreten kann (HB-VP/BAUER Rn 198 ff; BAUER 80, 85; BIENWALD § 70b Rn 5; ders
[2002] Rn 111 ff; SCHNOOR/SCHEPKER/FEGERT, 824; HOOPS/PERMIEN 123 ff; KORITZ, FPR 2006, 43).
Dies wird allgemein angenommen, sofern von der persönlichen Anhörung des Betroffenen (§§ 70b Abs 1 S 2, 67 Abs 1 S 2 Nr 1 FGG) abgesehen werden soll. Unter
diesen Umständen wird die Bestellung eines Pflegers für das Verfahren **stets** erforderlich, weil nur auf diese Weise die Gewährung des rechtlichen Gehörs (Art 103
Abs 1 GG) sichergestellt werden kann (BR-Drucks 59/89, 592). Aber auch wenn die
Anhörung erfolgt ist, am besten aber, bevor sie erfolgt ist ein Verfahrenspfleger bei
freiheitsentziehender Unterbringung als gravierendem Grundrechtseingriff stets zu
bestellen. Die Fragen, *„Ob", „Wann", „In welchen Fallkonstellationen"* und *„Wer"*
als Verfahrenspfleger bei Interessenkollisionen zwischen dem Betroffenen und seinem gesetzlichen Vertreter bestellt werden soll, bestimmten die rechtspolitische
Debatte (SALGO [1996] 21 ff) um § 50 FGG; **grundlegend** zu diesen ua Fragen vgl die

Standards für Verfahrenspfleger und Verfahrenspflegerinnen zu § 70b FGG der
Bundesarbeitsgemeinschaft Verfahrenspflegschaft für Kinder und Jugendliche
(2005). Zuweilen entstand der Eindruck, daß die an sich seit 1992 obligatorische
Verfahrenspflegerbestellung für Minderjährige in Unterbringungssachen durch das
BtG erst durch die Einführung der Vefahrenspflegschaft durch das KindRG in § 50
FGG (vgl hierzu Staudinger/Coester [2004] § 1666 Rn 214 ff mwNw; Salgo, FPR 2006, 9) auf
einer breiteren Basis zur Kenntnis genommen wurde (so auch Wacker Kind-Prax 2002,
32). Für die Fallkonstellation des § 1631b bestand im Rechtsausschuß des BT (BT-
Drucks 8/2788, 77) insoweit Einigkeit, daß eine **besondere Schutzbedürftigkeit** dann
besteht, wenn der gesetzliche Vertreter des Kindes aus einer Spannungslage heraus
dessen Unterbringung betreibt und sich damit in einer Interessenkollision befindet
(Keidel/Kuntze/Kayser FGG § 70b Rn 2). Diesem **Schutzbedürfnis** soll insbesondere
durch einen **Verfahrenspfleger** Rechnung getragen werden. Während der Rechtsausschuß (BT-Drucks 8/2788, 77) es nicht für sachgerecht gehalten hat, die Fälle, in denen
die Einschaltung eines Interessenvertreters in Betracht kommt, enumerativ aufzu-
zählen, fanden die Befürworter einer solchen Lösung zunehmend Zustimmung (vgl
Salgo [1996] 474 ff). Bei der mit Freiheitsentziehung verbundenen Unterbringung wird
regelmäßig die eigenständige Interessenvertretung Minderjähriger geboten sein, weil
sich insbesondere hier ein „**Grundrechtsschutz durch Verfahren**" (Salgo [1996] 405 ff;
BT-Drucks 13/4899, 130) als notwendig erweist. Hiervon geht auch die regierungsamtliche Begründung (BR-Drucks 59/89, 592) aus. Bei einer von den Personensorgeberechtigten betriebenen freiheitsentziehenden Unterbringung ist zur Wahrnehmung der
Interessen des betroffenen Minderjährigen die eigenständige Interessenvertretung
durch die Verfahrenspflegschaft stets erforderlich. Der Ausnahmefall, in welchem
hier von der Bestellung eines Verfahrenspflegers abgesehen werden könnte, ist kaum
vorstellbar. Zur Reform der Verfahrenspflegschaft vgl §§ 166, 176 Abs 1 FamFG-E,
hierzu Salgo FPR 2006, 12.

Weder die Kindesanhörung (§ 70c FGG) noch die Einholung des Sachverständigen- **37**
gutachtens (§ 70e FGG) machen die Verfahrenspflegerbestellung überflüssig, weil
einerseits Ergebnis und Durchführung der ersteren Begrenzungen unterliegen und
andererseits der vom Gericht bestellte **Gutachter** dessen Helfer und Berater ist und
nicht mit einem **Interessenvertreter des Kindes** gleichzusetzen sein wird. Zwar enthalten die Regelungen im BtG keine Bestimmung des Zeitpunktes, zu dem ein
Verfahrenspfleger zu bestellen ist; wenn aber im Verfahren zur Genehmigung der
Unterbringung die Bestellung die Regel ist, sollte der Verfahrenspfleger **gleich zu**
Beginn des Verfahrens bestellt werden (HB-VP/Salgo Rn 38; ebd Heilmann Rn 802 f, 890;
ebenso Bienwald [2002] Rn 154), damit nicht durch seine Ermittlungen zusätzliche
Verfahrensverzögerungen eintreten. Zur Auswahl eines geeigneten Interessenvertreters grds vgl Salgo (1996) 470 ff, 560 ff; zur **Qualifikation des Verfahrenspflegers**
vgl Salgo FamRZ 1999, 337, 347; Keidel/Kuntze/Kayser § 70b Rn 8; Bundesarbeitsgemeinschaft Verfahrenspflegschaft für Kinder und Jugendliche. Insbesondere
müßte der zum Einsatz kommende Verfahrenspfleger sich mit der psycho-sozialen
Situation der hier betroffenen Minderjährigen auskennen (Schnoor/Schepker/Fegert
826). Sofern das Gericht einen Verfahrenspfleger nicht bestellt, müßte es dies in der
Entscheidung über die Anordnung der Unterbringung begründen (§ 70b Abs 2
FGG). Die Bestellung endet, sofern sie nicht vorher aufgehoben wird, mit der
Rechtskraft der das Verfahren abschließenden Entscheidung oder mit dem sonstigen
Abschluß des Verfahrens. De lege ferenda wird zu prüfen sein, ob wegen der Inten-

sität des Grundrechtseingriffs durch die freiheitsentziehende Unterbringung und wegen der strukturellen Unterlegenheit Minderjähriger die Interessenvertretung nicht bis zur Beendigung der freiheitsentziehenden Maßnahme aufrechterhalten bleibt. Anders als nach § 67 Abs 2 FGG erfolgt die Bestellung nicht für jeden Rechtszug gesondert. Vielmehr stellt § 70b Abs 3 FGG (wie § 50 Abs 4 FGG) auf die formelle Rechtskraft der das Verfahren abschließenden Entscheidung ab, somit braucht für das Beschwerdeverfahren keine neue Pflegerbestellung zu erfolgen (Keidel/Kuntze/Kayser § 70b Rn 12).

38 Der Verfahrenspfleger im Unterbringungsverfahren unterliegt **nicht der Aufsicht des Gerichts** und soll **nicht** die Rolle eines anwaltlichen **Interessenvertreters des Kindes** oder gar seiner Personensorgeberechtigten einnehmen, vielmehr muß dieser „**das Wohl des Kindes**" vertreten, was ihn nicht der Aufgabe enthebt, ausnahmslos **explizite Wünsche und den Willen des Minderjährigen** so authentisch wie nur möglich **dem Gericht zu übermitteln**, und im Konfliktfall zwischen Kindeswohl und Kindeswillen dafür Sorge zu tragen, daß **beides** ins Verfahren eingebracht wird (Salgo [1996] 564 f; HK-BUR/Rink Rn 6; Jürgens/Kröger/Marschner/Winterstein Rn 348; Zitelmann 133 ff, 139 f; Dettenborn; Salgo FPR 2004, 13; Hoops/Permien, 125; Wacker 32). Die regierungsamtliche Begründung zu § 67 Abs 1 S 1 FGG (BT-Drucks 11/4528, 171) stützt diesen Standpunkt (vgl auch HB-VP/Salgo Rn 41 ff, 52 ff, 65 ff sowie Standards der Bundesarbeitsgemeinschaft Verfahrenspflegschaft für Kinder und Jugendliche). Die Bestellung eines Verfahrenspflegers soll unterbleiben, wenn der Betroffene bereits von einem Rechtsanwalt oder einem anderen geeigneten Verfahrensbevollmächtigten angemessen vertreten wird (§ 70 Abs 1 S 2 iVm § 67 Abs 1 S 3 FGG). Dieser Hinweis sorgt in der Praxis für Unsicherheiten und könnte die Stellung Minderjähriger im Verfahren schwächen.

Auf die Verfahrenspflegschaft gem § 70b FGG finden die Vorschriften über die Pflegschaft im BGB **keine** Anwendung, da es sich um eine **Pflegschaft sui generis** handelt (Keidel/Kuntze/Kayser § 70b Rn 4).

4.   Anhörungen

39 Inzwischen kann auch hier als empirisch belegt gelten, dass es in der Praxis in einer erheblichen Anzahl von Fällen zur **Nichtbeachtung der strikten verfassungsrechtlich gebotenen Anhörungsvorschrift** kommt (Paetzold 196; Fischer 42 f; Hoops/Permien, 70). Aus § 70c FGG folgt ua die **Pflicht zur persönlichen Anhörung** des minderjährigen Betroffenen. Diese Anhörung sowie die Verpflichtung des Gerichts, sich einen unmittelbaren Eindruck zu verschaffen, hat **vor** der Unterbringungsmaßnahme zu erfolgen. Wegen der besonderen Bedeutung dieses persönlichen Eindrucks soll (hierzu Keidel/Kuntze/Kayser § 70c Rn 7) diese Verfahrenshandlung **nicht durch den ersuchten Richter** erfolgen (§ 70c S 4 FGG). § 70c FGG stellt das **Verfassungsgebot des rechtlichen Gehörs** aus Art 103 Abs 1 GG sicher. Die **vor der Unterbringung** mit Freiheitsentzug von Verfassungs wegen gebotene persönliche Anhörung und der unmittelbare Eindruck sind **unverzichtbare** Voraussetzung der Unterbringung (BVerfGE 58, 208, 222). Jedoch kann die Anhörung de lege lata bedenklicherweise unter den Voraussetzungen der § 70c S 4 iVm § 68 Abs 2 FGG unterbleiben (zu Recht kritisch gegenüber problematischen Ausnahmen gem § 70h Abs 1 S 2 iVm § 69f Abs 1 S 4 FGG bei Gefahr im Verzug: HK-BUR/Rink Rn 5), einen unmittelbaren Eindruck muß sich das Gericht vom Minderjährigen aber in jedem Fall verschaffen, um seine Kontrollfunktion Zeugen und Sachverständigen gegenüber wahrnehmen zu können (KEIDEL/KUNTZE/ KAYSER § 68 Rn 13).

Das Gericht kann den Minderjährigen erforderlichenfalls zur persönlichen Anhö- **40** rung wie zur Begutachtung vorführen lassen, wenn er sich weigert, an Verfahrenshandlungen mitzuwirken (§§ 70c S 5, 68 Abs 3, 70e Abs 2, 68 Abs 3 FGG). Gewalt darf für die Umsetzung der Unterbringungsentscheidung nur auf Grund besonderer gerichtlicher Entscheidung angewandt werden (§ 70g Abs 5 S 2 FGG). Die Anhörung des Betroffenen bzw die Pflicht des Gerichts, sich unmittelbar von ihm einen Eindruck zu verschaffen, schreibt § 70c FGG **zwingend** und **unabhängig vom Alter des Minderjährigen**, also nicht erst ab Verfahrensfähigkeit iSv § 70a FGG, vor. Falls erforderlich, kann dies auch in der üblichen Umgebung des Minderjährigen geschehen (§ 70c S 2 FGG). Eine Entscheidung hinsichtlich eines Unterbleibens der Anhörung ist erst nach Einholung eines ärztlichen **Gutachtens**, welches grundsätzlich **vor einer Unterbringung** gem § 70e FGG einzuholen ist, möglich. Die Unterlassung der Anhörung ist **nur** zulässig, wenn durch die persönliche Anhörung des Betroffenen erhebliche Nachteile für seine Gesundheit zu besorgen sind. Ob der Betroffene nicht in der Lage ist, seinen Willen kundzutun (§ 68 Abs 2 Nr 2 FGG), kann das Gericht erst entscheiden, nachdem es sich einen unmittelbaren Eindruck verschafft hat. Für die Vorführung und Hinzuziehung eines Sachverständigen wie für das Schlußgespräch vgl §§ 70c, 68 Abs 3–5 FGG. Gem § 70d Abs 2 FGG sind die personensorgeberechtigten Eltern bzw der gesetzliche Vertreter in persönlichen Angelegenheiten und die Pflegeeltern persönlich anzuhören. Diese Aufzählung wie die in anderen in den §§ 70–70n FGG enthaltenen Wiederholungen von Anhörungspflichten etc sind deshalb erforderlich, weil die Unterbringungssachen in diesem Unterabschnitt des FGG gesondert geregelt wurden. Außerdem ergibt sich aus § 70d Abs 1 Nr 6 FGG die Pflicht, dem Jugendamt eine Gelegenheit zur Äußerung zu geben. Die gleichlautende Verpflichtung aus § 49 Abs 1 Nr 1 d FGG stellt klar, daß zuständige Behörde iSv § 70d Abs 1 Nr 6 FGG hier das Jugendamt ist. Deshalb folgt zB aus dem Hinweis auf die Anhörung der zuständigen Behörde in § 70d Abs 1 Nr 6 FGG – und nicht unmittelbar aus § 49 Abs 1 Nr 1 d FGG – die **Pflicht zur Einholung der jugendamtlichen Stellungnahme**. Zu systematischen Abstimmungsmängeln bei diesen Anhörungsbestimmungen bezüglich des JA, die aber keinerlei praktische Auswirkungen haben dürften, vgl ERMAN/MICHALSKI § 1631b Rn 15.

5. Inhalt der Genehmigungsentscheidung

Der Inhalt der Genehmigungsentscheidung des FamG ergibt sich aus § 70f FGG. **41** Hierbei muß stets berücksichtigt werden, daß es sich um eine Genehmigung zu einer **von den Eltern** zu treffenden bzw ausnahmsweise bereits getroffenen Entscheidung handelt: Nicht das Gericht ordnet die Unterbringung iSd § 1631b an. Aus der näheren Bezeichnung der Unterbringungsmaßnahme iSv § 70f Abs 1 Nr 2 FGG muß sich eindeutig ergeben, daß es sich nicht um eine gerichtlich angeordnete Unterbringung, vielmehr um eine **vom Gericht genehmigte Unterbringung** durch die Eltern (bzw Vormund oder Pfleger) handelt (BGB-RGRK/WENZ Rn 11), denen auch die Auswahl der Anstalt oder Einrichtung obliegt; sie könnten hiermit auch das Jugendamt betrauen. Des weiteren muß sich aus der Genehmigungsentscheidung ergeben, daß es sich um eine Genehmigung nach § 1631b handelt, dh daß die Unterbringung in einer **geschlossenen** Einrichtung (Art der Einrichtung) durchgeführt werden darf (OLG Naumburg OLGR Naumburg 2004, 57), was nicht bedeutet, daß das Familiengericht eine bestimmte Einrichtung zu bevorzugen hätte. Eine konkrete Bezeichnung muß zwar nicht erfolgen, weil die Auswahlmöglichkeit nicht eingeschränkt werden soll (BIENWALD[3] § 70f Rn 6; bei der freiheitsentziehenden Maßnahme eines Mündels durch den Vormund obliegt die Auswahl der Einrichtung dem Vormund, nicht dem Familiengericht, OLG Naumburg JAmt 2002, 538 f), andererseits wird idR zum Genehmigungszeitpunkt die Einrichtung schon feststehen, so daß sehr viel dafür spricht, dem FamG diese Angaben nicht vorzuenthalten. Sicherlich würde dies die richterliche Entscheidung erleichtern. Eltern, Vormund oder Pfleger könnten sich die richterlichen Erfahrungen mit verschiedenen Einrichtungen so zu Nutze machen. Gem § 70f Abs 2 FGG ist die Entscheidung **in jedem Fall zu begründen.** Auch die **Rechtsmittelbelehrung** ist **zwingend vorgeschrieben** (§ 70f Abs 1 Nr 4). Diese Dichte an Vorgaben für die richterliche Entscheidung soll ein hohes Maß an **Rechtsstaatlichkeit** und **Fachlichkeit** bei einer so schwerwiegenden, **grundrechtlich geschützte Sphären berührenden Entscheidung** sicherstellen: Die zwingend geforderten Angaben zu Dauer und Geeignetheit, die Begründungspflicht sowie die nähere Bezeichnung der Unterbringungsmaßnahme, das vor der Entscheidung einzuholende Gutachten eines Sachverständigen, die Verfahrenspflegerbestellung etc, alles das soll gewährleisten, daß wirklich nur erforderliche Unterbringungen erfolgen und daß die damit einhergehenden Grundrechtsbeschränkungen auf das Notwendige beschränkt bleiben.

42 Die **Dauer der Unterbringung** (auch einer regulären) **muß** gem § 70f Abs 1 Nr 3 FGG **bestimmt sein.** Damit soll gewährleistet werden, daß die Unterbringung auf den erforderlichen Zeitrahmen begrenzt wird. Bei der Festsetzung des Zeitraums werden die diesbezüglichen Angaben des Sachverständigen gem § 70e FGG Orientierungen geben. Die richterliche Entscheidung muß eine **kalendermäßige Bestimmung in der Entscheidungsformel** enthalten (KEIDEL/KUNTZE/KAYSER FGG § 70f Rn 4), fehlt diese Angabe, so ist die Entscheidung fehlerhaft und anfechtbar. Die **Höchstdauer** für die Unterbringung beträgt 1 Jahr (§ 70f Abs 1 Nr 3 FGG), unter besonderen Voraussetzungen 2 Jahre. Dieser Zeitrahmen sollte bei Minderjährigen nur ausnahmsweise und nur bei Vorliegen entsprechender gutachterlicher Befürwortung ausgeschöpft werden.

6. Vorläufige Unterbringung

43 Eine vorläufige Unterbringung gem § 70h FGG durch einstweilige Anordnung ist auf Ersuchen der Eltern, aber auch von Amts wegen in besonderen Krisensituationen möglich (KEIDEL/KUNTZE/KAYSER § 70h Rn 4). Hierzu müssen die Voraussetzungen des § 69f gegeben sein: **Dringende Gründe** für die Annahme, daß die Voraussetzungen des § 1631b vorliegen und **mit einem Aufschub der Entscheidung Gefahr für den Minderjährigen verbunden** wäre; ein **ärztliches Zeugnis** über den Zustand des Betroffenen **muß** vorliegen, Pflegerbestellung, idR vorherige Anhörung des Betroffenen. Gem § 70h Abs 2 FGG erfolgt eine Befristung der einstweiligen Anordnung auf **sechs Wochen,** uU mit Verlängerungsmöglichkeit **längstens** bis zu **drei Monaten.**

44 Eine (Beobachtungs-)Unterbringung zur Vorbereitung eines Sachverständigengutachtens gem §§ 70e Abs 2, 68b Abs 4 FGG kann auch angeordnet werden (OLG Frankfurt 6 UF 236/99 v 10.11.1999 zur befristeten Beobachtungsunterbringung zur Diagnostik für die Dauer von vier bis sechs Wochen). Der Sachverständige soll gem § 70e Abs 1 S 2 FGG idR Arzt für Psychiatrie sein, ein sonstiger Arzt muß Erfahrungen auf dem Gebiet der Psychiatrie haben bzw bei Unterbringung in einer Einrichtung der Jugendhilfe über entsprechende Erfahrungen verfügen. Die persönliche Untersuchung oder Befragung des Betroffenen durch den Gutachter ist zwingend (§ 70e Abs 1 S 1 FGG). Auch diese Unterbringung zur Vorbereitung des Gutachtens ist gem § 70c iVm § 68b Abs 4 FGG nur bis zu sechs Wochen, nach Verlängerung längstens bis zu drei Monaten möglich.

Sofern eine jugendrichterliche Anordnung gem § 12 JGG eine mit Freiheitsentzie- **45** hung verbundene Unterbringung auferlegt, ist dem Erfordernis des Art 104 Abs 2 GG Genüge getan, eine zusätzliche familiengerichtliche Genehmigung ist nicht erforderlich (so auch PALANDT/DIEDERICHSEN Rn 2).

7. Bekanntmachung, Wirksamwerden, Rechtsmittel, Vollzug und Kosten

Die Bekanntmachung der Entscheidung erfolgt nach § 70g Abs 1 S 1 FGG an den **46** Betroffenen, dh auch an das Kind. Sie wird in Abweichung von § 16 FGG **erst mit Rechtskraft wirksam**, § 70g Abs 3 S 1 FGG, sofern das Gericht nicht die sofortige Wirksamkeit anordnet (§§ 70h Abs 1, 70g Abs 3 S 2 FGG). Zulässiges Rechtsmittel gegen die familiengerichtliche Genehmigungsentscheidung bzw deren Versagung ist die **befristete Beschwerde** gem § 621e ZPO (OLG Bamberg FamRZ 2003, 1854), bei allen nicht verfahrensbeendenden Entscheidungen des Familiengerichts die sofortige Beschwerde nach § 70m FGG (WILLE ZfJ 2002, 85, 91; AFFELDT FamRZ 2004, 1798 in Ablehnung von OLG Brandenburg FamRZ 2004, 815). Der Vollzug der Entscheidung erfolgt durch den Personensorgeberechtigten (vgl ZIMMERMANN FamRZ 1990, 1308, 1315). Nach § 128b KostO werden in Unterbringungssachen **keine** Kosten erhoben. Ausführlich zum Unterbringungsverfahren vgl STAUDINGER/BIENWALD (2006) § 1906 Rn 61 ff sowie ZIMMERMANN FamRZ 1990, 1308 ff.

IV. Auslandsbezug

Die Unterbringung iSv § 1631b ist eine Schutzmaßnahme iSv Art 1 des Haager **47** Minderjährigenschutzabkommens (AG Glückstadt FamRZ 1980, 824 mit Anm von KROPHOLLER FamRZ 1980, 825). Vgl zu Fällen mit Auslandbezug, insbesondere zum MSA STAUDINGER/COESTER (2004) § 1666 Rn 240 ff.

§ 1631c
Verbot der Sterilisation

Die Eltern können nicht in eine Sterilisation des Kindes einwilligen. Auch das Kind selbst kann nicht in die Sterilisation einwilligen. § 1909 findet keine Anwendung.

Materialien: Eingefügt durch BtG v 12. 9. 1990
Art 1 Nr 19.

I. Allgemeines

1. Normbedeutung

1 Mit dem BtG wurde einem allgemein als **dringlich eingeschätzten Regelungsbedürfnis** hinsichtlich der Sterilisation (zum Begriff vgl STAUDINGER/BIENWALD [2006] § 1905 Rn 11) einwilligungsunfähiger Betreuter mit § 1905 entsprochen. Da von dieser Regelung Minderjährige nicht erfaßt werden, war eine explizite gesetzliche Aussage diesbezüglich erforderlich, soweit die allgemeinen Grundsätze hinsichtlich der Einwilligungsfähigkeit Minderjähriger hier nicht zur Anwendung kommen sollten. Dies ist mit S 2 des § 1631c, einer **gesetzlich bestimmten Einwilligungsunfähigkeit** für die Zeit der Minderjährigkeit, geschehen: Mit diesem Verbot ist die **Sterilisation Minderjähriger völlig ausgeschlossen** worden, denn § 1631c gilt für Eltern(-teile) und andere sorgeberechtigte Personen: Vormund (§ 1800) und Pfleger (§ 1915 Abs 1; ebenso STAUDINGER/ BIENWALD [2006] § 1905 Rn 14). Zugleich ist damit eine **Untersagung an die Adresse des Arztes** sowie jeder anderen Person erfolgt. Insoweit ergänzt § 1631c die schon restriktive Sterilisationsregelung in § 1905. Mit § 1631c soll im Hinblick auf diese eingeschränkten Ausnahmefälle zulässiger Sterilisation einwilligungsunfähiger Volljähriger verhindert werden, daß unter Umgehung dieser Restriktionen schon „vorsorglich" während der Minderjährigkeit die Sterilisation durchgeführt wird (RegE BT-Drucks 11/4528, 76).

2. Entstehungsgeschichte

2 Obwohl die Anzahl der Sterilisationen vor Inkrafttreten des BtG nicht geschätzt werden konnte – ein systematisch erhobenes und abgesichertes Wissen stand für die legislatorische Arbeit nicht zur Verfügung –, ging der RegE aufgrund von Gesprächen mit Fachleuten und Betroffenen davon aus, daß in der Praxis Sterilisationen Minderjähriger stattfanden (BT-Drucks 11/4528, 74). In Fachkreisen war von erheblichen Dunkelziffern und von einer Vielzahl rechtswidriger Sterilisationen die Rede. Erhebliche Bedenken hinsichtlich der Einwilligung Minderjähriger in die Sterilisation wurden erhoben (vgl KOBERSTEIN/SCHWARZ, 1. VGT, 123: oft Ergebnis sanfter oder massiver Beeinflussung; ähnlich BRUDER, 57. DJT, C 42: niemand wisse, wie offen oder manipulativ, wie abwartend oder bedrängend vorgegangen wurde; auch FINGER DAVorm 1989, 11, 21). Auf die rechtspolitische Debatte hatten die Erfahrungen mit Zwangssterilisationen im Dritten Reich nachweisbare Auswirkungen. So ist es auch nicht verwunderlich, daß keine Frage der Reform die Gemüter derart bewegt hat (BIENWALD § 1905 Rn 2 mwNw) wie der bereits im Referentenentwurf enthaltene (BR-Drucks 59/89 §§ 1631c–e, 1905-E) und später vom RegE (BT-Drucks 11/4528) unverändert übernommene Vorschlag zum **Verbot der Sterilisation Minderjähriger.** Hinsichtlich eines generellen Sterilisationsverbotes bei Minderjährigen bestand allerdings von vornherein ein relativ großer Konsens, lediglich einige Eltern geistig behinderter Kinder sahen wegen unzumutbarer Freiheitsbeschränkungen zur Vermeidung ungewollter Schwangerschaften ihrer Kinder in gewissen Ausnahmefällen ein Bedürfnis für eine Sterilisation. Eine gesetzliche Regelung wurde dringend für erforderlich gehalten, um eine völlig willkürliche Praxis in einer Grauzone ohne richterliche Kontrollen zu überwinden (BR-Drucks 58/89, 163). Kritisiert wurde die fehlende rechtsstaatliche Kontrolle von Eltern, die Mißbrauchsmöglichkeiten eröffne. Vor allem wurde ein Systemwiderspruch darin gesehen, daß eine Vielzahl von weit weniger in die künftige Lebensgestaltung des

Kindes eingreifenden Elternentscheidungen über § 1643 rechtsstaatlichen Kontrollen unterworfen sind, eine so weitreichende Entscheidung wie die hinsichtlich einer Sterilisation jedoch ohne rechtsstaatliche Regelung einzig und allein den Eltern überlassen war (BT-Drucks 11/4528, 74).

Das entscheidende Argument für das Sterilisationsverbot während der Minderjäh- **3** rigkeit war die Erkenntnis, daß Erforderlichkeit und Auswirkung der Sterilisation bei Minderjährigen sich kaum beurteilen lassen, weil ihre **Entwicklung noch nicht als abgeschlossen** angesehen werden kann (BT-Drucks 11/4528, 76), und daher auch Kriterien für eine ersatzweise vorzunehmende Einwilligung durch einen Dritten nicht normiert werden können (JÜRGENS ua Rn 210).

3. Normstruktur

§ 1631c S 1 begrenzt die Personensorge (STAUDINGER/BIENWALD [2006] § 1905 Rn 14). Die **4** Eltern können **nicht** in die Sterilisation des Kindes einwilligen. S 2 stellt ausdrücklich klar, daß die Sterilisation **auch nicht auf Grund einer eigenen Einwilligung des Minderjährigen** durchgeführt werden darf, und begrenzt so auch das Selbstbestimmungsrecht des Minderjährigen (SOERGEL/STRÄTZ Rn 3). Die bei medizinischer Heilbehandlung geltenden Grundsätze hinsichtlich rechtfertigender Einwilligung durch den Minderjährigen (vgl STAUDINGER/PESCHEL-GUTZEIT § 1626 Rn 88 ff) finden hier **keine** Anwendung.

Gleiches gilt damit auch für den Vormund (§ 1800) oder Ergänzungspfleger: § 1631c S 3 hebt hervor, daß auch **kein Ergänzungspfleger** mit dem Aufgabenkreis der Einwilligung in eine Sterilisation des Kindes **bestellt werden darf**. Die Regelung hat daher zur Folge, daß Minderjährige nicht sterilisiert werden dürfen (vgl zum ganzen BT-Drucks 11/4528, 107).

4. Verfassungsrechtlicher Rahmen

Der verfassungsrechtliche Rahmen wird von Art 6 Abs 2 S 1 GG auf seiten der **5** Eltern und Art 2 Abs 1 GG iVm Art 1 Abs 1 GG auf seiten des Kindes bestimmt. Zweifelsohne greift das Verbot der Sterilisation des Minderjährigen in das Elternrecht gem Art 6 Abs 2 S 1 GG ein. Hierin liegt aber **keine** Verletzung dieses Grundrechts der Eltern (so jedoch SOERGEL/STRÄTZ Rn 4; **aA** REIS ZRP 1988, 318, 319). Elternentscheidungen, die **irreversible Folgen** haben können – auf die Minderjährige aber keinen Einfluß nehmen konnten – dürfen Minderjährige nicht soweit tangieren, daß ihnen als Volljährigen kein Raum bleibt, um ihr weiteres Leben selbst zu gestalten (BVerfGE 72, 155, 173 = FamRZ 1986, 769, 772). Der Gesetzgeber ist dabei in Wahrnehmung seines staatlichen Wächteramtes aus Art 6 Abs 2 S 1 GG zu **Schutzmaßnahmen zur Wahrung der Entscheidungsmöglichkeiten des künftigen Volljährigen** verpflichtet. Weniger invasive Formen der Empfängnisverhütung sowie Sexualpädagogik stehen heutzutage – auch und gerade bei behinderten Minderjährigen – zur Verfügung; zudem ist deren Einsatz den Eltern zumutbar. Deshalb bedarf es keiner restriktiven – den Eltern unzumutbaren – Aufsichtsmaßnahmen oder gar einer mit Freiheitsentziehung verbundenen Unterbringung gem § 1631b (so aber SOERGEL/STRÄTZ Rn 4).

Die generelle Unzulässigkeit der Sterilisation greift auch in das **Allgemeine Persön-** **6**

lichkeitsrecht (Art 2 Abs 1 GG iVm Art 1 Abs 1 GG) **des Minderjährigen** ein, da das Recht auf eine Sterilisation Ausfluß des Rechts auf freie Entfaltung der Persönlichkeit ist (Reis ZRP 1988, 318, 319). Dieser Eingriff ist jedoch verhältnismäßig, da Minderjährige sich noch in der Entwicklung befinden und sie die Tragweite einer solchen – uU endgültigen (vgl Rn 9) – Entscheidung nicht übersehen können und diese selbst Eltern versagt ist. Den Gefahren einer Schwangerschaft wird der Minderjährige zudem in Ausübung der sexuellen Selbstbestimmung als Teil des Allgemeinen Persönlichkeitsrechts – erforderlichenfalls mit entsprechender sexualpädagogischer Unterstützung – meistens auch auf andere Weise begegnen können. Im übrigen bleiben die Eltern bzw Personensorgeberechtigten in der Verantwortung.

II. Anwendungsbereich und Rechtsfolgen

7 Die Sterilisation Minderjähriger ist **völlig ausgeschlossen**. Dieses **gesetzliche Verbot** trifft männliche wie weibliche, gesunde wie behinderte Minderjährige gleichermaßen. Zu den Folgen einer nichtigen Bestellung eines Ergänzungspflegers vgl Bienwald § 1631c Rn 5 f. Die Untersagung richtet sich auch an die Adresse des Arztes. Die ansonsten bei seiner Tätigkeit von ihm abverlangte Einschätzung von Verstandesreife und Beurteilungsfähigkeit des Minderjährigen (hierzu Staudinger/Peschel-Gutzeit § 1626 Rn 89 ff) findet hier wegen des gesetzlichen Verbots, welches zu einer gesetzlich bestimmten Einwilligungsunfähigkeit Minderjähriger in diesem Bereich führt, nicht statt. Damit gibt es **keine Rechtfertigung für die Sterilisation** eines Minderjährigen. Dies führt zur **Strafbarkeit** gem §§ 223a, 224 StGB und zur Schadensersatzpflicht gem § 823 BGB (Soergel/Strätz Rn 2). Unter Geltung von § 1631c ist auch die Gutgläubigkeit des Arztes ausgeschlossen (HK-BUR/Rink § 1631c Rn 1). Eine Heilbehandlung wie die Operation oder Bestrahlung – auch an Keimzellen wie auch deren Entfernung –, die als sekundäre Folge eine Sterilität verursachen (kann), fällt nicht unter das Einwilligungsverbot (HK-BUR/Rink § 1631c Rn 2; Soergel/Strätz Rn 6; Staudinger/Bienwald [2006] § 1905 Rn 12). Eine Umgehung des Verbots des § 1631c über den Weg der Vorspiegelung einer Heilbehandlung könnte zur Strafbarkeit sowie zur Ahndung der Verletzung von ärztlichen Standesregeln führen. Unter das Verbot der Minderjährigensterilisation fallen auch diejenigen, die zwar noch nicht volljährig sind, für die aber eine vorsorgliche Betreuerbestellung im übrigen nach § 1908a zulässig ist (Staudinger/Bienwald [2006] § 1905 Rn 16).

III. Kritik

8 Bienwald (§ 1905 Rn 8) bezweifelt, ob die Begrenzung in diesem Umfang erfolgen mußte und ob nicht eine Regelung nach dem Muster des § 1631b zur Verhinderung von Mißbräuchen ausgereicht hätte. Auch eine Lösung mit Genehmigungsvorbehalt vermag sich jedoch nicht der Problematik zu entziehen, daß auch für den Richter die Entwicklung des Minderjährigen nicht vorhersehbar ist und sich insoweit für ihn keine Genehmigungskriterien aufstellen lassen.

9 Von Coester (Massfeller/Böhmer/Coester/Schwenzer § 1631c Rn 2) wird eingewandt, daß die Regelung in § 1631c die zunehmenden Möglichkeiten der **Refertilisierung** (hierzu Bienwald § 1631c Rn 4; vgl auch § 1905 Abs 2 S 2) ignoriere; sie schließe Sterilisationen in den Jahren stärkster sexueller Aktivität aus und verlagere das Problem nur auf (nicht strafbare) Schwangerschaftsabbrüche. Vgl hierzu jedoch die neueren medizinischen Erkenntnisse (BT-Drucks 11/4528, 73): Nur in 50 bis 60% der Fälle besteht eine Refertilisationsmöglichkeit; die Wahrscheinlichkeit, daß der Eingriff rückgängig gemacht werden kann, ist noch nicht annähernd so hoch, daß angenommen werden könnte, die Sterilisation würde bei gewöhnlichem Verlauf der Dinge nicht zu einer ernsthaften Gefahr dauernder Fortpflanzungsunfähigkeit führen (vgl STAUDINGER/BIENWALD [2006] § 1905 Rn 13). Solange die Operationstechniken nicht mit hoher Wahrscheinlichkeit die Fertilität nach einer Sterilisation wiederherstellen können, kann Sterilisation **nicht** als eine Form der Empfängnisverhütung (BRUDER, 57. DJT, C 429) gelten.

LEMPP hatte eine gesetzliche Regelung grds abgelehnt (LEMPP, Gerichtliche Kinder- und Jugendpsychiatrie 178), weil eine alle Gesichtspunkte berücksichtigende allgemeine gesetzliche Regelung dem vielschichtigen Problem niemals gerecht werden könne.

§ 1632
Herausgabe des Kindes; Bestimmung des Umgangs; Verbleibensanordnung bei Familienpflege

(1) Die Personensorge umfasst das Recht, die Herausgabe des Kindes von jedem zu verlangen, der es den Eltern oder einem Elternteil widerrechtlich vorenthält.

(2) Die Personensorge umfasst ferner das Recht, den Umgang des Kindes auch mit Wirkung für und gegen Dritte zu bestimmen.

(3) Über Streitigkeiten, die eine Angelegenheit nach Absatz 1 oder 2 betreffen, entscheidet das Familiengericht auf Antrag eines Elternteils.

(4) Lebt das Kind seit längerer Zeit in Familienpflege und wollen die Eltern das Kind von der Pflegeperson wegnehmen, so kann das Familiengericht von Amts wegen oder auf Antrag der Pflegeperson anordnen, dass das Kind bei der Pflegeperson verbleibt, wenn und solange das Kindeswohl durch die Wegnahme gefährdet würde.

Materialien: Abs 1: E I § 1505 Abs 1; E II § 1527; E III § 1610. SorgeRG v 18. 7. 1979 Art 1 Nr 8; KindRG v 16. 12. 1997 Art 1 Nr 15; STAUDINGER/BGB-Synopse (2006) § 1632.

Schrifttum

BAER, Die neuen Regelungen der Reform des Rechts der elterlichen Sorge für das „Dauerpflegekind", FamRZ 1982, 221
BAUMEISTER/FEHMEL/GRIESCHE/HOCHGRÄBER/KAYSER/WICK, Familiengerichtsbarkeit (1992)
BLUME, Anm zu OLG Celle v 29.10.1923, JW 1924, 539

BRISCH, Bindung und Trauma – Schutz und Risikofaktoren für die Entwicklung von Kindern, in: Tagungsdokumentation zur 16. Jahrestagung der Stiftung zum Wohl des Pflegekindes am 30. Mai 2005 in Magdeburg
BRÖTEL, Der Anspruch auf Achtung des Familienlebens (1991)

COESTER, Das Kindeswohl als Rechtsbegriff (1983)

ders, Die Bedeutung des Kinder- und Jugendhilfegesetzes (KJHG) für das Familienrecht, FamRZ 1991, 253

DETTENBORN, Zwischen Bindung und Trennung – die Kindesherausgabe aus psychologischer sicht, FPR 1996, 76, 80

ders, Kindeswohl und Kindeswille (2007)

DICKMEIS, Verfehlt § 33 Abs 2 FGG seinen Zweck – Kindeswohlorientierte Entscheidungen des Familiengerichts und ihr Vollzug, NJW 1992, 537

DIERCKS, Ist bei der Herausgabevollstreckung Gewalt gegen Kinder zulässig?, FamRZ 1994, 1226

DITZEN, Das Menschwerdungsgrundrecht des Kindes, NJW 1989, 2519

DÖRNER, Kindesherausgabe contra Sorgerechtsänderung nach Inkrafttreten der Entführungsübereinkommen, IPRax 1993, 83

FAHRENHORST, Familienrecht und Europäische Menschenrechtskonvention (1994)

FINGER, Die Herausnahme von Pflegekindern aus der Pflegefamilie, ZfJ 1985, 342

ders, Pflegekinder im gerichtlichen Streitverfahren, ZfJ 1986, 46

FIESELER/SCHLEICHER, Kinder- und Jugendhilferecht (GK-SGB VIII) (1998)

FRIEDRICH/REINHOLD/KINDLER, (Begleiteter) Umgang und Kindeswohl – eine Forschungsübersicht, in: Handbuch begleitet Umgang, KLINKHAMMER/KLOTHMANN/PRINZ (Hrsg) (2004) 13

GIESEN, Familienrecht (1994)

GOLDSTEIN/FREUD/SOLNIT, Jenseits des Kindeswohls (1974)

dies, Diesseits des Kindeswohls (1982)

GROSS, Grenzen des unmittelbaren Zwanges gegen Kinder, Kind-Prax 2001, 148

HEILMANN, Kindliches Zeitempfinden und Verfahrensrecht (1998)

HENRICH, Familienrecht (1995)

HINZ, Erzwingung der Kindesherausgabe unter Gewaltanwendung gegen das Kind?, FPR 1996, 62

HOLZHAUER, Die Neuregelung des Pflegekindverhältnisses, ZRP 1982, 222

JANZE, Vollzeitpflege im Wandel, KOMDAT Nr 2, 1

KLOCKE, Forum: Elterliche Gewalt, Umgangsverbot und Freizeitverhalten des heranwachsenden Kindes, JuS 1974, 75

KLUSSMANN, Herausnahme eines Pflegekindes aus seinem bisherigen Lebenskreis, DAVorm 1985, 170

KLUSSMANN/STÖTZEL, Das Kind im Rechtsstreit der Erwachsenen (2. Aufl 1995)

KNÖPFEL, Elternrecht, Kindesrecht und Zwang gegen Jugendliche, FamRZ 1985, 1211

KOHLER, Studien über die künstliche Verwandtschaft, ZVerglRW 1883, 415

LAKIES, Zur Frage, ob das KJHG/SGB VIII Auswirkungen auf die Rechtsstellung der Pflegefamilie hat, FuR 1995, 114

LAKIES/MÜNDER, Der Schutz des Pflegekindes im Lichte der Rechtsprechung – Eine Untersuchung der Rechtsprechung seit 1980, RdJB 1991, 428

LEMPP, Soll die Rechtsstellung der Pflegekinder unter besonderer Berücksichtigung des Familien-, Sozial- und Jugendrechts neu geregelt werden? Kinderpsychologischer und -psychiatrischer Aspekt des Themas, Referat, 54. DJT (1982)

ders, Kinder- und jugendpsychiatrische Anmerkungen zur Frage, wieweit das Erziehungsrecht der Eltern durchgesetzt werden kann und darf, FamRZ 1986, 1061

ders ua, Die Anhörung des Kindes gemäß § 50b FGG (1987)

LONGINO, Die Pflegekinderadoption (1998)

LÜÜS, Erzieherische Hilfen außerhalb des Elternhauses 1993, WuS 1995, 557

MÜNDER, Der Anspruch auf Herausgabe des Kindes – Zur Reichweite von § 1632 Abs 1 und § 1632 Abs 4, NJW 1986, 811

ders, Beratung, Betreuung und Erziehung im Recht (2. Aufl 1991)

ders, Familienrecht (2005)

MÜNDER ua, Kindeswohl zwischen Jugendhilfe und Justiz (2000)

NIEMEYER, Elternrecht und Kindeswohl, FuR 1990, 153

dies, Die Rechtsprechung des Bundesverfassungsgerichts zur Konfliktlösung bei Pflegekindschaftsverhältnissen, in: FS Benda (1995) 185

OELKERS, Die Entwicklung des Sorgerechts bis Ende 2001, FuR 2002, 106

PESCHEL-GUTZEIT, Die Herausgabe der zum persönlichen Gebrauch eines Kindes bestimmten Sachen, MDR 1984, 890

dies, Schützt die Verbleibensanordnung das Kind wirksam?, FPR 2004, 428

RAACK, Die Kindesherausgabe im vormundschaftsgerichtlichen Verfahren und die sich dabei manifestierende staatliche Gewalt, FPR 1996, 54

RÖNNE, Ergänzungen und Erläuterungen der Preußischen Rechtsbücher durch Gesetzgebung und Wissenschaft (1876)

SALGO, Ist das Pflegekind nicht mehr das Stiefkind der Rechtsordnung?, StAZ 1983, 89

ders, Soll die Zuständigkeit des Familiengerichts erweitert werden?, FamRZ 1984, 221

ders, Verbleib des Kindes bei den Pflegeeltern gegen den Willen der leiblichen Eltern, NJW 1985, 413

ders, Pflegekindschaft und Staatsintervention (1987)

ders, Die Regelungen der Familienpflege im Kinder- und Jugendhilfegesetz (KJHG), in: WIESNER/ZARBOCK, Das neue Kinder- und Jugendhilfegesetz (1991) 115

ders, Der Anwalt des Kindes (1996)

ders, Zur Stellung des Vaters bei der Adoption seines nichtehelichen Kindes durch die Mutter und deren Ehemann, NJW 1995, 2129

ders, Die Pflegekindschaft in der Kindschaftsrechtsreform vor dem Hintergrund verfassungs- und jugendhilferechtlicher Entwicklungen, FamRZ 1999, 337

ders, In welchen Fällen darf der Staat die verweigerte Einwilligung in die Adoption des Kindes durch Richtrakt ersetzen, KritV 2000, 344

ders, Weshalb und wie ist die Geeignetheit eines Kindes/Jugendlichen für die Adoption gem § 36 Abs 1 S 2 SGB VIII zu überprüfen?, ZfJ 2004, 410

ders, Grenzen der Staatsintervention zur Durchsetzung des Umgangsrechts, in: FS Schwab (2005)

ders, Umgang mit Kindern in Familienpflege, FPR 2004, 419

ders, § 8a SGB VIII, ZKJ 2006, 531, ZKJ 2007, 12

ders, „Rückkehr oder Verbleib" aus jugendhilferechtlicher Sicht, in: 4. Jahrbuch des Pflegekinderwesens (Hrsg Stiftung zum Wohl des Pflegekindes) (2007)

SALGO/ZENZ/FEGERT/BAUER/WEBER/ZITELMANN, Verfahrenspflegschaft für Kinder und Jugendliche (2002) (zitiert: HB-VP/AUTOR)

SCHLEIFFER, Die Pflegefamilie: eine sichere Basis?, ZfSp 2006, 226

SCHLÜTER/LIEDMEIER, Das Verbleiben eines Kindes in der Pflegefamilie nach § 1632 Abs 4, FuR 1990, 122

SCHMID, Die Hilfeplanung nach § 36 SGB VIII (2004)

SCHÜTZ, Das Recht der Eltern auf Erziehung ihrer Kinder in der Familie, FamRZ 1986, 528

ders, Die Erreichung des 13. Lebensjahres befreit das Kind nicht von der Pflicht, sich erziehen zu lassen, FamRZ 1987, 438

SCHWAB, Handbuch des Scheidungsrechts (1995, 2000)

SCHWAB/ZENZ, Soll die Rechtsstellung der Pflegekinder unter besonderer Berücksichtigung des Familien-, Sozial- und Jugendrechts neu geregelt werden?, Gutachten zum 54. DJT (1982)

SCHWENZER, Empfiehlt es sich, das Kindschaftsrecht neu zu regeln?, Gutachten zum 59. DJT (1992)

SCHWEPPE, Kindesentführungen und Kindesinteressen, Die Praxis des Haager Übereinkommens in England und Deutschland (2001)

SIEDHOFF, Probleme im Spannungsfeld zwischen Elternrecht und Kindeswohl im Rahmen des § 1632 Abs 4 BGB, NJW 1994, 616

ders, Die Verbleibensanordnung nach § 1632 Abs 4 BGB, FPR 1996, 66

SIMITIS, Das Kindeswohl neu betrachtet, in: GOLDSTEIN/FREUD/SOLNIT, Jenseits des Kindeswohls (1974)

ders, Kindeswohl – eine Diskussion ohne Ende, in: GOLDSTEIN/FREUD/SOLNIT, Diesseits des Kindeswohls (1982)

ders, Kindschaftsrecht – Elemente einer Theorie

des Familienrechts, in: FS Müller-Freienfels (1986) 579

SIMITIS/ZENZ (Hrsg), Seminar: Familie und Familienrecht, Bd I u II (1975)

SIMITIS/ROSENKÖTTER/MUSS/FROMMANN/ HOPP/KOCH/ZENZ, Kindeswohl (1979)

Stiftung zum Wohle des Pflegekindes (Hrsg), 9. Jahrbuch des Pflegekinderwesens (2007)

TIREY, Das Pflegekind in der Rechtsgeschichte (1996)

VOGEL, Die Kindesherausgabe im familiengerichtlichen Verfahren, FPR 1996, 51

WAGNER, Jugendhilfe und Pflegefamilie aus verfassungsrechtlicher Sicht (1. Teil), FuR 1991, 208

ders, Befugnis der Pflegeeltern zur Vertretung des Pflegekindes – Ergänzende Betrachtung zu Teil II „Jugendhilfe und Pflegefamilie aus verfassungsrechtlicher Sicht", FuR 1992, 148

ders, Jugendhilfe und Pflegefamilie aus verfassungsrechtlicher Sicht anhand des KJHG, FuR 1994, 219

WIESER, Die gewaltsame Rückführung eines Kindes zu seinen Eltern, FamRZ 1990, 693

ZENZ, Kindesmißhandlung und Kindesrechte (1979)

dies, Soll die Rechtsstellung der Pflegekinder unter besonderer Berücksichtigung des Familien-, Sozial und Jugendrechts neu geregelt werden? Erster Teil, Gutachten 54. DJT, München (1982)

dies, Zur Bedeutung der Erkenntnisse von Entwicklungspsychologie und Bindungsforschung für die Arbeit mit Pflegekindern, ZfJ 2000, 321

dies, Konflikte um Pflegekinder, in: SALGO/ ZENZ/FEGERT/BAUER/WEBER/ZITELMANN, Rn 646 ff

ZITELMANN, Kindeswohl und Kindeswille im Spannungsfeld von Pädagogik und Recht (2001).

Systematische Übersicht

Alphabetische Übersicht

Titel 5   **§ 1632**

Elterliche Sorge   **1, 2**

I. Allgemeines

1. Entstehungsgeschichte

Während das BGB von 1900 noch mit einem einzigen Absatz auskam, der im **1** wesentlichen – bis auf den seinerzeit alleine herausgabeberechtigten Vater – dem heutigen Abs 1 dieser Bestimmung entsprach und wie selbstverständlich erscheinen mußte (HENRICH § 19 V 4), erfährt die Regelung des Herausgabekonflikts nach und nach – und sicherlich nicht zufällig erst unter Geltung des GG – eine **Erweiterung** und **Differenzierung**. Zuerst ersetzt das *GleichberG* „Vater" durch „Eltern" (Art 1 Nr 22), für einen Herausgabestreit unter verheirateten Eltern wird sodann die vormundschaftsgerichtliche Zuständigkeit begründet; diesen Konflikt überträgt das *1. EheRG* auf das FamG, das *SorgeRG* schließlich unterstellt mit § 1632 Abs 3 alle Herausgabestreitigkeiten – auch mit einem Dritten – einheitlich dem FGG-Verfahren (vgl § 621a Abs 1 S 1 ZPO iVm § 621 Abs 1 Nr 3 ZPO): ausschließlich zuständig für den Herausgabeanspruch war bis 1998 das VormG bzw FamG. Zuvor war für einen Herausgabestreit mit Dritten das Prozeßgericht (Zivilkammer beim LG) zuständig (su Rn 27). Die früheren Abs 2 und 4 waren durch Art 1 Nr 8 des SorgeRG neu eingefügt worden. Mit dem KindRG Art 1 Nr 15 (BT-Drucks 13/4899) wurde endlich eine einheitliche Zuständigkeit des Familiengerichts für alle Streitigkeiten aus § 1632 geschaffen und die Voraussetzungen für die Verbleibensanordnung nach Abs 4 neu formuliert.

2. Normbedeutung und -struktur

Wenn auch die Vindikation des Kindes nach gemeinem Recht (RGZ 10, 113, 115: **2** vindicatio filii vel filiae; RGZ 122, 24, 26 f: obsiegendes Urteil „kein endgültiges Recht auf den Besitz des Kindes") kein Thema der Rechtsanwendung unter Geltung des GG mehr sein kann, sehen sich manche Autoren dennoch nach wie vor zu Recht veranlaßt, vor einer am Besitzrecht orientierten Auslegung des elterlichen Herausgabeanspruchs deutlich zu warnen (MünchKomm/Huber Rn 4; Gernhuber/Coester-Waltjen § 57 Rn 47; Giesen Rn 630; Bamberger/Roth/Veit Rn 8). Nach und nach wurde ein **Besitz am Kind** (auch ein Besitzschutz analog § 861) oder ein **Recht auf seinen Besitz abgelehnt** (Soergel/Strätz Rn 7; GW FamK/Nehlsen-vStryk Rn 2 und bereits Enneccerus/Kipp § 79 IV), weil das **Kind kein Gegenstand** ist, wie es lange Zeit von der Praxis zB durch Vollstreckung gem § 883 ZPO behandelt wurde (Erman/Michalski Rn 2; Blume JW 1924, 539).

3 Die Abs 2 und 4 präzisieren und ergänzen die §§ 1631 ff. Diese beiden Absätze regeln **erstmals** Bereiche im Familienrecht, die zuvor explizit nicht gesetzlich geregelt waren: § 1632 Abs 2 erwähnt klarstellend das Recht der Eltern, den Umgang des Kindes mit Wirkung für und gegen Dritte im Rahmen der Personensorge zu bestimmen – ein Recht, das den Personensorgeberechtigten auch schon bis dahin zustand; dem SorgeRG war es in erster Linie darum gegangen, daß die gerichtlichen Auseinandersetzungen zwischen den Eltern und einem Dritten und dessen Umgang mit dem Kind vor dem VormG ausgetragen werden (BT-Drucks 8/2788, 51). Mit § 1632 Abs 4 (sowie mit § 1630 Abs 3 [vgl Staudinger/Peschel-Gutzeit § 1630 Rn 31 ff]) finden sich **erstmals Regelungen zur Pflegekindschaft im BGB** (vgl aber auch § 50c FGG), welche mit § 1688 durch das KindRG ergänzt wurden (vgl Erl dort). Mit § 1632 Abs 4 ist die Möglichkeit eingeführt worden, von Amts wegen oder auf Antrag der Pflegeperson eine gerichtliche Entscheidung darüber herbeizuführen, ob die von den Eltern geforderte Herausgabe des Kindes deshalb nicht gerechtfertigt ist, weil sie zu einer Gefährdung des Kindeswohls iSv § 1666 Abs 1 S 1 führen würde (BT-Drucks 8/2788, 52). Das KindRG (BT-Drucks 13/4899, 96 f) stellt die Voraussetzung einer Verbleibensanordnung nach Abs 4 klar (vgl Salgo FamRZ 1999, 337, 344 f). Die Ansprüche unterliegen gem § 194 Abs 2 nicht der Verjährung.

II. Der Herausgabeanspruch, Abs 1

1. Rechtsnatur des Herausgabeanspruchs

4 Alle Reformen und Erweiterungen des § 1632 halten trotz deutlicher **Abkehr vom Modell des Vindikationsanspruchs** gem § 985 an einer dinglichen Ausgestaltung (Staudinger/Donau¹⁰/¹¹ Rn 2; Ramm § 43 II 5) und damit am Begriff Herausgabeanspruch fest, der „ein unglücklicher, aber gleichwohl treffender Begriff" (Gernhuber/Coester-Waltjen § 57 Rn 47; BGB-RGRK/Wenz Rn 1: „vindikationsartige Struktur") sein soll.

5 Die Bezeichnung des Anspruchs aus § 1632 Abs 1 als eines mit „Vollstreckungscharakter" (BGB-RGRK/Wenz Rn 3; Staudinger/Donau¹⁰/¹¹ Rn 5) ändert nichts daran, daß es sich um einen materiellrechtlichen Anspruch handelt, der in der Vollstreckung besonders sensibel zu handhaben ist (vgl Rn 37 ff). Das Herausgabeverfahren ist gerade kein Vollstreckungsverfahren zur vorausgegangenen Sorgerechtsentscheidung (Henrich § 19 V 4; GW FamK/Nehlsen-vStryk Rn 15); **stets** muß sachlich geprüft werden, ob nicht das Wohl des Kindes der Herausgabe entgegensteht (Erman/Michalski Rn 9; BayObLG FamRZ 1977, 137, 139). Bei diesem **Herausgabeanspruch** han-

delt es sich vielmehr um einen solchen **besonderer familienrechtlicher Art mit perso-nenrechtlichem Charakter** (GERNHUBER/COESTER-WALTJEN § 57 Rn 47; MünchKomm/HUBER Rn 4), bei dessen Geltendmachung stets zu beachten ist, daß das **Kind nicht Objekt** eines Herausgabeanspruchs des Eigentümers gem § 985, sondern **ein Rechtssubjekt** ist, weshalb sich jeder Gedanke an eine Analogie zum Herausgabeanspruch gem § 985 verbietet (BGB-RGRK/WENZ Rn 3; PALANDT/DIEDERICHSEN Rn 2).

Der Herausgabeanspruch als Teil der (tatsächlichen) Personensorge ist Ausfluß des **6** Aufenthaltsbestimmungsrechts (vgl hierzu § 1631 Rn 50 ff sowie BayObLG FamRZ 1990, 1379) und beruht damit letztendlich auf dem verfassungsrechtlich geschützten El-ternrecht (ERMAN/MICHALSKI Rn 2). Der Staat ist nicht nur selbst zur Respektierung der Elternautonomie verpflichtet, sondern auch zum Schutz des Elternrechts gegen-über Interventionen Dritter (GERNHUBER/COESTER-WALTJEN § 57 Rn 46). Gleichzeitig verpflichtet die Wahrnehmung (des Verfassungsauftrags) des Wächteramts zur staat-lichen Intervention, sofern ein elterlicher Herausgabeanspruch das Kindeswohl ge-fährdet.

Das Gericht wird **nur bei Antrag** auf Herausgabe tätig. Wird die Herausnahme eines **7** Kindes aus einer von den Eltern gewählten Unterbringung wegen Kindeswohlge-fährdung an jenem Ort erforderlich, und sind die Eltern nicht erreichbar, nicht gewillt oder nicht in der Lage, die eingetretene Gefährdung abzuwenden, so wird das FamG von Amts wegen gem §§ 1666, 1666a tätig; dem Jugendamt stehen unter diesen Voraussetzungen vorläufige Befugnisse zur Inobhutnahme des Kindes gem § 42 Abs 1 SGB VIII zu.

Der Anspruch ist gerichtet auf ein **Rückführen** bzw ein **Bringen** bei Wegnahme oder **8** Entführung. Ansonsten besteht eine Duldungspflicht des Herausgabepflichtigen; bei besonderen Umständen ein Anspruch auf Beseitigung von Hindernissen oder auf Bekanntgabe des Aufenthaltsorts bzw der Person, wo sich das Kind aufhält (ERMAN/MICHALSKI Rn 8; BGB-RGRK/WENZ Rn 10).

2. Anspruchsinhaber

Anspruchsinhaber und damit **aktivlegitimiert** sind Inhaber zumindest der Personen- **9** sorge bzw des Aufenthaltsbestimmungsrechts, also Eltern, Elternteile oder andere Aufenthaltsbestimmungsberechtigte wie Vormund bzw Pfleger (§§ 1800, 1915; LG Köln 1955, 215; OLG Celle FamRZ 1964, 270; KG FamRZ 1970, 488; OLG Hamm FamRZ 1974, 210; KG FamRZ 1978, 351; BayObLG FamRZ 1990, 1379; BayObLG FamRZ 1991, 1080; MünchKomm/HUBER Rn 5). Beide sorgeberechtigten Eltern müssen den Herausgabeanspruch gel-tend machen, wenigstens die Zustimmung – zumindest eine stillschweigende (vgl OLG Saarbrücken FamRZ 1979, 1051) – des anderen Elternteils hierzu muß vorliegen (SCHWAB Rn 587; OLG Celle FamRZ 1970, 201). IdR richtet sich der Anspruch auf Her-ausgabe an die Eltern (BayObLG FamRZ 1984, 1144; SOERGEL/STRÄTZ Rn 5), es kann auch Herausgabe an Dritte verlangt werden zB Rückführung ins Internat oder zu Pflege-eltern bzw ins Heim, uU bei Einverständnis des anderen Elternteils kann auch ein Elternteil die Herausgabe an sich alleine fordern (MünchKomm/HUBER Rn 6, 15); so zB bei dauernd getrennt lebenden Eltern, falls das Kind dem Elternteil, bei dem es lebt, von einem Dritten vorenthalten wird. Zur Vorrangigkeit des Verfahrens nach § 1628 bzw § 1671 bei dauerndem Getrenntleben der Eltern vgl unten Rn 10. Soweit nur ein

Elternteil personensorgeberechtigt ist (§§ 1626a Abs 2, 1671, 1672, 1666, 1678 Abs 2, 1680, 1681), steht nur ihm der Herausgabeanspruch zu.

3. Anspruchsgegner

10 Der Herausgabeanspruch kann gegen den anderen, nicht sorgeberechtigten Elternteil (vgl OLG Zweibrücken FamRZ 2005, 745) sowie gegenüber Dritten bestehen; soweit der Herausgabeanspruch unter Eltern geltend gemacht wird, muß dem die Herausgabe verlangenden Elternteil das Aufenthaltsbestimmungsrecht zustehen (Münch-Komm/HUBER Rn 5 mwNw; BGHZ 19, 185, 189; 64, 19, 30). Dies gilt auch bei dauerhaft getrennt lebenden gemeinsam sorgeberechtigten Eltern; die dem Betreuungselternteil zustehende Alltagssorge gem § 1687 Abs 1 S 2 umfaßt nicht das Aufenthaltsbestimmungsrecht und damit den Herausgabeanspruch, soweit dieser gerichtlich durchgesetzt werden muß (STAUDINGER/SALGO [2006] § 1687 Rn 38). Erst nach Zuweisung des Aufenthaltsbestimmungsrechts gem § 1671 Abs 1 oder gem § 1628 steht diesem Elternteil der Herausgabeanspruch zu (SCHWAB Rn 588). Bei einem Elternstreit über die Geltendmachung des Herausgabeanspruchs ist das Verfahren gem § 1628 **zunächst** zum Abschluß zu bringen (BayObLGZ 84, 162; MünchKomm/HUBER 1628 Rn 12), bei Getrenntleben – soweit eine Regelung gem § 1628 nicht ausreichend erscheint – das Verfahren gem § 1671 (ggf im Wege der einstweiligen Anordnung gem § 620 Nr 1 oder Nr 3 ZPO), weil der andere Elternteil, solange er ebenfalls aufenthaltsbestimmungsberechtigt ist, das Kind nicht widerrechtlich vorenthält (zur Widerrechtlichkeit s u Rn 15 f; STAUDINGER/COESTER [2004] § 1671 Rn 43). Zum Herausgabeanspruch im familiengerichtlichen Verfahren unter Eltern vgl VOGEL FPR 1996, 51 mwNw; OLG Düsseldorf FamRZ 1974, 99; KG NJW 1970, 149; OLG Hamm FamRZ 1991, 102; OLG Hamm FamRZ 1967, 296. Insofern setzt jede Anordnung gegenüber dem nichtsorgeberechtigten Elternteil, das Kind an den sorgeberechtigten Elternteil herauszugeben, eine **erneute**, wenn auch eingeschränkte am Kindeswohl orientierte sachliche Prüfung ausschließlich neuer Gesichtspunkte voraus (PALANDT/DIEDERICHSEN Rn 6; ERMAN/MICHALSKI Rn 9; MünchKomm/HUBER Rn 32; OLG Düsseldorf FamRZ 1981, 601). Neu sind auch solche Umstände, die schon bei der ersten Entscheidung vorlagen, aber dem Gericht unbekannt geblieben sind (SOERGEL/STRÄTZ Rn 11). Nur eine **wesentliche Veränderung** der Umstände kann dem Herausgabeverlangen der sorgeberechtigten Mutter entgegenstehen (OLG Bamberg FamRZ 1980, 620; KG FamRZ 1970, 95; OLG Stuttgart FamRZ 1975, 106). Die Grundgedanken des Abs 4 können unter besonderen Umständen auch im Verhältnis der Eltern zueinander gelten. Es kann aber idR **nicht** Aufgabe des Herausgabeverfahrens sein, **erneut in** eine bereits gem § 1671 erfolgte und abgeschlossene **Überprüfung** einzutreten (VOGEL FPR 1996, 51, 52; OLG Hamm FamRZ 1991, 102; KG FamRZ 1971, 585).

11 Die Verweigerung der Herausgabe des Kindes durch den nicht sorgeberechtigten Elternteil könnte uU auch als Anregung an die Adresse des FamG zur Überprüfung von Amts wegen gem § 1696 verstanden werden (ERMAN/MICHALSKI Rn 9 mwNw). Hierin eine Anregung zur Überprüfung gem § 1666 dahingehend zu verstehen, ob nicht ein Entzug des Aufenthaltsbestimmungsrechts in Betracht zu ziehen wäre (GW FamK/NEHLSEN-VSTRYK Rn 16 mwNw), ist abzulehnen, weil idR die hohe Schwelle des § 1666 im Konflikt unter Eltern nicht gelten kann (zur Problematik des Entzugs nur des Aufenthaltsbestimmungsrechts vgl § 1631 Rn 17). UU ist zur **Vermeidung von mehrfachen Aufenthaltswechseln** im Kontinuitätsinteresse (hierzu FamGb/FEHMEL § 1696 Rn 13) die

Herausgabe des Kindes abzulehnen (vgl STAUDINGER/COESTER [2006] § 1696 Rn 12). Zugleich müssen die Warnungen (ua SIMITIS, in: FS Müller-Freienfels 579, 613) vor einer leichtfertigen Abänderung bereits getroffener Entscheidungen des FamG ernstgenommen werden; sie könnte als Ermunterung zum „legal kidnapping" mißverstanden werden: Wer das Kind hat, handelt unter dem Eindruck der Gefahr, es wieder zu verlieren, und wer es bekommen möchte, wird mehr oder weniger dazu veranlaßt, ständig nach neuen Gründen und einer Möglichkeit zu suchen, die eine Korrektur rechtfertigen könnten. Bei alledem wird stets zu beachten sein, daß das **Kind nicht** auf dem Altar des „Rechthabens" der Eltern **geopfert werden darf** (GERNHUBER/ COESTER-WALTJEN § 57 Rn 50).

Ein Klagerecht des Personensorgeberechtigten gegen das Kind auf Rückkehr ins **12** Elternhaus besteht nicht; dieses ist nie „Anspruchsgegner" eines Herausgabeanspruchs gem § 1632 Abs 1 (STAUDINGER/DONAU[10/11] Rn 5 mwNw). Die Eltern hätten allerdings die Möglichkeit, das FamG gem § 1631 Abs 3 sowie das JA um Unterstützung zu bitten (§ 1631 Rn 100; BGB-RGRK/WENZ Rn 6).

Der Anspruchsgegner kann weiteren zivilrechtlichen Ansprüchen ausgesetzt sein: **13** Elterliche Sorge genießt als **absolutes Recht** eigener Art (BGH FamRZ 1990, 966; GW FamK/NEHLSEN-VSTRYK Rn 2) deliktischen Schutz im Rahmen des § 823 Abs 1, was bei widerrechtlicher und schuldhafter Verletzung Schadensersatzansprüche der Eltern begründen kann (SOERGEL/STRÄTZ Rn 4; zu Abwehransprüchen vgl SOERGEL/STRÄTZ Rn 10). Das Personensorgerecht und damit auch das Aufenthaltsbestimmungsrecht ist ein **„sonstiges Recht"** iSv § 823 Abs 1 (STAUDINGER/HAGER [1999] § 823 Rn B 183; KG JW 1925, 377; RGZ 141, 319, 320; BGH NJW 1990, 2060 f = BGH FamRZ 1990, 966: zu dem iS der §§ 249 ff zu ersetzenden Schaden gehören alle Kosten zur Ermittlung des Aufenthaltsortes des Kindes; OLG Neustadt/W FamRZ 1961, 532; LG Bremen DAVorm 1961, 241; zu Rückholkosten LG Aachen FamRZ 1986, 713). § 235 StGB ist Schutzgesetz iSv § 823 Abs 2. Eltern müssen zur schnellsten und effektivsten Beseitigung der Rechtsgutverletzung imstande sein, zumal Verfahren gem § 1632 Abs 1 schwerfällig und langwierig sein können (GERNHUBER/COESTER-WALTJEN § 57 Rn 61–64). Andererseits wollen § 1632 Abs 2 und Abs 3 die Eltern von der Notwendigkeit zivilprozessualen Vorgehens entlasten (STAUDINGER/COESTER [2004] § 1666 Rn 42). Zu den Detektivkosten bei Entführung des Kindes aus Pflegeverhältnis s BVerfG FamRZ 1993, 1220; BGH NJW 1990, 2060, 2063, zu Rückführungskosten LG Aachen FamRZ 1986, 713, zum Ersatz der Kosten für erforderliche psychotherapeutische Behandlungen des Kindes GERNHUBER/ COESTER-WALTJEN § 57 Rn 61–64.

4. Vorenthalten

Die Herausgabepflicht trifft jeden, der das Kind **widerrechtlich** durch Einsperren, **14** Verschleppen, Verstecken, Verheimlichung des Aufenthaltsorts, Weitergabe (auch zB mittels Unterbringung bei Dritten), Entführung, Errichtung physischer Hindernisse oder Verwehrung des Zutritts zu dem Kinde etc dem/den Personensorgeberechtigten mittelbar oder unmittelbar vorenthält. Falls der nichtsorgeberechtigte Elternteil das Kind anderweitig unterbringt, bleibt dieser dem Herausgabeanspruch wie ein Dritter ausgesetzt; darüberhinaus trifft den dem Kind Obhut Gewährenden ebenfalls ein Herausgabeanspruch. Auch im Bestreiten des Herausgabeanspruchs dem Personensorgeberechtigten gegenüber kann bereits ein Vorenthalten liegen

(Staudinger/Donau[10/11] Rn 9). Ein Vorenthalten liegt bei Verhinderung oder Erschwerung der Durchsetzung des elterlichen Aufenthaltsbestimmungsrechts vor (Erman/Michalski Rn 4; MünchKomm/Huber Rn 10; Soergel/Strätz Rn 6 mwNw); es setzt idR ein **aktives Handeln** voraus (Münder NJW 1986, 811), wodurch verhindert oder erschwert wird, daß Personensorgeberechtigte ihren Vorstellungen gemäß den Aufenthalt des Kindes bestimmen können. Ein passives Verhalten eines Dritten, zB reine Untätigkeit wie Dulden des Kindes in der eigenen Wohnung, genügt nicht (MünchKomm/Huber Rn 10; Gernhuber/Coester-Waltjen § 57 Rn 49; BGB-RGRK/Wenz Rn 6; Palandt/Diederichsen Rn 4; LG Köln FamRZ 1972, 376; ähnlich Staudinger/Donau[10/11] Rn 9 allerdings mit dem Hinweis, daß sich aus vorangegangenem Tun eine Verpflichtung zur Benachrichtigung der Eltern und uU dazu ergibt, das Kind zur Rückkehr zu bewegen); wer etwa dem zugelaufenen Kind Obdach und Verpflegung gewährt (RG JW 1924, 539; Münder NJW 1986, 811), erfüllt idR nicht die Voraussetzungen eines Vorenthaltens (OLG Düsseldorf NJW 1968, 453, 454; LG Köln FamRZ 1972, 376). Der nichtsorgeberechtigte Elternteil erfüllt hiermit zunächst uU familienrechtliche Verpflichtungen gem § 1618a (Staudinger/Coester § 1618a Rn 38; BGB-RGRK/Wenz Rn 6). Unterbindung der Rückkehr des Kindes durch dessen nachhaltige Beeinflussung (MünchKomm/Huber Rn 10; OLG Zweibrücken FamRZ 1983, 297) kann allerdings den Tatbestand des Vorenthaltens erfüllen. Schwab Rn 586 schlägt hier eine am Alter des Kindes orientierte Differenzierung vor: bei einem Kind unter 14 Jahren soll die Aufnahme ohne elterliche Zustimmung stets eine Vorenthaltung bedeuten, bei älteren Minderjährigen müsse zusätzlich physischer oder psychischer Druck hinzutreten. Das Verhalten des (älteren) Kindes spielt jedenfalls eine entscheidende Rolle bei der Bestimmung, ob es sich um ein Vorenthalten des Kindes handelt: Soweit sich ein solches Kind der Herausnahme widersetzt, wird es uU nicht vorenthalten (BayObLG FamRZ 1985, 737 ff; Münder NJW 1986, 811, 812).

5. Widerrechtlichkeit

a) Begriff

15 Widerrechtlich ist das Vorenthalten, wenn dem Anspruchsteller das Personensorgerecht – zumindest das Aufenthaltsbestimmungsrecht – zusteht und der Anspruchsgegner kein Gegenrecht hat, das Kind ihm vorzuenthalten (Soergel/Strätz Rn 7). Nach einer **Verbleibensanordnung** gem Abs 4 enthalten die Pflegeeltern das Kind leiblichen Eltern gegenüber **nicht mehr widerrechtlich** vor (so auch OLG Frankfurt FamRZ 2000, 1037). Aus der Rechtsposition des Personensorgeberechtigten betrachtet ist ein Verhalten widerrechtlich, das seiner Befugnis, den Aufenthalt des Kindes zu bestimmen, zuwiderläuft (Gernhuber/Coester-Waltjen § 57 Rn 49). Solange bezüglich der elterlichen Sorge gemeinsam sorgeberechtigter Eltern keine familiengerichtliche Regelung der elterlichen Sorge nach §§ 1628, 1671 ergangen ist, hat keiner von ihnen das Recht, den Aufenthalt einseitig zu bestimmen. Dies gilt auch bei **gemeinsamer elterlicher Sorge dauerhaft getrennt lebender Eltern**; denn auch unter diesem Umstand gilt das Prinzip der gemeinschaftlichen Ausübung des Aufenthaltsbestimmungsrechts (Staudinger/Salgo [2006] § 1687 Rn 38; Schwab/Motzer, HB III Rn 51; vgl § 1631 Rn 12). Unter diesen Umständen ist sowohl das „Behalten" des Kindes wie auch das Herausgabebegehren des anderen Elternteils widerrechtlich (GW FamK/Nehlsen-vStryk Rn 8, 11). Widerrechtlichkeit bestimmt sich zunächst nach dem Willen des/der Personensorgeberechtigten (BGH NJW 1951, 309), allerdings **darf der Herausgabeanspruch nie eine Kindeswohlgefährdung** iS des § 1666 Abs 1 **auslösen**, also

rechtsmißbräuchlich sein (su Rn 18). Es darf auch **kein rechtfertigender Grund** (RG WarnR 1933 Nr 43; BGB-RGRK/WENZ Rn 7) für das Vorenthalten des Kindes bestehen. In diesen Fällen kann sich der Vorenthaltende auf die Wahrnehmung der Interessen des Kindes berufen (SOERGEL/STRÄTZ Rn 7; ERMAN/MICHALSKI Rn 9; aA STAUDINGER/DONAU[10/11] Rn 11). Seit dem SorgeRG von 1979 fällt die Prüfung des Herausgabeverlangens und des Sorgerechtsmißbrauchs bei einem Gericht zusammen; zur mißbräuchlichen Ausübung des Aufenthaltsbestimmungsrechts: OLG Bamberg FamRZ 1980, 620; HENRICH § 19 V 4 mit Verweis auf OLG Düsseldorf FamRZ 1981, 601: Änderung der Umstände schon im Herausgabeverfahren zu berücksichtigen (DÖRNER IPRax 1993, 83). Ein **Hin und Her muß dem Kind erspart bleiben.** Die hier zu unterscheidende Rechtslage nach dem HKÜ, wonach das Kind zunächst stets bis auf Ausnahmen zurückgeführt werden muß (vgl hierzu SCHWEPPE 163 ff), kann für Inlandsfälle allenfalls Orientierungen geben (GERNHUBER/COESTER-WALTJEN § 57 Rn 48; idS auch 14. DFGT, Empfehlung A II 3a, FamRZ 2001, 296, 297; zu den Grenzen des HKÜ vgl BVerfG FamRZ 1996, 277; BVerfG v 18.7.2006 – 1 BvR 1465/05); die Grundregel des HKÜ, möglichst schnell dem kidnapping der Eltern untereinander ein Ende zu bereiten, ist zwar zu beherzigen (zu den internationalen Rückführungsregelungen vgl MünchKomm/HUBER Rn 33 f), jedoch im innerstaatlichen Recht abzulehnen (ERMAN/MICHALSKI Rn 9), vielmehr müssen die FamGe die Konfliktsituation durch einen möglichst frühen Termin (vgl § 52 Abs 1 FGG) und durch eine beschleunigte Entscheidungspraxis entschärfen (zur Verfahrensbeschleunigung grundlegend HEILMANN). Die im HKÜ geltenden Grundsätze sind nicht ins innerstaatliche Recht aufgenommen worden. Aus verfassungsrechtlichen Gründen besteht kein automatischer Rückführungsanspruch ohne Kindeswohlprüfung im innerstaatlichen Recht, auch können verfassungsrechtliche Gründe gegen eine solche Vorgehensweise in HKÜ-Fällen sprechen (vgl hierzu grundlegend SCHWEPPE 128 ff; BVerfG 1 BvR 1456/05 v 18.7.2006). Im innerstaatlichen Recht haben Eltern verschiedene Möglichkeiten, schnellen Rechtsschutz im Wege einstweiliger Anordnungen zu erlangen. Im Ergebnis ist die Anwendung des HKÜ auf Inlandsfälle abzulehnen (MünchKomm/HUBER Rn 34).

b)   Privat- und öffentlichrechtliche Einschränkungen

Einschränkungen gegenüber dem Herausgabeanspruch der/des Personensorgebe- **16** rechtigten können aufgrund unterschiedlicher Rechtsgrundlagen öffentlich- oder privatrechtlicher Natur bestehen: Gem § 1633, wenn der/die Minderjährige **verheiratet** ist oder war, wegen Wegfalls des Aufenthaltsbestimmungsrechts (vgl MünchKomm/HUBER § 1633 Rn 2; ERMAN/MICHALSKI Rn 1; LG Darmstadt NJW 1965, 1235; STAUDINGER/PESCHEL-GUTZEIT § 1633 Rn 8; STAUDINGER/DONAU[10/11] Rn 8); bei **Verlöbnis** (LG Hamburg FamRZ 1981, 309), durch **Schulpflicht**, durch **jugendstrafrechtliche Maßnahmen** (vgl § 1631 Rn 19 f; ERMAN/MICHALSKI Rn 4) sowie bei Vorliegen von das **Aufenthaltsbestimmungsrecht beschränkenden Entscheidungen** des FamG (§§ 1628 Abs 1, 1632 Abs 4 [Verbleibensanordnung], 1666, 1666a, 1673, 1674). Ebenso grundsätzlich während des Umgangs mit dem anderen Elternteil, § 1684 Abs 1. In allen diesen Fällen besteht ein rechtfertigender Grund (Gegenrecht) für ein Vorenthalten, was die Widerrechtlichkeit entfallen läßt. Ebenso kann nach der Einwilligung in die Annahme als Kind (§ 1747 Abs 1) wegen Ruhens der elterlichen Sorge gem § 1751 Abs 1 der Herausgabeanspruch nicht geltend gemacht werden. Gleiches gilt während der Inobhutnahme gem § 42 Abs 2 S 4 SGB VIII. Widerspricht der Sorgeberechtigte der Inobhutnahme, so ist das Jugendamt, falls es sich entschließt, das Kind ihm nicht zu übergeben, verpflichtet, unverzüglich eine gerichtliche Entscheidung herbeizuführen (§ 42 Abs 1 Nr 2b); bis zur Entscheidung des FamG ist das Jugend-amt aufgrund seiner öffentlich-rechtlichen Position berechtigt, den Aufenthalt des Kindes zu bestimmen (WIESNER § 42 SGB VIII Rn 31; OLG Zweibrücken FamRZ 1996, 1026 f; MünchKomm/STRICK § 42 SGB VIII Rn 9).

c) Vertragliche Abreden bzw Verzicht

17 **Vertragliche Abreden** oder ein **Verzicht** (zur Unwirksamkeit eines Verzichts auf Bestandteile der elterlichen Sorge vgl § 1631 Rn 15 mwNw) hinsichtlich der Bestimmung des Aufent-haltsorts bzw der Herausgabe des Kindes, welcher Art auch immer (Internat, Ar-beits- oder Ausbildungsverhältnis), können heutzutage **keine Einwendung** mehr ge-genüber dem Herausgabeanspruch ergeben (BGB-RGRK/WENZ Rn 9; ERMAN/MICHALSKI Rn 4); sie sind grundsätzlich bis an die Mißbrauchsgrenze frei widerruflich, weil prinzipiell erst die Kindeswohlgefährdung eine äußerste Grenze für die Ausübung des Aufenthaltsbestimmungsrechts bildet (vgl § 1631 Rn 65 sowie unten Rn 82 ff). Hinge-gen hielt noch das Reichsgericht (RGZ 26, 231; anders hingegen RGZ 53, 231, 232) einen ausdrücklichen im Pflegevertrag vereinbarten Verzicht auf die Herausgabe des Pfle-gekindes für zulässig (anders schon Mot IV 754). Sofern entgegen getroffenen Absprachen ein Herausgabeanspruch geltend gemacht wird, so liegt darin zugleich ein Widerruf dieses Einverständnisses (SOERGEL/STRÄTZ Rn 7). Die Einigung gemein-sam sorgeberechtigter Eltern über den Lebensmittelpunkt ist bindend und schließt bis zu einer gegensätzlichen gerichtlichen Entscheidung gem §§ 1671, 1628 die Widersprüchlichkeit aus (AnwKomm-BGB/RAKETE-DOMBEK Rn 6; BAMBERGER/ROTH/VEIT Rn 3), folglich verbleibt das Kind bis dahin an diesem Ort. UU bestehen aufgrund von Verletzungen vertraglicher Vereinbarungen Schadensersatzpflichten, die aber für sich niemals eine (nicht mißbräuchliche) Herausgabe verhindern können. Ein **Zurückbehaltungsrecht** (§ 273) „bis die Kosten der Erziehung restituiert sind" (RÖNNE 320) – auch zB wegen Unterhalts etc – **besteht** gegenüber einem familienrechtlichen Herausgabeanspruch **nicht** (mehr) (STAUDINGER/DONAU[10/11] Rn 11; MünchKomm/HUBER § 1632 Rn 11; ERMAN/MICHALSKI Rn 1; GERNHUBER/COESTER-WALTJEN § 3 Rn 36 und § 57 Rn 50 mwNw; RG DR 1944, 664; OLG Stuttgart FamRZ 1972, 264, 266). Die (freiwillige) Inanspruch-nahme von erzieherischen Hilfen iSv §§ 27, 33, 34 SGB VIII (Familienpflege und Heimerziehung), die mit einer Fremdplazierung des Kindes verbunden sind, recht-fertigt für sich kein Recht zum Vorenthalten des Kindes – grundsätzlich könnte sie jederzeit beendet werden (ERMAN/MICHALSKI Rn 4) –, allerdings kann die geforderte Herausgabe aus der Pflegefamilie, uU auch aus einer Einrichtung, eine Gefährdung des Kindeswohls iSv Abs 4 darstellen (su Rn 83 ff) und die Widerrechtlichkeit aus-schließen. Besteht eine dringende Gefahr und kann die Entscheidung des Gerichts nicht abgewartet werden, so ist das Jugendamt verpflichtet das Kind in Obhut zu nehmen (§ 8a Abs 3 S 2 SGB VIII).

d) Rechtsmißbrauch bzw Schikane

18 Für den Wegfall der Widerrechtlichkeit haben Rechtsmißbrauch oder Schikane iSv § 226 als Ausdruck des Grundsatzes von Treu und Glauben angesichts der speziellen Regelung und Zuweisung des Herausgabeanspruchs an das FamG **keinerlei Bedeu-tung** mehr (zum zweispurigen Rechtsschutz für Kinder vgl STAUDINGER/COESTER [2004] § 1666 Rn 6 ff; BGB-RGRK/WENZ Rn 7 mwNw), weil in den beim FamG geltenden und vom FGG bestimmten Verfahrensregeln **von Amts wegen** (§ 12 FGG) **stets** zu prüfen ist, ob die Geltendmachung des Herausgabeanspruchs nicht eine mißbräuchliche Aus-übung des Aufenthaltsbestimmungsrechts darstellt (BT-Drucks 8/2788, 51 f; auch Münch-

Komm/HUBER § 1632 Rn 12: zutreffender dogmatischer Anhaltspunkt nicht mehr die Widerrechtlichkeit, sondern die Kindeswohlprüfung; BayObLG EzFamR BGB § 1632 Nr 2; OLG Celle FamRZ 1970, 201; OLG Stuttgart FamRZ 1972, 264). Dies ist in jedem Herausgabestreit unter Eltern ebenso wie auch mit einem Dritten zu prüfen (BT-Drucks 8/2788, 51 f).

Bei Streit über Herausgabe der Kindesleiche findet § 1632 Abs 1 entsprechende **19** Anwendung (LG Paderborn FamRZ 1981, 700; OLG Hamm FamRZ 1981, 701; PALANDT/DIEDERICHSEN Rn 1).

III. Umgangsbestimmung, Abs 2

Die Bestimmung des Umgangs gegenüber dem Kind wie auch gegenüber Dritten ist **20** Teil des Erziehungsrechts und der Aufsichtspflicht, konkret Ausübung der tatsächlichen Personensorge (BT-Drucks 8/2788, 51; SOERGEL/STRÄTZ Rn 13; GW FamK/NEHLSEN-vStRYK Rn 17; STAUDINGER/PESCHEL-GUTZEIT § 1626 Rn 58: auch die Überwachung des Umgangs). Dem Kind gegenüber ist die Umgangsbestimmung der Eltern zwar auch dann wirksam, wenn sie nur von einem Elternteil ausgesprochen wurde, weil jeder Elternteil dem Kind als eigene Erziehungspersönlichkeit gegenübertritt (ERMAN/MICHALSKI Rn 22). Jedoch sollten sich die Eltern, ggf mit Hilfe von Fachleuten, zu einigen suchen, um nicht das Kind in Verwirrung zu stürzen, andernfalls das Gericht gem § 1628 anrufen. Gegenüber Dritten **bedarf es zur wirksamen Umgangsbestimmung stets einer Übereinstimmung der Eltern** (MünchKomm/HUBER Rn 63; PALANDT/DIEDERICHSEN Rn 21; ERMAN/MICHALSKI Rn 23; OLG Schleswig FamRZ 1965, 224). Personensorgeberechtigte haben die Pflicht und das Recht, den Umgang des Kindes mit anderen Personen zu **überwachen**, um das Kind vor Schäden zu bewahren (BT-Drucks 8/2788, 51). Dies umfaßt den unmittelbaren persönlichen, brieflichen sowie telefonischen und elektronischen Kontakt (SOERGEL/STRÄTZ Rn 14; zu den Grenzen dieser Überwachung vgl GERNHUBER/COESTER-WALTJEN § 57 Rn 85). Hierbei können die Eltern gegenüber dem Kind und/oder auch gegenüber dem Dritten mit Weisungen und Verboten (BayObLG ZfJ 1995, 133, 135) vorgehen (BT-Drucks 8/2788, 51). Die Regelung des Ausgangs sowie die Art und Weise der Freizeitgestaltung des Kindes richtet sich nach den §§ 1626, 1631 Abs 1 (SOERGEL/STRÄTZ aaO).

Auch Dritte müssen sich an die elterlichen Ge- und Verbote halten. Sie laufen bei **21** Zuwiderhandlungen gegen diese Gefahr, nicht nur wegen unerlaubter Eingriffe in das Sorgerecht (§§ 823, 1004) nach allgemein-zivilrechtlichen Kriterien belangt zu werden (STAUDINGER/PESCHEL-GUTZEIT § 1626 Rn 21, 23 mwNw), sondern sie können auch entsprechenden familiengerichtlichen Anordnungen gem § 1632 Abs 3 HS 1 iVm Abs 2 ausgesetzt sein. Das Gericht wird nur auf Antrag der Eltern tätig. Geht vom Dritten eine Gefährdung des Kindeswohls aus, dann wird das Gericht von Amts wegen gem § 1666 Abs 1 tätig; es kann daher auch ohne Elternantrag gegen den Dritten tätig werden. Zum strafrechtlichen Schutz des Elternrechts gegen die Entziehung ihres Kindes gem § 235 StGB (Entziehung Minderjähriger) vgl STAUDINGER/PESCHEL-GUTZEIT § 1626 Rn 20 mwNw. Zwangsmaßnahmen sind gem § 33 FGG möglich (vgl BayObLG ZfJ 1995, 133; s u Rn 37 ff). Elterliche Vorgehensweisen dem Kind gegenüber müssen stets das Wohl und die Entwicklung des Kindes berücksichtigen (BT-Drucks 8/2788, 51).

Zum früheren Streit zu Umgangsverboten vgl STAUDINGER/PESCHEL-GUTZEIT **22**

§ 1626 Rn 21 f und ERMAN/MICHALSKI Rn 21 jeweils mit umfangreichen Belegen der älteren Rspr, die **weitgehend als überholt gelten muß**; MÜNDER RdJB 1975, 146; SCHWAB Rn 542 mwNw, der zu Recht darauf hinweist, daß die Bestimmungsbefugnisse der Eltern das Kind nicht einfach zum Befehlsempfänger machen dürfen. Durch die *Herabsetzung des Volljährigkeitsalters* in § 2 (seit 1. 1. 1975) und wohl auch durch die veränderte Sexualmoral, deren tiefgreifender Wandel nicht außer Betracht bleiben kann (GW FamK/NEHLSEN-VSTRYK Rn 51), hat sich ein beträchtlicher Teil der gerichtlich ausgetragenen Konflikte um die Bestimmung des Umgangs dem älteren Minderjährigen gegenüber erledigt (zu Recht zurückhaltend gegenüber elterlichen Standards der früheren Rspr zur Sexualmoral STAUDINGER/PESCHEL-GUTZEIT § 1626 Rn 22). Seither finden sich kaum noch veröffentlichte Entscheidungen zu diesem Bereich. Zur Ausübung des elterlichen Umgangsbestimmungsrechts, zu Kontaktverboten gegenüber Heranwachsenden sowie zur Bestimmung der Gefährdungsgrenzen vgl insbes STAUDINGER/COESTER (2004) § 1666 Rn 42, 128 f, 139. Die Veränderung und allmähliche Verflüchtigung des elterlichen Bestimmungsrechts (hierzu § 1631 Rn 4) zeigt sich gerade bei der elterlichen Regelung und Kontrolle des Kindesumgangs (BAMBERGER/ROTH/VEIT, Rn 12; GERNHUBER/COESTER-WALTJEN § 57 Rn 85: wichtiges Beispiel für den Funktionswandel der elterlichen Sorge). Die **Rücksichtnahme- und Kommunikationspflichten** gem § 1626 Abs 2 haben hier ihre besondere Bedeutung (STAUDINGER/PESCHEL-GUTZEIT § 1626 Rn 22; MünchKomm/HUBER Rn 67 f): Eltern wie Gericht haben den wachsenden Entscheidungsspielraum des Minderjährigen angemessen zu berücksichtigen. Mit dem Älterwerden des Minderjährigen findet eine Verschiebung der Mißbrauchsschranke zu Gunsten der Kindesautonomie statt (PALANDT/DIEDERICHSEN Rn 23; **aA** GW FamK/NEHLSEN-VSTRYK Rn 49). Die jugendhilferechtlichen Beratungsansätze gem §§ 8, 28 SGB VIII erlangen besondere Bedeutung. Im Rahmen des Abs 2 ist ferner die durch das KindRG erfolgte Erweiterung des für einen Umgang in Betracht zu ziehenden Personenkreises (§§ 1626 Abs 2, 1685) zu beachten.

23 Inhaltliche Kriterien zur Bestimmung der Grenzen des elterlichen Umgangsbestimmungsrechts finden sich in § 1632 Abs 2 und 3 nicht, diese sind vielmehr den §§ 1618a, 1626 Abs 2 sowie § 1631 Abs 2 und § 1666 zu entnehmen (SOERGEL/STRÄTZ Rn 15; zu § 1666 STAUDINGER/COESTER [2004] § 1666 Rn 128 f; siehe auch MünchKomm/HUBER Rn 67; BT-Drucks 8/2788, 51). Geht es den Eltern um die Unterstützung durch das Familiengericht iS der §§ 1632 Abs 3 HS 1 iVm Abs 2, 1631 Abs 3, so richtet sich die Entscheidung des Familiengerichts danach, ob die Kriterien der §§ 1618a, 1626 Abs 2, § 1631 Abs 2 von den Eltern hinreichend beachtet wurden. Bei Einhaltung des sich aus diesen Normen ergebenden Ermessensspielraums erfahren Eltern gerichtliche Unterstützung. Außerhalb desselben bleibt ihnen eine Unterstützung versagt. Erst bei Überschreiten der insoweit höheren Schwelle des § 1666 bleibt nicht nur die Unterstützung versagt, sondern müssen die Eltern auch Eingriffe in ihr elterliches Sorgerecht gewärtigen (zur Abgrenzung der „Versagungsschwelle" von der „Eingriffsschwelle" vgl GERNHUBER/COESTER-WALTJEN § 57 Rn 84).

24 Aber auch der zunehmende Entscheidungsspielraum des älteren Minderjährigen verdrängt die Möglichkeit der Eltern, Umgangsverbote dem Kind gegenüber auszusprechen, nicht vollends; allerdings wächst mit zunehmendem Alter des Kindes der elterliche **Begründungszwang** für ihre auf **triftige sachliche Gründe** zu stützende Entscheidung (MünchKomm/HUBER Rn 67 f; zum früheren Recht, jedoch mit nach wie vor gültigen Erwägungen vgl KLOCKE JuS 1974, 75, 80). Bei „Abweichungen von den allgemein akzeptierten sozialen Standards" (GERNHUBER/COESTER-WALTJEN § 57 Rn 85) wird stets zu prüfen sein, ob es sich nicht um entwicklungsbedingte, während der Pubertät häufig anzutreffende Erscheinungen der Suche nach Orientierung handelt, denen nur äußerstenfalls mit Umgangsverboten begegnet werden soll und kann (vgl zB LG Berlin FamRZ 1985, 519: Bestätigung eines Umgangsverbots bei lesbischer Beziehung). Umgangsverbote kommen insbesondere bei offensichtlicher Gefährdung des Kindeswohls durch Drogen, Alkohol, Sekten, Prostitution, Kriminalität etc in Betracht (vgl GERN-HUBER/COESTER-WALTJEN § 57 Rn 85; zu einem Grenzfall mit Ablehnung des beantragten Umgangsverbots vgl AG Bad Säckingen FamRZ 2002, 688). Dem Gesichtspunkt der wirtschaftlichen Abhängigkeit des Kindes von den Eltern kann hingegen keine Bedeutung zukommen (MünchKomm/HUBER Rn 68; LG Wiesbaden FamRZ 1974, 663; OLG Hamm FamRZ 1974, 136).

Den Eltern steht es zu, im zulässigen Rahmen **Umgangsbestimmungen** dem Kind **25** gegenüber durchzusetzen. Dies kann letztlich nicht mit den Mitteln des Rechts erreicht werden, allerdings könnten die Eltern Unterstützung des FamG gem § 1631 Abs 3 und Beratung der Kinder- und Jugendbehörden in Anspruch nehmen. Sie können so zB ihre Umgangsbestimmung auch im Verfahren nach § 1632 Abs 3 iVm Abs 2 bzw § 1631 Abs 3 vom Gericht bestätigen und sich damit unterstützen lassen. Immerhin böte ein solches Verfahren die Chance zum – in einem solchen Fall häufig abgebrochenen – Gespräch und zu einer fachlichen Stellungnahme zum Konflikt gem § 49a Abs 1 Nr 4 FGG iVm § 50 Abs 1 SGB VIII. Dritte haben kein Antragsrecht (BT-Drucks 8/2788, 52; GW FamK/NEHLSEN-vSTRYK Rn 48, 50). Erfüllt die elterliche Umgangsbestimmung die Voraussetzungen einer Kindeswohlgefährdung iSv § 1666, dann könnte eine Entscheidung zu Gunsten eines Dritten ergehen (zum Problem s STAUDINGER/COESTER [2004] § 1666 Rn 133); vgl insbes den erweiterten Kreis möglicher Umgangspersonen in den §§ 1626 Abs 3 S 2, 1685.

IV. Verfahren, Abs 3

1. Allgemeines

Bei § 1632 Abs 3 handelt es sich um eine **Zuständigkeitsregelung im materiellen 26 Recht.** Die **Zuständigkeitsaufspaltung zwischen VormG und FamG** wurde mit § 1632 Abs 3 durch das KindRG (Art 1 Nr 15) endlich aufgegeben (BT-Drucks 13/4899, 96). Zwar sah in dieser früheren Aufspaltung bereits der Rechtsausschuß keine Ideallösung (BT-Drucks 8/2788, 52). Er stellte aber nach mehrjährigen Erfahrungen eine Erweiterung der familiengerichtlichen Zuständigkeit bereits in Aussicht; diese ist mit dem KindRG erfolgt. Die Appellentscheidung des BVerfG v 5.11.1991 machte den Gesetzgeber zusätzlich auf die verfassungsrechtliche Verpflichtung zur Gleichstellung ehelich und nichtehelich geborener Kinder im gerichtlichen Verfahren aufmerksam (BVerfGE 85, 80).

In § 1632 Abs 3 geht es im Gegensatz zu § 1666 nicht in erster Linie um die direkte Abwehr von Kindeswohlgefährdungen, sondern um die **gerichtliche Unterstützung der Eltern bei der Ausübung ihrer Pflichten und Rechte**, wobei nur pflichtgemäße Entscheidungen auf Unterstützung rechnen können (vgl STAUDINGER/COESTER [2004] § 1666 Rn 42; WIESNER/OBERLOSKAMP SGB VIII Anh § 50 Rn 105 f).

27 Die **einheitliche Zuweisung aller Herausgabeansprüche an das FamG** durch das KindRG bildet den Abschluß einer längst überfälligen Reform. Für Herausgabestreitigkeiten verheirater Eltern galt bereits seit 1977 die familiengerichtliche Zuständigkeit. Nunmehr ist dieses Gericht generell für alle ein Kind betreffenden Herausgabeverfahren einheitlich zuständig, wobei es diesbezüglich keinen Unterschied macht, ob Eltern oder ein Vormund/Pfleger die Herausgabe verlangen oder ob sich der Anspruch gegen einen Dritten richtet.

28 Vorrangig gegenüber einem Herausgabestreit unter gemeinsam sorgeberechtigten Eltern ist ein Verfahren auf Regelung der elterlichen Sorge bei Getrenntleben gem §§ 1628, 1671 mit der Möglichkeit einer Zuweisung zumindest des Aufenthaltsbestimmungsrechts durch einstweilige Anordnung (§ 620 Nr 1 ZPO).

2. Verfahrenseinleitung

29 Entgegen dem Wortlaut „auf Antrag eines Elternteils entscheidet das FamG" müssen idR beide personensorgeberechtigten Eltern den Herausgabeanspruch gegenüber einem Dritten wie das Verfahren zur Durchsetzung des Elternrechts zur Bestimmung des Kindesumgangs geltend machen (MünchKomm/Huber Rn 15: „mißverständliche Formulierung"; BGB-RGRK/Wenz Rn 44; Giesen Rn 634), zumindest muß die Zustimmung des anderen Elternteils oder eine Übertragung des Aufenthaltsbestimmungsrechts gem §§ 1628, 1671 vorliegen (vgl Rn 9). IdR verfolgt der Antrag auf Herausgabe des Kindes gegenüber einem Dritten eine solche an beide Eltern, uU mit Einverständnis des anderen Elternteils auch die Herausgabe an einen Elternteil (MünchKomm/Huber Rn 16).

Antragsgegner des Herausgabeanspruchs ist der das Kind vorenthaltende Dritte bzw Elternteil, niemals das Kind (zur Unzulässigkeit der Gewaltausübung gegen das Kind bei der Herausgabevollstreckung vgl Rn 38). Ein Dritter hat kein Antragsrecht, ebensowenig das Kind (BGB-RGRK/Wenz Rn 44).

3. Zuständigkeiten

a) Sachliche Zuständigkeit

30 Komplizierte Zuständigkeitsregelungen (vgl Staudinger/Salgo[12] Rn 30) sind mit der einheitlichen Zuständigkeit des FamG durch das KindRG obsolet geworden. Der Gesetzgeber hat dem Wirrwarr endlich ein Ende bereitet (für eine **einheitliche Zuständigkeit des FamG** bereits Salgo FamRZ 1984, 221 mwNw). Auch für das Herausgabeverlangen des Vormundes gegen die leiblichen Eltern ist das Familiengericht zuständig (OLG Hamm FamRZ 2005, 1845; **aA** Staudinger/Engler [2004] § 1800 Rn 20.

31 Als Herausgabestreit unter Eltern gem Abs 3 gilt auch ein solcher über Art und Ort der Bestattung des Kindes, im übrigen trifft Bestimmungen in diesem Bereich der **Totenfürsorge** der bisherige Alleininhaber der Personensorge (Gernhuber/Coester-Waltjen § 57 Rn 11–14; Soergel/Strätz Rn 12), weshalb sich hier eine Zuständigkeit des FamG ergibt (vgl Rn 19 mwNw).

b) Örtliche und funktionelle Zuständigkeit

32 Die örtliche Zuständigkeit richtet sich nach § 43, 36 FGG oder § 621 Abs 2 Nr 1 S 2

ZPO. Bei Anhängigkeit einer Ehesache bestimmt sich die örtliche Zuständigkeit nach §§ 621 Abs 2 S 1, 606 ZPO.

Entscheidungen gem § 1632 Abs 3 sind dem **Richter** vorbehalten (§ 14 Nr 7 und 16 **33** RPflG).

4. Anhörungen

Angehört werden müssen die **Eltern** und das **Kind** (vgl hierzu insbes STAUDINGER/COESTER **34** [2004] § 1666 Rn 215 f) gem §§ 50a, 50b, ggf auch die **Pflegeeltern** gem § 50c FGG (vgl grundlegend zur Kindesanhörung FamGb/FEHMEL § 50b FGG). Das Jugendamt muß gem § 49a Abs 1 Nr 6 und 7 FGG angehört werden. Beim Herausgabestreit zwischen gemeinsam sorgeberechtigten dauernd getrennt lebenden Eltern mit unterschiedlichen Wohnsitzen müssen beide zuständigen Jugendämter gehört werden. Hält sich das Kind beim nichtsorgeberechtigten Elternteil auf, und verweigert dieser die Herausgabe, so ist gem § 12 FGG auch das Jugendamt am Wohnsitz dieses Elternteils anzuhören, obwohl der Wortlaut des § 87b Abs 1 iVm § 86 Abs 2 SGB VIII eine Zuständigkeit des Jugendamtes am Wohnsitz des personensorgeberechtigten Elternteils begründet (vgl BayObLG FamRZ 1987, 617). In Herausgabe- und Umgangskonflikten mit einem Dritten kann uU eine Anhörung desselben gem § 12 FGG geboten sein (MünchKomm/HUBER Rn 17).

5. Eilentscheidungen

Bei allen Fallkonstellationen gem § 1632 Abs 1, 2 und 4 kann das **Bedürfnis nach 35 einer besonders schnell zu treffenden Entscheidung** entstehen, in denen nicht eine Hauptsacheentscheidung abgewartet werden kann (KEIDEL/KAHL § 19 Rn 30); diese Konstellationen sind typische Anwendungsfälle für **vorläufige Anordnungen**. Soweit eine Ehesache bereits anhängig ist, kann im Wege einer **einstweiligen Anordnung** gem §§ 620 Nr 3, 620a ff ZPO die Kindesherausgabe angeordnet werden; das zulässige Rechtsmittel ist die (befristete) sofortige Beschwerde gem § 620c S 1 ZPO. Soweit keine Ehesache anhängig ist – und dies dürfte in der Mehrzahl der Verfahren nach § 1632 der Fall sein –, kann das Gericht den erforderlichen Schutz des Kindes durch eine **vorläufige Anordnung** sicherstellen (vgl insbes zu den Voraussetzungen, Anhörungen und zur Geltungsdauer STAUDINGER/COESTER [2004] § 1666 Rn 236 ff; HEILMANN 252 ff).

Im Gegensatz zur **einstweiligen Anordnung** ist die **vorläufige Anordnung** nicht gesetzlich geregelt, sondern beruht ausschließlich auf richterlicher Rechtsfortbildung (zur berechtigten Kritik an diesem Zustand vgl HEILMANN aaO). Wie berechtigt die Kritik an dieser Rechtslage ist, wird am Rechtsmittelverfahren gegen die vorläufige Anordnung deutlich: Diese Form der Eilentscheidung ist nach hM mit der einfachen Beschwerde gem §§ 19 ff FGG, dh mit einem unbefristeten Rechtsmittel anfechtbar. Geht es um die uU besonders eilbedürftige Herausgabe des Kindes von einem Dritten (§ 1632 Abs 1 iVm Abs 3 HS 1), um die Herausgabe des Kindes vom nichtsorgeberechtigten Elternteil oder um eine besonders eilbedürftige gerichtliche Unterstützung bei der Bestimmung des Kindesumgangs (§ 1632 Abs 2 iVm Abs 3), also um Verfahren, die nunmehr einheitlich dem FamG zugewiesen sind, so bestimmt sich die Eilentscheidung nach FGG-Grundsätzen: Besteht ein dringendes Bedürfnis für ein unverzügliches Einschreiten des FamG, so daß eine Hauptsacheentscheidung nicht abgewartet werden kann, so ist die Herausgabe des Kindes bzw die Bestimmung des Umgangs durch vorläufige Anordnung nach FGG (vgl zu den Voraussetzungen KEIDEL/KAHL § 19 Rn 30; STAUDINGER/COESTER [2004] § 1666 Rn 236 ff) zu treffen. Gegen die vorläufige Anordnung ist die einfache (= unbefristete) Beschwerde gem § 19 FGG und gegen die Entscheidung der 2. Tatsacheninstanz die weitere Beschwerde nach § 27 FGG gegeben; für die befristete Beschwerde auch hier vgl HEILMANN aaO.

6. Rechtsmittel

36 Entscheidet das FamG im selbständigen Verfahren, dh nicht im Eil- oder Verbundverfahren, so sind seine Entscheidungen durch **befristete Beschwerde zum OLG anfechtbar** (vgl zu näheren Einzelheiten wie Verbundverfahren, Beschwerdeberechtigung und zur weiteren Beschwerde STAUDINGER/COESTER [2004] § 1666 Rn 231 ff).

7. Vollzug

37 Bei der Vollziehung der Herausgabe von Kindern ist **äußerst behutsam vorzugehen** (BGB-RGRK/WENZ Rn 48; BGH FamRZ 1983, 1008, 1013), gebührend auf die Belange des Kindes Rücksicht zu nehmen und zu prüfen, ob die Vollziehung der Herausgabe dem Wohl des Kindes entspricht (RAACK FPR 1996, 54). Beim Vollzug von Herausgabeanordnungen ist **stets der Grundsatz der Verhältnismäßigkeit zu wahren** (STAUDINGER/COESTER [2004] § 1666 Rn 229; zu einem Fall mit erheblichen Verstößen gegen den Grundsatz der Verhältnismäßigkeit vgl SALGO [2005] 903 ff; BayObLG FamRZ 1985, 737, 739).

Ob der Vollzug der Herausgabe des Kindes gegenüber dem anderen Elternteil oder gegenüber einem Dritten erfolgt und ob die Herausgabe im Wege der einstweiligen Anordnung (vgl §§ 621 Abs 1 Nr 3, 621a Abs 1 S 1 ZPO) oder durch vorläufige Anordnung nach FGG-Grundsätzen erfolgte, stets richtet sich die Vollstreckung nach § 33 FGG und nicht nach der ZPO (GERNHUBER/COESTER-WALTJEN § 57 Rn 54; MünchKomm/HUBER 18; PALANDT/DIEDERICHSEN Rn 9; KEIDEL/ZIMMERMANN FGG § 33 Rn 35; BGB-RGRK/WENZ Rn 46; ERMAN/MICHALSKI Rn 17; SOERGEL/STRÄTZ Rn 22). Ist das Kind nicht auffindbar, so kann das Gericht gem § 33 Abs 2 S 4 FGG den Herausgabeverpflichteten zur **eidesstattlichen Versicherung** über den Verbleib des Kindes zwingen und seine Anordnung mit Haft bis zur Dauer von sechs Monaten erzwingen (§ 33 Abs 2 S 6 FGG iVm § 913 ZPO; hierzu KEIDEL/ZIMMERMANN FGG § 33 Rn 50 f).

Die Vollstreckung setzt eine Herausgabeanordnung nach § 1632 voraus (MünchKomm/HUBER Rn 18), eine Zuweisung des Aufenthaltsbestimmungsrechts ist **nicht** ausreichend. Für eine Vollstreckung ist ein Antrag des in der Herausgabeanordnung Begünstigten erforderlich; das Gericht, welches die Herausgabeanordnung getroffen hat, wird nicht von Amts wegen tätig. Diese Anordnung muß die zur Herausgabe verpflichtete Person genau bezeichnen, denn allein gegen den Vollstreckungsschuldner richtet sich die Herausgabeanordnung.

Für die **Anwendung von Gewalt** ist eine **besondere Verfügung** des Gerichts erforderlich (§ 33 Abs 2 S 1 FGG). Stets muß vorher intensiv geprüft worden sein, ob die Herausgabeanordnung nicht ohne Gewalt durchgeführt werden kann (BGH FamRZ 1983, 1008, 1013). Der Anwendung von Gewalt als **äußerstes Mittel** muß ihre

Androhung vorausgegangen sein (§ 33 Abs 3 S 6 FGG). In jedem Fall sollte grundsätzlich vor Gewaltanwendung neben dieser Androhung zunächst die Verhängung von Zwangsgeld erfolgt sein (vgl SOERGEL/STRÄTZ Rn 22). Die Herausgabeanordnung, die Androhung unmittelbaren Zwanges und die besondere Verfügung des Gerichts über die Anwendung von Gewalt können in einem Beschluß verbunden werden (KEIDEL/ZIMMERMANN FGG § 33 Rn 42). Die erforderliche besondere Verfügung des Gerichts kann nur in einem – dem Verfahren gem § 1632 gegenüber – selbständigen Verfahren ergehen (KEIDEL/ZIMMERMANN aaO mwNw). In diesem Verfahren kommt den **Anhörungsvorschriften** (§§ 50a, 50b und 50c FGG) eine **besondere Bedeutung** zu, weil sich im Rahmen der Anhörungen für das Gericht die Chance für einen Weg bietet, ohne Zwangsvollstreckungsmaßnahmen auszukommen. IdR empfiehlt sich auch die **erneute Anhörung des Jugendamts**. Die erneuten Anhörungen (BGB-RGRK/WENZ Rn 49) und die Kindeswohlprüfung, wenn sie auch eingeschränkt sind, könnten eine wesentliche Veränderung der Umstände zu Tage treten lassen. „Gerade das Ritual der Gerichtsverhandlung und die Ausübung der besonderen Autorität des Richters zur Durchsetzung der notwendigen gerichtlichen Entscheidung führen in vielen Fällen zur Einsicht beim Herausgabepflichtigen und helfen die oftmals gewaltsam eskalierende Situation bei der Herausgabevollstreckung zu vermeiden", worauf RAACK FPR 1996, 54, 56 zu Recht hinweist.

Die Vollzugsmaßnahme darf sich **grds nur gegen den Herausgabepflichtigen** richten, **38** mittelbare Auswirkungen auf das Kind sind mitzubedenken. Die seit Mitte der 80er Jahre mit Heftigkeit geführte Debatte um die Zulässigkeit von **Gewalt gegen Kinder bei der Herausgabevollstreckung** (vgl STAUDINGER/COESTER [2004] § 1666 Rn 228 f mwNw) ist idR eindeutig im Sinne der **Unzulässigkeit** zu beantworten. Im Sinne der Unzulässigkeit der Erzwingung der Kindesherausgabe unter Gewaltanwendung bereits MünchKomm/HINZ[3] Rn 32 a; ders FPR 1996, 62 sowie insbesondere DIERCKS FamRZ 1994, 1226 mit zahlreichen Belegen zu dieser Kontroverse. Die eine Gewaltanwendung ablehnende Meinung (GERNHUBER/COESTER-WALTJEN § 57 Rn 58; SOERGEL/STRÄTZ Rn 22; LEMPP FamRZ 1986, 1061; FINGER ZfJ 1986, 49; GROSS Kind-Prax 2001, 148; **aA** KNÖPFEL FamRZ 1985, 1211; SCHÜTZ FamRZ 1986, 528 u FamRZ 1987, 438; WIESER FamRZ 1990, 693, 695) erfährt aus unterschiedlichen rechtlichen Entwicklungen Unterstützung: Einerseits zeigt die deutlicher als früher anerkannte verfassungsrechtliche Stellung Minderjähriger Rückwirkungen auf das materielle wie das Verfahrensrecht (deutlich BayObLG FamRZ 1985, 737 und bereits BayObLG FamRZ 1984, 1259, 1262; AG Springe NJW 1978, 834; ablehnend hingegen, dh notfalls Gewaltanwendung auch gegen das Kind zulassend, MünchKomm/HUBER Rn 20 ff; OLG Celle FamRZ 1994, 1129; nicht eindeutig ERMAN/MICHALSKI Rn 18: Gerichtsvollzieher darf Widerstand eines 11jährigen mit Gewalt brechen), andererseits erfährt Gewaltanwendung durch Eltern ihren Kindern gegenüber eine wachsende Ablehnung (vgl Nw bei § 1631 Rn 70 ff). Deshalb können Eltern – entgegen OLG Celle FamRZ 1994, 1129 – ihnen nicht zustehende Gewaltanwendungsbefugnisse auch nicht auf den Gerichtsvollzieher übertragen (vgl DIERCKS FamRZ 1994, 1226, 1229; HINZ FPR 1996, 62, 65; DICKMEIS NJW 1992, 537). Der Ausschluß von Gewaltanwendung zur Durchsetzung des Umgangsrechts (vgl § 33 Abs 2 FGG) durch das KindRG dürfte auch gewisse Rückwirkungen auf die Gewaltanwendung zur Herausgabevollstreckung haben (vgl BAMBERGER/ROTH/VEIT Rn 12).

Nicht übersehen werden darf bei dieser Kontroverse, daß Kinder und Jugendliche **39** bei Gefährdungen und Krisensituationen iSv § 1666 stets – egal, ob sie sich bei einem

Personensorgeberechtigten oder mit bzw ohne dessen Zustimmung bei einer anderen Person oder in einer Einrichtung aufhalten – gem § 42 Abs 1 Nr 2 SGB VIII bei dringender Gefahr durch das Jugendamt von diesem Aufenthaltsort entfernt und anderweitig untergebracht werden dürfen (vgl WIESNER, SGB VIII § 42 Rn 10; HINZ FPR 1996, 62, 65). Allerdings kann sich auch hier die Frage nach der Befugnis zur Anwendung von unmittelbarem Zwang stellen, zu dessen Anwendung das Jugendamt nicht befugt ist (WIESNER, SGB VIII § 8a Rn 60); notfalls ist es nämlich auch auf die Hilfe des Polizeivollzugsdienstes angewiesen (vgl § 8a Abs 4 S 2 SGB VIII; SALGO ZKJ 2007, 12 ff; RAACK FPR 1996, 54, 55).

40 Auf der Grundlage des mit dem SorgeRG eingeführten § 50d FGG ist dem die Herausgabe des Kindes anordnenden Gericht die Möglichkeit eingeräumt worden, die Herausgabe der zum persönlichen Gebrauch eines Kindes bestimmten Sachen – ohne Rücksicht auf die Eigentumsverhältnisse (vgl PESCHEL-GUTZEIT MDR 1984, 890) – durch einstweilige Anordnung zu regeln (BT-Drucks 8/2788, 74). Voraussetzung ist stets eine Entscheidung auf Herausgabe des Kindes gem § 1632 durch das FamG, wobei es sich auch um eine Eilentscheidung handeln kann. Zum persönlichen Gebrauch eines Kindes bestimmte Sachen sind zB: Kleidung, Spielzeug, Bett, Kinderwagen, Schulsachen und Zeugnisse, Medizin (und entsprechende Hilfsmittel wie Brille, Zahnspange), Kinderausweis und andere das Kind betreffende Urkunden. Es geht also um Gegenstände, die das Kind dringend braucht. Zu den Rechtsmitteln vgl Rn 36.

8. Kosten, Auslandsbezug

41 Die Kosten richten sich nach § 94 Abs 1 Nr 3 und 6, Abs 3 S 2 KostO (STAUDINGER/ COESTER [2004] § 1666 Rn 239).

Zu Fällen mit Auslandsbezug vgl STAUDINGER/COESTER (2004) § 1666 Rn 240 ff sowie § 1671 Rn 303 ff; MünchKomm/HUBER Rn 34 sowie insbes SCHWEPPE 209 ff zur Beteiligung des Kindes am HKÜ-Verfahren.

V. Schutz des Pflegekindes, Abs 4

1. Allgemeines

a) Entstehungsgeschichte

42 Mit den durch das **SorgeRG** von 1979 eingeführten §§ 1630 Abs 3, 1632 Abs 4 fand **erstmalig Pflegekindschaft im Familienrecht des BGB Berücksichtigung** (vgl auch die verfahrensrechtliche Ergänzung in § 50c FGG). Zivilrechtskodifikationen des ausgehenden 18. und des beginnenden 19. Jahrhunderts kannten bereits Regelungen zur Pflegekindschaft, dennoch konnten sich die Befürworter einer Regelung im 4. Buch des BGB bei den Beratungen nicht durchsetzen (vgl SALGO [1987] 27 ff mwNw sowie die Nachweise zur rechtspolitischen Entwicklung vor und nach dem SorgeRG bei STAUDINGER/PE-SCHEL-GUTZEIT § 1630 Rn 32 ff; zum Pflegekind in der Rechtsgeschichte vgl TIREY). Der Gesetzgeber des **SorgeRG** entschloß sich entgegen den ursprünglichen Absichten des Regierungsentwurfs (BT-Drucks 7/2060 und 8/111) und den Vorstellungen aus der Ministerialbürokratie erst unter dem Eindruck entsprechender Stellungnahmen aus der Praxis der Jugendhilfe, aber auch von Seiten der Rechts- und Humanwissenschaften (Deutscher Bundestag, Elterliches Sorgerecht, Sachverständigenanhörung [Bonn 1978]) zu diesem aus der damaligen Sicht ersten Schritt (s Beschlußempfehlung und Bericht des Rechtsaus-schusses, BT-Drucks 8/2788, 40), um „ein besonders drängendes Problem zu lösen". Den Feinschliff erhielt die erst im Rechtsausschuß entwickelte Regelung sogar später, nämlich in der zweiten Lesung im Deutschen Bundestag: Die Worte „Anlaß *und* Dauer der Familienpflege" in der vom Rechtsausschuß zu § 1632 Abs 4 BGB-E seinerzeit empfohlenen Fassung (BT-Drucks 8/2788, 7) wurden durch die Worte „Anlaß *oder* Dauer der Familienpflege" ersetzt (BT-Drucks 8/2808 v 9. 5. 1979 sowie Begründung, Deutscher Bundestag 8. Wahlperiode, 151. Sitzung am 10. 5. 1979, 12035; BAER FamRZ 1982, 221). Das **KindRG** von 1997 hat sich zum zweitem Male seit dem Inkrafttreten des BGB der Pflegekindschaft im Familienrecht angenommen – dieses Mal zumeist mit wichtigen Modifikationen bereits existierender Regelungen (in den §§ 1630 Abs 3, 1632 Abs 4), Verlagerungen aus dem SGB VIII ins Familienrecht des BGB (§ 1688), einer Neueinführung (§ 1685 Abs 2) sowie einer verfahrensrechtlichen Neuerung (§ 50 Abs 2 Nr 3 FGG; zum ganzen SALGO FamRZ 1999, 337). Die Pflegekindschaft stand nicht im Mittelpunkt dieser jüngsten Reformen, dennoch handelt es sich um nicht unbedeutende Veränderungen. Zahlreiche ausländische Rechtsordnungen, aber auch internationale Gremien wie der **Europarat** (Empfehlung des Ministerrats vom 20. 3. 1987 R[87] 6) und die **Vereinten Nationen** (Resolution 41/85 vom 3. 12. 1986) hatten sich im zeitlichen Zusammenhang mit den deutschen Reformen zwischen 1979 (SorgeRG) und 1991 (SGB VIII) ebenfalls dieser Materie angenommen. Mit Art 20 der **UN-Konvention über die Rechte des Kindes** fand dieser Trend seine völkerrechtliche Fortschreibung: bei der Wahl zwischen unterschiedlichen Formen der Pflegefamilie ist „die erwünschte Kontinuität in der Erziehung des Kindes zu berücksichtigen" (Art 20 Abs 2 S 2). Ursächlich für diese rechtspolitische Entwicklung im In- und Ausland sowie im Völkerrecht sind eine Reihe von Wirkungsfaktoren: Die **Rezeption entwicklungspsychologischer Erkenntnisse** (vgl ZENZ, 54. DJT A 34 ff; dies ZfJ 2000, 321; KLUSSMANN DAVorm 1985, 170; aus bindungstheoretischer Sicht ZENZ ZfJ 2000, 321; SCHLEIF-FER ZfSp 2006, 226) durch Rechtswissenschaft und Rechtspolitik führt zu einer **stärkeren Berücksichtigung kindlichen Zeiterlebens** (hierzu grundlegend HEILMANN) und der damit zusammenhängenden **Trennungsempfindlichkeit** insbesondere von noch jüngeren Kindern bei Interventionen (vgl STAUDINGER/COESTER [2004] § 1666 Rn 223 bezüglich der **zunehmenden Sensibilisierung der Juristen für kindliche Kontinuitäts- und Bindungsbedürfnisse**).

Nicht zuletzt die Verdeutlichung der **verfassungsrechtlich begründeten Subjektstel-** **43** **lung des Kindes** in der Rechtsprechung des **BVerfG** und die Intensivierung der Aufmerksamkeit für Kinder in verschiedenen wissenschaftlichen Disziplinen und in der Politik beeinflussen auch die Rechtsentwicklung im Familien- und Jugendhilferecht der Bundesrepublik. Diese beiden Regelungsbereiche erfahren seither eine ständige Verfeinerung und Differenzierung, weil letztlich verfassungsrechtlich geschützte Rechtsgüter wie das Elternrecht (Art 6 Abs 2 S 1 GG) einerseits und die Integrität und Persönlichkeit des Minderjährigen andererseits (Art 2 Abs 1 iVm Art 1 Abs 1 GG) – und damit das Kindeswohl – auf dem Spiel stehen. Der **2. Senat der BVerfG** spricht deshalb mit Blick auf die bisherige Rechtsprechung des BVerfG zu Pflegekindern auch zu Recht von einem **„ausbalancierten Teilrechtssystem des innerstaatlichen Rechts"** und einer **„differenzierte(n) Kasuistik"** (FamRZ 2004, 1857, 1862). Wie zunehmend mehr ausländische Rechtsordnungen, so ist auch der Gesetzgeber in der Bundesrepublik bestrebt, die schwierigen Entscheidungen in diesem Bereich „aus dem Zufall salomonischer Weisheit in die Gewißheit eines rational nachprüfbaren Prozesses zu überführen" (SIMITIS, in: SIMITIS/ZENZ Bd I [1975] 55 f).

Pflegekindschaft gerät so zum anschaulichen Beleg und Prüfstein dafür, ob die Rechtsordnung in der Lage ist, **Spannungen zwischen Recht und Lebenswirklichkeit** befriedigend zu lösen (vgl auch WIESNER, SGB VIII § 33 Rn 16; GK-SGB VIII/SALGO § 33 Rn 4). Im Mittelpunkt der Konfliktvermeidung und -bewältigung steht ein mit der Fremdplazierung des Kindes drohendes **Auseinanderfallen seiner rechtlichen Zuordnung und seiner tatsächlichen psycho-sozialen Einbindung** (vgl auch BT-Drucks 11/5984, 68).

44 Zwangsläufig rücken im Zuge dieser Rechtsentwicklung **zivilrechtlicher Kindesschutz** und das **jugendhilferechtliche Unterstützungssystem des SGB VIII** näher zusammen, ohne daß damit die gerade in den letzten Jahren zu Recht hervorgehobene Eigenständigkeit dieser beiden Bereiche aufgehoben würde. § 1632 Abs 4 ist geradezu ein Exempel für die beschriebenen Entwicklungen: Die mit der kindschaftsrechtlichen Generalklausel in § 1666 an sich schon bestehende Intention, Kindeswohlgefährdungen jeglicher Art, auch verschuldensunabhängig (hierzu STAUDINGER/COESTER [2004] § 1666 Rn 48 ff; vgl zu Reformüberlegungen der §§ 1666, 1666a SCHLAUSS ZKJ 2007, 9), abzuwenden, reichte nach den Überzeugungen des Sorgerechtsgesetzgebers nicht mehr aus, um auch Pflegekindern in bestimmten Fallkonstellationen den notwendigen Schutz zu gewährleisten. Mit dieser **kasuistischen Präzisierung** (ZENZ 349) in § 1632 Abs 4, für die es in der Rechtsentwicklung auch anderer Länder mannigfache Beispiele gibt, nähert sich die früher eher zur Generalklausel tendierende europäische Rechtsentwicklung anglo-amerikanischen Regelungstendenzen an (vgl § 1631 Rn 10). Mit dem zur Entlastung der kindschaftsrechtlichen Generalklausel (§ 1666) geschaffenen § 1632 Abs 4 wurde mit dem SorgeRG im Jahre 1979 sogar gleich an zwei Stellen auf die **Bedeutung kindlichen Zeiterlebens** aufmerksam gemacht („längere Zeit in Familienpflege" und „Dauer der Familienpflege"). Daß zugleich die seinerzeit neu geschaffene bereichsspezifische Sonderregelung („besondere Schutznorm", vgl BayObLG FamRZ 1984, 817, 818 sowie 1991, 1080, 1082) erneut an die Voraussetzungen der nicht für ausreichend gehaltenen Generalklausel des § 1666 Abs 1 Satz 1 angebunden wurde, war Ausdruck seinerzeit im Rechtsausschuß entstandener verfassungsrechtlicher Unsicherheiten, die inzwischen vor allem aufgrund der, wenn auch nicht gänzlich widerspruchsfreien, Entscheidungen des BVerfG (Senatsentscheidungen: BVerfGE 68, 176; BVerfGE 75, 201; BVerfGE 79, 51; BVerfGE 88, 187 sowie Kammerbeschlüsse: FamRZ 1989, 145; FuR 1991, 235 f; FuR 1993, 345; FuR 1993, 351 f; FamRZ 1995, 24 ff; zur Rspr des BVerfG NIEMEYER FuR 1990, 153 ff und in: FS Benda [1995] 185), der zunehmend gefestigten fachgerichtlichen Spruchpraxis (vgl SALGO [1987] 177 ff; LAKIES/MÜNDER RdJB 1991, 428 ff) und der rechtswissenschaftlichen Aufarbeitung (insbes SCHWAB, 54. DJT A 65 ff; ZENZ, 54. DJT A 9 ff; LEMPP, 54. DJT I 43 ff; WALLMEYER, 54. DJT I 9 ff; SALGO aaO; PESCHEL-GUTZEIT FPR 2004, 428) weitgehend als ausgeräumt gelten können, was längst nicht mit einer verläßlichen Prognostizierbarkeit der gerichtlichen Entscheidung für jeden Einzelfall gleichzusetzen ist. Der Gesetzgeber des **KindRG** konnte auf diesem Erfahrungshintergrund verfassungs- und fachgerichtlicher Spruchpraxis und einer intensiveren Befassung mit der Pflegekinderproblematik in der Rechtswissenschaft, Rechtspolitik und in den Humanwissenschaften unbelasteter an die beabsichtigten Reformen herangehen: Die von Anbeginn an umstrittene Anknüpfung des § 1632 Abs 4 aF an die Voraussetzungen des § 1666 Abs 1 wurde durch die Neufassung des § 1632 Abs 4 aufgegeben und durch die Formulierung „wenn und solange das Kindeswohl durch die Wegnahme gefährdet würde" ersetzt. Zugleich wurde der zusätzliche gesetzliche Hinweis auf „Anlaß oder Dauer der Familienpflege" ersatzlos gestrichen (BT-Drucks 13/4899, 96).

Entscheidungen in diesem Bereich gehören trotz größerer Sicherheit gegenüber früher sicherlich nach wie vor zu den schwierigsten, die ein Richter zu treffen hat (SIEDHOFF NJW 1994, 616). Wie die Rspr belegt, bedeutet § 1632 Abs 4 mehr als nur eine Akzentverschiebung (so aber GW FamK/NEHLSEN-vSTRYK Rn 34), auch wenn es sich ursprünglich nur um eine widerwillig hingenommene Konzession gehandelt hat (SIMITIS, in: GOLDSTEIN ua [1982] 186). § 1632 Abs 4 ist aber nicht nur einfachgesetzlicher Ausdruck einer Rezeption entwicklungspsychologischer Erkenntnisse um **kindliches Zeiterleben** (hierzu grundlegend HEILMANN; BVerfG NJW 2001, 961), sondern zugleich Ausdruck der **Pflichtgebundenheit des Elternrechts**, eben dafür, daß „die elterliche Sorge nicht als Machtanspruch der Eltern gegenüber ihren Kindern zu verstehen ist" (BVerfG FamRZ 1993, 1420, 1421 = FuR 1993, 345, 347) sowie des staatlichen Wächteramtes der Verfassung. § 1632 Abs 4 reiht sich ein in die Reihe „zivilrechtlicher Ausführungsvorschriften" (s STAUDINGER/COESTER [2004] § 1666 Rn 3) zu Art 6 Abs 2 und 3 GG, zu denen insbes die §§ 1631a Abs 2, 1631b, 1631 Abs 2 und die §§ 1666, 1666a zu zählen sind. Die verfassungsrechtlich prekäre Konfliktkonstellation spiegelt sich somit in jedem Herausgabestreit auf der fachgerichtlichen Ebene wider (SCHLÜTER/ LIEDMEIER FuR 1990, 122; GW FamK/NEHLSEN-vSTRYK Rn 34). Verfassungsrechtlicher Ausgangspunkt bei einem Konflikt zwischen Eltern und Pflegeeltern ist der **grundsätzlich vorrangige Schutz des Elternrechts**, allerdings genießt auch die **Pflegefamilie**, die zur Familie des Kindes geworden ist, den **verfassungsrechtlichen Schutz aus Art 6 Abs 1 und 3 GG** (BVerfGE 68, 176, 187). Abstrakte Erwägungen über das Stärkeverhältnis dieser beiden Grundrechtspositionen von Eltern und Pflegeeltern führen indes für die von § 1632 Abs 4 geforderte und vor allem auf die Entwicklung des Kindes bezogene Einzelfallentscheidung nicht weiter. Letztendlich steht nichts geringeres als die **Wahrung der Kindesgrundrechte** im Zentrum der im Spannungsfeld zwischen Abs 1 und Abs 4 des § 1632 zu treffenden Entscheidung. Die letztgenannte Bestimmung bringt erstmals auf der einfachgesetzlichen Regelungsebene zum Ausdruck, daß es sich hier um eine „verfassungsrechtliche Dreieckskonstellation" (SCHWAB, 54. DJT A 112; MünchKomm/HUBER Rn 38) handelt. Letztlich **ausschlaggebend** sind somit im Konfliktfall nicht die Rechte dieser beiden Grundrechtsträger Eltern und Pflegeeltern, sondern **das Wohl des Kindes**, welchem gegenüber uU auch das Elternrecht zurücktreten muß.

Erziehungsprimat, Interpretationsmonopol und der weite Handlungs- und Beurteilungsspielraum der leiblichen Eltern können bei Vorliegen der Fallkonstellation des § 1632 Abs 4 eingeschränkt sein. Wenn diese dem Kind nicht mehr so nahestehen wie im gelebten Eltern-Kind-Verhältnis, kann die Schwelle für einen Eingriff hier niedriger als sonst bei einer bestehenden und funktionierenden Eltern-Kind-Beziehung liegen (BVerfGE 24, 119, 150; SCHLÜTER/LIEDMEIER FuR 1990, 122, 126; SCHWAB, 54. DJT A 112). Der verfassungsrechtlich gebotene Schutz des Kindes in der Familiengemeinschaft wie des Elternrechts, das Sozialstaatsgebot und der Grundsatz der Verhältnismäßigkeit verpflichten den Staat zu einer breiten Palette von Maßnahmen, die einerseits zur Gefährdungsbegrenzung **innerhalb** des Herkunftsmilieus insbesondere unter Anwendung des kinder- und jugendhilferechtlichen Instrumentariums des SGB VIII führen (§ 1666a; vgl STAUDINGER/COESTER [2004] § 1666a Rn 10 ff) und andererseits der stets möglichen Gefahr einer uU **schnell eintretenden Entfremdung zwischen**

44a

Herkunftsfamilie und Kind während einer Fremdplazierung entgegenzuwirken imstande sind; die Plazierung des Kindes in eine Pflegefamilie trägt den Keim der Entfremdung in sich (Schwab³, HB III Rn 150). Diesen verfassungsrechtlich gebotenen Anforderungen werden inzwischen die im SGB VIII verankerten hilfeorientierten Angebote weitgehend gerecht, was nicht mit dem rechtzeitigen Vorhandensein entsprechender Hilfen bereits überall und in jedem Einzelfall bei entsprechendem Bedarf gleichgesetzt werden darf. Zudem sind **nicht alle Gefährdungen** des Kindes in der Herkunftsfamilie **mit ambulanten Hilfen auffangbar**. Auch läßt sich das Bindungsgeschehen nicht sozialrechtlich steuern. Zwar gewährt § 1632 Abs 4 grundsätzlich keine Berechtigung, zunächst die Herausgabe iS eines Blockaderechts zu verweigern, jedoch können Pflegeeltern eine sofortige gerichtliche Entscheidung herbeiführen und, falls sie diesen Weg beschritten haben, bis zur Erlangung einstweiligen Rechtsschutzes (s Rn 111) die Herausgabe verweigern (BT-Drucks 8/2788, 52 u BT-Drucks 11/5948, 75). § 1632 Abs 4 schließt nämlich unter bestimmten Voraussetzungen den Anspruch aus Abs 1 des § 1632 aus, weil auch das verfassungsrechtlich geschützte Elternrecht leiblicher Eltern **keine Ausübung dieses Rechts** – hier in Form der Geltendmachung eines familienrechtlichen Herausgabeanspruchs gem § 1632 Abs 1 – **zu Lasten des** in seiner Persönlichkeit und Integrität ebenfalls verfassungsrechtlich geschützten **Kindes** zuläßt; zu den Zielperspektiven der Staatsintervention in diesem Bereich vgl GK-SGB VIII/Salgo § 33 Rn 3.; ders KritV 2000, 344, 357.

b) Frühere Konfliktlösung

45 Die Grenzen der häufig anempfohlenen vertragsrechtlichen Lösung der Probleme von Pflegekindschaft belegt der Umstand, daß einerseits solche „Verträge" zumeist nicht abgeschlossen werden, vor allem aber, daß letztendlich die **Herausnahmeproblematik** wegen der „Antinomie von Vertragsrecht und Kindesschutz" (Schwab, 54. DJT A 115 ff; Simitis, in: Goldstein ua [1974] 118 f) **über das Vertragsrecht nicht gelöst werden kann**; zu den Grenzen privatautonomer Ausgestaltung der künftigen Lebensverhältnisse des Pflegekindes vgl Salgo (1987) 275 ff. Die Vormundschaftsgerichtsbarkeit war in der Zeit vom Inkrafttreten des BGB bis zum SorgeRG immer wieder mit Herausgabekonflikten befaßt (vgl umfangreiche Nachweise Staudinger/Göppinger¹⁰/¹¹ § 1666 Rn 127 ff). Bemerkenswert ist die schon in der Zeit zwischen 1900 und 1940 anzutreffende Sensibilisierung der Richter der freiwilligen Gerichtsbarkeit für kindliche Kontinuitäts- und Bindungsbedürfnisse (Salgo [1987] 33 ff).

46 Während in der ersten Nachkriegszeit in der Bundesrepublik weiterhin eine Generalisierungen bewußt vermeidende differenzierte Entscheidungspraxis zunächst vorzufinden ist – der Zuständigkeitsstreit gem § 1632 aF überlagerte viele Konflikte –, verbreiteten sich in den 60er und 70er Jahren richterliche „Erfahrungen", die vom BGH im Zusammenhang mit Übersiedlungen von Kindern zwischen deren Eltern nach Trennung/Scheidung geltend gemacht worden waren, auch als im Herausgabestreit um Pflegekinder gültige Orientierungen, obwohl es sich um sehr unterschiedliche Ausgangssituationen handelte: In ständiger Rspr, deren Tradition bis in die Achtzigerjahre zunächst fortwirkte, ja sogar teilweise auch nach Inkrafttreten des SorgeRG Gültigkeit beanspruchte, gingen der BGH und im Gefolge viele OLGe von der Alltagstheorie (Coester [1983] 178 [Fn 13] 380, 445, 447) aus, nach der „erfahrungsgemäß Kinder sich in eine neue Umgebung ohne nachhaltige seelische Beeinträchtigung gewöhnen, wenn sie dort liebevoll und warmherzig betreut werden"

(BGHZ 6, 342, 347 f; BayObLG DAVorm 1985, 911, 914; vgl auch die Kritik des BVerfGE 75, 201, 223 an dieser „Theorie"; siehe auch u Rn 96). Diese für die Lösung des Herausgabestreits um Pflegekinder herangezogene „grobe Daumenregel" (COESTER aaO) verließ die geschilderte **einzelfallbezogene Rechtsprechungstendenz**, wobei tunlichst von der höchstrichterlichen Rspr übergangen wurde, daß diese richterlichen Verallgemeinerungen sich ursprünglich stets nur auf die Scheidungs-/Trennungsproblematik bezogen, und daß sie immer wieder „gesunde" Kinder oder ein „Kind, das keine seelischen Besonderheiten aufweist" im Blickfeld hatten. Bis in die jüngste Zeit lassen Gerichtsentscheidungen eine penible Differenzierung zwischen „Scheidungs-" und „Pflegekindern" vermissen. Indes weisen Pflegekinder stets „Besonderheiten" auf, sonst wären sie keine Pflegekinder. Befunde der entwicklungspsychologischen Risikoforschung „lassen doch eher einen kumulativ negativen Effekt ausschließlich fortgesetzter desorganisierender Erfahrungen befürchten" (SCHLEIFFER 247; ebenso DETTENBORN FPR 1996, 76, 80), sofern Kinder immer wieder Bindungs- und Beziehungsabbrüchen ausgesetzt sind. Untersuchungen in den 70er Jahren der vormundschaftsgerichtlichen Praxis hatten eine zunehmend problematische Einschätzung der Konfliktkonstellationen zutage gefördert: das psychische Kindeswohl trat gegenüber physisch-materiellen Lebensbedingungen in den Hintergrund, psychologische Gutachten wurden auch bei komplexen Gegebenheiten nur ausnahmsweise eingeholt, weder das Kind noch die Eltern wurden persönlich angehört, vorherrschend waren biologische und tradierte rechtliche Argumente gegenüber psychologischen Erwägungen; psychische Gefährdungen von Kindern durch Bindungs- und Beziehungsabbrüche wurden mit der pauschalen Berufung auf anderweitige Erfahrungen bestritten (SIMITIS ua 163 ff). Die unspezifische Generalklausel des § 1666 als Konfliktnorm zur Lösung des Herausgabestreits um das Pflegekind konnte die aufgezeigte sehr unterschiedliche Praxis nicht kontinuierlich orientieren (vgl Nachweise bei SALGO [1987] 37 ff und als positives Gegenbeispiel insbes OLG Karlsruhe FamRZ 1979, 57, wo die zur Einführung von § 1632 Abs 4 führenden Erwägungen schon die Entscheidung bestimmten). Erst die mit Einführung des § 1632 Abs 4 erfolgte kasuistische Präzisierung scheint, nach Überwindung anfänglicher verfassungsrechtlicher Unsicherheiten, eine **zunehmende Stabilisierung und Orientierung der fachgerichtlichen Rechtsprechung** bewirkt zu haben (BVerfG FamRZ 2004, 1857, 1862; ebenso die Einschätzung von PESCHEL-GUTZEIT FPR 2004, 428 ff). Das KindRG nimmt explizit Bezug auf die Gerichtspraxis zu § 1632 Abs 4 (BT-Drucks 13/4899, 96).

Eine verkürzte Rezeption der Rechtsprechung des EuGHMR scheint bei einigen Fachgerichten zu einer nicht gerechtfertigten Überhöhung der Rechte biologischer Eltern zu führen, wobei der EuGHMR stets betont, daß ein „Elternteil aufgrund von Art 8 EMRK (…) **unter keinen Umständen Maßnahmen verlangen darf, die die Gesundheit des Kindes und seine Entwicklung beeinträchtigen**" (Johansen Z 78, 17383/90 v 7. 8. 96; **Görgülü**, FamRZ 2004, 1459: „Insbesondere hat ein Elternteil nach Art 8 EMRK keinen anspruch auf Maßnahmen, die der Gesundheit und Entwicklung des Kindes schaden würden."). Damit steht es in Übereinstimmung mit der Rechtsprechung des BVerfG, wonach „das Wohl des Kindes letztendlich bestimmend sein muss" (BVerfG FamRZ 2005, 783 f). Zudem darf nicht übersehen werden, daß der EuGHMR wiederholt Staaten zur Zahlung hoher Beträge für Schmerzensgeld und Schadensersatz an Kinder verurteilt hat, weil diese durch ihre Eltern Schädigungen erfahren hatten, denen der Staat nicht mit den erforderlichen Mitteln begegnet war (EuGHMR Z and Others gegen Großbritannien ZfJ 2005, 154). Grundsätzliche Aussagen des BVerfG wie etwa „Pflegekindschaftsverhältnisse (...) sind institutionell auf Zeit angelegt" (BVerfG FamRZ 2006, 1593, 1594) und des EuGHMR (FamRZ 2005, 587 Nr 93) verkennen nicht nur die gesellschaftliche Realität und die Grenzen der Veränderbarkeit, sie ignorieren das kindliche Zeitempfinden und damit Grundannahmen der Humanwissenschaften. Das BVerfG relativiert jedoch solche grundsätzlichen Aussagen: letztendlich muss „das Kindeswohl bestimmend sein". Auch der EuGHMR fordert nicht schematisch die Zusammenführung von leiblichen Eltern mit ihren Kindern, vielmehr „muß ein gerechter Ausgleich zwischen den Interessen des in Familienpflege lebenden Kindes, dort zu verbleiben und den Interessen des Elternteil, mit dem Kind wieder zusammen zu sein" (K and T gegen Finnland v 27. 4. 2000, Az 25702/94, Rn 156), erfolgen.

c) Verfassungsrechtlich prekäre Konfliktkonstellation

47 Wiederholt mußte sich das BVerfG mit Herausgabekonflikten um Pflegekinder befassen (vgl insbes NIEMEYER, in: FS Benda [1995] 185). Für die fachgerichtliche Praxis sind die beiden unmittelbar zu § 1632 Abs 4 ergangenen Entscheidungen des BVerfG (BVerfGE 68, 176 = FamRZ 1986, 39; hierzu SALGO NJW 1985, 413; BVerfGE 75, 201 = FamRZ 1987, 786) nach wie vor von zentraler Bedeutung. Erst durch die erstgenannte Entscheidung sind **Zweifel hinsichtlich der Vereinbarkeit von § 1632 Abs 4 mit dem GG ausgeräumt**. Daß die verfassungsrechtliche Prüfung vom **natürlichen Recht der Eltern zur Pflege und Erziehung ihrer Kinder** ausgeht und die **besondere Bedeutung von Art 6 Abs 2 und 3 GG auch für die Phase der Aufrechterhaltung der Trennung des Kindes von der elterlichen Familie** hervorhebt, war nicht überraschend, bemerkenswert war indes, daß erstmals im sorgerechtlichen Kontext das Gericht die als Folge eines länger andauernden Pflegeverhältnisses gewachsenen **Bindungen zwischen Pflegekind und Pflegeeltern anerkannte und folglich auch die Pflegefamilie unter den Schutz des Art 6 Abs 1 und Abs 3 GG stellte** (BVerfGE 68, 176, 187, 189; BVerfG FamRZ 2000, 1489). Allerdings können sich Pflegeeltern **nicht** auf das Elternrecht in Art 6 Abs 2 S 1 GG berufen (BVerfGE 79, 51, 60; etwas abgeschwächt durch Nichtannahmebeschluß BVerfG NJW 1994, 183 = FamRZ 1993, 1045; vgl hierzu NIEMEYER, in: FS Benda [1995] 188 f). Zwischen der damit verfassungsrechtlich anerkannten Grundrechtsposition der Pflegeeltern und der von sorgeberechtigten **Eltern kommt grundsätzlich** der letzteren **Vorrang** zu. Allerdings muß bei **Interessenkollisionen** zwischen dem Kind und seinen Eltern sowie den Pflegeeltern das **Kindeswohl letztlich bestimmend** sein (BVerfGE 68, 176, 188 mwNw). Die Prioritätensetzung im verfassungs- wie familienrechtlich komplexen Dreiecksverhältnis ist damit bestimmt. Das BVerfG verwirft einerseits die vielfach kritisierte Formel von der leichten Überwindbarkeit von Umgebungswechseln im frühen Kindesalter unter Bezugnahme auf Erkenntnisse der Kinderpsychologie (BVerfGE 75, 201, 223), andererseits befürwortet es, entgegen deutlichen humanwissenschaftlichen Warnungen (vgl ZENZ, 54. DJT A 34 ff, A 38 sowie die Übersicht von KLUSSMANN DAVorm 1985, 170; SCHLEIFFER), „behutsame" Rückführungen mittels gleitender Übergänge von der Pflegefamilie zur Herkunftsfamilie nach entsprechenden Übergangsphasen (BVerfGE 68, 176, 188). Dabei verkennt das Gericht keineswegs, daß, solange das Kindeswohl die oberste Priorität bleibt, § 1632 Abs 4 auch solche Entscheidungen ermöglicht, die aus der Sicht der Eltern nicht akzeptabel sind, weil sie sich in ihrem Elternrecht beeinträchtigt fühlen (BVerfGE 68, 176, 190 f): Wenn eine **schwere** und **nachhaltige Schädigung des körperlichen** oder **seelischen Wohlbefindens des Kindes** bei seiner Herausgabe zu erwarten ist, kann **allein die Dauer des Pflegeverhältnisses** zu einer Verbleibensanordnung nach § 1632 Abs 4 führen. Zuzugeben ist, daß bislang die Rspr des BVerfG eine eindeutige Klärung des

Verhältnisses der „Elternrechte" von leiblichen und Pflegeeltern nicht erbracht hat (vgl nämliche Kritik von WIESNER SGB VIII § 33 Rn 7 unter Bezugnahme auf BVerfG FamRZ 1993, 1045). Insoweit stimmen das BVerfG und der EuGHMR überein: Eltern dürfen auf Entscheidungen, die das Wohl(befinden) des Kindes schädigen, nicht bestehen. Bei psychischer Erkrankung der Kindesmutter und nach Scheitern ambulanter Hilfen darf ein mit der Trennung von Pflegeeltern verbundenes hohes und unkalkulierbares Risiko („negative Folgen einer eventuellen Traumatisierung") nicht in Kauf genommen werden (BVerfG, 1 BvR 2006/98 v 22.8.2000; OLG Frankfurt 1 UF 312/01 v 8.5.2002).

Im Zentrum der zweiten zur Pflegekindschaft ergangenen (Senats-)Entscheidung **48** des BVerfG (BVerfGE 75, 201 = FamRZ 1987, 786) stehen Risikoabwägungen und die Reichweite elterlicher Befugnisse für den Fall, daß mit der geforderten Herausgabe des Kindes durch seine Eltern nicht die Herstellung einer Familiengemeinschaft, sondern lediglich ein **Wechsel der Pflegestelle** bezweckt wird; hierzu nunmehr im Anschluß an diese Entscheidung OLG Rostock FamRZ 2001, 1633 f (m Anm der Redaktion) – ohne zwingenden Grund darf das nicht geschehen (OELKERS FuR 2002, 106, 111; ebenso OLG Hamm v 4.5.2001, 7 UF 10/01; OLG Celle v 26.6.2001, 17 UF 129/01; OLG Brandenburg, OLG-NL 2006, 255 v 18.10.2005). Das BVerfG hatte zur Vorbereitung dieser Entscheidung Gutachten aus dem Bereich der Kinderpsychologie und -psychiatrie eingeholt: Danach hat die **Trennung von Kleinkindern** von ihren unmittelbaren Bezugspersonen unbestrittenermaßen als ein **Vorgang mit „erhebliche(n) psychischen Belastungen"** und mit einem „**schwer bestimmbaren Zukunftsrisiko"** zu gelten (BVerfGE 75, 201, 219). Diese Risikogrenze ist generell nach Ansicht des Gerichts weiter zu ziehen, wenn leibliche Eltern oder ein Elternteil selbst in der Familiengemeinschaft mit dem Kind künftig Pflege und Erziehung übernehmen wollen. Geht es hingegen nur um die Durchsetzung des Personensorgerechts in Form des Aufenthaltsbestimmungsrechts, konkret um einen **Wechsel der Pflegeeltern**, dann ist einem solchen elterlichen Herausgabeverlangen nur stattzugeben, „wenn mit hinreichender Sicherheit auszuschließen ist, daß die Trennung des Kindes von seinen Pflegeeltern mit psychischen oder physischen Schädigungen verbunden sein kann" (BVerfGE 75, 201, 220; im Anschluß an diese Entscheidung OLG Rostock FamRZ 2001, 1633; OLG Bremen FamRZ 2003, 54). Diese Entscheidung stellt eine unmißverständliche **Absage an ein Verständnis von Elternrechten als Herrschaftsrechte** dar (BVerfG FamRZ 1993, 1420, 1421 = FuR 1993, 345, 347). Diese Linie wurde bestätigt von einer Kammerentscheidung des BVerfG (NJW-RR 2005, 657): Wechsel zu Großmutter nur, wenn mit hinreichender Sicherheit eine Gefährdung ausgeschlossen werden kann. Wenn hingegen Großeltern zugleich Vormund des Kindes sind, dann ist deren Herausgabeverlangen wie das von Eltern zu behandeln, somit nur möglich, wenn eine schwere und nachhaltige Schädigung des körperlichen oder seelischen Wohls bei der Herausnahme zu erwarten ist (BVerfG 1 BvR 1248/03 v 25.11.03). Die grundrechtliche Gleichstellung von Großeltern mit sorgerechtlichen Kompetenzen mit Eltern ist wenig überzeugend.

Im Mittelpunkt einer weiteren für die Reichweite von § 1632 Abs 4 ebenfalls zen- **49** tralen (Senats-)Entscheidung des BVerfG (BVerfGE 79, 51 = FamRZ 1989, 31) stand das **Verhältnis von Pflegekindschaft und Adoption** (vgl hierzu STAUDINGER/FRANK [2007] Vorbem 38 ff zu §§ 1741 ff mwNw) und die Frage, welche Risiken bei der Verwirklichung des Zieles Adoption von Behörden und Gerichten in Kauf genommen werden dürfen. Das BVerfG geht grundsätzlich davon aus, daß die **Adoption dem Pflegekindschaftsverhältnis vorzuziehen** ist (BVerfGE 79, 51, 65; BVerfG JAmt 2001, 503; BVerfG 1 BvR 1069/01 v 16.1.2002). Vgl grds zum Verhältnis von Pflegekindschaft und Adoption (s Salgo [1987] 367 ff; ders KritV 2000, 344, 352; Longino 43 ff) die Stellungnahme in § 36 Abs 1 Satz 2 SGB VIII: „Vor und während einer langfristig zu leistenden Hilfe außerhalb der eigenen Familie ist zu prüfen, ob die Annahme als Kind in Betracht kommt" (BT-Drucks 11/5948, 70; hierzu Wiesner § 36 Rn 32; Bonner Kommentar [Jestaedt] Art 6 Abs 2 und 3 Rn 208; Salgo ZfJ 2004, 410 ff). Allerdings gewinnt § 1632 Abs 4 dann an Gewicht, wenn das Kind aus einem intakten Pflegeverhältnis kommt. In diesem Fall muß geprüft werden, ob die in Aussicht genommenen Adoptiveltern geeignet sind, die mit der Trennung des Kindes von seinen Pflegeeltern – die durch Art 6 Abs 1 und Abs 3 GG geschützt werden (BVerfGE 79, 51, 59) – verbundenen psychischen Beeinträchtigungen zu mildern; dies gilt insbesondere, wenn solche zu erwarten sind (BVerfGE 79, 51, 66).

Unmittelbare Auswirkungen des staatlichen Wächteramtes (Art 6 Abs 2 S 2 GG) schlagen sich auch im Verfahrensrecht nieder, was konkret in Anwendung der Bestimmungen des FGG (§ 12) dazu führt, daß die Fachgerichte sich „darüber Gewißheit zu verschaffen haben, ob die vorgesehenen Adoptiveltern geeignet sind, dem Kind über die schädlichen Folgen einer Trennung von seinen Pflegeeltern hinwegzuhelfen, wenn Gericht und Jugendamt selbst von solchen Folgen ausgehen oder zumindest diese nicht auszuschließen vermögen" (BVerfGE 79, 51, 67). Diese Entscheidung hat zu Recht mehrfach Kritik (ua von Lakies FamRZ 1990, 698, 702 f und ZfJ 1989, 521; Ditzen NJW 1989, 2519 f; Zweifel hinsichtlich der vom BVerfG erwarteten Prognoseentscheidung auch bei Soergel/Strätz Erg § 1632 Rn 23; Siedhoff NJW 1994, 616, 620 ff; ders FPR 1996, 65, 66; MünchKomm/Huber Rn 47) erfahren, weil sie erhebliche und voraussehbare Belastungen in Kauf zu nehmen bereit ist, hingegen die geforderte Prognose darüber, ob und unter welchen Umständen diese bewußt in Kauf genommenen schädlichen Folgen behoben werden können, mit erheblichen Unsicherheiten belastet bleiben muß. Allerdings stellt die vom BVerfG geforderte Risikoabwägung eine für die Praxis nur schwer überwindbare Hürde auf: **Mit Sicherheit müssen die schädlichen Folgen der Trennung aufgefangen werden können** (im konkret vom BVerfG entschiedenen Fall kam es aufgrund dieses Erfordernisses nicht zur Herausnahme dieses Pflegekindes, welches schließlich von seinen Pflegeeltern adoptiert wurde; vgl auch BVerfG FamRZ 2000, 1489).

50 Eine im Jahre 1993 ebenfalls ein Pflegekind betreffende Senatsentscheidung erging auf eine Richtervorlage gem Art 100 Abs 1 GG (BVerfGE 88, 187 = FamRZ 1993, 782). Im Zentrum dieser Entscheidung stand zunächst § 1696 Abs 2 aF: Unter welchen Voraussetzungen muß die Anordnung einer Vormundschaft gem § 1671 Abs 5 aF aufgehoben werden, wenn das Kind zwar seit längerer Zeit in Familienpflege lebt, die Voraussetzungen der früheren Interventionsnotwendigkeit inzwischen indes entfallen sind? Das BVerfG wies diese Vorlage zurück: Im Rahmen der von § 1696 Abs 2 aF geforderten Prüfung kann es geboten sein zu klären, „ob eine Verbleibensanordnung nach § 1632 Abs 4 genügt, um der im Einzelfall festgestellten Gefahr für das seelische Wohl des Kindes zu begegnen" (BVerfGE 88, 187, 197; vgl auch BVerfG 1 BvR 1664/04 v 5.4.2005). Andernfalls kann auch ein Sorgerechtsentzug gem § 1671 Abs 5 aF aufrechterhalten werden, soweit dies im konkreten Fall erforderlich ist, um eine mit der Herausnahme aus der Pflegefamilie verbundene Gefahr für das Wohl des Kindes abzuwenden. Das vorlegende Gericht hatte die von § 1696 Abs 2 aF geforderte Überprüfung verengend nur auf das Vorliegen der ursprünglichen Interventionsgründe gem § 1671 Abs 5 aF bezogen und übersehen, daß auch und gerade im Rahmen der geforderten Überprüfung eine **umfassende Kindeswohlprüfung** unter allen Gesichtspunkten erfolgen muß. Denn Maßnahmen nach den §§ 1666, 1671 Abs 5 aF sind erst aufzuheben, wenn eine Gefahr für das Wohl des Kindes nicht mehr besteht. Das ist nicht schon dann der Fall, wenn die Gründe weggefallen sind, die für die zur Überprüfung gestellte Maßnahme ausschlaggebend waren. Eine **Änderungsentscheidung** ist vielmehr **nur** dann **zulässig**, wenn eine **zuverlässige Gewähr** dafür besteht, daß sie **auch aus anderen Gründen nicht zu einer Gefährdung des Kindeswohls führen** wird (OLG Karlsruhe ZBlJugR 1982, 245, 246; OLG Frankfurt v 28. 2. 2002, 5 UF 133/01: In solchen Fällen muß das Elternrecht zurückstehen, selbst wenn die volle Erziehungsfähigkeit wieder gewonnen ist; STAUDINGER/COESTER [2006] § 1696 Rn 100). Die Parallele zur Entscheidung von 1984 (BVerfGE 68, 176; hierzu Rn 47) liegt darin, daß es für die Überprüfung von mit Sorgerechtsbeschränkungen einhergehenden Interventionen in der familien- und vormundschaftsgerichtlichen Praxis nicht mit der Feststellung des Nicht- oder Nichtmehrvorliegens von Interventionsgründen getan ist, vielmehr in jedem Falle auch die **jetzige Befindlichkeit** des Minderjährigen Berücksichtigung finden muß. Die häufig nicht genügend beachtete **zeitliche Brisanz** (hierzu grundlegend HEILMANN 114 f) auch der im Rahmen von § 1696 gebotenen Überprüfung (STAUDINGER/COESTER [2006] § 1696 Rn 100, 107 mwNw) gerät durch die Entscheidungen des BVerfG in den Mittelpunkt der Entscheidungspraxis von Gerichten und Kinder- und Jugendbehörden.

Das BVerfG hat – bis auf die Entscheidung des 2. Senats (FamRZ 2004, 1857) – zu Pflegekindern seit 1993 (BVerfGE 88, 187) keine Senatsentscheidung, sondern nur eine Reihe von Kammerentscheidungen erlassen. Das bedeutet, daß es im Grundsatz an den in diesen Senatsentscheidungen festgelegten Standards festhält.

Unterschiedliche verfassungsrechtliche Aspekte finden sich in mehreren Kammer- **51** beschlüssen: Der **Grundsatz der Verhältnismäßigkeit** bestimmt, ob eine Verbleibensanordnung gem § 1632 Abs 4 genügt oder ob die Aufrechterhaltung eines Entzugs des Personensorgerechts notwendig ist (BVerfG FamRZ 1989, 145 ff). Eine abstrakt gegen die §§ 33, 36, 37 SGB VIII erhobene Verfassungsbeschwerde wies das BVerfG (FuR 1991, 235 f) mangels unmittelbarer Betroffenheit der beschwerdeführenden Pflegeeltern zurück (zur Kontroverse vgl WAGNER FuR 1991, 208 ff und FuR 1992, 148 ff sowie FuR 1994, 219 ff und die Entgegnung von LAKIES FuR 1995, 114 ff). Im Mittelpunkt einer weiteren, als unbegründet zurückgewiesenen Verfassungsbeschwerde stand die Frage, ob bei Einverständnis des sorgeberechtigten Elternteils mit dem Verbleib in Familienpflege dennoch dessen Sorgerechte allein aufgrund des Umstands, daß Aufenthalt und persönliche Bindungen im Pflegeverhältnis bestehen, hingegen die sorgerechtlichen Befugnisse bei der insoweit berechtigten Mutter verblieben waren, gem § 1666 eingeschränkt werden könnten. Wie die fachgerichtlichen Vorinstanzen, so verneinte das BVerfG (FamRZ 1993, 1045) die Voraussetzungen für einen Sorgerechtsentzug. Aufgrund der nunmehr durch § 1688 kraft Gesetzes bestehenden Befugnisse der Pflegeeltern könnte sich die Spannungslage solcher Fallkonstellationen entschärfen (vgl STAUDINGER/SALGO [2006] § 1688 Rn 11 ff). Entführt der allein sorgeberechtigte Vater seine Tochter aus einem über fünf Jahre bestehenden Pflegeverhältnis, obwohl er nach allen Hinweisen mit einer Verbleibensanordnung zu rechnen hat, und entstehen den Pflegeeltern **Kosten**, die mit dem **Wiederauffinden des Kindes** durch einen Detektiv im Zusammenhang stehen, so hat der Vater diese außergerichtlichen Kosten zu tragen (BVerfG FamRZ 1993, 1420 ff); es handelt sich um das Kind, mit dessen Schicksal das BVerfG (BVerfGE 75, 201; vgl Rn 48) bereits befaßt war.

52 Der Antrag von Pflegeeltern gem § 1632 Abs 4 führte zu einer Verbleibensanordnung, weil zwei zwecks Heilbehandlung aus Kriegs- und Krisengebieten in die Bundesrepublik eingereiste Minderjährige nach Abschluß ihrer Behandlung von ihrem Vormund trotz unsicherer Lage in ihre Heimat (es war sehr zweifelhaft, ob die Kindeseltern in Afghanistan überhaupt noch lebten und damit das Kind bei sich aufzunehmen imstande waren) zurückgeführt werden sollten, obwohl ihre Angehörigen dort nicht auffindbar waren (BVerfG FamRZ 1995, 24 ff). Das BVerfG erwägt zwar auch einen Verstoß gegen Art 6 Abs 1, stellt aber zentral auf eine **drohende Verletzung der Grundrechte der Kinder** aus Art 2 Abs 1 iVm Art 1 Abs 1 GG ab.

In einer weiteren (Kammer-)Entscheidung des BVerfG ging es um ein ebenfalls aus Afghanistan stammendes Kind (BVerfG FamRZ 2006, 1593). Obschon das Kind zum Zeitpunkt dieser Entscheidung nicht mehr bei Pflegeeltern lebte, stand die einen Verbleib dieses Kindes in der Pflegefamilie gem § 1632 Abs 4 anordnende Entscheidung (OLG Hamm JAmt 2004, 209, zustimmend PESCHEL-GUTZEIT FPR 2004, 428, 41: „Eine kindeswohlgerechte und humanitär nur zu begrüßende Entscheidung") im Mittelpunkt. Das Kind war zur medizinischen Behandlung schwerer lebensbedrohender Beinverletzungen im Jahre 1999 nach Deutschland gebracht worden und lebte bis zum 20. 5. 2005 bei „Gasteltern". Die auf ein Sachverständigengutachten beruhenden Feststellungen des OLG Hamm werden vom BVerfG kritisiert (aaO 1594), die Kammerentscheidung lässt aber das mögliche Ausmaß der Gefährdungen des Kindes durch die beabsichtigte Rückführung des Kindes nach Afghanistan völlig offen; es erwähnt lediglich „erhebliche psychische Belastungen" für das Kind und stellt obiter dictum fest, dass „Pflegekindschaftsverhältnisse (…) institutionell auf Zeit angelegt seien". Diese eher von political correctness als der konkreten Lebenslage des Kindes bestimmte Entscheidung könnte die Linie der verfassungsgerichtlichen Rechtsprechung, nach der bei Interessenkollisionen zwischen dem Kind und seinen Eltern und Pflegeeltern das Kindeswohl letztendlich bestimmend sein muss, verlassen. Immerhin hatte der (kritisierte) Sachverständige vor psychologischen Belastungssituationen gewarnt (OLG Hamm JAmt 2004, 209, 210), die das Kind „völlig überfordern und der ernsthaften Gefahr weitreichender psychischer Schäden aussetzen würde".

53 § 1632 Abs 4 ist nicht nur verfassungsgemäß (BVerfG 68, 176), diese Regelung ist auch konventionsgemäß iSd Art 8 der Europäischen Menschenrechtskonvention (FAHRENHORST 309; ebenso BRÖTEL 409), auch wenn bislang diese Bestimmung, soweit ersichtlich, durch die Straßburger Organe (Europäische Menschenrechtskommission und Europäischer Gerichtshof für Menschenrechte) nicht überprüft worden ist.

Vor verkürzten Rezeptionen der Rechtsprechung des EuGHMR durch einzelne Fachgerichte muss deutlich gewarnt werden. Bislang stehen hier lediglich zwei Entscheidungen im Mittelpunkt (**Görgülü**, EuGHMR FamRZ 2004, 1456 und **Kutzner**, EuGHMR FamRZ 2002, 1393). Im Fall **Görgülü** scheinen sowohl der EuGHMR wie auch das BVerfG die eigenen Grundsätze zu verlassen, nach denen Eltern niemals das Kind durch ihre Entscheidungen an seiner Gesundheit und Entwicklung schädigen dürfen (**Görgülü**, FamRZ 2004, 1459: „Insbesondere hat ein Elternteil nach Art 8 EMRK keinen Anspruch auf Maßnahmen, die der Gesundheit und Entwicklung des Kindes schaden würden."). Das Kind soll anscheinend auf dem Altar des „Rechthabens" des Vaters „geopfert" werden. Im Fall **Kutzner** (vgl hierzu SALGO [2007] 43, 64 ff) wurden die Kinder auf forcierten Druck aus den Pflegefamilien ins Elternhaus zurückgeführt, wo sie aber wegen erheblicher Gefahr für ihr Wohl und ihre Entwicklung (wie schon vor ihrer Fremdplazierung) nicht bleiben konnten. Die früheren Prognosen der Fachgerichte wie des BVerfG zu diesem Fall haben sich trotz anderer Einschätzungen des EuGHMR bestätigt. Daß die Fachgerichte unter Bezugnahme auf den EuGHMR undifferenziert stets den Herausgabeansprüchen biologischer Eltern entsprechen, lässt sich keineswegs sagen, vgl hierzu DOUKKANI-BÖRDNER ua (149) sowie MARQUARDT (73), in: 4. Jahrbuch des Pflegekinderwesens, Hrsg Stiftung zum Wohle des Pflegekindes.

Trotz mancher Umwege, gewisser Unsicherheiten, Widersprüche und einer zu hoch **54** erscheinenden Risikobereitschaft hat die **Rechtsprechung des BVerfG zu wesentlich mehr Sicherheit in der fachgerichtlichen Rspr beigetragen**; das BVerfG (FamRZ 2000, 1489) hält an diesen nicht immer widerspruchsfreien Grundsätzen im wesentlichen fest. Einige Kammerentscheidungen des BVerfG aus jüngster Zeit könnten Zweifel daran aufkommen lassen, ob das Gericht an seiner Linie, daß das Kindeswohl bestimmend sein muß, festhalten will. Die Senatsentscheidungen des 1. Senats des BVerfG sind letztendlich den **Kontinuitätsbedürfnissen der jeweils betroffenen Minderjährigen** gerecht geworden. Für das BVerfG wie für die fachgerichtliche Entscheidungspraxis ist Rechtsprechung in diesem sensiblen Bereich stets eine Gratwanderung (vMÜNCH, HB des VerfR § 9 Rn 22).

d)   Bedeutung des Sozialrechts
Eine isolierte zivilrechtliche Betrachtung der Pflegekindschaft ist angesichts ihres **55** komplexen Entstehungszusammenhangs nicht angebracht. In der fachgerichtlichen Entscheidungspraxis des zivilrechtlichen Kindesschutzes wie in den vom BVerfG entschiedenen Fällen spielen **sozialrechtlich indizierte Aktivitäten der Kinder- und Jugendbehörden** bzw die Unterlassung solcher eine ständig wachsende Rolle. Wenn auch zivilrechtlicher Kindesschutz und sozialrechtliche Ausgestaltung im SGB VIII eigenständige Regelungsbereiche bilden, zeigt sich gerade an der Pflegekindschaft, daß sie genau an der **Schnittstelle zwischen bürgerlichem und öffentlichem Recht** (WIESNER, SGB VIII § 33 Rn 1) steht. Trotz der durch das SGB VIII verdeutlichten Selbständigkeit der Jugendämter sind diese – wie umgekehrt auch die Gerichte – auf eine Kooperation angewiesen. So hat das FamG etwa zu prüfen, ob die **Trennung des Kindes von der elterlichen Familie nicht durch öffentliche Hilfen vermieden werden kann** (hierzu STAUDINGER/COESTER [2004] § 1666a Rn 10 ff; vgl auch BVerfGE 66, 79 und dazu HINZ NJW 1983, 377); hierbei ist das FamG in die Verantwortung für die Folgemaßnahmen einbezogen (§ 1696); die richterlichen Entscheidungen müssen die reale Substanz der Eingriffe erfassen und verantworten (ZENZ [1979] 363). Auch das Jugendamt ist in die gerichtlichen Verfahren involviert: Es unterrichtet insbesondere über angebotene und erbrachte Leistungen, bringt erzieherische und soziale Gesichtspunkte hinsichtlich der Entwicklung des Kindes in das gerichtliche Verfahren ein, hat auf weitere Hilfsmöglichkeiten hinzuweisen und, falls es zur Abwendung einer Gefährdung des Kindeswohls das Tätigwerden des Gerichts für erforderlich hält, dieses anzurufen (§ 50 Abs 2 und § 8a Abs 3 S 1 SGB VIII).

Für die Entscheidung über eine Intervention des FamG gem §§ 1632 Abs 4, 1666 **56** Abs 1 sind die **sozialrechtlichen Regelungen des SGB VIII** (§§ 27, 33, 35a, 36, 36a, 37,

38) **von zentraler Bedeutung**, auch wenn das SGB VIII im Gegensatz zum JWG – bis auf die Möglichkeiten des vorläufigen Kindesschutzes gem § 42 SGB VIII – keine Möglichkeiten des Eingriffs in die sorgerechtlichen Kompetenzen von Eltern mehr kennt (vgl STAUDINGER/COESTER [2004] § 1666 Rn 45). § 1632 Abs 4 entfaltet bei Vorliegen seiner Tatbestände für sämtliche Pflegekindschaftsverhältnisse Schutzwirkungen, weil es nicht auf deren Entstehung abstellt: Auch wenn es sich nicht um eine Vollzeitpflege als „Hilfe zur Erziehung" iSd der §§ 27, 33 SGB VIII handelt oder auch wenn keine Pflegeerlaubnis (gem § 44 Abs 1 SGB VIII) erteilt (BGH FamRZ 1956, 350; OLG Frankfurt OLGZ 1983, 297 = FamRZ 1983, 1163; bestätigt durch BVerfGE 68, 176, 191, und FamRZ 1983, 1164 = OLGZ 1983, 301; BayObLG NJW 1984, 2168 = FamRZ 1984, 817; OLG Hamm NJW 1985, 3029 f; LG Berlin DAVorm 1985, 822; OLG Hamburg FamRZ 1989, 420, 421), die Pflegeerlaubnis versagt, zurückgenommen oder widerrufen wurde bzw auch wenn keine beantragt werden muß (§ 44 Abs 1 SGB VIII) und auch wenn kein „Pflegevertrag" zwischen Pflegeeltern und Eltern besteht (OLG Hamm DAVorm 1981, 921, 926; AG Frankfurt aM DAVorm 1981, 368, 371; SCHWAB, 54. DJT A 76 und A 82), kann dennoch § 1632 Abs 4 Schutzwirkungen auch für solche Pflegeverhältnisse entfalten.

57 Allerdings werden Pflegeverhältnisse, die nicht als **Hilfe zur Erziehung** gem §§ 27, 33 SGB VIII zustande gekommen sind, bzw über deren Existenz dem Träger der Jugendhilfe (gem § 44 Abs 1 SGB VIII) nichts bekannt geworden ist („schwarze Pflegestellen"), kaum zahlenmäßig ins Gewicht fallen. Dies ist nicht überraschend: Durch den verstärkten Ausbau qualifizierter ambulanter Erziehungshilfen wird ein immer größerer Teil früherer Unterbringungen in Dauerpflege substituiert. Für eine Unterbringung von Kindern und Jugendlichen außerhalb der eigenen Familie kommen daher zunehmend solche Kinder und Jugendliche in Betracht, die nicht mehr über familienunterstützende Hilfen des SGB VIII erreicht werden können (BT-Drucks 11/5948, 68; vgl auch LÜÜs WuS 1995, 557, 563). Schätzungen zufolge gehen Unterbringungen in Vollzeitpflege iSv § 33 SGB VIII häufig (in ca 30–50% der Fälle) mit sorgerechtsbeschränkenden Maßnahmen (gem §§ 1666, 1671 Abs 5 aF) einher. Zum Problemumfang siehe auch Rn 62.

58 Auch für die Entstehung der einschlägigen Bestimmungen des SGB VIII – wie schon für § 1632 Abs 4 – waren die Erkenntnisse um die Trennungsempfindlichkeit von Kindern und die verfassungsrechtlich prekäre Konstellation zwischen Elternrecht und Kindeswohl und die besondere dem Staat zukommende Funktion in Ausübung seines Wächteramtes von zentraler Bedeutung. Das SGB VIII nimmt für die öffentliche Jugendhilfe in Anspruch, nachdem wegen der **Komplexität der Familienpflege** eine umfassende Regelung im Familienrecht des BGB nicht zustandegekommen war, die sich aus dem **Auseinanderfallen von rechtlicher und sozialer Zugehörigkeit** ergebenden Unsicherheiten und Unklarheiten soweit wie möglich aufzufangen und zur Bewältigung der komplexen Problematik an den Bedürfnissen der Minderjährigen orientierte Konzepte und Strategien einzusetzen (BT-Drucks 11/5948, 68; WIESNER, SGB VIII § 33 Rn 16; GK-SGB VIII/SALGO § 33 Rn 16 ff). Die Rechtsordnung kann nicht darüber hinwegsehen, daß im **Ablauf der Zeit „die personale Substanz des Kindschaftsverhältnisses gegenüber den leiblichen Eltern zerfällt und sich gegenüber den Pflegeeltern entfaltet"** (SCHWAB, 54. DJT A 112). Ua auf diesen Umstand (auf mögliche Folgen für die Entwicklung des Kindes) hinzuweisen, gehört gem § 36 Abs 1 S 1 SGB VIII zu den Pflichtaufgaben der Jugendhilfe.

In Wahrnehmung des staatlichen Wächteramtes wie unter Berücksichtigung des **59** verfassungsrechtlichen Schutzes des Elternrechts setzt das SGB VIII zunächst auf die **Vermeidung von Fremdplazierung** mittels Hilfen im Elternhaus, sodann bei deren Unvermeidbarkeit auf die **alsbaldige ungefährdete Rückkehr** (Vorrang der Rückkehroption bei grundsätzlicher Fähigkeit und Eignung der Eltern zu Pflege und Erziehung) und erst **bei Scheitern dieser Option**, aber auch **bei Aussichtslosigkeit einer Veränderung in der Herkunftsfamilie** (WIESNER SGB VIII § 37 Rn 27; MÜNDER ua, Frankfurter FK-SGB VIII § 37 Rn 10 f; auch schon BVerfGE 24, 119, 146; hierzu SALGO KritV 2000, 344, 348 f), auf die **Sicherung dauerhafter Lebensumstände außerhalb des Herkunftsmilieus.** Wegen der Grundrechtsrelevanz von Fremdplazierung erfährt mit dem SGB VIII der gesamte Prozeß der Intervention der Kinder- und Jugendbehörde eine gesteigerte Aufmerksamkeit des Gesetzgebers: Das SGB VIII als modernes Leistungsgesetz ist in diesem Bereich von der Philosophie der **zeitgerichteten, zielgerichteten und geplanten Intervention** bestimmt (BT-Drucks 11/5948, 68; vgl SALGO [1987] 325 ff; ders, in: WIESNER/ZARBOCK 115 ff; LAKIES FuR 1995, 114; GK-SGB VIII/SALGO § 33 Rn 33 ff). Wie in keiner deutschen Regelung zuvor, erfährt der **kindliche Zeitbegriff** (hierzu HEILMANN) nach seiner ersten gesetzgeberischen Berücksichtigung im SorgeRG mit § 1632 Abs 4 im SGB VIII eine weitere herausragende Berücksichtigung: Das SGB VIII stellt in seinem § 33 die sorgeberechtigten Eltern wie Mitarbeiter des Jugendamtes vor die Alternative, daß Vollzeitpflege entweder eine *„zeitlich befristete Erziehungshilfe"* oder *„eine auf Dauer angelegte Lebensform"* ist. Durch eine Vielzahl von Aktivitäten der Behörde und/oder freier Träger der Jugendhilfe sollen *„die Erziehungsbedingungen in der Herkunftsfamilie* **innerhalb eines im Hinblick auf die Entwicklung des Kindes oder Jugendlichen vertretbaren Zeitraums** *so weit verbessert werden, daß sie das Kind oder den Jugendlichen wieder selbst erziehen kann"* (§ 37 Abs 1 S 2 SGB VIII). Von vornherein erfolglos erscheinende Bemühungen zur Verbesserung der Situation der Herkunftsfamilie brauchen nicht erst unternommen zu werden (WIESNER SGB VIII § 37 Rn 27). Das SGB VIII zieht aber auch die Konsequenzen eines Scheiterns solcher Bemühungen: Ist eine nachhaltige Verbesserung der Erziehungsbedingungen in der Herkunftsfamilie innerhalb dieses Zeitraums nicht erreichbar, so soll mit den beteiligten Personen eine andere, dem Wohl des Kindes oder Jugendlichen förderliche und **auf Dauer angelegte Lebensperspektive** erarbeitet werden (§ 37 Abs 1 S 4 SGB VIII). Der **Schwebezustand** für das Kind oder den Jugendlichen muss in einer Weise beendet werden, dass ein dauerhafter Verbleib bei der Pflegeperson gesichert wird (WIESNER SGB VIII § 37 Rn 27).

Als **zentrales Koordinierungsinstrument** des SGB VIII zur Abstimmung und Feststellung von Hilfebedarf und Leistungserbringung dient der gem § 36 Abs 2 S 2 SGB VIII zu erstellende **Hilfeplan.** Wegen der besonderen Schwierigkeiten solcher Entscheidungen schreibt das SGB VIII (§ 36 Abs 2 S 1) vor, die Entscheidung im **Zusammenwirken mehrerer Fachkräfte** zu treffen (hierzu WIESNER SGB VIII § 36 Rn 40 ff; MÜNDER ua, Frankfurter FK-SGB VIII § 36 Rn 36; GK-SGB/NOTHACKER SGB VIII § 36 Rn 41 ff). Auch wenn es sich beim **Hilfeplan** um ein jugendhilferechtliches Instrument handelt, sind gerade für den **zivilrechtlichen Kindesschutz** die vom Jugendamt verfolgten Zielperspektiven, die erbrachten und angebotenen Leistungen (§ 1666a; § 50 Abs 2 SGB VIII) und nicht zuletzt die zeitliche Dimensionierung der Intervention Kriterien von zentraler Bedeutung. Gerichtliche und jugendhilferechtliche Intervention stehen hier in einer starken Interdependenz (SCHMID). Wenn auch – im Gegensatz zu ausländischen Regelungen – in der Bundesrepublik eine direkte gesetzliche Verknüpfung von Hilfeplanung und gerichtlicher Intervention bislang vermieden worden ist, besteht ein unbestreitbarer Zusammenhang zwischen der Vollzeitpflege iSv § 33 SGB VIII und den gerichtlichen Kindesschutzmaßnahmen, wenn zur Abwendung einer Gefährdung des Wohls des Kindes das Jugendamt ein gerichtliches Tätigwerden für erforderlich hält (§ 50 Abs 1 und 8a Abs 3 S 1 SGB VIII) und in der Folge das Kind fremdplaziert wird, oder wenn das Gericht von Amts wegen oder auf Antrag der Pflegeperson im Rahmen des § 1632 Abs 4 tätig wird.

60 Aus § 50 Abs 2 und § 8a Abs 3 S 1 SGB VIII sowie aus den §§ 1666, 1666a, 1696 ergibt sich die **Verpflichtung der Kinder- und Jugendbehörde zur Vorlage des (aktuellen sowie des früheren) Hilfeplans beim Gericht** –; soweit eine einstweilige Anordnung getroffen werden muß, ist der Hilfeplan unverzüglich nachzureichen (SALGO, in: WIESNER/ZARBOCK 138 f; WIESNER SGB VIII § 36 Rn 73: dem **Hilfeplan** kommt als zentrales Koordinierungsinstrument eine wachsende Bedeutung zu). Zu den Inhalten des Hilfeplans vgl SALGO aaO und ders (1987) 343 ff sowie WIESNER SGB VIII § 36 Rn 56 ff; GK-SGB/ NOTHACKER SGB VIII § 36 Rn 48. Es existiert kaum eine bessere Grundlage für die Unterrichtung des Gerichts über angebotene und erbrachte Leistungen und als Beleg, warum zur Abwendung der Gefahr bestimmte öffentliche Hilfen (§ 1666a) nicht (mehr) ausreichen und eine Verbleibensanordnung oder gar ein weitergehender Entzug des Personensorgerechts notwendig ist oder ob nach Maßnahmen gem § 1666, 166a eine Gefahr für das Wohl des Kindes nicht mehr besteht; darüber hinaus läßt sich hieraus erkennen, ob und welche sorgerechtlichen Befugnisse den Eltern zu entziehen sein werden und mit welchen Kompetenzen die Kinder- und Jugendhife bzw Pflegeeltern auszustatten wären (vgl § 1631 Rn 16 f). Zur Verwirklichung der vom SGB VIII intendierten **geplanten, zeit- und zielgerichteten** Intervention bedarf es **klarer Absprachen zwischen Gericht und Jugendamt** – eine klare zeitliche Strukturierung unterstützt Eltern, Pflegeeltern und Minderjährige, sie entspricht auch den gerichtlichen Überprüfungspflichten gem § 1696 Abs 2 und 3 (vgl auch STAUDINGER/ COESTER [2006] § 1696 Rn 107 mwNw).

61 Nachdem in den beiden zentralen Regelungsbereichen, nämlich beim zivilrechtlichen Kindesschutz und im SGB VIII, **kindliches Zeiterleben** Berücksichtigung gefunden hat – Entsprechendes gilt leider noch nicht für das Verfahrensrecht (vgl HEILMANN) –, wird es für die gerichtliche und behördliche Praxis sehr darauf ankommen, daß mit einer **planmäßigen, zeit- und zielgerichteten Intervention** die prekäre Konfliktlösung zwischen Elternrecht und Kindeswohl gelingt, indem die jeweiligen **Erwartungen** und Absichten nicht nur gegenseitig zwischen Jugendamt und Gericht, sondern auch den Eltern gegenüber, **offengelegt** werden (vgl auch Rn 90). Das geltende Kinder- und Jugendhilferecht orientiert sich bislang nicht nur an der Lebensrealität, sondern sie kann sich auf die neuesten Erkenntnisse der Bindungs-, Risiko- und Gehirnforschung stützen. Das zivilrechtliche Kindesschutzrecht hat demgegenüber erheblichen Nachholbedarf, wenn auch an ihm diese Erkenntnisse nicht spurlos vorübergegangen sind. Der im Rahmen von zivilrechtlichem Kindesschutz tätige Richter (zB in Verfahren gem §§ 1666, 1666a, 1632 Abs 4, 1631b) wird den Zeitfaktor schon bei der Verfahrensgestaltung und erst recht bei der Maßnahmenwahl und -dauer (§ 1696) weit stärker als in der Vergangenheit berücksichtigen und sein Vorgehen mit dem Jugendamt abstimmen müssen. Soweit sich beide Instanzen auf die Wahrung der Kindesgrundrechte beziehen, entstehen auch keine Zielkonflikte. Allerdings wird für die Jugendhilfe wie für das Gericht stets die begrenzte rationale oder gar rechtliche Steuerbarkeit des Bindungsprozesses zu beachten sein (ZENZ, 54. DJT A 42).

e) Problemumfang; Statistik

Am Jahresende 2005 waren in Deutschland 50 364 Minderjährige in Vollzeitpflege in **62** einer anderen Familie iSv § 33 SGB VIII. 60% der Pflegekinder bleiben in den Pflegefamilien und werden in ihnen groß (8. Jugendbericht [1990], BT-Drucks 11/6576, 149; WIESNER SGB VIII § 33 Rn 22). Ausführlich zur Entwicklung der Pflegekinderpopulation sowie zum Zustandekommen, Verlauf bzw Verteilung der einzelnen Hilfearten bei den Erziehungshilfen vgl LÜÜS WuS 1993, 557; JANZE KOMDAT Nr 2, 1.

2. Anwendungsbereich

a) Betroffene Minderjährige

Vom Schutzbereich der Norm erfaßt sind Minderjährige jeder Altersstufe **unabhän-** **63** **gig** von Geschlecht, Staatsangehörigkeit (vgl hierzu Rn 116) oder davon, ob es sich um Kinder/Jugendliche handelt, deren Eltern miteinander verheiratet sind oder nicht. **Ebensowenig** kommt es darauf an, wem die elterliche Sorge, insbesondere das Aufenthaltsbestimmungsrecht (Eltern, -teil, Vormund oder Pfleger) jeweils zusteht, ob zwischen Eltern und Pflegeeltern ein sog Pflegevertrag besteht, ob ein Hilfeplan iSv § 36 Abs 2 S 2 SGB VIII existiert und welche Zielperspektiven dort anvisiert worden waren und **wer als Aufenthaltsbestimmungsberechtigter den auf § 1632 Abs 1 gestützten Herausgabeanspruch geltend** macht, oder darauf, ob zwischen Pflegekind und Pflegepersonen ein Verwandtschaftsverhältnis besteht. Die Anwendung von § 1632 Abs 4 zugunsten des bei seinem (nicht sorgeberechtigten) Vater lebenden „nichtehelichen" Kindes (AG Tübingen FamRZ 1988, 428; AG Fulda FamRZ 2002, 900) mag befremdlich wirken (vgl BVerfGE 84, 168; BVerfG NJW 1995, 2155 mit Anm SALGO NJW 1995, 2129), war und ist aber mangels anderer sorgerechtlicher Lösungsmöglichkeiten auch nach Inkrafttreten des KindRG näherliegend als ein Eingriff in das Sorgerecht der Mutter gem § 1666 (vgl zur Anwendung des § 1632 Abs 4 zugunsten des Verbleibs beim nicht sorgeberechtigten Vater BVerfG DAVorm 1997, 630 f sowie FamRZ 1997, 605 f; KG NJW-RR 2005, 878). Eine Schutzbedürftigkeit iSv § 1632 Abs 4 kann sich völlig unabhängig von diesen und vielen anderen Umständen entfalten. Eine **abschließende**, für das Zivilrecht maßgebliche **Definition**, um welche Kinder es sich handelt, die unter den Schutzbereich der Norm fallen, **existiert nicht**. Der jugendhilferechtliche Pflegekinderbegriff in § 44 Abs 1 S 1 SGB VIII mag auch für § 1632 Abs 4 gewisse Orientierungen geben: Es handelt sich um Kinder oder Jugendliche, die außerhalb des Elternhauses in einer Familie oder einer familienähnlichen Lebensform betreut werden; ob die Jugendhilfe, weil eine dem Wohl des Kindes entsprechende Erziehung nicht gewährleistet ist, im Rahmen der Hilfen zur Erziehung iSv §§ 27, 33 SGB VIII oder lediglich im Rahmen der Erteilung der Pflegeerlaubnis gem § 44 Abs 1 SGB VIII (früher § 27 ff JWG) tätig geworden war, ist für den Pflegekinderbegriff des § 1632 Abs 4 gleichgültig. Dieser **zivilrechtliche Pflegekinderbegriff** (vgl hierzu SCHWAB, 54. DJT A 71 ff) ist **teils** wegen anderer Zielrichtungen **weiter, teils** wegen zusätzlicher Voraussetzungen **enger** als der jugendhilferechtliche, weshalb zurecht eine **autonome familienrechtliche Begriffsbildung** (von MASSFELLER/BOEHMER/COESTER/SCHWENZER § 1630 Rn 20, 26) gefordert worden war. Maßgeblich ist hier allein die Verbundenheit des Minderjährigen mit dem Sozialisationsfeld (MÜNDER 45). Entscheidend kommt es bei dieser Voraussetzung „Familienpflege" auf die **tatsächliche**

Begründung eines Pflegeverhältnisses sowie auf die psycho-soziale Eltern-Kind-Beziehung an (FIRSCHING/RUHL, HRP Rn 173).

64 „Widerrechtliches" Entstehen von Pflegeverhältnissen muß durch die Rechtsordnung schnell und effektiv verhindert bzw beseitigt werden, allerdings bedarf nach längerer Zeit uU auch das „widerrechtlich" entstandene faktische Eltern-Kind-Verhältnis unter dem Aspekt des Kindeswohls des Schutzes der Rechtsordnung (SCHWAB, 54. DJT A 66; BVerfGE 68, 176, 179 f; OLG Frankfurt FamRZ 1983, 1163); Kinder dürfen niemals dazu benutzt werden, Fehler oder Versäumnisse von Gerichten und/oder Behörden, ja selbst Ungerechtigkeiten ihren Eltern gegenüber zu heilen oder gar als Schadensersatz zu dienen (GOLDSTEIN ua [1982] 56). § 1632 Abs 4 findet auch auf solche Pflegeverhältnisse Anwendung „die rechtlich nicht einwandfrei entstanden sind (...), **ausnahmsweise (kann) allein die Dauer des Pflegeverhältnisses eine Verbleibensanordnung rechtfertigen** (...) (dies) ist verfassungsrechtlich nicht zu beanstanden" (BVerfGE 68, 176, 191). So bedauerlich die Entwicklung im Fall **Görgülü** (EuGHMR FamRZ 2004, 1456) auch ist, kein Gericht darf erhebliche Kindeswohlgefährdungen durch Umgangs- oder Herausgabeentscheidungen außer Acht lassen.

b) „Familienpflege"

65 Zur Definition vgl BGH FamRZ 2001, 1449, 1451 mwNw; STAUDINGER/PESCHEL-GUTZEIT § 1630 Rn 37 ff mwNw. Familienpflege iSv § 1632 Abs 4 kann auch bei Verwandten wie zB bei Großeltern (BayObLG NJW 1984, 2168), bei Verschwägerten, bei Stiefeltern, auch bei Adoptionspflege (§ 1744) handelt es sich um Familienpflege iSv § 1632 Abs 4 (OLG Brandenburg DAVorm 2000, 171, 173), beim nichtehelichen Vater (vgl Rn 63), begründet worden sein (STAUDINGER/PESCHEL-GUTZEIT § 1630 Rn 39 mwNw). Unbestritten handelt es sich um Familienpflege, wenn das Kind bei einem Ehepaar oder einer Einzelperson, aber auch in einer sog nichtehelichen Lebensgemeinschaft (BELCHAUS § 1630 Rn 6), zur Pflege und Erziehung mit der expliziten oder impliziten Erwartung untergebracht wird, daß dieses Kind so, wie Kinder in Familien aufwachsen, erzogen und versorgt werden und in der Familienpflege seinen Lebensmittelpunkt – **nicht** so idR bei **Tagespflege** iSv § 23 SGB VIII – haben soll. Entsteht aus einer für kurze Zeit geplanten **Bereitschaftspflege** eine Vollzeitpflege seit längerer Zeit, so steht der Anwendung des Abs 4 nichts im Wege (OLG Hamm FamRZ 2003, 54; OLG Karlsruhe JAmt 2005, 40). Bei der Tagespflege im Gegensatz zur Vollzeitpflege ist meistens die Einbindung und Verwurzelung des Kindes im Pflegeverhältnis nicht so verfestigt, immerhin verbringt das Kind die meiste Zeit in elterlicher Obhut, weshalb die Anwendung des § 1632 Abs 4 kaum einmal in Betracht kommen dürfte (**aA** SCHLÜTER/LIEDMEIER FuR 1990, 122, 123). Ob vom Schutzbereich dieser Norm auch Minderjährige erfaßt sein können, die in **Heimerziehung** iSv § 34 SGB VIII untergebracht sind, läßt sich nicht von vornherein für jeden Fall nach formalen Kriterien entscheiden. Es kann sein, daß in einer solchen Einrichtung bewußt nicht der dichte Sozialisationsrahmen wie in einer Familie bestimmend ist, es kann aber bewußt auch in einer Einrichtung ein familienähnliches Modell vorherrschend sein. Das „Familienmodell" hat nämlich auch in der Heimerziehung Bedeutung (Grenzfälle zB Kleinstheime, sog Familiengruppen etwa im SOS-Kinderdorf, vgl MÜNDER [2005] 214); entscheidend ist die tatsächliche Ausprägung der geleisteten Hilfe (AG Bottrop 14 F 370/05 v 23. 5. 2006); zur Verbleibensanordnung im „Kleinstheim" vgl Sächsisches OVG JAmt 206, 412 ff. Für das BayObLG ist die Anwendbarkeit von § 1632 Abs 4 selbstverständlich bei der Unterbringung des Minderjährigen in einem „Kinderhaus", soweit das Pflege-

kind nur „in einem familienähnlichen Verband eingegliedert ist" (ZBlJugR 1983, 308, 309 sowie NJW 1988, 2381); ablehnend hingegen LG Frankfurt am Main bei Heimunterbringung mit nicht überzeugender, an formalen Kriterien orientierter Begründung (FamRZ 1984, 729, 730; ebenso PALANDT/DIEDERICHSEN Rn 12); vgl zur Abgrenzung und Anwendbarkeit von § 1632 Abs 4 bei Heimerziehung SALGO (1987) 184 f, 211 f. Differenzierend auch OLG Hamm NJW 1985, 3029, 3030: Ausnahmsweise könne eine rechtlich als Heimerziehung einzustufende Betreuung als Familienpflege iSv § 1632 Abs 4 gewertet werden; hierzu sei ein familienähnliches Gepräge der Erziehung, Betreuung und Versorgung notwendig, so daß der Heimcharakter gänzlich in den Hintergrund gerät. Solche inhaltlich pädagogischen Abgrenzungskriterien sind für den zivilrechtlichen Kindesschutz nicht einfach zu handhaben; wenn aber auch zu einzelnen „Erziehern" in einer Einrichtung im Ablauf der Zeit existentiell wichtige Bindungen entstehen können, auch weil ein Kind – entgegen den Intentionen von § 37 Abs 1 S 3 SGB VIII – seine psycho-soziale Bindung zur Herkunftsfamilie verloren haben kann, so wird auch einer solchen familienähnlichen Struktur eben gerade wegen ihrer Bedeutung und Funktion für die Kindesentwicklung nicht von vornherein und apodiktisch ein mit Hilfe von § 1632 Abs 4 zu sichernder Bestandsschutz versagt bleiben können (zu Abgrenzungskriterien vgl auch MÜNDER NJW 1986, 811, 813).

c)　„seit längerer Zeit"

Die Frage nach der Dauer der Familienpflege gehört sicherlich zu den heikelsten der 　**66** Normanwendung (MünchKomm/HINZ[3] Rn 26). In den Gesetzesmaterialien zum SorgeRG sowie zum KindRG finden sich keine Hinweise, was präzise unter „längerer Zeit" zu verstehen ist, vielmehr sollte die Konkretisierung dieses unbestimmten Rechtsbegriffs der Rechtsprechung (BELCHAUS Rn 84) überlassen bleiben: Das Personensorgerecht muß aber zurücktreten, wenn das Kind seinen leiblichen Eltern entfremdet ist, in der Pflegefamilie seine Bezugswelt gefunden hat und durch die Herausnahme zur Unzeit sein persönliches, insbesondere sein seelisches Wohl gefährdet würde (BT-Drucks 8/2788, 40; PALANDT/DIEDERICHSEN Rn 13). Zur **fundamentalen Bedeutung der Kontinuität der Lebensverhältnisse für die Kindesentwicklung** (vgl STAUDINGER/COESTER [2004] § 1666 Rn 117 ff mwNw; STAUDINGER/COESTER [2006] § 1696 Rn 107 mwNwW; STAUDINGER/PESCHEL-GUTZEIT § 1630 Rn 42 sowie ZENZ, 54. DJT A 34 ff; grundlegend HEILMANN, 71 ff; BVerfG NJW 2001, 961). Dieses Tatbestandsmerkmal „längere Zeit in Familienpflege" grenzt die Gruppe der Kinder, für die eine Verbleibensanordnung in Betracht kommt, ein. Zwar finden sich auch in den §§ 33, 37 Abs 1 SGB VIII (hierzu WIESNER SGB VIII § 37 Rn 16 f) direkte Bezugnahmen auf hier ausschließlich maßgebliche kindliche Zeitvorstellungen (MünchKomm/HINZ[3] Rn 19), letztendlich sind aber auch diese Hinweise *(ein im Hinblick auf die Entwicklung des Kindes vertretbarer bzw nicht mehr vertretbarer Zeitraum)* nicht konkreter als das Erfordernis in § 1632 Abs 4, daß das Kind längere Zeit in Familienpflege gelebt haben muß. Mit der **Verankerung des Zeitfaktors**, insbesondere des **kindlichen Zeiterlebens**, als eines für Eltern, Pflegeeltern, Gerichte (vgl BayObLG FamRZ 1998, 1040, 1041: Es ist „von den **Zeitvorstellungen des Kindes** oder Jugendlichen auszugehen") und Behörden unübersehbaren Elements, folgte der Sorgerechtsgesetzgeber im Grundsätzlichen den Einschätzungen des Autorenteams GOLDSTEIN ua (1974) 18 f, auch wenn diese Bezugsquelle in den Gesetzesmaterialien nicht explizite Erwähnung findet: „Kinder sind anders als Erwachsene in bezug auf ihre Einstellung zur Zeit. Der normale Erwachsene mißt den Ablauf der Zeit mittels Uhr und Kalender, während Kinder die Dauer eines

Zeitraums je nach Dringlichkeit ihrer Triebwünsche beurteilen. Jeder Aufschub in der Beurteilung eines Triebwunsches erscheint ihnen darum endlos; dasselbe gilt für die Dauer der Trennung von einem Liebesobjekt ... (Das Kleinkind) erkennt als Eltern diejenigen Personen an, die von Stunde zu Stunde und Tag für Tag seine wichtigsten Körperbedürfnisse befriedigen, seine Gefühle erwecken und beantworten und für sein physisches und psychisches Wachstum und Gedeihen Sorge tragen." Zu den in diesem Zusammenhang genannten Fristen vgl Rn 69.

67 Die **Berücksichtigung des kindlichen Zeiterlebens** (vgl auch Rn 61) in der Gesetzgebung und Rechtsprechung zum Familien- und Jugendhilferecht sowie im jeweiligen Verfahrensrecht findet inzwischen in vielen Ländern ihren Niederschlag (vgl FIRSCHING/ RUHL Rn 172: gesicherte Erkenntnis; vgl auch BAER FamRZ 1982, 223; grundlegend HEILMANN), auch wenn nicht in jeder Hinsicht die Einschätzungen, Folgerungen und später (1982) modifizierten Empfehlungen von GOLDSTEIN ua (1974) geteilt wurden. Zu den Möglichkeiten und Grenzen einer zeitbestimmten Intervention ins Eltern-Kind-Verhältnis vgl SALGO (1987) 229 ff.

68 Wenn auch nicht von einem **„Zerrüttungsindikator"** im klassischen Sinne (vgl MÜNDER NJW 1986, 811, 813; ablehnend SCHLÜTER/LIEDMEIER FuR 1990, 122, 123 [Fn 24]) etwa iSv § 1566 Abs 1 gesprochen werden kann, weil gerade Automatismen vermieden werden sollten, wird in den meisten Fällen der Aufenthalt über „längere Zeit" in Familienpflege dennoch eine indizielle Bedeutung iS einer **widerlegbaren Vermutung** dahingehend haben, daß eine Integration im Pflegeverhältnis bzw eine damit häufig einhergehende **Entfremdung** zur Herkunftsfamilie **mit hoher Wahrscheinlichkeit** erfolgt sein könnte: nach längerer Zeit in Familienpflege wird es idR eines **triftigen Grundes** bedürfen – etwa einer Kindeswohlgefährdung (BAMBERGER/ROTH/VEIT Rn 25), um das Kind aus der Pflegefamilie herauszunehmen (vgl AG Frankfurt am Main FamRZ 1982, 1120), was in jedem Einzelfall (BGB-RGRK/WENZ Rn 22; BRÖTEL [392] möchte Fristenvorschläge als Richtwerte bei der Einzelfallabwägung berücksichtigen) zu überprüfen ist. Sicherlich: Es kommt nicht auf das Fehlen von Bindungen zu leiblichen Eltern an, sondern auf das Vorhandensein solcher zu Pflegeeltern (vgl SCHLÜTER/LIEDMEIER FuR 1990, 122, 123).

69 Die Zeit alleine sollte nach den Vorstellungen des Gesetzgebers nicht genügen (BGB-RGRK/WENZ Rn 26: nicht wegen des Zeitablaufs als solchen), sondern der Aufenthalt muß dazu geführt haben, daß das Kind seinen leiblichen Eltern **entfremdet** und in der Pflegefamilie seine **Bezugswelt gefunden** hat (OLG Braunschweig ZBlJugR 1983, 311, 312; AG Frankfurt am Main DAVorm 1981, 368, 369). Hierzu zählen nach hM die Bindungen nicht nur zu den Pflegeeltern, sondern auch zu anderen Mitgliedern der Pflegefamilie, aber auch zum dortigen Umfeld insgesamt. Ein **Aufenthalt über längere Zeit als Zeitindiz** im hier vertretenen Sinne bedeutet, daß noch weitere Umstände hinzutreten müssen, weil nur „ausnahmsweise auch allein die Dauer des Pflegeverhältnisses eine Verbleibensanordnung rechtfertigen kann" (BVerfGE 68, 176, 191): Gefragt werden muß stets zusätzlich, ob das Pflegeverhältnis solange gedauert hat, daß seine Auflösung eine Gefahr für das Kindeswohl brächte (MünchKomm/HINZ[3] Rn 19). Dies zeigt die Interdependenz der einzelnen Tatbestände von § 1632 Abs 4. Insofern enthält die Vorschrift **keinerlei Automatismen**, die dazu führen würden, daß nach Ablauf bestimmter Zeitläufe automatisch eine Verbleibensanordnung ergehen müßte. Die Orientierung der Entscheidungsfindung an festen Fristen, wie GOLDSTEIN ua

(1982) 47 vorgeschlagen haben (für Verbleib bei Dauer der Unterbringung von 12 Monaten bei einem Kind, das zum Zeitpunkt der Unterbringung bis zu drei Jahre alt war, und von 24 Monaten bei einem Kind, das zum Zeitpunkt der Unterbringung über drei Jahre alt war), wird zB vom OLG Frankfurt (FamRZ 1983, 297) abgelehnt, weil die Besonderheiten des Einzelfalles vernachlässigt würden (FIRSCHING/RUHL Rn 173). § 1632 Abs 4 „entspricht damit dem Grundsatz, daß individuelle Maßnahmen zur Abwehr einer Gefährdung der Kinder den Vorrang vor generellen Regelungen haben ..." (BVerfGE 24, 119, 145; 68, 176, 188 und BVerfGE 7, 320, 323 ff). Denkbar wäre durchaus, daß trotz „längerer Dauer" des Pflegekindschaftsverhältnisses, wegen permanent aufrechterhaltener und funktionierender Beziehung des Kindes zu seinem Herkunftsmilieu (s § 37 Abs 1 S 3 SGB VIII), seine Übersiedlung in dieses nicht mit einer Gefährdung einhergeht; zu Kleinkindern in dieser Situation s ZENZ, 54. DJT A 50; vgl zu einem solchen Ausnahmefall zB BayObLG FamRZ 1995, 626, 628: Obwohl das Kind seit 8 Jahren bei den Pflegeeltern lebte, bestanden laut Sachverständigengutachten feste Bindungen zur Mutter, gleichzeitig wurde, was bedenklich sein könnte und die Entscheidung fragwürdig erscheinen läßt, der „Willensäußerung iS des Verbleibens des Kindes bei den Pflegeeltern nicht die entscheidende Bedeutung" beigemessen (zur materiellen Bedeutung des **Kindeswillens** vgl STAUDINGER/COESTER [2004] § 1666 Rn 71 ff und § 1671 Rn 233 ff sowie ZITELMANN 145 ff mwNw; DETTENBORN). Denkbar sind auch Fälle, wo sich ein Kind, trotz langer Dauer des Pflegeverhältnisses, in dieses nicht eingelebt, sich nicht an die Pflegeperson gebunden hat.

Die fachgerichtliche **Rechtsprechung** scheint im Großen und Ganzen den Erwartungen des Gesetzgebers gerecht zu werden und flexibel mit diesem Tatbestandselement „längere Zeit" umzugehen: Je jünger das Kind bei Begründung des Pflegeverhältnisses war, umso wahrscheinlicher ist seine Verwurzelung im Ablauf der Zeit. Hierfür können je nach Einzelfall eine Vielzahl von weiteren Umständen maßgeblich sein. In der Rspr setzt sich der **„kindliche Zeitbegriff"** (zB BVerfG NJW 2001, 961; OLG Celle FamRZ 1990, 191, 192) als eine relevante Bezugsgröße bei der Definition von „längerer Zeit" nach und nach durch: „Je jünger ein Kind ist, um so länger wird ihm die Zeitspanne erscheinen, und um so länger ist auch die Zeit in Beziehung zur Dauer seines bisherigen Lebens, so daß es schon einen recht langen Zeitraum darstellt, wenn ein einjähriges Kind seit einem halben Jahr in einer Pflegefamilie gelebt hat" (BayObLG FamRZ 1991, 1080, 1082); für das jüngere Kind ist eine halbjährige Pflege eine „längere Zeit" (BayObLG FamRZ 2000, 1235 f); das OLG Köln ging bei einem drei Monate alten Säugling nach einem dreimonatigen Aufenthalt in der Pflegefamilie bereits von einer „längeren Zeit" aus (OLG Köln 27 UF 198/06 v 9.10.2006); ebenso MünchKomm/HUBER Rn 41; nach SOERGEL/STRÄTZ Rn 24 kommt dem **Kindesalter ausschlaggebende Bedeutung** zu; s auch AG Melsungen FuR 1993, 103, 105: für eine Verbleibensanordnung bei einem $10^1/_2$ jährigen Mädchen „muß wohl ein Jahr überschritten" sein. Die seit Inkrafttreten des SorgeRG zunehmende Orientierung am Zeitbegriff des Kindes wird jedenfalls in einer Vielzahl veröffentlichter Entscheidungen belegt (so auch die Einschätzung von LAKIES/MÜNDER RdJB 1991, 428 ff mit umfangreichen Rechtsprechungsnachweisen; zB OLG Celle FamRZ 1990, 191: die für Verbleibensanordnung erforderliche Dauer der Familienpflege ist am kindlichen Zeitbegriff und nicht absolut zu messen; SOERGEL/STRÄTZ Erg zu Rn 23 ff; vgl auch die Analyse ausgewählter Entscheidungen von SALGO 177 ff sowie [1987] HEILMANN 188 ff).

71 Im Zeitraum vom Inkrafttreten des SorgeRG (1980) bis etwa 1985 – am 17. 10. 1984 erging die erste Entscheidung des BVerfG (BVerfGE 68, 176) zu § 1632 Abs 4 – wurden die meisten Entscheidungen veröffentlicht. Die beiden vorliegenden **Analysen** (SALGO [1987] 182 ff; LAKIES/MÜNDER aaO) der veröffentlichten Rspr zu § 1632 Abs 4 seit Inkrafttreten bis 1990 kamen übereinstimmend zu dem Befund, daß überwiegend bei Pflegeverhältnissen, die zwei Jahre (zB BayObLG FamRZ 1986, 102) oder länger bestehen, die Herausnahme des noch jüngeren Kindes aus der Pflegefamilie abgelehnt wird. In Einzelfällen wurde auch schon eine kürzere Zeit für ausreichend erachtet (OLG Celle FamRZ 1990, 191/192: nach 7 1/2 und 11 Monaten, ebenso SIEDHOFF NJW 1994, 617: für ein einjähriges Kind können bereits 6 Monate lang sein; andererseits BayOLG DAVorm 1985, 911, 913: 6 Monate Aufenthaltsdauer nicht ausreichend, wobei die vorläufige Anordnung der Entziehung des Aufenthaltsbestimmungsrechts wegen „unzuträglicher Wohnverhältnisse" fragwürdig erscheint, im übrigen wegen Gefährdungen anderer Kinder Jugendamt und VormG nicht ohne Grund besonders besorgt waren), andererseits wird aber auch trotz langer Dauer des Pflegeverhältnisses zuweilen die Herausnahme zugelassen. Grundsätzlich BayObLG DAVorm 1982, 611, 615: Das Verbleiben des Kindes bei den Pflegeeltern ist umso eher zu bejahen, je länger sich das Kind bei ihnen befindet. Zwar steht in der Rspr das Verstreichen von Zeit im Vordergrund, darauf allein wird jedoch nicht abgestellt, vielmehr treten in den veröffentlichten Entscheidungen weitere Umstände wie Verwurzelung des Kindes im Pflegeverhältnis und eine drohende Kindeswohlgefährdung durch die beabsichtigte Herausnahme hinzu. Zum Zusammenspiel mehrerer Wirkungsfaktoren vgl STAUDINGER/COESTER (2004) § 1666 Rn 119 mwNw.

72 In der überwiegenden Mehrzahl der ausgewerteten Fälle mit Verbleibensanordnung iSv § 1632 Abs 4 waren zivilrechtliche Kindesschutzmaßnahmen des Vormundschafts- bzw Familiengerichts vorausgegangen, was mit deren Entstehungsgeschichte zusammenhängt: Für eine Unterbringung von Kindern und Jugendlichen außerhalb der eigenen Familie in Pflegeverhältnissen kommen zunehmend daher solche Minderjährige in Betracht, die nicht mehr über familienunterstützende Hilfen (§ 1666a) erreicht werden können (BT-Drucks 11/5948, 68). Vor einer Fremdunterbringung des Minderjährigen ist in aller Regel versucht worden, den Familien auf andere Weise, meistens (Gegenbeispiel: BVerfGE 68, 176, 178 und **Görgülü** EuGHMR FamRZ 2004, 1456, wo zwar ein Verstoß gegen § 1666a vorgelegen haben mag, dennoch letztendlich das Kindeswohl bestimmend blieb) in Form der Beratung oder durch eine ambulante Hilfe zur Erziehung zu helfen (LÜÜS WuS 1995, 557, 563; MÜNDER ua 124, 358). Jugendhilfeexperten gehen davon aus, daß der Anteil der Herkunftsfamilien, in denen die Erziehungssituation während des Pflegeverhältnisses nachhaltig verbessert werden kann, weiter zurückgeht (WIESNER SGB VIII § 37 Rn 21; BT-Drucks 11/5948, 68). Ob das Kind längere Zeit in Familienpflege leben wird, hängt also von einer **Vielzahl von Faktoren** ab, insbesondere von Veränderungschancen hinsichtlich der Inpflegegabegründe (vgl hierzu insbes OLG Frankfurt v 8. 5. 2002: trotz schwerster Schicksalsschläge auf seiten der Mutter keine Rückführung des Kindes wegen massiver persönlichkeitsschädigender Erfahrungen des 10jährigen seit 18 Monaten in Familienpflege lebenden Kindes: Verbleib auf nicht ansehbare Zeit und Ausschluss des Umgangs für zwei Jahre) innerhalb eines im Hinblick auf die Entwicklung des Kindes vertretbaren Zeitraums (§ 37 Abs 1 S 2 und S 4 SGB VIII). Es wird entscheidend darauf ankommen, **ob die Situation und das Verhalten der Eltern „sich in dem für die Entwicklung des Kindes entscheidenden Zeitraum voraussichtlich nicht ändern oder verbessern"** wird (BVerfGE 24, 119, 146 = FamRZ 1968, 578; hierzu SALGO KritV 2000, 344,

351 f). Die besondere Bedeutung des Zeitfaktors in § 1632 Abs 4 und die Einführung der **geplanten, zeit- und zielgerichteten** Intervention im SGB VIII führen daher zu Konsequenzen im Rahmen von Entscheidungen gem § 1632 Abs 4 sowie bei der Überprüfung der Anordnungen des FamG gem § 1696 Abs 3 (vgl Rn 50).

d)   Herausgabeverlangen
aa)   Voraussetzungen

Sofern familiengerichtliche Schutzmaßnahmen iSv §§ 1666, 1666a zu sorgerechtsbe- **73** schränkenden Eingriffen, insbesondere zum Entzug des Aufenthaltsbestimmungsrechts geführt hatten, steht Eltern der Herausgabeanspruch gem § 1632 Abs 1 nicht zu. Der die Herausgabe begehrende Elternteil muß jedenfalls **aufenthaltsbestimmungsberechtigt** sein (vgl OLG Hamburg FamRZ 1983, 1271 f; BayObLG FamRZ 1985, 101, 102 und FamRZ 1990, 1379, 1382; MünchKomm/Huber Rn 42 mwNw). Gegenüber dem Herausgabeverlangen nichtsorgeberechtigter Eltern sind die Pflegeeltern berechtigt, die Herausgabe zu verweigern; einer Verbleibensanordnung gem § 1632 Abs 4 bedarf es unter diesen Umständen nicht, weil nicht der einzig aufenthaltsbestimmungsberechtigte Vormund bzw Pfleger die Herausgabe verlangt, dieser vielmehr den Aufenthalt des Kindes im Pflegeverhältnis bestimmt hat.

Im Herausgabebegehren von hierzu nicht berechtigten Eltern kann eine Anregung **74** zu einer Überprüfung gem § 1696 Abs 2 enthalten sein, wobei in diesem Verfahren eine **umfassende Gefährdungsprüfung** (Salgo [1987] 223; Staudinger/Coester [2006] § 1696 Rn 100), nicht etwa nur im Hinblick auf das Vorliegen der zur Herausnahme des Kindes veranlassenden Gefährdungen erfolgen muß (vgl Rn 50), sondern auch dahingehend, ob die Änderungsentscheidung gem § 1696 Abs 2 erfolgen kann, weil eine **zuverlässige Gewähr** dafür besteht, daß sie **auch aus anderen Gründen nicht** zu einer Gefährdung des Kindeswohls führen wird (OLG Karlsruhe ZBlJugR 1982, 245, 246; auch OLG Frankfurt FamRZ 1981, 308, 309, FamRZ 1981, 813 und FamRZ 1983, 1163). Im Rahmen dieser Prüfung kann es geboten sein zu klären, ob eine Verbleibensanordnung nach § 1632 Abs 4 genügt, um der im Einzelfall festgestellten Gefahr für das seelische Wohl des Kindes zu begegnen (BVerfGE 88, 187, 197).

Falls gem § 1630 Abs 3 das Aufenthaltsbestimmungsrecht von den Eltern auf die **75** Pflegeperson übertragen worden war, was keineswegs ausgeschlossen ist (vgl Staudinger/Peschel-Gutzeit § 1630 Rn 53 ff), so muß erst die Aufhebung der Übertragung durch eine entsprechende Anordnung durch das FamG erfolgt sein (MünchKomm/Huber Rn 42), bevor der Herausgabeanspruch geltend gemacht werden kann. Möglich wäre aber auch die gleichzeitige Entscheidung über die Rücknahme der gem § 1630 Abs 3 erfolgten Übertragung und über den Herausgabeantrag bzw die Verbleibensanordnung gem § 1632 Abs 1 und 4 (Schwab, 54. DJT A 102 f); die den Pflegeeltern von Gesetzes wegen zustehende Alltagssorge gem § 1688 verschafft diesen keine Befugnis, Aufenthaltsbestimmungsberechtigten gegenüber den Aufenthalt zu bestimmen (Staudinger/Salgo [2006] § 1688 Rn 23). Zum Elternstreit über die Geltendmachung des Herausgabeanpruchs vgl Rn 9 f.

Ohne eine erkennbar gewordene, ernsthaft geäußerte Herausnahmeabsicht besteht **76** kein **Rechtsschutzbedürfnis für eine Verbleibensanordnung**. Ein Antrag auf eine Verbleibensanordnung ist also schon bei einer **ernsthaft geäußerten Ankündigung** eines auch zukünftigen Herausgabeverlangens zulässig und **nicht** erst bei dessen Geltend-

machung vor dem FamG (OLG Brandenburg FamRZ 2006, 1132; MünchKomm/Huber Rn 42).
Die Gefährdung muß sich noch nicht realisiert haben (vgl Staudinger/Coester [2004]
§ 1666 Rn 79), damit das Gericht Schutzmaßnahmen anordnen darf *("... und wollen
die Eltern das Kind von der Pflegeperson wegnehmen")*. Es mag sein, daß Eltern sich
gekränkt oder gar verletzt fühlen durch den Umstand, daß ihr Kind nicht bei ihnen
lebt; solange sie nicht die Herausgabe aus dem Pflegeverhältnis betreiben oder dies
zu tun ankündigen, besteht für eine Verbleibensanordnung etwa von Amts wegen
oder auf Antrag der Pflegeeltern kein Rechtsschutzbedürfnis. Auch Streitigkeiten
zwischen Eltern und Pflegeeltern über den Umgang mit dem Kind oder über den
Umfang der jeweiligen Entscheidungsbefugnisse gem § 1688 sind jeweils ein anderer
Verfahrensgegenstand; die Lösung dieser Konflikte ist unabhängig von einer Verbleibensanordnung, wenn auch Dauer, Häufigkeit, Örtlichkeit und Ziele von Kontakten von der Perspektive des Pflegeverhältnisses abhängen; allerdings verstellt die
ergangene Verbleibensanordnung gem § 1632 Abs 4 den Eltern die Möglichkeit der
Einschränkung oder anderweitiger Gestaltung der Befugnisse der Pflegeeltern
(§ 1688 Abs 4): die den Pflegeeltern zustehenden (gesetzlichen) Befugnisse im Bereich der Alltagssorge können dann nur noch vom FamG eingeschränkt oder ausgeschlossen werden (Staudinger/Salgo [2006] § 1688 Rn 43). Sind die Eltern grundsätzlich nicht mit dem Aufenthalt im Pflegeverhältnis einverstanden und machen sie die
Herausgabe des Kindes geltend und beantragen sie zugleich eine Umgangsregelung,
so wird über Verbleib **und** Umgang zu entscheiden sein (für Verbindung der Verbleibensanordnung mit einer Umgangsregelung auch BayObLG FamRZ 2000, 633, 635; OLG Bamberg
FamRZ 1999, 663, 665). Es kann insbesondere bei einer auf Antrag der Pflegeeltern
oder von Amts wegen ergehenden Verbleibensanordnung veranlaßt sein, sogar von
Amts wegen eine Umgangsregelung zu treffen (vgl Rn 95). Sind Eltern mit dem
Verbleib des Kindes im Pflegeverhältnis einverstanden, besteht hingegen ein Streit
lediglich um den Umgang oder über die jew Entscheidungsbefugnisse im Rahmen
von § 1688, dann ist **nur** über diese Streitfragen zu entscheiden, einer Verbleibensanordnung, die stets einen Eingriff in das Elternrecht bedeutet, bedarf es unter
diesen Umständen nicht.

77 Macht ein Vormund oder Pfleger als Inhaber des Aufenthaltsbestimmungsrechts die
Herausgabe des Kindes aus dem Pflegeverhältnis geltend, so kann bei Vorliegen der
übrigen Voraussetzungen § 1632 Abs 4 **entgegen seinem Wortlaut** *("wollen die Eltern
das Kind wegnehmen")* zur Anwendung kommen, weil gem §§ 1800, 1915 die Rechte
und Pflichten des Vormunds/Pflegers sich nach §§ 1631 bis 1633 bestimmen (Palandt/
Diederichsen Rn 14; MünchKomm/Huber Rn 42; MünchKomm/Wagenitz § 1800 Rn 9; Schwab,
54. DJT A 120, A 136; Baer FamRZ 1982, 221, 223; Holzhauer ZRP 1982, 22, 223; Münder
NJW 1986 811, 813; Finger ZfJ 1985, 342, 344; BayObLG FamRZ 1991, 1080 und DAVorm 1985,
911; OLG Hamm NJW 1985, 3029; LG Oldenburg DAVorm 1980, 954, 955; BVerfG FamRZ 1995,
24). Gerade Veränderungsabsichten eines Vormunds, welcher einzig und allein zum
objektiven Sachwalter kindlicher Interessen berufen ist, müssen sich vor dem Maßstab des Kindeswohls besonders bewähren und mit gewichtigen Sachgründen verbunden sein (vgl zum kindeswohlverletzenden Vorgehen eines Vormundes und zur gerichtlichen
Rückführungsanordnung ins Pflegeverhältnis AG Kamenz FamRZ 2007, 124), weil hier nicht –
immerhin nachvollziehbare – Absichten der Eltern (Schwab, 54. DJT A 128: „Elementarer
Ausdruck elterlichen Fühlens ...") durchgesetzt werden sollen. Vgl BVerfGE 79, 51, 66 zu
den strengen Prüfungsmaßstäben, die ein Interimsvormund (iSd § 1751 Abs 1 S 2
HS 1) beachten muß. Auch gegenüber dessen Herausgabeverlangen kann § 1632

Abs 4 zur Anwendung kommen (vgl Rn 49). Hier fehlt es auf seiten des Vormunds/ Pflegers auch an einem verfassungsrechtlich bedeutsamen Umstand: Dieser Träger des Herausgabeanspruchs kann sich nicht auf das Elternrecht gemäß Art 6 Abs 2 S 1 GG stützen.

bb) Antrag auf Verbleib

Mit dem **Antragsrecht** auf eine Verbleibensanordnung sollte die **Rechtsstellung der** 78 **Pflegeperson** gegenüber dem bis vor 1980 geltenden Recht **gestärkt** werden; der Rechtsausschuß versprach sich von diesem Antragsrecht einen rechtzeitigen Schutz von Pflegeverhältnissen (BT-Drucks 8/2788, 40 u 52). Dieses Antragsrecht der Pflegeeltern in einem Verfahren, das vom Amtsermittlungsgrundsatz gem § 12 FGG beherrscht wird, in welchem folglich ohnehin von Amts wegen eine Verbleibensanordnung ergehen kann, und die Verpflichtung des Gerichts zur Anhörung der Pflegeperson (§ 50c FGG) sowie zur Bestellung eines Verfahrenspflegers gem § 50 Abs 2 Nr 3 FGG sollten dem Schutz des Kindes dienen, waren aber zugleich eine Anerkennung der Pflegeperson, die sich des Kindes angenommen hat (BT-Drucks 8/2788, 40) sowie des Kindes als Grundrechtsträger (BT-Drucks 13/4899, 130). Die grundsätzlich jedermann, damit auch Pflegeeltern, eingeräumte Möglichkeit, Anregungen an das VormG zu geben, schien dem Gesetzgeber nicht ausreichend; hierin liegt ua die Besonderheit (GERNHUBER/COESTER-WALTJEN § 57 Rn 51 f) dieser Bestimmung. Dieses **Antragsrecht** wie die **Anhörung** gem § 50c FGG korrespondieren auch mit der vom BVerfG anerkannten Stellung der Pflegefamilie (BVerfGE 68, 176, 187 u 189). Entsprechendes gilt für die vom BVerfG anerkannte Stellung des betroffenen (Pflege-)Kindes im Verfahren (zum Grundrechtsschutz durch Verfahren vgl mwNw SALGO [1996] 405 ff: verpflichtende Kindesanhörung und Verfahrenspflegerbestellung gem §§ 50b FGG [vgl hierzu Rn 107, 109]).

Das Antragsrecht führt zu einer **stärkeren Rechtsposition der Pflegeperson**. Sie wird 79 durch den Antrag Beteiligte im formellen (oder prozessualen) Sinne und nicht nur Beteiligte im materiellen Sinn, weil auch ihre Rechtsposition durch die gerichtliche Entscheidung unmittelbar betroffen wird (vgl KEIDEL/ZIMMERMANN FGG § 6 Rn 18). Daraus ergeben sich das Recht auf **Akteneinsicht** und Teilnahme an **mündlichen Verhandlungen**, das Recht zum Einlegen von **Rechtsmitteln** (hierzu Rn 112 ff) und der Anspruch auf **Bekanntgabe der Entscheidung** des Familiengerichts; hierzu gehört auch die Befugnis der Pflegeperson, sich durch einen Rechtsanwalt als Bevollmächtigten vertreten zu lassen. Gegenüber der Pflegeperson, die nur eine familiengerichtliche Schutzmaßnahme anregt, ist die verfahrensrechtliche Stellung der Pflegeperson nach Antragstellung weit stärker (SCHLÜTER/LIEDMEIER FuR 1990, 122, 124).

Pflegeeltern gegenüber können (personensorgeberechtigte) Eltern die Herausgabe 80 des Kindes gem § 1632 Abs 1 zwar grundsätzlich geltend machen; § 1632 Abs 4 gewährt in dieser Situation den Pflegeeltern **kein Blockaderecht** iSd niederländischen Regelung in Art 246 a BW, sondern nur das **Recht, selbständig einen Antrag auf eine vorläufige Anordnung zu stellen und bis zur Entscheidung hierüber das Kind nicht herauszugeben zu müssen**. Um solche Zuspitzungen zu vermeiden, wurden einerseits die jugendhilferechtlichen Pflichtaufgaben vor und während der Inpflegegabe mit dem SGB VIII (ua mit den §§ 36, 37) erheblich verdichtet. Andererseits ist ein **Rechtsschutzbedürfnis** für ein Verfahren gem § 1632 Abs 4 bereits dann anerkannt, wenn ein **Herausgabekonflikt ernsthaft zu erwarten ist** (SCHWAB, 54. DJT A 123). Sinn und Zweck des § 1632 Abs 4 sollte nach Ansicht des Rechtsausschusses ua gerade sein (Schwab aaO), **rechtzeitigen Rechtsschutz erlangen zu können** (so Rn 78). Zudem könnte das Jugendamt bei dringender Gefahr gem § 42 Abs 1 Nr 2 iVm § 8a Abs 3 SGB VIII das Kind in Obhut nehmen und bei den bisherigen Pflegeeltern belassen, sofern die Entscheidung des Gerichts nicht abgewartet werden kann.

e) Verbleibensanordnung
aa) Kein Ermessensspielraum

81 Daß das Gericht den Verbleib anordnen „kann", ist **nicht** iS einer Ermessensnorm zu verstehen, weil bei Vorliegen der Voraussetzungen des § 1632 Abs 4 der Richter zum Eingreifen **verpflichtet** ist (so auch MünchKomm/Huber Rn 55; Gernhuber/Coester-Waltjen § 57 Rn 52; **aA** Bamberger/Roth/Veit Rn 27; vgl auch den früheren § 1634 Abs 2 S 2 und Abs 3, hierzu OLG Bamberg FamRZ 1993, 726, 727 f). Ist es zum Wohle des Kindes wegen dessen erheblicher Gefährdung notwendig, den Verbleib in Familienpflege anzuordnen, so entsteht eine Pflicht des Gerichts, die entsprechende Entscheidung zu treffen, **ohne** daß ihm ein **Ermessensspielraum** zustünde (Soergel/Strätz Rn 26); zur Verwendung des Begriffs „kann" in materiell- und verfahrensrechtlichen Bestimmungen im Bereich des zivilrechtlichen Kindesschutzes vgl HB-VB/Salgo Rn 11.

bb) Wegfall der Verweisung auf § 1666 Abs 1 S 1

82 Die Verweisung auf § 1666 Abs 1 S 1 in Abs 4 des § 1632 aF ist durch das KindRG **entfallen** und durch die Formulierung „*… wenn und solange das Kindeswohl durch die Wegnahme gefährdet würde*" ersetzt worden (BT-Drucks 13/4899, 96), „weil die dort neben der Gefährdung des Kindeswohls zusätzlich genannten Eingriffsmerkmale … in der Gerichtspraxis nicht stets zur Voraussetzung für das Verbleiben des Kindes bei der Pflegefamilie gemacht werden" (vgl zur problematischen Anknüpfung Rn 85).

Nach § 1632 Abs 4 aF konnte eine Verbleibensanordnung nur ergehen, wenn und solange für eine solche Anordnung die Voraussetzungen des § 1666 Abs 1 Satz 1 insbesondere im Hinblick auf Anlaß oder Dauer der Familienpflege gegeben waren, auch wenn das Kind bereits seit längerer Zeit in Familienpflege lebte. Aus der Entstehungsgeschichte dieser Norm (vgl Rn 42 ff) wird deutlich, daß der Gesetzgeber des SorgeRG diese Reihe von Voraussetzungen aufgestellt hatte, um die mit einer Verbleibensanordnung verbundene Beschränkung von Elternrechten aus einer verfassungsrechtlichen Unsicherheit herauszuführen (Nachweise bei Salgo [1987] 75 ff). Mit dieser Verweisung auf § 1666 Abs 1 S 1 war zugleich eine Regel für die Feststellungslast getroffen – und hieran ändert sich durch die Neuformulierung des § 1632 Abs 4 durch das KindRG nichts: Nur wenn im Verfahren der Nachweis erbracht wird, daß die drohende oder erfolgte Herausnahme aus dem Pflegeverhältnis mit einer Gefährdung des Kindeswohls einhergehen könnte bzw verbunden war, wird eine Verbleibensanordnung im Pflegeverhältnis bzw eine Rückführung ins Pflegeverhältnis nach erfolgter Herausnahme (hierzu BayObLG FamRZ 1982, 1239; OLG Frankfurt FamRZ 1983, 1164; KG FamRZ 1986, 1245 ff; BayObLG NJW 1994, 668 = FamRZ 1993, 1356, 1357; BayObLG FamRZ 2000, 1235, 1236) angeordnet werden können.

83 Aus Sinn und Zweck wie aus der Entstehungsgeschichte und dem Aufbau des § 1632 Abs 4 ergibt sich eindeutig, daß eine vom elterlichen Herausgabeverlangen ausgelöste Kindeswohlgefährdung zwar den maßgeblichen Anhaltspunkt für die gerichtliche Intervention darstellt, vom Gesetz aber zusätzliche Erfordernisse aufgestellt worden waren (kritisch hierzu SCHWAB, 54. DJT A 125 und A 128: „Die Suche nach Mißbrauch und Versagen verleitet zu sachfremden Erwägungen"). Die Rechtsprechung konzentriert sich zu Recht auf die Frage, **ob durch die Herausnahme aus der Pflegefamilie das Kindeswohl gefährdet wird**; ein das Kindeswohl gefährdendes Herausgabeverlangen wäre schließlich unzulässig; in diesem Sinne ist auch die Rechtsprechung des BVerfG und des EuGHMR zu verstehen, nach der Eltern unter keinen Umständen Maßnahmen verlangen können, welche die Gesundheit und die Entwicklung des Kindes beeinträchtigen (EuGHMR Johansen Z 78, 17383/90 v 7.8.96; **Görgülü**, FamRZ 2004, 1459: „Insbesondere hat ein Elternteil nach Art 8 EMRK keinen Anspruch auf Maßnahmen, die der Gesundheit und Entwicklung des Kindes schaden würden"). Hierin liegt die **Kernaussage** von § 1632 Abs 4 alter und neuer Fassung, weil die Ausübung elterlicher Befugnisse niemals zu Kindeswohlgefährdung berechtigt (OLG Hamm FamRZ 1995, 1507). Überwiegend ergingen vormundschaftsgerichtliche Verbleibensanordnungen gem § 1632 Abs 4 aF, falls von einer mißbräuchlichen Ausübung der elterlichen Sorge iSv § 1666 Abs 1 S 1 Alt 1, konkret des Aufenthaltsbestimmungsrechts, auszugehen war, weil „der sorgeberechtigte Elternteil das Kind aus seinem bisherigen Lebenskreis bei den Pflegeeltern, wo es sich zuhause und geborgen fühlt, herausnehmen und in der eigenen Familie unterbringen will" oder „wenn das Kind unvermittelt aus den persönlichen und sachlichen Beziehungen des Lebenskreises, mit denen es bis dahin bereits fest verwachsen ist, herausgerissen und damit einer inneren und äußeren Entwurzelung anheimgegeben würde" (BayObLG DAVorm 1985, 336, 337). Mit Verschuldensfragen befaßte sich die Rspr nur ausnahmsweise – auch ein unverschuldetes Elternversagen iSv § 1666 Abs 1 S 1 Alt 3 wurde kaum einmal angenommen –, indem zB das Beharren der Mutter auf der das Kind gefährdenden Entwurzelung als „schuldhaft" iSv § 1666 Abs 1 bezeichnet wurde, „da sie den Umfang der Gefahr erkannt" habe (LG Hof DAVorm 1981, 213, 215). Zu den angenommenen Gefährdungen finden sich in der Rspr meistens Ausführungen; ob sie durch eine mißbräuchliche Ausübung der elterlichen Sorge iSv § 1666 Abs 1 S 1 Alt 1 ausgelöst worden sind, bleibt hingegen meistens dahingestellt; zu den subjektiven Elementen dieser Alternative finden sich zumeist keine Ausführungen in den Entscheidungsbegründungen (vgl hierzu bereits STAUDINGER/COESTER [2004] § 1666 Rn 49, 59).

Untersuchungen der Entscheidungspraxis haben belegt, daß diese nach Feststellung **84** einer durch das Herausgabeverlangen bedingten Kindeswohlgefährdung nicht streng subsumiert, sondern darin automatisch eine mißbräuchliche Ausübung der elterlichen Sorge sah (auch GW FamK/NEHLSEN-vSTRYK Rn 39). Auf dem Hintergrund der verfassungsrechtlichen Lage muß die von SCHLÜTER/LIEDMEIER (FuR 1990, 122, 128) und anderen sowie der ständigen Rspr vertretene Auffassung befürwortet werden: Die Merkmale des § 1666, die ein elterliches Fehlverhalten beschreiben, hatten bei der Subsumtion unter § 1632 Abs 4 aF **keine eigenständige Bedeutung**, weil die Frage, ob die von der Herkunftsfamilie verfolgte Herausnahme schädliche Folgen für das Kind haben wird, völlig unabhängig von der Frage ist, ob den Eltern für ihr jetziges oder gar früheres Verhalten ein Vorwurf iSv Versagen zu machen war oder nicht (SCHWAB, 54. DJT A 128; SCHLÜTER/LIEDMEIER FuR 1990, 122, 130).

In der juristischen Literatur fand der Verweis in Abs 4 aF auf § 1666 Abs 1 S 1 kaum **85** Befürworter (die Anknüpfung eher befürwortend HOLZHAUER ZRP 1982, 222, 225), ging es doch dem SorgeRG-Gesetzgeber um Differenzierung, Effektivierung und Entlastung der kindschaftsrechtlichen Generalklausel: Einerseits fand der Gesetzgeber sich endlich zur **Herauslösung des Konflikts um das Pflegekind aus der nicht passenden Systematik des § 1666** (ZENZ [1979] 94; SCHWAB, 54. DJT A 125; MÜNDER NJW 1986, 811, 814; FINGER ZfJ 1985, 341; SIMITIS, in: GOLDSTEIN ua [1982] 183 f) bereit, um andererseits im gleichen Atemzug zur als untauglich befundenen und deshalb verworfenen Regelung zurückzukehren. Die Systematik des § 1666 Abs 1 S 1 – wie auch § 1666a – belegt, daß diese Norm vom Regelfall des mit seinen Eltern bzw einem Elternteil zusammenlebenden Kindes ausgeht, welches durch Verhalten der Eltern (oder eines Dritten) gefährdet ist (SALGO StAZ 1983, 89, 93 u 97); hingegen lebt das Pflegekind unter den Voraussetzungen des § 1632 Abs 4 gerade nicht mehr in einer Lebensgemeinschaft mit seinen Eltern. Der Gesetzgeber wollte mit § 1632 Abs 4 die Schwelle für gerichtliche Eingriffe zum Schutze des fest im Pflegeverhältnis verwurzelten Pflegekindes nicht etwa herauf-, sondern herabsetzen (BT-Drucks 8/2788, 40). Der volle Verweis auf § 1666 hätte wieder die Schwelle für Eingriffe erhöht, womit die Intentionen des Gesetzgebers gleichzeitig zurückgenommen worden wären (SCHLÜTER/ LIEDMEIER FuR 1990, 122, 128). Sinn und Zweck der Reform von 1979 wäre damit ins Gegenteil verkehrt worden. Zahlreiche Reformvorschläge befürworteten eine Abkoppelung des § 1632 Abs 4 von den Voraussetzungen des § 1666 Abs 1 S 1, teils unter Verweis auf das Vorbild in Art 310 Abs 3 Schweizer ZGB: *Hat ein Kind längere Zeit bei Pflegeeltern gelebt, so kann die Vormundschaftsbehörde den Eltern seine Rücknahme untersagen, wenn diese die Entwicklung des Kindes ernstlich zu gefährden droht* (vgl SCHWAB, 54. DJT A 125, A 128, A 135; SCHWENZER, 59. DJT A 84 f, A 111 und Beschlußempfehlung, 59. DJT M 263; SALGO [1987] 217 ff). Der Vorwurf („Mißbrauch", „Versagen") an die Adresse der Eltern beinhaltet auch eine kontraproduktive Gefahr: Die Kooperationsbasis mit Eltern hätte einerseits durch den Vorwurf beeinträchtigt werden können, andererseits wird eine Zusammenarbeit wohl als gescheitert gelten müssen, wenn ein Gericht zur Gefährdungsbegrenzung angerufen werden muß. Zum Verhältnis des § 1632 Abs 4 zu § 1666 vgl OLG Frankfurt FamRZ 1981, 813; BayObLG NJW 1984, 2168 = FamRZ 1984, 817 = ZfJ 1984, 373 (verfahrensrechtliche Sonderregelung gegenüber § 1666 Abs 1 S 1). Das **KindRG** schloß sich dieser Kritik an und ersetzte die zu Komplikationen und Verunsicherungen führende Formulierung *wenn und solange für eine solche Anordnung die Voraussetzungen des § 1666 Abs 1 Satz 1 insbesondere im Hinblick auf Anlaß oder Dauer der Familienpflege gegeben sind* durch die Formulierung *wenn und solange das Kindeswohl durch die Wegnahme gefährdet würde,* **ohne die Eingriffschwelle zu verändern** (BT-Drucks 13/ 4899, 96). Diese Reform wurde einhellig begrüßt. Da die Rspr sich überwiegend schon vor dieser Reform auf die durch die Herausnahme(-absicht) drohende Gefährdung des Kindes konzentrierte, kann nach wie vor auf die Rspr vor 1998 Bezug genommen werden.

cc) Gefährdungsgrad und -wahrscheinlichkeit

86 Ein **Abbruch der Eltern-Kind-Beziehung in den ersten Lebensjahren enthält beträchtliche Risiken für die kindliche Entwicklung**, weil sie dem Kind die Basis für seine Orientierung über die Welt und sich selbst entzieht. Die Auswirkungen sind umso gravierender, je stärker das Kind auf diese Orientierung noch zur Entstehung und Aufrechterhaltung eines Grundsicherheitsgefühls oder „Urvertrauens" angewiesen ist, das die Voraussetzung und Grundlage für die Bewältigung aller weiteren Entwicklungsschritte ist (vgl die Zusammenfassung entsprechender gesicherter Erkenntnisse von ZENZ, 54. DJT A 35; dies ZfJ 2000, 321; KLUSSMANN DAVorm 1985, 170; SCHLEIFFER ZfSp 2006, 226; BRISCH; LEMPP 54. DJT [1982]). Es gehört nach wie vor zum Ausgangspunkt auch

verfassungsgerichtlicher Einschätzungen, daß die Trennung des Kindes von einer
Bezugsperson einen Vorgang mit erheblichen psychischen Belastungen darstellt und
daß für ein Kind mit seiner Herausnahme aus der gewohnten Umwelt ein schwer
bestimmbares Zukunftsrisiko verbunden ist (BVerfGE 60, 791 und 75, 201, 219). Sowohl
§ 1666a Abs 1 als auch § 1632 Abs 4 sind nicht nur durch verfassungsrechtliche
Vorgaben, sondern auch von dem von humanwissenschaftlicher Erkenntnis geforderten Bestreben bestimmt, **möglichst die Dauerhaftigkeit der Lebensumstände für
Kinder zu sichern**, immer wenn möglich oder so schnell wie wieder möglich in ihren
Herkunftsfamilien, ansonsten in anderen **möglichst stabilen Lebensumständen** (vgl
hierzu die jugendhilferechtlichen Zielvorgaben Rn 55 ff). Dieses Ziel strebt auch das Völkerrecht an: die „Kontinuität in der Erziehung des Kindes" ist zu berücksichtigen
(Art 20 Abs 3 S 2 UN-Konvention über die Rechte des Kindes). Auch die fachgerichtliche Rspr bedient sich inzwischen zumeist humanwissenschaftlicher Hilfe und
geht von entwicklungspsychologischen Grundannahmen bezüglich Trennungsempfindlichkeit und Gefährdungswahrscheinlichkeit aus, zB: „Es kann heute aus kinderpsychologischer Sicht als gesichert angesehen werden, daß die Trennung eines Kleinkindes von einer Bezugsperson eine erhebliche psychische Belastung für das Kind
darstellt und mit einem schwer bestimmbaren Zukunftsrisiko verbunden ist" (BayObLG FamRZ 1991, 1080, 1082; OLG Sachsen-Anhalt v 18. 10. 2006 14 UF 89/05; OLG Karlsruhe
FPR 2004, 476, 477: der Wechsel von Pflegeeltern zur Mutter des Kindes führt mit hoher Wahrscheinlichkeit bei dem Kind zu Verhaltensstörungen, psychosomatischen Beschwerden, sozialem
Rückzug, autoaggressivem Verhalten, zu Leistungsstörungen und zu einer emotionalen Störung der
Beziehung der Mutter; vgl auch FIRSCHING/RUHL Rn 172). Der von den Eltern beabsichtigte
Umgebungswechsel mußte (nach § 1632 Abs 4 aF) sich als ein Mißbrauch des elterlichen Sorgerechts darstellen, der das körperliche, geistige oder seelische Wohl
nachhaltig gefährdet (OLG Düsseldorf FamRZ 1994, 1541, 1542; BayObLG FamRZ 1984, 932).
Die nach dem bisherigen Erkenntnisstand relevanten Faktoren, die hinsichtlich der
Gefährdungswahrscheinlichkeit jeweils unterschiedliche Prognosen absichern könnten, sind: Alter des Minderjährigen, Dauer der Familienpflege, Beziehungen und
Bindungen zu Eltern, Geschwistern, Verwandtschaft, zu Pflegeeltern, Nachbarn,
Schule, Pflegegeschwistern und die Intensität der jeweiligen Integration des Kindes
und nicht zuletzt Ursachen und Anzahl vorausgegangener Fremdplazierungen. Auch
wenn die Herausnahme des Kindes aus seinem bisherigen Umfeld die Folge einer
scherwiegenden Traumatisierung mit nachhaltiger Störung der weiteren Entwicklung hätte und dies durch den die Herausgabe begehrenden Elternteil voraussichtlich nicht aufgefangen werden kann, ergeht eine Verbleibensanordnung (OLG Frankfurt FamRZ 2004, 720; ebenso bei „nur" eingeschränkter Erziehungsgeeignetheit der Mutter, OLG
Karlsruhe FamRZ 2004, 722). Zu Recht weist das BayObLG (NJW 1994, 668, 669 und bereits
FamRZ 1991, 1080, 1083) auf die **besondere Gefahr mehrfachen Wechsels der sozialen
Umgebung** hin, der erhebliche Beeinträchtigungen für die weitere Entwicklung des
Kindes mit sich bringen kann und daher in aller Regel nicht dem Wohl des Kindes
entsprechen wird (vgl dazu inbes KLUSSMANN DAVorm 1985, 169, 213; MÜNDER NJW 1986, 811,
812; LAKIES FamRZ 1990, 698, 702 mwNw).

Es geht in § 1632 Abs 4 ausschließlich darum, ob **zum Zeitpunkt der Geltendmachung** **87**
eines Herausgabebegehrens eben hierdurch eine Kindeswohlgefährdung zu besorgen
ist. § 1632 Abs 4 stellt **nicht auf den Zeitpunkt der Trennung** von der Herkunftsfamilie, sondern auf die Wegnahme von der Pflegeperson ab (BVerfGE 68, 176, 187 und 88,
187, 196: Berücksichtigung der Situation im Zeitpunkt der Entscheidung; sa STAUDINGER/COESTER

[2004] § 1666 Rn 37 ff). Entscheidend ist, ob die mit der beabsichtigten Rückführung intendierte Änderung des Lebensumfeldes beim Kind zu erheblichen Schäden, insbesondere im psychischen Bereich, führen kann, nicht aber, ob die intendierte Herausnahme aus dem Pflegeverhältnis solche Schäden voraussichtlich mit ziemlicher Sicherheit mit sich bringt (vgl auch BVerfG FamRZ 2000, 1489; differenzierend Münch-Komm/Huber Rn 46 mwNw unter Bezugnahme auf die Rspr des BVerfG; zur Gefährdungswahrscheinlichkeit Klussmann DAVorm 1985, 170, 182 f; Siedhoff NJW 1994, 616, 620 ff; ders FPR 1996, 65, 66).

88 Das BVerfG stellt, wenn lediglich ein **Wechsel der Pflegestelle** von den Eltern intendiert wird, hohe Anforderungen: **nur wenn eine Gefährdung mit Sicherheit ausgeschlossen werden kann**, wäre eine Herausnahme aus dem Pflegeverhältnis zulässig (BVerfGE 75, 201; vgl Rn 48). Zur Gefährdungsabwägung bei beabsichtigter Herausnahme aus dem Pflegeverhältnis mit dem Ziel der Annahme als Kind durch Dritte s BVerfGE 79, 51; oben Rn 49.

dd) Wegfall des Hinweises auf „Anlaß oder Dauer der Familienpflege"

89 Das KindRG hat den Hinweis in § 1632 Abs 4 aF *insbesondere im Hinblick auf Anlaß oder Dauer der Familienpflege* ersatzlos gestrichen, weil es diesen Hinweis für überflüssig hielt (BT-Drucks 13/4899, 96; zur alten Rechtslage vgl Staudinger/Salgo[12] Rn 89 ff). Die Dauer der Familienpflege stand im Mittelpunkt der Entscheidung des BVerfG (BVerfGE 68, 176, 191): **Allein die Dauer der Familienpflege** kann bei Vorliegen bestimmter Voraussetzungen zu einer Verbleibensanordnung führen.

90 Im übrigen wurde schon unter Geltung der alten Rechtslage darauf verwiesen, daß es angesichts der Dauer der Familienpflege auf den Anlaß nicht ankommt (AG Frankfurt aM DAVorm 1982, 368 und FamRZ 1982, 1120; dies wird im Fall **Görgülü** [EuGHMR FamRZ 2004, 1456] von manchen Stellungnahmen, aber auch von einigen Entscheidungen übergangen). Der früher geforderte Blick auf den *Anlaß der Familienpflege* bedingte stets den „Blick in die Vergangenheit", der nicht schlechthin verwehrt war (BVerfGE 68, 176, 189). Andererseits kann im Einzelfall die durch diesen „Blick" gewonnene Erkenntnis bedeutungslos sein, denn auch und allein die Dauer des Pflegeverhältnisses (kann) eine Verbleibensanordnung rechtfertigen (BVerfGE 68, 176, 191; für strikt **einzelfallbezoge Abwägung** auch BayObLG FamRZ 2000, 633, 634). Beim Blick in die Vergangenheit bestand zudem die Gefahr, daß das Tor für bereits überwunden geglaubte Verschuldensgesichtspunkte wieder aufgestoßen wird (vgl Holzhauer ZRP 1982, 222, 225 sowie Salgo [1987] 222). Das Sozialrecht konkretisiert hier mit den §§ 27 ff SGB VIII die über § 1666a auch im zivilrechtlichen Kindesschutzrecht geltende Verpflichtung des Staates, in Übereinstimmung mit dem Grundsatz der Verhältnismäßigkeit zunächst zu versuchen, elterliches Versagen durch geeignete helfende und unterstützende Maßnahmen auszugleichen (BVerfGE 60, 79, 93): Im **Hilfeplan** (vgl Rn 60 f) gem § 36 Abs 2 S 2 SGB VIII müssen sich Feststellungen über den Hilfebedarf und darüber finden lassen, **„wie", „bis wann"** (vgl BT-Drucks 11/5948, 71: *Festlegung zeitlicher Schritte*) und **„mit welchen Mitteln"** die durch eine Beeinträchtigung des Kindeswohls veranlaßten Erziehungshilfen intendiert waren. Während damit der Anlaß der Familienpflege, dh die Situation des Kindes und seiner Herkunftsfamilie, zunächst im Zentrum der jugendhilferechtlichen Bemühungen gem §§ 33, 36, 37 SGB VIII – von Anbeginn des Pflegeverhältnisses an – um eine Veränderung steht, verliert er im Ablauf der Zeit seine Bedeutung, soweit bei Vorliegen des Tatbestandsmerkmals *längere Zeit* der Familienpflege durch die beabsichtigte Herausnahme eine Kindeswohlgefährdung droht (vgl BVerfGE 88, 187, 196 f). Dies entspricht indes der gesetzgeberischen Intention des SorgeRG wie des KindRG (BT – 8. Wahlperiode – 151. Sitzung am 10. 5. 1979, 12035; BT-Drucks 13/4899, 96).

Soweit die Dauer der Familienpflege zu einer **Verwurzelung des Kindes in der Pfle-**   **91**
gefamilie geführt hat, deren Aufhebung ohne Kindeswohlgefährdung nicht zu erreichen ist, wird der Verbleib in Familienpflege anzuordnen sein. Mit Streichung des Hinweises auf den *Anlaß der Familienpflege* erkannte der Gesetzgeber, daß für die anstehende Entscheidung der *Anlaß* vollkommen seine Bedeutung verlieren kann: Auch wenn zu keinem früheren Zeitpunkt Gefährdungen des Kindes bestanden, und wenn Eltern aus völlig freien Stücken, etwa wegen einer besseren Förderung oder wegen der Verfolgung eigener Berufskarrieren, es in Familienpflege gegeben haben, also wenn kein Anlaß im Sinne einer Gefährdungslage für die Inpflegegabe des Kindes bestand, kann der vielleicht verständliche Herausgabewunsch von Eltern uU das Kindeswohl dennoch erheblich gefährden (HOLZHAUER ZRP 1982, 222, 225). **Nicht das Gewollte, sondern das Entstandene leitet die richterliche Entscheidung** (SCHWAB, 54. DJT A 119**); für das Wohl des Kindes**, das in erster Linie Maßstab der Entscheidung sein muß, **spielt Art und Weise des Zustandekommens des Pflegeverhältnisses keine Rolle** (OLG Hamm FamRZ 1995, 1507). Dies gilt unter Absage an jegliches Restitutionsdenken (ZENZ, 54. DJT A 43 f; SALGO [1987] 225 f mwNw; GOLDSTEIN ua [1982] 56), auch wenn Versäumnisse der Behörden oder/und gerichtlichen Instanzen (nachgewiesen zB in BVerfGE 68, 176) den Eltern gegenüber vorliegen (vgl Rn 64, 90).

Dem einschränkenden Charakter des konditionalen „wenn" kommt dieselbe Funk-   **92**
tion wie in § 1696 Abs 2 zu: Nur wenn vom elterlichen Herausgabewunsch eine Gefährdung ausgeht, ist eine Verbleibensanordnung zulässig. Die temporale Konjunktion „solange" weist in Richtung eines Verständnisses der Norm im Sinne der Beschlußempfehlung des Rechtsausschusses des Deutschen Bundestags (BT-Drucks 8/2788, 52): Mit § 1632 Abs 4 soll ein Herausgabeanspruch von leiblichen Eltern verhindert werden, wenn diese die Herausgabe des Kindes „zur Unzeit" verlangen. Einerseits sind hier besonders trennungsempfindliche Lebensphasen zu beachten, andererseits ist das Bindungsgeschehen komplex. Wenn nicht schon sehr bald nach der Fremdplazierung des Kleinkindes die Eltern das Kind wieder zu sich nehmen, können sich die Chancen für die Eltern erheblich verschlechtern. Für Kinder in Vollzeitpflege iSv § 33 SGB VIII, aber auch für die frühere sog Dauerpflege, also für Minderjährige, die als fest im Pflegeverhältnis eingebunden gelten und die keine kontinuierliche Verbindung zur Herkunftsfamilie haben, wird zumeist die Herausnahme „zur Unzeit" kommen. **Beziehungsabbrüche können mit dauernden und voraussichtlich schweren Beeinträchtigungen im kognitiven, emotionalen und sozialen Bereich verbunden sein** (LEMPP, 54. DJT I 46 ff; SCHLEIFFER ZfSp 2006, 226, 246 f), auch wenn sie nicht unvermittelt geschehen. Häufig wurde verkannt, daß dem Pflegekindverhältnis, ob planmäßig oder planwidrig, eine **Dauerfunktion** zukommen kann (HOLZHAUER ZRP 1982, 222, 226; SCHWAB, 54. DJT A 119). Das SGB VIII geht davon aus, daß Pflegekindverhältnisse *zeitlich begrenzt* **oder** *auf Dauer angelegte Lebensformen* für Minderjährige bieten können (§§ 33, 37 Abs 1 S 4 SGB VIII); die **auf Dauer angelegte Perspektive** in diesem Sinne kommt dann in Betracht, wenn es nicht gelungen ist oder von vornherein aussichtslos erscheint, die Rückkehroption **inner-**

halb eines im Hinblick auf die Entwicklung des Kindes vertretbaren Zeitraums zu erreichen (§ 37 Abs 1 S 2 SGB VIII).

Zur Dauer der Familienpflege vgl Rn 66 ff. Damit berücksichtigt das geltende Kinder- und Jugendhilferecht die Realität der Pflegekindschaft und ihre psycho-soziale Dimension unter Bezugnahme auf humanwissenschaftlich gestützte Grundannahmen von allen Regelungsbereichen im deutschen Recht am stärksten. Das zivilrechtliche Kindesschutzrecht hat demgegenüber noch einen Nachholbedarf, wenn auch in Ansätzen diese Erkenntnisse rezipiert werden.

ee) Entscheidungsalternativen

93 Die bloße Verbleibensanordnung soll nach der hM als die mildere und deshalb dem Grundsatz der Verhältnismäßigkeit gerecht werdende Maßnahme Vorrang vor weitergehenden Sorgerechtsbeschränkungen gem § 1666 genießen (STAUDINGER/COESTER [2004] § 1666 Rn 37, 183 mwNw; PALANDT/DIEDERICHSEN Rn 11; MünchKomm/HUBER Rn 59; BVerfG FamRZ 1989, 145, 146; BayObLG FamRZ 1984, 932; OLG Karlsruhe FamRZ 1994, 1544, 1545; OLG Hamm FGPrax 1997, 145; BayObLG FamRZ 2000, 563). Andererseits gilt die Entziehung des Aufenthaltsbestimmungsrechts als eine typische Maßnahme, die als erforderlich und verhältnismäßig anzusehen ist, wenn ein Kind in seinem Wohl dadurch gefährdet wird, daß der Personensorgeberechtigte beabsichtigt, den Aufenthaltsort des Kindes zu ändern (BayObLG FamRZ 1990, 1379, 1381). In jedem Fall liegt indes bereits in der Verbleibensanordnung ein erheblicher Einschnitt in die Personensorge, weil sie rechtlich die Geltendmachung eines Herausgabeanspruchs gem § 1632 Abs 1, also eine unbeschränkte Ausübung des Aufenthaltsbestimmungsrechts gem § 1631 Abs 1 untersagt und faktisch zugleich die Eltern von der Ausübung weiterer nicht entzogener Personensorgerechtsbereiche wie Pflege und Erziehung ausschließt, ohne zugleich explizit diese Bereiche den Eltern zu entziehen – immerhin stehen nunmehr den Pflegeeltern von Gesetzes wegen gem § 1688 Abs 1 und 4 die (nach einer Verbleibensanordnung nur über das Familiengericht einschränkbaren oder ausschließbaren) Befugnisse zu, in Angelegenheiten des täglichen Lebens zu entscheiden sowie den Inhaber der elterlichen Sorge in solchen Angelegenheiten zu vertreten, was zum Spannungsabbau beitragen könnte (zu den gesetzgeberischen Intentionen vgl STAUDINGER/SALGO [2006] § 1688 Rn 11 ff). Mit der Verbleibensanordnung werden die Befugnisse aus dem Aufenthaltsbestimmungsrecht faktisch **blockiert** und automatisch zugleich die Befugnisse aus § 1688 Abs 1 und 4 abgesichert, ohne diese den Personensorgeberechtigten explizit zu entziehen – weshalb keine Ergänzungspflegerbestellung gem § 1909 bei dieser Lösung erforderlich wird.

94 Stets von Amts wegen zu prüfen ist, ob die Eltern nach erfolgter Verbleibensanordnung sich nunmehr konstruktiv verhalten – die **Kooperationsbereitschaft ist zu überprüfen** (BVerfG FamRZ 1989, 145, 146) – oder ob mit Störungen des Pflegeverhältnisses zu rechnen ist (vgl zur Aufrechterhaltung des Sorgerechtsentzugs, wenn eine Verbleibensanordnung nicht ausreicht OLG Frankfurt FamRZ 2002, 1277); dann erst kann es nämlich notwendig sein, über die Verbleibensanordnung hinauszugehen und weitere Kompetenzen der Eltern gem § 1666 Abs 1 zur Abwehr von Kindeswohlgefährdungen zu entziehen (BayObLG DAVorm 1985, 817, 819 f; OLG Bamberg DAVorm 1987, 664, 667 f; BAER FamRZ 1982, 221, 230 f). Bei der auf Dauer angelegten Familienpflege bedürfen Pflegeeltern stets der notwendigen auch rechtlichen Befugnisse (vgl STAUDINGER/COESTER [2004] § 1666 Rn 38, 189: der ungesicherte Status des Pflegekindes wird auf Dauer als Kindeswohl-

gefährdung eingestuft; OLG Hamm FamRZ 1995, 1507, 1508), einer **sorgerechtlichen Mindest-ausstattung, zur Bewältigung der sich im Alltag stellenden Aufgaben**. Die geforderte Kooperationsbereitschaft zeigt sich etwa im **Einverständnis mit den Wirkungen des § 1688 Abs 1**, im übrigen nach wie vor am deutlichsten in einer **Übertragung von Angelegenheiten der elterlichen Sorge gem § 1630 Abs 3** (vgl STAUDINGER/PESCHEL-GUT-ZEIT § 1630 Rn 44). Falls eine Verbleibensanordnung, also ein Eingriff in das Sorgerecht gem § 1632 Abs 4 unvermeidbar wird, kann nicht ohne weiteres davon ausgegangen werden, daß die Personensorgeberechtigten mit der weiteren Ausübung der Perso-nensorge durch die Pflegeperson(en), also auch mit den von Gesetzes wegen ein-tretenden Wirkungen des § 1688 Abs 1 einverstanden sind; hieraus zieht § 1688 Abs 4 die Konsequenzen. Im Rahmen der Entscheidungsfindung gem § 1632 Abs 4 ist **dieser Punkt von Amts wegen klärungsbedürftig**, weil im FG-Verfahren dem Ge-richt auch zur **Konfliktvermeidung Rechtsvorsorgefunktionen** zukommen (SIEDHOFF FamRZ 1995, 1254 f); deshalb sollte das FamG auf diese Wirkung einer Verbleibens-anordnung in jedem Einzelfall einen Hinweis geben.

Durch die Schaffung von § 1688 Abs 4 handelt es sich bei der Verbleibensanordnung nicht mehr um eine isolierte Maßnahme ohne Klärung hinsichtlich der sorgerecht-lichen Kompetenz, die zu unzuträglichen Situationen führen kann (STAUDINGER/ COESTER [2004] § 1666 Rn 189; SALGO [1987] 263 ff); die im Alltag der Familienpflege abverlangten Entscheidungen können nunmehr von der Pflegeperson getroffen wer-den. Allerdings könnten Entscheidungen für das Pflegekind anstehen, die den Be-reich der Alltagssorge überschreiten. Die Übertragungsmöglichkeiten gem § 1630 Abs 3 sind hier weitaus flexibler als die Reichweite der Alltagssorge gem § 1688 Abs 1 (STAUDINGER/PESCHEL-GUTZEIT § 1630 Rn 53 und STAUDINGER/SALGO [2006] § 1688 Rn 10), allerdings vom elterlichen Einverständnis abhängig. Eltern, die nach einer Verbleibensanordnung ihren Antrag auf Hilfe zur Erziehung gem §§ 27, 33 SGB VIII zurücknehmen und mit diesem „Störfeuer" (STAUDINGER/COESTER [2004] § 1666 Rn 38) die Verbleibensanordnung unterlaufen wollen, verhalten sich rechtsmiß-bräuchlich (OVG Lüneburg FamRZ 1998, 707 f; WIESNER § 27 Rn 14 mwNw). In diesen Fällen kann es nicht bei der Verbleibensanordnung bleiben, sondern den Eltern sind gem § 1666 Abs 1 weitere Sorgerechtsbereiche zu entziehen (OLG Sachsen-Anhalt 14 v 18.10.2006 – UF 89/05; OVG Weimar NJW 2002, 36, 47; OVG Mecklenburg-Vorpommern v 26.8.2002 – 1 L 22/02).

Bei zeitlich begrenzten Pflegeverhältnissen, die auf eine alsbaldige Rückkehr des **95** Kindes in das Herkunftsmilieu ausgerichtet sind, kommt den **Besuchskontakten eine Schlüsselfunktion** hinsichtlich der Realisierungschancen zu (vgl § 37 Abs 1 S 4 SGB VIII; s auch grds SALGO [1987] 299 ff; ders FPR 2004, 419, 424), deshalb ist **zugleich mit einer Verbleibensanordnung von Amts wegen zu prüfen, wie künftig die Beziehung des Kindes zur Herkunftsfamilie gefördert wird** (vgl BVerfGE 68, 176, 188: behutsame Rückführungen mittels gleitender Übergänge von der Pflegefamilie zur Herkunftsfamilie nach entsprechenden Übergangsphasen; OLG Köln FamRZ 1992, 712, 713: Kontakte durch stetige Besuche aufrechterhalten; ebenso BayObLG NJW 1984, 2168, 2169 u NJW 1988, 2381, 2382; hinge-gen wurde der Umgang nach schließlich gescheiterter Entführung aus dem Pflegeverhältnis ausge-schlossen [OLG Bamberg FamRZ 1993, 726]). Auch das OLG Hamburg (FamRZ 1989, 420) will bei Ablehnung des Herausgabeantrags der leiblichen Mutter von Amts wegen geprüft wissen, unter welchen Umständen die Auswirkung dieser Entscheidung durch eine Umgangsregelung gemildert werden kann; das OLG Celle (FamRZ 1990,

191, 192) hingegen befürwortet zwar regelmäßige Besuchskontakte, sah indes in der Umgangsregelung (analog § 1634 Abs 2 aF) einen anderen Verfahrensgegenstand, über den gesondert seinerzeit noch vom VormG zu entscheiden war. Der Streit, ob es ein anderer Regelungsgegenstand ist, kann dahingestellt bleiben, entscheidend ist auch hier, daß sich das den Verbleib anordnende Gericht hinsichtlich der künftigen Perspektive des Pflegeverhältnisses Gedanken macht; der diesbezügliche **Regelungsbedarf in Ausübung des staatlichen Wächteramtes ist unausweichlich** (s Salgo [1987] 299 ff).

Die Verbleibensanordnung per se beinhaltet keinerlei Umgangsregelung. Es kann nicht unterstellt werden, daß ohnehin, weil die Verbleibensanordnung keinerlei Aussagen zum Umgangsrecht trifft, eine Umgangsregelung überhaupt existiert und funktioniert. Soll kein Umgang bestehen, aus welchen Gründen auch immer, so sollte auch dies explizit vom den Verbleib anordnenden Gericht klargestellt werden. Mit der grundsätzlich zutreffenden Feststellung, daß auch nach Erlaß einer Verbleibensanordnung die Mutter „grundsätzlich ein Recht auf Umgang mit ihren Kindern hat" (BayObLG FamRZ 2001, 563, 564), kommt das ohnehin bereits mit der Sache befaßte Gericht seiner konfliktreduzierenden Rechtsvorsorgepflicht nicht nach, zumal wenn es offensichtlich ist, daß bereits auch um den Umgang gravierende Konflikte entstanden waren, die sich indes durch die Verbleibensanordnung entschärfen könnten (zu Kontakten zur Herkunftsfamilie s HB-VP/Zenz Rn 695 ff; Salgo FPR 2004, 419). Die **Verpflichtung zur Konkretisierung der Interventionsmaßnahme** (Zenz [1979] 366 ff) fordert einen für alle Beteiligten klaren Handlungsrahmen. Konsequent in dieser Hinsicht OLG Frankfurt v 8. 5. 2002 – 1 UF 312/01 bezüglich der Notwendigkeit des Entzugs des Sorgerechts sowie eines Umgangsausschlusses auf zwei Jahre. Die „Nichtregelung" und „Nichtaufklärung" (hinsichtlich sorgerechtlicher Zuständigkeiten und des Umgangs) kann zu schwerwiegenden nicht intendierten Konsequenzen und zu eigenmächtigen Kompetenzanmaßungen führen. In der Praxis hat sich auch gezeigt, daß mit der klarstellenden Wirkung einer Verbleibensanordnung der zuvor im Streit stehende Umgang konfliktfreier verlaufen kann. Auch wenn die Verbleibensanordnung abgelehnt wird, weil die Rückführung des Kindes zu den Eltern als das Wohl des Kindes nicht gefährdend eingestuft werden kann, wird es idR erforderlich sein zu prüfen, ob nicht zugunsten der bisherigen Pflegepersonen Umgangsrechte einzuräumen sind, um Milderungen für den Übergang oder auch auf Dauer zu sichern: Hier schafft § 1685 Abs 2 ein flexibel zu handhabendes Korrektiv (BT-Drucks 13/4899, 107), im Einzelfall kann dennoch das Korrektiv über § 1666 Bedeutung erlangen (Staudinger/Coester [2004] § 1666 Rn 129). Soweit allerdings sich die Rückkehroption nicht realisieren läßt, erlangt das Umgangsrecht eine andere Bedeutung, nunmehr steht die **Sicherung der Dauerhaftigkeit der Kindesbeziehung** an jenem Lebensort im Mittelpunkt, an welchem das Kind sich **verwurzelt**. Hierbei darf nicht übersehen werden, daß die Mehrzahl der Pflegekinder wegen erheblicher Gefährdung ihres Wohls trotz intensiver Hilfen nicht in ihren Herkunftsfamilien auf Dauer leben konnten. Dieser Umstand darf bei der stets notwendigen Klärung des Umgangs sowie der sorgerechtlichen Befugnisse nach einer Verbleibensanordnung nicht übersehen werden. Der Entstehungsgrund des Pflegekindschaftsverhältnisses und die nicht realisierbare Rückkehroption wie die Komplexität der Fallkonstellationen erfordern eine penible Aufklärung (§ 12 FGG).

Auch und gerade hier muß vor simplifizierenden Übertragungen von Erfahrungen aus trennungs- und scheidungsbedingten Konflikten um das Umgangsrecht auf die Umgangssituation im Pflegekindschaftsverhältnis gewarnt werden: Die Notwendigkeit von Umgangsbeschränkungen bzw der Umgangsausschluß gem § 1684 Abs 4 Satz 1 und 2 kann sich hier weit häufiger als bei „Scheidungskindern" stellen, hat doch das Pflegekind häufig – im Gegensatz zum Kind im Elternstreit bei Scheidung und Trennung – eine unterbrochene, oft gestörte (Gefahr der Retraumatisierung) oder oft überhaupt keine Beziehung zu den Eltern, bei denen es auch während des Umgangs nach wie vor gefährdet sein kann. Die Grundannahme der §§ 1626 Abs 3 und 1684 Abs 1 kann nicht ohne weiteres hier Geltung beanspruchen (vgl SALGO FPR 2004, 419; FRIEDRICH/REINHOLD/KINDLER). Eine Gefährdung des Wohls des Pflegekindes während des Umgangs kann auch darin liegen, daß dem Kind immer wieder die Rückkehr in Aussicht gestellt wird, obwohl dafür die Grundlagen fehlen (ZENZ ZfJ 2000, 321, 323).

ff) Dauer und Perspektiven der Verbleibensanordnung

Wenn und solange das Kindeswohl durch die Wegnahme gefährdet würde, soll der **96** Verbleib angeordnet bleiben. Zum Herausgabeverlangen zur Unzeit vgl Rn 66. Die Perspektiven, Aktivitäten und die im **Hilfeplan** (§ 36 Abs 2 S 2 SGB VIII) wie in der Stellungnahme der Jugendhilfe (§ 49a Abs 1 Nr 6 FGG) dokumentierten Ziele und Zeitperspektiven der Fremdplazierung müssen hier ebenfalls auf dem Hintergrund der Ergebnisse der Anhörungen (gem §§ 50a, 50b, 50c FGG) sowie der Stellungnahme des Verfahrenspflegers (§ 50 Abs 2 Nr 3 FGG) berücksichtigt werden. Den im Rahmen der **Kindesanhörung** gem § 50b FGG ermittelten **Bindungen, Neigungen** und dem **Willen des Kindes** kommt im Rahmen der Entscheidungsfindung gem § 1632 Abs 4 eine besondere Bedeutung zu. Gegenüber einer „Umstellung", „Umgewöhnung" oder gegenüber „gleitenden Übergängen" bei fest im Pflegeverhältnis verwurzelten Kindern bestehen idR aus humanwissenschaftlicher Sicht nach wie vor schwerwiegende Bedenken (Nachweise bei KLUSSMANN DAVorm 1985, 170, 185 ff), soweit nicht Eltern, Pflegeeltern und das betroffene Kind selbst solche Bestrebungen mittragen. Zu Recht **kritisch gegenüber** solchen **Umgewöhnungsversuchen** ZENZ, 54. DJT A 38; KLUSSMANN DAVorm 1985, 170, 214 f; SALGO NJW 1985, 413; SCHLÜTER/LIEDMEIER FuR 1990, 122, 127; SCHLEIFFER ZfSp 2006, 226; befürwortend hingegen BVerfGE 68, 176, 189; vgl das tragische Scheitern solcher Umgewöhnungsversuche im *Maria-Colwell-Fall*, dokumentiert bei GOLDSTEIN ua (1982) 132 ff. Zum ganzen bereits oben Rn 46 f; zu den vom **EuGHMR** im Fall **Kutzner** forcierten Rückführungen und deren Scheitern vgl Rn 53. Vgl auch die mittels staatlicher Gewalt versuchten und schließlich gescheiterten Umgewöhnungsversuche an einem 10jährigen Kind in einer Einrichtung der Jugendhilfe, die keinen Bestand beim OLG Stuttgart hatten (v 4.10.2006 – 17 UF 84/06), „weil das Elternrecht zurücktreten muß".

Der **Entfremdungsprozeß** kann nur bis zu einem gewissen Zeitpunkt aufgehalten **97** werden, danach empfindet das Kind die Rückkehr in die Herkunftsfamilie nicht mehr als Heimkehr, sondern als erneute Trennung einer inzwischen zu den Pflegeeltern bestehenden Eltern-Kind-Beziehung (WIESNER § 37 Rn 15; ZENZ, 54. DJT A 38 und A 41 f). Einstellungsveränderungen werden hier kaum erzwingbar sein, weshalb der Entstehungsphase des Pflegeverhältnisses und den dabei offengelegten Erwartungen von seiten des Jugendamtes (besondere Aufklärungspflicht hinsichtlich der Folgen langfristiger Fremdplazierung gem § 36 Abs 1 S 2 SGB VIII sowie eindeutige Fest-

legung auch zeitlicher Zielperspektiven im Hilfeplan gem § 36 Abs 2 S SGB VIII)
wie des Gerichts, sofern es eingeschaltet ist, besondere Aufmerksamkeit gebührt.
Besondere Vorsicht und Zurückhaltung ist bei Herausgabeverlangen geboten, wenn
das Kind noch nie länger in elterlicher Obhut gelebt hat und aufgrund des Zeitablaufs, der Einbindung im Pflegeverhältnis etc aus der Sicht des Kindes die Pflegefamilie seine Familie geworden ist, es sich somit aus der Sicht des Kindes nicht um
eine „Rückkehr" zu den leiblichen Eltern handelt.

98 Hinsichtlich der Dauer der Verbleibensanordnung als gerichtliche Maßnahme wird
stets die Perspektive des Pflegekindschaftsverhältnisses (befristete Familienpflege
oder auf Dauer angelegte Lebensform) zu berücksichtigen sein. Auch sind Verbleibensanordnungen zulässig, deren zeitlicher Endpunkt nicht absehbar ist (OLG Brandenburg OLG-NL 2006, 255 v 18. 10. 2005; BayObLG FamRZ 2000, 633 f). Die mit den §§ 33, 37
Abs 1 S 4 SGB VIII vom Jugendhilferecht endlich vollzogene **Verabschiedung der
Doktrin jederzeitiger Widerrufbarkeit von Pflegekindschaft** wirkt auch im Rahmen
der Perspektivenfindung einer Verbleibensanordnung gem § 1632 Abs 4. Während
bei vorläufigen zivilrechtlichen Kindesschutzmaßnahmen insbesondere wegen des
kindlichen Zeitbegriffs alles auf die **alsbaldige Beendigung der Maßnahme** und auf
die **ungefährdete Rückkehr des Kindes** in das Elternhaus gerichtet sein muß (COESTER
FamRZ 1991, 253, 259) – nicht zuletzt auch deshalb, damit nicht später doch eine
Verbleibensanordnung erforderlich wird –, bildet bei Vorliegen der Voraussetzungen
des § 1632 Abs 4 idR die **Sicherung dauerhafter Lebensumstände** für das Kind die
entscheidende Orientierung (vgl grundlegend HB-VP/ZENZ Rn 686 ff).

99 Während das SGB VIII Familienpflege auch als eine **auf Dauer angelegte Lebensperspektive** (§§ 33 Abs 1 S 1, 37 Abs 1 S 4 SGB VIII) vorsieht, finden sich im
zivilrechtlichen Kindesschutz nach wie vor keine eindeutigen Aussagen zu den
Perspektiven von Inpflegegabe. Das hierdurch verursachte Dilemma findet sich in
den Aussagen zu den Perspektiven von Pflegeverhältnissen: Während für die einen
nach gelungener Integration des Kindes in einem seit Jahren bestehenden Pflegeverhältnis die Herauslösung dieses Kindes aus der Pflegefamilie nur ausnahmsweise
vertretbar sein soll (MünchKomm/HINZ[3] Rn 26; ERMAN/MICHALSKI Rn 24 unter Bezugnahme
auf OLG Karlsruhe 1979, 930), der Herausgabeanspruch kaum mehr begründet sein wird
oder eine Herausnahme aus dem Pflegeverhältnis nur bei Vorliegen triftiger Gründe
(OLG Karlsruhe aaO; AG Frankfurt aM FamRZ 1982, 1120, 1122) in Frage kommt, dient die
Verbleibensanordnung gem § 1632 Abs 4 für andere lediglich dazu, daß dem Kind
Gelegenheit gegeben wird, sich an den Gedanken zu gewöhnen, zu seinen leiblichen
Eltern zurückzukehren. Dieses Defizit in der Orientierung des zivilrechtlichen Kin-
desschutzes muß im Rahmen der Entscheidungsfindung gem §§ 1632 Abs 4, 1666
Abs 1, 1696 Abs 2 und 3 unter Berücksichtigung der verfassungsrechtlichen Stellung
des Kindes wie der Herkunfts- und Pflegefamilie und der humanwissenschaftlichen
Grundannahmen ausgeglichen werden. Das Kinder- und Jugendhilfegesetz fordert
hier eine klare Entscheidung und bietet die Chance, um die Inkonsequenzen und
Unaufrichtigkeiten der bisherigen gerichtlichen und behördlichen Praxis zu überwinden: Die zunächst auf die alsbaldige Rückführung des Kindes gerichtete Aktivität des Jugendamtes hat sich diametral zu ändern (COESTER FamRZ 1991, 253, 258),
wenn es zur Überzeugung gelangt, daß Bemühungen zur Verbesserung der Erziehungsbedingungen in der Herkunftsfamilie mit dem Ziel der Rückführung des
Kindes innerhalb eines angemessenen Zeitraums offensichtlich erfolglos sind oder

sein werden (BT-Drucks 11/5948, 68 u 71 f). Hier ändert sich der Auftrag des Jugend-amtes (Perspektivenwandel), weil der Schwebezustand für das Kind mit der Per-spektive einer Sicherung von dauerhaften Lebensbezügen beendet werden muß (auch WIESNER § 37 Rn 27: „so muß der **Schwebezustand** für das Kind oder den Jugendlichen in der Weise **beendet** werden, daß ein dauerhafter Verbleib bei der Pflegeperson gesichert wird"), um dem **Bedürfnis des Kindes nach Sicherheit und Kontinuität seiner Lebensbedingungen** Rechnung zu tragen; das Kind hat einen Anspruch auf „Eltern" (STAUDINGER/COESTER [2004] § 1666a Rn 6: es ist **nicht gerechtfertigt**, das Kind jahrelang in unbefriedigenden Umständen aufwachsen und seine **familiäre Zuordnung in der Schwebe zu lassen; das Kind hat einen Anspruch auf „Eltern"**, dh auf eine psycho-soziale Eltern-Kind-Bindung). Auf jeden Fall muß der Staat in Wahrnehmung seines Auftrags aus Art 6 Abs 2 S 2 GG bei dieser Konstellation seine Aktivitäten auf die Schaffung und Sicherung positiver Lebensbedingungen für ein gesundes Aufwachsen des Kindes konzentrieren (BVerfGE 24, 119, 145). Zu den Eck-pfeilern eines solchen Gesamtkonzepts der Staatsintervention vgl SALGO KritV 2000, 344, 357 f.

Zum Verhältnis von Pflegekindschaft und Adoption (siehe oben Rn 49) vgl § 36 Abs 1 **100** S 2 SGB VIII und insbes STAUDINGER/COESTER (2004) § 1666 Rn 189 sowie STAU-DINGER/FRANK (2007) Vorbem 36 ff zu §§ 1741 ff sowie SALGO (1987) 367 ff; ders ZfJ 2004, 410; LONGINO jew mwNw.

gg) Gutachten
Da eine Orientierung an absoluten, zwingenden zeitlichen Richtwerten nicht mög- **101** lich ist (Rn 69), spielen von Amts wegen gem §§ 12, 15 FGG einzuholende Gutach-ten für die Entscheidungsfindung eine zentrale Rolle (FIRSCHING/RUHL Rn 172). Selbst das BVerfG (BVerfGE 75, 201, 219 f; FamRZ 1999, 1417) sah sich veranlaßt, Gut-achten aus dem Bereich der Kinderpsychiatrie und -psychologie einzuholen, ob-schon in den vorausgegangenen fachgerichtlichen Verfahren mehrere Gutachten eingeholt worden waren. Eine neue Metaanalyse der entwicklungspsychologischen Erkenntnisse, der Bindungs-, Risiko- und Traumaforschung unter Bezugnahme auf neueste Erkenntnisse der Gehirnforschung wäre hier von großem Nutzen. Daß durch die Herausnahme eines Kindes aus der Pflegefamilie dieses einen Schaden erleide oder daß sich ein „gesundes" Kind schnell umgewöhne (vgl zu dieser Fehlan-nahme Rn 46), weder das eine noch das andere ist mit allgemeinen Erfahrungen be-weisbar, sondern nur mit außerjuristischem Fachwissen (vgl insbes STAUDINGER/ COESTER [2004] § 1666 Rn 220 ff). Vom Gericht einzuholende Sachverständigengutach-ten werden inzwischen „weithin für unverzichtbar" gehalten (STAUDINGER/COESTER [2004] aaO mwNw; ebenso PALANDT/DIEDERICHSEN Rn 20: Entscheidung darf nur auf Grund ei-nes Gutachtens erfolgen). Ein Privatgutachten, welches von einem der Beteiligten vor-gelegt wird, ist nicht schon deswegen unverwertbar (zutreffend OLG Frankfurt FamRZ 1983, 1164, 1165, ablehnend hingegen BayObLG FamRZ 1977, 473). Solche fachpsy-chologischen Gutachten sind idR (BayObLG EzFamR BGB § 1632 Nr 4, 5; OLG Frankfurt FamRZ 1983, 297, 298) deshalb einzuholen, weil eine Berufung auf allgemeine psy-chologische Erkenntnisse meistens nicht ausreichen dürfte (OLG Frankfurt FamRZ 1983, 297, 298; SIEDHOFF NJW 1994, 616, 618).

Ist über eine Verbleibensanordnung auf Antrag der Pflegeeltern gem § 1632 Abs 4 **102** zu entscheiden und hält das Gericht die Einholung eines Sachverständigengutach-tens für erforderlich, so haften nicht die Pflegeeltern für die Entschädigung des

Gutachters, weil das Gericht das Gutachten im Rahmen seiner objektiv-rechtlichen
Schutzpflicht, also ausschließlich im öffentlichen Interesse, eingeholt hat (OLG Hamm
FamRZ 1995, 1365; OLG Schleswig-Holstein 15 WF 170/01 v 23.11.2001; AG Bremervörde
FamRZ 2002, 41).

3.　　Besonderheiten des gerichtlichen Verfahrens

103 Zu sämtlichen Verfahrensfragen vgl STAUDINGER/COESTER (2004) § 1666
Rn 206–242 (das Verfahren nach § 1632 Abs 4 entspricht weitgehend demjenigen
des § 1666) sowie FINGER ZfJ 1986, 46; HB-VP/HEILMANN Rn 771–891.

a)　　Allgemeines
104 Sachlich zuständig für eine Entscheidung nach § 1632 Abs 4 ist das FamG (BT-Drucks
13/4899, 97). Dies gilt auch dann, wenn für das Kind eine Vormundschaft besteht (KG
FamRZ 2006, 278; **aA** STAUDINGER/ENGLER [2004] § 1800 Rn 20 f). Die funktionelle Zuständigkeit des Richters ergibt sich aus § 14 Abs 1 Nr 7 RPflG.

Die Verfahrensdauer ist in den meisten Verfahren zu lang (hierzu grundlegend HEIL-
MANN 187 ff; nunmehr auch BVerfG FamRZ 1997, 871; BVerfG NJW 2001, 961). Bei Herausgabestreitigkeiten wird stets das **kindliche Zeiterleben** besonders unter Einbeziehung
der Verfahrensdauer berücksichtigt werden müssen. Das Beschleunigungsgebot gilt
hier nicht nur für vorläufige Anordnungen. Die mangelnde zeitliche Strukturierung
des FG-Verfahrens begegnet schwerwiegenden rechtsstaatlichen Bedenken (vgl
BVerfGE 55, 349, 369; zum ganzen SALGO [1987] 233 ff, 243 ff; HEILMANN 187 ff) und kann zu
Verletzungen von verfassungsrechtlich geschützten Positionen sowohl des Kindes als
auch der Eltern führen. Zum **Beschleunigungsgebot** s BVerfG NJW 2001, 961, dazu
auch SCHLAUSS ZKJ 2007, 9, 11.

b)　　Anhörungen
105 Die Verpflichtung zur Anhörung des Jugendamts ergibt sich aus § 49a Abs 1 Nr 6
FGG; falls das Kind nicht am Wohnsitz des Elternteils sich aufhält, so ist auch das JA
am Wohnsitz des die Herausgabe begehrenden Elternteils gem § 12 FGG zu hören
(BayObLG FamRZ 1987, 619, 621).

106 Die Eltern sind gem § 50a Abs 1 S 3 FGG stets persönlich zu hören (OLG Brandenburg, FamRZ 2000, 1296), ein Absehen von der Anhörung ist nur unter den Voraussetzungen des § 50a Abs 3 FGG möglich; bei Heirat des die Herausgabe begehrenden
Elternteils muß auch der Ehegatte des sorgeberechtigten Elternteils gem § 12 FGG
angehört werden (BayObLG FamRZ 1987, 619, 620). Im Verfahren nach § 1632 erstrek-
ken sich die Ermittlungspflichten aus § 12 FGG folglich je nach Umständen des
Einzelfalls weit über den üblichen Kreis der anhörungspflichtigen Personen bzw
Institutionen (zum Umfang der Ermittlungspflichten im Verfahren über den Herausgabeanspruch
des Vaters Pflegeeltern gegenüber vgl BayObLG FamRZ 1998, 450 f). Zu den umfassenden
Aufklärungspflichten im Rahmen des Verfahrens gem § 1632 Abs 4 vgl OLG Celle
FamRZ 2002, 1356.

107 Das Pflegekind muß grundsätzlich, auch vor Vollendung des vierzehnten Lebensjahres (ausf FamGb/FEHMEL § 50b Rn 19 f; KEIDEL/ENGELHARDT § 50b Rn 6), persönlich gem
50b Abs 1 FGG angehört werden (OLG Brandenburg FamRZ 2000, 1296) – das FamG

muß sich zumindest vom Kind (jeden Alters) einen persönlichen Eindruck verschafft haben, weil die **Neigungen, Bindungen und der Wille des Pflegekindes** im Herausgabestreit immer für die Entscheidung von Bedeutung sind, zumindest muß sich das Gericht von dem Kind einen unmittelbaren Eindruck verschafft haben (BayObLG FamRZ 1997, 223, 224 mit strengen Anforderungen an Anhörungspflicht und deren Durchführung); grds zur Kindesanhörung vgl LEMPP ua. Soweit ein Pflegekind adoptiert werden soll, verletzt dessen Nichtanhörung Art 103 Abs 1 GG, weil ihm Gegelegenheit gegeben werden muß die tatsächlichen Lebensverhältnisse gegenüber seinen leiblichen Eltern, seine Neigungen und Bindungen und seine Integration in der Pflegefamilie darzustellen (BVerfG v 4.6.2003 – 1 BvR 2114/02).

Das SorgeRG hat eine **Anhörungspflicht hinsichtlich der Pflegeperson** mit § 50c FGG **108** neu eingeführt, weil von der Pflegeperson typischerweise besondere Kenntnis der Situation des Kindes erwartet werden kann und die Verwertung solcher Sachkenntnisse im besonderen Interesse des Kindes liegt und einer besseren Entscheidungsfindung dient (BT-Drucks 8/2788, 74; KEIDEL/ENGELHARDT FGG § 50c Rn 2). Diese Anhörungspflicht ergibt sich im übrigen aus der verfassungsrechtlichen Stellung von Pflegeeltern (hierzu Rn 47 ff). Es kommt nicht darauf an, ob das Verfahren gem § 1632 Abs 4 von den Pflegeeltern oder von Amts wegen durchgeführt wird.

c) Verfahrenspfleger

Im Rahmen von Herausgabestreitigkeiten um das Pflegekind stellt sich stets die **109** Frage nach einer hier naheliegenden Interessenkollision zwischen den die Herausgabe Fordernden (Eltern oder Vormund/Pfleger) und dem betroffenen Minderjährigen. Nach und nach setzte sich die Auffassung durch, daß trotz Amtsermittlungsgrundsatz (§ 12 FGG), Kindesanhörung (§ 50b FGG) und Jugendamtsbericht (§ 49a Abs 1 Nr 1 Buchst e FGG) ein Defizit hinsichtlich der Vertretung der Interessen des Minderjährigen im gerichtlichen Verfahren besteht (BVerfGE 75, 201, 213 ff; BVerfGE 79, 51, 58). Das BVerfG sorgte – jedenfalls im Verfassungsbeschwerdeverfahren – auch bei Herausgabestreitigkeiten um Pflegekinder bei Interessenkollisionen zunehmend mittels eines Verfahrenspflegers für eine eigenständige Interessenvertretung. Da sich ein solches Defizit bereits auf der fachgerichtlichen Ebene zeigt, sollte stets vom Familiengericht geprüft werden, ob nicht eine **eigenständige Interessenvertretung** mittels eines Verfahrenspflegers anzuordnen ist (vgl zur verfassungs- und fachgerichtlichen Rspr SALGO [1996] 405 ff; mit nicht überzeugender Begründung ablehnend BayObLG FamRZ 1995, 626, 629 nach früherer Rechtslage vor dem KindRG). Das KindRG (Art 6 Nr 7) führt verpflichtend gem § 50 Abs 2 Nr 3 FGG die Bestellung eines Verfahrenspflegers im Herausgabeverfahren gem § 1632 Abs 4 explizit ein (BT-Drucks 13/4899, 129 ff mit ausführlicher Begründung); die Nichtbestellung bzw die nicht erfolgte Begründung hinsichtlich der Nichtbestellung ist ein Verfahrensfehler, der zur Aufhebung der Entscheidung führt (OLG Köln FamRZ 1999, 314 f: regelmäßig erforderliche Verfahrenspflegerbestellung in den Fällen des § 1632 Abs 4; OLG Celle FamRZ 2002, 1356 f; ausführlich zum Verfahrenspfleger STAUDINGER/COESTER [2004] § 1666 Rn 212 ff; SALGO FPR 2006, 12, 19; HB-VP/SALGO Rn 17). Siehe auch § 1631b Rn 36 ff.

d) Aussetzung der Vollziehung

Wegen der grundrechtlichen Dimension ist bei Ablehnung einer Verbleibensanord- **110** nung und der Anordnung der Herausgabe des Pflegekindes im Falle der Beschwerde besondere Sorgfalt hinsichtlich der Aussetzung des Vollzugs gem § 24 Abs 2 FGG angebracht (vgl zB BVerfGE 79, 51, 58). Eltern ist uU ein Zuwarten bis zum rechtskräftigen Abschluß des Verfahrens eher als dem Kind zumutbar, zumal die Vollziehung gegen den Willen des Kindes, gar unter Gewaltanwendung, kindeswohlwidrig und unverhältnismäßig sein kann (vgl STAUDINGER/COESTER [2004] § 1666 Rn 227 f).

e) Vorläufige Anordnungen

111 Vorläufige Anordnungen können gerade im Herausgabestreit besondere Bedeutung erlangen, wenn zum Schutz des Kindes ein dringendes Bedürfnis für ein unverzügliches Einschreiten besteht (STAUDINGER/COESTER [2004] § 1666 Rn 236 mwNw), das ein Abwarten bis zur Beendigung der notwendigen Ermittlungen und damit bis zur endgültigen Entscheidung nicht gestattet, weil diese Entscheidung zu spät kommen könnte und die Interessen des Kindes nicht mehr genügend wahren würde (BayObLG NJW 1994, 668, 669; LG Frankenthal FamRZ 1984, 509, 510; KEIDEL/KAHL FGG § 19 Rn 30; BVerfG aaO. Vgl auch STAUDINGER/COESTER [2004] § 1666 Rn 236 ff; HB-VP/HEILMANN Rn 822 ff; ders 252 ff). **Pflegeeltern** und **Großeltern** sind bei Ablehnung einer vorläufigen Anordnung (gem § 1632 Abs 4) **beschwerdeberechtigt** (§ 19 FGG); es handelt sich **hier um keine befristete Beschwerde**; die Beschwerdebefugnis ergibt sich aus § 57 Abs 1 Nr 8 bzw Nr 9 (vgl OLG Karlsruhe OLG Report 2001, 348; OLG Köln NJW-RR 2000, 374).

f) Rechtsmittel

112 Zu (nunmehr befristeter) Beschwerde gem §§ 621e Abs 1, 3; 516 ZPO und weiterer Beschwerde vgl STAUDINGER/COESTER (2004) 1666 Rn 231 ff. Das Antragsrecht der Pflegeeltern (vgl Rn 78 f) auf eine Verbleibensanordnung verschafft den Pflegeeltern die Stellung von Verfahrensbeteiligten und damit auch das Recht, Rechtsmittel einzulegen (GW FamK/NEHLSEN-VSTRYK Rn 34).

113 Zum berechtigten Interesse der Pflegeeltern iS des § 57 Abs 1 Nr 9 FGG vgl KEIDEL/ENGELHARDT § 57 Rn 38 mwNw.

114 Beschwerdeberechtigt sind auch Großeltern gem § 57 Abs 1 Nr 9 FGG, auch in ihrer Eigenschaft als Pflegepersonen für das Kind (BayObLG NJW 1994, 668 = FamRZ 1993, 1356, 1357; MünchKomm/HUBER Rn 61), sowie der Verfahrenspfleger.

115 Ein Beschwerderecht des über 14 Jahre alten Kindes ergibt sich aus § 59 Abs 1 u 3 FGG (BayObLG FamRZ 1987, 619, 620).

g) Kostenbefreiung

116 Pflegeeltern sind bei beantragter Verbleibensanordnung von Verfahrenskosten generell zu befreien (OLG Hamm FamRZ 1995, 1365; OLG Koblenz FamRZ 2002, 1577; HARTMANN § 94 KostO Rn 28; **aA** BayObLG FamRZ 1998, 37; OLG Stuttgart FamRZ 2006, 139 f.

h) Auslandsbezüge

117 Vgl hierzu STAUDINGER/COESTER (2004) § 1666 Rn 240 ff. Zu ergänzen bleibt hinsichtlich der internationalen Zuständigkeit, daß eine Verbleibensanordnung stets eine Schutzmaßnahme iS der Art 1, 8 MSA ist (OLG Hamm FamRZ 1983, 1271; OLG Hamm DAVorm 1981, 921; BayObLG DAVorm 1983, 78; OLG Hamburg FamRZ 1989, 420).

§ 1633
Personensorge für verheirateten Minderjährigen

Die Personensorge für einen Minderjährigen, der verheiratet ist oder war, beschränkt sich auf die Vertretung in den persönlichen Angelegenheiten.

Materialien: E I § 1509; II § 1528; III § 1622;
GleichberG Art 1 Nr 22; VolljkG Art 1 Nr 7;
SorgeRG Art 1 Nr 9;
STAUDINGER/BGB-Synopse (2006) § 1633.

Schrifttum

BOEHMER, Einige kritische Gedanken zum Gleichberechtigungsgesetz, in: FS Hedemann (1958) 25
FRANZ, Maßnahmen nach den §§ 1666, 1666b BGB und die Fürsorgeerziehung, FamRZ 1982, 349
HUMMEL, Abschluß von Wohnungsmietverträgen durch minderjährige Ehefrauen, ZMR 1968, 257
LÜCKEN, Die personenrechtliche Stellung der minderjährigen Ehefrau und Mutter nach dem BGB, in: FS Reinhardt (1972) 103
SONNENFELD, Selbst- und Fremdbestimmung des Aufenthalts Volljähriger, FamRZ 1995, 393
TURCK, Die rechtliche Stellung der minderjährigen Ehefrau und Mutter (Diss Bonn 1964)
W WEIMAR, Mietverträge mit minderjährigen Ehefrauen, ZMR 1967, 353
ZIEGE, Zur Auslegung des § 1369 BGB nF, NJW 1957, 1579 und NJW 1958, 131.

I.   Entstehungsgeschichte

§ 1633 in seiner ursprünglichen Fassung lautete: **1**

> *Ist eine Tochter verheiratet, so beschränkt sich die Sorge für ihre Person auf die Vertretung in den die Person betreffenden Angelegenheiten.*

Im gemeinen Recht galt der deutschrechtliche Grundsatz „Heirat macht mündig" für die Tochter. Ob dasselbe auch für den Sohn galt, war umstritten (Nachweise Mot IV 827). Die Handhabung in den Partikularrechten war unterschiedlich. Am weitesten ging das sächsische BGB: die väterliche Gewalt über den Sohn und die Tochter erlosch mit deren Heirat und lebte auch bei Beendigung der Ehe nicht wieder auf. Der minderjährigen Ehefrau war allerdings ein Vormund zu bestellen; ähnliches galt nach dem preuß ALR 2 II §§ 228, 229.

Das BGB setzte diese Linie nicht fort. Es erkannte den Satz „Heirat macht mündig" **2** nicht an, sondern ließ die elterliche Gewalt über die Tochter trotz Heirat fortbestehen. Nach Eheauflösung kam die minderjährige, verheiratet gewesene Tochter wieder unter die volle elterliche Gewalt (Mot IV 825, 827). Für Söhne galt der Grundsatz deshalb nicht, weil sie als Minderjährige nicht heiraten konnten. Sie mußten, wollten sie in der Zeit zwischen Vollendung des 18. und des 21. Lebensjahres heiraten, zuvor für volljährig erklärt werden, § 1 Abs 2 EheG aF.

3 Durch Art 1 Nr 22 des GleichberG vom 18. 6. 1957 (BGBl I 609) erhielt § 1633 mit Wirkung vom 1. 7. 1958 folgende Fassung:

> *Die Sorge für die Person einer Tochter, die verheiratet ist, beschränkt sich auf die Vertretung in den persönlichen Angelegenheiten. Das gleiche gilt für eine Tochter, die verheiratet war und das achtzehnte Lebensjahr vollendet hat.*

Diese Bestimmung wurde als verfassungskonform angesehen, insbesondere wurde in ihr kein Verstoß gegen Art 3 Abs 2 GG gesehen, obwohl sich die Norm nur auf Töchter bezog (H Krüger, in: Krüger/Breetzke/Nowack § 1633 Rn 1). Denn die Frau war, anders als der Mann, bereits ab Vollendung des 16. Lebensjahres ehemündig, § 1 Abs 1 EheG aF, und selbst insoweit konnte sie noch vom Erfordernis der Ehemündigkeit befreit werden, konnte also in einem noch jugendlicheren Alter heiraten. Diese Regelung wurde mit ihrer zwar früher einsetzenden körperlichen Reife begründet, zugleich wurde daraus aber der Schluß gezogen, daß die minderjährige Ehefrau weiterhin des erzieherischen Schutzes bedurfte. Der Gleichberechtigungsgrundsatz wurde vor allem deshalb als gewahrt angesehen, weil die minderjährige Ehefrau ab Vollendung ihres 18. Lebensjahres ebenso wie der Mann für volljährig erklärt werden konnte, § 3 aF. Erstmals erfaßte nunmehr die Vorschrift des § 1633 auch solche minderjährigen Frauen, deren Ehe vor Erreichen der Volljährigkeit wieder aufgelöst wurde (S 2).

4 Das Gesetz zur Neuregelung des Volljährigkeitsalters (VolljkG) vom 31. 7. 1974 (BGBl I 1713) enthielt in Art 1 Nr 7 die Fassung, die die Vorschrift im wesentlichen bis heute hat. Sie lautete:

> *Die Sorge für die Person eines Minderjährigen, der verheiratet ist oder war, beschränkt sich auf die Vertretung in persönlichen Angelegenheiten.*

Das Gesetz zur Neuregelung des Rechts der elterlichen Sorge (SorgeRG) vom 18. 7. 1979 (BGBl I 1061) hat in Art 1 Nr 9 den Begriff der „Sorge für die Person eines Minderjährigen" durch die Wendung „Personensorge für einen Minderjährigen" ersetzt und damit die Legaldefinition aus § 1626 übernommen.

Die durch das VolljkG herbeigeführte Änderung lag vor allem darin begründet, daß seither die Notwendigkeit für den Mann entfiel, sich vor Eheschließung für volljährig erklären zu lassen. Nunmehr konnte auch er als Minderjähriger heiraten. Beiden Geschlechtern konnte jetzt Befreiung von dem Volljährigkeitserfordernis erteilt werden, vorausgesetzt, der andere Ehegatte war volljährig, § 1 Abs 2 EheG aF.

4a Eine Änderung hat das Gesetz zur Neuregelung des Eheschließungsrechts (EheschlRG) vom 4. 5. 1998 (BGBl I 833), im wesentlichen in Kraft seit dem 1. 7. 1998 (s Vorbem 24 zu §§ 1626 ff), gebracht: Nach § 1303 Abs 1 soll die Ehe nicht vor Eintritt der Volljährigkeit eingegangen werden. Das Familiengericht kann aber auf Antrag von dieser Vorschrift Befreiung erteilen. Zwei Voraussetzungen müssen für diese Befreiung erfüllt sein: Der Antragsteller/die Antragstellerin selbst muß das 16. Lebensjahr vollendet haben. Und der künftige Ehegatte/die künftige Ehegattin muß volljährig sein, also das 18. Lebensjahr vollendet haben (§ 1303 Abs 1 iVm § 2). Ein Widerspruch des gesetzlichen Vertreters des Antragstellers oder des sonstigen

Inhabers der Personensorge hindert die gerichtliche Befreiung, es sei denn, der Widerspruch beruht nicht auf triftigen Gründen, § 1303 Abs 3.

Unter diesen Voraussetzungen kann also das Familiengericht jetzt, seit dem 1. 7. 1998, beiden Geschlechtern Befreiung vom Volljährigkeitserfordernis erteilen, aber jeweils nur der Frau oder nur dem Mann. Stets muß einer der Ehegatten bei Eingehung der Ehe volljährig sein. Insofern hat sich die Rechtslage nicht geändert, sie stimmt mit § 1 Abs 1 EheG aF, der durch das Eheschließungsrechtsgesetz aufgehoben worden ist, überein.

II.   Bedeutung der Norm

Die Vorschrift des § 1633 hat ihren Grund darin, daß nach wie vor bei Eheschließung   **5** nur einer der Ehegatten volljährig sein muß, während der andere nur das 16. Lebensjahr vollendet haben muß, § 1303 Abs 2. Die Zeit, bis auch der andere Ehegatte das 18. Lebensjahr vollendet hat, mußte im Blick auf die elterliche Sorge geregelt werden, zumal es seit Inkrafttreten des VolljkG eine Volljährigerklärung nicht mehr gibt. Betroffen sind also 16 und 17 Jahre alte Töchter und Söhne.

III.   Anwendungsbereich

Die Vorschrift gilt ohne Rücksicht auf das Geschlecht für alle Minderjährigen ab   **6** Eheschließung, mag die Ehe auch nach §§ 1313 ff aufhebbar sein (AG Hamburg FamRZ 1964, 532: Gretna Green-Ehe). Sie erfaßt alle Fälle der Eheauflösung und gilt auch für aufhebbare Ehen (SOERGEL/STRÄTZ Rn 3; BGB-RGRK/WENZ Rn 3; MünchKomm/ HUBER Rn 1). Wird die Ehe des Kindes aufgelöst (geschieden oder aufgehoben), so verbleibt es bei dem durch die Heirat eingetretenen Rechtsstatus (MünchKomm/HUBER Rz 17; BGB-RGRK/WENZ Rn 3; SOERGEL/STRÄTZ Rn 3; PALANDT/DIEDERICHSEN Rn 1; ERMAN/ MICHALSKI Rn 4).

IV.   Rechtsfolgen

1.   In bezug auf die Personensorge

Trotz Eheschließung dauert die elterliche Sorge bis zur Volljährigkeit des Kindes   **7** fort. Vom Personensorgerecht bleibt den Eltern aber nur das Recht zur Vertretung in persönlichen Angelegenheiten. Die Eheschließung führt zum Verlust der tatsächlichen Personensorge der Eltern (OLG Stuttgart FamRZ 1967, 161), und zwar endgültig, unabhängig davon, ob die zur Eheschließung notwendige Einwilligung der Eltern vorlag (AG Hamburg FamRZ 1964, 532) und ob die Ehe noch während der Minderjährigkeit des einen Partners wieder aufgelöst wird.

Insbesondere erlischt das Recht der Eltern zur Erziehung und zur Aufenthaltsbe-   **8** stimmung (SONNENFELD FamRZ 1995, 393) und der Herausgabeanspruch. Dieses Recht geht auch nicht auf den volljährigen Ehegatten über (LÜCKEN 103, 105). Der verheiratete Minderjährige unterliegt keinen erzieherischen Einwirkungen der Eltern mehr, so daß auch Maßnahmen nach §§ 1666 ff (OLG Stuttgart FamRZ 1967, 161; AG Hamburg FamRZ 1964, 532; aA FRANZ FamRZ 1982, 349, 351; OLG Hamm FamRZ 1973, 148, 150 für § 1671 Abs 5 aF) ausscheiden, soweit es die tatsächliche Personensorge angeht. Ein nach § 1666 schwebendes Verfahren erledigt sich in der Hauptsache, wenn der Minderjährige während des Verfahrens heiratet (OLG Hamm FamRZ 1973, 148, 150).

9 Ebensowenig konnten noch Erziehungsmaßnahmen nach dem JWG aF getroffen werden, nämlich Erziehungsbeistandschaft, §§ 55 ff JWG aF; freiwillige Erziehungshilfe, §§ 62 ff JWG aF (SOERGEL/STRÄTZ Rn 4) und vorläufige oder endgültige Fürsorgeerziehung, §§ 64 ff JWG aF (OLG Stuttgart FamRZ 1967, 161; LG Darmstadt NJW 1965, 1235; AG Hamburg FamRZ 1964, 532; aA FRANZ FamRZ 1982, 349 mwNw). Seit Inkrafttreten des KJHG am 1. 1. 1991 gibt es diese öffentlichen Erziehungsmaßnahmen nicht mehr (s Vorbem 29 ff zu §§ 1626 ff). Hilfen zur Erziehung gemäß §§ 27 ff KJHG können aber weiterhin beansprucht und gewährt werden (PALANDT/DIEDERICHSEN Rn 3).

10 Der minderjährige Ehegatte ist also im Bereich der tatsächlichen Sorge dem volljährigen Ehegatten gleichgestellt (ERMAN/MICHALSKI Rn 2). Er entscheidet zB allein darüber, ob er sich einer ärztlichen Behandlung unterziehen will (TURCK 68). Zweck der Beendigung aller elterlichen Erziehungseinflüsse und daraus folgend aller gerichtlichen Einwirkungsmöglichkeiten nach § 1666 im Falle der Heirat des Minderjährigen ist der Schutz der jungen Ehe. Wollte man einen verheirateten Minderjährigen noch einer gerichtlichen Maßnahme nach § 1666 aussetzen, so würde sich dies störend auf die eheliche Lebensgemeinschaft der jungen Ehegatten auswirken (AG Hamburg FamRZ 1964, 532, 533). Aus demselben Grunde hat das verheiratete Kind auch keine Umgangspflicht mehr gegenüber seinen Eltern, wohl aber das Recht auf Umgang, § 1684 Abs 1. Dies folgt aus der allgemeinen Pflicht zur gegenseitigen Rücksicht, § 1618a, und aus der verwandtschaftlichen Verbindung, im übrigen jetzt aus der ausdrücklichen Regelung des § 1684 Abs 1 (MünchKomm/HUBER Rn 2, PALANDT/DIEDERICHSEN Rn 3).

11 Der Minderjährige, der verheiratet ist oder war, begründet selbständig seinen Wohnsitz und hebt ihn genauso selbständig auf, § 8 Abs 2. Kommt es zu einem Eheprozeß, ist der minderjährige Ehegatte selbst prozeßfähig, § 607 ZPO. Er kann und muß deshalb in diesem Verfahren selbst einen Antrag auf Regelung des Unterhalts durch einstweilige Anordnung stellen, § 620 Nr 6 ZPO. Außerhalb eines Eheprozesses bleibt es hinsichtlich seines Unterhaltsanspruchs bei der gesetzlichen Vertretung der Eltern, weil diesen auch in persönlichen Angelegenheiten des verheirateten Minderjährigen nach wie vor die gesetzliche Vertretung zusteht.

Strafantrag kann der minderjährige Ehegatte neben seinem gesetzlichen Vertreter stellen, § 77 Abs 3, Abs 4 StGB.

2.   In bezug auf die gesetzliche Vertretung und Vermögenssorge

12 Gesetzliche Vertretung und Vermögenssorge verbleiben den Eltern in tatsächlicher und rechtlicher Hinsicht uneingeschränkt. Aber das Recht der Eltern, die Einkünfte aus dem Kindesvermögen zum Unterhalt der eigenen Familie heranzuziehen, erlischt, § 1649 Abs 2 S 2. Die Eltern sind verpflichtet, diese Einkünfte und bei Volljährigkeit des Kindes das gesamte Vermögen an das Kind herauszugeben (§ 1698 Abs 1).

13 Der minderjährige Ehegatte kann einen Güterrechtsvertrag nur selbst abschließen,

§ 1411 Abs 1 S 4, jedoch nur mit Zustimmung seines gesetzlichen Vertreters, § 1411 Abs 1 S 1, im Falle der Betreuung benötigt er auch die Genehmigung des Familiengerichts, § 1411 Abs 1 S 3.

Tritt der gesetzliche Güterstand ein, so wirkt die elterliche Vermögenssorge auch hier, unterliegt aber den Beschränkungen der §§ 1365 ff. Will der andere, volljährige Ehegatte iSv §§ 1365, 1369 verfügen, so benötigt er die Zustimmung des gesetzlichen Vertreters des minderjährigen Ehegatten (MünchKomm/Huber Rn 5; BGB-RGRK/Wenz Rn 6; Erman/Michalski Rn 3; Gernhuber/Coester-Waltjen § 35 IV 1 Fn 1; Ziege NJW 1957, 1579, 1581 NJW 1958, 131, 132; Boehmer, in: FS Hedemann 29 f).

Ob in der Zustimmung zur Eheschließung ein Konsens zum Abschluß weiterer **14** Rechtsgeschäfte, zB eines Mietvertrages, liegt, ist Tatfrage (Hummel ZMR 1968, 257; LG Flensburg SchlHAnz 1965, 35; aA Weimar ZMR 1967, 353). Zum Abschluß eines Lehrvertrages benötigt der Minderjährige weiterhin die Mitwirkung seiner Eltern, genauso bei der Beantragung einer Namensänderung. Für die Beantragung eines Passes und für die Einbürgerung ist die Mitwirkung der Eltern dagegen nicht mehr erforderlich. Soweit es die Beantragung des Passes angeht, folgt dies daraus, daß das Recht zur Beantragung eines Passes von dem Recht zur Aufenthaltsbestimmung abhängt, § 6 Abs 1 S 3 PaßG.

Bei Meinungsverschiedenheiten zwischen Sorgerechtsinhaber und minderjährigem **15** Ehegatten entscheidet das Familiengericht analog § 1630 Abs 2, ebenso dann, wenn es sich um einen Mischtatbestand handelt, also Bereiche der Personen- und Vermögenssorge betroffen sind (Soergel/Strätz Rn 5; MünchKomm/Huber Rn 6; Jauernig/Berger Anm 27; BGB-RGRK/Wenz Rn 7; Palandt/Diederichsen Rn 2; Gernhuber/Coester-Waltjen § 57 VII 2 Fn 5).

3. In bezug auf das Sorgerecht für die aus der Ehe hervorgegangenen Kinder

§ 1633 beeinflußt die elterliche Sorge für die Kinder aus der Ehe des Minderjährigen **16** nicht. Der minderjährige Ehegatte ist nicht Inhaber der elterlichen Sorge für das Kind. Seine elterliche Sorge ruht, § 1673 Abs 1 S 2, der volljährige Ehegatte übt die elterliche Sorge allein aus, bis auch der andere Ehegatte volljährig wird, § 1678 Abs 1. Aber die Personensorge steht dem minderjährigen Ehegatten neben dem volljährigen Ehegatten zu, § 1673 Abs 2 S 2 (Einzelheiten Lücken 103, 108 ff). Die Eltern des Minderjährigen sind an der elterlichen Sorge für ihr Enkelkind nicht beteiligt (KG DFG 1939, 145; AnwKomm-BGB/Rakete-Dombek Rn 2).

Sachregister

Die fetten Zahlen beziehen sich
auf die Paragraphen, die mageren Zahlen
auf die Randnummern.

621

J. von Staudingers
Kommentar zum Bürgerlichen Gesetzbuch
mit Einführungsgesetz und Nebengesetzen

Übersicht vom 19. September 2007
Die Übersicht informiert über die Erscheinungsjahre der Kommentierungen in der 13. Bearbeitung und deren Neubearbeitungen (= Gesamtwerk STAUDINGER). *Kursiv* geschrieben sind die geplanten Erscheinungsjahre.

Die Übersicht ist für die 13. Bearbeitung und für deren Neubearbeitungen zugleich ein Vorschlag für das Aufstellen des „Gesamtwerk STAUDINGER" (insbesondere für solche Bände, die nur eine Sachbezeichnung haben). Es wird empfohlen, die Austauschbände chronologisch neben den überholten Bänden einzusortieren, um bei Querverweisungen auf diese schnell Zugriff zu haben. Bei Platzmangel sollten die ausgetauschten Bände an anderem Ort in gleicher Reihenfolge verwahrt werden.

	13. Bearb.	Neubearbeitungen		
Buch 1. Allgemeiner Teil				
Einl BGB; §§ 1–12; VerschG	1995			
Einl BGB; §§ 1–14; VerschG		2004		
§§ 21–79		2005		
§§ 21–89; 90–103 (1995)	1995			
§§ 90–103 (2004); 104–133; BeurkG	2004	2004		
§§ 134–163	1996	2003		
§§ 164–240	1995	2001	2004	
Buch 2. Recht der Schuldverhältnisse				
§§ 241–243	1995	2005		
§§ 244–248	1997			
§§ 249–254	1998	2005		
§§ 255–292	1995			
§§ 293–327	1995			
§§ 255–314		2001		
§§ 255–304			2004	
AGBG	1998			
§§ 305–310; UKlaG		2006		
§§ 311, 311a, 312, 312a–f			2005	
§§ 311b, 311c			2006	
§§ 315–327		2001		
§§ 315–326			2004	
§§ 328–361	1995			
§§ 328–361b		2001		
§§ 328–359			2004	
§§ 362–396	1995	2000	2006	
§§ 397–432	1999	2005		
§§ 433–534	1995			
§§ 433–487; Leasing		2004		
Wiener UN-Kaufrecht (CISG)	1994	1999	2005	
§§ 488–490; 607–609		*2008*		
VerbrKrG; HWiG; § 13a UWG	1998			
VerbrKrG; HWiG; § 13a UWG; TzWrG		2001		
§§ 491–507			2004	
§§ 516–534		2005		
§§ 535–563 (Mietrecht 1)	1995			
§§ 564–580a (Mietrecht 2)	1997			
2. WKSchG; MÜG (Mietrecht 3)	1997			
§§ 535–562d (Mietrecht 1)		2003	2006	
§§ 563–580a (Mietrecht 2)		2003	2006	
§§ 581–606	1996	2005		
§§ 607–610	./.			
§§ 611–615	1999	2005		
§§ 616–619	1997			
§§ 620–630	1995			
§§ 616–630		2002		
§§ 631–651	1994	2000	2003	
§§ 651a–651l	2001			
§§ 651a–651m		2003		
§§ 652–704	1995			
§§ 652–656		2003		
§§ 657–704		2006		
§§ 705–740	2003			
§§ 741–764	1996	2002		
§§ 765–778	1997			
§§ 779–811	1997	2002		
§§ 812–822	1994	1999		
§§ 823–825	1999			
§§ 826–829; ProdHaftG	1998	2003		
§§ 830–838	1997	2002		
§§ 839, 839a	2002	2007		
§§ 840–853	2002			
Buch 3. Sachenrecht				
§§ 854–882	1995	2000		

Dr. Arthur L. Sellier & Co. KG – Walter de Gruyter GmbH & Co. KG oHG, Berlin
Postfach 30 34 21, D-10728 Berlin, Telefon (030) 2 60 05-0, Fax (030) 2 60 05-222